四川省志

Sichuan Shengzhi

卫生志

1986—2005

【第七十四卷】

四川省地方志编纂委员会 编

方志出版社
Publishing House of Local Records

图书在版编目(CIP)数据

四川省志．卫生志:1986—2005／四川省地方志编纂委员会编．—北京：方志出版社，2018.6

ISBN 978-7-5144-3080-6

Ⅰ.①四… Ⅱ.①四… Ⅲ.①四川—地方志②卫生志—四川—1986-2005 Ⅳ.①K297.1

中国版本图书馆CIP数据核字(2018)第101233号

四川省志·卫生志(1986—2005)

编　　者：四川省地方志编纂委员会
责任编辑：陈　菁

出 版 人：冀祥德
出 版 者：方 志 出 版 社
地址　北京市朝阳区潘家园东里9号(国家方志馆4层)
邮编　100021
网址　http://www.fzph.org
发　　行：方志出版社图书经销中心
电话(010)67110500
经　　销：各地新华书店
设计排版：成都未来人图文设计有限公司
印　　刷：四川泰吉印刷有限公司

开　　本：889×1194　1/16
印　　张：49.75
字　　数：1368千
版　　次：2018年6月第1版　2018年6月第1次印刷
印　　数：0001~2000册

ISBN 978-7-5144-3080-6　　定价：663.00元

领导关怀

LINGDAOGUANHUAI

1986年，卫生部部长崔月犁（右二）在四川省绵阳市精神病院考察并题词

1986年11月，卫生部顾问马海德（站立者左四）在四川省凉山彝族自治州西昌市考察麻风病联合化疗工作

1996年，卫生部部长陈敏章（前排右二）在四川省卫生防疫站检查疾病预防工作

1998年，卫生部部长张文康（前排左二）在四川省中医管理局考察

1986年，卫生部副部长何界生（左一）在四川省寄生虫病防治研究所考察

1991年，卫生部副部长孙隆椿（左三）在四川省卫生防疫站听取工作汇报

2001年4月，卫生部副部长殷大奎（左一）在四川省卫生执法监督所考察

2001年，卫生部副部长彭玉（右一）在四川大学华西妇产儿童医院中国出生缺陷检测中心考察

2002年3月，卫生部副部长王陇德（右一）在四川省德阳市考察卫生工作

2004年7月，卫生部副部长马晓伟（左三）在四川省医学科学院·四川省人民医院检查指导工作

2005年3月，卫生部党组书记、常务副部长高强（中）在四川省绵阳市检查社区卫生服务工作

2005年9月，卫生部副部长兼国家中医药管理局局长佘靖（右二）考察四川中医药工作

2005年，卫生部副部长蒋作君（前排右一）在四川省绵阳市游仙区“亿万农民健康促进行动”示范区考察

1996年春节，中共四川省委书记谢世杰（左一）在四川省人民医院慰问医护人员

2003年，抗击传染性非典型肺炎期间，中共四川省委书记张学忠（前排右二）等领导在四川省疾病控制中心检查工作

1993年7月，中共四川省委副书记、四川省人民政府省长肖秧（左三）到四川省人民医院慰问成功救治汉源“7·12”特大火灾烧伤伤员的医护人员

2003年5月，中共四川省委副书记、四川省人民政府省长张中伟（前左二）等领导到广元市慰问四一〇医院防治传染性非典型肺炎医务人员

2000年11月，四川省人大常委会原主任何郝炬（中）参观四川省新编地方志展览时，在《四川省志·医药卫生志》展区贵宾留言簿上题词

1997年3月，四川省政协主席聂荣贵出席全省卫生工作会议

1995年5月，中共四川省委副书记宋宝瑞（左二）、四川省人民政府副省长徐世群（右二）在成都市会见美国心连心国际组织主席莫西（右一）

1999年，中共四川省委副书记席义方（前右三）、四川省人民政府副省长李进（左二）在宜宾市翠屏区西郊卫生院检查指导工作

2000年，中共四川省委常委、四川省纪委书记沈国俊（右三）主持召开四川省卫生系统民主评议行风大会

1995年，四川省人大常委会副主任康振黄（右二）在成都市考察食品卫生宣传工作

1988年，四川省人民政府副省长韩邦彦（左）在四川省卫生防疫站检查指导工作

1993年，四川省人民政府副省长李蒙（前左三）在丹棱县检查血吸虫病防治工作

2005年3月，四川省人民政府副省长刘晓峰（前排右一）在成都市郊区检查结核病防治工作

工作会议 GONGZUOHUIYI

1996年7月，四川省卫生科学技术大会在成都市召开

1997年3月，中共四川省委、四川省人民政府在成都市召开四川省卫生大会

2000年10月，四川卫生执法监督所成立大会在成都市召开

2002年1月，四川省疾病预防控制中心成立大会在成都市召开

2003年1月，中共四川省委、四川省人民政府在成都市召开四川省农村卫生工作会议

2003年9月，卫生部等三部门到四川省检查《中华人民共和国中医药条例》施行情况

2005年1月，中共四川省委、四川省人民政府召开四川省卫生改革与发展现场会议

2005中医药国际科技博览会在成都市开幕

2005年，全国社区卫生服务专家在四川省攀枝花市东区进行全国社区卫生服务示范区复核

卫生服务 WEISHENGFUWU

疾控工作者深入藏区，开展鼠疫防治

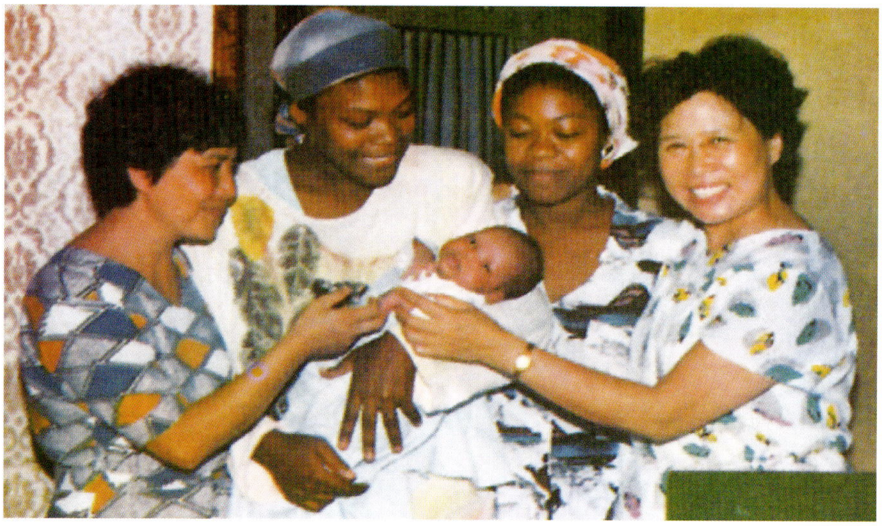

1988年8月，四川省赴圣多美医疗员进行产后访视

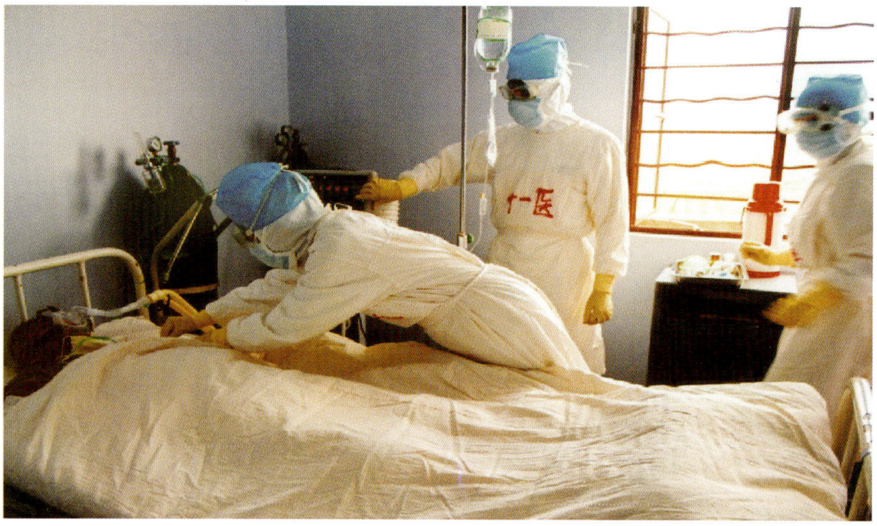

2003年，抢救“非典”病人

城市医疗机构送医送药下乡

信息农村合作医疗给老百姓带来实惠

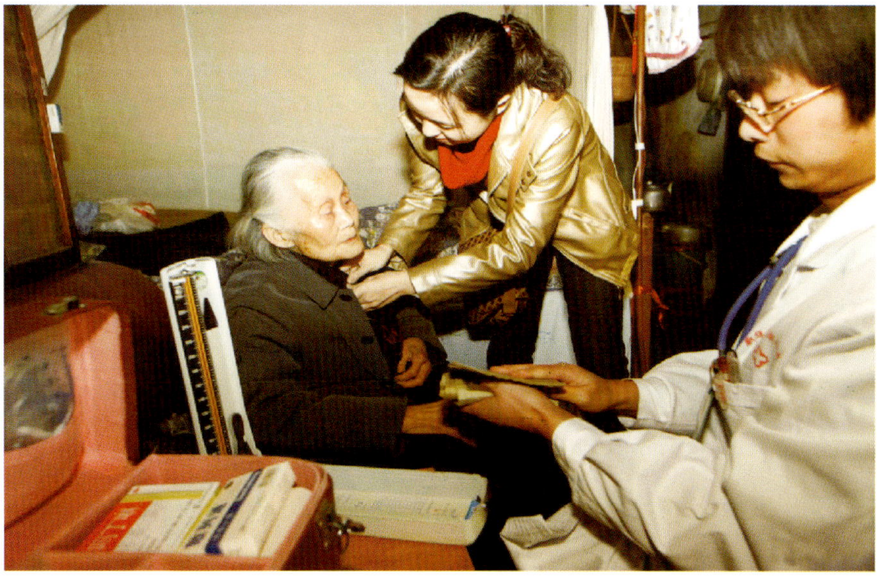

社区卫生人员为居民送医送药上门

2003年10月，紧急调用飞机抢救九寨沟县车祸受伤国际友人

2004年，四川省骨科医院为中国奥运健儿服务的中医专家载誉归来

2005年12月1日，四川省各地开展第18个艾滋病日宣传活动

医林人物代表 YILINRENWUDAIBIAO

四川大学华西医院传染病学家、国家一级教授曹钟樑（右一）一家三代情系传染病防治事业

四川大学华西公共卫生学院教授、“中国公共卫生之父”陈志潜

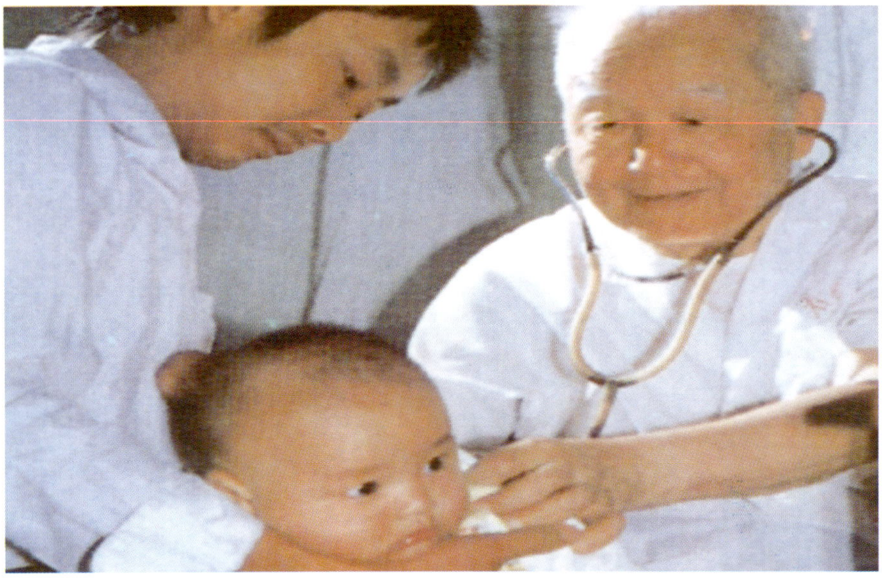

四川省人民医院主任医师、国家一级儿科专家樊培禄（右一）为儿童诊治疾病

1987年，硅凝胶软性人工晶体发明人周开遗（右二）获世界最新发明银质奖

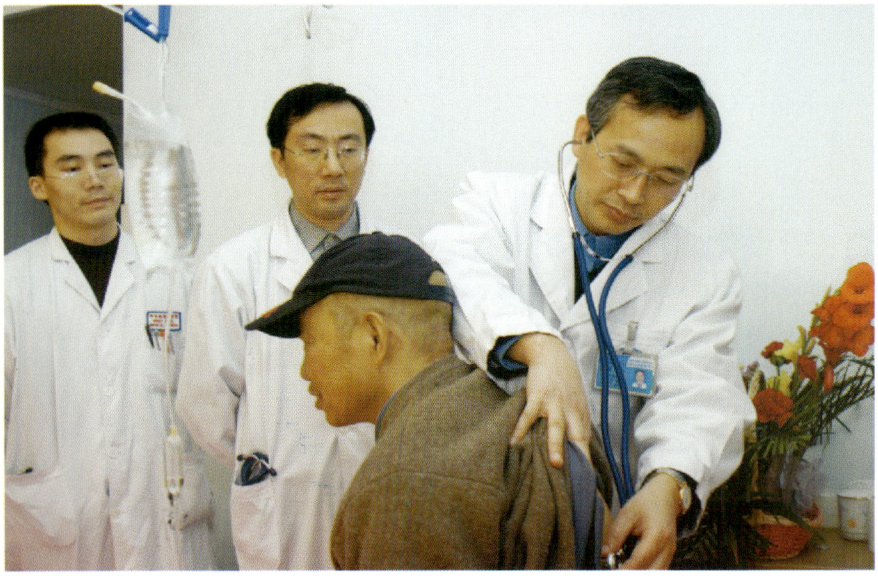

四川大学华西医院教授、中国科学院院士魏于全（右一）为病人诊疗

四川省地方志编纂委员会成员

主任委员	王　宁			
副主任委员	张为人	朱新华	蔡　竞	杜兰举
	马小彬			
委　　员	叶文培	李　酌	高　山	江红英
	宋晓云	张丽萍	李曙光	张澜涛
	吴　成	何晓平	王映松	杨　杉
	赵家栋	张　强	向华全	欧力生
	陈　智	罗亚夫	王孝平	

《四川省志（1986—2005）》
审核委员会成员

主　　任	王　宁			
副 主 任	蔡　竞			
委　　员	马小彬	冯宝运	何晓平	胡品生
	王孝平	谭继和	陈世松	陈廷湘

《四川省志（1986—2005）》
总编、副总编

总　　编	陈建春
副 总 编	赵　行　　邓　瑜　　陶利辉　　熊　倩
	张兆法　　高伟明　　朱艳林　　牛　淼

《四川省志·卫生志（1986—2005）》
责任总编、责任编辑

责任总编	王友平　　熊　倩
责任编辑	李海毅

《四川省志·卫生志（1986—2005）》
编纂委员会成员

（2014 年 3 月—2014 年 11 月）

主　　任　沈　骥

委　　员　（以姓氏笔画为序）

马　健	马步钢	方　清	王　雪
王天贵	王剑平	冯兴奎	田兴军
龙　婉	任向平	刘　捷	江　涛
张大鸣	张祖芸	李　红	李玉强
杜　波	杨殿兴	陈　运	罗　建
赵晓光	钟新秋	徐　涛	徐　斌
徐保华	郭以雄	康凤琴	梁　志
符康富	黄晓林	黄新生	彭　杰
曾令和	董永超	韩　梅	谭　玲
颜丙约			

《四川省志·卫生志（1986—2005）》
编纂委员会成员

（2006 年 12 月—2014 年 2 月）

胡义祥	赵　杰	赵希杰	赵晓鸣
徐学民	郭以雄	郭志雄	康　健
戚开和	梁　志	符康富	黄志富
黄新生	曾令和	曾华俊	童文全
董永超	董善浦	蒲仕强	虞亚明
雷　敏	雷百灵	廖　斌	廖品义
熊　庆	樊晋川	魏利荣	

注：＊雅安市卫生局局长

＊＊四川省中医药研究院中医研究所所长

《四川省志·卫生志（1986—2005）》初审委员会成员

《四川省志·卫生志（1986—2005）》
编 辑 室

主　　编　符康富

副 主 编　杨晓华　　游宗文　　陈正勇

编　　辑　王景会

《四川省志（1986—2005）》
凡　　例

一、本书编纂工作以马克思列宁主义、毛泽东思想、邓小平理论、“三个代表”重要思想、科学发展观、习近平新时代中国特色社会主义思想为指导，坚持辩证唯物主义和历史唯物主义的立场、观点和方法，全面客观地记述四川省行政区域内自然、政治、经济、文化和社会的历史与现状。

二、本书系中华人民共和国成立后首部《四川省志》续编，总名《四川省志（1986—2005）》，由总类、大事纪述、专志、人物、市（州）概况、附录共93卷构成。各分卷名称为《四川省志·××志（1986—2005）》或《四川省志·××志》（后者为特色志志名），设中英文目录。

三、本书上限一般起自1986年，下限一般截至2005年。对前志未设之分卷或篇章从事物发端写起；对前志漏载、误载的某些事项进行补载、更正；对前志记载后变化不大的某些事项进行简要复载；升格详载具有地方特色的某些事项。

四、本书记述的地域范围以1986—2005年四川省行政区划为准。

五、本书采用述、记、志、传、图、表、录等体裁，以志为主。

六、本书总类卷设序言、凡例、总述、卷目等，为各卷之首，全书之纲。关于自然环境、建置沿革、经济与社会历史发展状况等基本省情在总述中作简要复载或反映。各专志（分卷）根据社会分工和学科分类的实际，按“以类相从”或“突出地方特色”的原则设立，以篇、章、节横分类别，节、目以下纵述史实，立足反映四川省行政区域某一事物（事业、行业）断限期内历史与现状的全貌。人物志卷采用传、录、表诸种表述形式，坚持“生不立传”原则，在世人物的突出事迹以事系人载入相关分卷。人物传统一收入人物志。本书大事记以编年体为主，辅以纪事本末体。为完整记述一些重要事物，保存有价值史料，有些分卷设置了专记。

七、本书使用规范的现代语体文记述，行文严谨、朴实、简洁、流畅。使用规范汉字，用词概念准确，符合现代汉语语法规范。使用的标点符号、数字、计量单位等均按国家规定的统一标准书写。

八、本书使用公元纪年，各卷正文（除引文外）采用第三人称表述；行文涉及机构、会议、文件、职衔、地名等，均按当时称谓；除涉及人名、地名、纪年和简称等项采用括注外，其余采用页下脚注。

九、本书资料来源于文献、档案、报刊、书摘、口碑及实地调查等，所用资料均经各修志部门考证、核实。各分卷数据一般采用省统计局公布的数据，省统计局缺乏的，采用有关部门正式提供的数据。

十、各分卷图片分为前置图片和随文插图，随文插图和表格均以篇为单位依次排序编号；所用地图均以省测绘局审定的为准。

十一、各分卷需要特别说明的事项，均在各分卷的《编辑说明》中注明。

《四川省志·卫生志(1986—2005)》
编辑说明

一、本志为《四川省志·医药卫生志》之续志，上限起自1986年，下限断至2005年。补遗的《参与研发青蒿素》上溯至1967年。

二、本志记述的地域范围为断限时期内四川省行政区域，1997年6月底以前含今重庆市辖区。

三、本志记述的单位名称，首次出现时用全称，并用括号注明简称，以后出现时用简称。如："中国共产党"简称"中共"，"中国共产党四川省委员会"简称"省委"，"四川省人民政府"简称"省政府"，"四川省人民代表大会常务委员会"简称"省人大常委会"，"四川省卫生厅"简称"省卫生厅"，"四川省疾病预防控制中心"简称"省疾控中心"。

四、本志记述的年代，首次出现时用20世纪××年代，以后出现时只用××年代。

五、本志依据的资料，包括史实、人名、地名、年代、数据、引文等，主要来源于四川省卫生厅（今四川省卫生和计划生育委员会）和四川省中医药管理局机关处室、直属单位提供的修志素材，部分来源于四川省档案馆档案，以及图书、报刊、文件、调查采访实录等。一般不注明出处。本志采用的数据，报送资料与单位史志不一致的，以单位史志为准；报送资料前后不一致的，以最后报送的为准。

六、本志共设8篇45章190节，另设概述、附录和编后记，总字数约130万字，有图14幅，表277个，照片135帧（其中前置照片49帧，随文照片86帧）。本志书照片皆由四川省卫生厅（今四川省卫生和计划生育委员会）供稿。

目　录

第三篇　医疗服务

第四篇　中医中药

第五篇 妇幼保健

第七篇 医学教育

第八篇 医林人物

附　录

Contents

Part 5 Maternal and Child Health Care

Part 6 Medical Science Research

Part 7 Medical Education

Appendices

概　　述

一

1986—2005 年，是中国改革开放新时期的一个重要阶段。在深化改革、扩大开放、加快社会主义现代化建设的历史变革中，社会生产方式和生活方式发生深刻变化，卫生事业面临新的考验。市场经济快速发展，社会保障体系全面改革，工业化、城镇化、人口老龄化进程加快，乡镇企业和民营企业大量涌现，千万农民进城务工，居民健康需求日益增长。所有这些新情况都对卫生事业在管理体制、服务模式、疾病预防、劳动卫生、健康教育、卫生法制、行业作风建设等方面提出了新要求。卫生事业承载着巨大压力，也面临难得的发展机遇。

新形势下发展卫生事业，根本之策在改革。

1986 年以前，四川省卫生系统先后进行了人、财、物三权下放，乡镇卫生院预防保健工作实行承包责任制，多渠道多层次联合办医，有条件的地区试行合作医疗和农民健康保险制度等。这些改革举措，对于促进卫生事业发展起到了一定作用。

1986—2005 年，卫生改革在探索中继续前进。以 1997 年 3 月四川省卫生大会召开为分界线，卫生改革大体分两步进行：

第一步，1986—1996 年，改革主要围绕卫生系统内部管理体制和运行机制进行。

*改革事业单位领导体制。*从 1986 年开始，卫生事业单位由党委（支部）领导下的院（站、所、校）长负责制改为院（站、所、校）长负责制，实行党政分开。20 世纪 90 年代，卫生事业单位开始实行领导班子任期制和院（站、所、校）长目标责任制。2001 年，一些医院和医学科研单位在坚持党管干部原则和干部管理权限有关规定的前提下，开始试行领导职位公开招聘制，向社会招聘院长、所长。

*改革事业单位人事分配制度。*自 1986 年起，卫生事业单位逐步实行行政管理干部和专业技术干部聘任制，工勤人员实行合同制，未聘人员实行内部待业，未到退休年龄人员实行离岗待退或内部退休。1992 年学习贯彻邓小平南方谈话后，卫生事业单位进一步强化竞争机制，普遍实行竞争上岗，双向选择，优化组合，离岗待聘，培训转岗，持证上岗；干部签订聘用合同，工人签订劳动合同，技术职称评聘分开，单位内部对专业技术人员实行高职低聘或低职高聘的用人制度；允许行政管理干部、专业技术人员和其他职工停薪留职，跨行业、跨地区流动。21 世纪初，省、市两级建立卫生人才流动服务中心，开展就业指导、岗位推荐、人事代理、人事咨询、卫生行业内部人才交流等。继 1985 年推行由职务工资、基础工资、工龄津贴和奖励工资组成的结构工资后，卫生事业单位进一步扩大分配自主权，将管理、技术、责任、风险等要素纳入分配，实行“按岗位定酬、按任务定酬、按业绩定酬”的分配模式，并向临床、关键岗位和优秀人才倾斜。奖金在收入构成中的比重进一步增大，奖金发放办法在实践中不断改进。随着目标管理的普遍推行，建立在绩效考核基础上的分配

制度成为最基本的分配模式。

改革事业单位补偿机制。1993年中国共产党四川省委员会、四川省人民政府（以下简称省委、省政府）发文出台6项政策措施，包括：随着经济发展逐年增加财政对卫生事业的投入，其增长比例不低于财政经常性支出的增长幅度；适当调整医疗收费标准，缓解医疗机构政策性亏损；通过国际国内贷款、个人集资、社团捐赠、单位自筹等各种形式，广泛筹集资金；落实乡镇卫生院集体所有制人员60%的工资，落实退休人员工资，实行职工医疗保险，落实预防保健补助经费，从村集体经济中按比例提留和农民个人每年缴10元作为公共卫生经费和乡村医生的劳动报酬等。受干部群众思想认识和经济发展的影响，以上政策措施未能很好落实。1997年执行“减轻农民负担”政策，用于卫生事业投入的村集体提留和农民个人缴费一度被废止。为解决财政对卫生事业投入不足的问题，各级医疗卫生事业单位积极探索建立自我补偿机制，包括：试行内部租赁承包制、科室经济目标责任制和股份合作制；开展特需医疗服务，试行专家特约门诊和点名手术，开设金卡高档病房，扩大服务范围，向社会提供多层次的医疗、卫生、保健、康复、美容、咨询和家庭服务，增加业务收入；兴办经济实体，发展第三产业，以工助医、以副补医；利用外资和社会资金合作办院、办所、办站、办校，实行“一院两制”，即一个医院两种所有制；职工内部集资，购置大型医疗设备，收益分红；推行后勤社会化服务，降低运行成本等。

卫生综合改革试点。1992年四川省成都市被卫生部确定为卫生改革试点城市。主要内容为：逐年放开办医主体，改变办医模式；改革投入补偿机制，建立既靠政府、又靠市场的多元投入补偿机制；加强医疗卫生单位的经济管理，开展成本核算，改革奖金分配办法，增收节支，提高投资效率等。1995年，四川省卫生厅（以下简称省卫生厅）在广元市苍溪县、遂宁市射洪县、德阳市什邡市、成都市青羊区进行卫生综合改革试点工作，主要内容为：改革卫生行政管理体制，成立乡镇卫生行政办公室；调整医疗卫生机构，优化卫生资源配置；改革卫生行政监督执法体制，成立卫生监督股和县级综合执法队；改革预防保健体制，成立防保科（所），充实防保人员，完善农村三级医疗预防保健体系和城区医疗预防保健网络；改革医疗卫生单位管理运行机制，实行经营管理责任制、承包制、综合目标管理责任制等多种模式。在干部人事制度、分配制度、农村医疗保障制度、卫生科技与医学教育等方面也进行一些改革。试点工作在进一步挖掘卫生资源潜力，增强医疗卫生单位活力，调动卫生人员积极性，缓解人民群众“看病难”“住院难”等方面取得一定成效，积累了一些经验。

改革医疗保障制度。20世纪80年代初，少数企业和地方开始自发对公费医疗制度和劳保医疗制度进行改革探索，如：医疗费用定额包干，超支部分按一定比例报销，医疗费用支付与个人利益挂钩等。这些改革实践的持续发展，为职工个人承担部分医疗费用奠定了一定的心理基础。1988年全省开始改革公费医疗制度，实行现金看病和医药费与个人挂钩。省、市、县三级卫生行政部门设立公费医疗管理机构，负责公费医疗人员的就医管理、报销和结算工作。90年代，在眉山县、简阳市农村健康保险试点的基础上，全省各地推行程度不同、项目有别、减免各异、形式多样的农村合作医疗制度和城乡保健保偿制度；进一步改革医院主管、多方参与、利益挂钩的公费医疗管理制度；在部分城市进行职工大病统筹改革。1996年，成都市率先在全国进行补充医疗保险试点。

第一步改革取得的成果主要体现在：医疗卫生单位实行多种形式的责任制，推行以按劳分配为主体、多种分配形式并存的分配制度，在一定程度上调动了卫生人员的积极性和创造性；实行“以副补主”“以工助医”的卫生经济政策，调整医疗卫生服务收费标准，在一定程度上缓解了医疗卫生单位经费严重不足和政策性亏损；拓宽服务领域，改变服务方式，在一定程度上满足了社会不同层次的医疗卫生服务需求。

第二步，1997—2005 年，改革主要围绕建立新的医药卫生体制进行。

1993 年 11 月，中国共产党十四届三中全会通过《中共中央关于建立社会主义市场经济体制若干问题的决定》，全国掀起新一轮改革浪潮。卫生系统积极探索建立适应社会主义市场经济的医疗卫生体制，尝试通过“市场化”来解决政府投入不足、医疗服务收费偏低、医疗机构“以药养医”、群众“看病难、看病贵”等诸多问题。尝试结果不如人意。在“建设靠国家，吃饭靠自己”的卫生政策刺激下，医疗机构出现偏重经济效益而忽视社会公益性的倾向。经过几年实践，人们在看到市场作用的同时，也更加清楚地认识到卫生事业不能走“市场化”道路。

1996 年 12 月 9—12 日，中华人民共和国成立以来第一次由中共中央、国务院召开的全国卫生工作会议在北京举行。中共中央总书记、国家主席江泽民，中共中央政治局常委、国务院总理李鹏在开幕式上发表重要讲话。会议确立卫生事业在物质文明和精神文明建设中的重要地位，确定建设中国特色社会主义卫生事业的大政方针，重申卫生事业是政府实行一定福利政策的社会公益事业，推出一系列加快卫生改革与发展的政策举措。1997 年 1 月 15 日，《中共中央、国务院关于卫生改革与发展的决定》正式颁布实施。该决定提出改革城镇职工医疗保险制度、改革卫生管理体制、改革卫生机构运行机制等政策措施。这是中国卫生改革与发展的一座里程碑。1998 年全国开始推行“三项改革”，即医疗卫生体制改革、医疗保险制度改革和药品生产流通体制改革，卫生改革进入全面建立新的医药卫生体制的新阶段。

全省各级党委、政府积极贯彻中共中央、国务院决定和全国卫生工作会议精神，采取一系列措施，加大卫生改革力度，加快卫生事业发展。

*加强党和政府对卫生工作的领导。*1997 年 3 月 24 日，中华人民共和国成立以来第一次由省委、省政府召开的四川省卫生大会在成都举行。中共四川省委书记谢世杰、四川省人民政府省长宋宝瑞出席会议并讲话，卫生部副部长彭玉到会指导。5 月 25 日，《中共四川省委、四川省人民政府关于卫生改革与发展的决定》（简称“省委、省政府 1997 年决定”）正式印发。省卫生大会之后，各市（州）、县（区）党委和政府陆续召开本地区的卫生工作会议，出台实施意见。省发展和改革委员会（以下简称省发改委）、省卫生厅等有关厅局先后出台《关于疾病预防控制和卫生监督体制改革的指导意见》《关于城镇医疗卫生体制改革的指导意见》《关于农村卫生体制改革的指导意见》等一系列文件。自此，全省医疗卫生体制、城镇职工基本医疗保险制度和药品生产流通体制“三项改革”同步推进，配套衔接。

2002 年，中共四川省委、四川省人民政府决定对过去“拍卖”乡镇卫生院的问题进行全面整改，将乡镇卫生院重新上划县级卫生行政部门管理。上划后，乡镇卫生院人头经费由县财政列支，并建立职工养老保险制度。至 2004 年底，全省乡镇卫生院全部完成上划管理。此举为发展农村卫生事业、解决农民医疗保健问题奠定重要基础。

2003 年 1 月，中共四川省委、四川省人民政府召开全省农村卫生工作会议，要求各级党委、政府把做好农村卫生工作作为执政为民的一件大事来抓，切实做到领导、规划、投入、督查“四到位”。是年，针对非典型肺炎（以下简称“非典”）流行暴露出的薄弱环节，全省新增 1 亿元用于公共卫生体系建设，实施一批重大疾病预防控制项目。

2005 年 1 月 13—14 日，中共四川省委、四川省人民政府在眉山市、成都市、德阳市、绵阳市召开全省卫生改革与发展现场会，各市（州）党政主要领导、分管副市（州）长和发展计划、财政、卫生行政部门主要负责人，四川省直有关部门负责人参加会议，中共四川省委书记张学忠，卫生部党组书记、常务副部长高强，四川省人民政府省长张中伟，四川省政协主席秦玉琴，卫生部、国家中医药管理局领导出席会议。成都市、德阳市、绵阳市、眉山市、都江堰市、彭山县党委及政府作大会发言，攀枝花市、雅安市、凉山州党委及政府，四川省卫生厅、四川省中医药管理局、成都市青羊区卫生局、成都市高新区社会事业发展局作书面交流。张学忠、高强、张中伟发表讲话。会议讨论修改的《中共四川省委、四川省人民政府关于加快建立和完善城乡卫生体系的决定》（简称“省委、省政府 2005 年决定”），要求各级党委、政府以科学发展观统揽卫生改革与发展，把卫生工作列为“一把手工程”，纳入目标考核内容，加大公共财政对卫生事业的投入。

加大公共财政对卫生事业的投入。“十五”期间，全省先后开展疾控机构建设、医疗救治体系建设和乡镇卫生院建设等，总投入 26 亿多元，相当于此前 20 年的总和。全省卫生机构业务用房快速增加，危房基本消除，一批国外先进设备相继引进，疫情应急处理和医疗急救能力显著增强。

改革卫生监督体系。2001 年 4 月，四川省卫生执法监督所（2004 年更名为省卫生执法监督总队）成立，继后各市（州）陆续成立卫生执法监督支队，县（市、区）成立卫生执法监督大队。改革后的卫生监督体系由省、市、县三级卫生行政部门和卫生监督机构组成，卫生行政部门为执法主体，卫生监督机构为具体执法机构。卫生执法监督机构行政执法人员按照国家公务员管理，经费由同级财政纳入预算。四川卫生执法监督机构率先在全国卫生系统实行综合执法，负责辖区内的食品、化妆品、消毒产品、生活饮用水及涉及饮用水卫生安全产品、公共场所、职业、放射、学校卫生、传染病防治、医疗机构和采供血机构及其执业人员的执业活动等具体执法监督工作。实行卫生执法监督体系改革，有效地解决了职能交叉、执法分散、重复监督、相互推诿、效率低下等体制性障碍，卫生监督工作进一步加强。

改革疾病预防控制体系。2002 年 1 月，四川省人民政府决定撤销省卫生防疫站、省劳动卫生职业病防治研究所、省寄生虫病防治研究所、省地方病防治研究所、省结核病防治所，组建四川省疾病预防控制中心。10 月，四川省疾病预防控制中心成立。主要承担 7 项公共卫生职能，即：疾病预防与控制、应急预警与处置、疫情收集与报告、监测检验与评价、健康教育与促进、应用研究与指导、技术管理与服务。各市（州）、县（区）也先后组建疾病预防控制中心。经过机构整合、功能重组和重点建设，全省疾病预防控制综合能力进一步提升。

推进新型农村合作医疗。20 世纪 80 年代初，农村开始实行家庭联产承包责任制，以集体经济为依托的合作医疗逐渐失去主要资金来源，加上合作医疗在运行过程中存在管理不善、监督不力等问题，从而导致合作医疗大面积解体。为解决农民看病问题，全省各级党委、政府和卫生部门努力探索恢复与重建合作医疗。1997 年 3 月，四川省人民政府召开农村合作医疗工作会议，12 月四川省发展和改革委员会、四川省卫生厅、四川省财政厅、四川省农业厅、四川省扶贫开发办公室、四川省民族宗教事务委员会、四川省民政厅印发《关于发展和完善农村合作医疗制度的实施意见》。1998 年四川省卫生厅印发《关于加强村级卫生机构建设意见》和《村卫生站基本标准》。2003 年 5 月四川省卫生厅成立农村合作医疗管理处。6 月四川省人民政府召开全省新型农村合作医疗（简称新农合）试点工作会议，成立以常务副省长蒋巨峰为组长，中共四川省委常委、宣传部部长王少雄和副省长刘晓峰为副组长的四川省新型农村合作医疗工作协调小组，负责领导、组织、实施、协调全省新农合试点工作。全省各级政府亦成立相应的组织和专职管理机构，启动第一批新农合试点。2004 年 7 月，省政府办公厅批转四川省卫生厅、四川省财政厅、四川省人事厅、四川省农业厅、四川省机构编制委员会办公室、四川省发展和改革委员会、四川省人口和计划生育委员会、四川省食品药品监督管理局、四川省中医药管理局、四川省扶贫开发办公室联署的《关于进一步做好新型农村合作医疗试点工作的意见》。12 月 28 日省政府在都江堰召开全省新农合试点工作会议。2005 年启动第二批新农合试点。两批 21 个试点县（市），参加新农合的人数为 635.44 万人，占农民总数的 58.78%。经过试点，由政府组织、引导、支持，农民自愿参加，个人、集体和政府多方筹资，以大病统筹为主的新农合运行机制初步建立。

发展城市社区卫生服务。继 1996 年成都市青羊区、攀枝花市东区和西区、凉山州西昌市开展城市初级卫生保健（以下简称初保）试点后，1998 年在全省 40 个市（区）开展城市社区卫生服务试点。1999 年 4 月省卫生厅印发《四川省城区社区卫生服务工作质量标准》。2000 年 1 月中国—加拿大"促进中国城市社区卫生服务策略计划"项目在成都玉林社区卫生服务中心启动，3 月省社区卫生服务领导小组成立。2001 年省卫生厅印发《四川省城市社区卫生服务机构设置标准》。各市（州）、县陆续整合城市基层卫生资源，调整公立基层医疗机构的结构和功能，将其转为或新建社区卫生服务中心。至 2005 年底，全省 21 个市（州）共建立城市社区卫生服务机构 454 个（服务中心 179 个，服务站 275 个），覆盖城市居民近 1000 万人。2005 年 3 月省卫生厅、省民政厅、省中医药管理局联合印发《关于全面开展社区卫生服务标准化建设的通知》，召开全省社区卫生服务标准化建设工作会，社区卫生服务机构内涵建设得以加强，服务功能有所扩展，服务质量有较大提高，当年建成标准化社区卫生服务机构 107 个。同年，南充市顺庆区，成都市武侯区、青羊区，攀枝花市东区，绵阳市涪城区被国家卫生部、民政部、国家中医药管理局确定为"全国社区卫生服务示范区"。

推行城镇职工医疗保险。1997 年，按照国务院的统一要求和部署，四川省经济体制改革委员会、四川省卫生厅、四川省财政厅、四川省劳动和社会保障厅等在四川省绵阳、泸州两市进行医疗保障制度改革试点。至 1999 年底，全省初步建立起"统账结合"（社会统筹与个人账户相结合），包括综合医疗保险、住院医疗保险、特殊医疗保险、补充医疗保险等在内的城镇职工医疗保险模式。2000 年 11 月，全省城镇职工基本医疗保险制度正式启动。2005 年，着手建立管理制度化、操作规范化的城市医疗救助制度。

改革药品采购方式。为解决"以药养医"，减轻群众医药费用，全省从 2000 年开始改革药品购销方式，先后出台《四川省医疗机构药品集中招标采购实施方案》《四川省医疗机构药品集中挂网采购暂行规定》等 10 多个规范性文件，率先在全国推行"阳光采购"，即：政府搭建监管平台，药品挂网竞价销售，医疗机构上网采购。规定全省公立医疗机构、较大规模的乡镇卫生院和部分非营利民营医疗机构必须在网上采购药品，二级甲等以上的医疗机构必须在网上采购医用耗材。药品采购从分散招标到全省集中招标，最后发展到集中上网限竞价购销。实行网上监管和现场督查相结合，推行医疗机构阳光采购积分制。2005 年底，全省有 2200 家生产企业的 6600 多个药品挂网、480 家医疗机构上网采购，第一、二批挂网药品和第三批中标挂网药品的零售价比国家同期零售价分别下降 31%、28% 和 40.6%，药价平均下降 33.2%，一年网上采购量达 22 亿元，减轻群众医药费用 7.3 亿元。2005 年 12 月，监察部、卫生部和国务院纠风办联合在四川召开部分省（自治区、直辖市）药

品集中招标采购工作座谈会，有关领导肯定了四川工作。国家有关部委将四川省作为全国药品集中招标工作的典型向全国推广，先后有20多个省（自治区、直辖市）到四川参观学习，中央电视台在《新闻联播》《焦点访谈》中多次介绍四川药品集中采购工作。

第二步改革取得的成果主要体现在：政府在提供基本公共卫生服务和基本医疗服务中主导地位更加突出，责任更加明晰，作用更加凸显；在构建新的医药卫生体制中，卫生改革不再是“孤军奋战”，公共卫生服务体系改革、医疗服务体系改革、医疗保障体系改革、药品供应保障体系改革全面展开，同步进行，相互配合有力，工作进展顺利；以推进基本医疗保障制度建设、健全基层医疗卫生服务体系为主要内容的公立医院改革试点稳健运行，步步深入，初见成效。

二

改革激发生机，改革促进发展。1986—2005年，是四川卫生事业不断探索快速、健康、科学发展道路的20年，也是不断迎接挑战、克服困难、取得巨大成就的20年。综合反映四川居民健康状况的主要指标达到较高水平，婴儿死亡率、孕产妇死亡率实现《中国儿童发展规划纲要》和《中国妇女发展规划纲要》目标要求，人均期望寿命由69岁升至77岁。

疾病防控。重点传染病得到有效控制。从1992年起，连续13年未发生脊髓灰质炎野病毒引起的麻痹性病例。1998年全省布鲁氏菌病77个流行县中有20个县达到基本控制、17个县达到稳定控制标准。2000年全省传染病发病率比20世纪50年代平均年发病率下降86.13%，传染病死亡率在各类死因中的排位由中华人民共和国成立前的第一位下降到第九位。2003年抗击“非典”，四川在全国输入病例出现早、病例多、分布广、疫区大量民工返乡的情况下，没有1例二代病例发生，没有1例病例传出，没有1名医务人员感染，取得抗击“非典”的重大胜利。2005年结核病患病率由20世纪80年代的840/10万降至544/10万，治愈率由50%提高至95%，死亡率由50/10万降至24/10万。曾严重危害群众健康的流脑、钩体病、流行性出血热、乙型脑炎、菌痢、伤寒等发病率降到历史最低水平。先后成功处置鼠疫、霍乱、人感染猪链球菌病等重大疫情。地方病和寄生虫病防控工作取得重要成果。1989年碘缺乏病达到基本控制标准，2005年实现基本消除碘缺乏病阶段目标。1996年如期实现消灭丝虫病目标，这是全省继天花之后第二个被消灭的疾病，也是第一个被消灭的寄生虫病。至2005年，基本完成重点地区燃煤型氟中毒7万户改炉改灶任务，地氟病明显下降。血吸虫病11个流行市（州）中有6个达到国家规定的传播阻断或血吸虫病传播控制标准，62个流行县（市、区）中有25个达到血吸虫病传播阻断标准，20个达到血吸虫病传播控制标准。70%以上的疟疾流行区达到卫生部基本消除疟疾标准，基本消除疟疾目标的104个县无一反复。疾病控制体系建设发生历史性变化，疾病预防控制和卫生应急处理能力显著提高。2005年底，疫情报告信息系统、突发公共卫生事件报告管理信息系统县级以上网络覆盖率、直报率分别达到100%、87.07%，乡级卫生院分别达到95.58%、82.34%。重点疾病的监测和预测预警机制进一步完善。

医疗服务。医疗服务体系进一步健全，医疗保健服务不断改进，群众看病就医的突出问题逐步缓解。至2005年，全省共有医院1155所，乡镇卫生院5166所，村卫生室48565个，其他卫生服务机构16598个；总床位194940张，平均每千人口床位数为2.24张；每千人口拥有执业/助理医师1.32人、注册护士0.71人。共建成三级甲等医院25个、三级乙等医院22个。农村三级医疗防保网在经历几年徘徊、低迷之后逐步得到恢复、巩固和加强，投入不足、危房较多、基础设施差、队伍素质不高等问题有所好转。新农合快速发展，农民群众得到更多实惠。城市社区卫生服务网络初步建立，居民健康建档、老年保健指导、精神病和高血压病管理、传染病防治、工业有毒有害作业点卫生监测等得到加强。医疗机构整体素质和综合实力显著提升。四川大学所辖附属医院、四川省人民医院、泸州医学院附属医院、成都市第三医院等，业务技术在西南地区居领先水平，有的属于国内领先水平，有的达到国际先进水平。少数省级、市级医院已能开展断肢再植术、体外循环心内直视术、心血管介入治疗术、器官移植术、人工肝技术、连体婴儿分离手术等。老年性黄斑、白内障、青光眼的治疗和角膜移植等处于全国领先水平，肝移植、骨髓移植和介入技术为国内一流，口腔颌面外科、口腔修复及牙种植技术居国内领先。全省市级以上医院基本实现网络化服务。2001 年华西医院远程医学网络入网医院超过 100 家，覆盖四川、云南、贵州、重庆、西藏、青海、甘肃、陕西等省（自治区、直辖市）的 90 多个市（州）。2003 年 8 月，省突发公共卫生事件医疗远程网络正式开通，终端工作站达到 600 个站点。

妇幼保健。临床业务工作快速发展，服务领域不断延伸，科研技术水平日益进步，行业地位和社会关注度显著提升。以婚前医学检查、孕期保健、住院分娩、母乳喂养为主要内容的婚育保健，以围产儿出生缺陷监测、儿童计划免疫、营养评价、生长监测、儿童体检、口腔保健、膳食指导为主要内容的儿童保健，在城乡逐步推广。2000 年启动“降低孕产妇死亡率和消除婴儿破伤风项目”（简称“降消项目”），至 2005 年实施降消项目的 92 个县，住院分娩率达到 77.3%、产前检查率达到 85.63%、新法接生率达到 93.79%，孕产妇死亡率降为 53.75/10 万（低于中国西部水平），新生儿破伤风发生率只有两个县大于 1‰，5 岁以下儿童死亡率低于全国平均水平。2004 年底，全省共有三级甲等妇幼保健院 2 所，二级甲等妇幼保健院 3 所，二级乙等妇幼保健院 3 所；创建爱婴医院 166 所，总数位居全国第二。

传统医药。通过政策法规扶持，优化资源配置，加强人才培养，加快科技进步，从 20 世纪 80 年代中期开始实施的“振兴中医”工作得以快速推进。各级党委政府对中医工作高度重视，地方财政对中医事业加大投入，中医政策法规逐步健全，中医医疗机构规模扩大，中医服务网络进一步健全，基本形成了与国民经济和社会事业发展相适应，与人民群众健康需求相适应的中医药医疗保健服务体系。农村中医药服务体系建设不断加强，社区卫生服务中的中医机构规模和中医服务质量处于全国最好水平。中医急症、疑难症、血症、热症等重大疾病防治有所突破，中医药特色与优势得以巩固和加强。中西医综合治疗急性坏死性胰腺炎、肺心病、脑病、肝病等达到国内先进水平。以重点学科和名医工作室为载体，名医继承培养、名医梯队建设工作取得重要进展。陆续建成四川中药现代化科技产业基地研究中心、国家药品临床研究基地、国家中药新药及天然药物临床试验基地，并建成一批国家级重点学科、重点实验室和省级重点实验室。组织实施国家中医药科技攻关项目、中医药基础研究、应用研究和一批重大中医药新技术应用、高新技术成果开发项目，取得省级以上科研成果 70 余项。中医药产业成为全省六大支柱产业之一。由四川省人民政府与科技部、农业部、卫生部、国家食品药品监督管理局、国家中医药管理局、中国科学院、中国工程院共同定期在成都举办的中医药现代化国际科技大会和全国中医药博览会，已经成为著名国际品牌。中医服务走出国门，中医药对外交流合作日益扩大。藏医药、蒙医药、羌医药、彝医药等民族医药也获得较快发展。四川中医药正朝着现代化和国际化快速发展，业已迈入由中医药大省向中医药强省转变的历史进程。

教育科研。高等医学教育快速发展，办学规模、教学条件、学科建设等发生历史性变化。专业设置更加适应卫生事业的发展及医疗市场的需求，各院校特色专业优势更加凸显。模拟教学、标准化病人教学、多媒体教学、数字网络教学、远程教学基本普及，基础型仿真人头模拟实验室等先进教学设施进入课堂。原有的实验室得以更新和完善，一批新组建的交叉学科研究平台、应用研究中心、技能培训中心等崭露头角。师资队伍日益年轻化和高学历化，具有硕士、博士学位的，具有高级职称的，担任博士生、硕士生导师的比例不断上升，并拥有国务院学位委员会学科评议组成员、中国科学院院士等领军人物。在校生人数大幅上升。

招收硕士、博士生的单位、授权点及招生人数不断增加。对外合作交流空前活跃，医学教育国际化进程大为加快。华西临床医学院、华西口腔医学院、华西公共卫生学院、成都中医药大学、泸州医学院招收国外留学生取得良好业绩。中等医学教育在办学条件与规模、专业设置与办学层次、教育理念与教学手段等方面，也发生了很大变化，为基层医疗卫生单位培养了大批实用型人才。科研投入力度增强，科研条件显著改善，科研水平和学术水平大幅提高。至2005年底，共建成国家级和省级重点实验室和技术中心87个。医药卫生科技工作者先后承担国家863计划、973计划、科技攻关计划，以及国家自然科学基金、科技部、教育部、卫生部、国家中医药管理局的大量科研项目，表现出较高的科研水平和学术水平，共获得省、部级科技进步三等奖以上的科技成果奖1102个，国家专利116个。有的科研成果居国内领先，有的达到国际水平。

三

1986—2005年，四川省积极探索社会主义市场经济条件下卫生事业发展道路，取得了前所未有的显著成就，积累了值得珍视的宝贵经验。

一是必须依靠党委政府的坚强领导。卫生工作是党和政府工作的重要组成部分，是党和政府联系群众、巩固执政地位的重要基础。中华人民共和国成立以来，省委、省政府一直坚持把发展卫生事业、保障人民群众健康作为一件大事来抓。改革开放以来，特别是1996年中共中央、国务院召开全国卫生工作会议后，省委、省政府统筹谋划，综合施策，出台一系列重要举措，推进卫生事业快速、稳步发展。先后召开全省卫生大会、全省农村卫生工作会议和全省卫生改革与发展现场会，作出关于卫生改革与发展的决定、关于城镇医药卫生体制改革的意见、关于疾病预防控制体制改革的意见、关于新型农村合作医疗制度试点的意见、关于突发公共卫生事件应急的实施办法、关于加快建立和完善城乡卫生体系的决定等，不断破解卫生事业发展的难题。陆续召开全省初级卫生保健、农村卫生、民族卫生、妇幼卫生、社区卫生等专题卫生工作会议，出台相关政策措施，为卫生事业创造宽松发展环境。建立健全党政领导重视、社会各部门协作配合、人民群众积极参与的工作机制，组织协调有关部门履行职责，不断解决卫生改革和发展中的实际问题。实施宏观调控，优化资源配置，不断缩小不同区域、不同层次人群的医疗卫生服务差距。确定和实施卫生防病、医疗保健、医药科研、医学教育等重点卫生项目建设，全面提升医药卫生工作水平。2003年战胜“非典”疫情后，全省各级党委、政府坚持以人为本的科学发展观，高度重视经济社会的统筹发展，把医疗卫生作为一个重大民生问题列入党委政府重要议事日程，纳入经济、社会发展总体规划和改革开放总体布局，关注解决重医轻防、重城轻乡等体制性问题，在公共卫生和重大疾病控制、农村和社区卫生建设、完善基本医疗保险制度等方面采取了一系列重大措施，初步开创了卫生工作新局面。

二是必须坚持公共医疗卫生的公益性质。卫生事业是政府实行一定福利政策的公益性社会事业。我国的社会主义制度和共产党的领导，决定了在任何时候都不能改变公共医疗卫生的公益性质。这是社会主义卫生事业的本质要求，违背了这个要求就背离了卫生工作的基本职责。坚持公共医疗卫生的公益性质，最根本的要把公共医疗卫生作为公共产品向全民提供，发挥专业公共医疗卫生机构在体现和维护公共医疗卫生公益性质方面的基础性作用。从 20 世纪 80 年代中期起，全省各级政府在深化改革中逐渐完善公立医院和基层医疗卫生机构补助政策，不断提高财政补助水平。根据轻重缓急和承受能力，安排公立医院的基本建设、大型医用设备购置等发展建设支出。90 年代后，逐渐完善公共卫生经费保障机制，加强公共卫生体系建设，增加公共卫生服务项目，免费为艾滋病、结核病、血吸虫病、包虫病、麻风病、疟疾等重大及重点传染病患者提供药物治疗。“十五”时期，进一步完善基本医疗保障政策，不断提高城镇职工医保和新农合筹资保障水平。同时，强化政府对医疗卫生机构服务质量、服务价格的监督管理，维护城乡居民享受基本医疗和公共卫生服务的合法权益。

三是必须坚定为人民健康服务的正确方向。卫生事业是造福于人民的事业。全心全意为人民健康服务是卫生工作的根本宗旨。从 20 世纪 80 年代中期起，全省卫生系统积极开展精神文明建设，普遍进行职业责任、职业道德、职业纪律教育，大力培育救死扶伤、尊重生命、崇尚医德的行业风尚。1997 年全省卫生大会后，卫生系统以强化宗旨意识和公益意识为核心，深入开展学习宣传，努力纠正思想认识上的迷茫和实际工作中的偏差。深入开展“文明单位”“青年文明号”“服务能手”“好医生”“好护士”创建活动，营造“人民卫生为人民”良好氛围。持续开展行风检查、行风评议和专项治理，采取多种方式接受社会监督，努力纠正行业不正之风，构建和谐医患关系。改善就医环境，优化服务流程，引进新设备，学习新技术，开展新业务，建立新模式，为公众提供优质服务。推行远程医疗、预约挂号等便民惠民措施，缓解群众看病难、看病贵等突出矛盾。广大卫生工作人员把为人民健康服务作为自己的神圣使命，在医疗卫生这个神圣的岗位上尽心尽责，奉献聪明才智。特别是在发生自然灾害和重大疫情时，冒着生命危险，奔赴救灾防病第一线，以救死扶伤为己任，表现出高尚情操，为杜绝灾后疫病流行、减轻国家和灾民的损失，作出很大贡献。

四是必须建立医药卫生“四位一体”的体制机制。传统的医药卫生体制存在诸多弊端，与快速发展的市场经济和不断增长的社会需求不相适应。从基本国情和基本省情出发，构建由公共卫生体系、医疗服务体系、医疗保障体系、药品供应保障体系“四位一体”组成的新型医药卫生体制，成为卫生改革与发展的必然选择。这四大体系是一个有机整体，互为依存，缺一不可，既不能“各自为战”，也不能出现“短板”。从 20 世纪 90 年代后期开始，全省逐渐加快医药卫生四大体系融合发展步伐，并不断取得重大突破。“十五”期末，全省基本建成覆盖城乡的疾病预防控制工作网络，进一步健全妇幼卫生服务体系，进一步完善卫生应急体系，公共卫生服务能力大幅提升。基本建成以县级医院为龙头、乡镇卫生院和村卫生室为基础的农村三级医疗卫生服务网络，基本形成各级各类医院与社区卫生服务机构分工协作的新型城市医疗卫生服务格局，医疗服务总供给增加，“看病难”等突出矛盾进一步缓解。初步建成主要由城镇职工基本医疗保险和新型农村合作医疗保险构成的医疗保障体系，医疗保障范围由住院延伸到门诊，报销比例逐步提高，开始建立以门诊重特大疾病保障制度和疾病应急救助，发展与健康管理、养老等服务相关的商业健康保险。初步建成包括药品生产、流通、价格管理、采购、配送、使用在内的药品供应保障体系，进一步健全行政监管与技术监

管相结合、社会监管为有效补充的监管体系，医药生产、流通、监管更加规范，群众基本药物需求得到满足，药品费用不合理增长得到有效控制，药品流通领域不正之风得到有力遏制。

五是必须实施“科教兴医”发展战略。卫生行业是知识密集、人才密集行业，提高医药卫生科技水平，培养高素质医学人才，是发展卫生事业的基本条件和必然要求，也是保证卫生事业可持续发展的关键。从20世纪80年代中期开始，四川贯彻中共中央、国务院关于科学技术体制改革、教育体制改革的决定，不断深化卫生科技管理体制改革和卫生教育体制改革，制定政策措施，建立健全激励奖惩机制，加大经费投入，开展不同层次的学科建设、科研开发、人才培养等工作。90年代后，通过专项经费支持，发挥医学高校、医药科研院所、医疗卫生机构在科教兴医战略中的主体地位，推进跨领域、跨部门、跨行业的合作与交流。进入21世纪，大力推进卫生科技创新，加强卫生科技和医学教育基础条件建设，以人为本建设高素质的卫生科技队伍、医学教育队伍和卫生技术队伍，卫生科教工作的发展环境有了明显改善。20年间，医药卫生科技取得一批重大成果，在重大医疗技术和重大疾病防控中发挥了重要支撑作用。涌现出一批竞争力较强的优秀医药卫生科技团队，一批中青年专家和学术带头人跻身于国内先进行列，老一代知名专家在领衔研究及后备人才培养方面作出了突出贡献。以在校医学教育、毕业后教育、继续医学教育为内容的终身医学教育体系基本建立起来，并步入良性发展轨道。医药卫生科技和医学教育对卫生事业发展的贡献率不断提高，对提升医疗卫生服务能力、改善人们健康水平、减轻城乡居民经济负担，发挥了重要作用。

四

1986—2005年，全省卫生事业虽有长足进步，但卫生事业发展水平与经济社会协调发展水平不相适应的矛盾、与人民群众健康需求不相适应的矛盾仍比较突出。四川经济欠发达，经济实力对卫生事业的支持受到很大制约。卫生事业费占财政支出的比例长期偏低，医疗卫生单位基础设施建设欠帐较多，2005年全省仍有1787个乡镇卫生院达不到国家标准，近90%的卫生监督执法机构靠租借房屋办公，90%的妇幼保健院基础设施陈旧。作为中国西部的一个内陆大省和人口大省，四川医疗卫生资源总体上严重不足，每千人拥有的卫生技术人员数、每千人拥有的床位数分别为2.73张、2.13张，均低于全国3.49张、2.45张的平均水平。疾病预防控制形势仍较严峻。血吸虫病、结核病、乙肝等重大疾病，地方病、职业病和慢性非传染性疾病，长期居高不下；艾滋病波及范围不断扩大，分布在全省21个市（州）的121个县（区），艾滋病病毒感染率在全国位居前五，局部地区和高危人群呈现高流行趋势，并从高危人群向一般人群扩散；肿瘤死亡率不断上升，已居城市居民死亡原因第一位，农村居民死亡原因第三位；心脑血管疾病、糖尿病患病率呈现升高趋势，对家庭和社会的压力日渐加重。孕产妇死亡率高于全国平均水平。中医医疗特色与优势不够突出，中医药资源使用率不高。解决优质资源短缺、资源配置不够合理、农村和民族地区卫生工作基础薄弱、实现城乡居民基本公共卫生服务均等化等问题，还任重道远。

历史成就现在，历史开启未来。坚持为人民健康服务的宗旨不动摇，坚持改革开放不停步，坚持克难攻坚不懈怠，四川卫生事业必将又快又好地持续发展，必将为保护和增进人民健康，为促进经济发展和社会进步，为全面建成小康社会，作出新的更大的贡献。

第一篇　卫生行政

政府兴办卫生事业的主要职责，是配置卫生资源，安排卫生投入，制定卫生政策法规，管理医疗卫生服务活动，推进卫生事业与经济社会协调发展，不断提高人民群众健康水平。1986—2005 年，四川省贯彻国家新时期卫生工作方针和卫生发展战略，不断优化卫生资源现配置，加大卫生事业投入，加快卫生人力资源开发，推进卫生法制建设，全省卫生资源持续发展，各级各类卫生机构的数量、规模、布局及服务能力发生很大变化，综合反映卫生事业发展状况的居民健康水平明显改善，为实现“人人享有基本医疗卫生服务”目标、推进小康社会建设打下了较好基础。

第一章 卫生机构

第一节 行政机构

1985年，全省有卫生行政机构232个，其中省级1个，市（地、州）级卫生局20个，县（市、区）级卫生局211个。

1997年重庆改设中央直辖市后，原重庆市卫生局及其所属15个县（市、区）卫生局，原万县市卫生局、涪陵市卫生局、黔江市卫生局及其所属15个县（市）卫生局，整体从四川省划出，全省卫生行政机构减至198个。

2005年，全省有卫生行政机构205个，其中省级2个，市（州）级22个，县（市、区）级181个。

一、省级卫生行政机构

（一）四川省卫生厅

省卫生厅是主管全省卫生工作的省政府组成部门。

1985年，厅机关内设4室、10处、1组、1科，编制144人。

1990年，厅机关内设4室、12处、1委、1组、2科，编制147人。

1996年1月，省卫生厅根据省委、省政府《关于四川省党政机构改革方案的实施意见》进行机构改革，主要是转变职能，理顺关系，精兵简政。

转变职能：按照国民经济与社会发展总体规划和卫生工作方针，围绕卫生工作战略重点，强化对全省卫生工作的宏观管理和业务指导；重点加强政策法规、综合规划、监督执法和信息化服务等工作，做好防病治病工作，提高人民健康水平等。弱化微观管理，对厅直属单位由直接管理转为指导、协调、监督、服务等间接管理；有关辅助性、服务性的工作，委托或授权有关学会、协会及事业单位承办。

主要职责：贯彻执行党和国家卫生工作方针、政策、法律、法规，起草全省卫生工作法规、条例草案，制订有关政策、技术标准、实施意见和卫生事业发展规划、部门的规章制度和管理办法，安排部署卫生工作，协调全省卫生事业发展；制订疾病防治规划和措施，负责传染病、地方病和其他常见病、多发病的防治工作，进行卫生宣传、健康教育，增强公民卫生保健意识；对环境、学校、劳动、放射、食品五大卫生等社会公共卫生和医疗卫生用品、药品、医用生物制品等进行监督、监测和管理；制订全省城乡医疗卫生卫生事业发展规划和监督管理办法，对重大疾病及医疗质量等实行监测；制订全省医疗卫生技术人员职业道德规范，开展职业道德教育和法制教育，加强行业作风建设；制订全省医学科研规划、计划，推动医药科技为卫生事业发展服务；制订医学教育发展规划，拟定中等卫生学校招生计划，进行医学教育质量监督、检查；依法对药品生产、经营、使用进行监督管理，确保人民用药安全；贯彻中西药结合方针，与有关部门共同发展现代医药学和传统医药学；会同有关部门研究制订全省医疗制度改革政策，组织、协调、处置重大疫情、灾情等突发性事件。按省政府规定，管理四川省中医管理局。

内设机构：厅机关内设16个职能处室和厅直属机关党委。行政编制136名，服务人员事业编制3名。

2000年8月，根据省委、省政府《关于实施四川省人民政府党政机构改革方案有关问题的意见》，再次进行机构改革。

职能调整：1. 划入职能。原省劳动厅承担的职业（包括矿山）卫生监察职能。2. 划出职能。将药政、药检职能交省药品监督管理局；将医疗保险制度改革和管理公费医疗职能交省劳动和社会保障厅。3. 转变调整。将医疗卫生科研成果评审、转化、新技术开发应用，医疗、防疫、妇保保健机构等级评审及学术交流等工作，交事业单位和社会团体承担。依照中国红十字总会的设置模式，省红十字会秘书处由省卫生厅代管调整为省政府领导直接联系。

主要职责：贯彻执行卫生工作的法律法规和方针政策，拟定全省卫生工作的法规、规章草案，制定并监督实施全省卫生事业发展规划、年度计划及技术规范，实行全省卫生行业管理；贯彻预防为主方针，开展全民健康教育，制定并组织实施全省疾病防治规划和措施，负责传染病、地方病和其他常见病、多发病的防治工作；指导全省初级卫生保健、妇幼卫生、农村卫生、社区卫生工作，统筹协调全省卫生资源配置；监督管理食品、职业、环境、放射、学校、社会公共卫生，制定食品、化妆品质量管理规范并负责认证工作；负责医疗机构、从业人员、医疗技术应用、大型医疗设备等医疗服务要素准入的监督管理；组织、协调、处置重大疫情、病情等突发性事件，负责重点疾病的监测及医疗质量的监督管理；监督血站、单采血浆站采供血及临床用血的质量管理；拟订全省医疗科研规划、计划，组织医药卫生科技的基础研究和应用研究，指导科技成果的普及应用；拟订全省卫生人才和医学教育发展规划；制定全省妇幼保健和提高出生人口素质的发展规划、政策措施和技术规范，监督母婴保健法律、法规及专项技术的贯彻实施；贯彻中西医并重的方针，推进中医药的继承与创新，努力实现中医药现代化；负责省干部保健委员会确定的保健对象的医疗保健工作；负责有关卫生方面的政府与民间的多边、双边合作交流与卫生援外工作；承担省爱国卫生运动委员会的日常工作。根据省政府规定，管理四川省中医管理局。

内设机构：厅机关内设11个职能处室和厅直属机关党委。行政编制74名，服务人员事业编制7名。

2003年5月，厅机关增设农村合作医疗管理处，所需人员内部调剂解决，不新增编制。

2004年3月，厅机关增设卫生应急办公室，增核行政编制3名（不足部分厅内调剂解决）；卫生法制处增挂卫生执法监督处牌子；疾病控制与卫生监督处更名为疾病控制处，原承担的卫生执法监督职能交卫生执法监督处；农村合作医疗管理处更名为农村卫生管理处。

（二）四川省中医药管理局

1986年12月10日，省政府批准在省卫生厅中医处基础上成立省中医管理局，负责全省中医工作的全行业管理。局机关内设办公室、人事处、医政处、科研处。

1996 年 1 月机构改革，局机关内设办公室、计划财务处、医政处、科技教育处、人事处和局直属机关党委，行政编制 30 人，后勤服务人员事业编制 5 名。

2000 年 8 月机构改革，局机关内设办公室、人事处、医政处、科技教育处和局直属机关党委，行政编制 21 名，机关服务人员事业编制 2 名。

主要职责：贯彻执行卫生、中医工作法律法规和方针政策，拟定并监督执行有关地方性法规、规章，编制并组织实施全省中医事业发展规划，对全省中医（包括中西医结合和民族医药）工作实行全行业管理；规划、指导和协调全省中医医疗、科研、教育、保健机构的结构布局及其运行机制的改革，拟定并监督执行各类中医医疗、保健等机构管理规范和技术标准；对全省中医医疗、预防、保健、康复、护理及临床用药等进行监督和业务指导，负责中医医疗机构执业许可证的核发工作；参与制定全省基本药物目录；研究和指导全省中西医结合工作，拟定有关管理规范和技术标准，监督和协调管理各类中西医结合医疗机构；研究和指导全省民族医药工作，组织对民族医药的理论、医术、药物的发掘、整理、总结和提高，制定相关制度规范和技术标准，监督和协调管理民族医药机构；拟定和组织实施全省中医药科学研究、技术开发规划，组织中医药科技成果推广、奖励工作，负责有关知识产权的保护工作；组织拟定和实施全省中医药教育发展规划，对中医药教育质量进行监督和业务指导；指导与协调中医药国际和港、澳、台地区的交流与合作。职能调整：中医医院评审、教育评估和质量检查、一般科技成果的鉴定与推广等事务性工作，授权事业单位或委托社会中介组织承担。

2003 年 5 月 14 日，省中医管理局更名为省中医药管理局。

二、市（州）级卫生行政机构

（一）市（州）卫生局

截至 2005 年，全省共有市（州）卫生局 22 个，即：成都市、自贡市、攀枝花市、泸州市、德阳市、绵阳市、广安市、遂宁市、内江市、乐山市、南充市、眉山市、宜宾市、广元市、达州市、雅安市、巴中市、资阳市卫生局；阿坝州、甘孜州、凉山州卫生局；四川省科学城卫生局。其中，有 8 个市（州）级卫生局为 1991—2000 年新设立的卫生行政机构。

1991 年，四川省科学城办事处卫生局成立，隶属于中国工程物理研究院职工医院。1999 年更名为四川省科学城卫生局，独立行使综合卫生管理职能。

1993 年 7 月 2 日，由南充地区划出的华蓥市、广安县、岳池县、武胜县和达县地区划出的邻水县组成广安地区，广安地区卫生局成立。1998 年 7 月 31 日撤销广安地区，设立地级广安市，广安地区卫生局更名为广安市卫生局。

1993 年 7 月 5 日，由达县地区划出的巴中市、通江县、南江县、平昌县组成巴中地区，10 月巴中地区卫生局成立。2000 年 7 月，撤销巴中地区，设立地级巴中市，巴中地区卫生局更名为巴中市卫生局。

1993 年 7 月，达县地区更名为达川地区，达县地区卫生局更名为达川地区卫生局；1999 年 6 月撤销达川地区，设立地级达州市，达川地区卫生局更名为达州市卫生局。

1996 年 10 月 5 日，撤销宜宾地区，设立地级宜宾市，宜宾地区卫生局更名为宜宾市卫生局。

1997 年 8 月，由乐山市划出的眉山、仁寿、彭山、洪雅、丹陵、青神组成眉山地区，眉山地区卫生局成立。2000 年 12 月撤销眉山地区，设立地级眉山市，眉山地区卫生局更名为眉山市卫生局。

1998 年 2 月 26 日，由内江市划出的资阳、简阳、安岳、乐至组成资阳地区，6 月 15 日资阳地区卫生局成立。2000 年 7 月撤销资阳地区，设立地级资阳市，资阳地区卫生局更名为资阳市卫生局。

2000 年 7 月，撤销雅安地区，设立地级雅安市，雅安地区卫生局更名为雅安市卫生局。

（二）市（州）中医管理局

自 1988 年 3 月起，部分市（州）卫生局先后增挂中医管理局牌子，实行一套班子、两块牌子、统一管理。2005 年底，全省共有内江、资阳、成都、甘孜、宜宾、泸州、自贡、乐山、绵阳、攀枝花、阿坝、眉山、广安、广元、巴中、遂宁、南充 17 个市（州）卫生局增挂中医管理局牌子，德阳、雅安、达州、凉山 4 个市（州）卫生局内设中医科。

三、县（市、区）级卫生行政机构

截至 2005 年，全省共有县（市、区）卫生局 181 个，其中成都市 19 个，自贡市 6 个，攀枝花市 5 个，泸州市 7 个，德阳市 6 个，绵阳市 9 个，广安市 5 个，遂宁市 5 个，内江市 5 个，乐山市 11 个，南充市 9 个，眉山市 6 个，宜宾市 10 个，广元市 7 个，达州市 7 个，雅安市 8 个，巴中市 4 个，资阳市 4 个，阿坝州 13 个，甘孜州 18 个，凉山州 17 个。全省所有县（市、区）卫生局内均设有中医股。

第二节　事业单位

一、全省卫生事业单位

1986—2005 年，经过行政区划调整（主要是重庆市直辖）、管理体制改革和资源整合，全省医疗机构、疾控机构和妇幼保健机构数量基本保持稳定，卫生监督机构、社区卫生服务机构和村卫生室数量有所增加，诊所、医务室数量有所减少。详情见表 1—1—1、表 1—1—2。

1986—2005 四川省卫生事业单位数量统计表（一）

表 1—1—1　　　　单位：所、个

年份	合计	医院	综合医院	中医医院	专科医院	疗养院	卫生院	乡镇卫生院	社区卫生服务中心（站）	社区卫生服务中心
1986	19498	968	719	152	43	28	7089	7089	—	—
1987	19954	999	731	161	50	28	7152	7152	—	—
1988	2054	1027	736	170	57	33	7068	7068	—	—
1989	20113	1074	762	182	62	33	7245	7245	—	—
1990	20304	1086	771	186	63	31	7272	7272	—	—
1991	20403	1109	786	189	66	30	7266	7266	—	—
1992	20333	1110	787	191	66	29	7225	7225	—	—

续表1—1—1

年份	合计	医院	综合医院	中医医院	专科医院	疗养院	卫生院	乡镇卫生院	社区卫生服务中心（站）	社区卫生服务中心
1993	19062	1129	802	198	67	31	6944	6944	—	—
1994	19012	1143	806	200	69	30	9140	9140	—	—
1995	18885	1140	803	200	69	30	9112	9112	—	—
1996	39678	1141	810	204	69	30	9093	9602	—	—
1997	31392	853	608	157	52	20	6823	6811	—	—
1998	31917	861	608	158	52	20	6803	6791	—	—
1999	32633	866	612	158	52	20	6791	6779	—	—
2000	33351	876	622	158	51	20	6777	6765	—	—
2001	33412	876	617	158	54	20	6708	6696	—	—
2002	28204	1173	819	186	132	10	6280	6261	240	44
2003	27657	1164	810	180	142	10	6048	6032	261	50
2004	24605	1144	797	173	143	10	5369	5353	274	63
2005	23834	1155	793	168	156	8	5179	5166	403	68

1986—2005 四川省卫生事业单位数量统计表（二）

表1—1—2　　　　单位：所、个

年份	门诊部（所）	诊所、卫生所、医务室	妇幼保健院（所、站）	专科疾病防治院（所、站）	疾病预防控制机构	卫生监督机构	急救中心（站）	采供血机构	医学科学研究机构	医学在职培训机构	健康教育所（站、中心）	其他卫生机构
1986	9540	—	233	61	242	—	—	—	17	—	—	1320
1987	9701	—	233	67	242	—	—	—	17	—	—	1515
1988	9758	—	233	66	242	—	—	—	17	—	—	1610
1989	9409	—	233	70	248	—	—	—	17	—	—	1784
1990	9489	—	234	73	249	—	—	—	20	—	—	1850
1991	9455	—	238	73	254	—	—	—	20	—	—	1958
1992	9384	—	239	80	254	—	—	—	20	—	—	1992
1993	8442	—	245	81	267	—	1	—	27	—	—	1895
1994	6126	—	242	83	268	—	1	—	27	—	—	1952
1995	6028	—	243	83	268	—	1	—	27	—	—	1953
1996	26827	26166	248	82	272	—	1	—	27	—	—	1957

续表1—1—2

年份	门诊部（所）	诊所、卫生所、医务室	妇幼保健院（所、站）	专科疾病防治院（所、站）	疾病预防控制机构	卫生监督机构	急救中心（站）	采供血机构	医学科学研究机构	医学在职培训机构	健康教育所（站、中心）	其他卫生机构
1997	21610	21193	201	66	218	—	1	—	20	—	—	1580
1998	22128	21755	202	66	219	—	2	—	21	—	—	1595
1999	22859	22507	202	65	218	—	2	—	22	—	—	1588
2000	23616	23309	200	64	218	—	2	—	19	—	—	1559
2001	23783	23507	200	65	219	—	2	—	19	—	—	1520
2002	19481	18664	204	88	214	24	5	37	16	18	16	398
2003	19244	18406	198	68	208	53	3	37	16	21	10	316
2004	16934	16391	196	58	209	110	4	39	16	22	9	211
2005	16195	15901	197	42	207	154	7	38	15	22	8	204

说明：该表源于《四川卫生统计年鉴（2008）》

二、省属卫生事业单位

截至2005年，省属卫生事业单位共21个（不含中医机构），即：四川省医学科学院·四川省人民医院，四川省肿瘤医院，四川省第四人民医院，四川省第五人民医院，四川省第六人民医院，四川省人工晶体研究所，四川省妇幼保健院，四川省疾病预防控制中心，四川省卫生执法监督总队，四川省卫生管理干部学院，四川省卫生学校，四川省医疗卫生技术咨询所，四川省医学情报研究所，四川省卫生厅项目管理中心，四川省卫生人才交流中心，四川省卫生厅国际交流中心，四川省卫生建筑设计所，泸州医学院附属医院，泸州医学院附属口腔医院，川北医学院附属医院，绵阳科学城医院。其中，新设、升格、撤并、更名的比较多。

1988年3月，经过4年筹建的四川省肿瘤医院正式开业应诊，后增挂四川省肿瘤研究所、四川省第二人民医院牌子。

1990年10月，四川省卫生厅建筑设计室设立，1996年4月更名为四川省卫生建筑设计所。

1992年5月，四川省直属机关第一门诊部升格为四川省直属机关第一医院，1995年2月更名为四川省第四人民医院。

1992年5月，四川省直属机关第二门诊部升格为四川省直属机关第二医院，1995年2月更名为四川省第五人民医院。

1992年8月，四川省劳动卫生监督监测所与四川省放射防护所合并为四川省劳动放射卫生监督所，合并后原承担的任务不变，仍与四川省劳动职业病防治研究所实行一套机构两块牌子，同时增挂四川省生物医学材料监测中心的牌子。

1992年11月，成都市金牛区蜀光生物医学工程技术研究所上划更名为四川省人工晶体研究所。

1996年2月，四川省卫生国际交流中心设立。

1997年1月，四川省医药卫生学会联合办公室更名为四川省医疗卫生技术咨询所，同时撤销四川省医药报刊社，其人员一并划归四川省医疗卫生技术咨询所。

1997 年 2 月，四川省妇幼保健院设立。

2001 年 4 月，四川省卫生执法监督所设立。

2002 年 10 月，四川省卫生防疫站、四川省劳动卫生职业病防治研究所（以下简称省劳卫所）、四川省寄生虫病防治研究所（以下简称省寄研所）、四川省地方病防治研究所（以下简称省地研所）和四川省结核病防治研究所（以下简称省结防所）合并组建省疾控中心。2005 年 12 月增挂省预防医学科学研究院牌子。

2002 年 2 月，四川省卫生人才交流中心设立。

2002 年 5 月，在泸州医学院口腔系和泸州医学院附属医院口腔科基础上组建泸州医学院附属口腔医院，实行省卫生厅和泸州医学院双重领导管理体制。

2002 年 7 月，四川省医学科学院与四川省人民医院合并组建四川省医学科学院·四川省人民医院，四川省第三人民医院、四川省皮肤病性病防治研究所、四川省医学科学院附属医院和四川省医学科学院实验动物研究所同时纳入合并后的新机构。

2003 年 5 月，四川石油管理局总医院改建为四川省第六人民医院。

2005 年 1 月，四川省卫生厅项目管理中心设立。

第二章 卫生人员

国家法定的卫生人员，专指四类职工：一是卫生技术人员，包括执业医师、助理执业医师、注册护士、药师（士）、检验技师（士）、影像技师（士）、卫生监督员和见习医（药、护、技）师（士）等卫生专业人员；二是其他技术人员，包括从事医疗器械修配、卫生宣传、科学研究和教学等技术工作的非卫生专业人员；三是管理人员，包括担负领导职责的人员，从事医疗保健、疾病控制、卫生监督、医学科学研究与教学等业务管理工作的人员；四是工勤技能人员，包括承担技能操作和维护、后勤保障、服务等职责的人员。

第一节 人员数量

一、全省各类卫生人员数量

1986—2005年，全省各类卫生人员数量见表1—2。

1986—2005年四川省各类卫生人员数量统计表

表1—2　　　　单位：人

年份	卫生人员	卫生技术人员						其他技术人员	管理人员	工勤技能人员
			执业（助理）医师	执业医师	注册护士	药剂人员	检验人员			
1949	2719	—	—	—	—	—	—	—	—	—
1950	5082	2993	688	636	997	154	—	92	811	1186
1955	50376	39239	19756	15595	4844	2964	305	768	5568	4801
1960	182943	160279	74064	60758	9846	9196	1337	2630	10699	9326
1965	146552	123507	66856	47544	14255	9082	2368	2449	10357	10239
1970	168202	142375	76907	54242	21569	—	—	927	12081	12819
1975	226133	187064	89307	60492	25397	14924	3702	1401	18283	19385
1980	299227	244798	104023	65843	35551	20277	6034	2630	21595	30404
1981	317378	259049	97721	40272	39539	12755	6516	3269	22617	32443
1982	332347	273700	109266	47391	43255	14494	7248	2588	22976	33083

续表1—2

年份	卫生人员	卫生技术人员	执业（助理）医师	执业医师	注册护士	药剂人员	检验人员	其他技术人员	管理人员	工勤技能人员
1983	340398	280567	111929	50183	45092	14831	7553	2900	22564	34367
1984	346538	283695	112282	49510	46030	14636	7661	3338	23211	36294
1985	350286	283897	112188	48969	46055	14597	7712	3943	26624	35822
1986	357692	288399	114813	50098	46777	14799	7760	3395	28645	37253
1987	364522	294068	116865	51801	47961	15270	8091	3790	29608	37056
1988	370489	300091	124508	80048	52613	17348	8772	4624	30014	35760
1989	375901	304790	144763	102357	59972	24137	9812	5562	31057	34492
1990	383166	310685	151054	107517	63791	23776	10156	5705	32044	34732
1991	389978	315166	151387	107314	65340	24876	10231	5938	33473	35401
1992	395575	319477	152448	107330	66853	24667	10186	6231	34024	35843
1993	396269	319331	152157	111735	67343	24581	9912	6789	33466	36683
1994	402153	325300	156106	115963	69204	25107	10344	6572	33928	36353
1995	406345	329178	157693	117720	71681	25411	10778	6767	34152	36248
1996	410992	333734	161440	118359	73911	25675	11130	7147	34525	35586
1997	307665	250801	121742	88065	55759	18512	8282	5461	24858	26545
1998	307922	251189	124629	88612	57009	18560	8497	5552	24621	26560
1999	311342	254315	127245	90002	58651	18710	8771	6083	24674	26270
2000	310035	253331	128736	91785	59665	18525	8862	5329	25470	25905
2001	302844	249392	129147	93553	59799	18104	9081	4764	24115	24573
2002	292871	244282	116168	86978	60098	19933	10768	5477	20070	23042
2003	288305	240898	115797	86101	59494	19316	10362	6909	17960	22538
2004	281848	236035	113096	84785	60871	19011	10050	7643	17392	20778
2005	280517	236023	113693	86205	61237	17896	9663	8712	15825	19957

说明：2002 年以前，执业（助理）医师系医生数，执业医师系医师数，注册护士系护师（士）数

二、全省每千人口卫生技术人员数量

1990—2005 年，全省每千人口卫生技术人员数量为 3 人左右，市级为 4—6 人，县级为 2 人左右。部分年份每千人口卫生人员数量见表 1—3。

1990—2005年部分年份四川省每千人口卫生技术人员数量统计表

表1—3

年份	每千人口卫生技术人员			每千人口执业（助理）医师			每千人口执业医师	每千人口注册护士		
	合计	市	县	合计	市	县		合计	市	县
1990	2.87	6.24	2.09	1.40	2.88	1.05	0.99	0.59	1.67	0.34
1995	2.95	4.44	2.16	1.41	2.07	1.06	1.05	0.64	1.14	0.38
1998	3.02	4.57	2.26	1.50	2.20	1.16	1.07	0.69	1.23	0.42
1999	3.04	4.14	2.42	1.52	1.98	1.26	1.08	0.70	1.13	0.46
2000	3.01	4.08	2.40	1.53	2.00	1.27	1.09	0.71	1.14	0.47
2001	2.96	4.09	2.31	1.53	2.02	1.25	1.11	0.71	1.15	0.46
2002	2.88	4.18	2.14	1.37	1.94	1.04	1.03	0.71	1.21	0.42
2003	2.82	4.15	2.06	1.36	1.94	1.02	1.01	0.70	1.20	0.41
2004	2.75	4.13	1.94	1.32	1.92	0.97	0.99	0.71	1.22	0.41
2005	2.73	4.09	1.92	1.32	1.90	0.97	1.00	0.71	1.21	0.41

说明：1. 1990年、1995年统计数据含当年重庆数据；
2. 2002年以前，执业（助理）医师系医生数，执业医师系医师数，注册护士系护师（士）数；
3. 该表源于《四川卫生统计年鉴（2008）》

第二节　人员构成

一、全省各类卫生人员构成

（一）2000年全省各类卫生人员构成

2000年四川省各类卫生人员构成统计表

表1—4

人员类别	人员数（人）	各类人员构成（%）	
		占总人员	占卫技人员
总　计	310035	100.00	
卫生技术人员	253331	81.71	100.00
其中：中医师	22329	7.20	8.81
西医师	68783	22.19	27.15
中西结合医师	673	0.22	0.27
护师	39273	12.67	15.50

续表1—4

人员类别	人员数（人）	各类人员构成（%）	
		占总人员	占卫技人员
中药师	4863	1.57	1.92
西药师	6997	2.26	2.76
检验技师	6240	2.01	2.46
中医士	10028	3.23	3.96
西医士	26923	8.68	10.63
护士	20392	6.58	8.05
助产士	2831	0.91	1.12
中药剂士	3019	0.97	1.19
西药剂士	3646	1.18	1.44
检验技士	2622	0.85	1.04
其中：医生	130391	42.06	51.47
内：医师	91785	29.60	36.23
护师、士	59665	19.24	23.55
其他技术人员	5329	1.72	—
管理人员	25470	8.22	—
工勤人员	25905	8.36	—

（二）2005年全省各类卫生人员构成

2005年四川省各类卫生人员构成统计表

表1—5

单位：人

卫生技术人员							其他技术人员	管理人员
合计	执业医师	执业助理医师	注册护士	药剂人员	检验人员	其他		
201002	69155	21591	56146	14948	9062	30100	9222	15323
80642	42540	12489	1187	6193	3576	14657	4514	7622
120360	26615	9102	54959	8755	5486	15443	4708	7701

二、全省各市（州）各类卫生人员构成

2005年四川省各市（州）各类卫生人员构成统计表

表1—6　　　　单位：人

地区	人员合计	#卫生技术人员	执业医师	执业助理医师	注册护士	管理人员	医院	社区卫生服务中心	卫生院	疾控中心	妇幼保健院（所、站）
全省	28057	236023	86205	27488	61237	15825	142955	1487	70403	10410	8648
成都市	72124	58546	22413	3814	17733	4041	43464	929	8616	2503	1996
自贡市	10411	8116	2973	827	2605	669	5958	—	2343	420	547
攀枝花市	8244	6943	2791	561	2162	538	5151	—	538	279	212
泸州市	10265	8915	3208	1094	2177	518	4752	200	2661	319	174
德阳市	12883	11083	3976	1592	2836	648	6557	—	2946	304	371
绵阳市	16657	14463	4793	1666	3853	877	8778	96	4443	492	392
广元市	10859	9388	2889	1274	2398	539	5400	—	3425	340	299
遂宁市	7875	6942	2417	749	1840	421	4065	—	2171	198	135
内江市	11370	9599	3478	1258	2617	891	6087	95	2781	332	278
乐山市	12571	10768	3917	1421	2894	645	6793	61	2518	486	502
南充市	17193	13655	4662	1551	3182	1674	7956	106	6253	529	619
眉山市	9142	7892	3025	983	1622	537	3592	—	3677	329	302
宜宾市	12564	10962	4116	1468	2744	476	6209	—	3560	446	348
广安市	7974	6613	2237	827	1290	599	3124	—	3548	430	285
达州市	17051	14591	4776	2393	3052	734	6730	—	6450	552	516
雅安市	5937	5217	2202	645	1214	318	2853	—	1352	279	244
巴中市	7519	6551	2382	1521	1016	322	2480	—	3105	264	252
资阳市	10093	8411	3083	1244	1861	680	4255	—	4020	312	303
阿坝州	3928	3535	1522	600	786	112	1885	—	1153	303	215
甘孜州	4305	3865	1301	793	708	132	1766	—	1371	368	238
凉山州	11552	9963	4044	1207	2647	454	5560	—	3472	925	420

说明：该表源于《四川卫生统计提要（2005年）》

第三节　学历与职称

一、学历

自20世纪80年代起，由高等医药院校和科研机构培养的具有硕士、博士学位的高学历人才，不断充实到全省卫生系统各个工作领域。一些原来只有初中、中专、高中文化水平的在职人员，通过脱产半脱产入学深造、参加电大学习和成人自学高考，陆续取得大学专科、本科学历。至2005年，全省卫生系统具有大专（含）以上学历的人员共80290人，占卫生人员总人数的39%。

2005年四川省各类卫生人员学历构成统计表

表1—7　　单位：人

学历	卫生技术人员							其他技术人员	管理人员
	小计	执业医师	执业（助理）医师	注册护士	药剂人员	检验人员	其他		
博士	316	286	—	12	5	6	7	66	11
硕士	1395	1160	15	57	20	44	99	100	54
学士/大学本科	23369	17223	879	877	543	603	3244	977	1784
大专	55210	21221	5544	16371	2707	3043	6324	2412	5550
中专	91242	22091	11384	33721	6351	4180	13515	2172	3868
高中	12891	2657	1623	2643	2038	668	3262	1724	2287
初中及以下	16544	4484	2146	2464	3283	518	3649	1768	1769

二、职称

1986—2000年，卫生专业人员初级、中级、高级技术职称的取得，一律实行评审的办法。2000年，对1998年6月26日以前全省取得医学专业技术职务任职资格的人员进行资格认定，共审查认定合格148211人，其中执业医师116105人，执业助理医师32106人。其分布为：临床95181人，其中执业医师74346人，执业助理医师20835人；公共卫生10656人，其中执业医师8836人，执业助理医师1820人；中医38618人，其中执业医师30044人，执业助理医师8574人；口腔3756人，其中执业医师2879人，执业助理医师877人。是年，申报高级职务1145人，其中申报正高123人，通过85人，合格率为69.11%；申报副高1022人，通过731人，合格率为69.77%。与1999年相比，正高合格率下降了0.61个百分点，副高合格率下降了1.39个百分点。

从2001年起，临床医学专业初、中级职称资格的取得，一律参加全国统一考试。临床医学、预防医学、全科医学、药学、护理、其他卫生技术等专业技术初、中级资格考试，设置基础知识、相关专业知识、专业知识、专业实践能力4个考试科目。参加相应专业考试人员必须在一个考试年度内通过全部科目的考试，方可获得专业技术资格证书。取得执业助理医师资格的可聘任医士职务，取得执业医师资格的可聘任医师职务。高级职称资格的取得，实行考评结合的方式。

2001—2005 年全省卫生专业人员职称考评情况见表 1—8。

2001—2005 年四川省卫生专业人员职称考评通过率统计表

表 1—8　　　　单位：人

年份	合计			初级（士）			初级（师）			中级			高级		
	参考	通过	通过率（%）	参考	通过	通过率（%）	参考	通过	通过率（%）	参考	通过	通过率（%）	参评	通过	通过率（%）
2001	3749	2520	67.22	594	345	58.08	996	747	75.00	2159	1428	66.14	1456	996	68.41
2002	8302	4334	52.20	2563	1071	41.79	2752	1578	57.34	2987	1739	58.22	1440	986	68.47
2003	21820	11288	51.73	11375	4687	41.20	4160	2516	60.48	6285	4085	65.00	1470	941	64.01
2004	22173	12284	55.40	13899	6653	47.87	3734	2639	70.67	4540	2992	65.90	1454	945	64.99
2005	28728	15943	55.50	16396	9002	54.90	5589	3180	56.90	6743	3761	55.78	1662	1192	71.72

不同年份全省中高级卫生技术职称人员数量见表 1—9。

不同年份四川省中高级卫生技术人员数量统计表

表 1—9　　　　单位：人

分类＼年份	1990	1995	1998	1999	2000	2001	2002	2005
总　计	58932	79069	60410	63412	63734	64858	59800	59065
主任医、护、药、技师	532	1308	1049	1150	1094	1000	928	1119
主任医师	498	1187	937	1029	970	893	753	1021
主任护师	1	7	4	9	14	12	70	45
主任药师	25	80	75	73	73	64	46	31
主任技师	8	34	33	39	37	31	59	22
副主任医、护、药、技师	6442	9473	7384	8110	8562	8704	8334	9108
副主任医师	5690	8330	6435	7093	7486	7615	7311	8045
副主任护师	76	229	199	246	286	318	408	509
副主任药师	420	497	343	370	379	345	214	215
副主任技师	256	417	407	401	411	426	401	339
主治（管）医、护、药、技师	51958	68288	51977	54152	54078	55154	50538	48838
主治医师	38598	46942	33396	34365	33663	33694	30648	29275

续表1—9

分类＼年份	1990	1995	1998	1999	2000	2001	2002	2005
主管护师	7370	13002	11921	12942	13494	14318	13767	14506
主管药师	3212	4148	3180	3239	3202	3277	2704	2607
主管技师	2778	4196	3480	3606	3719	3865	3419	2450

说明：本表统计数据不包括诊所、卫生所、医务室、社区卫生服务站和村卫生室数据

2004—2005年全省卫生技术人员技术职称结构情况见表1—10。

2004—2005年四川省卫生技术人员技术职称结构统计表

表1—10 单位：人

职称结构	职称级别	2004年	2005年
专业技术资格	正高	1111	1156
	副高	9055	9415
	中级	51949	51296
	助理/师级	75271	75358
	员/士	46824	47070
	其他	14236	16707
专业技术职务	正高	920	967
	副高	8689	9011
	中级	51510	50939
	助理/师级	75913	75898
	员/士	48639	49107
	待聘	12775	15080

说明：该表数据源于《四川卫生统计提要》(2004年、2005年)

第三章　卫生投入

第一节　卫生事业费财政支出

政府对卫生的投入，最基本的是卫生事业费①。1997—2005 年，随着经济的发展，全省卫生事业费占政府财政支出的比重从 2.9% 增至 3.32%，提高了 0.42 个百分点。

1997—2005 年四川省卫生事业费财政支出情况统计表

表 1—11

年　份	财政支出（亿元）	卫生事业费（亿元）	卫生事业费占财政支出比例（%）
1997	275.10	—	—
1998	320.90	—	—
1999	363.50	10.54	2.90
2000	452.00	11.51	2.55
2001	594.10	16.08	2.71
2002	701.60	17.22	2.45
2003	732.30	20.67	2.82
2004	895.30	23.30	2.60
2005	1032.20	34.26	3.32

2000 年省本级和各市（州）政府卫生事业费财政支出情况见表 1—12。

2000 年四川省省本级和各市（州）卫生事业费财政支出情况统计表

表 1—12

地　区	卫生事业费实际支出（万元）	其中财政拨款支出（万元）	财政拨款增长情况（%）
省级卫生事业费	139009.92	13294.28	50.58
中医事业费	13362.23	1659.10	8.49

① 是指国家用于疾病的防治、防疫和监控，保证人民身体健康的经费支出，主要有：国有医院、专门医院、疗养院、保健院的经费拨款或补助，各种防治、防疫所（站）、急救中心、红十字会的经费拨款，重大社会卫生活动的经费拨款。

续表1—12

地　区	卫生事业费实际支出（万元）	其中财政拨款支出（万元）	财政拨款增长情况（%）
成都市	195488.13	22721.41	11.85
自贡市	36921.88	3634.78	—5.82
攀枝花市	28523.86	7514.58	—9.73
泸州市	26053.62	3735.65	7.10
德阳市	49595.60	5086.23	—7.16
绵阳市	63378.88	8571.23	21.23
广元市	24879.70	2841.98	0.43
遂宁市	26725.83	2426.69	7.57
内江市	38034.59	2765.96	4.40
乐山市	33739.94	3054.37	2.29
南充市	33709.00	4877.00	0.37
眉山市	28523.00	2813.00	—5.45
宜宾市	38010.70	6643.82	21.53
广安市	46524.53	3533.72	—4.62
达州市	47852.88	4441.51	—0.63
雅安市	24356.72	2211.70	—3.98
巴中市	16697.96	2171.94	—6.11
资阳市	18588.04	3595.88	10.58
阿坝州	8939.61	4104.50	7.35
甘孜州	10009.63	4945.45	21.57
凉山州	34475.17	11442.03	9.73

2005年省本级和各市（州）卫生事业费财政支出情况见表1—13。

2005年四川省省本级和各市（州）卫生事业费财政支出情况统计表

表1—13

地　区	财政卫生投入（万元）		财政支出（万元）	财政对卫生投入占财政支出（%）
	小计	其中“新农合”投入		
省本级	75449	2529.2	1926000	3.29
成都市	63010	5224	2417000	2.61
自贡市	7510	1995.7	237629	3.16

续表1—13

地　区	财政卫生投入（万元）		财政支出（万元）	财政对卫生投入占财政支出（%）
	小计	其中“新农合”投入		
攀枝花市	13233	30.00	311844	4.24
泸州市	7896	206.00	359869	2.19
德阳市	10355	177.51	399419	2.59
绵阳市	20452	265.90	501300	4.08
广元市	7664	260.00	274984	2.79
遂宁市	3855	335.00	256508	1.50
内江市	10951	243.90	306880	3.57
乐山市	11090	90.58	352526	3.15
南充市	6395	251.00	504336	1.27
眉山市	5382	159.00	249145	2.16
宜宾市	29110	145.60	512704	5.68
广安市	1349	252.00	280000	0.48
达州市	8159	403.00	475167	1.72
雅安市	6189	15.36	188643	3.28
巴中市	2395	—	241100	0.99
资阳市	11434	162.80	277475	4.12
阿坝州	13180	—	309420	4.26
甘孜州	10029	19.00	423783	2.37
凉山州	34676	85.30	600003	5.78

第二节　卫生事业单位财政补助

在城市，政府对卫生事业单位一直实行财政补助。其中，对医疗机构实行差额补助，用于工资、补助工资、职工福利费、工会经费、离退休人员经费、修缮费、设备购置费、专项业务费等。业务收入自行核算。这种财政补助办法执行的是“定额包干，超支不补，节余留用”。对医疗机构之外的其他卫生事业单位实行全额补助，即全部开支按标准进入财政预算。这种财政补助办法执行的是“经费包干，节余上缴，超支不补”。1985年工资改革后，对差额补助单位人员增资部分，按增资额的60%以上标准进入财政补助范围，其余部分由业务收支节余自行解决。对全额补助单位，按增资全部及以其为基数计算的各种其他经费，财政均纳入预算定额补助范畴。

1998年，全省医疗卫生单位开始实行“零基预算”，即：上年一切预算被视为“零”，按当年财政支付能力和财政开支范围的重点进入当年预算的要素。集中统筹预算外资金，医疗收入被纳入预算外资金范畴，上缴财政专户集中管理，实行“收支两条线”①。对县及县以上公立非营利性医院实行药品“收支两条线”管理。政府举办的社区卫生服务组织以定额补助为主，由同级财政予以安排。

从2000年开始，政府对医疗卫生单位实行定额定项预算补助。即：对差额补助单位以上年补助标准为基数，加上当年各种政策性因素和上年新增人员所增加的必须由财政补助的经费计入财政预算，对大修大购和部分业务专项实行一定金额专项补助；对全额补助单位按工资的110%计算，另加定额业务费、公务费，再加上对大修大购进行部分补助，其余不足部分由预算外收入解决，预算外收入不再上缴财政。政府举办的县及县以上非营利性医疗机构定项补助项目包括：医疗机构开办和发展建设支出、事业单位职工基本养老保险制度建立以前的离退休人员费用、临床重点学科研究、由于政策原因造成的基本医疗服务亏损补贴、因处理突发事件造成的医疗欠费补助等。自2003年起，医疗机构财政补助一律实行定项补助。

在农村，从20世纪90年代后期开始，按照建立公共财政预算的要求，将农村卫生经费纳入财政预算。政府每年增加的卫生事业费主要用于发展农村卫生事业，包括卫生监督、疾病控制、妇幼保健、健康教育、突发公共卫生事件、基本医疗服务、基础设施建设等。政府举办的乡镇卫生院的人员工资和退休人员退休金、医疗保险金，由县级财政预算安排。对县（区）、乡（镇）开展公共卫生、处理突发公共卫生事件工作等，给予必要的业务经费补助。21世纪初，各级政府加大对农村卫生的投入，除继续完成危房改造外，主要是加强乡镇卫生院配套建设，提高乡镇卫生院床位配置标准。

1999—2005年，全省卫生事业费财政补助由10.54亿元增至34.26亿元，增长3倍多，其占省财政支出的比例由2.90%上升至3.10%。详情见表1—14。

1999—2005年四川省卫生事业费财政补助情况统计表

表1—14

年份	卫生事业费财政补助		卫生事业费财政补助占省财政支出（%）
	数额（亿元）	增长（%）	
1999	10.54	—	2.90
2000	11.51	9.20	2.55
2001	16.08	39.70	2.71
2002	17.22	7.09	2.45
2003	20.67	32.84	2.82
2004	23.30	12.72	2.60
2005	34.26	47.04	3.10

① 指政府对行政事业性收费、罚没收入等财政非税收入的一种管理方式，即有关部门取得的非税收入与发生的支出脱钩，收入上缴国库或财政专户，支出由财政根据各单位履行职能的需要按标准核定的资金管理模式。

第三节　卫生建设项目财政拨款

政府对卫生投入的重要方式之一是卫生建设项目财政拨款。1980—2005 年，全省共实施 30 多个卫生建设项目，总投资 516170 万元，其中中央资金 205220 万元，省财政资金 61297 万元，地方配套资金 249653 万元；受益的各类医疗卫生机构 21392 个，改造建设业务用房 1256 万余平方米，购置各类设备 97816 台（件）。

一、农村卫生事业重点县建设项目

1980—2003 年，全省共 8 批、183 个县（市、区）完成农村卫生事业重点县建设，共投资 74820.28 万元，其中省专项补助经费 14611 万元，市（地、州）配套经费 7825.6 万元，县配套经费 17763.85 万元，卫生事业费、单位自筹和其他投资 34619.83 万元。用于基本建设 65942.04 万元，建筑房屋 233.89 万平方米；用于培训 4456.69 万元，培训各级卫生技术人员和管理人员 114046 人（次）；用于医疗仪器设备采购 4421.55 万元，共采购设备 30755 台（件）。

二、贫困县县医院建设项目

根据国家计委、卫生部《关于下达 1999—2001 年贫困县县医院建设规划的通知》，全省 17 个贫困县县医院先后纳入规划建设。项目总投资 5549.5 万元，其中中央专项补助 1880 万元，市（州）配套 690 万元，县（区）配套 410 万元，单位自筹及其他 2569.5 万元。共改扩建业务用房 11 万平方米。

三、农村卫生三项建设项目

农村卫生三项建设，是对乡镇卫生院、县级卫生防疫站、县级妇幼保健院（所）进行改造建设。1991—2001 年，全省共完成改造建设项目 5756 个，其中乡镇卫生院 5436 个，县级卫生防疫站 159

图 1－1　“十五”期间建成的甘孜州雅江县甲拉乡卫生院综合楼

个，县级妇幼保健院（所）161个。总投资135037.94万元，其中中央资金7009万元，省级资金8543.6万元，市（州）级资金13956.9万元，县（市、区）级资金21375万元，乡（镇）级资金13415万元，自筹资金65464万元，其他5274.44万元。完成房屋建设379.88万平方米，其中乡镇卫生院334.06万平方米，县级卫生防疫站23.03万平方米，县级妇幼保健院（所）22.53万平方米。

四、藏区卫生建设项目

1996—2002年，国家分七批支援四川藏区卫生建设，在甘孜藏族自治州、阿坝藏族羌族自治州、凉山州木里藏族自治县共投入12201.5万元（中央投资9683万元，地方配套资金2518.5万元），支援建设乡镇卫生院345个，州、县级医院34个，州、县级卫生防疫站和妇幼保健院37个，藏医医院24个。共建设房屋6.22万平方米，培训人员1393名，购置医疗设备827台（件）。

1997—2001年，省政府分五批组织实施民族卫生扶贫工程，覆盖全省50个民族县，其中甘孜州18个，阿坝州13个，凉山州17个，乐山市2个民族自治县。省、州（市）、县共投入资金5785.34万元，建设和装备乡镇卫生院及村卫生站1296个，完成房屋建设7.56万平方米，培训卫生技术人员5664人，购置医疗设备18032台（件），配备药品周转金246.14万元。

五、血站建设项目

2001—2002年，省财政投资10670.6万元（其中国债9217.26万元），对19个市、州中心血站进行改造建设及设备配置，共改造及建设业务用房4.92万平方米，为21个中心血站、9个县级血库配置各类设备789台（件）、采供血车辆67台。

六、卫生扶贫工程项目

2001—2004年，按照省委、省政府《四川省农村扶贫开发规划（2001—2010年）》，全省重点进行乡镇卫生院建设。共投资17892万元（省财政资金9780万元、地方配套资金8112万元），建设项目778个，建设规模36.01万平方米。

七、“十五”专项建设

2002—2005年，实施国家“十五”专项建设，全省共投资26103万元（中央投资7410万元，地方配套资金18693万元），建设项目179个，建设规模33.60万平方米。其中乡镇卫生院建设项目74个，投资3152万元（中央投资1250万元，地方配套资金1902万元），建设规模8.19万平方米；县医院建设项目26个，投资6704万元（中央投资2903万元，地方配套资金3774万元），建设规模8.44万平方米；县妇幼保健院建设项目42个，投资3696万元（中央投资805万元，地方配套资金2891万元），建设规模5.79万平方米；精神病医院、传染病医院、中医院建设项目13个，投资9565万元（中央投资1250万元，地方配套资金8315万元），建设规模6.67万平方米；血吸虫病防治机构建设项目24个，投资2986万元（中央投资1175万元，地方配套资金1811万元），建设规模4.49万平方米。

八、农村卫生基础设施建设项目

2002—2004年，省政府安排专项资金进行农村卫生基础设施建设。共投资15202万元（其中省财政资金5698万元、地方配套资金9504万元），改造建设各类医疗卫生机构629个，改扩建业务用房167609平方米。

九、疾病预防控制体系建设项目

2002—2003年，中央和省下达疾病预防控制体系建设项目201个，共投资47250.4万元。其中土建项目189个，土建规模40.98万平方米，投资44184.4万元（国债资金21840万元、省财政资金5011万元、地方配套资金17333.4万元）；设备项目中，国债资金和省级财政共安排3066万元（其中国债资金1146万元，省级财政资金1920万元），对12个项目单位进行装备。至2005年，除宜宾市屏山县因县城搬迁经批准缓建外，所有设备项目全部完成。

十、医疗救治体系建设项目

2003—2004年，国家分两批下达四川医疗救治体系建设项目172个，其中市（州）级紧急救援中心项目21个，市（州）级传染病医院项目21个，县级传染病病区项目130个。总投资45624万元（中央投资41763万元，地方配套资金3861万元），建设面积29.80万平方米。2005年国家下达12602万元，为四川省传染病院区及紧急救援中心配置设备。

十一、乡镇卫生院建设项目

2004年，中央下达国债乡镇卫生院项目501个，项目总金额16145万元（国债13150万元，地方配套资金2995万元），土建规模28.15万平方米，后因行政区划调整，项目调整为495个。2005年中央下达国债乡镇卫生院项目966个，土建规模60.99万平方米，项目总金额35734万元（国债29040万元，地方配套资金6694万元）。运用中央补助乡镇卫生院能力建设7238万元，为全省4776个乡镇卫生院配备手术包、抢救床及抗感染等医疗设备47346台（件）。

十二、国债县级医疗机构建设项目

2005年，实施国债县医院建设项目19个，土建规模5.87万平方米，项目总金额5185万元（其中国债3340万元，地方配套资金1845万元）。

十三、房屋工程建设项目

1986—2005年，省、市、县三级政府安排专款，支持医疗卫生机构进行房屋工程建设，改善工作环境。全省卫生机构自建和购买房屋2823.57万平方米，其中业务用房1882.94万平方米。省人民医院第一住院大楼、门诊医技大楼分别列为全省“九五”和“十五”重点建设项目，省财政总投资3.30亿元。攀枝花市卫生系统“九五”时期基建投资16897万元，为“七五”时期的24倍、“八五”时期的14倍。

第四节　卫生事业基本建设

一、2000年全省卫生事业基本建设

2000年四川省卫生事业基本建设投资完成情况一览表

表1—15

机构类别	建设项目（个）	完成投资额（万元）		竣工面积（平方米）
		总　计	其中：国家预算投资	
总　计	557	53480.31	3725.00	676242
一、医院合计	76	33189.78	1901.00	284629
1. 县及县以上医院	75	32809.78	1901.00	284629
其中：中医院	17	6305.97	220.00	64371
2. 其他医院	1	380.00	—	—
二、卫生院合计	416	12625.26	1236.22	69704
其中：农村卫生院	286	7299.33	883.70	156777
三、门诊部、所	2	288.00	—	8550
四、疗养院、所	1	330.00	—	4380
五、专科防治所、站	1	60.00	—	1000
六、卫生防疫机构	28	2797.10	278.70	42083
其中：卫生防疫站	28	2797.10	278.70	42083
七、妇幼保健机构	19	2073.00	165.00	34596
其中：妇幼保健所、站	19	2073.00	165.00	34596
八、医学科研机构	—	—	—	—
九、中等医药卫生学校	10	1651.17	44.00	20597
十、其他卫生事业机构	4	466.00	100.00	13403

二、2000年全省各市（州）卫生事业基本建设

2000年四川省各市（州）卫生事业基本建设投资完成情况一览表

表1—16

地　区	建设项目（个）	完成投资额（万元）		竣工面积（平方米）
		总　计	其中：国家预算投资	
总　计	557	53480.31	3725.00	676242
成都市	55	11929.00	31.00	121711
自贡市	6	451.00	—	1337
攀枝花市	4	2315.37	115.00	20234
泸州市	18	1885.34	419.00	24338
德阳市	21	4064.20	—	46605
绵阳市	38	5995.60	1089.00	29353
广元市	25	1290.00	131.00	22500
遂宁市	14	1122.73	97.00	19452
内江市	24	2207.05	17.00	44360
资阳市	28	723.60	15.00	18138
乐山市	23	973.70	64.00	12470
眉山市	28	3521.70	30.00	38964
宜宾市	37	1483.00	187.00	27136
南充市	39	5267.60	178.00	87218
达州市	34	835.50	82.00	23525
广安市	23	2757.00	74.00	39554
巴中市	18	1651.80	56.00	20605
雅安市	19	1879.22	1.50	17796
阿坝州	21	477.50	437.00	8930
甘孜州	29	1131.20	498.50	17061
凉山州	53	1518.90	203.00	22922

三、2005 年全省卫生事业基本建设

2005 年四川省卫生事业基本建设投资完成情况一览表

表 1—17

机构类别	基建项目（个）	本年实际完成投资额（万元）						本年房屋施工面积（平方米）		本年房屋竣工面积（平方米）
			按资金来源分							
		总计	预算内投资	国内贷款	利用外资	自筹资金	其他	总计	其中：本年新开工	
总　　计	1388	5588030	49647	20340	26	5506717	11300	4923100	885882	1287494
医院	134	5534104	16771	16495	—	5495272	5566	4066919	222409	706344
综合医院	109	5528309	15363	15981	—	5491604	5361	484575	188329	323110
中医医院	16	2887	433	286	—	2168	—	3568045	19981	374570
民族医院	5	773	130	200	—	263	180	6554	6345	6554
专科医院	4	2135	845	28	—	1237	25	7745	7745	2110
卫生院	1197	40057	27723	1406	26	7817	3085	702385	579679	460878
乡镇卫生院	1197	40057	27723	1406	26	7817	3085	702385	579679	460878
门诊部	1	33	33	—	—	—	—	666	666	—
妇幼保健院（所、站）	7	1007	160	—	—	743	104	17861	7287	10286
其中：妇幼保健院	7	1007	160	—	—	743	104	17861	7287	10286
专科疾病防治院（所、站）	1	100	60	—	—	40	—	2200	2200	2200
专科疾病防治院	1	100	60	—	—	40	—	2200	2200	2200
疾病预防控制中心（防疫站）	43	11848	4518	2439	—	2845	2046	128255	72159	106765
其中：疾病预防控制中心	35	10820	4174	2330	—	2270	2046	102299	54709	87765
卫生防疫站	8	1028	344	109	—	575	—	25956	17450	19000
卫生监督所	1	53	30	—	—	—	23	—	—	—
医学科学研究机构	2	461	—	—	—	—	461	3793	461	—

四、2005 年全省各市（州）卫生事业基本建设

2005 年四川省各市（州）卫生机构基本建设投资完成情况一览表

表 1—18

机构类别	基建项目（个）	本年实际完成投资额（万元）						本年房屋施工面积（平方米）		本年房屋竣工面积（平方米）
		总计	按资金来源分							
			预算内投资	国内贷款	利用外资	自筹资金	其他	总计	其中：本年新开工	
四川省	1388	5588030	49647	20340	26	5506717	11300	4923100	885882	1287494
成都市	61	51590	5136	2401	—	41568	2485	245045	89750	223212
自贡市	10	933	277	—	—	626	30	14698	6561	763
攀枝花市	16	2360	1797	—	—	360	203	19942	15767	14211
泸州市	74	4891	4017	109	—	122	643	60847	52266	44621
德阳市	75	7628	2751	1500	—	3257	120	108345	62683	28718
绵阳市	101	13395	3625	—	—	5370	4400	145719	56397	28842
广元市	72	2695	778	88	—	553	1276	45449	29595	20255
遂宁市	30	3240	1301	700	—	1040	199	27697	19697	46740
内江市	24	2831	979	200	—	1652	—	41459	30469	33559
乐山市	18	1075	447	—	—	522	106	3560826	2681	362725
南充市	128	5572	3571	130	—	1809	62	94514	72602	62715
眉山市	102	3542	2807	—	—	715	20	64140	47870	49070
宜宾市	6	6136	1383	—	—	4753	—	35600	32600	3900
广安市	69	6535	3243	1940	26	1276	50	77300	75953	65525
达州市	59	4094	1437	200	—	2457	—	60555	58455	41570
雅安市	58	1927	1588	—	—	299	40	36233	24421	26230
巴中市	55	14643	3310	9180	—	1518	635	67079	58511	52525
资阳市	36	1842	785	140	—	904	13	29628	28218	21172
阿坝州	75	3922	2963	270	—	304	385	40703	28300	40527
甘孜州	88	2369	2104	64	—	79	122	37953	19596	34555
凉山州	231	5446810	5348	3418	—	5437533	511	109368	73490	86059

第五节　卫生事业外资借贷

自 20 世纪 80 年代开始，全省各级政府和医疗卫生单位顺应改革开放的新形势，积极争取国际组织和国外政府优惠贷款，用于医疗卫生机构的发展建设。至 2005 年，先后使用世界银行和德国、

西班牙、丹麦、以色列等国政府贷款，实施卫生项目19个，共借贷外资10060.30万美元。

一、卫生Ⅰ项目（农村卫生与医学教育）

1984—1991年，向世界银行贷款847万SDR（特别提款权）。项目内容：1. 农村县级卫生机构及乡镇卫生院建设。项目覆盖双流、富顺、什邡、广汉、合江、资中、峨眉、三台、广安、大竹、汉源共11个县。2. 高等医学院校的教育与科研，项目单位为华西医科大学。3. 卫生管理、评价与研究。项目单位为四川省中药研究所。

二、卫生Ⅱ项目（农村卫生与预防医学）

1986—1996年，向世界银行贷款408万SDR。项目内容：1. 贫困农村县预防性和治疗性卫生服务。项目覆盖邛崃、泸县、中江、盐亭、简阳、眉山、珙县、南部、渠县、越西共10个县。省卫生防疫站的疾病监测与控制、计划免疫工作也列入其中。2. 药品质量控制。项目单位为华西医科大学培训基地。3. 农村健康保险制度试点。项目单位为眉山、简阳。

三、卫生Ⅴ项目（中国传染病与地方病防控）

"结核病控制"子项目。1992—2001年，向世界银行贷款428万SDR和767万元人民币的软贷款。项目覆盖全省21个市（州）141个县和省级项目疾病预防控制中心血防所和结防所。

"血吸虫病控制"子项目。1992—1998年，向世界银行贷款871.19万美元。项目覆盖凉山、乐山、眉山、雅安、成都、德阳、内江、攀枝花9个市（地、州）41个县5614个村。项目内容为：人、牛查/治病，查/灭螺，健康教育，疾病监测，技术培训和应用科研管理等。

四、卫生Ⅵ项目（综合性妇幼卫生保健）

1995—2001年，向世界银行贷款10999.4万元人民币。项目覆盖除绵阳、眉山以外的19个市（地、州）的40个县（甘孜州9个县、阿坝州8个县各作为一个项目县）。项目内容为：改善县、乡级妇幼保健机构的产科、儿科医疗条件，加强三级妇幼保健网建设，提高基层卫生人员提供医疗保健服务能力与交流技巧，增强目标人群的自我保健意识和利用保健服务能力等。

五、卫生Ⅶ项目（疾病预防·健康促进）

1996—2004年，使用世界银行贷款910.91万元人民币。项目以成都市为实施现场，开展健康促进活动，降低由于慢性非传染性疾病、性病/艾滋病和意外伤害引起的死亡、疾病和残疾所造成的负担。

六、卫生Ⅷ项目（秦巴山区扶贫项目·卫生部分）

1999年开始实施，计划2007年结束。向世界银行贷款555万SDR（约合人民币6200万元）及英国政府DFID赠款1363万元人民币。项目覆盖广元、南充、广安、巴中、达州5个市12个贫困县的135个乡镇、1483个行政村，受益人口173万。项目内容为：改善特困人口医疗救治效果，改善乡村卫生服务，改善基本卫生服务管理，改进县乡村卫生服务支持。至2005年底，累计信贷资金提款5372.30万元，完成信贷资金额度的86.34%。

七、改水Ⅰ（农村供水与环境卫生）

1985—1991 年，向世界银行贷款 10924050 个 SDR，使用期 25 年（含宽限期 10 年，还贷期 15 年）。项目地区为：崇庆、垫江、中江、成都市原金牛区、绵阳市原市中区。共建设 614 个子项目供水系统，其中管道系统（水厂、站）571 个，非管道系统（手压机井、大口井）43 个，1020 个村、13904 万人受益。

八、德国政府贷款项目

2003 年贷款 2205 万美元，用于 18 个市（州）级疾控中心和省疾控中心购置医疗检验检测设备 1114 台（件）。计划 2008 年贷款全部到位。

九、丹麦政府贷款项目

2003—2004 年，贷款 480 万美元，用于凉山州第一人民医院新门诊大楼引进 CT、直线加速器等医疗设备。

十、西班牙政府贷款项目

省妇幼保健院、德阳市第三人民医院、眉山第二人民医院项目。2000 年贷款 319.3 万美元，用于引进螺旋 CT、关节镜、血凝仪等医疗设备。

仪陇县人民医院项目。2003—2004 年，贷款 124 万美元，用于扩建医院，购置医疗设备。

自贡市第一人民医院项目。2004—2005 年，贷款 130 万美元，用于扩建医院，购置医疗设备。

通江县中医院项目。2004—2005 年，贷款 120 万美元，用于扩建医院，购置医疗设备。

达县人民医院项目。2004—2005 年，贷款 250 万美元，用于扩建医院，购置医疗设备。

雅安市第二人民医院项目。贷款 98 万美元，用于购置医疗设备。

阆中市人民医院项目。贷款 120 万美元，用于购置医疗设备。

石棉县人民医院项目。贷款 100 万欧元，用于购置医疗设备。

叙永县人民医院项目。2004 年开始实施，计划 2007 年结束。计划贷款 100 万美元，用于扩建医院，购置医疗设备。

十一、荷兰政府贷款项目

贷款 100 万美元，用于珙县人民医院、长宁县人民医院扩建医院，购置医疗设备。

十二、以色列政府贷款项目

富顺县人民医院项目。贷款 150 万美元，用于扩建医院，购置医疗设备。

南充市中心医院项目。2005 年开始实施，计划 2006 年结束。贷款 300 万美元，用于扩建医院，购置医疗设备。

阆中市中医医院项目。2005 年开始实施，计划 2007 年结束。贷款 100 万美元，用于扩建医院，购置医疗设备。

第四章 卫生政务

第一节 卫生行政审批

中华人民共和国成立后，行政审批工作长期实行由当事人到相关行政机关办理的制度。随着改革开放不断深入，中共中央、国务院提出深化行政审批制度改革，革除审批事项多、范围广、程序繁、效率低、服务差等历史弊端。各级政府政务服务中心应运而生。

2001 年 10 月 9 日，省政府政务服务中心成立，集中办理本级政府权限范围内的行政许可事项和服务项目，集信息与咨询、管理与协调、投诉与监督于一体。省卫生厅在该中心设立卫生窗口，负责办理食品生产经营卫生许可、化妆品生产企业卫生许可、消毒产品生产企业卫生许可、医疗机构执业登记、医师资格及执业注册、职业健康检查、职业病诊断机构资质认证等行政许可事项。随后，各市（州）卫生局也陆续在本级政府政务服务大厅设立卫生窗口，开展卫生政务服务。

遵循办事公开、公正、规范、便民，既有利于提高工作效率，又有利于廉洁自律的原则，省卫生厅先后制定九大类卫生行政许可办理程序，如《生产企业卫生许可证申办（换证）程序》《经营企业卫生许可证申办（换证）程序》《健康相关产品卫生许可申报（换证）程序》《卫生许可证复验程序》《放射性同位素和射线装置工作许可证申报（换证）程序》等。还制定了 50 项卫生行政审批《办理须知》，如《医疗机构冠“四川”“中心”名称的审批办理须知》《医疗机构设置审批及执业登记办理须知》《医师资格认定及医师执业注册办理须知》《生产、销售、使用放射性同位素与射线装置办理须知》《食品生产经营卫生许可办理须知》等。经过一段时间实践，整合修改“程序”和“须知”，2002 年统一编印成《四川省人民政府政务服务中心卫生窗口办事指南》。

2002 年四川省人民政府政务服务中心卫生窗口办事指南一览表

表 1—19

序号	项目
1	护士执业许可办事指南
2	外籍医师到华短期行医许可办事指南
3	消毒产品生产企业卫生许可办事指南
4	消毒剂初审办事指南
5	消毒器械初审办事指南
6	二次供水单位卫生许可办事指南

续表1—19

序号	项　　　目
7	涉及饮用水卫生安全产品卫生许可办事指南
8	涉及饮用水卫生安全产品初审办事指南
9	医疗机构开展人类辅助生殖技术审核办事指南 ——供精人工授精和体外受精—胚胎移植技术衍生技术（包括：计划生育技术服务机构开展辅助生殖技术）
10	医疗机构开展人类辅助生殖技术许可办事指南 ——丈夫精液人工授精技术（包括：计划生育技术服务机构开展辅助生殖技术）
11	医师执业注册审批办事指南
12	血站（中心血站、基层血站或中心血库）许可审批
13	母婴保健技术服务机构执业许可办事指南
14	从事母婴保健专项技术服务人员资质认证办事指南
15	生产、销售、使用同位素工作许可证
16	食品生产和经营企业卫生许可办事指南（生产企业卫生许可）
17	消毒产品、卫生用品注册证办事指南
18	短寿命同位素准购批件办事指南
19	医疗美容新技术临床研究审批办事指南
20	医疗机构设置审批办事指南
21	医疗机构执业登记办事指南
22	单采血浆站许可审批办事指南
23	医疗机构开展戒毒脱瘾治疗审批
24	医疗保健机构开展计划生育技术服务审批办事指南
25	计划生育技术服务机构从事产前诊断审批办事指南
26	公共场所卫生许可办事指南
27	放射工作人员证办事指南
28	生产、销售、使用射线装置工作许可办事指南
29	化妆品生产企业卫生许可办事指南
30	特殊用途化妆品初审办事指南
31	新资源食品原料生产的食品、水解酱油审批
32	医疗机构冠“中心”“四川”名称核准办事指南
33	职业病诊断人员资质认证办事指南
34	建设项目职业病防护设施设计审查办事指南

续表1—19

序号	项目
35	建设项目职业病防护设施竣工验收办事指南
36	建设项目放射防护设施设计卫生审查办事指南
37	建设项目放射防护设施竣工卫生验收办事指南
38	食品广告办事指南
39	医疗广告专业技术内容出证办事指南
40	医疗机构建立人类精子库初审
41	卫生行政许可延续办事指南
42	消毒产品广告办事指南
43	食品生产和经营企业卫生许可办事指南（餐饮业卫生许可）
44	食品生产和经营企业卫生许可办事指南（经营业卫生许可）
45	非特殊用途化妆品备案
46	化妆品生产经营者备案
47	卫生用品备案
48	化妆品广告
49	消毒产品批准证书
50	同位素准购批件

2003年1月，取消6项卫生行政审批事项，即：天然矿泉山、专用食盐审批；既是食品又是药品的食品审批；食用洗涤剂、食用消毒剂审批；特殊用途和进口化妆品广告证明；涉外婚检机构审批；医疗卫生机构消毒供应室合格证。

2004年2—3月，对涉及卫生行政部门办理的卫生行政许可进行逐项清理，卫生行政许可项目由2003年的50项调整为41项。同时修订《卫生行政许可办理指南》，对申请条件、申请材料等事项，明确了相应的法律或法规依据。

2004年四川省卫生行政许可目录及法律法规依据一览表

表1—20

序号	项目	依据
1	办理护士执业许可事项须知	中华人民共和国国务院令第412号（2004年6月29日发布）
2	办理外籍医师在华短期执业许可事项须知	中华人民共和国国务院令第412号（2004年6月39日发布）
3	办理消毒产品生产企业卫生许可事项须知	中华人民共和国国务院令第412号（2004年6月39日发布）

续表1—20

序号	项目	依据
4	办理消毒剂初审事项须知	中华人民共和国国务院令第412号（2004年6月39日发布）
5	办理消毒器械初审事项须知	中华人民共和国国务院令第412号（2004年6月39日发布）
6	办理供水单位卫生许可事项须知	中华人民共和国国务院令第412号（2004年6月39日发布）
7	办理涉及饮用水卫生安全产品卫生许可事项须知	中华人民共和国国务院令第412号（2004年6月39日发布）
8	办理涉及饮用水卫生安全产品初审事项须知	中华人民共和国国务院令第412号（2004年6月39日发布）
9	办理医疗机构开展人类辅助生殖技术许可（1）——供精人工授精和体外受精—胚胎移植技术及其衍生技术事项须知（包括：计划生育技术服务机构开展辅助生殖技术）	中华人民共和国国务院令第412号（2004年6月39日发布）
10	办理医疗机构开展人类辅助生殖技术许可（2）——丈夫精液人工授精技术事项须知（包括：计划生育技术服务机构开展辅助生殖技术）	中华人民共和国国务院令第412号（2004年6月39日发布）
11	办理医师资格及执业注册事项须知	《中华人民共和国执业医师法》（1998年6月26日）第13条
12	办理血站（中心血站、基层血站或中心血库）设置及执业许可事项须知	《中华人民共和国献血法》（1997年12月29日）第8条
13	办理母婴保健技术服务机构执业许可事项须知	《中华人民共和国母婴保健法》（1994年10月27日）第32条和国务院《中华人民共和国母婴保健法实施办法》（2001年6月20日）第35条
14	办理从事母婴保健专项技术服务人员资质认证事项须知	《中华人民共和国母婴保健法》（1994年10月27日）第33条和国务院《中华人民共和国母婴保健法实施办法》（2001年6月20日）第35条
15	办理医疗机构配制制剂审核事项须知	《中华人民共和国药品管理法》（2001年2月28日）第23条
16	办理食品生产和经营企业卫生许可事项须知	《中华人民共和国食品卫生法》（1995年10月30日）第27条
17	办理建设项目职业病危害预评价报告审核事项须知	《中华人民共和国职业病防治法》（2001年10月27日）第15条
18	办理职业卫生技术服务机构资质认证事项须知	《中华人民共和国职业病防治法》（2001年10月27日）第17条
19	办理职业健康检查、职业病诊断机构资质认证事项须知	《中华人民共和国职业病防治法》（2001年10月27日）第32条
20	办理医疗机构设置审批事项须知	国务院《医疗机构管理条例》（1994年2月26日）第9条
21	办理医疗机构执业登记事项须知	国务院《医疗机构管理条理》（1994年2月26日）第15条
22	办理单采血浆站设置审批事项须知	国务院《血液制品管理条例》（1996年12月30日）第7条

续表1—20

序号	项目	依据
23	办理医疗机构开展戒毒脱瘾治疗审批事项须知	国务院《强制戒毒办法》（1995年1月12日）第21条
24	办理医疗保健机构开展计划生育技术服务审批事项须知	国务院《计划生育技术服务管理条例》（2001年6月13日）第19条
25	办理计划生育技术服务机构从事产前诊断审批事项须知	国务院《计划生育技术服务管理条例》（2001年6月13日）第21条
26	办理公共场所卫生许可事项须知	国务院《公共场所卫生管理条例》（1987年4月1日发布）第4条
27	办理放射工作人员证事项须知	《放射性同位素与射线装置放射防护条例》（国务院令第44号）第21条
28	办理生产、销售、使用射线装置工作许可事项须知	国务院《放射性同位素与射线装置放射防护条例》（1989年10月24日）第5条
29	办理化妆品生产企业卫生许可事项须知	《化妆品卫生监督条例》（1989年9月26日国务院批准，1989年11月13日卫生部发布）第5条
30	办理特殊用途化妆品初审事项须知	化妆品卫生监督条例》（国务院1989年9月2日批准）第10条
31	办理新资源食品原料生产的食品、水解酱油审批事项须知	省人大常委会《四川省〈中华人民共和国食品卫生法〉实施办法》（2002年5月30日）第22条
32	办理医疗机构冠“中心”“四川”名称核准事项须知	省人大常委会《四川省医疗机构管理条例》（1994年12月3日）第23条
33	办理职业病诊断人员资质认证事项须知	《中华人民共和国职业病防治法》第四十二条第三款
34	办理建设项目职业病防护设施设计审查事项须知	《中华人民共和国职业病防治法》（2001年10月27日）第16条
35	办理建设项目职业病防护设施竣工验收事项须知	《中华人民共和国职业病防治法》（2001年10月27日）第16条
36	办理建设项目放射防护设施设计审查事项须知	《放射性同位素与射线装置放射防护条例》第6条
37	办理建设项目放射防护设施竣工验收事项须知	《放射性同位素与射线装置放射防护条例》第6条
38	办理食品、消毒产品广告事项须知	省人大常委会《四川省消毒管理条例》（2001年11月23日）第13条和《四川省〈中华人民共和国食品卫生法〉实施办法》（2002年5月30日）第26条
39	办理医疗广告事项须知	省人大常委会《四川省医医机构管理条例》（1994年12月3日）第42条
40	办理卫生行政许可延续事项须知	《中华人共和国行政许可法》（2004年7月1日）第50条
41	办理医疗机构建立人类精子库审核事项须知	中华人民共和国国务院令第412号（2004年6月29日发布）

2001—2005年，省卫生厅先后建立卫生行政许可工作制度、卫生行政许可监督检查制度、卫生行政许可请示报告制度、卫生行政许可公示制度、卫生行政许可一次性告知制度、卫生行政许可文书档案管理制度、重大行政许可事项备案制度、卫生行政许可过错责任追究暂行制度等，并进一步划分卫生行政许可办结时限。

四川省卫生行政许可办结时限一览表

表1—21

序号	项　　目	承诺时限（天）	省卫生执法总队时限（天）	省卫生厅时限（天）
1	办理护士执业许可	20	12	8
2	办理外籍医师在华短期执业许可	20	12	8
3	办理消毒产品生产企业卫生许可	20	13	7
4	办理消毒剂初审	20	13	7
5	办理消毒器械初审	20	13	7
6	办理供水单位卫生许可	20	13	7
7	办理涉及饮用水卫生安全产品卫生许可	20	13	7
8	办理涉及饮用水卫生安全产品初审	20	13	7
9	办理医疗机构开展人类辅助生殖技术许可（1）——供精人工授精和体外受精—胚胎移植技术及其衍生技术（包括：计划生育技术服务机构开展辅助生殖技术）	20	10	10
10	办理医疗机构开展人类辅助生殖技术许可（2）——丈夫精液人工授精技术（包括：计划生育技术服务机构开展辅助生殖技术）	20	10	10
11	办理医师资格及执业注册	20	12	8
12	办理血站（中心血站、基层血站或中心血库）设置及执业许可	20	8	12
13	办理母婴保健技术服务机构执业许可	20	12	8
14	办理从事母婴保健专项技术服务人员资质认证	20	12	8
15	办理医疗机构配制制剂审核	20	8	12
16	办理食品生产和经营企业卫生许可	20	13	7
17	办理建设项目职业病危害预评价报告审核	20	10	10
18	办理职业卫生技术服务机构资质认证	20	13	7
19	办理职业健康检查、职业病诊断机构资质认证	20	13	7

续表1—21

序号	项目	承诺时限（天）	省卫生执法总队时限（天）	省卫生厅时限（天）
20	办理医疗机构设置审批	30	15	15
21	办理医疗机构执业登记	45	22	23
22	办理单采血浆站设置审批	20	8	12
23	办理医疗机构开展戒毒脱瘾治疗审批	20	8	12
24	办理医疗保健机构开展计划生育技术服务审批	20	10	10
25	办理计划生育技术服务机构从事产前诊断审批	20	12	8
26	办理公共场所卫生许可	20	13	7
27	办理放射工作人员证	20	13	7
28	办理生产、销售、使用射线装置工作许可	20	13	7
29	办理化妆品生产企业卫生许可	20	13	7
30	办理特殊用途化妆品初审	20	13	7
31	办理新资源食品原料生产的食品、水解酱油审批	20	13	7
32	办理医疗机构冠“中心”“四川”名称核准	20	8	12
33	办理职业病诊断人员资质认证	20	13	7
34	办理建设项目职业病防护设施设计审查	20	10	10
35	办理建设项目职业病防护设施竣工验收	20	10	10
36	办理建设项目放射防护设施设计审查	20	13	7
37	办理建设项目放射防护设施竣工验收	20	13	7
38	办理食品、消毒产品广告	10	5	5
39	办理医疗广告	20	13	7
40	办理卫生行政许可延续	10	5	5
41	办理医疗机构建立人类精子库审核	20	10	10

2001—2005年，卫生窗口共受理卫生许可12535件，办结12481件，按时完成率为100%，提前完成率约为90%，放射装置工作许可证、医师资格及执业注册、护士执业许可、从事放射工作人员证办理最多，涉水产品生产企业、食品产品等次之。

2001—2005 年四川省卫生许可办理情况统计表

表 1—22　　　　　　　　　　　　　　　　　　　　　　单位：个

发证数 受理类别		合计发证																			
		新证					换证					复核					变更				
		01	02	03	04	05	01	02	03	04	05	01	02	03	04	05	01	02	03	04	05
化妆品		4	14	12	5	6	—	—	8	13	8	2	4	11	16	4	0	5	3	6	16
涉水产品		31	52	86	59	67	5	2	7	6	4	—	—	—	—	—	0	2	6	14	10
供水单位		6	2	1	3	1	0	1	2	0	1	3	2	3	2	0	0	1	0	0	0
公共场所		26	42	19	4	1	0	1	0	2	0	12	8	23	16	4	0	1	2	3	2
消毒企业		38	67	201	67	45	0	7	5	3	2	—	—	39	20	0	—	—	25	39	29
食品产品		6	172	195	233	186	0	7	12	15	7	0	0	0	0	0	7	27	41	31	4
食品生产经营企业		80	133	118	30	45	2	4	8	5	3	29	87	94	42	—	17	38	50	35	11
放射装置		89	535	284	254	716	13	19	22	27	32	—	—	—	—	—	0	6	12	7	3
从事放射工作人员		—	264	706	230	282	—	—	—	—	—	—	—	18	34	—	—	—	—	—	
医师资格及执业注册		—	—	444	485	450	—	—	—	—	—	—	—	—	—	—	—	—	—	—	—
广告	食品	78	182	189	154	106															
	消毒广告	—	37	43	27	13															
	医疗广告	—	—	420	549	542															
不予许可		3	27	125	64	96	—	—	—	—	—	—	—	—	—	—	—	—	—	—	
注销		—	—	—	2	4	—	—	—	—	—	—	—	—	—	—	—	—	—	—	—
初审	涉水产品	0	2	3	1	2	—	—	—	—	—	—	—	—	—	—	—	—	—		
	消毒	8	0	35	31	12	—	—	—	—	—	—	—	—	—	—	—	—	—		
	化妆品	2	8	12	19	13	—	—	—	—	—	—	—	—	—	—	—	—	—	—	

2001—2005 年，省人民政府政务服务中心卫生窗口连续五年被评为“优秀窗口”。

第二节 卫生电子政务

四川卫生电子政务最早萌动于疾病防控和医疗工作。20世纪80年代初，省卫生防疫站、省结防所、省寄研所和省劳卫所开始使用微型计算机进行流行病学调查数据资料处理。80年代中期，省人民医院开始使用计算机进行医疗统计及病案信息处理，随后发展成为财务收费、药房管理、住院病人费用管理，以及检验、质控、科研、设备、人事档案管理。90年代中后期，省卫生防疫站在全国防疫系统率先建立互联网门户网站——四川卫生防疫网。省人民医院、省中医药研究院附属医院、泸州医学院附属医院、川北医学院附属医院、华西医科大学附属医院、成都中医药大学附属医院等，对公费医疗、大病统筹、社会保险病人实行计算机管理，网上结算。

2001年以后，各级卫生行政部门和县以上卫生事业单位相继成立卫生信息化建设领导小组和工作机构，制定规划，建立制度，增加投入，完善设施，培训人员，全省卫生电子政务进入快速发展阶段。卫生政务、疾病防控、医疗服务、妇幼卫生、血液管理等诸方面的信息化建设全面展开，共同推进，资源共享，互联互通。至2005年，依托省公共信息网络，初步建成省、市、县、乡四级卫生信息网络，并不断拓展和延伸至部分村及社区卫生服务站。全省卫生系统利用局域网和国际互联网传输信息、浏览文件、查阅资料、收发电子邮件，利用电脑网络系统、多媒体演示系统、语音通讯系统、视频会议系统等，举办远程教学、远程会诊、远程手术、远程培训，召开远程视频会议，开展应急会商和信息处理等，电子信息技术基本覆盖了整个卫生工作领域。

在行政部门信息化建设方面，省卫生厅2001年建立省卫生信息网（后改建为政务网），用于信息发布、政务公开和政务服务。2003年在全国率先开发“四川省药品集中采购交易监督管理信息系统”，实现医疗机构网上采购挂网限价药品，社会和政府对医疗机构阳光采购、企业配送等情况进行全方位监管。2004年采用专线连接方式，建立党政专用内网，与省委、省政府及相关部门的党政密码网、办公业务资源网、财政专网互联互通；依托互联网连接全省各市（州）卫生局政务网站，建立电子政务外网，与全省19个市（州）卫生局互联互通。自5月1日起，利用网站开展政府信息公开工作，公开卫生行政法规和规范性文件、卫生发展规划（计划）、重要工作进展、突发公共卫生事件、行政权力、便民服务、行政许可、行政处罚、行政收费等信息。省卫生厅门户网上先后搭建四川省突发公共卫生事件应急指挥信息系统、药品招标采购信息和采购交易监督管理平台、执业医师资格证在线查询、乡村医生执业注册管理系统等4个应用平台。2003年开始自主研发“四川省新型农村合作医疗信息管理系统”，2005年完成县级平台的研发，在全省21个县（市、区）投入使用，实现了人员参保、基金管理、诊疗信息收集、报销流程全部网络化。与省民政厅合作开发的民政救助参合“一站式”服务管理系统，已在简阳等20个县投入使用。2005年，省卫生信息中心分门别类地建立了相关数据库，包括：四川省执业医师资格、考试和注册数据库，执业护士资格、考试和注册数据库，乡村医生注册管理数据库，采供血机构数据库，药品招标监管数据库，卫生统计数据库、突发公共卫生事件应急指挥数据库等。同时，也储存了大量其他相关信息，如卫生机构、卫生人力资源、基本建设项目、部分医疗设备、出院病人、医疗救治等情况。各市（州）卫生局卫生政务网设置政务公开、卫生快讯、局长信箱、突发公共卫生事件信息发布等功能栏目，同时根据医疗卫生机构和职能的调整变化、工作需要和人民群众的要求，不断充实和完善政务网站的功能模块和服务项目，向社会公众和医疗卫生人员提供快捷高效的卫生政务信息和网上便民服务。

在疾病防控信息化建设方面，2002 年建成覆盖全省 21 个市（州）、181 个县（区）的国家疾控报告信息系统，疫情信息实现了快速、及时、准确传报。2003 年 5 月省政府安排 80 万元专款用于研发“四川省突发公共卫生事件应急指挥信息系统”，经过 5 个月联合攻关，获得成功。2004 年 3 月 1 日起，在广元、绵阳、德阳、眉山、资阳、泸州、达州 7 个市试运行，7 月 21 日通过省政府验收。该系统集疫情上报、预案拟定、决策支持、物资调配、预警报警、指挥调度“六位一体”，实现了数据采集、危机判断、决策分析、命令部署、实时沟通、联动指挥、现场支持的自动化。与国家数据中心实现无缝链接和数据实时抓取与共享的试点工作取得阶段性成果。

在医疗服务信息化建设方面，旨在提高医疗质量，优化服务流程，保障医疗安全，改善就医环境的数字化医院建设稳步发展。2005 年，全省 60% 的县级及以上综合医院已建成并使用医院信息系统，20% 的医疗机构建成实验室信息系统或医学影像信息系统；实施西部地区区域协同医疗共享服务示范工程，全省 219 家合作医院联网，实现远程医疗信息共享；全省县级及以上医疗卫生机构网络直报覆盖率达到 100%，乡镇卫生院网络直报覆盖率达到 85% 以上。网络平台的建立，使医疗机构与社保机构有了医药费用结算报销的“直通车”，既提高了工作效率，又方便了患者。医疗机构利用网站发布医疗卫生服务信息，如基本公共卫生服务项目、国家基本药物目录、改善医疗服务的措施、诊疗费用等，增强群众对医疗服务的知情权和选择权，推动医疗机构加强内涵建设，改进医疗服务。

在妇幼卫生信息化建设方面，陆续建立出生医学证明管理子系统、母子保健管理子系统、远程报表子系统、妇幼保健一卡通子系统等，实现了妇幼卫生统计报告、出生证明、产科质量管理、儿童生长发育评价的计算机管理。至 2005 年，成都市妇幼卫生信息计算机管理已覆盖全市 5 城区、4 市、8 县 243 个保健、医疗机构。

在血液管理信息化建设方面，2005 年成都地区实现了以市血液中心为枢纽，与该地区各医院血库之间的采供血、临床用血、血液信息微机管理，与各县（市、区）采血点的血液信息管理，与彭州、温江、新津等采血点的远程采供血业务统一管理，与华西医院等大型综合医院血库的对接。

第五章　政策法规

第一节　卫生立法

1986—2005年，按照中央依法治国的决策部署，全省加快地方卫生法规、行政规章、规范性文件建设步伐，建立和完善卫生监督执法体系，全面推进依法行政，卫生法制建设取得重大进展。

一、地方性卫生法规

1986—2005年，四川省人民代表大会常务委员会（简称省人大常委会）共颁布10部地方性卫生法规。

（一）《四川省预防控制狂犬病条例》

1988年颁布，1993年第一次修订，1997年第二次修订。该条例规定：

对任何犬只都必须进行登记、免疫、检测。城市（城镇）、近郊区、工矿区、游览区、港口、码头、车站和机场为犬只限养区。疫点禁止养犬。

犬只管理、免疫和检测，按规定收取费用。

任何单位和个人不得带犬进入公共场所。在限养区除观赏犬外不得携带犬只进行户外活动。疫区犬只不准携、运出疫区。

凡未经审批、免疫、检测的犬只禁止交易。非观赏犬严禁在城市的犬只交易市场交易。出售犬只、犬皮、犬肉的，必须出示家犬免疫、检疫证明。

发现狂犬病疫情后，当地人民政府应建立狂犬病预防控制指挥机构，组织各方面力量迅速捕杀疫点的全部犬只和患狂犬病的其它动物，并将疫情及时通报给毗邻地区。狂犬、疑似狂犬病的犬只以及患狂犬病的其它动物被捕杀或自然死亡的，其尸体必须全部火化，严禁剥皮、食用、出售。

人用狂犬病疫苗由国家批准定点生产，卫生防疫单位统一经营，保障供应；禁止其他单位和个人擅自生产、经销。

（二）《四川省工业企业劳动卫生管理条例》

1990年颁布。该条例规定：

企业生产场所和在生产过程中的粉尘、毒物、噪声、微波、放射性物质、有害气体、温度、湿度等，应符合国家卫生标准。凡没有达到国家卫生标准的，应限期治理。

企业应采取有效措施，消除或减少有害职工健康的因素，为职工创造良好的劳动条件。

设计单位在工程项目初步设计书中应按国家规定编写工业卫生专篇，企业应提供工业卫生专篇和有关图纸，竣工验收时应提供劳动卫生防护效果评价资料。

企业在易发生急性中毒的生产场所，应有紧急防范装置，设立急救互救组织，明确专（兼）职急救人员，配备医疗急救用品、设备和设施。

企业应对职工进行定期的健康检查、职业性体检与新招收职工就业前的健康检查。应按国家规定建立工业劳动卫生档案和接触有毒有害因素职工的健康档案，并建立健全相应的管理制度。对从事过有毒有害作业的退休职工，应进行定期健康检查，确诊患有职业病者，按有关规定处理。

从事有毒有害作业的职业的人员健康受到职业性危害时，在住院检查、诊断、治疗期间享受职业病劳保待遇；经确诊为职业病的职工，按国家规定享受相应的职业病劳保待遇。凡患有职业禁忌症的职工，不得安排从事与该禁忌症相关的作业。

职工被确诊患有职业病后，其所在单位应根据职业病诊断机构的意见，安排其医治或疗养。医治或疗养后仍不宜继续从事原有害作业的，应在确认之日起限期将其调离原工作岗位，另行安排工作。

（三）《四川省禁毒条例》

1993 年颁布，1997 年修订。该条例规定：

严惩走私、贩卖、运输、制造毒品和非法种植毒品原植物等犯罪活动，严禁吸食、注射毒品。要实行综合治理的方针和专门机关与群众路线相结合、惩罚与教育相结合的原则，坚持有毒必肃、贩毒必惩、种毒必究、吸毒必戒。

公安机关、检察机关、审判机关、司法行政机关在禁毒工作中必须严格履行各自的法定职责。卫生、医药、民政、工商、化工、轻工、商业、海关、民航、铁路、交通、教育等有关部门和乡（镇）人民政府、街道办事处要各负其责，切实落实防范、管理、教育等措施，积极参与禁毒工作。

对吸食、注射毒品成瘾的人员，经县级以上公安机关决定，送戒毒所强制集中戒毒。对被强制集中戒毒人员的管理和教育，由公安机关负责；检查和治疗，由卫生部门负责。被强制集中戒毒的人员，在强制集中戒毒期间的生活费用和戒毒医疗费用自理。卫生部门应根据需要设立戒毒医疗机构，为被责令限期自行戒毒的人员和其他自行戒毒人员提供戒毒医疗服务。

禁毒工作所需经费由地方财政及时拨付。

（四）《四川省医疗机构管理条例》

1994 年颁布，2001 年修订。该条例规定：

医疗机构设置规划需经上一级人民政府卫生行政部门审核，报同级人民政府批准后实施。

医疗机构设置必须符合医疗机构设置规划和国务院卫生行政部门制定的医疗机构基本标准。医疗机构的名称由登记机关核定，在规定范围内享有专用权。个人、合伙设立的医疗机构不得冠以行政区划名称。

医疗机构执业，必须向县级以上地方人民政府卫生行政部门进行登记，领取“医疗机构执业许可证”。任何单位或个人未取得“医疗机构执业许可证”，不得开展诊疗活动。工作人员上岗必须佩带有本人姓名、职务或者职称的标牌。不得使用非卫生技术人员从事医疗卫生技术工作。必须使用有本医疗机构标识的病历、处方、检查报告单和票据，不得将其出卖或出借。不得滥用麻醉药品、剧毒药品、精神药品，严禁使用假、劣药品、过期失效淘汰药品和其他违禁药品。未经批准，医疗机构不得自行配制制剂。必须严格执行省人民政府物价部门制定的医疗、药品等收费标准，接受财政、审计、物价行政部门的监督。

医疗机构的合法财产受法律保护，任何组织或个人不得侵占、平调、破坏或者非法查封、扣押、冻结、没收。医疗机构有权维护医疗机构秩序，任何单位和个人不得违反医疗机构就诊、住院等管理制度，不得冲击扰乱医疗机构正常工作秩序。医疗机构有权拒付各种国家法律、法规和政策规定外的收费和摊派。医务人员的人身安全受法律保护，任何人不得威胁、殴打、侮辱医务人员，不得妨碍其医疗活动。

（五）《四川省预防控制性病艾滋病条例》

1995 年颁布，2001 年修订。该条例规定：

对被抓获的卖淫嫖娼人员、吸毒人员，应强制进行性病、艾滋病检查，对查出的性病、艾滋病病人及感染者强制进行治疗管理。

对劳改、劳教人员中疑似性病、艾滋病病人应进行检查、治疗。

对到川的外国人、华侨和港、澳、台地区居民督促其按规定接受性病、艾滋病检查，协助国境卫生检疫机关对上述人员中的性病、艾滋病病人及感染者采取隔离措施，并监护出境。

县以上卫生防疫机构内设立性病、艾滋病防治专业科室，负责对辖区内性病、艾滋病的防治、监测、技术培训、宣传等工作。凡到戒毒康复中心接受治疗和康复的吸毒人员，必须接受卫生防疫机构进行的艾滋病检测。任何单位和个人有义务向卫生防疫机构提供有关性病、艾滋病发生、传播、转归等方面的真实情况和完整资料。

采供血单位应建立艾滋病病毒检测实验室，在采血前、供血前必须对献血人员和供应的血液、血浆进行梅毒、艾滋病检测。检测结果呈阳性者，禁止献血、供血。

血液制品生产单位应建立艾滋病病毒检测实验室，在投入生产前必须对血浆进行梅毒、艾滋病检测。严禁使用检测结果呈阳性的血浆。

公共场所直接为顾客服务的人员应按国家规定定期进行包括性病、艾滋病检查项目的健康检查。性病、艾滋病病人及感染者不得从事直接为顾客服务的工作。

性病、艾滋病病人和疑似病人应如实向医疗卫生人员提供病情和有关情况，接受检查治疗。医疗卫生人员应对病人的有关情况保守秘密。对艾滋病、梅毒、淋病病人及感染者未治愈的，不予办理结婚登记（含涉外结婚登记）。对患有艾滋病和梅毒的孕妇，应按《中华人民共和国母婴保健法》的规定采取相应的措施。

省人民政府卫生行政部门，依法对外公布全省性病、艾滋病疫情。

（六）《四川省〈中华人民共和国母婴保健法〉实施办法》

1996 年颁布，2001 年第一次修正，2002 年第二次修正。该办法规定：

国家保障公民获得适宜的母婴保健服务的权利。公民享有母婴保健的知情选择权。

开展遗传病诊断和产前诊断、新生儿疾病筛查及胎儿性别鉴定的，由省卫生行政部门许可。严禁采用技术手段对胎儿进行性别鉴定。

依照规定接受终止妊娠手术或者结扎手术的，按国家规定享受休假，休假视为出勤，手术费用按国家有关规定执行。

新生儿申报户口，须持有出生医学证明。

实行纯母乳喂养的女职工增加一个月产假，产假视为出勤。不得安排哺乳期女职工从事国家规定的三级体力劳动强度的劳动和哺乳期禁忌从事的劳动，并为女职工哺乳提供条件。

（七）《四川省公民献血条例》

1996 年颁布、1998 年修订。该条例规定：

各级人民政府领导公民献血工作，县级以上卫生行政部门主管公民献血及血液管理工作。卫生行政部门制定的义务献血计划，经同级人民政府批准后下达到各单位、各街道办事处和各乡（镇）人民政府。各单位组织本单位的职工按计划履行献血义务，无工作单位的居民、村民，由街道办事处、乡（镇）人民政府按计划组织其履行献血义务。

凡 18 周岁至 55 周岁的男性公民和 18 周岁至 50 周岁的女性公民，应按照规定履行献血义务。公民献血每一次不得超过 400 毫升。公民可以多次献血，但献血的间隔时间不得少于 90 天。

义务献血的公民，由县级卫生行政部门发给"公民无偿献血证"，并由血站按规定发给营养补助费。公民献血后，可休假三天，所在单位应视为出勤。无偿献血的公民本人或者配偶、父母、子女可凭"公民无偿献血证"和身份证明免费享用总量为无偿献血量 3 倍的医疗用血，超量用血部分，按义务献血公民用血对待。义务献血的公民可凭"公民义务献血证"享用平价医疗用血，其收费标准按国家规定执行。

任何单位和个人不得以牟取经济利益为目的或采取非法手段强迫、诱骗公民献血。

（八）《四川省〈中华人民共和国食品卫生法〉实施办法》

1997 年颁布，2002 年第一次修正，2004 年第二次修正。该办法规定：

食品及其生产经营活动，必须符合国家和省卫生行政部门制定的卫生标准和卫生要求。

食品生产经营场所应保持环境整洁。食品生产、经营和贮存场所不得同时生产、经营和存放有毒、有害物质及容易造成食品污染的不洁物品。贮藏食品和食品原料的仓库、贮藏室应当通风干燥（冷库等有特殊要求的除外），构筑材料应无毒无害。食品堆码应当隔地离墙，设架分类存放。食品包装所用的材料及制品等应注明"食品容器"或"食品用"等标识。辐照食品在包装上应有辐照食品标识。

餐饮经营单位应配备专用清洗消毒设施和防尘、防蝇、防鼠、防腐等设施，对餐饮具进行消毒。食品不得与有毒、有害的物品混合或用同一货厢货柜装运。

制作食品的用具、油料、调味品等应当符合卫生标准和卫生要求，食品加工机具的润滑剂不得污染食品。

食品、食品添加剂、食品容器、包装材料和食品用工具、设备、洗涤剂、消毒剂的生产企业应建立卫生检验制度，配备专兼职卫生检验人员，依照卫生标准对产品进行检验。

食品生产经营从业人员上岗前应接受健康检查，从业期间每年度应接受一次健康检查。未取得健康合格证的，不得从事食品生产经营活动。

（九）《四川省中医管理条例》

1994 年颁布，2001 年第一次修正，2004 年第二次修正。该条例规定：

县级以上各级人民政府应当加强对中医工作的领导，把中医事业的发展纳入当地国民经济和社会发展总体规划及区域卫生发展规划。县级以上各级人民政府应按照区域卫生发展规划，建立健全以公有制为主体、多种所有制并存的城乡中西医医疗保健体系。县级以上各级人民政府的卫生、发展和改革、财政、人事、外事、教育、科技、医药、公安和工商等部门应按照职责分工，共同保障中医事业的发展。

各级人民政府有关部门和医疗保险机构在确定公费医疗、劳保医疗、社会医疗保险服务的定点医院时，应同等对待中西医医疗机构。

县级以上各级人民政府应把中医药科技工作纳入地方科技规划，加强中医药成果管理、开发、推广、应用和转化，培育、发展中医药科学技术市场。

县级以上各级人民政府应发展中医药教育事业，加强中医药人才的培养，提高中医药技术人员和管理人员的整体素质。

（十）《四川省消毒管理条例》

2001年颁布，2004年修订。该条例规定：

县级以上人民政府卫生行政部门主管辖区内的消毒卫生监督管理工作，对医疗卫生服务机构、计划生育技术服务机构、托幼养老机构、致病微生物实验机构、殡葬服务机构、文化娱乐场、公共交通工具等实施消毒卫生监督管理。各级卫生行政部门应当依法定期组织消毒卫生监督检查，并向社会公布监督检查结果。

县级以上人民政府药品监督、工商行政管理等有关部门按照各自的职责范围，负责有关消毒的管理工作。

消毒产品的标签、说明书和宣传内容必须真实，符合其产品质量要求。不得明示或暗示对疾病的治疗效果。消毒产品生产企业不得伪造、擅自修改产品配方。

违反规定生产、销售、使用消毒产品或提供消毒服务，引发感染性疾病发生或造成其他损害的，承担相应的民事责任，构成犯罪的，依法追究刑事责任。

此外，为防止碘缺乏病，省人大常委会还在1998年12月颁发、1998年12月修订的《四川省盐业管理条例》中规定：

食盐实行专营管理，实施向全民供应加碘食盐（简称碘盐）。

碘盐出厂前必须经质量检验，不符合规定含量不得出厂。

县级以上食盐批发、代理批发企业经省盐业主管机构安排，从事本地区的食盐小包装分装加工，对因长期库存致使碘含量不足的碘盐补碘加工。

食盐包装应按照食品标签标准的要求制作，并标明食盐定点企业证书或食盐批发许可证编号，附有质量检验合格证明。碘盐应同时标明含碘量，加贴碘盐标志。

在食盐中添加食品调料、强化营养剂的，应经省盐业主管机构、省卫生行政部门批准。

二、卫生行政规章

1986—2005年，省政府共颁布8部卫生行政规章。

（一）《四川省计划免疫工作实施办法》

1995年颁布。该办法规定：

全省实行有计划的预防接种制度，对儿童实行预防接种证制度。

省卫生行政部门根据本省传染病流行情况，确定和调整预防接种项目。

省卫生行政部门计划下达的预防接种任务所需预防用生物制品的经费，列入省财政预算。

各市（州）县（区）人民政府、地区行政公署决定自行订购和追加的预防用生物制品，其所需经费由当地人民政府、行政公署解决。

省卫生防疫机构统一向生物制品定点生产单位计划订购预防用生物制品，逐级供应给各级卫生防疫机构，由县级卫生防疫机构再分配给所辖区域内计划免疫接种站（点）。

生物制品的定点生产单位应当按时按计划供应预防用生物制品。铁路、交通、民航等部门应当优先安排运送预防用生物制品。

冷链运输和冷链设备维修、更新所需经费，由各级人民政府负责解决。

各级卫生防疫机构必须按照《四川省儿童免疫程序》对全省适龄儿童进行免疫接种。儿童的家长或监护人必须按照免疫程序的规定，持预防接种证按时到指定的计划免疫接种站（点）对儿童进行免疫接种。各学校、托幼机构在办理儿童入学、入托手续时，应当查验其预防接种证。对未办理预防接种证的，要求其补办；对未按规定接种的，要求其补种。

被接种者不承担免疫接种所需的预防用生物制品费用，但国家规定实行收费的除外。计划免疫收取预防接种劳务费，收费标准按照省物价、财政部门会同省卫生行政部门制定的规定执行。

（二）《四川省生活饮用水卫生监督管理办法》

1996 年颁布，2001 年修订。该办法规定：

县级以上卫生行政部门负责主管范围内的生活饮用水卫生监督工作。县级以上卫生防疫机构负责本级卫生行政部门主管范围内的生活饮用水卫生监测工作。铁路、交通和民航行政主管部门设立的卫生监督机构负责客运企业供给旅客的生活饮用水的卫生监督工作。县级以上供水行政主管部门负责生活饮用水卫生的管理工作。地矿、水利、环境保护等行政主管部门在各自职责范围内，配合卫生行政部门和供水行政主管部门共同做好生活饮用水卫生监督和管理工作。

用水单位和个人对生活饮用水的供给和水质情况有权监督，并向有关部门反映，提出意见和建议。

供水单位必须经县级以上卫生行政部门批准，取得卫生许可证，经水行政主管部门批准，取得取水许可证后才能供水。应保证生活饮用水不受污染。供水设施必须定期清洗、排污、消毒和检修。直接从事供水、管水和建筑物顶部二次供水设施清洗消毒工作的人员，必须经卫生行政部门进行健康检查和卫生知识考核，取得合格证后方可上岗，并每年进行一次健康复查。

单位自备集中式供水管网系统禁止与城市公共集中式供水管网系统连接。

涉及生活饮用水卫生安全的产品，必须进行卫生安全性评价。

（三）《四川省爱国卫生管理办法》

1999 年颁布。该办法规定：

县级以上人民政府授权的爱国卫生工作主管部门在同级人民政府领导下，负责组织、协调、指导、检查爱国卫生工作。城市市容和环境卫生、环境保护、卫生、公安、工商、教育、新闻广播等有关部门应按照各自的职责，做好爱国卫生工作；机关、社会团体、企业事业单位、部队、居民（村民）委员会应依法做好本单位、本地区的爱国卫生工作。

建立爱国卫生工作责任制度，将爱国卫生工作纳入各级政府目标管理。

每年 4 月组织开展爱国卫生月活动。

街道办事处、乡（镇）人民政府应采取综合防治措施，定期组织开展杀灭“四害”等病媒生物活动。

公民应当参与爱国卫生活动，维护社会公共卫生。

单位应保持良好的卫生状况。

提倡在公共场所不吸烟。

（四）《四川省血吸虫病防治管理办法》

1999 年颁布。该办法规定：

县级以上人民政府卫生、畜牧兽医、农业、水利、林业、民政、建设、药品管理等有关部门，应按照各自的职责分工共同做好血防工作。

在疫区兴建大型农田水利工程、水电工程、人畜饮水工程等，建设单位应当在建设项目开工前申请卫生防疫机构对建设环境进行卫生调查，并根据卫生防疫机构的意见，采取必要的卫生防疫措施。

卫生行政部门和畜牧兽医行政管理部门应当密切配合，定期对人畜进行血吸虫病检查，实施人畜同步治疗。

血吸虫病暴发流行时，县级以上人民政府应按照《中华人民共和国传染病防治法》和《中华人民共和国动物防疫法》的规定采取紧急措施，控制、扑灭疫情。

（五）《四川省放射性污染防治管理办法》

1999 年颁布。该办法规定：

各级政府和有关部门不得擅自批准实施未经省级以上环境保护行政主管部门审查选址和审批环境影响报告书（表）的辐射项目。

新建、扩建、改建对环境有辐射影响的建设项目，必须配套建设防治污染的设施，并与主体工程同时设计、同时施工、同时投产使用。

辐射项目的防治污染设施必须达到国家和省规定的标准，并保持正常运行，不得擅自拆除或停止使用。禁止无排污许可证或超越排污许可证的规定向环境排放放射性废水、废气。

放射性废弃物的产生单位不得自行焚烧、掩埋、丢弃放射性污染物，不得将放射性废弃物转移或当作非放射性物品销售。任何单位和个人，未经省环境保护行政主管部门批准，不得收集、处理放射性废弃物。

禁止从国外进口放射性废弃物或被放射性污染的物品。

（六）《四川省化妆品卫生监督管理办法》

2000 年颁布、2001 年第一次修订、2002 年第二次修订。该办法规定：

县级以上卫生行政部门负责本行政区域内的化妆品卫生监督管理工作。

未取得“化妆品生产企业卫生许可证”的，不得从事化妆品生产。化妆品生产企业的厂址选择、建筑设计、工艺流程及卫生设施等必须符合国务院卫生行政部门颁布的《化妆品生产企业卫生规范》要求。生产化妆品所需的原料、辅料以及直接接触化妆品的容器和包装材料，必须符合国家卫生标准和要求。化妆品生产经营从业人员每年度接受一次健康检查，取得健康合格证后方可从事化妆品生产经营活动。

美容美发院（店）不得擅自生产、配制化妆品。使用天然物品现场调配用于美容护肤的，应当符合有关卫生要求，不得掺入化学工业原料。

化妆品生产经营者应当建立健全化妆品卫生管理制度，严格遵守化妆品卫生法规、规章和卫生规范，定期接受有关卫生法规、卫生知识的培训。

县级以上卫生行政部门应当加强对化妆品生产经营单位的卫生监督管理，并定期向社会公布化妆品卫生监督监测情况。

（七）《四川省结核病防治管理办法》

2001 年颁布。该办法规定：

卫生行政部门负责结核病防治的监督管理工作。指定具备条件的医疗机构作为归口管理定点医疗机构。

实行肺结核病归口治疗原则。结核病防治机构负责结核病人确诊、登记、报告、治疗、转诊和管理工作，对未愈出院的肺结核病人实施全程督导化疗或全程管理化疗。城镇街道、乡村卫生组织发现可疑肺结核病人，应进行登记、报告、转诊，受结核病防治机构的委托，实施对肺结核病人的化疗管理。

食品、药品、化妆品的从业人员，《公共场所卫生管理条例》规定的从业人员，学校、托幼单位的从业人员，国务院卫生行政部门规定的其他从业人员，患有传染性肺结核病的，在未治愈前不得直接从事服务工作。

实行有计划的预防接种制度。卫生行政部门制定本地区的卡介苗接种规划，并组织实施。

肺结核病暴发流行时，暴发流行点的单位和个人应接受结核病防治机构的集体检查和流行病学调查，并采取措施控制疫情的蔓延。

（八）《四川省中医药管理办法》

2004 年颁布。该办法规定：

县级以上人民政府应保护、扶持中医药的发展，坚持中西医并重的方针，推进中医药现代化，将中医药事业发展纳入本地区国民经济与社会发展计划，促进中医药事业与经济、社会协调发展。

县级以上人民政府在制定区域卫生规划时，应当根据人民群众对中医药的需求设立中医医疗机构，完善城乡中医药服务网络。城市社区卫生服务应当包括中医诊疗技术的应用。

政府举办的非营利性中医医疗机构的基本建设、房屋修缮、设备购置、就医环境改善和中医药重点学科建设等专项经费应纳入财政预算统筹安排。财政部门应当合理安排专项事业经费扶持中医药事业发展。

政府有关部门、单位在确定基本医疗保险定点医院、交通事故等伤害救治医疗单位、突发公共卫生事件防治单位，招生、招工、招干、征兵体检、干部保健以及伤残病退鉴定医院定点医疗机构时，应当根据技术配备的基本要求同等对待中医医疗机构。

县级以上人民政府应支持和鼓励中医药对外交流，推进中医药国际合作。

三、部门规范性文件

1986—2005 年，省卫生厅共制定一百多个规范性文件，主要有：

（一）疾病防控

1995 年印发《四川省放射防护预防性监督管理办法》。

1999 年印发《四川省职业危害场所登记管理办法》。

2000 年印发《四川省公共场所卫生规范》《医用氧舱安全管理规定》。

2001 年印发《放射工作防护管理办法》《四川省炭疽疫情处理规程》《放射事故管理规定》（与

省公安厅联合印发)。

2004年印发《四川省食物中毒事故处理办法(试行)》。

2005年印发《预防接种工作规范》。

(二) 医疗服务

1992年印发《关于执行〈病历书写规范〉的通知》。

1994年印发《四川省护士管理办法》。

1995年印发《四川省肠道门诊工作规程》。

1997年印发《四川省开办中外合资、合作及独资医疗机构暂行办法》。

1998年印发《四川省医院感染管理规范考核标准》。

1999年印发《四川省城区社区卫生服务工作质量标准(试行)》。

2000年印发《四川省城镇医疗机构分类管理实施意见》《四川省关于实行病人选择医生促进医疗机构内部改革的实施意见》《四川省医疗卫生信息技术规范》。

2001年印发《四川省城镇医疗机构分类管理暂行规定》《医院药品收支两条线管理实施办法》《四川省社区卫生服务中心设置标准》《四川省医疗卫生机构一次性使用无菌医疗用品管理暂行规定》《医疗广告专业技术内容审查出证工作管理暂行规定》《出生医学证明管理办法》。

2002年印发《关于贯彻执行婚前性保健工作规范(修订)》《关于实行重大医疗过失行为和医疗事故报告制度的规定》《关于医师执业注册中执业范围的暂行规定》《四川省社区护理工作规范(试行)》。

2003年印发《四川省护理文件书写规范(试行)》。

2004年印发《四川省医疗机构工作人员收受“红包”回扣责任追究办法(试行)》《四川省医疗机构药品集中招标采购医疗机构行为规范暂行规定》。

2005年印发《四川省社区卫生服务示范机构建设基本标准(试行)》《四川省社区卫生服务示范机构评估标准(试行)》《四川省病历质量评分标准》《四川省医院复查及管理评价标准(试行)》。

(三) 农村卫生

2001年印发《乡镇卫生院产科等工作规范》。

2003年印发《四川省农村卫生补助政策实施意见》。

2004年印发《四川省新型农村合作医疗基金财务管理暂行办法》《四川省乡村医生执业注册暂行规定》。

2005年印发《四川省新型农村合作医疗诊疗服务项目范围(试行)》《关于四川省新型农村合作医疗诊疗服务项目范围有关规定》《关于部分失地农民参加新型农村合作医疗的通知》。

(四) 科研教育

1994年印发《四川省继续医学教育工作考核试行办法》《四川省继续医学教育项目申报认可试行办法》。

2001年印发《四川省继续教育基地认可标准及管理试行办法》《四川省继续医学教育项目申报认可办法》《四川省继续医学教育学分授予办法实施细则》。

2002年印发《四川省医学重点学科(实验室)及重点专科建设项目管理办法》《四川省卫生系统选拔培养高层次复合型后备人才暂行办法》。

2005年印发《四川省继续医学教育学分管理办法（试行）》。

（五）爱国卫生

1996年印发《四川省卫生先进单位标准》。

2000年印发《四川省农村卫生村标准》《四川省农村自来水厂标准》《四川省农村先进自来水厂标准》。

2001年印发《四川省卫生城市标准、卫生县城标准及其考核命名管理办法》。

（六）卫生监督

2001年印发《四川省卫生监测管理办法》。

2002年印发《四川省卫生厅行政执法责任制管理办法》《四川省卫生厅行政行批办理规程》《四川省卫生监督执法人员管理暂行办法》。

2003年印发《四川省卫生厅关于进一步规范省级卫生监督监测工作的通知》。

2005年印发《四川省卫生行政执法案卷评查制度》《四川省卫生行政重大处罚案件备案制度》《四川省卫生行政重大许可备案制度》《行政复议案件报告制度》《行政诉讼案件报告制度》《四川省卫生行政执法责任制实施意见》《卫生行政执法责任制考核办法》《卫生监督稽查工作规范》。

省卫生厅还制定了20多项地方通用的一般卫生标准。包括：自来水厂、站（二次供水塔）卫生标准，食品加工厂（场）卫生标准，单位卫生标准，影剧院、歌舞厅、录像放映室卫生标准，宾（旅）馆、招待所、游泳池卫生标准，食品商店、饭馆、食堂卫生标准，美容、理发业卫生标准，居民住宅区、住户卫生标准，学校、幼儿园（托儿所）卫生标准，建筑工地卫生标准，商店卫生标准，固定摊区、农贸市场卫生标准，长途汽车站、火车站卫生标准，公园、旅游景点卫生标准，厕所卫生标准，农村卫生标准，爱国卫生红旗单位标准等。

在加强卫生立法的同时，全省卫生系统还先后进行了“一五”（1986—1990年）、“二五”（1991—1995年）、“三五”（1996—2000年）、“四五”（2001—2005年）普及法律知识教育，不断增强卫生人员学法、知法、守法意识。在公共法方面，主要学习了《中华人民共和国宪法》《中华人民共和国刑法》《中华人民共和国刑事诉讼法》《中华人民共和国婚姻法》《中华人民共和国社会治安处罚条例》等；在专业法方面，主要学习了《中华人民共和国食品卫生法》《中华人民共和国药品管理法》《中华人民共和国传染病防治法》《医疗机构管理条例》《中华人民共和国职业医师法》《中华人民共和国母婴保健法》《医疗事故处理办法》《中华人民共和国职业病防治法》《突发公共卫生事件应急条例》等卫生法律法规。坚持法制宣传教育与法制实践相结合，学法与用法相结合，法制教育与加强思想道德教育相结合，大力推动卫生系统民主法制建设和精神文明建设。全省卫生系统普遍建立起领导干部学法制度、领导干部任前法律知识考核制度、重大决策法律咨询制度等，普法工作和依法治理工作被纳入单位目标管理。通过教育，卫生人员的法律素质不断提高，领导干部和卫生执法人员依法管理、依法办事的水平和能力明显增强。

第二节 政策保障

一、投入与补偿

“省委、省政府1997年决定”对卫生事业的投入与补偿问题提出若干政策措施，主要有：

各级政府对卫生事业的投入，要随着经济的发展逐年增加，增加幅度不低于财政支出的增长幅度；政府举办的各类卫生机构基本建设及大型设备的购置、维修，由政府按区域卫生规划的要求给予安排；离退休人员费用和卫生人员的医疗保险费按国家规定予以保证。预防保健机构的人员经费和基本预防保健业务经费由财政预算安排，其有偿服务的收入纳入预算管理，不冲抵财政拨款。卫生执法监督工作的费用由财政予以保证，实行“收支两条线”；医疗机构的经常性支出通过提供服务取得部分补偿，政府根据医疗机构的不同情况及其承担的任务，对人员经费给予一定比例的补助，对重点学科发展给予必要的补助。乡镇卫生院及贫困地区、民族地区的补助水平要适当提高；公立医疗机构是非营利性公益事业单位，不承担国家经济积累的任务，继续享受税费优惠政策，不承担社会集资摊派，免交有关的附加、配套、调节、管理等费用。按现行税法规定应当缴纳的税款，实行先征后返的政策，返还的资金用于卫生事业发展；完善卫生补偿政策。实行扣除财政经常性补助的收费制度，随物价变动的作价原则，不同级别的医疗卫生服务实行不同的收费标准和管、放相结合的管理体制。基本医疗卫生服务按照扣除财政经常性补助的成本定价；非基本医疗卫生服务按照略高于成本的原则定价；可自愿选择的特需服务价格放宽；不同级别的医疗卫生机构的收费标准适当拉开。调整医疗卫生服务价格管理权限，基本医疗服务价格由省管理，部分项目定价权下放给市（地、州）和县（市、区）管理。调整医疗卫生收费价格结构，提高技术劳务性收费标准，控制大型设备检查费标准，降低药品费在医疗卫生服务收费中所占的比重，对卫生材料、物资设备消耗与技术劳务收费分开立项；在扶贫经费中要安排一定的资金用于卫生扶贫工程；对私营医疗机构收取其业务收入的5%建立卫生发展调节资金，用于预防保健工作。

“省委、省政府2005年决定”对卫生事业的投入与补偿问题提出若干政策措施，主要有：

各级财政对一些严重传染病、地方病的防治和降低孕产妇、婴儿死亡率工作及突发公共卫生事件医疗救治，每年要列专项资金予以保障；对公益性医疗卫生机构按照国家规定的价格取得的医疗服务收入免征各项税收。政府投入的卫生扶贫、农村卫生基础设施及国债建设等建设项目需要使用土地的，由当地市（州）、县（市、区）政府无偿提供并减免相关费用。政府举办的社区卫生服务机构的业务用房由所在地政府解决。社区卫生服务机构和乡镇卫生院进入医保网络时，减免入网费、光纤费及网络服务费；政府举办的乡镇卫生院，其人员工资和退休人员退休金、医疗保险金由县级财政预算安排。设立民族地区、贫困县医疗卫生机构及乡镇卫生院技术骨干培训专项资金，由省、市（州）、县（市、区）财政共同负担。政府举办的社区卫生服务机构，其人员经费与装备经费由县级财政预算安排。

二、疾病防控

《四川省工业企业劳动卫生管理条例》规定：县以上人民政府领导工业企业劳动卫生监督管理工

作，要把劳动卫生纳入国民经济和社会发展规划，统筹安排，组织实施。

《四川省预防控制性病艾滋病条例》规定：县级以上人民政府应加强对预防控制性病、艾滋病工作的领导，负责制定规划并组织实施，保障预防控制工作必要的经费。县级以上人民政府卫生、教育、公安、司法、民政、医药等行政部门，应按照分工的职责，共同做好预防控制性病、艾滋病的工作。

《四川省结核病防治管理办法》规定：各级人民政府应加强对结核病防治工作的领导和结核病防治机构的建设，制定结核病防治规划并组织实施。各级人民政府财政部门应将必要的结核病防治经费纳入财政预算予以安排。药品监督管理部门负责抗结核药品的监督管理工作，将抗结核药品纳入处方用药管理。劳动和社会保障行政管理部门应将符合条件的结核病防治机构和归口管理定点医疗机构纳入基本医疗保险定点医疗机构。

《四川省血吸虫病防治管理办法》规定：血吸虫病疫区的各级人民政府应当加强对预防、控制、消灭血吸虫病工作的领导，制定血防规划并组织实施。

血防经费实行以当地政府投入为主，国家、集体、个人分别负担的原则。各级人民政府财政部门应将必要的血防经费纳入财政预算予以安排。疫区企业事业单位生产经营区域内的灭螺费用由本单位承担。

《四川省爱国卫生管理办法》规定：各级人民政府应当加强对爱国卫生工作的领导，把爱国卫生工作纳入国民经济和社会发展的总体规划，促进社会主义精神文明和物质文明建设协调发展。在爱国卫生工作中完成目标任务成绩突出的，由各级人民政府或其爱国卫生工作主管部门予以表彰、奖励，符合规定标准的，授予荣誉称号。违反爱国卫生管理办法规定，由爱国卫生工作主管部门予以处罚。

“省委、省政府2005年决定”规定：对直接从事艾滋病、鼠疫、霍乱、血吸血病、麻风、肺结核等传染病防治工作的医疗卫生人员实行岗位补贴。

三、办医体制

“省委、省政府1997年决定”提出：逐步实行资产的所有权与经营管理权分离。对于经营管理有困难的中小型卫生机构，在保证国有资产、集体资产不流失的情况下，可实行多种形式的经营管理模式。

《四川省医疗机构管理条例》提出：地方各级人民政府扶持医疗机构的发展，鼓励多种形式兴办医疗机构。

2005年7月，省卫生厅印发《关于积极引进社会资金发展卫生事业的意见》，提出：在城乡基层，除农村建制乡镇卫生院、城市社区卫生服务中心必须由政府举办，要鼓励和引导社会资金对其余非建制乡镇卫生院进行改制或到农村兴办医院，鼓励支持社会资金兴办城市社区卫生服务站，以有利于缓解农村和城市居民看病难的问题。今后在城市新区，凡按照区域卫生规划需要新建医院的，原则上应鼓励社会资金独资或联合兴办。

四、农村卫生

“省委、省政府1997年决定”提出：在农村建立和发展由政府组织、民办公助、群众互助共济的合作医疗制度。各收政府要划拨一定的资金用于农村合作医疗，乡、村集体经济收入要按1%—

3%的比例提取专项资金用于农村合作医疗的集体补助，村提留要有一定数额用于合作医疗。对在县及县以上中医机构及农村卫生院工作的卫生技术骨干，是农村户口的，可农转非；是集体人员的，可集体转全民；是工人的，可聘为干部。

“省委、省政府2005年决定”提出：每个乡镇必须有一所政府举办的卫生院，以公共卫生服务为主，综合提供预防、保健、基本医疗和健康教育专等服务，并受县级卫生行政部门委托，承担公共卫生管理职能。全面实行乡镇卫生院县办县管。以县为单位，由政府组织举办合作医疗。卫生院职工养老、医疗纳入城镇职工社会保障体系统筹解决。

五、中医中药

“省委、省政府1997年决定”提出：要把中医的发展作为战略重点之一，列入各地经济和社会发展规划，逐步增加投入；继续对中医事业实行扶持政策，在资金上给予倾斜。

《四川省中医管理条例》要求：各级人民政府应扶持中医事业，实行与其他卫生事业同样的投入和优惠政策，并随经济的发展逐年增加对中医事业的投入，增加幅度不低于财政支出的增长幅度。各级人民政府应设立专项资金对中医基本医疗、教学、科研、生产的重点建设项目进行扶持，并逐步增加投入。各级人民政府财政部门应按省人民政府的规定拨付中医医疗机构中集体所有制人员工资的补助部分。鼓励社会团体、企事业单位、集体经济组织和公民个人以多种形式支持、资助中医事业的发展。积极利用国外优惠贷款，接受境外友好团体、人士提供资助，发展中医事业。各级人民政府应当实行中西医并重的方针和保护、扶持、发展中医的政策，坚持中医西医地位上平等、事业发展上并重的原则。积极扶持和发展民族医药。

《四川省中医药管理办法》提出：政府举办的非营利性中医医疗机构依照国家有关规定享受财政补贴、税收减免等优惠政策。基本医疗保险参保人员使用纳入基本医疗保险用药范围管理的中药制剂，其费用按照基本医疗保险规定结算。中医医疗机构经依法批准可以自制中药制剂在本单位临床使用。经过批准的院内制剂和中医诊疗技术应当纳入基本医疗保险诊疗项目目录的评选范围。在规范农村中医药管理和服务的基础上，乡村中医药技术人员可以自种、自采、自制、自用中药材。鼓励城市中医医疗机构采取人员培训、技术指导、技术合作、设备支援等方法扶持农村中医药工作并向农村推广中医药新技术、新项目、新疗法。建立名中医培养机制和评选制度，鼓励具有较高学术水平和丰富临床经验的中医药专家带徒授业，开展师承教育。中医药知识产权受法律保护。禁止用不正当手段获取权利人的秘方、验方、专门技术、科研成果和专利。中医药人员的秘方、验方、专门技术、科研成果和专利等可以作价折资入股，参与开发，也可转让或者许可他人实施权利人的中医药技术成果。中医药技术成果属于职务成果的，单位应当从其转让费、使用费及开发收益中按规定提取一定比例的金额支付给科研成果完成人或者参加人。

“省委、省政府2005年决定”提出：实施名院、名科、名医战略，建立“中医名家工作室”，加快中医药现代化进程。

六、妇幼保健

《四川省〈中华人民共和国母婴保健法〉实施办法》提出：县级以上地方人民政府领导本行政区域内的母婴保健工作，将母婴保健事业纳入本行政区域国民经济和社会发展计划；母婴保健事业的投入以国家为主，集体、个人共同参与；逐步增加对母婴保健事业的投入，并设立母婴保健专项资金，对少数民族地区、边远、贫困地区的母婴保健事业给予扶持；乡（镇）医疗保健机构的母婴保健人员的工资、补贴，应由县、乡（镇）人民政府负责解决。依照规定接受终止妊娠手术或者结扎手术的，应按国家规定享受休假，休假视为出勤，手术费用按国家有关规定执行；严禁采用技术手段对胎儿进行性别鉴定，医疗保健机构认为医学上确需进行胎儿性别鉴定的，必须由县级以上医学技术鉴定委员会出具意见，由同级卫生行政部门批准，到省级卫生行政部门指定的医疗保健机构进行鉴定；推行母乳喂养，实行纯母乳喂养的女职工增加一个月产假，产假视为出勤。不得安排哺乳期女职工从事国家规定的三级体力劳动强度的劳动和哺乳期禁忌从事的劳动，并为女职工哺乳提供条件。

“省委、省政府 1997 年决定”提出：农村卫生院要有 2—3 人专门从事预防保健工作。

第三节 政策调研

一、卫生服务调研

（一）省卫生厅关于四川省城市医疗服务专题调研

1987 年 5 月 20 日至 6 月 4 日，省卫生厅在成都、自贡、南充三市组织 16 个医疗卫生单位的 103 人开展城市医疗服务调查。调查结果表明四川省城市医疗服务存在的主要问题是：卫生投入严重不足。1985 年卫生事业费仅占国民生产总值的 0.59%。卫生资源分配不尽合理。城市医院主要分布在旧城区范围内，新增加的城区没有新建相应的医疗卫生机构。每千人口医师数，成都为 3.33 人、自贡 1.20 人、南充 2.17 人；平均每千人口床位数，成都 5.92 张，自贡只有 3.86 张。市级以上医院拥有 80% 以上的高级设备，基层医院设备极差。县级医院只具有同级手术和检验能力的 50% 和 39%，街道医院仅具有同级手术和检验能力的 20% 和 17%。卫生技术人员比例失调。三市高、中、初三级卫生技术人员比为 1:1.48:0.63，按要求应为 1:3:1，中级人员严重不足。某些专业人员短缺，特别是护士队伍和短缺专业人员更为突出。据推算，全省每年有 100 万人因病住不上医院，特别是一些短缺专科、专病、如肿瘤、口腔、结核、精神病、心血管、老年病等住院难更为突出。病人就医流向高层次医疗单位，客观上造成了卫生服务资源利用的不合理状态。

在调查研究的基础上，调查组提出以下政策建议：

一是加强城市医疗卫生机构建设。医疗卫生机构建设应纳入城市建设的总体规划。新扩大的城区应新建相应的医疗卫生机构，并逐步配套。老城区的医疗卫生机构也要根据医疗卫生需求量的变化，调整、充实、巩固和完善。争取 1990 年全省有 70% 以上的城市初步建成一个与城市经济建设相适应的、布局结构合理的城市医疗卫生网。增加卫生投入。全省卫生事业费占国民生产总值的比例由 1985 年的 0.59%，增至 1990 年的 1% 左右。适当调整大、中、小城市的投资比例，增加中小城市的投资比重，加强区级与街道医疗卫生机构的建设。调整卫生资源分配比例。各级医疗卫生机构应在摸清自身卫生资源的情况下，结合服务半径、服务对象和需求量的大小，搞好人、财、物的调整。到 2000 年，四川省城市应达到每千人口有 5—7 张床位，医生和护士之比为 1:2，高、中、初三级卫生技术人员之比为 1:3:1。

二是发挥不同层次医疗卫生机构优势。城市大医院应把主要精力放在疑难重症的诊断治疗上，开展科学研究，对基层进行技术培训和指导；基层医疗单位应把防治重点放在危害居民健康的常见病、多发病上，开展预防保健和健康宣传教育等综合防治工作；工矿职工医院应把力量放在工业卫生、劳动保护和职业病的防治工作上；区、街道级医疗卫生单位不要盲目同大医院竞争，要扬长避短，发展小型专科专病服务。各级医疗卫生机构应根据自身技术特点和优势，有侧重地开展1—2个专科专病的诊治研究，把医院办得有自己的特色和专长。在1990年前重点建设1—2个专科专病医院，到2000年应基本建齐健全群众急需的短缺专科专病。应把心血管疾病、肿瘤、慢性支气管炎、风湿性关节炎等疾病作为专病防治重点，充实必要的人力、技术和设备。

三是加强预防保健。各级医疗单位要适应医学模式转变，逐步实现由单纯的医疗型向保健、预防、康复的结合型转变。要加强三级预防的整体观念，宏观控制一级病因预防、二级发病学预防和三级康复预防。积极开展医学心理、健康教育、社会医学、预防医学、康复医学一体化服务。

四是发展医疗联合体与家庭病床服务。进一步办好各种类型的医疗联合体，并扩大联合协作内容和范围。城市各级医院应按各自总病床的15%—20%的比例设立家庭病床。

五是加强人才培养和科学研究。各学校应挖掘潜力，采取多种办学形式。大学可“伸腿”帮助中专“带帽”办大专班，中专学校也可与县级卫生学校联合办中专短缺专业班。为解决边、老、少、穷地区的专业卫生人员的来源，稳定队伍，各大、中专医药学校应有部分专业实行定向招生、定向分配。针对性地普办放射、营养、检验、公共卫生等短缺专业班，以弥补部分专业人员数量的不足。采取脱产与不脱产的多种形式开展在职培训，时间一般为3个月至1年，到1990年每年培训面应达到15%以上。各级医疗卫生机构要结合自身的研究能力和技术水平，开展以应用研究为主的临床医学研究。加强对老年医学、康复医学、急救医学和常见疾病的关键技术问题的研究。加强学术交流，引进先进技术，应用新成果和新设备。

六是加强城市急诊急救系统建设。四川省城市居民每年约有126万人次需要急诊，约有13万人次需要急救。需急救者中85%只能依靠步行、担架、非机动车入院，仅有15%的需急救病人能够使用机动车或救护车。200多万城市人口的省会成都亦无一所急救中心。加强城市急诊急救系统建设是医疗卫生工作的当务之急。成都市应力争在“七五”期间建立城市急救中心，市级及以上的医院应设立急诊抢救科，县级医院设立急诊室，初步形成急救网络系统。要改善急救装备，适当增加新型的救护车以及先进的抢救设备和器械，不断提高急诊抢救成功率。要建立健全急诊调度指挥系统，改善通讯设施，确保急诊抢救迅速、准确、及时。要培养一支急诊抢救专业技术队伍，发展急救医学。

七是搞好健康教育工作。要利用广播、电视、报刊、专栏等多种形式，搞好健康宣传工作，普及医药卫生知识，增强群众的自我保健能力。开展各种有益于身心健康的卫生活动。

（二）省卫生厅关于四川省城乡卫生服务专题调研

2003年9月18日至10月17日，省卫生厅组织开展全省城乡卫生服务调查。共调查3960户，12714人，其中男性6403人，占50.3%，女性6311人，占49.7%。

调查获得的基本情况是：

被调查人口的就医可及性。城市住户距最近医疗点不到1千米的为83.9%，农村住户为39.0%；1千米以上不到2千米的城乡分别为11.3%和25.1%；2千米以上不到3千米的为2.9%和16.4%；3千米以上的在城市已经很少了，但农村在5千米以上的还有11.6%。

被调查人口的医疗保障。城市未享受任何医疗保险完全自费的人占调查人数的51.4%，农村占调查人数的84.8%。在享有各种医疗保障制度人群中，城市人口中有城镇基本医疗保险的占25.7%，合作医疗占0.1%，大病医疗保险占4.2%，公费医疗3.7%，劳保医疗4.8%，其他社保4.7%；农村人口享有的这些保障分别为1.3%、1.6%、1.0%、0.2%、0.0%、2.0%，可见农村享有各种保障的人数都少，农村合作医疗只占1.6%。

居民健康状况。两周患病人次数为2715次（城市1175次、农村1540次）。城乡居民两周患病率为218.24‰，其中：城市为205.03‰，农村为220.54‰；农村两周患病率高于城市（$P<0.05$）。城乡居民慢性病患病率为150.58‰，其中城市174.84‰、农村146.36‰；按患病例数计算城乡居民慢性病患病率为177.52‰，城市233.12‰，农村167.84‰。不论是按患病人数，还是按患病例数计算，城市居民慢性病患病率都高于农村（$P<0.01$）。城市居民两周患病到医院就诊的为44.3%，进行自我医疗的为44.3%，未采取任何治疗的比例为11.4%；农村居民两周患病到医院就诊的为64.9%，自我医疗的为20.1%，未采取任何治疗的为15.1%。调查前一年居民总住院率为46.47‰，高于全国水平（36.0‰），其中：城市居民住院率为58.45‰，农村居民住院率为44.39‰。男性住院率为41.27‰（城市53.70‰、农村39.11‰）、女性住院率为51.84‰（城市63.15‰、农村49.87‰）。城市居民两周患病到医院就诊的为44.3%，进行自我医疗的为44.3%，未采取任何治疗的比例为11.4%；农村居民两周患病到医院就诊的为64.9%，自我医疗的为20.1%，未采取任何治疗的为15.1%。

患者医疗费用。患者门诊直接费用算术平均数城市为208.18元，农村地区为102.78元。被调查者门诊医药费用的分布呈明显的偏态分布，算术平均数所表示的平均花费水平可能较大多数人的花费水平偏高。为更加合理地反映本次调查平均门诊医药费用情况，计算了门诊医药费用的中位数。本次调查城市人口门诊直接费用的中位数为70元，农村为35.50元。城市和农村的平均间接门诊费用为12元左右。城市居民直接住院费用的算术平均值为4004.74元，中位数为2500元；农村居民直接住院费用的算术平均值为1852.05元，中位数为900元。由此得出，四川省居民直接住院费用城市为2500元左右，农村为900元左右。城市居民的平均直接住院费用是农村的2.7倍。

孕产妇和儿童保健。调查城市和农村15—49岁已婚育龄妇女共2622人，其中城市1249人，农村1373人。城市15—49岁已婚育龄妇女年内做过妇科检查的比例为53.1%；农村15—49岁已婚育龄妇女年内做过妇科检查的比例为22.9%。城市孕妇的产前检测率为96.0%、孕早期检查率为86.8%，均高于农村孕妇（53.0%、49.7%）。城市地区孕产妇住院分娩率为97.4%，远远大于农村（32.5%）。城市地区顺产61.9%，剖腹产38.1%；农村顺产93.9%，剖腹产5.5%，难产0.6%。婴儿平均出生体重城市3264.2克，农村3162.7克。城市低体重儿出生比例为4.8%，农村为6.5%。纯母乳喂养持续时间的均数，城市为3.85月，农村为4.70月。辅食添加时间的均数，城市为5.01月，农村为5.68月。

计划免疫。城市儿童计划免疫建卡率为91.5%，农村为54.5%。城市儿童卡介苗、百白破、脊灰、麻疹、乙肝的计划免疫接种率分别为95.4%、90.8%、90.0%、93.8%、93.1%，农村分别为78.7%、51.3%、62.4%、79.2%、35.5%。

住户饮用水及厕所。城市居民的自来水饮用率为97.2%，农村为25.3%。农村饮用不安全饮用水的占33.2%。城市住户用水冲式厕所为85.2%，农村住户不用卫生厕所的占82%。

健康相关行为。城市 15 岁以上居民吸烟率为 27.3%，其中男性为 52.3%，女性为 3.1%；农村吸烟率为 32%，其中男性为 58.7%，女性为 4.9%。城市居民经常饮酒的为 9.4%，农村为 15.6%。城市居民业余时间参加体育锻炼或健身活动的为 36.1%，农村居民参加体育锻炼的为 4.0%。被调查人口经常主动获取保健知识在城市为 62.5%，农村为 30.3%。

在调查研究的基础上，调查组提出以下政策建议：

一是加大卫生投入。全省各级财政对卫生的拨款卫生事业经费投入较低，2003 年仅占全省财政支出的 2%，农村卫生投入更低，仅占全省财政支出的 0.9%。各级政府应按经济增长的比例来确定对卫生的投入，使公共财政在对卫生的投入上形成制度化、法律化，实现经济社会与卫生协调发展，满足居民日益增长的健康需求。

二是搞好宏观调控。加大对区域卫生发展规划的管理和实施能力，研究和制定有利于当地卫生资源充分利用的政策，从计划、经济、政策、法律等各个层面上加强宏观调控力度，制定优化资源配置的实施细则。建议政府在加大整个卫生投入的同时，在投入结构上应该从城市向农村倾斜，从医疗向预防倾斜。在城市要坚持优先发展社区医疗卫生的方向，农村要巩固和健全县、乡、村三级医疗服务网络，重点加强乡镇卫生院建设。

三是加快农村卫生事业发展。农村卫生问题十分严重，建议各级政府要高度重视农村卫生工作，履行好义不容辞的责任。要切实加大对农村卫生的投入，保证农村卫生人员的人头费，确保公共卫生业务工作能正常开展。要抓好建制乡镇卫生院的建设，抓好乡镇卫生院的运行机制改革，通过完善功能、选好人才、全员聘用等综合措施，积极推进乡镇卫生院用人和分配制度改革，不断提高服务质量和效率，降低服务成本。加快农村卫生人才培养，提高农村卫生技术人员素质。要扩展乡镇卫生院的卫生服务功能，由单一的医疗向农村公共卫生和农村基本医疗转变。建议全省在试点的基础上全面加快农村新型合作医疗制度的步伐，加大农村合作医疗的覆盖面，加大筹资力度。认真研究和制定正确的方案，如筹资比例、补偿标准、管理规范和监督模式等，完善运行管理机制。在运行中各级政府要规范合作医疗的管理、规范农村医疗机构服务行为的管理，加强药品市场和药品购销的监督，让农村合作医疗正常运转，真正解决农村居民的基本医疗保障。在条件成熟时，农村合作医疗应由社会互助共济向社会统筹转变，真正提高农民对疾病的抗风险能力。

四是加强社会医疗保障体系。尽快研究和制定关于医疗保障的法律法规体系，通过立法的形式对保方、供方、需方及各单位的责、权、利加以界定，使这一触及社会各方利益的政策能够有更高的制度保证。从实际出发，由政府牵头和有关部门配合，研究和探索筹资各方能承受、医疗保障制度能支付得起、医疗保险提供方能提供的适宜的医疗技术与药品的配套方法，逐步建立起能够覆盖包括不同部门、不同所有制单位、不同就业状况的全体城镇人口的开放、灵活的基本个人健康投入意识，建立杜绝医疗保险服务过度利用和浪费的约束机制，提高医疗保障资金的使用效率。

五是重视城乡居民健康教育。要充分重视城乡居民的健康教育工作，加大对健康教育工作的投入，全社会参与、多部门配合来开展多种形式的全民健康教育活动，建立健全以社区健康教育为龙头的健康教育网，提高公众的卫生知识。

二、农村卫生工作调研

（一）省卫生厅关于农村卫生工作专题调研

2001 年 5—10 月，省卫生厅对全省 177 个农业县（区）的农村卫生进行调查，共调查县级医疗卫生机构 710 个、乡镇卫生院 6019 个、村卫生站 46215 个，占应调查机构的 90% 以上。同时，对 38 个县、10 个样本县和 5000 户农户进行了典型调查和抽样调查。

据 2000 年统计，全省有县级医疗机构 356 个、卫生防疫站 177 个、妇幼保健院（所）177 个；乡镇卫生院 6019 个，全民占 26.7%，集体占 72.4%，其他占 0.9%；村卫生室（站）46215 个，占行政村的 73.71%。县级医疗卫生机构有卫生人员 7.94 万人，其中卫技人员 7.13 万人；乡镇卫生院 10.86 万人，其中卫技人员 8.05 万人；村卫生室（站）7.45 万人。县级医疗机构有床位 47408 张，乡镇卫生院 55503 张。县级医疗卫生机构平均每院年门诊量 73844 人次、住院病人 2904 人次，床位使用率 52.2%；乡镇卫生院平均每院年门诊量 13985 人次、住院病人 304 人次，预防接种 2547 人次，儿童保健 579 人次，妇女保健 200 人次；村卫生室（站）主要承担基本公共卫生和预防保健任务，为农村居民提供小伤小病的诊治服务。2000 年与 1990 年相比，孕产妇死亡率从 160.1/10 万下降为 88.2/10 万，法定报告传染病发病从 342/10 万下降为 216/10 万。人均医疗支出占农村居民支出的 15.36%。全省农村居民人均期望寿命 70.5 岁。

四川农村卫生工作存在的主要问题是：

卫生投入严重不足。2000 年全省县均农村卫生事业费为 386 万元，占县级财政支出 4.2%，占财政社会事业支出的 9.22%，比教育事业支出所占比例低 26.33 个百分点，比 1998 年全国卫生服务调查平均数低 210.46 万元。县级医疗卫生机构业务收入 801.9 万元，支出 951.3 万元，收不抵支 149.4 万元；县防疫机构收入 159.3 万元，支出 138.4 万元，收支节余 20.9 万元；县妇幼保健机构收入 144.5 万元，支出 137.3 万元，收支节余 7.2 万元；乡镇卫生院收入 32.32 万元，支出 32.96 万元，收不抵支 0.64 万元。除卫生投入不到位、卫生人员补助不到位外，还存在着向卫生院摊派不合理费用、挪用卫生经费等问题。

农民看不起病的问题仍然存在。农民医疗保障制度覆盖面小，保障水平低。全省开展农民医疗保障制度试点的仅有 472 个乡镇，仅占乡镇总数的 8%；覆盖人口 108.8 万人，受益人口 72.8 万人，仅占农村人口总数的 1.2%。据对 38 个县的 5000 户农户调查，应就诊而未就诊的占 20.71%，应住院而未住院的占 13.7%，“因病致贫、因病返贫”的农户占贫困户的 60% 以上。

乡镇卫生院建设仍很薄弱。全省乡镇卫生院有危房 93 万平方米，平均 155 平方米/院，占总面积的 26.5%；每年新增危房近 20 万平方米。相当数量的卫生院业务用房未得到改造，医疗设备简陋。据对乡镇卫生院 18 项业务服务调查，由于基础设施落后，开展业务率高于 60% 的仅有 7 项，高于 40% 的有 4 项，低于 40% 的有 7 项。预防保健、基本医疗等公共卫生服务任务得不到落实。撤区并乡建镇后，农村卫生机构未能及时作出相应调整，建制卫生院与地名卫生院同时并存，职能不分，职责不明。实行县乡共管的乡镇卫生院实际处于两不管的状态。普遍未建立内部竞争机制，吃“大锅饭”的现象比较突出。实行固定工资的占 29.2%，效益工资的占 58.4%；实行固定用工制的为 69.9%，全员聘用制的为 23.3%。

业务水平急需提高。全省县级卫生机构每院本科及以上学历为 9.5%，专科为 19.9%，中专为 54.7%，高中及以下为 17.9%；乡镇卫生院本科、专科为 9.8%，中专为 49.1%，无专业学历为 40%。70% 的卫技人员没有执业医师资格，民族地区乡镇卫生院很多都是卫校毕业生挑大梁。乡村医生大专学历为 1%，中专为 26.4%，无专业学历为 72.5%。知识更新较慢，业务水平普遍不高，与农村居民日益增多的健康保健需求很不适应。

在调查研究的基础上，调查组提出以下政策建议：

一是强化政府职责。政府要把农村卫生改革和发展纳入重要工作议事日程，纳入当地社会经济发展总体规划，纳入目标管理，纳入领导干部政绩考核内容。

二是加强农村卫生改革的分类指导。对经济相对发达的地区，着力于提高卫生服务质量和服务水平，满足群众日益增长的健康需求；对经济欠发达的地区，主要任务是保证农村居民享有最基本的医疗卫生服务；对老、少、边、穷地区，要进行重点扶持，给予优惠政策。

三是积极推进农村卫生管理体制改革。对政府举办的乡镇卫生机构给予定额和定项补助。原则上每个乡镇应有一所政府举办的非营利性卫生机构，其他医疗机构逐步进入市场，鼓励多种经济成分卫生机构的发展。探索建立以县级卫生机构为龙头的医疗集团，提高乡村卫生组织的综合服务能力，实行农村卫生机构药品集中采购、配送和乡村卫生服务管理一体化。

四是加大对农村卫生事业的投入。抓住西部大开发的机遇，争取国家把四川省农村卫生建设纳入西部大开发战略，纳入国家财政转移支付的重点，率先在四川省实施“农村健康工程”和“救助西部孕产妇及新生儿行动”。在实施农村税费改革时，将农村卫生事业补助纳入政府财政转移支付内容，并制订相关的政策。将农村卫生列入扶贫内容，加大卫生扶贫力度。

五是强化农村初级卫生保健工作。制定农村初级卫生保健发展纲要和分阶段实施方案，并与建设文明新村等农村综合工程相结合，统筹安排人力、物力和财力。

六是健全农村卫生服务网络。县级机构重点是加强对乡村卫生机构的技术指导、人员培训和接受急、危、重症的转诊与治疗；乡镇卫生院要建成卫生管理、卫生执法、预防保健、基本医疗、计划生育技术服务等功能为一体的卫生机构。在经济发达的地区，乡镇卫生院应逐步向社区卫生服务过渡，村级卫生机构逐步建成社区卫生服务站。乡镇卫生院和乡镇计划生育服务站实行“两块牌子，一套人马”。

七是转变农村医疗卫生机构运行机制。招聘作风好、懂技术、善管理的主治医师及以上职称的优秀人才担任院（所、站）长，实行院长任期目标责任制。适当提高乡镇卫生院院长的待遇，并将其工资、政策补贴、保险单位缴费部分等列入财政预算。改革农村卫生人事制度，实行全员聘任制、专业技术人员评聘分开、竞争上岗等，对非卫生技术人员和达不到助理执业医师资格的人员要转岗分流。加强成本核算，规范服务行为，提高服务质量，降低运营成本。

八是进一步提高农村卫生技术人员素质。加快农村卫生技术人员结构调整，通过学历教育和系统培训，提高人员素质；制定优惠政策，鼓励卫生技术人才到农村工作，对志愿到农村或贫困地区工作的卫生技术人才，在工资、福利、奖励等方面提高待遇。开展城市对口支援、青年自愿者活动，鼓励城市卫生人才到农村锻炼，或定向培养卫生人才。

九是规范农村药品供应和使用。加强对药品市场的清理整顿，严厉打击非法交易和制售假劣药品的行为；加强农村药品供应网络建设，推行乡村卫生机构药品集中采购，实行配送到乡村，降低医药成本，保证用药安全；制定乡村医疗卫生机构用药目录，规范用药行为；农村不实行医药分开核算、分别管理的政策。

（二）资阳市卫生局关于农村卫生改革与发展专题调研

2001 年，资阳市卫生局对农村卫生改革与发展情况开展调研，提出六条政策建议：

改革农村卫生管理体制。对乡镇卫生院的人、财、物、业务等由县级卫生行政部门统一管理。

对农村卫生机构、从业人员、卫生技术应用实行准入制度。大力推行卫生院内部分配制度、人事制度和多种形式的责、权、利相结合的管理制度改革，增强农村卫生院在市场经济中的适应能力和竞争能力。建立县、乡、村卫生管理“一体化”体制，县级卫生机构将管理、服务和继续教育延伸至乡、村，统一规范管理，统一防保业务，统一医疗质量监控，统一院内感染监控，统一在职教育，统一药品采购、调配，统一重点卫生室的督查指导。

完善农村卫生经济政策，增加农村卫生经费投入。对政府举办的乡镇卫生机构给予定额和定项补助，确保农村计划免疫、传染病和地方病控制、妇幼保健、健康教育等卫生工作任务的完成，确保乡镇卫生院原全民和集体所有制离退休人员的离退休金的落实，并逐步完善基础设施，购置必需设备。进一步理顺医疗服务收费政策，调整不合理的医疗服务价格，适当提高医务人员的劳务报酬，降低药品价格，减轻农民的经济负担。对农村医疗卫生机构的税收政策应严格按照有关规定执行，禁止向农村医疗卫生机构和个体医生乱收费。

调整医疗机构布局，优化卫生资源配置。对达不到医疗机构基本标准、生存困难的乡镇卫生院实行并、降、撤。并：乡镇卫生院和乡镇卫生院合并，乡镇卫生院和中心卫生院合并，县级医院兼并乡镇卫生院、中心卫生院；降：按照《医疗机构管理条例》对达不到卫生院基本标准的降为卫生所；撤：对部分濒临解体的乡镇卫生院，无法进行兼并重组的予以撤销。要采取多种措施，调整和控制农村卫生资源的存量和总量，实现农村卫生资源的优化配置和公平效率的统一。

健全农村三级卫生服务网络。要继承农村三级医疗、预防、保健网络中的有效部分，同时适应新形势，因地制宜地加以改进完善。县级医疗卫生机构要在控制规模和数量的基础上，进一步提高管理水平、综合实力和人员素质，完善基础设施和服务功能，走质量和效益发展之路；要抓好乡镇卫生院建设，特别是要重点抓好中心卫生院和建制镇卫生院建设。要根据农村医疗市场需求及预防保健需要，加强经营管理，调整服务结构，加快制度改革，增强乡镇卫生院的自我生存和发展能力；村卫生站可实行多种形式的办站模式，但必须保证预防保健工作的落实。要进一步加强村卫生站规范化建设，强化村卫生站管理，完善制度，严格操作规程，使村卫生站走上有序、健康发展轨道。

抓好乡镇卫生院领导班子建设。对乡镇卫生院院长可在全县范围内进行选拔。县级卫生行政部门可建立年轻后备干部人才库，并有计划地进行培养，为年轻后备干部提供学习和发挥才干的机会。鼓励大中专毕业生到乡镇卫生院任职，鼓励城镇医疗机构技术骨干到乡镇卫生院任职。

培养和造就农村卫生技术人才队伍。要积极做好乡镇卫生院卫生技术人员的在职培训，通过送出去、请进来、脱产学习、函授自考等方式，多形式、多途径培养人才。力争通过5年时间，使乡镇卫生院的医生达到国家执业助理医师资格水平，用10年时间完成乡村医生向执业助理医师的转化。

（三）达州市卫生局关于农村卫生院建设专题调研

2004年，达州市卫生局对处于大巴山南麓山区川渝鄂陕结合部的达州市农村卫生院建设开展专题调研。

农村卫生院建设的主要问题和困难是：

政府投入不足。西部山区幅员广，人口多，城市化水平低，传统农业占主导地位，地方财政十分困难，市、县两级政府投入农村卫生院建设的费用微乎其微，有的甚至没有投入。2003年，达州市卫生事业费投入6261万元，全市人口人均仅7.82元；乡（镇）卫生拨款1495.82万元，按农村卫生院同期职工人数8500人计算，每年人均仅为1760元，即使按乡（镇）卫生院职工人均年工资7200元计算（月人均仅600元），尚差5440元/人，累计差额高达4624万元，不足应投入的1/3。达州市所辖的中心卫生院平均在40人以上，乡（镇）卫生院在10人以上。按378个农村卫生院平均计算，每个卫生院不足4万元，其中包含乡（镇）卫生院人员工资、退休人员养老金和医疗保险金、基础建设（主要是房屋建设）、设备装备、人员培训等等。农村卫生院项目建设实施难，国家通过项目建设投入的资金有限，一个乡镇卫生院投入最多10万元，但建设好一个卫生院至少需要50万元或更多。地方政府基本上没有配套资金或配套极少。经过项目建设的农村卫生院，表面上看环境有所改变，但其背后高额负债十分普遍，农村卫生院负债最高的已达100多万元。

硬件建设滞后。工作用房不足和基本设备欠缺，基本上没有传染病人专用病房。50%的农村卫生院仍靠“老三件”（听诊器、血压计、体温计）从事诊疗服务，X线机、心电图仪、B超仪、洗胃机、半自动生化分析仪等“新五件”配备齐全的农村卫生院甚少，全市378家农村卫生院只有不足30%的有“新五件”，且主要集中于少数中心卫生院。产、儿科设备简单、老化、单一，除了有简单的产床和一些附带设备，缺乏呼吸机、监护仪等新设备，产科“绿色通道”建设明显落后。全市达到爱婴医院标准的农村卫生院不足20%。救护专用车辆配置仍是空白，只有极少数中心卫生院自筹资金购置了医疗救护用车，对重、危、急病人的接诊转诊不得不主要依靠县级医疗机构。

人才建设乏力。全市乡（镇）卫生院的人员大多数是20世纪80年代后期至90年代中期经组织分配或招工、临聘进入，这部分人基本上由县级中等卫生职业学校培养，初步具备中专学历。相当一部分农村卫生院在整个“九五”“十五”期间均未进人，人才断层现象逐步形成并凸显出来。人才培养多选择短期临床进修，其学历层次未能根本改变，临床技术人员的基础医学理论水平较低，新的医学知识、技能难以掌握运用。农村公共卫生人员大多数是临床医护人员和非卫生技术人员通过培训后转岗而来，业务素质不高。

农村中医药事业发展举步维艰。由于农村卫生院名老中医药人员的离退休或辞世，国家中医药院（校）培养的中医人才不愿到山区基层卫生院工作，致使山区农村中医药事业整体滑坡。许多山区农村卫生院已没有中医诊疗服务，中心卫生院也极少设置中医诊室，即便是县级中医院也只不过是名义上的中医院，其中、西医成分的比例已难以达到2∶8的配置。

在调查研究的基础上，调查组提出以下政策建议：

一是强化政府责任。政府要切实建立对农村卫生建设的长效投入机制，并确保投入兑现到位。要保障工作经费，重点是疫病防治费用和公共卫生体系运转经费，要保障卫生院的人员工资、离退人员的养老金及医疗保险金。

二是重在基础建设。通过由政府财政支持的卫生项目，来加强西部山区农村卫生院的基础建设。应避免分散广布的传统方式，集中力量分批分期建设，争取建设好一个，装备好一个，发展好一个。要尽量避免建后负债的现象。要采取城市支援、卫生下乡、巡回医疗、对口支援培养、定期培训等，开展农村卫生人才的综合培训。

三是大力发展农村中医药。设立农村卫生院中医药建设专项基金，并制定相关的建设目标和标准，纳入农村卫生事业整体发展规划，定期进行评估。建设好中医诊疗科室。对农村卫生院从事中医药技术服务的人员实施优惠政策，调动中医药工作人员的积极性。鼓励农村居民种植、加工中药材，并指派中医药专业人才进行指导。积极推广运用中医药新技术新成果。

四是建立医疗风险抵御机制。支持和鼓励农村卫生院参加保险公司提供的医疗责任保险。由卫生行政部门委托相关学会协会，以市或县（市、区）为单位设立农村卫生院医疗风险基金，政府支持1/3，单位筹集1/3，社会募集1/3。

五是建立农村卫生院发展评估体系。主要是对山区农村卫生院的发展模式、建设规模、装备条件、技术服务、医疗质量、公共卫生、人才结构和人才培养、阶段发展状况及绩效、存在主要问题及改进方案、项目建设实施效果等，开展综合评估，帮助农村卫生院科学发展。

（四）达州市卫生局关于农村三级卫生网建设专题调研

2005年，达州市卫生局对农村三级卫生网建设进行专题调研，提出以下政策建议：

加快农村三级卫生网基础建设。要继续加大县级医疗卫生机构的能力建设，更好地发挥技术指导中心的作用。要切实抓住国家大规模进行农村卫生项目建设的重要机遇，高标准规划建设农村卫生院，完善农村卫生院的整体功能，提高综合服务能力。要制定标准和发展规划，推进村卫生站的规范化、标准化建设。

建立稳定的财政支持政策。除国家继续加大投入以外，地方政府（主要是市、县两级）应当在农村卫生体系的基础建设方面提供必要的政策支持和资金支持，可以通过减免相关建设费用进行扶持，也可以进行专项补助。必须最大限度地减少和避免农村卫生机构基础建设负债的现象，为其创造更好的发展空间。要切实保障农村重大疾病防治和突发公共卫生事件应急处置的专项经费。要努力把农村卫生工作者从自我攒钱求生存求发展的状态中解脱出来，更好地履行其公共服务职能。要进一步落实农村卫生人员待遇，稳定农村卫生队伍。

积极推进农村卫生人才队伍建设。强化人才兴卫的可持续发展战略，制订农村卫生人才培养计划和规划。在积极引进学历高、能力强的农村卫生适宜技术人才的前提下，切实加强农村卫生人员的在职培训。在全面开展乡村医生中专学历教育的同时，卫生院要负责乡村医生的经常性、系统性培训。要针对新形势新任务的紧迫要求，重点培养和造就农村公共卫生人才和农村卫生管理人才，特别要加强卫生院院长的综合能力培养。

全面改善农村卫生建设大环境。卫生行政部门应以卫生事业适应新农村建设需要为统领，积极开展调查研究，深入思考发展中面临的各种问题，当好各级党委、政府的参谋；财政、发改、人事、民政、劳动和社会保障、药监、物价、教育、计生、农业、国土、税务、工商、环保、宣传、质监等部门，应协调配合，共同搭台，为农村卫生体系建设创造良好环境，提供必要支持。

三、民族卫生工作调研

（一）省七部门关于民族卫生工作专题调研

1997年5月13—23日，省长助理李进率领由省政府办公厅、省卫生厅、省财政厅、省扶贫办、省计委、省民委、省中医管理局七部门组成的省政府民族卫生工作调查组，深入甘孜州康定、九龙和凉山州西昌、冕宁、布拖、昭觉等县进行民族卫生工作专题调查，对两州的22个州级和县级医疗卫生单位、6个农牧区乡卫生院、3个强制戒毒所、2户农民家庭进行实地考察。

建州40多年来，两州医疗卫生事业得到长足发展。解放初期，两州仅有2个医疗机构、15张病床、19名卫生从业人员。1996年底，两州已拥有各级卫生机构1014个，病床8962张，卫生技术人员10236人。基本建成了州、县、乡级医疗卫生防保网。同1952年相比，婴儿死亡率从200‰降至

73.46‰，孕产妇死亡率从1500/10万降至219/10万，人均期望寿命从30岁升至63岁。

由于受历史、地理、自然、经济、文化、习俗等诸多因素影响，贫、病、愚制约着卫生事业的发展。两州尚有49个乡无卫生院。甘孜州行政村卫生站建站率仅为17.47%，1/3的县无救护车，1/2的县无防疫车，农牧区新法接生率仅为20%。1996年底，凉山州已确证艾滋病毒感染者达125例，其中2例已死亡。强制戒毒所出去后的毒品复吸率几乎为100%，注册吸毒人员约8000余人，按常规比例1：4计算，隐形吸毒者多达3.2万人。

调查组除现场决定由省上相关部门解决两州几个医疗卫生单位的设备外，还提出如下政策建议：

一是民族地区卫生事业发展的指导思想，要逐步由“后发外推型”向“同步内生型”转变。省政府要加大投入实施“民族卫生扶贫工程”，同时广泛争取社会扶持，进一步广开渠道，争取工程资金增加容量。

二是加速人才培养，努力造就一支具有科学管理意识和水平的管理队伍和有一定技能的专业技术队伍。省上为民族地区培养大专以上人才的做法应持续一个时期，至少5年，并应将培养的范围扩大到卫生管理人员。

三是合理配置卫生资源，缓解资源相对集中和匮乏的矛盾。在体制上进行改革，县上成立一个医疗预防保健中心，集中人、财、物，统筹安排，明确职责，有效地发挥人员、设备、房屋的作用，同时将富裕人员充实基层，加强乡镇卫生院力量，最大限度发挥现有资源的作用。此项工作可以在人口少的民族县先试行。

四是坚持“病、毒、愚”三害并治。省上相关部门帮助凉山州制定一套切实可行的禁毒、艾滋病防制的综合治理方案，坚决查禁毒源，必要时要采取强硬措施，不但追究贩毒者的刑事责任，同时追究吸毒者的刑事责任。

（二）凉山州卫生局关于民族地区农村卫生工作专题调研

2001年，凉山州卫生局对民族地区农村卫生工作开展专题调研。

凉山州人口405.90万人，有彝、藏、回、蒙古、苗等10多种少数民族，其中彝族人口176.14万人，占全州总人口数的43.4%，是全国最大的彝族聚居区。全州辖17个县（市），有危房的县级医疗卫生机构37所，面积44774平方米；有危房的乡（镇）卫生院367所，危房面积108788平方米。农村三级医疗防疫保健网不健全，12个贫困县共有行政村2599个，只有1183个村建有卫生站（室），占45.51%。村卫生站（室）主要集中在西昌、宁南、德昌、会理、会东5个县（市）经济状况较好、人口相对集中的平坝乡村，一村多站（室）的现象普遍存在。众多的村无卫生机构。个别乡卫生院名存实亡。群众有病无处看的现象在在部分乡村十分突出。全州71.41%的卫生技术人员集中在城区医疗卫生单位。乡镇卫生院、中心卫生院共有卫生技术人员3201名，大部分为“文化大革命”期间毕业的中专生；2380个村卫生站（室）共有2455名卫生人员，主要是“文化大革命”时期留下的“赤脚医生”。10个国定贫困县，1个省定、1个州定贫困县，虽然先后实施了农村卫生事业重点县建设、农村卫生三项建设和民族卫生扶贫工程等项目，但不少县医院仍无自动洗胃机、麻醉机、呼吸机、纤维胃镜、B超、400毫安X光机、心电监护仪等。绝大部分乡镇和中心卫生院仍靠“老三件”开展工作，在检验方面连“三大常规”也不能开展。

在调查研究的基础上，调查组提出以下政策建议：

一是加大卫生扶贫力度。在实施农村卫生项目中，资金投入的比例应有所改变，即国家出大头，地方出小头。在医疗服务的物价、税收、药品购销等政策上赋予少数民族地区更大的灵活性和自主权。

二是加大人才培训力度。建议按照中央东部支援西部、城市支援农村的决定，卫生行政部门在组织全国卫生系统对口支援活动中，不仅要安排在人才技术、管理手段等方面具有一定实力的机构对口支持凉山州，还应将卫生技术人员特别是专业学科人员纳入省卫生扶贫培训计划，送到上级医疗单位和医学院校免费进修培训，提高现有卫生技术人员的专业水平和综合能力。

三是引进先进的医疗技术和先进的管理方法，促进凉山州卫生事业上一个台阶。

（三）省政协民族宗教委员会、省卫生厅、省民委关于民族地区乡镇卫生事业专题调研

2005 年下半年，省民族宗教委员会、省卫生厅、省民委联合组成省民族卫生事业调研组，采取统计调查和调查组抽样调查的方式，对全省民族地区（含民族县及享受民族待遇县）乡镇卫生事业进行调查研究。是年 12 月 17 日，省卫生厅针对四川民族地区乡镇卫生事业发展中存在的困难，向省委、省政府提交书面报告，提出四条政策建议：

一是进一步加大财政投入和转移支付力度，加快民族地区卫生硬件建设。1. 县级医疗机构建设。在已安排国债资金对 10 个民族县医院进行建设的基础上，继续安排建设资金 1.41 亿元改造建设 47 个民族地区县级医疗机构，用于解决业务用房；安排设备资金 6840 万元，用于解决 57 个县级医疗机构设备。2. 妇幼保健院建设。安排建设资金 8550 万元改造建设 57 个县级妇幼保健院，用于解决业务用房；安排资金 6840 万元，用于解决 57 个县级妇幼保健院设备。3. 卫生执法监督机构建设。安排建设资金 5700 万元，改扩建或新建 57 个民族地区县级卫生执法监督机构，解决业务用房；在财政部对 18 个县级卫生执法监督机构进行基本设备装备的基础上，安排设备资金 1950 万元，解决余下的 39 个民族地区县级卫生执法监督机构的基本设备装备。4. 疾控中心。57 个县级疾控中心建设资金缺口 1694.4 万元，设备配置需资金 5700 万元，建议争取中央资金及省、地方财政配套予以解决。5. 乡镇卫生院。在利用国债资金和省财政补助资金改造建设 727 个乡镇卫生院的基础上，安排建设资金 2.115 亿元改造建设 705 个乡镇卫生院，用于解决业务用房；安排安排设备资金 1.8616 亿元，为 1432 个乡镇卫生院配置半自动化生化分析仪、洗胃机、B 超、X 光机、心电图机。6. 村卫生室。按一村一室、每室 30 平方米、每平方米 800 元计算，安排建设资金 2.16 亿元，为民族地区约 9000 个村解决业务用房。安排设备资金 1800 万元，为每个村卫生室配置 2000 元设备。以上所需资金，建议通过争取中央资金支持，省、地方财政配套予以解决。

二是采取有效措施，加快民族地区卫生队伍建设步伐。1. 增加对民族地区的财政转移支付。民族地区空缺出来的编制急需补充。由于民族地区财政困难，建议对提前退休或离岗待退出现的空编，按空缺数增加财政转移支付，保障新增人员工资。2. 制定民族地区乡镇卫生院编制标准。根据民族地区山高、路险、幅员面积大、人口分散的特点，建议按中心卫生院和一般乡镇卫生院的功能，分别核定 10—15 人和 5—7 人。3. 对民族地区专业技术人员的职称评定给予适当倾斜。取消或降低外语、计算机考试标准；实行只对民族地区、贫困地区和农村乡镇、社区有效的基层卫生高级职称。4. 加强卫生人才培养。建议省财政设立民族地区、边远贫困山区卫生人才培养专项资金，列入每年预算。

三是各部门密切协作，采取综合有效措施，控制疫情，消除或减轻传染病、地方病、寄生虫病

对民族地区人民的健康威胁。1. 加大疾病防治专项经费投入。增加防治经费，加强艾滋病、血吸虫病、鼠疫、炭疽、碘缺乏病等的监测，加大结核病发现力度，及时救治病人。2. 进一步强化部门协作机制。建立和完善政府主导，多部门合作，全社会参与的艾滋病防治机制，将禁毒、打击卖淫嫖娼与艾滋病防治工作紧密结合起来。在氟中毒防治方面，尽快开展流行病学调查，摸清饮水型氟中毒病情并组织制定砖茶氟含量标准。要加大宣传力度，改变农牧民的生活习惯。食品、工商等相关部门要管好生产和销售市场。大骨节病防治，建议由扶贫、民委等部门牵头，负责组织实施移民等综合防治措施，卫生部门负责现症病人的对症治疗。包虫病防治，建议由畜牧、公安部门牵头负责捕杀藏区的野狗，治疗病狗，卫生部门负责流行病学调查和现症病人的对症治疗。

四是关于民族地区新型农村合作医疗工作。1. 免去民族地区新型农村合作医疗配套经费。民族地区财政拮据，推行新型农村合作医疗十分困难。建议中央、省财政进一步提高对民族地区的补助标准，免去民族地区配套资金。2. 将以县为单位改为以州为单位建立合作医疗基金。新型农村合作医疗制度是以大病统筹为主的农民医疗互助共济制度。因民族地区人口稀少，基金总量很少。新型合作医疗补偿方案的封顶线最高机能制定为3000元，未能真正增加患大病后的抗风险能力。建议将以县为单位改为以州为单位建立合作医疗基金，真正实现大病统筹。3. 加大民族地区贫困医疗救助力度。全省民族地区有贫困县21个，贫困人口占很大比例，仅阿坝州就有20%的农牧民因贫困而未缴纳基金。从试点县情况看，贫困人口因支付不起住院费，就医率很低。建议提高对民族地区贫困农牧民的医疗救助水平并扩大救助范围，实现贫困农牧民都能参加合作医疗。同时，对合作医疗报销后仍支付不起重大疾病医疗费用的贫困农牧民，再给予一定补助。

四、药品购销工作调研

（一）省卫生厅关于药品购销情况调研

1998年7—8月，省卫生厅纠风办会同厅医政处和省中医管理局，选取成都、广元、绵阳、内江、泸州、眉山6个地、市的不同级别、不同类型、不同层次的8所医院进行调研。其中，省、市、县级综合医院5所，即省人民医院、成都市第五人民医院、广元市人民医院、泸州市纳溪区人民医院、眉山县人民医院；省、市、县级中医院3所，即泸州医学院附属中医院、内江市中医院、三台县中医院。8所医院中，三级甲等医院1所，三级乙等医院2所，二级甲等医院2所，二级乙等医院2所。

1996年，8所医院总收入为26145.6万元，其中药品收入为11057.5万元，药品收入占总收入的42.29%，全年共计购进药品9052.4万元，折扣金额为1579.8万元，综合折扣率为17.45%；1997年，8所医院的总收入为32442.1万元，其中药品收入为13337.9万元，药品收入占总收入的41.11%，全年共计购进药品10692.8万元，折扣金额为2017.5万元，综合折扣率为18.87%。

药品购销活动中存在的主要问题是：药品定价不合理，新特药较多，价格相对较高，但有些新特药实际上是以前的老药换名换包装转变而来的，实际成本并没有多大的提高，但药品价格却成倍增长，为药品生产、经销企业搞“回扣”提供了更大的活动空间；药品产业结构不合理，不少低层次的药品重复生产的问题严重，供大于求，造成药品厂家、商家争相低价格、高折扣、高回折促销；医院业务收入结构中的药品收入所占比例居高不下，“以药养医”的现象较普遍。由于拨款严重不足，药品收入成为医院的主要收入来源，医院想方设法增加药品收入。据统计，1997年8所医院的财政补贴为1443.2万元，人均仅为2630元，连发职工的基本工资都不够。1997年，8所医院的总收入为32442.1万元，其中药品收入占13337.9万元，药品收入占总收入的41.11%，药品收入在医院的收入中占了很大的比重；另一方面，医疗收费标准大多数还不够医疗成本，有的医院离开了药品收入医院很难生存。

在调查研究的基础上，调查组提出以下政策建议：

一是药品价格是由物价部门核定、医药公司公布的，对药品价格过高要从源头上找原因。物价部门应该从药品的实际生产成本出发，核定一个相对合理的价格，即医、药双方都能接受、患者能承受的价格。

二是新药的鉴定应该严格、规范。

三是解决医院经费不足的问题，除了增加财政补贴外，关键是要解决体制问题，医务人员的劳务价值应得到充分体现，提高医疗收费标准是解决医院生存发展的必经之路。

四是以市（县）成立药品供应中心集中购药，不可能从根本上消除“回扣”问题，相反却不能满足众多医院不同层次的用药需求。另外，由于在医院和药品生产、经销企业之间增加了一个中间环节，就要增加费用，这样更造成了药品价格的混乱，更增加了病人的负担。因此，成立市（县）药品供应中心是不可取的，应从强化管理上下功夫。

（二）省体改办关于门诊药房改制调研

2001年，省体改办对华西医院门诊药房改制开展调研。

2000年8月，华西医院进行门诊药房改为药品零售企业试点，将门诊药房与医院剥离，与四川省国嘉医药科技有限责任公司合作组建独立经营、自负盈亏的药品零售企业—利康药房。通过转变机制，实行市场化经营，购药环境得到有效改善，药品质量和用药安全得到有力保障，患者得到实实在在的好处，同时增加了国家税收，取得良好经济效益和社会效益。在全国“三项改革”工作会议上，华西医院试点情况受到国务院领导同志的重视。2001年，省体改办会同卫生、药监、物价、财政、劳动、地税、国税等部门，对华西医院门诊药房改为药品零售企业的试点情况进行联合调查，以总结华西医院的改革经验，研究需要规范和完善的有关问题。

在调查研究的基础上，调查组提出以下政策建议：

一是省有关部门应跟踪了解华西医院门诊药房改制试点工作情况，进一步加强指导，及时解决运行和发展过程遇到的困难和问题，总结改革的经验或教训，逐步进行规范和完善。

二是医院门诊药房改为药品零售企业，是一项难度比较大的改革。在目前其他方面改革还未配套，财政补助、医疗服务价格补偿难以到位的情况下，这一改革需积极稳妥，逐步扩大试点，不宜推得太快。

三是医院门诊药房改为药品零售企业，涉及国有资产处置、人员分流等多方面的问题，政策性强，涉及面广。实施改革试点的地方和单位，要认真制订改制方案，结合本地、本单位实际，积极探索门诊药房改企的多种模式，省、市有关部门要加强对试点方案和试点工作的指导，适当的时候省上可出台《医院门诊药房改为药品零售企业的试点办法》，以指导医院门诊药房改企试点工作规范、有序、健康发展。

第六章　居民健康水平

第一节　人口出生率与人口死亡率

一、全省人口出生率与人口死亡率

详情见表1—23。

1985—2005年四川省人口出生率与人口死亡率统计表

表1—23

年　份	全省		市		县	
	出生率（‰）	死亡率（‰）	出生率（‰）	死亡率（‰）	出生率（‰）	死亡率（‰）
1985	15.4	7.2	12.7	6.5	12.8	6.7
1986	20.5	6.9	16.2	6.0	18.5	6.5
1987	17.9	7.0	15.5	5.8	17.0	6.6
1988	18.3	6.6	13.6	6.6	14.7	6.7
1989	19.1	7.3	12.6	6.2	15.1	6.9
1990	19.1	7.7	13.5	6.2	16.2	6.8
1991	15.8	7.3	11.4	6.2	12.7	6.0
1992	16.3	7.0	11.9	7.0	12.4	6.9
1993	16.8	7.2	12.4	6.7	12.7	6.8
1994	16.9	7.0	12.1	6.5	13.6	6.6
1995	17.1	7.2	11.7	6.7	13.3	6.8
1996	16.6	7.3	10.9	6.4	13.7	7.2
1997	15.7	7.0	9.8	5.9	11.6	6.7
1998	14.6	7.1	9.6	6.1	10.9	6.7
1999	13.8	7.0	9.3	5.9	10.0	6.4
2000	12.1	7.0	10.1	6.5	10.2	6.8
2001	11.2	6.8	7.9	5.4	8.4	6.1
2002	10.4	6.5	7.6	5.7	8.5	5.8
2003	9.2	6.1	7.7	5.3	8.8	5.6

续表1—23

年份	全省		市		县	
	出生率（‰）	死亡率（‰）	出生率（‰）	死亡率（‰）	出生率（‰）	死亡率（‰）
2004	9.1	6.3	8.5	6.4	10.1	7.1
2005	9.7	6.8	8.8	5.3	10.5	5.8

说明：数据来源于历年《四川统计年鉴》

二、市（州）人口出生率与人口死亡率

详情见表1—24。

2000年和2005年四川省各市（州）人口出生率与死亡率统计表

表1—24

市（州）	出生率（‰）		死亡率（‰）	
	2000年	2005年	2000年	2005年
总计	12.1	9.7	7.0	6.8
成都	9.6	6.3	6.6	4.7
自贡	7.8	6.8	6.2	5.4
攀枝花	13.8	12.7	5.1	6.4
泸州	9.3	13.4	6.4	6.7
德阳	9.6	6.5	7.4	6.6
绵阳	8.8	6.9	6.8	5.7
广元	10.2	6.8	6.6	6.3
遂宁	7.9	6.4	5.9	5.1
内江	9.5	9.1	6.6	5.3
乐山	8.9	9.0	6.9	6.9
南充	8.1	8.1	7.3	7.4
眉山	9.7	6.2	6.7	4.6
宜宾	11.6	10.0	6.7	6.1
广安	12.8	7.5	6.8	5.4
达州	10.5	9.2	7.4	5.8
雅安	11.5	9.3	6.7	5.1
巴中	10.7	8.2	5.9	4.5
资阳	8.7	8.3	6.9	7.7
阿坝	17.3	12.2	5.4	5.9
甘孜	14.6	14.6	7.2	7.4
凉山	16.8	17.6	7.2	7.4

说明：数据来源于历年《四川统计年鉴》

三、死因监测点人口出生率、死亡率及婴儿死亡率

1976 年，四川依托卫生部死因统计调查点和国家综合疾病监测点，在盐亭县、阆中县、什邡县建立最早一批死亡监测点。1983 年，崇庆县、汉源县列入全国综合疾病监测点，主要收集法定传染病发病死亡数据，同时登记报告出生、死亡数据。2004 年 4 月，全省县及县以上医疗机构死亡病例网络报告正式启动，主要统计报告死因构成、死因顺位、性别构成、年龄构成等。至 2005 年，全省共有成都市青羊区、彭州市、汉源县、西充县、资中县、越西县、攀枝花市仁和区、康定县等 30 个死亡监测点，覆盖人口约 2000 万人。死亡监测和疾病监测获得的出生率、死亡率、患病率、主要疾病变化趋势、期望寿命、城乡青少年和儿童身体发育情况、居民营养状况等信息，日益成为评价健康与生命质量的重要指标。

2000 年度四川省各死因监测点出生率、死亡率及婴儿死亡率统计表

表 1—25

类别	监测点	监测人口数（人）	出生率（‰）	出生性别比（%）	死亡率（‰）	婴儿死亡率（‰）
城市	成都市区	3330751	10. 05	1. 07	5. 20	5. 41
	自贡市区	1056414	8. 64	1. 06	5. 75	10. 52
	城市小计	4387165	9. 71	1. 07	5. 33	6. 50
农村	双流县	857931	10. 25	1. 06	5. 89	9. 78
	彭州市	774041	7. 08	1. 05	6. 04	8. 58
	金堂县	848849	9. 05	1. 22	6. 67	5. 99
	什邡市	431262	7. 36	1. 07	6. 94	13. 55
	富顺县	1207889	8. 65	1. 30	6. 63	17. 79
	荣县	885202	6. 60	1. 05	7. 70	20. 70
	盐亭县	592484	7. 53	1. 11	6. 93	30. 05
	阆中市	846781	7. 42	1. 10	7. 64	19. 25
	农村小计	6444439	8. 10	1. 13	6. 81	15. 03
全省合计		10831604	8. 75	1. 10	6. 21	11. 20

说明：其他年份资料缺失

第二节　孕产妇死亡率与婴幼儿死亡率

一、全省监测地区孕产妇死亡率

2001—2005 年四川省监测地区孕产妇死亡率见表 1—26。

2001—2005 年四川省监测地区孕产妇死亡率统计表

表 1—26

年份	孕产妇死亡率（1/10 万）		
	合计	城市	农村
2001	66.50	38.30	80.50
2002	75.40	46.30	84.60
2003	76.00	58.70	82.30
2004	78.20	71.30	79.80
2005	75.10	71.70	75.90

说明：其他年份资料缺失

二、全省婴幼儿死亡率

1996—2000 年四川省婴幼儿死亡率见表 1—27。

1996—2000 年四川省婴幼儿死亡率（‰）统计表

表 1—27

年份	1996	1997	1998	1999	2000
新生儿	31.5	33.9	32.3	31.0	33.5
婴儿	55.4	50.7	48.4	47.7	43.0
5 岁以下儿童	67.0	61.9	58.8	58.1	57.9

说明：其他年份资料缺失

三、市（州）婴儿死亡率

2000 年、2005 年四川省各市（州）婴儿死亡率见表 1—28。

2000 年、2005 年四川省各市（州）婴儿死亡率统计表

表 1—28

市（州）	婴儿死亡率（‰）	
	2000 年	2005 年
成都	12.6	13.5
自贡	14.2	14.5
攀枝花	31.5	16.5
泸州	23.8	11.8
德阳	14.7	10.8
绵阳	18.8	10.7
广元	25.3	13.6

续表1—28

市（州）	婴儿死亡率（‰）	
	2000年	2005年
遂宁	11.9	8.1
内江	12.1	8.8
乐山	17.0	13.7
南充	20.2	25.7
眉山	—	8.0
宜宾	20.9	10.5
广安	20.2	20.9
达州	27.5	20.6
雅安	18.6	12.5
巴中	31.8	12.1
资阳	—	15.0
阿坝	20.1	23.8
甘孜	36.4	21.9
凉山	44.4	24.4

说明：其他年份资料缺失

第三节　居民期望寿命

居民期望寿命，即人均寿命。1986—2005年，全省人均寿命呈上升趋势，由69岁升至77岁，20年间提升了8岁。详情见图1-2。

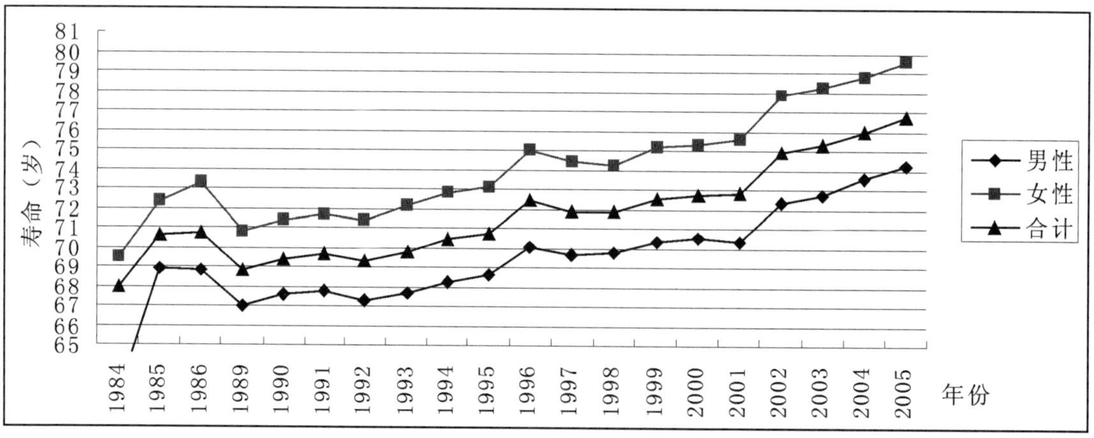

图1-2　1984—2005年四川省人均期望寿命趋势图

第四节　居民死亡谱

1984—2005 年，全省居民总死亡率呈下降趋势。

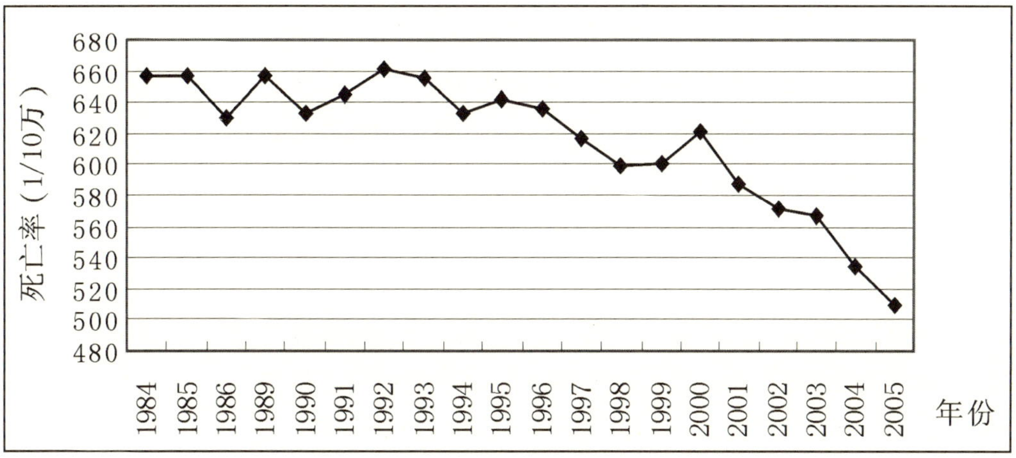

图 1－3　1984—2005 年四川省居民粗死亡率变化趋势图

一、不同年份居民死亡情况

（一）1989 年居民死亡情况

总死亡率 656. 96/10 万，婴儿死亡率 26. 5‰，出生率 13. 58‰。

前 10 位死亡顺位为：

第一位，呼吸系统疾病，死亡率 253. 65/10 万，占全死因构成的 36. 78%；

第二位，循环系统疾病，死亡率 132. 77/10 万，占全死因构成的 20. 21%；

第三位，肿瘤，死亡率 100. 35/10 万，占全死因构成的 15. 27%；

第四位，损伤中毒，死亡率 62. 17/10 万，占全死因构成的 9. 46%；

第五位，消化系统疾病，死亡率 31. 41/10 万，占全死因构成的 4. 78%；

第六位，传染病和寄生虫病，死亡率 19. 66/10 万，占全死因构成的 2. 99%；

第七位，新生儿病，死亡率 11. 09/10 万，占全死因构成的 1. 69%；

第八位，内分泌营养和代谢性疾病，死亡率 8. 86/10 万，占全死因构成的 1. 35%；

第九位，泌尿系统疾病，死亡率 8. 19/10 万，占全死因构成的 1. 25%；

第十位，诊断不明，死亡率 8. 07/10 万，占全死因构成的 1. 23%。

（二）1994 年居民死亡情况

总死亡率为 632. 29/10 万，婴儿死亡率为 22. 47‰，出生率为 11. 20‰。

前 10 位死因顺位为：

第一位，呼吸系统疾病，死亡率 243. 70/10 万，占全死因构成的 38. 55%；

第二位，循环系统疾病，死亡率130.50/10万，占全死因构成的20.64%；
第三位，肿瘤，死亡率103.56/10万，占全死因构成的16.38%；
第四位，损伤中毒，死亡率62.95/10万，占全死因构成的9.96%；
第五位，消化系统疾病，死亡率26.87/10万，占全死因构成的4.24%；
第六位，内分泌营养和代谢性疾病，死亡率11.69/10万，占全死因构成的1.85%；
第七位，传染病和寄生虫病，死亡率11.33/10万，占全死因构成的1.79%；
第八位，新生儿病，死亡率10.44/10万，占全死因构成的1.65%；
第九位，诊断不明，死亡率7.64/10万，占全死因构成的1.21%；
第十位，泌尿系统疾病，死亡率7.35/10万，占全死因构成的1.16%。

（三）2005年居民死亡情况

总死亡率为509.09/10万，婴儿死亡率为6.93‰，出生率为7.06‰。

前10位死因顺位为：

第一位，呼吸系统疾病，死亡率143.62/10万，占全死因构成的28.22%；
第二位，循环系统疾病，死亡率132.79/10万，占全死因构成的26.08%；
第三位，肿瘤，死亡率132.71/10万，占全死因构成的26.07%；
第四位，损伤中毒，死亡率37.21/10万，占全死因构成的7.31%；
第五位，消化系统疾病，死亡率18.31/10万，占全死因构成的3.60%；
第六位，内分泌营养和代谢性疾病，死亡率9.62/10万，占全死因构成的1.89%；
第七位，泌尿系统疾病，死亡率6.08/10万，占全死因构成的1.19%；
第八位，传染病和寄生虫病，死亡率5.37/10万，占全死因构成的1.06%；
第九位，诊断不明，死亡率5.04/10万，占全死因构成的0.99%；
第十位，神经系统疾病，死亡率4.14/10万，占全死因构成的0.81%。

二、主要疾病死亡率

（一）城市居民主要疾病死亡率

1990年四川省城市居民主要疾病死亡率（1/10万）统计表

表1—29

疾　病　名　称	合计	男性	女性
传染病	11.85	15.25	8.26
呼吸系统结核	6.18	8.22	4.03
寄生虫病	0.03	0.00	0.05
恶性肿瘤	94.68	123.73	64.01
内分泌、营养和代谢疾病及其他疾病	17.22	12.92	21.75
血液、造血器官疾病及免疫性疾病	1.35	1.44	1.26

续表1—29

疾　病　名　称	合计	男性	女性
精神障碍	3.84	3.71	3.97
神经系统疾病	4.32	4.41	4.24
心脏病	33.42	31.69	35.25
脑血管疾病	84.18	92.49	75.41
呼吸系统疾病	186.49	195.12	177.38
消化系统疾病	30.52	35.85	24.89
泌尿、生殖系统疾病	8.09	8.71	7.43
妊娠、分娩、产褥期并发症	0.61	0.00	1.26
先天性异常	4.70	4.51	4.92
围生期疾病	10.98	11.98	9.94
损伤和中毒	44.35	53.57	34.62

1995 年四川省城市居民主要疾病死亡率（1/10 万）统计表

表 1—30

疾　病　名　称	合计	男性	女性
传染病	7.31	9.88	4.73
呼吸系统结核	3.36	4.85	1.78
寄生虫病	0.10	0.14	0.05
恶性肿瘤	105.21	134.76	73.87
内分泌、营养和代谢疾病及其他疾病	23.04	21.20	24.98
血液、造血器官疾病及免疫性疾病	1.14	0.62	1.68
精神障碍	2.96	2.88	3.05
神经系统疾病	3.06	4.03	2.04
心脏病	47.80	50.52	44.92
脑血管疾病	80.64	86.21	74.74
呼吸系统疾病	187.35	187.67	187.02
消化系统疾病	27.33	30.94	23.50
泌尿、生殖系统疾病	9.26	9.11	9.41
妊娠、分娩、产褥期并发症	0.27	0.00	0.56

续表1—30

疾病名称	合计	男性	女性
先天性异常	2.30	2.11	2.49
围生期疾病	6.66	6.77	6.57
损伤和中毒	47.95	59.15	36.07

2000 年四川省城市居民主要疾病死亡率（1/10 万）统计表

表 1—31

疾病名称	合计	男性	女性
传染病	4.47	6.00	2.88
呼吸系统结核	2.39	3.45	1.30
寄生虫病	0.05	0.00	0.09
恶性肿瘤	130.45	168.34	92.57
内分泌、营养和代谢疾病及其他疾病	15.02	12.76	17.37
血液、造血器官疾病及免疫性疾病	0.75	0.72	0.79
精神障碍	5.42	5.46	5.39
神经系统疾病	3.74	4.39	3.07
心脏病	54.57	54.20	54.95
脑血管疾病	67.79	72.82	62.56
呼吸系统疾病	151.76	163.37	139.71
消化系统疾病	20.88	25.42	16.16
泌尿、生殖系统疾病	8.48	9.44	7.48
妊娠、分娩、产褥期并发症	0.27	0.00	0.56
先天性异常	1.96	2.01	1.90
围生期疾病	2.33	2.60	2.05
损伤和中毒	36.86	48.03	25.27

（二）农村居民主要疾病死亡率

1990年四川省农村居民主要疾病死亡率（1/10万）统计表

表1—32

疾　病　名　称	合计	男性	女性
传染病	19.72	23.07	16.17
呼吸系统结核	9.08	11.44	6.57
寄生虫病	0.39	0.69	0.07
恶性肿瘤	94.30	116.43	70.79
内分泌、营养和代谢疾病及其他疾病	4.43	4.09	4.78
血液、造血器官疾病及免疫性疾病	1.51	1.50	1.53
精神障碍	3.27	3.53	2.99
神经系统疾病	4.30	4.47	4.12
心脏病	33.15	28.76	37.82
脑血管疾病	88.29	90.80	85.63
呼吸系统疾病	257.60	246.58	269.31
消化系统疾病	32.60	40.69	24.01
泌尿、生殖系统疾病	7.71	7.97	7.44
妊娠、分娩、产褥期并发症	1.63	0.00	3.35
先天性异常	4.30	4.50	4.08
围生期疾病	11.67	12.63	11.83
损伤和中毒	73.29	86.70	59.03

1995年四川省农村居民主要疾病死亡率（1/10万）统计表

表1—33

疾　病　名　称	合计	男性	女性
传染病	12.41	14.72	9.95
呼吸系统结核	6.66	7.77	5.47
寄生虫病	0.22	0.27	0.16
恶性肿瘤	110.37	138.04	82.37
内分泌、营养和代谢疾病及其他疾病	5.47	5.46	5.47
血液、造血器官疾病及免疫性疾病	0.64	0.52	0.77
精神障碍	4.20	5.04	3.32

续表1—33

疾病名称	合计	男性	女性
神经系统疾病	4.30	4.22	4.38
心脏病	42.35	41.65	43.09
脑血管疾病	106.79	113.70	99.47
呼吸系统疾病	247.21	245.70	248.82
消化系统疾病	28.08	34.61	21.16
泌尿、生殖系统疾病	6.74	7.50	5.93
妊娠、分娩、产褥期并发症	1.05	0.00	2.16
先天性异常	2.89	3.31	2.45
围生期疾病	8.55	8.68	8.40
损伤和中毒	74.51	90.68	57.35

2000年四川省农村居民主要疾病死亡率（1/10万）统计表

表1—34

疾病名称	合计	男性	女性
传染病	9.14	10.84	7.33
呼吸系统结核	5.38	6.74	3.94
寄生虫病	0.23	0.24	0.22
恶性肿瘤	132.35	166.84	95.66
内分泌、营养和代谢疾病及其他疾病	5.71	5.57	5.86
血液、造血器官疾病及免疫性疾病	0.93	1.05	0.80
精神障碍	2.72	2.68	2.75
神经系统疾病	3.34	3.40	3.27
心脏病	29.72	27.09	32.50
脑血管疾病	116.74	129.57	103.09
呼吸系统疾病	264.15	271.57	256.26
消化系统疾病	23.23	27.97	18.19
泌尿、生殖系统疾病	6.77	7.50	5.99
妊娠、分娩、产褥期并发症	0.53	0.00	1.09
先天性异常	2.41	2.47	2.34
围生期疾病	4.19	4.45	3.90
损伤和中毒	66.99	84.44	48.42

三、传染病和寄生虫病死亡率

1989—2005 年，全省传染病和寄生虫病死亡率呈下降趋势。详情见图 1－4。

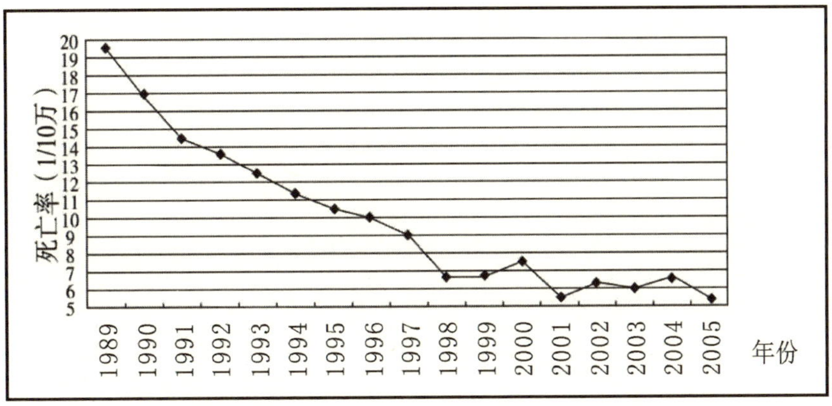

图 1－4　1989—2005 年四川省传染病和寄生虫病死亡率趋势图

四、肿瘤死亡率

1989—2005 年，全省肿瘤死亡率呈上升趋势。详情见图 1－5。

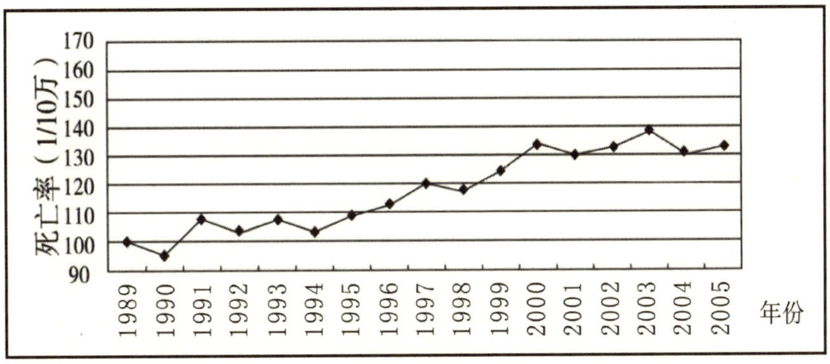

图 1－5　1989—2005 年四川省肿瘤死亡率变化趋势图

第五节　居民两周患病率

居民两周患病率，即两周内居民患病人数或人次数占调查总人数的百分率或千分率。

一、1998 年调查地区居民疾病别两周患病率

详情见表 1—35。

1998 年四川省调查地区居民疾病别两周患病率（‰）统计表

表 1—35

疾 病 别	成都市青羊区	盐亭县	阆中市
传染病	5. 2	3. 1	4. 7
寄生虫病	0. 0	0. 5	0. 5
恶性肿瘤	1. 6	2. 1	0. 0
良性肿瘤	1. 6	0. 5	0. 0
内分泌、营养和代谢性疾病及免疫性疾病	14. 1	0. 0	1. 6
糖尿病	9. 9	0. 0	0. 5
血液、造血器官疾病	0. 5	1. 0	4. 2
精神病	2. 1	1. 0	0. 5
神经系统疾病	7. 3	2. 6	4. 7
眼及附器疾病	7. 3	0. 5	3. 7
耳和乳突疾病	2. 1	0. 5	0. 5
循环系统疾病	73. 0	3. 6	7. 3
心脏病	19. 8	0. 5	1. 0
高血压	36. 5	0. 5	2. 6
脑血管疾病	8. 9	2. 1	1. 6
呼吸系统疾病	141. 7	91. 2	72. 4
咽、喉、扁桃体和气管炎	13. 0	5. 2	3. 1
肺炎	0. 5	2. 1	0. 0
慢性支气管炎	5. 7	10. 4	8. 9
消化系统疾病	55. 8	32. 8	33. 0
急、慢性胃肠炎	21. 4	24. 0	12. 6
慢性肝病和肝硬化	0. 0	0. 0	0. 5
胆结石症和胆囊炎	8. 3	1. 0	1. 0
泌尿、生殖系统疾病	9. 4	4. 2	8. 4
妊娠、分娩病及产褥期并发症	0. 5	0. 5	0. 0
皮肤、皮下组织疾病	12. 0	2. 1	5. 8
肌肉、骨骼、结缔组织疾病	24. 0	14. 6	15. 7
类风湿性关节炎	7. 3	7. 8	12. 6
先天性异常	0. 0	0. 0	0. 0

续表1—35

疾　病　别	成都市青羊区	盐亭县	阆中市
围生期疾病	0.0	0.0	0.0
损伤和中毒	4.2	6.3	6.8
其他	1.6	0.0	0.0
不详	2.1	5.2	0.0

说明：本表统计数据来源于1998年第二次国家卫生服务调查数据库

二、1993年和1998年调查地区居民两周所患疾病严重程度

详情见表1—36。

1993年和1998年四川省调查地区居民两周所患疾病严重程度统计表

表1—36

指　　标	1993年			1998年		
	成都市青羊区	盐亭县	阆中市	成都市青羊区	盐亭县	阆中市
每千人患病天数	2876	1220	1982	2982	1404	1568
每千人休工天数	52	219	479	59	402	586
每千人休学天数	23	37	161	100	152	125
每千人卧床天数	139	121	269	91	144	129

说明：本表统计数据来源于1993年和1998年第一次、第二次国家卫生服务调查数据库

三、2003年调查地区居民疾病别两周患病率

详情见表1—37。

2003年四川省调查地区居民疾病别两周患病率（‰）统计表

表1—37

疾　病　别	国家点			西部点		
	成都市青羊区	盐亭县	阆中市	合计	城市	农村
传染病	0.0	0.6	0.6	2.6	1.0	3.9
寄生虫病	0.0	0.0	0.0	0.1	0.0	0.1
恶性肿瘤	3.7	3.9	2.6	0.3	0.5	0.1

续表1—37

疾病别	国家点			西部点		
	成都市青羊区	盐亭县	阆中市	合计	城市	农村
良性肿瘤	1.2	0.6	1.3	0.9	0.9	0.9
内分泌、营养和代谢性疾病及免疫性疾病	16.5	2.6	1.3	3.4	6.5	0.9
糖尿病	11.0	0.0	0.6	2.6	5.2	0.4
血液、造血器官疾病	1.8	1.9	0.6	2.2	1.9	2.4
精神病	1.8	3.9	0.0	1.4	1.9	1.0
神经系统疾病	2.5	2.6	3.2	4.0	4.7	3.4
眼及附器疾病	3.1	0.6	4.5	2.2	1.4	2.9
耳和乳突疾病	0.6	1.9	0.6	0.6	1.0	0.3
循环系统疾病	68.0	21.2	15.5	20.7	30.4	12.7
心脏病	18.4	7.1	4.5	5.0	6.8	3.6
高血压	39.8	5.8	6.5	9.7	15.7	4.7
脑血管疾病	4.9	5.1	1.3	3.8	5.6	2.3
呼吸系统疾病	57.6	82.3	80.1	96.1	93.2	98.5
急性咽、喉、扁桃体等上呼吸道感染和气管炎	20.8	19.3	39.4	37.8	37.3	38.1
肺炎	0.0	1.9	1.9	2.2	0.9	3.3
其他慢性阻塞性肺疾病（COPD，慢性支气管炎等）	5.5	12.2	11.6	9.0	7.9	10.0
消化系统疾病	23.3	25.1	51.7	30.0	24.8	34.2
急、慢性胃肠炎	7.4	15.4	10.3	18.2	12.0	23.2
慢性肝病和肝硬化	0.0	1.3	0.0	0.6	0.3	0.9
胆结石症和胆囊炎	5.5	1.3	2.6	4.2	4.7	3.7
泌尿、生殖系统疾病	3.7	5.8	9.0	8.6	5.4	11.2
妊娠、分娩病及产褥期并发症	0.0	0.0	0.0	0.6	0.5	0.7
皮肤、皮下组织疾病	0.6	1.9	2.6	2.8	1.4	3.9
肌肉、骨骼、结缔组织疾病	14.1	19.9	16.1	21.8	18.8	24.2
类风湿性关节炎	4.9	14.1	11.6	10.4	6.5	13.6
先天性异常	0.0	0.6	0.0	0.1	0.2	0.0

续表1—37

疾病别	国家点			西部点		
	成都市青羊区	盐亭县	阆中市	合计	城市	农村
围生期疾病	0.0	0.0	0.0	0.0	0.0	0.0
损伤和中毒	9.2	5.8	12.9	9.3	6.1	11.9
其他	1.2	0.0	0.0	2.3	1.7	2.7
不详	4.3	0.0	0.0	3.7	2.4	4.7

说明：本表统计数据来源于2003年第三次国家卫生服务调查数据库

第六节 居民慢性病患病率

一、1998年调查地区居民慢性病患病率

详情见表1—38。

1998年四川省调查地区居民慢性病患病率（‰）统计表

表1—38

指标	成都市青羊区	盐亭县	阆中市
慢性病患病率			
按人数计算	289.2	169.4	133.2
按例数计算	436.2	197.5	143.7
分性别慢性病患病率			
男性	444.0	170.1	112.2
女性	429.4	225.5	175.2
年龄别慢性病患病率			
0岁—	0.0	0.0	65.2
5岁—	21.1	16.8	6.8
15岁—	37.0	63.1	0.0
25岁—	137.9	68.8	69.2
35岁—	233.8	106.0	87.5
45岁—	451.3	293.3	156.3
55岁—	859.8	443.2	275.0

续表1—38

指　　标	成都市青羊区	盐亭县	阆中市
65 岁及以上	1122.8	600.0	446.2
疾病别慢性病患病率			
传染病	2.1	6.8	6.3
寄生虫病	0.0	1.0	0.0
恶性肿瘤	4.2	3.1	0.5
良性肿瘤	4.7	1.0	0.5
内分泌、营养和代谢性疾病及免疫性疾病	20.8	1.6	1.6
糖尿病	12.0	0.0	0.5
血液、造血器官疾病	4.7	2.6	3.7
精神病	4.7	1.0	0.5
神经系统疾病	12.5	4.2	7.9
眼及附器疾病	18.8	1.0	2.1
耳和乳突疾病	1.6	0.0	0.0
循环系统疾病	114.6	21.9	15.2
心脏病	0.0	4.2	4.7
高血压	44.8	7.8	6.3
脑血管疾病	18.2	4.7	2.6
呼吸系统疾病	57.3	38.0	30.9
慢性支气管炎	20.8	28.7	21.0
消化系统疾病	86.0	54.2	36.2
急、慢性胃肠炎	24.0	44.3	2.6
慢性肝病和肝硬化	2.1	1.6	0.5
胆结石症和胆囊炎	28.1	2.6	1.0
泌尿、生殖系统疾病	26.6	7.3	7.9
妊娠、分娩病及产褥期并发症	0.0	0.5	0.0
皮肤、皮下组织疾病	9.4	3.6	3.1
肌肉、骨骼、结缔组织疾病	56.8	40.1	23.6
类风湿性关节炎	15.6	23.4	18.4
先天性异常	0.0	0.0	0.0

续表1—38

指　　标	成都市青羊区	盐亭县	阆中市
围生期疾病	0.0	0.0	0.0
损伤和中毒	3.1	1.0	1.6
其他	1.0	0.0	0.0
不详	2.6	5.2	0.0

说明：1. 本表统计数据来源于1998年第二次国家卫生服务调查数据库；
2. 慢性病患病率除特别注明外，均按例数计算

二、2003年调查地区居民慢性病患病率

详情见表1—39。

2003年四川省调查地区居民慢性病患病率（‰）统计表

表1—39

指　　标	国家点			西部点		
	成都市青羊区	盐亭县	阆中市	合计	城市	农村
调查人数	1632	1556	1548	12714	5731	6983
患病人数	336	236	264	2024	1002	1022
患病例数	471	269	305	2508	1336	1172
慢性病患病率						
按人数计算	205.9	151.7	170.5	159.2	174.8	146.4
按例数计算	288.6	172.9	197.0	197.3	233.1	167.8
分性别慢性病患病率						
男性	243.9	149.1	202.9	178.5	206.4	156.2
女性	329.8	194.4	191.5	216.3	259.5	179.9
年龄别慢性病患病率						
0岁—	—	—	—	6.5	10.0	4.8
5岁—	15.4	4.2	4.5	18.7	18.6	18.7
15岁—	—	27.5	18.2	33.8	26.4	40.1
25岁—	38.1	88.2	39.2	78.4	51.6	103.3
35岁—	78.9	117.6	160.3	159.6	123.8	192.4
45岁—	274.0	211.1	251.3	263.4	275.5	250.7

续表1—39

指标	国家点			西部点		
	成都市青羊区	盐亭县	阆中市	合计	城市	农村
55岁—	427.9	306.2	383.0	445.3	508.9	392.5
65岁及以上	936.2	412.9	500.0	559.1	672.3	416.0
疾病别慢性病患病率						
传染病	1.2	1.9	1.9	4.6	3.7	5.3
寄生虫病	0.0	0.0	0.0	0.1	0.0	0.1
恶性肿瘤	4.9	3.9	2.6	0.9	1.6	0.4
良性肿瘤	2.5	0.6	0.6	1.4	1.6	1.3
内分泌、营养和代谢性疾病及免疫性疾病	22.1	3.2	2.6	7.9	15.7	1.6
糖尿病	15.3	0.0	1.9	5.9	12.0	0.9
血液、造血器官疾病	3.1	0.6	0.6	2.4	2.3	2.4
精神病	2.5	4.5	1.3	2.8	3.8	1.9
神经系统疾病	2.5	3.2	6.5	5.7	7.9	3.9
眼及附器疾病	9.2	2.6	1.3	3.0	3.7	2.4
耳和乳突疾病	0.6	0.0	0.6	0.6	0.9	0.4
循环系统疾病	108.5	36.6	27.8	40.9	68.2	18.5
心脏病	33.7	10.3	6.5	9.3	14.7	4.9
高血压	59.4	12.2	11.0	21.7	38.2	8.2
脑血管疾病	6.7	7.1	5.8	5.9	10.1	2.4
呼吸系统疾病	28.2	34.1	32.9	30.8	33.7	28.5
其他慢性阻塞性肺疾病（DOPD含慢性支气管炎等）	17.2	23.8	20.0	15.7	16.2	15.3
消化系统疾病	38.0	34.7	61.4	41.0	37.7	43.7
急、慢性胃肠炎	9.2	23.8	2.6	20.8	15.2	25.3
慢性肝病和肝硬化	0.6	1.3	0.6	1.7	1.6	1.9
胆结石症和胆囊炎	19.0	1.9	3.9	8.7	10.8	7.0
泌尿、生殖系统疾病	19.0	7.7	20.0	13.8	12.6	14.9
妊娠、分娩病及产褥期并发症	0.0	0.0	0.0	0.2	0.3	0.0
皮肤、皮下组织疾病	0.6	0.6	0.6	1.7	2.3	1.1

续表1—39

指　标	国家点			西部点		
	成都市青羊区	盐亭县	阆中市	合计	城市	农村
肌肉、骨骼、结缔组织疾病	31.3	32.8	31.0	31.4	30.2	32.4
类风湿性关节炎	6.7	25.1	20.0	16.0	10.6	20.3
先天性异常	0.6	0.6	0.6	0.6	0.5	0.6
围生期疾病	0.0	0.0	0.0	0.0	0.0	0.0
损伤和中毒	9.8	3.9	4.5	4.2	4.0	4.3
其他	2.5	0.0	0.0	1.4	1.0	1.7
不详	1.8	1.3	0.0	2.0	1.6	2.4

说明：1. 本表统计数据来源于2003年第三次国家卫生服务调查数据库；
2. 慢性病患病率除特别注明外，均按例数计算

第七节　公共营养

一、居民营养健康

2000和2002年营养调查监测情况显示：全省有21.9%的妇女、20%的5岁以下儿童患有缺铁性贫血。儿童维生素A缺乏率为20.8%。儿童生长发育迟缓率为18.4%，其中城市为3.92%，农村为21.69%，3岁组高达35.66%。儿童低体重率11.50%，其中城市为18.95%，农村为9.81%，消瘦率为6.66%。青少年超重率为6.02%，肥胖率为2.99%；成人超重率为23.44%，肥胖率为5.97%。

2002年全省城乡居民平均身高和体重见表1—40。

2002年四川省城乡居民平均身高和体重一览表

表1—40

年龄别	身高（厘米）				体重（千克）			
	城市男性	城市女性	农村男性	农村女性	城市男性	城市女性	农村男性	农村女性
6岁—	120.8	119.1	110.6	112.1	23.4	22.6	18.9	18.3
7岁—	125.5	124.1	118.5	116.7	27.0	24.9	22.1	20.0
8岁—	128.4	127.6	122.3	122.6	27.5	26.7	22.7	22.2
9岁—	133.2	132.9	127.8	127.5	29.5	28.9	25.8	25.4
10岁—	139.1	141.2	131.9	133.8	33.4	34.4	27.1	27.4
11岁—	142.3	144.8	134.9	138.3	36.2	36.1	30.2	31.0

续表1—40

年龄别	身高（厘米）				体重（千克）			
	城市男性	城市女性	农村男性	农村女性	城市男性	城市女性	农村男性	农村女性
12 岁—	147.0	150.0	140.6	143.9	38.9	42.1	32.5	34.0
13 岁—	155.4	154.7	149.6	149.1	44.4	46.0	39.6	39.1
14 岁—	161.6	155.2	154.2	151.9	49.5	43.5	42.1	42.2
15 岁—	169.2	155.9	160.8	153.4	55.4	52.2	50.5	45.8
16 岁—	165.4	158.4	162.9	153.6	54.3	48.5	49.7	47.4
17 岁—	168.5	157.8	165.8	158.0	57.3	50.1	53.5	49.2
18 岁—	164.3	—	165.1	156.1	62.1	—	54.6	51.3
19 岁—	165.2	158.5	165.6	155.3	59.5	50.3	54.2	51.2
20 岁—	168.4	157.0	166.4	156.6	62.7	52.8	59.5	54.3
30 岁—	167.0	155.6	165.0	154.4	64.6	54.3	60.4	53.7
40 岁—	163.6	153.5	163.8	153.2	65.1	57.0	59.3	54.6
50 岁—	163.3	152.8	162.1	151.8	64.8	57.5	58.0	52.6
60 岁—	164.0	151.6	161.4	149.6	64.4	55.7	56.2	49.2
70 岁及以上	159.9	146.6	159.2	147.4	59.7	50.8	54.6	46.8

说明：1. 本表统计数据来源于2002年全国居民营养与健康状况调查；
2. “18 岁—”城市女性调查人数为0

二、居民膳食摄入

居民膳食摄入以植物性食物为主，动物性食物摄入和奶、蛋的摄入与1992年营养调查相比有所增加，猪肉、植物油与盐的摄入较多，薯类食物摄入较少。农村与城市居民食物摄入比较，农村植物性食物摄入比城市高，而动物性食物、奶、蛋的摄入，城市高于农村。城乡居民平均每日谷类摄入量为352.7克，其中大米为247.2克，面及面制品为99.6克，薯类食物为73.9克；禽畜类食物为91.6克，其中猪肉为52.7克，禽类13.4克；蔬菜252.0克，水果37.6克，奶类37.6克，蛋类15.3克，鱼9.1克；食用油为41.2克，其中植物油31.6克，动物油9.6克；盐10.0克。钙、铁、维生素B1、B2、维生素A摄入缺乏，没有达到中国居民膳食营养素每日参考摄入量的标准；动物性食物摄入缺乏；盐摄入较多；儿童膳食结构单一，奶类、豆制品、蛋类、禽类、水产品、蔬菜摄入不足，存在不良的饮食习惯与行为。

1992 年四川省城乡居民每人每日食物摄入量一览表

表 1—41　　　　单位：克

食物分类	总计	城市	农村
米	401.2	225.4	439.5
面	99.5	105.7	98.2
杂粮	8.0	0.4	9.5
薯类	206.4	72.8	235.4
大豆	1461.0	40.8	8.2
杂豆	1.6	1.9	1.6
深色蔬菜	218.6	154.6	111.6
浅色蔬菜	119.3	165.0	230.2
咸菜	10.5	4.1	11.8
鲜干果	9.9	51.1	0.9
坚果	5.0	2.5	5.5
猪肉	51.1	107.9	38.7
其他畜类	2.1	10.1	0.4
禽类	9.0	18.7	6.9
乳类	8.8	49.5	0.0
蛋类	7.8	28.9	3.2
鱼虾蟹贝	5.7	10.9	4.5
植物油	11.9	28.2	8.4
动物油	13.9	8.5	15.1
糕点小吃	1.3	6.4	0.2
糖类	2.1	4.3	1.7
食盐	11.9	12.2	11.8
酱油	6.3	16.5	4.1
酒类	6.3	11.3	5.2
其他	9.5	6.6	10.0

说明：资料来源于 1992 年全国居民营养调查

1992 年全省城乡居民每人每日营养素摄入量见表 1—42。

1992 年四川省城乡居民每人每日营养素摄入量一览表

表 1—42

营养素名称	总计	城市	农村
热量（千焦）	10575.1	9253.3	10871.3
（千卡）	2527.5	2211.6	2598.3
蛋白质（克）	61.9	66.5	60.8
脂肪（克）	54.9	83.4	48.7
膳食纤维（克）	13.1	11.8	13.4
糖类（克）	446.8	298.9	478.0
胡萝卜素（微克）	2361.0	1505.0	2547.0
维生素 A（微克）	129.8	358.5	80.2
视黄醇当量（微克）	488.2	525.6	480.1
维生素 B_1（毫克）	1.1	1.0	1.1
维生素 B_2（毫克）	0.7	0.9	0.6
烟酸（毫克）	16.9	16.2	17.1
维生素 C（毫克）	108.0	100.0	110.0
维生素 E（毫克）	17.5	29.3	15.0
钾（毫克）	1852.0	1828.0	1857.0
钠（毫克）	4540.0	4710.0	4503.0
钙（毫克）	317.0	474.0	283.0
镁（毫克）	336.0	312.0	341.0
铁（毫克）	24.2	22.9	24.5
锰（毫克）	8.0	6.2	8.3
锌（毫克）	12.0	11.8	12.0
铜（毫克）	2.3	2.0	2.4
磷（毫克）	962.0	999.0	955.0
硒（毫克）	37.1	53.3	116.0

说明：资料来源于 1992 年全国居民营养调查

2002 年全省城乡居民每人每日食物摄入量见表 1—43。

2002 年四川省城乡居民每人每日食物摄入量一览表

表 1—43　　　　单位：克

食物分类	总计	城市	农村
米	247.2	182.5	274.6
面	99.6	76.9	109.2
其他谷类	5.9	204.0	7.4
薯类	73.9	16.8	98.1
干豆类	3.2	2.8	3.4
鲜豆类	7.3	7.3	7.3
深色蔬菜	83.8	82.5	84.4
浅色蔬菜	168.2	125.7	186.1
腌菜	7.9	6.9	8.4
水果	37.6	48.8	32.9
坚果	3.8	4.8	3.3
猪肉	52.7	66.9	46.7
其他畜类	18.5	9.4	22.3
动物内脏	7.0	8.0	6.5
禽类	13.4	27.8	7.3
奶类	37.6	114.4	5.0
蛋类	15.3	25.5	10.9
鱼	9.1	16.0	6.2
植物油	31.6	37.4	29.1
动物油	9.6	4.3	11.8
糕点	9.3	20.8	4.4
糖	5.7	6.4	5.4
盐	10.0	7.6	11.0
酱油	8.8	8.6	8.9
酱类	2.5	3.1	2.2
其他	20.9	30.7	16.7
酒类	0.8	0.7	0.9

2002 年全省城乡居民每人每日营养素摄入量见表 1—44。

2002 年四川省城乡居民每人每日营养素摄入量一览表

表 1—44

营养素名称	总计	城市	农村
蛋白质（克）	57.0	54.9	57.9
脂肪（克）	73.4	77.8	71.5
糖类（克）	293.7	211.8	328.4
能量（千焦）	8693.5	7434.1	9227.0
（千卡）	2077.8	1776.8	2205.3
膳食纤维（克）	9.8	7.9	10.6
视黄醇当量（微克）	457.2	438.8	464.9
维生素 B_1（毫克）	0.9	0.8	0.9
维生素 B_2（毫克）	0.7	0.8	0.7
烟酸（毫克）	13.9	12.7	14.5
维生素 C（毫克）	76.7	55.2	85.8
维生素 E（毫克）	27.2	27.0	27.2
钾（毫克）	1468.4	1328.6	1527.7
钠（毫克）	5973.0	4471.0	6609.3
钙（毫克）	311.6	362.8	289.9
镁（毫克）	256.9	220.0	272.5
铁（毫克）	21.9	19.2	23.1
锰（毫克）	5.8	4.4	6.4
锌（毫克）	10.6	8.8	11.4
铜（毫克）	2.0	1.6	2.1
磷（毫克）	821.2	163.1	845.8
硒（毫克）	36.5	35.4	36.9

说明：资料来源于 2002 年全国居民营养调查

三、居民营养指导

1986—1989 年、1990—1993 年，四川参加中国政府与联合国儿童基金会合作项目“中国儿童营养监测与改善”第一周期和第二周期活动，省卫生防疫站在崇庆、仪陇、名山、江油、马尔康开展基线调查和营养改善工作。第一周期工作获中国预防医学科学院营养与食品卫生研究三等奖。

1989—1990 年，省卫生防疫站承担中国预防医学科学院下达的“中国总膳食研究”“中国学龄前儿童体格测量和出生体重调查”项目，在广汉、名山、内江等地进行调查采样。1989 年和 1993 年，两次参加中国预防医学科学院与美国康奈尔大学、英国牛津大学等合作项目“营养与癌症关系调查”“中国膳食、生活方式与疾病死亡调查”工作，在温江、苍溪、渠县开展现场调查。“中国膳食、生活方式与疾病死亡调查”获得国家科技进步二等奖、卫生部科技进步一等奖。

20 世纪 90 年代后期，省卫生防疫站承担卫生部与联合国儿童基金会合作项目“儿童营养改善和儿童营养生长发育监测”工作，在江油市、南部县、自贡市贡井区开展营养调查、营养改善和监测。承担中国预防医学科学院营养与食品卫生研究所与法国达能营养中心合作项目“膳食指南”、卫生部与美国施贵公司合作项目“营养与食品卫生安全教育”相关工作，先后在江油市、泸州市纳溪区、广汉市、隆昌县等进行调查研究和培训。

1998—2000 年，省卫生防疫站组织开展“膳食指南营养教育”工作。多次举办中小学生与父母或爷爷奶奶参加的有关营养与健康的“父母课堂”，讲授婴儿喂养、辅食添加、食物营养、预防营养性疾病等知识，并发放营养传单、画册和营养知识冰箱贴。在广汉、江油举办营养知识与疾病防治专业的培训班，卫生局、防疫站、妇联、学校、居委会人员积极参与。广汉市实施营养指南清单，江油市在居民办理结婚登记时配送婴儿喂养手册、预防疾病指南等做法，得到社会各界好评。

1998—2001 年，省卫生防疫站组织开展“营养与食品安全教育”工作。全省 600 名食品与餐饮行业人员参加有关营养与食品安全的培训，1000 名防疫站、教委、妇联、医院等专业技术人员参加项目培训。发放宣传材料 13 万多份，发行报纸 25 万份，利用有线电视网播放讲座 50 余次，覆盖人口 182 万多人。

2000—2004 年，省疾控中心组织开展“中国食物和营养规划与管理——人力资源培训”，896 名来自省、市、县政府、卫生局、医院、疾控中心、学校、企事业单位、社区的有关人员参加了食物营养与管理的培训。

第二篇　疾病防控

预防和控制疾病是创造健康环境、促进人民健康、维护社会稳定、保障国家安全的一项重要工作。1986—2005 年，四川省贯彻“预防为主，防治结合”方针，构建覆盖城乡的疾病预防控制工作网络，加大疾病防治力度，完善卫生应急体系，加强公共卫生管理，疾病预防控制取得重要成效，一些严重威胁居民健康的重点传染病、地方病和寄生虫病的防治工作取得较大进展，一些重大疫情得到及时果断处置，一些卫生应急事件得到有力应对，城乡卫生面貌得到持续改善，居民自我保健意识和能力显著提高。

第一章 机 构

第一节 卫生防疫站

一、全省三级卫生防疫站设置

1953年1月，中央人民政府批准在全国各省（自治区、直辖市）和县（区、旗）普遍建立卫生防疫站。4月，四川省卫生防疫站成立，负责全省卫生监督、传染病管理及卫生防疫行政管理。1954年10月卫生部发布《卫生防疫站暂行办法》后，全省各市（地、州）和县陆续成立卫生防疫站，由此形成省、市、县三级卫生防疫站格局。

1953—1956年，省卫生防疫队、省疟疾防治所、省钩虫病防治所和省血吸虫病防治所相继建立，并在重点病区建立钩虫病防治组95个、血吸虫病防治组21个，全省共有卫生防疫人员1200多人。1957年建立省卫生研究所（1966年更名为省寄生虫病防治研究所），1958年建立省皮肤病性病研究所，1959年建立省第二医学研究所筹备处（1965年更名为省劳动卫生职业病防治研究所），1974年建立四川医学院职业病防治医院，1984年建立省地方病防治研究所（挂靠省卫生防疫站）和省结核病防治所。自此，一个由卫生防疫站、专科疾病防治（院）所、地方病防治所构成的卫生防疫体系基本形成。

1985年底，全省有卫生防疫站242个，其中省站1个，市（地、州）站22个，县（市、区）站213个，工交企业卫生防疫站6个，基本达到县（区）行政区以上都设有卫生防疫站。共有职工11256人，其中高级技术职称2622人，中级技术职称5008人，初级技术职称1402人，行政管理人员1149人，工勤人员1075人。

1986—2001年全省卫生防疫站设置情况见表2—1。

1986—2001年四川省卫生防疫站设置情况表

表2—1

年 份	卫生防疫站（个）	年 份	卫生防疫站（个）
1986	242	1990	249
1987	242	1991	254
1988	242	1992	254
1989	248	1993	267

续表2—1

年　份	卫生防疫站（个）	年　份	卫生防疫站（个）
1994	268	1998	219
1995	268	1999	218
1996	272	2000	218
1997	218	2001	219

二、四川省卫生防疫站

1953 年，在省卫生厅防疫科、川西地方病防治所及川西卫生实验所的基础上成立省卫生防疫站。20 世纪 60 年代至 80 年代中期，省卫生防疫站负责的寄生虫病防治职能、放射卫生职能、劳动卫生与职业病防治职能先后划出。1986 年 3 月，省委组织部、省编委核定省卫生防疫站为县级事业单位。1994 年 5 月，省编委核定省卫生防疫站为副厅级事业单位，内设 12 个处（所），编制 542 人。

2002 年 1 月前，省卫生防疫站内设 9 个专业所——细菌性疾病控制所、病毒性疾病控制所、计划免疫所、疾病监测所、地方病防治研究所、食品卫生监测检验所、卫生监测检验所、消毒及媒介生物控制所、健康教育所，3 个直管科——生物制品科、体检科、毒理科，附设四川省艾滋病检测中心、北京大学医学部预防医学函授站、四川卫生科技开发中心、预防医学门诊部。在职职工 348 人，其中专业技术人员 269 人，占职工总数的 77%；高级技术人员 96 人，中级技术人员 105 人；享受国家政府津贴专家 13 人，有突出贡献国家级中青年专家 1 人，有突出贡献省级专家 2 人，卫生部专家咨询委员会成员 7 人。

2002 年底，全站共有 107 项科技成果 124 次获奖，其中国家级 17 项，省部级 79 项，厅级 28 项。取得专利 1 项。出版学术专著 20 余部，在省级以上刊物杂志发表学术论文 1000 多篇。

获得的主要荣誉：1981 年被省委、省政府评为抗洪救灾防病先进集体，1988 年被卫生部评为省级卫生防疫站考核综合工作先进集体，1991 年被卫生部、国家中医药管理局评为全国救灾防病先进集体，1993 年被卫生部、铁道部、总后卫生部评为全国卫生防疫防治工作先进集体，1995 年被卫生部、国家中医药管理局、人事部评为全国卫生系统先进集体，1995 年被省政府评为四川省卫生工作先进单位，1997 年被卫生部评为全国计划免疫工作先进集体，1999 年被卫生部评为全国预防与控制艾滋病性病先进集体，2000 年被省委宣传部等评为四川省文化科技卫生“三下乡”工作先进集体，2001 年被卫生部评为全国消灭脊髓灰质炎工作先进集体。

第二节　专科疾病防治院（所、站）

一、全省专科疾病防治机构设置

1986—2001 年，全省专科疾病防治院机构设置情况见表 2—2。

1986—2001 年四川省专科疾病防治院（所、站）设置统计表

表 2—2　　单位：个

年份	专科疾病防治院（所、站）	年份	专科疾病防治院（所、站）
1986	61	1994	83
1987	67	1995	83
1988	66	1996	82
1989	70	1997	66
1990	73	1998	66
1991	73	1999	65
1992	80	2000	64
1993	81	2001	65

2005 年，全省专科疾病防治院（所、站）设置及人员构成情况见表 2—3。

2005 年四川省专科疾病防治院（所、站）设置及人员构成情况统计表

表 2—3

机构名称	机构（个）	床位（张）	卫生技术人员（人）							其他技术人员（人）	管理人员（人）	工勤人员（人）
			小计	执业医师	执业助理医师	注册护士	药剂人员	检验人员	其他			
传染病医院	6	530	603	106	53	251	35	40	118	33	65	81
麻风病医院	5	36	26	11	5	2	0	5	3	1	3	0
职业病医院	1	130	97	28	0	46	7	11	5	12	8	12
精神病医院	37	6908	2660	693	126	1181	134	97	429	101	324	489
皮肤病性病防治所	3	2	47	35	3	4	1	3	1	2	1	4
结核病防治所	9	36	88	41	8	7	4	8	20	4	8	6
麻风病防治所	2	1	5	5	0	0	0	0	0	0	0	0
职业病防治所	1	4	9	9	0	0	0	0	0	0	0	0
血吸虫病防治所	17	486	698	314	53	193	43	37	58	24	70	85

二、省级专科疾病防治机构

（一）四川省寄生虫病防治研究所

1957 年建所。1985—2002 年，设血吸虫病研究室、疟疾丝虫病研究室、钩虫病研究室、生化免疫药物研究室、寄生虫病专科医院等专业科室和业务科、办公室等管理科室。技术实力居全国省

（市、区）级同类机构前列。2002 年底，全所在职职工 162 人，其中专业技术人员 101 人，占职工总数的 62%；具有高级技术职称人员 34 人，中级技术职称人员 51 人；享受国家政府津贴专家 12 人，有突出贡献省级专家 1 人，卫生部专家咨询委员会成员 7 人。共取得 148 项科技成果，其中 126 项获厅、局级以上科技进步奖；取得专利 8 项。获得的主要荣誉：1993 年被卫生部等部委评为全国卫生防疫先进集体和全国卫生系统先进集体。

（二）四川省皮肤病性病防治研究所

1958 年建于甘孜州泸定县磨西区的省麻风病医院，1983 年更名为四川省医学科学院皮肤病防治研究所，1996 年增挂“四川省性病防治培训中心”牌子，1998 年增挂四川省皮肤病医院牌子。2002 年合并入省医院。2005 年有职工 114 人，其中高级职称 38 人，中级职称 37 人，享受政府特殊津贴 2 人，省突出贡献优秀中青年专家 1 人，卫生部性病专家咨询委员会委员 2 人，卫生部麻风专家委员会委员 1 人，中国麻风协会副理事长 1 人。是国家临床药物实验基地，国家艾滋病监测哨点，亚太地区淋球菌监测点。至 2005 年，取得各级科研成果 58 项，其中，国家级 1 项，省部级 16 项。

获得的主要荣誉：1987 年获全国麻风病防治先进单位称号。

（三）四川省劳动卫生职业病防治研究所

1959 年建所。1987—1994 年，先后增挂省放射卫生防护所、省劳动卫生监督监测所、省医学生物材料监测中心、省教师专科医院牌子。有仪器设备 1800 多台件，专业藏书近 1.5 万册，内部资料 1.4 万余册，中文期刊 116 种，外文期刊 224 种，在医学生物材料安全性评价方面居全国先进行列。2002 年底，全所在职职工 223 人，其中专业技术人员约占职工总数的 74%；具有高级技术职称人员 42 人，中级技术职称人员 75 人；享受国家政府津贴和省有突出贡献专家 13 人，卫生部专家咨询委员会委员和省科技顾问团成员 3 人。共取得 130 多项科技成果，其中 100 多项获各级各类科技进步奖；取得专利 4 项；主持或参加制订/修订标准、方法 42 项。

获得的主要荣誉：1988 年被卫生部评为省级院所考核综合工作先进，2000 年被卫生部评为全国职业卫生先进集体。

（四）四川省结核病防治所

1984 年 10 月于简阳县建所，1998 年 4 月迁至成都市。主要承担结核病疫情动态监测、结核病控制质量管理、卡介苗接种质量控制、结核病科普及继续医学教育、新技术新方法的引进和推广应用，是全省结核病防治、科研、技术指导及管理中心，也是科研实验基地和医疗服务中心。设有行政办公室、党办、业务科、防治科、参比实验室、总务科、财会科、保卫科和门诊部等 9 个科室。2002 年底，全所在职职工 51 人，其中具有高级技术职称人员 18 人，享受国家政府津贴专家 2 人，卫生部专家咨询委员会委员 3 人。主持或参与编纂《肺结核及其它肺病误诊剖析》《流行病学新进展》《结核感染率研究计算方法》《中国结核病学科发展史》等书籍。

获得的主要荣誉：1996 年、2001 年被卫生部评为全国结核病防治先进集体。

（五）四川省地方病防治研究所

1984 年建所，主要负责拟定全省各种地方病防治技术方案和控制策略，组织实施地方病防治工作，开展地方病监测、检测、预测、专题调查，承担全省地方病防治的业务指导、业务考核与业务培训等。人员、业务由省卫生防疫站代管。1985 年起单独编列预算。1990 年内设办公室、地方病防治研究室、鼠疫布病防治研究室、理化检验室。2001 年底，有高级技术人员 7 人，享受国家政府津贴专家1人，有突出贡献省级专家1人。

获得的主要荣誉：1995年获卫生部地方病防治办公室颁发的“全国地方病防治先进集体”奖。

第三节 疾病预防控制中心

一、全省疾病预防控制中心设置

2001年和2002年进行卫生监督体制改革和疾病防控体制改革，卫生防疫体系中的多数机构整合组建为疾病预防控制中心，成为政府举办的实施疾病预防控制与公共卫生技术管理和服务的公益事业单位。

2005年底，全省共设置省、市、县三级疾病预防控制中心207个，详情见表2—4。

2005年四川省市（州）疾病预防控制中心设置情况统计表

表2—4　　单位：个

小计	成都市	自贡市	攀枝花市	泸州市	德阳市	绵阳市	广元市	遂宁市	内江市	乐山市	南充市	眉山市	宜宾市	广安市	达州市	雅安市	巴中市	资阳市	阿坝藏族羌族自治州	甘孜藏族自治州	凉山彝族自治洲
207	22	7	8	8	7	11	8	6	6	12	10	7	11	6	7	9	5	5	14	19	19

2005年，全省疾病预防控制机构有工作人员9605人，其中卫生技术人员7978人，其他技术人员839人，管理人员788人。其学历情况、专业技术资格情况和专业技术职务情况，分别见表2—5、2—6和表2—7。

2005年四川省疾病预防控制机构人员学历情况统计表

表2—5　　单位：人

学历	卫生技术人员						其他技术人员	管理人员
	合计	执业医师	执业助理医师	药剂人员	检验人员	其他		
博士	3	2	—	—	—	1	1	
硕士	57	29	1	—	7	20	17	8
学士/大学本科	892	487	40	4	148	213	113	108
大专	2744	1275	306	22	525	616	254	305
中专	3648	2004	411	36	505	692	148	173
高中及以下	634	217	62	10	81	264	304	194

2005 年四川省疾病预防控制机构人员专业技术资格情况统计表

表 2—6　　单位：人

专业技术资格	卫生技术人员						其他技术人员	管理人员
	合计	执业医师	执业助理医师	药剂人员	检验人员	其他		
正高	59	44	1	—	2	12	1	4
副高	513	360	6	4	73	70	11	31
中级	2958	2045	57	11	485	360	96	165
助理/师级	2757	1339	461	19	435	503	145	185
员/士	909	93	259	28	166	363	130	82

2005 年四川省疾病预防控制机构人员专业技术职务情况统计表

表 2—7　　单位：人

专业技术职称	卫生技术人员						其他技术人员	管理人员
	合计	执业医师	执业助理医师	药剂人员	检验人员	其他		
正高	54	42	—	—	2	10	11	3
副高	497	357	5	3	67	65	33	36
中级	2993	2057	58	11	487	380	144	173
助理/师级	2838	1386	459	20	448	525	154	199
员/士	990	101	274	29	173	413	157	101
待聘	606	71	24	9	89	413	340	276

二、四川省疾病预防控制中心

2002 年 1 月 11 日，省政府根据卫生部《关于疾病预防控制体制改革的指导意见》，批准由省卫生防疫站、省寄研所、省劳卫所、省结防所、省地防所共同组建省疾病预防控制中心。10 月 22 日，省疾控中心挂牌成立。2005 年 12 月，增挂“四川省预防医学科学研究院”牌子。

主要工作职责为：参与疾病预防控制和公共卫生相关法规、规章、标准、规划、方案和技术规范的制定；实施重大疾病预防策略与措施；提供公共卫生检测与信息服务；确定重大公共卫生问题，组织调查处理重大疫情、群体性不明原因疾病和突发公共卫生事件；开展认定范围内健康相关产品检测检验与卫生学评价；负责疫情收集分析，开展疾病预防控制研究，解决重大技术问题；负责中高级人员技术培训；组织开展健康教育活动；对省级单位食品、职业、环境、放射、学校卫生等实施卫生学监测；对职业病、公害病、意外伤害及中毒等发生、发布和发展的规律进行流行病学监测，并制定预防控制对策。

2002—2005 年，设职能部门 9 个，即办公室、计划财务处、人事处、业务与质量控制处、科研培训与对外合作处、党委办公室、纪检监察审计处、后勤管理处、离退休人员工作处；设业务处所16个，即健康教育所、公共卫生信息所、消毒与媒介生物控制所、环境与学校卫生所、营养与食品卫生监测所、细菌性疾病预防控制所、病毒性疾病预防控制所、免疫规划所、结核病预防控制所、慢性非传染性疾病预防控制所、地方病预防控制所、寄生虫病预防控制所、辐射防护与核安全医学所、职业卫生与中毒控制所、卫生检测检验中心、预防医学门诊部。保健食品功能学检测实验室、艾滋病确认实验室、消毒实验室、脊灰实验室为国家级和省级重点实验室。

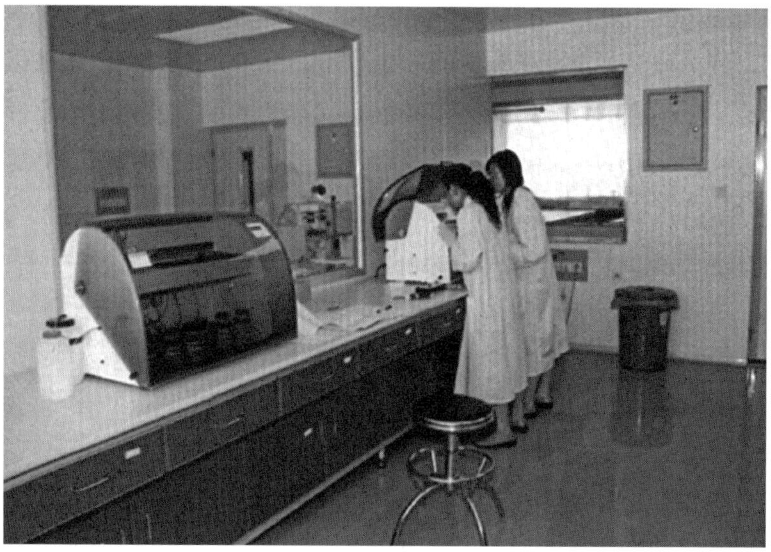

图 2－1　“十五”期间省疾控中心建立的艾滋病确认实验室

2005 年底，在职职工 774 名，其中专业技术人员 591 名（高级技术人员 194 名，中级技术人员 222 名，初级及以下人员 175 名），行政后勤管理人员 71 名，其他人员 112 人；享受国家政府津贴专家 3 人，有突出贡献省级专家 7 人，部级专家委员会专家 7 人。

2005 年四川省疾病预防控制中心人员构成统计表

表 2—8　　单位：人

职工										
合计	卫生技术人员							其他技术人员	管理人员	工勤人员
	小计	执业医师	执业助理医师	注册护士	药剂人员	检验人员	其他			
10124	7715	3859	906	224	74	1218	1434	699	860	850

2002—2005 年，共取得 8 项科技成果，其中 1 项获省级科技进步一等奖，2 项获省级科技进步三等奖。获专利 3 项。2002 年被卫生部等部委评为“全国地方病防治工作先进集体”，2003 年被省委、省政府评为“四川省非典型肺炎工作先进单位”“全省防治非典型肺炎工作先进集体”，2005 年被省委评为“四川省人感染猪链球菌病疫情防控工作先进集体”。

中心主办国家级学术期刊《预防医学情报杂志》和省级学术期刊《职业卫生与病伤》《寄生虫病与感染性疾病》杂志。

第二章　传染病防控

第一节　传染病流行概况

四川是传染病多发的内陆省份，几乎全国所有的传染病在省内都有发生。1986—2005 年，全省发生的法定报告传染病共计 30 种。其中，甲类传染病 2 种：霍乱、鼠疫；乙类传染病 22 种：艾滋病、病毒性肝炎、脊髓灰质炎、麻疹、流行性出血热、狂犬病、流行性乙型脑炎、炭疽、细菌性和阿米巴性痢疾、肺结核、伤寒、流行性脑脊髓膜炎、流行性出血热、百日咳、淋病、梅毒、钩端螺旋体病、血吸虫病、黑热病、布鲁菌病、疟疾、传染性非典型肺炎；丙类传染病 6 种：流行性感冒、流行性腮腺炎、麻风病、流行性和地方性斑疹伤寒、包虫病、丝虫病。

全省甲类及乙类传染病的发病率、死亡率、病死率情况见表 2—9。

1986—2005 年四川省甲类及乙类传染病发病率、死亡率、病死率情况统计表

表 2—9

年　份	发病率（1/10 万）	死亡率（1/10 万）	病死率（%）
1986	451.04	1.84	0.41
1987	521.85	2.15	0.41
1988	393.99	1.59	0.40
1989	314.01	1.36	0.43
1990	468.45	1.43	0.30
1991	378.09	0.85	0.23
1992	256.69	0.53	0.21
1993	195.16	0.45	0.23
1994	188.34	0.35	0.19
1995	168.19	0.33	0.20
1996	175.95	0.27	0.15
1997	216.08	0.35	0.16
1998	242.54	0.42	0.17
1999	245.02	0.30	0.12
2000	222.07	0.24	0.11

续表2—9

年　份	发病率（1/10万）	死亡率（1/10万）	病死率（%）
2001	215.15	0.26	0.12
2002	227.17	0.37	0.16
2003	223.60	0.31	0.14
2004	265.91	0.37	0.14
2005	305.91	0.58	0.19

说明：1997年以前统计数据包括重庆

2005年四川省重点传染病在全国排位情况见表2—10。

2005年四川省重点传染病在全国排位情况表

表2—10

病　种	发病数排位	发病率排位
霍乱	10	11
艾滋病	10	18
HIV	4	7
病毒性肝炎	2	12
甲肝	1	10
乙肝	2	10
肺结核	12	21
麻疹	2	13
流行性出血热	5	17
狂犬病	12	17
流行性乙型脑炎	12	13
百日咳	2	3
炭疽	2	8
细菌性和阿米巴性痢疾	2	8
流行性脑脊髓膜炎	5	15
钩端螺旋体病	1	1
血吸虫病	2	4
流行性感冒	3	7
流行性腮腺炎	1	8
黑热病	3	3
包虫病	4	7

第二节 传染病疫情监督管理

一、疫情监测与报告

20世纪50年代初，四川建立了从省到县、乡镇、村（居委会）的传染病管理组织和法定传染病报告制度，大多数地区配备专人管理疫情，各地、县与临近地区建立了疫情交换制度。1953年省卫生防疫站建立后，全省逐步建立健全疫情报告网和报告制度，统一疫情管理办法。“文化大革命”期间，疫情管理工作受到干扰，疫情迟报、漏报和资料散失较为严重。1978年9月《中华人民共和国急性传染病管理条例》颁布后，全省开始筹建由23个监测点组成的小型、标准化的综合疾病监测系统，疫情报告工作得到恢复和发展。

省卫生防疫站从20世纪50年代开始设点实施流感监测，后又陆续设点对病毒性肝炎、钩体病、鼠疫、布鲁菌病、血吸虫病、疟疾开展流行因素专项调研或综合防治试点。1982年在重庆、成都、绵阳、渡口（今攀枝花市）、万县（今重庆市万州区）、达县（今达州市）、乐山市设立霍乱监测点，开展腹泻病人、环境、食品等监测工作。1998年新增广元、泸州、广安、南充4个监测点，并将成都市、绵阳市、攀枝花市、广元市、乐山市、宜宾市、广安市、达州市、凉山州定为省级霍乱监测点。1987年在梁平、垫江、南部、达县、兴文、温江、邛崃、雅安、名山、眉山、西昌等11个县（市）设立钩体病监测点。2005年，雅安市、达州市、名山县、江油市、峨眉山市、成都市温江区被定为国家级钩体病监测点，宜宾市、凉山州、邛崃市、眉山市东坡区、广安市广安区被定为省级钩体病监测点。

1990年，省寄研所开始在大山区、丘陵区和平坝区设立血吸虫病监测点，开展系统、连续、纵向的监测研究工作。1990—1999年芦山和西昌两县（市），2000—2004年西昌、丹棱、广汉、蒲江4县（市），被定为卫生部血吸虫病监测点。2005年，西昌、丹棱、广汉、蒲江、绵阳市涪城区、中江县、眉山市东坡区、仁寿县、凉山州德昌县9县（市、区）被定为国家级血吸虫病监测点。

1991年，全省开始实施急性弛缓性麻痹（AFP）监测。各级卫生防疫站每旬到哨点医院搜寻疑似脊灰病例，并对24小时内报告首例脊灰病例给予奖励。1994年卫生部将AFP监测系统报告的病种扩大到包括脊灰在内的14种急性弛缓性麻痹病例，并提出AFP病例监测的流行病学指标，即：15岁以下儿童AFP病例的报告发病率达到1/10万以上、80%的AFP病例在48小时内进行调查、采集双份合格粪便并在7天内送至省级脊灰实验室、75天内将病例随访表交至省卫生防疫站等。1997年四川省AFP监测指标以省为单位达到卫生部要求，2000年有13个市（州）AFP监测指标达到卫生部要求。2001—2005年，监测部门在全省范围内开展主动搜索AFP病例活动，对全省91所医院在发病前1年至搜索日期止就诊的AFP病例进行调查，其中省级2所，市级医院7所，县（区）级77所，乡级卫生院5所，共查阅病历1172827份，查出AFP病例139例，发现漏报11例。

2002年，省疾控中心在营山县、开江县、古蔺县、隆昌县、广安市广安区设立省级乙脑监测点，监测内容包括疫情月报、病例血清和脑脊液标本采集与检测、猪血清抗体水平监测、健康儿童血清抗体水平监测。2004年在巴中市巴州区建立乙脑国家级监测点，开展病例监测、蚊媒监测、宿主动物抗体水平监测、健康人血清抗体水平监测，并采集蚊子进行病毒分离。

至2005年，全省共设疾病监测点177个，其中国家级32个，省级145个。各监测点有专门的部门（领导小组）和专人负责，并建有登记、报告、分析、使用、管理、质量控制、信息反馈等制度。监测的病种有鼠疫、霍乱、布鲁菌病、炭疽、钩体病、出血热、血吸虫病、疟疾、流感，同时还监测病媒生物等。监测的内容包括传染病发病及死亡情况、人口数、出生、死亡、期望寿命、人群抗体水平、病原学等。监测点收集的大量相关数据，经过整理分析，成为认识和掌握传染病发生发展规律，制定防制对策，开展防治工作，降低发病水平，提高疾控工作质量的重要依据。

省级疾病监测点分布情况见图2－2。

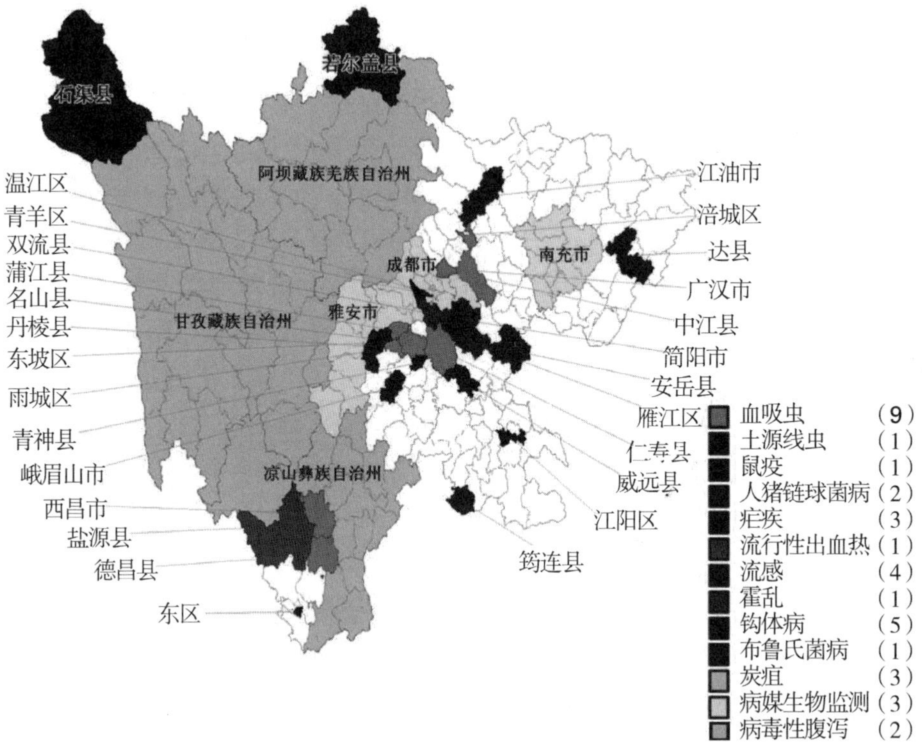

图2－2　2005年省级疾病监测点分布图

疫情报告逐步实现信息化。1988年省卫生防疫站参加全国远程计算机点对点通讯试点，通过长途电话线路，实现疫情报表数据与中国预防医学科学院之间点对点数据传输，从此结束手工制表、人工邮寄的历史。在此基础上，开始与有条件的市、地、州实现远程计算机点对点通讯，初步形成了国家、省、市三级数据传输网络。1990年全省开始建立疫情微机远程通讯网络。省卫生厅拨专款为各市、地、州配置专用计算机。1990年、1991年省卫生防疫站分两批对各市（地、州）疾控机构专业人员进行培训，并进行计算机安装、调试和试运行。1991年11月起，全省疫情月报计算机联网，除甘孜州、黔江地区外，所有市、地、州疾控机构均投入运转，传送月报数据。1994年国家建立“传染病疫情统计报告信息系统”，全省市、州以上卫生防疫机构通过该系统进行疫情数据的传输、汇总、上报和反馈。2001年卫生部实施“国家卫生信息网”建设工程，四川省作为全国试点省份之一，按照“统一规划、分步实施、连点成网、疫报先行”的建网原则，率先开展传染病报告信息管理系统网络建设。年底，全省21个市（州）和180个县（区）疾控中心疫情报告信息管理系统硬件全部到位，并完成了设备的安装、调试与试运行。2002年1月1日起，“国家疾病报告管理信息系统”（NDRS）在全省全面启动与运行，首次实现传染病个案的逐级汇总报告，极大地提高了疫情报告的完整性和准确性。自此，传染病疫情报告管理步入信息化时代。2003 年，运用卫生部“传染性“非典”型肺炎个案专报信息系统”，进行“非典”网络直报。运用“国家救灾防病与突发公共卫生事件报告管理信息系统”，上报救灾防病信息及突发公共卫生事件。2004 年 1 月 1 日起，运用“中国疾病预防控制信息系统”，实行传染病、突发公共卫生事件及部分专病的“在线、个案、直报”。全省各市、县（区）疾控机构和部分医疗单位开始试行传染病疫情及突发公共卫生事件网络直报。至 2005 年，全省县级以上网络覆盖率和直报率分别达到 100% 和 87.07%，乡镇卫生院分别达到 95.58% 和 82.34%。

疫情监测取得不少重要成果，不仅丰富了对已知传染病的认识，充实了应对策略，也发现了一些新的传染病的相关信息。以省卫生防疫站为例，1986—1991 年，该站运用中和性单克隆抗体和免疫荧光单克隆抗体，对全省 1980—1990 年期间分离的 79 株脊髓灰质炎（又称小儿麻痹症）I、II、III 型毒株进行抗原性分析，首次发现 1988 年以后分离的脊灰 I 型病毒有抗原性变异现象，引起国内外专家重视。1987 年发现流感病毒 A/四川 87－2（H3N2），被世界卫生组织和国家流感中心命名为国际国内标准株。1989 年在成渝两地空调系统中发现军团菌。1991 年在南坪、大邑、西昌等地发现莱姆病，在回国人员中发现全省首例艾滋病感染者。1992 年在西昌发现新疆出血热。1997 年在甘孜州石渠县首次从青海田鼠分离出鼠疫杆菌，并首次证实四川存在鼠疫自然疫源地。1999 年在成都发现流感病毒变异株。分离出 B/四川/379/99 流感毒株，被国家流感中心推荐为 2000—2001 年和 2001—2002 年国内代表性毒株，被世界卫生组织推荐为 2000—2001 年南半球和 2001—2002 年北半球流感疫苗生产的代表性毒株。2001 年在攀枝花发现脊灰疫苗病毒基因重组株。

二、疫情处置与监管

1987—2005 年，全省多数年份都有传染病疫情暴发。1987 年广安县钩体病特大流行，1987 年、1988 年巴塘、开县细菌性痢疾大面积流行，1989 年德格县炭疽暴发，涪陵市城关镇甲肝暴发，广元、重庆等地输入性霍乱流行，1993 年达州地区的霍乱暴发流行，1994 年、1998 年、1999 年昭觉县霍乱暴发流行，1999 年石渠县人间肺鼠疫疫情暴发，2003 年“非典”流行，2003 年、2004 年简阳市霍乱暴发流行，2004 年广汉市等地霍乱暴发流行及川东北地区特大洪灾，2005 年人感染猪链球菌病疫情暴发流行。每次疫情发生后，各级党委、政府和医疗卫生部门都迅速行动，千方百计控制和扑灭疫情。

1999 年处置石渠县鼠疫疫情，主要采取了以下措施：封锁疫区，划定隔离圈，在警戒线内交通要道设卡，严格控制人员及车辆的流动；设立临时交通、卫生检疫站。开展鼠疫病原学、血清学检验检测，开展流行病学调查追踪，对病人住地及周围环境进行全面消毒处理。其疫源地消毒的处理率、及时率及合格率均达到 100%。

2003 年处置“非典”疫情，主要采取了以下措施：由省委、省政府主要领导和省相关部门组成领导小组或应急指挥部，启动应急预案；在全省范围内调集各级各类医疗保健人员、卫生防疫人员参加疫情控制工作；设立交通检疫留验站，对疑似病人在指定场所进行医学观察；限制或停止集会、影剧院演出或其他人群聚集的活动；根据卫生部授权，及时地如实通报和公布省内相关疫情。2005 年处置人感染猪链球菌病疫情，也基本采取了上述措施。

抗击“非典”以后，全省进一步加强对传染病疫情的预防、监控、预警、处置和干预，省、市、县三级都组建突发公共卫生事件和救灾防病应急领导小组及应急分队，制定突发公共卫生事件应急预案，强化应急人员培训、装备建设和应急物质储备。

依法对疫情处置实施监督。疾控体制和卫生执法监督体制改革后，独立设置的卫生执法监督机构直接参与疫情处置和调查，对疫情防控工作实施监督。在2003年抗击“非典”中，各级卫生执法监督机构全力以赴，积极开展传染病防治执法检查和工作督查。省卫生执法总队对100多家医疗机构存在的发热门诊设置不规范、防护措施不到位、消毒管理不严，以及30多家疾控机构在疫情监测、疫情报告中存在的问题，及时提出整改意见，并参与对不明原因发热死亡病例、疑似或确诊“非典”病人的疫情现场实施控制检查。2005年6月发生人感染猪链球菌病疫情后，在省卫生应急指挥中心的统一领导下，省卫生执法总队迅速启动应急方案，组成两个应急小组，行程3400余公里，赶赴资阳、内江、自贡、泸州、遂宁、宜宾、成都等发生人感染猪链球菌病的疫点，对当地卫生部门、疾控和医疗机构的疫情防控、医疗救治工作情况进行监督检查；协助农牧、工商等部门对农贸市场、生猪屠宰场进行检查；深入疫情严重的乡镇、村组和农舍，了解疫情防控工作，开展卫生宣传，指导群众做好个人防护及病死猪的无害化处理。

2005年，全省各级卫生执法监督机构按照属地原则，对辖区内医疗保健机构、疾控机构及相关单位贯彻执行《中华人民共和国传染病防治法》的情况开展执法检查，共检查9949家单位，其中县级以上医疗机构758家，县级以上疾控机构174家，采供血机构45家，县级以下医疗机构6659家，其他相关单位2313家，给予548家行政处罚，罚款20余万元。

三、灾后卫生防疫

1991年8月中旬，省内相继出现11次强暴雨天气过程，东西南北中都程度不同地遭到暴雨洪涝袭击，189个县（市、区）受灾，导致疫情攀升，发生乙类传染病21.03万例，其中病毒性肝炎11.14万例，痢疾6.70万例，疟疾1.37万例，乙脑1997例，少数地区出现肝炎、痢疾、伤寒、乙脑暴发流行，并发生了196起因灾引发的食物中毒。灾（疫）情发生后，全省迅速组建1486支医疗队，8000多名医务人员和区乡2万多名卫生人员深入灾区救治伤病员，共诊治病人24.83万人次；对饮水、环境开展消毒、杀灭虫害，对食品进行监测，印发《四川省救灾防病技术方案》《自然灾害地区消毒》《饮水卫生》《洪涝区房舍卫生》等8种27万余册救灾防病宣传资料，帮助灾区群众防病自救，减少疾病流行。

1995年夏秋，全省23个地（市、州）相继遭到洪涝、地震、风暴、干旱、泥石流等自然灾害袭击。特别是入汛后，连降暴雨，河水陡涨。泸州、乐山、甘孜、成都、重庆、涪陵等地受灾尤为严重。加之灾后气温变化无常，蚊蝇滋生，饮用水污染、生活居住环境恶劣，潜伏着传染病流行的危险。全省共组织994个医疗卫生防疫队，对灾区饮水、食品进行监测，诊治病人285万人次。

1997年夏秋，全省19个地（市、州）150个县相继发生水灾、干旱、泥石流、山体滑坡等自然灾害，受灾人口达2000万人，死亡219人，失踪159人，受伤3595人，损坏和倒塌房屋73.7万间，毁坏农田189万公顷，直接经济损失32亿元。灾害发生后，各级卫生行政部门和医疗卫生单位迅速投入抢险救灾工作。副省长李进等深入自贡、内江、宜宾等灾区察看灾情，指导医疗卫生抢险救灾。自贡市120个乡镇遭受暴雨、冰雹袭击，倒塌房屋19302间，直接经济损失11亿余元。在市委、市政府统一领导下，自贡市卫生局在所属医疗卫生单位迅速抽调1024名医疗卫生人员和5854名消毒杀菌人员，组成79个医疗队（组），奔赴灾区救治伤病员和消毒、杀菌、灭虫害。全省共派出医疗卫生防疫队（组）251个，医疗卫生人员7098人，诊治病人50余万人次，环境消毒256万平方米，有效地防制了灾后疫情的发生。

2004—2005年，达州市连续两年发生特大洪水灾害。省、市卫生消毒人员迅速制定消毒和杀虫技术方案，现场指导淤泥清除、消毒、杀虫，检查食品卫生、环境卫生、城镇集中式供水和农村居民分散式取水井的消毒工作，帮助解决相关的实际问题，确保了大灾之后无大疫发生。

四、医院消毒灭菌监管

1992年和1994年，省卫生防疫站分别组织市、县卫生防疫站抽查部分医疗机构的消毒灭菌质量，对医院污水处理、一次性使用医疗卫生用品的使用管理、重点科室消毒效果等进行检查和监测。以一次性使用无菌医疗器械管理为突破口，检查督导各级医疗机构制订专门的进货、发放登记账册，做到进货时严格查验三证和包装情况，存放做到上架、离地、隔墙；对每批产品抽样作热源筛检和（或）无菌试验，合格后发放临床使用；对用后的一次性使用无菌医疗器械器具严格进行消毒、毁形。

1995年省卫生厅印发《四川省医疗卫生单位消毒供应室达标验收评分标准》，开展达标验收活动，推进医院消毒供应室和发展。至2005年底，全省有90%以上的县以上医疗保健机构供应室通过验收。

1998—2005年，省卫生防疫站、省卫生执法总队先后对19所省直医疗机构的消毒灭菌效果开展监测，监测内容包括空气、工作人员的手、使用中的消毒剂、物体表面、医疗用品、压力蒸汽灭菌效果、医院污水、紫外线灯辐射强度、一次性医疗用品等9个项目，采样5494份，总合格率为91.54%。

2002年10月，省卫生厅组织全省范围内的医院感染管理工作交叉大检查。检查情况表明，医院感染管理已逐步走上制度化、规范化、科学化的轨道。大多数医院氧气湿化瓶、各种麻醉管道、雾化吸入器械、手术器械等，严格按规范要求做好清洗、消毒或灭菌；各临床科室基本做到治疗室、配餐室、病房、厕所等分别有专用拖布，且标记明确、分开清洗、悬挂晾干并定期消毒；污染物品基本上按照消毒、清洗、再消毒的原则进行处理；压力蒸汽灭菌普遍按要求采用工艺监测、化学监测和生物监测；许多单位逐步更新消毒灭菌观念，引进一些新的消毒方法和消毒药械，如用戊二醛、强氧化离子水、空气动态消毒机、二氧化氯淘汰新洁尔灭等传统低效药剂和方法，用2%戊二醛取代传统的洗必泰，用紫外线强度仪器械监测强度等。医院感染管理工作的加强和发展，对预防交叉感染特别是预防血源性传播性疾病，保障医疗安全和医疗质量，发挥了重要作用。截至2005年底，全省没有发生重大医院感染事件。

五、消毒产品监管

省卫生防疫站于1983年组建消杀灭科，负责消毒、杀虫、灭鼠工作的监测监督，参与制定控制策略及重大疫源地消毒工作。1992年卫生部印发《消毒室管理办法》后，全省各级卫生防疫站均设立了消毒检测实验室。1994年，省卫生防疫站对在蓉省属以上24个医疗保健单位一次性使用输液（血）器、无菌注射器的临床使用管理进行了抽查。1995年，为规范监测管理，统一检测方法和卫生质量标准，在国家正式标准颁布之前，省卫生防疫站编写了《四川省一次性使用医疗卫生用品监督监测管理技术规范》，由省卫生厅下发各地试行。规范规定：消毒药械的检测鉴定和日常监测管理由省卫生防疫站负责；一次性使用医疗、卫生用品的检测和经常性监测管理由市（地、州）一级卫生防疫站负责，卫生许可证一律由省卫生厅统一审发。1996 年，在全省范围内对一次性使用医疗、卫生用品进行检查整顿，重点检查生产、销售、使用中产品的卫生许可证情况。1997 年，按行政隶属关系实行分级监督监测，重点对流通领域的消毒产品进行监督管理。1997—1999 年，省卫生防疫站与部分市（地）防疫站联合，对市售消毒产品进行多次抽样检查。1992—2005 年，省卫生防疫站/省疾控中心消毒实验室共完成200 余个消毒药械申报办证的全套检测、100 余个产品换证检测及700余个消毒药械的年度检测任务，每年还完成600 余个消毒产品的抽查监督检验。

2002 年 7 月，省卫生执法总队检查消毒产品生产企业 76 家，消毒产品零售商店 28 家，消毒产品 112 个，监测媒体刊发的消毒产品广告 186 条次，处罚违法企业 28 家，发出整改意见书 32 份，收缴违法产品 22 种。

2003 年，省、市、县卫生执法部门联动，共检查消毒产品生产企业 265 户次，没收不合格产品3337 公斤，责令整改 26 家，责令停止生产 12 家；检查消毒产品经营单位 3990 家，没收不合格产品3816. 1 公斤，责令整改 130 家，责令停止经营 29 家；检查消毒剂使用单位 21088 家，其中医疗机构14454 家，没收不合格产品 1373. 5 公斤，责令整改 71 家，查处违反质量管理案件 5 起。根据卫生部关于对过氧乙酸消毒剂生产企业加强安全管理的要求，对全省 20 家过氧乙酸消毒剂生产企业生产、运输及储存安全进行专项大检查，对存在安全隐患的达县卫生防疫站、四川蓝剑化工集团公司等 5家生产企业责令停产，对其余 15 家生产企业提出整改意见。先后查处什邡久荣日化用品有限公司、成都顺发洗消用品厂等 5 家企业无证生产案，没收违法产品 40 余件；处理 2 起经营无证产品案，没收违法产品 3 件；处理 3 起使用无证产品案，没收违法产品 35 件；处理 2 起经营伪劣卫生口罩案，没收伪劣口罩 1 万余只。

2004 年，省卫生执法总队开展消毒产品监测采样工作，共监测采样消毒产品生产企业共 106 家，其中 83 家消毒剂生产厂家、10 家消毒器械生产厂家、13 家妇女经期卫生用品生产厂家卫生许可证在有效期内；抽检 27 家生产企业、5 家经营单位、12 家使用消毒剂医疗机构的 35 个品种 59 个批次的产品，其中成都蓉康医疗保健实业有限公司生产的飞雕牌精久消毒液、罗江沈氏漂白粉厂生产的野马牌漂白粉有效含量低于企业标准，对其不合格的 53 件产品予以没收，案值 1 万余元，并处罚款7000 元；对 10 家企业生产过程中存在的问题提出了整改意见；查处 5 件消毒管理案件。

2005 年，省卫生执法总队在对 62 家直管消毒产品生产企业的日常监督中，重点监督企业办证后执行《消毒产品生产企业卫生规范》的情况，包括是否擅自改变生产地址、改变生产工艺流程、改变产品配方等。宜宾市、绵阳市、乐山市、凉山州卫生执法监督所重点对消毒产品中抗抑菌洗剂标签、说明书内容进行抽检。成都市武侯康源大药房、西安市五州皮肤美容研究所等单位销售无证消毒剂、标签不符合规范、擅自搬迁地址、消毒产品宣传疗效等，先后受到处罚。

至 2005 年，全省共有 388 家企业获得“消毒产品生产企业卫生许可证”，其中生产正常的企业324 家，季节性停产 48 家，已经完全停产的 16 家。在生产正常和季节性生产的 372 家企业中，消毒剂生产企业 96 家、消毒器械生产企业 8 家、卫生用品生产企业 221 家、医疗用品生产企业 29 家、生产消毒剂和卫生用品的生产企业 18 家，从业人员 13400 余人。产品有灭菌剂、皮肤黏膜消毒剂、消毒灭菌指示器材、皮肤粘膜抗（抑）菌制剂等多个品种。

第三节　免疫预防

20 世纪 70 年代末，四川加入世界卫生组织全球扩大免疫规划（EPI）活动，预防接种工作进入计划免疫（免疫规划）阶段，即通过一系列规划和实施以疫苗接种为主的相关措施，建立起易感人群（主要是儿童）的群体性免疫力，以实现保护特定人群进而达到控制或消除针对传染病的目标。

1986 年 7 月，省政府成立计划免疫协调小组，副省长康振黄任组长。省政府同各市（州）政府、地区行署和省卫生厅签订计划免疫工作年度目标责任书，将常规免疫接种率、AFP 监测指标和冷链建设纳入目标管理，年终进行考核。先后出台《四川省 1991—1995 年计划免疫工作规划》《四川省计划免疫工作实施办法》《四川省 1996—2007 年计划免疫工作规划》。各级政府把分步实现省、县、乡卡介苗、脊灰疫苗、百白破三联疫苗和麻疹疫苗四种疫苗接种率达到 85% 的目标列入当地经济和社会发展的五年计划，全省形成了一个从政府到有关部门，从省到村的多层次、全方位的计划免疫工作体系。

1989 年 3 月，卫生部、联合国儿童基金会、世界卫生组织联合对四川以省为单位儿童免疫接种进行审评。评审组共调查 21 个县的 4413 名儿童，接种率分别为：卡介苗 98.7%，脊灰疫苗 96.6%，百白破混合制剂 95.9%，麻疹疫苗 96.6%，四种疫苗全程接种率 92.1%，评审组确认四川省如期实现“第一个 85%”目标。

1991 年 3 月，卫生部、联合国儿童基金会、世界卫生组织联合对四川以县为单位儿童免疫接种进行审评。评审组共调查 21 个县，接种率分别为：卡介苗 88%—100%，脊灰疫苗 90%—100%，百白破混合制剂 88%—98%，麻疹疫苗 88%—100%，评审组确认四川省如期实现“第二个 85%”目标。

1996 年 4 月，卫生部对四川以乡为单位儿童免疫接种进行审评。全省共抽取 30 个县的 30 个乡，由 19 个审评分团赴各地审评，结果表明：卡介苗、脊灰疫苗、百白破混合制剂、麻疹疫苗接种率均为 99%、四种疫苗全程接种率为 97%，评审组确认四川省如期实现“第三个 85%”目标。

计划免疫涉及面广、社会性强，广泛的社会动员和宣传教育非常重要。1987 年 4 月，四川决定每年 4 月最后一周为“全省预防接种宣传周”。各级领导积极参加宣传活动，动员社会各界关心支持计划免疫这一利国利民的工作。据统计，1996—2000 年，省委、省人大、省政府、省政协的领导，各市（地、州）、县（市、区）四大班子的领导，发表广播电视讲话达 3 万余次。全省利用广播、电影、电视宣传近 53 万次，出版墙报、板报、专栏、橱窗 32 万期，印刷卫生小报、资料达 112 万余份，发放宣传画 15 万多张，提供咨询服务 109 万多次，出动宣传车 2500 辆次，受教育人数达 4.5 亿人次。

1982—1987 年，四川省同联合国儿童基金会开展计划免疫冷链建设合作项目，为各级卫生防疫站装备用于疫苗储存的低温冷库（冰箱）、普通冷库（冰箱）、疫苗运输车（冷藏车），为乡镇卫生院、村卫生室装备普通冰箱或冷藏箱、冷藏包，并陆续对各级冷链设备进行补充和更新。“十五”期间，配合中央财政投入冷链建设经费，省财政投入 500 万元用于购置疫苗运输车补助，市、县财政也不同程度投入解决接种单位的冰箱和冷藏包。全省 99.85% 的乡镇实现了冷链运转。冷链系统建立后，彻底解决了以往依靠冬春季突击接种、接种率和接种及时率不高的问题。据 2000 年计划免疫冷链年报统计，全省设立常年接种门诊站（点）16865 个，冷链覆盖人口 8400 多万人，占全省总人口的 99%；99.8% 的乡镇实现了冷链条件下的常年接种。

作为中国西部一个经济欠发达的人口大省，四川普及儿童计划免疫采取了适合本省特点的实施策略。一是制定《四川省儿童免疫程序》。增加 1.5—2 岁组儿童的麻疹疫苗复种，既给部分山区漏种儿童以补种的机会，又给已免疫儿童一次复种的机会，使抗体维持时间更长，免疫效果更优。二是实行多种疫苗联合免疫。儿童出生后至 7 周岁需要接种卡介苗、乙肝疫苗、脊灰疫苗、百白破混合制剂、麻疹疫苗和白破二联 6 种疫苗共 17 针次。为解决接种针次多、工作量大的问题，制订和实施了几种疫苗同时不同部位接种的联合免疫技术方案，既提高了接种率，不增加接种副反应，又减少了儿童家长负担和防疫医生的工作量。三是实行常规免疫与重点免疫相结合。针对免疫工作发展不平衡、流动人口增加、超计划生育、部分地区白喉发病率高和年龄高移的现象，在工作薄弱地区除进行常规免疫外，还利用冬春季开展“扫荡式”免疫和查漏补种，使用成人型白破二联连续 3 年对重点地区 8—20 岁人群进行重点免疫。四是积极实施强化免疫。1992 年四川先于全国一年在全省进行脊灰疫苗强化免疫活动。是年 3 月 5 日和 4 月 5 日，全省首次开展脊灰疫苗强化免疫活动，两轮共免疫 0—47 月龄儿童 10867165 人次，服苗率为 97%。1999 年 12 月，针对青海一例输入型脊灰野病毒病例，四川立即在成都双流机场和出入西藏的车站设立接种点，2000 年 1 月 5 日至 2 月 4 日，对所有进出西藏 0—9 岁的 305 名儿童进行接种。3 月 20—25 日、4 月 20—25 日，在全省 13 个市（地、州）的 86 个县对 0—59 月龄儿童开展一次两轮的全省“扫荡”式免疫和一次局部地区特别强化免疫，免疫儿童 4705457 人次，从而减少了免疫空白，阻断了脊灰野病毒的循环。至 2005 年底，共开展 10 次 20 轮全省性强化免疫、2 次 4 轮亚全省强化免疫和 1 次 2 轮亚全省“扫荡”式免疫，每轮服苗率均达到 95%。

2004 年，卫生部组织开展全国计划免疫工作综合审评。四川 18 个市（州）、21 个县（市、区）、540 个村，2001—2003 年出生的适龄儿童 11352 名接受接种率抽样调查。调查结果显示：卡介苗合格接种 10113 人，接种率为 89.09%；有卡痕的儿童 6919 人，卡痕率为 60.95%；脊灰疫苗合格接种 9638 人，接种率为 84.90%；百白破疫苗合格接种 9433 人，接种率为 83.10%；麻疹疫苗合格接种 9402 人，接种率为 82.82%；四苗全程合格接种 8340 人，接种率为 73.47%；乙肝首针及时接种 7069 人，接种率为 62.27%；乙肝疫苗全程合格接种 8292 人，接种率为 73.04%。

2000—2005 年四川省常规报告接种率（%）统计表

表 2—11

年份	卡介苗	脊灰疫苗	百白破疫苗	麻疹疫苗	乙肝疫苗
2000	95.19	97.05	96.76	97.07	81.50
2001	95.66	97.20	96.34	96.20	82.18
2002	95.92	95.98	96.47	96.03	85.19
2003	95.46	91.65	95.63	95.57	90.20
2004	97.81	98.20	97.97	97.80	97.46
2005	97.80	98.27	98.02	97.64	97.33

2000—2005 年四川省疫苗接种率（%）抽样调查统计表

表 2—12

年份	卡介苗	脊灰疫苗	百白破疫苗	麻疹疫苗	四苗全程	乙肝疫苗
2000	97.90	96.60	95.80	95.80	93.10	60.70
2001	94.90	94.40	92.00	92.40	87.70	67.10
2002	96.60	96.30	94.90	94.40	91.60	67.20
2003	95.22	93.59	90.14	91.40	86.57	76.92
2004	95.29	95.62	92.77	93.96	88.22	83.95
2005	93.29	93.00	90.02	89.80	85.84	87.58

计划免疫对于防控严重危害儿童健康的几大疾病发挥了重要作用。实施计划免疫前，全省天花的年最高发病数为 11584 人，发病率达 19.39/10 万；脊灰的年发病数最高为 1697 例，报告发病率达 2.42/10 万；麻疹的年最高发病数为 921747 例，报告发病率达 1313.47/10 万；白喉的年最高发病数为 21024 例，报告发病率达 30.09/10 万；百日咳的年最高发病数为 148374 例，报告发病率达 225.13/10 万。实施计划免疫后，儿童传染病发病率和死亡率大幅下降。据 2005 年统计，全省连续 4 年无白喉报告发病，麻疹和百日咳发病分别比实施计划免疫前下降 99% 以上，传染病发病率比 1985 年平均年下降 31.21%，传染病死亡率在各类死因中已由 1985 年的第 7 位下降到 2005 年的第 9 位。

不同年份四川省四种传染病发病与死亡情况统计表

表 2—13

	发病率（1/10 万）				死亡率（1/10 万）			
	1985—1990 年	1991—1995 年	1996—2000 年	2001—2005 年	1985—1990 年	1991—1995 年	1996—2000 年	2001—2005 年
脊髓灰质炎	0.045	0.039	0.001	0.000	0.001	0.001	0.000	0.000
麻疹	12.337	8.636	8.502	8.372	0.043	0.018	0.016	0.014
白喉	0.105	0.010	0.003	0.000	0.012	0.000	0.000	0.000
百日咳	6.110	0.926	0.540	0.727	0.010	0.002	0.001	0.001

说明：1996 年之前的数据包括重庆市

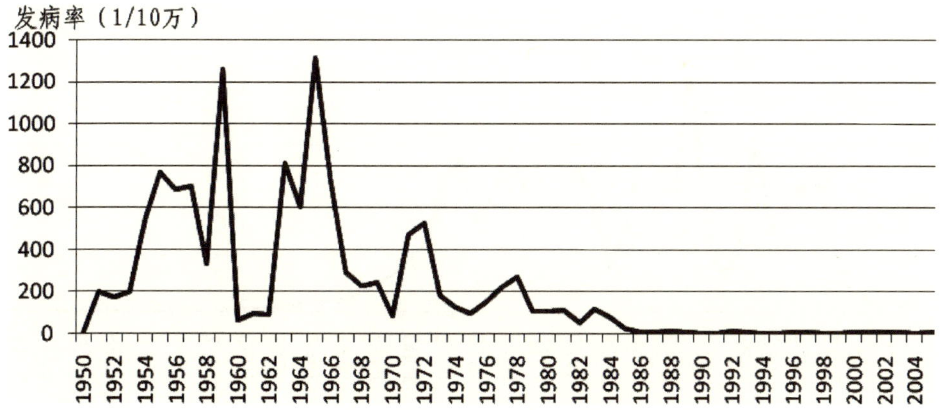

图 2-3 1950—2005 年四川省麻疹发病率变化图

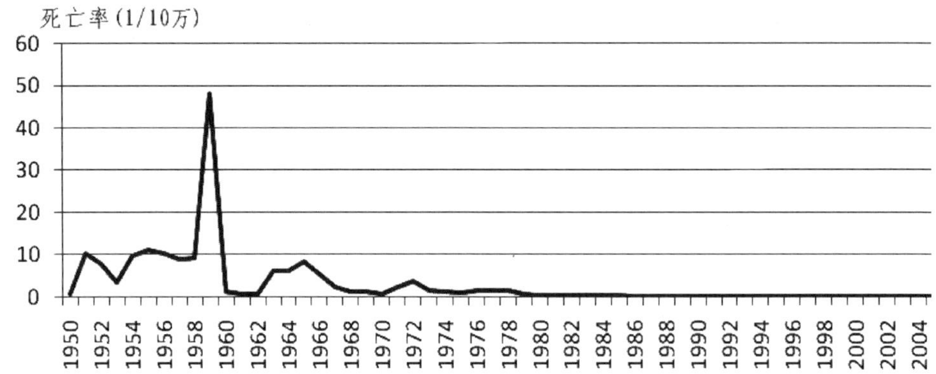

图 2-4　1950—2005 年四川省麻疹死亡率变化图

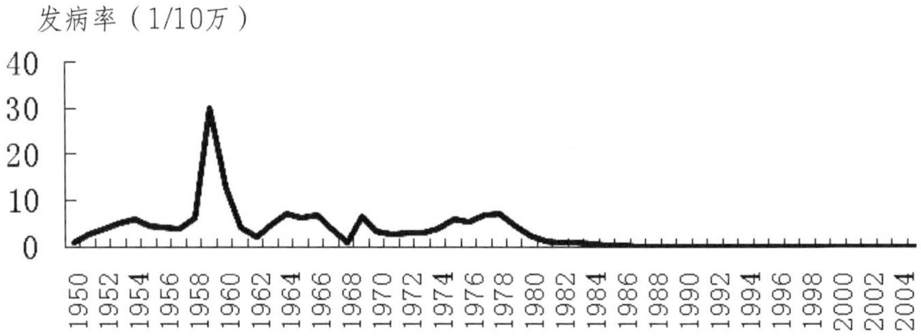

图 2-5　1950—2005 年四川省白喉发病率变化图

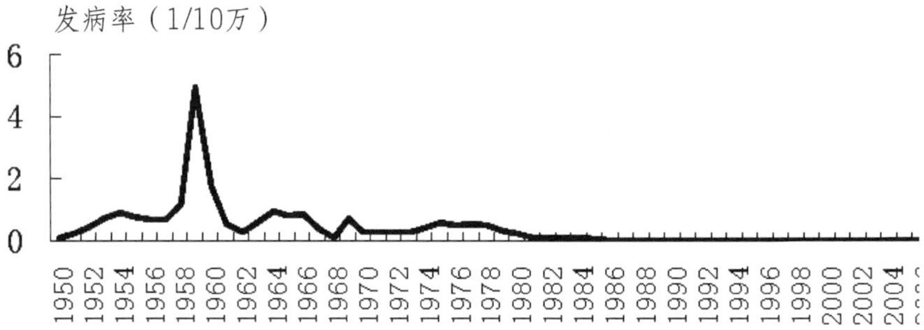

图 2-6　1950—2005 年四川省白喉死亡率变化图

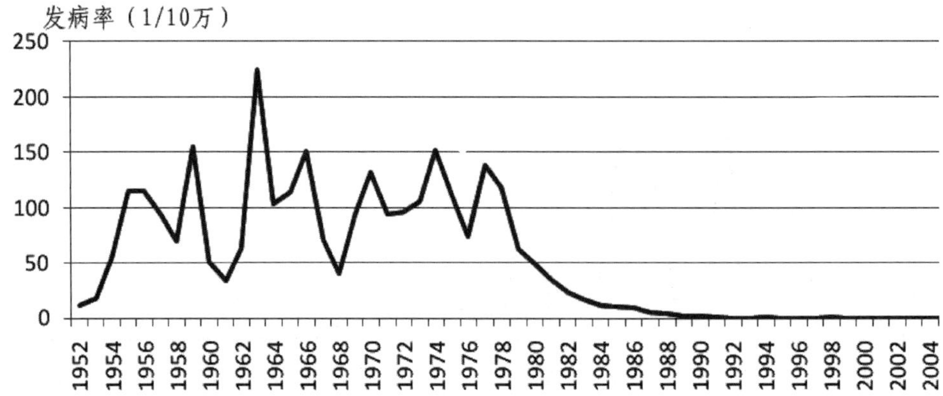

图 2-7　1952—2005 年四川省百日咳发病率变化图

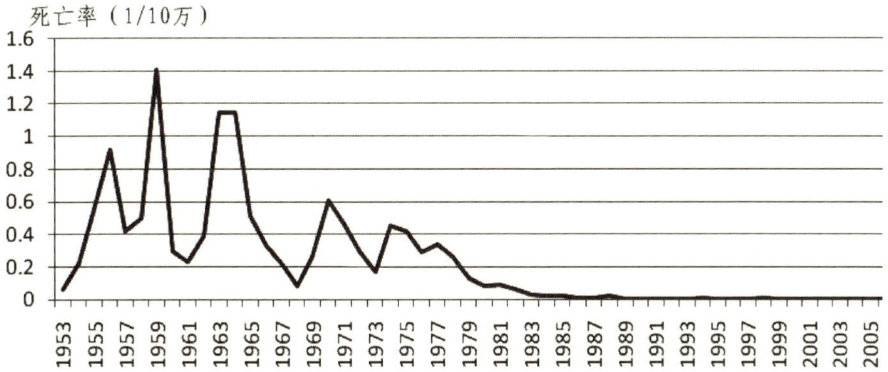

图 2-8 1952—2005 年四川省百日咳死亡率变化图

第四节 重点急性传染病防控

一、鼠疫

鼠疫是由鼠疫杆菌引起、人和动物共患的自然疫源性烈性传染病，具有传染力强、传播快、发病急、病情严重、死亡率高等特点。多种啮齿动物为主要传染源和储存宿主，尤以黄鼠属和旱獭属动物最为重要。人间鼠疫流行前，必先有鼠间鼠疫流行。

甘孜、阿坝两州是中国喜马拉雅旱獭鼠疫自然疫源地的延伸部分，主要地理景观为高山、森林、草地，喜马拉雅旱獭、鼠兔、田鼠分布其间。两州鼠疫监测与防治面积约 23 万平方千米，其中约 10 万平方千米存在旱獭分布。早在 20 世纪 30 年代，四川一些地区就曾发生过数起疑似人间、动物间鼠疫疫情。1930 年壤塘县尕多乡一藏民因剥食旱獭引起全家人吐血死亡；继后一月内，该寨另外 4 户共 9 人也相继吐血而亡。若尔盖县的香龙寨、色赤寨、热当坝等分别于 1935 年、1936 年、1959 年夏秋季发生剥食旱獭后发病死亡现象，3 次共发病 60 人，死亡 50 人。1964 年色达县大章乡、普武乡，1969 年、1977 年若尔盖县黑河牧场，1980 年炉霍县泥巴沟，1966 年、1982 年德格县阿须、竹庆乡，1983 年炉霍县宗塔乡等地，曾分别发生旱獭成批死亡情况，少者 20—30 匹/次，多者 50—60 匹/次。石渠县发生过多起急性发病死亡并传播他人致多人再发病死亡的病例。

20 世纪 60 年代至 70 年代，省卫生厅多次组织专业人员走访村民、查阅县志，对部分地区进行疫源调查。1986—2004 年，先后在石渠、德格、甘孜、色达、炉霍、阿坝、壤塘、若尔盖 8 县开展鼠疫防治与监测工作。攀枝花由于与南方家鼠疫源地毗邻，2005 年也被纳入省级监测点。全省共设立固定监测点 20 个、流动监测点 60 个。1986—1999 年，共检测旱獭 5616 匹，蚤类材料 19866 匹，自毙材料 573 匹。1997 年和 2000 年从青海田鼠中分别检出鼠疫菌 54 株和 12 株（田鼠型），1999 年从 1 份死者肺中检出鼠疫菌 1 株旱獭（青藏高原型），2001 年从细钩盖蚤、五侧纤蚤、直缘双蚤中检出鼠疫杆菌。至 2005 年，在疫源地内发现的蚤类已有 4 科 11 属 18 种（亚种），包括同鬃蚤、阿巴盖新蚤、直缘双蚤指名亚种、谢氏山蚤、细钩盖蚤等，以细钩盖蚤和直缘双蚤为优势种。

在鼠疫流行季节，主要采取的措施是严格进行入境检疫，开展预防接种。

1983—1998 年鼠疫流行季节四川省入境检疫及预防接种情况统计表

表 2—14

年份	检疫站数（个）	检疫车次（次）	受检人数（人）	检疫人数（人）	獭皮（张）	獭油（千克）	獭肉（千克）	獭胆（千克）	赴疫人数（人）	预接种数（次）
1983	24	3949	12743	—	149	4057.5	937.0	0.5	3397	2779
1984	87	104697	318304	—	738	337.5	221.5	—	—	—
1985	—	—	—	—	—	—	—	—	—	—
1986	20	—	—	—	1000	—	—	—	—	880
1987	6	214	7475	—	—	—	—	—	—	300
1990	8	132	24090	797	—	—	—	—	—	—
1991	—	—	—	—	—	—	—	—	—	6
1992	—	—	—	—	—	—	—	—	—	8
1993	—	—	—	—	—	—	—	—	—	5
1994	—	—	—	—	—	—	—	—	—	8
1995	—	—	—	—	—	—	—	—	—	11
1996	—	—	—	—	—	—	—	—	—	8
1997	—	—	—	—	—	—	—	—	—	119
1998	—	—	—	—	—	—	—	—	—	7
合计	145	108992	362612	797	1887	4395.0	1158.5	0.5	3397	4131

说明：其他未统计年份为不详

1991 年，四川、青海、甘肃 3 省 6 州组织鼠疫联防协作，随后，云南、广东、广西、浙江、江西、福建、四川 7 省（区）组织中国南方鼠疫联防协作，四川、西藏、甘肃、青海、新疆组织中国西部 5 省（区）鼠疫联防协作，互通疫情信息，组织学术交流。

1997 年 6 月中下旬，省鼠疫疫源地调查工作队首次在石渠县俄多玛乡检出鼠疫菌后，即对疫点地区进行临时紧急监控，对群众进行鼠疫防治宣传，疏散疫点附近的人群及牲畜，调查处理可疑病人，对定居点人群进行预防接种，对 2 个牧定点近 4000 平方米面积进行消毒。2001 年 6 月，在石渠县俄多玛乡开展的鼠疫常规检测中，从自毙、活体青海田鼠中分离出鼠疫菌 6 株，表明该地区动物鼠疫仍在流行，对当地牧民生命安全构成一定威胁。为此，俄多玛乡党委、政府在省、州、县卫生防疫部门鼠防专业人员的指导下，迅速组织 300 多名当地干部群众，于 7 月 11—19 日，采用逐洞投放小麦拌溴敌隆毒饵的方法，对俄多玛乡至雅滩范围内 80 平方公里的草原进行了为期 9 天的大规模灭鼠工作。5 天后，平均灭鼠率达到 80.90%，降低了青海田鼠的密度。2002 年 6 月，监测结果表明俄多玛乡青海田鼠动物鼠疫病仍在流行。鉴于“县县通油路”工程的特殊情况，鼠疫监测队建议县政府对疫区进行处理。7 月中旬，监测队对“县县通油路”工程负责人及村、社干部进行鼠疫危害及防治知识培训，发放宣传资料，要求他们带头向民工和村民宣传，注重自身保护。同时发送溴敌隆青稞毒饵127公斤，对居民点和民工住地的室内及周围环境开展灭鼠、灭蚤和消毒工作。

1997年9月，省政府印发《四川省鼠疫防治与应急方案》和《鼠疫的分级警戒与疫区处理》，要求各地、各部门切实履行职责，分工合作，一旦发生疫情，采取强有力措施迅速控制和扑灭。2000年，参照《国家鼠疫控制方案》，省政府印发《四川省鼠疫控制方案》，并修订《四川省鼠疫监测方案（1999—2003)》。至2005年，全省共建立鼠疫防治与监测专业机构11个，其中省级1个，州级2个，县级8个；有专兼职鼠疫防治专业技术人员128名，其中3名鼠疫本专科人员，其余均为接受过鼠疫专业知识培训的卫生技术人员。

二、霍乱

霍乱是由霍乱弧菌引起的急性肠道传染病。四川霍乱流行的历史可上溯到1892年。20世纪20年代至40年代，曾发生过由霍乱弧菌古典生物型引起的较大规模的流行。中华人民共和国成立后，四川再无古典霍乱发生。1961年夏，起源于印度尼西亚至今尚未停息的由霍乱弧菌埃尔托生物型引起的霍乱传入中国广东，1982年传入四川。

1986—1992年，全省霍乱疫情呈输入性散发态势。1986年彭县、邛崃、三台、梓潼、南部、广安、德昌、南充、绵阳市市中区、攀枝花市仁和区，分别报告1例输入性霍乱病例。1989年邻水报告6例，三台报告2例，旺苍、南充分别报告1例输入性霍乱病例。上述疫情均得到及时控制，无传播蔓延，无死亡病例发生。

1993—1999年，省内出现多起霍乱暴发疫情。主要有：

1993年10—11月，达川市和达县发生2起由生日宴引起的食物型霍乱暴发疫情，流行26天，波及1市2县（市），发病161例，死亡2例，流行菌型为小川1b。1993年全省共计报告霍乱病例175例（归口14例），全年的发病数是1982—1992年11年累计病例数的4.38倍，疫情上升明显。

1994年7—11月，全省发病1014例，死亡30人，发病率和病死率分别高达0.92/10万和2.96%，波及成都、德阳、绵阳、内江、宜宾、南充、达川、巴中、凉山等13个地（市、州）、34个县（市、区）。流行菌型为小川1b。疫情的发生与聚餐活动有关。

1995年达川市、达县和大竹县发生3起食物型暴发疫情，报告143例。

1996年10月，新都县1村民在家中办婚宴后，出现霍乱暴发疫情，发病46例。流行菌型仍为小川1b。

1997和1998年，凉山、成都、攀枝花、绵阳4个市（州）20个县（市、区）先后发生霍乱疫情。流行菌型复杂，成都、绵阳为小川1b，攀枝花为小川1b、6b，凉山为小川1b、6b和稻叶6b。凉山、成都疫情发生与群体性聚餐有关，绵阳市霍乱疫情为洪水引起的水型传播，攀枝花以流动暂住人群感染发病为主。

1999年，全省发病1419例，死亡28人，发病率高达1.68/10万，是当年全国平均水平的18倍，发病数首次位居全国第一。疫情波及凉山、成都、绵阳、广元、遂宁、南充、乐山、眉山、达州、巴中、阿坝12个地（市、州）、38个县（市、区）、172个乡镇。流行菌型复杂，凉山州为O1群小川1b、6b和稻叶6b，眉山市为O1群小川6b，全省其余发病地区菌型为O1群小川1b。7—8月首次在乐山、绵阳、南充分离出O139群霍乱弧菌。

2000年，全省霍乱疫情大幅度下降，报告481例，死亡3例，但仍居全国第2位。2001年报告467例，死亡9例。2002年报告204例，无死亡。2003年报告46例，无死亡。2004年报告25例，无死亡。2005年报告14例，死亡1例。

各地处置霍乱疫情，主要采取了以下措施：成立霍乱防治指挥部，组织各方面力量控制与扑灭疫情。加强疫情监测与报告，有疫情的市（州）实行日报制度，无疫情的地区实行周报制度；加大对腹泻病人、重点人群、水体、污水、公厕、食品特别是海水产品的监测力度，及时通报监测结果。加强卫生监督执法，狠抓各项防控措施的落实。流行地区与毗邻地区开展联防联控，加强信息交流与工作配合。凉山州对奔丧聚餐和大型婚嫁聚餐实行申报许可制和乡镇政府负责制，其他小型聚餐由当地村、组长管理。

为正确及时处置霍乱疫情，1994年全省县级以上医疗机构开设腹泻病门诊，对就诊的腹泻病人进行筛查，加强疫情的早期发现。1995年省卫生厅印发《四川省霍乱防治方案》和《四川省肠道门诊工作规范》，进一步规范霍乱防治和肠道门诊工作。2000年以后，为早发现、早报告、早处理霍乱病人，全省实行对就诊的有流行病学指征的腹泻病人开展霍乱“一步法快诊检测”工作。成都、绵阳等地通过每年培训、体检，加强对农村厨师的管理，规范农村厨师的卫生行为。

三、流行性出血热

流行性出血热（EHF）是由出血热病毒引起的自然疫源性急性传染病，病情重，病死率较高，主要危害农村青壮年，边远贫穷山区发病率较高。鼠类为主要传染源。1986—2005年，全省共发病21548例，死亡675例，累计报病县（市、区）136个，其中104个经血清学证实。除甘孜州无报病外，其余20个市（州）均有病例报告。发病地域主要分布在经济欠发达地区和边远贫困山区。重疫区相对集中在南充、达州、广安等地。1977—1986年，南充地区和达县地区的报病数占全省报病数的89.71%，1987—1996年仍占82.75%。凉山州盐源县1996年后成为新疫区和重疫区，1996—2000年累计报病470多例，发病率高达10.22—166.81/10万，2001—2005年报病数占全省的71.18%。

发病季节分布曲线，1995年以前呈双峰型，全年均有发病，小高峰在6月，大高峰在11月；1995年以后无明显发病高峰季节，各重疫区秋冬季高峰的峰值也明显降低。新疫区盐源县的季节高峰为每年的4月和8月。

20世纪80年代，省卫生防疫站开展汉坦病多株的抗原分析，陆续分离出多株汉坦病毒株，除3株未定型外，其余毒株均为姬鼠型病毒株；家鼠携带姬鼠型病毒株的报道，为国内最早。四川省流行的汉坦病毒从1986起已开始发生变化，出现HTN型、汉城型和未定型病毒并存流行，而疫区也由以前单一姬鼠型逐渐演变为混合型疫区。

从1983年开始，省卫生防疫站相继开展“四川省EHF地理流行病学调查”“三峡库区自然疫源性疾病调查”等大型研究工作，对各地阳性鼠肺标本进行病毒分离、病毒及病人血清分型工作，对不同地理环境、不同地域位置、不同发病率的地区进行宿主动物调查，对不同种类的宿主动物携带本病病原及在传播本病中的作用情况进行调查，基本摸清了全省EHF的流行规律和疫区、疫源地的分布情况。至2005年，共检测各类啮齿动物、家禽、家畜及小型野生动物近2万多只，发现12种动物携带汉坦病毒，对人类危害大小的顺序为：黑线姬鼠、褐家鼠、黄胸鼠、大足鼠、四川短尾鼩、社鼠、小家鼠、小泡巨鼠、中麝鼩、针毛鼠、灰麝鼩、高山姬鼠。主要宿主动物在室内外分别是褐家鼠和黑线姬鼠。重疫区野外主要宿主动物为黑线姬鼠，轻疫区以褐家鼠为主要宿主。无论是疫区或非疫区，均发现阳性带毒宿主动物。年平均发病率越高的地区，宿主动物的种类越多。对家畜和冷血动物进行的汉坦病毒感染调查表明：这些动物对人群均不构成威胁，只有家猫对人有一定危险性。

从 1984 年开始，省卫生防疫站陆续在南充、广安、开江、涪陵、武隆、盐源等地设立监测点。宿主动物监测结果显示：室内优势鼠种为褐家鼠（86.92%），室外优势鼠种为四川短尾鼩（38.99%）和黑线姬鼠（34.08%），总鼠带病毒率为 3.0%，其中以黑线姬鼠的带病毒率最高（6.43%），短尾鼩的带病毒率较低，且多为弱阳性。

从 1986 年开始，省卫生防疫站先后对全省几个高、低疫区的 EHF 病人血清进行分型试验，发现 EHF 疫情的各个时期病人血清型别存在多样性，且有部分病人血清不能分出型别。1993 年开始在各疫区进行健康人群隐性感染情况监测。1993—2000 年，共对各监测点送检的 241 份 EHF 病人血清进行了血清学证实。

1987 年，省卫生厅成立 EHF 预防控制专家咨询小组，陆续制订全省"七五""八五""九五"EHF 防治规划和监测方案，修改流行性出血热病人早期血清学和病原学诊断标准，组织实施"5 病日内病人病毒唑治疗"等多个研究项目，指导全省开展流行病学调查、监测、科研、宣传、人员培训、推广应用 EHF 疫苗等。1992 年覆盖全省的监测网络基本建立。各疫区防疫站广泛开展以灭鼠为中心的综合防治工作，通过广播、电视、板报、口头宣传等形式向群众进行防治宣传，对重点人群接种疫苗。

1998—2002 年，省内几个医学实验室饲养的大白鼠中发现严重的 EHF 鼠间疫情，并有几名实验人员患病，数名实验人员血清抗体呈现阳性。省卫生防疫站病毒所专业人员深入省内各实验动物养殖繁育和使用单位进行调查研究，采集大量相关标本进行实验室检测，指导各实验室进行预防控制工作。2003 年后，再无实验室人员感染 EHF 报告。

四、狂犬病

狂犬病是由狂犬病毒所致、以侵犯中枢神经系统为主的急性人兽共患传染病。临床表现为特有的恐水、怕风、恐惧不安、咽肌痉挛、进行性瘫痪等，病死率几乎 100%。四川 1956 年 4 县报告病例 7 例。20 世纪 60 年代初因粮食减产狗被宰食，无报病。70 年代报告病例地区扩大到 55 个县，平均年发病 166 人。80 年代病例猛增，仅 1984 年一年就发病 1262 例，126 个县报告病例，居全国之首。1986—2005 年，全省共报病 3261 例，其中 1986—1992 年的报病占 95.74%（3122/3261），1993 年疫情下降至 50 例以下，1995—2003 年疫情一直控制在 10 例以下，在全国的排位由 1984 年的首位下降到二十几位。2004 年疫情上升，发病 16 例（发病率 0.02/10 万），死亡 16 例。疫情上升的原因为：农村和城镇养犬数和流浪犬数直线上升；疫点灭犬工作不落实，流浪犬灭杀难度大；犬只管理不落实，犬只办证率、免疫率、拴养率降低，农村地区尤为突出；犬伤后不及时就诊，疫苗接种率低。

1986 年，全省各地卫生、公安、畜牧等部门密切协同，采取对犬只实行"免（注射疫苗）、灭（疫区捕杀）、管（登记管理和城市禁止养犬）"的防治措施，狂犬病疫区从 1984 年底的 133 个县缩小到 88 个县，发病人数比 1984 年下降 70%。1985—1990 年，全省共灭犬 102.64 万只，免疫犬 1589.61 万只，犬免疫率为 76.0%。患狂犬病的人数减少，死亡人数大幅度下降，1990 年死亡 435 人，比 1989 年下降 21.6%，初步遏制了上升趋势。

1988 年 9 月，省人大常委会颁布《四川省预防控制狂犬病条例》，1992 年修改该条例，进一步完善政府主导，部门各负其责，全社会参与的狂犬病防制机制。全省各市、县均成立了由公安、卫生、畜牧、工商等部门组成的狂犬病防治办公室，公安部门和乡镇人民政府负责犬只办证管理、无证犬只和流浪犬的捕杀工作，畜牧兽医部门负责犬只免疫、狂犬病的监测和检疫工作，卫生部门负责狂犬病防治知识宣传、人犬伤后伤口处理、狂犬疫苗接种工作。狂犬病防治办公室还负责对违章犬只开展专项行动，负责发生狂犬病例后的医疗救治、犬只管理、免疫和杀灭工作。

开展犬只免疫和人体疫苗接种，建立免疫保护屏障。坚持对狂犬病疫苗接种者进行抗狂犬病抗体的检测，并对抗体阴性者进行加强注射。2004 年和 2005 年全省免疫犬分别为 1155303 只和 2033760 只，免疫率为 83.51% 和 81%。开展狂犬病监测。每年对全省的犬只进行抽检，检测出的带毒犬就地及时作好无害化处理，杀灭病犬、恶犬、野犬和违章犬，及时发现和消灭传染源，阻断传播途径。2004 年和 2005 年检测犬只分别为 2660 只和 11042 只，检出阳性犬只 65 只和 248 只，阳性率分别为 2.44% 和 2.25%。对阳性犬所在地开展了灭犬、犬只免疫、健康教育等综合防制措施。作好疫情扑灭和伤人事件处理。对恶犬伤员实施全程疫苗注射，合理应用抗血清。2003—2005 年，全省共处理犬只伤人事件 10 起。

五、流行性乙型脑炎

流行性乙型脑炎（乙脑）是由蚊媒传播乙脑病毒引起的急性传染病，高度散发，儿童发病率最高，约有 30% 的患者痊愈后残留不同程度的神经系统后遗症。1950 年南充首次报告本病，至 2005 年，全省共报告 191092 例，死亡 17773 例。1986—2005 年，全省共发病 37014 病例（包括流动人口），死亡 1417 人，发病率为 1.01—2.79/10 万，病死率波动于 1.45%—8.49%。1986—1989 年高发地区主要集中在南充、泸州、遂宁等地区，1990—2005 年逐渐向巴中、广安等地转移，2003 年巴中市巴州区发生乙脑病例 78 例，死亡 16 例。发病季节主要集中在 7—9 月，8 月为发病高峰，与蚊子孳生季节密切相关。

2002 年在开江县、营山县、广安区、古蔺县、隆昌县设置 5 个省级乙脑监测点，2004 年卫生部在巴中市巴州区设置 1 个国家级乙脑监测点。监测内容主要包括：临床乙脑病例血清学检测诊断（包括早期 IgM 和双份血 IgG 抗体检测）、健康人群乙脑病毒 IgG 抗体水平监测、猪血清乙脑病毒 IgG 抗体检测、病人血清和脑脊液病毒分离工作等。根据各监测点健康人、猪血清抗体监测结果，及时向各地发出预警。

六、炭疽病

炭疽病是由炭疽杆菌引起的人畜共患的急性传染病，多在畜间流行（草食动物最为易感），并常常波及人间造成发病。主要传播途径是剥食炭疽致死的牲畜肉，皮肤接触病畜及污染的畜产品，其次是经消化道、呼吸道感染。

四川炭疽病多集中在凉山、甘孜、阿坝 3 州。至 2005 年，全省历史累计发病 1604 例，其中凉山州 415 例，甘孜州 556 例，阿坝州 494 例，三州累计报告病例数 1465 例，占全省总数的 91.33%。2003—2005 年，全省报告 264 例，除攀枝花 2 例、眉山 1 例、流动人口 5 例外，其余 256 例集中在凉山、甘孜、阿坝 3 州。全省共有 15 个市（地、州）报告炭疽病例。历史累计死亡 37 例，年发病率在 0.2/10 万以下，病死率为 2.31%。

1986—2005 年，全省炭疽暴发疫情 10 起，病例 103 人，皮肤型炭疽占 60.05%，肠型占 39.95%，无肺型炭疽。发生的暴发疫情主要有：1989 年甘孜州德格县柯鹿洞乡色巴村发生 1 起炭疽暴发疫情，短期内发病 38 例，户发病率为 55.07%，并发炭疽败血症 27 例，死亡 13 例，病死率为

34.21%；1991 年 8 月阿坝州红原县安曲乡牧民因剥食患炭疽病死牛而引发 20 人发病，4 人死亡（死于肠炭疽）；1998 年 7 月色达县阿木乡二村发病 13 人，均为皮肤炭疽，无死亡；2005 年 8 月若尔盖县报告 5 例病人，其中 4 例为皮肤炭疽，1 例为肠炭疽，死亡 2 例。

预防控制炭疽，主要采取了以下措施：

开展宣传。编写炭疽预防知识宣传资料，采取群众喜闻乐见和具有民族特色的形式对农牧民群众进行健康教育，重点引导群众改变食用病死牲畜等不良生活习惯，自觉做到“三不一坚持”，即：对炭疽动物不屠宰、不剥食、不销售，坚持炭疽动物尸体火化；防止皮肤受伤，如有皮肤损伤，立即涂 3% ~5% 的碘酒，以防感染；到流行病区或疫区时，不随便接触有病的牲畜或牧场土壤，不喝生水、生奶，不吃未经兽防部门检疫的牲畜肉及制品等。同时，教育饲养管理者、基层卫生和畜牧兽医工作者提高自我保护意识。

加强监测。2005 年四川省作为国家级炭疽监测点，制订实施《四川省炭疽监测实施方案》，开展炭疽常规监测和监测点监测，选定甘孜、阿坝、凉山三州作为监测点，对所有炭疽病例进行个案调查，采集相关标本，开展病原分离，开展外环境监测。完成表层土壤样 225 份、牲畜饮水样 7 份的炭疽杆菌的分离培养；完成炭疽病人、屠宰人员血清抗毒素抗体、抗芽孢抗体检测 1 份，病死牛培养物检测 5 份，采集正常人血清 500 份。

及时处理疫情。2001 年美国“9·11”生物恐怖袭击事件后，省卫生防疫站迅即制定《炭疽防治预案》《炭疽疫情处置规程》《四川省炭疽暴发疫情应急处理预案》《炭疽杆菌检验方法》《炭疽疫源地消毒技术》等技术规范，并对数起可疑炭疽邮件进行科学控制和处理。地处疫区的各县，每年都拨出经费，由畜牧部门对全县牧畜进行预防接种，切断畜间传播给人间的途径。2005 年 5 月，省疾控中心专家组对在成都市传染病医院就医的一位疑似炭疽病例病人进行调查，根据流行病学资料、临床表现、实验室鉴定结果，确诊其为皮肤炭疽，随即落实消毒隔离措施，防止医院感染和社会感染，并向病人所在地的小金县和阿坝州发出通报。州、县疾控专业人员深入疫源地进行流行病学调查和现场处理控制，对周围环境严格消毒，开展防病知识宣传，对密切接触者实施追踪调查，对周围人群应急接种炭疽疫苗，对 2 例死亡病例进行焚烧并深埋，对不明原因死亡的牲畜一律深埋，最后对疫点、疫区进行终末实施消毒。由于措施到位，疫情很快得到控制。

七、细菌性痢疾

细菌性痢疾（菌痢）是由痢疾杆菌引起的肠道传染病，主要流行于夏秋季节。1986—2005 年，全省菌痢年平均发病率为 89.39/10 万，死亡率为 0.12/10 万。发病率居前三位的地区为凉山州（243.34/10 万）、成都市（176.03/10 万）、绵阳市（86.91/10 万）。暴发疫情主要有：1987 年甘孜州巴塘县发病 5488 例，死亡 48 例，发病率为 11901.457/10 万，病死率为 0.87%；1990 年万县地区部分县区暴发流行，发病率为 1192.10/10 万，病死率为 0.28%；2005 年 9 月 7 日，遂宁市蓬溪县下东乡初级中学发病 57 例，无死亡病例。菌痢发病有较明显的季节性，主要集中在 8—10 月，这 3 个月的发病数占总发病数的 49.69%。菌痢病原菌为流行优势菌型，20 世纪 80 年代以来以福氏志贺氏菌（福氏 2a 和福氏 1b）为主，2005 年以后以宋内氏志贺氏菌为主。菌痢流行的主要原因是：流行菌型时有变迁、新型病例常被忽视、患者隔离治疗不严格、部分地区医疗条件差、群众不良卫生行为、自然灾害等。

1985—2000 年，先后在都江堰、南充、乐山、自贡、泸州、资阳、峨眉、涪陵、攀枝花、新都等地开展腹泻病主题调查与监测，加强疫原检索，及时了解流行菌型。共收集致病菌 668 株，其中痢疾杆菌 259 株，占 38.77%，其余为致病大肠杆菌、沙门氏菌、空肠弯曲菌、耶尔森氏菌、气单胞杆菌、志贺气单胞杆菌等。至 20 世纪 80 年代末，已基本掌握四川省菌痢流行规律、病原变迁及耐药谱。

针对 20 世纪 80 年代后期志贺氏 1 型痢疾杆菌检出比例升高的趋势，从国外引进志贺氏 1 型外膜 A 蛋白分离检测技术，进行免疫原性观察，开展菌苗免疫预防研究。1995 年制定和组织实施《四川省菌痢疫情处理规程》，全省菌痢防治工作逐步走上规范化道路。

20 世纪 90 年代以后，全省菌痢发病率大幅度下降，1990—2000 年平均发病率比 1986—1989 年下降 51.25%；病死率也逐渐下降，1986—1989 年、1990—2000 年、2001—2005 年病死率分别为：0.17%、0.12%、0.06%。2005 年平均发病率为 30.16/10 万。

八、伤寒

伤寒是由伤寒沙门氏菌引起的急性肠道传染病。四川省伤寒病发病率一直处于全国较低水平。1986—2005 年，全省累计发病 34166 人，死亡 164 人，发病率波动在 0.69—3.67/10 万之间，年平均发病率为 1.75/10 万，病死率为 0.48%。凉山、达州、宜宾、乐山、成都位居发病数前五位。四季均有病例报告，夏秋季发病率明显上升。全省主要的暴发疫情有：1987 年黔江地区和凉山州发病分别为 686 例和 2238 例，发病率分别为 26.91/10 万和 66.91/10 万；1994 年宜宾地区筠连县因水源污染发病 1306 例，发病率为 369.97/10 万；2005 年 3 月 5 日至 4 月 3 日，简阳市镇金镇发生一起食物型副伤寒暴发疫情，共报告副伤寒病例 22 例，无死亡。

预防控制伤寒，各地主要采取了以下措施：

加强饮水、食品卫生管理。重点加强农村地区各种形式的群体性聚餐活动、城乡饮食摊点、农贸集市、学校和托幼机构集体食堂、流动人口等的卫生管理，落实防范措施。

开展免疫接种。1988 年凉山州开展全面接种工作，取得良好效果。1996 年省卫生厅发文规定，饮食服务行业从业人员进行健康体检时，应接种伤寒 Vi 多糖疫苗。

建立健全腹泻病门诊。逐级开展培训，提高卫生防疫、医务人员伤寒防治水平，一旦发生疫情，力争做到“早发现、早诊断、早报告、早隔离、早治疗”。

开展流行因素调查和病原检测。省卫生防疫站 40 多年坚持开展病原检测工作，累计搜集鉴定伤寒菌 860 株。

九、流行性脑脊髓膜炎

流行性脑脊髓膜炎（流脑）是脑膜炎双球菌引起、冬春季常见的的呼吸道传染病，发病率、死亡率均较高。1986—2005 年，全省累计发病 23758 例，死亡 1251 人，发病率从 7.71/10 万下降至 0.15/10 万，年平均发病率为 1.22/10 万，病死率为 5.26%。发病数居前五位的市州为：南充（2333 例）、达州（2311 例）、内江（2006 例）、宜宾（1516 例）、绵阳（1424 例）。主要的暴发疫情有：1999 年 12 月 29 日至 2000 年 1 月 10 日，凉山州金阳县天地坝镇吉史里克村红旗 1 组发生具有典型流行性脑脊髓膜炎症状的病例 5 例，死亡 2 例；2001 年 2 月 16—25 日，成都市成华区龙潭乡石马村一建筑工地发生 5 例流脑病例，菌株为 A 群脑膜炎耐瑟氏菌；2002 年 11 月 16—19 日，绵阳市梓潼县文昌中学发生流脑病例 36 例（其中病原学确诊 3 例，临床诊断 33 例），死亡 1 例，检出健康带菌者

2 例；2004 年 2 月 21—25 日，绵阳市游仙区石板中心小学发生流脑病例 4 例，死亡 1 例；2005 年 4 月 3—7 日，广安市邻水县九龙镇打鼓山、凉山乡发生 4 例流脑病例，其中病原确诊 1 例（A 群脑膜炎耐瑟氏菌），临床诊断 3 例，死亡 1 例。检出健康带菌者 1 例。

预防控制流脑，各地主要采取了以下措施：

接种疫苗。1981 年在云阳县流脑流行时，对 10 万余人进行应急接种，并连续实施 4 年，取得满意效果，其做法列入该菌苗使用说明书，在全国推广使用，填补了国内空白。1983 年采用大面积分片免疫方案，对 15 岁以下儿童进行 A 群流脑多糖菌苗接种，连续实施 3 年，使全省易感儿童获得免疫。20 世纪 90 年代以后，全省放开疫苗计划，各市（地、州）根据当地实际情况，自行安排对 15 岁以下的儿童进行免疫接种，从而使流脑疫情大幅度逐年下降，避免了四川省 20 世纪 80 年代、90 年代可能发生的第四次、第五次流脑流行高峰，改变了流脑周期性流行的规律。针对中国部分地区发生 C 群流脑疫情的情况，从 2002 年开始，在全省范围内推广应用 A + C 群多糖流脑菌苗。2003 年全国流脑疫情上升，但四川流脑疫情仍然下降。2003 年以后，四川每年都有上百万的 15 岁以下人群接种，从而使流脑发病率水平进一步下降。省卫生防疫站与中国疾病预防控制机构合作开展的“流脑脂多糖抗原血清型的分布及流行病学意义”研究项目获卫生部 1987 年度科技成果二等奖，“合理使用 A 群多糖菌苗控制八十年代流脑流行及提高经济效益的研究”项目获卫生部 1992 年度医药卫生科技进步二等奖。

监测人群带菌和抗体水平。从 2001 年起，选择乐山市夹江县、南充市蓬安县和雅安市雨城区作为省级流脑监测点，开展健康人群带菌调查和抗体水平检测工作。2001—2004 年，3 个监测点从健康人群中共检出脑膜炎耐瑟氏菌 230 株，带菌率为 8.65%。230 株脑膜炎耐瑟氏菌中 B 群 161 株（70.00%），C 群 17 株（7.39%），A 群 5 株（2.17%），其他 47 株（20.43%）。2001—2004 年健康人群 A 群流脑抗体 GMT 分别为 1∶12.97、1∶4.46、1∶5.06 和 1∶8.66。2005 年全省 6 个点（夹江县、蓬安县、雅安市雨城区、自贡市大安区、江油市和攀枝花市）参与全国家庭人群带菌调查和抗体水平监测工作，共采集健康人群咽拭子 1491 份，分离出脑膜炎双球菌 28 株，总带菌率为 1.88%，均为 B 群。除 0 岁组不带菌外，其余各年龄组均不同程度带菌。采集健康人群血清 1423 份，A 群流脑抗体 GMT 平均为 1∶23.69，除 0 岁组外，其他各年龄组流脑抗体 GMT 均高于 1∶8 的有效保护滴度；C 群流脑抗体 GMT 平均为 1∶4.92，各年龄组 GMT 均低于 1∶8 的有效保护滴度，且 C 群抗体 GMT 在各年龄组均低于 A 群抗体 GMT。

及时控制疫情。每次疫情发生后，省卫生防疫站都迅速组织专业技术人员深入现场，开展流行病学调查，对病人及可疑病人进行集中隔离治疗，对密切接触者进行流脑疫苗应急接种和预防性服药，对疫点室内空气进行消毒，从而有效地控制了疫情的发展。

十、钩端螺旋体病

钩端螺旋体病（钩体病）是一种常见的人兽共患疾病，由各种不同血清型的致病性钩端螺旋体所引起，肺弥漫性出血、心肌炎、溶血性贫血、肝肾衰竭为常见死因。鼠类和猪是两大主要传染源。1987 年 8—10 月，全省发生钩体病大流行，共发病 102872 例，发病率高达 99.11/10 万，发病人数占当年全国发病数的 76.93%。除甘孜、阿坝两州外，各市（地、州）均有病例报告，南充、达县、万县、宜宾四地疫情严重，共发病 85198 例，占全省病例数的 82.82%。全省 213 个县（市、区）中，有 152 个县（市、区）有病例发生，占县（市、区）数的 71.36%。发病率在 100/10 万以上的县（市、区）有 27

个，广安、岳池两县发病率分别高达3477.19/10万和1192.97/10万，属国内外罕见。造成流行的原因：南充、达县、万县三地区主要是流行菌群和传染源发生变化，即流行菌群由过去的黄疸出血群变为七日热群，传染源由黑线姬鼠等野鼠变为其它，重点怀疑为耕牛，发病耕牛的血清钩体抗体滴度和阳性率都很高；人间注射的菌苗与流行菌群不对口，不能起到保护作用；秋收季节雨量较多，收割季节田中积水，农民赤足下田给该病流行造成了有利条件等。其他发生的暴发疫情还有：1988年8—10月发病率，安县为359.20/10万，秀山县为217.31/10万，西昌市为211.53/10万；1995年9—10月，江油市发病475例，死亡20人；2000年9月古蔺县石屏乡发病45例，死亡1人；2001年9月洪雅县发病22例，旺苍县发病160例、死亡3例；2005年8—9月，岳池县发病43例。

预防控制钩体病，各地主要采取了以下措施：

加强监测预报。1987年，全省重新规划监测方案和监测地区，在梁平、垫江、南部、达县、兴文、温江、邛崃、雅安、名山、眉山、西昌等11个县（市）设立监测点，开展钩体病监测和疫情预测预报。1988年，针对大竹县七日热群钩体病大流行的情况，省卫生防疫站与达县地区防疫站、大竹县防疫站联合在大竹进行系统监测，重点对耕牛、青蛙、野鼠等进行病原学监测，收集牛尿100多份、青蛙2000余只、野鼠200余只，进行病原培养，结果均为阴性，当年大竹县的钩体发病数由1987年的8356例下降到129例。1989—1990年，在世界卫生组织的资助下，省卫生防疫站在雅安市草坝乡和严桥乡进行为期2年的钩体病系统监测，包括对病例的监测、健康人群血清抗体监测、鼠密度种群和带菌监测、其他动物抗体和病原监测等。从2005年起，按照中国疾病预防控制中心的安排，再次调整钩体病监测点，在雅安市、达州市、名山县、江油市、峨眉山市、成都市温江区建立6个国家级监测点，在宜宾市、凉山州、邛崃市、眉山市东坡区、广安市广安区建立5个省级监测点。通过调查和监测，查出以黑线姬鼠为主的28种带菌动物。

科研引领防治。20世纪80年代，四川在新型钩体菌株研究方面取得重大突破，引起国内外同行高度关注。1986年，国际微生物学会会议确认四川省新型钩体菌株——爪哇群雅安型，并纳入国际问号钩端螺旋体血清群（型）分类表。1988年10月，道格拉斯和梁川良两位国际知名教授来川进行钩体病学术交流，给予四川省钩体病防治工作高度评价。1991年10月至1992年2月，首次从四川水牛肾中检出七日热群七日热型、塔拉索夫群塔拉索夫型及哥埃达型钩体。1991—1993年，四川省参加由中国预防医学科学院组织的全国30个省（自治区、直辖市）共同进行的“中国钩端螺旋体病地理流行病学研究”，进一步查清了全省疫区的地理分布、疫源地类型、宿主动物、流行菌群菌型、流行因素等，为制定防治对策、改进防控措施提供了科学依据。1995年，四川省犬群渡口型的研究获1995年联合国技术信息促进系统中国国家分部颁发的发明创新科技之星奖。2000—2002年，四川省参加由卫生部组织的全国7省（市）共同进行的“洪涝灾害对钩端螺旋体病流行因素的影响及其防治对策”课题研究，完成江油市钩体病发病率增高和温江区钩体病大幅度下降的原因等内容的调查研究，2003年12月通过验收。其间，还在名山县进行耕牛带菌情况的专项研究，从2份牛尿标本中分离培养出2株七日热群钩体，这是四川省首次从牛尿中分离出钩体菌株。

改变传统农作。在传染源及所在的自然疫源地区，改造山垅田、烂泥田、冷水田和荒田，开展灭鼠工作，以逐步减少啮齿类目、食虫目等小型动物的生存环境，降低其密度。改变水稻耕种、管理和收割方式，减少易感人群接触疫水的机会，降低感染风险。兴修水利，减少洪涝灾害，防止由洪灾引发钩体病暴发。

第五节 艾滋病防控

艾滋病自1981年在美国发现以来，迅速蔓延，流行全球。1985年，一位到中国旅游的外籍青年患病入住北京协和医院后很快死亡，后被证实死于艾滋病。至2005年底，全国共有存活艾滋病病毒感染者约65万人，其中艾滋病病人约7.5万人，人群感染率平均为0.05%。因艾滋病死亡约2.5万人。

1991年4月，四川在归国人员中发现首例艾滋病病毒感染者，1992年发现首例艾滋病病人，1995年在吸毒人群中发现艾滋病病毒感染者，2000年出现首例母婴传播病例。至2005年底，全省累计报告艾滋病感染者6599例，占全国累积报告总数的4.58%，居第六位；死亡261例，其中艾滋病发病死亡200例；现存成年艾滋病感染者60210例，全人群感染率为0.07%，高于全国水平（0.05%）。感染者分布在全省21个市（州）、155个县（区），位列前五位的为凉山、达州、乐山、成都和自贡，其感染者人数占全省的72.25%。传播途径趋于多元化，以静脉注射吸毒为主，占74.15%，其次为性接触传播，并有蔓延趋势，母婴传播也已出现。艾滋病病毒感染者以男性为主，女性感染者的比例由1995年的7%逐渐增加到2005年的17.84%。

一、强化管理

1988年，省卫生厅印发《关于贯彻执行〈艾滋病监测管理的若干意见〉的意见》，这是全省第一部关于艾滋病防治的行政规范性文件。

1992—1995年，省人大常委会、省政府先后印发《四川省采供血机构和血液管理办法的实施细则》《四川省查禁卖淫嫖娼活动的规定》《四川省禁毒条例》《四川省预防和控制性病艾滋病条例》。其中，《四川省预防和控制性病艾滋病条例》为全国性病艾滋病防治的第一部地方性法规。

1995年，省财政开始设置艾滋病防治工作专项经费，并逐年增加投入。市级财政和县级财政也安排艾滋病防治专项经费。“十五”期间，全省艾滋病防治经费总投入17773.01万元，其中中央补助8387万元，省级财政经费2150万元，市级财政经费857.18万元，县级财政经费278.83万元，国外政府和国际组织援助经费6100万元。

1997年，省政府印发《四川省预防和控制艾滋病1997—2010年规划》，明确35个部门预防控制艾滋病性病的工作职责，四川成为全国第一个制订艾滋病防治长期规划的省份。

1999年，省政府建立预防控制艾滋病协调会议制度，研究解决艾滋病防治工作的重大问题。

2001年，省政府印发《四川省遏制与防治艾滋病行动计划（2001—2005年》，并在资中等地开展对艾滋病病毒感染者的关怀支持试点工作和针对暗娼的行为干预。

2004年6月，省政府印发《关于进一步加强艾滋病防治工作的意见》，要求各级政府及政府部门根据《国务院关于切实加强艾滋病防治工作的通知》精神，结合实际，切实加强艾滋病防治工作。7月，省政府防治艾滋病工作委员会（以下简称省防艾委）成立，省委副书记、省长张中伟任主任，成员包括24个相关部门分管领导，下设省防治艾滋病工作委员会办公室（以下简称省防艾办），进一步健全了政府组织领导、部门各负其责、全社会参与的工作机制。随后，张中伟率十多个省级部门主要负责人，在全省开展防治艾滋病督导检查。省政府、省防艾委和相关部门就艾滋病防治能力建设、宣传教育、自愿咨询检测、抗病毒治疗、高危行为综合干预、关怀救助等陆续印发了6个配套文件。

省卫生厅多次发文和召开会议，要求各地不断完善血液及其制品的监管制度，加强对采供血（浆）机构及血液制品生产单位的监管工作，对国产、进口的各种血制品严格质量把关。为打击非法采供血液，保障血液安全，2000年四川省按照有关法律法规和规划，关闭血站14所、单采血浆站13所。2004年，对全省所有血站、单采血浆站、大部分医疗用血单位等机构，开展“拉网式”检查，不断加大血液监管力度。

各市（州）结合本地情况，出台有关政策措施。1990年南充地区出台《性病防治管理暂行办法》，1993年内江市出台《关于加强性病监测管理的通知》，1994年达县地区出台《关于开展性病高危人群和特殊工种监测的通知》，广安地区出台《关于开展艾滋病监测和性病法治管理的通知》，2001年达州市出台《关于开展高危人群性病、艾滋病监督监测工作的通知》，绵阳市出台《关于在公共场所从业人员中开展传染病专项检测的通知》，资中县、昭觉县出台减免艾滋病患者及感染者农业税、子女学费、建立艾滋病活动家园等方面的政策，西昌市出台娱乐场所安全套放置、特种行业从业人员定期进行性病艾滋病检测、吸毒人员必须强制检测等措施。

二、综合监测

1987年，省卫生防疫站成立艾滋病监测室，开始进行艾滋病病例报告和高危人群常规监测工作。1988年，省政府同意印发省卫生厅、省公安厅、省外办、省旅游局等7部门联合制定的关于艾滋病监测管理的意见，要求各地加强对艾滋病的监测工作。至2005年底，全省共建立哨点42个，其中国家级哨点37个，省级哨点5个；建立艾滋病初筛实验室211个，省疾控中心和凉山州、达州市、乐山市疾控中心还建立了艾滋病确认实验室，7个市（州）疾控中心装备了CD4检测设备，凉山州疾控中心装备了病毒载量检测设备，全省初步形成包括病例报告、实验室监测、哨点监测、行为监测、相关资料、专题调查等在内的艾滋病综合监测网络。

1995年春，针对全国采供血系统发生的问题，省卫生厅召开全省市（地、州）卫生局长和血站站长会议，强调血源管理实行“三统一”，即：统一规划血站、统一划片管理血源、统一管理采供血，同时要求在采供血工作中开展艾滋病、梅毒、丙肝监测。从5月起，对献血员实行在献血前、血站供血前必须作艾滋病监测的措施。10月，四川被纳入全国艾滋病哨点监测系统。建立性病患者、暗娼和吸毒人群监测哨点，主要监测性病门诊就诊者、暗娼、吸毒者、孕产妇、长途卡车司机、男男同性恋、结核病人、流动人口等8类人群。至2001年，共检测吸毒者、暗娼等重点人群和自愿检测共21类人群的70多万份样品，发现感染者900例，检出率为1.25%。

2002年，四川在全国率先开展综合监测工作试点，主要针对女性性工作者（CSW）、静脉吸毒人群（IDU）和长途卡车司机（DRV）开展行为监测工作。

2004年12月，全省对既往有偿供血人群、监狱羁押人员、劳教所收教人员集中开展艾滋病病毒抗体筛查工作。半年时间共调查既往有偿供血人群108797人，实际采血检测102635人，确认阳性38例，检出率0.037%；检测“两劳”人员84112人，确认阳性784份，检出率0.932%。筛查结果显示：公安、司法监管场所的被监管人员是艾滋病高危人群。为保证监狱安全，四川在全国率先试行监狱相对集中关押感染者。

2005年3月，全省启动艾滋病网络直报系统。

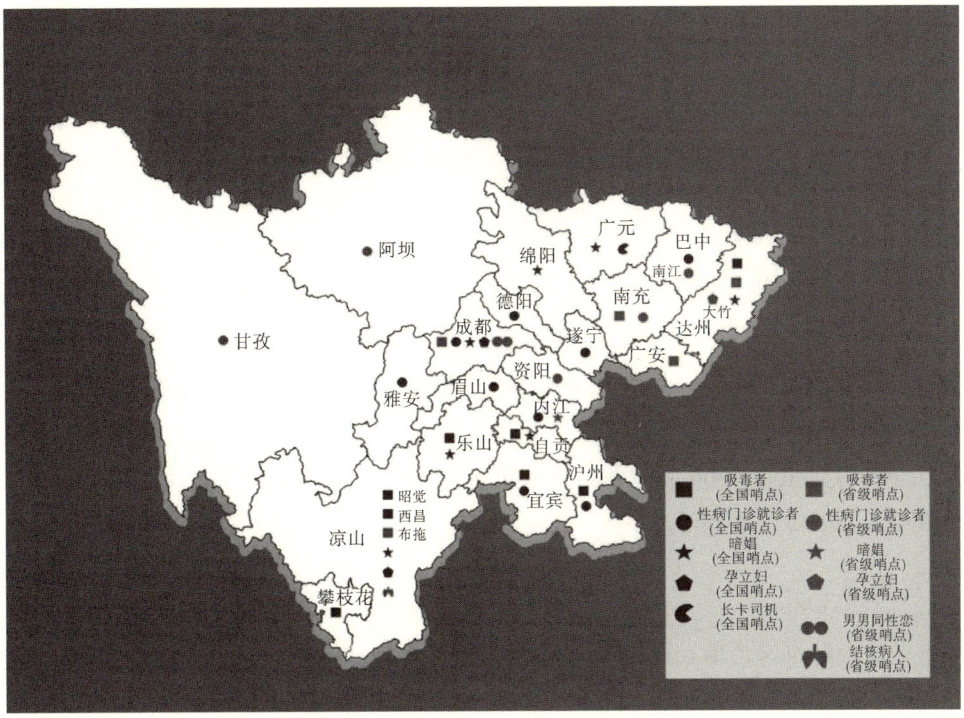

图2－9 2005年四川省各市（州）艾滋病哨兵监测点建立情况图

三、防治宣传

1997年，全省开始公开进行艾滋病防治宣传教育。

每年12月1日“艾滋病宣传日”、6月26日“戒毒宣传日”，各地卫生、教育、工会、团委、妇联、红十字会等部门，在娱乐场所、建筑工地、社区、学校、车站、码头等，利用专题讲座、文娱节目、宣传材料、宣传画、墙报、板报、知识竞赛、万人签名等多种形式，向社会大众开展宣传，动员全社会参与艾滋病防治工作。2004年艾滋病宣传日期间，资中、大竹、南江、昭觉等地组织艾滋病病毒感染者自编自演节目，宣传艾滋病防治知识，国家艾滋病防治形象大使濮存昕应邀参加演出和宣传活动，新闻媒体广为宣传，收到很好的效果。

成都等地把艾滋病防治知识纳入初中、高中教学计划，并在大、中学校举办专题讲座。2005年，全省80所高校向大学新生发放艾滋病宣传教育健康处方手册，张贴国务院统一印发的艾滋病防治宣传画覆盖率达95%。省委党校从2003年开始把艾滋病防治工作纳入书记、县长培训班必修课。

全省各级防艾委与广播、电视、报纸等媒体建立艾滋病防治公益宣传制度，定期开展艾滋病防治宣传。《德阳日报》开辟“艾滋之窗”，每周三刊载艾滋病防治科普文章，进行专题系列宣传。《绵阳日报》《绵阳晚报》2005年共刊登预防性病艾滋病的文章43篇。省疾控中心与成都天府热线合建四川省艾滋病网页，随时将最新、最快、最准确的艾滋病防治信息传递给公众。乐山市与中央电视台合作拍摄的《艾滋病启示录》，四川电视台拍摄的《吸毒与艾滋病》等电视宣传片，在全省全国播放，发挥了很好的作用。

2005年，省防艾办和省教育厅在成都、绵阳和自贡开办以农村教师为主的艾滋病健康教育培训5期，共培训教师2000余人。8月，省防艾委组建省防治艾滋病巡讲团，对21个市（州）党委、人大、政府、政协、机关部门和学校近5000人进行艾滋病防治政策与防治知识巡讲。12月，由省防艾办、省总工会、省卫生厅主办，攀枝花钢铁公司、绵阳长虹股份有限公司等十家大型企业协办的“四川省企业界应对艾滋病论坛系列活动”启动，组织专家到二重集团（德阳）重型设备股份有限公司、东方汽轮机有限公司、华西集团有限公司等20多家企业，向职工宣讲艾滋病防治知识。

四、行为干预

吸毒人群干预。1999年开始在艾滋病流行的重点地区的社区、监狱和强戒所对吸毒人员进行艾滋病防治知识宣传教育。2004年达州、攀枝花、凉山、宜宾、乐山、南充、眉山、雅安、资阳等地先后建立17个清洁针具交换点，开展清洁针具交换试点工作。至2005年底，全省累计发放针具25.82万支，针具回收率超过80%。

2005年，全省共建立由1666名专业技术人员组成的省、市、县高危人群干预工作队，主要针对娱乐场所和吸毒者开展综合干预活动。

五、关爱救助

作为防治艾滋病的重要举措，国家制定了“四免一关怀”的关爱政策，即：免费自愿咨询检测、免费抗病毒治疗、免费母婴阻断、因艾滋病致孤儿童免费上学，关怀支持艾滋病感染者。

免费抗病毒治疗。2004年7月，国家艾滋病综合防治示范区项目启动，昭觉、南江、大竹、中江县和乐山市市中区进入第一批试点，2005年6月攀枝花市、眉山市、大竹县、成都市武侯区进入第二批试点，2006年德阳、绵阳、资阳、南充、宜宾、泸州、成都、达县、甘洛、自贡进入第三批、第四批试点。试点内容为：开展感染者关怀救助、健康教育、母婴阻断、美沙酮维持治疗、清洁针具交换、安全套推广等。经过国家和省工作组验收，16个试点单位全部顺利开诊，治疗病人15万余人次。试点单位在开展药物维持治疗的同时，还为吸毒人员提供心理治疗、艾滋病咨询、就业指导、

图2-10 资中县“公民家园”对艾滋病感染者开展关怀救助活动

抗病毒治疗等全方位服务。

2003 年 7 月至 2005 年 10 月，各级卫生行政部门确定定点收治医院，成立艾滋病专家组或治疗技术指导组，选派技术骨干参加全国培训，选派专家驻点指导，并开展艾滋病病毒耐药监测。至 2005 年底，全省共组建 83 个抗病毒治疗专家组，指定收治艾滋病病人的医院 142 个（市级医院 23 个，县级 119 个），初步建成抗病毒治疗网络。累计治疗 151 人，接受抗病毒治疗的感染者健康状况和生活状况有所改变，延迟了发病时间。

免费母婴阻断。2004 年开始，采取为孕妇提供免费检测、为感染孕妇提供终止妊娠服务和抗病毒药物阻断治疗，为婴儿免费检测等措施，预防母婴传播。至 2005 年底，共为 4769 名孕妇提供免费艾滋病检测，发现阳性 10 人，为 658 人实施免费预防母婴传播措施，其中 2 名阳性孕妇在自愿的前提下终止妊娠。全省有 7 个县（区）、34 个定点医疗机构开展免费母婴阻断工作，551 名婴儿接受了免费检测。

免费自愿咨询检测。2004 年在疫情较重的 39 个县（区）设立自愿咨询检测点 49 个。2005 年在 118 个县区设立检测点 414 个，对 30751 人进行免费自愿咨询检测，查出 HIV 阳性 241 人。

因艾滋病致孤儿童免费上学。至 2005 年，全省共有 143 名因艾滋病致孤儿童得到免费上学。

关怀支持艾滋病感染者。从 2002 年起，全省陆续开展以社区为基础、以减少歧视为目的的关怀支持活动。至 2002 年底，共建立艾滋病感染者关爱机构 16 所，累计投入救助资金 300 余万元，共有 315 名感染者和病人接受生活、生产救助，143 名受艾滋病影响学龄儿童免费上学。一些地区感染者还建立了自助自救组织，如资中的“公民家园”，昭觉的“爱心家园”，宜宾的“三江爱心家园”等。通过“借猪还猪”“花椒基地”等一系列生产自助自救活动，感染者和病人重新找到了经济来源，恢复了正常生活，实现了发展愿望。2002 年资中启动关怀支持项目，利用和开发相关政策，落实部门责任，加强合作和信息沟通，形成了以政府为主导，感染者需求为目标，体现以人为本，消除社会歧视的“资中模式”，得到国内外专家好评，不少兄弟省市前来参观学习。在资中，社区群众关怀支持感染者和病人已形成风气。一些村、乡干部为感染者无偿提供鸡、鸭、兔种发展养殖业，农忙时组织村民无偿为无劳力的感染者收割庄稼；村民们自发为病重和贫困的感染者捐钱捐物，操办婚礼，料理后事；有的特意去感染者开办的蜂窝煤厂、茶馆、小卖铺、面馆，照顾他们的生意。感染者黄昌其经群众推选，当上了生产队长。资中县通过开展关怀支持活动，从根本上消除了对艾滋病的歧视和恐惧，改变了以往艾滋病感染者和病人不能上理发店，不能坐茶馆，病重病死无人管，子女上学无人同座，村民见了绕道走、种的蔬菜无人买等歧视现象。2002 年 10 月 15 日，英国国际发展部 SallyKeble 副部长率团赴资中县实地考察中英项目试点工作，临行前与感染者和病人合影留念，并发表讲话，称平生第一次看到社区人群没有歧视艾滋病感染者和病人。她在回国后的报告中盛赞：“中国资中是全球人类与艾滋病作斗争的灯塔”。2004 年 11 月，中国艾滋病防治宣传员、形象大使濮存昕到资中县公民家园看望感染者和病人，被感染者和病人同社区人群“其乐融融、共享生命”的景象所打动，称资中“公民家园”是艾滋病感染者和病人的“伊甸园”。

六、内外合作

国内外一些非政府组织（NGO）参与了四川艾滋病防治工作。国外的非政府组织有：世界卫生组织、国际艾滋病联盟、无国界医生组织、法国世界医生组织、澳大利亚红十字会等。省内的非政府组织有：由受益人群组成的“同志关爱小组”“公民家园”“感染者组织”，利用自己的职业特点和组织优势参与艾滋病防治工作的“娱乐业商会”“三轮车协会”“康乐咨询服务中心”等。截至2005年，共有40多家NHO直接参与全省艾滋病防治工作。

1993—1998年，四川先后与世界卫生组织、欧盟、澳大利亚艾滋病组织联合会合作开展了一系列艾滋病防治合作项目，如：WHO中国十省艾滋病项目、中国欧盟艾滋病合作项目、WHO农村艾滋病健康教育项目、中国澳大利亚艾滋病健康教育培训项目、中英艾滋病防治策略支持项目、全球基金第四轮艾滋病防治项目等，覆盖全省21个市（州）的52个县。其中，中英项目投入5000万元，全球基金第四轮第一期投入262万美元，美国默克公司投入3000万美元。合作项目的实施，对于引入艾滋病防治的先进理念和成功经验，改善防治政策环境，探索防治模式，积累管理经验等，起到了积极作用。

成立于2002年6月的成都“同志关爱小组”，针对同志人群的艾滋病防治问题，做了大量有意义的工作，2004年应邀参加了在曼谷召开的第十五届世界艾滋病大会。成立于1998年5月的四川省性病艾滋病防治协会，为民间组织和社会团体开展艾滋病防治活动创造条件，提供支持，如直接培训草根组织和感染者组织人员、同伴教育者，干预暗娼、嫖客、静脉吸毒者、男男性行为者、校外青少年等，并关怀艾滋病病毒感染者、病人和受艾滋病影响的儿童。四川大学、省委党校等高等院校的专家，也利用自己的法律、社会、伦理、医学等方面的学识和研究成果，开展艾滋病防治宣传活动。

图2-11　2000年8月四川省中英性病艾滋病防治合作项目启动

第六节　结核病防控

一、疫情概况

1985年、1990年和2000年，全省3次进行结核病流行病学抽样调查，结果显示肺结核疫情严重。1985 年全省肺结核患病率为 620/10 万，涂阳患病率为 170/10 万，菌阳患病率为 207/10 万，结核病死亡率为 51/10 万。1990 年全省肺结核患病率为 885/10 万，涂阳患病率为 217/10 万，菌阳患病率为 316/10 万，结核病死亡率为 30/10 万，活动性肺结核患病率比 1985 年上升 42.7%，涂阳患病率上升 27.6%，结核病疫情仅次于西藏，在全国位居第二。2000 年全省肺结核患病率为 544/10 万，涂阳患病率为 144/10 万，菌阳患病率为 250/10 万，分别较 1990 年下降 41.8%、35.0%、30.0%。结核病死亡率为 24/10 万。据专家推算，全省现有活动性肺结核病人 46 万（其中具有传染性的病人 21 万），占全国的 1/10，占西部 12 个省区市的 1/3，肺结核患病率高出全国平均水平（48.2%）。

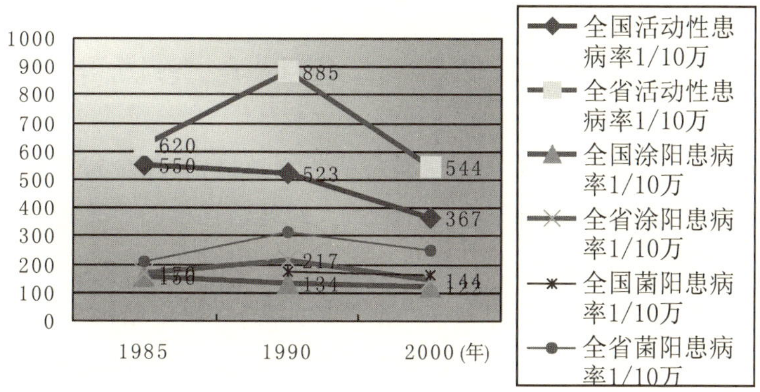

图 2－12　四川省活动性肺结核患病率与全国比较图

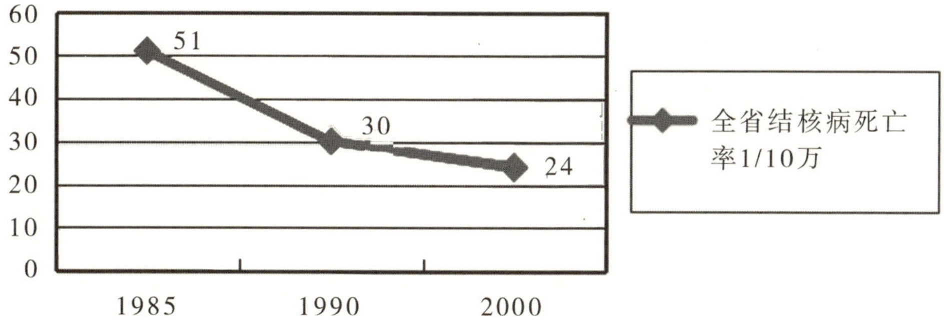

图 2－13　四川省肺结核死亡率情况图

1989—1992 年，先后在重庆市渝中区、秀山、绵竹、彭州、邻水、丹棱等 6 个县（市、区）实施结核病监测。2001 年，世界银行贷款卫生Ⅴ结核病控制项目结束后，全省认真总结结核病报告、登记、监测系统在项目实施中的经验和问题，对结核病控制项目信息系统进行调整，进一步完善监测报告系统。2005 年 1 月，启动结核病管理信息系统，建立所有已发现病人的个案信息库，结核病年报、季报、月报实现网络直报。

二、政府主导

1980—2002 年，省政府连续制订 1981—1990 年、1991—2000 年、2001—2010 年 3 个结核病防治（以下称结防）规划，将结防工作纳入全省经济和社会发展规划，并建立政府领导、多部门合作、全社会参与的防治工作机制。

20 世纪 80 年代初，全省只有成都和重庆两所市级结防所。1984 年 10 月，经省政府批准，省结核病防治所成立。随后，市、县结防机构陆续建立。至 2005 年，全省市级和县级结防机构组建率均达到 100%。共有结防机构 203 个，其中省级 1 个（隶属省疾控中心）、市级 21 个、县区级 181 个（专业所 1 个、隶属疾控中心 180 个）。各级各类综合医院、社区卫生服务中心（站）、乡镇卫生院、村卫生室设有专兼职的结核病防治人员，五级结核病防治服务体系基本建立。全省有结防技术人员 1641 人（其中专职 987 人，兼职 654 人），80.8% 的乡有专（兼）职防痨（疫）医生，74.2% 的村有村医生承担防痨（疫）工作，1/3 的乡镇建立痰检点 487 个，并按新的实验室室间质量保证体系开展工作。结防机构配备汽车 41 台，X 光机 94 台，显微镜 245 台，计算机 193 台，生物安全柜 131 个，观片灯 122 台。

1985 年，全省开始推行“以点带面、成片防治，线调入手、狠抓涂阳”的十六字工作方针，实施“预防为主，以控制传染源为重点”的防治策略。

1992 年，引进世界银行贷款卫生 V 项目（结核病控制项目），在全省推行“以不住院条件下的短程督导化疗”为主的现代结核病控制策略（DTOS），开展结核病归口管理，加强全民健康教育和专业人员培训等工作。

2001 年 8 月，省政府印发《四川省结核病防治管理办法》，确定结核病防治工作实行预防为主、防治结合、归口管理的原则，要求各级人民政府加强对结核病防治工作的领导和结核病防治机构的建设；财政部门应将必要的结核病防治经费纳入财政预算予以安排；卫生行政部门负责结核病防治的监督管理；药品监督部门负责抗结核药品的监督管理，将抗结核药品纳入处方用药管理；劳动和社会保障行政管理部门应将符合条件的结核病防治机构和归口管理定点医疗机构纳入医疗保险定点医疗机构。全省结核病防治机构逐步建立起结核病转诊、追踪、报告、管理制度，结核病防治卫生行政、医疗机构、疾病预防控制机构工作例会制度。

2003 年，省政府投入结核病防治经费 650 万元，实施全球基金结核病控制项目。从 2004 年开始，将配套经费列入财政预算，每年投入 500 万元，用于省本级结核病防治工作的运转和对贫困县实施结核病防治规划的经费补助。2001—2005 年，实施中国结核病防治规划，中央补助 8387 万元，省、市、县三级财政预算安排专项资金分别为 1650 万元、857.18 万元、278.83 万元，实行报病奖励、肺结核病人免费诊断及免费治疗政策，对活动性肺结核病人免费提供国家统一方案的抗结核药物，对肺结核病可疑症状者实行免费检查。“十五”期间，全省免费检查可疑肺结核病人 778562 例，对发现涂阳肺结核病人 136198 例和重症涂阴病人 18913 例全部给予免费治疗，其中治愈涂阳肺结核病人 110091 例。

实行结核病控制督导制度。2001—2005 年，省级督导市级 165 次、县级 345 次，市级督导县级 2462 次，县级督导乡村 86035 次，督导涉及病人 17.49 万人次。同时，实行结核病防治工作通报制度。2005 年，由 32 名专家和行政人员组成的省结核病防治规划督导队成立，下设防治组、药品物资组、财务组、检验组，每季度对全省 21 个市（州）、60 多个县进行工作督导。

1985—2005 年，全省共举办结防培训班 8823 余期，培训各类专业技术人员 327656 人次，参加国家级培训 176 人次，出国培训考察 12 人次。

“十五”期间，全省广播、电视、报刊开展结防宣传 7.99 万次，印发宣传资料 1725.45 万份。利用“3·24 世界防治结核病日”和“4·7”世界卫生日，采取橱窗、布告、标语、宣传车、互联网、手机短信、传单、咨询等多种形式，开展“防治结核病、人人保健康”“结核病广泛流行，控制从我做起”“控制结核病，人人有责”等为主题的防痨宣传和健康教育活动。按照中国结核病健康促进策略，利用中国结核病防治健康教育材料资源库及结核病宣传相关信息，开展多种形式的健康教育，提高群众的结核病防治意识和水平。从2005年起，省、市、县联合开展“结核病防治三下乡活动”。群众的防痨意识有所提高，结核病防治的基本知识在部分人群中得到普及。

至2005年底，全省如期实现结核病防治规划的中期目标和全球结核病控制阶段性目标，结核病疫情得到有效控制。

三、归口管理

1993年，荣县在全省率先推行结核病归口管理，即由结核病防治专业机构按其职责分工统一管理结核病病例的发现、报告、转诊、登记、治疗和管理等各个环节。这既有利于病人正规治疗，减少复发，节约经费，又有利于社会降低疫情，减少传染源。

1996年，省卫生厅在成都市龙泉驿区、绵竹市、荣县等地进行结核病归口管理工作试点，在总结试点经验的基础上，1997年10月印发《四川省结核病归口管理办法（试行）》。办法规定，各级结核病防治专业机构按其职责分工，统一管理结核病；各级指定的综合医院负责危重结核病人的抢救和患有其它并发症需要住院治疗的结核病人的治疗，并负责结核病人的登记和报告；未经指定的医疗、预防、保健机构一律不得诊治结核病人；各级卫生行政部门对结核病防治工作实施统一领导和监督管理。

1996年11月，绵竹市政府、市卫生局组织召开市境内各医疗单位和社保局、公医办主要领导参加的协调会，会后印发《关于全市范围内实施结核病人归口管理》文件，并利用《疫情简报》、广播电台、电视台向各医疗卫生单位介绍归口管理，至1998年，综合医疗单位转诊率由1996年的50%上升至93.2%，病人免费接受治疗率达到100%，自费涂阴病人治疗率由归口管理前的80%上升至95%，初诊病人较1996年上升45.13%。

1998年5月，省卫生厅在荣县召开结核病归口管理现场会，全省结核病归口管理工作全面开展。省卫生厅将此项工作纳入对各市（州）卫生局的目标管理考核内容，于1999年、2000年连续两次组织全省性的结核病归口管理考核检查。至2000年10月，全省21个市（州）、138个县（区）开展了结核病归口管理工作，占全省总县数的76.7%，占全省总人口的87.6%。实施归口管理后，结核病人的发现、转诊、登记报告及治疗管理都有了明显改善。全省1999年涂阳病人登记率比1995年提高了11.3%；实施归口管理的区县综合医院结核病病例报告和转诊率达到93.6%，比归口管理前提高了2.4倍；全省实行统一化疗的病人由62.3%上升到98.1%；全程督导管理提高了66%；无管理自服药比例由33.3%下降至11.9%。病人治疗管理方案进一步规范。

2002年，省卫生厅相继印发《四川省结核病防治日本政府无偿援助项目药品管理规定》《四川药品管理程序》《药品核对制度》《省结核病防治中央经费支持项目药品物资管理规定》《药品领取发放程序》等。根据结核病防治药品大多免费使用的特点，按照统筹规划、三级管理，强化市级、重点基层，规范程序、加强督导的要求，进一步健全省、市、县三级结核病防治药品统一管理制度，落实专人负责制。

2003年，全省开展药品评价考核，将药品管理工作纳入规划和项目年度考核评价标准。

2005年上半年，全省开展抗结核药品管理专项检查，省卫生厅对检查情况进行了通报。是年，全面落实药品管理标准化，重点推广使用《抗结核药品管理标准操作手册》，建立药品督导制度，药品管理和监控进一步完善。

四、国际合作

1992年4月至2001年12月，全省21个市（州）、134个县（市、区）实施世界银行贷款卫生Ⅴ结核病控制项目。项目总贷款5878060.31个SDR，省、地、县共落实项目配套经费3900.36万元，其他结防经费1113.32万元。项目进展顺利，成效显著成效。至2000年底，97.2万余例可疑肺结核病人接受免费检查，新发现25.3万余例活动性结核病人，其中具有传染性的排菌病人15.9万余例，全部享受免费治疗，治愈13万余例，治愈率92.7%，较1991年的76.3%提高了21.0%。在治愈的病人中，15—54岁的青壮年患者占80%以上。病死率、治疗失败率较项目实施前分别下降了78.8%和97.7%。

1998年11月，邀请美国密西西比州结核病控制中心Holcombe教授到四川传授结核菌基因DNA检测技术和美国结核病全程督导管理（DOT）与预防性治疗等新知识、新技术和新方法。

2002年3月，全省46个县区实施中国结核病控制——日本政府无偿援助项目，为发现的涂阳和重症涂阴肺结核病人免费提供药品。共获得日本政府援助设备、药品折合人民币2083.50万元。至2005年，共发现初治涂阳肺结核病人64870例，复治涂阳17890例，重症涂阴5491例。

2003年4月至2008年3月，全省实施第一轮“全球基金结核病控制项目”，项目总计提供经费5225.58万元，地方配套经费实际支出6032.28万元。主要内容：为病人免费提供诊断和治疗，为防痨机构提供必要的基本设备，开展健康促进、培训、研究活动。DTOS覆盖率、病人发现率和治愈率等方面实现既定目标。2004年10月至2005年9月，全省实施“通过传染病网络直报系统和激励机制提高四川省贫穷和边远地区肺结核病患者发现率研究”（FIDELIS国际援助项目），在50个项目县的乡镇卫生院设立结核病痰涂片检查点，方便边远山区病人就近查痰，同时为追踪人员提供奖励。该项目共获得援助25万美元（含工作经费和显微镜）。项目实施后，发现新发涂阳病人12475例。

第七节　性病防控

国家法定报告传染病的性病，包括淋病、梅毒、尖锐湿疣、软性下疳、非淋球菌性尿道炎、生殖器疱疹、性病性淋巴肉芽肿和艾滋病8种。

中华人民共和国成立后，人民政府一举取缔娼妓制度，对性病患者免费治疗，对少数民族聚居区牧民开展性病普查普治，1963年国家宣布基本消灭梅毒。之后，性病逐渐被人们淡忘。

20世纪80年代初，性病在国内和省内不断有病例报告。1984年，省皮研所举办性病临床培训班。1986年7月，卫生部召开全国性病咨询会议。之后，省卫生厅指示省皮研所派员赴成都、重庆、万县等13个市（地、州）传达咨询会议精神和省卫生厅指示，在成都、德阳两市举办性病学习班，并与成都市公安局、民政局合作，对大邑县妇女收容所200多人进行性病普查，对查出的患者进行免费治疗。同年10月，省皮研所设立性病防治研究室（1996年增挂“四川省性病防治培训中心”牌子）。全省性病防治机构主要在高危人群中进行查治，各医疗单位强化就诊人群中发现的性病病例报告。

1987—2005年四川省性病报告统计表

表2—15

年份	报告病例	备注
1987	1067	
1988	7036	报告制度恢复
1989	12442	
1990	16833	
1991	18524	其中淋病10931例。省内在归国人员中发现首例HIV感染者。召开全省首次性病检测例会
1992	20492	其中淋病13727例
1993	21282	其中淋病13619例
1994	29120	其中淋病19858例，尖锐湿疣上升到8153例
1995	26008	其中艾滋病111例，淋病1693例。省人大常委会通过《四川省防治性病、艾滋病条例》
1996	29291	其中淋病16039例，尖锐湿疣10300例
1997	32212	其中淋病17852例
1998	40486	淋病20661例。全省性病疫情监测覆盖率达98%以上，报告完整率100%
1999	48724	其中淋病24028例
2000	49319	其中淋病20279例。性病疫情报告率升至99.92%
2001	48634	其中尖锐湿疣病例超过淋病病例，报告发病17651例
2002	47864	其中梅毒2335例
2003	39302	—
2004	34566	其中尖锐湿疣11340例
2005	25323	其中尖锐湿疣7478例

经过逐年加强对性病诊治管理，整治社会性病诊治市场，性病防治管理进一步走向法制轨道。全省疫性监测覆盖率达到98%以上，报告完整率100%，漏报率明显下降。

第八节　麻风病防控

一、疫情概况

四川是中国麻风病流行较重的省份之一，虽然20世纪50年代就积极开展麻风病防治（下称麻防）工作，但年年都有新（复）发病人。1986—2005年，全省发现新（复）发病人0.7万多例。1950—2005年，累计发现麻风病人3万多例。

1986—2005 年四川省麻风病人统计表

表 2—16

年份	现症病人（例）	新发现病人			治愈病人	儿童病人（0—14 岁）
		总数	新发	复发		
1986	8833	696	626	70	1014	7
1987	7645	562	519	43	1434	17
1988	6307	543	486	57	1911	21
1989	4795	508	450	58	943	14
1990	4213	455	414	41	733	4
1991	4047	428	388	40	733	16
1992	3512	438	398	40	788	9
1993	3148	336	311	25	546	25
1994	2861	350	312	38	437	1
1995	2108	250	239	11	772	11
1996	2126	273	252	21	438	7
1997	1843	253	238	15	402	6
1998	1406	288	274	14	229	5
1999	1420	249	242	7	331	8
2000	1285	224	211	13	164	6
2001	1227	264	247	17	281	5
2002	1225	234	225	9	137	5
2003	1276	222	210	12	90	5
2004	1335	210	202	8	189	3
2005	1106	289	267	22	175	3

二、麻防管理

麻风病主要流行于凉山、广元、攀枝花、甘孜、阿坝等少数民族地区及边远山区。从 20 世纪 50 年代起，全省各地对麻风病人采取隔离集中治疗的方式，陆续建立麻风村。至 70 年代初，共建麻风村 139 个，收治住院病人最高时达 1.9 万多人。经过关、停、并、转，2005 年全省尚有麻风村 80 多个（不包括重庆），住有治愈残老者 1940 人。

麻风村对病人隔离治疗虽然起到了一定作用，但其存在的众多困难和问题一直难以解决。麻风村（院）大多地处深山老林，交通不便，房屋陈旧，21 世纪初仍有 36 个麻风村不通水电，残老病人生活和就医甚为困难。政府给于的补助为每人每月 20—100 元，大部分麻风村每人每年仅有 20—200 元的药品和医疗费，还有一部分麻风村病人没有医疗费，患病严重的无人护理，有的麻风村无医务人员。

自1985年起，麻防从过去单一的集中隔离治疗转变到村内外治疗相结合，逐步做到以社会防治为主。省上与相关市（州）签订任务承包协议书，将麻防纳入年度目标管理，要求做到：病人有专人管理治疗，有病人的村寨连续普查三年，接触者每年体检，治愈者实行复查，加强麻风村院管理和实验室工作，建立工作档案，规范统计和上报制度。由于经费逐年减少，无法维持承包协议的执行，麻防承包责任制于90年代后期终止。

2000年，全省有25个县卫生防疫站新设慢病科，任务重的15个县设立皮肤病防治站，乡镇防疫组进一步完善，全省麻防专业人员增至1019人。省上每年举办麻防工作培训班，并派员到现场指导工作。

三、联合化疗

1982年，西昌市在世界卫生组织资助下进行联合化疗试点。试点以乡镇为单位，共设立20个医疗点，病人109例，其中男性86例，女性23例。病人每月集中到医疗点接受治疗检查。治疗方案和药品由WHO提供，即查菌阳性或皮损6块和神经≥2条，成人每日服氨苯砜100毫克、氯苯酚嗪50毫克，每月监服氯苯酚嗪300毫克和利福平600毫克，儿童和不足35公斤的成人每天服氨苯砜100毫克、50毫克氯苯酚嗪，每月监服氯苯酚嗪150毫克和利福平300毫克，共24个月。经过两年的治疗和两年的观察，取得满意效果。

1988年，全省麻风病的治疗全部采用联合化疗方案，即从原来的隔离治疗为主转变为社会防治为主；由单一的氨苯砜治疗转变为多种药物联合化疗；由原来重视药物治疗转变为治疗与康复相结合；从麻防部门孤军作战转变为动员社会力量协同行动。治疗期间，对所有病人做临床、细菌和病理检查，建立病历，写疗前小结；院内由医务人员每日发药监服，每周作病情记录，每三个月作一次小结。院外则以县专业人员为主，利用基层卫生网定时定点发药与送药到手，看服下肚。每月至少写一次病程记录，每三月作小结。

1990—1995年，省皮研所先后开展麻风病由单一的氨苯砜药物治疗转变为多种药物短程联合化疗、麻风病畸残的预防和康复治疗、麻风病眼病的现场综合治疗。采用国内外公认的判定标准和方法，对1229例多菌型麻风病人进行2年期治疗和5年监测，并结合边远少数民族实际情况，探查出依靠基层防治网，开展社区治疗，实行考核验收等严格的质量控制手段，保证了联合化疗的质量。胡鹭芳、吴新生等在麻风病流行病学和社会医学研究的基础上，提出以发现和治疗病人（即发现和消除传染源）为中心，以社会防治（即动员社会各界支持和配合麻防工作、消除社会歧视）为基础，联合化疗与畸残预防、康复并重的策略。

由于各级政府关心重视，防治措施落实，全省病人由1986年的0.8万多例下降到2005年的0.1万多例，治愈病人1.1万多人，发现新（复）发病人0.7万多例，132个县（市、区）达到基本消灭麻风病标准，获卫生部授予的“麻风病防治先进省”称号，胡鹭芳、严宜勋、宁涌、王荣茂等17人获马海德奖①。

① 1990年设立，旨在表彰和奖励中国麻风病防治、研究和管理的优秀工作者，由马海德基金会每年颁发一次，为医学界最高荣誉之一。

2005 年四川省麻风病基本消灭达标情况一览表

表 2—17

市州	基本消灭达标县（市、区）	基本消灭未达标县（市、区）
成都市	武侯区、成华区、金牛区、青羊区、锦江区、青白江区、龙泉驿区、新都区、双流县、崇州市、郫县、温江区、邛崃市、蒲江县、金堂县、彭州、大邑、都江堰、新津、高新区	
广元市	—	市中区、朝天区、元坝区、旺苍县、青川县、剑阁县、苍溪县
绵阳市	涪城区、游仙区、三台县、北川县、安县、盐亭县、江油	梓潼、平武
德阳市	旌阳区、中江县、广汉市、什邡市	罗江县、绵竹市
遂宁市	市中区、篷溪县、射洪、大英	
眉山市	仁寿县、彭山县、洪雅县、丹棱县、青神县、东坡区	
内江市	市中区、东兴区、资中县、威远县、隆昌县	
资阳市	简阳市、乐至县、安岳县、资阳市	
乐山市	市中区、五通桥区、金口河区、沐川县、沙湾区、峨眉、犍为县、井研县	马边县、峨边县、夹江县
自贡市	自流井区、贡井区、大安区、沿滩区、荣县、富顺县	
攀枝花市	东区、西区	仁和区、米易县、盐边县
泸州市	纳溪区、合江县、江阳区、龙马潭区、泸县、叙永县、古蔺县	
南充市	顺庆区、高坪区、嘉陵区、南部县、营山县、蓬安县、仪陇县、西充县	阆中
广安市	广安区、邻水	华莹市、岳池县、武胜县
达州市	通川区、宣汉县、大竹县、达县、万源市、渠县、开江县	
巴中市	巴州区、平昌县、通江县	南江县
宜宾市	宜宾县、南溪县、珙县、高县、筠连县、江安县、长宁县、兴文县、屏山、翠屏区	
雅安市	雨城区、芦山县、天全县、宝兴县、名山县、石棉县、荥经县	汉源县
凉山彝族自治州	—	西昌市、美姑、昭觉、金阳、甘洛、布拖、雷波、普格、宁南、喜德、会东、越西、会理、盐源、德昌、冕宁、木里
阿坝藏族羌族自治州	红原、马尔康、九寨沟、汶川、若尔盖、小金、黑水、松潘	壤塘、茂县、阿坝、金川、理县
甘孜藏族自治州	稻城、乡城、道孚、炉霍、康定、丹巴、九龙、甘孜、新龙、白玉、德格、色达、巴塘、得荣	泸定、石渠、理塘、雅江

四、康复治疗

1988 年联合化疗普遍实施后，全省麻风发现率和患病率大幅度下降，但病愈后畸残率仍高达 60% 以上，新发现病人中畸残率为 20% 左右。畸残给病人造成严重的心理负担及工作、生活上的困难。由于大量的治愈者因畸残不能出院，致麻风村院的关、停、并、转无法实施。

1990 年，省皮研所在攀枝花市两县一区开展病人畸残自我护理试点。试点内容为：无痛性神经炎的发现与治疗，眼、手、足自我护理，防护鞋试穿，复杂性溃疡综合防治，修复外科、截肢与假肢安装。试点于 1993 年完成。畸残者不同程度地得到康复，生活质量有所提高，有的还能参加生产劳动。治疗期和监测期共为 590 例病人建立了畸残基础记录和神经功能评价档案，每 1—3 个月随访一次。试点取得明显成效：无痛性神经炎 39 例，急性神经炎 35 例，经及时治疗获得良好效果，总有效率达 97.4%；眼 52 例，手 258 例，足 264 例，眼护理养成习惯者为 81.5%，34 例结膜炎患者痊愈 30 例，2 例虹膜炎均治愈，无其他眼疾加重或视力恶化者；手、足自我护理养成习惯者分别占 89.9% 和 84.5%，凡养成习惯者，畸残不再加重，皮肤干燥明显改善，绝大部大分皲裂（91.2%）消失，一半以上的创口（69.4%）痊愈，部分爪形指挛缩皮肤得到松解，有效地防止了原有畸残加重和新畸残的出现。有 469 例麻木足的病人穿用了防护鞋。防护鞋具有硬底、高帮、软垫的特点，能有效保护麻木足免受外力的损伤，病人穿用后随访 24 个月，足底皲裂数大为减少，有效率为 86.8%。复杂性足底溃疡综合防治：采用扩创、中西药治疗等综合措施，治疗 110 例病人 169 个溃疡，愈合 73 个溃疡（痊愈率 43.2%）。修复外科共做各种修复外科手术 101 例，以兔眼矫正、植眉和垂足矫正为主，除 6 例静力法尼龙丝悬吊术矫正兔眼失败外，其余均效果良好，总有效率为 94.1%。截肢与假肢安装小腿 6 人 7 条腿，均安装了与日本救癞协会合作制作的高强度轻便树脂假肢，病人穿用后能上山下地劳动。

图 2-14　麻风病专家、四川省皮肤病性病防治研究所所长胡鹭芳（左三）在凉山检查麻风病人

随后，省皮研所与荷兰麻风基金会合作扩大试点，将绵阳涪城区、游仙区、三台县，广元市中区、朝天区、青川县、苍溪县，凉山昭觉县、盐源县9县纳入扩大项目县。对自愿者1195例病人观察，总体上都掌握了自我护理方法，畸残的损害有所改善，但病人需长期坚持。2005年10—11月，省皮研所与省残联合作实施“康复项目”，先后派出麻风畸残矫形手术队，在中国医学科学院皮研所专家指导下，为广元、凉山、攀枝花的221名麻风病引起的垂足、面瘫、兔眼等施行矫形手术，使麻风病畸残者过上了正常人的生活。畸残预防和康复综合防治，证明对病人神经监测的早发现、早治疗，病人眼、手、足的自我护理，防护鞋的应用以及溃疡的治疗等综合畸残预防措施，是有效和可行的。

1993年，省卫生厅印发《1993—2000年麻风康复总体规划和阶段规划（草案）》，提出麻风康复综合管理模式、实施康复及各阶段目标，要求进一步加强畸形预防和康复工作，防止一级畸残（只有感觉障碍，无外观畸形）者发展至二级畸残（外观畸形、肢体缺损），帮助二级畸残者恢复或改善生产能力和生活能力，解除病人的心理障碍，使他们过上正常人的生活。

五、麻防宣传

联合化疗初期，全省各地利用报刊、电视等新闻媒体，广泛宣传麻防科普知识，争取社会和麻风患者家人的配合。省、市、县各级共培训骨干2767人。1986年11月，省委宣传部和省卫生厅联合印发《加强麻风病防治宣传工作的通知》，并在成都召开全省麻风防治宣传工作会议，全省市（地、州）宣传部门和卫生部门的同志共商麻防大计，这在全国开了一个先例。会议不仅表彰了麻防先进工作者，也表彰了攀枝花电视台、省电视台等宣传部门。省委宣传部副部长韩邦彦在会议讲话中．把麻风防治与精神文明建设联系在一起，提出“要给麻风病人人文关怀”，希望全社会都来关心麻防工作，并要求全省宣传部门要为麻防宣传开“绿灯”。春节期间，他又在省电视台发表电视讲话，强调麻风病可防、可治、不可怕，并同副省长康振黄、省卫生厅厅长顾德成等赴什邡麻风村慰问，与病人握手交谈。各市（地、州）政府及县领导也带头参加麻风节的慰问和宣传活动。

1986—1991年，全省共印制麻防宣传图4万余份，编印麻防知识卡片40万张和日历片20万份，还拍摄了由陈福黔导演、著名演员张国立主演的反映麻防工作的电视剧《桃花曲》。1992年8月，全国麻防科普展评会在成都召开，四川宣传展板获综合类三等奖，《麻风病可防可治不可怕》宣传画获形象类三等奖，电视剧《桃花曲》获音像类一等奖。

1999年，由荷兰麻风基金会和省卫生厅资助，省皮研所在疫情较高的凉山对卫生系统进行为期3个月的健康教育试点，旨在培训医务人员发现隐潜麻风病人的知识和技能。政府或卫生行政部门对医务人员开展培训，县级医务人员及乡镇卫生院长由省上培训，乡村医务人员及干部由县专业机构培训。卫生行政部门把培训任务纳入目标考评内容。培训覆盖全州17个县（市）、601个乡、3709个行政村，共举办培训班59期，培训县乡村医务人员及干部4707名，在现场咨询义诊时发宣传小册子47000多份。3个月内收到上报线索225条，确诊病人47例。随后，陆续在攀枝花，广元市市中区、元坝区、青川县、剑阁县，甘孜州泸定等疫情较重的县继续进行该项工作，取得较好的效果。

六、国际合作

四川麻防得益于国际协作。在推行WHO的联合化疗方案中，WHO长期无偿提供联合化疗药物，并得到荷兰麻风基金会、日本抗癞协会和加拿大、英国、卢森堡等有关组织的资助和技术、人才支援。数十位外国专家先后到四川麻防一线考察、指导和开展技术交流，如：WHO 顾问 Dr. Gulvos（1985 年、1986 年）、美国专家 Dr. Jacobson（1985 年、1987 年、1993 年）、印度专家克鲁斯蒂（1985 年）、荷兰专家 MrZielhuis（1988 年）、英国专家 Dr. woreh（1991 年）、美国专家 Linda. lehman（1991 年）、日本专家右泽一男、平田友辛（1995 年、1998 年）、国际奥比斯眼科飞机医院（1990 年、1992 年、1995 年）等。

图 2－15 1992 年 5 月 WHO 麻风病防治官员诺丁（前排左三）和中国麻风协会副会长李桓英（前排左二）一行在西昌考察麻风联合化疗工作

七、麻防科研

在麻防科研工作中，省皮研所作为主研单位参加的全国控制和基本消灭麻风病策略、防治技术和措施研究，获 2001 年国家一等奖，四川省控制和基本消灭麻风病策略、防治技术和措施研究获 2005 年省科技进步二等奖，自主开展的四川麻风畸残预防及康复研究获 1985 年省科技进步二等奖，麻风短抗联合化疗远期疗效的研究获 1998 年省科技进步三等奖，麻风畸残防治及康复项目获卫生部二等奖，麻风眼病现场防治研究获省科技进步三等奖。胡鹭芳撰写的《凉山麻风联合化疗疗效分析》、王荣茂撰写的《凉山攀枝花麻风健康教育方法和效果》等数十篇论文，在国际、国内杂志上发表和国际、国内麻风（皮肤病）学术会议上交流。

第三章 慢性病防控

第一节 防治策略

20世纪80年代后期，全省卫生防疫系统根据城乡居民疾病谱和死因谱的变化，逐步将慢性病防治作为疾病防治工作的重点。

1988年，省卫生防疫站在成都、德阳、重庆、绵阳四个片区建立慢性病监测点，开展对恶性肿瘤、高血压、脑卒中、冠心病的生物学监测，总监测人口65万人。

1989年2月，省卫生防疫站组织临床、预防医学专家编写《四川省慢性非传染病监测手册》。3月，举办全省监测点防疫医生业务培训。

1990年1月1日，全省开始实行慢性病发病、死亡监测报告制度。

1991—1995年，新增自贡、攀枝花、内江、南充、雅安、阿坝为慢性病监测点，开展牙病防治及慢性病社区综合防治示范点建设，进行“四川省高血压流行病学调查和防治对策研究”“自贡市儿童1型糖尿病发病率研究”和“心血管健康研究”。

监测结果显示，全省慢性病流行呈上升趋势。

1990—1992年监测结果：恶性肿瘤年平均报告发病率为68.64/10万，死亡率为81.08/10万①。前五位发病顺位为（以10万分率计）：胃癌（12.76）、食管癌（10.18）、肝癌（9.99）、肺癌（9.15）、肠癌（6.38）；前五位死亡顺位为（以10万分率计）：胃癌（14.57）、肝癌（13.60）、食管癌（12.83）、肺癌（12.18）、肠癌（7.22）。脑卒中年均发病率为67.16/10万，死亡率为62.20/10万。3. 冠心病年均发病率为21.33/10万，死亡率为8.25/10万。

1993—1997年监测结果：恶性肿瘤年平均报告发病率为66.78/10万，死亡率为84.39/10万。前四位发病顺位为（以10万分率计）：胃癌（12.33）、食管癌（11.69）、肝癌（10.17）、肺癌（9.71），前四位死亡顺位为（以10万分率计）：食管癌（14.80）、胃癌（14.65）、肺癌（13.28）、肝癌（12.98）。脑卒中年均报告发病率为58.97/10万，死亡率为60.49/10万。冠心病年均报告发病率为17.38/10万，死亡率为10.81/10万。2002年全省居民营养调查结果：15岁以上人群高血压粗患病率为15.03%，18岁及以上成人糖尿病粗患病率为4.02%，3岁以上人群血脂异常患病率为16.28%，成人血脂异常患病率为22.49%，青少年超重、肥胖率分别为6.02%、2.99%，成人超重、肥胖率分别为23.36%、5.97%。仅高血压粗患病率，2002年比1991年（8.58%）上升53.96%，

① 由于肿瘤发病登记监测初期，报告制度等尚不健全，漏报较为严重，导致监测数据的肿瘤发病率反而高于死亡率。

平均每年上升4.9%。慢性病死亡率占总死亡率的比例，1986年为61.67%，2003年为85%，其中慢性阻塞性肺部疾患死因在全国排第一。

1996年，成都市参加卫生部与世界银行合作开展的健康促进项目，在锦江、青羊、金牛、武侯、成华5城区推进慢性病防治工作。项目执行期间（1996—2002年），先后制定《公共场所禁烟的规定》《禁止烟草广告宣传》《成都市居民膳食指南》《医院提供方便免费测血压服务制度》《成都市全民健身纲要实施计划》《机动车、非机动车在时间、空间上分流》等。各社区组织公共卫生领域多部门合作和参与，完善慢性病监测系统，开展慢性病危险因素干预，促进人们改变不良生活方式，取得较好效果。是年，省卫生防疫站参加全国第三次吸烟与健康流行病学调查。

1997年，省政府将慢性病防治作为重点疾病防制工作纳入全省《“九五”规划纲要》，糖尿病、口腔卫生、精神卫生、慢性病相关危险因素控制等被纳入慢性病防治范畴。

省卫生厅调整省慢性病防治领导小组，充实省慢性病防治专家技术指导小组，整合慢性病防治资源，搭建慢性病社区综合防治平台。省肿瘤防办、省牙防办、省精神卫生中心等慢性病防治机构，也在省卫生厅的统一领导下加强相关的慢性病防治工作。成都市武侯区作为卫生部在全国建立的17个慢性病社区综合防治示范点之一，围绕建立社区家庭健康档案和高血压、糖尿病个人健康档案，探索社区健康人群、慢性病高危人群和病人的有效管理，制定慢性病社区综合防治规划，确立不同阶段的防治目标、策略与措施等开展工作。

1998—2005年，成都市武侯区、龙泉驿区和德阳东方电汽厂被列为省级慢性病社区综合防治示范点。武侯区示范点先后开展“慢性阻塞性肺部疾患（COPD）社区综合干预”“利用‘高血压病人之家’开展高血压社区综合干预”及高血压、糖尿病现患病人规范化管理和随访；龙泉驿区先后开展与社区人群签定家庭保健和约、社区糖尿病病人规范化管理和随访；德阳市开展高血压病人的规范化管理和随访，并进行随访效果评价。

“十五”期间，全省慢性病防治工作进一步加强，主要采取了以下防治策略：

一是加大慢性病危险因素监测与研究的力度。2005年底，成都、自贡、攀枝花、德阳、绵阳、广元、内江、乐山、南充、达州、巴中、雅安、阿坝、甘孜、凉山15个市（州）、59个县（区）开展了人群全死因监测，覆盖人口1000万；4个县（区）开展了慢性病相关危险因素监测，成都市青羊区、攀枝花米易县哨点医院开展了伤害监测。省疾控中心参加了由中国疾控中心和英国牛津大学联合实施的中国成人慢性病前瞻性研究（KSCDC项目），研究总样本量50万人，其中四川5万人，用3年时间完成基线调查，同时对纳入研究的人群进行长期追踪随访，预定持续时间15年。该项目于2004年6月25日在彭州市启动。至2005年底，共调查18172人，完成问卷调查、体格检查、血样采集等工作，并开始进行慢性病患病和死亡监测。

二是健全慢性病社区综合防治体系。在成都市武侯区、龙泉驿区和德阳市开展慢性病社区综合防治示范工作的同时，启动攀枝花市东区、广元市苍溪县、绵阳市涪城区高血压、糖尿病、口腔卫生、癫痫、精神卫生等社区综合防治工作。2005年底，全省共设2个糖尿病综合防治点，3个高血压社区综合防治点，1个慢性病综合防治点，7个癫痫治疗项目点，2个重型精神病监管项目点，1个食管癌早诊早治项目点。

三是强化慢性病防治组织领导。2004年省疾控中心成立慢性非传染性疾病预防控制所，编制20名，配备正高1名，副高4名，主管3名。2005年3月16日，负责全省慢性病防治技术协调和指导工作的省慢性非传染性疾病预防控制专家委员会成立，委员会下设心血管病、脑血管病、糖尿病、慢性阻塞性肺病、口腔卫生、肿瘤、精神卫生、伤害预防、预防医学等9个专业组，共147名专家。3月26日，全省慢性病防治工作会议召开，德阳市，攀枝花市，自贡市，成都市武侯区、龙泉驿区、青羊区、彭州市，攀枝花市仁和区，汉源县、自贡市贡井区、广汉市、盐亭县、阆中市在会上交流工作经验。5月，省慢性病专家委员会第一次会议召开，讨论修改《四川省慢性非传染性疾病防治规划（2005—2010年）》《四川省精神卫生工作规划（2005—2010年）》《四川省慢性非传染性疾病社区综合防治实施方案》《四川省高血压社区综合防治实施方案》《四川省糖尿病社区综合防治实施方案》《四川省慢性阻塞性肺病社区综合防治实施方案》等一系列规划和技术方案。6月，下发《关于加强我省慢性非传染性疾病防治工作的意见》。组织开展慢性病预防与控制工作模式研究，撰写《四川省慢性病防治相关政策分析》《四川省慢性病防治工作的SWOT分析》《四川省慢性病防治模式探讨》等。举办全省慢性非传染性疾病防治培训班、死因监测培训班，完成《四川省死因资料汇编》。

第二节　肿瘤防治

1984—1986年，四川部分县（市）肿瘤的年平均死亡率为82.72/10万，1990—1992年17个县、市肿瘤年死亡率为93/10万，2004—2005年肿瘤死亡率为146/10万。67.85%的癌症患者在30—50岁这个最佳工作年龄段。

1986年6月12日，全省肿瘤防治工作会议召开，省肿瘤防治领导小组成立，《四川省1986—2000年肿瘤防治规划纲要》和“七五”规划出台。

1989年3月17日，省卫生厅印发《关于地、市、州肿瘤防治机构建设的意见》，要求各地、市、州分期分批加强市（地、州）级医院肿瘤专科建设。重庆、成都、绵阳、自贡、乐山、内江等11个市（地）相继恢复和建立肿瘤防治领导小组，设立肿瘤防治办公室，制订防治规划，加快机构建设。自贡、绵阳、内江、乐山市各改建1所肿瘤医院，省人民医院、重医附院、泸医附院、川北医学院附院、省中医药研究院、航天工业部712医院，广元、达县、万县、涪陵、德阳、雅安、阿坝、凉山、泸州、攀枝花等市、地、州医院及简阳、阆中、江油等县级医院先后建立肿瘤科，华西医院、成都市第七人民医院和宜宾地区第二人民医院建立肿瘤防治中心。至1990年底，全省肿瘤防治机构发展至24个，专业防治人员发展至近2000人，肿瘤专科病床由1200多张增至1749张。17所肿瘤防治机构有Co^{60}（钴^{60}）治疗机或深部X线治疗机，其中9所有CT、ECT核磁共振扫描成象系统等大型肿瘤诊疗设备。先后组织食管癌、肝癌、宫颈癌、白血病等防治协作组。参与全国协作实施的四川恶性肿瘤死因调查，编绘完成《四川恶性肿瘤分布图》。全省8种职业癌流行病学的调查报告获卫生部科技成果甲级奖，鼻咽癌细胞学研究达到国内先进水平。

“七五”期间，成、渝两市部分地段医院与省市级医院建立横向联系，进行技术协作，专门收治肿瘤病人，特别是晚期肿瘤病人。成都市先后有15所街道卫生院改建为肿瘤医院，设病床424张，年收治病人3000余人次。1987年，全省77所城市医院全年共收治肿瘤病人2.79万人，占住院病人总数的6.4%。80年代末，四川省肿瘤研究所与中国核动力研究设计院共同研制了Co^{60}（钴^{60}）后装治疗机，用于肿瘤病人的放射治疗。

“八五”“九五”期间，全省肿瘤专科医院达到20余所，二级甲等以上综合医院开设肿瘤专科近30个。农村以县医院为中心建立肿瘤科或开设肿瘤门诊，乡镇卫生院配备肿瘤防治兼职人员。

“十五”末，全省有专科肿瘤医院5所，即：四川省肿瘤医院、盐亭县肿瘤医院、绵阳市肿瘤医院、自贡市肿瘤医院、乐山市中区肿瘤医院，共有床位1244张，专业技术人员879人，其中执业（助理）医师318人。加上各综合医院的肿瘤科，全省共有床位2871张，执业（助理）医师553人，拥有万元以上的肿瘤诊疗仪器设备595台，其中50万—100万元的大型设备14台，100万元以上的14台。5所专科肿瘤医院年门诊病人16.03万人次，入院病人1.34万人。

省肿瘤防治办公室和省抗癌协会每年都组织召开各种肿瘤学术会议，请国内外专家讲学，组织专家下基层指导，分级办骨干学习班，多层次、多途径培训专业人员。先后邀请荷兰国立肿瘤研究所约希吉尔博士和妇科专家彼德·肯尼曼斯分别作应用CA153测定监测乳腺癌与CA125测定监测卵巢癌的专题讲座，请天津肿瘤专家张天泽等到四川作乳腺癌防治报告；组织专家到盐亭、万源县和自贡、达县、攀枝花等地作“肿瘤流行病学”“肿瘤防治研究进展”“肿瘤放射治疗和综合治疗进展”“CT在肿瘤诊断中的应用”等专题学术讲座；召开全省肝癌学术研讨会和化疗学术交流会等。分别在成渝两市举办了9期“肿瘤防治骨干学习班”和几种常见癌症的诊治规范研讨班，培训市（地、州）专业人员500余人。各市（地）还采取送出进修、学习等形式培训各类专业人员600余人。此外，创办《四川肿瘤防治》杂志、编写专著等也对提高专业人员业务水平起到重要作用。

盐亭县肿瘤防治研究所/盐亭县肿瘤医院经过20年的艰苦努力，积累了50余万份全死因调查报告和肿瘤监测调查登记资料，420万人次的肿瘤流行病学调查资料，8万人群现场预防试验队列研究资料，初步摸清了盐亭县食管癌发病规律和分布情况，探索出了一条食管癌预防和治疗方法。对查出的食管癌分别采取外科手术、放化疗和中草药治疗。早期肿瘤患者手术治疗5年生存率达到63%，中草药治疗5年生存率达到30%，数百例重度增生患者采用中西药结合治疗，其食管上皮重度增生好转率达80%。“十五”期间，年诊治各种恶性肿瘤3000余人次，手术350台次，住院病人1800余人，住院率保持在100%以上。70%以上的病人来自县外，包括陕西、甘肃、青海、新疆、重庆、云南、贵州等省（直辖市、自治区）。先后获国家和省、市科技成果奖30余项，其中“76型细胞采集器”获省重大科技成果奖，“食管癌高发区四川省盐亭营养初步调查”获中国医学科学院成果一等奖。有600多篇学术论文在国内外各医学刊物上发表，《钴^{60}治疗基底细胞癌》入选国际肿瘤学术会议交流的论文集。

省肿瘤医院从20世纪90年代后期开始，收治肿瘤病人的主要业务指标一直在高位运行，详情见表2—18。

2000—2005年四川省肿瘤医院主要业务指标统计表

表2—18

主要医疗指标＼年份	2000	2001	2002	2003	2004	2005
挂号人次（人次）	—	47487	50870	47478	57124	71394
入院人数（人）	—	4284	6085	6766	7760	8421

续表2—18

年份 主要医疗指标	2000	2001	2002	2003	2004	2005
出院人数（人）	3496	4581	5996	6795	7757	8355
实际病床使用率（%）	—	—	78	91.1	97.7	101.2
病床周转次数（张）	—	—	10.24	11.61	12.72	12.8
出院者人均住院日（日）	28	28	28	27.8	28.1	28.5
出院肿瘤病人均住院日（日）	—	—	33	31	31.7	32.1
出院恶性肿瘤人均住院日（日）	—	—	36	33.7	34.7	35.1
出院良性肿瘤人均住院日（日）	—	—	12	12	10.6	10.9
出院者人均费用（元）	—	—	13682	14900	14847	16098
出院肿瘤病人均负担费用（元）	—	—	15998	17000	16961	18335
出院恶性肿瘤人均负担费用（元）	—	—	17834	18570	18510	19969
治愈好转率（%）	—	—	83	83.1	82.7	83.5
出院病人手术率（%）	1197	1541	40	39.3	39.2	37.7
术前后诊断符合率（%）	—	—	97.4	98	90.81	97.84
入出诊断符合率（%）	—	—	97.06	95	97.71	97.38
临床与病理符合率（%）	—	—	—	99.58	94.62	99.83
危重病人抢救成功率（%）	—	—	76	100	77.31	70.89

第三节　精神疾病防治

一、发病概况

随着社会人群生活节奏加快和精神情绪紧张，精神疾病总患病率呈逐渐上升趋势。

1973—1975年，绵阳精神病院对攀枝花钢铁厂、江油长城钢铁厂和绵阳城郊以及三台县新生区所属公社开展常见精神病流行病学调查，共查40.8万人，其中精神病患者2306人，患病率5.65‰。同期，四川医学院附属医院在自贡、乐山、泸州、仁寿、双流开展47万余人口的精神病、癫痫和精神发育迟滞的整群取样，挨户调查，其患病率分别为3.5‰、4.8‰和5.2‰，其中精神分裂症的现患病率3.1‰。1986年9月，绵阳市卫生局对绵阳市城区15万人口进行精神疾病调查，查出精神病患者1220人，患病率7.8‰。省卫生厅对全省抽样调查，精神病总患病率为12.69%。

20世纪50年代至70年代，精神卫生机构收治的精神疾病主要是精神分裂症、情感性精神病、反应性精神病、神经衰弱、偏执性精神病等。80年代后，收治对象扩大，病员增多，精神疾病病种也越来越多，如脑器质性（脑出血）精神障碍，躯体疾病所致精神障碍，物质依赖及非成瘾物质所致精神障碍，适应障碍，心理因素相关生理障碍，人格、冲动控制及心理发育障碍，精神发育迟滞及心理发育障碍，多动、品行和情绪障碍及其他精神障碍等。

1976—2005绵阳精神卫生中心精神疾病分类情况一览表

表2—19

疾病名称	1976—1985年			1986—1995年			1996—2005年		
	例数（例）	构成比（%）	环比增速（%）	例数（例）	构成比（%）	环比增速（%）	例数（例）	构成比（%）	环比增速（%）
脑器质性（脑出血）精神障碍	126	1.07	53.66	347	2.22	175.40	541	2.21	55.91
躯体疾病所致精神障碍	132	1.12	164.00	105	0.67	-20.45	24	0.10	-77.14
物质依赖及非成瘾物质所致精神障碍	51	0.43	264.29	344	2.20	574.51	5201	21.22	1411.92
精神分裂症及精神病性障碍	10021	84.87	133.32	11564	74.10	15.40	11436	46.64	-1.11
情感性精神障碍	258	2.32	514.29	946	6.10	266.67	3801	15.50	301.80
癔症、应激、适应障碍、神经症	762	6.45	309.68	1405	8.99	84.38	2314	9.44	62.69
心理因素相关生理障碍	258	2.18	50.00	401	2.57	55.43	443	1.81	10.47
人格、冲动控制及心理发育障碍	94	0.80	51.61	124	0.79	31.91	241	0.98	94.35
精神发育迟滞及心理发育障碍	58	0.49	480.00	183	1.17	215.52	242	0.99	32.24
多动、品行和情绪障碍	0.19	57.14	143	0.91	550.00	183	0.75	27.97	—
其他精神障碍	26	0.22	-13.33	53	0.34	103.85	89	0.36	67.92
合计	11808	—	138.21	15615	—	32.24	24515	—	57.00

二、机构建设

1986年4月18日，省卫生厅发文，由绵阳精神病院承担全省精神病防治技术指导任务。其具体工作有五项：一是负责对全省精神病防治管理的业务技术指导，并进行督促检查；二是负责组织全省精神卫生疾病的流行病学调查；三是承担全省精神卫生事业技术人员的培训和提高；四是负责组织协调精神卫生科研工作，收集、交流国内外技术信息，引进和推广新业务、新技术；五是负责组织编写全省精神医学专业期刊《四川精神卫生》和精神卫生知识科普宣传资料。年底，全省精神病防治机构由1978年的31所发展到85所，增长2.7倍；床位由2000多张发展到近1万张，增长4.9倍，与全国同期发展水平大致相当。

1987年2月1日起，全省精神病防治机构统一使用“精神卫生中心”“精神卫生保健院”的新名称。

1989年1月，省首届精神病院管理学术研讨会在成都召开，全省卫生、民政、部队和部分厂矿等单位的114名代表出席会议，提交学术论文39篇。4月，全省第一家专门监护治疗严重妨害社会治安的精神病患者的精神病管治院——成都市公安局精神病管治院在成都市精神病防治院成立。

1990年，省卫生厅印发《四川省精神卫生工作“八五”规划》，提出县及县以上综合医院设立精神科和心理咨询门诊，重点发展少数民族地区和边远地区精神卫生服务。经过实施“八五”规划，全省精神卫生服务机构达到119个，病床1.4万张。

1996年10月22日，绵阳精神病院增挂“四川省精神卫生中心”牌子。

1997年8月，省卫生厅印发《四川省精神卫生工作“九五”规划》，提出重点加强精神卫生中心内涵建设，完善医院功能。各级精神卫生机构采取措施，完善基础设施和基本设备配备，规范基础管理，强化基本技术训练，提高基础服务质量；突出专科特色，以老年精神卫生、儿童心理卫生、精神康复、药物依赖、医学心理专业为重点，促进二级专业分化与发展。同时，省卫生厅通过实施医院分级管理，进一步明确各级精神卫生机构的任务和职责：四川省精神卫生中心作为全省唯一的三级甲等精神疾病专科医院，承担全省精神卫生医、教、研、防的指导工作，参与对全省精神病院的资格审核，接受一、二级精神卫生机构的转诊，牵头组织开展学术及信息交流，负责省卫生厅委托的部分防治工作；市级精神卫生中心承担指导本区域内精神卫生医疗、教学、科研、防治工作，开展区域内精神疾病防治、流行病学研究和社区服务，接收下级医院转诊、精神医学鉴定及精神病人劳动能力鉴定，开展临床试验用药监督指导；县级精神卫生保健院主要负责县域内的精神科常见病、多发病的门诊及住院治疗，做好社区内精神卫生健康宣传教育和精神疾病一级预防，协调制定和实施社区精神卫生保健规划。通过功能的划分，初步建立起全省精神疾病防治网络。

1998年3月31日，华西医院精神卫生中心，华西医科大学法医学技术鉴定中心，成都市、攀枝花市、绵阳市、南充市、自贡市精神卫生中心被确定为全省精神病医学鉴定医院。

至2005年，全省有精神病专科医院37所，床位6908张，加上综合医院精神疾病科，共有精神专科床位8628张；拥有万元以上的设备578台，其中50万—100万元的大型设备14台，100万元以上的5台。

全省精神卫生专业人员，1986年为5700余人，1995年为8818人，2005年为2660人（其中精神卫生中心执业医师/执业助理医师819人，综合医院精神疾病科执业医师/执业助理医师1009人）。

绵阳市精神卫生中心1987年有卫生技术人员372人，其中主任医师1人，副主任医（药）师级12人，主治医（护、药、技）师级94人，医（护、药、技）师级130人，士级135人；2005年有各类专业技术人员723人，其中高级职称90人，中级职称171人；卫生技术人员648人，占职工总数的86.7%；在编、聘用人员792人中，博士2人，硕士11人，大学本科183人，大学专科275人，中专233人，高中64人，初中以下25人。1986—1994年先后举办精神科临床医师理论提高班、精神病院干部管理学习班和精神科护理学习班，培训精神科专业人才300余人。1988年创办医学期刊《四川精神卫生》，至2005年，共发行18卷67期。编撰出版了《临床精神病学》《实用精神病护理学》《中医精神病学集成》《精神病护理知识》《精神卫生知识300问》《实用精神神经科药物手册》和译著《如何做神经系统检查》等专著。

华西医院从1978年开始，举办学制一年的精神科医师进修班，对各地精神科在职医师进行继续教育。至2004年，共培训26批300余人。同时，还招收培养高层次专业人材，开展博士生、硕士生、本科生教育，至2004年，共培养博士生30人，硕士生80人，博士后1人。

三、治疗技术

1985年，全省收治精神疾病患者2万余人次。

1990年，全省收治精神疾病患者5.7万余人次。

2005年，全省精神疾病门诊73.42万人次，住院3.35万人，出院3.27万人，其中治愈1.21万人，好转1.88万人。

科学技术的发展，使精神疾病治疗方法不断更新，治疗技术不断提高。自20世纪90年代起，各地精神卫生机构实行开放管理，一级病人以治疗为主，二级病人实行半开放管理，三级病人实行全开放管理，同时大力开展社区康复服务。普遍采取的治疗方法包括：开展无抽搐电休克治疗重性精神疾病，开展戒毒瘾、戒酒精依赖、戒药瘾治疗，开展高压氧舱、光量子血疗治疗神经疾病，开展边缘系统多靶点毁损术治疗精神分裂症等。进入21世纪，开展心理治疗，如老年心理治疗、儿童心理治疗、行业群体人员心理治疗等，并辅以药物治疗。

绵阳精神卫生中心1956年主要以胰岛素、电休克、低血糖、发热疗法、水疗等方法治疗精神病。1957年采用胰岛素低血糖与电休克、发热疗法与电休克、阿密纳金与蛇根草素等联合治疗精神疾病，人工冬眠治疗重型精神病有效率达62.3%。20世纪60年代开展蒸气疗法、阿托品中毒疗法、胰岛素休克疗法、千金温胆汤综合疗法、牛黄妙应丹综合疗法，采用阿米妥纳、电休克、盐酸氯丙嗪、牵牛子合剂四联疗法治疗精神病，有效率达90%。1964年该院自行研制的交直流电两用电休克治疗机和五穴电针强刺治疗机运用于临床。70年代，采用马桑和马桑寄生制成煎剂与针剂治疗精神分裂症，治愈率41.37%，有效率73.47%，该技术于1978年获全国科学大会奖，1979年获四川省科学技术工作重大贡献奖。80年代采用氦—氖激光仪治疗精神分裂症顽固性听幻觉，有效率达90%。

华西附院刘协和、孙学礼、改远慧、张国柱1981年在国内率先开展多导睡眠图研究及对抑郁症、焦虑症、精神分裂症的临床诊疗技术。1990年收治2例“替身综合征”病人，病人经治疗得以康复。1991年收治2例有脑CT异常改变的抑郁症患者，在单独服用三环类抗抑郁剂治疗后得以治愈。1992年治愈1例女性恐怖症病例；应用外化疗法发泄治疗神经官能症，对4例住院情绪障碍病人进行治疗，获得良好效果。自20世纪90年代起，陆续开展儿童行为群体心理治疗、成人心理治疗、情感性精神病及强迫性精神病治疗、戒毒治疗，用苯妥英纳治疗小儿多动症，碳酸锂治疗躁狂症，阿米替林治疗抑郁症，安度利治疗农村精神病等。1998年开展儿童及成人心理咨询。2000年孙学礼等在国内率先成规模地开展无抽搐电休克治疗并制定治疗相关流程。2003年精神科利用催眠术治疗心理疾病、麻醉催眠治疗心理疾病、经络刺激治疗精神病、生物反馈治疗精神病。针对自杀倾向增多的趋势，建立自杀干预机制，对自杀者进行心理疏导和劝导。华西心理卫生中心在全国最早采用心理疾病催眠治疗、麻醉催眠治疗、精神分裂症经络刺激治疗、生物反馈治疗等现代医学技术治疗精神疾病，在采用心理治疗精神分裂症、身心疾病、心理疾病、儿童多动症等方面独具特色；在危机干预、戒酒、戒毒、社区精神卫生等多方面进行开创性的探索和实践，临床治疗和科研在全国处于先进水平，精神病学李涛教授2005年获中国女科学家奖和西部特别奖。

第四节　高血压病防控

1989年6—10月，省卫生防疫站按照世界卫生组织制定的方案，采取分层整群随机抽样方法，在什邡县、广汉市、绵竹县农村地区对15—64岁年龄组的人群进行高血压危险因素抽样调查，共调查6300人，查出原发性高血压病人218例，临界高血压109例。同时开展1∶2配对研究，结论为：心率、体重指数以及高血压家族史是原发性高血压较稳定的影响因素，环境因素对原发性高血压的影响不可忽视。

1991年，四川参加全国高血压抽样调查，在成都市、重市庆、攀枝花市、万县市、泸州市、绵阳市6个城市点，在金堂县、纳溪县、井研县、芦山县、万县、西充县、昭觉县7个农村点，共调查52396人，应答率86.69%。调查结果为：确诊高血压2345例，患病率4.48%（男性4.33%，女性4.60%），临界高血压2619例，患病率5.0%（男性5.19%，女性4.83%），合计4964例，高血压患病率9.48%（男性9.52%，女性9.43%），城市、农村患病率分别为12.60%、6.61%。患病率成都最高，为15.04%，昭觉县最低，为1.44%。6月，在温江县召开四川省高血压抽样调查工作会，在德阳举办四川省高血压抽样调查培训班，并成立四川省高血压抽样调查血压测量质量控制小组。1990—1992年监测报告显示：脑卒中年均发病率、死亡率分别为67.16/10万、62.20/10万；冠心病年均发病率、死亡率分别为21.33/10万、8.25/10万。1993—1997年监测报告显示：脑卒中年均发病率、死亡率分别为58.97/10万、60.49/10万；冠心病年均发病率、死亡率分别为17.38/10万、10.81/10万。

1997年，省卫生防疫站相继在成都市武侯区玉林社区和龙泉驿区仁爱社区、攀枝花市紫荆山社区、绵阳市城北社区和苍溪县月山乡开展包括高血压病在内的慢病社区综合防治试点，探索慢病社区综合防治工作模式，尝试建立高血压病人档案和随访管理。

1999年，省卫生防疫站参加由中国医学科学院心血管病研究所牵头，与美国Tulane大学公共卫生学院合作的“队列人群冠心病、脑卒中发病及死亡影响因素的前瞻性研究”，在成都市、绵阳市、泸州市、西充县、昭觉县、芦山县共调查7502人，结果显示：1991—1999年40岁及以上人群冠心病、脑卒中分别死亡25人、100人，冠心病、脑卒中累计死亡率分别为3.4‰、13.5‰；非条件Logistic回归筛选出冠心病死亡的危险因素有地区、年龄（按10岁分组）、就业情况、高血压家族史和血压水平（5级）；脑卒中死亡的危险因素有年龄（按10岁分组）、饮酒史、脑卒中既往史和血压水平（5级）。

2000年，省卫生防疫站参加由北京阜外心血管病医院牵头，美国、中国、泰国和澳大利亚科学工作者参加的心血管病流行病学合作研究“InterASIA”中国部分——中国心血管健康多中心合作研究。在成都市龙泉驿区（城市点）、绵竹市（农村点）以居委会、村为调查单位，以整群随机抽取各调查点35—74岁居民750—800人（男女各半，每个家庭1人）为研究对象，内容包括问卷调查、人体测量、血压测量、采血四大部分。结果显示：城市、农村高血压粗患病率分别为21.49%、16.60%，男女高血压粗患病率分别为 20.69%、17.47%；城市、农村男性收缩压水平分别为122.47±17.52、125.28±18.36，女性分别为 121.41±21.66、120.31±17.29；城市、农村男性舒张压水平分别为 78.80±9.72、78.72±9.68，女性分别为 74.90±11.03、74.36±9.54。

2002 年，省卫生防疫站在成都市武侯区、南充市顺庆区、剑阁县、渠县、松潘县、冕宁县开展四川省居民营养与健康状况调查，主要包括询问调查、医学体检、实验室检测和膳食调查四部分，覆盖 6 个县（区）、18 个乡镇、108 个村（居委会）、3240 户（城市 1080 户、农村 2160 户）居民家庭，共有 14306 人接受调查，其中男性 7057 人，女性 7249 人，城市 5822 人，农村 8484 人。为 15 岁及以上的 6482 人进行血压测量，查出高血压患者 1006 人，患病率为 15.52%，男女患病率分别为 17.04%、14.35%，城市、农村患病率分别为 23.901%、11.41%。

开展高血压病防治宣传。1999 年成都市武侯区卫生防疫站、健康教育所组织区属医院和驻区医疗单位，在街道办事处、乡设立宣传咨询站 32 个，为 5000 多人进行义诊咨询和免费测量血压，散发资料近 2 万份，其中自印资料 4 千余份。省上有关部门多次组织专家教授，在成都市锦江礼堂举行大型义诊咨询活动。新闻媒体长期开展防治高血压病的宣传。成都电视台经济频道开设《电视医院》栏目，邀请省卫生防疫站、成都市第三人民医院的专家讲解有关高血压的防治知识。四川省广播电台妇女儿童频道开设《健康之声》栏目，邀请华西医科大学、省人民医院等单位的专家举办高血压知识讲座和热线电话咨询。《四川日报》《成都商报》《华西都市报》等，不定期组织专家撰稿，刊登有关高血压的科普文章。2004 年 10 月 8 日在第七个“全国高血压日”义诊宣传活动中，省疾控中心以“治疗高血压是为了预防和治疗心脑血管疾病”为主题，告知人们及早改变不良生活习惯，注意饮食健康，坚持锻炼身体，经常控制血压、血糖、血脂、肥胖，不吸烟，少喝酒，并发放《高血压防治知识手册》《高血压与冠心病保健知识手册》近千份。

第五节 糖尿病防控

糖尿病是由遗传因素和多种环境因素交互作用而导致的一种代谢综合征，其病程迁延，可发生致残致命的大血管、微血管并发症，严重影响患者生活质量。

1992 年，四川加入中国预防医学科学院与美国等国的协作项目，在自贡市开展儿童 1 型糖尿病发病率研究。对 15 岁以下 1 型糖尿病病例进行回顾性登记的结果显示：在 1989 年 1 月 1 日至 2000 年 12 月 31 日 45 例登记病例中，粗发病率为 0.54/10 万人年，其中 0—4 岁组、5—9 岁组、10—14 岁组发病率分别为 0.25/10 万人年、0.32/10 万人年、110/10 万人年；发病率有随年龄增加而增高的趋势；发病率男女差异及城乡差异均无统计学意义。

1993 年 12 月，华西医科大学教授邓尚平等在省内开办第一个民办糖尿病防治医院，一年后转为省卫干院下属的省糖尿病防治中心。1994—2005 年，该中心坚持每月开办一次糖尿病防治知识义务教育讲座，免费提供咨询，免费提供一定数量的血糖测量服务，12 年从未间断，听众累计 7000 多人次。每年还举办 1—2 届基层医务人员糖尿病防治培训班，免费发放教材，累计培训学员 600 余人。知识讲座和医师培训内容已汇编成册。

1997 年，省卫生厅在省慢性病防治专家技术指导小组下设立糖尿病专家组，加强对糖尿病防治的领导和技术指导，并将糖尿病作为重点防治疾病纳入社区慢性病综合防治。

1998年3月，由省卫生厅科研基金资助的“糖尿病社区综合防治研究”课题开始实施。该课题通过对糖尿病人、糖尿病高危人群及社区全人群施以饮食、运动、教育等综合干预措施，评价措施效果，探索糖尿病社区综合防治手段。

1998年4月，省卫生厅疾病控制处、省卫生防疫站、省糖尿病防治中心、省内分泌专委会糖尿病学组发起成立省糖尿病防治协会。其开展的主要工作包括：对入会糖尿病人按病情程度进行分级管理；为糖尿病人开办讲座；组织糖尿病人参加各种健康促进活动，加强糖尿病人之间的合作与互助；举办大型义诊宣传活动；主办《糖尿病之家》杂志，赠送糖尿病防治宣传资料；开设糖尿病咨询热线，聘请糖尿病专家答疑等。

2000年，省卫生防疫站开展《2型糖尿病危险因素、患者生命质量影响因素、疾病经济负担及防制对策》研究，阐明2型糖尿病的主要危险因素为糖尿病家族史、高血压及肥胖，且家族史作用最大，为直接作用，而高血压和肥胖间接影响糖尿病发生；测算出年人均医疗经济负担为9000余元，其影响因素主要为病情、医疗保障形式、经济收入、医院级别、从业状态和伴随疾病等；提出了预防为主、防治结合，以生物—心理—社会医学模式为指导，以社区为平台，以健康促进为手段，开展社区综合防治的策略和措施。该项研究成果填补了省内空白，具有国内领先水平。

2004年8月，由世界糖尿病基金会资助、卫生部委托、中国疾控中心负责实施的“中国糖尿病管理模式探索项目”正式启动。作为全国6个项目点之一，四川在成都市武侯区玉林社区开展糖尿病社区—医院一体化管理和双向转诊探索。10月中旬开展基线调查，内容包括社区糖尿病患者卫生服务利用情况，社区卫生服务提供状况，对病人进行规范化管理、随访和双向转诊情况，医务人员糖尿病知识、态度和技能等，共调查糖尿病病人198人，组织举办8期“糖尿病病友沙龙”活动，每次参加活动的患者20人左右，通过互动形式强化相关知识，从不同的方面细化健康教育。

开展糖尿病防治宣传教育。省卫生防疫站从1998年起，与成都经济电视台、四川健康之声电台合作，开设“专家访谈”“慢性病知识讲座”和热线电话咨询，先后组织华西医院、省人民医院等单位的多位专家宣传糖尿病防治知识。组织专家撰写糖尿病科普文章20余篇，《华西都市报》周末健康版、《成都商报》等也不断刊载糖尿病防治科普文章。2000年四川省糖尿病防治协会与广州中药一厂合作，在四川人民广播电台妇女儿童频道举行《糖尿病防治知识讲座》，共52讲，受到群众欢迎。2004年11月11日，在世界糖尿病日前夕，省疾控中心邀请《华西都市报》《成都商报》的记者，就全球及中国、四川糖尿病流行现状、糖尿病三级预防、糖尿病防治的新思路、新举措等，与糖尿病专家进行座谈采访。2003—2004年，该中心运用《四川新闻网》，组织4名省内知名糖尿病及慢性病专家进行网上咨询答疑的网络现场直播，回答提问500多条，咨询人数过万人。在网上登载防治糖尿病的科普文章7篇。2005年，开展糖尿病“健康新长征”基层糖尿病防治教育项目活动。10月，省疾控中心、省慢性病专家委员会办公室组织糖尿病专家组专家、省疾控中心专业技术人员、地区糖尿病临床医生，在20个县（市、区）由专家和有经验的临床医师现场讲解糖尿病防治知识，开展义务咨询，发放糖尿病防治知识手册、宣传单和宣传画等5000余份，并对县级医院、疾控中心及其1250个乡镇卫生院的1320名基层临床医生、健康教育人员进行糖尿病防治知识培训。据不完全统计，省卫生防疫站/省疾控中心在10年的“世界糖尿病日”（后改称为“联合国糖尿病日”）共发放宣传资料20多万份，免费测量血糖1万多人次。

第六节　防盲治盲

1985年，省防盲工作领导小组成立，《1985—1990年防盲规划》出台。

1986年，全省开展首次盲目及低视力流行病学调查，结果显示：全省双眼盲率为0.40%，单眼盲率为0.73%，双眼低视力患病率为0.67%，单眼低视力患病率为0.53%。盲目率和低视力患病率随年龄增长而增长，且女多于男，山区和丘陵高于城市和平原。造成盲目及低视力的重要原因是白内障、角膜病、沙眼、青光眼、眼外伤、职业或遗传性眼病。以调查推算，全省约有双眼盲40万人，双眼低视力67万人，单眼盲74万人，单眼低视力54万人，共约235万人，其中白内障患者约70万人。这些人中，有60%的可治。

1989年5月25日，省防盲治盲技术指导组成立，下设办公室（以下简称“防盲办”），挂靠省医院。

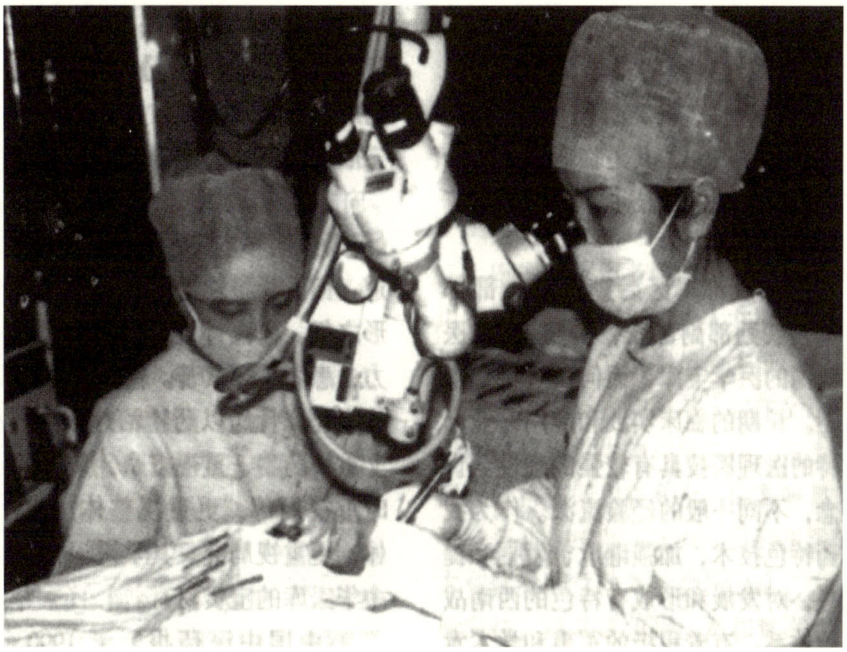

图2-16　四川省白内障专科医院院长王明举（右）为病人做白内障手术

1993年1月，省卫生厅、省教育委员会、省残疾人联合会联合印发《1992—2000年四川省防盲和初级眼保健工作规划》。1996年12月，省卫生厅下发《四川省“九五”防盲工作实施纲要》。全省二级甲等以上综合医院均建立了眼科，共有床位2190张，执业（助理）医师745名，配有常用设备，能处理一般常见眼病及急症，开展白内障、青光眼、沙眼、眼外伤等主要致盲眼病的防治工作。各市（州）建立眼病防治中心，负责本地区各级眼病防治机构专业技术人员的培训和眼病防治。半数以上乡镇卫生院有专、兼职眼科医师，配有最基本的眼科诊疗设施，诊断处理常见眼病和施行外眼小手术。部分村卫生站的乡村医生和卫生员接受过眼病保健知识培训，能认识和治疗常见眼病。至2005年，全省三级眼病防治网基本形成。

开展盲目复明手术。1989 年，省防盲办协助中国残联组派 3 支医疗队到宜宾、万县等边远地区开展白内障复明手术 8762 例。1990—1995 年，省防盲办组织三批白内障手术队到 6 个地（市、州）的 31 个县开展白内障复明手术 1400 例。在实施“视觉第一中国行动”项目（第一期）中，全省开展白内障复明手术 11.73 万例。在实施“视觉第一中国行动”项目（第二期）中，开展白内障复明手术 13.04 万例。同时，还以“飞机医院”和“健康快车”开展治盲手术。1989 年 3 月 11 日奥比斯（眼科）飞机医院来成都开展交流活动，先后作角膜移植、白内障植人工晶体和玻璃体切割、视网膜脱离、青光眼、小儿斜视、眼部整形等示范手术 68 例。2002 年，亚洲防盲基金会、香港盲人辅导会、美国心联心国际组织通过省红十字会向四川捐赠“复明 8 号”眼科流动手术车一台；2003 年，国家卫生部赠送“光明行动”眼科流动手术车一台，省人民医院运用这两台眼科流动手术车于 2002 年 8 月至 2005 年 12 月，组织人员先后赴内江、资阳、达州、广安、雅安、眉山、凉山、攀枝花、泸州、乐山、自贡、南充、德阳、绵阳、广元、巴中、遂宁 17 个市（州）的 42 个贫困县的边远地区，行程 3 万多公里，免费为 6834 名贫困白内障患者实施了复明手术。2003—2005 年，全省开展“让老年人重见光明行动”，共为贫困老年白内障作复明手术 9450 人。

图 2－17　2002 年“健康快车”在仪陇县为贫困白内障患者免费做复明手术

1986—2005 年，全省共为 26.47 万人做了复明手术。

开展创建防盲先进县活动。1992 年，都江堰市、纳溪县进行创建防盲先进县试点。试点主要工作是建立三级防盲网、培训各级防盲人员、开展对盲目和低视力的基础调查和脱盲治疗。经过三年努力，试点县基本达到要求。1995 年又确定洪雅县、古蔺县、汶川县和泸州市为创建防盲先进试点县、市。

1996—2005 年，省防盲办、省人民医院眼科与国际克里斯多夫防盲组织及爱德基金会合作，在泸州市的古蔺、叙永、合江、泸县、龙马潭区、江阳区、纳溪区和宜宾市的高县、宜宾县等区县开展防盲先进示范县项目。经考核，以上县（区）均达到防盲先进县标准，获“防盲先进县”称号。

加强眼科装备建设。1997—2001 年，卫生部实施“视觉第一中国行动”项目（第一期），对汶川、会理、射洪、三台、合江、简阳、蓬安县医院和甘孜州医院进行眼科设备援助。2002—2005 年，卫生部实施“视觉第一中国行动”项目（第二期），对渠县、隆昌、西充、蓬溪、夹江县医院和雅安市、广元市医院及资阳市的雁江区中医院进行眼科设备援助。每个医院眼科受援设备包括：YZ－5E 型裂隙灯显微镜一台，YZ－38 型角膜曲率计一台，YZ－20P 型普及型手术显微镜（单人双目）一台，BME－100 眼科 A 型超声测量仪一套，SYZ－9 型眼科显微器械包（9 件）一套，SYX－20 型白内障人工晶体器械包（20 件）一套。2005 年末，全省医疗机构眼科万元以上设备有 208 台（件），其中 50～100 万元的 8 台（件），100 万元以上的 5 台（件）。

加强眼科人员培训。“七五”期间，14 个市（州）、县举办各种不同层次的防盲学习班，培训各级防盲人员 1100 余人。“八五”期间，省防盲办先后举办 4 期县医院眼科医师培训班，20 期乡镇卫生院医师培训班，27 期村卫生站卫生员培训班，眼科护士、眼保健师资培训班各 1 期，共 1829 人。“九五”和“十五”期间，为各地培训各级眼科医师和管理人员 1.06 万人。至 2005 年，共培训基层眼科专业人员 1.35 万人。

1986—2005 年四川省基层眼科专业人员培训统计表

表 2—20

时间	名称	培训单位	培训人数（人）	培训对象	备注
1986—1990 年	防盲培训班	市（州）县	1100	防盲人员	
1990 年	眼科护士班	省防盲办	104	眼科护士	奥比斯合作
1991 年	眼保师资班	省防盲办	34	眼信保健师	奥比斯合作
1993—1996 年	眼科医师班	省防盲办	120	县眼科医师	共 4 期
	区乡医师班	三州及泸州市	761	区乡医师	共 20 期
	村卫生员班	泸州市	810	村卫生员	共 27 期
1996—2005 年	眼科医师班	省防盲办等	78	县眼科医师	奥比斯合作
	眼科医师班	省防盲办等	699	乡镇医师	奥比斯合作
	村眼保员班	省防盲办等	6740	村眼保健员	奥比斯合作
1997—2001 年	眼科医师班	省防盲办	212	眼科医师	视觉行动
	眼科辅助班	省防盲办	270	眼科辅助员	视觉行动
2002—2005 年	眼科医师班	省防盲办	126	眼科医师	视觉行动
	项目管理班	省防盲办	240	项目管理者	视觉行动
	眼科辅助班	省防盲办	201	眼科辅助员	视觉行动
	乡村医生班	省防盲办	2000	乡村医生	视觉行动
1986—2005 年	合计	—	13495		

第七节　牙病防治

1989年11月15日，四川在全国率先成立口腔病防治指导组（以下称省口腔病防治组），下设办公室，挂靠华西医大口腔医学院。指导组的主要任务是：协助省卫生厅制订全省口腔病防治计划，组织协调学术交流活动和人才培训规划，推荐牙病防治新成果，推广应用新技术。各市（地、州）、县（市、区）亦成立相应组织，开展相应工作。

1992年，内江市卫生防疫站对内江市、资阳、内江县中、小学生的牙病情况开展调查，结果显示，龋齿患病率：12岁年龄组男女分别为1.62%、1.52%，15岁年龄组男女分别为1.43%、1.34%；牙龈炎患病率：12岁年龄组男女分别为2.16%、1.19%，15岁年龄组男女分别为1.83%、1.44%。同年，结合初级卫生保健工作，全省开展创建牙病防治先进县活动。都江堰市、绵竹县、内江市市中区、德阳、宜宾、石棉相继被评为全国牙病防治先进县。

1997—1998年，在卫生部统一安排下，省卫生厅、省口腔病防治组在红军长征经过的地区组织开展牙病防治新长征活动。活动目标地区为：凉山州的会理、德昌、宁南、西昌、冕宁；雅安地区的石棉、天全、宝兴；甘孜州的丹巴、稻城、泸定、康定；阿坝州的马尔康、阿坝、若尔盖、理县。活动内容：开展各种形式的牙病防治知识宣传；培训基层牙病防治人员；对口支援口腔医疗器械、发放口腔保健品；调查掌握当地人群口腔健康状况。整个活动实行对口负责制：成都市第三人民医院负责凉山州，泸州医学院附属医院负责雅安地区，省医院负责甘孜州，华西医科大学口腔医学院负责阿坝州。活动期间，各对口支援单位支援价值接近5万元的设备、器材，其中，牙科治疗台4台，牙膏、牙刷2万支；举办培训班10期，培训牙科医生300余人；开展口腔健康宣传，受益人群3万余人。

2000年，华西口腔医院与世界卫生组织、香港大学合作，在德阳、内江、宜宾等市，指导基层运用非创性充填技术对广大青少年儿童和农村人群的龋齿进行早期充填治疗。同时，对适量用氟预防龋齿，在氟化泡沫和含氟涂膜预防技术上开展试点，取得可喜成绩。

2001年，绵阳、攀枝花、乐山、宜宾等市参加卫生部在西部7省开展的“口腔健康微笑工程——2001西部行”活动，宣传牙病防治知识，提高群众自我口腔保健意识。是年，牙病作为慢性非传染性疾病纳入社区卫生服务项目。省口腔病防治组与世界卫生组织合作，将德阳定为首批社区口腔卫生服务示范城市，在旌阳区进行社区综合口腔保健项目研究，至2003年完成口腔健康状况调查，并提出干预计划，进行试点。

2005年，省卫生厅组织省疾控中心、华西口腔医院业务人员开展口腔健康流行病学调查。抽取成都、攀枝花、新都和剑阁、西充、绵竹6个市、区、县的18乡镇（街道）、36个村（居委会），每个县（市、区）抽取3个街道（乡镇），每个街道（乡镇）抽取2个居委会（村），每个居委会（村、学校、幼儿园）每个年龄组抽取20人（男女各半），复查10%，共调查3160人（实际受查数略有差异）。调查结果显示，牙周情况：12岁年龄组牙周出血率为76.3%，其中男性78.0%、女性74.6%；35—44岁年龄组牙周健康率（无牙龈出血、无牙周袋及重度牙龈附着丧失）10.9%，其中男性10.7%、女性11.1%；65—74岁年龄组牙周健康率10.7%，其中男性8.2%、女性13.2%。龋齿平均数及患龋率：5 岁年龄组乳牙龋齿平均数及患龋率，受检 780 人，平均龋齿 2.7 颗，患龋率 58.7%，城市高于农村，男性高于女性；12 岁年龄组恒牙龋齿平均数及患龋率，受检 769 人，平均龋齿 0.5 颗，患龋率 25.7%，城市高于农村，女性高于男性；35—44 岁年龄组龋齿平均数及患龋率，受检 788 人，平均龋齿 1.3 颗，患龋率 81.2%，农村高于城市，女性高于男性；65—74 岁年龄组龋齿平均数及患龋率，受检 769 人，平均龋齿 4.1 颗，患龋率 98.3%，农村高于城市，女性略高于男性。受检后对 12 岁年龄组部分恒牙龋齿进行了充填和窝沟封闭治疗，充填和窝沟封闭率分别为 6.7% 和 0.7%。省口腔病防治组和华西口腔医院还对成都市的幼儿园儿童 2000 人、小学生 3000 人、中学生 4000 人，共计 9000 人患龋病的情况进行调查与监测。

第四章　地方病防控

第一节　碘缺乏病

四川碘缺乏病流行历史长，分布范围广。据史料记载，早在宋代，四川就有碘缺乏病流行。中华人民共和国成立前，云阳县、德昌县碘缺乏病患病率高达39%—88%。1958—1967年，城口、黑水、西昌、会理、盐源、德昌、万源等地地方性甲状腺肿患病率为10%—33%，地方性克汀病患病率一般在3%左右。20世纪80年代末，因制盐工艺由传统的熬制改为真空蒸发而至食用盐不再含碘，一些非病区发生碘缺乏病。1977—1982年，确认病区县50个，分布于11个市（地、州）。1990—1994年，确定新病区县114个，全省共计164个病区县，分布于20个市（地、州）。至2005年，甲状腺肿患病率超过5%的有111个县（市、区），超过10%的有13个县（区），超过15%的有3个县（市、区）。

盐碘调查。川盐生产的卤水在20世纪70年代以前主要是天然卤水，20世纪70年代末开始改用人工卤水，1982年后除自贡尚存极少量天然卤水盐外，几乎全为人工卤水制盐。1990年对产盐企业进行的盐碘调查发现，人工卤水和天然卤水中碘含量的差异很大，天然卤水制成的食盐一般含碘5毫克/千克（自贡生产的天然卤水盐碘含量达9.56毫克/千克，大邑县盐厂天然卤水盐碘含量达12.73毫克/千克），而人工卤水盐含碘仅为0.47毫克/千克。四川城市人口每日吃盐约18克，农村人口20克，吃天然卤水食盐可满足人体对碘的起码要求，而人工卤水盐则达不到最低要求。四川处于外环境低碘状况，人群摄碘不足是碘缺乏病流行的根本原因，而制盐卤源改变又是1989年以后新病区形成的主要原因。

水碘调查。1991年对全省58个县开展水碘调查，取水样136个，其中127个水样碘低于5克/升。1997年在碘缺乏病监测中，用PPS法抽取30个县的水样（每县1个水样），其中自来水样20个、井水样10个，水碘低于5克/升的有21个，5—10克/升的4个；水碘含量中位数分别为1.33克/升和8.04克/升，自来水碘明显低于井水碘，差异有显著性意义（$X^2=11.87$，$p<0.01$）。历次调查均未发现高水碘地区。

尿碘调查。1990年抽查成都市部分人群尿碘中位数为51.5克/升。1991年在89个县开展人群尿碘调查，尿碘几何均数都在100克/升以下，其中低于25克/升的21个。

碘缺乏病监测。1989年全省设3个固定点监测碘缺乏病病情，以后随着病情的变化、防治工作的发展，设监测点5个。1995年开始按照国家要求，每隔1—2年进行流动监测，即1995年、1997年、1999年、2002年和2005年用PPS抽样法在全省抽样监测碘缺乏病情。5次监测，学生甲状腺肿大率（甲肿率）分别为37.1%、18.5%、15.7%、5.8%和5.5%（触诊法）；尿碘中位数分别为

119.2 克/升、287.0 克/升、261.7 克/升、198.3 克/升和 245.2 克/升；合格碘盐食用率分别为 12.4%、82.9%、76.1%、74.0%和96.2%。其中尿碘和盐碘达到国家消除标准，学生甲肿率从重度碘缺乏病水平降到轻度碘缺乏病水平。监测结果显示四川碘缺乏病防治成效显著。2004 年开始按照国家要求，每年开展县级碘盐监测，监测居民户、碘盐生产加工企业和各盐业分、支公司食用盐。2004 年和 2005 年，全省居民户合格碘盐食用率分别为 87.9%和 95.0%，碘盐覆盖率分别为 96.9%和 99.5%，碘盐合格率分别为 90.4%和 95.4%，加碘盐中位数分别为 30.0 毫克/千克和 30.4 毫克/千克；生产层次碘盐批质量合格率分别为 87.9%和 95.4%。监测结果显示碘盐质量不断提高，各项指标均达到国家要求。

在调查与监测的基础上，省卫生防疫站针对碘缺乏病防治工作中一些急需解决的问题，先后开展碘缺乏病新病区形成原因调查、1/5 万浓度加碘盐防治碘缺乏病效果观察、口服碘油丸对尿碘的影响、碘盐半定量检测包的研制、两种检测方法测定川盐碘浓度对比研究、流动注射分析测定尿碘方法研究、食用合格碘盐后各种人群尿碘、血清 TSH 和 TG 状况的研究、碘盐及碘油对新生儿 TSH、T4 值分布的影响、尿碘质控样的研制及其计算机质量控制系统的建立、消除碘缺乏病综合干预试点项目等。其研究成果，对制定碘缺乏病防治对策，指导碘缺乏病防治工作实践，起到了重要作用。

早期碘缺乏病防治，采取的措施主要是使用各种碘剂和病区内供应碘盐。碘剂有碘化钾片、0.66%碘汀注射液、瘿药丸等，碘盐为两万分之一碘化钾盐。1988 年，全省 50 个病区县全部达到地方性甲状腺肿病基本控制标准。此后，对老病区县和部分新病区县持续供应碘盐。其间，对碘盐的浓度作过调整，即改为五万分之一碘酸钾盐，并设点观察新浓度碘盐的效果。观察结果表明，调整后的浓度仍可使成人和儿童的尿碘中位数达到 100 克/升以上，防治效果肯定。

由于四川无高水碘地区，从 1995 年 11 月开始，无论病区非病区，一律实行普供碘盐。碘盐浓度执行国家标准，即出厂≥40 毫克/千克（以碘离子计），销售点≥30 毫克/千克，居民户≥20 毫克/千克。1998 年 12 月，省人大常委会颁布《四川省盐业管理条例》，规定“向全民供应加碘食盐”，并对碘盐的包装、零售等作出明确规定。为尽快提高病区人群的碘营养水平，尤其是儿童、孕妇等重点人群的碘营养水平，在供应碘盐的同时，把口服碘油胶丸作为辅助措施向儿童、孕妇发放。“八五”期间共有 800 万重点人群服用碘油胶丸，使中小学生、孕妇、幼儿等得到有效保护。口服碘油胶丸是国家防治碘缺乏病的一种辅助措施，在未实施全民供应碘盐的初期，对部分病区人群的碘缺乏病防治发挥了积极作用。1998 年山东单县补碘事件发生后，四川省的碘油胶丸发放工作随即停止。1999 年监测显示，人群的尿碘水平在不服碘油胶丸的情况下已达到国家消除地方性甲状腺肿病标准。

至 2005 年，全省 181 个县（市、区）中，有 110 个实现消除碘缺乏病阶段性目标，71 个县（市、区）实现基本消除碘缺乏病阶段目标。

第二节　大骨节病

大骨节病是一种原因不明的地方性变形性骨关节疾病，轻者关节增粗、变形、常年疼痛，运动障碍，劳动能力下降；重者矮小畸形，臂弯腿短，举步鸭行，几乎完全丧失劳动能力，甚至生活难以自理。多发生于 5—15 岁儿童，残疾遗留终生。

四川大骨节病可追溯到19世纪末。1961年对松潘县的调查证实了大骨节病的存在。1986—1989年在甘孜州、阿坝州、绵阳市、广元市开展大骨节病病情抽样调查，确定病区县27个，病区乡153个，查出大骨节病现症病人35294名。至2005年底，已确定大骨节病分布于阿坝、甘孜、凉山、雅安、绵阳、广元、巴中、达州8个市（州）的28个县，受威胁人口近100万人，有现症大骨节病人约6万。病区基本属于高山、半高山、高海拔边远地区，经济落后，多以自产玉米、小麦或青稞为主食，膳食结构单一。

四川大骨节病防治工作始于1969年在松潘县实施卤碱治疗。1970—1973年，在泸定、平武、阿坝、马尔康、旺苍等地，开展口服中草药、硫酸钠、卤碱、硫酸镁、草木灰水的治疗，并采取井水压煤、压硫及改水等防制措施，总有效率在57.3%—96.3%。病人疼痛好转，但对改善关节功能和阻止病情进展不明显，同时有的药物（卤碱）副作用大，且缺乏预防作用。1973年在阿坝县实施重病区人员搬迁，到非病区者无新发病例。从1983年开始，在活跃重病区阿坝县安羌乡开展7—13岁儿童口服亚硒酸钠片试点，在阿坝县柯河、垮沙两个重病区乡开展换食非病区大米，儿童患病率明显下降，大骨节病病情得到有效缓解。

1984年，中央地方病防治领导小组组长李德生在审查四川阿坝县大骨节病录像片时发表重要讲话，并给省里主要领导杨汝岱、蒋民宽、刘纯夫写信，引起省委、省政府及病区各级党委、政府的高度重视。之后，省政府将地方病防治工作纳入社会发展总体规划，把治病与治贫相结合，实行目标管理。阿坝、壤塘、黑水等县委、县政府主要领导将大骨节病防治列入自己工作日程，多方奔走，到处呼吁，得到国家和省级有关部门数百万元的资金。

1990年，省地防所在壤塘县、阿坝县、若尔盖县、松潘县、冕宁县、汉源县、旺苍县的部分病区村开展以5年为周期的大骨节病病情监测。连续10年的监测结果显示，阿坝、旺苍、松潘、冕宁已达到基本控制标准，汉源县X线检出率从50.1%降到12.0%。

1995年3月，全国政协常委、甘肃省政协副主席、第六世贡唐仓·丹贝旺旭活佛给国务院总理李鹏写信反映阿坝县大骨节病问题。李鹏批示“请陈敏章同志调查处理，并给活佛以卫生部名义回一封信”。卫生部遵照李鹏的批示，组织中国地方病防治研究中心（国家地病中心）和四川省地防所对壤塘、阿坝等县进行联合考察。之后，省地防所又对壤塘县作进一步考察，并与壤塘县共同制定大骨节病综合防治方案，经专家论证后上报卫生部。6月，卫生部和四川省人民政府联合向国务院上报《关于四川省阿坝藏族羌族自治州大骨节病综合防治工作请示报告》。随后，国家计委、扶贫办、民委、商业部、粮食部等部门，在阿坝县实施换粮、移民搬迁、退耕还林（草）等综合防治措施，卫生部在壤塘县实施以大骨节病防治为重点的帮扶工作，国家和省相关部门向阿坝县共投入资金1600余万元。1997—1999年，先后在阿坝县、壤塘县、黑水县实施退耕还林、退耕还牧，改变种植结构，治病和治贫相结合，大多数病区病情明显下降。壤塘县18例II度、III度重症病人实施矫形手术后，大部分病人改善了关节活动功能，提高了生活自理能力。

省扶贫开发领导小组把大骨节病病区的移民搬迁纳入《四川省农村扶贫开发规划（2001—2010年）》。2005年底，在阿坝州的壤塘县、阿坝县、若尔盖县、松潘县、黑水县、汶川县的部分重病区村，对居住在高山、半高山等恶劣环境的5815户实施搬迁，受益人口23468人。省发展改革委员会在批复《阿坝州近期农村饮水安全工程建设科研报告》中，大力支持解决饮水安全问题。省农业厅在农业基础设施建设、调整农业产业结构、开发特色农业等方面，积极争取专项资金和建设项目，支持和配合阿坝州大骨节病防治综合措施的实施。省民政厅对阿坝州大骨节病组织专题调查，与卫生厅、财政厅联合下发《关于在我省实施农村医疗救助的意见》，对大骨节病人实施医疗救助。

2005 年 7 月，为了解阿坝州大骨节病病情及防治措施落实情况，国家地病中心和省疾控中心组成考察组，深入汶川、马尔康、壤塘、阿坝、若尔盖、红原、九寨沟、松潘、黑水 9 个病区县 17 个乡的 24 个病点，临床检查 625 名 7—16 岁儿童少年，检出 I 度大骨节病患者 12 例，检出率为 1.9%；拍摄儿童少年手部 X 线片 460 人（份），平均 X 线阳性检出率为 5.7%；临床检查 3102 名成人，查出 I 度以上大骨节病病人 1521 例，总检出率为 49.0%，推算出实际的调查点全民患病率约 14.1%。阿坝、壤塘及黑水三县儿童大骨节病新发病得到有效控制，儿童 X 线检出率由 20% 以上下降到 10% 以下。

至 2005 年底，全省儿童大骨节病 X 线检出率在 10% 以下。

第三节　地氟病

一、流行概况

四川省史料上没有地氟病（地方性氟中毒）的记载。1979 年在涪陵地区彭水县和宜宾地区兴文县相继发现地氟病，随后开展大规模调查，结果表明四川地氟病分布范围广，氟源类型和流行因素复杂，危害严重。

按氟源类型分，四川地氟病主要有三种：一是燃煤污染型氟病区，共 24 个县，分布在盆地周边的低中山区煤系地带，海拔在 1000 米左右，多为国家级和省级贫困县。当地居民有用含氟较高的煤敞火熏玉米和辣椒的习惯，致使玉米和辣椒受到氟污染。二是饮茶型氟病区，共 15 个县，分布在甘孜、阿坝两州牧区、半农半牧区的农牧民中。当地藏族人群饮用含氟较高的茶砖，造成氟病流行。儿童氟斑牙损害轻，成人氟骨症危害重。1984 年发现藏族地区饮茶造成氟中毒，系国内首次报告。理塘县高氟茶砖加高氟温泉白土，形成地氟病重病区。三是饮水型氟病区，共 15 个县，分布在凉山州、攀枝花市和雅安市等地。这些地区处于地质断裂带，流经某些矿床的泉水含氟量高。此外，汉源和什邡属于混合型病区，既是燃煤污染型氟病区，又是饮水型氟病区。

1993 年四川省地氟病病区分布一览表

表 2—21

市（州）	病区县	病区县人口（万人）	氟斑牙（人）	氟骨症人数	病区类型	流行强度	病区确定时间
泸州市	叙永县	66.16	180413	28783	燃煤型	中病区	1984 年
	古蔺县	74.82	438700	44000	燃煤型	重病区	1984 年
广元市	市中区	43.60	—	—	燃煤型	轻病区	1984 年
	朝天区	21.35	—	—	燃煤型	轻病区	1984 年
	旺苍县	44.29	2497	—	燃煤型	轻病区	1984 年
	青川县	26.02	—	—	燃煤型	轻病区	1984 年
	剑阁县	67.41	—	—	燃煤型	轻病区	1984 年

续表2—21

市（州）	病区县	病区县人口（万人）	氟斑牙（人）	氟骨症人数	病区类型	流行强度	病区确定时间
宜宾市	长宁县	42.53	3458	—	燃煤型	轻病区	1984年
	珙县	41.34	2449	—	燃煤型	中病区	1984年
	高县	51.72	782	—	燃煤型	轻病区	1984年
	兴文县	43.56	26000	8700	燃煤型	重病区	1984年
	筠连县	39.74	3672	—	燃煤型	轻病区	1984年
	江安县	54.30	1177	3	燃煤型	轻病区	1984年
眉山市	洪雅县	33.96	3908	20	燃煤型	轻病区	1984年
达州市	万源市	55.32	12693	—	燃煤型	轻病区	1984年
雅安市	雨城区	33.13	2425	—	燃煤型	轻病区	1984年
	荥经县	13.88	100990	406	燃煤型	轻病区	1984年
	汉源县	34.87	30649	—	燃煤型	轻病区	1984年
	石棉县	12.30	24396	—	燃煤型	轻病区	1984年
	天全县	14.36	5274	31	燃煤型	轻病区	1984年
凉山州	甘洛县	17.33	9186	—	燃煤型	轻病区	1984年
	越西县	22.82	10876	—	燃煤型	轻病区	1984年
巴中市	南江县	69.80	2811	—	燃煤型	轻病区	1984年
攀枝花市	东区	30.00	1235	6	水源型	轻病区	1986年
	西区	16.10	873	5	水源型	轻病区	1986年
	仁和区	19.80	9029	55	水源型	轻病区	1986年
	盐边县	19.50	11233	41	水源型	轻病区	1986年
德阳市	什邡市	43.02	6037	—	水源、燃煤型	轻病区	1986年
绵阳市	游仙区	49.58	889	—	水源型	轻病区	1986年
	江油市	87.64	271	—	水源型	轻病区	1986年
乐山市	峨眉山市	42.93	2495	—	水源型	轻病区	1986年
雅安市	汉源县	34.87	912	24	水源型	中病区	1986年
	石棉县	12.30	4363	—	水源型	轻病区	1986年
甘孜州	泸定县	7.80	400	—	水源型	轻病区	1986年
凉山州	德昌县	18.92	1883	—	水源型	轻病区	1986年
	会理县	43.90	6500	—	水源型	轻病区	1986年
	喜德县	13.84	3013	—	水源型	轻病区	1986年
	冕宁县	33.01	—	25	水源型	轻病区	1986年

说明：饮茶型氟中毒病区尚无病区划分标准，流行强度待定

二、防治措施

1987 年，华西医大、泸州医学院、省地防所的专家和科研人员深入病区开展地氟病流行病学调查和基础研究，历时两年，基本摸清了燃煤污染型氟病的流行特点及分布规律，并发现藏族地区饮茶造成氟中毒（系国内首次报告），彭水县郁山盐厂卤水含氟高和工艺流程污染导致食盐含氟高，理塘县温泉区高氟白土为致病氟源。

开展地氟病监测。1987—1990 年第一轮监测 19 个县，1990—1995 年第二轮监测 10 个县，1995—1999 年第三轮监测 13 个县，1999—2004 年第四轮监测 3 个县，2005 年开始第五轮监测 4 个县。1995—1999 年全省地氟病监测和 2002 年重点调查显示，燃煤污染型氟病区除古蔺、兴文、珙县、旺苍部分重病区病情下降缓慢外，其余病区已降至轻病区和非病区水平，病区儿童的氟斑牙平均患病率从 1995 年的 62% 下降至 1999 年的 33%。重病区监测显示，8—12 岁儿童氟斑牙率由 1997 年的 79.31% 下降到 2002 年的 59.6%，5 年间下降 19 个百分点。与全国燃煤型病区相比，四川病情下降幅度较大，不少病区已接近控制水平，但川南片区病情较重，仅次于贵州省。

降低人群总摄氟量。主要是改炉、改灶、改变粮食干燥习惯。1985—1993 年，全省在燃煤污染型氟病区共改建降氟炉灶 16 万户（其中今属重庆市 102605 户，四川境内 57395 户）。2003 年健康教育基线调查结果显示，古蔺县氟病区 80% 的群众自发改炉，炉体烟道均为铸铁，美观、实用、耐用。兴文县大元村家家户户都按技术规范改造了炉灶。2005 年在中央专项资金的安排下，全省完成除氟改炉改灶 7 万户。至 2005 年 12 月，累计完成除氟改炉改灶 127395 户。在不断研制一系列适宜不同病区的降氟炉具的基础上，省地方病办公室出台了一系列的管理办法和技术规范，并出版了《四川省降氟炉灶图集》。同时，总结出在病区利用地膜覆盖加快玉米成熟期，通过日晒而减少氟污染，改变种植结构，降低摄氟量的新思路、新途径。

开展地氟病防治教育。流行地区卫生部门结合实际，制作地氟病防治小册子、宣传画，开设地氟病防治专栏、广播节目等，向群众宣传防治知识。1990 年四川拍摄了一部反映地氟病防治的电影《阴阳谷》，在各病区放映后收到良好效果，得到卫生部领导好评。

加强地氟病防治科研。1997—2004 年，省地防所先后同中国预防医学科学院环境卫生与工程研究所、日本国家环境研究院、日本农村医学研究所、日本水俣病研究所、日本金融保险中心医院等，联合开展“煤烟对呼吸功能的影响”研究；与中国科学院地球化学研究所联合开展“饮水加氟预防龋齿安全性论证”；与国家地病中心合作开展自然科学基金课题“海拔对砖茶氟的代谢、致病及产生脂质过氧作用的影响”研究；与中南大学合作，在四川地区开展由台湾佛教慈善基金会资助的“低氟砖茶防治效果观察”课题研究；主持卫生部中标课题“燃煤型地氟病健康教育干预试点”研究。白学信主持的“四川省非水源性地氟病的流行特点及预防对策研究”和“藏族地区饮茶型氟中毒研究”，詹承烈教授主持的“燃煤型地氟病发病与防治措施研究”，吴德良主持的“卤水高氟与工艺流程污染研究”，在地氟病流行病学和基础研究方面取得一定成果。赵泽普教授参与制定氟骨症 X 线诊断国家标准，袁明辩主持研制的抗氟病中药——骨宁通痹丸为纯中药制剂，获 1996 年国家中医药管理局颁发的中医药科技进步二等奖，成为取得国家三类新药证书的治疗氟骨症的唯一药品。

第五章　寄生虫病防控

第一节　血吸虫病

血吸虫病是严重危害人类健康的人畜共患寄生虫病。四川血吸虫病始见于1924年。1945年报告15例病人，100%脾肿大，最后全部死亡。芦山县、绵竹县、什邡县、德阳县、眉山县均有因大肚子病十室九空、人绝户灭的记载。有人因不忍腹胀之苦，自己破肚放水而亡。解放初期，在疫区常能见到因幼年感染血吸虫病而罹及的侏儒型病例。疫区民谣“肚变筲箕，神仙难医”广为流传。

多年的普查证实：全省有11个市（州）、62个流行县（市、区）流行血吸虫病，受威胁人口1000多万人。截至2005年，历史累计病人127.6万人，其中晚期血吸虫病人3万余人，部分村组人群血吸虫病感染率高达54%以上；病牛20余万头，耕牛感染率高达80%以上；钉螺滋生面积2.9亿平方米，钉螺分布最高海拔2350米（普格县），最低海拔282米（宜宾市）；疫区不仅分布于川西盆地，在盆地周围丘陵山地及雅安、凉山大山区均有血吸虫病流行。四川是全国流行最重、范围最大的山丘型血吸虫病区。

血吸虫病主要流行于成都平原及其周边丘陵地区，沿涪江、沱江、岷江、青衣江水系分布，共52个流行县（市、区）；其次是盆地西南部横断山脉边缘的攀西地区，沿安宁河、雅砻江水系分布，有9个流行县（市）；此外，宜宾市翠屏区有个小面积的钉螺分布环境。根据钉螺分布、孳生特点及自然地形，又可分为三类亚型：一是平坝型。成都平原各县及攀西地区安宁河流域中部的一些乡，水源丰富，河渠沟系交错成网，钉螺主要滋生在灌溉沟。中华人民共和国成立初期，钉螺分布面积占全省钉螺总面积的41.1%，但血吸虫病人却占全省总病人数的68.4%。二是丘陵型。位于平坝区的边缘，除温江县外，全省各流行区均有丘陵区，螺区孤立散在，竹园、稻田、荒地是主要的钉螺滋生地。建国初期，有螺面积占全省总有螺面积的22.9%，病人占全省总病人数的28.8%。三是高山型。主要分布在盆地西沿山区及攀西地区，钉螺分布区于山间小坝、山谷、山坡。山间小坝是四面环山的小盆地，其血吸虫病流行情况与平坝相似；山谷为两山之间的坡地，钉螺常分布在梯田梗、荒地、烂泥田以及难以攀登的渗水岩；山坡地为大山的斜坡、土地贫瘠，水源缺乏，一般为耕牛的牧场，钉螺滋生在渗水地，山沟和坟园。建国初期，高山型流行区的钉螺分布面积占全省有螺面积的36%，而病人则为全省总病人数的2.8%。

改革开放前，血吸虫病防治（下称血防）工作，以调查血吸虫病流行范围、流行程度为重点，防治方法多以试点的形式进行，覆盖面小，力度不大，成效不明显。20世纪80年代，省卫生厅在丹棱县试点，实施以环境改造为主要灭螺手段，辅以重点地区药物灭螺及人群化疗等措施的血吸虫病综合防治策略，取得显著成效，随后在全省推广。随着农村经济发展，以治本为主的血吸虫病综合治理步伐逐步加快。成都市龙泉驿区数十万亩农田，其粮食、经济作物比例由以前的9：1变为1：9，山区无水田，动力无耕牛，第三产业发展，农业人口大幅减少，2003年一举达到传播阻断血吸虫病国家标准。蒲江县长丘乡古佛村血吸虫病感染率由2001年的24%降为2003年的2.5%。从2004年起，全省23个疫情严重的县实施国务院血吸虫病综合治理重点项目。

“八五”“九五”“十五”期间，省政府连续制定3个五年血防规划，并将血防经费纳入财政预算，逐步增大投入。

1992年，省政府组织实施世界银行血防贷款项目，投资1557.24万美元，覆盖全省41个流行县，历时7年，共查病1020.5万人，化疗209.9万人，查牛23.5万头，化疗牛14.9万头，灭螺4638万平方米。至1998年项目结束时，人群感染率下降46.28%，耕牛感染率下降64.35%，钉螺感染率下降81.74%，25个县达到消灭血吸虫病标准，20个县达到基本消灭血吸虫病标准。

1993年，省政府成立省地方病及病害防治领导小组，省政府领导任组长，农业、林业、水利、畜牧、卫生等部门为成员。根据各流行区的地理和疫情特点，将全省血吸虫病流行区划分为长丘山片区、攀西片区、雅安片区、川西片区和其他片区，由省农业、水利、林业、畜牧、卫生5个部门分片负责。省农业部门结合产业结构调整和生态农业建设，在流行区实施下湿田改造，硬化沟渠，推广种植水果等适宜经济作物，大力推广沼气工程和新型耕作技术，改善生态环境，减少人群感染机会。省水利部门把血防工作纳入水利建设项目统筹规划，同步实施，结合农田水利基本建设、小流域综合治理、微型水利兴建、渠系改造等，在项目上优先立项，在资金上优先安排，重点扶持安排有灭螺任务的项目。“十五”期间，共安排各类水利工程1500余处，整治改造渠道1900千米，治理有螺面积495万平方米。省林业部门结合退耕还林还草工程、天然林保护工程、阳光林工程、经济林工程建设等，把血防工作纳入建设规划，优先安排血防综合治理项目。省畜牧部门在调整养殖结构、改变家畜传统养殖习惯的基础上，开展家畜查病治病，降低家畜感染率，组织开展活畜交易市场耕牛血吸虫病检疫工作，控制动物传染源。省卫生部门每年组织血防专业队伍深入流行乡、村和农户家中查病治病，查螺灭螺，探索和总结血吸虫病综合治理的经验。每年春季，省农业、水利、林业、卫生、畜牧等部门分管领导带队，对血吸虫病重点流行市（州）防治工作进行检查指导。

1994年，省政府组织开展长丘山7县血吸虫病综合治理。长丘山为一南北向条状低山，介于成都、乐山、眉山3市之间，20世纪50年代由于森林茂密，血吸虫病仅在极小范围的山间平坝流行，后来随着生产规模的扩大，开荒建田，环境发生巨变，血吸虫病流行全面扩散。在血吸虫病综合治理中，水利、农业、林业、畜牧、卫生一齐动手，多管齐下：硬化山区渠系，实施微水工程改造山平塘；改山顶山腰梯田为旱地，上部种薪炭林，中部种经济林；逐步、全面实施退耕还林。综合治理措施的实施，使血吸虫病得到有效遏制。

1999年1月28日，省政府印发《四川省血吸虫病防治管理办法》，将血吸虫病防治纳入法制化管理，进一步确立血吸虫病实行综合治理的方针，规定政府及相关部门在血防工作中的职责和疫区群众的义务，推行血防工作目标责任制，实行任务、经费、考核、奖惩“四挂钩”。

2000年3月，省政府在重疫区天全县新华乡开展血防综合治理试点，副省长李进亲自抓点，农业、林业、水利、畜牧、卫生等部门积极筹措资金，安排项目，集中力量打歼灭战，使该县在2002年达到传播控制标准。

2004年，四川、云南、重庆3省（市）建立血吸虫病联防联控机制，加强三地间的交流与合作，促进血防工作共同发展。

在血防实践中，全省形成了因地制宜、各具特色的四种血防工作模式。一是以小流域治理为主控制丘陵地区血吸虫病的成都市蒲江模式。该模式的主要特点是结合丘区人畜饮用水工程，开展山平塘整治及输入管道硬化的微型水利工程，并配合农业中低产田土改造及生态农业建设，消灭钉螺孳生地，控制血吸虫病传播。二是以农业综合开发为主控制血吸虫病传播的西昌模式。该模式主要包括渠系硬化、坡改梯、水改旱、下湿田改造及种植养殖结构调整等措施。三是以农村公益建设发展为主的巩固平坝地区血防成效的德阳市什邡模式。什邡大力推进改水改厕、沼气池建设、粪便无害化处理及发展农村庭园经济，通过控制钉螺孳生地面积，减少虫卵污染危害及减少疫水接触等，巩固血防成效。四是以农业结构调整为主控制血吸虫病的成都市龙泉驿模式。该模式的主要特点是大幅度减少水稻种植，扩大旱地经济作物，改造钉螺孳生环境，控制血吸虫病传播。

图 2－18　2004 年，省疾控中心专家承担国家“863”项目“检测血吸虫循环抗原酶免疫试剂的标准化研究”

结合血防实践，开展科研工作。20 世纪 80 年代，以省寄研所研究员辜学广为首的科技人员采用遥感和现场测定方法，发现都江堰老灌溉区内只有钉螺分布而无血吸虫病流行，主要原因是山区积雪，水温较低，血吸虫毛蚴侵入钉螺后缺乏足够发育温度。随后，又发现大山区垂直气温带不同高程对血吸虫病分布有明显影响。1986 年国家将“大山区血吸虫病流行因素和控制策略的研究”列为攻关课题，四川省首次与中国预防科学院寄生虫病研究所郑江教授及美国加州大学合作，选择西昌市川兴乡作为研究现场，采用 GIS 等方法研究地理特征与血吸虫病流行的关系，历时 10 年，提出每年两次化疗、疫水控制等一系列措施。省上先后在邛崃桂山、眉山海珠进行以化疗为主控制血吸虫病试点，防治效益达到 1 ∶ 8 ∶ 6，获得国家科技攻关二、三等奖各一项，获得卫生部科技成果二等奖两项。从 1993 年开始，省寄研所与美国加州大学公共卫生学院开展合作，利用美国国立卫生研究院（NIH）资助的研究经费，在国内血吸虫病领域率先建立地理信息系统工作站，利用地理信息系统及遥感技术，解译钉螺孳生地及人群血吸虫病易感环境的地理地貌特征、血吸虫病传播与地理要素的关系；通过对西昌市卫星照片的光谱分析，确定钉螺滋生地的光谱特征，并据此确定未知地区可能的钉螺滋生地。2001 年，省寄生虫病研究所与美国加州大学环境管理系 GIS 中心、武汉大学国家信息实验室经过 3 年合作，研制成功“血吸虫病控制管理 GIS 软件”，成为国内第一套用于血吸虫病研究、防治及管理的应用软件。2004 年，省疾控中心在国家“十五”攻关课题“预警系统在血吸虫病防治中的作用”研究中，对德阳市旌阳区血吸虫病复发、疫情反弹进行历史流行病学数据、自然环境因素、社会经济因素分析，发现社会经济因素、自然环境因素对血吸虫复发的不同影响，在此基础上建立起数据模型分析系统，采用不同的流行病学动态模型结构来分析不同的传播类型及流行病学特征。在开展疫区血吸虫病流行病学研究的同时，四川还对钉螺生态、动物血吸虫病开展研究，并取得一些重要成果。

经过积极防治，全省血吸虫病流行强度逐渐减弱，感染率逐年下降。1989 年第一次全国血吸虫病流行调查时，全省 19 个县达到消灭血吸虫病标准，6 个县达到基本消灭标准。1995 年第二次全国血吸虫病流行调查时，全省人群感染率从 1989 年的 4.41% 降至 1.92%。1998 年，全省共有 25 个县达到传播阻断标准，20 个县达到传播控制标准。世界银行贷款项目结束后，疫情反弹，人畜感染率上升。2001—2003 年有 5 个达到传播控制标准的流行县发生小规模爆发流行，1 个达到传播阻断的县发生急性血吸虫病。2003 年，全省共有 28 个县达到血吸虫病传播阻断标准，19 个县达到传播控制标准。2004 年，全省居民感染率较 1995 年下降 55.21%，耕牛感染率下降 56.61%，但高山型人群感染率仍达 8.48%，耕牛粪检阳性率均高于人群感染率，病情仍很严重。

第二节　疟　疾

疟疾是四川最常见的一种虫媒传染病。全省除西部山区外，均适宜媒介按蚊孳生繁殖和疟疾流行。20 世纪 50 年代至 80 年代，疟疾在四川广为流行，位居各类传染病之首。遵循因地制宜、分类指导、综合治理、科学防治的原则，实行“两根治一预防”的方针，即：根治疟疾现症病人、根治疟史病人休止期，重点人群预防服药；采取防制传播媒介、消灭传染源、加强监测、处理疫点等综合措施，预防和控制疟疾取得显著效果。90 年代后，全省疟疾发病率逐年下降，流行区范围逐步缩小，流行强度逐渐减弱，疟疾发病人数在全国各省中的排名由 1986 年的第 3 位降至 2005 年的第 8 位，在全省各类传染病中的排名由第 1 位降至第 12 位。2000 年以后，随着流动人口剧增，疟疾发病与输入情况呈增长趋势，全省输入病例已占总病例的 64.4%，恶性疟占输入病例的 33.3%，每年都有恶性疟病人死亡。1986—2005 年，全省累计报告疟疾病例 326262 人。

预防和控制疟疾，除根治病人、预防服药外，各地主要采取了以下措施：

药物喷洒灭蚊。全省共发现按蚊 25 种，其中嗜人按蚊和中华按蚊为疟疾的传播媒介。1987 年、1988 年，在流行区 35 个县的 276 个乡，用溴氰菊酯喷洒蚊帐 1489929 顶，后扩大为 42 个县 385 个乡，喷洒蚊帐 2259286 顶，嗜人按蚊和中华按蚊的密度较灭蚊前分别下降 97.4% 和 98.9%，发病人数下降 75.7%，由 1986 年的 6.02 万人减少为 1.45 万人，显示较好防疟效果。为了解长期使用溴氰菊酯喷洒蚊帐后按蚊对溴氰菊酯是否仍然敏感，省寄研所进行连续监测，发现中华按蚊、嗜人按蚊等传疟媒介对溴氰菊酯仍然敏感。据此，适时调整防治对策，将灭蚊范围缩小为以病家为中心的局部灭蚊，实施点状灭蚊、病家周围灭蚊，两种主要传疟媒介的基本繁殖率均小于 1（嗜人按蚊的基本繁殖率为 0.5264，中华按蚊的基本繁殖率为 0.0420），既保证了抗疟效果，又节省了灭蚊剂。1991 年，世界卫生组织和卫生部在省寄研所和乐山等地举办疟疾控制现场培训班，推广四川疟疾分层控制和溴氰菊酯喷浸蚊帐灭蚊抗疟经验。1993 年，世界卫生组织顾问、英国伦敦大学著名寄生虫学专家 C. F. Curtis 专程到四川考察疟疾控制，随后在《热带医学公报及公共健康》杂志作了专门介绍，并把杀虫剂喷浸蚊帐防制疟疾媒介应用于非洲。

降低蚊虫密度。各地积极引导和组织农民改造下湿田，水田改旱田，旱田育秧，水稻湿润灌溉，通过改变地理生态环境，减少媒介孳生条件。在川西南地区，推行水稻湿润灌溉，即随着水稻苗的生长逐渐减少蓄水，或只保持泥土湿润，成熟时将水放干，收割后也不蓄水，并实行免耕。稻田本是嗜人按蚊和中华按蚊的主要孳生地，由于不再蓄水，制约了媒介孳生条件，降低了蚊虫密度。邛崃县推行湿润灌溉后，两种按蚊的密度大幅下降，疟疾发病已经少见。使用农药，对于遏制媒介按蚊的孳生繁殖也起到一定作用，房屋、牛圈的媒介按蚊密度下降幅度一般都在 70% 以上，按蚊秋季繁殖高峰亦不复存在。

严控传染源。在疫区，对疟疾、疑似疟疾和不明原因发热人员一律实施疟原虫检查。疟疾确诊者采用全程全量抗疟治疗，疑似者采用假定治疗，后期灭蚊以患者住地为中心进行，并在患者家属或患者周围院坝人群中进行预防服药。针对新津、雅安等地相继发生 484 起献血与输血引发疟疾问题，省卫生厅印发《加强献血员筛选的通知》，规定疟疾患者和近 10 年有疟史者不得献血，定期对献血者进行疟原虫检查，来自流行区的献血者在献血前服一剂氯喹。

开展防治科研。省寄研所先后进行疟原虫体外培养、疟疾复发实验观察、创建根治药物筛选动物模型、疟原虫生物学特性、蚊虫抗药性等研究。与联合国儿童基金会、世界卫生组织热带病培训及研究规划署合作，先后进行荣县基本消灭疟疾试点，富顺县控制流行试点，峨眉山市高桥乡灭蚊抗疟迅速控制疟疾流行试点，宜宾县溴氰菊酯喷洒蚊帐和溴氰菊酯喷洒蚊帐合并二二三喷洒牛舍的灭蚊抗疟效果的成本效益比较分析，杀虫剂浸泡蚊帐地区疟疾流行危险因素研究，乡村医生在疟疾控制中的作用及其影响因素调查等。1990—1991 年，在总结防治工作实践和科学实验的基础上，省政府地方病防治领导小组办公室、省寄研所联合编著《四川省蚊类志》《疟原虫镜检手册》和《四川省溴氰菊酯灭蚊抗疟论文集》，分别由成都科技大学出版社和四川科学技术出版社出版发行。1998—2001 年，承担世界卫生组织/卫生部赋予的嗜人按蚊地区疟疾防治对策研究。这些研究，对于制定不同时期的防治规划，指导各地开展防治工作，解决疟疾防治工作中存在的问题，提高防治效果，发挥了重要作用。为系统总结全省 50 余年疟疾防治的经验教训，从 20 世纪 90 年代初开始，杨文、陈怀录、许国君、席芸华、康杨、郁涛、赖勤、肖宁、魏红雨等人，以“四川省疟疾控制策略、技术措施及推广应用”为题开展研究，其研究成果获 2003 年省政府科技进步奖一等奖。

发展地方经济，改善生活条件，对于控制疟疾流行也有重要作用。经济发展快的地区，群众生活水平提高较快，住房及其环境明显改善，普遍使用蚊帐和纱门纱窗防蚊，并使用杀虫剂灭蚊，从而大大减少了人蚊接触，减少了发病。如沐川县城郊区，既往疟疾流行严重，随着经济发展，几乎所有居民在夏秋季使用电热蚊香驱蚊，疟疾发病率显著下降。而经济发展滞后的马边县，不少群众无蚊帐，也没有使用杀虫剂灭蚊，疟疾一直广泛流行。

第三节　丝虫病

丝虫病（淋巴丝虫病）被世界卫生组织列为第二大致残病因。20 世纪 50 年代至 70 年代，中国不少重流行区青年因患丝虫病不能参军报效祖国。1956 年，中共中央在《农业发展纲要》中将丝虫病列为限期基本消灭的 9 种疾病之一。

据眉山县志记载，四川明代便有“象皮肿”。中华人民共和国成立前，涪陵等地就有“秀山米粮仓，本是好地方，十男九肿子，一世不安康，轻者屙白尿，重者见阎王”的民谣流传。

班氏丝虫病流行于川东长江以南的盆周山区，分布于秀山、酉阳、黔江、彭水、石柱、武隆、南川、涪陵、丰都、忠县、五桥区、云阳和奉节等13个县（市、区），共428个乡镇，3759个村，流行区人口340余万人。流行区呈片状分布，属川、黔、鄂班氏丝虫病流行区的一部分，其中黔江、酉阳流行最重。班氏丝虫病的慢性体征主要为反复发作的急性淋巴管/结炎、鞘膜积液、乳糜尿和淋巴液肿/象皮肿。

马来丝虫病流行于川西南平坝向盆周山区过渡的丘陵地区，分布于乐山市市中区、五通桥区、沙湾区、金口河区、夹江、沐川县、犍为县、峨边县、峨眉山市，眉山市东坡区、青神县、洪雅县，筠连县、高县、珙县，雅安市雨城区、名山县等17个县（市、区），共160个乡镇，959个村，流行区人口180余万人。流行区呈点、片状分布。马来丝虫病的慢性体征，主要为反复发作的急性淋巴管/结炎和肢体淋巴液肿/象皮肿。

四川从20世纪50年代中期开始建立丝虫病防治领导机构，组建和培训专业技术队伍，实施丝虫病调查、监测和防治试点。从1956年开始，在30个丝虫病流行县（市、区）开展流行病学调查和防治试点，以控制丝虫病唯一的传染源—微丝蚴血症者为主导、以乙胺嗪治疗微丝蚴血症者消灭传染源为主的防治策略，取得显著成效。继而转入大规模防治。

1986年，卫生部组织全国有关专家、学者和专业技术人员对四川省基本消除丝虫病进行考核验收，共抽查5个县（区）、19个村，血检21455人，未检出微丝蚴，确认四川全省范围内基本消除丝虫病。此后，全省丝虫病防治工作重点转为巩固和发展基本消除丝虫病成果，彻底查治残存传染源，深入开展丝虫病动态监测，完全消除丝虫病。各流行县、市、区分别对慢性丝虫病患者进行调查和复核，共调查10岁以上人群3017633人，仅在班瓦丝虫病流行区基本消除丝虫病后的前3~5年检出新发乳糜烂患者，全部建立个案卡。

开展丝虫病监测。一是病源学监测。1982—1996年，全省累计监测918037人次，检出残存微丝蚴血症者198人，其中横向人群抽查899个乡镇，血检676997人，检出残存传染源123人；纵向人群监测，血检97745人次，检出残存传染源18人（23人次）；重点人群监测（即原微丝蚴血症者、疫点人群、迁入人口、外出返乡和漏查漏治人员、流动人口、应征青年和基本消除丝虫病后出生儿童等），血检143295人，检出残存传染源57人。198例残存传染源检出时间主要分布在各县（市、区）达到基本消灭丝虫病后的前3年。二是蚊媒监测。1982—1996年，全省横向蚊媒监测，累计解剖人房帐内致倦库蚊112669只，检出含人体幼丝虫感染蚊3只（1984年1只，1985年2只）；解剖人房帐内嗜人按蚊和中华按蚊28287只，检获感染蚊1只。纵向蚊媒监测，解剖人房帐内致倦库蚊79787只，检出含人体幼丝虫感染蚊11只（均为1987年前检出）；解剖人房帐内嗜人按蚊27396只和中华按蚊9738只，未检出含人体幼丝虫感染蚊。三是血清学监测。限于条件，1987—1988年，在6个省级纵向监测点采用常规ELISA方法分别检测1912人和1685人，监测结果与非流行区人群的抗体水平接近。1994年丝虫病研究室研制白色PVC—DOT—ELISA检测方法，于1995—1996年在6个省级纵向监测点和5个邻近非流行区进行对照监测，6个省级纵向监测点检测5389人，5个非流行村对照监测459人，两者抗体水平无显著差异（$X^2=0.3141$，$p>0.05$）。慢性丝虫病患者的调查复检期间，累计治疗328万多人次，其中对象治疗55475人次，疫点人群和村组全民服药214989人次，全民普服乙胺嗪药盐3019255人次。通过治疗，残存传染源逐年减少，1988年检出末例残存传染源。

开展消除丝虫病审评。1994年，全省消除丝虫病审评现场会在秀山县召开，并确认秀山县为全省第一个消除丝虫病达标县。1994—1996年，按照卫生部发布的《消灭丝虫病标准（试行）》及

《消灭丝虫病审评方法（试行）》，对全省 30 个流行县（市、区）开展消灭丝虫病审评，结果为：每个县基本消除丝虫病后的监测时间均在 10 年以上，人群监测覆盖率在流行区总人口的 3% 以上和流行乡镇的 30% 以上，无微丝蚴阳性者，无人体幼丝虫感染蚊，丝虫病调查、防治、监测及考核的各项原始记录和统计资料完整，全部实现消除丝虫病。1997 年重庆直辖后，为保持四川省丝虫病监测防治资料的连续、统一和一致，省卫生厅和重庆市卫生局联合邀请全国丝虫病专家组对川、渝两省、市消除丝虫病进行达标审评。专家组审评结果认为，四川省丝虫病防治监测的各项指标达到卫生部《消灭丝虫病标准》。

开展消灭丝虫病后监测。1998 年，省卫生厅印发《四川省消灭丝虫病后监测技术方案（试行）》，要求 17 个县（市、区）在消除丝虫病后每 5 年监测一定数量的人群（包括横向整群病原学监测和重点人群监测）和蚊媒。2001 年印发《四川省消灭丝虫病后 2001—2005 年监测工作实施方案》，要求流行区对一切可能遗留有残存传染源和输入性传染源的人群进行最后搜索，防止丝虫病死灰复燃。截至 2005 年，在 17 个县（市、区）横向整群监测 44 个乡镇、63 个村，血检 31778 人，12 个县（市、区）监测重点人群 2629 人，均未检出微丝蚴血症者；14 个县剖检人房内嗜人按蚊 2152 只、中华按蚊 2812 只和未分种按蚊 1345 只，未检出含人体幼丝虫感染蚊；全省原慢性丝虫病患者复查和抽查 10 岁以上人群 287458 人，尚存原慢性丝虫病患者 659 例；未检出新发慢性丝虫病患者。

第四节　包虫病

包虫病（棘球蚴病），是畜牧业主产区人畜共患的多发病，晚期患者死亡率高，在流行区有“第二癌症”之称。主要流行于甘孜、阿坝两州农牧区的 31 个县，患者约 5 万人，受威胁者约 170 万人。人群包虫病分为两型，即囊型包虫病和泡型包虫病，这两型包虫病在部分地区高度混合流行，为全球所罕见。

囊型包虫病。主要分布于甘孜州的石渠、色达、德格、理塘、白玉、巴塘、甘孜、新龙、炉霍、道孚、雅江、丹巴、康定、乡城、九龙、稻城，阿坝州的若尔盖、阿坝、壤塘、马尔康、红原、松潘、黑水等县。2000 年后在远离流行区的大邑、新津、邛崃、汉源、成都等县（市），亦发现散在的当地原发病例。犬为主要传染源。石渠、色达、若尔盖、雅江、阿坝等县，犬的细粒棘球绦虫感染率为 29. 5%—62. 5%。有蹄类大牲畜均可成为本病中间宿主，其中以绵羊为细粒棘球蚴发育最适宜的中间宿主。1989—1997 年省寄研所在甘孜州部分包虫病流行区的调查结果显示，野犬的细粒棘球绦虫感染率为 62. 5%，家犬为 50%，成年绵羊为 81. 7%，羊羔为 84. 3%，猪为 77. 8%，山羊为 40. 8%，牦牛为 94. 0%。20 世纪 90 年代后期，石渠县牦牛感染率仍维持在 50. 8%。2000 年新西兰包虫病专家赫斯等人对甘孜县达通玛区 4 个乡 100 头 4 岁的牦牛剖检结果显示，感染率高达 60. 0%—94. 0%。牛、羊等牲畜寄生的细粒棘球蚴病灶以多发性包囊较常见，数目最多者一头牦牛肝脏上可见 70 个以上包囊，查见的最大包囊达 45 千克。受累器官牦牛以肺脏居多，绵（山）羊以肝脏为主，其它脏器如脾、肾、心、肠系膜亦常见累及。人群感染状况：中华人民共和国成立前无资料记载。四川医学院报告 1954—1974 年间共收治 48 例包虫病病人。1965 年任君伟等报告 1 例继发性包虫病病例。1986 年徐广述报告若尔盖县医院收治 84 例包虫病。

1993—1994 年四川省 9 县人群包虫病流行基线调查结果统计表

表 2—22

地 区	调查人数（人）	感染人数（人）	感染率（%）
石渠	1242	86	6.90
色达	513	29	5.60
德格	500	25	5.00
甘孜	508	8	1.57
道孚	512	8	1.56
理塘	499	34	6.80
阿坝	610	21	3.40
红原	582	5	0.90
若尔盖	522	9	1.70
合计	5488	225	4.10

1997—1998 年，省寄研所在石渠县、甘孜县 8 个不同经济类型地区，对 3999 人采用 B 超、X 光为主，结合血清学检测的调查结果显示，人群感染率平均为 4.03%。牧区感染率大于城区、大于农区的特点明显。为证实牧民的实际患病情况，2000—2001 年，省寄研所又在甘孜县达通玛区、石渠县牧民中采用同一方法对 2140 人作检查，结果显示甘孜县牧民感染率为 2.66%，石渠县西区牧民为 9.78%。患者中年龄最小者 4 岁，最大 85 岁，平均年龄 38.8 岁。患病人数随年龄增长而逐渐增多，中老年为高发人群。石渠县 50 岁以上人群组感染率超过 20%。

泡型包虫病。主要分布于甘孜州的石渠、色达、甘孜、德格、白玉、新龙、理塘、康定、炉霍，阿坝州的壤塘、马尔康、理县、阿坝、若尔盖、红原、黑水、松潘等县。

犬、狐为本病主要传染源，狼和猫亦可感染。1983 年朱依柏等人在国内首次报告甘孜县达通玛区野犬小肠寄生多房棘球绦虫。1984—2000 年，省寄研所邱东川、易德友、邱加闽、陈兴旺等人组成的包虫病研究组，在甘孜、石渠、色达等县进行连续调查，剖检 342 只野犬，甘孜县野犬多房棘球绦虫感染率为 22.7%—34.8%，石渠县为 9.1%—12.1%，色达县为 21.3%；检查藏狐 193 只，多房棘球绦虫感染率为 44.4%—59.1%；检查红狐 21 只，感染率为 57.1%。泡球蚴病自然宿主为小型哺乳类（主要是啮齿目和兔形目动物）。1996—1999 年，邱加闽等在石渠县发现黑唇鼠兔、灰尾兔、松田鼠、长尾仓鼠、青海田鼠是该病新的自然中间宿主，其中黑唇鼠兔分布广泛，种群数量大，属青藏高原优势种，是流行区重要的中间宿主。家畜不是泡球蚴适宜的中间宿主。但因川西藏区牧场被犬、狐粪污染严重，在泡球蚴病流行区亦可见大牲畜被感染的现象，石渠县牦牛感染率为 2.0%—6.2%，绵羊 7.5%，猪 0%—3.1%，甘孜县牦牛感染率为 0.3%。人群感染状况：1997—1998 年，省寄研所在石渠县、甘孜县 8 个不同经济类型地区，对 3999 人采用 B 超、X 光为主，结合血清学检测的调查结果显示，人群感染率平均为 1.90%，女性略高于男性。牧民是高危人群，感染率接近或超过 5%。中老年是高发人群这一现象与细粒棘球蚴病相同，患者平均年龄为 45.6 岁。感染率随年龄增长而逐渐升高，文盲及受教育程度低者患病较多。2000—2001 年，对甘孜县和石渠县牧民2140人作检查，两地牧民感染率分别为5.12%和5.95%。人群感染风险因素：家犬作为传染源的危害明显大于狐狸。流行区牧民与城镇居民普遍养犬，人群与其接触密切；牲畜屠宰卫生管理薄弱，有的用病畜内脏作饲料，造成寄生虫生活史在犬与牲畜间稳定循环；大量遗弃或走失的犬只散布在寺庙、城镇，污染水源和环境。犬只散养、不驱虫、犬主人缺乏相关防治知识、屠宰管理无序等，是犬感染棘球绦虫的高危风险因素；而饭前不洗手、耍犬、饮用不安全水源、卫生条件差、传统游牧生产方式等，则是人群感染包虫病的高危风险因素。在经济基础薄弱、文化教育与医疗卫生发展滞后以及采用传统放牧方式的地区，包虫病易于流行。牧区感染率>城区>农区的特点明显，患病人数随年龄增长而逐渐增多。

20世纪70年代末，应甘孜州部分县人大、妇联代表的要求，省卫生厅组织医务及科技人员深入石渠、色达等重疫区巡回开展包虫病手术及调查研究。随后，省寄研所组建包虫病研究课题组，赴甘孜、阿坝两州举办包虫病学习班，对两州部分流行区防疫人员、临床医生及兽防人员进行短期培训。

1987年，省民委、省卫生厅组织石渠县有关单位在该县呢呷镇与菊母乡开展为期3年的防治试点工作。通过健康教育、杀灭野犬、家犬登记挂牌并定期服用吡喹酮驱虫、人群普查普治等措施，使当地家犬感染率由防治前的38.6%下降至11.1%，90余例中晚期患者得到药物治疗。

1993—1994年，省卫生厅组织力量，采用Dot－ELISA血清学方法结合B超与X光检查，在甘孜州和阿坝州9县开展包虫病流行基线调查，受检的5488人中，有225人患病，患病率为4.1%。

1997—1998年，省寄研所采用B超、X光结合血清学检测方法，对省内8个不同经济类型流行区的3999人进行包虫病流行病学的抽样调查，结果显示：包虫病患病率为4.03%，其中泡型包虫病平均患病率为1.90%，囊型包虫病患病率2.13%，女性略高于男性。牧民是高危人群，患病率接近或超过5%。患者平均年龄为45.6岁，中老年是高发人群，这一现象与囊型包虫病相同。

1998年，由新西兰政府与中国政府合作的“甘孜县包虫病控制和社区健康教育示范项目”在甘孜县达通玛区实施，项目投资约1300万元人民币（为新西兰政府对华最大援助项目）。在对包虫病流行因素进行详细调查的基础上，积极探索藏族牧区包虫病控制模式和策略。项目实施结果证实：传统、落后的生产方式造成棘球绦虫生活史在犬与牛、羊等牲畜间稳定循环，是青藏高原囊型包虫病高度流行的主要原因；本地区牦牛感染的是细粒棘球绦虫家养绵羊株，牦牛不是多房棘球绦虫的中间宿主；4岁年龄的牦牛在包虫病传播过程中尚不具备传染性，而4岁以上的牦牛包虫病的感染率平均达54%，成为囊型包虫病的主要中间宿主；每年春秋两季对家犬进行吡喹酮药物驱虫，可以有效减轻家犬棘球绦虫的感染率。此外，项目还对绵羊用Eg95疫苗免疫接种预防包虫病感染进行了探索。

2003年3月，甘孜州州长饶斯丹在全国人大会议上呼吁控制包虫病，国务院副总理吴仪指示相关部门调查疫情，开展防治。省卫生厅随即编制防控规划，制订防治方案提交卫生部。2005年，卫生部投入200万元，率先在包虫病流行严重的石渠、色达、白玉、甘孜、德格、巴塘、理塘、新龙、若尔盖、阿坝10个县启动中央转移支付地方包虫病控制项目，包括人群查治、传染源管理和控制、健康教育、项目管理和技术培训、项目现场督导和技术指导及防治药品等。当年省财政配套120万元用于这10个县的包虫病防治。各项目县加强传染源控制工作，对家犬实行挂牌登记管理，并月月驱虫。根据牧区游牧的生产、生活方式，在冬季人群相对集中的定居点，由驱虫员每月送药到户，亲自看犬只服药下肚；对搬迁去夏季牧场和居住边远分散的牧户，每次发放3个月的药物，开展犬只驱虫工作。通过卫生部门上门搜索和病人主动就诊，对农牧民开展包虫病筛查工作，并对适宜治疗的病人给予药物免费治疗。由县政府工作人员、县疾控中心专业人员、县妇联干部、疫区活佛喇嘛、乡村干部、乡村兽医等组成健康教育团队，通过张贴宣传画和宣传标语、散发宣传单、组织专场讲座、入户宣传、学校教育等，对流行区牧民和小学生进行包虫病防治教育宣传，并通过对牧民的健康教育问卷调查评估工作成效。省疾控中心每年举行两期技术培训班，内容包括包虫病基础知识、流行病学、B超诊断技术、血清学检测、犬驱虫技术、犬粪抗原检测、健康教育方法学、实验室生物安全和包虫病防治工作中的伦理问题等。州和县疾控中心分别对其下一级工作人员进行培训。按照国家包虫病防治项目要求，省上每年对实施该项目的地区进行两次督导检查，督促项目各项措施的落实，及时发现项目实施中出现的问题和困难，并提出解决建议和措施。

四川在包虫病防治实践中做了大量科研工作。1994—1998年，省寄研所课题组对多房棘球绦虫原虫株从发育史、形态学、蛋白组分、虫体DNA酶切片段长度多态性等方面与国内其他地区病原开展比较研究；1997年课题组在省科委支持下开展“四川泡球蚴病流行特征与病原生物学研究”；1998—2001年，陈兴旺等开展化疗药物筛选研究，在实验室内建立的包虫病小鼠、沙鼠动物模型得到国内有关专业研究单位及大学院校的广泛应用；1999年在美国斯拉西儿基金会资助下开展“青藏高原东部包虫病流行病学及风险因素研究”；2000年邱加敏、何金戈等经多种消毒剂比较试验筛选发现“84”消毒剂对棘球绦虫卵有极强的杀灭作用；2001年在美国国立卫生研究院（NIH）资助下与英、法、美、日、爱尔兰等国合作开展“泡球蚴病在中国的传播”研究，2002与中山医科大学唐崇褟教授合作开展国家自然科学基金重点资助项目“包虫病（细粒及多房棘球蚴病）病原生态学与流行病学研究”，2003年开展省科技厅重点资助项目“包虫病病原新种致病性及流行病学研究”，2005年与美、英、法、日、爱尔兰等国合作开展“动物源性人畜供患病的生态干扰和传播动力学研究”。科研工作取得一批成果。“青藏高原东部包虫病流行病学研究”获省政府2000年科技进步二等奖；肖宁等在石渠县分离出一种棘球蚴虫，经形态学和分子生物学证实是一种新的虫种，命名为石渠棘球蚴虫；王谦、肖永富等证实草原过度放牧会促进泡球蚴病的传播，发现人群居住点3平方公里范围内为泡球蚴病高度传播区域；黄燕等引进、建立双抗体夹心酶联免疫吸附试验检测犬棘球绦虫感染情况的犬粪抗原检测技术，用于对犬感染的监测；肖宁等应用重组Em18抗原用于泡型包虫病的诊断和鉴别诊断，并通过实践评价其临床应用价值；邱加闽、李调英等发现石渠县是世界上包虫病流行最为严重的地区之一；陈兴旺等在实验室内建立包虫病小鼠、沙鼠动物模型，得到国内有关专业研究单位及大学院校的广泛应用。

2000年7月，日本旭川大学伊藤亮教授发起在成都召开“四川省控制包虫和囊虫等人兽共患病迈向多边合作研讨会”，中、英、法、新西兰、丹麦、日本等国专家及WHO官员参会。2005年5月，省疾控中心在成都召开“包虫病的诊断、治疗和控制”国际学术研讨会，包括WHO专家在内的10个国家和组织的80余人出席。四川省包虫病防治工作得到国际有关人士称道。

第六章　公共卫生

公共卫生是关系一个国家或一个地区人民大众健康的公共事业。传统意义上的公共卫生，主要是指环境卫生、食品卫生、学校卫生、职业卫生和放射卫生，俗称“五大卫生”。20 世纪末 21 世纪初，公共卫生的范畴逐渐扩大，不仅包括对重大疾病尤其是传染病的预防、监控和医治，也包括对食品、药品的监督管制，以及相关的卫生宣传、健康教育、免疫接种等。本章所记，仅限“五大卫生”，其他内容记于本志相关章节。

第一节　食品卫生

一、食品卫生总体状况

1986—2005 年监测情况显示，全省食品卫生总体良好。

1987—2000 年，四川先后 8 次参加国家级和国际级食品分析质控考核，均取得优良成绩。

1987—2000 年四川参加国家级食品分析质量控制考核情况表

表 2—23

序号	时间	考核单位	考核样品名称	考核项目	检验方法	结果
1	1987 年	中国预防医学科学院环监所	人奶	有机氯（多组分）	GC	合格
2	1991 年	卫生部食检所	一级国家标准物质——茶叶、脱脂乳粉	铅、砷、铜	AAS　SP	优秀
3	1992 年	卫生部食检所	NBS1570 标准物质——菠菜	铅、镉、汞	AAS	合格
4	2000 年	卫生部食检所	保健食品	人参皂式褪黑素	SP、HPLC	合格

1987—2000 年四川参加国际级食品分析质量控制考核情况表

表 2—24

序号	时间	考核单位	考核样品名称	考核项目	检验方法	结果
1	1992 年	FAO/WHO（瑞典）组织 AQC 考核	大豆油、乳脂	有机氯（多组分）	GC 法	优秀

续表2—24

序号	时间	考核单位	考核样品名称	考核项目	检验方法	结果
2	1993年	英国农业、渔业和食品部食品安全局主持UNEP/FAO/AQC考核	01#、02#奶粉	铅、镉、汞	AAS法	优秀
3	1995年	英国农业、渔业和食品部食品安全局主持UNEP/FAO/AQC考核	1#、2#奶粉	铅、镉、汞	AAS法	优秀
4	1997年	FAO/WHO（瑞典）组织AQC考核	生物材料（虾粉）	铅、镉	SSA、DPSA法	优秀

2000年和2005年，全省粮食、植物油、乳制品、水产品、糕点、食品添加剂等22个品种的食品生产加工业监测合格率和食品销售服务业监测合格率大多在90%左右。详情见表2—25和2—26。

2000年四川省食品卫生情况表

表2—25

品名	监测合格率（%）	生产加工业合格率（%）	销售服务业合格率（%）
合计	86.68	86.62	86.76
粮食	97.43	79.54	97.23
植物油	91.43	91.14	91.92
肉及制品	75.11	77.81	73.17
消毒鲜乳	80.56	68.24	94.19
乳制品	85.83	78.75	85.69
水产品	94.38	88.88	94.56
罐头	96.06	96.47	95.81
食糖	92.43	92.63	92.38
冷食	76.75	72.86	81.41
饮料	85.98	81.41	89.75
蒸馏酒配制酒	94.09	94.05	94.20
发酵酒	96.77	95.72	97.20
调味品	78.04	78.43	77.54
豆制品	86.04	83.23	89.60
糕点	87.67	87.04	88.95
糖果蜜饯	90.06	87.20	91.79
酱腌菜	85.72	90.77	76.92
保健食品	90.50	99.08	88.94

续表2—25

品名	监测合格率（%）	生产加工业合格率（%）	销售服务业合格率（%）
新资源食品	77.89	73.61	91.30
食品添加剂	75.88	78.57	74.82
其他食品	89.36	89.87	89.12
餐具消毒	76.44	62.56	79.64

2005年四川省食品卫生情况表

表2—26

品名	监测合格率（%）	生产加工业合格率（%）	销售服务业合格率（%）
合计	88.18	87.45	88.29
粮食	96.33	97.62	95.51
植物油	95.38	96.67	94.21
肉及制品	86.24	76.11	94.77
消毒鲜乳	94.88	93.63	96.26
乳制品	93.66	93.87	93.61
水产品	92.77	93.78	92.31
罐头	81.93	85.04	79.90
食糖	97.54	95.83	98.15
冷食	87.89	88.54	87.36
饮料	94.25	93.45	94.70
蒸馏酒配制酒	97.45	96.95	98.22
发酵酒	96.52	97.32	95.99
调味品	91.77	96.18	89.77
豆制品	90.09	91.11	88.05
糕点	93.02	92.83	93.28
糖果蜜饯	90.66	94.91	89.06
酱腌菜	93.91	96.62	89.44
保健食品	91.53	92.59	91.46
新资源食品	96.30	100.00	95.83
食品添加剂	92.40	—	92.40
其他食品	90.79	92.11	89.83
食品用产品	86.55	90.48	80.95
餐具消毒	87.01	74.20	87.64

大型社会活动食品安全保障有力。在成都1993年举办第七届全国运动会（四川赛区）、1997年举办第五届中国艺术节、2000年举办第六届全国大学生运动会期间，省、市领导和各相关部门高度重视食品安全，认真落实各项防范措制，省卫生防疫站派卫生监督监测人员驻点进行食品卫生监督检查，提供食品安全保障，有效避免了群体性食物中毒事件的发生。

“农家乐”食品卫生逐步加强。成都是中国“农家乐”的发源地。20世纪80年代中期，郫县、温江等郊区县农民以自己的宅院作为经营场所，开办“农家乐”，为游客提供餐饮娱乐服务。兴办初期，卫生设施简陋，防病意识淡薄，存在着食物中毒、食源性肠道传染病暴发流行的隐患。为搞好“农家乐”食品卫生，成都市卫生监督机构派员驻点现场监管和指导帮助，对从业人员进行健康体检和卫生知识培训，对卫生设施、功能区分、食品采购索证、食品贮藏、加工销售、餐具消毒等关键环节进行卫生检查，对自备水源水质和餐具消毒效果进行抽样监测。每逢五一、国庆、春节等旅游旺季，加大对“农家乐”的巡回检查和卫生监管力度。经过经营者和卫生监督人员的共同努力，“农家乐”卫生状况逐步改善。2000年和2001年夏季，成都市卫生局两次组织“农家乐”食品卫生交叉检查，并通过新闻媒体公布卫生状况。2002年成都市卫生局印发《加强农家乐卫生管理的若干规定》，进一步规范全市“农家乐”的卫生管理。2004年，温江区50余家“农家乐”开始实行食品卫生量化分级管理，一年后有27家通过评审。2005年，郫县卫生执法监督所会同县旅游局、质监局、环保局等部门，对“农家乐”开展星级评审活动，1家被评为四星级“农家乐”，3家被评为三星级“农家乐”。

省内各地星罗棋布的“农家乐”，经过不断努力，食品卫生状况日趋改善，涌现出一批卫生制度比较完备、卫生设施比较健全的“农家乐”。

二、食品卫生许可管理与量化分级管理

1986年，全省获得卫生许可证的食品生产、食品经营企业共275135个，595482名从业人员中有561433人进行了健康检查，一些因健康状况不宜于直接从事食品生产经营的从业人员作了调整。

1995年，根据省政府办公厅《议事纪要》（14号）和省卫生厅《关于四川省和成都市卫生监督监测工作分级管理的通知》，省卫生防疫站负责直接管理省属食品生产经营单位的卫生许可证发放和卫生监督工作。该站每年召开直管食品生产经营单位许可证年审会进行许可证审验，组织从业人员健康体检，开展卫生知识培训，组织食品、餐具抽样监测等。1997年，省卫生防疫站对全省申请的保健食品逐一登记，并进行样品毒理学、功能性、稳定性试验，开展卫生学评价和初评。清理整顿全省257家申请生产保健食品的企业，其中64家企业104个产品通过初审上报卫生部审批，72个企业134个产品因不符合保健食品管理规定，但符合强化食品、特殊食品管理规定，由卫生厅重新登记。

从2001年开始，食品生产经营单位的卫生许可证发放和卫生监督工作改由省卫生执法总队负责。截至2005年底，省卫生执法总队共办理各类食品生产经营企业卫生许可129个。

2002年4月，卫生部印发《卫生部关于推行食品卫生监督量化分级管理制度的通知》，要求对餐饮企业在卫生管理制度、从业人员实际卫生状况、生产经营过程卫生等方面进行量化评分，并实行分级监督。6月，省卫生厅制定量化分级管理实施方案，7月在眉山召开会议进行部署，培训市（州）卫生局、卫生执法监督所负责人，8月进行申报资料审查，现场量化考评。首批对113家食品生产经营单位实施量化管理，共评定8家A级、20家B级、10家C级，对10家单位限期进行卫生

整改并实施行政处罚；接着对35家食品经营单位进行许可审查，共评定5家A级、20家B级、10家C级；继而对40家食品生产厂进行量化评分，通过督促规范，10家达到A级，15家达到B级，15家达到C级。2003年9月，在绵阳召开全省食品卫生监督量化分级管理现场工作会。11月，省卫生厅对首批获得食品卫生信誉度A级单位举行授牌仪式，为全省量化分级管理推出一批典型。2004年7月，省卫生执法总队派出4个督查组深入广元、德阳、攀枝花、凉山、宜宾、自贡、内江、泸州等市县城乡，对食品卫生监督量化分级管理工作进行现场检查与技术指导，并将检查结果向社会公布。截至2005年，全省实施食品卫生量化分级管理单位已达55174家，各市（州）已评出餐饮业、食品生产企业食品卫生信誉度A级单位274家，B级单位2043家，C级单位15561家。

2005年四川省餐饮业单位实施食品量化分级管理情况统计表

表2—27

地区	单位数（户）	实施量化分级管理单位（户）	比　例（%）	A级单位数（户）	B级单位数（户）	C级单位数（户）
城市	39445	23297	59.0%	222	1394	12071
农村	31043	10818	34.8%	0	247	3701

2005年四川省食品经营单位实施食品量化分级管理情况统计表

表2—28

地区	单位数（户）	实施量化分级管理单位（户）	比　例（%）	A级单位数（户）	B级单位数（户）	C级单位数（户）
城市	43033	22597	52.5%	25	587	4955
农村	49766	10100	20.3%	0	115	1276

2005年四川省生产加工企业实施食品量化分级管理情况表

表2—29

地区	单位数（户）	实施量化分级管理单位（户）	比　例（%）	A级单位数（户）	B级单位数（户）	C级单位数（户）
城市	5337	3063	57.4%	32	158	666
农村	5950	2035	34%	4	68	652

2004年3月，省卫生厅印发《关于保健食品生产企业实行GMP管理的通知》及《关于印发保健食品生产企业GMP审查工作程序的函》，并从卫生监督机构、食品检验检测机构、食品营养与卫生科研机构中遴选具有副高级职称以上的专业人员，组成保健食品GMP审核专家库，开展保健食品GMP审查工作。从4月1日起，对全省近50家保健食品生产企业逐个进行清理，督促企业按照GMP的要求进行整改。至2005年底，全省有29家企业通过保健食品GMP审查，取得保健食品生产卫生

许可证；未通过保健食品 GMP 审查的企业，于2004 年10 月31 日后全部停止生产，其中一部分企业通过合同形式，委托符合保健食品 GMP 的企业进行生产。

三、食品卫生监测检测与专题调研

20 世纪 60 年代后期，省卫生防疫站组建食品理化室和细菌检验室，专门从事食品卫生理化检验和微生物检验。80 年代至 90 年代，分析手段不断完善，从一般化学分析、目视比色分析，发展为拥有气相色谱/质谱联用仪、气相色谱仪、离子色谱仪、薄层扫描仪、原子吸收分光光度计、半自动生化测定仪等大型精密仪器，检测的准确性、可靠性、可比性大为提高，分析速度亦加快。使用各种现代仪器分析技术，建立了食品、食品添加剂、保健食品、食品污染物、食品相关产品中各种有机物及无机元素的检测方法近百种。每年检测日常监督监测样品、委托送检样品及抽检、打假、仲裁分析样品约 2000 件、7000 项次。

1996 年，省卫生防疫站成为全国首批获得国家认证的保健食品功能学检测机构，开展从事免疫调节、抗疲劳、减肥、调节血脂、促进生长发育、耐缺氧、抗氧化（延缓衰老）等 7 大功能学检测。其检测业务不限于四川，还为全国各地保健食品生产企业提供服务，获得企业好评。

2005 年，省疾控中心加入国家食源性疾病监测网，在成都、雅安、广元、自贡、达州 5 城市的多个农贸市场、超市选购生鸡肉、生鸭肉、生猪肉、生羊肉、生牛肉、水产品、生食蔬菜、熟肉制品、婴儿配方奶粉等食品样品，进行食品污染物监测，分析食品污染水平与食源性疾病的关系，评估对人体健康的危害程度，建立预警机制，制定相应的控制措施。

为加强食品卫生安全，省卫生防疫站组织力量开展食品卫生专题调研。主要开展的课题包括：1. 黄曲霉毒素 B1 污染情况调查。自 20 世纪 80 年代开始，省卫生防疫站就组织力量先后到南充、温江、涪陵、乐山、内江等地调查食物中黄曲霉毒素 B1 污染情况，共监测 25 个品种 854 件样品，黄曲霉毒素 B1 阳性检出率为 6.0%，以花生、花生油及玉米的检出率最高，分别为 36.1%，16.0% 和 13.2%，其次为豆瓣（6.5%）、甜酱（6.4%）、棉籽油（5.1%）、酱油（4.4%）、菜油（2.6%）、蚕豆（2.1%）。该调查项目被全国科学大会、四川科学大会评为一级成果。2. 食品中有机氯农药污染调查。这是联合国粮农组织（FAO）和世界卫生组织（WHO）《全球食物污染监测计划》中的重要项目。中国于 1983 年停止生产、使用有机氯农药六六六、滴滴涕，但由于这类农药不易降解的特性，在环境中残留仍可持续较长时间。为了解四川省食物中有机氯残留情况，省卫生防疫站于 1992 年对粮食、油类、蔬菜、水果、肉类、蛋类、奶类和鱼类共 8 类食物进行抽样调查，结果 8 类食物样品中均检出六六六、滴滴涕。在各类食品中，滴滴涕的残留量以动物性鲜肉类残留量最高，为 0.0369 毫克/千克，植物性食品水果类残留量最低，为 0.0009 毫克/千克。动物性食品的农药残留遂成为食品卫生监督监测的重点。3. 辣椒粉掺假情况调查。辣椒粉是四川最常用的调味品之一，由于价格高，销势好，常有不法者以掺假手段谋利。为摸清辣椒粉掺假状况，1996 年省卫生防疫站在成都、重庆、自贡、德阳、江油、大足选取有代表性的 15 个农贸市场、批发市场进行卫生学调查，随机抽取样品 63 件，对常见的掺假物酸性金黄（Ⅱ）、淀粉、食盐、碱进行检测，结果表明：辣椒粉掺假率高达 46.03%，掺假成分主要为非食用色素—酸性金黄（Ⅱ）以及淀粉类物质。遂建议把农贸市场辣椒粉的卫生质量纳入常规监测，增强打击掺杂使假活动力度。

开展食品卫生科研。1986—1987 年，省卫生防疫站参加全国科研协作课题，完成《中国人群体内有害物质蓄积水平的动态研究》（获卫生部科技进步一等奖）、《五氯酚对环境与人体健康影响的研究》（获卫生部科技进步三等奖）、《我国常见食物血糖生成指数的研究》《微量乐果的比色测定方法"》《空气中微量敌枯双的比色测定》《椰酵菌选择性培养基的研究》等。受中国预防医学科学院委托，研制的国际分析方法有：GB/T17408—1996"大米中稻瘟灵残留量测定"、GB/T16336—1996"食品中阿特拉津残留量测定"、GB/T16338—1996"粮食中绿麦隆残留量测定"、GB/T16339—1996"大米中禾大壮残留量测定"、GB/T15009.42—1996"食盐中卫生标准的分析方法"、GB/T15009.12"义单扫描极谱法测定食品中铅"等。参加研制的部省级规划化学检验方法有："保健食品红景天甙的测定""现代极谱分析方法在卫生检验中的应用"等。

制定食品卫生标准。20世纪80年代至90年代，省卫生防疫站组织或参与制定了多个食品卫生标准与规范。主要有：1. 组织制定鲜食用菌、干食用菌、蘑菇罐头、坚果、干果、辐照稻谷加工大米、辐照薯干酒、辐照香辛料类等国家卫生标准。2. 受卫生部卫生标准委员会委托，组织制定天然苋菜红色素、桑葚红色素、萝卜红色素、姜黄、冷压柠檬油、甜叶菊甙、固化单宁等7个食品添加剂使用国家卫生标准。3. 结合省情，先后制定干海椒、浓缩果汁、豆瓣酱、木耳、酥油、猪肉、挂面等7个四川省地方卫生标准。4. 参加国家卫生标准科研协作组，参与制定蜂蜜、白糖、茶叶、冻猪肉、鲜猪肉、冻鸡肉、鲜鸡肉、咸鸡肉、固体饮料、茶饮料、饮用天然矿泉水、瓶装饮用水、蛋与蛋制品、肉与肉制品等16个国家卫生标准和卫生管理办法。参加国家食品中有毒物质允许限量科研协作组，参与制定食品中黄曲霉毒素B1允许量标准和防止黄曲霉毒素污染食品卫生管理办法，粮食、蔬菜等食品中六六六、滴滴涕残留量标准，肉、蛋等食品中六六六、滴滴涕残留量标准，食品中汞允许量标准，食品中氟允许量标准等5个标准。

四、食品卫生宣传教育

每年重大节假日、"3·15"消费者权益保护日及《中华人民共和国食品卫生法》（以下简称《食品卫生法》）宣传周，全省各地都采取多种形式广泛开展食品卫生宣传。

1995年10月，为贯彻《食品卫生法》，省卫生厅召开由各市（地、州）卫生局长和省卫生防疫站站长参加的《食品卫生法》宣贯会，举办全省食品卫生监督人员培训班，印制《食品卫生法》单行本3万余册，编制食品卫生宣传挂图2万套，召开报告会和新闻发布会，举办食品卫生专题讲座，在闹市区开展现场咨询等，大力宣传食品卫生法规和相关知识。食品企业和广大群众积极参与，获得良好社会效益。

2003年11月，在《食品卫生法》颁布实施8周年之际，全省以"食品安全，我们在行动"为主题，开展宣传活动。在成都，省卫生执法总队制作展板18张，展出违法定型包装食品样品30多个、剧毒蕈类标本6个，向群众发放宣传资料2万多份，邀请消费者参加现场检查座谈活动，与《华西都市报》共同设立食品安全热线咨询电话，接受消费者咨询和投诉。四川电视台、《四川经济日报》等十几家新闻媒体及时报道《食品卫生法》宣传周活动，并对有关情况进行全方位的跟踪报道。

2004年11月，在《食品卫生法》颁布实施9周年之际，全省以"关注农民工的食品安全"为主题，在车站、工地、劳务市场、城乡结合部等农民工和人群集中的场所举行大型宣传活动，张贴和悬挂有关食品卫生知识的宣传画和条幅，举办食品卫生图片展览，发放食品卫生知识宣传手册，现场接受消费者咨询、投诉和举报；与广播电视报纸等新闻媒体合作，以专题讲座、现场讲解、开通咨询热线等形式，为广大群众提供食品卫生咨询服务。

2005年11月，在《食品卫生法》颁布10周年之际，全省以“保障食品卫生，构建和谐社会”为主题，开展宣传活动。在成都，省卫生执法总队召集省、市、区食品生产经营企业、消费者、监督者三方座谈，省、市新闻媒体开设食品卫生宣传专栏，广泛宣传食品卫生法律法规和食品卫生知识。

把食品生产经营企业法定代表人和卫生负责人作为食品卫生安全宣传教育的重点，有计划地对他们进行培训，提高其守法意识和食品安全意识，规范食品生产经营市场秩序。2001—2005年，省卫生执法总队共举办全省保健食品、食品添加剂、直管餐饮企业法定代表人、卫生负责人培训班10期，培训1000余人次。2005年10月16—18日，省卫生执法总队联合省餐饮协会，共同举办全省餐饮业和集体用餐配送单位卫生规范培训班，培训A级餐饮企业负责人及食品卫生管理人员110余人。

五、食品卫生检查整治与案件查处

每年元旦、春节、劳动节、国庆节等几个重大节日，各级卫生执法监督机构与工商、质监、旅游等部门配合，对食品生产经营单位和农贸市场，对都江堰、乐山、峨眉、九寨、黄龙等旅游景区，对涉旅宾馆、“农家乐”等，开展食品卫生大检查。

1990年1—9月，全省对442535户食品生产经营者开展经常检查、突击检查和复查共1059267户（次），检测各类食品样品36088件，合格率为79.62%。

1995年，共监测各类食品53493件，合格42304件，合格率为79.08%；检查食品生产经营单位302242户，从业人员669430人，查出病人161541人，其中调离16029人。

从2002年开始，省卫生执法总队连续4年对酱油、含乳饮料、味精、瓶装纯净水、矿泉水、消毒牛奶及乳制品、膨化食品、冷冻饮品、月饼、大米、面粉、腌腊制品、散装白酒、酱腌菜、调味品、豆制品、蜜饯、粉丝、猪血等重点食品，开展国家级卫生监督抽检，共抽检58项1719个食品，各年度合格率分别为88.6%、88.6%、87.5%、95%。

2002—2005年四川省食品卫生监督抽检情况统计表

表2—30

年份	2002年	2003年	2004年	2005年
抽检样品数（个）	307	176	626	596
合格样品数（个）	272	156	548	569
合格率（%）	88.6	88.6	87.5	95

2003年1月20日，省和成都市联合开展食品卫生安全保障春节大行动，卫生监督员分五组对成都市集贸市场、餐饮业、食品加工业等进行集中检查，共检查145户，其中集贸市场116户，食品加工厂4户，餐饮业25户，现场处罚29户，没收销毁食品20公斤。《四川日报》、四川电视台、成都电视台、《中国食品报》《四川质量报》《四川法制报》《中国消费者报》《成都商报》等21家媒体新闻记者参予报道。2005年12月，为加强元旦、春节食品卫生安全工作，省卫生执法总队利用食品卫生快速检测仪器，对成都市区的10多家餐饮单位蔬菜的农药残留、熟肉制品的亚硝酸盐、消毒液的余氯含量、凉菜间操作人员手部的卫生情况等实施现场快速检测，大多数餐饮单位的卫生情况

良好。是年，省卫生执法总队对省直管的130户食品生产经营企业开展食品卫生许可专项整治，责令整改80户，注销卫生许可证9户。2004年，省卫生执法总队对食品生产企业卫生许可证的发放情况进行专项治理，共检查食品生产单位36家，责令整改3家，取缔无卫生许可证生产企业1家。2005年，对保健食品、乳制品、熟肉制品、调味品、饮料共5类食品生产企业的卫生许可情况进行清理整顿，检查52户，查处无卫生许可证2户，不符合食品卫生要求的8户，责令整顿2户，行政处罚2户，取缔非法经营单位1户。

2001—2005年四川省省直管餐饮单位专项整治情况统计表

表2—31

出动人次	946	出动车次	122	检查餐饮业（户）	456
取缔非法生产经营户（个）	42	查获假冒伪劣食品品种（个）	24	查获假冒伪劣食品货值（万元）	6
罚款金额（万元）	18	停业整顿（户）	12	吊销食品卫生许可证（个）	2

2003—2005年，省内外先后发生安徽阜阳劣质奶粉事件、广州亨氏美味源辣椒制品苏丹红1号事件、资阳市人感染猪链球菌事件等。每次突发食品卫生事件发生后，全省卫生执法监督机构都迅速行动，对一切相关单位开展拉网式突击检查。2005年3月5日，省卫生执法总队获悉苏丹红1号事件后，迅速组织力量到省直管的金牛宾馆等26家单位开展突击检查，检查食品原料的购买记录、存放场所、销售和使用情况等，对5家单位使用亨氏美味源（广州）食品有限公司生产的辣椒制品立即进行封存销毁处理。2005年抽检包括婴幼儿配方奶粉、酱腌菜、月饼、免疫调节类保健食品、含乳饮料、果冻在内的6类食品共197个样品，4个不合格，合格率为98%。

不定期进行专项整治。一是餐饮业专项整治。餐饮业发生食物中毒事故机率最高，一直是专项整治的重中之重。2001—2005年，省卫生、公安、工商、质监、农牧等部门联合，以食品打假、“食

图2－19 四川省卫生执法总队执法人员在成都市检查超市食品卫生

品放心工程”“食品安全行动”等为载体，以食品原料采购和储存、卫生设施、食品加工、餐具清洗消毒保洁、食品库房管理等内容，年年都对省直管的餐饮单位开展专项整治。二是保健食品生产经营专项整治。2001 年，省卫生执法总队检查52 户保健食品生产经营户，处罚3 户。2002 年，对全省33 家保健食品生产企业开展检查，组织保健食品企业负责人进行法律法规知识培训和考试，加强对保健食品标签、说明书、保健疗效等情况的市场追踪检查和广告监测管理。检查成都、乐山、眉山、遂宁等市58 家大型商场、食品批发市场、药店，发现57 种保健食品的标签或说明书扩大宣传保健功能，查处违法宣传案件5 起。2004 年6—7 月，抽检保健食品生产企业38 家，检查保健食品50 余种，查出违法产品5 种，查封违法保健食品10 余件，罚款1.5 万元。2005 年，以查处保健食品中添加违禁药物和规范保健食品生产经营为整治重点，对卫生部公布的减肥类、抗疲劳类、降血糖类保健食品近80 个品种进行逐一排查，历时半年，共检查保健食品生产经营单位84 户，责令整改8 户，吊销卫生许可证1 户。对四川旭华制药有限公司用保健食品生产线生产药品，成都中科生物技术开发有限公司、丽尔医药保健品有限公司无证生产保健食品等案件进行了查处。三是食品添加剂专项整治。2002 年和2003 年，省卫生执法总队连续两年会同省、市新闻媒体，对成都市府河市场食品添加剂销售一条街近20 家销售食品添加剂企业进行集中整治，共检查69 个品种，对其中10 余个产品因标签违反《食品添加剂卫生管理办法》规定作出行政处罚。2004 年，省卫生执法总队对全省39 家食品添加剂生产企业卫生许可证审核发放情况进行检查，其中9 家无卫生许可证，被责令停业整改；6 家企业有违法行为，受到相应的行政处罚。采取突击检查与暗访相结合的办法，对全省范围内使用皮革原料生产食用明胶和水解蛋白进行检查，查处用非食品原料生产加工食品和食品添加剂的违法行为，取缔4 家非法生产食用明胶窝点。2005 年，对全省32 家生产食品添加剂的企业进行检查，重点检查卫生许可情况、原料使用情况、产品标识情况、从业人员健康检查情况等，查处3 家违法生产企业，4 家不符合《食品添加剂生产企业卫生规范》的企业被责令限期整改。

认真查处食品卫生案件。1998 年，省卫生防疫站先后查处曝光非法加工甲醛血旺和病死猪肉黑窝点两起违法事件。1999 年6 月，二噁英污染奶粉事件发生后，省卫生防疫站立即组织人员对省直管单位经销的比利时、法国、荷兰、德国生产的奶粉、奶油等畜产品进行拉网式检查，对查出的问题产品立即封存。

2001—2005 年，省卫生执法总队查处的大案要案包括：

内江市神州药业公司“肺宝”虚假宣传保健功能案。2001 年12 月，群众举报内江市神州药业公司生产的“肺宝胶囊”等四个产品系非保健食品，但其产品外包装和产品说明书却宣传产品具有多种保健功能。经查实，责令其停止生产经营该四种食品，没收违法所得10788 元，罚款21576 元。

成都市宝山肉联厂违法加工注水猪肉案。2003 年4 月，根据群众举报，对崇州市羊马镇留鹤村的成都市宝山肉联厂加工注水猪肉一事进行暗访和现场突击检查，发现该厂有多个品牌的冻猪肉现场不能出示卫生检验合格证明，26 名从业人员无有效的健康证明，采样检验冻猪碎、精肉和分割猪项背肌肉均为注水猪肉。责令立即改正违法行为，罚款4 万元，销毁不符合卫生标准的猪肉50 公斤。

成都杨天食品有限责任公司违法生产保健食品案。2003 年8 月6 日，知情者举报成都杨天食品有限责任公司将无任何批号的普通食品（佳食乐胶囊）混装在印有保健食品标志的得立神胶囊包装盒内。经查，该公司在无卫生许可证的简陋房间内将普通食品混装在保健食品包装盒内，违法宣传功效。责令其立即改正违法行为，罚款4万元。

崇州市永康明胶厂使用皮革废料生产食用明胶案。省卫生执法总队食品卫生监督员通过多次暗访，发现该厂使用皮革废料生产食用明胶，遂于2004年6月11日对其现场查处。该厂使用三青皮、硝皮等皮革边角废料共约80余吨生产食用明胶，并使用工业硫化钠约4吨、工业双氧水599余公斤作为加工助剂。在取缔该非法生产窝点后，因其涉嫌犯罪而移送公安机关处理。此案被卫生部列为当年全国食品卫生违法案件十大最有影响的案件之一。

成都蓝新科技有限公司使用非食品原料生产加工食品添加剂案。群众举报温江一食品生产企业涉嫌生产加工伪劣食品。省卫生执法总队经过几天暗访，2004年3月4日对该公司的生产加工场所进行突击检查，查实其使用工业硫化钠、氢氧化钠生产食用水解（植物）蛋白，当场封存生产车间、原料、成品库房，销毁工业硫化钠约100公斤、工业氢氧化钠约300公斤，责令停止生产、公告收回已售出的水解（植物）蛋白并销毁该食品，罚没7.6万元。

成都康寿生物科技有限公司销售产品违规宣传案。2005年6月4日群众举报，该公司销售的“人参拟黑多刺蚂蚁胶囊”产品，其说明书宣称属特殊营养食品，具有保健治疗作用。省卫生执法总队通过暗访，于6月8日对该公司销售处进行突击检查，发现该产品说明书上标注有“本品属新资源加药食品”等内容，并查获“人参拟黑多刺蚂蚁胶囊”61件共计3660盒，责令该公司立即停止说明书虚假宣传内容，停止“人参拟黑多刺蚂蚁胶囊”的生产和销售，没收违法所得108990元，并处以违法所得一倍的罚款。

六、食物中毒概况

1966—1990年，全省共发生食物中毒4443起，平均每年178起；共中毒98966人，死亡883人，平均每起中毒22人，病死率为0.9%。农村食物中毒起数、人数、死亡数高于城市，分别占总数的80.1%、70.3%、91.9%。中毒原因：以细菌性食物中毒居首位，中毒起数、人数分别占总数的36.4%、57.8%。中毒食品以肉、肉制品、变质肉类及病死牲畜肉为多，分别占细菌性食物中毒人数、起数的68.0%、89.3%。在细菌性食物中毒中，以沙门氏菌食物中毒最高，占42.5%。这与宰前宰后肉食品卫生管理不善，生产加工时生熟不分、沙门氏菌感染率较高有关；其次是葡萄球菌（5.6%），变形杆菌（4.8%），腊样芽胞杆菌（4.5%），酵米面黄杆菌（2.3%）。死亡人数中以化学性、植物性食物中毒为主，分别占总数的34.0%、30.5%。在979起化学性食物中毒中，以有机磷农药中毒为多，起数、人数、死亡数分别占化学性食物中毒总数的37.6%、11.8%、42.2%；再次是亚硝酸盐、有机氟、砷化物、钡化物、氟化物。在1230起植物性食物中毒中，以毒菌中毒最为突出，发生中毒686起，中毒2650人，死亡202人，分别占植物性食物中毒总数的55.8%、20.3%、75.1%。

1991—2000年，全省共发生食物中毒1158起，中毒24154人，死亡270人，病死率1.1%；平均每起中毒21人，平均每年发生中毒116起。在引起食物中毒的食品种类中，中毒起数以植物性食品为主，占48.83%，动物性食品为次，占35.77%；中毒人数以动物性食品最多，占62.44%。在植物性食品中，以毒菌中毒最多，占23.88%。在动物性食品中，以肉及肉制品引起的中毒居多，其起数、人数、死亡数分别占总数的24.51%、52.69%、14.92%。食物中毒原因，以化学性有毒有害物质污染食品为多，微生物次之，分别占总数的54.74%、31.37%。在疑细菌性食物中毒中，仍以沙门氏菌中毒居多，起数、人数分别占13.24%、33.38%；植物性食物中毒以毒蕈中毒最多，起数、人数、死亡数分别占 34.37%、11.21%、40.32%。

2001—2005 年四川省食物中毒情况表

表 2—32

时　　间	中毒起数（次）	中毒人数（人）	死亡人数（人）
2001	51	1028	40
2002	57	1081	17
2003	172	3197	47
2004	290	4144	68
2005	201	3425	34
合计	771	12875	206

2001—2005 年四川省食物中毒原因分类一览表

表 2—33

中毒原因	中毒起数（次）	中毒人数（人）	死亡人数（人）
化学性食物中毒	140	1392	107
细菌性食物中毒	212	6664	5
有毒动植物食物中毒	258	2049	72
原因不明食物中毒	161	2770	22
合计	771	12875	206

第二节　环境卫生

一、生活饮用水卫生

1986 年 7 月 1 日，省政府印发《四川省生活饮用水卫生管理试行办法》，城市生活饮用水开始实行卫生许可证制度、从业人员健康证制度和卫生知识培训上岗制度。全省各地陆续建立饮用水卫生监督制度，对自来水厂等制水单位核发卫生许可证。此为全国首创。实施试行办法后，全省集中式供水单位的监督率由 79.0% 上升至 94.6%，农村由 55.3% 上升至 87.5%；分散式供水监督率城市由 16.7% 上升至 59.0%，农村由 0.7% 上升至 49.5%；水质合格率城市由 68.3% 上升至 94.5%，农村由 36.8 上升至 77.0%。

1992 年，全省首批 8 个市和 19 个县进入全国城乡水质监测网。因无经费支持，监测仅持续了几年。

从 1993 年开始，省政府每年都召开防止霍乱流行的专门会议，强调做好饮用水消毒工作，搞好制水人员健康体检，确保居民生活饮用水安全，防止肠道传染病介水暴发流行，并将霍乱病原监测列入夏季常规饮水监测项目。由于措施得当，工作落实，全省未发生因饮水所致霍乱暴发流行。

1997年2月1日，省政府印发《四川省生活饮用水卫生监督管理办法》，规定县以上卫生行政部门负责辖区的饮用水卫生监督工作，建设行政主管部门负责辖区城镇饮用水卫生管理工作。7月9日，建设部、卫生部印发《生活饮用水卫生监督管理办法》，全省各地进一步健全饮用水卫生监督制度，除对制水单位核发卫生许可证外，混凝剂、供水管（板）材、消毒剂、防腐涂料等的生产和销售实行登记审批制度，全省镇以上的集中式供水单位实行卫生许可证制度。

2000年四川省各市（州）生活饮用水监督监测情况统计表

表2—34

市（州）	城镇		农村	
	监督率（%）	监测合格率（%）	监督率（%）	监测合格率（%）
成都市	100	90.68	100	74.71
自贡市	—	—	—	—
攀枝花市	100	87.36	100	91.99
泸州市	—	—	—	—
德阳市	—	—	—	—
绵阳市	100	96.53	100	70.53
广元市	95	59.66	0	67.95
遂宁市	100	96.71	5	53.18
内江市	100	84.26	58	75.42
乐山市	100	90.97	94	67.56
南充市	—	—	—	—
眉山市	—	—	—	—
宜宾市	—	—	—	—
广安市	—	—	—	—
达州市	—	—	—	—
雅安市	100	87.97	94	67.56
巴中市	—	—	—	—
资阳市	100	76.30	100	86.84
阿坝藏族羌族自治州	—	—	—	—
甘孜藏族自治州	—	—	—	—
凉山彝族自治州	—	—	—	—

2001年10月30日，省政府印发修订后的《四川省生活饮用水卫生监督管理办法》。省卫生执法总队开始对申报涉水产品卫生许可批件生产企业实行现场审查。至2005年，累计现场审查150余户，检查涉及饮用水卫生安全产品生产企业200余户次，发出卫生监督意见书180余份。

2002年，全省抽检14家集中式供水单位，出厂水合格率为57%。设置60个末梢水采样点，水质合格率为85%。抽检30个二次供水设施，其水质合格率为97%。

2003年，全省抽检34户（其中市政水厂14户、自建水厂20户）集中式供水单位，卫生许可证持证率100%；193个水质样品出厂水合格率67.65%；末梢水样品合格率88.99%；50个二次供水样品合格率100%；家用水处理器60个，持证率78.33%；集团用水处理器7个，持证率42.86%；管材55个，持证率96.36%；水处理剂4个，持证率100%；混凝剂2个类别（聚合氯化铝、聚合硫酸铁），产品11个，持证率90.91%。

2004年，全省抽检市政供水末梢样品40个，检验合格40个；抽检自建供水末梢样品45个，检验合格34个，合格率75.6%。不合格指标主要为细菌总数和总大肠菌群超标。2005年抽检市政供水出厂水样41个，合格率100%；末梢水237个，合格率94.45%；自建供水100个，合格率88%；二次供水40个，合格率72.5%。不合格指标主要为游离余氯、细菌总数、总大肠菌群超标。是年，内江、泸州、资阳等地先后发生饮用水污染事件，给当地群众的生产生活带来较大影响。省卫生厅迅即组织各地开展对辖区内生活饮用水的监督检查，重点开展乡镇中小水厂专项整治。全省共检查乡镇中小水厂2234户，持有饮用水卫生许可证1519户，占68%；水源选址符合要求1819户，占81.4%；水源有防护设施1755户，占78.6%；对饮用水进行消毒的有1815户，但饮用水消毒合格的只有1282户，合格率为57.4%（71%）；水质检测符合要求的有1489户，合格率为66.7%。责令限期整改862户，处罚45户，关闭6户，新开水源10户。是年6月，省疾控中心制订《四川省农村饮水水质卫生监测方案》，在全省选择20个监测县实施监测计划，着手建立以日常监测、报告制度为基础的县、市、省、国家自下而上的常规农村饮水监测系统，当年有11个县完成监测工作。

2005年，成都等10个市（州）开展集中式供水和二次供水专项监督检查，共抽检市政供水出厂水样41个，合格率100%；末梢水237个，合格率94.45%；自建供水100个，合格率88%；二次供水40个，合格率72.5%。不合格指标主要为：游离余氯、细菌总数、总大肠菌群超标。对13家不合格供水单位给予警告、罚款等行政处罚。是年，开展给水用硬聚氯乙烯管材（管件）、小型水质处理器、饮水化学处理剂专项整治。检查给水用硬聚氯乙烯管材、管件生产企业15户，抽检产品17个，重点检查生产企业生产线是否专用，所使用原辅材料是否符合卫生要求，是否索取安全证明材料，原辅材料库、成品库等是否专用，存放是否符合《规范》要求等。抽检省内两户企业生产的小型水质处理器2种、销售单位销售的小型水质处理器20种，其中省内生产的2种小型水质处理器全部合格，销售单位销售的产品只有4个合格，合格率仅为20%。不合格原因主要有额定总净水量、净水流量、产品名称、生产企业名称与批件不一致和无卫生许可批件，分别占抽检总数的65%、30%、15%、10%和15%。抽检省内10户饮水化学处理剂生产企业的10种产品，6种合格，合格率60%；抽检5户自来水厂使用的5种产品，4种合格，合格率80%。所有不合格产品均为铅超标。针对生产企业存在的问题，提出了具体要求和限期整改意见。

2005年四川省各市（州）生活饮用水卫生供水系统监督情况统计表

表2—35

市（州）	卫生监督			从业人员卫生监督			
	总户数	监督户数	无卫生许可证户数	合格户数	从业人员数	无健康证人数	无培训证人数
总计	5142	4876	460	4354	14807	469	733
省总队	10	10	0	10	28	0	0
成都市	767	737	72	661	3616	44	37
自贡市	53	42	9	24	161	5	69
攀枝花市	46	46	6	31	325	10	10
泸州市	149	149	0	91	489	116	116
德阳市	26	26	2	24	0	0	0
绵阳市	89	84	0	80	858	4	4
广元市	95	82	8	74	374	60	60
遂宁市	319	319	162	206	727	22	82
内江市	129	107	22	83	280	37	39
乐山市	169	7	0	7	517	0	0
南充市	342	360	61	314	1066	61	61
眉山市	131	131	61	121	333	14	14
宜宾市	2242	2242	8	2139	3875	29	17
广安市	33	33	0	33	198	0	0
达州市	10	10	0	10	243	12	54
雅安市	81	40	0	79	339	9	6
巴中市	109	109	5	104	644	0	0
资阳市	171	171	14	119	417	36	154
阿坝藏族羌族自治州	40	40	13	13	80	8	8
甘孜藏族自治州	—	—	—	—	—	—	—
凉山彝族自治州	131	131	17	131	327	2	2
科学城	—	—	—	—	—	—	—

二、公共场所卫生

1987年7月13日，省卫生厅、省爱卫办、省建委、省文化厅、省商业厅、省工商局、省教委、省旅游局、省交通厅、省供销社、成都铁路局、成都民航管理局等部门，联合印发《关于认真贯彻执行国务院发布〈公共场所卫生管理条例〉的通知》，将公共场所卫生监督监测纳入法制管理轨道。

组织编写《四川省公共场所从业人员卫生法规与卫生知识培训教材》《四川省环境卫生监督监测手册》等。省卫生防疫站每年都召开游泳池、理发店、旅店、影剧院等经营单位工作会议，不定期举办公共场所从业人员学习班，以强化经营单位人员守法意识，普及公共场所卫生知识。

2000 年，省卫生厅印发《四川省公共场所卫生规范》。

2000 年四川省各市（州）公共场所卫生情况统计表

表 2—36

市（州）	监督率（%）	监测率（%）	合格率（%）	从业人员体检率（%）
成都市	100	82.79	93.99	98.35
自贡市	94	48.12	78.88	92.87
攀枝花市	99	61.34	79.14	99.09
泸州市	99	47.91	84.70	93.63
德阳市	90	64.11	96.52	98.38
绵阳市	—	—	—	—
广元市	99	61.20	86.79	94.54
遂宁市	—	—	—	—
内江市	100	85.38	92.06	97.89
乐山市	72	72.79	77.83	97.05
南充市	100	56.49	89.01	94.67
眉山市	—	—	—	—
宜宾市	—	—	—	—
广安市	83	49.61	72.87	90.76
达州市	87	59.82	81.69	98.02
雅安市	100	80.21	93.06	98.68
巴中市	100	45.44	83.69	96.13
资阳市	76	56.33	90.13	97.16
阿坝藏族羌族自治州	—	—	—	—
甘孜藏族自治州	—	—	—	—
凉山彝族自治州	—	—	—	—

2001 年，全省公共场所卫生许可证发证率由“七五”期间的 85.85% 上升至 97.74%，体检率由 73.9% 上升至 91.8%，“五病”（痢疾、伤寒、病毒性肝炎等消化道传染病，活动性结核，化浓性或者渗出性皮肤病）调离率从 72.1% 上升至 98.8%，从业人员培训率从 65.7% 上升至 95.6%，监督率由 57.5% 上升至 98.8%，监测率由 3.8% 上升至 66.7%，监测合格率从 29.7% 上升至 89.4%。

2002 年 6—8 月，全省共检查 247 户城市游泳场所水质，对水质不合格的 68 户提出书面整改意见，并对情节严重的给予行政处罚。

2003 年、2004 年，省卫生执法总队对成都市内 7 户大型洗浴场所浴池水质进行抽检，重点监测尿素、大肠菌群、粪大肠菌群和细菌总数。2003 年抽检 7 户浴场，仅 1 户浴场合格，合格率为 14.3%；男女宾大小浴池 21 个，男宾浴池合格率 35.7%，女宾浴池合格率 55.6%。2004 年抽检 7 户浴场，全部不合格；抽检浴池 22 个，男宾浴池合格率 14.29%，女宾浴池合格率 50%。检查结束后，及时向社会公告抽检结果，并对浴池管理方下达整改意见书，要求限期整改。

2005 年，全省检查游泳场（馆）187 户，抽查游泳场（馆）从业人员 1038 人，其中 164 家场（馆）持有有效卫生许可证，933 名从业人员持有有效健康证明上岗。对 180 户游泳场（馆）池水进行检测，水质完全符合卫生标准要求的有 97 户，警告 41 户，罚款 18 户，停业整顿 4 户。在省、市、县级报纸、电视以及其他媒体上公开表扬的游泳场（馆）共计 27 户次，公开曝光的游泳场（馆）共计 41 户次。同年，省卫生执法总队检查部分市（州）105 户宾馆（饭店）、108 户商场（超市）的卫生管理情况，卫生许可证合格率达 100%；大多数单位建立健全了卫生管理组织机构和卫生管理制度，落实了专职或兼职卫生管理人员，完善了日常卫生检查记录等档案；从业人员有效健康证明持有率，商场（超市）为 97.1%，宾馆（饭店）为 96.4%；集中空调新风设施等基本符合卫生要求。但公共卫生事件应急预案、传染病报告制度等落实较差。共处罚 27 户，其中警告 22 户，罚款 5 户。全省各地利用当地媒体宣传抽检工作，公开曝光问题，开展舆论监督。

2005 年四川省各市（州）公共场所卫生监督监测情况统计表

表 2—37

市（州）	卫生监督户		从业人员卫生监督				
	总户数	监督户数	无卫生许可证户数	合格户数	从业人员数	无健康证人数	无培训证人数
总计	71153	67203	5927	59594	257658	38472	41337
省总队	77	77	0	77	4763	20	20
成都市	14509	14054	2573	11636	61667	23343	25097
自贡市	612	569	47	515	1107	165	163
攀枝花市	2229	633	3	633	5188	3587	35928
泸州市	2066	2066	77	1968	7358	87	116
德阳市	2950	2950	889	2061	7760	197	197
绵阳市	6200	6191	191	5786	14481	778	715
广元市	2870	2797	283	2514	8954	326	326
遂宁市	2671	2667	141	2532	5421	333	357
内江市	2742	2586	156	2372	5110	625	625
乐山市	2157	2122	102	2046	7034	265	894
南充市	3957	3867	90	3084	9267	405	405

续表2—37

市（州）	卫生监督户		从业人员卫生监督				
	总户数	监督户数	无卫生许可证户数	合格户数	从业人员数	无健康证人数	无培训证人数
眉山市	3389	3389	188	3292	6567	184	184
宜宾市	9395	9078	205	9078	73613	693	693
广安市	2384	2384	65	2319	8592	609	609
达州市	3737	2819	0	1481	8093	4276	4662
雅安市	721	502	0	720	1900	132	305
巴中市	975	965	125	825	2584	397	304
资阳市	3399	3398	421	2978	6179	1030	1030
阿坝藏族羌族自治州	1323	1299	19	1274	5886	46	56
甘孜藏族自治州	22	22	0	22	48	6	19
凉山彝族自治州	2764	2764	352	2377	6078	968	968
科学城	4	4	0	4	8	0	0

三、化妆品卫生

1990年1月，卫生部《化妆品卫生监督条例》正式实施后，省卫生厅结合实际，先后印发《四川省化妆品经营卫生监督管理办法》和《关于设置化妆品卫生监督员的通知》。省卫生防疫站先后5次组织全省化妆品生产企业学习贯彻条例，并制定办证程序和复核、换证条件，进一步强化化妆品生产的卫生许可管理。经各地推荐，省卫生厅审查，全省获准的化妆品卫生监督员共570人，监督队伍初步形成。9月，召开全省化妆品卫生监督员会议，学习《化妆品卫生监督条例》《行政复议条例》及有关法律程序等法规，树立监督与服务相结合的思想，在依法对企业进行卫生监督和技术指导的同时，也依法保护企业的合法权宜。

从源头抓起，加大对化妆品生产企业的卫生监督力度。1996—2001年，全省化妆品生产企业先后歇业、注销190余家，保留84家。2000年《化妆品生产企业卫生规范》实施后，省卫生防疫站和省卫生执法总队先后举办全省化妆品卫生标准培训班、化妆品生产企业卫生规范培训班、化妆品生产企业检验人员培训班、化妆品生产企业卫生监督条例培训班等，促其增强法律法规意识，规范生产行为，提高卫生管理水平；对个别卫生设施陈旧、条件较差的化妆品生产企业，加大监督与指导力度，促其完善卫生设施，落实卫生管理制度。2005年，对化妆品生产企业进行专项整治，全省在册化妆品生产企业79家，检查50家，合格23家，不合格12家，对其中8家不合格企业的违法行为进行查处，罚款24359元；对4家不合格企业提出限期整改；另有15家转产、停产。化妆品生产企业产品检验合格率，1990年为90.9%，2000年为93.82%。

加强市售化妆品卫生监督，遏制伪劣化妆品在市场的流通和美容美发业、旅店业的使用。1990年，省卫生厅组织省及部分地、市卫生防疫站对52个化妆品批发门市部、商场共1043个化妆品销售部进行现场调查，发现省外市场化妆品未取得卫生许可证及批准文号的比例相当高，随即进行查处。从1995年起，全省每年都组织市售化妆品抽检。1997年，全省各地相继发生数十起因使用假冒伪劣“柔迪祛斑王”引起的皮肤损伤事件。省卫生厅连续两次发出紧急查处机要传真，全省共收缴5000余盒，不法商贩被依法查处。2001年，对全省美容美发店（院）使用化妆品开展专项集中整治，查处有关违法行为，警告263户次，没收产品1842件，没收违法所得和罚款37998元。2005年，对县城以上城区美容院（店）进行专项整治，检查美容院（店）6679户，普通用途化妆品、特殊用途化妆品、进口化妆品合格率分别为96.8%、89.8%、68.4%。进口化妆品1782件中查出不合格产品564件，特殊用途化妆品5042件中查出不合格产品515件，处罚382户，罚款72740元。市售化妆品合格率，1991年为82.5%，2002年为93.8%。

2002年，成都、雅安等4个市（州）抽检进口化妆品7个，不合格2个；抽检国产特殊用途化妆品158个，不合格34个。省卫生执法总队对群众举报的“柳之春消斑霜”等多起化妆品生产经营违法案调查取证，没收销毁违法化妆品41盒和30500克。

2003年，全省集中开展美容美发店（院）卫生专项检查，重点检查卫生许可证、从业人员健康体检、用品用具清洗消毒等情况。共检查美容美发店5622户，持有效卫生许可证5104户，清洗消毒设施完善且运转正常户数4345户；14588名从业人员中，持有效健康体检合格证12216人。处罚不符合卫生要求637户。

2004年，成都、攀枝花、绵阳等7个市（州）抽检50种祛斑类化妆品的标识、标签、说明书，其中有7种化妆品标签、标识、说明书不合格；对20种祛斑类化妆品进行铅、砷、汞及微生物指标检测，卫生质量指标全部合格；对47个批发市场或超市销售的4种进口和76种国产发用类化妆品进行抽检，进口发用类化妆品全部合格，国产发用类化妆品75种合格。从抽检的80种标签、标识、说明书化妆品中抽取1种进口化妆品和29种国产化妆品进行卫生质量检测，检测指标全部合格；对24个商场销售的15种进口和35种国产防晒类化妆品进行抽检，8种进口化妆品合格，30种国产化妆品合格。从抽检的50种标签、标识、说明书、化妆品中抽取4种进口化妆品和16种国产化妆品进行紫外线吸收剂检测，检测指标全部合格。

2005年，全省共检查美容院（店）6679户，卫生许可证持证率90%，超范围开展医疗美容的占1.5%，清洗消毒设施符合要求的占86.8%，用品用具消毒合格率为91%，从业人员持证率为81.4%。处罚382户。对商场超市、批发市场、美容院、药店等市场的化妆品抽检，22种儿童用化妆品的卫生质量指标全部合格，40种祛斑美白类化妆品的卫生质量指标全部合格，20种面膜类化妆品有19种产品合格。对抽检中发现的某美容院销售未取得批准文号的特殊用途化妆品和经检测卫生质量不合格的违法行为进行了处罚，监督销毁不合格产品500余瓶。成都、绵阳等市开展经营环节专项整治，共整治美容美发店2063户、药店263户、化妆品批发市场177个，未发现美容美发店无证自制化妆品的行为；检查的4970种化妆品中有277种不合格；处罚38户经营单位，共罚款5万余元。

2000 年四川省各市（州）化妆品监督抽查情况统计表

表 2—38

市（州）	生产企业		经营单位	
	抽查件数	抽查合格率（%）	抽查件数	抽查合格率（%）
成都市	48	100.00	456	99.78
自贡市	—	—	12	58.33
攀枝花市	1	100.00	1	100.00
泸州市	—	—	—	—
德阳市	—	—	—	—
绵阳市	—	—	—	—
广元市	—	—	36	100.00
遂宁市	—	—	—	—
内江市	6	100.00	22	100.00
乐山市	34	99.06	—	—
南充市	—	—	205	95.12
眉山市	—	—	—	—
宜宾市	—	—	—	—
广安市	—	—	102	95.10
达州市	2	100.00	—	—
雅安市	—	—	—	—
巴中市	2	100.00	—	—
资阳市	4	100.00	143	97.33
阿坝藏族羌族自治州	—	—	—	—
甘孜藏族自治州	—	—	—	—
凉山彝族自治州	—	—	—	—

2005 年四川省各市（州）化妆品监督情况统计表

表 2—39

市（州）	卫生监督				从业人员卫生监督		
	总户数	监督户数	无卫生许可证户数	合格户数	从业人员数	无健康证人数	无培训证人数
总计	7037	6704	437	6127	17846	1287	1239
省总队	77	66	0	52	706	3	5
成都市	1652	1652	71	1529	4665	159	159
自贡市	44	44	6	38	70	24	24
攀枝花市	347	346	2	331	534	0	0
泸州市	33	33	3	30	178	11	11
德阳市	259	259	0	192	872	15	15
绵阳市	1106	965	25	951	2903	127	113
广元市	233	217	0	207	413	87	87
遂宁市	223	223	4	198	287	13	15
内江市	708	608	100	483	1177	310	314
乐山市	546	482	43	440	2584	164	157
南充市	272	272	0	207	446	129	12
眉山市	230	230	0	214	393	30	30
宜宾市	—	—	—	—	—	—	—
广安市	139	139	27	124	367	67	67
达州市	411	411	0	402	910	45	68
雅安市	15	15	0	15	60	0	30
巴中市	139	139	138	139	212	43	68
资阳市	223	223	0	214	492	14	17
阿坝藏族羌族自治州	126	126	0	126	174	0	0
甘孜藏族自治州	1	1	0	0	2	1	2
凉山彝族自治州	253	253	18	235	401	45	45
科学城	—	—	—	—	—	—	—

四、人居环境卫生

随着工业化、城镇化进程的快速推进，环境卫生和健康问题变得日益突出，人居环境卫生治理摆上重要工作议程。人居环境卫生治理，20 世纪 50 年代和 60 年代主要是打井改井，改良厕所，对垃圾、粪便进行无害化处理；70 年代主要是开展环境污染状况调查和监测；从 80 年代开始，全省县以上城市普遍制定与实施城市环境卫生规划，加快建设和完善环卫公共设施，加大废物、污水、垃圾处理管制力度。

20 世纪 80 年代中期至 90 年代，省卫生防疫站根据 WHO/UNEP 共同制定的《通过生物监测评价人类接触污染物的试行规划》，先后开展“血铅、血镉含量水平监测与研究”“四川省正常人群血铅、镉蓄积水平调查研究”“五氯酚污染与健康危害研究”“人乳有机氯污染蓄积水平研究”“硫酸盐化速率与呼吸道疾病关系”“空气净化器净化效果评价”“城镇净化沼气卫生标准研究”“嗅味污染浓度法制定卫生防护距离标准研究”等。1995 年组织专业技术人员编写《四川省有关行业消毒工作常规》《四川省传染病疫源地处理工作常规》和《四川省疫源地消毒培训大纲》，经省卫生厅审核后印发各地培训消毒技术人员。2000 年制订《硫酸造纸厂卫生防护距离》《黄磷厂卫生防护距离》《巢丝厂卫生防护距离》《骨胶厂卫生防护距离》4 项卫生防护距离标准和《城镇净化沼气池生活污水排放标准》，并通过全国卫生标准委员会鉴定，其中两项标准已颁布实施。

各级党委、政府高度重视对疫源地和自然灾害现场的消毒处理。1987 年巴塘县的痢疾暴发流行，1993 年达川地区的霍乱暴发流行，1994 年、1998 年和 1999 年昭觉县的霍乱暴发流行，2003 年、2004 年简阳市的霍乱暴发流行，2004 年广汉市等地的霍乱暴发流行，由于消毒处理工作抓得扎实到位，使疫情得到及时有效的控制。1999 年石渠县发生鼠疫疫情，其疫源地消毒的处理率、及时率及合格率均达到 100%。

第三节 学校卫生

一、学生健康监测

1986—1990 年，全省每年对 1.5 万名学生进行健康监测，结果显示：四川学生的生长发育水平每年都有不同程度的增长，并且汉、彝、羌三个民族学生的结果一致，符合生长发育规律。

1986 年，在内江、泸州、成都、万县、南充地区 7 个监测点的 20 所中小学校设汉族学生监测点，在凉山州布拖县、阿坝州茂县各 2 所民族中小学设彝、羌族学生监测点，24 所中小学对学生形态、机能、健康等 13 个项目进行监测。是年，对全省 3 万多名学生开展体质调查，结果显示：7—17 岁的中小学男、女学生身高分别比 1958 年增长 5.1 厘米和 4.8 厘米，体重分别增加 3.3 千克和 2.5 千克，但与北京、上海相比，四川学生的身高、体重增长速度（未扣除遗传因素）仍有一定差距。对大中小学生现患主要疾病开展调查，24869 名学生中，患有某种疾病和身体有缺点的检出率：男生为 79.7%，女生为 77.06%；城市为 86.84%，乡村为 69.77%；大学生为 102.56%（含某个病检出 2 次以上者），高中生为 96.52%，初中生为 85.98%，小学生为 56.99%。不同学习阶段，学生所患主要疾病和身体缺点的顺位有别：小学生顺位为沙眼、视力低下、高血压及临界高血压、肝脏肿大、脊柱弯曲异常；初中生为视力低下、沙眼、高血压及临界高血压、脊柱弯曲异常、肝脏肿大；高中生为视力低下、沙眼、高血压及临界高血压、脊柱弯曲异常、外伤；大学生为视力低下、沙眼、脾脏肿大、肝脏肿大、神经衰弱。

1988 年，省卫生防疫站等对成都、南充、万县等市（地）的 24 所大中小 3550 名学生进行形态、机能、素质监测，结果表明：四川省学生的身体发育正加速发展，但在全国 28 个省市的汉族学生中，四川成人男女分别排在第 27 位、第 26 位。

1990 年 9—11 月，省卫生防疫站对成都、泸州、宜宾、都江堰等 5 市的 15 所中小学戴眼镜学生、16 家眼镜店、2 个乡办眼镜厂进行卫生质量调查，结果显示：949 副中小学生配戴的眼镜中，各项指标均合格的眼镜 180 副，合格率为 19.0%，而不合格的为 81.0%；16 家眼镜店的 376 片镜片监测，256 片镜片合格，占 68.10%；2 个乡办眼镜厂的 318 片镜片监测，154 片合格，合格率 48.4%。此后，成都、重庆、乐山、泸州、攀枝花等地，相继开展了该项监测工作。部分市（地）防疫站还开展了学生铅笔、背包等的监测，引起相关部门的重视。

1995 年，根据卫生部、国家教委、国家体委、国家民委联合下达的青少年体质调研任务，省卫生厅与省教委、省民委、省体委、省科委等部门共同实施四川省学生体质调研工作，完成 4 万多人的现场监测任务。

1997 年，学生体质健康水平抽查结果显示：与 1992 年比，全省城乡学生蛔虫感染率由 50.17% 降至 25.50%，沙眼患病率由 19.7% 降至 12.56%，营养不良率由 34.25% 降至 20.57%，贫血患病率由 39.96% 降至 21.68%，龋齿由 0.88% 降至 0.61%，龋齿充填率由 38.8% 上升至 55.63%。但视力低下新发病由 28.2% 上升至 35.6%，肥胖检出率城市为 4.21%，农村为 2.53%。

2002 年、2005 年，省卫生防疫站两次对成都、达州、自贡、阿坝州的 3.6 万名汉族、羌族学生体质开展调研，结果表明：汉族学生五年间的素质指标有增有减，生长发育水平有所提高，学生蛔虫感染率有所下降，但机能指标中的肺活量有明显下降，龋齿有所上升，视力不良居高不下，低血红蛋白检出率城市有所下降，农村有所上升，城市汉族学生男生肥胖率达 9.22%。

2005 年，根据卫生部关于建立中国青少年行为危险因素监测系统的要求，省卫生防疫站对成都、乐山和达州 3 个城市 1.08 万名大中学生进行健康危险行为调查，结果显示：1. 饮食行为：有不吃早餐行为的为 37.68%，存在不同程度偏食、挑食的为 38.01%；2. 运动锻炼：无运动锻炼习惯的为 73.12%；3. 非故意伤害行为：骑车违规的为 91.14%，无安全状态下游泳的为 30.45%（占游泳人数的 61.85%）；4. 故意伤害行为：被人恶意取笑的为 44.39%、被性骚扰的为 31.52%、感到孤独的为 84.34%；5. 吸烟、饮酒、毒品使用行为：吸烟的为 42.83%、饮酒的为 52.67%；6. 游戏机、网络成瘾：上网的为 66.58%，用多媒体娱乐的为 47.36%、玩游戏的为 21.985；7. 易导致意外妊娠和传染性疾病的性相关行为：看过色情书籍及音像制品的为 23.19%，高中生认为从未接受过有关艾滋病知识教育的为 45.83%，大学生有性行为发生的为 22.77%。乐山市疾病预防控制中心根据本次调查的情况，对部分青少年健康危险行为提出了干预措施，取得一定效果。

二、学生常见病防治

1992 年卫生部、国家教委、全国爱卫会联合印发《全国学生常见病综合防治方案》及技术方案，规定贫血、龋齿与牙周病、沙眼、近视眼、肠道蠕虫感染、营养不良和肥胖为六大类学生常见病，并提出综合防治工作目标、策略和措施。四川随即成立学生常见病防治领导小组，同时针对不同病种成立专家技术指导组，指导全省的防治工作。经过十多年努力，学生常见病防治工作取得较好成绩，大部分学生常见病得到有效控制。

近视眼防治。1985 年省卫生防疫站对成都市大、中、小学生进行抽样调查的结果表明：视力不良率大学生为77.20%、高中生为56.83%、初中生为41.44%、小学生为14.59%。1987 年对广汉县雒城三中和一中学校初中一年级患近视眼的学生，用 JGY－I 型近视眼光学治疗仪进行治疗，有效率达75%。1988 年在农村学校卫生工作试点的绵竹县应用眼保健操、JGY－I 型近视眼光学治疗仪、双星明眼药水等进行综合防治，全县学生防治覆盖面达 97.78%，近视眼患病率由 1988 年的 31% 降至 1990 年的 29%。1997 年在成都市一所小学对 103 名近视眼学生采用“珍视明”滴眼液进行治疗，有效率达 79.07%，在全省各地推广使用后收到一定效果。

肠道蠕虫感染防治。1986 年全省中小学生蛔虫感染率为 70% 左右，鞭虫感染率为 20%—30%，钩虫感染率为 5%—14.3%。从 1987 年起，全省普遍开展学生集体驱虫，每年有 500 多万人/次学生服用复方甲苯咪唑片、丙硫咪唑、噻咪啶等药物，学生的蛔虫感染率由 1986 年的 70.2% 下降到 1990 年的 18%。1992 年在彭山县 3 所农村小学对 450 名学生进行粪便蛔虫卵检查，感染率为 82.1%，对检查阳性的学生给予复方甲苯咪唑片驱虫治疗，有效率达 94.6%。1996 年对双流黄甲中心小学 400 多名学生进行蛔虫感染率调查，感染率达 90.5%，将阳性学生分为两组，分别采用复方甲苯咪唑乳剂涂抹肚脐和服用阿笨达唑片，两种药物的驱虫疗效分别为 90.1% 和 95.3%。随后在全省推广使用。1997—2005 年，在世界卫生组织资助下，由中国健康教育研究所牵头，在丹棱县实施“以降低肠道蠕虫感染为突破口，建立健康促进学校”项目，开设健康教育课，指导个人卫生、饮食饮水等行为，取得良好效果。丹棱县城区小学、唐河乡中心小学、仁美镇小学、双桥镇中心小学、双桥镇金藏小学、杨场镇中心小学、中隆乡中心小学，获 WHO 健康促进学校铜牌。2002—2005 年实施世界卫生组织“健康促进学校推广与持续发展项目”，使更多的学校进入健康促进学校的先进行列，先后获世界卫生组织健康促进学校金、银、铜奖的有：江油市花园路小学、绵阳市四中、成绵路小学、江油市华丰中学、江油市太平街小学、绵阳市五中、御营路小学、江油中学、江油市太平镇第一中心小学、江油市文化街小学、游仙区游仙镇中学、游仙区游仙镇第一小学等。

沙眼防治。1987 年全省中小学生的沙眼患病率为 33.3%。为防治沙眼，除采用多种形式开展健康教育，使学生懂得简单的卫生知识和防治方法外，还分别在 1989 年、1992 年用利福平、眼泰治疗学生沙眼 1000 余人，有效率在 80% 以上。在部分县推广使用后，监测点的沙眼患病率降至 16.2%。

营养不良防治。为探索散居小学生的营养状况，1986 年 10—11 月，省卫生防疫站对成都市一所小学 488 名 6—12 岁学生进行营养状况及缺铁性贫血调查，结果显示：小学生膳食组成蛋白质、热量、铁、硫磺素、抗坏血酸以及尼克酸等的营养素摄入有明显改善，已满足正常需要．但早餐热量摄入量不足，轻度贫血检出率 32.3%，轻度营养不良仍较突出。各地根据实际情况采取了营养改善措施。

学生口腔卫生保健。1986 年全省中小学生的龋患率为 25%—60%，平均龋患率为 40%，其中城市学生为 50%，农村学生为 37%。各地广泛开展口腔卫生知识宣传，教育学生从小养成良好的口腔卫生习惯，“人人刷牙，早晚刷牙，正确刷牙”。结合每年“9·20”爱牙日活动，采取放映录像片、墙报、标语挂图等多种形式，宣传口腔卫生保健知识，使学生、家长掌握正确的刷牙方法，懂得如何使用口腔保健用品。1987 年 5 月，省卫生防疫站对广汉市两所中学、一所小学的 669 名学生采用氟离子透入、含氟凝胶防龋、高分子涂料进行封闭六龄齿等三种方法进行防龋，一年的观察结果显示：氟离子透入法可降低新发龋，其降低率为19.44%，效果显著。此后，全省各地广泛采用氟离子透入防龋，有条件的地方还采用窝沟封闭、含氟凝胶、护齿宝等防龋措施，收到明显效果。绵竹县作为全国农村学校卫生工作试点县，1988年学生刷牙率为18%，县城中学为55%；1992年城区学生刷牙率达100%，正确刷牙率在98.8%，牙菌斑指数均在1.0以下，口腔卫生状况大有改善。

2001年，省卫生防疫站对成都市、达州市、宜宾市、德阳市、乐山市、甘孜州6个市（州）48所中小学校开展学生常见病综合防治情况进行终期考评，成都市疾病预防控制中心/成都市卫生执法监督所、甘孜州卫生防疫站、成都市教育局、绵阳市教育局被评为全国学生常见病综合防治先进集体，全省有12人被评为先进个人受到卫生部、教育部表彰。

三、学校卫生监督

学校卫生监督包括：对新建、改建、扩建校舍的选址、设计实行卫生监督；对学校内影响学生健康的学习、生活、劳动、环境、食品等方面的卫生和传染病防治工作实行卫生监督；对学生使用的文具、娱乐器具、保健用品实行卫生监督。1995年全省城市中小学校卫生监督覆盖率为2.2%，1998年为45.9%，合格率为78.7%。“十五”期间，学校卫生监督情况有所加强。

1995年，全省城市中小学卫生监督覆盖率为2.2%。

1998年，全省城市中小学卫生监督覆盖率为45.9%，学校卫生合格率78.7%。

2001年，全省3387所学校卫生监督的结果为：合格2016所，合格率59.5%，其中生活饮用水合格2292所，食品卫生合格1776所，教室采光合格2107所。

2002年，全省4119所学校卫生监督的结果为：合格2356所，合格率57.2%，其中生活饮用水合格2337所，食品卫生合格2606所，教室采光合格1533所。

2003年，全省3588所学校卫生监督的结果为：合格1995所，合格率55.6%，其中生活饮用水合格1731所，食品卫生合格1647所，教室采光合格1257所。

2004年，全省3887所学校卫生监督的结果为：合格2273所，合格率58.5%，生活饮用水合格2476所，食品卫生合格2802所，教室采光合格1967所。

2005年，全省4346所学校卫生监督的结果为：合格4039所，合格率92.9%，其中生活饮用水合格2232所，食品卫生合格2664所，教室采光合格3711所。

2005年与2000年比，全省学校食堂、校内餐饮店以及校内食品经营单位卫生许可证持有率，由68.8%上升为89.9%；从业人员持健康体检合格证率，由82.2%上升为88.8%；卫生知识正确回答率为82%；水源选址和防护合格率为72.9%；校内食堂三防设施、餐具清洗消毒设施和冷藏设施逐步得到完善，学校食堂卫生设施条件和食品卫生管理总体水平得到提高。

2001—2005年四川省学校卫生监督情况统计表

表2—40

年份	监督学校（所）	合格（所）	合格率（%）	生活饮用水合格（所）	食品卫生合格（所）	教室采光合格（所）
2001	3387	2016	59.5%	2292	1776	2107
2002	4119	2356	57.2%	2337	2606	1533

续表2—40

年份	监督学校（所）	合格（所）	合格率（%）	生活饮用水合格（所）	食品卫生合格（所）	教室采光合格（所）
2003	3588	1995	55.6%	1731	1647	1257
2004	3887	2273	58.5%	2476	2802	1967
2005	4346	4039	92.9%	2232	2664	3711

食品卫生监督。2001年9月，全省10个市（州）的15个县（市、区）的50所学校，用一个月时间联合开展以学生饮用豆（牛）奶为主要内容的学校食品卫生的专项整治。2002年9—10月，全省大、中、小学食堂及学校周边饮（副）食店、摊点进行集中整治，解决食品销售摊点超范围和占道经营的问题，共检查各级各类学校5110所，食堂、食品摊点2071户，责令整改285户，取缔51户，罚款23户，查获没收不符合卫生要求的食品1210公斤。2003年7月，对全省各级各类学校、幼儿园食品卫生进行突击大检查，检查学校16923所，对3532家提出责令整改，吊销卫生许可证7家，罚款248080元，查处不合格产品14808.2公斤。2004年9月，省委、省政府召开食品安全综合整治联合行动电视电话会议后，省卫生、教育、公安、工商等部门派出执法人员106人，会同省、市电视台和报社记者一道，对成都理工大学等校园周边的餐饮单位、饮食摊点开展联合整治行动。11月，为贯彻国务院办公厅《关于切实加强中小学幼儿园及少年儿童安全管理工作和开展专项整治行动的意见》和省政府召开的全省中小学和幼儿园安全工作电视电话会议精神，全省开展对中小学幼儿园食堂、餐饮店和小卖部的全面检查整治行动，共出动监督员41518人次，对全省17092所中小学、幼儿园进行卫生检查，检查学校食堂、餐饮店、小卖部22862户，处罚1389户，取缔非法加工经营户数333户，停业整顿892户，罚款34万多元，查获非法食品33787.15公斤。2005年9月，根据《卫生部关于开展学校食品卫生专项监督检查工作的紧急通知》要求，开展对全省学校食品卫生的专项监督检查，共检查学校食堂和校内餐饮店10595户，行政处罚问题较多的680户学校食堂、校内餐饮店及校内食品经营单位，帮助和督导他们建立长效管理机制，强化日常管理，坚持长抓不懈。省卫生厅先后出台《四川省学校餐饮业卫生规范》《学校卫生法律法规标准文件汇编》《学校食堂卫生管理员制度（讨论稿）》，指导和规范校内餐饮点的生产、经营和管理行为，提高学校食品卫生管理水平。

饮用水卫生监督。2003年和2004年，自贡市富顺县光第中学、南充市蓬安县两路乡中心小学、泸州市合江县福宝中学、遂宁市六中等学校，先后发生甲肝暴发流行或感染性腹泻流行事件，暴露出农村学校饮水卫生安全问题。2004年6—8月，省卫生厅组织全省卫生执法机构对有自备供水的3933所学校进行监督检查，发现自备供水学校卫生许可证持证率为27.8%，水源选址符合率82.0%，水源防护合格率73.4%，饮用水消毒合格率为36.1%。遂对1863所自备供水学校提出责令限期整改要求，责令关闭47所。2005年8月，在组织人员到绵阳、自贡、遂宁、泸州等地农村学校开展调研的基础上，省卫生厅、省教育厅和省水利厅联合印发《四川省农村学校自建集中式供水卫生指导意见》，着力解决农村学校自备供水水源污染严重、水处理和消毒不规范、卫生监督工作不够落实等问题，指导学校新建、改建自备供水设施，规范日常消毒管理，指导各级卫生监督人员开展学校饮用水卫生监督工作。自贡市委、市政府高度重视农村学校饮水安全，把全市农村中小学饮用水改造工作作为“民心工程”，从2004年起用2年时间筹集2000万元资金，对818所不合格的农村中小学饮用水进行彻底改造，使该市农村广大师生饮水卫生安全得到根本保障。自贡经验推广后，有力地带动了全省农村学校饮水改造工作的全面起步。各市（州）卫生监督机构加大对学校生活饮用水卫生的监督检查工作。据不完全统计（不包括成都市），全省共检查学校6261户，有自备水学校3114户，持有卫生许可证1052户，水源选择和防护合格2271户，进行规范水质消毒1221户，水质检测不合格学校1426户，其中微生物项目不合格1209户。责令整改1580户，关闭自备供水62户，处罚255户。

传染病防治监督。2003年在抗击“非典”中，各级卫生监督部门加大对学校检查和指导的力度，重点检查卫生知识宣传与培训，教室、餐厅、学生宿舍等室内空气通风换气情况，公共用品用具的消毒情况，学生、员工健康检查登记落实情况，外地返校实习生的留验准备情况等。对措施不落实、消毒方法不正确的单位提出书面整改意见，现场培训、指导消毒工作，强化可疑病人报告制度。7月，省卫生厅和省招委指派省总队组织考前督导组，赴阿坝州师专、汶川县、理县和马尔康县，检查督导普通高考招生“非典”防控准备工作，对考场和考生集中食宿点存在的问题提出意见和建议。还派员赴泸州、内江、乐山、眉山、广元、绵阳6市，对6所大学、13所城市中小学、7所乡镇中小学、1所私立小学、1所幼儿园的卫生管理机构、卫生管理制度、食品卫生、饮水卫生、传染病预防和报告等进行督查。

第四节 职业卫生

一、职业病防治概况

四川的职业危害，最严重的是尘肺病（矽肺和煤尘肺），多发生在煤炭、冶金系统，病例主要来自重庆、成都、达州、广元、自贡；其次是职业中毒，包括由铅及其化合物，苯、锰及其化合物引起的慢性职业中毒和由氯气、一氧化碳、硫化氢引起的急性职业中毒，病例主要来自成都、重庆、乐山、宜宾；而农村农药中毒，则以非生产性中毒为主，病例以乐果中毒为多，中毒病死率最高的农药为敌敌畏。

1984年，四川开始实行职业病报告制度。

1985年，省政府印发《关于颁布基本建设项目和技术改造中尘毒治理、安全生产设计中执行三同时的实施办法》。

1987年，省卫生厅组织省劳卫所起草《四川省工业企业劳动卫生管理条例》（以下简称《条例》）。经多次征求意见和修改，1990年11月7日由省人大七届十九次常委会会议审议通过。《条例》要求企业加强劳动卫生自我管理，从源头上控制职业病发生；生产场所职业性有害物质浓度或强度超过国家卫生标准的，必须采取应急补救办法和配备应急救援用品；有危害的企业，不得将危害严重的作业转嫁给其他企业和个人；在各级卫生行政部门设劳动卫生监督员，在企业配备劳动卫生检查员。为配合《条例》的贯彻实施，省卫生厅委托省劳卫所起草《四川省工业企业劳动卫生监督员和检查员管理办法》和《四川省工业企业等劳动卫生监测管理办法》等配套规章，全省劳动卫生管理工作逐步走向依法行政、依法管理的轨道。

1986年，省劳卫所结合工作实践开展职业病防治科研，至1999年，共完成各类科研课题31项，其中25项获奖。除重点研究尘肺病的防治外，还有植物生长调节剂P－51毒性实验研究、农药粉诱灵中间试验研究、炭黑尘肺试验研究、农药对人体健康危害控制对策研究、职业性急性羰基镍中毒诊断标准和处理原则、化工大块纤维化易感因素的综合研究、CD－1型防尘口罩的研究与试制、苯作业工人神经行为功能的研究等。

1989年，省劳卫所连续3年对宁南小铅矿开展环境影响评价。至1991年，通过对3200多名矿工体检，对主要农作物、河水等2100多个样品测定，获得100多万个数据。经分析处理和专题讨论，确认铅对该地区环境、粮食、蔬菜、禽畜产品已造成不同的污染，尤其在铅矿集中地区较为明显；在铅矿作业中已检出铅吸收和铅中毒者，发现学龄前儿童部分生长发育受到铅的影响，污染区出现五种神经症，精神疾患发病率明显高于对照区。遂提出采用回填等方法就地处理矿渣，污染区安装自来水等治理措施，实施后取得一定成效。

1996年，全省厂矿企业开展创建劳动卫生先进单位活动。通过自荐与推荐相结合的方式，对企业在组织领导、贯彻执行劳动卫生法律法规、执行劳动卫生工作规范情况等进行评定打分，最后评选出成都飞机工业公司、四川明星电力股份有限公司、成都卷烟厂、四川泸天化（集团）有限责任公司等78家企业为先进单位。开展这项活动，为全国首创。2004年，卫生部、国家安全生产监督管理局和全国总工会联合开展职业病防治示范企业评选活动。经国家职业卫生示范企业评审组赴四川省推荐的成都飞机工业（集团）公司、中国工程物理研究院机械制造工艺研究所和四川什邡卷烟厂，对企业组织机构、规章制度建设、前期预防、材料和设备管理、作业场所管理等12个大项、97个小项进行现场评审，三家企业均获通过。

2004年4月，省疾控中心获得卫生部批准的职业卫生技术服务机构甲级资质证书后，开始对建设项目职业病危害进行预评价和控制效果评价。至2005年，共完成45项建设项目职业病危害评价工作。

2004年四川省建设项目职业病危害评价一览表

表2—41

序号	评价项目名称	评价类型	审批部门	备注
1	成都集大成汽车销售有限公司零部件制造维修及车辆销售基地建设项目	预评	省级卫生行政部门	机加工
2	成都飞机工业（集团）有限责任公司航空部件转包生产线技术改造项目	预评	省级卫生行政部门	机加工
3	成都启新汽车服务有限公司天津一汽、一汽大众、五十铃4S店建设项目	预评	市级卫生行政部门	机加工
4	布鲁克（成都）工程有限公司TECCO建设项目	控评	市级卫生行政部门	机加工
5	成都高新区庆云捷易科技有限公司汽车自动化变速器产业项目	预评	市级卫生行政部门	机加工
6	四川岷江火力发电厂2×135兆瓦循环流化床锅炉组技术改造项目	预评	省级卫生行政部门	电力
7	华蓥山发电厂2×300兆瓦扩建工程	预评	省级卫生行政部门	电力

续表2—41

序号	评价项目名称	评价类型	审批部门	备注
8	成都东方凯奇电器有限公司高压大功率变频器生产基地建设项目	控评	市级卫生行政部门	电子
9	四川中光防雷科技有限责任公司中光高科技产业化发展集团雷电防护产业科技园区项目	预评	市级卫生行政部门	高新技术
10	成发集团科技搬迁建设项目	预评	省级卫生行政部门	军工
11	成都发动机（集团）有限公司搬迁建设项目	预评	省级卫生行政部门	军工
12	中航集团第611所	预评	省级卫生行政部门	军工
13	东方锅炉（集团）股份有限公司德阳分厂辅机生产项目	预评	市级卫生行政部门	机械制造
14	成都大昌汽车服务有限公司汽车销售、服务中心项目	预评	市级卫生行政部门	机加工
15	成都威凯高科技产业园一期建设项目	预评	市级卫生行政部门	高新技术
16	成都武侯出租汽车有限公司上海大众物流中心建设项目	预评	市级卫生行政部门	机加工
17	中蓝晨光化工厂研究所全氟醚橡胶研制项目	预评	市级卫生行政部门	橡胶
18	四川广安发电厂有限责任公司三期（2×600兆瓦）扩建工程	预评	省级卫生行政部门	电力
19	四川华业生化制品有限公司200吨硫酸软骨素生产线项目	预评	市级卫生行政部门	生物
20	四川巴蜀电力开发泸州电厂（2×600兆瓦）新建工程	预评	省级卫生行政部门	电力
21	天伦食品（成都）有限公司二期项目	控评	市级卫生行政部门	食品

此外，省疾控中心还多次参与上海、重庆、云南、青海、新疆等省（直辖市、自治区）的建设项目职业病危害评价工作，评价对象涉及食品、电力、高新技术、机械制造、石油化工、航空配件制造、电子技术、生物医药、橡胶制造、印刷、建材、冶金、军工等行业。

二、尘肺病防治

1949—1986年，全省累计矽肺病例17930例，其中现患12924例，死亡5006例。冶金、煤炭行业的矽肺在全省尘肺总数中占37.14%。肺结核合并率为15.59%，其中以矽肺和尘肺最高，分别为10.01%和20.20%。尘肺病中癌瘤死亡率为1566/10万，在尘肺病死因中居第4位，占死亡病例的6.52%，其中均以石棉肺为最高，且都有随尘肺期别上升而下降的趋势。在对1970—1986年间尘肺回顾性队列研究中进一步发现，尘肺（包括石棉矽肺、尘肺和煤工尘肺）中，尘癌危险性明显增高，石棉肺又显著高于其他类型尘肺。

1987年，省劳卫所参加卫生部组织的中华人民共和国成立以来规模最大、历时两年半的尘肺流行病学调查，获得全省尘肺病发病规律和发病特点的大量资料。调查结果表明：四川是国内粉尘危害最为严重的省份之一，尘肺病例数居全国之首，约占1/8。1949—1998年，全省累计尘肺病患者35377例（已除去重庆市），其中现患23958例，死亡11419例，尘肺总死亡率为17818/10万。尘肺病人分布在省内21个市（地、州）的22个行业及33个工种，累计病例居前6位的依次为内江、达州、乐山、成都、宜宾和广元。上述6市共有病例25125例，占71.02%。县级以上企业累计患者26092例，占73.75%，县级企业9285例，占26.25%。尘肺病例主要集中在煤炭和冶金两大行业，累计病例分别为18805例和4598例，分别占53.16%和13.00%。按种类分，以矽尘和煤尘为主，共计34397例，占尘肺总数的97.23%；其中矽尘17719例，占50.09%，煤尘16678例，占47.14%。尘肺平均死亡年龄为60.71岁，并随年代推移而延长，20世纪90年代比50年代平均死亡年龄延长29.52岁。

20世纪90年代，省劳卫所着手研制粉尘卫生标准，先后开展《车间空气中炭黑卫生标准》《车间空气中石棉纤维卫生标准》和《车间空气中二氧化钛粉尘卫生标准》的研究。省劳卫所参与研究的《石棉纤维和麻尘卫生标准》《尘肺患者劳动能力鉴定及处理原则》《职工工伤与职业病致残程度鉴定》作为国家标准颁布实施。

21世纪初，省疾控中心运用可视化程序开发技术，建立尘肺病资料数据库，建成尘肺病例管理计算机系统。系统建成后，职业病报告范围由原来的单纯职业病和职业中毒扩大到劳动卫生监督监测、职业性体检、农药中毒、重大急性中毒事故等，统计上报工作方式由原来的手工统计过渡到微机录入和远程通讯，不仅为全省尘肺病流行病学调查提供了有力的技术支撑，也为制定尘肺病防治对策提供了科学的技术依据。

工矿企业对尘肺病的防治，主要是采用工程技术措施降低粉尘浓度。广旺集团公司唐家河煤矿以湿式打眼、煤（炮）眼填塞水泡泥、安装净化风流水幕、定期冲洗煤尘或岩帮、放煤口喷雾、放炮自动喷雾、煤层注水、安装除尘器等多种技术措施，建立完善的防尘系统，并在组织、制度、资金和器材方面给予保障，使全矿粉尘防治工作大为改观，粉尘作业合格率大为提高。

尘肺病的诊断治疗，早期由省卫生防疫站组建的四川省尘肺病诊断组实施，以后转由四川大学华西职业病防治院、省劳卫所负责。省劳卫所先后自主开展“四川省威远等煤矿煤工肺癌的研究”“四川省历年尘肺发病规律及现状的调查研究”“煤工尘肺大块纤维化的发病因素的综合研究”等，并参与《煤矿井下工人滑囊炎诊断标准》等国家标准的研制。华西医科大学公共卫生学院参加尘肺X线诊断标准的修订工作，并与中国预防医学科学院劳动卫生所共同承担尘肺病理诊断标准的研制工作。2002年省疾控中心成立后，由该中心预防医学门诊部承担尘肺病诊断治疗任务。同年，省卫生厅成立尘肺病诊断专家库。省疾控中心每年都派专家去基层参加尘肺病诊断工作，进行技术指导；举办尘肺病诊断培训班，培训全省基层疾控中心、县级尘肺体检诊断机构的相关负责人员；还经常派专家到企业宣传尘肺病防治法规。

三、乡镇企业职业病防治

乡镇企业是20世纪80年代在农村发展起来的新生事物。1985年全国有乡镇企业157万个，其中工业企业85万个，占全国工业企业总数的80%。乡镇企业吸收农业富余劳动力7000多万人，占农业劳动力的18.8%，比当时的全民所有制职工总数还多200多万人。乡镇企业普遍存在生产条件差、人员文化技术素质低、资金不足、技术落后、设施陈旧等问题。随着有毒有害工种及职业危害因素向乡镇企业转嫁，乡镇企业的职业病、职业性多发病及工伤的发生率，呈逐年增高趋势。

1989—1991年，全省开展建立企业卫生档案和职工个人健康档案的“双建”试点工作。试点分三步进行：第一步，对全省140个县（区）的2.7万个乡镇企业开展基本情况调查，内容包括：乡镇企业工业厂矿数，职业人数，从事有毒有害作业人数，受检人数和体检结果，粉尘、毒物、物理因素等有害作业点数、检测结果及卫生学评价等。第二步，对20个市、县的1850个乡镇企业开展典型调查，结果表明：从事有毒有害作业人员占职工总数的46.04%，明显高于同期全国乡镇企业从事有毒有害作业人员占职工总数的比例（15.8%）。职业危害以粉尘为主，接尘人数占总接害人数的57.74%，粉尘作业点占有害作业点的50.41%，粉尘作业点合格率为23.2%。粉尘以矽尘、煤矽尘、有机尘和水泥尘为主，集中分布在煤炭、建材等行业。化学毒物以铅、苯、锰、铬为主，在四川省乡镇企业中点多面广，种类繁杂，危害严重。现场检测结果，粉尘、毒物浓度均明显超过国家标准数倍以上；体检33222人中，职业中毒及职业损伤128例，观察对象100例；尘肺检出率为3.12%，观察对象检出率为3.39%。四川省乡镇企业职业病的检出率明显高于国家厂矿水平，职业危害因素最为严重的是煤矿、冶金、建材行业，有害作业点多、分散且超标率高，接害职工人数多，防护条件差，发病年龄有提前趋势。第三步，由省劳卫所负责，成都市卫生防疫站，成都市第二卫生防疫站，双流、绵竹、内江市中区、达县等市、县级卫生防疫部门协作，在140个县（区）近1.4万人中着手建立企业卫生档案和职工个人健康档案。内容包括：1. 调查5个县（区）厂矿职业危害因素种类、接害人数、劳动保护状况和卫生管理状况，对有害因素进行监测，对接害工人进行职业健康检查，对职业病、常见病及多发病进行认定。2. 收集当地政府主管部门下发有关劳动安全与卫生文件、管理办法、采取措施等文献资料，厂矿开展卫生达标，职工劳动卫生、职业损伤、职业性体检、疾病证明（包括死亡证明）等资料，汇总整理归类入档。3. 建立工业卫生档案目录卡，“两档”管理使用制度，厂区平面示意图，工厂生产工艺流程图，职业病、多发病、常见病比例图，职业危害监测结果示意图，乡镇工业厂矿劳动卫生情况调查表，有害因素接触工人登记表，厂矿职业危害因素防护、治理效果评价表，“三废”排放调查表。4. 为工龄一年以上的接害工人建立包括体检表，疾病就诊情况及诊断证明，工种变动、调离、退休、死亡证明材料等在内的职工个人健康袋。

双流、绵竹、内江市中区、达县及温江5个县（区）的77个乡镇企业，具有职业危害的乡（镇）村二级厂矿共299个，建档职工总数13756人，其中生产工人10836人，接害工人4857人，分别为5个试点区县的23.2%、37.3%和29.4%。生产性粉尘为四川乡镇工业主要的职业危害因素尘（占39.6%），其次为物理因素（占26.1），化学毒物及其他因素占34.3%。试点厂矿工业卫生档案建档率达100%，职工健康档案建档率为生产工人数的44.03%，为接害工人数的98.2%。“双建”工作促进了乡镇企业文明生产和产品质量的提高。据双流、绵竹、温江3县（区）统计，有25个厂矿建档后达标升级，占试点厂矿的69.4%。“双建”试点的做法在成都周边得到较好推广，新都、彭州、夹江等区县的乡镇企业先后建立了工业卫生监测档案和职业健康档案。由于没有专项经费，“双建”工作在全省其他地区未能普遍推广。

四、农药中毒防治

20世纪50年代至80年代，全省农药年平均使用量呈增长态势。有机氯（以六六六为主）用量最大，1975—1980年平均用量达35000吨，DDT达56000吨；有机磷农药中的乐果用量上升较快，最高用量达2200吨/年。1983年使用农药43000吨，其中有机磷农药已占70%以上。据推算，全省耕地每亩用农药平均0.44公斤。全省使用农药的人数达1130万人，农药中毒率1983年为0.72%。平均中毒率以棉区最高（2.52%），粮区次之（1.86%），蔬菜区最低（0.29%）。农药浓度超标、药械滴漏污染、不注意防护是主要中毒原因。30~50岁农村妇女中毒机率明显增高。5—8月生产性农药中毒人数占全年中毒的90%以上。生产性中毒死亡率为4.88%，非生产性中毒死亡率为16.14%，后者无论中毒人数和死亡人数都超过前者。

1985—1986年，省卫生、农业、农资等部门联合印发《四川省农村农药中毒防治管理办法》，并组织内江等12个市（地）、县开展“农药对人群健康的危害及控制对策研究”。在此基础上，省卫生厅、省农牧厅、省化工厅、省供销社共同起草《四川省农药管理办法》，提出的防治措施包括：农民在使用农药时，按施用标准配兑农药浓度，及时检修施药器械；实行“两早两晚一延长”，即上午早出工早收工，下午晚出工晚收工，延长中午休息时间；顺风打药，隔行打药；穿长衣裤，戴口罩和手套；如有皮肤污染及时清洗。市、县农业与农资部门大力配合，在培训区、乡、村“庄稼医生”时，加入农药中毒防治知识，先后有10余万人参加培训。省里相关机构先后办农药中毒防治培训班4期，200多人参加学习。培训班讲义经过修改，由黄星培主编成《农药中毒手册》，1990年由四川省科技出版社出版发行。

由于农村面广、分散，管理难度大，教育不深入，农药中毒防治工作成效欠佳。1991—1995年，农村农药中毒累计8241例，死亡884例，病死率为10.73%，其中非生产性中毒8233例，占中毒总数的99.9%。中毒农药以乐果为主，占中毒总数的31.18%。中毒病死率最高的农药为敌敌畏，占16.5%，遂宁、温江两地的中毒例数占总例数的62.4%。

五、职业卫生监督

20世纪60年代至90年代，职业卫生监督主要是结合尘肺病流行病学调查、尘肺病鉴定、职业健康监护等进行。实施监督的职业危害包括：噪声、粉尘、高温、电离辐射、电磁辐射、氮氧化物、铅及其化合物、锰及其化合物、汞及其化合物、苯及其化合物、肼、氰化物等有毒有害化学物质；实施监督的对象包括：电力、建筑、冶金、化工、机械制造等诸多行业和科研单位。

2001年，省疾控中心对新、改、扩建项目，技术改造项目和技术引进项目，组织开展以“三同时审查”为基本内容的预防性卫生审查，即：同时进行职业病危害预评价审查、防护设施设计审查和职业病危害控制效果评价审查，从源头消除和控制职业病危害因素的浓度和强度。至2005年，全省共对372个建设项目进行了预防性卫生审查，其中新建项目154个，改建项目143个，扩建项目75个。372个建设项目中，对279个进行预评价审核，合格265个，合格率94.98%；对287个严重职业病危害建设项目进行设计审查，合格268个，合格率93.37%；对186个建设项目进行竣工验收，验收合格177个，合格率95.16%。2002年，省卫生厅联合省级相关部门，共出动卫生监督员6734人次，检查910家企业和994个有毒有害场所，对不符合职业卫生要求和劳动保障条件的企业提出整改意见，停业整顿21家，限期整改104家。

2003年9月23日，由省卫生厅牵头，省乡镇企业局、省工商行政管理局、省国税局、省安监局、省环保局、省总工会为成员单位，成立乡镇企业、农村个体工商户职业病危害专项整治工作领导小组，组织开展职业病危害专项整治。全省共出动卫生监督员8754人次，检查7434家企业，给予警告56241家，责令限期整改804家，停业整顿21家，处罚5家。其中，对1412家企业进行作业场所职业病危害因素检测，有986家企业申报了职业病危害项目；检查从业人员661750余人，其中接触职业病危害因素的作业工人有293756人，已进行职业健康检查的有37104人。对不符合职业卫生要求和劳动保障条件的企业提出了整改意见。

2004年，省卫生执法总队对煤矿、采石、水泥等重点粉尘危害作业建设项目的职业病危害卫生审核、审查、竣工验收情况，职业病危害项目申报情况，职业卫生状况和管理制度建立情况等进行抽查。在抽查的594家企业中，应申报企业587家，实际申报企业376家，申报率为64%。对未申报或申报不实的117家企业提出限期改正，65家企业给予警告。在抽查的29个建设项目中，一般危害项目25个，严重危害项目4个，预评价报告审查率为36.8%，严重危害项目设计审查率为0。在抽查的企业中，作业场所职业病危害因素应测点为2699个，实测点为1727个，检测率63.9%；岗前体检应检7265人，实检3988人，体检率54.8%；定期体检应检21917人，实检1670人，体检率7.6%。在所有抽检企业中，职业卫生管理机构、职业病防治经费、防治计划、职业健康监护制度、职业病危害合同告知、应急救援设备等职业卫生管理工作的合格率都不到50%。

2005年，省卫生执法总队检查煤炭、化工、建材行业3434家，查出违法单位546家，提出限期改正7家，警告527家，罚款11家，罚款137300元，达州市卫生局提请政府关闭煤矿1家。在检查的186个建设项目中，进行职业病危害预评价报告审核的有91项，严重危害项目44项，严重危害项目防护设施设计审查32项，应竣工验收项目63项，已竣工验收项目57项。在检查的3234家企业中，用人单位岗前体检应检47656人，实检14020人，体检率29.4%；定期体检应检205134人，实检105352人，体检率51.3%；离岗体检应检7757人，实检3982人，体检率51.33%；检出职业禁忌1003人，占已检人数的0.8%；检出疑似职业病474人，占已检人数0.4%；。在所有检查企业中，职业卫生管理机构、职业病防治经费、防治计划、职业健康监护制度、职业病危害合同告知、应急救援设备等职业卫生管理工作的合格率都不到50%。

查处职业卫生事件。2002—2005年，省卫生执法总队共查处家具、机械、水泥等行业30余起大案。2003年，根据群众举报和监督检查中发现的问题，对中国南山集团眉山车辆厂、二滩水力发电厂、四川天邑信息股份有限公司等4家单位进行处罚，责令限期整改。2004年，根据群众举报和监督检查中发现的线索，对四川空气分离机设备厂、资阳南骏汽车制造厂等4家用人单位未进行职业病危害项目申报、未进行职业健康检查、未进行作业场所危害因素监测、未在有职业危害的工作场所设置警示标识等违法行为作出行政处罚，并责令限期整改。

根据《中华人民共和国职业病防治法》和《职业病诊断与鉴定管理办法》的规定，开展职业病诊断机构资质认证工作。2002—2005年，继省疾控中心、四川大学华西第四医院、中铁二局职业病防治院、成都铁路疾控中心、成都市疾控中心等25家医疗卫生机构先期取得批准证书后，又有21家单位取得职业卫生技术服务乙级资质。其间，先后对35家取得批准证书的职业病诊断机构进行年度考核和抽查考核，考核结果显示，全省职业病诊断机构相关制度比较完善，职业病诊断工作流程比较规范，职业病档案健全，并加强了对诊断医师的管理。

第五节　放射卫生

四川是一个核技术应用大省，放射技术广泛应用于人体疾病诊断与治疗、矿产探测、铀料开采加工、大型工业部件探伤、热合加工、放射消毒杀菌、农业选种育种等多个领域。2001年，全省共有0.2万多个应用放射性同位素与射线装置单位，还有若干生产放射性同位素与射线装置的单位、具有核设施的单位和γ辐射加工装置，以及放射性同位素治疗装置、核医学场所、密封源及非密封源其他应用场所、X 射线诊所及治疗装置、医用及非医用加速器、X 射线探伤及其他应用场所，有放射工作人员 0.6 万多人。

一、环境放射性卫生监测

（一）环境放射性本底调查

1962—1982 年，省劳卫所连续 20 年对成都地区进行环境放射性本底调查。从 1980 年起，调查区域扩大至全省 211 个县（市、区），川江水系及其主要支流，天然气田及部分矿山，开采冶炼场所外环境等。扩大的调查项目有：居民住房、古老公共建筑物、主要放射性作业场所的外环境和各类地形的地面 γ 照射量率，市区部分婴幼儿、大中小学生、机关职工、部队战士以及郊区菜农、社员的膳食组成等。从 20 世纪 90 年代起，常规监测内容为：大气沉降物，空气气溶胶，饮用水源、雨水、江、河、湖、水库等水源，土壤，蔬菜，粮食，牛奶，猪肉等的放射性本底和地面 γ 照射量率等。环境放射性本底调查显示：

地面空气气溶胶放射性：主要来自天然放射性核素，其变化除受国内核试验产生的人工放射性核素产额影响外，主要受气象因素的影响。总 β 放射性浓度峰值在冬季，2 月后逐月下降，7—8 月最低，以后又逐渐回至冬季的高峰。其采样后，4hr 总 β 放射性浓度 20 年均值水平为 7.47μBq. L^{-1}（成都地区）。

大气沉降物：放射性来源与地面空气气溶胶相同。年变化规律为：从 1 月开始逐月增长，5—6 月达峰值，以后逐月下降，12 月最低。均值水平为 1.12GBq · km^{-2} · a^{-1}。大气沉降物放射性的贡献主要来自天然放射性核素 ^{238}U、^{232}Th、^{226}Ra 和 ^{40}K，但也来自历次国内外核试验对全球放射污染的残余痕量人工核素 ^{90}Sr、^{137}Cs 和 ^{239}Pu 等。20 年沉降范围值分别为 4.44—20.61MBq · km^{-2} · a^{-1}，0.37—6.29MBq · km^{-2} · a^{-1} 和 0.29—1.26hBq · km^{-2} · a^{-1}。

雨水：总 β 放射性比活度与雨量等气象条件有关。成都地区每年 3—5 月为春季，6—8 月为夏季，9—11 月为秋季，12 月至第二年的 2 月为冬季，春季和秋季的雨量约占全年的 19.3% 和 17.0%，但春季雨水的总 β 放射性比活度高于夏秋两季，并在 5 月份出现峰值（几百 mBq. L^{-1}）。

水源（河水、井水和自来水末梢水）：总 β 放射性和 ^{90}Sr 的含量水平呈逐年下降趋势。饮用水中总 α、总 β 放射性比活度以及其中含的天然放射性核素 ^{238}U、^{232}Th、^{226}Ra 和 ^{40}K 等的量，以泉水为高，河水次之，自来水末梢水和井水为低。井水总 β 放射性比活度全省各地均值高于平原区（约至 10^{-2} Bq/升量级），而总 α 放射性比活度低于平原区（约至 10^{-1}BqL $^{-1}$量级）。

土壤：总 β 放射性比活度和 ^{90}Sr 含量水平与地质结构和水土流失有关。土壤的总 β 放射性比活度显示不出随大气沉降物的递减而减少的趋势。土壤的总 β 放射性比活度均值全省以山区最高，市区次之，平原区最低。土壤中含天然放射性核素含量均值水平仍是山区最高，平原区最低（除 ^{232}Th—10Bq · kg^{-1}量级外，^{238}U ^{226}Ra—数 Bq/千克量级）。

粮食：大米、小麦和玉米的总 β 放射性比活度水平范围为（19.24—208.1）Bq · kg^{-1}（干），其中小麦最高，为 98.42Bq · kg^{-1}（干），大米最低，为 37.0Bq · kg^{-1}（干）。小麦和玉米中含 ^{90}Sr 的范围值为 1 至几个 Bq/千克（干），其中小麦最高，玉米次之。就锶单位而言，历年调查仍是小麦含量最高。

蔬菜：萝卜、茄子、白菜和菠菜的总 β 放射性比活度和 ^{90}Sr 含量水平均以菠菜最高，20 年的平均值分别为 90.65 和 $4.76\times10^{-3}Bq\cdot kg^{-1}$（鲜），白菜次之，分别为 53.28 和 $4.30\times10^{-3}Bq$/千克（鲜），最低的是萝卜和茄子。其总的放射含量水平历年均值呈下降趋势，但十分缓慢。

牛奶：总 β 放射性比活度和 90Sr 含量 1964—1981 年年均水平分别为 $46.62Bq\cdot L^{-1}$和 $3.81mBq\cdot L^{-1}$，其年均范围值分别为（31.82—131.4）$Bq\cdot L^{-1}$和（0.51—13.02），呈逐年下降趋势。

猪肉：总 α、总 β 放射性比活度均值水平分别为 $0.93Bq\cdot kg^{-1}$（鲜）和 $44.03Bq\cdot Kg^{-1}$（鲜），^{90}Sr 和 ^{137}Cs 含量分别为 0.64 和 1.49mBq/升（鲜）。

地面 γ 照射量率：总的趋势是室内大于室外，旅游区介于室内外之间，水域最低；其均值水平为 $9.6\times10^{-8}Gy\cdot h^{-1}$。建筑物的 γ 照射空气吸收剂量率以山区最高，室内外分别为 13.47×10^{-8}和 $11.5\times10^{-8}Gy$/小时，其次是平原区。

部分矿藏的放射性水平：1987—1989 年的调查表明，四川的煤、铜、铁、铅和石灰石等矿石的天然放射性核素：^{238}u、^{235}u、^{232}Th、^{226}Ra 和 ^{40}K 等的比活度水平与四川的土壤含量水平相近，其规律是：除煤矿含量较高分别为 63.9、2.30、46.5、65.6 和 $132Bq\cdot kg^{-1}$外，其他矿石的含量都较土壤含量水平低。就煤矿而言，也是烟煤 > 泥煤 > 无烟煤 > 焦煤。焦煤中含量分别为 37.7、0.73、20.5、15.2 和 $37.6Bq\cdot kg^{-1}$。

天然气中 ^{222}Rn 的含量水平：1987—1988 年的全省天然气矿和民用天然气调查表明，天然气矿中 ^{222}Rn 以川西南矿区最高，比活度均值为 $0.87KBq\cdot m^{-3}$（范围值为 0.15—1.36$KBq\cdot m^{-3}$）；川西北矿区最低，比活度均值 $0.06Bq\cdot Kg^{-3}$（范围值 0.06—0.009$KBq\cdot m^{-3}$）；城市居民用天然气中 ^{222}Rn 比活度以自贡市为最高（$0.77KBq\cdot Kg^{-3}$）、泸州市最低（$0.33KBq\cdot m^{-3}$）。

居民电离辐射剂量：根据调研得到的四川省环境电离辐射水平及城乡居民在室内外的居留因子，估算所致居民年有效剂量当量均值为 $955\mu Sv\cdot a^{-1}$，川江主干各县平均为 $929\mu Sv\cdot a^{-1}$，小于成都地区环境电离辐射所致居民年有效剂量当量均值 $990\mu Sv\cdot a^{-1}$。

摄入食品放射性所致居民内照射剂量。根据调研的各类食品：主食、副食、饮水等的放射性水平及城乡居民食谱调查结果，估算四川居民因食入所致内照射剂量当量：城镇为 $96\mu Sv\cdot a^{-1}$，农村为 $121\mu Sv\cdot a^{-1}$，平均为 $109\mu Sv\cdot a^{-1}$，相当于 1980 年前成都地区所致居民内照射年剂量当量 $108\mu Sv\cdot a^{-1}$。

1987—1989 年，省劳卫所对部分矿藏的放射性水平进行调查，结果表明：四川的煤、铜、铁、铅和石灰石等矿石的天然放射性核素 ^{238}u、^{235}u、^{232}Th、^{226}Ra 和 ^{40}K 等的比活度水平，与四川的土壤含量水平相近。1987—1988 年对全省天然气矿和民用天然气中 ^{226}Ra 的含量水平进行调查，结果表明：天然气矿中 ^{226}Ra 以川西南矿区最高，比活度均值为 $0.87KBq\cdot m^{-3}$（范围值为 0.15—1.36$KBq\cdot m^{-3}$），川西北矿区最低，比活度均值 $0.06Bq\cdot Kg^{-3}$（范围值 0.06—0.009$KBq\cdot m^{-3}$）。城市居民用天然气中 ^{222}Rn 比活度以自贡市为最高（$0.77KBq\cdot Kg^{-3}$），泸州市最低（$0.33KBq\cdot m^{-3}$）。综合评价：四川环境放射性本底所致城乡居民年剂量当量分别为 $1051\mu Sv\cdot a^{-1}$和 $1076\mu Sv\cdot a^{-1}$，其水平约为国家放射性卫生防护基本标准的 1/5，是安全的。2000 年后环境放射性本底调查改由环保部门负责。

（二）环境放射性污染监测

自 1964 年 10 月 16 日中国第一次核爆炸起，四川即开始系统监测核试验对成都地区的放射性影响，直至 20 世纪 80 年代中国终止地面核试验。26 次核试验中，有 19 次对成都地区有不同程度的放射性污染影响。第 2 次和第 22 次核试验是对成都地区污染最明显的两次，成都地区的环境空气、水源、生物样品和地面 γ 照射量呈现明显的放射性污染：大气沉降物、空气气溶胶和雨水、池水、河水的总 β 放射性比活度峰值均为本底值的数百倍；自来水、井水、蔬菜等总 β 放射性污染峰值水平亦为本底值的数百倍；牛奶的总 β 放射性比活度和地面 γ 照射量污染峰值仅增大数倍。同时，在地面空气、水源和生物样品中查出裂变信号核素 ^{131}I 并出现较高的峰值。核试验后 40 天累积的总 β 放射性沉降量为 17.9 和 11.3TBq · Km^{-2} · $40d^{-1}$，其峰值分别为 4.37 和 6.5TBq · Km^{-2} · d^{-1}，是核试验前 30 天总 β 放射性均值的 64 和 650 倍，而它们的累积沉降量又分别为中国历次核试验在成都地区总沉降量的 43% 和 26%。但这两次核试验对成都地区放射性的污染所致居民剂量负担远远低于国家有关标准，没有造成安全问题。

20 世纪 80 年代后期，工作重点转移至主要核设施排污河流放射性污染监督监测。1987—1995 年，对主要核设施排污受纳 8 条河流 32 个断面的丰、枯水期的情况开展了七次大型的监测监督活动，包括：现场采样，食谱调查，对某些关键样品做验证采样分析，观测主要核设施排污受纳含量在排污口下游随距离变化的规律，了解各类水环境介质对某些特定放射性核素的浓集及水域生态环境的影响，调查主要核设施营运单位贯彻国家放射卫生防护法规和标准情况等。先后提出防止核设施排污河流放射性污染的措施，如：建立地方区域放射性污染监测监督网，实施紧要核素—紧要物质（指示生物）—紧要照射途径的监测方法，加强核设施放射性废水排放监督管理，实施核设施营运单位放射性废水排放为我所用的目标管理，做好受纳河流生态环境保护规划，强化核设施新、改、扩建和退役的预防性协同监督，加强污染水源管理，加强饮用水源放射性监督监测，加快放射卫生防护立法进度，增大执法力度，强化核设施主管部门的自主管理，全面实施地方监督监测等。这些措施，被卫生部颁布的《核设施放射卫生防护管理规定》《核事故医学应急管理规定》《放射工作卫生管理办法》所采用。

（三）核设施环境辐射监测

20 世纪 70 年代，中国核工业的重心移向四川，从铀矿开采、冶炼，核燃料元件生产，核反应堆的设计研究及建造，到核燃料生产、后处理以及核能技术应用研究等，基本配套齐全。四川虽然没有一座核电站，但拥有多座核反应堆。

对核设施的监测工作，大体分三类进行：第一类是对核燃料生产设施的监测，包括核燃料的开采、冶炼及燃料元件的生产等，主要是消除核燃料原材料被盗、料液泄漏、铀车屑着火、燃料元件半成品和成品的临界安全等潜在危险。第二类是对核反应堆设施的监测，包括反应堆设计建造、运行和放射性同位素产品，主要是消除核燃料元件破损、烧结、堆芯失水、裂变失控、主回路补水管堵塞和破口、主蒸发器列管被腐蚀破损等潜在危险。第三类是对核燃料堆生产设施及元件后处理设施的监测，主要是消除有堆退役拆除误照、废物处置、运输辐射、废液储存、处理对人员和环境的污染等潜在危险。由于领导重视，制度落实，监测到位，四川核设施一直处于安全运行状态，不仅保证了工作人员的安全，也保护了周围居民及公众的健康安全和生态环境。虽偶有核设施事故发生，但处置得当，未造成严重后果。

（四）环境影响评价

环境影响评价是指在建设项目动工前，对其选址、设计、施工等过程运营或生产阶段可能带来的环境影响进行预测和分析，并提出相应防治措施，以确保生态环境维持良性循环。

1984—1986 年，省劳卫所继调查川江水系放射性水平与分布后，又承担国家重大科技项目“长江三峡工程对生态与环境影响预断评价与卫生监督措施研究”，再次对库区所属21个地面γ辐射水平进行全面系统调查。经数学模拟，建立了定量预断三峡工程建坝后库区10年、20年、50年和80年的放射性沉积量的理论方程组，首次绘制出三峡工程库区放射性核素污染分布图和地面辐射水平地质地理分布图。同时，对三峡工程库区约600千米河道涉及的21个县（市）进行地面γ辐射水平观测，对居民食谱和居留因子进行调查，对居民主食、副食、饮水放射性进行监测。根据三峡工程库区放射性污染资料，结合环境放射卫生学、环境放射流行病学和辐射剂量学理论，筛选出25种生态环境因素、14种库区环境影响因素和10种库区水资源经济效益因素在不同高程建坝时的影响级别，采用矩阵评价法获得定量结果，用放射卫生防护学的利益与代价分析理论作出综合评价，并针对三峡工程库区放射性污染对库区生态环境的不利影响，提出6条防止三峡工程放射性污染的措施：建立区域性放射性污染监督监测网，加强核设施废水处理，加强放射性排污和库区居民饮用水管理，研究放射性环境容量与排污限值，搞好库区生态环境保护规划，制定行之有效的放射卫生安全监督法规等，从而给三峡工程上马论证、工程建成后长期安全运行提供了科学的技术资料。该研究成果获1987年四川省科技进步三等奖，总课题获1989年中国科学院科技进步一等奖。

1992年，省劳卫所受夹江县水建工程指挥部委托，开展对青衣江地面水源饮用的放射卫生学评价。夹江县原有的城市饮水工程主要由地下水（日产2000立方米）和地面水（日产5000立方米）同时供给。由于经济社会快速发展，夹江县城区饮用水量每天要增加2万立方米，供求矛盾很大。县里想利用青衣江地面水这一得天独厚的水源作为饮用水源，但又顾虑取水断面上游7千米的地方有493高通量反应堆核设施及其放射性同位素生产设施的放射性废水排放口，一时难下决心。省劳卫所几次派员赴现场勘察，又在丰、枯、平水期现场采取水样，对河底泥进行放射性核素测量，结合“长江三峡工程对生态与环境影响预断评价与卫生监督措施研究”和“主要核设施排污河流卫生监督措施研究”的相关资料和数据，进行青衣江地面水源饮用的放射卫生学评价。专家认为：青衣江水量稳定，水源充沛，水质感观性和一般化学指标、毒理学指标和放射性物质含量属国家第三类地面水环境质量标准；除总大肠菌群、细菌总数两个指标外，符合国家饮用水标准，适合作集中式生活饮用水源。同时提出相应对策：加强饮用水源和自来水的放射性指标检测，加强核设施排污管理，加强青衣江地面水饮用的放射性净化处理，防范放射性事故，做好事故情况下的饮水供给和增加供水的应变能力。卫生学评价被夹江县水建工程指挥部采纳。

二、放射性工作场所监测

经过多年努力，四川于20世纪90年代建立起放射性工作场所监测评价体系。监测评价涉及的设备包括：医用诊断、治疗X线机、医用电子直线加速器、CT机、γ刀、^{60}Co γ远距离治疗机、后装γ源近距离治疗机、模拟定位机、核医学等医疗设备和PB2028—TL集装货物/车辆检查系统、辐照技术研究开发中心综合实验室、工业X、γ射线探伤、加速器辐照装置等。监测评价涉及的主要内容为：场所剂量、能量分布及剂量重建、辐射状况等。在评价工作中，按照国家有关法律法规及标准的要求，根据场所的具体情况和辐射实践正常化、辐射防护最优化和个人计量限值三原则，给项目建设单位提出合理化建议，使项目建设既符合国家相关法律法规及标准的要求，又节约经费。至2005年，共对全省11个^{60}Co辐照装置、7台非医用加速器、50多台医用放疗设备、10多个核医学场所、300多台医用诊断X线机、400台医用CT机及30多台工业X射线探伤、γ射线探伤机，开展了建设项目职业病危害放射防护预评价和控制效果评价工作。全省射线装置和辐射场所的质量性能及其防护设施，总体符合国家标准。

（一）医用诊断X线机检测

20世纪80年代初，省放射卫生防护所对占全省约五分之一的1166台医用诊断X线机开展防护调查。结果表明：94%的防护性能不符合医用诊断X线卫生防护标准。在不能将其全部淘汰的情况下，省上组织内江医疗器械修配厂、成都医疗器械修配厂、内江水轮机厂、重庆医用设备厂等单位对医用诊断X线机进行防护改装，使其达到规定的要求。经过5年时间的努力，共完成4044台X线机的改装任务，改装率为95.5%，改装合格率达97.4%。

1989年，全省实施分级监测管理，省放射卫生防护所负责省直管的27个单位，市（地、州）卫生防疫站负责本辖区内医疗卫生工作单位医用诊断X线机的监测管理。全省医用X线机诊断卫生防护标准及影像保证合格率达90%以上。

2003年，省疾控中心先后在绵阳、眉山、广元、自贡、宜宾、广安等市开展医用X线机影像质控抽检，共随机抽检85台（市级医院49台，县级医院25台，乡镇、厂矿医院11台）。与1995年对内江、广元等地检测结果相比，情况有所改善，但在X线机设备状况、暗室处理技术、操作人员素质等方面仍存在不少问题。市级医院医用X线机影像质控各项指标合格率高一些，县级特别是乡镇、厂矿医院情况较差，有的医院仍采用的是国家严格限制的老式集光筒。

2003年四川省85台医用X线机影像质控抽检结果一览表

表2—42

	检测项目	市级医院		县级医院		乡镇、厂矿医院	
		检测（台）	合格率（%）	检测（台）	合格率（%）	检测（台）	合格率（%）
摄片设备	面野一致性	49	66.7	25	67.0	11	53.0
	线束垂直度	49	80.8	25	86.0	11	83.3
	焦点尺寸	49	60.0	25	18.0	11	50.0
	滤线端对齐	49	40.0	25	83.3	11	3.0
	片一屏接触	49	35.0	25	10.4	11	16.0
透视设备	高比度分辨率	20	56.0	14	6.4	4	25.0
	低比度分辨率	20	50.0	14	33.3	4	25.0

（二）X线计算机体层摄像装置（CT）检测

1983年4月，华西附院在全省第一个购进一台日本国岛津公司生产的头颅X—射线计算机梯层摄影装置（CT）。至1997年底，全省CT已达到88台。20世纪90年代后期，CT配置进入高速发展阶段，向小型、基层医院普及。至2005年，全省已有CT近400台。

在严把配置关的基础上，逐步强化设备检测评审工作。1998年5月，启动CT应用质量检测与评审，对CT值的准确性、CT的X射线输出剂量、CT的空间分辨率、密度分辨率、X射线的高压准确性等11个指标进行测量。评审不合格的限期整改，整改仍不合格的实行淘汰。通过评审，大型医用设备应用质量不断提高，各生产厂家和维修机构对设备的维护与保养明显加强，一次检测合格率从最初的31%上升至90%。至2000年6月，全省共完成182台已安装CT的第一轮应用质量检测与评审，并采用RGD—3热释光个人剂量检测设备及方法完成了1.2万人次/年的放射工作人员个人剂量检测。之后，全省CT应用质量检测评审工作按照两年一轮的频率顺序开展。放射工作人员个人剂量检测的覆盖率明显提高。省直管单位2002年前五年的平均覆盖率低于50%，而2002年后的检测覆盖率达到95%。在辐射防护相关法律法规和标准的要求下，各级医疗机构不断改造放射防护设施，按要求配备相应的个人防护用品，加强对放射工作人员及受检（治）者的放射防护管理，全省放射诊疗工作的放射防护管理逐步走向规范化。

2002年四川省CT机配置及分布一览表

表2—43

地区	人口（万人）	一手机（台）	二手机（台）	每百万人口拥有量（台）	无CT机的县（个）
成都	1015	30	26	5.3	0
绵阳	560	9	12	3.8	1
自贡	340	5	0	1.5	0
攀枝花	107	7	2	8.4	1
泸州	450	3	4	1.6	1
德阳	360	5	9	3.1	0
广元	220	4	6	4.5	1
遂宁	380	4	3	1.8	1
内江	450	5	2	1.6	0
乐山	380	3	7	2.6	3
资阳	527	6	2	1.5	0
宜宾	507	5	9	2.8	1
南充	730	6	6	1.6	0
达州	680	7	5	1.8	0
雅安	153	3	2	3.3	4
阿坝藏族羌族自治州	87	2	2	4.6	9
甘孜藏族自治州	92	1	0	1.1	17
凉山彝族自治州	408	6	5	2.7	9
广安	453	4	5	2.1	0
巴中	350	3	1	1.1	0
眉山	331	4	3	2.1	2
全省	8598	122	111	2.7	50

（三）医用射线治疗机检测

医用深部X线治疗机、$^{60}Co\gamma$射线远距离治疗机、^{192}Ir后装近距离治疗机、医用直线加速器和模拟定位机，为用于肿瘤诊疗的大型医用射线治疗机。随着肿瘤患者就医率的提高，放射治疗设备得到广泛应用。为保障放射工作人员和接受射线放疗患者的安全健康，对医用射线治疗设备的检测工作也日益加强。医用射线治疗设备实行年度检测成为一项基本制度。

1. $^{60}Co\gamma$远距离治疗机

2002年，对全省31台$^{60}Co\gamma$远距离治疗机技术及防护性能进行检测，结果见表2—44。

2002年四川省$^{60}Co\gamma$远距离治疗机及防护性能检测结果一览表

表2—44

检测指标	标准要求	合格（台）	不合格（台）	合格（%）
治疗机中心误差	≤4mm	30	1	96.8
中心轴指示误差	≤2mm	30	1	96.8
标尺灯指示误差	≤2mm	31	0	100.0
激光定位仪偏差	≤2mm	29	2	93.5
预置剂量与实测值偏差	≤5%	26	5	83.9
标称值与实测值偏差	≤10%	31	0	100.0
有用线束的不对称性	≤5mm	28	3	90.3
光野与射野边界偏差	≤3mm	31	0	100.0
源储位时机头漏射线	—	—	—	—
距源1米处最大值	≤50μGy/h	31	0	100.0
均源1米处平均值	≤10μGy/h	31	0	100.0
距机头表面5厘米处	≤200μGy/h	31	0	100.0
平衡锤对有用线束透过率	≤0.1%	31	0	100.0
治疗机的β污染	≤3.7Bq. cm^2	31	0	100.0
工作区泄漏幅射水平	≤25μGy/h	31	0	100.0
公众区泄漏幅射水平	≤2.5μGy/h	31	0	100.0

上表中，有5台治疗机预置剂量与实测值偏差超过国家标准限值要求，最大偏差达10%，该指标总体合格率为83.9%。

2. ^{192}Ir后装近距离治疗机

2005年，对全省^{192}Ir后装近距离治疗机进行检测，结果表明：储源器泄漏幅射的空气比释动能率及后装治疗室外环境泄漏幅射的空气比释动能率均符合国家标准。结果见表2—45。

2005 年四川省后装治疗机外环境泄漏幅射的空气比释动能率一览表

表 2—45

检测位置	空气比释动能率（μGy/h）	
	表面 5 厘米	表面 100 厘米
电缆孔	0.2	0.2
控制台	0.2	0.2
候诊位	0.2	0.2
过道	0.5	0.2
控制室门左	0.6	0.5
控制室门中	0.8	0.5
控制室门右	0.8	0.5
主墙	0.5	0.2
机房门左	1.5	0.5
机房门中	1.0	0.2
机房门右	1.0	0.5

说明：数据均未扣除环境本底值（0.2μGy/h）

3. 医用直线加速器

2003 年，对正在运行的 6 台单光子 6MevX 医用直线加速器性能进行检测，并对机房环境防护水平进行测试，结果见表 2—46。

2003 年四川省 6 台医用直线加速器性能检测结果一览表

表 2—46

检测项目	标准	测量值范围	均值标准差	台数（合格）
辐射野的均匀度（%）	≤106	101.0 ~ 100.3	102.3 ±0.77	6（6）
辐射野的对称度（%）	≤103	100.2 ~ 102.4	101.5 ±0.85	6（6）
输出量的重复性 S（%）	≤0.7	0.1 ~ 0.6	0.33 ±0.17	6（6）
高剂量照射后稳定性（%）	≤2.0	0.2 ~ 2.2	0.65 ±0.77	6（5）
日稳定性（%）	≤2.0	0.07 ~ 3.5	0.99 ±1.24	6（5）
灯光野与照射偏差（毫米）	≤2.0	0.5 ~ 2.0	1.11 ±0.50	6（5）
辐射野半影区宽度（毫米）	≤8.0	7.0 ~ 9.5	8.36 ±0.53	6（2）
预置剂量与实测值偏差（%）	≤5.0	−7.9 ~ 2.1	−1.38 ±4.42	6（3）

2003 年，对机房环境防护水平进行测试，结果见表 2—47。

2003 年四川省机房环境防护水平测试结果（μGy/h）一览表

表 2—47

检测项目	测量值范围	均值 ± 标准差	台数（合格）
主墙	0.0 ~ 0.4	0.13 ± 0.16	6（6）
操作台	0.0 ~ 0.2	0.03 ± 0.08	6（6）
电缆孔	0.0 ~ 0.2	0.07 ± 0.09	6（6）
候诊位	0.0 ~ 0.2	0.03 ± 0.08	6（6）
过道	0.0 ~ 0.1	0.02 ± 0.06	6（6）
机房门 5 厘米处	0.0 ~ 3.5	0.92 ± 0.99	6（6）

（四）核医学科放射防护检测

1980 年全省使用放射性同位素的单位共 178 个（不含核工业部在川单位），经审核发证的 125 个，其中属医学医用的核医学科有 55 个，占 44%，其他为农业、地质、教学科研和工厂。直接从事放射性同位素的工作人员 1790 人，其中专兼职卫生防护管理人员 64 人，并具有一定的监测仪器。由于放射性同位素广泛推广运用，1998 年全省放射工作单位骤增至 359 个，其中医院核医学科 46 个（占 12.8%），直接从事放射性同位素的工作人员达 1537 人。2005 年，为贯彻卫生部《临床核医学卫生防护标准》和《放射性核素敷贴治疗卫生防护标准》，对具有代表性的某医院核医学科放射防护实施检测。该院核医学科环境辐射及场所表面污染水平均符合国家标准，职业人员年个人受照量低于国标规定的个人剂量限值。

（五）X、γ 和加速器探伤机检测

1989 年，省直单位有各类探伤机 36 台（其中 ^{60}Co、^{192}Ir 和 75Se 等 γ 射线探伤机 9 台、X 射线探伤机 23 台、加速器探伤机 4 台），放射工作人员近 400 人。1998 年，全省有各类探伤机 138 台（其中 X 射线探伤机 113 台、γ 探伤机 21 台、加速器探伤机 4 台），放射工作人员近 1100 人。

2004—2005 年，省疾控中心对省直管单位的探伤机进行调查和检测，γ 射线探伤机的泄漏辐射水平和 X 射线探伤机工作场所的环境辐射水平均达到国家标准。

（六）辐照场所检测

2003—2004 年，全省共有辐照场所 11 个，其中 ^{60}Co 辐照场 6 个，占 54.5%；加速器辐照场 5 个，占 45.5%。各辐照场所建筑设计完好，辐照连锁报警装置有效，建立了放射防护的规章制度，落实了从业人员的岗前体检、年度体检及个人剂量监测，全省辐照场工作场所环境辐射水平及 β 放射性表面污染水平均符合国家标准。

三、含放射性物质消费品检测

含放射性物质消费品是指产品因功能或制造工艺需要，在原材料中添加放射性物质或者装置内含有密封放射源结构，或者采用技术途径使之具有放射性的产品，包括建筑材料、天然石材和含磷肥料。随着新技术和新材料的开发，含放射性物质消费品及物料已广泛用于国民经济各领域。加强对这些产品的监督监测，以保障公众健康，被提到工作日程。

随着经济的发展，各种新型建筑材料和装饰材料不断出现，部分建材成品天然放射性核素比活度超过国家卫生标准。1980—1985 年，省卫生厅和卫生部工业卫生实验所在全省组织开展建筑材料放射性水平调查工作，分析和评价建材可能对人群产生的附加辐射剂量，取得大量数据，为我国制定第一部《建筑材料放射卫生防护标准》提供了科学依据。1986 年《建筑材料放射卫生防护标准》颁布后，选择绵阳、成都、重庆等地进行建筑材料放射卫生管理试点，对辖区内生产的建筑材料进行放射卫生检测评价，并试点办理建筑材料放射卫生防护许可证。为贯彻国务院《放射性同位素与射线装置放射防护条例》和卫生部《核设施放射卫生防护管理规定》，1995 年和 1997 年省卫生厅先后两次发出关于加强建筑材料放射卫生监督管理的通知，要求生产建筑材料的单位和个人，从 1998 年 1 月 1 日起，一律使用省卫生厅统一印制的“申报审核表”和“建筑材料放射卫生防护许可证”，接受当地放射卫生防护机构的监督管理。1998 年，四川在全国率先对建筑材料销售实行放射卫生合格登记制度。至 2001 年 6 月，全省共办理“销售合格证”3500 份，基本杜绝了不合格产品在主要市场上的销售。省卫生厅多次组织全省建材放射卫生抽检，并将结果在《四川日报》上进行公告，产生了很好的社会效益。

在含放射性物质消费品放射卫生监督监测中，频度最大、数量最多的是掺铀或钍的陶瓷装饰制品和器具。1997—2004 年，省劳卫所、省疾控中心先后对与人民生活密切相关的室内外装饰彩釉墙面砖、地板砖及其生产场所进行了长达 8 年的调查研究，创造了用无损检测取代破损检测的新方法，提出了装饰建材辐射剂量计算的新模式，两项课题研究成果分别于 2000 年和 2004 年获得省科技进步三等奖，其中“居室内装饰彩釉砖放射性限值研究”成果被 2002 年卫生部新颁布的《放射防护器材和含放射性产品卫生防护管理规定》所采用。同时，针对锆英砂干粉的总 β 放射性比活度高的特点，提出了锆英砂堆放地周围设置防护屏，实行专人管理；对工作场所划出控制区和管理区，实行定期监测；工人操作时应戴防尘口罩、手套、帽子，穿围腰和工作服，做好内外照射防护等对策措施。

四、涉放人员健康监测

（一）放射工作人员健康监护

健康监护的主要内容为：持证上岗，个人剂量监测，健康体检。

1989 年以前，全省放射工作人员接受个人剂量监测的约占总人数的 31%。

1997 年全省有放射工作人员 7342 人（放射性同位素岗位从业人员 961 人，射线装置岗位从业人员 6381 人），实施个人剂量监测并收回剂量计 2192 人，未收回剂量计 301 人，实际监测有效人数比率为 31%，小于全国平均个人剂量监测人数比率（47%），且实测集体剂量当量为 770.3mSv，远大于全国个人剂量平均当量（108.3mSv），人年均剂量 3.51mSv，也大于全国个人人年均剂量（1.45mSv）。对此，省卫生厅发出关于进一步加强放射工作人员个人剂量监测管理的通知，并召开全省放射防护工作会议，严格要求各放射工作单位依法做好放射工作人员个人剂量监测管理工作，落实国家和地方有关放射工作人员保健津贴、保健休假和健康疗养的规定。

1999 年，省放射卫生防护所运用自己研发的 0.065—0.63Gy 低剂量生物剂量计曲线（国际上公认的最先进的生物剂量计之一），对工业探伤放射工作人员进行染色体调查分析。共调查 145 人（男性 85 人，女性 60 人），放射工龄为 1—35 年，发现染色体畸变率随工龄增加而增加，且与对照组有显著性差异。乐山市对 330 名放射工作人员调查结果显示：放射工作人员染色体畸变率为 0.24%，高于对照组；不同工龄段有统计学差异，畸变率随工龄增高明显；不同工种之间无统计学差异。

2002 年，按照《职业性外照射个人监测规范》，分别由省、市（州）疾控中心负责省直管单位和市（州）辖区内放射工作单位个人剂量检测，各放射工作单位由专人负责发放和回收个人剂量计。监测周期为 90 天，全年分 4 个监测周期。全省年度放射工作人员个人剂量检测率明显提高。

（二）放射事件受照人员应急救护

1986—2005 年，省职业与辐射卫生所（2001 年以后省卫生执法总队也参加）对全省 62 起放射事故开展人体健康放射事故的现场调查，并对受照人员进行剂量估算和相关的医学处理。2000—2004 年，全省共发生放射突发事件 20 起，其中放射事件 15 起，一般事故 2 起，严重事故 3 起。省、市 10 家疾控中心和 4 家卫生监督机构派员参加了 30 次处理行动，其中寻找放射源 7 次，应急辐射监测 7 次，剂量估算 4 次，应急人员救护 2 次，公众防护措施和心理干预 3 次，场所去污 1 次，放射人员诊断 2 次，食品与饮用水监测与干预 2 次，现场调查 2 次。

2000 年 2 月 27 日，成都某辐照场发生一起 3 人同时受到 γ 射线意外照射事故，造成 3 例中度骨髓性急性放射病。救治出院后，省疾控中心职业与辐射卫生所对其实行为期 8 年的医学观察随访：病后头 2.5 年随访 1 次，后 5 年每年随访 1 次，7 年后 2—3 年随访 1 次。随访的血象结果提示，患者出院后机体造血功能一直处于良好状态。

五、放射性疾病诊断

1981 年省放射性疾病诊断组成立，成员主要来自省放射卫生防护所、华西附院、华西职业病医院和省人民医院从事放射卫生、放射医学、血液内科、消化内科、职业病专科、眼科等不同学科的高、中级专业技术人员。至 2002 年，共受理各市（地、州）申请放射性疾病诊断 100 多人次，会诊病例 79 人次，复诊 16 例，其中 3 例诊断为中度骨髓型照射急性放射病，6 例为慢性放射性手部皮肤损伤，2 例为急性放射性手部皮肤损伤，4 例为外照射慢性放射病，2 例与射线有关的白血病。排除放射性疾病诊断 46 人次，向国家放射性疾病诊断组转诊疑似病例 2 例。

1991 年 10 月，应苏中友好协会邀请，以省卫生厅厅长殷大奎为团长的四川省医学代表团一行 7 人，赴苏联解体后的白俄罗斯明斯克和巴比列夫市访问，就切尔诺贝利核电事故后对民众的健康影响和诊治情况进行考察，并交流防治慢性、急性放射病的经验。

2003 年 8 月，省放射性职业病诊断鉴定专家库成立，专职负责受理放射性职业病诊断的申请，参加放射性突发事件医学调查和处理，承担有关放射损伤的咨询，并对放射工作人员进行放射防护知识培训。

六、放射卫生监督

从 1990 年开始，卫生部在全国各省（直辖市、自治区）分期分批开展创建放射卫生综合监督管理示范市工作，绵阳市被列为国家首批示范市，并于 1992 年通过国家级示范市考核验收。1997 年全省各市（地）分期分批推广示范市经验，并将其列为目标任务。2002 年各市（地）完成示范市经验推广达标工作，放射工作许可证持证率、放射工作场所预防性卫生审查监督率、经济性监督监测率、放射工作人员健康体检率及个人剂量监测率等都大为提高。

1994 年 10 月 14 日，某单位一所试验堆发生燃料元件破损，造成循环水系统受放射性污染。根据卫生部指示，省劳卫所快速制订监测方案，并派员赴现场外环境执行核事故应急监测任务。监测结果表明：此次燃料元件破损事故，放射性污染范围小，废水的排放未造成受纳河流河水、底泥污染加重。

2003 年，省环保局、省卫生厅、省公安厅联合开展全省放射源安全检查工作，收集各市（州）材料并分析汇总，掌握本底情况，对放射源特别是退役源、废弃源和闲置源实行跟踪监督管理。

2004 年初，全省开展放射防护器材及含放射性产品摸底调查。省卫生执法监督总队派人到含放射性产品生产厂家相对集中的地区和单位进行监督检查、帮助指导。3 月，省卫生监督部门对基层医用诊断 X 光机、CT 等大型医用设备使用现状、存在的安全隐患等进行全面摸底、统计汇总，查找问题，组织整改。7 月，省食品药品监督管理局、省卫生厅、省公安厅、省环境保护厅联合对泸州医学院附属医院、宜宾市第二人民医院等 69 个申请换发“放射性药品使用许可证”的单位进行审查。9 月，召开全省放射工作会议，制定工作计划，培训放射工作人员，印发《关于加强射线装置放射防护监督管理的通知》。12 月，国家环保总局、卫生部、公安部联合组成的验收小组来川验收“清查放射源，让百姓放心”专项整治活动，四川获得通过。

至 2005 年，省卫生监督部门共完成 40 余个放射性建设项目的放射防护设施预防性卫生审查工作，审查“射线装置工作许可证”2000 余份、“放射性同位素工作许可证”500 余份、放射源准购批件 200 份、“放射工作人员证”6000 余份，并在全省统一射线装置工作单位基础档案。

第七章　卫生应急

第一节　卫生应急组织体系

全省比较健全完善的卫生应急体系，完成于2003—2005年。其间，省、市、县各级政府建立卫生应急指挥部，各卫生专业技术机构建立突发公共卫生事件应急处理组织。省卫生厅陆续与出入境检验检疫、民航部门等建立重大传染病疫情信息通报机制，与省教育厅建立学校突发公共卫生事件应对协作机制，与省气象局建立应对气象条件引发公共卫生安全问题合作机制，与救灾、防汛、民政、安监、地震等部门加强在防震减灾方面建立沟通与合作机制，与省畜牧厅、省农业厅、省交通厅、成都铁路局等部门建立人禽流感、人猪链球菌病、鼠疫等人畜共患传染病联防联控合作机制。2005年，省疾控中心，成都市青羊区、郫县、金堂县、双流县、青白江区卫生局先后成立应急办公室；宜宾、德阳、成都、遂宁、凉山等市（州）整合120指挥调度，建立覆盖辖区的指挥调度系统；其他县卫生局、疾控、监督等机构，指定科室或专人负责卫生应急工作；绝大多数乡镇卫生院配备了1—2名公共卫生人员，负责公共卫生事件的报告和处置。省卫生厅成立了由93名相关专业专家组成的省突发公共卫生事件专家咨询委员会，组建了405人的省级卫生应急专家库、1416人的市（州）级卫生应急队伍和3402人的县级卫生应急队伍。自此，由省、市、县、乡四级构成的卫生应急组织体系基本建成。

2004—2005年，共实施医疗急救救治基地建设项目172个，竣工66个。省人民医院、华西职业病医院分别作为全省核辐射和化学中毒救治基地正式立项建设。以省级财政为主、中央财政为辅的省突发公共卫生事件应急指挥决策信息系统建设全面启动，建成覆盖省、市（州）、县（市、区）和部分乡镇的公共卫生信息网络。成立省级卫生应急专家库、应急专家咨询委员会，组建6个省医疗救治队和6个卫生防疫队，配备各类个人防护装备，储备应急物资。举办培训班，开展应急演练，着力提高应急管理人员指挥协调能力和应急专业人员业务素质。共举办省级卫生应急法律法规、应急指挥、危机管理、应急技术等培训班21期，培训1500余人。大部分市（州）也开展了相应培训。省上在成都、甘孜等地多次组织紧急医疗救援和应急处置鼠疫、人禽流感等大型演练。各市（州）共计举办有毒有害物质泄漏、交通事故、地震、霍乱应急处置演练20多次。

坚持预防与应急并重、常态与非常态相结合的方针，各种突发公共卫生事件应急预案进一步完善。2004年8月，省卫生厅印发《四川省公共卫生事件报告工作程序》，从范围和数量上规范各类病种和中毒事件的上报标准、程序和要求。此为全国先例。2005年，省政府印发《四川省突发公共卫生事件应急预案》和《四川省突发公共事件医疗卫生救援应急预案》，先后修订防震减灾应急预案，以及处置生物化学恐怖袭击、核幅射恐怖袭击、社会安全事件、重大传染病、不明原因疾病、重大食物中毒、传染病菌（毒）种丢失等多个单项应急预案。省卫生厅印发《四川省救灾防病工作预案》，从省疾控中心、省急救中心、华西医院、省卫生执法总队抽调精兵强将，新组建了17支共138人的救灾防病应急队伍。

图2－20　2004年四川省卫生厅举办卫生应急队伍培训

2004—2005年，全省成功处置多起突发公共卫生事件，共派出医疗防疫应急队伍1016支、11320人次，救治伤病人员15.79余万人，消毒面积10374.8万平方米，发放宣传资料155.5万余份，有力地保护了人民群众的生命安全和身体健康。省人民医院和华西医院共救治380余名危重病人，无一例死亡。

2004—2005年四川省处置突发公共事件情况统计表

表2—48

类型	2004年突发公共事件			2005年突发公共事件		
	起数	救治人数	死亡人数	起数	救治人数	死亡人数
传染病	51	5306	19	58	4277	55
食物中毒	46	1503	36	66	1960	36
医疗救援	33	678	0	19	355	0

第二节 石渠县人间鼠疫疫情处置

1999年7月13日，石渠县呷依乡三村牧民银巴在距四川、青海交界约3千米的呷依乡三村境内捡得一自毙猞猁，就地剥皮后将皮带回家。7月16日银巴开始发烧，左腋剧痛，继而出现头痛、胸痛、咳嗽、泡沫样鲜血痰，自服去痛药无效，于7月19日凌晨死亡，尸体停放于家中。当日中午，请扎巴扎花土登和天葬师仁青为死者念经。7月20日上午，银巴妻子呷果和小女儿卓拉出现胸痛、咳嗽，痰中带血，四肢麻木，间隙性昏迷等症状，未经任何治疗，卓拉于21日下午死亡，呷果于22日中午死亡，尸体亦停放于家中。23日晨，3具尸体分两处由两名天葬师天葬。

7月25日，银巴的大女儿格玛和参加念经的扎巴扎花土登也出现全身不适、与3名死者相似的症状。扎巴扎花土登于当日上午请呷依乡卫生院刘启胜医生诊治，初步诊断为：1）肺炭疽；2）肉毒中毒；3）疑似肺鼠疫，并于8时30分报告乡政府，乡政府赓即报告石渠县卫生防疫站。县卫生局获报后，立即组织医疗队于当晚赶赴病者家中，与刘启胜共同救治病人。格玛和扎巴扎花土登因病情恶化，治疗无效，于7月26日凌晨至5时左右先后死亡，30日上午10时在尼达康多被同时天葬。

8月4日下午4时40分，县卫生防疫站向州卫生防疫站电话报告疫情发生情况及初步处理经过。5日晨6时，由州派出的第一个扑疫队一行携带试剂、消毒药品、防护用品赶赴石渠。6日下午2时到县上后，立即进行标本检测，开展流行病学调查，指导扑疫。7日凌晨，自死者尸体检材检出反向血凝阳性2份，初步判定为人间鼠疫疫情。9日，自格玛肺标本中检出鼠疫菌1株。结合流行病学调查，证实此次疫情，为因剥取自毙猞猁皮感染腺鼠疫并继发人间肺鼠疫暴发。

对于石渠这次人间鼠疫疫情，中共中央政治局常委、国务院副总理李岚清作了重要批示。省委、省政府领导谢世杰、张中伟、杨崇汇、李进等也多次作出批示。代省长张中伟召开省政府紧急会议，安排部署扑疫工作，组建扑疫指挥机构和工作班子，明确表示要人给人，要钱给钱，务必迅速扑灭疫情。甘孜州州委书记敬全林从色达县专程赶赴石渠县，具体安排部署。副州长王定清带病坐镇州卫生局，一边输液，一边指挥。石渠县委常委、组织部部长呷松组织卫生人员和干部群众全力扑疫，自始至终战斗在第一线。省卫生厅厅长卓凯星将办公地点临时改在省地方病办公室指挥协调扑疫工作，分管厅领导带领专家深入疫区指导扑疫工作。省、州、县三级指挥部和工作班子24小时值班不间断。扑疫指挥人员、卫生防疫人员、相关专家和志愿人员，一批又一批昼夜兼程奔赴疫区。扑疫所需的药品、用具、器械，一车又一车日夜运往疫区。疫区的疫情动态24小时即时向州、省扑疫办公室和卫生部报告。

各部门密切配合，通力合作。疫区急需的药品、消毒器械、防护用具等，省、州卫生防疫部门和县卫生部门倾其所有，鼎力支援。省政府组织协调的物资，由州扑疫办及时运到疫区第一线，使工作人员睡有帐篷，吃有保障。甘孜州、石渠县各部门各行业总动员，全力支援扑疫工作。州交通局负责道路畅通；州长线局负责通讯联络；州国安局、公安局和武警支队负责设立交通检疫站，保证疫区社会安定，人员安全；州畜牧局负责组织人员深入疫区开展灭鼠，州皮肤病防治院、康定县卫生局负责支援人员和车辆。在卫生部安排下，青海、河北两省也派专家支援扑疫。据石渠县扑疫指挥部统计，参加此次扑疫的人数达962人，其中卫生部5人，省卫生厅、省地办、省卫生防疫站13人，甘孜州50人，青海省6人，石渠县888人。直接投入物资和资金总计1734185.50元。

此次疫情处置，严格按照中华人民共和国国家标准·人间鼠疫区处理标准及原则（GBI5978—1995）要求进行。8月13日，经州政府批准，划定小隔离圈4个，约5平方千米，计173户602人，大隔离圈约300平方千米，计1180人。警戒区以发病点为中心，向四周放射50千米，共涉及该县7个乡、7800余平方千米、5705户23433人。对大小隔离圈内所有人员逐个登记，严格监控，每天检诊检疫，对住地及环境开展消毒和灭鼠灭蚤工作。开展预防性服药，采集自毙动物标本送检。在警戒线内严格控制人员及车辆的流动，对过往车辆进行严格消毒，对行人进行检诊和鼠防知识宣传。同日，石渠县人民政府发布通告，即日起，在国营牧场、俄多玛乡红旗大桥等20个地方设立临时交通、卫生检疫站；州人民政府发出紧急通知，要求石渠、德格、甘孜、色达在交通要道设卡，严格控制石渠进出人员。

开展鼠疫病原学、血清学检验检测。共检测各类检材229份，其中检测人血清35份。开展流行病学调查追踪，对17名与鼠疫病人直接接触者逐一调查追踪、登记造册，就地隔离留验，进行预防性治疗，并采集人和动物的血清标本送检。对病人住地及周围环境进行全面消毒处理。

8月18日，疫区处理工作全部完成，经卫生部和省、州领导、专家组成的验收组检查验收，大、小隔离圈内已达到灭鼠、灭蚤及环境卫生要求，连续9天内无新发病人，呷依乡的人间鼠疫疫情已达到标准规定的人间鼠疫疫区隔离封锁解除标准，指挥部按程序上报解除。经州政府批准，8月19日零时宣布解除隔离封锁。8月23日，省、州扑疫人员全部撤离。

这次重大疫情能及时有效控制，离不开平时工作打下的基础。1997年6月，在石渠县从自毙田鼠标本中分离出鼠疫菌而定为疫源地后，州政府于7月至11月先后5次召开会议，专题研究鼠防工作，落实经费10万元。州地病办给州卫生防疫站安排3.5万元用于购买隔离衣等疫情处理应急装备，安排5万元维修改造县鼠疫强毒室，安排1.5万元用于各层次的培训及编印宣传资料。8月，州地病办制定《甘孜州人间鼠疫疫情处理方案》及《实施细则》，印发各县贯彻执行。全州多次举办鼠防培训班，培养鼠防技术骨干。石渠县分别举办了党政干部、医务人员、牧民群众参加的鼠防培训班；编写印发了藏、汉两种文字的《鼠防知识》宣传资料及画册。这些工作，为1999年扑灭人间鼠疫疫情奠定了良好的思想、物资、技术和人才基础。

第三节　非典型肺炎应急处置

2002年11月16日，广东省出现一种新的传染病——非典型性肺炎。短时间内，突如其来的“非典”疫情波及国内27个省（直辖市、自治区）以及中国台湾、中国香港、中国澳门地区，肆虐全球32个国家和地区。截至2003年7月11日，全球共报告病例8437例，死亡831人，其中中国大陆累计报告病例5237例，死亡348人。2003年3月15日世界卫生组织将“非典”命名为严重急性呼吸综合症（SARS），4月8日中国卫生部将其列入法定传染病。4月16日世界卫生组织正式公布“非典”是一种由新型冠状病毒引起的传染性呼吸系统疾病。该病以发热、干咳、胸闷为主要症状，严重者出现快速进展的呼吸系统衰竭，且具有极强的传染性。

2003年2月12日下午4时，省疾控中心接广东省疾控中心电话通报，告知广元市有3人去广州探亲接触“非典”病例，可能发病后乘飞机返回广元市410医院就医。省疾控中心通过广元市疾控中心核实后，立即报告省卫生厅，并于当晚由中心副主任王敦志带扑疫组一行4人赶赴广元。扑疫组到医院了解病人病情和治疗情况，开展流行病学调查，核实临床诊断，指导疫情处理。提出：1. 加强病人的隔离治疗，避免病情恶化和死亡发生；2. 保护医务人员，做好消毒隔离；3. 对3例病人的所有密切接触者（亲属、同事、同机人员）47人进行追踪和医学观察；4. 密切注视当地“非典”和呼吸道传染病的疫情动态，相关疫情实行每日报告和零报告；5. 在全市开展防治春季呼吸道传染病的健康宣传教育；6. 做好新病例的扑疫准备。

从2月12日首次发现3例“非典”病例，至6月6日报告最后一例临床诊断病例，全省共报告“非典”病例或疑似“非典”病人64例，治愈18例，死亡2例，排除44例。20例临床诊断病例中，男性11例，女性9例；最大年龄67岁，最小年龄15岁，发病年龄主要集中在21—47岁，共17例，占85%；民工14例，干部职员2例，学生、商人、待业、退休人员各1例。病例分布于6个市（州），其中泸州市（7例）、广元市（6例）两地居多，分别占35%和30%，其次是乐山（3例）、凉山州（2例）、自贡市（1例）和内江市（1例），分别占15%、10%、5%、5%。发病主要集中在4月中下旬，此间共发生病例12例，占60%，与当时全国疫情高峰时间相吻合。6月6日，凉山州报告最后一例病例。全省所有病例均为输入性病例，输入地主要为全国疫情比较严重的地区，其中以广东最多，20例确诊病例中有14例（占70%）来自广东，其次为北京（20%）、山西（5%）和香港（5%）。6月25日最后一例病人治愈出院。

员共中央、国务院关心四川“非典”防治工作。中共中央总书记、国家主席、中央军委主席胡锦涛在《四川信息专报》第135期上作出重要批示：“采取得力措施，严防蔓延与扩散，早抓早主动，决不能丧失战机。”5月11—14日，胡锦涛到四川视察，就做好“非典”防治工作和促进经济社会发展发表重要讲话，指出：四川是中国西部人口大省，流动人口量大面广，能不能有效控制“非典”疫情扩散蔓延，关系十分重大。要抓住战机，高度重视，积极应对，充分认识“非典”防治工作的复杂性艰苦性，克服麻痹侥幸心理，牢牢把握防治工作的主动权，牢牢构筑防治“非典”

图2-21　华西医院职工誓师抗击“非典”

的坚固防线。要坚持“四早”原则，真正落实早发现、早报告、早隔离、早治疗。中央政治局常委、国务院总理温家宝等中央领导，也先后到四川视察指导“非典”防治工作。

省委、省政府把“非典”防治工作作为一项重大任务，迅速采取一系列果断措施，全力以赴迎战“非典”。先后召开省委常委会、省政府常务会和全省“非典”防治工作会议，把防治工作列为重中之重。省委书记张学忠、省长张中伟多次作出批示，并主持召开会议专题研究部署。4月16日，省“非典”防治工作领导小组成立，省长张中伟任组长，省委副书记陶武先、副省长刘晓峰任副组长，省委各部门、省政府各厅局领导为成员。实行“一把手”负责制和领导责任追究制。拨款3000余万元，用于“非典”防控。4月21日起，省“非典”防治工作领导小组办公室每天向社会公布疫情。省委、省政府领导带领卫生行政和疾控、医疗机构人员，深入基层检查督导，狠抓“堵、防、查、治”各项措施的落实。各市、县党政领导也在一线抓检查，促落实。截至7月20日，全省共派出督导组43812组，工作人员191583人次，督导1849县次、50025乡次，累计工作日181164天。

四川有600多万农民在省外务工，且大多在京、粤“非典”疫情严重地区。为加强对返乡民工的医学监控，在叙永、大竹、隆昌、泸州设立了4个省级“非典”交通检疫留验站，还设立了141个市级医学留验站。留验站对留观者登记造册，安排住宿，发放留验人员须知、“非典”防治手册和日常生活用品，每天定时测体温2次。截至6月27日，全省医学观察共计25.2万人次，其中家庭医学观察222479人次，占88.29%，集中隔离观察25605人次，占10.16%，住院隔离观察3916人次，占1.55%。7月20日，全省最后一例医学观察病例在达州市解除。

图2-22 疾病防控人员在检疫点进行应急处理

省、市、县（区）、乡镇（街道）、村、社六级联动，及时监测、报告和处置疫情。在全省范围内，以村为单位登记外地返乡人员，并对其进行初步筛查。为减少返乡人员流动，泸县以县委、县政府名义发出《致泸县外出务工经商同胞的一封信》《致全县父老乡亲的公开信》《致返乡人员的一封信》，劝阻外出务工人员暂不返乡。截至5月23日，累计发出劝阻信件6万余封，拨打劝阻电话3万余次。为让外出务工人员安心在外工作，全县组成宣教、治安和助民帮困3个小分队，帮助389户外出务工户、70户伤残军人、35户军烈属、420户无劳力者抢种抢收，返乡人员由过去的每天700余人次下降到100余人次。

2003 年四川省各地交通检疫情况统计表

表 2—49

地　区	汽车（辆）	人次	火车（列）	人次	飞机（架）	人次
成都	1065402	5819903	1997	28067	1202	41768
自贡	7355	82705	359	83733	0	0
攀枝花	78923	168170	1492	92806	0	0
泸州	97191	1060002	0	0	136	8719
德阳	176624	895923	2515	66843	0	0
绵阳	312540	1360860	5571	268937	63	2835
广元	180240	694175	2356	206351	0	0
遂宁	47800	267887	3309	173508	0	0
内江	201493	959500	5642	160096	0	0
资阳	138405	836047	1585	39277	0	0
乐山	244111	1000860	3336	126977	0	0
眉山	466962	1838083	1665	33657	0	0
宜宾	140942	867493	420	110784	171	6400
南充	127849	316635	913	63168	0	0
达州	77897	488714	12231	576964	0	0
雅安	120730	420308	990	28894	0	0
阿坝	157695	252265	0	0	0	0
甘孜	76962	236860	0	0	0	0
凉山	179950	385644	5110	156105	134	4670
巴中	40219	214877	0	0	0	0
广安	97852	718185	2009	94101	36	1080
合计	4037142	18885096	51500	2310268	1742	65472

认真做好接触者的协查追踪。省疾控中心先后接到国家疾控中心，北京市疾控中心，北京市五环路工地，上海市、江苏省、重庆市、广州市、深圳市保安区疾控中心，綦江县崇溪河检疫站和雷神店检疫站的传真和电话，要求追踪乘坐加拿大国际航班、国内航班、长途客车和火车的“非典”病人或疑似病人的密切接触者。经过及时联络，涉及 14 个市、33 个县（市、区）的 269 名密切接触者得以调查追踪，并落实各项处理措施。

快速建立“非典”病人收治基地。5 月，省政府将原四川石油总医院旧院改建为省第六人民医院，由其承担突发重大传染病疫情、群体性不明原因疾病、重大食物中毒、职业中毒以及其他影响公众健康等公共卫生事件的医疗救治任务，同时承担全省突发公共卫生事件应急医疗救护人员培训工作。在抗击“非典”期间，该院共举办 22 期突发公共卫生事件应急培训班，培训 1814 人次。泸州市委、市政府决定征用江阳区况场新医院，将其改建成泸州医学院附属医院感染治疗中心。改建工作特事特办，边实施，边报告，边完善，在不到一个月时间内建成泸州市集中收治“非典”病人基地。该中心从5月1日开诊到6月17日最后一位病人出院，共收治“非典”和医学观察者15人次，确诊的2例“非典”病人痊愈出院。

第四节 人感染猪链球菌病应急处置

2005年6月24日至7月12日，资阳市第三人民医院陆续收治5例不明原因疾病，死亡4例。15日，省卫生厅接到资阳市卫生局报告后，立即组织由厅应急办、省疾控中心、省人民医院、华西医院组成的专家组赶赴资阳。16日，省疾控中心用采集的病人血清和病死猪肉作免疫荧光法实验，结果为阳性，提示病人发病与病死猪有关。至18日，资阳共发生7例病例，死亡5例，死亡原因为中毒性休克。病例呈散发性，均与接触病死猪有关。

18日，卫生部派出由流行病学、临床及实验室专家组成的专家组赶赴资阳现场，指导处置疫情。19日，省疾控中心从标本中分离出1株链球菌。20日鉴定出1株咽峡炎链球菌无溶血变种。21日鉴定出5株咽峡炎链球菌无溶血变种、2株牛链球菌变弃株。22日下午19时省人民医院用ATB微生物鉴定仪进行生化鉴定，报告3株菌的鉴定结果：1株为猪链球菌，2株为牛链球菌。23日上午6时，省疾控中心和中国疾控中心专家通过PCR技术，鉴定出链球菌属基因、猪链球菌种特种基因、猪链球菌毒力基因，提示病原为猪链球菌Ⅱ型。专家组结合临床表现，将该病临时命名为“中毒性休克综合症”。

22日晚，卫生部向社会发布资阳市发生不明原因疾病流行的消息。25日，卫生部、农业部联合发布公告，初步认定疫情系猪链球菌感染引起，直接因素为宰杀、加工病死猪。27日，卫生部开始每天发布四川省人感染猪链球菌病疫情的有关情况，并发布《人感染猪链球菌病的临床表现、诊疗要点和防控措施》的通告。

此次疫情的发生发展大致经历了三个阶段：6月24日至7月15日，疫情在资阳市呈散在发生、原因不明阶段；7月16—28日，为疫情散在、高发阶段，继疫情集中在资阳、内江两市后，自贡、绵阳、遂宁、泸州、成都5市先后报告疫情，均呈点状散在分布；7月29日至8月，为疫情逐步控制阶段。7月28日，发病开始下降。8月5日后全省无新发病例，疫情得到有效控制。

至8月30日，全省共发病204例，治愈166人，死亡38人。发病数居前5位的是资阳市（103例）、内江市（52例）、成都市（26例）、自贡市（12例）、遂宁市（4例），分别占全省总数的50.24%、25.36%、12.68%、5.85%和1.95%。男性167例，女性38例，男女之比为4.39∶1。年龄最小为26岁，最大为82岁。农民199例，屠夫4例，商业服务人员1例。对有明确暴露时间的199例病例分析，潜伏期最短的仅3.5小时，最长14天，平均2.73天。对有明确发病、死亡时间的32例死亡病例分析，病程最短仅3.5小时，最长5天，平均1.84天。病程小于2天的病例所占比例最高（63.63%）。

人感染猪链球菌病疫情的发生，在四川属首次，在全国也罕见。7月25日，国务院总理温家宝作出重要批示：“启动应急预案，组织力量尽快查清疫情范围，落实防控措施，公布有关情况，正确

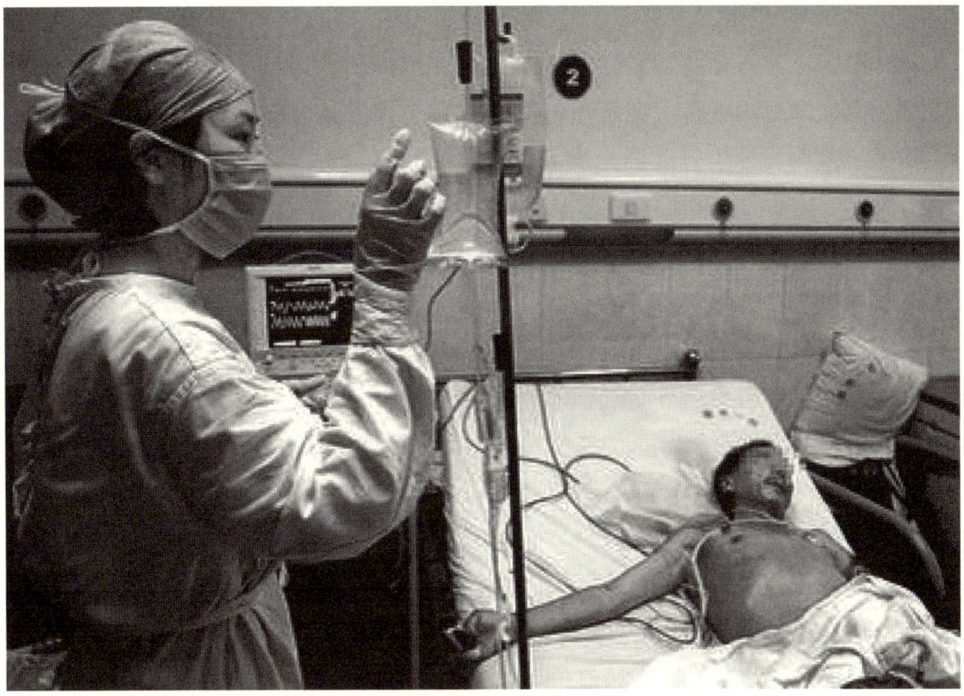

图 2-23　卫生部专家组指导四川资阳疫病诊断治疗

引导舆论。”在听取卫生部专家的疫情分析后，温家宝又提出三点要求：一要千方百计救治病人；二要千方百计搞好生猪疫病防治，切断传染途径；三要坚持正确的舆论导向。卫生部领导迅即指派应急办公室主任陈贤义、中国疾病预防控制中心应急办公室主任杨维中率领专家到四川进驻疫情现场和定点医院，帮助指导防治工作。7 月 28—30 日，卫生部部长高强到第一线，转达中共中央、国务院对四川人民的亲切关怀，深入医院、疾控中心检查指导救治病人和疫情处置工作。香港卫生署卫生防护中心和香港玛嘉烈医院 3 名流行病学、实验室、临床专家，也赴资阳参与疫情防控和病人救治工作。

7 月 19 日，省成立应急指挥部，并在资阳市成立由卫生、畜牧、宣传等省级部门和资阳市政府组成的临时前线应急指挥部，统一指挥全省疫情处置工作。组建医疗救治、动物疫病防治、新闻宣传、市场监管、维护社会稳定、流通协调 6 个组。紧急安排 1000 万元专项经费，用于应急处置、医疗救治和防疫工作。7 月 23 日，省委副书记、省长张中伟和省委副书记陶武先召集省卫生、畜牧、宣传、公安、工商等有关部门和相关市主要负责人参加的紧急会议，专题研究部署疫情防控和应急处理工作。27 日，张中伟、副省长刘晓峰深入资阳市检查防控工作落实情况，并召开省级有关部门和资阳、内江、自贡等市政府主要负责人参加的现场办公会。副省长陈文光和刘晓峰多次深入市、县，具体协调，检查落实。7 月 28 日至 8 月 1 日，省委办公厅、省政府办公厅先后印发《关于加强人感染猪链球菌病防治工作的紧急通知》和《关于进一步加强人感染猪链球菌病防治工作的紧急通知》，并召开全省紧急电视电话会议，要求各地各部门加强领导，沉着应对，科学防治，采取切实可行措施，救治病人，阻断疫源，控制疫病，确保群众生命安全，确保群众吃上“放心肉”。

省级各相关部门认真履行职责，扎实有序开展疫情处置工作。

省卫生厅领导蹲点资阳处置疫情，与专家研究制定诊疗、消毒技术方案，指挥医疗防疫人员救治病人，控制传染源。各级疾控中心积极开展流行病学调查，分析疫情趋势，制定相应措施。其间，共出动41005人次，车辆10066车次，走访、调查45546人次。省疾控中心采集血液、人体及动物尸体等各类标本489份，培养、分离、鉴定猪链球菌菌株104株。各地集中收治疫情病人的定点医院，对入院的每一例病例立即组织会诊，在最短时间内确定个体救治方案，成立抢救小组，实行“一对一”的救治。医务人员与专家组每天碰头研究，根据医疗救治进展情况不断分析总结，完善临床诊断标准和治疗方案，千方百计提高治疗效果，降低病死率。截至7月31日，定点医院收治的31例危重病人有26例康复出院，2例好转。卫生执法监督机构认真做好生猪屠宰场所及肉制品加工单位卫生许可工作，从控制传染源、阻断传播途径、保护易感人群等方面强化防控措施；采取定人定片、责任到人、明察暗访的方式，对全省14790家食品生产企业、餐饮企业、集体食堂猪肉采购情况实施监督，配合工商、畜牧部门重点对17家生猪屠宰场点、6家冻库、61家农贸市场和1194户猪肉销售店的检疫、销售情况开展检查，共发出监督意见书500多份，现场处罚2家，立案处理9家，销毁变质及不明原因猪肉200余公斤。同时，坚持每天在省内主要媒体公布疫情及采取的处置措施，向群众宣传疫病防治科普知识，增强自我防病意识，消除部分群众的恐慌心理。

畜牧食品部门集中开展消毒、堵源和监测工作，共组织近4万名兽医人员对养猪圈舍和生猪进行拉网消毒，用1000万头份猪链球菌灭活疫苗免费为生猪进行免疫注射，对所有生猪定点屠宰点和屠宰加工企业增加检疫人员，严格监管病死畜的无害化处理。

工商行政管理部门采取监督员驻场制、巡查制、登记备案制、值班制和承诺制5大应急措施，强化市场监管，严把猪肉安全准入关。

商务部门对生猪定点屠宰全面开展检查，严堵病死猪肉及产品流入市场，保证检疫合格的猪肉正常流通和上市销售，劝导农民将生猪送到定点屠宰厂（场）代宰。

宣传部门坚持正面宣传和正确的舆论导向，广泛宣传防控政策措施，普及科学防治知识，提高农民自觉防病意识。电视播放2685次，广播宣传9892次，报刊登稿184篇。

公安、政法部门密切关注治安和社会稳定情况，及时查处违法案件。

食品药品监督管理部门努力做好病人救治药品生产储备工作。

出入境检验检疫部门积极配合卫生、畜牧等部门做好检疫工作。

为防控疫情，全省各市（州）都紧急行动起来。发生疫病的市、县（市、区）党政主要领导亲临第一线，直接组织指挥疫情防控工作，研究解决困难和问题。按照省委、省政府的统一部署，认真落实“五包”“四不”“两补贴”“一无害”措施，千方百计阻断传染源，切断传播途径。“五包”即市包县、县包乡、乡包村、村包社、社包户的堵源责任制；“四不”即不宰杀、不食用、不售卖、不外运病死猪肉；“两补贴”即补贴村民无害化处理病死猪和病人医疗费用；“一无害”即对病死猪进行消毒、深埋等无害化处理。未发生疫情的市、县（市、区），也积极采取应对措施，严密监控，加强防范。

第八章　健康教育

第一节　组织机构

1953年省卫生防疫站内设卫生宣传科，20世纪50年代末并入站办公室，1979年重建卫生宣传教育科。1988年经省编委批准，在省卫生防疫站卫生宣传教育科基础上设立省健康教育所（下称省健教所）。2002年10月省疾控中心成立后，省健教所为其内设机构，主要负责制定健康教育活动计划，编发健康教育资料，组织人员培训，开展应用研究等。

成都市健康教育所于1957年成立，2002年并入成都市疾控中心。所内设有社会教育部、音像制作部、编辑部、社会合作部、办公室等。全所编制63人，有正高职称技术人员1人，副高职称业务技术人员2人，中级技术职称14人。至2005年，全市19个区市县和高新技术产业开发区均设有健康教育所。

1988年，德阳、泸州、达县、自贡、乐山市（地、州）相继独立设置健康教育所。

1992年，全省有246个健康教育专业机构，其中健康教育所32个，防疫站健康教育科34个，防疫站宣教科（组）179个，预防保健中心1个。

1995年，全省有市级健康教育机构15个、县级健康教育机构90个。

2000年机构改革后，全省有健康教育专业机构8个。

1986—2005年，全省健康教育机构工作人员基本保持在600人左右。其中，以学习医疗、公共卫生、美术、中文专业者居多，学习健康教育专业者较少。

20世纪50年代至60年代，卫生宣教人员主要通过“跟师学艺”或参加会议进行学习。70年代中后期开始进行规范培训，培训内容为省健康教育所组织编写的《卫生美术基础》《卫生摄影基础》《卫生宣教组织指导基础》《卫生宣传栏汇谈》《卫生宣传人员组织指导基础》《暗房特技》《彩色摄影知识》《卫生题花、刊头制作》《卫生科普写作讲座》《卫生电视》《健康教育统计学》等。1989年省卫生防疫站派员参加第一期全国健康教育馆（所）长培训班，随后承办第二期全国健康教育馆（所）长培训班，组织全省市、地、州健康教育所长和骨干听课，并参加全国健康教育经验交流大会。是年，由同济大学创办的全国第一期健康教育专业证书函授班面向全国招生，四川省被录取的56人经过两年学习，全部获得卫生部颁发的专业证书。1990年自贡市李珊、威远县杨雪嘉考入河北医学院健康教育专科班，两年学习毕业后回原单位工作，成为当时全省唯一具有健康教育学历教育的大专毕业生。20世纪90年代至2001年底，结合联合国儿童基金会、WHO健康促进项目等工作，全省共举办十多期健康教育专业人员培训班，培训内容涉及健康教育相关理论、传播学知识、健康教育材料制作等。随着计算机技术的普及和社会健康教育的发展，还举办了多期健康教育实用技能、计算机美术创作等培训班。“九五”末，省、市健康教育机构中，担任组织指导、文编、美术、摄影、摄像等人员基本齐备，一支具有编辑卫生报刊、图书、册子，录制卫生电视新闻、科普小品，制作大型卫生科普展览，开展健康咨询、健康教育项目专题设计和调查分析能力的骨干队伍基本形成。

第二节　专题调研

20 世纪 80 年代初至 2001 年，省卫生防疫站开展健康教育专题调研，主要有“温江小学生健康教育行为效果评价”“彝族居民卫生习惯调查”“藏族社区健康促进试点研究”“首次全国五十万人吸烟率调查”“降低大、中学生吸烟率对策研究”“中国农村社区健康教育模式研究”“7 种人群性病、艾滋病健康教育研究”“健康促进学校试点研究”“性病门诊健康教育效果评价”“第二次全国吸烟与健康调查”“中国农村社区健康教育模式研究”等。

1986 年，省卫生防疫站在昭觉县对城镇居民进行卫生习惯调查，共调查 200 户彝族居民的个人卫生和家庭环境卫生。结果显示，家庭中人、鸡、猪同居，三锅庄无烟囱，个人洗澡、换衣、刷牙等不良习惯比较突出。调查报告据此提出彝族地区开展健康教育的重点、策略和方法。

1996—2000 年，四川参加全国农村社区健康教育模式研究，选择经济、文化、人口均具代表性的丹棱县作为研究的试点，开展以改善环境卫生、家庭卫生为主的综合性社区健康教育活动。通过建立健全农村社区健康教育机构、社会动员、系统培训、综合传播等干预措施，实验社区的 24 个村逐步建立卫生制度和村民卫生公约，8000 多户家庭中 90% 以上家庭至少有一人（家长）接受健康教育，实验组的各项卫生知识知晓率由干预前的 59. 59% 上升到 93. 15%，行为正确率由 53. 39% 上升到 77. 18%，健康教育模式研究所涉及的 5 岁以下婴幼儿的两周腹泻患病率由干预前的 12. 49% 下降到 4. 33%，2—4 岁幼儿蛔虫感染率由干预前的 71. 10% 下降到 15. 82%。丹棱县的试点经验在全省总结会上进行交流推广。

2000—2001 年，省卫生防疫站在郫县、广汉、北川、长宁 4 县（市）进行现场问卷调查，并在全省范围内进行邮寄问卷调查，了解和研究乡村医生儿童疾病综合诊断治疗和管理水平。查阅国家、四川省及 4 县（市）制订的有关乡村卫生机构和人员的文件，调查 130 个村级卫生机构的执行情况。现场问卷调查显示，4 县（市）政府卫生主管部门均未对村级医疗卫生设施的质量和分配进行控制，规章制度普遍未落实。研究报告就此提出：按照儿童疾病综合管理，政府在采取有效的干预措施之前，应对农村卫生政策进行调研；儿童疾病综合管理策略的重点，不仅仅在于对卫生人员的培训，提高村级卫生人员的服务能力，还要建立一个合理可行的监督和支持体系。

2001 年，省卫生防疫站在渠县、三台、新都 3 个县 6 个乡 12 个村开展农村健康教育工作现状调查，调查县、乡、村有关领导 3 人，乡医院院长/防保站站长 6 人，乡村医务人员 12 人，15—64 岁村民 3600 人，初中二年级学生 600 人，了解健教人员、经费和工作状况。调查结果：经费投入。2000 年 3 个县的财政卫生事业费总投入为 2707. 76 万元，总支出为 24442. 04 万元，缺口 21734. 28 万元；投入占支出的 11. 07%。预防事业经费总支出为 670. 12 万元，占卫生事业费支出的 2. 74%。3 个县健康教育事业经费总数为 12. 5 万元，占预防事业经费总支出的 1. 87%，占卫生事业费支出的

0.05%，占卫生事业费总投入的0.46%，年人均健康教育经费为0.03元。健教人员。3个县共有9名健康教育专职人员，30岁及其以下3人，31—50岁3人，50岁以上3人；本科学历1人，大专3人，中专4人，高中1人；中级技术职称4人，初级5人。在过去1年中参加过上级培训的3人。教育成效。1. 小学生的9个知识指标有6个在60%以上，掌握较好的知识点为触电的急救方法、含蛋白质和维生素C较多的食物，知晓率分别为98.3%、79.0%和75.5%；比较缺乏的健康知识为户外活动适当接受紫外线的好处、接种卡介苗能预防结核病，知晓率分别仅为38.7%和39.7%。2. 初中生的11个知识指标有9个在60%以上，初中生对触电的处理、吸烟可以导致肺癌和男性的第二性征等知识要点掌握较好，而对乙肝的主要传播途径、日光中的紫外线对人体的好处，以及艾滋病的传播途径等掌握较差。3. 90.0%以上的学生在学校喝自带水或喝开水，85.0%以上的学生1天至少刷1次牙，尚有1.0%学生不刷牙。无论是小学生还是初中生，最喜欢的卫生知识宣传形式是学生和老师共同参与健康教育活动。4. 农民的健康行为形成率为56.5%，总吸烟率为39.0%。（四）健康信息获取渠道。电视是四川农村居民获取信息最主要的大众传媒，其次是村干部、村（乡）医生、妇女干部、学校老师及在校学生的人际传播。

第三节　社会宣传

全省各级健康教育机构和医疗卫生单位通过报刊、广播、电视、幻灯、宣传画、卫生科普墙报、卫生科普一条街、卫生科普赶场、自行车卫生宣传小分队、有奖征文、文艺演出等多种形式，向社会公众宣传卫生法律法规，普及卫生防病知识。

一、卫生日主题宣传

截至2005年，联合国、世界卫生组织确定的全球性卫生日和中国确定的全国性卫生日多达近50多个。每逢卫生日，全省各地都组织开展主题宣传活动。1986—2005年，全省开展的主题宣传活动有：世界防治麻风病日（国际麻风节）10次，中国爱耳日6次，世界睡眠日5次，世界结核病防治日10次，世界卫生日20次，全国肿瘤防治宣传周9次，全国儿童预防接种宣传日16次，全国《中华人民共和国职业病防治法》宣传周3次，世界哮喘日7次，世界红十字日20次，全国碘缺乏病宣传日12次，世界无烟日18次，全国爱眼日10次，世界献血者日2次，世界母乳喂养周10次，世界预防自杀日3次，全国爱牙日17次，世界老年性痴呆病宣传日3次，世界心脏日4次，全国高血压日8次，世界精神卫生日9次，世界骨质疏松日8次，全国男性健康日6次，全国《中华人民共和国食品卫生法》宣传周4次，世界糖尿病日15次，世界慢阻肺日2次，世界艾滋病日18次。

每次卫生日宣传活动都有一个鲜明的主题。

3月24日是世界结核病防治日。1996—2005年，全省历年的宣传主题分别为“我们面临结核感染的危险”“防治结核病　人人保健康”“结核病——严重危胁人类健康的传染病”“实行归口管理　有效控制结核病”“依法控制结核病　防止结核病蔓延”“动员全社会　共同关注结核病”“积极发现、治愈肺结核病人”“遏制结核，消除贫困”“人类与结核病，DOTS治愈我的病，也能治好你的病”“控制结核病——让每一次呼吸更健康”“防治结核，早诊早治”。

5月31日是世界无烟日。1988—2005年，全省历年的宣传主题分别为“要烟草还是要健康，请

图 2－24　2005 年成都市举办高血压日健康教育活动

您选择”“妇女与吸烟”“青少年不要吸烟”“在公共场所和交通工具上不吸烟”“工作场所不吸烟”“卫生部门和卫生工作者反对吸烟”“大众传播媒介宣传反对吸烟”“烟草与经济”“无烟的体育和文艺活动”“团结起来，创造一个无烟世界”“在无烟草环境中成长”“远离香烟”“娱乐场所禁止吸烟”“清洁空气，拒吸二手烟”“无烟体育——清洁的比赛”“无烟草电影，无烟草时尚行动”“控制吸烟，减少贫困”“卫生工作者与控烟”。

二、大众传媒宣传

1989—1992 年，全省有 160 多种卫生科普报（含报刊型资料），除省健康教育所、成都市健康教育所、重庆市健康教育所三家办的报纸经新闻出版部门批准并公开发行外，其余为各市（地、州）或部分县自办的卫生科普小报，有月刊、双月刊、季刊不等。卫生小报第一版以卫生新闻为主，含会议、讲话、文件、法规、通知等，其余三版则是卫生知识、疾病防治（传染病、地方病、寄生虫病均结合当地疫情），并刊有卫生摄影、卫生美术作品、卫生题花等，图文并茂，免费发放，是当时少见的惠民、利民报刊资料，深受群众喜爱。随着国家对新闻出版物的规范管理和改革，成都市健康教育所的《家庭健康生活》、重庆市健康教育所的《卫生教育》、四川省健康教育所的《四川卫生科普》由省卫生厅接管，更名为《大众健康报》，继续作为健康教育重要阵地。各市（地、州）的卫生报刊一律停办，有突击卫生任务或实施卫生项目需要时，仍临时编发专刊、专册、专页，从事健康教育。

2000 年，《成都晚报》等 5 家省、市新闻单位或栏目，被评为全国宣传控制吸烟优秀新闻单位。成都市健康教育所的“竹式卫生宣传栏”获全国卫生宣传栏评展二等奖。

2003 年，在全民抗击“非典”中，新闻媒体积极行动，广泛开展“非典”防治知识宣传与咨询活动。截至 7 月 20 日，全省电视播放“非典”防治宣传片 61690 次，广播宣传 204748 次，报刊宣传7938期，发放宣传资料21145401份。省疾控中心与四川人民广播电台、四川电视台、成都人民广播电台、《四川日报》《华西都市报》《成都商报》《成都晚报》《大众健康报》等合作，通过开通热线、合办专栏、接受专访、提供稿件、拍摄《春季传染病预防》科教片等，向群众宣传、讲解防治“非典”的知识。开通7部市民咨询电话，接受市民咨询3380多次。派出专业技术人员，对省水电厅、省教育厅、省政府办证处、省车管所、省蓝光集团、成都市计生局等8家单位进行“非典”防控知识培训宣传。

三、文艺作品宣传

1986年、1989年、1993年、1996年和1999年，省卫生防疫站先后五次组织全省卫生美术、摄影、电视优秀作品创作评选活动。省健康教育所制作的电视小品《色素与健康》《警惕毒蕈中毒》获“白鹤杯”电视片二等奖，《婴幼儿生长话体重》获“白鹤杯”电视片三等奖，《打击伪劣食品添加剂》电视新闻片获三等奖。成都市健康教育所制作的电视小品《超生游击队预防接种》获部级一等奖。李珊编写、成都市健康教育所摄制的电视小品《心肝宝贝》获“白鹤杯”二等奖，余颀、陈智摄制的电视宣传片《四川省血防宣传简况》获卫生部优秀奖。刘蕴兰、金必辉编写的《家庭保健全书》获全国科普作品一等奖，曾云中创作的宣传画《外出务工当心感染艾滋病》《娱乐场所提倡100%使用避孕套》获全国防艾卫生材料二等奖，《预防小儿腹泻》获全国卫生美展银奖。《四川省大山区血吸虫病流行规律与流行因素》《血防广告二则》获卫生部二等奖。

1982—2004年四川省健康教育文艺作品统计表

表2—50

名称	类型	制作者	制作年份	备注
《家庭保健全书》	书籍	刘蕴兰、金必辉	1993	全国科普作品一等奖
《外出务工　当心感染艾滋病》	宣传画	曾云中	2002	全国防艾卫生材料二等奖
《娱乐场所提倡100%使用避孕套》	宣传画	曾云中	2002	全国防艾卫生材料二等奖
《预防小儿腹泻》	宣传画	曾云中	1996	全国卫生美展银奖
《母乳喂养》	书籍、传单、宣传画	曾云中	1991	
《预防艾滋病》	传单、折页、宣传画	曾云中	1993	
《姐妹悄悄话》	小册子	曾云中	2003	
《知心小喇叭》	小册子	曾云中	2003	
《传染性“非典”型肺炎的预防》	宣传画、折页、传单	曾云中、周章俊	2003	
《高血压防治》	小册子	曾云中、周章俊	2002	
《糖尿病防治》	小册子	曾云中、周章俊	2002	

续表2—50

名称	类型	制作者	制作年份	备注
《生命知识》	小册子、传单、折页、小报	曾云中	2004	
《禽流感防治健康教育手册》	书籍	曾云中、周章俊	2005	
《抗洪救灾》	传单	曾云中、周章俊	1992	
《预防近视，眼保健操》	宣传画	曾云中、周章俊	1998	
《水与家庭卫生》	宣传画	曾云中、周章俊	1997	
《常见肠道传染病防治知识》	宣传画	曾云中、周章俊	1998	
《警惕毒蕈中毒》	宣传画、电视科教片	高原、张明成	1983	白鹤杯二等奖
《中华人民共和国食品卫生法》	宣传画	曾云中	1999	
《降低孕妇死亡率，消除新生儿破伤风》	宣传画	曾云中	2001	
《人民的胜利》	画册	曾云中	2003	
《色素与健康》	电视科教片	兰承安、高原	1985	白鹤杯二等奖
《婴幼儿生长话体重》	电视科教片	崔曲、兰承安 高原	1993	
《心肝宝贝》	电视小品	李珊编 成都市健康教育所摄制	1991	白鹤杯二等奖
《打击伪劣食品添加剂》	电视科教片	兰承安、高原	1982	
《沼气池边的风波》	电视小品	兰承安、高原 曾云中、杜元芳	1982	
《大骨节病》	电视记录片	兰承安、高原 杜元芳	1984	在全国地方病工作会展播
《克山病》	电视科教片	兰承安、高原 杜元芳	1984	
《预防狂犬病》	电视科教片	兰承安、高原	1985	
《一切为了人民健康》	电视记录片	刘蕴兰、兰承安 高原	1990	
《地甲病》	电视科教片	兰承安、高原	1985	
《儿童生长发育监测》	电视科教片	兰承安、杨松	1994	
《为了母亲和孩子》	电视科教片	高原、杨松	2000	
《消毒与健康》	电视科教片	高原、杨松	2000	
《一定要消灭血吸虫》	电视专题片	余颀、陈智	1989	
《为了民族的智商不再丢失》	电视专题片	陈智、王明佩	1991	
《生活区污水处理新工艺》	电视专题片	刘群华、陈智	1993	

续表2—50

名称	类型	制作者	制作年份	备注
《四川省血防宣传简况》	电视纪录片	余颀、陈智	1989	卫生部优秀奖
《四川省大山区血吸虫病流行规律与流行因素》	电视专题片	陈智、余颀	1991	卫生部二等奖
《血防广告二则》	电视专题片	陈智、王明佩	1997	卫生部二等奖
《大山在呼唤》	电视专题片	余颀、陈智 王明佩	1992	
《急切的呼唤》	电视专题片	余颀、陈智 王明佩	2000	

第四节 重点人群健康教育

一、学生健康教育

20世纪60年代以前，中小学校卫生宣传活动以预防近视、沙眼、疥疮、蛔虫、龋齿、肺结核、贫血等7种常见病为主；70年代以后，卫生宣传活动以预防龋齿、视力不良、沙眼、贫血、营养不良或肥胖、肠道寄生虫病、脊柱弯曲等7种常见病为重点；80年代以后，重点开展心理健康、控制吸烟、环境保护、远离毒品、预防艾滋病、预防意外伤害、学生健康行为养成等。

1988—1990年，省卫生防疫站在温江第一小学1—3年级的300多名小学生中进行生活卫生习惯及卫生行为干预的健康教育。通过培训保健教师、开设学生健康教育课、开展健康行为示范等活动，提高师生对生活卫生知识的了解，纠正不正确的盥洗刷牙方法及不良饮食习惯，学生的卫生习惯普遍养成。温江一小的经验在全县得到推广。

1988年，绵竹县作为全国农村学校卫生工作试点，全县中小学校普遍开展健康教育课。1991年，《四川省学校卫生保健工作条例》颁布实施，全省中小学逐步开设健康教育课，使用统一的教材。攀枝花市将健康教育课的开设情况纳入学校工作督导评估考核项目，全市有124所城区小学、94所农村中小学（不含村小）开设健康教育课，开课率城区为86%、农村为82%。2000年攀枝花市城镇中小学健康教育开课率已达100%，农村学校达90%，各学校卫生课本拥有率达90%，中小学生健康教育知识知晓率和健康行为形成率也达90%以上。2000年以后，全省各地的中小学校均开设了健康教育课程，职业学校和大中专院校开设健康教育讲座，健康教育基本普及。

1989—1992年，由世界银行贷款，中国预防医学研究院牵头，实施“降低大中学生吸烟对策研究”项目。四川承担四川大学（四川财大对照）、成都十六中（成都二十四中对照）1—3年级学生为期3年的健康教育干预。利用食堂广播、卫生科普报、卫生画展、校园兴趣专题会、暑假一封信、放映电影等形式，将普及知识与行为指导相结合，中西医疗法与心理疗法相结合，进行干预行动。但成效不显，大学生、中学生戒烟率只分别降低了2.1%和5.3%。

1996—2000年，由儿基会资助，省卫生防疫站开展“中学生预防吸烟研究”。选择成都市六中、大邑县银屏中学为研究的实验学校，基本情况与之相似的成都市二中、大邑县五龙中学分别作为对照学校（空白对照），所有在校学生为研究对象。以《不吸第一支烟》为指导用书，由接受过专门培训的教师向学生讲授，着重引导学生形成正确的态度和行为，培养正确的审美观和价值观，增强拒绝烟草的能力。发动师生动手动脑，共同营造控烟的浓厚氛围。如：以班为单位制作预防吸烟的黑板报、墙报；在教室、办公室、会议室张贴禁烟标志；校广播和校刊定期播出（刊出）预防吸烟的知识；组织学生开展以预防吸烟为主题的书法、美术、作文、音乐、演讲创作竞赛；利用各种课外兴趣小组、学习小组、主题班会、团队日，开展戒烟游戏活动；将控烟纳入家长座谈会，通过向家长宣传控烟以获得家长的支持等。实验学校还制定了控烟纪律，禁止学生、教师吸烟，禁止校园内出售香烟，并将其纳入校规校纪中，实行奖惩。本底调查学生 3992 名，效果评价调查学生 3433 名。城市实验学校学生尝试吸烟率由干预前的 20.92% 下降到 16.43%，吸烟率由 9.53% 下降到 6.45%；农村实验学校学生尝试吸烟率由干预前的 20.22% 下降到 12.16%，吸烟率由 9.33% 下降到 4.134%。

图 2－25　2005 年成都市举办学校健康教育专家讲座

2004 年，省妇幼保健院针对高中三年级女生中由于学习紧张、压力大等因素，致使月经生理规律发生改变而带来的不适、心理烦恼和困惑的情况，在全国首创“高三女生关爱之家”，在每月的第一个周六开设“女生家长学校”，周一、三、五晚上 6:00—8:00 及周六上午的时间开设“高三女生关爱门诊”，为高三女生讲解安全的性生活、预防传播疾病、有效避孕措施等敏感问题，答疑解惑，进行青春期医学保健指导。

二、农民健康教育

1994 年，全国启动九亿农民健康促进行动（以下简称“健促行动”）。1994—2000 年，全省的“健促行动”主要依靠大众传媒播放相关音像制品，发行《九亿农民健康促进教材》，开展多种形式的农民健康促进活动。1996 年 6 月，全国爱卫会、卫生部、广电部、农业部联合在北京召开全国九亿农民健康教育促进行动工作经验交流会，凉山州“健促行动”办公室在大会交流发言，省广播电影电视局被评为“健促行动”先进集体，四川有 7 人被评为“健促行动”先进个人。

1996—1998 年，省健教所在甘孜州康定县实施世界卫生组织的地区性合作项目——少数民族地区社区健康教育促进项目。该项目针对藏区农牧民混用毛巾、饮河水、喝生奶、食生肉的不良卫生习惯，以及缺乏基本卫生知识的情况，通过电视、广播、讲座、人际传播，广泛进行个人卫生、环境卫生、营养卫生和预防地方病、寄生虫病的宣传教育；组织在藏民中有威信的住持、喇嘛、尼姑和县乡干部，入户宣传卫生保健知识；开展洗手吃饭、大小便入厕、人畜分居、饮水卫生等行为干预，并为试点社区新修公厕。目标人群的卫生知识知晓率和卫生行为正确率大幅度提高。因受经费限制，试点的成果巩固和推广遇到了困难。

2001—2005 年，先后出台《四川省亿万农民健康促进行动示范县活动方案》（试行）和《四川省亿万农民健康促进行动示范县考核标准》（试行），加大政策支持力度，建立多部门合作机制。在“健促行动”中，绵阳市游仙区、射洪县、都江堰市先后成为国家级“健促行动”示范点。游仙区将“健促行动”纳入政府目标管理，层层签订目标责任书，同时探索对老龙山“农家乐”游客、城郊失地农民、一般村民的健康教育策略，取得显著效果。都江堰市将“健促行动”与农村旅游经济相结合，苍溪县将“健促行动”与农村改水改厕、评选十星级文明户相结合，既各具特色，又富有成效。2005 年 10 月，全国亿万农民健康促进行动现场经验交流会在绵阳市召开，与会人员参观了游仙区中小学、“农家乐”和农村社区健康教育示范现场。12 月，四川省通过全国“健促行动”五年规划（2001—2005 年）执行情况检查评估。

2004 年，四川作为全国三个项目省之一，参加由美国国立卫生院 FOGARTY 国际中心资助，中国医学科学院/中国协和医学大学和美国约翰霍普金斯大学合作的“烟草控制流行病学监测、干预能力建设”项目。该项目旨在减少非吸烟人群的被动吸烟，提高基层单位的控烟能力，探索农村地区控烟模式。绵竹市是该项目全国三个干预县之一，省疾控中心协助主研单位对绵竹市项目工作进行技术指导和督查。项目实施后，在控烟政策的制定和执行、网络建设、媒体传播和健康教育、干预能力建设方面做了初步工作，为在农村社区开展控烟工作摸索了一些经验。

图 2－26　甘孜州卫生防疫站工作人员到牧区发放卫生宣传资料

三、母婴健康教育

1990—1997 年，省卫生防疫站在全省组织实施联合国儿童基金会/中国·四川健康教育“生命知识”传播项目，将育龄妇女中 5 岁儿童的母亲作为一级目标人群，对其进行母亲喂养、预防接种、儿童生长、儿童心理发育、常见病预防治疗等方面的教育。项目从梓潼、夹江、丹棱、洪雅县试点开始，逐步扩大到 25 个县。经过教育，孕妇入院分娩率、母乳喂养率及儿童生长发育监测覆盖率大幅提高，婴幼儿保健、卫生、疾病防治等方面的知识和技能得到较好普及，不良卫生习惯得到很大改变。

2000 年，省健教所申请“四川省茂县住院分娩健康促进项目”。该所针对当地大部分羌族村寨坐落在高山或半山上，居民居住分散，交通、通信条件落后，广播电视覆盖率低，当地目标妇女文化程度偏低等现实，因地制宜制定《茂县‘母亲安全、住院分娩’工作实施办法》，组织目标妇女学习小组，开展知识传播与信息交流，调动目标人群积极参与和自我保健的主动性。同时，通过跨部门合作，出台鼓励目标妇女住院分娩的配套政策。项目实施后，有效地减少了孕产妇死亡率和新生儿死亡率。

第五节 疾病防治健康教育

1986—2005年，全省各地普遍开展的疾病防治健康教育包括：地方病防治、慢性病防治、性病/艾滋病防治、结核病防治、血吸虫病防治、人畜共患病防治、禽流感防治、人感染猪链球菌病防治、乙肝疫苗接种、控烟等。健康教育根据传染病流行季节特点，春季重点进行呼吸道传染病防治，夏季重点进行肠道传染病防治。结合传染病流行疫情，开展传染病防治专项健康教育。如：针对霍乱流行疫情，以疫区为重点，开展饮食卫生、饮水卫生和个人卫生教育；针对艾滋病疫情，结合监测，以高危人群为重点，开展预防艾滋病教育；针对禽流感、人感染猪链球菌病疫情，以疫区和养殖户、密切接触者为重点，开展改良宰杀家畜习惯教育。

1995—1996年，省健康教育所在全国七类人群预防性病/艾滋病健康教育研究项目中，承担性病病人和青年农民两类人群的健康教育。通过对性病病人225人、青年农民400人面对面的人际传播和广播、电视的大众传播，普及艾滋病防治知识和预防技能，收到较好效果，同时积累了在青年农民人群中开展性病艾滋病健康教育的策略和方法。2001年11月省健教所启动中英性病艾滋病防治合作项目课题《成都市劳务市场流动人群性病艾滋病健康教育干预研究》项目，设计制作了5种健康教育传播材料。2004年制作下发艾滋病防治宣传材料8种，计320万份。包括：艾滋病防治农村海报1套两张，每个行政村1套，计16万套；艾滋病防治城市海报1套两张，每个街道办事处10套，计2万套；预防艾滋病宣传小折页237万份，张艾滋病宣传挂图1套4张，其他配套宣传品5种，每种5.9万套（册），每县300套（册）。在雅安举办高危人群讲座34次，600多人听讲。在成都市文化宫举行红丝带行动宣传，动员群众关爱艾滋病孤儿，不歧视艾滋病病人。

2003年，在抗击“非典”疫情中，全省统一行动，在积极扑灭疫情的同时，运用报纸、电视、电台、电信、咨询、讲座等形式，全方位地开展全民健康教育，提高群众的防病意识和能力。其间，省健康教育所设计制作各类宣传材料31种，370余万份，及时发放到全省21个市（州）181个县（市、区）；与四川人民广播电台、成都交通广播电台合办SARS宣传栏目，与电信部门合作开办“非典”咨询热线，向群众普及SARS防治知识，为群众解疑答难；还与四川电视台合作制作了预防“非典”系列专题片，组织社区专题讲座20余场。针对“非典”疫情，广泛动员各方面力量，开展了全民健康教育。

2004年，省健康教育所与省科技厅合作，编印禽流感防治健康教育手册20万册，发至全省181个县目标人群。运用中国疾控中心健教所制发的《人间禽流感防治》，开办健康教育讲座。与《成都通》合办禽流感防治教育专栏，传播防治知识。

第九章　爱国卫生运动

第一节　组织机构

爱国卫生运动源于第二次国内革命战争时期江西苏区军民开展的群众卫生运动。抗日战争和解放战争时期，陕甘宁边区政府把开展全地区卫生运动列为施政纲领。中华人民共和国成立后，群众性卫生防疫运动深入发展，人民群众将其称为“爱国卫生运动”，党中央肯定了这个名称，并指示各级领导机构以后统称为“爱国卫生运动委员会”。

一、四川省爱国卫生运动委员会

四川省爱国卫生运动委员会（以下简称省爱卫会）是省政府的议事协调机构，负责统一领导、统筹协调公共环境卫生、虫媒疾病防治、健康教育等工作。其组成单位及委员由省委、省政府有关部、委、厅、局和社会团体领导人员组成，每届任期5年。省爱卫会各委员部门实行委员分工负责制，共同完成爱国卫生工作任务。1984—2003年，省爱卫会共更选6届，主任委员由省人大常委会、省政府主要领导担任，副主任委员由副省长，省卫生、计委、建设、农业、环保等部门和军队相关领导担任。1993—2005年，第九至第十二届省爱卫会主任委员分别由三任省长肖秧、宋宝瑞、张中伟担任。

1984—2003年四川省爱卫会领导人员一览表

表2—51

届　次	成立时间	主任委员	副主任委员
第七届	1984年1月	省人大常委会副主任刘海泉	省卫生厅厅长顾德诚 省政府副秘书长曹庆泽 省军区副司令员丛成德
第八届	1989年5月	副省长韩邦彦	省政府副秘书长杨启泉 省卫生厅厅长殷大奎 成都军区卫生部部长李开兴 省计委副主任何先聪 省建委副主任甘宇平 省农牧厅副厅长陈协蓉
第九届	1993年12月	省长肖秧	副省长李蒙 省政府副秘书长雷喻义 省卫生厅厅长卓凯星

续表2—51

届　次	成立时间	主任委员	副主任委员
			成都军区卫生部部长李开兴 省计委副主任何先聪 省建委副主任陆强 省农牧厅副厅长陈谦
第十届	1997 年 3 月	省长宋宝瑞	副省长徐世群 省长助理李进 省政府副秘书长蒋明政 省卫生厅厅长卓凯星 省计委副主任刘资甫 省建委副主任陆强 省农业厅副厅长赵学谦 成都军区卫生部部长李开兴
第十一届	2001 年 3 月	省长张中伟	副省长李进 省政府副秘书长蒋明政 省卫生厅厅长卓凯星 省建设厅副厅长郑勇 省环保局局长朱天开 成都军区卫生部副部长孙明树
第十二届	2003 年 7 月	省长张中伟	副省长刘晓峰 省政府副秘书长李大宁 省卫生厅厅长谢明道 省环保局局长朱天开 省委宣传部副部长殷建中 省建设厅副厅长郑勇 省农业厅副厅长赵学谦 成都军区联勤部副部长孙明树

二、四川省爱国卫生运动委员会办公室

四川省爱国卫生运动委员会办公室（以下简称省爱卫办）为省爱卫会常设机构，负责日常工作。1983 年定编 22 人，内设文秘、行管、城市卫生、农村卫生、健康教育、培训六个科室。2000 年机构改革后定编 5 人。主要职能：贯彻执行国家爱国卫生工作方针、政策，制定全省爱卫工作规划、计划，协调、推动政府有关部门制定和执行本系统爱国卫生工作计划；组织开展卫生城市、卫生县城（镇）创建活动，改善城乡环境卫生面貌；开展病媒生物防制，组织协调社会性重大疾病防治；组织农村改水改厕，改善农村卫生面貌；开展全民健康促进活动，普及卫生知识，提高公民卫生素质；组织卫生检查，实施卫生效果评价，改善城乡生产、生活环境卫生质量；指导、督促市（州）、县（市、区）开展爱国卫生工作等。

三、市、县和基层爱国卫生组织

1988 年，省政府印发《关于进一步开展新时期爱国卫生运动的通知》，全省各级爱国卫生运动委员会及其办事机构迅速恢复。1989 年，为贯彻全国爱卫会第八次委员会扩大会议精神，省政府办公厅下发《省政府关于有关爱国卫生工作议定事项的通知》，全省 21 个市（地、州）全部成立了爱卫会和办公室。除阿坝、甘孜、凉山 3 州的少数县外，全省绝大多数县（市、区）也成立了爱卫会及其办事机构。各部门、单位、街道办、乡镇、社区、行政村等基层组织，都有相应的爱国卫生组织和兼职人员。以成都为例，1989 年市爱卫办配备了副局级专职主任，编制由 8 人增至 10 人。1992 年五城区爱卫办工作人员增至 5—7 人，14 个区（市）爱卫办也增加了人员编制。五城区 67 个街道办事处健全了爱卫会办公室，各配备了 2—3 名工作人员，并挂牌办公。全市 91 个场镇、332 个乡建立了爱国卫生组织，有专兼职工作人员 560 人。1100 个居委会和 77 个家委会建立了爱国卫生小组，有专兼职人员 1373 人。2197 个党、政、军机关，9867 个大中型企事业单位，3882 所大中专院校和中小学，以及 1608 个托幼单位都健全了爱国卫生组织，配备了专（兼）职干部或确定专人负责。1997 年全市又建立了一支 500 人的基层爱国卫生检查员队伍。

第二节　除害防病

除害防病，就是动员和组织群众开展灭苍蝇、蚊子、老鼠、蟑螂的除“四害”活动，以预防虫媒疾病的传播。在除害防病中，全省城乡采取的主要措施有：开展爱国卫生宣传和健康教育，普及科学卫生知识，增强群众自我保健意识和文明意识，发动全民参与除害防病活动；清理杂物、垃圾、鼠迹和蟑迹，填平洼地，疏通沟渠，消除蚊蝇孳生地和老鼠、蟑螂栖身场所，创造有利于健康的生活环境；灭鼠、灭蝇、灭蚊、灭蟑螂，降低其密度和危害等。

一、灭鼠

20 世纪 70 至 80 年代，四川鼠害十分严重。据调查测算，全省约有家鼠 4 亿多只，年耗粮达 36 亿千克，由鼠传染的疾病也有所上升。1986 年初，省政府根据国务院关于消灭鼠害，控制与扑灭流行性出血热蔓延的指示精神，发出灭鼠防病通知，由省到乡（街道）层层签订目标明确、要求具体、奖惩分明的灭鼠责任书，并培训灭鼠员 21 万多人。实行“谁受益、谁负担”和“三个一点”（国家、集体、个人各出一点钱）的原则解决经费问题；坚持“四个统一”和“四个不漏”，即统一指挥、统一行动、统一时间、统一用药，投放毒饵不漏片、不漏户、不漏房间、不漏有鼠的外环境；运用物理、生物、化学等综合防治方法，消除“四害”孳生条件。至年末，有 135 个县的灭鼠工作达到预定目标，12 个市（地、州）政府驻地城镇的平均鼠密度由灭鼠前的 61.47% 下降到 0.25%，实现了“一役达标”的灭鼠标准。据不完全统计，全省在灭鼠活动中共收拣死鼠 1547 万只，按其与洞内死鼠之比为 1: 5 推算，共约灭鼠 7300 多万只。双流机场和成都铁路分局旅客列车段被命名为“无鼠害单位”。

1988 年，153 个县政府所在城镇实现灭鼠“一役达标”，12 个市（地、州）政府（行署）所在市镇巩固三年灭鼠成效，被省政府授予“灭鼠先进城市”称号。广汉、遂宁实现城镇和农田农舍灭鼠全面达标，分别成为全省第一个城乡灭鼠达标的县级市和地级市。

1989年，全省灭鼠逾3亿只，鼠密度由40%—50%降至1%以下，有效地控制了鼠传疾病的发生与流行，出血热发病率比1988年下降32%，死亡率下降48.89%；钩体病发病率比1988年下降34.97%，死亡率下降49.67%。是年6月，成都市、重庆市通过国家级考核验收，进入全国灭鼠先进城市行列。

图2-27　成都某商场职工在仓库投放鼠药

1990年，全省累计92.%的县（区）所在的198个城镇实现灭鼠“一役达标”，20个市、州政府和地区行署所在的城镇巩固成效3年，获得省政府授予的“基本无鼠害城市（镇）”称号，44个县（市）达到农田基本消灭标准。

1996年灭鼠达标的有：德阳市、广汉市、石棉县、重庆市、苍溪县、崇州市、都江堰市、彭州市、金堂县、峨眉山市、泸州市、自贡市、邛崃市、龙泉驿区、新津县、西昌市、甘孜藏族自治州、宜宾市、绵阳市、江油市、广元市。

1997年灭鼠达标的有：南充市、阆中市、温江县、射洪县、蒲江县。

1998年灭鼠达标的有：乐山市、什邡市、雅安市、达川市、荥经县、郫县。

1999年灭鼠达标的有：华蓥市、南部县、长宁县、犍为县。

二、灭蝇

1987年仪陇县灭蝇达标。

1993年灭蝇达标的有：重庆市、泸州及江北、巴县、青白江，并被授予省级“灭蝇先进城区（县城）”称号。

1996年灭蝇达标的有：石棉县、永川市、大足县、苍溪县、江津县、金堂县、双流县、合川市、綦江县。

1997年灭蝇达标的有：绵阳市、江油市、旺苍县、剑阁县。

1998年灭蝇达标的有：绵竹市、蒲江县、富顺县、郫县、雅安市、荥经县、什邡市。

1999年灭蝇达标的有：南部县、广元市朝天区、长宁县、犍为县、宜宾市、青白江区、龙泉驿区。

三、灭蚊

1996年灭蚊达标的有：重庆市、成都市、泸州市。

1997年灭蚊达标的有：德阳市、都江堰市、邛崃市。

1998年灭蚊达标的有：乐山市、峨眉山市、绵阳市、江油市、广汉市、彭州市、崇州市、新都县。

1999年灭蚊达标的有：雅安市、双流县、蒲江县、大邑县、新津县、金堂县。

四、灭蟑螂

1993 年成都市被命名为全国灭蟑螂先进城市；重庆市、泸州市及江北县、巴县、青白江区等市、县（区）分别达到省级灭蟑螂先进城区标准。

1997 年灭蟑螂达标的有：绵竹市、广汉市、新都县、旺苍县、剑阁县。

1998 年灭蟑螂达标的有：江油市、绵阳市、双流县、金堂县、青白江区。

省爱卫会对于在除“四害”活动中成绩突出的，给予表彰奖励。

1999 年，华蓥市、南部县、长宁县、犍为县获得灭鼠表彰奖励；南部县、广元市朝天区、长宁县、犍为县、宜宾市、青白江区、龙泉驿区获得灭蝇表彰奖励；雅安市、双流县、蒲江县、大邑县、新津县、金堂县获得灭蟑螂表彰奖励；广元市元坝区、青川县获得灭蚊表彰奖励。

2001，宜宾市获得灭蚊、灭蟑螂表彰奖励，攀枝花市、大邑县获得灭鼠表彰奖励，峨眉山市、广元市元坝区获得灭蝇表彰奖励，三台县、平武县获得灭鼠、灭蝇表彰奖励，犍为县获得灭蟑螂表彰奖励，成都市龙泉驿区获得灭蚊表彰奖励。

2004 年，城区灭鼠考核鉴定合格获得表彰奖励的有：遂宁市、达州市、泸县、德昌县、沐川县、蓬安县、攀枝花市仁和区、马边县、江安县；城区灭蝇考核鉴定合格获得表彰奖励的有：遂宁市、泸县、德昌县、沐川县、蓬安县、攀枝花市仁和区、马边县、江安县、宜宾县、南溪县。城区灭蟑螂考核鉴定合格获得表彰奖励的有：达州市、攀枝花市仁和区。城区灭鼠复查合格获得表彰奖励的有：德阳市、绵阳科学城、三台县、平武县、犍为县、富顺县；城区灭蝇复查合格获得表彰奖励的有：德阳市、都江堰市、绵阳科学城、三台县、平武县、富顺县；城区灭蚊复查合格获得表彰奖励的有：绵阳市；城区灭蟑螂复查合格获得表彰奖励的有：绵阳市、德阳市、都江堰市、绵阳科学城、犍为县、富顺县。

2005 年，城区灭鼠考核鉴定合格获得表彰奖励的有：广安市、眉山市、内江市、岳池县、长宁县、南溪县；城区灭蝇考核鉴定合格获得表彰奖励的有：眉山市、岳池县、长宁县、高县；城区灭蟑螂考核鉴定合格获得表彰奖励的有：广安市、内江市。城区灭鼠复查合格获得表彰奖励的有：攀枝花市、泸州市、广汉市、青川县、营山县、南部县、广元市元坝区；城区灭蝇复查合格获得表彰奖励的有：广元市元坝区；城区灭蚊复查合格获得表彰奖励的有：攀枝花市、江油市；城区灭蟑螂复查合格获得表彰奖励的有：江油市、广汉市、青川县、三台县、盐亭县、广元市元坝区。

第三节　农村改水改厕

一、农村改水

1986 年，全省各地财政共拨农村改水专款 1 亿多元，加上各部门投资、乡镇企业和群众集资，改水专款共达 2 亿多元。39.57% 的农村人口得到不同程度的改善，其中 18.17% 的人口用上了自来水。改水受益地区的肝炎、痢疾等肠道传染病发病率明显下降。

1987 年 4 月，省政府印发《关于认真搞好全省农村改水工作的通知》，规划部署农村改水工作。至 1990 年底，全省建成自来水厂（站）21918 座，手压机井 222.77 万台，其他形式改水受益人口

802.97 万人，2061.84 万农村人口的饮用水卫生条件得到改善，其中 956.33 万农村人口饮用上了自来水。经过农村改水，全省累计受益人口 5275.34 万人，占农村总人口数的 60.6%，其中 1540.43 万农村人口饮用上自来水，自来水普及率为 17.69%。

1989 年，全省新增 950 万农村人口饮用上清洁卫生水，1271.9 万人饮用上安全卫生水。资阳县 83 万户基本吃上了安全卫生水，14 万名农民用上了自建或简易自来水，经省爱卫会等有关部门联合检查验收，被命名为全省第一个“初级饮水卫生县”。

“七五”期间，全省累计 5275.34 万农村人口饮用上比较安全的清洁卫生水，占农村人口的 60.6%。重庆、成都、内江、遂宁、涪陵地区等 5 市（地）获“四川省‘七五’农村改水先进市”称号；资阳县、蓬溪县、重庆市沙坪坝区、三台县、汉源县、茂县、涪陵市、垫江县、什邡县、达县、攀枝花市仁和区、眉山县、旺苍县、重庆市南岸区、简阳县、成都市龙泉驿区、泸定县、自贡市沿滩区、南充市等 23 个县（区）获“四川省“‘七五’农村改水先进县（区）”称号；窦瑞华、王仁远等 161 人被评为“四川省‘七五’农村改水先进个人”。1990 年 3 月，全国爱卫会在四川召开西南、西北 17 省市农村改水工作座谈会，与会人员参观崇庆县农村自来水厂，四川改水工作得到全国爱卫会肯定。

1993 年，成都市金牛区、崇庆县，德阳市中江县，涪陵地区垫江县，绵阳市市中区等 5 县（区）利用世界银行贷款进行农村改水工作。计划投资 12598.7 万元人民币（其中世界银行贷款占 40%，省、地、县配套占 10%，受益集体和个人集资占 50%），实际完成投资 17037.72 万元人民币，614 个子项目全部竣工，1094 个村 150 万人用上了安全卫生的自来水。

“八五”期间，全省农村改水受益人口 2628.61 万人，自来水受益人口 1352.71 万人，分别比“七五”期间增长 27.0% 和 13.1%。累计农村改水受益人口 7669.25 万人，占农村总人口的 81.6%，其中饮用自来水人口为 2892.59 万人，自来水普及率为 30.8%。9 个农村自来水厂（站）被全国爱卫会评为“全国农村改水百佳厂”。

1996 年 1 月，绵阳市游仙自来水厂、绵阳市丰谷自来水厂、绵阳市永兴自来水厂、中江县仓山自来水厂、成都市金牛区土桥自来水厂被全国爱卫会评为“全国百佳水厂”。

1997 年，成都市锦江区、青羊区、金牛区、武侯区、成华区被全国爱卫会评为“全国农村改水先进单位”。

2002 年 4 月，成都高新区、泸州市龙马潭区、宜宾市翠屏区、乐山市五通桥区被全国爱卫会评为“全国农村自来水普及工作先进单位”。2003 年 12 月，成都市新都区新繁镇第二自来水厂、成都金牛区长久水厂、成都圣登乡东华水厂、绵阳市游仙区魏城自来水厂、广元市苍溪县元坝镇自来水厂、资阳市雁江区丰裕镇自来水厂被全国爱卫会评为“全国农村优秀水厂”。

1991—2005 年四川省农村改水情况统计表

表 2—52

年份	累计改水受益人口（万人）	累计改水受益率（%）	累计自来水受益人口（万人）	自来水受益率（%）
1991	5894.21	64.85	1880.65	20.50
1992	6471.31	71.20	2046.82	22.52

续表2—52

年份	累计改水受益人口（万人）	累计改水受益率（%）	累计自来水受益人口（万人）	自来水受益率（%）
1993	6895. 92	75. 14	2317. 30	25. 25
1994	7246. 01	77. 62	2594. 26	27. 79
1995	7669. 25	81. 58	2891. 71	30. 76
1996	7828. 18	83. 00	3060. 53	32. 45
1997	5884. 97	85. 60	2221. 99	32. 32
1998	6051. 31	88. 02	2423. 41	35. 25
1999	6222. 49	90. 51	2561. 60	37. 26
2000	6286. 43	91. 44	2695. 66	39. 21
2001	6467. 71	92. 46	2818. 43	40. 29
2002	6532. 81	93. 39	2937. 28	41. 99
2003	6483. 72	92. 61	2999. 27	42. 84
2004	6531. 93	93. 30	3111. 29	44. 44
2005	6585. 16	94. 06	3210. 67	45. 86

二、农村改厕

农村改厕，就是将传统的旱厕改建为有水冲洗的卫生厕所，并加强厕所卫生管理。

1993 年 9 月，全国爱卫会印发《关于命名、表彰农村卫生厕所建设先进县和普及县的决定》，丹棱、南川、资中 3 县被全国爱卫会命名为“全国农村卫生厕所普及县”。

“八五”期间，全省农村改厕 302. 4 万户，累计完成改厕 332. 89 万户，卫生厕所普及率为 12. 4%。

2001 年，由省爱卫办与联合国儿童基金会组织实施的 2001—2005 年儿童环境与环境卫生（CES）项目在苍溪县和马边县启动，项目内容为农村改厕和健康教育。其间，苍溪县 10 个项目示范村共改厕 2367 户，12 个扩展村改厕 1878 户，改建 3 所中心小学、2 所村小学校厕；全县新建三连通沼气厕所、三格式厕所共 2. 51 万座。马边县项目示范村建厕 684 座，其中户厕 651 座、校厕 30 座、乡镇医院厕所 3 座；全县新建各类卫生厕所共 6071 座。CES 项目的实施，推动了卫生厕所建设，促进了农村环境卫生改善。苍溪县学生肠道寄生虫感染率由 2002 年的 18. 4% 下降到 2005 年的 16. 38%，5 岁以下儿童死亡率由 31. 24‰下降到 16. 2‰，中重度营养不良率由 19% 下降到 1. 1%，腹泻感染率由 21. 7% 下降到 8. 0%。马边县农村学生寄生虫感染率由 2002 年的 47. 5% 下降到 2005 年的 34. 01%。

2002 年，成都市成华区、广元市市中区被全国爱卫会命名为“农村卫生厕所普及工作先进单位”。

2003—2005 年，省爱卫办引进项目管理理念，注入资金不断扩展项目，先后在成都、广元、凉山等16个市（州）的25个县（市、区）开展改厕示范村建设，取得显著成效。

2004年12月，中央专项补助四川公共卫生资金859万元，在成都、绵阳、德阳、乐山、眉山、雅安、凉山7个市（州）的23个县（市、区）血吸虫病流行地区实施卫生厕所建设和目标人群健康教育，要求2005年度建设卫生厕所54250座。至2005年底，共修建改建卫生厕所47683座，完成率为87.9%；举办省级农村改水改厕培训班14期，培训各类人员731人次，各市（州）、县（市、区）共培训各级各类人员26920人次；完成健康教育目标人群82万余人次。

1996—2005年四川省农村改厕情况统计表

表2—53

年份	累计卫生厕所户数（万户）	卫生厕所普及率（%）	无害化卫生厕所普及率（粪便无害化处理率）（%）
1996	252.86	16.14	14.46
1997	304.34	16.86	16.68
1998	366.51	20.31	17.33
1999	442.30	24.50	20.06
2000	484.50	26.84	20.52
2001	561.96	29.41	21.85
2002	616.93	32.28	24.04
2003	639.52	33.46	25.29
2004	686.88	35.94	27.40
2005	732.43	38.33	29.57

2004年度四川省血防地区改厕情况统计表

表2—54　　单位：座、人次

内容／项目地区	卫生户厕建设			健康教育			技术培训培训人次
	任务数	完成数	完成率（%）	任务数	完成数	完成率（%）	
眉山市	14260	14364	100.7	211048	224250	106	9907
德阳市	10400	10431	100.3	153920	153920	100	156
绵阳市	7250	7250	100	107300	109300	102	1140
成都市	8600	7851	91.3	127280	138800	109	5553
乐山市	4740	3147	66.4	70152	49500	71	2886
凉山彝族自治州	7000	3896	55.6	103600	112865	109	6528
雅安市	2000	744	37.2	29600	35500	120	750
合计	54250	47683	87.9	802900	823205	103	26920

第四节　创建卫生先进

一、卫生村（组）创建活动

1983年，在大中城市成都、自贡、德阳，县级城市南充、雅安，平坝区崇庆县，山区县巴中、垫江，少数民族区宁南县等地，开展创建农村卫生村（组）活动试点，后在全省铺开。至1986年，全省建成卫生村5843个。1988年，全省卫生村建设现场会在苍溪县召开，推广苍溪县建设卫生村与农村发展经济相结合，与脱贫致富相结合的经验。2000年，全省建成卫生先进单位42454个，其中省级卫生先进单位2178个，市（地、州）级卫生先进单位12887个，县（市、区）级卫生先进单位27389个。2005年，全省考核鉴定合格的6个省级卫生村、13个十佳卫生村、69个卫生村、295个卫生先进单位、8个农村先进自来水厂、94个无吸烟单位，获省爱卫会命名表彰。

二、卫生城市创建活动

1989年，全省23个城市参加创建国家卫生城市活动。各城市主要从垃圾、粪便无害化处理和管理，公厕卫生，窗口单位卫生，灭鼠，市容环境卫生，公共场所，饮水饮食卫生及防病，环境保护，爱国卫生组织机构等8个方面进行治理和建设。

1990年第一次全国城市卫生检查评比，成都市被评为全国省会城市的“十佳卫生城市”，万县市评为全国县级市的“十佳卫生城市”，自贡市获“长途汽车站卫生”单项奖。成都市市长刁金祥获全国省会城市“十佳卫生城市市长奖”，万县市副市长范正新获全国县级市“十佳卫生城市市长奖”。四川其他21个城市检查评比，地级市1—9名为：自贡、攀枝花、德阳、遂宁、内江、乐山、绵阳、广元、泸州；县级市1—12名为：万县、峨眉山、雅安、南充、广汉、涪陵、宜宾、西昌、达县、江油、华蓥、都江堰。

1992年第二次全国城市卫生检查评比，成都市被评为全国“十佳卫生城市”，泸州市被评为全国地级“十佳卫生城市”，宜宾市被评为全国县级“十佳卫生城市”，重庆市、德阳市被评为“全国卫生城市”。成都市市长黄寅逵、泸州市市长曹锡森、宜宾市市长黄华泽被评为全国“十佳卫生城市市长”。

图2-28　驻蓉部队指战员在成都市区参加爱国卫生活动

1993年成都被评为“国家卫生城市”；泸州被评为全国“十佳卫生城市”。四川省检查评比，地级市前三名为：泸州市、德阳市、内江市；县级市前三名为：宜宾市、雅安市、南充市。

1995年第三次全国城市卫生检查评比，成都继续保持“国家卫生城市”称号，泸州被评为“国家卫生城市”。重庆、德阳、广元、宜宾、自贡、乐山、峨眉山、广汉、都江堰、彭州10个城市被评为“全国卫生城市”。成都双流机场和重庆江北机场被评为“全国卫生机场”。

1996 年重庆市渝北区被评为国家卫生县城；成都火车站、重庆火车站通过全国“卫生车站”考核鉴定；成都双流机场、重庆江北机场继续保持全国“卫生机场”称号。获奖的有：成都市委书记黄寅逵、市长王荣轩；泸州市委书记杨运洪、市长唐宁；重庆市委书记张德邻、市长刘志忠；德阳市委书记严如高、市长米斌；广元市委书记郝振贤、市长朱天开；自贡市委书记陶晞晦、市长王东洲；乐山市委书记陈德玉、市长刘运生；宜宾市委书记黄华泽、市长李勇林；峨眉山市委书记钟勉、市长陈伯伦；广汉市委书记张寿昌、市长张跃勋；都江堰市委书记黄留福、市长戴兴泉；彭州市委书记蓝志银、市长李登菊。

图 2－29　绵阳市开展爱国卫生万人签名活动

1999 年第四次全国城市卫生检查评比，成都市、泸州市被评为国家卫生城市；地级市绵阳、乐山、广元、宜宾、自贡，县级市峨眉山、都江堰、江油、彭州、绵竹、什邡、雅安被评为全国卫生先进城市。

2001 年，大邑县、三台县、平武县、荥经县、广元市元坝区被评为省卫生县城。

2002 年，绵阳市被评为国家卫生城市，富顺县、营山县、南溪县、乐山市五通桥区被评为省卫生县城。

2003 年，南充市、阆中市被评为省卫生城市，盐边县、夹江县被评为省卫生县城。

2004 年，北川县、射洪县、洪雅县、西充县被评为省卫生县城。

2005 年，达州市、遂宁市、广安市、眉山市被评为省卫生城市，德昌县、泸县、攀枝花市仁和区、彭山县、丹棱县、沐川县、蓬安县、岳池县被评为省卫生县城。

至 2005 年，全省共建成国家级卫生城市 4 个，卫生镇 1 个；建成省级卫生城市 38 个（不含 1997 年前的重庆）。

截至 2005 年四川省国家级卫生城市（县城、镇）名单一览表

表 2—55

城镇名称	命名年份
成都市	1993
泸州市	1995
绵阳市	2002
绵阳科学城	1999
青城山镇	2004

截至2005年四川省省级卫生城市（县城、镇）名单一览表

表2—56

县　名	命名年份
成都	
青白江区	1992
新津县城	1995
双流县城	1996
金堂县城	1996
温江县城	1997
郫县县城	1998
蒲江县城	1998
新都县城	1999
大邑县城	2001
重庆	
巴县县城	1991
江北县城	1992
长寿县城	1995
大足县城	1996
自贡	
富顺县城	2002
攀枝花	
盐边县城	2003
泸州	
泸县县城	2005
绵阳	
三台县城	2001
平武县城	2001
北川县城	2004
广元	
旺苍县城	1997
剑阁县城	1997

续表2—56

县　　名	命名年份
苍溪县城	1996
青川县城	1993
朝天区	1999
遂宁	
射洪县城	2004
乐山	
长寿县城	1995
犍为县城	1999
沐川县城	2005
夹江县城	2003
南充	
南部县城	1999
西充县城	2004
营山县城	2002
蓬安县城	2005
眉山	
彭山县城	2005
洪雅县城	2004
丹棱县城	2005
宜宾	
南溪县城	2002
长宁县城	1999
广安	
岳池县城	2005
雅安	
石棉县城	1996
荥经县城	2001
凉山	
德昌县城	2005

第三篇　医疗服务

医疗服务是重大民生问题。1986—2005 年，四川不断健全农村三级医疗卫生服务网络和城市医疗卫生服务网络，实施农村卫生基础设施建设，开展民族卫生扶贫工程，推广新型农村合作医疗制度，改革传统的办医体制和医疗机构管理体制，全省医疗服务供给总量大幅增长，医疗服务设施条件明显改善，医疗卫生服务可及性进一步增强，医疗服务效率进一步提高。

第一章 医疗资源

第一节 医疗机构

医疗机构由各类医院、疗养院、社区卫生服务中心、卫生院、门诊部、急救中心、妇幼保健院（所）等组成。从办医主体分，有政府举办的，有工业及其他部门举办的，有集体经济举办的，有私人开业的，有社会资金独资或联合兴办的，有军队举办的。本节仅记由政府和工业部门举办的医疗机构，民营医疗机构记入本篇第四章第七节，驻军医疗机构记入本篇第七章第一节，妇幼保健机构记入本志第五篇第二章。

一、不同年份公立医疗机构设置

（一）1985 年设置情况

1985 年四川省公立医疗机构设置情况统计表

表 3—1

卫生机构名称	机构（个）	床位（张）	人员（人）
公立综合医院	259	49019	64273
省级医院	1	670	1301
省辖市医院	30	—	—
地、州医院	11	—	—
专辖市医院	7	—	—
市辖（郊）区医院	25	—	—
县医院	182	—	—
其他综合医院	3	—	—
医学院校附属医院	10	4474	7938
传染病医院	4	630	803
精神病院	13	3350	2736
结核病院	3	632	618
儿童医院	1	138	295

续表3—1

卫生机构名称	机构（个）	床位（张）	人员（人）
口腔医院	1	50	232
其他专科医院	2	215	444

（二）1995 年设置情况

1995 年四川省公立医疗机构设置情况统计表

表 3—2

机构名称	机构（个）	床位（张）
总数	16310	241954
医院合计	10265	229143
综合医院	803	106111
中医院	200	18079
其中县中医院	115	8660
医学院校附院	11	5678
传染病院	4	896
精神病院	40	8299
结核病院	3	702
儿童医院	1	200
麻风病院	2	258
职业病院	3	720
口腔医院	1	50
中西医结合医院	4	1594
其他专科医院	3	456
农村卫生院合计	9112	80510
中心卫生院	1459	36212
乡卫生院	7653	44298
其他医院	53	2489
疗养院	30	5823
门诊部（所）	6028	7936

（三）1997 年设置情况

1997 年四川省公立医疗机构设置情况统计表

表 3—3

机构名称	机构（个）	床位（张）
总数	8126	179636
医院合计	865	110024
县及县以上医院	839	108465
综合医院	608	79053
中医院	157	13873
医学院校附院	8	4233
传染病院	3	726
精神病院	32	6254
结核病院	1	90
妇幼保健院	12	672
妇产医院	1	200
儿童医院	1	200
麻风病院	1	320
职业病院	1	350
肿瘤医院	4	910
眼科医院	1	12
骨科医院	4	353
中西医结合医院	3	1069
其他专科医院	2	150
其他医院小计	26	1559
卫生院合计	6823	60562
城市街道卫生院	12	33
农村乡卫生院	6811	60529
疗养院	20	4219
门诊部合计	417	4735
急救站	1	—

（四）“十五”期间设置情况

详情见表 3—4、表 3—5、表 3—6、表 3—7、表 3—8。

2001年四川省公立医疗机构设置情况统计表

表3—4

卫生机构名称	机构（个）	床位（张）	人员总数（人）	其中：卫技人员（人）
总计	7892	178527	235358	194529
一、医院合计	888	110812	141175	110669
1. 县及县以上医院小计	854	109006	139630	109387
2. 其他医院小计	34	1806	1545	1282
二、卫生院合计	6708	59620	86133	77683
1. 中心卫生院	975	25367	36443	31833
2. 乡卫生院	5721	34225	49557	45724
3. 其他卫生院	12	28	133	126
三、疗养院	20	3969	2166	1083
四、门诊部合计	276	4126	5884	5094

2002年四川省公立医疗机构设置情况统计表

表3—5

卫生机构名称	机构（个）	床位（张）	卫生技术人员（人）							其他技术人员（人）	管理人员（人）	工勤人员（人）
			小计	执业医师	执业助理医师	注册护士	药剂人员	检验人员	其他			
一、医院	1173	119976	113155	40488	5488	42395	10216	5521	9047	3340	12186	15405
市	683	77116	72236	26295	2752	27669	6182	3661	5677	2271	7872	10299
县	490	42860	40919	14193	2736	14726	4034	1860	3370	1069	4314	5106
综合医院	819	89293	86175	30537	3728	33970	7170	4305	6465	2616	9210	11832
中医医院	186	14663	16750	6480	1169	4783	2276	734	1308	363	1763	1761
中西医结合医院	15	1463	1507	548	98	489	139	87	146	48	106	114
民族医院	10	200	215	128	32	24	11	4	16	8	22	39
专科医院	132	12974	8128	2665	451	2963	595	374	1080	287	987	1363
疗养院	10	1383	366	124	10	160	25	17	30	18	98	296
护理院	1	0	14	6	0	6	0	0	2	0	0	0
二、社区卫生服务中心	44	206	503	206	34	165	48	17	33	8	30	15
三、卫生院	6280	56467	70582	21449	15389	8992	6369	2371	16012	221	4495	3949
四、门诊部	817	1749	4396	1776	514	755	416	204	731	49	291	213
五、急救中心（站）	5	303	338	123	9	155	23	20	8	51	37	82

2003年四川省公立医疗机构设置情况统计表

表3—6

卫生机构名称	机构（个）	床位（张）	卫生技术人员（人）							其他技术人员（人）	管理人员（人）	工勤人员（人）
			小计	执业医师	执业助理医师	注册护士	药剂人员	检验人员	其他			
一、医院	1164	120173	112496	40504	5580	42036	9823	5208	9345	4044	11167	15238
市	703	79553	72830	26839	2808	27806	6067	3430	5880	2994	7396	10313
县	461	40620	39666	13665	2772	14230	3756	1778	3465	1050	3771	4925
综合医院	810	89967	85616	30530	3834	33704	6900	4063	6585	3133	8476	11990
中医医院	180	14722	16734	6446	1136	4756	2233	696	1467	397	1635	1751
中西医结合医院	21	1754	1664	624	121	499	135	71	214	75	115	125
民族医院	10	210	229	148	22	31	9	3	16	7	16	37
专科医院	142	13520	8243	2754	466	3040	546	375	1062	432	924	1332
护理院	1	0	10	2	1	6	0	0	1	0	1	3
二、疗养院	10	1018	376	123	14	151	28	17	43	14	134	238
三、社区卫生服务中心	50	144	458	189	26	152	45	22	24	8	25	18
四、卫生院	6048	56671	68395	20840	15517	9086	5990	2263	14699	1337	3635	4080
五、门诊部	838	1238	3520	1491	425	626	325	144	509	114	220	217
六、急救中心（站）	3	320	336	106	8	141	23	20	38	34	36	52

2004年四川省公立医疗机构设置情况统计表

表3—7

卫生机构名称	机构（个）	床位（张）	卫生技术人员（人）							其他技术人员（人）	管理人员（人）	工勤人员（人）
			小计	执业医师	执业助理医师	注册护士	药剂人员	检验人员	其他			
一、医院	1144	123995	112744	40350	5363	42520	9672	5187	9652	4455	11081	13737
市	719	83519	74298	27064	2898	28525	6035	3423	6353	3333	7381	9217
县	425	40476	38446	13286	2465	13995	3637	1764	3299	1122	3700	4520
综合医院	797	92121	85830	30400	3535	34193	6826	4007	6869	3295	8526	10686
中医医院	173	15676	16546	6339	1151	4807	2144	737	1368	574	1436	1715
中西医结合医院	13	1588	1424	594	73	477	116	63	101	63	107	118
民族医院	17	271	343	184	63	42	21	4	29	33	7	39
专科医院	143	14337	8596	2832	541	2998	565	376	1284	490	1004	1178

续表3—7

卫生机构名称	机构（个）	床位（张）	卫生技术人员（人）							其他技术人员（人）	管理人员（人）	工勤人员（人）
			小计	执业医师	执业助理医师	注册护士	药剂人员	检验人员	其他			
护理院	1	2	5	1	—	3	—	—	1	—	1	1
二、疗养院	10	898	382	124	14	153	27	17	47	25	173	291
三、社区卫生服务中心	63	304	626	225	58	165	69	28	81	15	40	28
四、卫生院	5369	56945	64350	19014	14879	9185	5583	2179	13510	1546	3222	3821
五、门诊部	543	1033	3027	1327	294	595	302	125	384	46	193	199
六、急救中心（站）	4	20	58	23	3	23	5	4	—	7	21	7

2005 年四川省公立医疗机构设置情况统计表

表 3—8

卫生机构名称	机构（个）	床位（张）	卫生技术人员（人）							其他技术人员（人）	管理人员（人）	工勤人员（人）
			小计	执业医师	执业助理医师	注册护士	药剂人员	检验人员	其他			
一、医院	1155	127129	113914	40518	5349	42490	9330	5158	11069	5604	9914	13523
市	731	86151	74530	26869	2795	28484	5787	3394	7201	3969	6671	9253
县	424	40978	39384	13649	2554	14006	3543	1764	3868	1635	3243	4270
综合医院	793	94035	86922	30653	3589	34020	6638	3968	8054	4225	7525	10618
中医医院	168	16318	16709	6319	1157	4802	1997	751	1683	749	1380	1537
中西医结合医院	16	1750	1460	602	47	489	125	68	129	47	126	126
民族医院	21	341	423	226	78	57	16	9	37	21	13	37
专科医院	156	14684	8396	2717	478	3119	554	362	1166	562	870	1205
护理院	1	1	4	1	0	3	0	0	0	0	0	0
二、疗养院	8	623	328	101	9	144	27	13	34	7	79	186
三、社区卫生服务中心	68	1053	1271	506	83	355	136	46	145	33	81	102
四、卫生院	5179	57460	62239	18581	14314	8923	5006	1958	13457	1263	3107	3794
五、门诊部	294	765	1817	850	152	456	138	81	140	30	74	118
六、急救中心（站）	7	20	99	37	9	37	5	5	6	14	15	8

（五）1986—2005 年新增省级医院

1986—2005 年，全省新增省级公立医院 7 所，即四川省肿瘤医院、四川省白内障专科医院、四川省第四人民医院、四川省第五人民医院、四川省第六人民医院、泸州医学院附属口腔医院、绵阳科学城医院。

（六）市、县级医院设置

截至2005年，全省共有市（州）医疗机构120个（其中综合医院60所），床位32225张，卫生人员38589人，分别占全省病床、卫生人员总数的16.68%和14.69%；有县（市、区）医院424所，床位40978张，执业医师/执业助理医师16203人，注册护士14006人，分别占全省床位、执业医师/执业助理医师、注册护士总数的16.53%、17.85%和24.94%；企业医院255所，疗养院2所，社区卫生服务中心2个，门诊部29个，诊所129个，卫生所、医务室856个，床位16690张，人员16621人，卫生技术人员13704人。

二、医疗机构选记

（一）四川省人民医院

1941年8月，由中华民国四川省政府与中央大学合办医学院附属医院，1946年3月改为四川省立医院，1952年10月更名为四川省人民医院。1986年有床位670张，人员1363人。1992年4月被评为三级甲等综合医院。2000年设有19个职能处室和34个临床业务科室，床位1356张，人员1659人。2002年7月，四川省人民医院与四川省医学科学院合并组建四川省医学科学院·四川省人民医院，并将四川省医学科学院附属医院、四川省医学科学院实验动物研究所、四川省皮肤病性病防治研究所、四川省草堂干部疗养院一并纳入。2005年设19个职能处室、34个临床科研业务科室和4个下属单位，编制床位2300张。核定用于科研、医疗专业及管理人员的事业编制3140名，用于科研、医疗保障工作的其他人员、工勤人员的控制数为785人。全院有在职高级职称人员439人，享受政府特殊津贴专家50人，省学术技术带头人7人，省卫生厅及省中医药管理局学术带头人42人。

四川省医学科学院附属医院1983年4月建于简阳县，设11个行政科室和13个临床业务科室，病床200张。1984年开办血站（2000年改为单采血浆站），1994年开办输采血器具厂（1995年更名为南格尔生物医学股份有限公司），医院形成医疗、血站、公司“三大支柱”格局。2003年8月南格尔公司与医院剥离，改制为民营股份制企业。2001年医院被评为二级甲等综合医院。2002年7月随医科院纳入四川省医学科学院·四川省人民医院。2002年12月增挂四川省医学科学院血液研究所牌子。2003年8月迁入成都市龙泉驿区。

图3-1 2005年的四川省医学科学院·四川省人民医院外景

四川省医学科学院实验动物研究所1982年建于简阳县，初为院属医学实验动物中心，有职工58人，其中专业技术人员26人。2000年11月更名为四川省医学科学院实验动物研究所，为四川省唯一从事实验动物繁育和动物实验研究的非营利性科研事业单位。2002 年 7 月纳入四川省医学科学院・四川省人民医院，并迁至成都市中和镇。2005 年更名为四川省医学科学院・四川省人民医院实验动物研究所，在职职工 55 人，其中专业技术人员 24 人；高级职称 2 人；博士 1 人、硕士 2 人。2001—2005 年获科研课题项目 333 项，其中省科技厅项目 4 项，科研院所和药品研发机构委托科研课题 329 项。

四川省皮肤病性病防治研究所 1958 年建于甘孜州泸定县磨西区省麻风病院。1983 年隶属四川省医学科学院。1987 年获全国麻风病防治先进单位称号。1996 年增挂“四川省性病防治培训中心”牌子，1998 年增挂四川省皮肤病医院牌子，设置病床 100 张。2002 年 7 月纳入新组建的四川省医学科学院・四川省人民医院。2005 年有职工 114 人，其中高级职称 38 人，中级职称 37 人。

四川省草堂干部疗养院前身为 1954 年在成都金牛坝招待所（今金牛宾馆）建立的四川省第一干部疗养院，1958 年底搬迁至毗邻杜甫草堂的成都市金牛区永丰乡龙爪村九队（今成都市大石西路 62 号）。1959 年 4 月由四川省人民医院代管。1961 年 2 月与省人民医院脱钩，重归省卫生厅直属单位序列。“文化大革命”期间，疗养院被迫关闭。1972 年更名为成都市第五人民医院。1974 年更名为四川省草堂疗养院，1978 年增挂四川省草堂干部疗养院牌子。1983—1986 年，以政府投资和集资的办法共筹集资金近 2000 万元，改造扩建疗养院，设置床位 400 张。1988 年 6 月增挂四川省康复医院牌子，并作为四川省中老年慢性病治疗、康复、科研、教学的中心。1992 年 3 月增挂四川省第三人民医院牌子。2002 年 7 月纳入四川省医学科学院与四川省人民医院合并后的新机构。2004 年 7 月撤销独立法人资格，增挂四川省肾病中心牌子。2005 年 12 月更名为四川省医学科学院・四川省人民医院草堂病区，开放床位 174 张。

（二）四川省肿瘤医院

系西南地区最大的肿瘤专科医院，1994 年被评为三级甲等医院。内设 18 个临床科室、14 个医技科室和 6 个研究室。放射肿瘤科、头颈外科为省甲级重点学科。2005 年，有开放床位 654 张；人员 722 人，其中卫生技术人员 536 人，内有高级职称 176 人；年门诊 7.14 万人次，入院 8421 人，出院 8355 人，床位使用率 101.16%，床位周转次数 12.78 次，平均住院日 28.5 天，缓解率 43.79%，部分缓解率 45.49%。省肿瘤防治办公室、省抗癌协会、《四川肿瘤防治》编辑部挂靠该院。

图 3－2　四川省肿瘤医院全景

（三）四川省第四人民医院

由 1949 年组建的成都市军管会卫生科演变而来。1986 年名为四川省直属机关第一门诊部，1992 年更名为四川省直属机关第一医院，1995 年更名为四川省第四人民医院。1997 年被评为二级甲等医院。内设 15 个临床科室和 10 个医技科室及门诊部，“睡眠呼吸疾患诊疗中心”评为省级医学甲级重点专科。2005 年开放床位 134 张，人员 248 人，其中卫生技术人员 159 人，内有高级职称 51 人；年门、急诊 8.79 万人次，入院 1728 人，出院 1716 人。床位使用率 70.15%，床位周转次数 15.04 次，平均住院日 16.91 天，治愈率 51.92%，好转率 44.76%。

（四）四川省第五人民医院

由 1950 年组建的中共川西委员会卫生所演变而来。1986 年名为四川省直属机关第二门诊部，1992 年更名为四川省直属机关第二医院，1993 年增冠“四川省老年病研究所”名称，1995 年更名为四川省第五人民医院。1996 年被评为二级甲等医院。内设 18 个临床科室和 8 个医技科室及门诊部。2005 年开放床位 130 张，人员 200 人，其中卫生技术人员 156 人，内有高级职称 41 人；年门、急诊 12.25 万人次，入院 1314 人，出院 1283 人，床位使用率 86.35%，床位周转次数 12.82 次，平均住院日 18.42 天，治愈率 31.8%，好转率 63.91%。

（五）四川省第六人民医院

2003 年 5 月，为适应全省“非典”型性肺炎防治工作的迫切需要，将四川石油管理局总医院搬迁后的原有建筑按照“平战结合”原则改建为四川省第六人民医院，承担省内突发重大传染病疫情、群体性不明原因疾病、重大食物中毒、职业中毒以及其他影响公共卫生健康等公共卫生事件的医疗救治任务，同时承担全省突发公共卫生事件应急医疗救护人员培训工作。医院挂四川省突发公共卫生事件医疗救治中心和四川省突发公共卫生事件医疗救治培训与科研基地牌子。2005 年有床位 100 张，人员 32 人。受省卫生厅委托，由省医院代管。

（六）四川省白内障专科医院

1999 年 8 月四川省人工晶体研究所增挂四川省白内障专科医院牌子。2005 年，有床位 24 张，人员 12 人，其中卫生技术人员 11 人，内有高级职称 4 人。

（七）泸州医学院附属医院

图 3－3　泸州医学院附属医院内科大楼

前身为建于 1950 年的川南医院，1978 年 1 月更名为泸州医学院附属医院。1985 年有床位 719 张，人员 1152 人。1992 年被评为三级甲等综合医院，内设 18 个一级临床科室、26 个二级科室，8 个医技科室，8 个研究室，5 个医学中心，1 个门诊部和 1 所卫校。重点学科有感染科、血管外科、心血管内科。可开展心脏、颅内、内耳、器官移植、显微手术、癌症根治等手术。2005 年开放床位 1100 张，人员 1092 人，其中卫生技术人员 942 人，内有高级职称 250 人；年门、急诊 62.49 万人次，入院 4.24 万人，出院 4.22 万人，床位使用率 99.46%，床位周转次数 38.23 次，平均住院日 9.49 天，治愈率 86.39%，好转率 10.19%。

（八）泸州医学院附属口腔医院

2002 年 5 月由泸州医学院口腔系和附属医院口腔科合并组成，有病床 50 张，人员 53 人，其中卫生技术人员 42 人，内有正副教授 13 人。内设 5 个临床科室、3 个医技科室和门诊部，牙科综合治疗台 50 张。2005 年诊治病人 4.53 万人次。

（九）川北医学院附属医院

始建于1974年。1985年有床位443张，人员578人。1999年被评为三级甲等综合医院，内设27个临床科室，8个医技科室和2个研究所，是四川省风湿病治疗中心。有省甲级重点学科：医学影像研究学、风湿免疫研究学、临床神经电生理学；省重点学科：普外科、肛肠科。2005年，开放床位1000张，人员1500人，其中卫生技术人员1093人，内有高级职称238人；年门、急诊65.57万人次，入院3.29万人，出院3.30万人，床位使用率93.54%，床位周转次数33次，平均住院日10.07天，治愈率48.73%，好转率48%。

图3－4　川北医学院附属医院住院大楼

图3－5　四川省科学城医院外景

（十）四川省科学城医院

原为核工业部第九研究院职工医院，1958年建于青海省三角城，1965年迁至四川省梓潼县，1990年迁入绵阳市，更名为四川省科学城医院。2004年10月划归四川省管属。2005年，有11个临床医技科室，床位300张，人员478人。

（十一）华西医院

1892年，美国、英国、加拿大等国基督教会在成都建立仁济医院和存仁医院，先后名为华西协合大学、中央大学齐鲁大学联合医院、四川医学院附属医院、华西医科大学附属医院（以下简称华西附医）。2000年9月四川大学和华西医科大学合并后更名为四川大学华西医院（简称华西医院）。1992年4月被评为省内首批三级甲等综合医院。2005年医院占地800余亩，建筑面积40多万平方米，床位4200张，

图3－6　华西医院第一住院大楼

为全球单点医院床位最多的医院。设有临床科室 33 个，医技科室 14 个，科研实验室 24 个。全院 4000 人，其中高级职称 440 人，有中国科学院院士 1 人，长江学者奖励计划特聘教授 3 人，国家杰出青年自然科学基金获得者 10 人，省学术技术带头人 28 人，卫生技术人员占 85%。2005 年，门、急诊 2028717 人次，入院 7.44 万人，出院 7.42 万人，手术 44111 台次，平均住院日 11.27 天，床位使用率 116.63%，床位周转次数 31.45 次，治愈率 43.17%，好转率 45.93%。

（十二）华西妇产儿童医院

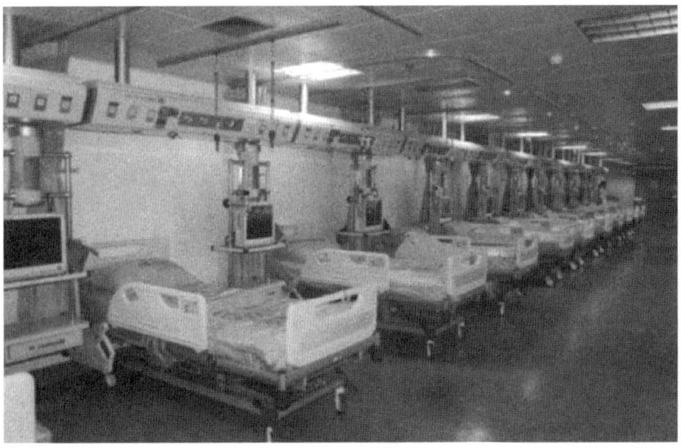

图 3-7 华西妇产儿童医院妇产科 ICU 病房

前身为华西附院妇产科和儿科。1987 年 11 月与华西附院分离，组建华西医科大学妇产儿童医院。1993 年 9 月被世界卫生组织（WHO）、联合国儿童基金会（UNICEF）、卫生部授予首批国家级“爱婴医院”称号，1999 年被评为三级甲等妇产儿童专科医院。中国出生缺陷监测中心/全国妇幼卫生监测办公室设在该院。2001 年更名为四川大学华西妇产儿童医院。2005 年，医院占地面积 17 亩，总建筑面积 34815.93 平方米。设有急诊科、妇科、产科、生殖内分泌科/计划生育科、生殖医学中心、麻醉科、新生儿科、感染/传染儿科、普通儿科一病室（儿童神经和消化亚专业）、普通儿科二病室（肾脏、呼吸、内分泌亚专业）、小儿心血管科、小儿血液科、儿童保健科等 13 个临床科室，以及检验科、药剂科、功能科、放射科、康复科等 5 个医技科室。开放床位 466 张。有人员 994 人，其中高级职称 77 人（内有省学术技术带头人 6 人，省卫生厅学术技术带头人 20 人，享受政府特殊津贴和部省级有突出贡献的中青年专家津贴 25 人，博士、硕士生导师 23 人）。年门、急诊病人 67 万人次，住院病人 2.3 万人。危重病抢救成功率达 95%，病床使用率达 129%，平均住院日 6.82 天，治愈好转率 96%。

（十三）华西口腔医院

图 3-8 华西口腔医院外景

中国第一个牙病专科医院。1907 年，成都仁济牙科诊所建立。2000 年 9 月前，先后名为华西协合大学口腔病院、华西大学口腔病院、四川医学院附属口腔医院、华西医科大学附属口腔医院。1998 年被评为三级甲等专科医院。2005 年，医院占地 41406 平方米，建筑面积 42113 平方米，内设 8 个临床科室、2 个治疗中心、2 个医技科室、8 个研究室、1 个门诊部和 1 个西南地区唯一的口腔头颈部危重病术后监护室。开放床位 121 张，牙科椅 280 台，人员 334 人，其中卫生技术人员 217

人，内有高级职称 110 人）；年门诊 31.28 万人次，入院 2851 人，出院 2841 人，床位使用率 74.03%，床位周转次数 23.42 次，平均住院日 11.74 天，治愈率 79.62%，好转率 20.17%。

（十四）华西职业病医院

1974 年，华西医科大学职业病防治医院建立。系国内首家职业病医院、全国职业病临床医师培训基地和全国中毒控制中心网络单位。长期参加省、市急性中毒救援、医疗会诊、职业病鉴定、劳动能力鉴定、工作场所职业危害评价等工作。2003 年被四川省和成都市政府指定为化学品中毒和核辐射损伤救治医疗机构。内设 11 个临床科室、10 个医技科室和 1 个专科门诊。2003 年成立姑息关怀医学专业，在国内率先开展姑息医学临床服务。2005 年开放床位 130 张，人员 129 人，其中卫生技术人员 97 人，内有高级职称 33 人。年门诊 90275 人次，入院 1985 人，出院 2012 人，床位使用率 93.7%，床位周转次数 15 次，平均住院日 22.8 天，治愈率 5.9%，好转率 80.4%。

（十五）成都市第三人民医院

建于 1954 年。是一所集医疗、科研、教学为一体的三级甲等综合医院。内设临床一级科室 19 个，二级科室 18 个，医技科室 17 个。能开展球囊扩张治疗心瓣膜狭窄、各种多功能起搏器安置、射频消融术治疗心律失常、体外循环下多种复杂的先天性心脏病矫正，PRK 治疗近视眼、激光心肌血管重建等手术，技术达国内先进水平。2005 年，开放床位 836 张，人员 1396 人，其中卫生技术人员 988 人。年门、急诊 44.49 万人次，入院病人 1.96 万余人，出院病人 1.95 万余人，病床使用率 94.62%，病床周转次数 23.31 次，平均住院日 14.70 天，治愈率 51.43%，好转率 45.29%。

（十六）绵阳市中心医院

1939 年，绵阳公路卫生站成立，1945 年组建省立绵阳医院，1950 年更名为绵阳专区中心卫生院，1952 年改称绵阳专区医院，1958 年绵阳专区与遂宁专区合并为绵阳专区，医院更名为绵阳专区第一人民医院，1985 年更名为绵阳市中心医院。1986 年床位 501 张，人员 806 人。1999 年被评为三级甲等综合医院。内设 7 个医学中心，肝胆胰外科为省甲级重点学科。能开展冠状动脉扩张 + 支架安置、体外循环心内直视手术、冠心病介入封堵、同种异体肝移植、颅内肿瘤摘除、肾移植等手术。2005 年开放床位 834 张，人员 849 人，其中卫生技术人员 707 人。年门、急诊 69.98 万人次，入院病人 2.41 万人，出院 2.41 万余人，病床使用率 106.69%，病床周转次数 28.8 次，平均住院日 12.9 天，治愈率 47.7%，好转率 48.9%。

（十七）达州市中心医院

由 1921 年法国天主教创建的教会医院——“普爱医院”演变而来。先后更名为达县卫生院、达县专区医院、达州市中心医院，是川东北地区集医疗、教学、科研、预防和保健于一体的三级甲等综合医院。内设 26 个临床科室、8 个医技科室、1 个重症监护室和 13 个职能科室。有 5 个市级重点专科，15 个市级重点学科、4 个市级特色专科。内科能开展心脏球囊拓展、除颤、经支气管镜中心气道内肿瘤切除、冠心病介入诊疗、阵发性室上性心动过速经导管射频消融、电子内镜下射频治疗消化道息肉等；外科能开展体外循环心内直视手术，主动脉夹层腔内隔绝术，腔镜多种手术，断肢再植、自体肾移植，经后路寰、枢椎内固定，髋、膝关节翻修，低位直肠癌根治及直肠横襞重建等手术，成功开展了“经视神经管减压颅面联合”手术。2005 年开放床位 910 张，人员 1135 人，其中卫生技术人员 912 人。年门、急诊 40.21 万余人次，入院 2.31 万人，出院 2.30 万余人，病床使用率 100.00%，病床周转次数 23.25 次，平均住院日 14.46 天，治愈率 48.38%，好转率 47.90%。

（十八）宜宾市第二人民医院

由1889年北美基督教浸礼会创办的"仁德医院"和"明德医院"演变而来，为三级甲等综合医院，由总院和6个分院、9个门诊分部组成。内设31个临床科室、11个医技科室、11个中心、2个研究所。2000年成为全省首家、全国第三家通过英国NQA国家质量控制中心ISO 9002认证的医院，能开展体外循环心内直视手术和介入治疗等技术。1994年获"抢救英雄徐洪刚先进集体"称号。2005年开放床位1072张，人员603人，其中卫生技术人员513人。年门、急诊38.52万人次，入院病人3.06万人，出院3.06万人，病床使用率99.74%，病床周转次数28.49次，平均住院日12.75天，治愈率36.93%，好转率53.42%。

（十九）遂宁市人民医院

由1914年英国创办的博济医院演变而来，为川中地区集医疗、保健、教学、科研于一体的综合医院。2003年评为三级甲等医院。内设14个临床科室、31专业组，8个医技科室、24个专业组，6个医学中心。能开展浅低温不停跳心脏直视手术、颅内深部肿瘤及动脉瘤摘除、断肢再植等手术。2005年开放床位773张，人员1044人，其中卫生技术人员811人。年门、急诊38.33万人次，入院2.35万人，出院2.34万人，病床使用率88.30%，病床周转次数30.34次，平均住院日10.48天，治愈率53.02%，好转率42.73%。

（二十）凉山州第一人民医院

由1939年建立的民国政府卫生署西康卫生院演变而来，先后更名为西康省西昌专署医院、四川省西昌地区人民医院、凉山州第一人民医院。1998年被评为三级乙等综合医院，是全省民族地区首家三级医院。能开展体外循环心内直视手术、颅内肿瘤切除、血液净化、介入、放射治疗等手术。医疗服务覆盖凉山全州及邻近市（州）和云南省部分县。2005年西昌铁路医院整体并入后床位增至622张，人员693人，其中卫生技术人员527人，内有高级职称93人。年门、急诊50.10万人次，入院1.90万人，出院1.87万余人，病床使用率94.68%，病床周转次数30.94次，平均住院日10.9天，治愈率53.87%，好转率40.92%。

（二十一）三台县人民医院

1950年由1902年英国教会创办的仁慈医院和1942年创办的三台县卫生院合并组建，初期名为三台县人民卫生院，1956年更名为三台县人民医院，是四川省首批二级甲等县医院。内设1个门诊部、3个病区、5个门诊点、10个一级临床科室、10个医技科室，60多个专业，其中心血管内科、肝胆胰外科为绵阳市重点专科，眼科为全国县级百家医院重点建设科室。2005年开放床位350张，人员324人，其中卫生技术人员281人。年门、急诊27.48万人次，入院1.19万人，出院1.18万人，床位使用率72.58%，床位周转次数33.78次，平均住院日7.70天，治愈率38.17%，好转率57.11%。

（二十二）仁寿县人民医院

建于1941年。2000年评为二级甲等医院。内设7个临床科室，2个重点医技科室。2005年开放床位404张，人员567人，其中卫生技术人员453人。全年门、急诊23.03万人次，入院1.41万人，出院1.41万人，床位使用率76.01%，床位周转次数40.44次，平均住院日6.71天，治愈率45.79%，好转率50.08%。

（二十三）茂县人民医院

建于1953年，时为茂县卫生院，1955年改为茂县人民医院。2004年被评为二级甲等医院，为全省少数民族地区首家达到该等级的县医院。内设10个临床、医技科室。2005年，开放床位116张，人员137人，其中卫生技术人员108人，同年建立卫星远程会诊中心。年门、急诊5.02万人次，入、出院3853人次，床位使用率66.23%，床位周转次数38.52次，平均住院日6.17天，治愈率58.33%，好转率40.81%。

（二十四）攀枝花钢铁公司职工总医院

建于1970年，2003年被评为全省唯一的三级甲等企业医院。内设28个临床科室、9个医技科室，6个社区卫生服务（中心）站，1个妇幼保健站；下辖攀钢密地医院（二级甲等医院）。烧伤科为省级重点专科，烧伤病人抢救成功率97%，达国内先进水平。心血管内科治疗及心血管疾病诊治技术达到省内先进水平。肾内科血液透析中心规模为全省地级医院之最，年血透患者5.32万余人次。2005年开放床位700张，人员974人，其中高级职称117人。年门、急诊50万人次，住院1.7万人。

（二十五）三六三医院

系中国航空工业集团公司企业医院，建于1972年，1999年被评为二级甲等医院。内设26个临床、医技科室。是成都地区第一家引进腹腔镜、头部伽玛刀、全身伽玛刀的医院。神经外科为省甲级重点建设学科，系省内行业医院中首个省级重点专科；微创外科和“肿瘤综合治疗”具有特色优势。2005年有床位315张，人员400余人，其中高级职称60人。年门、急诊7.84万人次，住院病人8806人。

第二节　医疗房屋

20世纪80年代中期，全省医疗机构房屋大多为50年代所建，相当部分区、乡（镇）卫生院为中华人民共和国成立前的民房改建，年久失修，多为危房。据调查，1991年通江县共有12个区、76个乡（镇）卫生院，总建筑面积33504平方米，有危房的卫生院48个，占54%，危房面积25647平方米，占46%。1993年全省民族地区医疗卫生机构危房面积达26万平方米，占房屋总面积22%，中心卫生院、乡镇卫生院（所）危房面积达46.6%。2001年，全省乡镇卫生院有危房93万平方米，占总面积的26.5%，泸州市合江县乡镇卫生院危房达51%。

从20世纪80年代开始，主要通过国家拨款进行县医院和乡镇卫生院建设，改造、扩建、新建业务用房。至2005年，全省项目建设总投入达55亿元，其中80%以上的资金用作医疗业务用房建设。

1980年初开始实施重点县建设，至2002年，实施8批，覆盖215个县（含原重庆市的28个县），修建房屋233.89万平方米。

1991年开始实施农村卫生“三项建设”，至2001年，全省建设项目单位5314个（其中乡镇卫生院5016个，占该建设项目总数的94%，占乡镇卫生院总数的71.03%），房屋建设资金11.75亿元（占总投入的88.03%，其中乡镇卫生院11.08亿元，占总投入的83.01%），房屋建设面积3756497

图3-9 “九五”期间利用农村卫生事业重点县建设项目新建的金川县医院住院部一角

平方米（其中乡镇卫生院3318303平方米），排除危房1678715平方米（其中乡镇卫生院1605288平方米），危房面积由原占总的31.32%下降为2.10%。

1997—2002年实施民族卫生扶贫工程，五批建设乡镇卫生院和村卫生室1296个，房屋建设75683.28平方米。

1997—2002年国家计委扶持四川藏区乡镇卫生院建设，共建设乡镇卫生院345所，州、县医院34个，藏医院24个，房屋建设62220.44平方米。

1999年开始实施贫困县县医院建设工程，当年下达仪陇、南江和旺苍3个贫困县县医院建设项目，2000年下达叙永、苍溪、高县、通江、金阳、雷波、越西县和广安区8个贫困县县医院建设项目，2001年下达美姑、九龙、甘孜、阆中、渠县、九寨沟6个贫困县县医院建设项目，17个贫困县县医院建设项目总投资5549.5万元，改扩建业务用房110047平方米。

2001—2004年实施卫生扶贫工程，主要进行乡镇卫生院建设，建设项目778个，房屋建设面积360191平方米。

从2004年起实施的乡镇卫生院建设，国家和省先后投资对2596所乡镇卫生院进行改造建设，占全省乡镇卫生院总数的54.1%，房屋改造建设面积1477971平方米。2005年末下达2006年国债乡镇卫生院建设项目，投入资金1.82亿元，对628所乡镇卫生院进行改造建设。

2005年利用国债投入资金5185万元，对19个贫困县县医院进行建设，建设面积58750平方米。2005年底下达2006年国债县医院建设项目安排资金3100万元，对16个贫困县县医院进行改造建设。

通江县政府从1986年起，每年投入一定资金进行基本建设。当年对县医院、妇幼保健站、中医院等县级医疗卫生机构和所在县城的区、乡卫生院等19个单位进行新建、改建，共新建房屋面积16454.8平方米。后除继续分批对县级医疗卫生单位进行改、扩建外，陆续对全县88个区、乡（镇）卫生院中48个有危房的卫生院进行新建或危房改造。2005年，为落实国务院总理温家宝“切实解决群众看病难”问题的指示，由省财政拨款560万元、县自筹50万元，新建10个，改建11个乡镇卫生院（其中有3个中心卫生院），扩建1个中心卫生院，建筑面积13810平方米。至2005年，共投入资金2562.86万元，新建（含改、扩建）房屋110979平方米，县、区、乡医疗卫生机构房屋总建筑面积达117732平方米，其中乡镇卫生院57700平方米。全县医疗卫生机构业务用房共计72383平方米。

1986—2005 年通江县医疗卫生机构房屋建设情况统计表

表 3—9

年份	项目个数（个）	投资金额（万元）	建设面积（平方米）
1986	6	73.85	9177
1987	6	187.85	16288
1988	6	60.80	13686
1989	3	44.00	5000
1990	2	28.00	2870
1991	4	62.47	3009
1992	10	82.20	4850
1993	1	4.23	234
1994	—	—	—
1995	2	50.50	1226
1996	6	73.85	9177
1997	6	59.96	1864
1998	6	174.78	3913
1999	4	125.00	2229
2000	5	127.17	1499
2001	5	113.20	1846
2002	3	153.00	3029
2003	3	82.00	950
2004	1	300.00	5130
2005	23	760.00	25002
合计	102	2562.86	110979

乐山市于 20 世纪 80 年代至 2001 年先后 7 批次在 14 个县（区）（含 1997 年划归眉山市的 6 个县）实施卫生事业重点县建设，共投入资金 5220 万元，改扩建房屋建筑 14.58 万平方米。1992 年开始在全市范围实施卫生事业“三项建设”，投入资金 1000 余万元，改造和扩建 99 个区、乡（镇）卫生院和部分县级防保机构，建筑面积 5 万平方米。1998 年投入资金 1600 多万元，改扩建乡（镇）卫生院 45 个，县级防保机构 7 个，改扩建面积 3.6 万平方米。至 2000 年，全市完成“三项建设”195 个项目单位，其中乡镇卫生院 174 个（含 23 个中心卫生院），总共投入资金 5412 万元，完成建筑面积 13.5 万平方米。消除危房 7.8 万平方米。至 2002 年全市 234 个乡镇卫生院（其中中心卫生院 43 个），共有房屋面积 94111 平方米，其中业务用房 49380 平方米，平均每个乡镇卫生院有业务用房 211 平方米。

泸州市于 1991—2003 年，农村卫生事业“三项建设”共进行八批次 537 个项目（其中 239 个乡镇卫生院项目），总共投入资金 5678 万元，改造、新建房屋面积 34038 平方米。

广元市于1985—1994年投入卫生经费1亿多元，80%以上的经费用于房屋建设，新建房屋10万多平方米，完成危房改造面积6万多平方米。1995—1999年改扩建乡镇卫生院102个，新建房屋面积69884平方米，危房改造15570平方米。1985—2000年总共投入卫生经费3.39亿元，新建和危房改造面积累计171.65万平方米。

资阳市于1998—2005年，市、县两级政府共投入卫生事业建设资金5844.19万元，争取中央、省及国债专项资金7200.28万元，新建房屋面积39722平方米，改造危房、旧房15679.23平方米。2005年末，全市医疗卫生机构房屋建筑面积达766238.72平方米，其中业务用房475247.03平方米，业务辅助用房31132.21平方米，办公用房53480.68平方米，生活用房206378.8平方米。

“十五”期间，凉山彝族自治州先后利用卫生扶贫、民族卫生扶贫、乡镇卫生院建设、贫困县县医院建设、农村基础设施建设、卫生事业三分之一重点县建设、国债乡镇卫生院建设、国债县医院建设、省财政乡镇卫生院建设等612个项目资金2.9亿元，建设业务用房29.40万平方米。见表3—10。

2001—2005年凉山州医疗卫生机构房屋建设情况统计表

表3—10

年份	项目数（个）	投资（万元）	建设面积（平方米）
2001	44	1300.60	17198
2002	71	2596.89	36556
2003	69	7590.76	71339
2004	215	9075.05	91033
2005	213	8390.00	87318
合计	612	28953.30	294034

2005年，成都市对全市239所建制乡镇卫生院实行标准化建设，共安排资金4亿元，建设房屋430254平方米。

省人民医院每年投入一定资金进行基础设施建设。1986年修建门诊部中药房，1987年修建康复大楼，1988年修建动物实验室，1989年修建药剂大楼，1992年修建急救中心大楼，其间还先后修建后勤大楼、职工食堂、浴室和15幢职工宿舍。1997年省政府投资1.4亿元修建第一住院大楼，建筑面积44579平方米，1999年12月投入使用。2001年12月省政府投资2.9亿元修建门诊医技住院大楼，建筑面积78788平方米，2004年12月投入使用。2005年修建培训中心大楼和营养楼。至2005年末，省医院本部占地面积144496平方米，建筑面积249272平方米，其中业务用房181379平方米，除

图3－10　2005年按乡镇卫生院标准化建设建成的成都市九尺镇公立卫生院

占地面积未增加外，建筑面积和业务用房分别是1985年73556.92平方米和54763平方米的3倍。草堂病区（原省干部疗养院）在20世纪80年代中期，通过集资和政府拨款对50年代所建的房屋全部拆除重建，占地面积由30亩增加到76亩，建筑面积由1.3万多平方米增加到4万平方米。医科附院2002年由简阳迁建成都市龙泉驿区洪河镇，征地57.57亩，修建职工住房23420平方米，业务用房33824平方米。实验动物研究所2005年部分业务用房迁至成都中和场，新增业务用房4620平方米。至此，四川省医学科学院·四川省人民医院全院（含下属单位）占地总面积310760.3平方米，建筑总面积361612.36平方米，其中业务用房239821.51平方米。

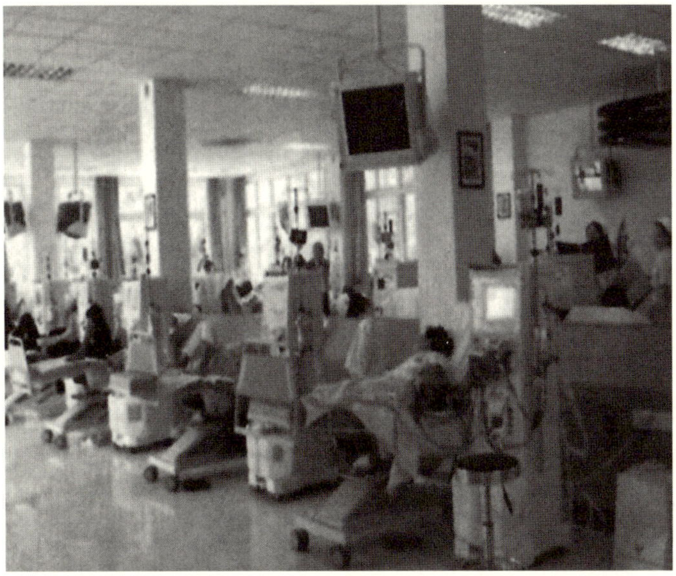

图3-11 四川省医学科学院·四川省人民医院草堂病区血液净化中心一角

省肿瘤医院1983年1月开建，1988年3月竣工，建筑面积58457平方米。1995年修建制剂楼，建筑面积1000平方米。2000年修建高干病房，建筑面积7400平方米。2005年开工修建康复中心大楼，计划建筑面积19666平方米。至2005年末，医院占地10余万平方米，建筑面积达10万平方米，业务用房56534平方米。

泸医附院20世纪80年代末至90年代初，自筹资金修建CT楼、职工宿舍，建筑面积13500平方米，改建、扩建业务用房3000平方米。1992年修建内科大楼，建筑面积7500平方米。1998—2000年扩建外科大楼2000平方米，改建门诊大楼8600平方米，修建后勤综合大楼，建筑面积8500平方米，集资建房（327套）3.4万平方米。2000年修建影像大楼，建筑面积6100平方米。2004年9月开工修建外科大楼，建筑面积4万平方米。至2005年末，全院占地面积115080平方米，建筑面积213000平方米，业务用房123500平方米，建筑面积和业务用房分别是1986年82495平方米、36497平方米的2.6倍和3.4倍。

川北医附院20世纪80年代中期至90年代中期，自筹资金844.3万元，进行12个基建项目建设，总面积22858平方米。1997年修建外科住院大楼，面积17560平方米。21世纪初修建二期住院大楼，建筑面积28000平方米。1985—2005年，修建医技业务辅助用房和行政用房17866平方米，职工宿舍90509平方米。2005年末，全院建筑总面积161858平方米，其中业务用房68418平方米，分别是1986

图3-12 华西医院第一住院楼普通病房护士站

年建筑总面积32306平方米、业务用房18187平方米的5倍和3.8倍。

华西医院主要依靠自筹经费和少部分国家投入进行业务用房建设，1985—2005年共投入资金10多亿元。1994年修建外科大楼，建筑面积2.18万平方米。1997年修建供应信息楼，建筑面积1.12万平方米、金卡医院/四川省国际医院，建筑面积2.115万平方米。1998年修建天使宾馆（医院国际学术交流中心），建筑面积1.65万平方米。2000年修建第一住院楼，建筑面积8.7万平方米。2003年修建门诊大楼，建筑面积1.9万平方米；第三住院大楼，建筑面积5.03万平方米；科研大楼（位于成都市高新区），建筑面积1.82万平方米；原住院部改建为行政办公楼，并完成后勤事务楼、后勤服务系统（如水、电、气供应，洗浆、污水处理、动力站）等设施及用房的改建、扩建。修建职工宿舍2.5059万平方米。2005年，医院建筑总面积达40万平方米，是1986年的3.4倍。

绵阳市第三人民医院（绵阳精神病院）1986年修建制剂楼、精神科病房大楼，建筑面积6875平方米。1987年修建康复病区，建筑面积608平方米。1989年修建病员食堂，建筑面积340平方米。1990年12月修建神经医学楼（内科楼），建筑面积4045平方米。1994年12月21日修建门诊部，建筑面积4290平方米。1996年修建“工娱”疗室和职工食堂，建筑面积762.8平方米。1999年9月1日修建老年医学楼（外科大楼），建筑面积13674.24平方米。2002年购买土地1645平方米及房屋2947.9平方米。2004年4月5日，购买土地资产16355.9平方米（合24.5亩）和在建工程项目资产，建筑面积8868.94平方米。同年利用已征土地修建科教综合楼4000平方米和实习生公寓2050平方米。至2005年末，全院占地84901.51平方米，建筑面积61443.59平方米，其中业务用房40013.51平方米，分别是1986年65263平方米、13548.62平方米和6615.92平方米的1.3倍、4.5倍和6倍。

三台县人民医院20世纪80年代中期至21世纪初，对原有部分旧建筑进行撤除重建，先后筹集资金1389.675万元（其中国家拨款325万元）修建门诊部、外科大楼等10幢业务用房，建筑面积22071平方米；自筹资金1628.981万元修建7幢职工宿舍，建筑面积24058平方米。1985—2005年医院共修建房屋46129平方米，是1985年全院房屋建筑总面积19650平方米的2.3倍。

2005年，全省医疗机构房屋建筑面积达到2907.23万平方米，其中业务用房面积1779.1万平方米。

2005年四川省医疗机构房屋建筑面积统计表

表3—11 单位：平方米

机构名称	房屋建筑面积			其中业务用房面积
	合计	购建房屋	租房	
总计	29072277	26806261	675861	17790975
医院	18129654	17698515	431139	12496776
综合医院	14467372	14158438	308934	10064869
中医医院	2130674	2094320	36354	1151409
中西医结合医院	106902	99828	7074	87227
民族医院	58159	55520	2639	37318

续表3—11

机构名称	房屋建筑面积			其中业务用房面积
	合计	购建房屋	租房	
专科医院	1366535	1290409	76126	1155941
护理医院	12	—	12	12
疗养院	89130	84830	4300	16321
社区卫生服务机构	190903	—	—	—
社区卫生服务中心	104053	89614	14439	79885
社区卫生服务站	86850	—	—	—
卫生院	8012615	7827724	184891	4707701
街道卫生院	21767	21527	240	20003
乡镇卫生院	7990848	7806197	184651	4687698
门诊部	100182	59623	40559	82725
诊所、卫生所、医务室、护理站	1399252	—	—	—
诊所	1261680	—	—	—
卫生所、医务室	137572	—	—	—
妇幼保健院、所、站	1004342	991225	13117	408500
专科疾病防治院（所、站）	138484	137684	800	74297
专科疾病防治院	26688	26688	—	19747
专科疾病防治所（站、中心）	111796	110996	800	54550
急救中心（站）	7715	6660	1055	4655

第三节　医疗设备

20世纪80年代中期，全省各级医疗机构的医疗设备普遍比较陈旧落后，不少边远地区乡村医疗机构停留在听诊器、血压计、体温表“老三件”诊断治疗的水平上。大型先进医疗设备极少，比如CT机，全省仅有省人民医院、华西附院和重医附院等少数几家大型综合医疗机构才有配置；X光机市（地、州）医院多为500—800毫安，县（市、区）医院一般在500毫安以下，区乡（中心）卫生院基本在100毫安以下。

1986—2005年，在改革开放的推动下，各级医疗机构通过政府拨款、项目贷款、引进外资、自筹资金等方式，添置医疗设备，使之品种日渐增加，功能不断优化。

2000年，全省县及县以上医院一般医疗设备中，有800毫安以下X光机2223台、B超1350台、心电图机1401台、救护车1146辆、计算机5712台，分别比1997年末同项的1400台、1192台、

1081台、1024辆、2430台增加823台、158台、320台、122辆、3282台；大型医疗设备中，有800毫安以上X光机89台、CT172台、ECT10台、钴^{60}治疗机34台、医用直线加速器12台、核磁共振仪17台，比1997年末的70台、112台、9台、24台、8台、12台分别增加19台、60台、1台、10台、4台、5台。见表3—12、表3—13。

2002年，全省配置CT机233台，每百万人口拥有2.7台，70%以上的县医院拥有CT机。至2005年，全省CT机达到近400台。

1997年、2000年四川省县及县以上医院部分一般医疗设备统计表

表3—12　　　　单位：台/件/辆

年份	机构数	800毫安以下X光机	B超	纤维镜	产程监护仪	心电图机	激光治疗机	电动牙科椅	手术显微镜	高压液相色谱仪	1/万分析天平	各种分光光度计	血气分析仪	救护车	计算机
1997	809	1400	1192	771	163	1081	509	852	234	17	514	826	171	1024	2430
2000	824	2223	1350	871	236	1401	654	1141	289	35	489	866	234	1146	5712
增减	+15	+823	+158	+100	+73	+320	+145	+289	+55	+18	-25	+40	+63	+122	+3282

说明："+"为增加，"-"为减少（表3—13同）

1997年、2000年四川省县及县以上医院大型医疗设备统计表

表3—13　　　　单位：台/件

年份	机构数	800毫安以上X光机	CT	ECT	模拟定位机	钴^{60}治疗机	心脏监护仪	肾透析仪	超速离心机	医用直线加速器	核磁共振仪	彩色多谱勒超声仪	自动生化分析仪	超声心动图机	Y相机
1997	809	70	112	9	9	24	1195	84	136	8	12	110	276	112	10
2000	824	89	170	10	22	34	2289	187	158	12	17	212	411	130	4
增减	+15	+19	+60	+1	+13	+10	+94	+103	+22	+4	+5	+102	+135	+18	-6

2005年，全省医疗机构万元以上医疗设备有75545台（件），其中50万—100万元的2072台（件），100万元以上的993台（件）；乡镇卫生院50万—100万元的有337台（件）、100万元以上的有34台（件）。

2005年四川省医疗机构万元以上医疗设备统计表

表3—14　　　　单位：台/件

机构分组	万元以上设备数			
	合计	50万元以下	50万—100万元	100万元以上
总计	75545	72480	2072	993
医院	61037	58424	1674	939

续表3—14

机构分组	万元以上设备数			
	合计	50 万元以下	50 万—100 万元	100 万元以上
综合医院	49132	46994	1368	770
中医医院	5791	5541	151	99
中西医结合医院	974	941	16	17
民族医院	87	87	—	—
专科医院	5053	4861	139	53
护理院	—	—	—	—
疗养院	79	78	1	—
社区卫生中心（站）	—	—	—	—
社区卫生服务中心	322	320	2	—
社区卫生服务站	—	—	—	—
卫生院	11117	10746	337	34
街道卫生院	36	36	—	—
乡镇卫生院	11081	10710	337	34
门诊部	397	395	2	—
妇幼保健院（所、站）	2548	2477	51	20
专科疾病防治院（所）	292	287	5	—
专科疾病防治院	153	148	5	—
专科疾病防治所	139	139	—	—
急救中心（站）	75	73	2	—

通过项目建设，提升基层医疗机构装备建设水平。

20 世纪 80 年代初实施卫生事业重点县建设，90 年代起实施各项卫生事业专项建设，中央和地方各级投入的资金相当部分用于了各级医疗机构，特别是县医院和乡镇卫生院购置医疗设备。如农村卫生事业重点县建设，至 2001 年，共投入 7.10 亿元，其中 1.17 亿元购置医疗设备 30375 台（件）；农村卫生“三项建设”，至 2000 年，投入资金 13.35 亿元，其中 1.33 亿元购置医疗设备 30375 台（件）；2005 年中央下达国债乡镇卫生院项目建设，投入资金 3.5734 亿元，其中 7238 万元用于能力建设，为全省 4776 个乡镇卫生院配备医疗设备 47346 台（件）。

1986—1990 年，乐山市市、县、乡三级投入资金 180 多万元，为 100 多个卫生院购置放射、检验、口腔、妇产、外科等所需器械及临床必备的 X 光机、显微镜、手术床等共 30 多种、3000 余台（件）。1991—2000 年实施“三项建设”，共投入资金 5412 万元，其中用 582 万元为 191 个乡镇卫生院购置医疗设备 180 个品种 430 台（件）。1991 年，乐山市乡镇卫生院的基本装备有：电冰箱、静脉切开包、中药戳子、手术床、接种包、紫外线灯、注射处理台、无影灯、冰瓶、诊断床、观察床、电动吸引器、身高体重计、读片灯、输液架、麻醉机、产包、诊断仪、显微镜、血球计数器、药品器械柜、缝合包、离心机、常用手术器械、抢救箱、常用外科处理器械、干燥箱、妇科检查床、四项计划生育手术器械、抢救床、可见分光光度计、血压计、人工呼吸器、妇科检查器械、产床、洗胃机、上取环器械、X 光机、高压消毒锅、担架、人流吸引器、超声波、救护车、药物天平、氧气瓶（袋）、毒麻药品柜、病床、气管切开包等。

1994 年，广元市通过重点县建设，区（中心）、乡（镇）卫生院装备检验、放射、心电、B 超等设备 2560 台（件），市、县医疗机构装备 CT 诊断仪、钴^{60}远距离治疗仪、200 毫安光机、液相色谱仪等现代化医疗设备。

1997—2001 年，在民族地区实施五批民族卫生扶贫工程，共投入 5200 万元，每批均按一定比例列专项分配资金用于配套购置医疗设备，仅 1—3 批，就为 30 个县的 1100 个县、乡、村医疗单位配置医疗设备 28521 台（件）。同期，国家计委扶持四川藏区卫生事业，投入资金 2680 万元，其中 20% 用于购置医疗设备。

2000—2004 年，国家对全省民族地区乡镇卫生院建设投入 1.33 亿元，其中 608 万元购置设备 1841 台（件）。

成都市在农村医疗卫生机构建设中，对乡镇卫生院建设实行"五统一"（统一规划、统一标准、统一风格、统一标识、统一装备），将医疗设备配置作为核心内容之一。2005 年，全市 239 个建制乡镇卫生院安排标准化建设项目 223 个，共投入 4 亿元，其中 3000 万元为卫生院统一购置救护车、x 光机、B 超机、半自动生化仪、心电监护仪、心电图机、多功能产床等基本设备。

各医疗机构加大自身投入，不断购置更新医疗设备。

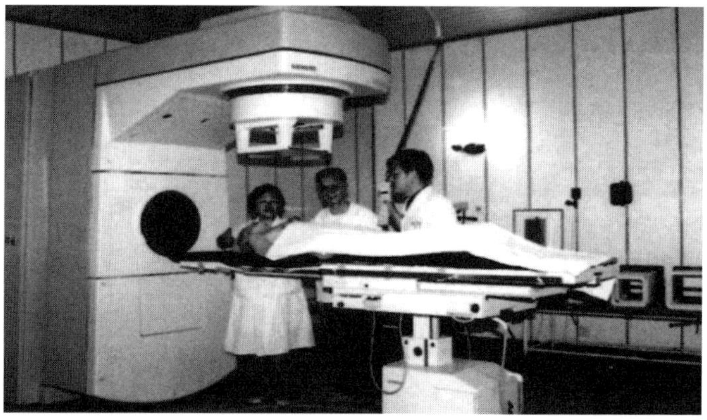

图 3－13　四川省人民医院 1995 年配置的德国 SIEMENS 医用直线加速器（M6740）

省人民医院从 1989 年开始，每年都投入一定资金购置医疗设备，最少的年份为 1989 年，投入 240 万元，最多的是 1999 年，投入 4800 万元。至 2005 年，全院 100 万元以上的医疗设备有：辅助生殖系统、数字减影血管机、单光子发射计算机断层扫描（ECT）、正电子发射计算机断层扫描（PET－CT）、CT 机、核磁共振仪、神经导航系统、直线加速器、三维适形放疗计划系统、模拟定位机、数字图像处理机、全自动生化分析仪、电子内窥镜和 11 台彩超，医疗设备总价值近 3 亿元，是 1985 年全院医疗设备总值 500 万元的 60 倍。

川北医附院于 1985 年购置美国 50－F52 型 CT 机，后购进岛津 1000MAX 光机和东芝 800MNX 光机等设备，至 20 世纪 80 年代末，医疗设备总值达到全院固定资产总值的 53.4%。1993 年集资 500 万元购买日本东芝 CT 机等 20 余台（件）大型设备。1998 年向以色列政府贷款 165 万美元购置 GE1.5T 高场强磁共振成像仪。"十五"期间，筹集资金 7000 多万元购买大批高新技术设备。至 2005 年，医院拥有 GE1.5T 磁共振成像、GE125 毫安 DSA、东芝 16 层 CT、惠普 7500 型彩超、1－2000 全自动化学发光仪等大型医疗设备 968 台（件），总值达 2 亿元。

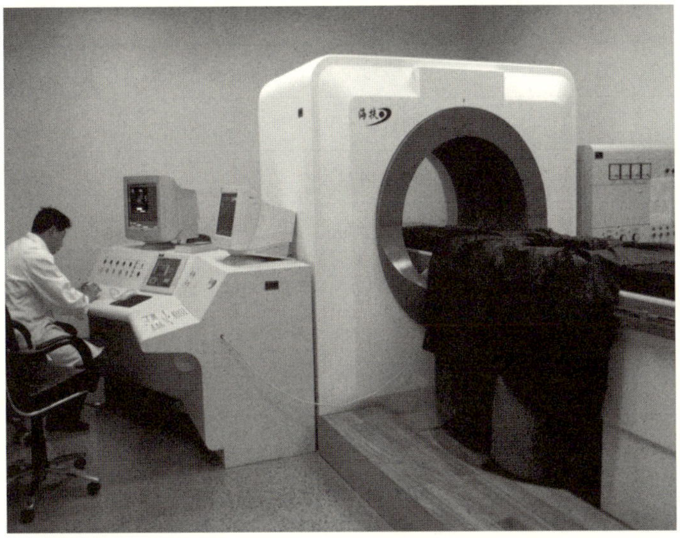

图 3-14 华西医院“十五”期间购置的超声聚焦刀

华西医院于1985—1993年，投入资金2400多万元购置全身CT、ECT、核磁共振（MRI）、心血管治疗仪、彩超、内窥镜等先进设备。1994—2005年，先后购置各种医疗、科研设备12332台（件），其中50万元以上设备152台，100万元以上设备61台，总价值达5亿元左右。医院拥有手术显微镜，大型X光机，超导型磁共振成像系统2台，多排控测器螺旋CT3台，自动临床信息系统、人工心肺机、体外超声波碎石机、深度冷冻治疗机、动态心电图机、彩超、激光治疗机、多项血液生化自动分析仪、钴^{60}远离治疗机、X线模拟定位机、三维水箱、双道液体闪烁计数器、毛细血管电泳色谱仪、正电子发射型电子计算机扫描诊断仪、冷循环射频系统、CO_2光子系统、电子电视内窥镜、超声刀、纤维光导关节镜、荧光PCR分析仪、遗传分析仪、血管造影系统、直线加速器、睡眠电脑分析系统、分子间相互作用系统、全自动微生物检测系统、免疫检测、全自动生化分析仪、治疗计划系统、低温灭菌器、液相芯片检测系统、高压灭菌器、心肺功能系统、过敏治疗系统、荧光定量分析系统等大型设备100多台（件）。

四川省肿瘤医院建院伊始，就通过政府拨款、国外贷款和赠款，引进了一批关键的医疗、科研设备。至20世纪80年代末，放射治疗设备的拥有量和先进程度仅次于北京、上海，位居全国第三。至2005年10月，共有20万元以上设备80台/件。

截至2005年10月四川省肿瘤医院20万元以上设备统计表

表3—15

启用时间（年-月-日）	设备名称	型号	数量（台/件）
1988-06-01	模拟定位机	—	1
1988-06-01	后装治疗机	—	1
1988-07-07	肿瘤治疗计划系统	—	1
1990-06-01	腔内放疗X线定位机	—	1
1990-06-01	液体闪烁计数器	—	1
1990-06-01	肺功能测试仪	—	1
1990-06-01	运动试验心电图机	—	1
1990-06-01	临床检验分析仪	—	1
1990-12-10	医用直线加速器	SI-75/20	3
1990-12-20	超声手术刀	SUS-201D	1

续表3—15

启用时间（年－月－日）	设备名称	型号	数量（台/件）
1990－12－30	胃肠X光机	800MADF－VG	1
1990－12－30	脑电图机	EEC－4421K	1
1990－12－30	脑血流图机	QEM－2000	1
1990－12－30	大容量离心机	CR－7B3	1
1990－12－30	记录式分光光度计	UV－200S	1
1990－12－30	高效液相色谱仪	LC－6A	1
1990－12－30	生物液相色谱仪	LC－7A	1
1990－12－30	自动高速冷冻离心机	CR20B2	1
1990－12－30	射野分析仪	—	1
1992－06－06	CT机	EXEL2000	1
1994－07－16	直线加速器	CLINAC－600	1
1994－12－21	ECT系统	DICAM	1
1995－06－01	后装机	—	1
1998－09－03	全自动血球分析仪	CD3200	1
1998－09－03	全自动血球分析仪	CL7200	1
1998－09－26	电子胃肠镜	W－80A	1
1998－10－13	电子胸腔镜	597	1
1999－04－22	迈奇牌电动手术床	MAQUET	1
1999－10－16	钴60远距离治疗机	GWGP80	1
1999－12－07	黑白超声诊断仪	LOCIQ200	1
2000－09－23	电脑全封闭式脱水机	VTP－E150F	1
2000－10－23	150千伏胸部X线拍片机	UD150－30E500MA	1
2001－09－10	呼吸机	BEWRL000	2
2001－10－24	麻醉监护仪	S/5CCCM	1
2001－10－24	呼吸机	PB7200AE	2
2002－01－03	电子支气管镜	250T	1
2002－01－11	调强适形测试系统	PEACOCK	1
2002－01－24	全数字黑白B超	DP－9900	1
2002－01－31	麻醉机	AESTIVA/5	2
2002－04－16	肺功能测试系统	VMOX－22D	1
2002－06－14	WOLF腹腔镜	狼牌	1

续表3—15

启用时间（年－月－日）	设备名称	型号	数量（台/件）
2002－06－24	X线数字减影机（DSA）	DIGIEXRYOMULTI C－VISION	1
2002－07－09	电化学发光免疫分析系统	ELECSYIOIO	1
2002－07－24	三维治疗计划系统	TNIMED－3	1
2002－08－19	手术显微镜	VN300/FS20	1
2002－12－13	麻醉机	斯蒂机AT－3	1
2002－12－13	麻醉机	攀龙PRIMAL	1
2002－12－13	乳腺仪	KORADM－IV	1
2003－01－02	移动式X光机	250mAPOL	1
2003－06－05	数字减影血管造影机	CViSion＋Pr	1
2003－06－05	CT机	MxtWin＋MXV	1
2003－06－20	ALOKA B超	SSD－900	1
2003－08－05	灵智呼吸机	LS型	1
2003－09	富士能电子胃肠镜	250型	1
2003－09－22	疼痛诊断治疗集成系统	COMBI500	1
2003－10－27	呼吸机	AVEA	1
2003－11－17	高频振荡呼吸机	31001A	1
2003－12－03	三晶片脑室镜	PV410	1
2003－12－18	超声刀	AUTOSONLX	1
2004－01－12	模拟定位机	SUNYKUX－HP	1
2004－03－16	剂量分析验证系统	IMRT	1
2004－08－22	麻醉机（攀龙）	SP102	2
2004－08－26	血液成分分离机	CDBESPECTRA	1
2005－01－01	热丝切割机	—	1
2005－01－12	呼吸机	—	1
2005－03－18	高精度脑立体定向仪	ASA－602S	1
2005－07－07	HYPCRVISOY3中心监护仪	PM－6000	1
2005－07－25	呼吸机	WERVO－1	2
2005－09－01	数字化多功能X线机	DUOIAGNOST	1
2005－09－01	直接数字成像（DR）	DICITALDIACNOSTVR	1
2005－09－27	伽玛探测装置及附件	NEO2000	1
2005－10－27	无创血液动力学监护系统	AN4700	1

绵阳市第三人民医院（绵阳精神病院）于1987年通过职工集资，先后购置YYC－1800型多人高压氧舱、全身CT、彩色B超、腹腔镜等设备。1994年与成都日新公司合资购买、共同经营美国造MAX640T型CT诊断仪1台。2000年与贵阳瑞德医疗设备公司合资引进美国产A620脑功能诊断治疗系统1套。2002年由键诚公司投入价值300万元的头部、体部伽玛刀各1台。2002年租用成都胜联科技公司血管造影数字减影机1套、租赁上海依阳科技发展公司价值380万元的核磁共振成像仪1套。2003年麦迪森公司投资NRL－II内生物肿瘤热疗系统1套、亿康公司投入震波碎石机1台，同年医院自筹资金473万元购买美国产准分子激光近视治疗系统1套。1996—2005年，购买5万元以上大中型设备共125套。

第二章　医疗技术

第一节　内科诊疗技术

一、呼吸内科

达县地区防疫站于1986年研制成功DF－84肺功能测试仪，用于临床检测。

省人民医院于1988年运用高频呼吸机治疗呼吸系统疾病，1993年开展重症监护与机械通气治疗，1997年运用体容积描记仪更新肺功能测定技术，2000年开展气道反应性测定技术，2002年开展气道支架置放技术，2003年开展无创呼吸机临床治疗技术，2005年在全省率先开展经支气管镜氩气刀治疗技术。

华西附院20世纪80年代中期在四川率先开展肺阻抗检查、纤维支气管镜检查及肺活检，1992年使用无创通气呼吸机治疗慢性阻塞性肺病（COPD）合并Ⅱ型呼吸衰竭，1994年开展体容积描记仪测定肺功能，1996年陈文彬等采用银杏苦内酯C－精安酸及汉防已甲素和巯甲丙脯酸、安苯碱、米力农等治疗低氧性肺动脉高压肺心病，1997年开展支气管激发试验和支气管舒张试验，2000年开展胸腔技术用于胸膜疾病的诊治，2002年建立睡眠监护监测室进行多导睡眠图检查，2003年开展纤支镜冷冻治疗、电凝治疗、支架和球囊扩张术及肺灌注治疗肺泡蛋白沉着。

二、消化内科

省人民医院消化科从1997年开始，陆续开展肝硬化食管静脉曲张结扎及胃底静脉曲张硬化组织胶注射治疗技术，内镜下食管及结肠支架置入及水囊扩展治疗良恶性消化道狭窄技术，内镜下十二指肠乳头括约肌切开术，内镜下粘膜切除术、十二指肠镜逆行胰胆管造影、胆道支架置入术、氩离子凝固术、双气囊小肠镜、胶囊内镜检查等。2002年开展无痛胃肠镜检查，为国内最早的医疗机构之一。消化科与放射、介入等相关专业合作开展磁共振胆道成像（MRCP）、肝动脉造影、肝癌介入治疗、肠系膜血管造影、脾栓塞、经颈静脉肝内门体分流术（TIPS）及内支架置入等多项检查治疗技术，对肝硬化代偿缺失、肝癌、脾大并肝功能亢进、消化道出血等多种疾病进行诊断和治疗。

华西附院20纪世80年代中期开展内镜治疗技术，进行结肠检查及息肉切除、消化道异物取出、食道狭窄扩张、食管和胃早期癌切除、食道静脉曲张硬化剂注射和套扎。1996年开展气囊扩张治疗喷门失迟缓症。1998年开展电子十二指肠镜X光直视下行十二指肠乳突切开及胆总管结石取出术。2001年开展内镜微创胆道引流术治疗多种胆和胰腺疾病，用针刀“微雕”技术为一名胰腺病患者施行内镜下微创手术获得成功，开展内镜下肠道巨大息肉切除、声频变化超声波电极胆道镜下碎石术和胰管支架置入术等。2002年开展无痛胃镜检查。2003年开展胆道镜碎石术治疗胆管结石、消化道肿瘤内镜下局部化疗。

成都军区总医院于2000年提出射频治疗消化道疾病的适应症、禁忌症及操作流程，使微创治疗方法更加安全、有效和经济。

三、神经内科

省人民医院神经内科开展多种成像诊断技术、血管球囊支架置入和药物临床治疗，其技术水平居国内一流。2002年孙红斌在国内率先开展托吡酯血药浓度测定。

华西附院神经科从1987年起，陆续开展脑脊液寡克隆检查、彩色脑地形图检查、脑缺血及蛛网膜下脑出血的血液流变学检查、行为记忆检测、脑动脉硬化血脂测定、神经心理和神经遗传学及神经免疫检查、腓肠神经检查，开展重症肌无力系统放疗。胡昌恒等用灯盏花素治疗脑出血和脑血栓等形成的后遗瘫痪，有效率达84.6%—91.9%。文启芬等利用云南植物所提供的豆腐果甙片剂治疗血管性头痛11例，总有效率为85%（基本控制3例，占27.2%；好转6例，占54.5%；无效2例，占18.1%）。从1994年起，先后开展面瘫治疗、脑血管病介入支架治疗、溶栓治疗神经传导速度检测、植物神经功能检测、单纤维肌电图检查，瞬目反射肌电图检查、录像脑电图检查、无创颅内压监测等。

重庆医科大学于1987年研制成功脑电波计算机处理系统并用于临床监测。

成都军区总医院于1997年研制成功非闪烁弱红光偏头痛防治镜并用于临床。

四、心血管内科

省人民医院心血管病研究室郑竹虚、张代富、蔡力于20世纪80年代初在省内率先开展心脏电生理检查技术和家族性心律失常、临床心脏电生理、介入性心血管病诊断与治疗。1989年该院在省内率先开展经皮二尖瓣球囊成型术、经皮冠状动脉腔内血管成形术、PTCR等及心肌活检技术。1996年开展心内电生理及心内膜标测。从2000年起，率先在国内开展心脏腔内超声显像、实时同步量化评价心脏传导系统、引导心脏起搏和消融。此外，还开展柯萨奇B组病毒性心肌尖抗原抗体快速诊断技术、多普勒组织显像评价左心室舒张功能、使用封堵器经导管治疗房间隔缺损等。

华西附院王家良和成都电讯工程学院陈尚勤等20世纪80年代中期共同研制CSS－Ⅱ心电图微型计算机自动诊断系统，可以对53种心电图、10种常见的心律失常进行自动分析、诊断并打印出报告，整个过程仅需2分钟左右，经1160例临床验证，诊断准确率为95%以上，达到国内外同类系统的先进水平。黄德嘉等1993年在国内开展首例射频消融术获得成功，1996年开展冠状动脉支架置入术，1998年率先在四川开展经导管化学消融治疗肥厚梗阻型心肌病获成功，1999年在国内首次成功开展心脏同步化治疗严重心力衰竭。该院从2000年起，陆续开展实时三维超声心动图、运动负荷超声心动图、右心室造影、心肌灌注显影诊断冠心病、左心室显影评价心肌运动等新技术。曾智等2002年在四川率先开展封堵术治疗室间隔缺失。2004年，黄德嘉等开展无保护左主干冠脉支架置入术，急性冠脉综合征的急诊介入治疗；姜建等在国内首创三维电解剖指导下经剑突下穿刺心外膜消融治疗持续室速，在四川率先开展局部灶性房速的射频消融术治疗、心房颤动及合并器质性心脏病的室性心动过速、电解剖系统与三维CT整合技术指导房颤的射频消融术等。

成都军区总医院20世纪90年代中期研制成功射频消融治疗心律失常仪器，经国内多家医院使用，治疗心动过速成功率达87.5%。继又采用钙离子拮抗剂对心脏的保护，经10多家医院使用，能降低死亡率，缩短住院时间。

五、血液内科

省人民医院于1993年开展自体骨髓移植治疗急性白血病，1997年开展G-CSF治疗粒细胞缺乏，1998年开展外周血干细胞移植治疗急性白血病、恶性淋巴瘤，全反式维甲酸治疗APC，2001年开展用去甲氧柔红霉素治疗急性白血病。2001—2004年开展反应停治疗多发性骨髓瘤，美罗华治疗恶性淋巴瘤、氟达拉宾治疗慢性淋巴细胞白血病。2005年使用Campath-1治疗恶性淋巴瘤。

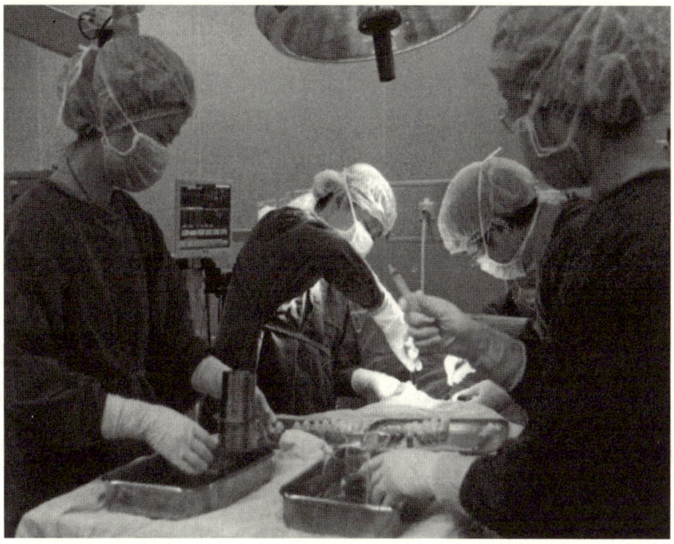

图3-15　四川大学华西医院为病人作骨髓移植

华西附院与中国医学科学院输血研究所合作，20纪世90年代率先在国内用特异性单克隆抗体免疫亲和层析法制备缺凝血因子IX基质血浆，建立测定凝血因子IX含量的酶联免疫法，对缺凝血因子IX基质血浆进行质量控制。华西附院在血液内科专业创造了若干首次或首例：1991年在四川首次开展自体骨髓移植治疗白血病，1994年在四川首次开展血液成分去除治疗血液病、血浆置换治疗内科疾病，1997年在四川首次用血浆交换治疗精神药物中毒，邓长安等在西南地区首次开展异基因骨髓移植治疗白血病，1999年刘霆等在西南地区首次开展无血缘关系供者骨髓移植治疗白血病，2000年刘霆等在西南地区首次开展同胞脐血干细胞治疗小儿白血病，在国内开展首例非清髓性异基因造血干细胞移植治疗骨髓增生异常综合征（MDS），国内首例白血病晚期复发病人受赠接受异基因骨髓移植成功，2003年在国内开展首例半匹配骨髓移植治疗白血病，刘霆等在西南地区首次开展脐血造血干细胞移植治疗重型再生障碍性贫血和地中海贫血获得成功。

成都军区总医院、华西妇产儿童院也成功开展骨髓移植治疗血液病。

中国医学科学院输血研究所20世纪80至90年代先后开展抗体检查试剂红细胞及抗体鉴定试剂红细胞研制，并用于临床；开发冻干人凝血因子Ⅷ浓制剂工艺，建立梅毒螺旋体抗体检测新方法，在四川建立脐血采集、分离、复苏和HLA空型全套规范技术。

六、肾病内科

华西附院于1986年开展血泵腹水浓缩回输，1987年开展移植肾经皮肾活检，1988年开展中心静脉置管，1990年开展低分子肝素透析，1999年开展血液透析滤过，开展CRRT技术（持续肾脏替代治疗）、膜式血浆置换，2003年开展无肝素透析、开展带卡壶的长期留置中心静脉置管，2004年开展全自动尿沉渣分析，2005年开展枸橼酸抗凝血液透析。

绵阳市中心医院于1989年引进血液透析机，开始开展血液透析。三台县人民医院1997年引进德国产费尤斯2008A血液透析机并投入使用，抢救毒蕈中毒、农药中毒、镇静安眠药中毒、毒鼠强中毒等的成功率达到98.7%。省人民医院2004年购进50台德国费尤斯4008S透析机，建立起省内规模最大的血液透析中心。

川北医学院附院夏成云等采用放射免疫法、酶联免疫吸附法等，对内皮素（ET）及相关指标在狼疮性肾炎（LN）、糖尿病肾病（DN）、老年原发性肾病综合征（PNS）、慢性肾衰（CKF）、有机磷农药中毒（AOPP）中的变化与相关干预因素进行系统研究，经临床应用，在延缓肾脏及相关疾病的发生发展、改善患者生活质量方面取得满意效果。

南充市中心医院邓天君等根据肾病综合征出血热的发病机制，创立新型治疗方法，针对不同病期组选用遏制病情的进展药物，所选药物药源丰富，疗效确切，毒副作用小，经治疗2190例病人，平均住院时间减少3天，病死率下降约3%。

第三军医大学于1994年在国内首例报道尿酸酶法测定，系统评价尿液酶对肾脏病的诊断价值，创立能较好地区分移植肾受者的排斥反应、感染及免疫抑制剂肾毒性反应的诊断指标。

七、内分泌科

华西附院于1986年开展甲状腺激素（TT3，TT4，FT3，FT4），TSH，肾素－醛固酮测定，血、尿皮质醇，皮质醇生理波动和地塞米松抑制试验，ACTH（ACTH兴奋试验），糖化血红蛋白以及头发糖基化蛋白测定。1987—1990年在国内率先开展丙二醛修饰LDL（氧化LDL）测定，超氧化物歧化酶（SOD）、糖化血清蛋白（GSP）测定，带血管蒂甲状旁腺移植治疗甲状旁腺功能减退。1990年成立糖尿病胰岛素研究室，在国内率先研发生产碘（A14）胰岛素检测，建立胰岛素原、胰高血糖素、生长抑制素及游离胰岛素测定方法及试剂盒。1994年开展载脂蛋白系列（ApoAI、ApoB100、ApoCII、ApoCIII、ApoE），脂蛋白（a），TRH兴奋试验，甲状旁腺激素，骨钙素，性激素及促性腺激素系列（E2、P、T、LH、FSH、PRL）LH－RH兴奋试验。1999年开展开展大隐静脉动脉化手术治疗糖尿病周围血管病变和糖尿病足。2000年开展人体胰岛素钳夹技术，用于评估外周组织胰岛素敏感性以及胰岛素最大分泌能力，开展游离脂肪酸、血乳酸、尿微量白蛋白排泄率、胰岛素抗体、谷氨酸脱羧酶抗体、胰岛细胞抗体、线粒体糖尿病线粒体基因3243位点检测，开展CT导向经皮肾上腺包块穿刺乙醇注射治疗肾上腺肿瘤。2001年建立肱动脉内皮依赖性与非内皮依赖性血管舒张功能的检测方法。2002年建立高压液相层析法检测尿儿茶酚胺、维生素D，开展血一氧化氮、PAI－1的检测。建立内皮细胞原代培养及动物胰岛素钳夹技术。2003年将生物工程膜应用于糖尿病足溃疡的治疗，建立病房糖尿病患者的踝肱指数筛查技术。2004年开展糖尿病下肢动脉人造血管搭桥术和开展经皮腔内血管成型及支架置入术治疗糖尿病下肢动脉闭塞性病变，开展骨质疏松性椎体压缩骨折的介入治疗（椎体成形术和椎体球囊扩张成形术），开展骨质疏松症的特异性生化检查，应用定量CT、DXA方法进行骨密度检测和骨质疏松症诊断，在国内率先开展胰岛β细胞的原代培养，建立正常体重腹型肥胖的动物模型。2005年开展糖尿病足的造血干细胞移植治疗，开展超声水刀、自体血小板凝胶以及自制简易负压吸引治疗糖尿病足溃疡等新技术。大隐静脉动脉化手术、自制简易负压吸引治疗糖尿病足溃疡、经皮腔内血管成型及支架置入术治疗糖尿病下肢动脉闭塞性病变以及生物工程膜应用于糖尿病足溃疡，在国内处于领先水平。

省人民医院内分泌科于1995年设立糖尿病管理系统并建立糖尿病人数据库和动态、远程监测系统，2005年开展免散瞳眼底照相技术，对糖尿病早期视网膜病变进行诊断和筛查。

重医附院于20世纪90年代初对糖尿病多种并发症提出纠正代谢紊乱，给予抗氧化剂治疗，使红细胞膜磷成分保持正常，为临床诊治糖尿病并发症提供了新的方法。

八、免疫科

省人民医院先后开展B超引导下关节滑膜活检、免疫抑制剂治疗重症风湿病、关节腔内注射玻璃酸钠治疗骨关节炎等。

川北医附院袁国华、管剑龙等在国内首次采用透明质酸补充治疗方法治疗骨关节炎，该技术获2005年四川省科技进步一等奖。

华西附院风湿免疫科1995年开展ENA抗体谱检测，轻链K－λ定量测定，补体C_3、C_4检测，C反应蛋白的测定，铜蓝蛋白测定，开展膜关节腔内玻璃酸钠注射治疗骨关节炎，用大剂量环磷酰胺冲击治疗狼疮肾炎。1996年开展免疫抑制剂联合治疗重症风湿病。2003年对风湿病合并白红细胞减少症、反应停治疗难治性风湿关节炎开展脾切除治疗。2005年开展维生素D＋钙剂＋二磷酸盐联合治疗糖皮质激素引起的骨质疏松、来氟来特治疗难治性狼疮肾炎和银屑病关节炎。

第二节 外科诊疗技术

一、普通外科

（一）肝脏外科

华西附院郑光琪等于20世纪80年代中期在四川率先开展肝门区域血管阻断的肝段切除；严律南等在四川首创简易半肝血流阻断法及勾扎法断肝技术行肝叶切除，在四川率先采用磷^{32}玻璃微球肝动脉灌注法治疗肝癌，率先采用切开Glisson氏鞘显露右侧二级血管分支高选择性地阻断血管；何生等开展B超导向微波肝段切除。2000年省人民医院将各种类型的肝血流阻断技术应用于复杂肝脏肿瘤的肝叶切除，达到国内先进水平。

省肿瘤医院刘光中等20世纪90年代初期在国内率先采用经埋入式给药装置肝，门静脉双途径化疗给药治疗大肝癌和多发肝癌，为患者取得再手术切除机会：通过肝动脉、门静脉双途径灌注化疗防止肝癌术后复发，使不能切除肝癌病人获得降期再手术切除。开展经埋植式给药装置肝动脉、门静脉造影系列研究，居国内领先。

成都市第一人民医院于1994年4月为一位消化道出血、肝硬化、门静脉高压、食管胃底静脉曲张的患者成功实施远端脾肾静脉分流术，为外科治疗门脉高压、食管胃底静脉曲张探索出新方法。

成都军区总医院王孝华等从20世纪80年代中期开始，先后采用B超监视微小侵入外科技术治疗脾脓肿、避免切脾治疗所致严重并发症；测量胆囊游离缘距离，为胆囊穿刺定位，进行胆囊穿刺，成功率达100%，首创六种穿刺法治疗复杂性肝脓肿，有效率100%。该技术在10多家医院推广应用，共诊治外科疾病41种740余例，成功率100%。

华西附院从20世纪70年代末开始进行肝移植，并创造了五个“中国第一”和三个“世界第一”，即：国内首例腔门静脉半转位术肝移植、国内第一例肝包虫病人肝移植、国内第一例女性接受肝移植2年后妊娠第3年平安生子、国内第一例心衰病人肝移植、国内第一例非亲属间合体肝移植；世界第一例肝内胆管结石病人肝移植、世界第一例最高海拔高度（西藏拉萨海拔3500米）肝移植、世界首例尸体活体合成肝移植。2002年率先在国内开展成人间活体肝移植，至2005年已达150余例，为国内例数最多。1999—2005年，严律南等施行各种肝移植300余例。

省人民医院和成都军区总医院也相继开展肝脏移植术。

图3-16 华西医院肝移植病人所产中国第一个肝移植宝宝

（二）胆道外科

省人民医院于20世纪90年代中期开始开展小切口胆囊切除术，至2001年共开展2000多例。2001年开展纤维胆道镜行胆道探查、肝胆管结石等肝胆疾病的诊断和治疗。

成都市第二人民医院于1991年在省内率先开展腹腔镜胆囊切除术，随后在全国率先开展腹腔镜胆总管探查、胆总管切开取石及一期缝合术，成功率达96%以上。同期，重庆市二医院开展导管气囊扩张治疗良性胆管狭窄，经治27例，成功率为92.6%。

绵阳市中心医院等三级医院于1992年相继开展电视腹腔镜胆囊切除。

川北医附院于1993年全年做电视腹腔镜胆囊切除术240例，无一例胆管损伤。2001年成功为一位97岁高龄老人实施腹腔镜胆囊切除手术。

华西附院于20世纪80年代中期，开展介入动脉栓塞治疗胆道出血。1996年开展腹腔镜胆囊切除、经皮肝穿自展型金属支架治疗胆道狭窄。

（三）胰腺外科

省人民医院于1997年采用个体化治疗方案，将“脏器保护策略”引入胰腺手术，使重症胰腺炎的治愈率达到86%以上，对胰腺炎的综合治疗达到国内先进水平。2005年对胰腺癌进行根治性切除，疗效达到国内先进水平。

省肿瘤医院20世纪90年代中期开展后侧进路胰头癌根治性切除术，分两步切除胰头癌，使病人生存时间超过10年，为国内首例。

华西附院普外科和中医科20世纪70年代中期至90年代开展急性坏死性胰腺炎手术治疗和非手术治疗，张肇达、蒋俊明等开展SAP的中西医结合治疗腹膜后型胰腺炎死亡率由50%下降至16.67%；采用“益活清下”方药为主的中西医综合疗法进行辨证施治，手术率由84%下降至19.38%，病死率下降至10.77%左右。

（四）甲状腺外科

省人民医院于1990年开展细针吸取细胞诊断甲状腺疾病；绵阳市中心医院开展甲状腺癌根治术，继后又开展甲状腺机能亢进的介入治疗。华西医院2001年开展内窥镜甲状腺肿瘤切除术，该术式几乎不损伤颈部，保持颈部不留疤痕。

（五）乳腺外科

省肿瘤医院于20世纪90年代初期对局部晚期乳腺癌开展新辅助化疗，大部分患者经降期后行根治手术，获得很好疗效，部分患者存活20年以上。

重庆市肿瘤医院孙世良等20世纪90年代中期对早期乳腺癌保留乳房的手术治疗，术后外照射和高剂量铱[192]组织间放疗，治疗20例，5年生存率达100%，患乳外形优良率达95%。

华西医院于2003年采用海扶刀、麦麦通乳腺治疗仪和纤维乳管镜治疗乳腺癌；引进Mammotone系统真空微创穿刺旋切活检系统用于乳腺包块活检及微创切除。成都市有机硅研究所研制成功低渗出型硅胶乳房植入体并应用临床。

（六）胃肠外科

省肿瘤医院于1988年开展大肠癌保留神经的直肠癌手术，保存了病人术后的排尿和性功能，被同年上海国际胃肠道肿瘤学术会议承认为直肠癌的扩大根治手术清扫范围技术。刘宝善等20世纪90年代初在国内率先开展低位直肠癌的侧方淋巴结清扫术及保存盆腔神经的直肠癌根治术，开展拖出型welch片直肠癌超低位手术，经肛前早期直肠癌局部切除术等新术式。

省人民医院20世纪90年代开展全直肠系膜切除根治术治疗直肠癌，至2005年，共治疗700例，保肛率达78.1%，5年生存率达65%。2005年开展内括约肌切除治疗超低位直肠癌，经治20多例，保肛率达90%以上。同期，德阳市电视腹腔镜中心开展腹腔镜直肠癌根治术，川北医学院附院开展直肠内热化疗治疗直肠癌和切挂选择缝合术治疗高位复杂性肛瘘，内江市二医院开展低位直肠癌根治和经肠经提肛肌隧道拖出原位肛门成形术。

华西医院周总光等2001年6月在国内率先开展腹腔镜TME低位、超低位直肠癌的直肠、直肠系膜全切、结肠-肛管吻合术，保肛率达100%，该技术填补该领域国内空白，在全国推广。2003年开展胃癌D4根治术及肿瘤腹腔内播散转移基因治疗、胃癌及结直肠癌防止腹膜播散转移基因治疗。2005年开展纳米碳示踪剂在胃癌淋巴结清扫的应用和胃D4扩大根治术，开展经腹经肛直肠癌RO切除、改良的拉下式，外翻法、拖出型结肠肛管一期吻合术（手工法）、男性区域晚期直肠癌功能性后盆腔切除术和后入路直肠癌合并脏器的扩大切除术均属自主创新技术。其开展的低位直肠癌选择性定位侧方清扫术在国内属率先开展。此外，还开展了改良结肠、部分直肠切除、回肠贮袋式直肠吻合治疗家族性多发性息肉病。开展的全结直肠切除，S型贮袋一期结直肠肛管吻合术均为国内率先开展。

重医附院于20世纪90年代初在国内首创经胸门奇静脉断流术治疗门静脉高压及食管胃底静脉破裂大出血。

（七）血管外科

泸医附院于1990年开展全国首例铜针经皮栓塞治疗海绵状血管瘤，疗效显著。

华西医院赵继春等于2003—2005年开展破裂腹主动脉瘤的急症腹主动脉瘤切除并人造血管植入术、急诊周围动脉瘤破裂人造血管或自体大隐静脉重建术数、腹主动脉瘤切除并人造血管植入术百多例，手术死亡率3.45%（国际平均水平为5%）。开展颅外颈内动脉瘤、颈外总动脉瘤、内脏动脉瘤切除和人造血管植入术上百例。开展腹部累及血管的巨大肿瘤切除并血管重建术数例。还开展了微创介入血管治疗，如各种血管狭窄扩张、支架置入、人造血管支架置入等。

（八）肿瘤外科

省肿瘤医院于20世纪90年代末在国内率先开展据不同肿瘤分期，选择缩小标准和扩大范围的个体化根治术式，取得较高的疗效。开展的肺癌Ⅲ期综合治疗、晚期食管癌伴锁骨上淋巴结转移切除术、保留膀胱的肿瘤切除术及术后放疗方法、支气管抽式切除、气管隆突切除和肺再植手术等，均达到国内先进水平。

二、神经外科

省人民医院黄光富1993年开展经唇下蝶窦入路垂体瘤切除术。1995年何永生等在西南地区首先开展立体定向放射外科（X刀）治疗。1999年陈隆益率先在西南地区开展颈动脉内膜剥脱术。2000年陈隆益开展经鼻蝶垂体腺瘤切除术，填补省内空白；陈隆益在省内最先开展经颈前入路颈椎间盘摘除术。2000年黄光富等在省内率先开展CT血管成像筛查颅内动脉瘤等脑血管疾病。黄光富等改进微创手术治疗颅内动脉瘤，采用锁孔手术治疗颅内动脉瘤，开展颅内巨大动脉瘤手术治疗，达国际先进水平。2004年在省内率先开展神经导航手术治疗，2005年开展PET－CT检查等神经功能显像技术。

省肿瘤医院于1996年成立全国首家颅底肿瘤外科，填补了颅底沟通性肿瘤治疗的空白。其研发的“前额带蒂额肌帽状腱膜颅骨膜裂层颅骨瓣修复重建前颅底”经省科技厅鉴定达到全国领先水平，获省科技进步三等奖。

华西附院1986年应用自行设计和研制的脑地形图对多种颅内疾病进行检测，定位准确率优于脑电图。1989年与成都科技大学共同研制的可塑性多孔人工颅骨用于临床高立达等于1990年研制的T－8型皮质电极装置检测手术治疗顽固性癫痫并在省内外推广。1994年高立达等在四川率先开展微导管超先插入颅内畸形血管的供血动脉行真丝段栓塞治疗。1996年黄思庆率先在四川开展颈后入路硬脊膜内齿状突磨除术治疗复杂性环枕部先天畸形；游潮、贺民等运用支架辅助弹簧圈栓塞颅内宽颈动脉瘤、高位颈髓动静脉畸形显微镜下切除、显微手术与介入联合治疗颈静脉球瘤；在四川首创ONYX胶栓塞治疗脑膜动静脉瘘、颅内动静脉畸形。1998年游潮等在一患者延髓至上胸椎管内取出一长约25厘米大小罕见的髓内室管膜瘤。2000年易章超、游潮在西南地区率先开展眉弓入路锁孔手术摘除颅内鞍区肿瘤。2000—2005年，先后引进新型Leica显微神经外科手术镜、全套手术摄录监控系统、超声手术刀、神经内窥镜系统、智能皮质脑电—床旁脑电—脑电地形图实时监控系统等国外先进设备，在立体定向放射外科（伽马刀，细胞刀）、神经血管外科、微血管减压、癫痫外科、神经内镜外科、颅底显微外科等专业技术方面取得新的进展。2003年率先在西南地区开展深部电刺激治疗帕金森病。

363医院于1997年在省内率先开展伽玛刀治疗多种颅内疾病。

达州市二医院采用微创中颅底三叉神经上颌支切除治疗三叉神经痛，自贡市四医院开展单孔锥颅冲洗，CO_2置换术治疗慢性硬膜下血肿。

三、骨科

（一）脊柱外科

华西附院饶书城等从20世纪80年代开始对胸腰椎段椎体骨折伴瘫痪采取经前路椎体切除减压与融合固定手术，并用自行研制的前路内固定器椎体钉固定，取得良好效果，其脊柱侧弯矫形、颈椎切除矫治僵硬性脊柱侧弯及椎体钉内固定治疗胸腰椎骨折、胸腰椎结核、颈腰椎退行变性疾病的手术治疗水平，处于国内领先地位。宋跃明等开展经枕后外侧入路齿状突切除加枕颈融合手术治疗枕环区畸形患者上百例，使这个临床视为“禁区”的问题得以突破，处于国内领先地位。刘浩等开展的齿状突骨折空心螺钉固定术及支撑固定术、固定技术、椎弓根螺钉固定、颈椎创伤后前路固定稳定性重建，达到国内先进水平。该院在脊柱退行性疾病治疗方面，开展了颈椎椎板单开门手术，颈椎管扩大成形术，侧隐窝式椎间孔扩大术、椎管减压术及椎间植骨、钢板内固定、腰椎滑脱经后路椎弓根螺钉固定系统复位360°植骨融合术。在脊柱微创技术方面，开展了经胸腔镜下脊柱侧弯前方松解术，一期经后方器械矫正治疗脊柱侧弯，经后路椎间盘镜下腰椎间盘摘除术，经胸腔镜脊柱结核病灶清除术；在脊柱畸形治疗方面，开展了Ⅰ期半椎体切除后路矫形治疗先天性脊柱侧弯，Ⅰ期后路凸侧肋骨切除治疗脊柱侧凸合并重度胸廓畸形。

雅安地区人民医院张德明等1999年在国内首创带蒂大网膜脊髓内外移植治疗脊髓截瘫新术式，安全、有效。同年该院开展带蒂大网膜脊髓内外移植治疗外伤性截瘫获得成功。

成都军区总医院20世纪90年代末自行设计的系列抗旋转复位内固定器和其他几种经椎弓根内固定器，用于胸腰段脊柱骨折及滑脱症的复位和治疗。该技术在国内领先。

（二）创伤修复及功能重建外科

华西附院杨志明等从20世纪80年代中期开始在国内外率先开展吻合血管的同种异体肱骨移植修复长骨上端缺损，开展吻合血管的股骨内侧髁骨移植修复胫骨上端缺损的新术式，创造带血管蒂豆状骨移植与局限性腕骨间融合联合手术治疗腕月骨缺血坏死的手术新方法。其设计的尺侧屈腕肌倒转重建屈肘功能新术式在全国推广应用。

（三）关节重建外科

华西医院从20世纪80年代开始施行人工关节置换手术，先后开展全髋关节置换手术、全膝关节置换手术、全髋关节翻修手术、全膝关节翻修手术、髋关节发育不良的Sutherland截骨术、股骨头缺血坏死的髓芯钻孔减压术、股骨头缺血坏死的带血管蒂骨瓣植骨术、股骨头缺血坏死的表面置换术、胫骨平台高位截骨术、膝关节内外翻畸形的截骨矫形术等。绝大多数病人在术后第一天即能下地行走，优良率达98.5%以上，最长随访病例达20年之久。在人工关节置换及翻修术，成人髋臼发育不良的髋臼周围截骨、先天性髋关节高位脱位的人工关节置换等方面处于国内先进水平。

20世纪80年代中期以后，省内大型综合医院和骨专科医院相继开展骨关节重建技术。民盟绵阳市委的科研人员研制的骨关节功能测试仪用于临床。第三军医大学西南医院研制成功电子步行器，帮助下肢骨骨折病人行走。

（四）四肢创伤外科

1. 上肢创伤外科

绵阳市中心医院1990年为一女患者施行左手中指、无名指指掌关节、指总动、静脉完全断离断指再植术获得成功。1992年为一左前臂下段完全断离者成功进行再植术。

广元市人民医院贾涛等在国内首创肩峰外侧截骨、喙肩突成形、肩峰端骨块还原张力带固定于肩部撞切伤的减压并维持喙肩穹的完整性，术后疗效稳定，肩关节功能正常。

华西附院1998—2005年先后开展肩关节不稳及临床人工肱骨头置换治疗肱骨近端骨折，肩稳定肩胛颈及肩盂骨折手术治疗，肘关节不稳手术治疗带血管蒂桡骨瓣转移修复，陈旧性舟骨骨折或舟骨、月骨周围脱位，铰连外固定支架在僵直肘松解术后应用，全肘关节置换治疗肱骨远端粉碎骨折等。

2. 下肢创伤外科

第三军医大学西南医院于20世纪80年代中期开展胫骨骺端截骨延长术，属国内领先技术。

华西医院利用显微外科技术，开展带血管蒂髂骨瓣转移治疗股骨头缺血坏死及陈旧性股骨颈骨折不愈合；利用膝以下踝上腓总动脉皮质皮瓣、足底皮瓣、腓肠肌皮瓣、小腿外侧皮瓣，带肌间隔皮动脉小腿内外侧逆行皮瓣，重建股骨近端纤维结构不良、修复小腿中下段缺损，腓骨钉联合带旋转深血管蒂髂骨瓣治疗骨折、骨坏死。

（五）骨肿瘤外科

华西附院于1992年组建骨肿瘤专业组。在全国率先开展的技术有：大段同种异体骨复合人工关节置换的保肢技术、腹主动脉内球囊阻断下骨盆和骶骨肿瘤切除和重建技术；在西部地区率先开展的新技术有：肿瘤半骨盆切除+人工半骨盆置换技术、肿瘤半骨盆切除+异体半骨盆移植技术、肿瘤肩胛骨全切+异体全肩胛骨移植技术、肿瘤全股骨切除+人工全股骨及全髋全膝置换技术、四肢恶性骨肿瘤原位灭活（微波或液氮）的保肢技术、各种肿瘤关节置换技术和翻修技术、骨与软组织恶性肿瘤瘤床I125置入治疗等。1996年开始新辅助化疗，恶性骨与软组织肿瘤保肢手术成功率提高到90%，患者5年生存率由20%提高到60%—70%。在四肢恶性骨肿瘤保肢技术方面处于全国领先水平。

（六）组织工程的临床应用

华西附院杨志明等于1993年成功研制出同种异体肌腱细胞、成骨细胞与人工材料复合的新材料，用于修复肌腱损伤、重建韧带功能。2000年5月29日，杨志明应用自研的组织工程化骨修复胸壁缺损获得成功，为世界第二例。

四、泌尿外科

（一）肾移植

华西附院唐孝达、杨宇如等1979年开始施行肾移植术。20世纪80年代中期开展测定血浆肌纤波动指数PCET诊断肾移植急性排斥反应，并在此基础上提出治疗措施，以提高疗效及受术者存活期；开展肾移植术后抗体检测——供者特异性补体依赖性细胞毒性试验，作为急性排斥诊断与鉴别诊断的一项指标，为国内一个创举；开展肾移植针吸活检及肾移植受者内、外源性糖皮质激素水平和受体测定的研究与应用。2002年在四川率先开展亲属间活体肾移植，存活期1年的96.7%、3年的91.20%、5年的61.2%、最长的达25年。至2005年底，该院共施行1500多例肾移植。

重医附院、省人民医院、成都军区总医院、第三军医大学西南医院等，先后开展肾移植术。

（二）泌尿腔道技术

华西附院于1986年引进输尿管镜和经皮肾镜，用于输尿管病的检查治疗和经皮肾镜取石；1989年引进体外冲击波碎石机，用于肾结石治疗；1992年引进前列腺增生射频治疗仪；1993年引进泌尿检查台，在不搬动病人的情况下同时进行内窥镜检和尿路造影的动态观察，开展介入放射诊断和治疗腔道泌尿系疾病，如内窥镜下取石、肾肿瘤切除等。2005年在四川率先开展上腔静脉及肝动脉门静脉阻断，肾癌腔静脉瘤栓切除。

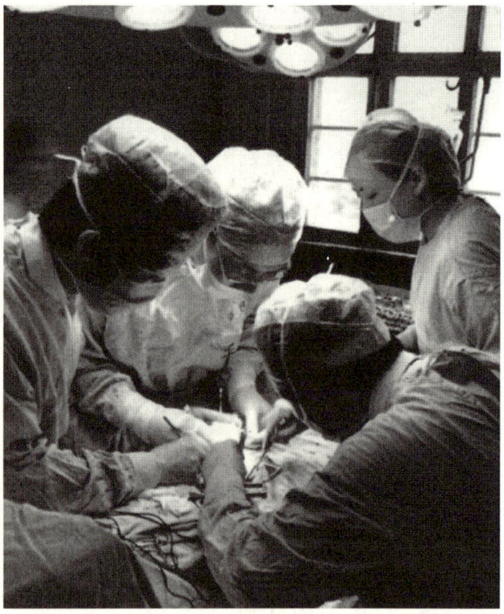

图3-17　1989年四川省人民医院泌尿外科开展同种异体肾移植术

重医附院于20世纪80年代开展浸润性膀胱癌根治手术、可控性尿流改道术、原位结肠代替膀胱术、原位回肠代替膀胱术、原位胃代替膀胱等，治疗千余例，效果显著。1989年成都军区军医学院附属医院采用液电效应治疗创伤性尿道梗阻，成都市维信电子科大新技术有限公司研制成功体外短波前列腺治疗机用于临床治疗前列腺增生及前列腺炎。

省人民医院于20世纪90年代开展血清PSA和PAP等检查研究并开展经直肠前列腺穿刺活检术，以提高前列腺癌的早期诊断水平；开展输尿管镜检查，以提高输尿管上、中、下段结石治疗和肾、输尿管肿瘤的诊断治疗水平。泸医附院开展了保留尿道完整摘除前列腺以治疗前列腺增生。

（三）泌尿腹腔镜技术

华西医院泌尿外科于2004年引入腹腔镜，开展肾肿瘤切除和肾切除，至2005年，共做手术300例。省人民医院、川北医附院、泸医附院等也相继开展泌尿腹腔镜技术。

五、胸外科

（一）食管外科

省肿瘤医院于1988年开展晚期食管癌伴锁骨上淋巴结转移切除术，达到国内先进水平。

第三军医大学大坪医院蒋耀光等20世纪90年代中期在国内最早开展全咽、全喉、全食道切除治疗下咽癌及游离空肠重建颈段食管，取得较佳疗效。

华西附院于1996年开展经食管床胃食管黏膜瓣成形吻合术。2002年为一食道癌、胃癌患者实施食道大部、胃全部、横结肠替代食道、小肠替代胃，重建胃肠结构，为西南地区首例。2003年开展胸腔镜食管肿瘤切除术，全胃全食道切除术和横结肠上消化道重建术。

（二）肺部肿瘤科

省人民医院1995年在西南地区率先开展电视胸腔镜手术，运用胸腔镜切除肺叶、食管下段、贲门癌等，并开展肺动脉双袖式肺叶切除、气管肿瘤切除、结肠代食管的食管癌根治术。2000年格桑耕噶等在国内率先开展经左胸在电视腹腔镜辅助下进行胸内吻合术，治疗早期下段食道癌及贲门癌等，创伤小，术后恢复快。至2005年，利用该技术共完成394例胸外科疾病手术。华西医院、成都军区总医院、成都市三医院和成都市二医院等，也相继开展胸腔镜技术。

省肿瘤医院于1988年开展肺癌Ⅲ期综合治疗、支气管抽式切除、气管隆突切除和肺再植手术等，其技术居国内先进水平。

华西附院于20世纪80至90年代初开展肺部及纵隔肿瘤切除，尤其是局部晚期作小细胞肺癌的术前化疗加外科切除，患者生存率由5年提高到10年左右。1994年开展西南地区首例自体外周血造血干细胞移植治疗晚期肺癌和复合支气管、肺动脉成形治疗双肺多发中心型肺癌。周清华等1986年在西南地区率先开展纵隔原发性精原细胞瘤切除及术后放疗，使患者存活10余年；2002年开展一次性完成气管隆突切除、气管隆突重建、右肺动脉袖状成形、右肺中上叶切除、全上腔静脉切除、人造血管全上腔静脉重建术，为国内首例、世界首创。

六、心脏大血管外科

省人民医院于1988年成功开展冠状动脉搭桥手术。

泸医附院于2004年在四川开展首例同种异体心脏移植获得成功。

华西附院于1986年在全国率先开展牦牛心包瓣的临床应用。1987年在国内率先开展国产翼形双叶机械瓣的临床应用。1990年在四川开展首例高难度升主动脉瘤切除、人工血管置换术。1994年开展冠脉搭桥及瓣膜置换术。1996年在西南地区开展首例深低温停循环下的主动脉弓人工血管置换术。1997年开展四川省首例深低温停循环下肾癌并发下腔静脉及右心房癌栓切除术。1999年在四川首次利用同种带瓣血管治疗复杂先天性心脏病。2000年，在四川率先开展改良迷宫术治疗心房纤颤。2001年在西南地区施行首例永存动脉干矫治手术，在西南地区施行首例大动脉转位新生婴儿接受动脉调转手术。2003年3月完成四川首例三个瓣膜同期置换术。2003年9月完成西南地区首例二尖瓣置换，同时行射频消融术治疗心房纤颤术。2004年10月完成四川首例冠脉搭桥术加二尖瓣、主动脉瓣生物瓣置换术。2005年在四川省率先开展Ross手术和Konno手术，以治疗小儿先天性主动脉瓣狭窄，并在省内首次开展Senning手术和非体外循环下房缺微创封堵术。

七、烧伤及整形外科

（一）烧伤治疗

省人民医院于20世纪80年代初期成功抢救1例烧伤面积达92%的深Ⅱ度烧伤病人。之后，先后成功抢救6例烧伤面积达90%以上、Ⅲ度占50%以上的特大面积烧伤病人。1986年在北京积水潭医院烧伤整形科主任孙永华的指导下，开展自体皮浆及异体皮肤移植术。1987年开展早期切痂腹部双蒂皮瓣及邻近转移皮瓣治愈功能部位Ⅲ度烧伤。1988年开展自体微粒皮移植整块同种皮复盖治愈特大面积Ⅲ度烧伤病人。1991年开展低温储存异体皮技术以及电烧伤的皮瓣修复手术。至1996年，开展自体皮浆移植术12例。

华西附院于20世纪80年代中期利用苯妥英促进创间愈合，苯丙酸络龙治疗严重烧伤。1994年利用油沙皮浆法覆盖大面积深度烧伤创面。1996年开展大面积烧伤严重感染的早期切痂或削痂植皮术。

第三军医大学西南医院胡嘉念等20世纪80年代中期研制压“U”形皮瓣洞滚刀，用于烧伤病人去痂后移植大张异体皮移植。1980—1988年，开展人表皮细胞培养并用于烧伤皮肤移植取得良好疗效；开展吸入性损伤早期肺水肿的治疗和烧伤感染的新疗法，使烧伤感染得到有效控制。攀钢职工医院开展自体血清皮浆移植术治疗大面积烧伤获得成功。

（二）整形

省人民医院于1986年收治一肛门狭窄病人，经诊断为先天性畸形。曹文安等用双“z”成形术式进行整复，取得良好效果。1988—1995年，先后开展局限性难治性皮肤病的整形外科治疗、岛状肌会阴皮瓣阴道再造术、晚期面瘫口轮匝肌悬吊术、尿道下裂阴茎弯曲整复、大面积疤痕性秃发整复术、悬垂乳房整复术、异体耳软骨作支架全耳再造术、人体表血管瘤、疤痕的治疗和各种鼻畸形、耳廓畸形与缺损的修复。1994年，曹文安、喻学政等为“7·12”汉源武警抢险灭火英雄群体被烧伤人员中的5人进行了容貌、肢体整形。

华西附院于20世纪80年代中期开始应用国产Gy－131型硅橡胶膨胀器进行疤痕缩的矫正，效果良好。90年代中期，开展手部烧伤与畸形修复，重建功能，即用皮肤软组织扩张术为烧伤后整形，效果好。2000年开展女性儿童胸部瘢痕手术治疗，风筝皮瓣修复面部瘢痕等。

省人民医院、华西附院等还陆续开展眼、耳、鼻、胸部、四肢、腹部疤痕或畸形的整形手术治疗。

八、头颈外科

省肿瘤医院1991年头颈外科陶远孝、陈建超、张虹等开展四川省第一例斜方肌肌皮瓣修复项部肿瘤术后巨大缺损；1992年在省内率先开展颈段食管癌结肠代食道和游离空肠代食道，张虹率先在省内开展前颅底沟通性肿瘤颅颌面联合手术，前颅底缺损术中采用带蒂额肌帽状腱膜颅骨膜裂层颅骨瓣进行修复重建；1994年张虹、王朝晖等开展省内第一例游离前臂皮瓣修复口腔缺损；1995年开展源于右颈总动脉及颈外动脉的颈部巨大血管瘤手术切除获得成功；开展大隐静脉移植，重建颈内静脉，解决双侧颈内静脉受肿瘤侵犯切除后颈内静脉的重建；2000年王朝晖、王永富等开展第一例游离腓骨重建下颌骨；2001年刘世喜开展头颈部肿瘤的基因治疗；2003年王朝晖、李彬等率先在省内将游离背阔肌皮瓣应用于头颈部晚期肿瘤缺损的修复，获得成功；2005年王朝晖率先在省内开展经颈腔镜甲状腺切除术。

第三节　眼科诊疗技术

一、眼底病治疗

省人民医院于1985年开始施行玻璃体切割术，至2004年，先后开展23G、25G微创及高速玻璃体切除技术，用以治疗复杂性视网膜脱离、球内非磁性异物和巨大异物、增殖性糖尿病性视网膜脱离、复杂性眼外伤，巨大视网膜裂孔，以及玻璃体切割十球内注射抗生素治疗眼内炎等各种复杂性玻璃体视网膜病变，达到国际先进水平。对各种屈光不正、青光眼、眼底病、角结膜病、斜视和弱视、泪器病、眼外伤、眼眶疾病等的临床诊治，以及眼部整形和准分子激光技术，达到国内一流水平。1999年开展省内第一例小切口超声乳化折叠式人工晶体植入治疗白内障。2002年采用810激光睫状体光凝术对绝对期青光眼高压治疗。2003年开展非穿透性小梁切除术治疗青光眼。2004年开展诊断试剂盒、治疗药物、基因药物的研制，用以诊断治疗黄斑水肿、新生血管性眼底疾病及青少年视网膜营养不良疾病。

省皮研所杨建亭等于20世纪90年代对凉山及攀枝花市治愈的2145例麻风病人进行眼病及视力残疾进行调查防治，对408例眼病患者实施自我护理，经30个月观察，证明此方法对暴露性角膜炎及角膜溃疡有效。对56只兔眼施行了矫正手术。

成都市六医院于20世纪80年代末采用自体小静脉移植重建下泪小管，经临床53例、167只眼手术治疗，1—3.5年随访，总有效率达92.53%，治愈率达89.55%。成都市三医院李福明等90年代中期在四川首创小置异管，不移植静脉泪道管，直接吻合术治疗上泪阻狭再通修复，经治疗96例，治愈率达95%。

达州市二医院张洪等于2000年在国内首创第一代微创技术，经鼻外筛窦和经上窦筛窦至颅底神经管减压术治疗视神经管外伤，总有效率达74.4%。其开展的第二代微创技术—经鼻腔内窥镜下视神经减压术治疗视神经管外伤，总有效率达80%。

华西附院于1986年应用高分辨显微技术在18例视网膜母细胞瘤（RB）患者中发现13914缺失嵌合型1项，此前国内未见报道。1987年利用视网膜电图（ERG）检查诊断视网膜色素变性（RP），检查和分析62例原发性RP患者全视野，在四川首次采用自制液氮浸冷式冷冻器治疗裂孔性视网膜脱离，开展玻璃体切割手术及眼底激光治疗。1993年开展经玻璃体注气联合激光治疗黄斑裂孔型视网膜脱离20例。2000年在国内首次开展PDT治疗湿性老年黄疸变性。2003年开展青光眼视神经保护治疗、多焦电生理仪诊断眼底病，并开展先天性白内障、原发性青光眼Leber视神经病变、视网膜色素变性、视网膜母细胞瘤等的基因诊断。

二、斜视弱视治疗

华西附院于20世纪80年代中期开展立体视角的检测和斜视弱视的药物治疗，2000年开展双眼固定性内斜视矫正术、虚拟多媒体技术治疗弱视、压贴三棱镜治疗小度数斜视及复视。

三、人工晶体植入

蜀光生物医学工程技术研究所（今四川省人工晶体研究所）所长周开遗等，在研制和应用硅胶前房型人工晶体的基础上，从1981年9月开始研制弹性双攀后型人工晶体，并应用于临床。经全国300多家医院应用，均取得良好效果。该成果1986年和1987年两次获得世界发明博览会银奖，1988年获四川科技进步二等奖。

第四节　耳鼻喉科诊疗技术

一、耳科

华西附院1986年与成都科技大学合作研制成功人体平衡功能检测仪，用于平衡功能检测。1988年耳鼻咽喉科李永懋等开展经迷路和迷路后径路听神经瘤摘除术。1999年郑虹、秦学玲等在西南地区率先开展人工耳蜗植入术，使重度和极重度耳聋患者尤其是语言发育前的儿童能重建听力，开口说话。2004年建立耳鼻咽喉科听力中心，更新和引进脑干诱发电位、耳声发射、声场测试等听力检测设备，使新生儿听力筛查、婴幼儿和成人听力评估、分频ABR客观检查听阈等成为临床常规。2004年郑虹率先在四川对慢性化脓性中耳炎，包括胆脂瘤型者，施行开放式和闭合式乳突手术，在清除病灶、开放引流的同时行鼓室成型术，使大部分慢性化脓性中耳炎患者有机会在术后提高听力。

省人民医院丁恩深等于1988年率先在省内开展内淋巴囊减压引流术治疗美尼尔病，并相继开展多项耳神经外科手术，如面肌痉挛钢丝绞扎术、面神经—舌下神经吻合术、三叉神经感觉支切除术、听神经切除术等。

二、鼻科

1988年省人民医院率先在省内开展鼻外径路径筛蝶窦视神经管减压术，经鼻中隔径路垂体嫌色素细胞瘤切除术。

华西医院从1987年起采用致密多晶羟基磷灰石微粒人工鼻腔植入治疗萎缩性鼻炎，开展变应性鼻炎的诊断及免疫治疗。20世纪90年代开展鼻颅底部的肿瘤治疗。1994年引进鼻内窥镜微创技术，相继开展经鼻内窥镜行垂体瘤切除、脑脊液鼻漏修补、视神经管减压、泪囊鼻腔开放、眶内壁骨折修复、歪鼻整形及鼻腔鼻窦肿瘤切除等手术，并在西部地区广泛推广应用。

三、咽喉科

省人民医院继 1985 年对早期声带癌施行声带癌切除肌筋膜再造术后，于 1989 年在省内首先开展睡眠呼吸暂停综合征的手术治疗，1990 年开展甲状腺软骨成型术治疗男声女调。1993 年徐仲明在省内率先开展喉肌电图检查，为声嘶病人治疗提供依据。

华西附院于 1987 年对声门型喉癌病人施行超额垂直部分喉切除和喉次全切除术及硅胶支架重建喉壁，经 3—5 年观察，喉功能恢复。1991 年梁传余在西南地区首次开展游离空肠移植治疗晚期下咽癌，施行 20 多例，疗效显著。

省肿瘤医院樊晋川 1993 年率先在省内开展喉 person's 手术，为不能保留喉的晚期喉癌或喉咽癌患者保留了发音功能。首次引进和开展喉显微外科激光技术，开创咽喉微创手术新途径。2003 年王力红、梁传余开展体外循环下行颈段气管肿瘤的外科手术新方法，为无法进行全麻的病人提供了新的麻醉途径。

20 世纪 80 年代，重医附院陈佩君、魏莲枝等开展改良声门水平切除术治疗双声带癌，术后喉功能恢复良好。

第五节　口腔科诊疗技术

一、口腔内科

（一）龋病治疗

华西口腔医院何国华于 1987 年采用氟化物与窝沟封闭治疗龋病，1995 年在 WHO 帮助下开展非创伤性治疗技术（ART）充填龋齿及行窝沟封闭，预防龋病的发生、发展。2000 年胡涛等开展直接数字成像技术进行龋病诊断，开展残根、残冠的保存修复，牙本质敏感症综合脱敏疗法、无痛牙髓治疗、复杂根管的自动化预备技术。

（二）口腔粘膜病治疗

华西口腔医院林梅等于 1991 年用比浊法和转动玻球法检测口腔粘膜血小板聚集功能和粘附功能，1995 年开展对口腔扁平苔藓患者血浆纤维结合蛋白和纤维蛋白原测定。2002 年周红梅采用常规 HE 染色法结合免疫组织化学技术（SP 法）检测（判定）口腔粘膜病变。2003 年何园采用毫米波照射手第二掌骨侧全息穴位的方法对灼口综合征进行治疗，为灼口综合征提供了较好的治疗方法。

二、口腔颌面外科

（一）口腔颌面麻醉

华西口腔医院、四川省直属机关第一门诊部 20 世纪 70 年代末联合研发激光穴位麻醉拔牙技术，至 2005 年，经 7000 余例临床实践，其麻醉优良率达 96% 以上，拔牙及颌面部小手术的成功率达 100%。1996 年张永明等采用静吸复合麻醉加局部浸润麻醉开展腭裂修补术。

（二）口腔颌面部肿瘤

省肿瘤医院陈建超、陶远孝等 1987 年开展院内第一例舌癌联合根治术。1994 年张虹、王朝晖等开展院内首次开展游离前臂皮瓣修复口腔缺损。

华西口腔医院毛祖彝等1988年采用微波局部加热联合化疗，治疗口腔颌面部恶性肿瘤。1989年温玉明等开展头颈部恶性肿瘤颅颌面联合根治与修复重建技术，应用多种肌皮瓣进行舌癌切除术后的舌体修复与再造。20世纪90年代，开展CT三维图像重建在口腔颌面部肿瘤的应用研究，为临床诊治提供帮助。2000年温玉明等开展口腔颌面部恶性肿瘤的个性化综合治疗，有效提高肿瘤患者的治愈率、生存率和生存质量。

（三）颌面损伤及整复

华西口腔医院胡林等20世纪80年代末开展生物立体测量技术和计算机技术结合，精确定量分析面部器官的三维特征，以及CT三维图像重建在颌骨骨折的应用研究，为临床工作提供了先进手段。1988年陈扬熙等开展颅底X线片的头影测量。1990年王大章等研制的羟基磷灰石人工骨应用于临床，获国家科技发明奖。2004年田卫东主研的生物骨替代材料应用于口腔颌面部骨缺损的修复。

（四）先天性唇腭裂整复

华西口腔医院邓典智等1989年总结出治疗先天性腭裂的“生理性后推手术”，为腭裂首选手术方法之一。1995年石冰采取“鼻小柱延长法”，对唇裂鼻畸形初期和二期整复。2004年王涛利用主动矫治器矫治双侧唇颌裂患者前突的前颌骨，进行术前治疗。

（五）颞颌关节病

华西口腔医院徐英华等1986年开展对颞下颌关节紊乱综合征治疗，并论证此综合征和眼症的关系，为国内首次报告。1993年王大章等将颞下颌关节内窥镜检技术用于诊治颞下颌关节病症。

三、口腔正畸

华西口腔医院李声伟等1986年开展正颌外科治疗，对牙颌面畸形病人进行矫治。1994年王大章、胡静等应用计算机对牙颌面畸形进行检测、治疗设计及模拟手术和疗效预测。1995年胡静等采用经口内下颌支斜行骨切开后推术，矫正治疗下颌前突及其伴有颞下颌关节疼痛、弹响者。1999年王大章研制的牙颌面畸形计算机三维测量及图像设计应用于临床。引进国外最先进的多锁槽固定矫治技术，并进行改进和创新，建立以细丝弓为主的适合国人的独特矫治方法和诊疗程序。1997年开展外科矫正骨型下颌后缩畸形的术前术后正畸治疗。2003年赵志河主持的多层次口腔正畸生物力学机制应用于临床。

四、口腔修复

（一）口腔种植

华西口腔医院陈安玉于1988年研制出生物活性陶瓷人工骨材料，生物活性陶瓷人工骨应用于临床。1991年人工种植牙科研技术成果通过卫生部鉴定。

（二）口腔修复

华西口腔医院于20世纪90年代改善修复方法，提高牙列缺损和牙列缺失修复效果。1994年林映荷开展全口义齿修复。1999年巢永烈开展上前牙瓷贴面技术应用于临床。2002年巢永烈研制的GI－II型牙科高强度渗透陶瓷应用于临床。2003年赵云凤研制的牙科MC切削陶瓷材料及其高新技术CAD/CAM计算机辅助设计制作系统用于临床。

五、口腔影像

华西口腔医院罗万福于1989年研制的MDX-I型牙科X线诊断机用于临床。1990年罗万福研制的MDX-II型牙科X线诊断机用于临床。1995年卢勇等采用临床、X线、病理三者结合确诊颌面骨骨化纤维瘤。2005年唐休发等采用淋巴闪烁成像法对口腔癌前哨淋巴结进行活检。

第六节 肝炎诊疗技术

一、检验技术

绵阳市中心医院于20世纪80年代中期开展血清铁蛋白检测，了解肝细胞损害程度，提高重症肝炎的抢救成活率。80年代末，全省市（地、州）级医院率先采用P32和地高辛为探针的方法检测乙型肝炎患者血清HBV-DNA。采用抗病毒物加免疫制剂治疗乙型肝炎。

华西附院于1988年用ELISA法相继开展甲、乙、丙、戊、庚肝炎检测，并运用分子生物学技术建立HBVDNA的血清斑点杂交检测方法及乙肝病毒感染快速基因诊断试剂盒。1994年开展PCR法检测HBVDNA、HCVRNA。1996年开展了PCR法检测庚型肝炎。2002年采用组织芯片技术检测多种抗原及基因。

省人民医院于20世纪90年代初研制出乙肝病毒标志物（HBVM）质控血清，建立权威性试剂监测评价组织及综合评价方法，在四川省内得到推广应用。2005年开展肝穿刺活检技术，对肝炎的病程判断及指导乙肝治疗提供了金指标。

重医附院于20世纪90年代在国内首次建立克隆Pres2细胞系及测定血清PresL，Pres2的ELISA，用于临床及免疫病理学诊断。

二、治疗技术

华西附院于20世纪70年代末采用卡介苗皮肤划痕激活机体免疫功能治疗慢性乙肝。该技术时为全国领先和创新的治疗项目，至80年代末，先后治疗300多例慢性乙肝患者，取得了控制病情进展，减轻肝脏损害的疗效。1988年，开展多抗甲素口服液治疗慢性HBsAg携带者，具有改善HBV血清学标记的近期效果。1995年，赵连三等研制成功丙肝/乙肝二联核酸疫苗并开始用于临床。2003年，该院用冻干重组高敏复合干扰素治疗慢性乙肝、阿德福韦治疗HBeAg阳性慢性乙肝、聚乙二醇干扰素α-2a单用比较联合治疗慢性乙肝，均收到较好疗效。

重医附院于20世纪80年代末开展人工肝治疗技术，1994年开展重型肝炎免疫紊乱的治疗，临床效果明显，病死率由85%降至50%。在此基础上，加用胚胎干细胞输注，死亡率进一步降至36%，在国内属领先技术。

2000年7月6日，四川省首家开展“人工肝”治疗重症肝病的医院——成都市传染病医院肝病特殊治疗中心成立。

省人民医院感染科于2002年购置MARS人工肝支持治疗仪和血浆置换仪，治疗重症传染性肝炎等多种传染病取得显著疗效。

第七节 肿瘤诊疗技术

一、肿瘤放射治疗

省肿瘤医院放射治疗中心先后引进直线加速器、X－刀、三维射频治疗计划系统（3—DTPS）和三维适形调强放射治疗系统，供不同肿瘤病人治疗选择，医疗手段和疗效处于国内一流水平。1988年行保留膀胱的肿瘤切除术及术后放疗，高剂量腔内放疗鼻咽癌和食管癌取得临床疗效，为国际首创新技术，在1990年北京国际近距离放射治疗会议报告上获得到承认，并获学术论文二等奖。开展的颅底卵园孔棘孔解剖变异与鼻咽癌破裂孔卵园孔棘孔骨质的X线鉴别诊断技术，应邀在美国放射学与肿瘤病学1991年年会上作首场报告。1992年与中国核动力设计院联合研制成功CWGP80型钴$^{-60}$远距离治疗机并投入临床使用。1995年采用高剂量后装法腔内治疗结合体外放疗根治鼻咽癌，治疗76例，4—5年生存率达67.1%和56%。郎锦义等自1998年开始，施行立体定向放射外科治疗（SRS）和立体定向放射治疗（SRT），治疗头部肿瘤病人850多例，取得显著疗效。2000年后，陆续引进美国瓦理安公司逆向强调计划系统、日本东芝公司摸拟定位机、加拿大原子能公司Phzenix7000居里钴$^{-60}$外照射治疗仪、瑞典Scanditvonics公司三维水箱（幅射场分析仪）和医科达公司的精确治疗系统等当代世界先进设备，开展逆向调强放射治疗、物理固体调强放射治疗、呼吸门控调强放射治疗、图像引导下调强放射治疗、妇科肿瘤后装物理内外融合调强放射治疗术、四维调强放射治疗、超声引导下调强放射治疗，并对所有治疗进行统一网络管理。

华西医院洪元康等1986—1987年采用抗癌新药——多相脂质体用于鼻咽癌的放射同步分割治疗，取得显著疗效。1989年9月谢铭英等同东风电机厂共同研制成功Gy－10型医用电子直线加速器用于临床，当年治疗肿瘤病人150多例，其疗效与引进的国外直线加速器接近。1994年后陆续开张展三维适形放射治疗、调强放射治疗（CMR）、呼吸门控辅助控制放射治疗等，其治疗技术在全国处于先进水平。

省人民医院于2004年在西南地区率先开展立体定向分次放射治疗与外科治疗，共收治颅内肿瘤及血管畸形736例，取得肯定疗效。

二、肿瘤化学治疗

华西附院20世纪80年代应用化学药物FUDR与免疫制备人体白细胞干扰素综合治疗肝癌，有效率达54.8%。

省肿瘤医院吴大可等1996年开展MT埋置式给药装置及临床应用研究，用于肿瘤病人动脉灌注化疗及各种疾病治疗，为临床提供一个崭新的给药途径，被国家科委评为国家级新产品。

川北医附院王崇树等1996年根据直肠粘膜能吸收药物的特点，研制出适合直肠投药的复方5－Fu和复方DDP肛栓及LW型直肠湿热治疗仪，将直肠内化疗与热疗结合，经对156例治疗，能缓解患者症状，提高生存质量。

绵阳市中心医院朱毅等2000年开展CT导引下经皮穿刺术，行热化学治疗胸膜恶性肿瘤，疗效较佳。

三、肿瘤生物治疗

华西附院魏于全等于 1997 年在国内率先开展肿瘤生物治疗，其开展的肺癌生物靶向治疗收到良好效果。该院建立的肿瘤生物治疗实验室将现代生物技术与临床结合，从事重大疾病生物治疗的基础研究和临床应用以及生物治疗新药的研究。

第八节 皮肤科诊疗技术

省人民医院皮肤科 1988 年对皮肤淀粉样病变行外科手术治疗，为国内外首次报道。

省皮研所 1997 年引进美国色素性激光治疗仪（PLTL）和血管瘤、血管痣皮肤治疗仪（SPTL）治疗太田痣、鲜红斑痣、蜘蛛痣、毛细血管扩张、酒糟鼻、汗管瘤，清除咖啡斑、雀斑、老年斑，除痣、除纹身及眼线等，效果显著。

华西附院冉玉平等于 20 世纪 80 年代中期用含有菜子油培养基分离花斑癣的病原菌（马拉色菌），并在国内首先报道了马拉色菌毛囊炎，1989 年冉玉平在国际上首次直接证实马拉色菌的酯酶活性。1997 年在国内发现首例指甲马拉色菌甲感染、四川首例裴氏着色真菌病。2002 年在国内报道首例马拉色菌所致的皮下脓肿和首例马拉色菌包皮龟头炎；诊断和治愈 1 例伴有皮肤溃疡和骨髓炎的播散性隐球菌病，获得 2003 年第十五届国际人类和动物真菌会议最佳临床病例奖。在实验技术上，在国内率先用派克墨水染色法提高真菌镜检阳性率；首例毛囊角栓取材法成为诊断和治疗马拉色菌毛囊炎的经典方法；首创透明胶带法取材和培养，解决从光滑皮肤上取材的难题。

第九节 康复医学与运动医学技术

省人民医院于 20 世纪 70 年代中期即开始应用激光、高压氧、理疗技术开展对多种疾病的康复治疗，90 年代陆续开设激光妇科、激光专科门诊、高压氧治疗专家门诊和理疗门诊。高压氧康复治疗包括：骨折愈合不良、脑外伤后、股骨头坏死、脑血栓、脑动脉硬化、多发性硬化、老年性痴呆、突发性耳聋、耳鸣、视神经炎、皮肤慢性溃疡、转移性皮瓣、中药中毒等。理疗康复治疗包括：有眼杯直流电导入碘化钠治疗中心性浆液性视网膜炎，TDP 十音频治疗女性继发不孕症，微波腔内辐射治疗前列腺炎。高频电针治疗腋臭、皮肤赘生物。中药酊剂中频电透入治疗面神经炎、颈椎病。1992 年运用运动器械对各种神经损伤、骨骼及肌肉损伤进行康复治疗。激光手术、高压氧治疗和微波、电脑中频及低频药物导入技术属省内领先。

华西医院 20 世纪 90 年代中期引进世界先进的 Smith - Nephen 全套关节镜设备，由李箭率先开展关节及关节外的关节镜下诊断与治疗性手术，包括：关节肿胀性疾病（风湿、类风湿、痛风、绒毛结节性滑膜炎、出血性疾病、感染），关节内滑膜肿瘤性疾病（囊肿、血管瘤、滑膜巨细胞瘤），复杂韧带损伤等：施行关节清理术、软骨移植修复术、半月板部份切除修整成形及缝合修复术、肩关节盂唇损伤及肩袖损伤锚钉缝合修复术、多种病变滑膜切除术、多种病灶清除及关节清理术、复杂韧带损伤的缝合修复及镜下重建术、关节外的关节镜下囊肿切除、内固定物取除（钢板螺钉）术、臂肌挛缩及斜颈的关节镜下微创治疗性手术、关节内复杂骨折关节镜监视下复位内固定手术等。在半月板损伤缝合修复方面创立的肌腱缝合修复半月板手术，国内外均未见文献报道。开展的双束重建膝关节前、后交叉韧带技术处于国内领先地位。康复科自2000年起，先后开展神经促通术治疗各种瘫痪，关节松动术治疗颈/腰椎病，椎间盘突出非手术治疗，作业治疗技术治疗瘫痪、骨关节损伤导致的功能障碍，从美国引进骨质疏松治疗系统治疗骨质疏松、股骨头缺血性坏死，冲击波治疗骨质增生，从德国引进假肢矫形器制作系统治疗假肢矫形疼痛，从日本引进激光治疗系统治疗各种疼痛。

第十节　麻醉技术

省人民医院于1985年在国内率先开展针麻下行甲状腺手术，获卫生部科技甲等奖和国家科技进步二等奖。1986—1991年，在西南地区率先开展针麻下行胃大部切除术。1990年采用血液回收机，回收手术病人血液，经清洗、过滤后又回输给病人。1996年率先在省内将超滤技术应用于小儿体外循环灌注。1997年在省内率先开展术后病人及癌痛病人自控镇痛术（PCA）。2002年开展快通道麻醉。2003年开展靶栓输注（TCI）麻醉技术，大为减少术中麻醉药用量，使病人恢复更快。

华西口腔医学院周岳城等主研的激光穴位麻醉1987年用于临床。

三台县医院于1990年4月开展针刺小剂量硬膜外麻醉施行胃大部切除术。

华西附院于20世纪90年代初期用Swan－Gawi导管插管、染料法及温度稀释法心输出量测定和血流动力学全面监测。咪唑安定用于心血管手术，高渗盐水持续点滴法用于TuRP手术，依托咪醋持续点滴小儿麻醉维持、从胸膜腔内注射局麻药为胸外科术后病人镇痛，中心静脉压测定，高位硬膜外麻醉，阿芒纳控制低血压用于动脉导管结扎术，肝移植无肝期体外静脉转流对血流动力学的监测，体外循环时应用搏动性灌注，小儿硬膜外麻醉等。1999年刘进等开展吸入麻醉及麻醉药分配系数的基础及临床应用研究，建立同时测定数种吸入麻醉药分配系数的实验方法；建立中国人吸入麻醉药分配系数数据库；系统而全面地研究低温和血液稀释对吸入麻醉药分配系数的影响，将洗血球机对吸入麻醉血/气分配系数的影响应用到临床，建立新的体外循环中给予吸入麻醉的方法，在国际上率先将异氟醚静脉脂肪乳剂纳入新药开发应用。吸入麻醉药分配系数的研究获国家发明专利，2005年获国家科技进步二等奖。

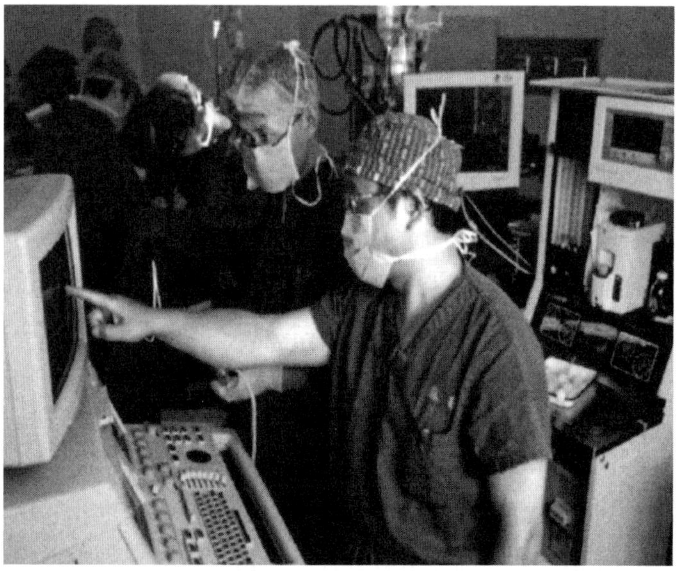

图3－18　华西医院麻醉科医务人员进行吸入麻醉操作

华西附院于2002年开展活体肝移植术的临床麻醉。2003年开展瑞芬太尼加喉罩用于短小手术麻醉及术中快速补钾。

华西妇产儿童医院于2000年开展产科全麻，从根本上解决产科疑难重症病人的麻醉。2001年将椎管内麻醉技术用于分娩镇痛，在门诊开展无痛人流及无痛宫腹镜的检查。2005年开展儿科先心病介入治疗麻醉，为儿童先心病治疗提供技术保证。

第十一节　医学检验与诊断病理学技术

一、医学检验

省人民医院1988年8月成立四川省临床检验中心，负责全省临床检验技术指导和临床检验质量控制。1989年开展生化、血液学、细菌学、免疫学等检测的室间质量评价，1996年增加生化的酶学、血脂及血气室间质量评价，2004年增加血凝试验、乙肝DNA检测、补体试验室间质量评价，建立四川省临床检验中心网站，室间质评结果实现网上传递。

华西医院2002年将检验科和分布在各临床科室的实验室进行整合，组建实验医学科，使之成为国内开展项目最多、标本检测量最大、检测技术最先进、专业设置最齐全、仪器设备最多的实验医学中心之一，其全面质量管理工作已达到美国病理学家学会（CAP）CAP认可标准，实现了与国际接轨。

（一）临床免疫学

20世纪80年代中期，华西附院、省人民医院开展免疫球蛋白的测定、抗核抗体、抗双链DNA抗体、E－玫瑰花环试验、免疫电泳和醋纤维膜电泳等。1988年，华西附院开展ELISA法检测血清总IgE，为变态反应性疾病的检测提供重要手段。1992年开展免疫印迹法检测提取性核抗体谱（ENA）。1998年引进流式细胞仪等设备，开展淋巴细胞表面标志物和细胞免疫功能检测，心肌标志物、骨代谢标志物、血清肿瘤标志物等检测。2003年开展血清可溶性细胞因子、抗胞浆抗体、自身免疫性疾病相关抗体、抗环瓜氨酸肽（CCP）抗体、抗心磷脂抗体检测和免疫抑制剂、治疗性药物浓度监测等。

（二）临床生化检验

1990年，省人民医院引进全自动全血分析仪和全自动生化分析仪，使尿酸、血糖、甘油三酯、胆固醇、尿素等实现酶法分析，ALT、AST、ALP、γ－GT、CK、HBDH、LDH等实现酶偶联分析，检测准确性进一步提高。

1992年，华西附院引进CL－1000型全自动生化分析仪（多项目）等设备，进行肝功、肾功、血脂、血糖、酶学等项目检测。以后又陆续引进7170全自动生化分析仪、OLYMPUS5400、2700、400生化分析仪、罗氏全自动生化分析仪、血气分析仪、电泳仪等，检测工作实现自动化和信息化。2000年建立血脂常规和特殊检测模式，为制定中国人群血脂预防、干预、治疗提供依据。

（三）临床微生物学

1976年，省人民医院在全省综合医院中首个建立病毒实验室，开展呼吸道病毒、肠道病毒的分离和鉴定，开展免疫荧光、免疫酶染色等快速诊断。

20世纪90年代中期，华西附院、省人民医院引进自动血培养仪、结核分析仪、全自动细菌鉴定及药敏分析仪、全自动酶标仪等先进设备，进行细菌和真菌及药敏试验与分析，甲、乙、丙、丁、戊、庚肝抗体，艾滋病、梅毒、衣原体、支原体和病原寄生虫等ELISA检测。开展临床病原生物学检测等。

（四）临床分子生物学

20世纪90年代中期，华西附院、省人民医院先后引进荧光定量PCR仪、电泳设备、凝胶成像系统、测序仪、酶标仪、高速离心机及生物安全柜等设备，开展病原微生物、移植配型、遗传病、血液病和肿瘤的分子水平诊断检测，如乙肝病毒DNA定量检测，丙肝病毒RNA定量检测，梅毒螺旋体DNA定性，沙眼衣原体和解脲支原体DNA定性检测。华西附院还开展人HLA基因测定、血液病基因分析、血友病遗传病检测、亲子鉴定等。

（五）内分泌与激素检测

1977—1987年，省人民医院开展放射免疫测定体液内分泌激素。

华西附院1986年开展放射免疫测定游离甲状腺素（FT4）、游离三碘甲腺原氨酸（FT3）、反三碘甲腺原氨酸（rT3）、甲状腺球蛋白抗体（TGAb）、甲状腺微粒体抗体（TMAb）等。1993年开展放免法检测TSH受体抗体（TRAb）等。1999年采用全自动时间分辨荧光免疫分析仪测定T3、T4、TSH、FT3、FT4等。

（六）临床血液检测与血型鉴定

省肿瘤医院1989年研究成功新型滤膜水平电泳槽肿瘤辅助诊断技术，只用一滴血即可在3—4小时内得出肿瘤检验结果。300多病例临床应用证实，该技术分辨率高，电泳重复效果好，一槽多用，经济方便，属国内领先技术，达到世界先进水平。

20世纪90年代，全省三甲医院普遍购置HST全自动血细胞分析系统，开展全血细胞常规分析、网织红细胞检测、干细胞检测、有核红细胞检测、血沉、人工白细胞分类计数、红细胞形态检查等项目。

华西附院在止凝血及溶血检测方面，拥有STA-COMPACT和STA-R全自动凝血仪和sysmex全自动凝血仪，普利生血粘度仪，Helena电泳仪和血小板聚集仪等仪器，能进行PT、APTT、FIB、TT等常规检查及其纠正试验，D-二聚体，vWF（血管性血友病因子），蛋白C，蛋白-S，凝血因子，溶血全套，血小板聚集，血液流变学等项目检查。在骨髓检测方面，拥有BDFACSCanto流式细胞仪，多头显微镜，能进行骨髓穿刺及涂片分析，骨髓细胞化学染色检查以及染色体检查，白血病及淋巴瘤免疫分型，PNH检测，干细胞计数等。在体液常规检测方面，拥有UF-100小便沉渣仪，Diasys粪沉渣仪，U-2400小便分析仪，宝灵曼小便分析仪，能进行小便干化学分析，小便沉渣分析及镜检，大便沉渣分析及镜检，隐血检查，苏丹染色，各种体液标本计数及分类检查等项目。武永康等研究设计出自助报告打印装置和标本自动编号系统，用于临床工作。

川北医附院检验科开展的多功能快速细菌培养和药敏实验、弱生物学实验检查，达到国内先进水平。

全省综合医院自20世纪80年代开始，即能开展ABO血型鉴定、Rh（D）血型鉴定、交叉配血、coombs试验、冷凝集素测定。自90年代后期起，二、三级医院均能开展免疫性抗体筛查及鉴定、成分输血等项目。

二、病理诊断

华西附院病理科 1986 年自制刀片夹，使用国产单面保安刀片制作石蜡组织切片，取代了进口刀片夹。1989 年采用 PLP 及内酮 - PLP 固定淋巴组织，常规石蜡包埋切片检测 T 细胞为主的 Lew 系列单克隆抗体 ABC 染色；采用双酶法在同一切片上显示淋巴组织中 B、T 淋巴细胞及单核组织细胞。2003 年新增免疫组织染色项目 30 余项，抗体总数达 130 多种。2005 年新增石蜡切片的天狼星红染色、肾穿刺活检标本 FN 荧光抗体检测等 10 余项新的检测诊断项目。

华西妇产儿童医院病理科 1988 年成立即开展子宫内膜冷冻切片诊断。2000 年在全国率先开展液基超薄细胞学技术和使用国际最新的子宫颈细胞学 Bethesda 报告系统。2005 年应用 PCR 技术联合导流斑点原位杂交技术检测下生殖道 HPV 感染。

省人民医院 1988 年在省内最早把免疫组化技术应用于临床病理工作，辅助外科病理诊断，为恶性肿瘤患者的放、化疗方案制定以及预后评价提供依据。2001 年在国内率先把抗体鸡尾酒技术应用于临床，解决了同步观察双抗原及实验结果误差的问题。2005 年开展代表病理细胞专业前沿水平的液基超薄细胞学技术，对宫颈癌及癌前病变检测。

三、遗传性疾病检测

1986—2005 年，华西医院医学遗传室先后开展人体染色体高分辨显带检测；用孕妇外周血作产前基因诊断（包括用孕妇干血纸片诊断胎儿性别）；用硝荃四氮唑蓝纸片法检测 G6PD 缺乏征；用地高辛配荃标记检测人类单拷贝基因；基于聚全酶链肥反应（PCR）的基因检测；基于索森印迹杂交的基因检测；多种遗传病（包括成人多囊肾病、进行性肌营养不良征等）的连锁诊断；动态突变疾病（如强直性肌营养不良、享廷顿舞蹈征）的诊断；基因变性高效液相色谱（DHPLC）的基因突变（如 β 地中海贫血，乙型血友病等基因）检测；基因多重连接酶反应（MPLA）的基因复杂缺失（包括进行性肌营养不良征、脊肌萎缩症等的缺失）检测；基因定量 PCR 技术的基因拷贝（如腓骨肌萎缩症等基因）检测。

第十二节 医学影像技术

一、介入放射治疗

省人民医院于 1986 年开始施行放射介入治疗，如消化系统、呼吸系统、泌尿系统等疾病和肿瘤灌注治疗等。1997 年在省内率先开展脑血管动脉瘤介入弹簧，钢圈栓塞治疗。2003 年开展甲状腺功能亢进性心脏病的 X 线检查，2004 年开展高原地区脂肪肝 CT 表现与生理学意义的检测和研究。

泸医附院于 1987 年采用注气造影结合呼吸活检对软组织肿块进行诊断。

省肿瘤医院于 1996 年开展经埋植式给药装置肝癌动脉、门静脉造影术。同年，川北医学院附属医院在西南地区首家建立的 DSA（数字检影系统）影像工作站投入使用。

南充市中心医院于 20 世纪 90 年代中期，开展 CT 图像逆转性重建技术用于临床，取得满意效果。同时开展 CT 定量测定颅内血肿体积技术，并用于临床治疗。

华西附院于20世纪80年代中期开展腹膜腔和腹膜后间隙的临床基础研究，1996年开展乳腺肿块立体定位穿刺检查及肝、胰腺小病灶双影CT成像检查，脊柱、骨盆、面颌CT三维重建成像。2003年以后开展肝、胰病变的螺旋CT灌注成像、MRI肝脏特异性造影的应用研究，冠状动脉的多排螺旋CT评价，主动脉病变的螺旋CT三维重建技术，肺癌的CT早期成像诊断，神经精神疾病fMRI成像研究，帕金森病和脑肿瘤的MRS研究，全脊柱一次性成像、排粪造影等技术。周翔平等在国内率先开展肝癌影像学表现的分子病理学基础研究，探讨肿瘤新生血管生成、血管分布和分化状态与肿瘤的影像学表现的相关关系；应用动态CT/MR扫描技术评价肝硬化和肝癌血流灌注和微循环特征。将上述方法综合应用，优化肝癌的影像学检查方案，显著提高了早期微小肝癌的检出率（检查356例，检出率92.6%）和定性诊断的准确率（检查356例，检出率95.8%）。

龚启勇等对功能性磁共振技术在中枢神经系统的应用，在临床和科研中综合应用多项MRI新技术，包括磁共振功能成像（fMRI）、基于体素的脑容积测定法、磁共振波谱分析（MRS）、弥散与灌注成像磁共振弥散张量成像（DTI）、磁化转移（MTS）等。这些新技术的应用为研究传统意义上的“非器质性”神经精神疾病开辟了崭新的天地，其中一个标志性的发现是IQ与单一局部脑区相关联的直接证据，并首次提出将IQ最相关脑区定位于额叶特定部位的学术观点。在肿瘤方面，波谱分析发现不同级别的肿瘤在胆碱、谷氨酸、肌醇等代谢物的含量上具有差异并与病理指标相关，从而初步确立对肿瘤恶性程度进行术前无创性评估的方法。杨志刚等引进日本先进技术，在肺癌的早期诊断方面开展研究并推动临床应用。该方法根据小肺癌的临床病理联系，对肺癌的HRCT表现进行深入研究，建立起一套利用低剂量螺旋CT进行胸部体检筛查肺癌的方法，提高肺癌早期诊断的准确率。同时，开展冠状动脉的MDCT无创评价技术。这种方法可以对冠状动脉的钙化进行积分，对狭窄程度进行评价，可以鉴别钙化和软斑块等。20世纪80年代中期，华西附院开展肝、肺、肾肿瘤的栓塞治疗，外周血管及颅面部畸形血管的栓塞治疗，属国内较早开展介入治疗的单位之一。1994年开展大肠癌血管造影及药物灌注化疗、胰腺癌血管造影及药物灌注化疗、食管狭窄球囊扩张治疗，经皮胆道引流。2003年开展支架置入治疗肠梗阻、颈动脉保护伞下支架置入术治疗颈动脉狭窄、肝癌经皮穿刺注射化疗药和无水乙醇化油乳剂及肝动脉栓塞的联合治疗。2005年开展颅内动脉瘤弹簧圈内栓塞治疗、椎体介入成形术，淋巴管癌管内化疗、肿瘤粒子置入术，基因置入治疗肝、胰、肾实体肿瘤等。

华西妇产儿童医院宁刚20世纪90年代组织研制计算机辅助骨龄测定系统用于小儿骨骼发育水平评价和判断，广泛用于儿科临床、儿童保健、儿科疾病的诊断和治疗监测。2005年，宁刚在国内第一个提出卵巢血管蒂征（ovarian vascular pedicle sign ovps）这一影像学征象，帮助鉴别盆腔肿块是否来源于卵巢，或来源于左侧卵巢或右侧卵巢。Ovps判断盆腔肿瘤为卵巢来源的敏感性为97.6%，特异性为92.7%，准确性为94.4%。

2005年9月9日，成都市二医院影像科介入室为一年逾70的老人施行下肢静脉曲张血管栓塞术，获得成功。

二、核医学检测诊断

省人民医院核医学科1985年开始开展伽马照相、SPECT检查63项，放射免疫测定激素和肿瘤标志物12个系列共65项，核素按规定治疗16项，功能测定9项，放射性药物标记制备。在这些诊治技术中，核素显像及放免分析达到国内先进水平；1992年开展的SPECT心肌灌注显像、癫痫脑血流灌注断层显像和1977—1987年开展的肿瘤标志物放免分析在省内领先。2004年，该院购置PET-CT，成立PET-CT治疗中心，在省内率先开展PET-CT的临床应用，为包括头颈部、肺、胃肠道肿瘤、妇科肿瘤、淋巴瘤等疾病的葡萄糖代谢显像，对相关肿瘤的诊断、鉴别诊断、分期、治疗后再分期、肿瘤复发鉴别和放射治疗计划的设计都提供了最先进的代谢影像资料，并率先将心肌葡萄糖代谢显像、脑葡萄糖代谢显像用于心脏疾病和神经疾病研究。由此，PET-CT和SPECT两项主力显像项目构成了完整的放射性核素显像亚专业。

华西附院于1987年引进省内第一台SPECT，1996年引进西南地区首台双探头SPECT，2000年引进全自动时间分辨荧光免疫分析仪，2002年引进电化学发光免疫分析仪。1995年，该院核医学科被批准为卫生部唯一的临床核医学科重点建设项目实施单位，同年被批准建立四川省核医学重点实验室。在检测和核素治疗方面，不少项目属国内率先开展。

（一）放射性核素功能检测

华西附院于1996年开展柱层析测定血清内源性碘化甲状腺激素。1998年首创国内放射性碘化甲状腺激素柱分析测定法，为分化型甲癌术后和131I治疗后的随访提供了新方法。

（二）核素显像诊断技术

华西附院于20世纪80年代中期开展核素显像，为国内最早开展这项工作的单位之一。

肝胆：1986年开展99mTc-PI肝胆显像，1987年开展99mTc-DISIDA的制备及其肝胆显像及胆囊功能测定及99Tc-吡哆醛色氨酸的制备及其在肝胆显像的应用，1991年开展99mTc-NGA肝受体显像，1996年开展99mTc-NGA肝T90参数显像。

心肌：1990年开展199T1心肌显像，2005年开展心肌灌注显像诊断小儿川畸病。

肾脏：1987年开展99mTc-抑肽酶的肾显像，1988年99mTc-MAG3的制备及其在肾显像中的应用，1996年开展肾脏参数显像。

甲状腺：1994年开展99mTc-MIBI甲状腺癌全身显像，2005年开展分化型甲状腺癌手术后和131I治疗后出现甲减的T4和T3联合治疗。

胃：1998年开展99mTc-硫糖铝胃显像。

淋巴：1988年开展99mTc-硫化锑胶体药盒的制备及其淋巴显像。

脑：1987年开展131I-白蛋白脑间隙显像，1991年开展131I-天018脑受体显像（为世界首创），1994年开展99mTc-HMPAO的制备及其脑血流显像的临床应用。

骨及骨髓：1987年开展血液性疾病的骨髓显像，2005年开展MIBI骨显像诊断多发性骨髓瘤。

唾液腺：2005年开展动态唾液腺显像定量测定唾液脉功能。

血液：1993年开展99mTc-DTPA-HAS的制备及其血流显像中的应用。

肿瘤：1996年开展99mTc（V）-DMSA诊断头颈部肿瘤，1999年开展肿瘤的99mTc Octceotide受体显像，2001年开展111In-DTPA-Octicetide受体显像。

（三）体外配体结合分析

华西附院于20世纪80年代中期开展人血浆强的松龙竞争性蛋白结合分析和脑脊液CAMP、CGMP浓度测定。

（四）核素治疗

华西附院于1988年在西南地区率先开展131I－MIBG治疗恶性嗜铬细胞瘤和131I治疗分化型甲癌。1991年同中国工程物理研究院合作在国内首次研制成功153Sm－HDTMP骨肿瘤治疗药物并成功用于临床。1992年率先在国内开展磷酸铬胶体滑膜切除治疗滑膜炎。1994—1995年在国内首创32P玻璃微球和放射性乳酸微球肿瘤栓塞治疗。1997年同中国核动力研究院合作在国内率先研制成功99Tc－MDP（云克），应用于类风湿性关节炎和内分泌性突眼。

三、超声诊断技术

省人民医院于1987年建立彩色多普勒超声诊断室，在省内率先开展胆囊粘膜层灰阶彩色编码诊断胆囊炎。1995年开展腹部疾病彩超检查。1996年开展超声肾结核诊断及胰腺炎诊断。1999年在亚洲率先开展具有国际领先水平的心腔内超声技术，在西南地区率先开展三维超声重建技术及超声床旁和术中监控。2001年开展超声结核性腹膜炎诊断。近年开展的乳腺癌的超声诊断及鉴别诊断准确率达90%以上，甲状腺癌诊断准确率达80%以上，急性睾丸疼痛及睾丸肿瘤诊断准确率达95%以上。2002年，在国际上首次创建心肌电机械兴奋超声评价方法和心脏传导系统解剖结构和功能超声标测方法、建立心脏多维多参数融合显像技术、创建心腔内超声引导下的希氏束直接起搏和房室结精确消融技术。2005年，实现与美国费城杰弗逊大学超声医学合作建立实验室，开展多项高新技术项目。率先在国内开展超声斑点跟踪成像技术、速度向量显像技术和融合超声显像技术等。

华西附院1987年率先在省内用B型超声诊断胎儿上消化道梗阻、胎儿消化道畸形、胎儿下消化道梗阻（经引产后得到证实）。1987年、1988年开展经直肠腔内超声检查，对36例经手术及病理证实的直肠癌患者进行分析，超声分期与Dukes病理分期的符合率为86.1%，指标与病理分期符合率为76.4%。经手术证实的直肠癌患者中，无一例假阳性。1994年开展胃排空功能超声观察。1996年开展经食道超声心电图检查，彩色多普勒检测糖尿病指向动脉血流、超声检测脑出血、脑梗塞及脑血栓颈动脉中层内膜厚度及血流变化，直肠双平面探头经直肠检查前列腺、精囊膀胱和盆腔疾病，彩超外周血管检查。2003年开展活体肝移植术中及术后超声监测、Mammotome乳腺微创旋切系统术前自制金属钩针定位、超声引导下肝脏肿块快速活检、超声引导下乳腺肿块术前注射美兰定位。2005年开展颈动脉血管弹性的测定，肝移植的超声造影、活体肝移植的超声监测，乳腺癌及淋巴结的超声造影、胃超声造影。上述超声诊断技术均为四川率先开展。1986年，华西附一院儿科超声室开展小儿川崎病多平面超声心动图，为临床诊断小儿川崎病提出重要依据。

华西妇产儿童医院1989年在应用超声对胎儿生长发育评估的基础上开展对宫内胎儿畸形进行产前系统筛查，在全省内推行胎儿超声分级检查，即常规检查、系统检查、针对性检查，使全省产科超声检查技术逐步规范化、标准化，提高了胎儿畸形的产前检出率。1992年开展经阴道超声检查，对妇科盆腔肿瘤、宫外孕等超声诊断准确率达95%以上。1994年运用彩色多普勒频谱检测胎儿脐动脉和母亲子宫动脉血流频谱的检测，用于评价胎儿宫内缺氧与生长发育异常。1996年开展小儿先心病介入治疗的术前、中、后超声监测，保证心脏介入手术的安全性。2003年开展新生儿颅脑及小儿血管超声的诊断，超声符合率达90%以上。以上技术均为国内率先开展。

重医附二院1992年研制成功超声图像定量分析诊断仪并用于临床。王志刚、贺正才等用研制的DFY－I型超声图像定量分析诊断仪，对人体心、腹、妇产、小器官、骨骼等12种组织结构回声图像进行具体的回声强度检测，获得正、异常分贝、灰阶的最大、最小和平均值进行统计学分析。使由仅可鉴别 8－16 灰度级的人眼的经验判断的诊断方法，提升到明显提高分辨率的以量化参数为基础的统计分析，使超声图像的定性诊断首次进入定量诊断，使结果更为客观。1993 年开展骨骼与骨关节疾病的 B 超成像技术用于临床诊断。

四、激光治疗技术

省人民医院于 20 世纪 80 年代中期用 He－Ne 激光照射治疗褥疮、术后伤口感染、附件炎、淋巴结炎、颞颌关节紊乱；激光手术治疗宫颈炎、尿道肉阜、基底细胞癌、黄疣、血管性肉芽肿、去除纹身、甲下疣、附耳、外阴白色病损；YAG 激光治疗鼻黎氏区出血、口唇舌血管瘤、膀胱镜下治疗膀胱癌、直肠息肉等。

华西附院激光科于 20 世纪 80 年代中期先后开展激光切除甲状腺瘤及骨肿瘤，激光包皮环切术，激光间质内热疗法治疗良性、恶性肿瘤，激光治疗肛肠疾病和各类血管瘤，静脉曲张，小儿遗尿症，眼底病，鼻咽部疾病，皮肤病、性病等。

重医附院、成都军区总医院、川北医附院、泸医附院等多所医院都开展了激光治疗。

第三章 医政管理

第一节 医疗准入管理

一、机构准入

省卫生厅于1988年7月印发《四川省社会办医管理办法》，1995年3月印发《四川省医疗机构设置规划设想（试行）》，省人大常委会于1994年出台《四川省医疗机构管理条例》。继后，省卫生厅印发《医疗机构登记注册工作的有关规定》，规定各级各类医疗机构的设置应符合医疗机构设置规划和医疗机构基本标准，经过审批、登记，取得“医疗机构执业许可证”后方能开业。

随着社会经济的发展和人民生活水平的提高，医疗美容服务成为部分人群的需要。为促进医疗美容服务健康发展，卫生监督机构按照《医疗机构基本标准》和《医疗美容服务管理办法》的要求，对申办单位进行严格审查，坚持按条件、按程序办理。华美整形美容医院、大华医学美容中心、大华整形美容医院、四川西婵整形美容医院、四川米兰美容外科医院、绵阳整形美容医院等6家医学美容机构，在登记注册前都接受了选址、房屋条件、人员资质、仪器设备、布局流程、医院感染、污水污物处理等方面的审查，医学美容从业人员均具备执业医师资格证、执业证和美容主诊医师资格证。2003年，全省开展美容主诊医师资格考试，经对1200余名考生初审，取消13名不具备报考要求的考生资格；经考试，给合格的783名人员发放了“美容主诊医师资格证”。美容主诊医师涉及美容外科、眼科、耳鼻喉科、妇科、美容牙科和中医美容等类别。

二、人员准入

20世纪80年代中期，贯彻执行国家规定医疗、护理执业人员必须取得正规医药院校毕业证书或国家自学考试委员会医学考试合格并获得初级卫生技术职务资格，试用期满后，才能独立进行诊疗、护理工作。1994年6月，省卫生厅根据《中华人民共和国护士管理办法》制发《四川省护士管理办法实施细则》。1995年6月25日，省卫生厅首次组织护士执业考试，全省9912名考生，考试合格者，在卫生行政部门登记注册，再由医疗单位聘用上岗。此后，每年组织护士执业考试，形成制度。1997年12月8日，省卫生厅制发《四川省乡村医生管理办法（试行）》，对乡村医生实行执业准入制度。1998年6月，国家颁布《中华人民共和国执业医师法》。从1999年起，全省每年组织执业医师资格考试。至2005年，共有18.95万人参加考试，合格比例在35.5%左右。2005年8月，省卫生厅下发《关于进一步加强医疗机构和医师、护士执业准入审批及监督管理的通知》，严把医师、护士执业资格关。

三、技术准入

从90年代起，省卫生厅结合单病种质量管理工作，提出医疗技术分级管理办法，规定一、二、三级医院允许开展的医疗业务范围。各级各类医院设置新科目，开展新业务、新技术，必须报省卫生厅审批。

加强对医疗专项技术服务的准入管理。医疗专项技术服务主要包括性病诊疗，人类辅助生殖技术，医疗机构制剂室，各类治疗中心，各类防治中心等。开展医疗专项技术服务必须得到相关部门批准。至2005年底，省直管的综合医疗机构全部取得性病诊疗专项许可；华西妇产儿童医院、省生殖卫生学院附属医院取得卫生部颁发的“人类辅助生殖技术批准证书”，省妇幼保健院、成都市锦江区妇幼保健院、成都市妇产科医院、攀钢总医院、绵阳市中心医院、自贡市妇幼保健院取得省卫生厅颁发的“人类辅助生殖技术批准证书”。2005年5月，省卫生执法总队根据群众举报，对成都市计划生育指导所在未取得“人类辅助生殖技术批准证书”的情况下擅自设置精子库，开展人工授精治疗不孕症的问题进行了查处。

四、设备准入

1997年11月27日，省卫生厅印发《四川省医疗卫生机构仪器设备管理办法》，规定仪器设备实行统一归口管理，分级负责，责任到人。县及县以上医疗卫生机构设置职能管理部门，其他医疗卫生机构配备专职管理人员，并有一名领导分管仪器设备管理工作。单价在1万元以上的仪器设备购置计划的审批权限，实行分级管理。1998年3月25日，省卫生厅制发《四川省大型医用设备配置和应用管理办法》，对价值100万元以上的大型、精密、贵重仪器设备的配置、应用和上岗人员实行“三证”即“大型医用设备配置许可证”“大型医用设备应用质量许可证”“大型医用设备上岗人员技术合格证”专项管理。力避质量低劣医用设备的进入。对该报废的仪器设备坚决予以报废，确保仪器设备技术指标的准确和运转的安全。

第二节　医院分级分类管理

一、医院分级管理

1989年11月，卫生部颁发《医院分级管理办法》，医院按功能、任务不同，分为三级十等，一、二级均分为甲、乙、丙三等，三级分为特、甲、乙、丙四等，实行分级管理。

1990年9月，全省医院评审委员会成立，评审试点启动。1992年4月，省人民医院、华西附院、重医附院被评为全省首批三级甲等综合医院。从1994年起，全省开始第一评审周期的医院等级评审。

1995年3月，省卫生厅印发《四川省医疗机构设置规划设想（试行）》。按照统一规划、合理布局、控制总量、调整结构、加强农村、稳定城市、健全专科、中西医并重、均衡发展、完善功能、提高效益的指导思想，全省规划设置三级医院47所，二级医院400所。

1995年，省卫生厅印发《四川省卫生厅医院评审复查暂行办法》，对已评定级医院每三年进行一次复查，有问题的限期整改，或降级，或撤销等级。内江市第一人民医院1999年批准三级乙等医院，2000年因发生医疗事故被黄牌警告，经整改，一年后复查合格恢复三级乙等医院级别。隆昌县医院和该县中医院2001年发生遗弃病人事件被摘牌，整改一年后，经复查合格，重新确认县医院二级甲等和县中医院二级乙等的医院等级。

至2005年，经过两个周期评审，全省共评审医院459所，评出三级甲等（以下简称“三甲”，余类亦同）25所，三乙22所；二甲127所，二乙209所，二丙2所；一甲46所，一乙27所，一丙1所。

1990—2005年四川省医院评审统计表

表3—16　　单位：所

分组名称	医院					
	合计	其中				
		综合医院	中医医院	中西医结合医院	民族医院	专科医院
总　计	1154	793	168	16	21	156
三级	47	30	8	2	—	7
三级特等	—	—	—	—	—	—
三级甲等	25	18	2	2	—	3
三级乙等	22	12	6	—	—	4
三级丙等	—	—	—	—	—	—
二级	338	222	91	1	1	23
二级甲等	127	94	26	0	1	6
二级乙等	209	127	65	1	—	16
二级丙等	2	1	—	—	—	1
一级	74	65	5	1	—	3
一级甲等	46	41	2	1	—	2
一级乙等	27	23	3	—	—	1
一级丙等	1	1	—	—	—	—
其他	696	476	64	12	20	123

说明：本表不含驻川部队医院

2005年四川省三级甲等医院名录表

表3—17

序号	医院名称	管辖单位	医院种类	审批部门	审批时间	批准文号	备注
1	四川省人民医院	四川省	综合医院	省卫生厅	1992－04－14	川卫医发〔1992〕15号	
2	华西附院	卫生部	综合医院	省卫生厅	1992－04－14	川卫医发〔1992〕15号	

续表3—17

序号	医院名称	管辖单位	医院种类	审批部门	审批时间	批准文号	备注
3	泸州医学院附属医院	四川省	综合医院	省卫生厅	1993-03-02	川卫医发〔1993〕17号	
4	成都市第三人民医院	成都市	综合医院	省卫生厅	1993-03-02	川卫医发〔1993〕17号	
5	四川省肿瘤医院	四川省	专科医院	省卫生厅	1995-03-01	川卫医发〔1995〕12号	
6	成都医学院附属医院	成都市	综合医院	成都军区卫生部	1996-12-30	—	
7	绵阳市精神卫生中心	绵阳市	专科医院	省卫生厅	1997-03-21	川卫医发〔1997〕21号	
8	华西口腔医院	卫生部	专科医院	省卫生厅	1998-02-16	川卫医发〔1998〕4号	
9	绵阳市中心医院	绵阳市	综合医院	省卫生厅	1999-03-22	川卫医发〔1999〕16号	
10	华西妇产儿童医院	卫生部	妇产儿童专科医院	省卫生厅	1999-03-22	川卫医发〔1999〕16号	
11	川北医学院附院	四川省	综合医院	省卫生厅	2000-02-15	川卫医发〔2000〕6号	
12	成都市第二人民医院	成都市	综合医院	省卫生厅	2000-02-15	川卫医发〔2000〕6号	
13	宜宾市第二人民医院	宜宾市	综合医院	省卫生厅	2002-04-26	川卫办发〔2002〕40号	
14	南充市中心医院	南充市	综合医院	省卫生厅	2002-04-26	川卫办发〔2002〕40号	
15	遂宁市人民医院	遂宁市	综合医院	省卫生厅	2003-03-25	川卫办发〔2003〕44号	
16	达州市中心医院	达州市	综合医院	省卫生厅	2003-03-25	川卫办发〔2003〕44号	
17	德阳市医院	德阳市	综合医院	省卫生厅	2003-03-25	川卫办发〔2003〕44号	
18	攀枝花钢铁有限责任公司职工总医院	攀钢总公司	综合医院	省卫生厅	2003-03-25	川卫办发〔2003〕44号	
19	攀枝花市中心医院	攀枝花市	综合医院	省卫生厅	2003-03-25	川卫办发〔2003〕44号	

2005年四川省三级乙等医院名录表

表3—18

序号	医院名称	管辖单位	医院种类	审批部门	审批时间	批准文号	备注
1	成都铁路医院	成都铁局	综合医院	省卫生厅	1996-01-30	川卫医发〔1996〕12号	
2	自贡市第一人民医院	自贡市	综合医院	省卫生厅	1999-03-22	川卫医发〔1999〕16号	
3	自贡市第四人民医院	自贡市	综合医院	省卫生厅	1999-03-22	川卫医发〔1999〕16号	
4	内江市第一人民医院	内江市	综合医院	省卫生厅	1999-03-22	川卫医发〔1999〕16号	因医疗事故取消三乙级别，整改后，2002年批准恢复

续表3—18

序号	医院名称	管辖单位	医院种类	审批部门	审批时间	批准文号	备注
5	乐山市第一人民医院	乐山市	综合医院	省卫生厅	1999－03－22	川卫医发〔1999〕16 号	
6	凉山州第一人民医院	凉山州	综合医院	省卫生厅	1999－03－22	川卫医发〔1999〕16 号	
7	攀枝花市第三人民医院·攀枝花市精神卫生中心	攀枝花市	专科医院	省卫生厅	1999－03－22	川卫医发〔1999〕16 号	
8	广元市人民医院（中心医院）	广元市	综合医院	省卫生厅	2000－02－15	川卫医发〔2000〕6 号	
9	雅安市人民医院	雅安市	综合医院	省卫生厅	2000－02－15	川卫医发〔2000〕6 号	
10	内江市第二人民医院	内江市	综合医院	省卫生厅	2002－04－26	川卫办发〔2002〕40 号	
11	宜宾市第一人民医院	宜宾市	综合医院	省卫生厅	2002－04－26	川卫办发〔2002〕40 号	
12	简阳市人民医院（资阳市第二人民医院）	资阳市	综合医院	省卫生厅	2003－03－25	川卫办发〔2003〕44 号	
13	广安市人民医院	广安市	综合医院	省卫生厅	2004－07－08	川卫办发〔2004〕171 号	

通过医院分级管理评审，全省基本建立起卫生行政部门对医院以分级管理为内容和医院对科室以综合目标管理为内容的标准化管理体系。医院分级管理后，医院收费标准适当拉开差距。对连续三年不申报评审或不符合“基本标准”的医院，一律列为等外医院，无级无等的医院价格下浮 20%。

2005 年 6 月 16 日，针对医院等级区域规划脱离实际、片面追求上等上级、过分追求硬件建设、忽略质量管理和内涵建设等问题，省卫生厅、省中医药管理局下发通知，全省暂缓医院等级评审工作。

二、医院分类管理

2000 年 7 月，卫生部等五部、委、局出台《关于城镇医疗机构分类管理的实施意见》，将医疗机构划分为非营利性和营利性医疗机构两大类。非营利性医疗机构为社会公众利益服务，不以营利为目的；营利性医疗机构服务所得，可作为投资者的经营回报。政府不举办营利性医疗机构；一个医疗机构中不得存在非营利性和营利性两种性质。

2000 年 12 月，全省开始对城镇医疗机构实行分类管理。医疗机构分类定性后，不同性质的医疗机构执行不同的政策。非营利性医疗机构执行政府规定的医疗服务指导价，享受相应的税收优惠政策；营利性医疗机构放开医疗服务价格，依法自主经营，照章纳税。政府举办的非营利性医疗机构享受同级政府给予的财政补助，主要任务是提供基本医疗服务并完成政府交办的其他任务。营利性医疗机构根据市场需求，自主确定医疗服务项目，报登记注册的卫生行政部门核准。当发生重大灾害、事故、疫情等特殊情况时，各类医疗机构均有义务执行政府指令性任务。

2002 年，省卫生厅发文，对全省政府举办的非营利性医疗机构与其他组织或个人合资合作、承包设立非独立法人资格的“科室”“中心”“项目”等进行清理。至 2005 年末，全省共有非营利性医疗机构 8998 个，其中政府举办的非营利性医疗机构 6043 个，其他非营利性医疗机构 2955 个；营利性医疗机构 1.42 万个。非营利性医疗机构有病床 18.50 万张，医疗卫生人员 18.91 万人，总资产 40.06 亿元；营利性医疗机构有病床 8126 张，医疗卫生人员 3.38 万人，总资产 9.04 亿元。见表 3—19。

2005 年四川省营利性与非营利性医疗机构基本情况统计表

表 3—19

医疗机构性质	机构数（个）	床位数（张）	卫生人员（人）	房屋面积（平方米）	万元以上设备（台）	总资产（万元）
合计	23178	193146	222943	29068589	75546	4096414.1
非营利性	8998	185020	189147	23641026	72617	4006015.9
营利性	14180	8126	33796	5427566	2929	90398.2

第三节　医疗质量管理

一、制度管理

20 世纪 80 年代中后期，为提高医疗质量，保障医疗安全，全省公立医院开始恢复首诊负责制，进一步健全人员岗位责任、三级医师查房、三级医师负责、分级护理、疑难病例讨论、会诊、危重患者抢救、术前讨论、死亡病例讨论、交接班等基本医疗制度。

20 世纪 90 年代，根据卫生部《医院工作制度补充规定》《县医院管理规范》《医院护理质量标准及常用护理技术操作规程》等规范性文件，全省各级各类医院着力建立健全质量保证体系，配备专兼职人员负责医疗质量管理工作。1994 年，全省医疗单位开始实行医疗质量目标管理。各医院结合医疗工作实际，制定质量管理的目标、指标、计划、措施、效果评价、评价标准、质量信息反馈机制和控制、监督、考核、奖惩等制度。实行全员参与，责任到人，把医疗质量管理渗透到医院每项工作中，与每个医护人员、管理人员的责、权、利挂钩，医疗质量评价结果作为个人奖励、晋升、工资浮动和聘用的主要依据。年终，各级卫生行政部门对所辖单位的目标管理进行考核检查，兑现奖惩。

1997 年，全省医疗系统在争创优质服务十佳医院活动中，进一步健全医疗服务制度，并深入开展医疗服务思想教育，把制度建设与强化服务意识、改善服务态度、转变服务作风紧密结合。省医院、华西附院、成都市三医院、绵阳市精神卫生中心、简阳市人民医院等 5 所医院被评为全国“百佳医院”；华西口腔医院、省肿瘤医院、广元市人民医院、德阳市人民医院、内江市二医院、泸医附院、成都市六医院、宜宾市一医院、达川市人民医院、雅安地区医院 10 所医院被评为全省“十佳城市医院”；彭州市人民医院、三台县医院、大竹县医院、泸州市纳溪区医院、眉山县医院、旺苍县医院、荣县医院、广汉市医院、喜德县医院、射洪县医院 10 所医院被评为全省“十佳县级医院”；成都市青白江区弥牟镇卫生院、德阳市旌阳区孝泉镇卫生院、安岳县通贤镇卫生院、邻水县丰禾中心卫生院、安县秀水中心卫生院、剑阁县白龙镇中心卫生院、宜宾市翠屏区西郊卫生院、乐山市五通桥区金山卫生院、巴中市曾口中心卫生院、南部县王家中心卫生院10所卫生院被评为全省“十佳乡镇卫生院”。

2005年，全省医院开展“医院管理年”活动。省卫生厅先后印发《四川省医院复查及管理评价标准（试行）》《住院病历质量评分标准》《医疗机构临床合理用药暂行规定》等6个文件，制定和完善医疗市场准入、医疗市场监管、医疗质量评价、医疗质量信息公示、医疗投诉管理、执业管理、医务人员质量考评等制度。

二、病案管理

1994年，省卫生厅把病历书写纳入医疗质量目标管理重要内容，每年年终进行检查。

2002年1月，省卫生厅成立四川省病案质量监控委员会，主要负责对全省病案质量监控与评价，制定有关病案管理的规范、规定，开展病案质量管理培训，发布病案质量评价结果、临床诊疗、病种费用等信息，组织研发及评价病案管理、医疗质量控制的软件等。下设专家组和办公室，专家组负责病案技术指导、咨询和论证工作，办公室（挂靠在省人民医院）负责委员会和专家组日常工作，执行卫生部和国家中医药管理局制定的《医疗机构病历管理规定》和《病历书写基本规范（试行）》。三级医院设病案科，二级医院设病案室，基层医疗机构配备兼职人员。建有门（急）诊病历档案的，门（急）诊病历档案由医疗机构保管；没建门（急）诊病历档案的，门（急）诊病历档案由患者保管。患者在住院期间，其住院病历档案由所在病区集中保管，患者出院后，由医疗机构的专门部门或专（兼）职人员集中、统一保存与管理。为提高病案管理人员业务水平，四川省医院管理协会与省医院协作，举办了多期病案管理培训班，至2005年，培训病案管理专业人员1000余人。

2005年9月，省卫生厅印发《四川省住院病历质量评分标准》，进一步规范病历首页、入院、病程、检查、手术、查房、出院等记录的书写标准。

完善病历档案编号查阅制度。对病历档案，除涉及对患者实施医疗活动的医务人员及医疗服务质量监控人员外，其他任何机构和个人不得擅自查阅患者病历档案。因科研、教学需要查阅病历，需经患者就诊的医疗机构有关部门同意，阅后须立即归还，并不得泄露患者隐私；患者本人或其代理人、死者近亲或其代理人、保险机构需要复印或复制病历资料，必须经过申请并提供有关证明材料；医学会医疗事故鉴定和公安、司法机关因办理案件需要查阅、复印或复制病历资料，必须有医学会和公安司法机关的法定证明及执行公务人员的有效身份证件。发生医疗事故争议，需封存病历档案时，必须有患者或其代理人在场。封存的病历档案由医疗机构负责医疗服务质量监控的部门或专（兼）职人员保管。

实行病案微机化管理。省人民医院1996年研发出医院病案信息管理网络软件，1997年自主研发foxpro工具软件，用于病案统计。1999年将前30年的病案进行缩微，改变了纸质病案单一存储模式。2000年研发《icd－10电子词典应用》，为中国病案管理委员会推广，在全国近500家医院应用。2002年开发病案借阅系统。2004年开发全国病案质量评审系统。2005年进一步升级病案管理系统，增加疾病检测、儿童死亡、儿童出生缺陷等功能，开发门诊药库、药房和发药、划价、收费等系统，并在乐山市人民医院、省妇幼保健院推行。

三、检验管理

1988年8月，四川省临床检验中心在省人民医院成立。该中心1989年开展生化、血液学、细菌学、免疫学检测全省室间质量评价，参加单位259个；1994年新开展血站室间质量评价，参加单位增加到295个；1996年增加生化酶学4项、血脂2项及血气室间质量评价项目；2004年增加血凝试验、乙肝DNA检测、补体试验室间质量评价项目，参加单位352个；2005年参加室间质量评价实验室达到412个。其研制成功的“血红蛋白质控物”，被卫生部临床检验中心用作全国室间质量评价，大量用于全省质量控制；其研制的“临床酶学质控物”应用于全省室间质量评价活动；其开展的“提高四川省乙型肝炎病毒血清标志物检验质量研究”，对提高全省乙型肝炎病毒血清标志物检验质量发挥了重要作用。该中心2002年制定的《凝血因子活性测定总则》（WS/T220－2002）成为卫生部颁布的卫生行业标准。为贯彻落实《微生物和生物医学实验室生物安全通用准则》《医疗废物管理条例》和《实验室生物安全通用要求》等规定，2002—2004年对各级医疗机构实验室人员进行培训。

2003年省人民医院临床基因扩增实验室通过卫生部临床检验中心验收，成为全国第三家通过该项验收的实验室，标志着临床基因诊断实验室进入规范化管理。2005年《四川省乙肝标志物检测技术规范》《四川省血细胞分析操作技术规范》《临床微生物检验药敏试验操作规范》制定出台。

图3－19　华西医院重组后的实验医学科

华西医院于2002年重组实验机构，设置临床微生物、临床生化、临床免疫、临床药理、临床血液、临床分子、输血与血库、激素检测等实验室，统一管理、统一技术标准及检验检测项目标准，既提高了功效和检验质量，又方便了病人。至2005年，实验医学科各检验室之间实现了快速、安全的连接和信息数据传输与查询，成为国内设计最先进、功能最齐全的实验室信息系统（LIS）。

第四节　医疗事故管理

1987年6月29日，国务院颁布《医疗事故处理办法》，规定医疗事故分为省、市、县三级鉴定。省卫生厅据此制定《四川省医疗事故处理办法实施细则》，并于1988年1月成立四川省医疗事故鉴定委员会，负责全省医疗事故鉴定的组织领导和再次鉴定工作。

1997—2000年，省医疗事故鉴定委员会共鉴定195起案例，其中1997年22例，1998年32例，1999年76例，2000年65例。在195例案例中，发生在外科、妇产科、麻醉、眼科、五官科的手术治疗案例137例，约占总鉴定数的70%。195起案例中鉴定为医疗事故的48起，占25%；鉴定为非医疗事故的147起，占75%。48起医疗事故中，一级医疗事故21起，占44%；责任性医疗事故8

起，占17%。见表3—20。

1997—2000年四川省省级医疗事故鉴定统计表

表3—20 单位：例

年份	总例数	事故等级数										非事故
		一级责任	一级技术	二甲责任	二甲技术	二乙责任	二乙技术	三甲责任	三甲技术	三乙责任	三乙技术	
1997	22	1	3	0	3	0	0	0	1	0	1	13
1998	32	1	1	0	2	0	1	1	1	0	1	24
1999	76	0	5	1	1	0	2	0	2	0	3	62
2000	65	2	8	2	1	0	1	0	2	0	1	48
合计	195	4	17	3	7	0	4	1	6	0	6	147

2002年4月4日，国务院颁布《医疗事故处理条例》，规定卫生行政部门不再组织领导医疗事故鉴定工作，改交医学会负责。卫生行政部门接到医疗机构关于重大医疗过失行为的报告或者医疗事故争议当事人要求处理医疗事故争议的申请后，对需要进行医疗事故技术鉴定的，交由医学会组织鉴定；医患双方协商解决医疗事故争议，需要进行医疗事故鉴定的，由双方当事人共同委托医学会组织鉴定。当事人对首次医疗事故技术鉴定结论持有异议，申请再次鉴定的，由省医学会组织再次鉴定。当事人既向卫生行政部门提出医疗事故争议处理申请，又向人民法院提起诉讼的，卫生行政部门不予受理；卫生行政部门已经受理的，终止处理。

2002年5月，四川省医疗事故技术鉴定工作办公室（以下简称省医鉴办）在省医学会成立。省医鉴办负责全省医疗事故技术鉴定的再次鉴定和人民法院委托的未经首次鉴定的案件鉴定，对市（州）医鉴办进行工作指导。随后，建立由副高以上职称、任职3年以上的专业人员组成的专家库。全省首届专家库成员累计5313人（含法医150人），其中省医鉴办专家库成员633人（含法医44人）。市（州）医鉴办可联合共享专家库资源。为保证鉴定质量，医鉴办采取多种形式培训专家库专家，全省专家库专家培训率达90%，每一案件鉴定前培训率达100%。2002年5月至2005年底，省医鉴办共召开市（州）医鉴办工作培训会5次。

坚持按程序进行医疗事故鉴定。从接受委托—受理—随机抽取专家—鉴定，到送达鉴定书，共设置24个工作程序。专家由医患双方在医学会主持下从专家库中随机抽取，鉴定组人数为单数。涉及的主要学科的专家一般不少于鉴定组成员的二分之一。涉及死因、伤残等级的，另从专家库中随机抽取法医参加专家鉴定组。鉴定组成员与医疗事故争议当事人或当事人的近亲或与医疗事故争议有利害关系，可能影响公正鉴定的，实行回避。医疗事故鉴定实行合议制。鉴定组在事实清楚、证据确凿的基础上，综合分析患者的病情和个体差异作出鉴定结论，制作医疗事故技术鉴定书。鉴定结论以专家鉴定组成员的过半数通过，由鉴定专家组组长签发。鉴定过程如实记载，其鉴定的有关资料保存期限不得少于20年。卫生行政部门对医疗事故技术鉴定结论进行审查，符合医疗事故处理条例规定的，作为对发生医疗事故的医疗机构和医务人员处理及进行医疗事故赔偿调解依据。不符合医疗事故处理条例的应当重新鉴定。

从2002年9月1日正式实施《医疗事故处理条例》起，至2005年底，全省共受理医疗事故鉴定申请2140件，实际鉴定1881件，鉴定为医疗事故的824件，其中省医鉴办处理的分别为420件、363件、150件；全省鉴定出的医疗事故的级别和例数，一级222例，二级50例，三级350例，四级172例，其中省医鉴办鉴定的分别为55例、12例、71例、12例。全省无涉疑医疗事故鉴定公开、公平、公正性的投诉。省医鉴办无因程序错误而重新鉴定的案例。中华医鉴办对四川省案件的终极鉴定受理率处于较低状态。见表3—21。

2002年9月至2005年12月四川省医疗事故鉴定统计表

表3—21　　单位：例

分级	受理总数	鉴定总数	事故总数	非事故数	医疗事故级别和例数			
					一级	二级	三级	四级
合计	2140	1881	824	1057	222	50	350	172
市州级	1720	1518	674	844	167	38	279	160
省级	420	363	150	213	55	12	71	12

第五节　血液管理

1993年9月，省卫生厅印发《采供血机构和血液管理办法实施细则》，省血液质量管理委员会成立。1993—1995年，全省对采供血机构依法进行整治：一是统一规划血站；二是统一划片管理血源；三是统一管理采供血，防止交叉采供血；四是把好检测关，实行进口试剂和国产试剂双检测，杜绝经输血传染疾病，特别是艾滋病毒的传播；五是加强领导，责任到人。

四川率先在全国实行定点划片采供血管理。各采供血机构只能采集血站区域内的血源，各地临床用血只能用本地区血站采集的血液，严禁收购非对口单位的原料血浆。为防止供血者重复供血/供浆，血站和单采血浆站分开设置，全部实行机械单采血浆。1995年3月，省卫生厅组织检查组分赴全省39个血站督查，对存在问题，或警告、或责令停业整顿。1996年制定《四川省采供血机构验收标准》，对全省41个采供血机构逐一验收。1997年，卫生厅对经查实的中江县血站和德阳市中心血站违规跨区采血，按《四川省采供血机构和血液管理办法实施细则》，进行通报、罚款、没收非法所得、对主要责任人行政处分的处理。通过一系列整治措施，供血、供浆员丙肝发病率从30%降到3%以下（正常水平）。

1997年12月29日《中华人民共和国献血法》（以下简称《献血法》）颁布，四川省人大常委会于1998年8月30日制定《四川省公民献血条例（修正案）》。同年成立四川省献血领导小组，副省长李进任组长。全省宣传、卫生和媒体联合开展《献血法》宣传。德阳、自贡两市分别投入68万元、48.5万元改造血站、购买采血车。成都市紧紧围绕“三个转移、一个延伸”（即由指令性计划献血向街头无偿自愿献血转移；由公民一次献血200毫升向一次献血400毫升转移；临床输用全血向成分输血、自体输血转移；无偿献血工作从城市向农村延伸）的工作目标，在狠抓无偿献血计划落实、建立“爱心流动血库”的同时，大力强化血液监督管理机制。1998年全省临床用血的无偿献血比例达到20%，2000年达到50%，2005年达到98%。贯彻实施《献血法》前，全省最高年采血量为35吨，单采血浆410吨；贯彻《献血法》后，最高年采血量达到80吨，单采血浆达820吨以上。参加无偿献血人数逐年增多，血液质量也逐年提高。

2000年6月，南江县沙河区卫生院因不规范采供血导致群体性艾滋病病毒感染疫情。卫生厅及时向卫生部和省政府报告，并立即制定疫情防治预案，派工作组前往南江县指导落实防控措施，做感染者和家属工作。两次拨出专项经费42万元对感染者治疗，并帮助该县建立艾滋病初筛实验室。通过努力，把疫情控制到了最低程度。

2003年6月，建立以省卫生厅为中心，覆盖全省各血站、血浆站、献血办和各市（州）、县级医疗机构输血科或血库的网络管理系统，加强对采供血机构的监督管理。

第四章　基本医疗

基本医疗是指职工在患病时，能以其当前所能提供的、能支付得起的、适宜的治疗技术。它包括基本药物、基本服务、基本技术和基本费用等内容。

第一节　诊疗人次

1986—2005 年，全省医疗机构门诊、住院情况见表 3—22、表 3—23、表 3—24。

1986—2005 年四川省医院诊疗人次统计表

表 3—22　　单位：人次

年份	总诊疗	卫生部门	综合医院	门、急诊人次	卫生部门	综合医院
1986	114655294	53861668	42473035	111917111	53215152	41943147
1987	120505889	64246531	44100391	117517489	63432512	43536470
1988	113657414	62439917	41724290	110838027	61581300	41124571
1989	109837853	60064100	39292156	106272582	58990094	38674521
1990	113503965	63933614	40311328	110358642	62998336	39739695
1991	119172336	70718372	41838428	115501457	69414158	41260558
1992	112840153	68159222	39475759	109876164	67009301	38887589
1993	101579601	62200219	35995716	98922617	61158431	35559496
1994	94478221	58461807	34463280	91446211	57087835	33415554
1995	92444695	57748235	32844998	90575215	53419182	30518181
1996	89703245	57510303	32781016	87019651	55557186	32144390
1997	67325554	46960554	28707745	63770318	44099925	26407052
1998	68332123	49206963	31641823	62223444	43984972	26612819
1999	64997912	46485460	29495980	59994421	42708618	25936839
2000	63128771	44817437	27212455	60256604	43348649	26363861
2001	62335689	45007701	26504590	59915271	43752407	26504590

续表3—22

年份	总诊疗	卫生部门	综合医院	门、急诊人次	卫生部门	综合医院
2002	68395974	53562423	33286621	65191359	51393287	32503065
2003	69500020	54998063	33964505	66472015	52799387	33117080
2004	69773639	56648153	35653692	67328803	54811735	34805713
2005	73311838	59078991	37921451	71061467	57561202	37005043
合计	1789480186	1136109733	709689259	1726458868	1098323692	686060234

说明：1. 本表（含下表）统计的“医院”含妇幼保健院、专科疾病防治院数据；
2. 1997 年以前统计数据含今重庆市的数据（下同）；
3. 2002 年以前综合医院不含高等院校附属医院（表 3—23 同）

1986—2005 年四川省医院住院人次统计表

表 3—23　　单位：人次

年　份	住院人数	卫生部门医院	综合医院	每百门、急诊入院人数
1986	1970469	1402629	1218446	1.76
1987	2143487	1577625	1313578	1.82
1988	2127943	1566022	1266075	1.92
1989	2109643	1562040	1240315	1.99
1990	2148634	1597515	1247500	1.95
1991	2173932	1656961	1262084	1.88
1992	2089377	1600296	1205676	1.90
1993	2118697	1608834	1204424	2.14
1994	2103926	1604689	1191073	2.30
1995	2157396	1649702	1212849	2.38
1996	2168766	1664626	1214370	2.49
1997	1685104	1318176	973709	2.64
1998	1818616	1424852	1018343	2.92
1999	1925362	1541765	1152454	3.21
2000	1973388	1580883	1150899	3.27
2001	2121643	1710518	1265551	3.54
2002	2317451	1933524	1429830	3.56
2003	2479775	2106759	1509067	3.73
2004	2727713	2282065	1664720	4.05
2005	2913120	2474348	1829149	4.10
合计	43274442	33863829	25570112	—

四川省不同年份医疗机构和县及县以上医院医疗服务情况统计表

表 3—24

分　类	1985 年	1990 年	1995 年	2000 年	2005 年
全省医疗机构诊疗人次（亿次）	2.71	2.63	2.70	1.50	1.47
其中：县及县以上医院	1.06	1.11	1.11	0.60	0.55
内：卫生部门综合医院	0.40	0.40	0.30	0.30	0.38
全省医疗机构入院人数（万人）	365.10	415.40	466.30	357.90	467.50
其中：县及县以上医院	184.50	212.30	214.10	196.00	196.00
内：卫生部门综合医院	118.10	124.70	121.30	114.90	184.80
县及县以上医院：	—	—	—		
平均病床周转次数（次）	20.70	19.80	14.80	17.90	25.26
平均病床工作日（日）	235.80	231.60	239.00	219.20	274.10
平均床位使用率（%）	64.30	63.50	65.50	60.10	75.10
出院平均住院日（日）	10.50	10.80	15.00	11.50	10.09
出院平均治愈率（%）	67.60	66.20	64.30	66.00	51.71
出院平均好转率（%）	27.10	28.80	31.00	30.00	43.94

第二节　服务模式

一、门（急）诊服务

为解决门诊“三长一短”（即候诊、取药、交费时间长，应诊时间短）问题，全省各医院全方位改革门诊服务项目、时间、流程，增设挂号窗口，开设专科门诊、专家门诊、预约门诊、便民门诊。针对农民到大城市大医院找知名专家看病难的问题，普遍采取门诊增设挂号窗口、增加专家诊断室，优化流程，延长服务时间等措施，方便患者。省人民医院、华西医院等还建立了名老专家会诊中心。华西医院 2005 年专科门诊达到 167 种，诊断室 220 个。多数医院实行中午不休息连续门诊、节假日照常门诊制度。加强急诊科建设，配备技术强、业务精的专职队伍，增加抢救设备，健全和完善急诊工作制度。引进国外急诊先进管理理念，采用红、黄、绿区分急诊轻、中、重区，采取不同处理程序救治病人，及时、准确抢救危重病人。

二、家庭病床

1985—1992 年，全省医疗机构共设家庭病床 3.94 万张，撤床病人 22.01 万人，撤床病人诊疗 433.79 万人次。其间，最高年份的 1990 年，全省设家庭病床 6516 张，相当于新建 65 所 100 张病的医院。

1992 年后，家庭病床逐步纳入城市初级卫生保健范围，1998 年起，正式作为城市社区卫生服务内容。

1985—1992 年四川省医疗机构设立家庭病床情况表

表 3—25

年　　份	年末家庭病床（张）	撤床病人诊疗人次	撤床病人数
1985	6352	872569	45243
1986	5071	637753	34370
1987	5248	593339	29872
1988	5330	574713	28962
1989	4466	461573	22483
1990	6516	464293	22463
1991	3598	388938	19427
1992	2819	344771	17295
合计	39400	4337949	220115

说明：“撤床病人”是指居民家庭中设立的家庭病床撤除时的病人

三、特需医疗服务

在保证社会人群基本医疗需求的前提下，全省县以上医院先后开展了特需医疗服务。1994 年 3 月，省卫生厅制定《四川省特需医疗服务实施意见》，规定特需服务的范围与内容：美容、康复、健身、正畸、整形、减肥、药膳等保健康复服务；健康长寿、优生优育、营养指导等专项技术咨询服务；非急性疫情的家庭、单位消杀灭（即消毒、杀虫、灭害）服务；特殊服务门诊、特殊服务病区；特邀会诊、特邀院外出诊、特邀手术、特邀专家指导手术、特邀全日专护、特邀计时专护、特邀家庭计时专护；节假日非急诊手术、检查；定额外加急手术、检查；非国家投资的医疗服务设施和高、新技术设备开展的服务；外籍人员的医疗卫生服务以及由需方自主提出的其他服务。1992 年 3 月，省第三人民医院设置高级知识分子病床 100 张，省委书记杨汝岱到院剪彩。成都市二医院开设老年日托门诊，方便群众。华西职业病医院设置临终关怀科，对病人开展临终关怀服务。1999 年 12 月，华西医院开办“国际金卡医院”，设病床 56 张，实行会员制，服务对象主要是外籍人士、高级知识分子和本地的高收入群体。病人可预约就医，医院开展全程导医、诊治疾病、健康体检、健康咨询、康复等多项优质服务，并提供上门出诊和 24 小时急诊服务。至 2005 年，会员超过 2000 人。

四、医疗网络服务

20 世纪 90 年代，省人民医院、华西附院等用微机对公费医疗、大病统筹、社会保险病人实行微机管理，网上结算。1999 年 4 月在省人民医院开通西南地区首家远程会诊中心，请北京协和医院、北京医科大学、解放军总医院的专家网上会诊。2001 年，华西医院建立覆盖中国西部大部分地区的华西远程医学网络，入网医院达 100 余家，覆盖四川、云南、贵州、重庆、西藏、青海、甘肃、陕

图 3-20 华西医院远程会诊中心向网络医院——四川省泸县第二人民医院授牌

西等省（直辖市、自治区）的 90 余个地区。至 2005 年，通过华西远程医学网络为边远地区培训医务人员 13 万余人次，为边远地区医院 2000 多例疑难病进行远程会诊，开展教学 1000 多个小时。2003 年 8 月，省医院网络中心开通，内有医生工作站、护士工作站、门诊挂号、财务收费、药房取药、临床、医技和后勤保障、行政管理等十多个网络运行子系统，终端工作站达到 600 个站点；对外开展医疗会诊咨询，指导基层医院开展医疗服务。成都市在“十五”末至“十一五”初，各城区社区卫生服务中心对病人的医疗服务，从门诊挂号、医生医疗诊断、处方、划价、收费、取药等，逐步实现了网络化服务。至 2005 年，全省二级以上医院基本建立起医疗远程会诊、治疗平台，医学远程教学平台，医疗费用结算平台，医院电子病历管理、应用平台，医疗卫生统计信息化建设平台；县合作医疗网结算平台；三级医院基本建立起电子病历、数字化临床检验、数字化医学影像、医生和护士工作站等平台。

五、医务公开

公开服务收费。在显著位置设置电子触摸屏、电子显示屏、公式栏、价目表等，公示医疗服务、常用药品和主要医用耗材价格供病人选择。2001 年 11 月，省人民医院、华西医院等 59 所医院开展住院病人医疗费用清单制试点；2003 年 1 月，全省二级以上医院全面实行住院费用清单制，每天将药品、医用耗材和医疗服务的名称、数量、单价、金额等通过一定的方式告知病人，并在患者出院时提供详细的总费用清单。各医院还建立费用审核和争议处理机制，自主规范，自主控制，防止错、乱、漏收费。为患者提供费用查询手段，建立投诉处理制度，及时受理、处置患者投诉。至 2003 年底，全省 448 所二级以上医院，有 404 所医院实行住院费用清单制，实行比例达 90%。

发布医疗信息。2001 年 1 月、4 月和 2002 年 4 月、8 月，省卫生厅先后 4 次向社会发布部分医疗机构医疗信息。参加首次医疗机构信息发布的有省人民医院、华西医院等 16 家医疗机构，发布的信息包括医疗机构的基本信息和急性单纯性阑尾炎、单胎顺产等 5 个单病种信息。2002 年 4 月 23 日发布的第一季度部分医疗机构医疗信息，包括以下内容：1. 本次发布的医疗信息由 14 所综合医院（三级医院 6 所，二级医院 8 所）和 8 所专科医疗机构提供。2. 门诊费用、平均住院日及住院费用情况：14 所综合医院平均每一门诊诊疗人次费用最高为 191.59 元，最低为 59.04 元；平均住院日最长为 20.95 天，最短为 9.1 天；每一出院者住院医疗费用最高为 7450.00 元，最低为 2212.30 元。3. 单病种费用及平均住院日：胆囊结石伴慢性胆囊炎：平均每一出院者住院医疗费用最高为 5265.00 元，最低为 3349.00 元；平均住院日最长 13.07 天，最短为 6.48 天。急性单纯性阑尾炎：平均每一出院者住院医疗费用最高为 2570.14 元，最低为 1456.00 元；平均住院日最长为 7.8 天，最短为 4.65 天。子宫肌瘤：平均每一出院者住院医疗费用最高为 4798.67 元，最低为 3202.08 元；平均住院日最长为 12.46 天，最短为 6.62 天。支气管肺炎：平均每一出院者住院医疗费用最高为 1681 元，最低为 357

元；平均住院日最长为8.6天，最短为3.8天。单胎顺产：平均每一出院者住院医疗费用最高为1772.00元，最低为1140.00元；平均住院日最长为7.5天，最短为3.59天。2003年1月13日，省卫生厅发文通知在全省范围内开展医疗信息发布工作，规定医疗信息发布由各市（州）卫生局负责实施，根据医院级别、类别，原则上每季度发布一次，发布的基本内容包括医疗机构基本情况、医疗质量与费用信息、病种质量信息等，发布的对象包括非营利性和营利性医疗机构。至2003年底，成都、资阳、广元、乐山、遂宁、自贡、德阳、南充、达州、内江、雅安、广安、眉山、巴中、凉山、绵阳、宜宾、泸州、攀枝花19个市（州）发布了医疗信息。

第三节　城市医疗

1992年12月，卫生部在深圳召开全国城市初级卫生保健规划研讨会。1994年12月，省城市初级卫生保健委员会（以下简称省初保委）在重庆召开城市初保工作会，确定重庆市渝中区和攀枝花市东区、西区为全省城市初保试点城区。三个试点城区分别于1995年和1996年经省初保委终期审评，达到合格标准。

1996年，省初保委确定成都市青羊区和凉山州西昌市为试点城区。

1997年8月，省初保委在攀枝花市召开全省城市初保工作会议，印发《四川省城市实现“2000年人人享有卫生保健”规划目标审评方案（试行）》，副省长李进对在全省开展城市初保工作进行动员。至1998年，全省有40余个市（区）进行试点。

1998年5月4日，省卫生厅就“关于继续在试点地区实施以社区卫生服务为中心的城市初级卫生保健工作”向卫生部请示。同月15日，卫生部批复同意四川省继续在试点地区实施以社区卫生服务为中心的城市初级卫生保健工作。

1998年8月31日，省城市社区卫生服务领导小组成立。各市（州）、县（市、区）亦成立相应机构。2000年，副省长李进担任领导小组组长，省级11个相关部门负责人担任副组长和小组成员。之后，随人事变动，城市社区卫生服务领导小组组长先后由副省长蒋巨峰和刘晓峰担任。省里先后确定在攀枝花市和成都市试点，成都试点得到英国政府的指导和资助。

按《四川省卫生资源配置标准》，确定和调整社区卫生服务机构的布局和数量。一般以街道办事处或若干居民小区为基本社区范围设置社区卫生服务中心。有医疗卫生机构的社区，重点调整公立基层医疗机构的结构和功能，转成社区卫生服务中心；没有卫生机构的社区，在区域卫生规划框架内，根据社区的实际需要，新建社区卫生服务中心；社区卫生服务中心服务区域过大的，下设卫生服务站；新建、改建社区卫生服务中心和社区卫生服务站的，由当地卫生行政部门规划、审批。见表3—26。

社区卫生经费投入，实行由政府财政定额补助和政策性补偿及社会筹资补充的政策。定额补助实行定额与定项结合的办法。定额：政府按社区卫生服务人口每人每年不低于5元财政预算拨款；定项：社区卫生服务机构提供的准公共卫生服务、基本建设及房屋维修、设备购置等，政府财政纳入预算；政策性补偿：贫困救助、政府指令性任务、处理突发性事件造成的医疗欠费等，由财政补偿。通过政府财政预算、医疗卫生服务收费、税费减免等政策，保证社区卫生服务机构可持续发展。

对城市贫困和弱势人群及流动人员实施专项救助。“十五”期间，全省落实救助项目总资金 1986 万元，其中医疗救助资金 1200 万元，救助贫困人群 2.3 万人，人均 521.74 元。

四川省不同年份社区卫生服务机构统计表

表 3—26　　单位：个

年份	1998	1999	2000	2001	2002	2003	2004	2005
机构数量	1	11	48	94	149	282	387	454
中心	0	10	27	50	71	107	131	179
站	1	1	21	44	78	175	256	275
逐年增长量	—	10	37	46	55	133	105	67
定基比	—	—	4.4	8.6	13.6	25.6	35.2	41.3

说明：定基比以 1999 年的机构数量为基础确定

社区卫生实行预防、医疗、保健、康复、健康教育、计划生育技术服务“六位一体”的综合服务，为广大居民提供综合、连续、方便、经济、可及的服务；重点满足妇女、儿童、老年人、慢性病人、残疾人、低收入居民等重点人群的基本医疗卫生服务需求，据统计。2005 年，全省社区卫生服务中心开展健康教育的占 97.5%，免疫接种的占 79.8%，慢性非传染性疾病管理的占 89.5%，传染病预防与控制工作的占 87.8%，孕产妇保健工作的占 82.8%，儿童保健工作的占 76.1%，康复服务的占 89.1%，计划生育服务的占 72.3%，中医药服务的占 87.4%，建立居民健康档案的占 90.0%（个人建档率达 90%，家庭建档率达 80%）。

1998—2005 年，全省社区卫生服务机构为社区居民提供门、急诊服务 630.9 万人次，上门服务 45.9 万人次，计划免疫服务 92.1 万人次；管理高血压患者 9.7 万人次、糖尿病患者 5.5 万人次；开展儿童保健 27.1 万人次，孕产妇保健 16.9 万人次；建立居民个人健康档案 235.3 万份，参加健康教育讲座达 95.3 万人次。普遍开展了延伸服务，如成都市推进“慢病防治、骨质疏松防治、均衡营养促进、残疾康复、中医药服务”五大健康促进进社区。据调查，2005 年，成都市社区门诊费用和住院费用分别为 50 元/人和 1334 元/人，为二、三级医院的 45% 和 24%。

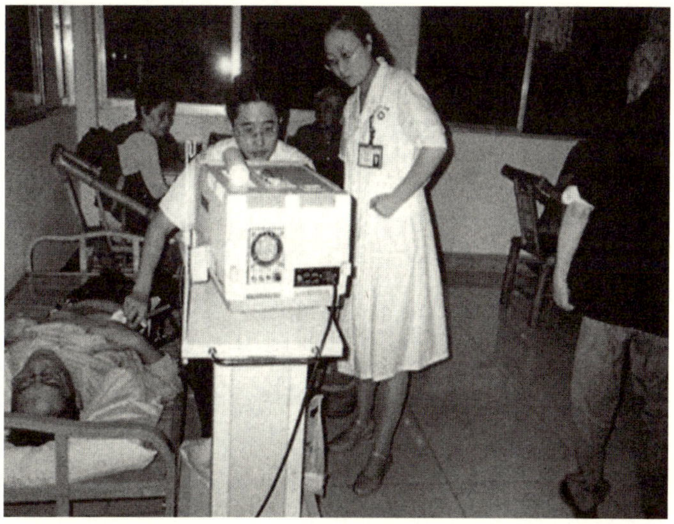

图 3－21　成都市社区卫生服务中心医生入户为病人做 B 超检查

针对城市社区医疗卫生服务的特点，加强以全科医师为主的队伍建设。巩固、完善全科医学教学基地，强化培训内容。加强培训全科医学师资。省市两级培训机构由 17 个教学点、21 个临床培训基地和 24 个社区培训基地组成，负责对骨干、医师、护士和管理人员培训。成都等 16 个市建立了培训站。依托省卫生管理干部

图 3－22　2005 年成都市玉林社区卫生服务中心通过 ISO 9001 认证

学院设立省全科医学培训中心，在华西医学中心建立全科医师规范化培训中心。实行培训计划、大纲、教材、考试、颁证全省统一。加强社区卫生服务人员上岗培训。加强管理干部现代医学管理、社区卫生服务、全科医学等新知识、新理论的培训。至 2006 年，系统培训社区卫生服务机构管理人员、卫生骨干和护士 520 人，慢性病防控适宜技术培训 398 人，全科医生 325 人，654 人经考试合格取得全科医师岗位培训证。各市（州）培训各类社区卫生服务人员 2600 余人次。

加强社区卫生服务管理，规范社区卫生服务行为。1998 年，省卫生厅先后制发《四川省卫生厅关于社区卫生服务试点工作的实施意见》《四川省试点地区社区卫生服务站管理办法》《四川省试点地区社区卫生服务站工作任务和内容》；1999 年印发《四川省贯彻国家 10 部委〈关于发展城市社区卫生服务若干意见〉的实施意见》；2001 年转发卫生部关于《城市社区卫生服务机构设置原则》等 3 个文件，制定《四川省社区卫生服务机构设置标准》等 6 个配套文件及《四川省城市社区卫生服务工作质量标准》；2005 年，制定《四川省 2005 年城市社区卫生服务目标工作的实施意见》《四川省城市社区卫生服务目标考评方案》《四川省社区卫生护理管理工作规范》等规范性文件，确保社区卫生服务工作沿着规范化、制度化、科学化的轨道发展。

2005 年开展创建国家和省级社区卫生服务示范区活动，南充市顺庆区，成都市武侯区、青羊区，攀枝花市东区，绵阳市涪城区被卫生部、民政部、国家中医药管理局定为全国社区卫生服务示范区。

第四节　农村医疗

一、农村卫生机构

（一）乡镇卫生院

1985 年，全省有区乡镇卫生院 7446 所，床位 77575 张，人员 97157 人，其中卫生技术人员 86974 人。

2005 年末，全省有乡镇卫生院 5166 所，床位 5.73 万张，卫生技术人员 6.20 万人，其中执业医师/执业助理医师 3.28 万人，注册护士 8892 人，分别占全省床位、卫生技术人员、执业医师/执业助理医师、注册护士总数的 29%、31%、36%、16%。每千农业人口拥有乡镇卫生院床位 0.68 张、乡村医师和卫生员 1.06 人。4589 个乡镇卫生院纳入了社会保障体系，占全省乡镇卫生院的 89%；1791 个乡镇实行了乡村医疗卫生服务“一体化”管理，占全省村级医疗卫生服务机构的 36.8%。

1986—2005年四川省乡镇卫生院医疗业务统计表

表3—27

年份	诊疗人次	入院人数	床位周转次数	床位使用率（%）	出院者平均住院日
1986	160917040	1878479	25.6	39.5	5.3
1987	166295585	2081637	28.0	42.4	5.1
1988	156274321	2000489	27.2	41.4	5.2
1989	148873353	1950834	25.9	39.5	5.2
1990	149537943	2005886	26.5	38.7	5.0
1991	154731223	2131849	28.1	39.4	4.8
1992	143860070	2008333	27.1	37.4	4.7
1993	134950022	2222211	28.5	34.9	4.2
1994	115852372	2085855	27.9	36.1	4.2
1995	119838466	2304791	30.0	37.9	4.0
1996	141591537	2173100	27.0	34.0	4.0
1997	105645744	1701920	28.0	32.0	4.0
1998	95389876	1644622	28.0	30.0	4.0
1999	87473611	1603798	27.0	30.0	4.0
2000	84758217	1604976	26.0	30.0	4.0
2001	88060950	1638662	27.0	30.0	4.0
2002	75281605	1532762	26.7	29.3	3.6
2003	72754127	1625567	31.4	36.9	4.0
2004	70266378	1629807	30.1	36.0	3.9
2005	69597953	1713131	31.3	38.7	4.1

说明：1997年前统计数据含今重庆市的数据

（二）村卫生站（点）

1985年，全省农村有卫生站（点）的村61393个，占行政村总数75561个的81.25%。乡村医生和卫生员114338人，平均每个村有乡村医生和卫生员1.5个，平均每个乡村医生和卫生员服务人口为761.3人。20世纪80年代中期，村级卫生组织实行“三自一包”，即办医形式群众自选，乡村医生、卫生员群众自聘，医药减免群众自己商定，村卫生站（所）承包给乡村医生、卫生员经营。80年代后期，全省村级卫生组织出现了村办、乡村医生集体办、个人办等多种形式。2005年末，全省有村卫生室48565所，卫生人员78811人，其中，执业医师/执业助理医师8344人，占全省执业医师/执业助理医师总数的9%；乡村医生66688人，卫生员3779人。设立卫生室的村占行政村总数的96.78%，高于全国85.8%的平均水平。全省平均每千农（牧）业人口乡村医生和卫生员1.06人，与全国1.05人的水平相近。

1985—2005 年部分年份四川省不同年份农村村卫生室数及办医形式统计表

表 3—28

年份	村卫生室个数（个）						设卫生室的村占村总数比例（%）
	合计	村办	乡卫生院设点	联合办	私人办	其他	
1985	67874	14148	4360	7242	40640	1484	81.25
1990	70942	10608	3967	7705	47352	1310	81.20
1995	72016	14727	3930	8360	44115	884	83.84
2000	49496	13687	2114	6060	27167	468	83.59
2005	48565	22981	1256	3936	18848	1544	96.78

说明：1985 年、1990 年、1995 年数据含今重庆市的数据

2005 年四川省村级医疗卫生人员统计表

表 3—29　　单位：人

人员名称	医疗卫生人员分布					
	合计	村办	乡卫生院设点	联合办	私人办	其他
执业（助理）医师	8344	3659	293	699	3627	66
乡村医师	66688	33394	2020	5310	24218	1746
卫生员	3779	2000	248	98	1214	219
合计	78811	39053	2561	6107	29059	2031

2005 年四川省村卫生室医疗服务统计表

表 3—30

服务项目	各种办医形式的服务数量（人次）					
	合计	村办	乡卫生院设点	联合办	私人办	其他
诊断治疗	89367721	40633734	1838448	7151710	37990750	1753079
孕产妇检查	301732	155290	4838	9587	87924	44093
接生	79970	43232	5068	2878	26044	2748
儿童疫苗接种	5651525	2619519	191097	308835	2166460	365614

1992 年 3 月 28 日，省卫生厅印发《四川省农村卫生站管理办法》，规定每个村原则上设一个卫生站，人口多、经济条件允许的，可在卫生站下设卫生室。卫生人员报酬不低于本村民办教师或村干部副职水平，经费从村集体提留或业务收入中解决，同时明确卫生站、甲级卫生站标准。1998 年 12 月 21 日，省卫生厅印发《关于加强村级卫生机构建设的意见》，重新修订村卫生站标准。

图 3－23 规范化建设后的都江堰市玉堂镇村卫生站

二、农村卫生技术人员

1985 年全省农村卫生技术人员为 114338 人，1996 年为 121098 人，1997 年重庆直辖后为 89914 人，2005 年为 70467 人。1990—2005 年全省农村卫生技术人员数量见表 3—31。

1990—2005 年四川省农村卫生技术人员数量统计表

表 3—31 单位：人

年份	乡村医生和卫生员			平均每村乡村医生和卫生员	每千农业人口乡村医生和卫生员	农村接生员
	合计	乡村医生	卫生员			
1990	109893	44201	65692	1.44	1.19	25652
1991	114080	48936	65144	1.51	1.23	25123
1992	117397	51397	66000	1.55	1.27	25800
1993	121079	62314	58765	1.61	1.31	22976
1994	118996	68001	50995	1.57	1.28	23785
1995	120681	72140	48541	1.59	1.30	19118
1996	121098	75578	45520	1.60	1.30	17596
1997	89914	60082	29832	1.64	1.31	12643
1998	90788	60933	29855	1.66	1.32	12164
1999	90638	63423	27215	1.66	1.32	11106
2000	88538	65334	23204	1.61	1.29	9744
2001	86380	65714	20666	1.57	1.27	8971
2002	67059	61356	5703	1.22	0.99	14712
2003	67460	61428	6032	1.23	1.00	13435

续表3—31

年份	乡村医生和卫生员			平均每村乡村医生和卫生员	每千农业人口乡村医生和卫生员	农村接生员
	合计	乡村医生	卫生员			
2004	69170	64019	5151	1.30	1.04	5941
2005	70467	66688	3779	1.40	1.06	6853

说明：1. 1997 年以前统计数据包括重庆数据；
2. 2000 年以前行政村数据来源于《四川省卫生统计年报表》，2000—2005 年行政村数据来源于四川省民政厅年报数据

2000 年全省各市（州）农村卫生技术人员数量见表 3—32。

2000 年四川省各市（州）农村卫生人员数量统计表

表 3—32　　单位：人

	总计	乡村医生	农村卫生员	农村接生员	平均每村乡村医生卫生员数
总计	98282	65334	23204	9744	1.62
成都市	6460	4813	1190	457	1.31
自贡市	2942	2734	183	25	1.97
攀枝花市	509	339	156	14	1.15
泸州市	5326	3884	1065	413	1.72
德阳市	3261	2376	765	120	1.61
绵阳市	5494	3515	1360	619	1.41
广元市	5308	3463	1568	277	1.99
遂宁市	4835	2958	1355	522	2.02
内江市	4469	2928	1045	496	1.91
资阳市	5159	3554	772	833	1.53
乐山市	3320	2388	809	123	1.36
眉山市	4528	2939	1093	496	1.73
宜宾市	7223	4460	2392	371	2.30
南充市	10802	7236	2225	1341	1.64
达州市	9199	5369	3428	402	2.39
雅安市	1105	737	291	77	0.93
阿坝藏族羌族自治州	1526	1036	189	301	0.93
甘孜藏族自治州	787	624	86	77	0.34
凉山彝族自治州	4907	2192	799	1916	0.87
广安市	5088	3217	1359	512	1.58
巴中市	5998	4572	1074	352	2.44

三、农村初级卫生保健

1978年9月，世界卫生组织在阿拉木图召开国际初级卫生保健大会，发表《阿拉木图宣言》。1979年，世界卫生大会确认这个宣言，并制定实现其目标的全球策略规划。1981年，世界卫生大会通过这个规划，要求各会员国相应制订规划目标和组织实施。1986年，中国政府明确表示对这一目标的承诺。1988年10月6日，国务院总理李鹏进一步阐明实现“人人享有卫生保健”是2000年中国社会经济发展组成部分。

1983年11月25日，中国政府同联合国开发计划署签订支援初级卫生保健的EPR/83/PO5号《项目文件》，四川灌县（今都江堰市）为全国6个农村卫生示范县之一，1984年1月起实施，规划期3年。主要内容：疾病防治；县、乡、村三级医疗卫生网业务建设；卫生事业发展目标：卫生人员培养；房屋、设备及医院床位。1987年，省卫生厅将其纳入第三批“卫生事业三分之一重点县”建设，从资金、设备、技术方面给予支持。县、乡、村三级建立初级卫生保健委员会（简称初保委）或领导小组，设立办事机构；制定《初级卫生保健战略规划》《初级卫生保健指标体系和指标值》等文件；在各乡、村建立疾病监测点，开展疾病监测；建立“医疗卫生信息中心”。在政府各有关部门的支持和配合下，对乡、村卫生组织整顿、建设，改水、改厕，落实各项预防保健措施。1987年，县组织对“项目”执行情况进行综合评价，多数指标达到规划要求，世界卫生组织官员现场考察，得到认可。

1989年6月14日，初级卫生保健试点工作正式启动，邛崃等29个县（市、区）为试点县。1990年9月21日，省政府印发《关于加强初级卫生保健工作的通知》，要求各级政府提高认识，加强领导，搞好初级卫生保健工作。1991年1月9日，省初级卫生保健委员会（简称“省初保委”）成立，副省长韩邦彦任主任委员，卫生厅厅长殷大奎等6人为副主任委员，36个省级部门负责人为成员。省初保委下设办公室（简称“初保办”）和省初保专家咨询组。1991年3月4日，省政府在成都开召四川省初保暨卫生工作会议，省长张皓若致开幕词，卫生部部长陈敏章、世界卫生组织驻华代表基恩出席会议并讲话。副省长韩邦彦在《以初级卫生保健为大目标，大力抓好农村卫生工作》的报告中，对全面开展初保工作进行动员部署。省初保委先后印发《四川省农村实现〈2000年人人享有卫生保健〉的规划目标》《初级卫生保健工作管理程序》《2000年人人享有卫生保健评价标准》《四川省农村实现〈2000年人人享有卫生保健〉规划目标的最低限标准》等文件。省政府为初保达标县设立了奖励资金。

1992年4—5月，省初保委组织审评组对25个初保试点县（市、区）进行审评（甘孜、阿坝、凉山三州的4个县推后审评）。审评结果：25个试点县（市、区）中，22个县（市、区）达标，3个县基本达标。同年6月，南充地区的武胜县被卫生部等五部委采取随机抽样的方式抽中作为复核审评县，代表四川25个试点县接受国家复核审评。经复核，达到《2000年人人享有卫生保健》最低限标准，实现了规划目标提出的试点阶段全省要有10%的县率先达标的要求，四川被评为全国表彰的12个初保达标先进省之一。

1993年2月27日，省政府在成都召开四川省初保试点阶段目标审评总结表彰暨初保普及阶段动员会议，全面部署普及阶段工作。普及阶段的90个县（市、区）经省初保委分期分批组织审评，均达到合格标准。

1993年5月，为减轻农民负担，农业部受权宣布取消43项“达标”升级活动，初级卫生保健达标、农村合作医疗卫生工作达标等被取消，农村初保工作受到一定影响。

1994 年 3 月，省八届人大常委会第八次会议听取和审议副省长李蒙代表省政府所作的《关于四川省初级卫生保健工作的情况汇报》，并作出《关于初级卫生保健工作的决议》，要求各级人大常委会依法加强对初级卫生保健工作的监督。泸州市、德阳市和宜宾、珙县、宣汉、安岳、新都、金堂、苍溪、重庆市沙坪坝区、成都市龙泉驿区、泸州市市中区、万县市天成区等县（市、区）相继召开人大常委会，听取和审议初级卫生保健工作。

1997 年 2 月，省政府在成都召开四川省初级卫生保健普及阶段达标审评总结表彰暨农村合作医疗工作会议，再次部署初保全面发展阶段的工作任务。1998 年 11 月 30 日，省初保委转发卫生部关于进一步做好农村初级卫生保健工作的通知，要求已经达标的，做到工作不断，机构不撤，人员不散，将工作重点放在巩固初保成果、发展初保内涵建设上，对薄弱环节采取措施，促使初保工作平衡发展；尚未达标的，要进一步动员，加强领导，提高认识，真正重视初保工作。

1998 年 2 月，新都县、安岳县、南充市高坪区、绵阳市涪城区被评为全国《2000 年人人享有卫生保健规划目标》普及阶段先进县（市、区），受到卫生部表彰。

2000 年 10 月底，全省 161 个县达到或基本达到“规划目标”低限标准，占全省 177 个农业县（市、区）总数的 90.96%。2002 年底，全省 177 个农业县全部达到国家初保低限标准。

2002 年 10 月 16 日，成都市新都区、苍溪县、米易县、眉山市东坡区、乡城县、大竹县、峨眉山市 7 个县（市、区）被评为全国农村初保先进集体，张祖芳等 16 人被评为全国农村初保先进个人。

2003 年 1 月 2 日，省卫生厅等五厅局联合对都江堰市、宜宾县、三台县、华蓥市、荣县、达县、米易县、巴州区、泸县、石棉县、广汉市、丹棱县、苍溪县、安岳县、蓬溪县、理县、威远县、白玉县、峨眉山市、喜德县、阆中市 21 个县（市、区）和 183 名个人予以表彰。

为继续推进农村初保工作，2003 年 7 月 29 日，省政府根据卫生部等七部委局印发的《中国农村初级卫生保健发展纲要（2001—2010 年）》精神，印发《四川省农村初级卫生保健规划（2001—2010 年）》，并制定了以下措施：成立四川省初级保健工作协调组及办事机构；广泛宣传教育，在全省开展全国九亿农民健康促进行动；培训管理干部、技术队伍和群众骨干；增加农村卫生投入；各级政府对初保工作“三纳入”“四到位”，即纳入当地社会经济发展规划和奔小康工程，纳入政府目标考核，纳入党政干部任期目标管理责任制，做到认识、领导、责任、管理到位。

图 3－24　甘孜藏族自治州得荣县达初保低限标准评审汇报大会召开

全省农村初保工作取得一定成效。政府对农村卫生投入大幅提高。2000 年，财政安排的卫生事业费占财政支出比例超过 5% 的县达 168 个，占全省农业县总数的 95%。农村卫生服务体系进一步加强。2000 年，全省行政村 54570 个，有村卫生站（室）49492 个，卫生站覆盖率达 90.69%。

农民健康状况显著改善。儿童计划免疫、“四苗”（即脊髓灰质炎活疫苗、麻疹活疫苗、卡介苗、百白破混合制剂）接种率上升到87%以上，新法接生达90%以上；婴儿死亡率由1990年的68.4‰降至2000年的43‰，孕产妇死亡率由160.1/10万降至88.2/10万；法定报告传染病总发病率由342/10万降至216/10万；碘缺乏病、地氟病、血吸虫病、大骨节病、克山病等五种地方病患病率均达到“规划目标”低限标准。农村居民卫生条件有所改善。农村居民饮用安全卫生水（或清洁水）的普及率平均在90.51%以上；卫生厕所（或清洁厕所）的合格率平均在24.5%以上，由饮水、厕所引发的传染病，特别是肠道传染病大幅度减少。农村合作医疗稳步推行。全省有148个县、465个乡（镇）、3315个行政村开展了合作医疗试点，参加人员248万多人。

四、农村合作医疗

四川省农村合作医疗产生于20世纪50年代，70年代全省90.1%的生产大队办起了合作医疗。80年代初期，农村实行家庭联产承包责任制后，合作医疗因失去集体经济的支撑而走向低谷，当时全省仅有2.6%的村坚持办合作医疗。

1985年5月，卫生部、省卫生厅与美国兰德公司合作，华西医科大学、省干院参加，在简阳、眉山两县选点进行农村健康保险试点研究。实验在3个乡、26个村、4万多名村民中进行，1988年10月开始，1990年10月结束。保险金由个人和集体共同筹集、国家在预防保健方面给予减免。入保村民在乡卫生院、村卫生站看病按规定比例交付个人负担部分，在乡卫生院或转诊到区、县医院住院，均可报销医药费的50%—70%。实验结束后，健康保险的经验在两县试验区外的10多个乡推广。成都、重庆部分医院引伸用于病人住院健康保险。至1990年，全省10%的村恢复了合作医疗。

1992年，省卫生厅结合简阳、眉山两县健康保险试点经验，印发《四川省农村合作医疗保健制度试行办法》，明确经费主要由农村集体组织和农民群众个人筹措与缴纳，其数额原则上每人每年不低于当地人均收入的1%，有条件的地方可适当提高。乡（镇）村企业职工不低于职工工资总额的4%。筹缴经费专款专用，用于预防、保健、医疗服务的补偿不低于80%，用于管理的费用和提留储备金（风险金）均不高于10%。

1997年12月30日，省计划委员会、省民族事务委员会、省卫生厅、省财政厅、省农业厅、省民政厅、省扶贫开发办公室联合印发《关于发展和完善农村合作医疗制度的实施意见》，要求各级政府坚持发展和完善农村合作医疗民办公助原则，建立个人投入为主，集体扶持，政府适当支持的统筹机制。个人投入每人每年一般不少于10元，村提留要有一定数额用于合作医疗，乡镇企业和其他乡村集体经济的收入按1%—3%的比例提取专项资金用于合作医疗。为获得经验，先在6个县试点。1997年底试点县达到34个。至1998年5月，全省有12个市（地）的20

图3－25　叙永县叙永镇农民群众观看新型农村合作医疗宣传专刊

个县启动了合作医疗，入保农民125万人。实行合作医疗的县占全省农业县（市、区）的11.36%。

2003年6月，省委、省政府印发《关于进一步加强农村卫生工作的意见》，召开全省首次新型农村合作医疗试点工作会议，启动都江堰、彭山、武胜、叙永和金阳5个县（市）新农合试点，2005年试点县增至21个县（市），覆盖农业人口1096万人，占全省农业人口总数的16%，参加人数635.74万人，参合率59.62%。

试点开始后，省委、省政府和省级有关部门制定了一系列相关办法、制度和规定，如农村医疗救助、合作医疗省级补助、合作医疗基金财务管理暂行办法、合作医疗诊疗服务项目范围、合作医疗基本用药目录、合作医疗定点医疗机构管理办法、合作医疗公示制度、合作医疗信息化建设等。各市（州）根据本地实际制定了合作医疗报销、监督管理等制度，确保合作医疗工作健康发展。

试点中，各地围绕"农民参加自愿、资金使用放心、享用服务满意"三个关键，不断探索和完善新农合制度的运行机制和监管机制。为解决"看病贵"问题，各地普遍采取了以下措施：一是实行定点医疗机构竞争申报，择优选定；二是建立专家评审制度，对各医疗机构发生的医疗费用随机抽调专家按月评审，遏制大处方、大检查、乱收费行为；三是结算补偿实行医疗机构垫付制度，让定点医疗机构承担违规费用风险；四是加强监督管理，严格执行《基本用药目录》和《基本诊疗目录》规定，控制医药费用。许多试点县在大病补偿的基础上，还对重症病人和贫困户提高补偿比例，或者实行二次补偿。有的试点县（市）对参加合作医疗的特别困难农民实行无"门槛"报账补偿。据统计，2005年全省农村医疗救助达95.90万人次，其中资助参加合作医疗78.50万人次，救（资）助资金6160万元。参加合作医疗的农民对"新农合"制度表示满意或基本满意。据都江堰市调查，农民满意率达94.61%；收缴合作医疗款，2003年耗时3个月，2004年为1个半月，2005年为20天。

2004年和2005年，中央和省财政共投入8.35亿元，为2595所乡（镇）卫生院和18个县医院添置基本设备。

五、卫生支农

1986年，省卫生厅发文，规定省级医疗卫生机构中凡取得师以上技术职称及医技科室士以上职称的各类卫生技术人员，男55岁、女50岁以下，身体健康的，每年必须到农村工作半年，各单位每年支农医疗的人员不少于应下人数的3%。

1991年3月23日，省卫生厅印发《关于省级医疗单位支援农村卫生事业的通知》，进一步明确省级各单位要把下派支农作为医务人员晋职晋升的必备条件，并作为一项制度长期坚持下去。支援重点是县级医疗卫生单位，主要帮助受援单位进行人才培养，加强技术建设和提高管理水平。每批三年，到期轮换。安排省人民医院支援甘孜州泸定县和乐山市眉山县；华西附院、华西妇产儿童院支援甘洛县、安县、井研县，华西口腔医院支援资阳县，华西职业病医院支援隆昌县；重医附院支援奉节县、巫山县，重医附二院支援彭水县，重医附属儿童医院支援黔江县；泸医附院支援古蔺县、江安县；川北医附院支援营山县；省肿瘤医院支援盐亭县；省草堂干部疗养院支援昭觉县；省直属机关第一门诊部支援乐至县，省直属机关第二门诊部支援彭山县；省医科院附院支援简阳县乡镇卫生院。

1997年春节期间，全省市（地、州）卫生局组派医疗队，以防病治疗、送医送药、健康教育、专题讲座、技术辅导、专家咨询等形式，深入乡镇卫生院等基层医疗卫生机构开展巡回医疗服务。

省卫生厅从在蓉的厅直属单位及医学院校院附属医院抽调高年资主治医师及以上人员，组建两个医疗队，分赴宣汉、仪陇两个革命老区，开展为期一周的巡回医疗。

1997年6月17日，省卫生厅印发《“九五”期间卫生下乡工作安排意见》，布置在蓉医疗卫生单位对口卫生支农。支援重点：一是提高农村医务人员业务能力；二是提高农村医疗卫生机构的管理水平；三是更新适宜的医疗卫生设备；四是宣传组织建立合作医疗制度。每年开展“五个一”活动，即：每年选派一批能解决实际问题的业务技术骨干到受援单位援助工作；每年帮助受援单位开展一项适宜的新技术项目，并培养开展新技术的一套班子；每年免费接收受援单位一名卫生技术人员进修；每年帮助受援县更新或赠送一件适宜的医疗设备；每年帮助受援单位完善一套技术操作规范和管理制度。为搞好支援工作，各单位由院领导带队赴对口县进行实地调研，双方结合实际，制定五年支援规划。以受援的县级医疗卫生单位为基地，辐射全县乡镇卫生院。支援对象五年不变。省卫生厅将卫生下乡纳入对各地（市、州）卫生局和省直属各医疗卫生单位目标管理和医疗机构等级评审、复查内容；对实施情况进行监督、检查、评比，完成任务好的单位予以表彰奖励，先进个人优先晋升职务、职称；下派期间，除原单位一切待遇不变外，每人每天给予一定补助。

“九五”期间四川省省级医疗卫生单位对口支援一览表

表3—33

支援单位	受援单位
华西附院	凉山彝族自治州级医疗卫生单位及昭觉县
省人民医院、省劳卫所	阿坝藏族羌族自治州级医疗卫生单位及汶川县
泸医附院、省晶体所、省防疫站、省药检所	甘孜藏族自治州级医疗卫生单位及泸定县
华西职业病医院	宜宾市筠连县
华西妇产儿童医院	巴中地区通江县
华西口腔医院	达川地区万源市
省肿瘤医院、省寄研所、省妇保院、省三医院、成都生研所	广安地区级医疗卫生单位及广安县
省四医院、省五医院、中科院成都输血所、省皮研所	广元市青川县
省医科院附院、省卫校	内江市乐至县
省卫生管理干部学院	凉山彝族自治州卫校
川北医附院、省结核病防治所	南充市仪陇县

2000年12月27日，省卫生厅印发《“十五”期间卫生下乡工作安排意见》，规定全省卫生系统二级以上医疗卫生单位必须定点支援1—2个基层医疗卫生单位，支援内容、重点、形式和具体要求，仍按“九五”期间卫生下乡的规定执行。

“十五”期间在蓉省、市级医疗卫生单位对口支援一览表

表 3—34

支援单位	受援单位
华西医院	甘孜藏族自治州级医疗单位和宜宾市长宁县
省人民医院	阿坝藏族羌族自治州级医疗单位和九寨沟县
泸医附院	凉山彝族自治州级医疗单位和雅安市石棉县
川北医附院	凉山彝族自治州昭觉县
华西妇产儿童医院	巴中市南江县
华西口腔医院	攀枝花市盐边县
华西职业病医院	宜宾市屏山县
省肿瘤医院	广安市岳池县
成都中医药大学附院	巴中市通江县
省三医院	南充市西充县
省妇保院	广元市旺苍县
省医科院附院	南充市仪陇县
省四医院	乐山市井研县
省五医院	绵阳市平武县
国家体育总局成都体育医院	泸州市古蔺县
省卫生干部管理学院	甘孜藏族自治州卫校
省寄研所	凉山彝族自治州西昌市
省结研所	绵阳市北川县
省皮研所	乐山市沐川县
省防疫站	甘孜藏族自治州防疫站和石渠县防疫站
成都市卫生局	凉山彝族自治州布拖县、喜德县，阿坝藏族羌族自治州黑水县
内江市卫生局	阿坝藏族羌族自治州小金县、茂县
自贡市卫生局	凉山彝族自治州美姑县
德阳市卫生局	阿坝藏族羌族自治州壤塘县、金川县
绵阳市卫生局	甘孜藏族自治州白玉县、得荣县
宜宾市卫生局	凉山彝族自治州雷波县
攀枝花卫生局	凉山彝族自治州盐源县、冕宁县
乐山市卫生局	峨边县、马边县、金口河区
南充市卫生局	甘孜藏族自治州乡城县、九龙县
达州市卫生局	凉山彝族自治州金阳县

续表3—34

支援单位	受援单位
广元市卫生局	阿坝藏族羌族自治州松潘县
遂宁市卫生局	凉山彝族自治州越西县
泸州市卫生局	甘孜藏族自治州巴塘县
雅安市卫生局	凉山彝族自治州木里县
眉山市卫生局	甘孜藏族自治州稻城县、德格县
资阳市卫生局	凉山彝族自治州甘洛县
广安市卫生局	凉山彝族自治州普格县
巴中市卫生局	甘孜藏族自治州甘孜县

“十五”期间，除对口支援外，还组织开展了其他形式的专项卫生支农活动。

2001年8月，省卫生厅与共青团四川省委联合组织实施“青年志愿者支医扶贫接力计划”，共派出6批360名青年卫生志愿者支援20个县。支医扶贫接力计划连续实施3年，共举办各类培训班200余期，培训乡村医疗卫生人员2200人。成都市6批派出60名青年业务骨干赴甘孜州的雅江、理塘、道孚、炉霍4县支医扶贫，诊治病人3.6万余人次，手术1400余例，各类培训、讲座915场，免费治病1200余人次，捐赠价值50余万元的药品、器械。

图3-26　2004年1月，四川省卫生下乡服务团从成都启程

2003年3月，成都市卫生局组织优秀支医志愿者代表对受援地进行回访授课，中央电视台记者随行专题采访。7月，全国团代会期间，中央电视二台连续播出成都市开展支医扶贫的专题节目。2004年3月，成都市卫生局领导带领部分市级医院院长、书记到甘孜，与州卫生局领导就如何继续搞好支医扶贫交换意见，并向4县赠送5万元现金和价值40多万元的药品、器械。成都市支医扶贫志愿者工作出色，38人获得表彰奖励，其中1人被评为全国优秀志愿者、14人被评为全省优秀志愿者、5人获市“十大杰出青年志愿者”称号、15人被评为市优秀志愿者、3人分别获省级“青年志愿者”银奖、市“三八”红旗手称号和“四川省各民族青年团结进步奖”；范萌获共青团中央“中国青年志愿者活动十周年特别贡献奖”；市卫生局被评为“四川省各族青年团结进步奖”先进集体。

2004年5月，省卫生厅组织开展援助革命老区巴中市“银龄行动”。省卫生厅与省老龄办、成都市卫生局、成都市老龄办共同组织省、市直属医疗单位的15名离退休老专家赴巴中支医。

2005年5月，成都市在开展“银龄行动”中，组织7名老年专家，赴革命老区仪陇县支医。两个月中，诊治病人2200人次，指导、会诊查房60人次，开展高难度手术6例，举办大型学术专题讲

图3－27　2000年1月，华西附院卫生下乡巡回医疗队为群众服务

座6次。在此期间，局领导带领部分市级医院领导，到仪陇县看望支医专家，同时向县卫生局捐赠价值17万余元的医疗设备，并决定市三医院等单位对口帮扶该县1—2个乡镇卫生院，继续给予经费上的支持，对口培养专业技术人才。

华西医院1990—2005年共派出60多批、300余人次赴老、少、边、穷地区支医。2004年，派出5名副教授赴广安市人民医院支医35天，并向医院赠送一台价值11万元的救护车。

2005年，贯彻卫生部、财政部、国家中医药管理局《关于实施“万名医师支援农村卫生工程”的通知》，对口支援县级医院。省卫生厅、省中医药管理局第一年组织41所三级医院（含专科医院和中医院）向全省36个国家扶贫开发工作重点县级医院（含5个县中医院）派驻医务人员，参与综合管理，开展医疗服务，实施专业培训，发展专科特色，提高受援县医院的整体医疗救治能力；第二、三年逐步扩大到其他县级医院。支援医院每年派5名副主任医师或高年资主治医师以上人员，在受援医院连续工作一年。

成都市卫生局派出20余名有高级职称的医疗技术骨干和管理人员进驻到凉山彝族自治州喜德、盐源、木里县和甘孜州色达、新龙县医院工作。据统计，此次支农，直接诊治病人1.2万余人次，教学查房2400余人次，手术示教180余台，护理示范60余次，病例讨论250余例，学术讲座200余次，培训医务人员1900余人次，开展适宜技术、新项目63项，建立规章制度110项，义诊2900余人次。

通过实施万名医师支援农村卫生工程，不仅使受援医院管理水平和业务技能明显提高，也为当地群众提供了及时、高效的医疗服务。台湾慈善人士李某在盐源县因重症肺部感染致肺性脑病，病情危重，在支援专家主持抢救下得以痊愈。他激动地说：“本来打算转院，因成都市二医院的医生在这里，我心里就踏实了！我准备在这里再捐办一所学校。”

2005年四川省“万名医师支援农村卫生工程”安排一览表

表3—35

受援地区	受援医院	支援医院
泸州	叙永县医院	泸医附院、泸医附属中医院
泸州	古蔺县医院	泸医附院、泸医附属中医院
广元	旺苍县医院	广元市医院
广元	旺苍县医院	绵阳市中心医院、绵阳市精神卫生中心
广元	旺苍县中医院	内江市中医院

续表3—35

受援地区	受援医院	支援医院
广元	苍溪县医院	绵阳市中心医院、绵阳市精神卫生中心
南充	阆中市医院	川北医附院、成铁中心医院
南充	南部县医院	川北医附院、雅安市人民医院
南充	仪陇县医院	华西医院
南充	仪陇县中医院	绵阳市中医院
南充	嘉陵区医院	南充市中心医院
达州	万源市医院	达州市中心医院、达州市中西医结合医院
达州	宣汉县医院	达州市中心医院
达州	宣汉县中医院	达州市中西医结合医院
乐山	马边县医院	乐山市医院
广安	广安区医院	德阳市医院、广安市医院
宜宾	屏山县医院	宜宾市二医院
巴中	通江县医院	省医院
巴中	通江县中医院	成都中医药大学附院
巴中	南江县医院	自贡市一医院
巴中	平昌县医院	自贡市四医院
阿坝	小金县医院	省人民医院、省肿瘤医院、资阳市二医院
阿坝	黑水县医院	成都医学院附一院、南充市中心医院
阿坝	壤塘县医院	省肿瘤医院、南充中心医院、资阳市二医院
甘孜	新龙县医院	华西医院、华西妇产儿童医院、华西口腔医院、成铁中心医院、雅安市医院
甘孜	雅江县医院	华西医院、华西妇产儿童医院、华西口腔医院、成铁中心医院、雅安市医院
甘孜	色达县医院	华西医院、华西妇产儿童医院、华西口腔医院、成铁中心医院、雅安市医院
甘孜	石渠县医院	华西医院、华西妇产儿童医院、华西口腔医院、成铁中心医院、雅安市医院
凉山	昭觉县医院	成都中医药大学附院、凉山州一医院
凉山	美姑县医院	成都中医药大学附院、宜宾市一医院
凉山	布拖县医院	成都中医药大学附院、内江市一医院
凉山	雷波县医院	成都中医药大学附院、内江市二医院
凉山	金阳县医院	泸医附院、自贡市中医院
凉山	普格县医院	川北医附院、省骨科医院

续表3—35

受援地区	受援医院	支援医院
凉山	喜德县医院	成都市一医院
凉山	盐源县医院	成都市二医院
凉山	木里县医院	成都市三医院
凉山	越西县医院	攀枝花市中心医院、攀枝花市中西医结合医院、攀枝花市精神卫生中心
凉山	甘洛县医院	攀钢总医院、攀枝花市中西医结合医院、攀枝花市精神卫生中心

第五节　民族医疗

一、政策扶持

受历史、地理、自然、环境、经济、文化、习俗等诸多因素影响，民族地区医疗卫生事业发展长期滞后，缺医少药问题十分突出。1991 年，全省民族地区有 136 个乡无卫生院（所）。1997 年，全省民族地区有 75.5% 的行政村无卫生站，60% 以上的乡卫生院（所）仅有 1—2 名卫生人员。绝大多数民族县医院不能开展头、颈、胸手术，90% 以上的中心卫生院和乡卫生院不能开展三大常规检验和 X 光透视。

省委、省政府十分重视发展民族地区卫生事业。1985 年 10 月和 1993 年 12 月，省政府两次召开全省民族卫生工作会议。1992 年 11 月，省政府出台《关于加强民族地区卫生事业建设的意见》，对民族地区三级医疗网建设、培养卫生人才、增加卫生投入、对口支援等方面作出明确要求。随后，省卫生厅陆续出台《关于民族地区卫生事业重点县项目建设的意见》《关于民族地区农村卫生“三项建设”的实施意见》《关于加强民族地区人才培养的意见》《关于加强内地城市医疗机构对口支援民族地区医疗卫生事业建设的意见》等 10 多个配套文件。1994 年和 1995 年，省卫生厅分别在甘孜、阿坝、凉山、黔江召开民族卫生工作现场办公会议和民族卫生改革研讨会。1996 年 7 月，省领导召开督查情况汇报会，形成省政府议事纪要，议定在全省民族地区实施卫生扶贫工程。1997 年 3 月，在省委、省政府召开的全省卫生大会上，明确提出把加快民族地区卫生事业建设作为全省卫生工作的重中之重。

四川是一个多民族人口大省，民族医药历史悠久，独具特色，内涵丰富，为民族的繁衍昌盛作出了重大贡献。为发展民族医药，1990 年召开的全省民族医药工作会议，解决了在新时期建立民族地区中医（民族医）机构的政策问题和认识问题；1997 年召开的全省民族医药工作会议，制订了四川省民族地区藏医机构的规范化建设标准问题；2002 年召开的全省民族医药工作会议，研究解决了农村中藏医工作网络建设和扩大旅游地区中藏医药服务手段、服务范围，为全省旅游经济服务的问题。各民族地区党委、政府及卫生行政部门认真贯彻落实党的民族医药政策和振兴民族医药的一系列方针政策，藏医、蒙医、羌医、彝医等民族医药得到较快发展。

经过不断努力，民族地区卫生事业获得长足发展。2005 年末，全省民族地区有医疗机构 2283

个，床位14266张，人员19785人，其中卫生技术人员17368人。平均每千人口医疗机构床位2.62张，比全省平均数2.24张多0.38张；平均每千人有卫生技术人员2.83人，比全省平均数2.73人高0.1人。

1985—2005年部分不同年份四川省民族地区医疗机构统计表

表3—36

年　份	机构（个）	床位（张）	总人数（人）	其中卫技人员（人）
1985	2834	17869	28296	23795
1990	2840	19067	27851	23145
1995	2749	19564	28598	24008
2000	2601	14463	21811	18624
2005	2281	14266	19785	17368

说明：1985年、1990年、1995年3个年份含原黔江地区的5个民族县的数据

二、项目建设

1980年开始，国家实施农村卫生事业重点县建设，四川主要安排在民族地区。至2000年，民族地区共实施8批61个县（含5个享受民族政策待遇的县、区和原黔江地区5个民族县）的卫生事业重点县建设，覆盖全省各个民族县。1993年12月，省卫生厅将乡镇卫生院建设专项资金向老、少、边、穷地区倾斜，由10%调整为20%。2000年民族地区95%的乡镇卫生院、县卫生防疫站和妇幼保健站，基本达到“一无三配套”（无危房，房屋、设备、人员配套）。

1997—2002年，全省民族卫生扶贫工程分5批进行，每批一年，项目总资金5200万元，主要用于医疗机构基本建设、购买医疗设备、培训医技人员、乡镇卫生院和村卫生站（室）购买药品周转、减免特贫人群医疗费等。扶贫项目覆盖全省民族地区所有民族县，受益人口246多万人。详情见表3—37。

1997—2002年四川省民族卫生扶贫工程实施情况统计表

表3—37

批次	启动时间	完成时间	项目资金（万元）				项目建设县数（个）	每县资金（万元）
			合计	省	州	县		
一	1997-07-01	1998-06-30	1000	800	200	—	10	100
二	1998-06-02	1998-12-30	1050	800	200	50	10	105
三	1999-05	1999-12-31	1050	800	200	50	10	105
四	2000-04	2001-04	1050	800	200	50	10	105
五	2001-04	2002-04	1050	800	200	50	10	105
合计	1997-07-01	2002-04	5200	4000	1000	200	50	—

“九五”期间，国家计委对四川省藏区卫生事业建设给予扶持，重点是甘孜、阿坝两州卫校、藏医院、乡镇卫生院建设和大骨节病防治。资金总额为2280万元，分三年拨付，其中甘孜、阿坝两州卫校各200万元，乡镇卫生院建设1500万元，两州藏医院建设各150万元，阿坝州大骨节病综合防治80万元。对乡镇卫生院建设项目资金的分配，根据两州所辖幅员人口及乡（镇）数量，甘孜州56%、阿坝州40%、凉山州木里县4%。项目资金70%用于基本建设，20%购置医疗设备，10%用于人员培训。除国家计委补助外，州县还自筹资金277.32万元用于乡镇卫生院建设。详情见表3—38。

“九五”期间国家计委扶持四川藏区乡（镇）卫生院建设情况统计表

表3—38

受援地区	项目总投资（万元）	基本建设			人员培训		设备购置	
		卫生院（所）	建筑面积（平方米）	投入资金（万元）	人数（人次）	投入资金（万元）	设备数量（件）	投入资金（万元）
甘孜藏族自治州	955.50	49	15813.84	730.60	158	74.15	657	150.75
阿坝藏族羌族自治州	717.42	33	9588.44	550.32	706	60.50	159	106.60
木里县	104.40	6	1370.00	84.60	18	6.60	85	13.20
合　计	1777.32	88	26772.28	1365.52	882	141.25	901	270.55

“十五”期间，国家计委继续扶持四川藏区乡（镇）卫生院建设。2001年拨款400万元，其中，甘孜州15个乡（镇）卫生院，199万元；阿坝州10个乡（镇）卫生院，147万元；凉山州木里县1个乡（镇）卫生院，18万元。在实施卫生扶贫项目建设、卫生专项贫困县医院建设、国债县医院建设、农村基础设施建设、专项乡镇卫生院建设、国债乡镇卫生院建设和省财政支持乡镇卫生院建设、医疗救治体系建设和卫生专项保健站建设等项目建设中，均对民族地区给予政策倾斜。2000—2004年，中央和省对四川民族地区乡镇卫生院投入1.33亿元，其中，中央和省分别为5140万元和7171万元，地方配套1134.05万元，各占38.71%、54.01%、8.54%。总投入中，1.2亿元用于基础建设，占94.17%，新建房屋面积10.09万平方米，改扩建8.00万平方米，排除危房4.68万平方米；133.96万元用于人员培训，占1.05%，培训人员533人次；608.37万元用于购置设备，占4.78%，购置设备1841台（件）。

图3-28　“十五”期间国债项目建成的甘孜州人民医院综合楼

经过项目建设，民族地区农村三级医疗网得到加强。2005年，全省56个民族县（含5个待遇县），1312 乡镇，9140 个行政村，建有县医院 56 个，乡镇卫生院 1312 个（其中，中心卫生院 251 个），村卫生室 6581 个。

2005 年四川省民族地区三级医疗网络建设情况统计表

表 3—39

市州	县医院（所）	乡镇卫生院（所）	村卫生室（个）
阿坝藏族羌族自治州	13	223	1033
甘孜藏族自治州	18	326	616
凉山彝族自治州	17	622	4362
乐山市（峨边县、马边县、金口河区）	3	54	106
攀枝花（仁和区、米易县、盐边县）	3	26	67
雅安市（石棉县）	1	16	58
绵阳市（北川县）	1	45	339
合计	56	1312	6581

说明：乐山市金口河区，攀枝花市仁和区、米易县、盐边县和雅安市石棉县享受民族县政策待遇

三、对口支援

1986 年 1 月，省民族事务委员会、省高等教育局、省卫生厅联合印发《关于经济发达地区对口支援少数民族地区卫生事业建设的意见》，安排重庆市、重庆医科大学、省医院支援甘孜州及涪陵地区的少数民族县，成都市、川北医学院支援阿坝藏族羌族自治州，自贡市、华西医科大学、泸州医学院支援凉山州，华西医科大学支援峨边、马边县、金口河工农区。

1993 年 12 月，省少数民族地区卫生发展促进会（以下简称“卫促会”）成立，旨在联络和动员国内外各界人士和社会团体关心与支持民族地区发展卫生事业。省老领导天宝等 10 人任名誉会长，副省长李蒙任会长。1995—1998 年，“卫促会”争取到国内外部分人士、团体捐赠价值 124 万元的药品、设备。1996 年，“卫促会”联络美国四川麦格医疗技术中心优惠为民族地区白内障患者治疗。1997 年，承办由香港“明天更好”基金“健康快车”赴凉山州免费为 400 名白内障患者作复明术；争取到北京大学捐赠 40 万元的基因工程干扰素——“赛若金”，用于民族地区希望小学贫困师生肝病治疗。1997—1998 年，联合援藏基金会，在甘孜、阿坝两州免费为 1240 例白内障患者施行复明术。1998—1999 年，筹集 43 万元专项资金，用于民族卫生扶贫。2003—2004 年，争取到美国塞瓦基金会免费为甘孜、阿坝两州 3575 名白内障患者作复明术，免费金额达 1500 余万元。2004 年，接受中国初级卫生保健基金会、扬子江药业捐赠 100 万元的药品，分赠给省内各民族县数万名患者。至 2005 年，“卫促会”共筹集资金 2143 万元，用于支持发展民族卫生事业；组织 2 万余人（次）医疗卫生人员送医下乡、对口支援；为各族群众健康咨询服务 84.92 万人次、义诊 44.05 万人次、巡回诊治 53 万人次；开展调查研究 582 项；举办健康知识讲座 80 余期，办宣传专栏 6807 期，发送宣传资料 266 万余份，受教育群众达 752 万余人次。

“九五”期间，内地城市医疗机构支援民族地区卫生事业建设的主要任务，是技术培训和业务指

导，提高农村医务人员业务能力。为搞好支援工作，各单位由领导带队赴对口县实地调研，在充分协商的基础上，对口支援双方制订1995—2000年对口支援规划，并分解为年度计划，签订目标责任书，纳入目标管理，由省卫生厅监督执行，每年进行考核。其间，在开展“卫生下乡”“青年志愿者卫生扶贫”和“万名医师支援农村卫生工程”等专项援助活动，都把支援民族地区医疗卫生事业发展作为重点。

“十五”期间，省卫生厅印发《关于开展卫生帮扶工作意见》，要求全省卫生系统二级以上医疗卫生单位定点支援民族地区1—2个基层医疗卫生单位。

“十五”期间四川省省级和成都市市级医疗卫生单位卫生帮扶民族地区安排一览表

表3—40

支援单位	受援单位
省人民医院	阿坝藏族羌族自治州州级医疗单位、九寨沟县、松潘县
省卫生管理干部学院	小金县、金川县、阿坝藏族羌族自治州卫校
省肿瘤医院	马尔康县、壤塘县
省四医院	阿坝县
省五医院	红原县
省妇保院	若尔盖县
华西医院	甘孜藏族自治州级医疗单位、康定县、泸定县
华西妇产儿童医院	丹巴县、新龙县
华西口腔医院	雅江县
华西职业病院	道孚县
成都中医药大学附院	炉霍县、理塘县、白玉县
省体育医院	甘孜县
省中研院	色达县
泸医附院	凉山彝族自治州级医疗单位、会理县、会东县
泸医附属中医院	德昌县
川北医附院	宁南县、普格县
省疾控中心	凉山彝族自治州疾病预防控制中心、昭觉县

说明：浙江省援川医疗队承担支援甘孜藏族自治州、阿坝藏族羌族自治州、凉山彝族自治州县级医疗卫生机构的任务

2000年8月，省政协文体医卫专委会、民进党四川省委、致公党四川省委、省卫生协会共同发起“促进民族地区卫生技术发展工程”，分期分批组织对民族地区乡镇卫生院实行对口支援、定点帮扶。至2005年10月，共组织4批16家医院对甘孜州、阿坝州、凉山州、乐山市和卧龙特区的11个县的4个县医院、12个乡镇卫生院进行对口支援。据不完全统计，四年内16所医院共派出医护人员38批、151人次，为当地群众治病1.34万人次，举办学术讲座90余次，培养医护人员65名，赠送

二手 CT 机、X 光机、B 超、救护车等医疗设备 111 台（件），赠送近 30 万元的药品和 15 万元现金，装修一所卫生院，送学习资料近 200 册。

四川省“促进民族地区卫生技术发展工程”对口支援一览表

表 3—41

支　援　单　位	受　援　单　位
武警四川省总队成都医院	凉山彝族自治州美姑县牛牛坝中心卫生院
攀钢总医院	凉山彝族自治州盐源县泸沽湖中心卫生院
成都铁路局中心医院	凉山彝族自治州喜德县米氏中心卫生院
核工业四一六医院	凉山彝族自治州普格县螺髻山中心卫生院
省林业中心医院	卧龙特区卧龙镇、耿达乡卫生院
成都中医药大学附院	凉山彝族自治州德昌县中医院
交通厅公路医院、中国五冶医院	阿坝藏族羌族自治州红原县人民医院
武警四川省总队医院	乐山市峨边县黑竹沟中心卫生院
中国水利水电第十工程局医院	阿坝藏族羌族自治州黑水县卡龙沟中心卫生院、知木林卫生院
都江堰市人民医院	甘孜藏族自治州康定县金汤中心卫生院
邛崃市人民医院	甘孜藏族自治州康定县沙德卫生院
广汉市人民医院	甘孜藏族自治州康定县姑咱中心卫生院
青白江区人民医院	甘孜藏族自治州康定县新都桥镇中心卫生院
新都区人民医院	甘孜藏族自治州康定县塔公卫生院
彭州市人民医院	阿坝藏族羌族自治州阿坝县人民医院
雅安市第二人民医院	甘孜藏族自治州稻城县人民医院

四、人才培养

1986 年，省民族事务委员会、省高等教育局、省卫生厅联合制定《关于为少数民族地区培养高级医学人才及中级短缺专业人才的意见》。“七五”期间，川北医学院培养民族本科生 40 名；华西医科大学和泸州医学院为甘孜、阿坝、凉山三州培养大专生 270 名；利用爱德基金资助委托华西医科大学、省医院等单位为三州培训内、外、妇产科医师 150 余名，眼科医师 257 名；各市（州）有关卫校培训乡村医生 300 名，培训药剂、检验、放射、口腔等短缺专业人员 241 名，培养在职中专生 896 名，短期培训在职卫生专业技术人员 960 名、卫生员 1960 名，接收进修学习近千人。

1993 年 12 月，省卫生厅印发《关于加强民族地区卫生人才培养的意见》，制订 20 世纪 90 年代人才培养规划。对高等人才培养实行分片包干、对口培养。华西医科大学负责甘孜州，泸州医学院负责凉山州，川北医学院负责阿坝州，重庆医科大学负责黔江地区和其他民族县，成都中医学院负责民族地区中医大专和本科人才培养，省卫生管理干部学院负责在职大专、本科和检验、财会、高护等短缺人才培养及管理干部岗位培训。每所高校都举办一期民族医学大专班或本科班，泸州医学院、川北医学院、华西医科大学、重庆医科大学面向甘孜州、阿坝州、凉山州和黔江地区招生，定向到县，为每个对口州、县配套进修培养内、外、妇、儿科医师。“八五”期间，省卫干院对民族地区管理干部分批轮训一次。中专人才培养由民族地区卫生学校负责。短缺专业中级人员由内地有关学校承担：放射专业由雅安卫校、自贡卫校承担；口腔专业由成都第二卫校、宜宾卫校承担；药检专业由重庆药校承担；公共卫生专业由攀枝花卫校、乐山卫校、省卫校承担；妇幼专业由成都卫校、涪陵卫校承担。乡村医生培养由民族地区卫校和县卫校以办乡医班、职高班的形式进行培养。在职人员的培养，实行省地结合，分级负责进行。

“十五”期间，实施《四川省民族地区卫生技术人员技能培训五年规划》，分阶段、分层次对1000名民族地区卫生技术人员进行基本技能培训，先后为甘孜、阿坝、凉山、绵阳、乐山和雅安6个市（州）的47个民族县培训624名卫生技术人员和60名州级学科带头人。2003年，四川大学华西临床医学院青羊校区连续5年为四川民族地区优秀贫困生提供免收学费指标50名，培养卫生人才。配合实施爱德基金项目，培训民族地区卫生人员1.25万余人次。

至2005年，全省民族地区的卫生技术人员拥有大专以上学历的为34.68%，中专、高中学历的为61.86%，初中及以下学历的为3.46%；高级职称占3.13%，中级职称占25.99%，初级职称占64.38%，其他占6.5%

第六节　急救医疗

一、急救医疗能力建设

1992年10月22日，省政府拨款600万元修建的四川省急救中心在省人民医院挂牌成立。中心设急诊内科和创伤外科两大专业，下设9个专业学科诊断室和相应部门，有病床62张，ICU床位4张。进一步规范了院前急救、首诊负责制和复合伤抢救工作，开设了急救绿色通道。1998年配备日本政府无偿援助的大中型医疗救治设备196台（件），救治能力得到提升。1999年组建“120”急救网络，制定《四川省急救中心公共卫生突发事件抢救预案》，提出“院前抢救—急诊室急救—中心ICU救治”的一体化模式和“急救工作全天候、优质服务全过程、抢救治疗全方位”的“三全”服务理念。2003年“非典”发生后，建立四川省突发公共卫生事件远程医学网络中心四川省人民医院工作站，扩大全省急救网络。2005年省急救中心有医护人员152人，急救车8辆。院前急救、院内抢救、急诊住院治疗和危重症监护的急救医疗体系日臻完善。1993—2005年，省急救中心急救出诊13560人次，抢救伤病员20768人次，急诊924587人次，其中车祸、爆炸、中毒等特重大事故医疗抢救18次，抢救人员274人。详情见表3—42。

1993—2005年四川省急救中心急诊急救服务情况统计表

表3—42

年　份	出诊人次	急诊人次	抢救人次	死亡人数	抢救成功率
1993	158	49832	416	66	84.1%

续表3—42

年　份	出诊人次	急诊人次	抢救人次	死亡人数	抢救成功率
1994	155	45420	960	75	92.2%
1995	275	49206	1110	81	92.7%
1996	316	54362	887	85	90.4%
1997	572	65786	668	64	90.4%
1998	700	74715	738	68	90.8%
1999	316	79773	1189	63	94.7%
2000	1380	88365	1840	87	95.3%
2001	906	92552	1493	80	94.6%
2002	1646	69046	1178	76	95.2%
2003	1326	71043	2579	136	94.7%
2004	3121	73594	3120	161	94.8%
2005	2689	110893	4590	157	96.6%
合　计	13560	924587	20768	1199	94.2%

1992年12月，省卫生厅召开加强成都地区民航医疗救护工作专题座谈会，确定由华西附院、省人民医院、省肿瘤医院、成都市二医院、成都市三医院和成都地区其他综合医院及部队医院组成民航成都地区应急医疗救护协调小组，建立成都地区医疗救护网。

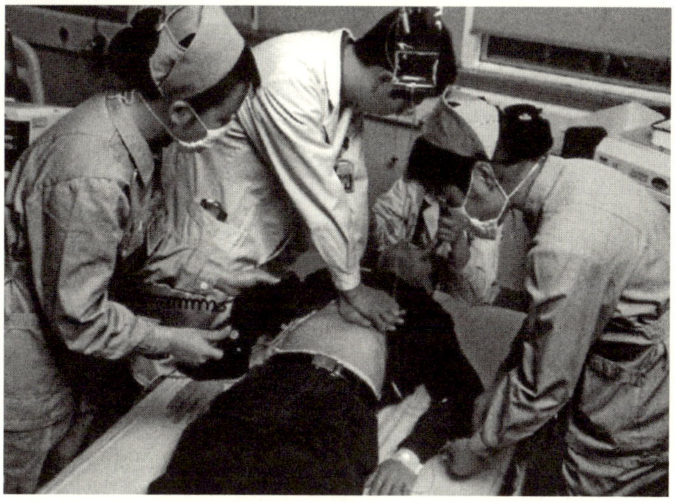

图3-29　华西医院医护人员在抢救病人

20世纪90年代末，按省规划设置的成都、乐山、绵阳、南充、广元、西昌急救中心先后建立，覆盖全省21个市（州）181个县（市、区），形成全省医疗急救网络。各市（州）、县“120”医疗急救号码划归各市（州）紧急救援中心使用，并由其负责建设“120”急救指挥平台，统一调度所在市（州）相关医院进行医疗急救服务。各综合医院重点加强急诊科建设，承担所在地域内的医疗救护任务。华西医院1986年建立急诊科，2005年有救护车24辆，医护人员67人，年急诊抢救达10.66万人次，成为西南地区最大急救中心之一。广元市急救中心1995年建成医疗急救网，1997年网络医院达到32家。每年抢救伤员2000余人次，抢救成功率达到95%。宜宾市2003年建成急救网络体系，有7所急救网络医院和1个紧急救援中心，配有32辆紧急救援车，向市民承诺，接到求助信息后，3分钟出车，10分钟到达现场，实施抢救。从2002年3月20日正式启动，至2003年7月30日，出诊抢救突发事件伤员2307人次，其中危重病人1229人，抢救成功率89.26%。华西医院、省人民医院、成都市三医院等21家综合医院，先后成为卫生部国际紧急救援中心网络医院。

1995年9月，省卫生厅成立四川省灾害事故医疗救援领导小组，制订《四川省灾害事故急救预案》，各市（州）卫生局亦成立相应组织，制订《医疗救援预案》。二级以上医疗卫生单位成立救灾医疗队。卫生行政部门和承担急救职能的医疗机构成立常态化院前急救工作领导小组，对辖区内各种突发事件应急急救工作进行指挥和协调，实行统一受理、统一协调、统一调度、统一指挥。根据急救各流程环节，建立从接警、调度、出诊、现场救治、转运到医院治疗等的急救运行机制、制度。各级120指挥调度中心和承担急救职能的医疗机构值班人员24小时在岗，做到“铃响三声，立即接警”。按照区域划分原则，实施“就近、就急、就能力”调度。医疗机构接指令后3分钟出诊，迅速及时抵达现场，实施救治。2003年“非典”发生后，省、市（州）各卫生行政部门都成立应急医疗救援指挥办公室，应急医疗救援进一步规范和完善。

图3-30　2005年5月30日，中美城市紧急救援联合演练在成都举行。图为中美专家现场指导

承担急救职能的医疗机构，将基本建设与完善运行管理机制相结合，落实通讯保障、急救信息传输、救护车辆维护使用管理、车载医疗设备与耗材使用管理制度，加强急救队伍建设，规范院前医疗急救服务。按照规定配备配齐急诊科人员，并建立急救医师、护士培训上岗制度。急救医师、护士必须具有3年以上临床经验，有独立处理常见急诊病症的基本能力和急救的基本技能。建立急诊急救绿色通道，优化院内急诊急救流程，确保急诊急救绿色通道畅通。重点加强绿色通道功能布局、标识设置、线路优化和院内协调，实施无缝抢救，提高抢救成功率。为提高医疗急救实战能力，2005年5月30日，中美城市紧急救援联合演练在成都举行，省、市医疗单位，部队医院和消防、交通、公安等部门100多人参加，中美专家现场指导。

二、医疗救援事例选记

1988年7月25日，一辆从蓬溪县开往成都的客车，遇暴雨滞留简阳施家桥。一旅客用火不慎，致使客车起火燃烧，造成6人死亡，26人烧伤，其中烧伤面积在80%和深Ⅱ度以上的占半数，有的还伴有上呼吸道灼伤。乐至、简阳两县医院闻讯后，立即组织力量，赶赴现场抢救。内江市政府指令市二医院前往抢救。鉴于医疗条件和伤员病情危重，蓬溪、乐至两县政府经请示省委、省政府同意，将伤员转成都治疗。27日，省卫生厅将伤员分配华西附院、省医院和成都市第二、三、六、七医院治疗。在各医院的努力下，送到成都的20名伤员全部治愈。

1991年8月中旬，省内相继出现11次强暴雨天气过程，东西南北中都程度不同地遭到暴雨洪涝袭击，189个县（市、区）受灾，导致疫情攀升，发生乙类传染病21.03万例，其中病毒性肝炎11.14万例，痢疾6.70万例，疟疾1.37万例，乙脑1997例，少数地区出现肝炎、痢疾、伤寒、乙脑暴发流行，并发生了196起因灾引发的食物中毒。灾（疫）情发生后，全省迅速组建1486支医疗队，8000 多名医务人员和区乡 2 万多名卫生人员深入灾区救治伤病员，共诊治病人 24.83 万人次；对饮水、环境开展消毒、杀灭虫害，对食品进行监测，制发《四川省救灾防病技术方案》《自然灾害地区消毒》《饮水卫生》《洪涝区房舍卫生》等 8 种 27 万余册救灾防病宣传资料，帮助灾区群众防病自救，减少了疾病流行。

1993 年 7 月 12 日凌晨，汉源县富林镇黑石河加油站油库爆炸，13 名灭火武警战士（其中公安干警 2 名）烧伤。省卫生厅根据省政府关于伤员送成都救治的指示，赓即组织 13 辆救护车前往凤凰山机场接运伤员，分别送往省医院、华西附一院、成都市二医院、成都市三医院和成都军区总医院救治。经各医院积极抢救，精心治疗，在较短时间内，13 名伤员全部治愈出院。1994 年 1 月 24 日，省政府召开庆功大会，表彰奖励汉源“7·12”抢险灭火和救治伤员的有功单位和个人。省人民医院、华西附院、成都市二医院、成都市三医院、成都军区总医院、汉源县医院和省卫生厅医政处 7 个单位和 16 位个人受到表彰并分别记功。

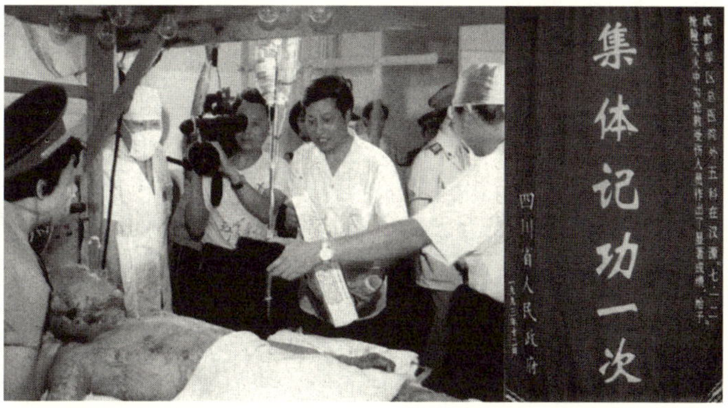

图 3-31　成都军区总医院抢救汉源“7·12”烧伤病人

1993 年 8 月 17 日，济南军区某部通讯班长徐洪刚回家探亲，乘车至宜宾地区筠连县境内时，见义勇为，勇斗歹徒，身负重伤，生命垂危。事件发生后，当地医疗单位积极组织医务人员奋力抢救。筠连县巡司镇卫生院、县医院和宜宾地区第二人民医院的医务人员，在成都军区总医院派出的专家协助下，以最佳的治疗方案和最佳的医疗服务，抢救了英雄的生命。是年 5 月，省卫生厅在宜宾召开表彰抢救英雄徐洪刚先进集体大会，宜宾地区第二人民医院被省政府授予“抢救英雄徐洪刚先进集体”称号，副省长李蒙到会颁奖。

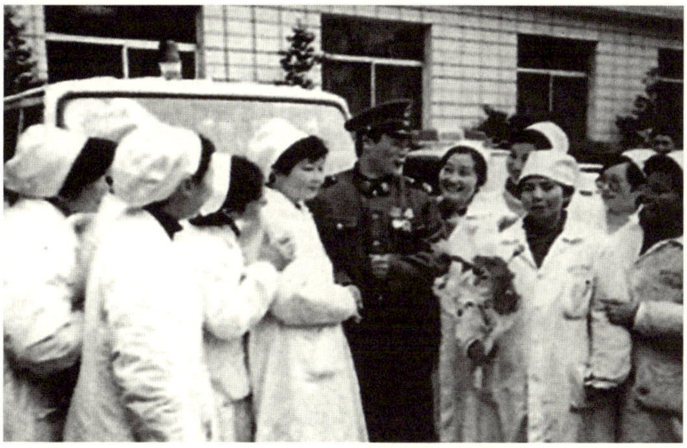
图 3-32　英雄徐洪刚和宜宾地区第二人民医院医务人员在一起

1995 年 8 月 7 日，阿坝藏族羌族自治州 51 车队的一辆旅行大客车在茂县境内翻车并引发油箱爆炸，车上 50 余位中外游客中 20 多人当场罹难，22 人受伤。伤员全部送往省人民医院救治。院长郑竹虚到急诊科组织相关科主任在内的 110 多名医务人员进行抢救治疗。每个伤员均有大面积烧伤，有的达 80%，多数为深二、三度烧伤，有的还伴有脑外伤、骨折、腹腔脏器破裂。经精心治疗，全部治愈。省人民医院还派专人将意大利伤员送到北京驻华使馆。

2003 年 10 月 29 日下午，九寨沟县发生一起车祸，40 多名外国游客受伤。当晚 19 时 40 分，省医院接到卫生厅通知后，迅速启动院外急救程序，由急救队长、外科主任医师胡卫建带领 9 名医务人员，在省政府领导小组率领下乘专机飞赴九寨沟县抢救伤员。同时院内成立急救协调小组，做好接收伤员的准备工作。30日上午，将第一批24名伤员接回医院。与此同时，华西医院将19名伤员陆续从机场接回。翌日下午，省医院派专车前往九寨沟县医院接回一名重伤员。一个多月后，44名伤员全部治愈。伤员出院回国时，给医护人员送上鲜花、水果，并说：四川的医院为我们所做的一切，我们一生难忘！海内外媒体对两所医院的救治工作给予了正面报道。

第七节　老年保健

1982年人口普查，全省60岁以上老年人口736万人，约占全省总人口的7.4%；1990年达到973.1万人，约占总人口的9.9%；1997年重庆市划出后，全省老年人口855.3万人，占总人口的10.2%，正式跨入老年型省份。2005年，60岁以上的人口达到1126万人，占全省人口总数的12.87%，成为全国老年人口大省。老年医疗保健成为医疗卫生工作的一项重要任务。

1984年6月，华西职业病医院建立老年病科，开展对老年常见病、疑难病治疗。全科有5名由美国中华医学基金会资助培养的专门从事老年病医疗的正副教授。病房设有褥疮气垫床，病床有护栏，走廊有扶手。姑息治疗中心还收治老年性痴呆、瘫痪及晚期心、肝、肾疾病患者，并为老年病人提供生活护理服务。

1986年，省人民医院申请省政府投资500万元修建老年医学科病房大楼，设老年内分泌、呼吸、消化、综合（血液及肾脏）五个专业，125张病床。全科职工89人，其中高级职称13人，中级职称35人。病房设冠心病监护室、重症呼吸监护室，配备多种先进的老年病治疗仪器设备。2000年开展老年心脏起搏、冠脉介入治疗老年冠心病。2001开展胰岛素泵治疗老年性难控制高血糖。2002年开展生物反馈治疗老年便秘及胸腔镜对老年肺部疾病的诊断和治疗。2005年全科住院病人平均年龄84岁以上，年死亡率小于6%，达到世界先进水平，进入省级重点学科建设单位。全科年门诊病人4万余人次，住院病人1200余人次。

1993年，省第五医院发挥保健医疗优势，经省编委批准，增冠名四川省老年病研究所，开展老年性疾病的研究治疗。经过多年的探索实践，在老年心血管疾病、呼吸系统疾病、糖尿病、骨关节病、老年白内障、前列腺疾病等老年病的防治、康复方面具有一定特色，得到社会和老年患者认同。

四川省科学城医院于1993年成立老年病防治康复科，1999年2月成立老年病防治康复中心，有医护人员33名，病床40张，建有CCU病房，配备有中央心电监护仪等多种设备。为提高老年病医疗质量，聘请中国老年保健医学研究会副会长李生林主任医师和常务理事、北京医院（老年病医院）前副院长郭普远主任医师作顾问，进行技术指导。分期分批派出医护人员前往北京医院进修学习，提高老年医疗技术水平。

1998年，华西附院成立老年病科，从事人类衰老机制和老年性变化规律的研究及老年疾病的防治，有床位135张，专门收治60岁以上的老年病人。在门诊设老年心血管、呼吸、消化、内分泌、肾病、耳鼻喉、眼科、神经内科、骨科、泌尿外科、老年心理及精神等专科、专病诊断室，附设专用的常规心电图、动态心电图、动态血压及心功能检查室，年门诊近万人次。2006年，科室发展到4个病区，分设老年心血管病、呼吸病、内分泌糖尿病、消化病、脑血管疾病、姑息治疗等6个亚专业组，床位达到240张。专业人员100人，其中，博士生导师2人，硕士生导师9人；博士4人，硕士10人；正副高级职称人员12人；留学归国人员6人，大多在美国、日本、加拿大和香港进行过老年疾病和社区医疗卫生、家庭医疗的进修。科室在国内率先推行老年疾病、临床诊治路径制度和老年疾病综合系统评估。依托医院国家级疑难重症诊疗中心雄厚医疗技术实力，开展老年多器官疾病与老年综合征的诊断治疗，老年退行性疾病综合干预与功能康复；老年综合评估与长期照护，老年难治性呼吸、心血管、内分泌代谢等疾病的诊断治疗，老年终末期疾病与姑息治疗。每年收治住院病人3000余人。科室建有老年病研究室，2004年申报国家和省重点学科，成为四川大学华西临床学院老年医学研究生培训基地和全国老年病进修学习基地。

从20世纪90年代中后期开始，不少县以上综合医院逐渐创造条件开设老年专科或老年门诊，设置一定床位收治老年病人。

绵阳市三医院于1997年8月建立老年医学科，开展老年病医疗业务。1999年修建1.37万平方米的老年医学病房大楼。2000年成立绵阳市老年病防治康复中心，配有15名老年医学高级专业人员和进口全身CT、彩超等大型医疗设备，为老年病人提供各种诊疗、康复服务。

图3－33　绵阳市三医院老年康复中心一角

铁道部第二十工程局乐山基地医院1992年5月改为“乐山市老年病专科医院”，专门收治老年病人。不少基层医疗机构和县以上综合医院开设了家庭病床，缓解老年人住院难问题。建立城市社区卫生服务机构后，老年医疗保健纳入社区卫生服务的重要内容。农村充分利用三级医疗预防保健网，扩大功能，一网多用，设置一定床位收治老年病人。各种社会力量也举办多种形式的老年病治疗机构，如老人护理院、老年公寓、托老院、老人安乐医院等，为老年人提供医疗保健服务。各地还利用老年大学、报纸杂志、卫生宣传资料等宣传老年病防治知识，开展老年健康教育。据省老龄委员会统计，2003年，全省开办老年大学约650所，各校均把老年医疗保健作为教学重要课程。《晚霞报》《大众健康报》等把老年病防治、健康教育作为重要内容，受到老年读者喜爱。

为建立一支老年医疗保健专业队伍，省内各高等医学院校开设了老年医学选修课，中等卫校增加了老年医疗、护理专业知识教育。1998年华西医科大学临床医学院建立“老年病学”学科，2000年开始在临床医学系本科生中开设“老年病学”中英文选修课程。省卫生厅采取办短期培训班、专题讲座等形式，为各市（地、州）培训在职老年卫生保健和老年护理专业人员。

第八节　干部保健

一、保健政策

1983年1月22日，省委印发《关于省直机关离休干部政治、生活待遇的几项规定》，明确干部保健特殊照顾政策："第一、二次国内革命战争时期参加革命的干部和厅局级干部可享受特约门诊和住干部病房，抗日战争时期参加革命的处级干部可享受特约门诊；省直机关一、二门诊部每年要给省直机关离休干部体检一次"。同年省卫生厅制定《关于制发省及省直属机关特约医疗证的发放范围和对象的暂行办法》，对发放范围和对象进行明确界定。1988 年，省卫生厅印发《关于扩大干部特约医疗范围的通知》，将干部特约门诊范围扩大至省及省属部、委、厅（局）和直属单位的离休干部中的县处级和享受县处级待遇的干部。

1991 年 4 月 19 日，省卫生厅印发《关于省级单位高级知识分子医疗照顾的通知》，将高级知识分子纳入享受特约门诊、住干部病房范围。同年 8 月，省委老干部局根据国务院通知精神，报经省委领导同意，恢复离休干部休养制度。对省直机关解放战争时期参加革命的离休干部，可在本系统、本单位的医疗机构和省直机关第一、二门诊部享受特约医疗。各市（地、州）、县也作出相应规定。中央在川单位和省属在各地的单位的离休干部与当地离休干部一样，享受同样的医疗待遇。

1992 年 12 月 31 日，省卫生厅印发《关于认真做好博士生导师医疗照顾的通知》，对全省博士生导师的医疗保健作出相关规定。

1993 年 11 月 1 日，省财政厅、省卫生厅、省委老干部局联合发文，对省级行政单位离休干部医疗保健工作提出要求：一是各单位要进一步加强离休干部医疗保健工作领导，认真贯彻执行党和国家优先照顾政策；二是凡属省财政负担的省级行政单位离休干部的公费医疗，按省公医办核实的现有人数和上半年平均开支水平专项安排，统一管理，年终结算；三是离休干部在定点医院就诊，实行凭离休干部医疗证和病历记账，所在单位与定点医院共同管理的办法，特殊情况，具体对待，个别处理；四是加强管理。1996 年 4 月 1 日，对以上要求作出补充规定，进一步完善了全省老干部医疗保健工作。

1995 年 8 月和 1997 年 6 月，两次调整各个革命时期参加革命工作的离休干部的保健护理费标准，红军时期、抗战时期、解放战争时期参加革命的离休干部的保健护理费分别为 122 元、100 元、80 元。

1999 年，省委办公厅、省政府办公厅发文规定，进一步改善在川中国科学院院士和中国工程院院士工作和生活条件，院士医疗保健参照副省级干部待遇执行。2003 年，省干部保健委员会办公室印发《关于进一步做好在川两院院士医疗保健工作的通知》。2004 年，省劳动和社会保障厅、卫生厅、人事厅联合印发《关于落实部分优秀专家医疗待遇的通知》，对优秀专家医疗保健待遇作出规定。经省委、省政府同意，从 2005 年起，省属事业单位离休干部医疗费人均定额由 2001 年的每人每年 1200 元提高到 8000 元（监狱、劳教系统为 9000 元）。

二、保健机构

1992 年 7 月，省干部保健委员会成立，副省长韩邦彦任主任，省委组织部老干部局主要领导任副主任，省委、省政府、省人大、省政协秘书长及相关厅局领导为成员。1992—2005 年，先后担任省干部保健委员会主任的省领导有：韩邦彦、李蒙、徐世群、秦玉琴、刘鹏、陶武先等。2000 年，省卫生厅保健处成立，负责省干部保健委员会的具体工作。

省委、省政府十分重视保健基地建设。1983 年 4 月 22 日，省委同意在省人民医院扩建 100 张干部病床，省草堂干部疗养院设 128 张疗养病床，将重庆小泉招待所和省政府机关事务管理局在灌县的房建组交省委组织部老干部局管理，逐步改建成疗养所。1986 年 1 月，在中央组织部支持下，省委决定在峨眉山市征地100亩修建干部疗养院。同年，省政府拨款500万元，在省人民医院修建一幢5800平方米的干部病房大楼，设病床125张，承担干部保健及治疗任务。同时，投入40万元为华西附院干部病房添置空调等设备，改善干部医疗保健条件。1987年，在凉山州邛海宾馆内，由省政府投资修建一幢适合疗养的房子，产权归省老干部局，每年安排一部分干部疗养。1991年，省卫生厅决定在省草堂干部疗养院开辟100张床位做综合干部病房。1991年，省委确定省人民医院、华西附院、成都中医学院附属医院、华西口腔医院、华西妇产儿童院、省肿瘤医院、省草堂干部疗养院、省直机关第一门诊部、省直机关第二门诊部、省中西医结合医院、省中医药研究院中医医院为省干部保健基地医院，承担干部保健工作任务。各保健基地医院均设有干部科或干部病房。2000—2005年，省里共安排专项资金7000余万元，改（扩）建干部特约门诊和干部病房，增设干部病床，添置设备、设施。2005年末，干部保健基地医院的特约门诊和干部病房面积分别为2783平方米和4.37万平方米，干部病床707张。

图3-34　老红军、绵阳市三医院老院长李元凯1991年获《四川日报》"百岁健康老人"称号

2001年，省干部保健专家组成立，承担健康管理、疑难重症的会诊、抢救和技术指导。同时在省医院、华西医院选派政治素质高、业务技术精、服务意识强的医疗骨干担任保健医生。为提高干部保健队伍的政治素质和业务水平，2000—2005年，举办培训班36期，培训保健管理干部、技术人员2000余人次。2003年邀请卫生部保健局副局长李宁到四川，为200多位干部保健工作者做专题讲座。

三、保健服务

1983年，省卫生厅统一制发特约医疗证，发放范围和对象为省级机关、省属事业单位在职、离退休副厅级以上干部，离休处级干部；省属企业、中央驻蓉单位（公费医疗关系在省级的）在职、离退休副厅级以上干部、离休处级干部；高级知识分子和有突出贡献的优秀专家；在川两院院士；全省各市（州）党委、人大、政府、政协主要领导，阿坝、甘孜、凉山三州州级干部，西藏和外省市在蓉安置的省管离休干部。至2005年底，共为1.31万余人发放了特约医疗证。

1991年离休干部休养制度恢复后，各地、各部门组织所在地的离休干部在本县、本地区或省内疗养。1992—2005年，省级行政机关先后安排副省级以上老干部偕夫人到峨眉疗养院疗养。省草堂干部疗养院从1958年底建成开院至2005年，先后接收各级老干部疗养1万余人次。

省级干部每年体检一次，厅级干部每两年体检一次。1994—2005年，共体检2.2万余人次。对发现异常指标的参检者，及时通知延伸检查，以对重大疾病早发现、早诊断、早治疗。2001—2005年，每年组织院士体检，并开展一对一的健康咨询服务。

对重点保健对象，配备相对固定的保健医生，配送血压计、体重器、计步器等保健用品，发送保健知识期刊、读物，组织保健知识讲座，既随时掌握重点保健对象的健康状况，又帮助他们增强自我保健意识和能力。

对省级干部生病住院，做到"三坚持"，即坚持报告制度，每半月向省干部保健委员会和省卫生厅领导报告其住院情况；坚持会诊制度，及时安排专家会诊，讨论、制定手术治疗方案；坚持探视制度，及时看望、慰问生病住院干部。

截至2005年，省干部保健委员会先后承担了党和国家领导人到四川、省的主要领导出行以及重要会议、重大活动的医疗保健任务500余次，执行医疗保健、保障任务的医务人员和卫生监督人员达2000余人次。

第九节　民营医疗

20世纪80年代，省内一些民营医疗机构以独资、合资和股份合作为主要运作方式，招聘公立医院退职、退休人员和部队医院复员、退伍、转业人员及医学院校毕业生，从事医疗服务工作。它们为增加医疗卫生服务资源，扩大服务供给，满足人民群众多层次、多元化的医疗服务需求，同时为建立竞争机制，提高服务效率和质量，完善医疗服务体系，形成公立医疗机构和非公立医疗机构相互促进、共同发展的格局，发挥了积极作用。

省委、省政府和有关部门出台一系列政策措施，支持和引导民营医疗事业。

1988年7月23日，省政府印发《四川省社会办医管理办法》，引导社会办医方向。1997年3月21日，省卫生厅印发《四川省开办中外合资合作及独资医疗机构的暂行规定》，指导全省各地开办中外合资合作及独资医疗机构。

1997年5月25日，省委、省政府在《关于卫生改革与发展的决定》中提出，坚持以国家、集体为主，社会力量和个体为补充的办医体制，并出台一系列卫生改革开放的政策文件，支持社会办医，发展民营医疗，补充解决群众就医难、住院难问题。社会办医得到较快发展。

2003年5月16日，省卫生厅贯彻省委、省政府《关于进一步加快民营经济发展的决定》，结合全省民营医疗发展和卫生行政管理的实际，提出促进社会办医、发展民营医疗的具体政策措施：多渠道吸引民间资本，积极引导和支持民营医疗机构发展。在城市，重点支持兴办高质量、高水平的医疗机构；在农村鼓励民间资本向医疗资源相对薄弱的老、少、边、穷地区投资办医。支持民间资本对农村非政府举办的医疗机构进行资源重组或改制；支持城市民营医疗机构到农村办医或向农村延伸服务。支持民营医疗机构在法律允许的情况下，扩大服务范围，提高服务水平。允许有条件的民营医疗机构参与社区卫生服务。支持民营医疗机构申请医保定点医疗机构资格。

2005年末，全省共有民营医疗机构62564个，其中，各类医院229个，占0.37%；社区卫生服务中心（站）、门诊部、诊所、医务室等62335个，占99.64%。床位9608张。卫生人员115178人，其中执业医师1.54万人，执业助理医师5121人，注册护士5530人。医疗设备，万元以上的3233台（件），其中1万—49万元的3101台（件）；50万—99万元的88台（件）；100万元以上的44台（件），总资产达到9039.82万元。全省年门诊总量134744764人次，住院134381人次。

成都市民营医疗机构发展很快。1992年，西南地区首家民营专科医院——成都友谊骨科医院建立。1996年全省首家民营综合医院——成都恒博医院建立。2004年省内首家民营医院——成都市西区医院通过二级甲等综合医院评审。至2005年，成都市民营医疗机构共6464家，其中医院90家，床位3790张，卫生人员18866余人，年门诊病人1938万人（次），住院病人4.7万余人（次）。

2005年四川省各市（州）民营医疗机构及服务情况统计表

表3—43

地 区	机构总数（个）	其中医院（所）	床位（张）	卫生人员（人）	门诊（人次）	住院（人次）
合计	62564	229	9608	115178	134744764	134381
成都市	6464	90	3790	18866	19381259	47548
自贡市	2283	3	131	3002	4254757	1732
攀枝花市	824	1	83	1254	1723287	1022
泸州市	3206	15	519	6268	7476072	10108
德阳市	2279	15	730	5023	8964944	11626
绵阳市	3372	7	449	5464	7689049	7181
广元市	3159	8	314	4551	6603159	4263
遂宁市	2545	4	268	4595	9078234	2034
内江市	2667	8	261	5931	5837544	4137
乐山市	2633	14	423	4479	5332030	2128
南充市	6621	23	717	9859	11438384	17755
眉山市	2371	6	352	4270	3673201	2108
宜宾市	3959	10	544	8823	7298650	4417
广安市	3025	7	156	4679	5249674	3817
达州市	4378	3	112	9327	8974718	1784
雅安市	1013	5	203	1483	1757589	3045
巴中市	2911	2	132	6155	8087351	2217
资阳市	2602	0	15	4273	6485445	0
阿坝藏族羌族自治州	1235	3	60	1365	529200	180
甘孜藏族自治州	921	0	0	1064	481618	0
凉山彝族自治州	4096	5	349	4441	4428599	7279

说明：本表和下表的数据均由四川省医学情报研究所·四川省卫生信息中心提供

2002—2005 年四川省民营医疗机构及服务情况统计表

表 3—44

年份 \ 指标	民营医疗机构数		床位（张）	卫生人员（人）	门诊（人次）	住院（人次）
	机构总数（个）	其中医院（所）				
2002	60844	134	4552	102295	122329709	90208
2003	61215	150	6004	104441	130693964	77874
2004	60545	190	7268	109230	131423833	92359
2005	62564	229	9608	115178	134744764	134381

说明：2002 年之前无统计数据

2002—2005 年四川省民营医疗机构万元以上医疗设备统计表

表 3—45　　单位：台（件）

指标 \ 年份	2002	2003	2004	2005
合　计	1689	1687	2575	3233
1 万—49 万元	1629	1614	2477	3101
50 万—99 万元	42	47	67	88
100 万元以上	18	26	31	44

说明：2002 年之前无统计数据

经过近 20 年的发展，全省逐渐形成一批具有专科特色和一定规模的民营医疗机构。

成都友谊医院。1992 年，在成都市委的支持下，由全国知名骨科专家饶书城教授发起，邀集华西医科大学附属医院各科专家和成都市凤凰饲料公司共同出资组建成都友谊医院。至 2005 年，资产增加了 10 多倍，成为一家拥有 150 张病床，具有诊治疑难骨科和神经外科疾病、肿瘤及糖尿病特长的社会医疗保险定点医院。13 年治疗患者 10 多万人，住院及手术病人超过 1 万人。

成都德瑞心血管病医院。1998 年建立，系一所心血管病专科医院。聘有国内知名心血管内、外科专家和经过专业训练的护理骨干。主要开展心脏病外科手术、心血管介入及心脏病、心力衰竭、心律失常等疾病的内科治疗。年均心内介入和外科手术近 1000 台。

成都博爱医院。2003 年建立，系综合性医院。其开办的锦江区合江亭社区卫生服务中心，承担辖区内 4 万多人的规划免疫、计划生育、产后访视、死因调查、慢病监测、防疫保健、健康教育、中英城市“uhpp”（弱势人群）项目弱势人群医疗援助等社区医疗保健服务，被锦江区委、区政府授予“热心公益事业十佳民营企业（医院）”称号。

成都康桥医院。1997 年建立，系省红十字会“西部光明行”防盲援助工程和省妇联“百万爱心援助工程”的指定医院，卫生部近视眼重点实验室 EPi－Lasik（准分子激光切割）技术西南培训点。有卫生技术人员 120 人，聘有国内知名医学专家。内设 20 多个临床、医技科室，拥有多种先进诊疗设备。郑光琪教授首创“肝门区域血管阻断肝切除术”和肝动脉栓塞治疗胆道大出血，仇宜解教授首创“眼科双路球后局麻新法”，李纲和鲁齐手术治疗超高度近视，均获得成功。

眉山市肿瘤医院。系2003年由眉山市委、市政府招商引资建立的股份制医院。开放床位200张，人员230人。设有肿瘤治疗中心、微创外科中心、急救中心、门诊部和23个临床科室、7个医技科室。微创外科和肿瘤治疗中心是该院特色科室。拥有直线加速器、多层螺旋CT等多种先进医疗设备。肿瘤放射科两台直线加速器，是全省地级市中规模最大，功能最齐全的肿瘤放射治疗中心，能开展各种肿瘤的普通放射治疗、适形调强治疗、X刀精确治疗等高精项目。

宜宾肿瘤医院。1993年由宜宾市老年科技工作者协会创办，床位110张，人员70人，医院总资产超过1000万元。有钴^{60}放疗机等设备30余台。内设老年病分院和放疗中心。至2003年，收治各类住院病人1万余人，手术5000余例，其中骶尾部脊索瘤手术为宜宾市首例。放射治疗3000余人次，无一事故发生。

成都市西区医院。1998年，由四川三友集团股份有限公司和成都市第三人民医院联合筹建，为三友集团独资医院，1999年12月29日正式开诊。医院临床科室有呼吸内科、消化内科、心血管内科、神经内科、肾内科、普外科、泌尿外科、神经外科、骨科、妇科、儿科、急诊科、麻醉科、眼科、口腔科、耳鼻咽喉科、皮肤科、中医科、中西医结合科；预防保健科、康复科。医技科室有药剂科、检验科、输血科、放射科、病理科、超声科（心电图室、多普勒室）、胃肠镜室、纤支镜室、手术室、消毒供应室、营养室。设备有CT机、X光机、拍片机、全自动生化仪、血器监测仪等，价值约2000万元。2005年，有卫生人员375人，其中医生171人（内有正高8人，副高24人），护士134人。编制床位245张，实际开放床位198张。门诊159761人次，住院6332人次。床位使用71589天/床，使用率100%、周转率77.5%，平均住院日8.7天，治愈率45.7%、好转率47.2%。是年，被评为二级甲等综合医院，获民政部授予的“全国先进民间组织（医院）”称号。

绵阳口腔医院。2001年11月29日成立，是一所股份制专科医院。2002年2月被评为二级甲等专科医院。设置床位40张，开放床位18张。有人员99人，其中卫生人员72人，内有正高2人，副高6人。临床科室有：口腔内科、口腔外科、颌面外科、口腔正畸科、口腔修复科、牙种植科、儿童牙病科等。医疗设备有：进口现代化牙科综合治疗椅31台，牙用X光机5台（包括数码曲面断层全景机2台），进口洁牙机8台，口腔内窥镜4台，另有多种国产口腔种植系统、外科手术室及常规检查设备，心电监护仪、进口微动力骨钻等设备。还合作建有川西北地区规模最大的义齿加工中心。颌面外科全面开展口腔颌面颈部疾病的手术治疗，在口腔颌面部肿瘤、唇腭裂、牙颌关节创伤与疾患、颜面整形重塑等高难度领域创造了多个川西北地区第一：在川西北地区率先开展牙槽外科心电监护拔牙专家门诊；在川西北地区最早成立种植牙专科，引进国外及购买国内多套种植系统；广泛开展根管治疗、常规活动修复及固定修复、青少年及成人正畸治疗、纤维树脂桩、前牙美齿分层修复、冷光美白等治疗项目。2002—2005年，门诊34255人次，住院601人次。免费为绵阳市幼儿园、中小学校、社区、部队和企事业单位开展口腔健康检查、健康教育6万余人次。依托医院建立牙病防治社区服务网络、城市科研协作网络。

四川奥斯迪康骨医院。2000年3月建立，是一家中西医结合治疗腰椎间盘突出症、股骨头缺血性坏死、颈椎病、风湿、类风湿关节炎、强直性脊柱炎、肩周炎、骨质增生症、骨关节损伤等的骨科医院。2011年1月被评为二级甲等专科医院。开设床位120张床，有卫生人员86人，其中正高2人，副高3人。医疗设备有西门子单排CT、500毫安X射线光机、彩超等医疗仪器。2000—2005年门诊81359人次，住院17085人次。“针刀加纯中药治疗股骨头缺血坏死实验与临床研究”获批重点科技研究项目。

成都爱尔眼科。2002年12月28日成立，系股份制专科医院。设置床位30张床，有卫生人员67人，其中正高1人、副高6人。临床科室有：白内障科、青光眼科、眼底病科、角膜病科、斜视与小儿眼病科、综合眼病科、曲光准分子科。医技科室有：检验科、特检科、视光部、心电图室。有万元以上医疗设备133台（件），总价值2546万余元，其中50万元以上的12台，100万元以上的5台。包括：美国的准分子激光系统，瑞士飞秒激光仪，日本全自动综合验光组合、眼前节YAG激光仪、免散瞳照相机，德国EX500准分子激光系统、FS200飞秒激光、眼科手术显微镜、HRT－11视网膜断层扫描仪，法国眼用A/B超等。2003—2005年门诊78077人次，住院1099人次。

达州市通川区红十字医院。1999年成立。开放病床400张，职工430人，其中专业技术人员300人，内有高级职称30人，中级职称40人。是一所集医疗、教学、预防、科研、康复为一体的二级乙等综合医院。设17个临床科室、7个医技科室和11个行政科室。

医院采取药品降价、单病种限价和对孤残儿童、贫困学生、农村特困群众等特困群体救助，免费接送病人等方式，减轻患者负担。对剖宫产、胆结石、疝、阑尾等42个病种实行单病种限价。为特困群众捐助现金近50万元，为21名（次）精神病患者减免医药费14.6万元，为210名（次）肾病透析患者免除费用约20万元。免费接送患者2486人次。先后评为省红十字会十佳博爱医院、省医院协会先进民营医疗单位、达州市非典型性肺炎防治先进单位。

第十节　援藏医疗

1973年6月，卫生部在北京召开首次卫生援藏工作会议，确定四川省援助西藏昌都地区。8月，省卫生厅即派医疗队赴西藏昌都地区开展医疗卫生工作。至1985年12月，共派出8批援藏医疗队。

1984年，卫生部在重庆召开第二次卫生系统支援西藏卫生事业建设协商会议，确定四川省继续支援西藏昌都地区医疗卫生工作。“七五”期间派出6批援藏医疗队，“八五”期间派出5批援藏医疗队。

1994年8月22日，卫生部召开第三次卫生援藏工作会议，确定四川援助昌都地区任务不变。“九五”期间，省卫生厅与昌都行署签订《1996—2000年四川省对口支援昌都地区卫生事业协议书》，制订《1995—2000年四川省对口支援西藏昌都地区卫生工作方案》，确定省级医疗卫生单位支援昌都地区级医疗卫生单位，地市医疗卫生单位支援昌都地区县医疗卫生单位，实行定点包干、对口支援。具体对口单位是：省人民医院、省肿瘤医院、省干部疗养院、省卫生管理干部学院、省直一医院、省直二医院对口支援昌都地区医院、妇幼保健院；省医科院（含省皮研所、省寄研所、省结研所）、省防疫站对口支援昌都地区防疫站；省中医研究院、成都中医学院对口支援昌都地区藏医院；内江市支援边坝县；南充市支援洛隆县；万县市（今重庆市万州区）支援江达县；广元市支援左贡县；泸州市支援丁青县；遂宁市支援昌都县；德阳市支援芒康县；达川地区支援类乌齐县；涪陵地区（今重庆涪陵区）支援察雅县；雅安地区支援八宿县；宜宾地区支援贡觉县。华西医院、川北医学院附院承担大学专科培训和医疗技术讲学任务。各支援单位与受援单位签定《项目目标管理责任书》，明确援助任务。

援藏医疗把卫生技术支援和智力开发放在首位。培养科技和管理人才，重点培养学科带头人，使之成为“永远不走的医疗队”。一是组派医疗队，直接从事临床诊治工作，通过业务教学与辅导、举办培训班和学术讲座、开展出诊及巡回医疗等方式培训当地医务人员；二是免费接收受援单位的人员进修、培训，部分医学院校专门为昌都地区开办医学基础班和卫生管理大、中专班，培养医疗卫生人才；三是定期或不定期组派大专院校讲学组到昌都地区，开展以新技术、新项目为主的短期专科专病讲座、手术示范、会诊带教；四是接受昌都地区管理干部到支援单位所在地的卫生行政部门挂职锻炼；五是在硬件设施、专业设备和药品器械等方面给予资助。同时积极协助受援单位建立健全规章制度，使医院管理逐步制度化、规范化。

昌都地区平均海拔3500米，共15个县，人口53.97万人。有全民所有制医疗单位217个，床位876张，卫生人员1345人。经过第一、二批医疗援建，昌都地区地级医疗卫生单位已发展到一定水平，地区医院可作胆囊、胃大部切除、肠梗阻、子宫全切等手术，但县级医疗单位大多只能作输卵管结扎、阑尾、一般性骨折等小手术，只有少数二三个县能作胃大部切除和剖腹产手术，农牧民群众发生一般疾病，都得到昌都地区医院医治。经与昌都行署协商，双方共同决定，在继续援助昌都地级医疗卫生单位的同时，将援助重点转移到县级医疗卫生单位。通过双方共同努力，芒康和贡觉县医院率先达到国家一级甲等综合医院标准；边坝县医院组建了急诊科；丁青县医院的护理技术、洛隆县医院的检验技术、八宿县医院的放射技术、左贡县医院妇产科技术等得到很大提高，能开展一些过去不能开展的医疗服务项目，增强了医院综合服务能力。

援藏医疗队员克服高原反应和语言不通、生活不习惯的困难，与当地医务人员一道，深入农牧民家中为患者解除病痛，协助当地开展麻风病、结核病、大骨节病、地方性甲状腺肿瘤等疾病的流行病学调查，采取相应预防措施，使当地传染病、地方病得到有效控制。成都市卫生系统组成的第十七批援藏医疗队，1994年被评为援藏“全国先进集体”，该队医师王俊全、刘文学等，被昌都地区医院党委评为优秀共产党员。

1973—2002年，全省（含1997年前重庆市和万县、涪陵、黔江3地区）共派出24批、700余人次、20多个专业的58支医疗队，赴西藏昌都地区进行援藏医疗服务。免费接受昌都地区400多名医疗卫生人员进修，培养100多名具有大、中专水平的医疗卫生骨干；捐赠部分医疗设备和100多万元资金。其间，四川省还承担了全国各省、市组派的赴藏医疗队30多批、800多人次的中转接待工作，为全国卫生援藏工作提供后勤保障服务。

鉴于四川是一个多民族的省份，中央决定2002年以后四川不再担任卫生援藏任务，把力量放在加强本省民族地区医疗卫生事业建设上。

第五章　临床护理

第一节　护理队伍

1985 年全省护理人员 46055 人，1996 年底为 73911 人，增长 37.69%；1997 年底为 55759 人，2005 年底为 61237 人，增长 8.95%。

1986—2005 年四川省注册护士及每千人口注册护士数一览表

表 3—46

年　　份	注册护士人数	每千人口注册护士人数
1985	46055	0.45
1986	46777	—
1987	47961	—
1988	52613	—
1989	59972	—
1990	63791	0.59
1991	65340	—
1992	66853	—
1993	67343	—
1994	69204	—
1995	71681	0.64
1996	73911	—
1997	55759	—
1998	57009	0.69
1999	58651	0.70
2000	59665	0.71
2001	59799	0.71
2002	60098	0.71
2003	59494	0.73

续表3—46

年　份	注册护士人数	每千人口注册护士人数
2004	60871	0.71
2005	61237	0.71

说明：2002年以前系护师（士）数

医学的发展，特别是临床医疗工作的发展，促进了具有高学历、高职称的护理人员不断增多。截至2005年，全省56145名护理人员中，具有大专以上学历的为17317人，占比为30.85%。

2005年四川省护理人员学历统计表

表3—47

分类	博士	硕士	学士/大学本科	大专	中专	高中	初中及以下	合计
人数	12	57	877	16371	33721	2643	2464	56145

说明：本表统计数据不包括诊所、卫生所、医务室、社区卫生服务站和村卫生室数据

省人民医院于1994年与省电大联合举办高级护理专业电大班，每年招收本院职工60名，学制三年，全院先后有306名在职职工通过国家考试合格获大专文凭。1990年全院护士468人，其中大专9人，仅占1.9%。2005年，全院护士923人，其中研究生1人，本科生13人，大专生452人，大专及以上者占50.49%，比1990年增长48.59%。

华西附院从1985年开始举办高等护理成人教育班，学制三年。主干学科：基础医学、临床护理学。主要课程：护理学导论、护理学基础、内科护理学、外科护理学、五官科护理学、儿科护理学、护理心理学、社区护理、护理管理学、急救护理学等。考试或考查合格后，颁发高等护理专科毕业文凭。1990年，护士625名中，大专生25人，占3.99%。2005年护士1607人中，护理博士2人，护理硕士10人，大学本科162人，大专779人，大专及以上学历的占59.31%，比1990年增加55.32%。

2005年，成都中医药大学附属医院正式护士245人，其中本科生54人，大专生120人，大专及以上人员占71%。

省卫生管理干部学院开办高等护理成人教育班，培养全省各医院的护理骨干。

具有中高级职称的护理人员总数呈上升趋势。1985年省医院有副主任护师2人，主管护师13人，主管护师及以上职称者占护士总数446人的3.37%；2005年有主任护师1人，副主任护师29人，主管护师209人，主管护师及以上职称者占25.9%，比1985年增长22.53%。华西医院1990年，有主任护师1人，副主任护师5人，主管护师129人，主管护师及以上者占护士总数的21.60%。2005年，主任护师3人，副主任护师25人，主管护师340人，主管护师及以上者占总数的22.90%，比1990年增长1.30%。2005年成都中医药大学附属医院有副主任护师5人，主管护师115人，中高级职称人员占护士总数的49%。

1990—2005年部分年份全省中高级护理专业技术人员见表3—48。

1990—2005 年部分年份四川省中高级护理专业技术人员职称统计表

表 3—48 单位：人

分类 \ 年份	1990	1995	2000	2005
主任护师	1	7	14	45
副主任护师	76	229	286	509
主管护师	7370	13002	13494	14506

说明：本表统计数据不包括诊所、卫生所、医务室、社区卫生服务站和村卫生室数据

医学的发展，促进了护理业务技能不断提升。20 世纪 80 年代初期，输氧、鼻饲、插胃管、胃肠减压、吸痰、灌肠、导尿、动脉加压输血等护理技术，在县以上医院普遍开展；脑外、胸外、骨外、儿外、神内、心内、及产科、儿科等专科护理，在省、市级医院有很大发展；许多医院能开展小儿静脉穿刺、锁骨下静脉穿刺、颈静脉穿刺、腰椭穿刺等护理业务技术，普遍实行密闭式输液。80 年代中期，护理范围逐渐扩大到内窥镜检查、人工肾、高压氧、大面积烧伤、整形、断肢再植、显微手术、胸外心脏按压、器官移植、重症监护、心血管监护等专科护理。90 年代至 21 世纪初，随着血液透析、CT、ECT、内镜和各种高、新医疗业务技术的开展，各种仪器设备，如心电监护仪、输液泵、留置针、多功能呼吸机、多导睡眠监测仪、胎心监护仪、氦氖激光血管内照射和光量子血疗仪等在临床应用，护理业务技术更加专科化。

第二节　急重症护理

一、急救护理

20 世纪 80 年代中期，省内一些大医院逐渐将设于门诊的急诊室扩建成急诊科，配备固定护士，医生多由内外科医师轮流派出。90 年代，按医院分级管理要求，二级以上综合医院逐步成立急诊科，专配人员、设备。2005 年全省急诊急救达 509 万余人次。

省人民医院 80 年代中期建立急诊科，设分诊台、抢救室、观察室，配科主任、护士长及 10 名护士。护士排班分成 3 组轮班，1 人身兼多职，承担分诊、注射、抢救、出诊和观察室输液治疗工作。1996 年 10 月 22 日，省急救中心在全国率先开通“急救绿色生命通道”，实行“急救工作全天候，优质服务全过程，抢救治疗全方位”，创建了“1、3、5、10”工作制度，即：1 分钟接诊分诊到位，3 分钟抢救处置到位，5 分钟院外出诊，10 分钟专科医生到急诊病人床旁。同时，改革急诊工作模式，实行四组三班轮转的工作模式，每组由护士长领班，负责组织急突发性事件的应急处理和院内的急诊、急救的指挥、协调等工作。通过培训和实践锻炼，护理人员个个都掌握了心肺复苏、洗胃、心电监护、气管插管、简易呼吸器、氧气吸入、静脉留置针穿刺、吸痰、包扎固定、搬运等十大急救技术。急救绿色生命通道先后被团省委授予青年文明号称号，被卫生部、团中央授予青年文明号称号，被评为四川省直属机关三八红旗集体，被省委宣传部等五部委评为四川省职业道德建设十佳标兵单位，2003 年荣获全国五一劳动奖状，2005 年荣获卫生部、团中央颁发的全国青年文明

号十年成就奖。

华西附院于1986年10月建立急诊科，设挂号室、诊断室、注射室、观察室、抢救室，有护士12名。1994年引进国外先进的急诊管理理念，采用红、黄、绿分区法，将急诊病人进行分类管理，即将病人分为轻、中、重三类，对危重病人进行优先处理（抢救室设在急诊科距离门口最近的区域，为危重病人的抢救争取时间）。预检分诊处采用红外线检测病人体温，电脑登记挂号，打印病历，运用国际先进分诊模式，对病人病情及时了解，快速分诊，紧急抢救，分诊准确率达98%。1997年实施整体护理，改变上班方式，实行三班五组班次，夜班为22∶00至次日8∶00，全面了解和观察病人病情。2003年6月急诊科搬入新建第一住院大楼一楼，成为西南地区就诊条件最好，设备先进、齐全的急救中心。设置抢救区、分诊区、普通诊断区、急诊重症监护区和观察室五个区域。急救中实施优先分拣，按病情分为重、中、轻处置模式，建立绿色生命通道，及时抢救各种类型急诊病人。护理人员增加到58名，另配备急诊搬运工11名。护理人员全面承担院前、院内急救、重症监护、清创缝合、注射、抽血、观察治疗护理、预检分诊、办理入院手续、留观病人治疗护理等任务。2005年将急诊五个区域整合成预检分诊、抢救、观察三大区域，使环境布局更合理，工作流程更科学，打造了一条高效、优质的服务链。三大区域均设有护士长，实行护士长24小时值班制。每天抢救危急病人50—80人次，抢救成功率达98%，年就诊量达12万余人次。先后成功救护了16路公交汽车爆炸伤30余人、一农家乐集体食物中毒40余人、九寨沟车祸伤18人、都江堰电解炉爆炸伤7人。急诊科2001年获四川省青年文明号称号，2003年获全国青年文明号称号，2005年获得全国卫生系统巾帼文明岗称号。

二、重症监护

20世纪80年代初，省内少数大型综合医院开始设立重症护理病房（ICU），即把危重病人集中起来，在人力、物力和技术上给予最佳保障，以期得到良好的救治效果。90年代中期，全省三级综合医院相继建立ICU。90年代末，三级医院普遍建立ICU，有的医院还建有ICU亚单元，分类抢救、监护、治疗各种危重症患者。ICU配有床边监护仪、中心监护仪、多功能呼吸治疗机、麻醉机、心电图机、除颤仪、起搏器、输液泵、微量注射器、气管插管及气管切开所需急救器材。ICU要求护士临床医学知识全面，具有精湛熟练的护理操作技能。

省人民医院20世纪80年代初设立胸外科ICU、内科CCU、神经科ICU。1989年胸外科ICU改建为外科ICU，同时设立干部科CCU。1990年设立儿科ICU，新生儿监护室、胎监室。1993年设立呼吸科ICU、层流室。1995年设立急诊ICU。2005年全院重症监护室扩展到10个，床位扩展到56张。1989年监护病人600余人，1999年年监护病人升至1300人，监护床日数3000余天。呼吸科RICU年收治病人300余人，神内科ICU年监护病人1500余人次，神外科ICU年监护病人1800余人次，干部科CCU年监护病人400余人，护理各种介入手术1500余例次，急诊EICU年监护病人1300人，监护床日数3000余天。

华西医院ICU于1991年成立，由2—3名轮转医生和12名护士组成，设病床6张。1996年11月ICU床位扩大到17张，护士18人。1997年增加5名工人，协助护士进行一些非技术的工作，如协助护士为病人翻身、清点补充布类、清洁便器和引流瓶等，使护士有更多的时间留在病人床旁。1998年设计出符合整体理念、方便实用、具有ICU特点的观察记录——《四川大学华西医院ICU观察记录表》，2000年获得设计专利，并在院内外推广。2003年2月ICU病床扩大为44张（含肝移植

9 张）。2004 年 4 月，肝移植 ICU 病床扩为 37 张，护士 56 人。每年收治病人达 1200 多人，危重病人抢救成功率 94%。同期开展 ICU 内亚专业护理。ICU 亚单元包括麻醉苏醒室（PACU）、外科 ICU（SICU），床位数 65 张（重症区 37 张、SICU16 张、PACU12 张），护士增至 88 人，成为全国最大规模的 ICU。

川北医附院于 1998 年 10 月开展重症监护服务，先后开设 18 张重症病床，主要收治脓毒血症和多器官、多功能衰竭病人，以器官功能监测、呼吸循环支持等方式进行救治，至 2005 年，收治重症病人 10410 人，治愈率达 80%。

至 2005 年，全省绝大多数二级以上综合医院都开展了重症监护服务。

第三节 老年病护理

20 世纪 80 年代末 90 年代初，为适应卫生改革和社会老年化发展，全省很多医院将干部疗养保健转型或设置老年病专科，其护理模式也随之由以生活护理为主向以治疗护理为主转变。

省人民医院老年医学科前身为 1987 年建立的干部医疗科，设 5 个病区，128 张床位。在老年心血管病房成立老年 CCU，设置床位 6 张，集中收治和管理心血管危重患者；老年呼吸科病房成立加护病房，设置床位 4 张，对老年呼吸科危重患者集中管理。1999 年成立老年疾病研究所，床位扩展至 137 张，设老年心血管、老年呼吸、老年内分泌、老年综合内科、老年感染等五个亚专业。引入“老年护理服务”理念，护理模式由责任制护理向整体护理模式转变。除常规护理外，老年科各病房根据专科特色，开展护理，为老年患者的成功救治提供保障。老年科配有注射泵、微量泵、除颤仪、床旁心电图机、呼吸机等仪器设备。使用这些仪器设备，提高治疗效果。配合开展气管插管、机械通气、心肺复苏、心律失常复律、高龄三腔人工心脏永久起搏器植入术、高龄 ICD 植入术、PET - CT 评价存活心肌并指导老年冠心病血运重建、药物涂层支架植入、冠脉闭塞病变介入治疗。药物涂层支架植入属国内领先水平，冠脉闭塞病变介入治疗接近国际先进水平。2001 年老年呼吸科开展老年患者床旁肺功能监测技术，年均监测 200 人次；护理人员熟练使用各种仪器设备进行监护，每年注射泵 1000 余人次，微量泵 500 余人次、除颤监护 10 余人次，床旁心电图机 7000 人次、呼吸机监护 200 余人次。老年 CCU 和老年呼吸加护病房积极开展中心静脉压监测术、有创动脉压监测术、血流动力学监测术以及床旁血气分析技术等，为提高危重症抢救成功率提供有力保障。1999—2005 年，每年救治住院老年患者达 2000 人次，平均年龄高达 87.6 岁，年抢救成功率达 95% 以上。

华西医院老年病科的前身是内科的干部病员病区，有床位十几张。20 世纪 80 年代初修建干部保健楼，有床位 63 张。1983 年成立干部保健科，1998 年增挂老年病科牌子，专门收治 70 岁以上的老年病患者。2005 年有床位 240 张，工作人员 100 余人，其中护士 50 人。70 至 80 年代，干部保健科收治的病人少，且病情相对较轻，多为疗养性质，护理工作也比较单一，主要是生活护理和发药、打针、输液等基础护理。进入 90 年代，随着老年病人的增多，病人不再是单纯的疗养，护理也不再是简单的生活护理。为做好护理工作，老年病科采取了许多措施。一是既注重病人的治疗护理，又注重病人的心理健康，对病人进行准确服用药物、自我保健、急救处理等健康教育。二是针对老年人易发生跌倒、呛噎、坠床、烫伤等，建立防止意外事故的相关制度，加强对高危病人的观察及巡视，强调留陪。三是为改善护士单独值班对意外紧急情况应对不力的状况，建立二线值班制度，由高年资护士轮流担任二线值班，负责紧急抢救及突发事件的处理。四是加强学习培训，提高护理人员的综合素质。先后派护士到院内ICU、心内科、血液科、供应室、呼吸科、金卡医院、中医科、临免科、肿瘤专科等相关科室进行学习；选派人员参加老年康复护理、卫生部干部保健护理、呼吸机管道护理等全国性护理学术讲座学习；多次邀请礼仪专家、心理专家讲授要点，交流心得，对护理人员的仪容仪表、日常工作行为进行培训，并实施规范化管理；分层次、按需要组织科室业务学习，组织开展12项基础护理操作技术练兵；鼓励护理人员参加学院及医院举办的英语中级班、口语班及各种新业务、新技术的培训学习。五是不接受临床实习生和进修护士。

省五医院把满足老年病人健康需求、提供优质老年护理、提高老年病人生存质量、维护和促进老年病人的身心健康作为护理工作的重点。针对老年病人身体抵抗力下降、生活自理能力下降或者丧失、疾病康复慢、合并慢性病多、心理问题严重等特点，护理部编写了老年常见病、多发病的健康教育资料，加强对病人健康指导；制定各项护理技术操作流程告知事项，保持与老年病人的有效沟通和交流；制定老年病人护理目标，增强自我照顾能力，提高生活质量，积极配合治疗，延缓疾病恶化，做好临终关怀；根据老年病人心理问题，如焦虑、抑郁、自卑、孤独等，加强和病人沟通，加强心理护理，并规范各项告之程序及护士文明礼貌用语。根据老年病人常见的感染、便秘、压疮等情况，采取一系列针对性护理措施：加强护士的手的卫生，严格无菌护理操作，加强对病人康复训练和康复指导；做好对病人饮食、用药及活动指导，督促病人执行；做好病人晨晚间皮肤护理。还针对老年病人常见意外事件，如跌倒、误食、坠床、烫伤、走失等制定相应防护措施：安全警示明确醒目，健康指导随时到位，开水服药到床，并督促病人用药，随时留意病人踪迹，确保病人安全。

第四节　精神病护理

20世纪80年代，省内各精神病医院对精神病护理管理逐渐由封闭式向半开放式和全开放式管理转变，各种病人由笼统护理向细化、分类护理转变。

一、绵阳精神病医院护理管理

1956年5月，绵阳精神病医院成立。病房“高墙铁窗”，设重型（躁动）病人观察室，观察室内四周铺有橡皮（俗称橡皮房）。病室房间陈设简陋，除病房外几乎无其他物品。病人洗漱用具、餐具统一存放管理，病人抽烟由护理人员定时发给，协助料理生活，处理个人卫生。躁动病人多采用保护性的约束控制。

绵阳精神病医院成立初期，护理人员中多数是部队复转军人，未经过正规学校学习，常因专业知识与管理经验不足发生差错事故。针对医院连续发生的自杀、逃跑、伤人、毁物等问题，医院把交接班、查房、危险物品管理等作为预防医疗事件的重要措施，先后制定《预防若干医疗事件的几项暂行办法》《主管护士和夜班护士工作细则》等。1960年3月开始实行护士长8小时在班，24小时负责的责任制。1978年7月开始实行总护士长、病房护士长负责制，建立全院护士长夜间轮流值班制，值班护士长晚十时后到病房巡视查房，指导和协助夜间护理工作。1982年，按卫生部对病房管理“三化”（病房管理工作制度化；护理技术操作常规化；基本陈设规范化）、“八字”（整洁、肃静、舒适、安全）的要求，制定“三化”“八字”标准。一是病房管理上狠抓岗位责任制，完善护理制度，规定巡视护士非必要时不得进入办公室，对病情交班做到文字报告，危重病人到床头交接；二是抓常用护理技术和急救技术的规范统一；三是病房基本设施、物质等统一配置，急救药品器材定量、定位放置、专人管理。护士工作做到“四轻”（说话轻、走路轻、动作轻、操作轻）、“四心”（接待病人热心、生活照顾关心、回答解释耐心、治疗护理精心）和“四知道”（疾病诊断与护理级别知道、治疗方案与注意事项知道、思想情况与疾病变化知道、饮食睡眠与生活习惯知道），危重病人24小时特别护理。1983年，学习运用信息化管理护理工作，把国内外护理新进展和各方面的最新动态，迅速传递给全院护理人员学习和运用。护理部在院内开展三个大方面信息传输工作，一是病房与病房之间的信息传输，把工作中的成绩和经验传输其他病房；二是病房与医技科室之间的信息传输，反馈对护理工作的意见，互通情报，改进工作；三是病房与后勤各部门之间的信息传输，寻求对护理工作支持。

1986年，打破精神科病房传统的封闭式管理模式，精神科康复病房率先对精神病人实行开放管理，50%的住院病人可自由出入医院。继后实行病区男女病人混合管理，对改善病人孤独行为和淡漠情感，防止病人精神衰退，促进病人全面康复和回归社会，管理工作人性化作了尝试。

1988年，为给精神病人创造良好的休养场所，修建精神科大楼。新病房宽敞明亮，布局合理，环境独特优美。医院决定整个病区管理由单一封闭，逐步形成半开放管理和全开放管理，实行与三级护理相适应的病区管理模式。为满足服务个性化及提高服务档次，精神科装修了早期干预病房。

1991年，精神科病区恢复双班制（其中1名护工做非护理工作）。

1992年，针对护理工作薄弱环节，进一步完善危险物品保管与搜查制度、精神病人约束保护登记制度、新入院病人卫生处置登记制度、护士长每日五次巡视病房制度。

1997年，精神科女病区进行整体护理试点，病区按护理级别，病人和护士分组（区）排班，按照精神病人特点，完成基础护理、特殊护理和健康教育。1998年，全院整体护理病房达30.8%，基础护理合格率、护理措施实施率、对病人或家属健康教育覆盖率均达95%以上，病人对护理服务质量满意度床旁调查为96.3%。

2001年，成立“生活护理服务中心”，负责护送病人检查、送检标本、更换氧气、接送病人转科、协助病人入院、代为病人请陪护。同年开展“学星级宾馆，创一流服务”活动。派出10名护理人员到绵州宾馆学习，制定《护理人员礼仪服务规范》，指导护理管理与护士行为，利用节庆日举行护士仪容、仪表、礼仪服务表演，推动医院护理服务规范化。

2002年，制定科护士长职责及工作目标，进一步明确护理部主任、科护士长、病区护士长三级管理责任。护理部负责全院护理工作计划的制定，全院性工作安排，护理质量抽查等；科护士长负责专科护理管理，专科业务技术学习，培训、考试（核），专科质量的检查与质量控制；各病区护士长负责病区管理，专业知识的学习，护理新技术的开展。

2004年，开展癫痫持续状态的急救护理和严重创伤的急救护理。同年，对质量检查内容进行细化，采取PDCA（计划、实施、检查、处理）循环的质量控制。制订护理安全工作预案。

2005年，实行护理质量三级管理责任制。制定护理质量管理制度，完善护理工作制度标准、护理质量标准、护理技术操作规程等。补充和完善护理会诊制度、护理查房制度、护理病例讨论制度、隐私保护制度、护理差错评价处理制度、护理差错事故登记报告制度、专项护理质量管理制度、皮肤压伤登记报告制度、护理安全管理制度、保护性医疗制度、医疗文件管理制度、危重病人护理制度、用药错误应急预案及处理程序、药物不良反应应急处理程序、输血反应应急预案及处理程序、输液反应应急预案及处理程序、护理差错事故应急预案及处理程序、紧急状态下护理人力资源调配方案等，医院各项护理质量指标达到三级甲等医院质量标准。

二、华西医院精神病护理管理

华西医院精神神经科前身为1950年华西协合大学医学院成立的神经精神科学系和1953年5月成立的四川省精神病院。初期设床位60张，主要收治兴奋躁动病人。1954年移交四川医学院，开设睡眠治疗室，电抽搐治疗室。1956年实行男女病人分开管理，设置男病房和女病房，同时开设工娱治疗室。1958年2月成立精神神经科，第一次制定和修订有关精神科护理常规和各级护理人员职责，实行三级护理查房制度和实施严格的交接班制度、查对制度等。精神科男、女病房采用封闭式管理。恢复期病人可在工娱治疗室活动，参与工娱治疗和康复性的劳动活动。

1987年重新开放神经官能症病房，主要收治神经症病人，采用全开放式管理。1991年初，男病房和女病房床位分别由25张扩大到45张，神经官能症病房床位增至30张，精神科总床位达120张。护理模式从“以疾病为中心”的功能制护理向“以病人为中心”的责任制护理转变，病房管理从封闭—半开放—全开放转变。护理业务从最初笼统的精神障碍护理（主要为精神分裂症和情感性精神障碍）逐步发展和细化为具有精神科亚专业特点的护理，包括：重型精神障碍（以精神分裂症为主）的护理；焦虑抑郁障碍病人的护理；心身疾病病人的护理；儿童精神障碍和行为问题病人的护理；老年精神障碍（痴呆、老年性精神疾病、抑郁、器质性精神病等）的护理；精神活性物质依赖病人（药物、酒精）以及其他成瘾行为病人的护理。各亚专业护理初步形成各自的护理常规、护理流程，亚专业护士初步形成自己的专业方向。

第五节 中医护理

一、华西医院中医护理

1956年成立的四川医学院附属医院中医科（2000年更名为中西医结合科），初期有床位16张，主要收治慢性病人。护理人员为6—7人，其中接受过正规护理教育的为4—5人，接受半年护训班培训的助理护士2人。护理工作多为基础护理和生活护理，如送饭、喂饭、倒便等。

20世纪80年代中后期，随着医学模式的转变，临床护理由功能制护理逐步转变为责任制护理，护士的岗位和分工也发生了变化。病室分设责任护士、辅助护士、办公室护士、总务护士。责任护士在护士长领导下，对病人实行8小时在岗、24小时负责的护理，并负责安排组内护士工作；辅助护士协助责任护士完成本组各项护理工作；办公室护士负责接待和安排病人，完成医嘱的转抄和交班报告等，并承担住院病人的记费工作；总务护士负责各种物资的供应及药品的领取、保管。护理值班由夜班改为双夜班，一周轮转一次，每班由一名护士值班，值班时间分为上半夜和下半夜。由于住院病人和危重病人逐渐增加，病室开始雇请护工，协助完成一些简单的生活护理，如打水、喂饭等，并开始限制性发放陪伴证。

为充实临床护理力量，缓解护理人力紧张，1993 年起，开始使用合同护士。同时成立科室二级监护室，将危重病人相对集中，安排高年资护士专人管理，提高危重病人护理质量。1994 年开始，每月举行一次护理业务查房和护理管理查房，提高年轻护士的业务水平和病房的管理质量。1998 年，实行整体护理，将“病人为中心”的理念体现在各项护理工作中，并通过工休座谈会、宣传栏、发放健康教育资料等形式进行健康教育。为加强病室管理，提高夜班护理质量，避免排班的薄弱环节，夜班由原来一人再增加一名高年资护士，加强夜班力量。

2002 年，医院—病室电脑联网，住院病人记费工作由原来会计室每周记费两次改为由病房办公室护士每日记费。2003 年，实施医生直接下医嘱。2004 年实行计算机录入药物，由中央运输统一配送，病房药品管理更加规范。2005 年，在开展医院质量管理年活动中，中西医结合科护理组积极查找并整改薄弱环节，建立护理管理长效机制。

二、四川省中医院中医护理

成都中医药大学附属医院（2001 年增挂四川省中医院牌子）1986 年 9 月成立中医护理研究室，开展中医护理与中医护理病历标准化研究。1987 年起，研究室先后制定护理管理、护理质量、护士职业道德等 124 项规章制度，完善《中医护理病历书写要求及评分标准》，编写《中医护理操作手册》，指导开展中医护理工作。省中医药管理局将《中医护理操作手册》印发全省各中医院推广使用。医院护理部还编写《七项中医传统操作手册》《辩证施护手册》《中医急症护理常规》《临床常见病证中医护理常规》《中医护理知识问答》等手册。各科室根据专业特点，制订具有自身特色的护理常规。为突出中医特色，各病区确定了辩证施护病种 2—3 个，全院共有 51 个病种开展辩证施护。传统中医护理技术操作有：针灸、拔罐、推拿、指针、耳针、穴位注射、敷贴、中药离子导入及中药薰洗、坐浴、浸浴、雾化、换药、保留灌肠等。1992 年，“中医护理病历标准化研究”获首届中华护理科技成果三等奖。“中医护理病历格式”被省中医药管理局定为全省统一的中医护理病历格式。1994 年护理研究室研制的“输氧加热湿化器”获国家专利。同年编写《五官护理学》，为中西医结合的五官护理提供理论指导。1994 年，在针灸科开展床位分工责任制护理和中医护理病历书写试点，后全院推广。医院每年开展一次中医护理病历书写和护理五种表格书写竞赛，提高护理病历书写质量。

第六节　整体护理

1995 年 11 月，华西附院护理部提出实施整体护理的可行性论证报告，经院领导同意，将心血管内科和普外科三病房作为整体护理模式试点病房，在全国率先进行临床护理模式改革。试点中，护理人员以病人为中心，以现代护理观念为指导，以护理程序为基础，为护理对象提供包括生理、心理、社会、精神、文化等在内的人性化护理。试点工作得到卫生部领导肯定。

1996 年，华西附院、省人民医院、省肿瘤医院、重医附院、泸医附院、川北医附院进行整体护理试点。

1997 年 1 月，省卫生厅制订《四川省整体护理协作网 1996—1997 年工作计划》。省护理学会成

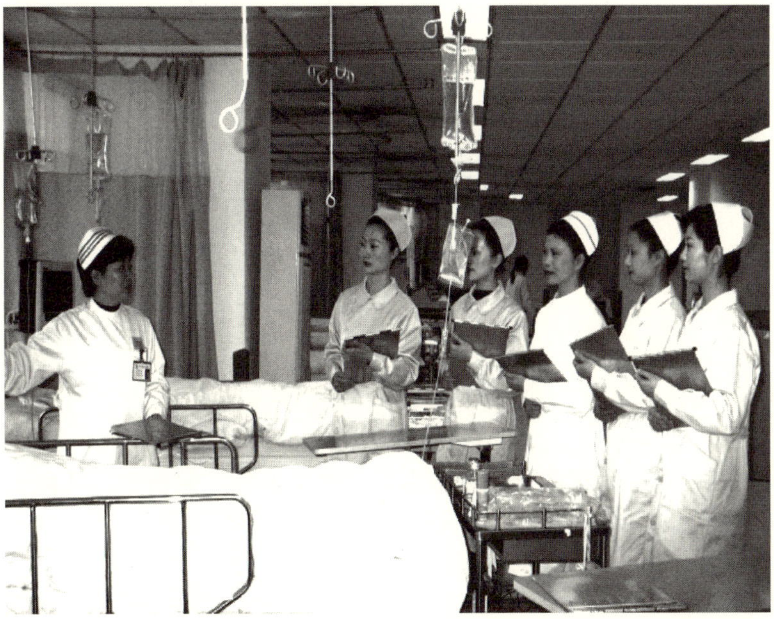

图 3－35　四川省人民医院护理部在 ICU 病房组织整体护理查房

立省整体护理专家指导组，指导、协调全省整体护理工作。4 月，省卫生厅举办 3 期整体护理学习班，对试点单位护理管理人员及业务骨干进行培训。5 月，召开全省市（地、州）卫生局医政科长和护理管理干部培训会，对护理管理干部进行专题培训。省卫生厅医政处组织召开全省整体护理现场会，参观华西附院、省医院整体护理模式病房。

1998 年 3 月，省卫生厅制订《四川省综合医院整体护理工作质量评价标准（试行）》，组织专家对全省整体护理试点工作进行检查指导。10 月，制订《四川省整体护理 1998—2000 年工作计划》，提出到 2000 年参加全国整体护理协作网单位的整体护理病房数达到 80% 以上，全省三级以上医院开展整体护理病房达到 50% 以上。1999 年 2 月，成立四川省整体护理协作网，首批入网 48 所医院。

1999 年，省人民医院护理部在营养科的支持配合下，在全国首创临床营养护理专业。设置护士长，主管营养护理工作。配备营养护士 30 余人，负责各护理单元病人饮食、治疗饮食、肠内肠外营养的配置和指导工作。病人就餐率从 40% 提升至 80% 以上，管喂护理每月 300 人次，营养支持每年 8 万人次，营养知识的健康教育每年 10 万人次以上，营养随访咨询每年 5 万人次。临床营养护理专业的开设，有力地配合了临床治疗。2003 年肠内营养配制中心成立，填补了中国无营养护理专业的空白。每年来院参观学习的人达 300 余人次。发表营养护理学术论文 10 篇，其中，中华护理杂志 1 篇，其他核心刊物 3 篇。

2005 年，全省二级甲等以上综合医院普遍实行整体护理。

第六章　援外医疗

第一节　医疗援助

1986—2005 年，四川先后向莫桑比克、圣多美—普林西比、佛得角、几内亚比绍、瓦努阿图、东帝汶、瑙鲁 7 个国家派出 32 个医疗队，计 322 人。

一、对外援助

（一）援助莫桑比克

1976 年，四川开始向莫桑比克派驻医疗队，至 1985 年底共派出 4 批。

1986—2005 年，先后派出 11 批援助莫桑比克医疗队。

1986—2005 年四川省援助莫桑比克医疗队统计表

表 3—49

派出批次	派出单位	人员数量	专业构成	队长	起止时间
第五批	内江市一医院、内江市二医院、华西附院、华西口腔医院、省人民医院、绵阳市中心医院、内江县医院、内江市卫校、威远县医院、安岳县医院、资中县医院、隆昌县医院	26 人	内科、外科、妇产科、儿科、骨科、整形科、口腔科、颌面外科、五官科、麻醉科、放射科、检验科	内江市一医院刘福贞	1985 年 9 月—1987 年 9 月
第六批	绵阳市中心医院、华西附院、华西口腔医院、成都市六医院、江油县医院	7 人	内科、外科、烧伤整形外科、骨科、口腔科	绵阳市中心医院杜高鹰	1987 年 9 月—1989 年 9 月
第七批	绵阳市中心医院、华西附院、成都市二医院、成都市五医院	7 人	内科、骨科、口腔科	绵阳市中心医院罗永芬	1989 年 8 月—1991 年 8 月
第八批	泸医附院、华西附院、泸医附属中医院、绵阳市中心医院	9 人	胸外科、手外科、心胸外科、烧伤整形外科、颌面外科、针灸科	泸医附院侯宗亮	1991 年 8 月—1993 年 3 月
第九批	成都市一医院、成都中医学院、省人民医院、泸医附院、泸医附属中医院、绵阳市中心医院	7 人	骨科、手外科、颌面外科、针灸科	成都市一医院袁文志任队长，成都中医学院邓友章为书记	1993 年 2 月—1994 年 8 月

续表3—49

派出批次	派出单位	人员数量	专业构成	队长	起止时间
第十批	泸医附院、泸医附属中医院、华西附院、川北医附院、成都市五医院、成都市一医院	11人	骨科、手外科、烧伤整形科、口腔科、泌尿外科、麻醉科、小儿外科、针灸科	泸医附院马华锋	1994年8月—1996年8月
第十一批	泸医附院、华西附院、成都市二医院、成都市三医院、成都中医药大学附院、绵阳市中心医院	10人	普外科、骨科、五官科、手外科、针灸科、麻醉科、	泸医附院万礼仪	1996年8月—1998年9月
第十二批	成都市六医院、成都市一医院、成都市二医院、成都市三医院、华西口腔医院、泸医附院、成都中医药大学、遂宁市医院、蓬溪县医院	15人	骨科、、普外科、耳鼻喉科、颌面外科、手外科、妇产科、麻醉科、针灸科	成都市六医院刘勇	1998年9月—2000年8月
第十三批	华西口腔医院、成都市一医院、成都市二医院、成都市三医院、成都中医药大学、泸医附院、乐山市医院、绵阳市中心医院、绵阳市防疫站	17人	颌面外科、普外科、骨科、妇产科、手外科、耳鼻喉科、麻醉科、针灸科	华西口腔医院高家让	2000年8月—2002年9月
第十四批	自贡市一医院、成都中医药大学、泸医附院、绵阳市中心医院、内江市二医院、成都市二医院、成都市六医院、自贡市四医院	14人	普外科、手外科、骨科、妇产科、耳鼻喉科、针灸科、麻醉科	自贡市一医院周维良	2002年9月—2004年9月
第十五批	成都市一医院、成都市二医院、成都市七医院、成都市十医院、泸医附属中医院、绵阳市中心医院、绵阳市三医院、绵阳市四〇四医院、自贡市妇保院、广元市410医院	15人	麻醉、针灸推拿科、普外科、骨科、耳鼻喉科、手外科、妇产科	成都市一医院谢阿奇	2004年9月—2006年9月

（二）援助圣多美—普林西比

1988年起至1997年止，共派出5批援助圣多美—普林西比医疗队。

1988—1997年四川省援助圣多美—普林西比医疗队统计表

表3—50

派出批次	派出单位	人员数量	专业构成	队长	起止时间
第一批	绵阳市中心医院、成都市一医院、成都市三医院、华西附院、华西妇女儿童院	14人	内科、外科、妇产科、儿科、五官科、麻醉科、针灸科	绵阳市中心医院刘荣成	1988年8月—1990年8月

续表3—50

派出批次	派出单位	人员数量	专业构成	队长	起止时间
第二批	华西附院、华西妇产儿童医院、成都中医学院附院、绵阳市中心医院、成都市一医院、成都市二医院	15人	内科、外科、妇产科、儿科、五官科、皮肤科、麻醉科、针灸科	华西附一院陈佳平	1990年8月—1992年8月
第三批	成都中医学院附院、华西附院、重医附院、绵阳市中心医院、泸医附院、成都市一医院、成都市二医院、成都市五医院、成都市七医院、成都市妇保院	16人	内科、外科、妇产科、儿科、泌尿科、五官科、骨科、皮肤科、针灸科、麻醉科	成都中医学院附院林建华任队长，唐科仕任书记	1992年7月—1994年7月
第四批	省三医院、华西妇产儿童医院、成都中医学院附院、成都中医学院附院针灸学校、绵阳市中心医院、泸医附院、成都市一医院、成都市三医院、成都市中医院	17人	内科、普外科、妇产科、儿科、五官科、泌尿科、皮肤科、骨科、针灸科、麻醉科	省三医院肖铭澳	1994年7月—1996年8月
第五批	泸医附院、华西妇产儿童医院、成都市三医院、成都市七医院、成都中医药大学、绵阳市中心医院、省皮研所	15人	内科、外科、妇产科、儿科、泌尿科、五官科、骨科、皮肤科、针灸科、麻醉科	泸医附院颜真淑任队长，汪国贵任书记	1996年7月—1997年7月

（三）援助佛得角

1988—2005年，共派出9批援助佛得角医疗队。

1988—2005年四川省援助佛得角医疗队统计表

表3—51

派出批次	派出单位	人员数量	专业构成	队长	起止时间
第一批	省人民医院、成都市三医院、成都市五医院、绵阳市中心医院、省卫生厅国际交流中心	5人	妇产科、外科	省医院陈德芬	1988年8月—1990年8月
第二批	成都市五医院、成都市七医院、绵阳市中心医院、省卫生厅国际交流中心	5人	妇产科、外科	成都市五医院李凤蓉	1990年7月—1992年8月
第三批	成都六五厂职工医院、成都市三医院、泸医附院、绵阳市中心医院、省卫生厅国际交流中心	5人	妇产科、麻醉科	成都六五厂职工医院刘弗兰任队长，省卫生厅杨升智任书记。	1992年7月—1994年7月
第四批	成都市五医院、成都市一医院、	5人	妇产科、外科、五官科、麻醉科	成都市五医院李凤蓉	1994年7月—1996年8月

续表3—51

派出批次	派出单位	人员数量	专业构成	队长	起止时间
第五批	成都市一医院、成都市三医院、成都市五医院、成都市六医院。	5人	妇产科、外科、麻醉科	成都市五医院李凤蓉	1996年8月—1998年8月
第六批	成都市三医院、成都市二医院、成都市五医院、成都市七医院、华西附院、省三医院、成都市中医院	9人	内科、外科、妇产科、骨科、麻醉科、推拿科	成都市三医院夏乡	1998年8月—2000年8月
第七批	成都市一医院、成都市三医院、成都市六医院、成都市九医院、成都市中医院、泸医附院、川北医附院、自贡市一医院	8人	妇产科、外科、麻醉科、推拿科	成都市九医院冉崇兰任队长，成都市三医院张力任书记	2000年8月—2002年8月
第八批	成都中医药大学针灸推拿学院、成都市一医院、成都市九医院、自贡市一医院、攀枝花市中心医院、省卫生厅国际交流中心	8人	妇产科、普外科、麻醉科、针灸科、推拿科	成都中医药大学针灸推拿学院曾文斌任队长，成都市一医院王勇强任书记。	2002年8月—2004年8月
第九批	成都市一医院、成都市七医院、成都市九医院、内江市一医院、泸州市医院、省卫生厅国际交流中心	8人	普外科、妇产科、针灸科、麻醉科	成都市一医院陈越峰	2004年8月—2006年8月

（四）援助几内亚比绍

2000—2005年，共派出3批援助几内亚比绍医疗队。

2000—2005年四川省援助几内亚比绍医疗队统计表

表3—52

派出批次	派出单位	人员数量	专业构成	队长	起止时间
第一批	成都市六医院、成都市一医院、绵阳市中心医院	7人	内科、外科、妇产科、麻醉科、针灸科	成都市六医院李玲	2000年7月—2002年7月
第二批	成都市一医院、成都市六医院、成都市九医院、成都市中医院、成都市肺科医院、省卫生厅国际交流中心	7人	内科、普外科、妇产科、针灸科、麻醉科	省卫生厅张国星任队长兼书记	2002年7月—2004年8月
第三批	成都市中医院、成都市一医院、成都市十医院、泸医附院、泸州市中医院、省卫生厅国际交流中心	9人	普外科、妇产科、儿科、肾内科、麻醉科、针灸科、推拿科	成都市中医院杨军	2004年8月—2006年8月

（五）援助东帝汶

2003 年 12 月至 2006 年 8 月，派出援助东帝汶医疗队。

2003—2006 年四川省援助东帝汶医疗队统计表

表 3—53

派出批次	派出单位	人员数量	专业构成	队长	起止时间
第一批	成都中医药大学、泸医附院、成都市一医院、成都市三医院、成都市五医院、成都市六医院、成都市七医院、省卫生厅国际交流中心	12 人	呼吸内科、心内科、泌尿外科、妇产科、眼科、骨科、检验科、放射科、护理科、针灸科	成都中医药大学林建华任队长，泸医附院刘顺忠任书记	2003 年 12 月—2006 年 8 月

（六）援助瑙鲁

2004 年 11 月至 2005 年 6 月，派出援助瑙鲁医疗队。

2004—2005 年四川省援助瑙鲁医疗队统计表

表 3—54

派出批次	派出单位	人员数量	专业构成	队长	起止时间
第一批	泸医附院、川北医附院、省卫生厅国际交流中心	6 人	肾内科、检验科、药剂科、康复科、放射科	泸医附院陶华林	2004 年 11 月—2005 年 6 月

（七）援助瓦努阿图

2003 年 3 月、2005 年 8 月，派出 2 批援助瓦努阿图医疗队。

2003—2005 年四川省援助瓦努阿图医疗队统计表

表 3—55

派出批次	派出单位	人员数量	专业构成	队长	起止时间
第一批	泸医附属中医院、省人民医院、成都市二医院、成都市三医院、泸医附院	6 人	内科、外科、妇产科、儿科、麻醉科、针灸科	泸医附属中医院王鸿度	2003 年 3 月—2005 年 3 月
第二批	泸医附院、成都市一医院、成都市六医院	4 人（与河南省派出的医务人员组成）	呼吸内科、妇产科、儿科、针灸科	队长由河南省派出的人员担任	2005 年 8 月—2007 年 8 月

援外医疗队员们在气候炎热、缺水少电、疾病流行、药械缺乏、交通和通信不便、甚至政局动荡的艰苦环境中，牢记祖国和人民的重托，以高度负责的态度、高尚的医德和精湛的医疗技术，全心全意为所在国人民的健康服务。援外医疗队的医德医风和医疗技术赢得了受援国政府和人民的高度评价，为配合中国的整体外交、增进中国同受援国的友谊作出了重要贡献。1986—2005 年，四川援外医疗受到卫生部、外交部、商务部表彰的有：

1988 年 4 月，在中国援外医疗队派遣 25 周年纪念暨表彰大会上，援莫桑比克第四队彭巴组被评为援外医疗队先进医疗组，李江忠被评为先进组长；四川省卫生厅外事处被评为援外医疗队先进管理单位。

1993 年 4 月，在中国援外医疗队派遣 30 周年纪念暨表彰大会上，援莫桑比克第八队和援圣多美—普林西比第八队被评为先进医疗队；援莫桑比克八队江永生被评为先进医疗队员；绵阳市中心医院副院长范遵勤被评为援外医疗队先进管理个人；省卫生厅外事处、华西医科大学人事处被评为援外医疗队先进管理单位。

1998 年 4 月，在中国援外医疗队派遣 35 周年纪念暨表彰大会上，援莫桑比克第十一队被评为先进医疗队，队长万礼仪被评为模范队长；华西医科大学人事处桂惠萍被评为援外医疗队先进管理个人；省卫生厅外事处被评为援外医疗队先进管理单位。

2003 年 11 月，在中国援外医疗队派遣 40 周年纪念暨表彰大会上，援佛得角第九队、援几内亚比绍第二队被评为先进医疗队；援几内亚比绍第一队队员王楷蓉、援莫桑比克第十三队队员田刚被评为先进医疗队员；成都市卫生局国际合作处被评为援外医疗队先进管理单位。

二、典型事例选记

1988 年 7 月 31 日，四川第一批援助佛得角医疗队一行 5 人赴首都普拉亚中心医院开展医疗援助。一次，一位从外地转来的难产产妇，滞产 2 天，高烧，医疗队员诊断为子宫破裂，伴胎儿严重窒息。迅即作剖腹产加子宫大部切除术，母子转危为安。出院时，病人夫妇为表示对中国医生的感激，坚决要求为他们的女儿取个中国名字。医疗队员为其取名“中四蓉”，意为医疗队来自中国四川成都。医疗队的工作受到该国卫生部部长戈麦斯称赞，他对中国驻佛得角国大使赞道：“请大使先生向中国政府转达，佛得角对中国医生的工作很满意，希望有更多的中国医生到佛工作”。

1991 年 8 月 15 日，泸医附院针灸科主任江永生随省第四批援莫医疗队来到莫桑比克马普托中心医院工作。其时正值内战高峰，医院所在地到处都是地雷，枪声不绝于耳。起初，病人不相信银针扎在身上能治病。医院一位护士长将自己瘫痪、失语 3 个多月的父亲送来请江永生治疗。经过 1 周针灸治疗，老人奇迹般地恢复了说话能力。又过了一个星期，老人竟颤巍巍地站了起来。很快，“马普托中心医院来了一位‘中国神医’，几根细细的长针就能治好瘫痪病人”的消息不胫而走。随后，50 多名瘫痪病人被陆续送到医院，经江永生治疗，22 名病人在很短时间内就甩掉了拐杖。通过病人口口相传，前来找江永生看病的人越来越多，最多时一天要看 100 多个病人。

1993 年，江永生援莫期满，买好机票准备回国。莫桑比克国防部长希潘德大将得知消息后，立即下令将他“扣留”下来，并亲自给中国驻莫大使写信：请务必采取措施，让江永生留下来！希潘德患有严重颈椎病，四处治疗无效，最后被江永生的几根银针治好了。

经中国外交部、卫生部批准，江永生继续留莫，被该国国防部聘为马普托军队总医院针灸医生。一天，莫桑比克总统夫人马塞丽娜来到医院，点名要江永生看病。马塞丽娜左肩疼痛多年，曾接受过西医多种治疗，都没有效果。江永生为她按摩、拔火罐、扎体针、耳穴压丸，二次治疗后病情明显好转。马塞丽娜拉着江永生的手央求说："今后请你到总统府来继续为我治疗，也请你为我丈夫治病。"

一个星期天，江永生被接到总统府为希萨诺总统看病。江永生为他号脉、看舌苔和眼皮后说："总统阁下，您有头痛、失眠、腰疼和疲劳等症状。"总统十分惊奇地对他说，"这些症状，你说得一点不差，但我并没有告诉过你，你怎么诊断得如此准确呢?"江永生将中医"望闻问切"的诊病原理一一说给他听。接着，为他按摩、刮痧、拔火罐、扎针灸等系列治疗。经过4个疗程治疗，总统的腰疼、头痛、失眠等症状均有了明显缓解。希萨诺总统正式聘请江永生为保健医生。

图3-36　莫桑比克总统希萨诺（右）与江永生合影

江永生在援莫期间还积极为祖国和平统一大业贡献力量。2002年，他参与、组织成立非洲中国和平统一促进会，并当选为副会长。同年7月15日，他又与同在援莫的外科医生袁志文等人在马普托市建立莫桑比克中国和平统一促进会（以下简称"和统会"），江永生被推选为会长。为便于开展工作，他欲聘请总统希萨诺担任"和统会"名誉会长。他利用看病的机会，将中国"和平统一，一国两制"的方针讲给总统听。希萨诺答应出任莫桑比克"和统会"名誉会长。2004年春节前夕，莫桑比克"和统会"开展反"台独"、反"公投"活动，希萨诺用葡萄牙文在"莫桑比克中国和平统一促进会反'台独'"横幅上率先签上自己的职务和名字，其夫人也以"莫桑比克第一夫人马塞丽娜·希萨诺"签了名。5月，江永生随同总统希萨诺访问欧美及非洲的一些国家，希萨诺都把江永生的"和统会"会长的身份介绍给法国总统、葡萄牙总理、教皇保罗二世等政府和教会领导人。12月，格布扎当选莫桑比克新一届总统，新总统也聘请江永生为保健医生。江永生致函新总统，希望他接任"和统会"名誉会长，总统格布扎欣然接受。随后，莫桑比克总理、议长也成为"和统会"名誉顾问。

在援莫的18年中，江永生诊治患者17万余人次，凭借精湛的中医医术和良好的医德，赢得了上至总统，下至平民的一致赞誉。

1992年7月，成都中医药大学教授林建华带领医疗队在圣多美—普林西比用中西医结合疗法为黑人治病。一位60多岁的中风患者经林教授15次针灸，另一对肩周炎姐妹经20天针灸，3人全部痊愈。他们称赞"CHINA/BOM!"（中国好!）

2000年7月，四川省医疗队到几内亚比绍开展医疗援助。该国战乱刚刚平息，房屋墙壁弹痕累累，道路坑洼，疟疾流行，城市没有公交车，经常停电、停水。医疗队点了2个月蜡烛，吃了一个月方便面，队员们都染上了疟疾。医疗队刚去3个月，又遭遇政变内战，中国大使馆随即派车接医疗队撤离到泊于公海的船上。局势得以控制后，医疗队又回到几国。政变虽结束，但部族争斗仍此起彼伏。在这种情况下，医疗队员始终坚持在工作岗位上。

2000年8月，成都市二医院普外科医生田刚随医疗队赴莫桑比克首都中心医院执行援外医疗任务。一次，他值急诊班，接到一名枪伤患者，子弹从右下胸穿过肺、膈、肝，伤12指肠、横结肠及小肠多处，造成胸腹多脏器严重破裂、血气胸、失血性休克。手术时，除一名器械护士拉钩帮助显露外，没有其他医生协助。手术顺利完成，术后恢复良好。2002年5月，莫桑比克首都附近发生一起列车相撞事故，送来400多名伤员。田刚连续工作近3天，救治了大量伤员。中国医生参加抢救的事迹，在莫桑比克国家电视台多次播放。

2001年6月，佛得角圣佛里伯市福谷福岛发生一起特大交通事故，一辆民用客货两用车翻下山坡，14人严重受伤。正在福谷岛义诊的中国四川省第七批医疗队闻讯后，立刻投入抢救。经过奋力抢救，除1人死亡外，其余13人全部获救。圣佛里伯市市长十分感谢，佛国总统专程赶来接见全体医疗队员，赞扬中国医生的医术和人道主义情怀。

2003年2月11日晚，中国驻几内亚比绍大使高克祥等3名使馆人员被武装歹徒劫持。得知消息后，四川援几医疗队长张国星及队员陈晓松等人立即赶往案发地，协助经商处和当地警察，从3名持枪歹徒手中成功解救高克祥等3名使馆官员。张国星、陈晓松受到卫生部通报表彰，外交部、中组部派人专程赴中国驻几内亚比绍大使馆，看望、表彰中国医疗队。

第二节　医疗培训

2003年起，四川省开始承担国家卫生援外人力资源培训任务。2003年9月至2005年12月，四川省卫生厅国际交流中心先后承办了6个国家卫生援外人力资源培训项目，共培训人员172人。四川大学公共卫生学院、成都中医药大学针灸推拿学院、中国疾病预防控制中心、省人民医院、省疾控中心、省骨科医院、省中西医结合医院、成都市二医院、成都市三医院、成都市传染病医院等单位的35名教授、专家参加授课。

一、2003年中国TCDC针灸技术培训班

语种：葡萄牙语。2003年9月1日开班，10月15日结束。学员来自安哥拉、佛得角、几内亚比绍、莫桑比克、东帝汶5个葡萄牙语国家，共23人，是中国首次用葡萄牙语讲授中国针灸和推拿。东帝汶3名学员结业回国后，随即在国家中心医院建立针灸门诊，成为该医院首批针灸医师。几内亚比绍学员回国后，在四川省援助该国医疗队医师的指导下，从事临床针灸治疗工作。

二、2004年艾滋病防治管理研修班

语种：英语。2004年7月1日开班，7月30日结束。学员来自埃塞俄比亚、博茨瓦纳、加纳等20个非洲撒哈拉以南的英语国家，系各国从事艾滋病预防控制工作的政府官员和专家，共38人。通过专题讲座、高危人群访谈、参观考察、研修学习等教学方式，让学员了解艾滋病防治的策略与宏观管理，树立综合防治观念，探讨发展中国家艾滋病防治的共性、不同地区的特殊性以及相应对策。

三、2004年TCDC护理技术培训班

语种：葡萄牙语。2004年9月1日开班，10月30日结束。学员来自东帝汶、安哥拉、佛得角、

几内亚比绍和莫桑比克5个葡萄牙语国家，共24人，是中国首次用葡萄牙语为非洲学员进行的护理技术培训。通过专题授课、操作技能培训、临床见习及参观考察学习，使学员在两个月时间内，基本掌握了基础护理理论知识和临床操作技能，提高了学员的整体护理技术水平。

四、2005年艾滋病防治研修班

语种：英语。2005年7月12日开班，8月5日结束。学员来自埃及、纳米比亚、肯尼亚、塞拉利昂、喀麦隆等18个非洲英语国家，系各国从事艾滋病防治工作的政府官员和专家，共31人。

五、2005年第一期护理技术培训班

语种：法语。2005年9月1日开班，10月31日结束。学员来自摩洛哥、刚果、几内亚、吉布提等15个非洲法语国家，共24人。

六、2005年第二期护理技术培训班

语种：英语。2005年12月1日开班，12月20日结束。学员来自莱索托、塞舌尔、加纳、科特迪瓦、利比里亚、尼日尔、苏丹、塞拉利昂、安哥拉等9个非洲英语国家，共32人。

第七章　驻军医疗

第一节　医疗机构

一、成都军区总医院

图 3－37　成都军区总医院门诊部大楼

前身为中国人民解放军第十八兵团医疗队，经多次更名，1956 年 3 月改编为成都军区总医院。1986 年开始对外医疗服务。1994 年被评为全军首批三级甲等综合医院。1995 年被卫生部、联合国儿童基金会和世界卫生组织评为“爱婴医院”。内设 46 个临床、医技科室，56 个专业，有 1 个国家重点截瘫康复中心、5 个全军医学专科中心、6 个军区医学专科中心、8 个军区医学专病中心、2 个军区医学专科研究所和 2 个省重点学科，是国家和军区临床药物试验基地。2005 年末，开放床位 1200 张，人员 1600 人。年门诊 33.4 万人次，住院 3.2 万人。

二、成都空军医院

前身为国民党成都空军医院，1950 年 3 月被中国人民解放军接管，是一所集预防、医疗、保健、教学、科研为一体的三级甲等综合医院。2005 年有床位 1000 张，人员 1200 人，内设 22 个临床科室，16 个医技科室。医院建有“空运医疗队”，承担总部和空军赋予的作战及各种突发事件的空运医疗急救任务。医院开展的“小血管内可溶性材料支撑吻合实验研究与临床应用”，填补了国内空白。独家开展的输精管穿刺激光凝堵可复性节育实验研究，经专家鉴定达到国际领先水平。

三、成都军区峨眉疗养院

位于峨眉山麓，是一所集疗养、康复、医疗、旅游度假、会议接待于一体的大型园林式疗养院。疗养设施宾馆化。森林覆盖率达 95%，空气中负氧离子含量每立方厘米高达 18300 多个（一般城市仅为 200 个左右），被誉为“天然氧吧”和“森林浴场”。设置有老年病、呼吸、理疗和体疗等重点学科。

图 3－38 武警四川省总队医院外景

四、武警四川省总队医院

建于 1950 年，隶属关系多次变更，先后为川南军区总医院、解放军 372 医院、四川公安总队医院，系三级甲等综合医院。内设 20 个临床科室、8 个医技科室，60 余个专业学科。下设 1 个分院、两个门诊部。2005 年，开放床位 860 张，人员 800 余人，门诊、急诊 20 万人次，住院 1.5 万人次。肝胆、烧伤整形、微创外科、创伤急救、泌尿外科、耳鼻喉科、心内科在军内享有盛名。

第二节 救灾医疗

1973 年 2 月 6 日，甘孜藏族自治州炉霍县发生 7.9 级强烈地震，房屋、建筑设施遭受严重破坏，人员伤亡惨重，耕畜损失过半。成都军区指令陆军 40 医院、47 医院、52 医院、171 医院，派出医疗卫生人员 99 人，组成医疗队奔赴灾区救灾，军区后勤部卫生部副部长强维庶亲赴现场指挥。

1976 年 8 月 16 日，四川平武、松潘地区发生 7.2 级地震，成都军区卫生部派出 10 个医疗队，共 336 名医疗卫生人员赴灾区救灾。抢救伤员 110 人，收治伤员 64 人，为群众诊治疾病 2.61 万余人次。

1981 年 7 月、8 月，四川发生特大洪灾，全省 135 个县受灾。成都军区卫生部迅速成立抗洪救灾领导小组，先后派出 107 个医疗队（组），1360 余名医疗卫生人员赴抗洪第一线，开展救灾工作。抢救危重病人 467 人，收治病人 133 人，为群众治病 7.6 万余人次；为灾区防疫消毒、杀灭虫害 112 万平方米。此次救灾，2 个单位记集体功，143 人立功受奖，陆军 51 医院受到军委通令嘉奖。

1988 年 1 月 18 日 22 时 17 分，中国西南航空公司伊尔－18 型 222 号客机在重庆白市驿机场西北方向 5.7 千米处的金风乡新民村界内坠毁失事。机上 98 名乘客和 10 名机组人员全部遇难。得到通知后，驻渝部队火速派出医疗救护队，奔赴坠机现场救援。

1989 年，巴塘地震，成都军区卫生部派出医疗队 35 个，医疗卫生人员 500 余人，救治伤员和为群众治病 20 余万人次。

1994 年 10 月，四川工业学院暴发霍乱，全院近千人罹患或疑似霍乱，经省政府请求，成都军区卫生部派出 85 名卫生防疫人员前往支援，和地方卫生防疫部门一起，很快控制了疫情的发展。

第三节 医疗支农

20 世纪 60 年代中后期，成都军区各医疗卫生单位贯彻执行毛泽东“把医疗卫生工作的重点放到农村去”的重要指示，派医疗队到农村为广大群众防病治病。先后派出医疗卫生人员 9664 人，组建医疗队 2263 个，帮助农村基层医疗组织建立和巩固合作医疗制度，培养乡村医生，进行卫生宣传，开展爱国卫生运动，指导计划生育，有的还投入血防工作。这一时期，全区部队医疗队共诊治病人 601.62 万余人次，体检 2.07 万余人。

1985 年，成都军区贯彻执行中央和中央军委关于支援革命老区卫生建设的指示，派医疗队赴四川南江、通江两县开展医疗服务。至 20 世纪 80 年代末，相继派出 29 个医疗队共 254 人，门诊病人 11.16 万余人次，住院治疗 1.38 万人次，抢救危重病人 1288 人次，手术 4417 例，免费治病 6.74 万人次；办培训班 200 余期，受训 3849 人次，免费接收进修 360 人；为老红军、老干部和幸福院老人体检、治病 750 人次；捐款 1522 万元，为 17 个区、129 个乡卫生院装备医疗设备 7520 台（件）；为各区、乡卫生院建立急救室、手术室、检验室；赠送价值 58 万元的医疗设备 1355 台（件），免费为两县医院安装价值 73 万元的污水处理装置，受到地方政府高度赞扬。324 医院医疗队荣记集体二等功，7 人记三等功，20 人受通报表彰。

图 3－39　1987 年成都军区总医院医疗队到通江县支援农村医疗工作，受到群众热烈欢迎

2001 年，根据卫生部、总后勤部卫生部《关于军队医院对口支援西部省（市、区）县医院的通知》要求，成都军区有 9 所医院对口支援西部贫困县医院。

2001 年 7 月至 2006 年，成都军区总医院对口支援四川省阿坝藏族羌族自治州理县医院。2001 年 8 月 10 日，军区联勤部卫生部部长张林率领医疗帮带小组到理县医院，签订《成都军区总医院对口支援理县人民医院协议书》。院长李明利、政委马荣恩先后 5 次带领医疗帮带小组到理县开展帮带工作。每年派出技术骨干到该县医院以专题讲座、教学、查房、病历讨论、手术带教、护理示范等方式进行业务帮带，开展腹腔镜胆石手术、颅脑手术、妇产科手术等新业务、新技术；建立 ICU、CCU 病房；联合开展特色课题项目研究、科研成果转让等。五年派出医疗队 12 次、68 人次，举办专题讲座、技术学习班 41 次，听课 1344 人次，培养各类技术人才 26 人，开展新技术 20 项；赠送价值 121 万元的医疗设备 157 台，其中进口 500 毫安 X 线机、洗片机、进口胃镜、高频电刀、心电监护仪各 1 台，手摇式病床 17 张。通过帮带，该县医院门诊、住院、业务收入每年分别以 30%、25%、34% 的速度递增。2003 年 5 月，通过二级乙等医院评审，2006 年 6 月跻身于二级甲等医院行列。

成都军区空军医院对口支援四川省凉山彝族自治州普格县医院，同时主动将会理县医院和巴中市平昌县中医院作为帮扶医院。院长张聪、政委刘伏均等多次率领医疗队赴普格、会理、平昌地区实地调查，根据三县不同情况，制订不同帮扶措施。2001 年 8 月至 2006 年 8 月，医院 4 次、21 人携带手术器械到普格县医院开展帮扶工作，做胆囊手术 77 台，白内障人工晶体植入术 102 例；7 次、30 余人赴平昌县，与县中医院一起开展义诊活动。张聪亲自主刀，为中医院医护人员示范带教，做

"腰椎间盘突出摘除术"。7次医疗活动，共门诊病人5672人次，查房324人次，各种手术318台；到县"荣军院"为老红军体检，并赠送慰问金8000元。平昌籍老红军、原总后勤部常务副部长胥光义将军获悉后，为成都军区空军医院题词："支援革命老区、解除人民疾苦。"3次赴会理县医院开展帮扶活动，并和凉山州二医院、会理县医院联合开展送医送药进山寨活动。五年派出医疗队18批、127人，为三县门诊病人7577人次，手术1080台、学术讲座26次。向普格县医院赠送价值7.2万元的全新心电监护仪2台；向会理县医院赠送价值15万元的体外震波碎石机和价值20余万元的电视X线机各1台；向平昌县中医院赠送原价值40余万元的500毫安X光机1台，帮助医院建立肿瘤科，2002年4月8日正式挂牌开诊，至2006年8月，共收治住院肿瘤病人340余人，成为巴中地区唯一的中西医结合治疗肿瘤的特色专科和该院新的经济增长点。

第四节　技术培训

1965年，全区各医疗卫生单位，为地方11个医疗卫生单位培训师资和医疗卫生人员14批，3456人。

1983年，成都军区军医学校为地方代培卫生人员151人。

1985—1988年，324医院在南江县举办二年制中专培训班，培训护士、放射专业技术人员284人。

1987—2000年，44医院卫校为地方培训三年制各类医疗卫生专业人员1541人，其中，护理专业995人，药剂专业30人，医士211人，影像专业30人，助产士35人，临床医学专业240人。

1994年，成都军区军医学校为地方代培学员349人，其中护理专业137人，药剂专业12人，检验专业38人，医学专业162人（含大专55人）。

第五节　抗击"非典"

2003年春，"非典"疫情袭击北京。4月21日，北京市委、市政府决定，在小汤山建立"非典"定点医院。4月24日，中央军委下达命令，从全军七大战区和总后、总装、海军、空军、二炮、武警等13个大单位114所医院抽调1304名官兵，迅速集结小汤山，承担支援首都，决战"非典"的特殊使命。成都军区迅速从成都军区总医院等11个单位抽调96名官兵组成支援北京抗击"非典"医疗队，分别于5月5日、28日奔赴北京小汤山。医疗队员中，年龄最大的57岁，最小的19岁。在一个多月的抗击"非典"战斗中，医疗队先后收治"非典"患者5批61人，全部治愈出院。治愈率100%，患者满意率100%，医护人员"零感染"，住院患者零投诉。成都军区医疗队被评为首都防治非典型性肺炎工作先进集体，30人被评为先进个人，受到北京市委、市政府表彰；40名党员被全国、全军、军区等各级党组织评为优秀共产党员，14人在抗击"非典"第一线加入中国共产党。

第八章　医德医风

第一节　创建文明行业

自20世纪80年代中期开始，在开展“五讲四美三热爱”和“文明礼貌月活动”的基础上，全省卫生系统结合自身特点，积极开展创建文明单位活动。

1986年，全省23个医疗卫生单位被卫生部授予“全国卫生文明先进集体”称号，65名个人被授予“全国卫生文明先进工作者”称号，57个医疗单位被省卫生厅授予“文明医院”称号。

1987年，全省24个医疗卫生单位被卫生部授予“全国卫生文明建设先进集体”称号，56名个人被授予“全国卫生文明建设先进工作者”称号。

1988年，四川52名护士被卫生部授予“全国模范护士”称号。

1993年，叶春儒、胡会曲、李明华、陈万清、李国玺、邓英久、高朝明7人被卫生部授予“全国模范乡村医生”称号。

1995年2月27日，省卫生厅印发《关于在医院分级管理评审中实行医德医风建设‘一票否决’的通知》。把创建文明单位纳入医疗卫生单位等级评审、创建爱婴医院等工作中，凡未评上一级乙等以上医院的不能评为县级以上文明单位；未评上等级的防疫站不能申报文明单位；未评上爱婴医院的妇幼保健院不能申报文明单位。

1997年3月21日，省卫生厅印发《四川省卫生系统创建文明行业实施意见》和《四川省卫生系统创建文明行业标准》，后又陆续制定《四川省卫生系统创建文明单位基本要求》和《四川省卫生系统文明单位检查项目及评分标准》，将职业道德良好、服务优质高效、管理规范科学、领导率先垂范作为创建文明行业的基本内容和医德医风建设的长期任务。省人民医院、华西附院、成都市卫生防疫站、绵阳市中心医院、广元市中医院、攀枝花市妇幼保健院、凉山彝族自治州药品检验所被确定为全省医疗卫生文明服务“示范窗口”单位，要求率先建成文明单位。

各医疗卫生单位采取多种形式，开展职业责任、职业道德、职业纪律教育，引导广大医务人员树立正确的人生观、价值观、道德观，树立救死扶伤、爱岗敬业、开拓进取、乐于奉献、文明行医的行业新风尚；制定文明公约、服务规范、职工守则等，把职业道德建设具体化、规范化和制度化，并通过检查监督、考核奖惩，形成工作标准，规范职工行为。

根据行业特点，开展创建主题活动。县以上卫生行政机关开展创建文明机关，当好人民公仆活动；各级医疗卫生单位开展以优质服务为核心的青年岗位能手、优质服务明星竞赛活动；县以上医院开展以病人为中心，优质服务，树医疗行业新风活动；市级以上医疗卫生单位开展争创青年文明号活动。

省人民医院坚持对职工进行社会主义医德医风教育，制定《医德规范》《医德考评办法及考核标准》，给每个医务人员建立医德档案，把医德医风与评选先进、奖金分配、职务职称晋升挂钩。为方便病人看病，医院针对病人看病一院一卡、就诊卡繁多的现状，在划价、交费、取药一站式服务基础上，研发“多卡合一”的挂号就诊系统，全面优化门诊流程。患者持金康卡（省医院就诊卡）、社保卡或各银行联名卡均可挂号就诊，一卡完成挂号、就诊、缴费、取药等全部功能。实行全日制门诊，节假日不停诊和“弹性门诊”、预约门诊，方便群众就医。在门诊部为老弱病残病人专门设置挂号、收费、取药窗口和轮椅，在住院部给消瘦、体弱和老年病人设置气垫床。病人反映，到了省医院就像到了家一样亲切、温暖、方便。为及时救治突发伤病患者，急救中心开设生命绿色通道，20 年间成功救治 2 万多名伤病患者。医院先后被评为四川省文明单位、四川省最佳文明单位，1999 年被评为全国精神文明建设工作先进单位，2005 年被评为全国文明单位。

广元市四一〇医院 2003 年 2 月在全省收治第一例“非典”病人，在业务收入出现下降的情况下，医院旗帜鲜明地提出“顾全大局，舍小家，保大家，为政府分忧”和“亏了四一〇，幸福千万人”的口号，并以不死一个“非典”病人、不发生“二代病人”作为工作目标。全院干部职工团结一心，忠于职守，无私奉献，顽强拼搏，成功治愈 6 例“非典”患者，8 例“非典”疑似病人。国务院和国家疾病控制中心“非典”防治工作督促检查组领导称赞他们“创造了奇迹”，省委、省政府称赞他们“创造了四川防治‘非典’的佳绩”。

采取纠建并举、预防与惩治相结合的办法，认真纠正医疗卫生工作中的不正之风。20 世纪 90 年代中后期，省卫生厅先后印发《中共四川省卫生厅党组党风廉政建设责任制责任追究办法（试行)》《中共四川省卫生厅党组关于廉洁从政纪律十条要求》《四川省医疗机构工作人员收受“红包”、回扣责任追究办法（试行)》《关于在全省县级以上医疗机构实行医德医风查巡制度的意见》《四川省卫生厅关于加强对医疗卫生机构领导干部廉洁从业管理的通知》《四川省卫生厅关于严格管理医疗机构医药费用的通知》《中共四川省卫生厅党组关于进一步加强直属单位领导班子建设的六项规定》等一系列配套规章制度，从制度着手加强行风建设。重点要求：卫生行政人员严格执行“五严禁”，即：严禁敷衍塞责，贻误工作；严禁仗权设卡，向基层单位和管理对象吃、拿、卡、要；严禁乱收费、乱摊派、乱罚款；严禁权钱交易，参与公款支付的娱乐活动；严禁以慰问金、节日贺礼等名义收受“红包”。医务人员严格执行“五不准”，即：不准索要或收受病人及家属的“红包”；不准接受各种名义给予的回扣；不准开单提成，推销药品、医疗用品；不准推诿病人，无故拒绝诊治；不准对法定传染病疫情等突发公共卫生事件隐瞒、缓报、谎报。卫生执法人员严格执行“五禁止”，即：禁止违反程序执法，有法不依，执法不严，违法不纠；禁止乱收费、乱罚款、乱摊派；禁止与服务对象以任何形式进行赌博和在公务时间、公务场所打麻将；禁止收受被管理对象的钱物和吃请；禁止着制服进入餐饮和娱乐场所消费。

全省各级卫生行政机关、医疗卫生单位普遍建立社会舆论监督制度，公布投诉电话，设立举报信箱，聘请社会监督员，定期召开行风评议会，及时查处医药购销和医疗服务中收受“红包”、药品回扣、开单提成、乱收费等不正之风。为减少可能滋生腐败的环节，2004 年全省开始实行药品集中招标采购，2005 年底实现全省药品集中上网、阳光采购招标。

至 2005 年底，全省共建成文明单位 2470 个，其中国家级 6 个，省级 98 个，市（州）级 639 个，县级 1727 个；宜宾、德阳、内江、绵阳 4 市卫生系统建成市级文明行业，49 个县（区）卫生系统建成县级文明行业。省人民医院、省肿瘤医院被中央文明委分别授予全国文明单位和全国精神文明建设工作先进单位称号。省卫生厅直属单位有3人获得全国劳动模范称号或全国五一劳动奖章，11人获得省（部）劳动模范称号，3人获得全国三八红旗手称号，2人被评为全国医德标兵，2人被评为全省十佳职业道德建设标兵，2人被评为全省十大女杰。2005年10月，全国卫生系统文明单位建设工作经验交流会在成都召开，卫生部领导和兄弟省市代表对四川省卫生系统的精神文明创建工作给予好评。

图3-40 四川省卫生管理干部学院举行开学典礼，组织学生宣誓

第二节 执业行为监管

一、医疗服务行为监督管理

1988年7月23日，省政府印发《四川省社会办医管理办法》，对社会办医资格主体、申请程序、审批机关、社会办医的权利与义务、违法处罚等作出明确规定，从源头上解决“乱办医”的问题。

1994年2月，省人大常委会、省卫生厅先后印发《四川省医疗机构管理条例》和《医疗机构注册工作的有关规定》，规定各级各类医疗机构的设置必须符合医疗机构设置规划和医疗机构基本标准，经登记注册，审批合格后才能执业。

2001—2005年，因为执业行为问题，对在省卫生厅登记注册的其中9家医疗机构实施了行政处罚。

2001年和2002年，省卫生执法总队对24家省级医院、7家市级医院、20家县级医院、100家个体诊所执业行为开展检查，发现的问题有：一些医疗保健机构超范围执业，一些医护人员无执业医师、注册护士证或执业注册类别与实际不符，临床操作中不严格按国家有关消毒技术规范和标准执行，一次性医疗用品使用和管理不符合有关要求，医疗废物（污水）管理不符合国家有关规定，临床用血管理不规范，疫情迟报漏报，医学文书书写不规范等。责令整改90余家，处罚30余家，没收一批非法药品和器械。其间，还组织开展对医疗服务市场集中整治，取缔非法行医21家，警告35家，责令限期整改42家，移交当地卫生行政部门处理3家，没收一批非法药械。

2003年，省卫生执法总队先后15次与市、区级有关部门开展联合执法行动，取缔成都市成华区、崇州市非法行医机构11家，取缔坐堂行医2家，停业整顿6家，责令整改7家，收缴一批非法药械。

2004年，全省开展整顿医疗服务市场和打击非法行医的专项整治工作，共取缔“院中院”559家，取缔无医疗机构执业许可证机构4270户，对4474户超范围或擅自变更地点执业医疗机构、3391

户使用非卫生技术人员医疗机构、919户使用未在注册地点执业人员医疗机构进行了查处，成华区石油东区医院、双流籍田卫生院、简阳市疾控中心预防医学门诊部、资阳市雁江区疾控中心预防医学门诊部、成都眼科医院、开江单采血浆站等机构的相关责任人受到追究。配合工商部门查处违法违规医疗广告1655条，罚款76.3万元，撤除违规户外广告牌89块，没收、销毁违规宣传医疗服务的印刷品广告8.7万份。

2005年，在开展“医疗质量管理年”活动中，围绕增强卫生部门依法行政意识、增强医疗卫生单位及其医务人员依法行医自觉性、增强社会群众识别医疗欺诈的能力，大幅度减少非法行医医疗欺诈行为，建立医疗服务市场监管长效机制的总体目标和“打击、取缔、规范、查源”的总体要求，省、市、县三级联动，采取明查暗访、公开督查、现场办公、交叉检查、联合执法等形式，组织开展对辖区内医疗、采供血机构的全面清理和集中执法检查，对重点地区和薄弱环节进行重点整治和督查复查。共检查医疗机构53904户次，查处违法行为10784起，其中：无证行医4516起，医疗机构聘用非卫生技术人员从事诊疗活动1711起，出租承包科室68起，擅自开展性病诊疗活动98起，非法开展胎儿性别鉴定1起，计生技术服务机构超范围执业88起，其他违法行为4302起。1912家机构被予以警告，170户、1149人被暂停执业，194家医疗机构的执业许可证、25名医师的执业证书被依法吊销；没收器械7288件、非法药品4358箱；罚款629.04万元，其中对无证行医罚款296.19万元，没收非法所得153.63万元；移送工商、公安、药监等部门处理案件70起。医疗服务市场整治收到显著成效。

加强对医疗广告的监督管理。实行医疗广告逐级审核申报、一院一号、一科一证制，即：县、市初审，省级把关；一家医疗机构审批一个证明文号，一个诊疗科目单独发给一张“医疗广告证明”。加大对医疗广告活动的日常监管力度，及时处理违规医疗广告。2001—2005年，省卫生执法总队对四川电视台、成都电视台、《成都商报》《华西都市报》《成都晚报》《天府早报》《成都日报》等多家媒体刊发的医疗广告，实施监测3万余条次；对100余家无证或超范围发布医疗广告的医疗机构发出卫生监督意见书，责令立即停止违法行为；吊销一批医疗机构“医疗广告证明”，并将60余家医疗机构移送工商行政部门作进一步处理。2002年7月，省卫生厅处理违法违规发布医疗广告且情节严重的10家医疗机构，吊销成西医院、金牛区四医院等7家医疗机构的“医疗广告证明”，责令3家限期整改。

二、妇幼保健服务行为监督管理

根据《中华人民共和国母婴保健法》《中华人民共和国母婴保健法实施办法》的相关规定，从事母婴保健技术服务中的计划生育技术、助产技术、家庭接生的医疗保健机构和人员，由县级卫生行政部门审批；从事婚前医学检查的医疗保健机构和人员由设区的市级卫生行政部门审批；从事产前诊断、遗传病诊断的医疗保健机构和人员由省级卫生行政部门审批。同时，从事相应技术服务的人员还必须取得相应卫生行政部门组织的培训合格证明。

2004年，省卫生执法总队组织全省范围内的助产技术专项执法检查，对从事助产技术的医疗保健机构从机构、人员、设施设备、登记、“出生医学证明”发放等方面进行全面检查，对乐山、眉山等6个市（州）进行重点督查。针对部分医疗保健机构未取得“母婴保健技术服务执业许可证”从事母婴保健技术服务、部分从事母婴保健技术服务的人员未取得相应卫生行政部门的培训合格证明、部分地区卫生行政部门没有开展母婴保健技术服务的审批工作和执法监督工作等问题，提出了督查整改意见。

2005 年，省直管医疗保健机构取得省卫生厅颁发的“母婴保健技术服务执业许可证”的有省妇幼保健院和华西妇产儿童医院。

三、采供血活动监督管理

1996 年，南江县发生献血员群体感染艾滋病事件，全省随即开展采供血机构检查整治。检查发现采供血机构存在不少血液安全问题，如：输血科无专用储血冰箱，输血申请单、输血治疗同意书填写不规范、执行不到位，医疗机构尤其是县级医院医务人员血液管理知识缺乏，风险意识不强，对采供血新知识、新进展、新规定不了解。

对采供血机构进行全面清理整顿。凡不符合区域规划、没达到质量控制标准和违规违法的采供血机构，有的责令限期整改，有的停产停业，有的取缔关闭。至 2005 年，全省由卫生部审核批准的血液中心 1 家，由省卫生厅审核批准的中心血站 20 家、中心血库 9 家、脐带血造血干细胞库 1 家、单采血浆站 18 家。

对采供血机构和医疗机构进行全方位监督。包括：血源管理、采供血流程、储存、传染病疫情报告、质量控制等。医疗机构建立临床用血资格准入制度。将输血科、检验科作为日常监督的重点，不定期检查用血发血记录、检验记录、血库血液和临床用血病历，查出处，查去向，对用血安全实施监督。

2002 年，省卫生厅对血液调配管理作出规定：特殊血型需要从外省调配血液的，由省卫生厅商供方所在省级人民政府卫生行政部门同意后实施，实施中由需方所在地的采供血机构进行再次检验；医疗机构不得使用非法定采供血机构提供的血液，杜绝自采自供临床用血和擅自加工成分血。严禁采供血机构未经批准跨区供应临床用血。

2004 年，全省联动，共出动卫生执法人员 5 万多人次，对辖区内采供血机构和医疗机构进行多次拉网式检查，责令限期整改血站 12 户次、单采血浆站 14 户次、临床用血医疗机构 699 户次，责令停止输血活动的临床用血机构 16 家。卫生部就四川专项整治非法采供血液和单采血浆工作专门行文在全国通报表扬。

2001—2005 年，先后查处资中县单采血浆站违法供浆案、开江县单采血浆站违法采浆案、古蔺县中心血库违法采血案等多起大案要案，责令停产停业 2 家，关闭 1 家。

第三节　医德医风表率

一、“光明的使者”

王明举，女，汉族，省白内障专科医院院长、主任医师。1969 年 1 月作为知识青年到广汉县连山公社插队当赤脚医生，1970 年被推荐进入川北医学院学习。1977 年与教授周开遗共同研制具有世界先进水平的硅凝胶双攀后房型人工晶体，1986 年获布鲁塞尔世界发明银奖，1987 年获加拿大蒙特利尔世界新技术博览会银奖，1988 年获四川省政府科技进步二等奖。在临床应用推广人工晶体中，她的足迹遍布全国，还去朝鲜和泰国做手术及讲学。先后举办白内障人工晶体学习班 27 期，国内外四面八方的眼科医生来到这个中国人工晶体摇篮里学习。截至2000年，她的学生已有几十位成长为眼科界的知名专家、教授或院长、研究所所长。她多次回绝国内外一些医疗科研单位对她的高薪聘请，心甘情愿地和大家一起艰苦创业。

山西临汾一位青光眼并发白内障的病人，慕名来到省白内障专科医院求治。病人讲，已经找了全国多家医院医治，再治不好就不想活了。王明举不顾医院搬迁劳累，及时安排手术。手术风险很大，要在粘连成2.5毫米大的膛孔中把9—10毫米大的晶体摘除，成功的把握非常小。经过努力，手术成功。重见光明后，病人和两个女儿都激动得放声大哭。

一位老干部眼部病情复杂，多家医院不予收治。王明举不畏风险，为他手术。术后第一天，双眼视力达到0.8，高兴得拉着老伴的手仔细端详，接着又唱起了“向前、向前、向前，我们的队伍向太阳……”。王明举劝他不能过于激动。他说：“党和毛主席给了我信念上的光明，今天你给了我眼睛的光明，你是光明的使者!”

王明举患痔疮多年，因工作繁忙，一直拖到非手术不可的时候。手术后的第二天，她就赶回了医院，一连做了几台高难度白内障手术。做完手术后，她坐的手术凳浸印着斑斑血迹。护士们见了后，一个个都心痛地哭了。

当有人问她，这么多年来，你思考最多的是什么时，她回答说：“我们这一代人，在动乱时期失去的太多，现已到中年，只想尽自己微薄之力，多为党、为社会、为人民，特别是为失去光明的兄弟姐妹多做一点事情，使他（她）们重见光明。”

王明举1995年被省委、省政府授予有突出贡献的优秀专家称号，1999年被评为省三八红旗手，2001年被评为省十大女杰，荣获全国五一劳动奖章。

二、“藏族人民的好门巴”

旦科，男，藏族，1931年出生于阿坝州若尔盖县，主任藏医师。7岁进入若尔盖康沙寺院学习佛经和医学，后考入甘肃夏河拉卜楞寺院深造藏文，主攻藏医学，1956年，在拉卜楞寺院获藏医学格西、热门巴学位。1959年创建若尔盖县红星合作医疗站。1980年筹建若尔盖县藏医院，担任院长。他力主建立藏医学校，经他培训和带徒的藏医药人员达1900多人。他翻译整理了大量的古今藏医学著作、文献和有关资料。他以若尔盖县藏医院为基地，依据传统药方，主持配制出膏、丹、丸、散等剂型的藏成药300多个品种，先后成功炼制“七十味珍珠丸”“仁青佐塔”等“仁青”系列8种传统名贵藏药。

旦科行医40多年，救治的疑难危重病人上万人。他崇高的医德和精湛的医术深受藏区人民敬重和爱戴。当地各族群众亲切地称他是藏族人民的好“门巴”。

甘肃省碌曲县一位名叫严旺的病人，千里迢迢来到若尔盖县藏医院求医。严旺所患疾病，藏医诊断为“俄申（音）”，意为头部的炎症，表现为鼻孔长期流臭脓。病人深受折磨，十分痛苦，到处医治，10多年不见好转。当得知旦科善长治疗疑难杂症时，他徒步来到若尔盖县藏医院。旦科精心为他调治，不久痊愈。在返家途中，逢人便夸奖旦科医术和医德。

若尔盖县一位牧民，腰部疾患，丧失劳动力，连生活都难以自理。家人带她到过几个大城市医院求治，花了不少精力和费用，却无效果。旦科知道后，主动上门为她看病，并收其入院治疗。她的病旦科诊断为“仁啧（音）”，意为骨头上的疮（西医称为“脊柱结核”），病情顽固，很难医治。旦科查阅了许多资料，专门为她设计治疗方案，配制药物。经过几个疗程的精心治疗，病情逐渐减轻，直至痊愈。

旦科曾当选为第七届、第八届全国人大代表。

三、“选择当医生就是选择忙碌”

张虹，女，汉族，1980 年毕业于四川医学院，1985 年从乐山市人民医院调入省肿瘤医院，1996 年任头颈外科主任、主任医师，2003 年任副院长。

她每天提前半小时上班，而且总是延时下班，已经养成了习惯。下班前，她都要到病房看望病人、询问病情，和病人拉家常、聊天，进行心灵沟通。头颈外科刚建科那段时间，全科 3 名医生，且病人多，急诊频繁，张虹隔天值一次班。曾有好几个除夕之夜是在手术室度过的。她说，选择当医生，就等于选择了忙碌。

1997 年，张虹接诊一位右睑上方有一瘘道、长期流脓、20 多年都没治愈的患者。通过 B 超、CT 等检查，没找到原因，决定进行手术探查。切除瘘道口后，在右上睑内及周围软组织内均未发现异常，再向内到达眼球周围，仍未见异常。此时如果再向内深入，将到达眶尖，对眼球、眼周肌肉和眶尖的神经血管可能造成损伤，风险很大。张虹迎难而上，小心探察，终于发现在眶尖孔处的血管神经旁 2 毫米处的骨壁上直直插着两根竹签，分别长约 10 毫米和 6 毫米。拔除竹签后，瘘道流脓得到根治。

2000 年，贵州一位患脊柱恶性神经鞘瘤的青年，因为家庭经济困难，手术后便要求出院回家。为了延续这个年轻的生命，张虹先后 10 余次，自掏腰包买了 1 万多元钱的药寄给病人，帮助他在当地医院进行后续治疗。尽管后来病人还是去世了，但病人家属逢年过节都要写信或打电话问候、感谢张虹。

2005 年夏天，一位农村妇女患右口颊鳞癌住院。由于治病花去了家里大部分积蓄，心情烦躁，经常闹情绪，不配合治疗。张虹除不嫌脏臭及时给病人换药外，还热情地向她宣传医学知识，耐心作思想工作。病人被感动了，主动配合治疗，治愈后愉快出院。

20 年来，张虹十余次到甘孜、阿坝、凉山州等少数民族地区义诊、对口支援。她有高原反应，每次到藏区都要生病，但她从不缺勤，带病为少数民族同胞治病，当地群众称赞她是好“门巴”。

张虹 1998 年被评为省精神文明先进个人，2002 年被评为省三八红旗手，2004 年评为全国卫生系统先进工作者。

四、“医生的使命就是为病人无私奉献”

刘霆，男，蒙古族。1983 年毕业于四川医学院，攻读硕士学位后留校执教。1994—1996 年赴美国华盛顿大学医学中心主攻血液病及肿瘤学，归国后在华西医院从事血液病临床医疗、科研、教学工作，任教授、主任医师，血液科主任。

1996 年，刘霆与科室同行一起，克服各种困难，建立了血液细胞生物冷冻实验室、流式细胞实验室，改建凝血实验室，为血液病的医疗、科研工作顺利开展打下良好基础。利用国外新技术，率先在国内开展异基因外周血造血干细胞移植治疗白血病，不少患者得到康复。他还同其他科室医生一道，应用该技术治疗恶性实体肿瘤，先后成功救治 50 多名患者，作了 20 多例有血缘异基因外周血造血干细胞移植治疗实体肿瘤，存活 10 多例，治愈存活率达到 80% 以上，属国内领先，为西南地区首创。

刘霆常说："作为一名医生，其宗旨和使命就是为病人无私奉献。"开展第一例异基因外周血干细胞移植治疗白血病时，因手术后病人发生移植物抗宿主反应，他一连 8 天守在病房，专心医治，终于获得首例手术的成功。为了病人的安危，他有时一天连续工作十七八个小时，常常忘了吃饭。一位从农村来的血友病患者，因经济困难延误了治疗，致使腿部因血肿长期压迫组织而坏死，病痛和恶臭难忍。治疗时，刘霆忍着呕吐为病人换药，给患者极大关爱。经一段时间的治疗，病人全愈。出院时，病人身无分文，刘霆得知后，便拿出 200 元钱给患者作路费。患者父亲接过钱时，泣不成声地说："刘主任，你救了我儿子，还给我们路费，真是一个好医生啊!"

刘霆先后被评为成都市文卫系统、学校、医院的优秀共产党员和先进个人。2004 年 10 月 25 日，获省人事厅、省卫生厅授予的"四川省首批有突出贡献卫生人才"称号。

五、"乡亲健康的守护神"

江英，女，汉族，资中县重龙镇千弓堰村卫生室医生。1991 年开办卫生室，一心一意为村民健康服务，被村民誉为"乡亲健康的守护神"。

千弓堰村有 2370 多人，江英把保障全村人的健康当作自己的使命。为预防小儿麻痹症，江英家家户户去宣传、作思想工作，发放预防小儿麻痹糖丸，在她的努力下，全村所有适龄儿童都服用了"糖丸"。2003 年"非典"期间，从疫区返回的村民有五六十人，江英每天挨家挨户宣传，调查返乡人员情况，测量体温，排查疫情。

村民黄金木，患严重哮喘病，经常夜间发作。犯病后，江英总是及时赶到他家，为他吸痰、输液，守候在他身边，直到病情缓解。村里 80 多岁的哑巴朱大兴和五保户刘万成生病找江英治病，她从未收过钱。卫生室建立以来，江英为贫困村民垫资药费达五、六千元。

江英的丈夫在外教书，家庭的重担落在她一人身上。女儿两岁那年的一个冬天深夜，睡梦中的江英被急促的敲门声惊醒。原来是因车祸致残瘫痪在床的谷田坝村村民廖萍尿路不通，急需导尿，来人请江英出诊。江英毫不犹豫地将女儿锁在家里，出诊去为病人导尿。

2003 年正月十五晚上，江英一家正在欢度元宵节，突然电话铃响了，宁国村 3 组朱华光胃痛请她出诊。江英立即背上出诊箱出门。路上接到家中电话，说她 80 多岁高龄的母亲突然病倒，要她马上回家。江英没有停步，赶到朱华光家，给他服药、输液，直到病情缓解后才匆匆往回赶。回家后，突发脑溢血的母亲由于没及时抢救，已经瘫痪在床。

江英的工作得到上级肯定，连续六年评为资中县优秀乡村医生，2005 年被评为全国优秀乡村医生。

六、"一心为民的卫生站好医生"

赵承，男，汉族，通江县广纳镇金堂村一社卫生站乡村医生。为解决村卫生站长期无房屋的问题，赵承自筹资金 2.6 万余元修建了 50 平方米的卫生站。

2002 年 7 月，赵承刚出诊回来，听到卫生站河对面的火烽村有人叫喊，说有一个人突发急病，病情危急。此时，天正下着大雨，河水比平时上涨了七八米，而且渡船都在河对面。情急之中，赵承在附近借了一只渔船，不顾家人劝阻，将渔船滑向对岸。快到岸边时，渔船触到一块大石头被撞坏，眼看就要沉入水中。赵承用手抓住事先用塑料布包裹好的药品袋，拼尽全身力气游到岸边。患者得到及时救治，对他感激不尽。

2004年6月的一天晚上，赵承被告知金堂村五社的一名孕妇即将临产，因为风狂雨暴，无法转乡卫生院住院分娩，随时可能发生意外。赵承毅然挽起裤脚，穿上雨衣，踏着泥泞，赶往孕妇家中。凌晨3时，孕妇安全分娩。

赵承还经常免费为孤寡老人和经济困难的患者治病。金堂村一位姓陈的老人，年迈体弱，儿子、媳妇均因病死去，留下一子，老伴也双目失明，生活极端贫困。赵承从1995年起，义务为老人挑水、打柴、种庄稼，免费为他们治病。老人感激地对人说："我失去了一个儿子，但又得到了一个更好的儿子。"近十年中，赵承免费为老人和经济困难的乡亲治病和资助达2万余元。

2001—2004年，赵承连续4年被评为县卫生系统先进个人，2005年被评为全国优秀乡村医生。

第四篇 中医中药

中医药和西医药互相补充，协调发展，是中国医药卫生事业的重要特征和显著优势。1986—2005年，四川持续实施“振兴中医”发展战略，加强对中医药工作的领导，制定扶持和促进中医药事业发展的政策法规，构建多层次广覆盖的中医药服务网络，加大对中医药事业的财政投入，推进中医药继承与创新，加强中医药人才队伍建设，搭建对外合作交流平台，全省中医药事业获得快速发展，中医医疗资源快速增长，中医药服务能力显著增强。

第一章 振兴中医

第一节 政策法规扶持

四川中医源远流长，代有名医，著述丰富，民众信赖，素有“中医之乡”“中药之库”的美誉。受经济、政治、文化等社会因素影响，四川中医事业的发展并非一路坦途。1929 年国民政府通过立法“废止中医”，四川中医同仁与全国中医界团结一致，奋起抗争，在社会各界支持下，迫使当局撤销“废止中医案”。但轻视中医的思想余毒长期未消。中华人民共和国成立后，党和政府把“团结中西医”作为卫生工作的一项重要方针，中医事业获得长足发展。“文化大革命”中，大批名老中医受到冲击，中医学校停止招生，“师带徒”中断，有着传统优势的四川中医呈现出机构生存发展受困、人员青黄不接的严峻局面。

1983 年 3 月，成都中医学院附属医院医师李仲愚在为全国人大常委会委员长彭真治疗失聪时，向其写信反映中医事业国家投入少，中医后继乏人，师徒授受之途久绝，企盼改善中医事业现状，真正实现中医与西医共同发展。彭真批示给卫生部部长崔月犁，指出“李仲愚大夫是一位有真才实学、年逾花甲、学而不厌、诲人不倦的传统医学专家。他反映的情况不是个别的，有代表性，值得注意。可供你们考虑发展现代医药和传统医药问题时的参考”。省委书记杨汝岱接到卫生部转来彭真的批示及李仲愚的信之后，立即指示省卫生厅党组提出加强和发展中医事业的措施。8 月 13 日，第 20 次省委书记办公会议决定：筹建成都中医药研究院和次年春召开振兴中医事业会议。

1984 年 2 月，省委、省政府在成都召开全省振兴中医工作会议。中共中央顾问委员会委员天宝，省级相关部委、厅（局）负责人，市（地、州）党政主要领导及卫生局、医药局负责人，部分名老中医、中西医结合专家参加会议。省委书记杨汝岱、卫生部部长崔月犁、省委副书记聂荣贵、副省长何郝炬、省顾问委员会主任谭启龙、省政协主席杨超等在会上讲话。3 月，省委、省政府印发《关于振兴四川中医事业的决定》，从领导、教育、人才培养、中医机构建设、科研、中西医结合、中药生产、制剂等方面提出八条措施。不少中医工作人员由衷地说：“这是中医工作的春天。”省卫生厅在 1984 年度工作总结中写到：振兴中医初见成效。一是各级党政对中医工作的重视前所未有，成立振兴中医领导小组专管其事，从建材、征地、经费中体现支持中医事业的决心；二是地方财政扶持中医事业前所未有，当年安排的专款约 1000 多万元；三是各市（地、州）卫生局领导班子加强对中医工作的领导和管理前所未有，设领导副职专管，并内设中医科；四是基建发展速度前所未有，全年初建、改建县中医院 35 所，重点建设的 24 所中医机构已陆续动工。

1985 年 6 月，卫生部授予四川“振兴中医事业的先声”奖旗，号召全国中医界学习四川。

1985 年 10 月 30 日，全省各市（地、州）振兴中医领导小组组长扩大会议在成都召开，省委书记杨汝岱要求把中医和西医摆在同等重要的地位。他还在《光明日报》上发表《振兴中医是我们的光荣任务》专稿，提出“要解决正确贯彻党的中医政策问题，光靠中医是困难的，光靠医药卫生部门也是不行的。这需要各级党政领导的高度重视，需要从战略的高度采取有力措施，需要各有关部门的支持和合作”。

1986年，从省到县先后成立由党政领导干部领衔，有财政、卫生、医药等有关部门负责人参加的振兴中医工作领导小组，负责解决跨部门的、中医行政管理机构难以解决的一些重大问题。是年，开始为中医人员评定技术职称。至1990年，44770名中医人员获得技术职称。“七五”期间还为全省5035名中医人员平反了冤假错案。

省委、省政府加大对中医事业的财政投入。1984年省财政安排专款200万元启动全省第一批29个县中医院重点建设，以后逐年增加专项拨款。部分市（地）、县也安排专项经费投入中医院建设。至1990年，全省年平均用于中医院的基建投资在900万元左右。其间，由国家中医药管理局、省政府共同投资2700万元扩建成都中医学院附属医院、新建四川省中医药研究院。至1995年，振兴中医工作头10年，全省中医事业总投入近8亿元，其中中央财政投入占9.5%，省本级财政投入占18%，市、地、县财政投入占30.5%，单位自筹及其他投入占42%。全省中医机构新增建筑面积165万平方米。1996—2005年，全省财政投入中医事业经费28.8亿元（含中央财政、省本级财政与市州级财政）。省本级用于中医药事业的专项资金，2003年以前每年为600万元左右，2004年达到1200万元。

1997年2月21日，省人大八届二十五次常委会会议通过《四川省中医条例》。11月7日，省委、省政府针对中医机构经费投入不足、设备简陋，中医管理、执法监督体系不健全，履行职责困难，中医单位集体所有制人员待遇问题长期得不到妥善解决等问题，印发《关于进一步加强我省中医工作的通知》。随后，县以上中医机构中的技术骨干，属农村户口的办理“农转非”，属集体所有制的转为全民所有制，部分工人聘为干部，有力地调动了基层中医工作者的积极性，中医队伍进一步稳定。

2002年12月，省政府印发《关于进一步加快我省中医药事业发展的意见》。

2003年4月《中华人民共和国中医药条例》颁布后，省委书记张学忠、省长张中伟、省委副书记刘鹏，副省长柯尊平、刘晓峰等，或者到中医药单位现场办公，或者在省卫生厅、省中医药管理局报送的相关文件上作出明确批示，进一步解决中医药发展中的具体问题。全省各地发挥广播、电视、报纸、网络等各类新闻媒体的作用，利用黑板报、宣传栏、横幅、上街宣传咨询、发放宣传资料、召开座谈会等多种形式，广泛宣传中医药政策法规和中医药知识。省中医药管理局与成都市中医管理局、四川电视台联合举办“杏林春晖”文艺晚会，省、市四大班子领导和17个相关厅、局领导出席晚会。各级中医医疗机构、部分综合医院在市（州）所在地和100多个县城同时开展中医义诊活动。

8月8日，省政府办公厅转发省科技厅、省计委、省经贸委、省农业厅、省卫生厅、省药监局、省中医局、省知识产权局、中科院成都分院联合制定的《中药现代化发展纲要》，明确提出中药现代化发展的指导思想和原则、发展目标、重点任务和主要政策措施。

2004年1月5日，省政府第26次常务会议通过《四川省中医药管理办法》。这是《中华人民共和国中医药条例》颁布后全国第一部关于中医药工作的省级政府规章。

省中医药管理局结合四川实际，制订了一系列规范性文件。1998—2005年，仅中医行政执法问题就制定了十多个规范性文件，如《四川省中医行政执法责任制实施意见（试行）》《四川省中医行政复议工作制度（试行）》《四川省中医行政应诉制度（试行）》《四川省中医行政赔偿制度（试行）》《四川省中医行政执法错案追究制度（试行）》《四川省中医行政规范性文件备案制度（试行）》《四川省中医行政执法资格认证及证件管理暂行规定（试行）》《四川省重大中医行政处罚事前报告制度（试行）》《四川省中医法律、法规、规章颁布实施周年报告制度（试行）》《四川省中医行政法制工作统计报告制度（试行）》。

2001年6月，省卫生厅、省中医药管理局、省公安厅、省工商管理局联合印发《关于进一步深入开展严厉打击非法行医整顿医疗服务市场秩序专项治理工作的通知》，重点打击无证行医，加大对皮肤病、性病、医疗美容、坐堂行医的监管力度。2003年3月，省中医药管理局与省工商管理局、省卫生厅联合印发《关于进一步加强医疗广告管理的通知》，进一步规范医疗广告的审批程序、广告内容。组织开展对中医医疗机构一次性输液（注射）器等医疗物品、药品和医疗服务价格等专项检查。中医事业逐步迈入法制化管理轨道。

第二节　中医机构设置

1983年，全省有县及县以上中医机构140个。

1985年，省政府批准将县城所在地的集体所有制医疗机构，在不改变所有制性质的情况下，一律更名为县中医医院，在基建、设备等项目上与县人民医院同等对待。

1987年，全省有全民所有制的综合性中医医院84所，床位7061张，集体所有制中医医院77所，床位5183张。

1994年，全省有县及县以上中医医疗机构195所（省级中医院3所、中西医结合医院4所），中医门诊部34所，展开中医病床数由1983年的7273张增加到21300张；全省95%以上的综合医院设立了中医科，开设中医病床1569张。

2000年，全省有中医医疗机构（含中西医结合医院和民族医医院）167所，其中全国示范中医医院6所，三甲医院3所，三乙医院5所，二甲医院21所，二乙医院78所，中医药从业人员44180人；中医床位17043张，比1986年的9772张增加了7271张，增长42.6%。

2001年，按照《四川省城镇医药卫生体制改革实施意见》要求，省中医药管理局会同省卫生厅印发《四川省城镇医疗机构分类管理暂行规定》，143个县及县以上中医医疗机构、15个市（州）中医医疗机构和7个局直属医疗机构被确定为政府举办的非营利性医疗机构。至2005年，全省尚无注册的营利性中医医疗机构。

2005年，全省有县级中医院121所（不包括专科医院10所），占全省177所中医医疗机构的68.36%；3468个乡卫生院设立了中医科（室），占乡卫生院总数的72.3%；有28846个村卫生室可提供中医药服务，占村卫生室总数的57.8%；357个社区卫生服务机构设立了中医科（室），占社区卫生服务机构总数的79.3%。床位数达到19711张，比2000年增长15.6%。床位数量居全国前列。

一、省属中医机构

（一）四川省中医药研究院

1984年，经省政府批准并报国家科委核准，组建成都中医药研究院，1985年更名为四川省中医药研究院（简称省中研院）。1987—1990年，下辖省中医临床医学研究所、省针灸经络研究所、省中药研究所、省中药药物种植研究所、省中医药研究院附属医院。

省中医临床医学研究所前身为成立于1979年的四川省中医研究所，1986年6月更名为四川省中医药研究院临床医学研究所，1996年12月更名为四川省中医药研究院中医研究所，同时增挂四川省中医药研究院中医医院牌子，为国家二级甲等中医医院，四川省精品中医院建设单位。开设病床90张。骨伤骨病、肛肠疾患、妇科疾病、老年疾病治疗，以及中风康复、小儿按摩捏积、中医美容等具有特色。2005年有职工220人。151名卫生技术人员中，有医生62人，医技人员11人，药学（含研究）38人，护理人员40人。有正高20人，副高31人，中级52人；享受国务院特殊津贴专家12人，省学术技术带头人2人，省优秀专家1人，省名中医5人。2002年被评为省级文明单位。

省针灸经络研究所成立于1986年6月，1996年增挂四川省中医药研究院针灸专科医院牌子，编制床位44张。以针灸推拿为主，针药结合，中西结合，开设有针灸科、皮肤科、功能康复科、颈腰椎病科等临床医疗科室4个，医疗辅助科室2个，门诊诊疗室8个。中风专病、痤疮专病是省重点中医专科（专病）建设单位。2005年在编职工37人，合同聘用职工15人，有正高职称5人，副高职称3人，享受政府特殊津贴专家1人，省名中医2人。

省中医药研究院附属医院成立于1991年3月。2002年被评为二级甲等中医医院，2005年被评为三级乙等中医医院。1991年有病床50张，2005年增至400张。设有中医、中西医结合、西医等近52个业务科系，10个住院病区。设有省内首家“亚健康防治中心”。肿瘤科、肛肠科、中医肝胆、脾胃、妇科、针灸、骨伤等科室具有较强优势。研制和开发的中药制剂有“强尔”系列、“糖泰平”系列等30多种。有正高职称12人，副高职称26人，享受国务院特殊津贴专家2人，省名中医2人。

省中药研究所前身为建于1930年的民国政府资源委员会工业试验所，境内解放后由中央轻工业部接收，更名为重庆工业试验所。1955年改属食品工业部并更名为重庆科学研究所。1957年划归中国医学科学院，更名为西南中药研究所。1958年改属四川省卫生厅并更名为四川省中药研究所，10月划入新成立的中国科学院四川分院，1963年1月转属省卫生厅。1986—1991年隶属于省中医药研究院，1991年直属省中医药管理局。2004年底与省中医药研究院整体合并组建新的四川省中医药研究院，保留四川省中药研究所名称。该所是国内建立最早的中药专业研究机构，主要从事中药鉴定、资源调查、药材品质评价、有效成分提取分离、结构解析、质量标准、制剂工艺、药理、毒理、中试、中药材栽培（GAP基地建设）等中药开发的系统研究。中国药理学会《中药药理与临床》杂志编辑部设于所内。1985年开始与华西医科大学、成都中医药大学等联合培养硕士研究生。有科技人员180名，其中高级专业技术职务专家50余名，享受国务院政府特殊津贴专家、四川省学术技术带头人30余名，博士、硕士研究生及博士后科研人员30余名。

省中药药物种植研究所1937年建于南川金佛山，初期主要是开荒种植常山、黄连、大黄、玄参等中药材，1941年开始对治疟特效药“常山”进行栽培研究，为国内正式进行中药材种植研究的开端。1945年7月成立专业的常山种植实验场，1947年在常山苗圃建立国内最早的药用植物标本园。

1949年冬常山的家种栽培获得成功。1953年更名为“地方国营南川药物种植场”，1957年更名为“西南中药研究所南川药物种植试验场”，1985年更名为“四川省中医药研究院南川药物种植研究所”。该所运用传统和现代科学的方法，长期开展传统中草药的基础理论研究，药用动植物资源调查研究，道地动植物药野变家种、家养和病虫害防治研究，药用植物优良品种选育研究，中药材GAP规范化种植研究，提高中药材质量与产量的研究，中药生药的质量和标准化研究，中药的生产与开发等研究工作。学科配套齐全，建有收藏20万余份腊叶标本、1000余种生药的标本室，一个优质种源培育中心，以及药用动物养殖场、制药厂、科技开发公司。在长期的中药栽培研究工作中，积累了一批珍贵的科技档案，保存有30年代开始从事中药常山的研究资料，为国内最早从事中药栽培研究的记录。改革开放以来获省、部级以上科技成果奖20余项。1997年划转重庆市，更名为“重庆市药物种植研究所”。

至2005年，省中医药研究院内设的重点研究机构有：国家中医药管理局重点研究室中药新药研究开发中心、国家中医药管理局中药质量生物学评价重点研究室、国家中药现代化科技产业（四川）基地中药新药研究开发中心及中试与成果孵化中心、国家中医药管理局中医药国际合作基地，中药材品质评价与创新中药研究实验室，四川省中药新药开发基地，四川省中药新药筛选与药理研究中心、四川省中医骨伤骨病研究室等。全院职工562人，其中专业技术人员395人。有正高42人、副高111人，享受政府特殊津贴专家23人，省部级突出贡献专家4人，省学术技术带头人5人，省名中医17人。

图4-1　成都中医药大学附属医院外貌

（二）四川省骨科医院

1958年，成都体育学院附属体育医院成立，为中国第一所体育医院，中国武术协会主席郑怀贤担任首任院长。1984年经国家科委批准改建为国家体委下辖的成都运动创伤研究所，别名为成都体育医院。2000年3月被评为中国西部首家三级甲等中医骨科医院。2004年划归四川省，更名为四川省骨科医院（亦名成都体育医院、成都运动创伤研究所）。编制床位600张，开放床位316张，设有9个临床科室、5个医技科室和2个研究室。医院以中医为主，中西医结合，集医疗、科研、教学为一体，运动创伤科、儿童骨折专科、运动康复科为国家级重点专科，儿童骨折专科、椎间盘突出症专科、股骨颈骨折专科等为省级重点专科。医院拥有骨密度仪、膝关节镜、椎间盘手术系统等先进医疗仪器设备。自制郑氏舒活灵药酒、新伤软膏、活络膏、抗骨质增生丸等中药制剂30余种。2005年有职工300余人，全国老中医药专家学术经验继承工作指导老师2人，四川省名中医3人，首批四川省有突出贡献卫生人才1人，四川省学术技术带头人1人，享受政府特殊津贴专家5人。

（三）成都中医药大学附属医院

1957年，四川省成都中医医院更名为成都中医学院附属医院。1995年4月更名为成都中医药大学附属医院，并被评为三级甲等中医院，2001年增挂四川省中医医院牌子，是国家中医临床研究基地，中医药国际合作交流基地，国家中药临床试验研究（GCP）中心，国家药物临床试验机构，全国中医眼病医疗中心，全国中医急症医疗中心，国家中医药管理局中医、中西医结合急诊临床基地和感染病临床基地。为西南地区临床学科门类最齐全、综合服务水平最高的区域中医医疗中心、科教中心。2005 年有临床科室 28 个，国家级重点专科 6 个，国家级临床基地 2 个，省级重点专科 1 个，还设有胸外、血液专业组。有医技科室 7 个，开设各种专病门诊 78 个。有副高以上专家 245 人，博士生导师 35 人，硕士生导师 113 人，享受国务院政府特殊津贴专家 32 人，国务院学位委员会中医中药学科评议组成员 1 人，国家百千万人才工程国家级人选 1 人，国家新药评审专家 9 人，国家有突出贡献中青年专家 2 人，四川省学术技术带头人 11 人，四川省有突出贡献的优秀中青年专家 15 人，四川省有突出贡献卫生人才 1 人。

（四）成都中医药大学附属医院针灸学校

1960 年，成都中医学院附属医院护士学校成立，1985 年更名为成都中医药大学附属医院针灸学校，是一所省属全日制中等中医专业学校。学校教学层次多元化，含两年制（高中起点）、三年制（初、高中起点）、四年制（初中起点）中等职业教育及五年制（初中起点）高等教育、三年制成人护理专科教育，并承担成都中医药大学护理本、专科和成人教育护理本、专科的教学任务。内设中医学、针灸推拿、护理、中药学、中医康复保健、中西医结合等 10 余个专业。在校学生 2000 余人。学校有专兼职教师 100 余人，其中副教授以上高级技术职务人员占 60%。设有国家职业技能鉴定所针灸保健按摩技能培训暨鉴定中心、四川省中西医护理教育培训中心、省内外保健按摩实训实习基地等。

（五）泸州医学院附属中医医院

泸州医学专科学校附属玄滩医院成立于 1960 年 2 月，1983 年更名为泸州医学院附属中医医院，1997 年被评为三级乙等中医医院，2001 年增挂泸州医学院附属第二医院牌子。设有耳鼻咽喉科、心脑内科、骨伤科、肾病内科、肝胆内科、脾胃内科等重点中医专科，以及 14 个具有中医特色优势的临床科室；有 4 个中医特色专科专病门诊，3 个省级名中医工作室，4 个市级名中医诊疗室。医院有享受国务院特殊津贴专家 5 人，全国首届中医药传承特别贡献奖获得者 1 人，四川省首届名中医 4 人，省突出贡献的中青年专家 1 人。

二、市（州）中医机构

2005 年四川省市（州）中医机构设置情况统计表

表 4—1　　单位：个

	合计	县及以上中医院	藏医院	中西医结合医院	医学院校附属中医院	其他中医院	中藏医门诊部	中医药科研院所	高中等中医药学校
总计	222	132	24	8	2	29	15	6	6
成都市	36	17	—	2	1	6	2	5	3
自贡市	5	5	—	—	—	—	—	—	—
攀枝花市	4	3	—	1	—	—	—	—	—

续表4—1

	合计	县及以上中医院	藏医院	中西医结合医院	医学院校附属中医院	其他中医院	中藏医门诊部	中医药科研院所	高中等中医药学校
泸州市	8	7	—	—	1	—	—	—	—
德阳市	12	6	—	1	—	2	3	—	—
绵阳市	11	8	—	—	—	2	—	—	1
广元市	6	5	—	—	—	1	—	—	—
遂宁市	3	3	—	—	—	—	—	—	—
内江市	6	5	—	—	—	—	—	—	1
乐山市	11	9	—	1	—	1	—	—	—
南充市	9	8	—	—	—	—	1	—	—
宜宾市	25	11	—	—	—	9	5	—	—
广安市	9	5	—	—	—	4	—	—	—
雅安市	10	7	—	1	—	—	2	—	—
巴中市	4	4	—	—	—	—	—	—	—
达州市	12	7	—	1	—	2	1	—	1
眉山市	8	6	—	—	—	2	—	—	—
资阳市	4	4	—	—	—	—	—	—	—
阿坝藏族羌族自治州	13	3	8	—	—	—	1	1	—
甘孜藏族自治州	17	2	15	—	—	—	—	—	—
凉山彝族自治州	9	7	1	1	—	—	—	—	—

（一）成都市中西医结合医院——成都市第一人民医院

三级甲等医院。始建于1942年，1953年更名为成都市第一人民医院，1985年更名为成都市中西医结合医院。2002年2月，与成都市中医医院合并，合并后仍称成都市中西医结合医院。医院有国家级重点专科1个，省级重点专科2个，市级重点专科5个。拥有一批中西医结合知名专家和中青年技术骨干，其中博士后1人，博士3人，硕士45人，享受国务院特殊津贴专家10人，全国知名中医药专家及省市名中医17人。设有中药剂型改革、呼吸病、心脑血管病等多个研究室，1995年4月被国家中医药

图4－2　位于成都高新区的成都市中西医结合医院

管理局批准为全国中药制剂和剂型改革基地。在运用中西医结合诊断治疗多种疾病方面取得显著疗效，特别是血管介入治疗技术，如超选择性脑动脉插管溶栓术治疗脑梗塞、超选择性血管插管治疗脑血管畸形栓塞术等，达到国内先进水平。1994 年 9 月被评为“爱婴医院”，1999 年被卫生部、国家中医药管理局授予“全国百佳医院”称号。获得国家及省市科技成果 104 项。

（二）达州市中西医结合医院

三级甲等医院。始建于 1953 年。开设床位 1000 张。全院有高级人才 120 余人，获国务院政府特殊津贴专家 3 人，省市优秀专家（包括突出贡献专家）7 人，省市名中医 9 人。重点科室有耳鼻喉——头颈外科、中国高血压联盟达州工作站，承担达州市职业病诊治、产前诊断、市伤病残鉴定等工作任务。拥有双源螺旋 CT、64 排螺旋 CT 机、1.5T 磁共振、直线加速器、钴 60、数字平板血管造影系统、数字 X 线系统、LASIK 眼科准分子激光治疗系统、血液透析仪、高压氧舱、多导睡眠监测系统、三维彩超、电磁波体外碎石机、全自动生化分析仪、冲击波骨科治疗仪等价值 1.6 亿余元高新医疗设备。获省、厅、市科技成果奖、科研进步奖 30 余项，1999 年被评为“爱婴医院”，2000 年被评为四川省职业道德建设先进单位。

（三）攀枝花市中西医结合医院

三级甲等医院。前身为成立于 1971 年的渡口建工指挥部职工医院，1983 年移交市卫生局管理，1987 年更名为攀枝花市第五人民医院、攀枝花市中西医结合医院。2002 年与原市中医院合并，成立新的攀枝花市中西医结合医院。全院有高级技术人员 136 人，享受政府特殊津贴专家、四川省中医学术技术带头人、市级名中医、市级学术技术带头人 10 余人。开放床位 993 张，设 37 个临床、医技科室，形成了以眼科、骨科为龙头，以神经科、肿瘤科、呼吸科、国医馆、肝胆科、心内科为骨干的优势学科群，其中眼科是国家级重点专科，骨科是省级重点专科。眼底病、椎间盘突出症、脑中风、胰腺炎、糖尿病、痔瘘病的治疗特色突出，以椎间盘等离子射频消融术、准分子激光近视眼矫正术为代表的微创技术、显微技术处于攀西地区领先水平。拥有先进的诊断治疗设备 300 余台（件），总值上亿元。1988 年被评为省十佳医院。

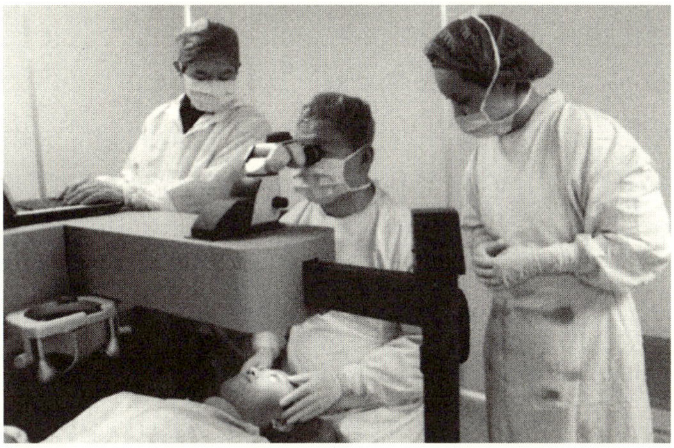

图 4－3　攀枝花市中西医结合医院开展准分子激光治疗近视眼手术

（四）绵阳市中医医院

三级甲等医院。成立于 1984 年，下辖眼科分院、机关分院、惠民帮扶医院、中医药研究所、中药饮片厂等机构。有博士、硕士研究生 70 余人，具有中高级职称的 250 多人，有国家级中医师承导师、享受国务院特殊津贴专家、博士生硕士生导师、省学术技术带头人、省优秀中青年专家、省市拔尖人才等近 20 人。编制床位 550 张，开设临床医技科室 23 个及专病专科 32 个，其中，针灸科、脾胃病科、眼科为国家重点专科，呼吸内科为省级重点专科。有中药院内制剂品种 38 个。多次荣获四川省卫生先进单位。

（五）内江市中医医院

三级乙等医院。始建于1952年，2004年增挂内江市中医研究所牌子，是成都中医药大学、泸州医学院、内江医科学校等院校临床教学医院，承担内江地区中医医疗、教学和科研任务。医院开放病床900张。有副高级职称以上专家100余人，享受政府特殊津贴专家2人、全国老中医药专家1人、省级名中医7人。设置有临床、医技科室11个。中医骨伤科是医院的特色，建有3个骨科治疗和康复病区，省级中西医结合骨伤病专科重点研究室。先后两次获人事部、卫生部授予的“全国卫生系统先进集体”称号。

（六）自贡市中医医院

三级乙等医院。创建于1955年，前身是自贡市第二人民医院，1981年改建为自贡市中医医院。开放床位370张，年门诊诊疗人数15万人次，年住院病人6000人次。开设有内外妇儿科、骨伤科、肛肠科、针灸科、皮肤科、放射科等25个临床、医技科室。有省级重点专科1个。呼吸内科、肛肠科、针灸推拿科独具特色和优势。拥有全身螺旋CT、CR、电子支气管镜、电子胃镜、全自动生化分析仪等医学检查、治疗设备百余台。1985年荣获“四川省文明单位”称号，1995年建成全国示范中医医院。

（七）遂宁市中医医院

三级乙等医院。成立于1985年，下辖和平路、天峰街、步行街三个院区，设“遂宁市镇江寺社区卫生服务中心”，并挂“遂宁市妇幼保健院”牌子。编制床位1000张，开放病床1200张。年门急诊30万人次，出院2万人次。有副主任医师以上高级职称80余人，享受国务院政府特殊津贴专家1人，全国名老中医药专家2人，兼职博士生导师1人，硕士、博士研究生40余人。针灸科和妇产科为国家级重点专科建设单位（省级重点专科）。治未病中心是国家中医药管理局首批示范建设单位。糖尿病科、妇科为四川省重大疾病防治中心协作中心。医院是四川省中医住院医师规范化培训基地。曾获“全国卫生系统先进集体”“四川省老百姓最满意医院”“四川省十佳中医院”等荣誉称号。

（八）广元市中医医院

三级乙等医院。建于1959年，编制床位800张。有高级专家95人，国家、省、市级名中医20人。开设50余个门诊科室，住院部开设19个病区，针灸科为国家级重点专科创建单位，针灸科、骨科、肛肠科、老年疾病科为省级重点专科。拥有德国西门子1.5T超导磁共振、螺旋CT、DR、全自动生化分析仪、免疫分析仪、四维彩超、关节镜等一大批现代化设备。医院坚持中西医并重，治疗疑难病症，抢救急危重症优势突出。每年开展脑外、胸外、骨外、妇产科、耳鼻喉科等各类手术6000余台。曾获“全国卫生系统先进集体”“全国中医药应急工作先进单位”等荣誉称号，2005年被评为“全国文明单位”。

第三节　中医人员配备

一、中医人员数量

1995年，全省有中医药人员32616人，其中，中医药专业技术人员25470人。

1997年，全省有中医药人员25458人，其中，中医药专业技术人员20085人。是年重庆市直辖后，全省中医药机构减少65个，床位减少5015张，中医药人员减少7156人，其中中医药专业技术人员减少5325人。

1999年，全省有中医药人员26403人，其中，中医药专业技术人员20906人。

2001年，全省有中医药人员26345人，其中，中医药专业技术人员21002人。

2003年，全省有中医药人员24647人，其中，中医药专业技术人员19966人。

2005年，除中药制造业外，全省有中医药人员25627人，其中，中医药专业技术人员20626人。专业技术人员中，有执业医师7842人，执业助理医师1222人，注册护士6098人，药剂人员（执业中药师、执业药师）2286人，检验人员821人，其他卫生技术人员2357人，其他技术人员1034人。中医药人员数量居全国第一。

二、中医人员构成

2005年，全省中医药人员构成如下：

（一）按主办单位分

由政府举办的中医药机构中医药技术人员19583人，其他技术人员985人，管理人员1610人，工勤人员2987人。

由企业举办的中医药机构中医药技术人员29人，其他技术人员2人，管理人员1人。

其他中医药机构中医药技术人员1014人，其他技术人员47人，管理人员75人，工勤人员194人。

（二）按经济类型分

全省国有中医药机构中医药技术人员18968人，其他技术人员969人，管理人员1546人，工勤人员2044人。

集体所有制中医药机构中医药技术人员1122人，其他技术人员52人，管理人员84人，工勤人员112人。

民营中医药机构中医药技术人员403人，其他技术人员12人，管理人员42人，工勤人员73人。

（三）按医疗机构类型分

全省非营利性中医药机构24761人。

营利性中医药机构485人。

（四）按行政级别分

全省市级以上中医药机构中医药技术人员11536人，其他技术人员661人，管理人员1151人，工勤人员1314人。

县级中医药机构中医药技术人员10965人，其他技术人员373人，管理人员535人，工勤人员967人。

（五）按性别、年龄、工作年限分

2005年全省中医药人员性别、年龄、工作年限情况见表4—2。

2005年四川省中医药人员性别、年龄、工作年限统计表

表4—2　　单位：人

分组名称		卫生技术人员							其他技术人员	管理人员
		合计	执业医师	执业助理医师	注册护士	药剂人员	检验人员	其他		
总　计		20626	7842	1222	6098	2286	821	2357	1034	1686
性别	男	7996	4902	675	71	867	302	1179	455	755
	女	12630	2940	547	6027	1419	519	1178	579	931
年龄	25岁及以下	1654	142	144	548	97	61	662	95	51
	26—35岁	7125	2061	791	2484	592	310	887	314	396
	36—45岁	6594	2835	210	2039	793	259	455	359	626
	46—55岁	6511	2272	69	990	714	165	301	231	503
	56—60岁	556	383	3	36	76	20	38	28	92
	60岁以上	186	149	5	1	11	6	14	7	18
工作年限	5年及以下	2617	587	243	560	113	95	1019	164	82
	6—10年	3612	1027	490	1279	306	164	346	137	151
	11—20年	6113	2343	317	2180	628	238	407	302	512
	21—30年	5171	2133	137	1502	797	209	393	280	560
	30年以上	3113	1752	35	577	442	115	192	151	381

（六）按学历分

2005年全省中医药人员学历情况见表4—3。

2005年四川省中医药人员学历统计表

表4—3　　单位：人

分组名称	卫生技术人员							其他技术人员	管理人员
	合计	执业医师	执业助理医师	注册护士	药剂人员	检验人员	其他		
博士	11	7	—	2	1	11	—	12	—
硕士	151	129	6	—	6	1	9	15	7
学士/大学本科	3421	2484	137	81	141	42	536	172	202
大专	6756	2886	511	1997	456	286	620	275	603
中专	8342	1834	384	3506	890	377	776	202	373
高中	1003	171	31	253	306	59	183	177	283
初中及以下	1417	331	53	259	486	55	233	181	218

（七）按地区分

2005 年各市（州）中医药人员情况见表 4—4。

2005 年四川省各市（州）中医药人员统计表

表 4—4 单位：人

	合计	卫生技术人员							其他技术人员	管理人员	工勤人员
		小计	执业医师	执业助理医师	注册护士	药剂人员	检验人员	其他			
总计	25667	20663	7850	1225	6113	2290	822	2363	1064	1656	2284
成都市	6940	5311	1915	295	1711	611	225	554	383	575	671
自贡市	1211	937	370	22	323	124	29	69	46	73	155
攀枝花市	715	584	216	11	173	50	28	106	6	63	62
泸州市	1201	974	375	32	295	96	42	134	62	78	87
德阳市	990	838	351	63	195	111	42	76	22	56	74
绵阳市	1349	1120	446	50	343	124	49	108	119	54	56
广元市	903	758	236	53	263	95	20	91	14	47	84
遂宁市	815	677	217	19	172	60	24	185	31	43	64
内江市	1073	833	369	37	238	104	30	55	31	61	148
乐山市	1142	982	361	63	294	119	48	97	44	52	64
南充市	1083	867	305	64	242	130	35	91	30	76	110
宜宾市	1311	1039	426	107	324	70	29	83	21	77	174
广安市	1057	835	310	63	199	75	33	155	5	86	131
雅安市	653	548	255	21	169	56	17	30	38	22	45
巴中市	574	475	159	30	132	45	19	90	50	29	20
达州市	1719	1456	498	88	437	162	65	206	74	73	116
眉山市	820	692	295	35	184	80	29	69	39	45	44
资阳市	713	530	198	29	161	82	30	30	10	83	90
阿坝藏族羌族自治州	368	328	141	43	70	22	7	45	13	6	21
甘孜藏族自治州	251	212	128	39	13	17	1	14	14	6	19
凉山彝族自治州	779	667	279	61	175	57	20	75	12	51	49

三、中医技术职称

1978 年，国家对中医药界为数不多的杰出人才直接授予教授职称。1983 年全国开始专业技术职称评定工作，后因难度较大而暂停。

1986 年，四川省职称改革工作领导小组印发《关于中医、中西医结合人员技术职务任职条件的补充意见》，职称评定工作由此全面展开。中医药类中级专业技术职务由省中医管理局或具有地厅级行政级别的事业单位直接评定审批，高级专业技术职务由省中医管理局组织评审。实行专业技术职务评审、聘任工作后，由于遗留问题较多，各单位均感中、高级专业技术职务名额不足，所以一度采用“双轨制”，即先评定专业技术职务资格，本单位无中、高级专业技术职务的名额指标时不予正式聘任，其专业技术职务的相关待遇由各单位自行解决，待本单位有名额指标时再予正式聘任，其相关待遇由上级人事管理部门认定后解决。

1987 年，全省共评审认定中医药高级专业技术职务人员 503 人。

1991 年，省中医管理局印发《四川省中医药专业技术职务晋升考试试行意见》，进一步规范申报、评定专业技术职务的考试科目。组建四川省中医药专业高级技术职务任职资格评审委员会，建立由 226 人组成的评审专家库，并建立覆盖 11 个专业科别的随机面试题库。

2000 年以后，逐步完成全省中医药执业医师的认定工作。

1995 年、2000 年四川省中医药机构中级以上专业技术职务人员统计表

表 4—5　　单位：人

年份	合计	卫生技术人员				其他技术人员及管理人员			
		小计	正高	副高	中级	小计	正高	副高	中级
1995	8979	7835	199	1050	6586	1144	25	262	857
2000	8595	7452	166	1079	6207	1143	25	281	837

说明：1995 年统计数据中含原重庆市、万县市、涪陵地区、黔江江地区中级以上专业技术职务人员 1966 人

2005 年四川省中医药人员专业技术职务任职资格及聘任情况统计表

表 4—6　　单位：人

分组名称		合计	卫生技术人员							其他技术人员	管理人员
			合计	执业医师	执业助理医师	注册护士	药剂人员	检验人员	其他		
正高		185	159	143	1	4	5	1	5	11	15
专业技术资格	副高	1379	1257	1126	7	45	43	20	16	35	87
	中级	6679	6180	3604	38	1624	485	199	230	140	359
	助理/师级	8359	7741	2625	579	2645	998	358	536	241	377
	员/士	4232	3728	172	543	1643	557	190	623	198	306
	其他	2512	1561	172	54	137	198	53	947	409	542

续表4—6

分组名称		合计	卫生技术人员							其他技术人员	管理人员
			合计	执业医师	执业助理医师	注册护士	药剂人员	检验人员	其他		
聘任专业技术职务	正高	156	132	126	—	—	4	1	1	11	13
	副高	1319	1193	1078	7	35	41	18	14	34	82
	中级	6687	6152	3622	34	1593	477	193	233	142	384
	助理/师级	8362	7703	2651	567	2649	970	353	513	244	415
	员/士	4545	3941	221	558	1713	601	199	649	253	351
	待聘	2269	1505	144	56	108	193	57	947	350	441

第四节　中医服务能力建设

一、中医机构房屋建设

1986—2005 年，全省中医机构新增建筑面积约 165 万平方米，工作条件明显改善。

2005 年四川省中医机构房屋建筑面积统计表

表 4—7　　单位：平方米

中医机构名称	房屋建筑面积			其中：业务用房面积
	合计	构建房屋	租房	
总计	2424232	2342432	81800	1394724
市	1565647	1498404	67243	789508
县	858585	844028	14557	605216
医院	2376399	2299446	76953	1353374
市	1518825	1456024	62801	749169
县	857574	843422	14154	604205
中医医院	2165841	2106884	58957	1194972
中西医结合医院	153116	136627	16489	115680
民族医院	57442	55935	1507	42722
门诊部	10059	6712	3347	7103
市	9048	6106	2942	6092
县	1011	606	405	1011

续表4—7

中医机构名称	房屋建筑面积			其中：业务用房面积
	合计	构建房屋	租房	
中医门诊部	4109	1835	2274	3999
中西医结合门诊部	5950	4877	1073	3104
医学科学研究机构	37774	36274	1500	34247
中医药研究院（所）	37774	36274	1500	34247

二、中医机构设备配置

自20世纪90年代中后期始，省、市中医医疗机构陆续购置一批先进诊疗设备，如核磁共振成像设备、超高速计算机断层扫描、医用电子直线加速器、高压氧舱、X线立体定位治疗系统等高端的现代化设备，而B型超声波诊断仪、500—750毫安医用X线诊断机、全自动生化分析仪、电子内窥镜、心电监护仪等，基本成为各中医院的常规设备。

2005年四川省中医机构万元以上设备统计表

表4—8　　单位：台

50万元以下设备	50万—100万元设备	100万元以上设备	合计
7727	217	124	8068
4943	159	86	5188
2784	58	38	2880
7513	215	123	7851
4729	157	85	4971
2784	58	38	2880
5892	183	98	6173
1544	31	25	1600
77	1	0	78
17	0	0	17
17	0	0	17
0	0	0	0
10	0	0	10
7	0	0	7
197	3	1	200
197	3	1	200

三、农村中医与社区中医建设

四川是一个农业大省，农业人口占80%。农村中医工作历来是全省中医工作的重点。省委、省政府高度重视农村中医工作，要求“逐步建立和完善县、乡、村农村三级服务网络，加强县级中医医疗机构、乡镇卫生院中医科和村卫生站中医药业务建设”，并在政策和投入上为农村中医工作创造良好发展条件。

1991—2003年，省中医管理局先后印发《关于加强农村中医工作的意见》《四川省农村中医工作先进县建设标准》《四川省乡镇卫生院中医工作基本要求》和《四川省农村卫生站中医工作基本要求》等规范性文件。2004年收集国家、省有关农村卫生工作的文件及四川省市、县、乡、村农村中医工作规范，汇集编印《四川省农村中医工作手册》，并制定初级卫生保健中医服务量化指标和社区卫生服务中医药基本规范。

全省各市（州）、县（市）将农村中医工作列入当地社会经济发展规划，部分市（州）的县、乡（镇）两级还建立农村中医工作领导小组，把农村中医工作纳入农村初级卫生保健总体规划之中。各县（市）中医院作为龙头单位，在抓好自身建设的同时，积极培训乡村中医药人员，向农村推广中医药适宜诊疗技术，鼎力支援农村基层中医工作的发展。至2005年，全省143所县中医院已建成国家二级甲等中医院29所、二级乙等中医院74所，97个县中医院实施农村中医药服务能力项目建设，12个县中医院实施精品中医院建设，21个县中医院实施中医发展县级中心建设。

1991年，按照国家农村卫生工作的总体部署，全省各地开展创建农村中医工作先进县活动。主要内容是：以加强基层中医药服务队伍建设，提高中医药服务能力为重点；优化中医药发展环境，开发利用中医药资源；着力构筑与经济社会发展相协调的中医药服务体系，促进中医药在公共卫生服务中发挥更大作用，满足人民群众对中医药的需求。各地党委、政府将此项活动作为“民心工程”“德政工程”列入党委政府的工作目标，将农村中医工作与建设社会主义新农村相结合，与农村初级卫生保健相结合，纳入社会经济发展规划，列支中医单项补助预算，保证创建工作顺利开展。一是县（市）政府承担发展农村中医事业的责任和任务，成立由政府牵头，卫生、财政、计划、人事等部门组成的农村中医工作领导小组，由分管县（市）长任组长、卫生局局长任副组长；领导小组每年召开专门会议，具体研究部署中医工作，解决实际问题。乡镇成立相应的领导小组，并承担相应的责任和任务。二是把中医工作列入县（市）、乡（镇）政府工作目标和当地社会经济发展规划；在贯彻执行国家和省各项卫生改革与发展的政策时结合当地实际，充分体现中医药工作的内容。三是对中医采取倾斜政策，县乡两级政府每年安排一定的中医工作先进县（市）建设专项经费，用于中医医、教、研工作，中医事业费的增长比例与卫生事业费增长比例等同。四是合理配置、充分利用当地的中医药资源。在实施区域卫生规划中，尤其注重县级中医医院的建设与发展。五是在城镇职工基本医疗保险制度改革中，全面落实国家有关中医药政策，中医医疗机构作为定点医疗机构，实行与其他医疗机构相同的政策措施。六是在社区卫生服务机构基本设置标准及工作范围中有明确的中医药工作指标，对县级中医医院开展社区卫生服务有具体的规划、部署。七是在农村初级卫生保健中，有明确的中医药工作指标，并有相应的实施方案和具体措施。八是县（市）政府在建设周期内，每年向人大汇报中医药工作情况至少1次，并根据人大提出的意见及建议认真加以整改落实。

1998年9月，全省农村中医工作现场会在绵竹市召开，部署全省农村三级中医药服务体系建设和农村中医工作先进县建设。2001年6月，全省农村中医工作先进县建设现场经验交流会在安岳县召开，推广新都、剑阁、绵竹和安岳县的经验，副省长李进到会讲话。2005 年 5 月，全省新农合试点县农村中医工作先进县建设工作会议在都江堰市召开，推广都江堰市的经验。2005 年底，全省已建成国家级农村中医工作先进县 11 个，在建的国家级农村中医工作先进县 7 个；建成省级农村中医工作先进县 37 个，省级农村中医工作先进县在建单位 38 个。广元市 85% 的县、成都市 65% 以上的县建成了省和国家级农村中医工作先进县。

四川省国家级农村中医工作先进县建设情况一览表

表 4—9

市（州）	国家级农村中医工作先进县建设单位	国家级农村中医工作先进县建成单位
成都市	—	都江堰市、彭州市、新都区、郫县
德阳市	—	绵竹市
绵阳市	安县	
自贡市	—	荣县
广元市	旺苍县	剑阁县、苍溪县
南充市	仪陇县	
遂宁市	—	射洪县
资阳市	—	安岳县、简阳市
眉山市	洪雅县	
广安市	武胜县	
达州市	达县、大竹县	
合计	7 个	11 个

四川省省级农村中医工作先进县建设情况一览表

表 4—10

市（州）	省级农村中医工作先进县建设单位	省级农村中医工作先进县建成单位
成都市	双流县	都江堰市、邛崃市、彭州市、金堂县、新都区、龙泉驿区、郫县、新津县
泸州市	叙永县	龙马潭区、纳溪区、合江县、古蔺县
德阳市	旌阳区、中江县、什邡市	绵竹市
绵阳市	梓潼县、涪城区、三台县、游仙区、江油市、盐亭县	安县
自贡市	富顺县	荣县
广元市	青川县、元坝区	剑阁县、苍溪、朝天区、旺苍县
乐山市	夹江县、市中区、峨眉山市	
内江市	隆昌县、资中县	威远县

续表4—10

市（州）	省级农村中医工作先进县建设单位	省级农村中医工作先进县建成单位
宜宾市	长宁县、兴文县、南溪县	珙县、宜宾县
南充市	阆中市、南部县	仪陇县、顺庆区
遂宁市	—	射洪县
资阳市	雁江区、乐至县	安岳县、简阳市
眉山市	东坡区、彭山县	洪雅县
广安市	岳池县	武胜县
雅安市	荥经县、宝兴县	名山县、石棉县、汉源县
达州市	渠　县	达县、大竹县
甘孜藏族自治州	泸定县	德格县
巴中市	通江县	南江县
阿坝藏族羌族自治州	汶川县	茂县
攀枝花市	米易县	
凉山彝族自治州	德昌县、金阳县	
合　计	38个	37个

至2005年，全省4768个乡镇卫生院中共建立中医科（室）3870个，占81.2%。有中医药人员数17707人，占乡镇卫生院卫生技术人员总数的28.1%。有中药饮片250种以上，中成药50种以上。全省农村中医服务量达30%以上，不少乡镇已达到50%—60%。全省51152个村卫生站有人员81546人，其中中医或能中会西的人员有49169人，占60.3%，配备的中药100种以上、中成药30种以上。村卫生室的乡村医生运用针灸、推拿、按摩、火罐等简、便、廉、验的治疗手段开展医疗、预防、保健工作，开展中医药的健康教育和科普知识宣传。90%以上的村卫生站开展了中医药服务，乡（镇）和村的中医服务量达到卫生服务总量的40%—60%。

图4-4　2005年成都市中医药进社区启动仪式

在城市卫生服务体系建设中，除加强综合性医院的中医科室和服务能力建设外，重点是加强社区卫生服务中心的中医药服务能力建设，引导和指导城区有条件的二级及以下中医医疗机构向社区卫生服务中心转化，并在21个市（州）政府所在地城区各建设1个具有中医药特色的社区卫生服务中心作为示范，加大中医药资源配置，扩大城市社区的中医药服务范围。2005年6月，省中医药管理局印发《四川省社区卫生服务中心（站）中医药服务工作细则》，强化对社区中医药服务工作的监管和指导。至2005年底，全省已有357个社区卫生服务机构设立了中医科（室），占社区卫生服务机构总数的79.3%。凡建立中医科（室）的社区卫生服务中心均设置有中药房，其中药饮片品种普遍达到250—350种，能满足中药配方需求，中成药品种大多在100种以上。社区卫生服务机构的中医药人员广泛运用针灸、推拿、火罐、敷贴、刮痧、熏洗等传统中医特色技术，积极开展康复、保健医疗服务，方便了社区居民，提高了中医药服务的美誉度。

四、示范中医院与精品中医院建设

1991年，国家中医药管理局决定与地方政府联合实施“杏林计划”，在全国建设100所示范中医医院。其基本目标是：按照中医的特点和规律，建成一批中医特色突出、临床疗效显著、队伍结构合理、医院功能健全、管理水平高、医德医风好、名副其实的先进中医医院，为全国中医医院提供模式与经验，带动全国中医医院的建设与提高。1993年，国家中医药管理局印发《全国示范中医医院建设验收标准》，要求省级示范中医医院必须达到三级甲等标准，市（地）级示范中医医院必须达到三级乙等或二级甲等标准，县（市）级示范中医医院必须达到二级甲等标准，中医药人员占医药人员总数应大于70%，重点中医专科三级医院应有2个以上、二级医院应有1个以上，门诊中医药治疗率应大于85%，病房中医药治疗率应大于70%。

全省各级中医院积极参与示范中医医院达标建设活动，特别是基础条件较好的中医院，认真按照示范中医医院建设检查验收标准，加强医院管理和内涵建设，突出中医特色，扩大病床规模，提高中医药治疗应用领域，在示范中医院建设方面进行了有益的探索。至1999年底，成都中医药大学附属医院、成都市中西医结合医院、三台县中医医院、内江市中医医院、自贡市中医医院、彭州市中医医院、射洪县中医医院共6所中医院被授予“全国示范中医医院”称号。

2004年，为加强中医医院中医特色建设，探索中医医院建设的新路子，省中医药管理局实施精品中医医院建设项目。其目标是：以推动中医药继承与创新、提高中医临床疗效为核心，以造就中医名家，培育中医名科、名院为重点，在全省建设一批中医特色突出、技术精湛、环境优美、功能完善、管理科学、服务一流的中医医院，促进中医事业可持续发展，满足人民群众对中医药的服务需求。全省共遴选24所（省级3所、市州各1所）基础好、中医特色明显的中医医院（含民族医医疗机构）作为建设试点单位，其中省级中医医院3所、市（州）级中医医院12所、县（市）级中医医院10所。力争通过3—5年的建设，使医院能够从形式到内容、环境到内涵、理论到技术，全面体现中医药学的风貌和特色，成为中医医疗水平的精品，成为医院环境、服务、管理方面的精品。列入精品中医医院建设单位的省级单位有：成都中医药大学附属医院、四川省第二中医医院、四川省骨科医院；列入精品中医医院建设单位的市州级单位有：绵阳市中医医院、内江市中医医院、自贡市中医医院、遂宁市中医医院、乐山市中医医院、广元市中医医院、广安市中医医院、泸州市中医医院、眉山市中医医院、巴中市中医医院、阿坝州藏医医院、甘孜州藏医医院；列入精品中医医院建设单位的县（市）级单位有：都江堰市中医医院、绵竹市中医医院、大竹县中医医院、阆中市中医医院、安岳县中医医院、天全县中医医院、米易县中医医院、兴文县中医医院、德昌县中医医院、广安区中医医院。

五、中医医疗机构创等达标

1993 年，全省中医院开展创等达标活动，用以提高综合素质和服务能力。

2005 年，全省 165 所中医医院中，有三级中医医院 9 所，三级中西医结合医院 3 所，二级甲等中医医院 33 所，二级乙等中医医院 74 所。

2005 年四川省三级中医医院、中西医结合医院一览表

表 4—11

达标年份	三级甲等中医医院	达标数	三级乙等中医医院	达标数
1996	成都中医药大学附属医院、成都市中西医结合医院	2	内江市中医院、自贡市中医院、遂宁市中医院、泸州医学院附属中医院	4
2001	四川省骨科医院	1		
2003	达州市中西医结合医院、攀枝花市中西医结合医院、绵阳市中医院	3	广元市中医院	1
2004	—	—	省中医药研究院附属医院（四川省中西医结合医院）	1
合计	—	6	—	6

2005 年四川省二级甲等中医医院一览表

表 4—12

达标年份	单　　位	达标数
1996	彭州市中医医院、崇州市中医医院、邛崃市中医医院、新都区中医医院、三台县中医医院、射洪县中医医院	6
1997	泸州市中医医院	1
1999	乐山市中医医院、剑阁县中医医院、凉山州中西医结合医院	3
2000	荣县中医医院、绵竹市中医医院、绵阳市骨科医院、江油市中医医院、眉山县中医医院	5
2002	省中医药研究院中医医院、安岳县中医医院	2
2003	龙泉驿区中医医院、大竹县中医医院、简阳市中医医院、洪雅县中医医院	4
2004	双流县中医医院、都江堰市中医医院、峨眉山市中医医院、郫县中医医院、苍溪县中医医院、达县中医医院、武胜县中医医院、梓潼县中医医院、安县中医医院、阆中市中医医院	10
2005	隆昌县中医医院、广安区中医医院	2
合计	—	33

至 2005 年，全省共有三级和二级甲等中医医院共 119 所，占全省 165 所中医医院的 72%。全省有 74 个县（区）级中医医院达到二级乙等中医医院标准。

第二章　中医医疗

第一节　主要业务指标

一、“七五”期间部分中医机构主要业务指标

1986 年，成都中医学院附属医院有职工 912 人，床位 350 张，日门诊 1526 人次，日急诊 5 人次，病床使用率 95.9%。重庆市中医院有职工 300 人，床位 111 张，日门诊 784 人次，日急诊 7.43 人次，病床使用率 87.7%。成都市中医院有职工 375 人，床位 314 张，日急诊 30 人次，病床使用率 98%。

1987 年，泸州医学院附属中医院有职工 230 人，床位 170 张，日门诊 337 人，住院 1958 人次，病床使用率 97.1%。

二、“九五”期间中医部分业务指标

全省中医诊疗人数约为 7429 万人次，年均诊疗人数约为 1500 万人次，住院服务量约为 119 万人次，年住院服务量约为 24 万人次。

三、“十五”期间中医主要业务指标

全省县以上中医医疗机构诊疗 7350 万人次，年均 1500 万人次，约占全省诊疗人次的 1/3。其中省属中医医疗单位业务指标见表 4—13。

2001—2005 年四川省级中医医疗单位业务指标统计表

表 4—13

单位	年份	床位数（张）	门诊人次	住院人次	病床使用率（%）	急诊人次	门诊中医药使用率（%）	病房中医药使用率（%）
成都中医药大学附院	2001	644	514900	7536	62.53	19382	80.00	90.70
	2002	644	565300	7904	69.40	17309	80.00	93.10
	2003	666	628800	9124	78.80	20708	80.00	98.70
	2004	651	655200	10564	80.60	18899	82.00	98.00
	2005	627	702600	10972	78.70	18578	85.00	92.60

续表4—13

单位	年份	床位数（张）	门诊人次	住院人次	病床使用率（%）	急诊人次	门诊中医药使用率（%）	病房中医药使用率（%）
省中医药研究院附院	2001	60	30697	319	82.00	301	79.60	67.84
	2002	60	51426	498	90.50	553	80.23	72.96
	2003	200	82698	1183	78.80	1075	82.80	78.78
	2004	200	115198	2130	62.91	1652	91.89	82.63
	2005	200	144460	2432	72.30	2838	74.50	52.50
省中医药研究院中医医院	2001	—	—	—	—	—	—	—
	2002	—	73000	—	48.00	—	94.20	40.00
	2003	—	67800	—	—	—	91.40	41.50
	2004	—	—	—	46.26	—	89.00	51.00
	2005	—	—	—	—	—	—	—
省骨科医院	2001	246	87513	2041	88.90	18404	93.00	71.00
	2002	—	87955	2378	89.68	21878	93.00	72.00
	2003	—	105151	3071	82.87	19544	93.00	73.00
	2004	—	139818	3570	92.75	21516	93.00	74.00
	2005	—	144833	3738	105.90	20441	93.00	75.00
泸医附属中医医院	2001	—	—	—	—	—	—	—
	2002	—	88894	4225	79.30	—	—	—
	2003	—	98330	4765	—	1444	—	—
	2004	—	125089	5199	82.05	—	—	—
	2005	—	155776	5566	93.20	3399	—	—

第二节　专科（专病）诊疗

1986—2005 年，全省共有 112 项列入国家级和省级重点中医专科（专病）建设。至 2005 年底，共建成国家级重点中医专科 4 个，省级重点中医专科（专病）69 个。“院有专科、科有专病、病有专药、人有专长”，成为全省各级中医院的共同模式。这些重点中医专科（专病），中医特色明显，诊疗水平较高，临床疗效显著，创新能力较强，管理水平较高，社会影响较大，具有较强的示范带动作用。

成都中医药大学附属医院急诊科是国家级重点中医专科。在陈绍宏教授带领下，坚持“能中不西，先中后西，中西结合”，在开展急性脑出血、急性脑梗死、感染性发热疾病、上消化道出血、急性水肿性胰腺炎等的治疗中，取得确切疗效。研制的抢救急性脑出血的“中风醒脑口服液”“中风醒脑颗粒”，明显降低了病死率，提高了患者的生存质量，在国内外有较大影响。治疗重症肺心病、感染性发热疾病等，也取得良好效果。承担各级科研课题20余项，获部省级科技进步二等奖4项、新药证书1项、国际专利和国内专利各1项。分别为全国和全省举办过三届中医急症临床学习班，还为全国21个省（直辖市、自治区）培养了200多名中医急症医师。

成都中医药大学附属医院眼科是国家中医药管理局重点中医专科。1956年由全国著名中医眼科专家陈达夫教授创建，是教育部和四川省重点学科、全国中医眼病医疗中心、国家药品临床研究（GCP）基地，眼科实验室是国家中医药管理局三级科研实验室、四川省级重点实验室、四川省中医眼病重点研究室。主要从事中医药防治眼底病研究、糖尿病性眼病的中医药防治机理研究、中医眼科基础理论及其应用研究。眼底病的中药防治独具特色，首创眼科六经辨证，创立内眼组织与脏腑相属学说，率先开展出血性眼病的中医实验研究，提出“出血、瘀滞、死血、干血”四期划分的理论，研制出针对不同出血期的四个系列专用制剂；根据“肝开窍于目”及“玄府”理论，提出了难治性眼病视神经萎缩的全新疗法；总结出“肾虚血瘀”是糖尿病性眼病的病理关键，填补了该领域中医药治疗的空白。在五轮学说、六经法要、八廓学说等眼与脏腑经络相关性理论指导下，进行系列视觉相关机制的中医理论基础研究，所获成果鉴定为国际先进。先后承担国家、省级科研课题50余项，获各级科技进步奖23项、国家三类新药证书及临床研究批件4项。1990年获中医眼科博士学位授予权。

成都中医药大学附属医院肾脏内科是国家中医药管理局重点中医专科。建于1979年，以叶传蕙教授为学科带头人，是国家食品药品监督管理局中药新药临床试验基地。该科坚持中医、中西医结合治疗各种原发、继发急慢性泌尿系疾病，尤其对急慢性肾衰、肾炎、肾病综合征、糖尿病肾病、高血压肾病、尿酸性肾病、复杂性尿路感染及部分内分泌疾病的治疗有较强优势。中央电视台以及日本、美国、新加坡等国外媒体对其突出的中医特色，先后予以报道。研制的特色专药有：主治急慢性肾功能衰竭的肾衰康灌肠液、主治慢性肾功能衰竭的肾康注射液、主治肾病综合征的肾病口服液等。先后完成各级科研课题30余项，获卫生部重大科技成果甲等奖1项，国家中医药科技进步一等奖1项，四川省科技进步二等奖2项、三等奖3项，获中药新药证书3项，专利证书2项。

省骨科医院的运动医疗保健是四川中医的一大亮点。1996年为备战第26届亚特兰大奥运会，医院派出13名医疗人员到羽毛球、皮划艇、赛艇、帆板、武术、网球等7个国家运动队承担医疗保健任务，先后为国家羽毛球队金牌运动员葛菲、顾俊，国家赛艇队女子双人双桨银牌运动员曹绵英、张秀云，国家女子手球队队长石伟等重点运动员进行诊疗保健服务，其中向明医生入选国家帆板队队医并进入中国奥运代表团。2000年，为备战第27届悉尼奥运会，医院派出23名医疗人员到柔道、田径等8个国家运动队承担医疗保健任务，先后为国家柔道队唐琳、田径队李雪梅等重点运动员进行诊疗保健服务，其中张世明主任医师作为中国代表团医务总监、王小勇医生作为女足队医入选中国奥运代表团。医院还为国家体育总局12个运动项目管理中心的27个国家运动队赠送了自制的运动创伤中药制剂。2004年，为备战第28届雅典奥运会，医院派出8名医疗人员到女足、女曲、游泳、羽毛球、网球、帆板、自行车等国家运动队承担医疗保健任务，诊治的运动员包括场地、山地、公路自行车项目银牌运动员江永华，羽毛球混合双打金牌运动员张军、高凌，网球女子双打金牌运动员孙甜甜、李婷，游泳女子100米蛙泳金牌运动员罗雪娟，帆板女子银牌运动员殷剑等。其中，张世明主任医师作为中国代表团医疗专家组成员、王小勇医生作为女足队医、戴国钢医生作为女曲队队医入选国家奥运代表团。在此期间，医院还承担了国家体育总局的重点科研项目“中医消除运动性疲劳恢复方案的研究”。2005 年，为迎接北京奥运会，省中医药管理局制定《中医药为奥运争光》工作方案，组织省骨科医院、省中药研究所、成都中医药大学等单位联合开展中药“奥运星”运动饮料研究。省骨科医院承担了科技部“十五”攻关项目奥运课题的研究。

第三节　中医特色诊疗

一、传统疗法

1995 年，全省中医药行业按照“凝练技术关键环节、规范可控临床操作和安全经济适于推广”的思路，对具有优势的传统诊疗项目进行规范整理。省中医管理局设立省级诊疗技术整理和研究专项，首批确认 58 项。通过几年实践，中医临床诊疗技术的整理和研究工作初步形成了统一顶层设计和管理、专家委员会和数据管理中心重点环节监控、技术持有者及其所在单位主体组织临床验证和推广的研究管理模式，整理和规范了一批临床诊疗技术，培养了一批中医临床科研型人才，建立了一批推广示范基地。2000 年，国家中医药管理局设立 50 个中医临床诊疗技术整理与研究项目，华西附院的“滚针疗法治疗神经衰弱病睡眠障碍症技术”、省中医药研究院针灸经络研究所的“火针治疗结节性囊肿性痤疮技术”、成都市中西医结合医院的“B 超引导下注射鸦胆子油乳治疗卵巢囊肿技术”被纳入国家中医药管理局的首批研究专项。

（一）滚针疗法

成都中医药大学著名针灸学家余仲权教授继承并创新中国传统的滚针疗法，用一种直径 2.5 厘米左右、高 3 厘米的橡皮塞作滚筒，在上面均匀地插上不锈钢短针 90 根左右，通过刺激体表一定部位，经过经络系统起到调整脏腑虚实、调和气血、通经活络、平衡阴阳之作用。省中医药研究院针灸经络研究所运用古代九针中的圆针治疗技术，结合现代电疗、磁疗技术，研制出新一代针灸治疗仪器，创造出一种新的针灸治疗方法——针灸皮部治疗法，即滚针皮部治疗法。该治疗仪的滚针以点状形式对皮部进行刺激，点面结合，治疗范围既有深度又有广度，其疏通经络、调节脏腑作用更强。同时，滚针尖上的磁能、低频脉冲电流经皮部进入人体，产生综合调节作用，起到良好的治疗效果，适合于各种急慢性疼痛、失眠、功能康复的治疗。2005 年底，四川大学华西医院针灸科与省中医药研究院针灸研究所、成都中医药大学针灸推拿学院共同承担的“滚针疗法治疗神经衰弱病睡眠障碍症技术”被列入国家中医药管理局正式向全国公布的第一批中医临床适宜技术 38 项推广项目之一。

（二）杵针疗法

杵针疗法在历代秘传过程中，只口传其方法，无文字记载。成都中医药大学附属医院主任医师李仲愚经过 60 多年的研究，将家传十四代的独门绝技加以改进，创立一种独特的杵针疗法。其基本特点是针具不刺入皮肤肌肉之内，无疼痛伤害之苦，无相互感染之虑，兼针刺与按摩之长，老弱妇孺易于接受，是一种安全有效的物理疗法。临床上用于多种急慢性病症，如心血管疾病、脑动脉硬化症、慢性阻塞性肺病以及各类痛症的治疗，也可用于各种康复治疗。杵针疗法于 20 世纪 80 年代

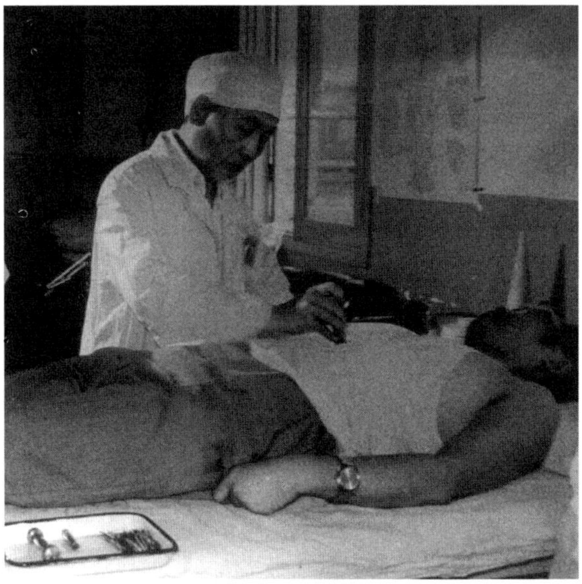

图4－5　中医专家、主任医师李仲愚运用杵针疗法治疗疾病

被国家科委列为“七五”重点攻关项目，获得1989年度省科技进步二等奖，1989年省中医药科技进步二等奖。

（三）火针疗法

古称“焠刺”“烧针”等，是将特制的针具用火烧红（局部温度可达600℃以上）后，快速刺入人体穴位以治疗疾病的一种方法，在我国已有两千多年的历史。火针疗法集毫针激发经气和艾灸温阳散寒之功效于一身，具有温经散寒、通经活络作用，主要运用于寒湿痹证之疼痛、虚寒性痈肿的治疗。火针疗法虽历史悠久，但近数十年来几乎濒临失传。从2000年开始，省中医药研究院针灸经络研究所主任医师黄蜀在省内最早系统地开展火针的临床和科研工作，在全国率先把濒于失传的传统火针应用于顽固性皮肤病的治疗，如痤疮、扁平疣、痣、瘰疬等，拓展了火针的临床运用领域，突破了面部忌火针的传统理论，填补了中医外科皮肤病治疗学上的空白，丰富了中医临床治疗学的内容。2003年，黄蜀承担国家中医药管理局和省中医药管理局“中医临床诊疗技术整理与研究”项目“火针治疗结节性囊肿性痤疮临床疗效评价及操作规范化研究”，运用临床科研数据和临床治疗经验，编写了《火针治疗难治性皮肤病》一书，进一步发展并规范了火针治疗技术。其操作技术被纳入国家中医药管理局百项中医实用技术和全国农村基层适宜技术推广项目，培训全国医务人员达4000多人次。

二、康复养生

中医的许多特色医疗技术，尤其是针灸、推拿等特色技术，在伤残康复、慢性病康复和术后功能康复方面具有显著的比较优势，得到广泛的推广应用。

2002年，省中医药研究院针灸经络研究所建立脑病残障康复科和脑病残障研究室，之后又逐步建成国家中医药科研二级实验室2个（神经电生理实验室、神经功能康复评价实验室），开展脑病残障综合康复治疗方案、疗效评价标准及康复治疗的神经学机制研究，至2005年已取得多项科研成果。

2004年，省骨科医院康复科开展牵引、蜡疗、中药奄包、超短波、微波、针灸等康复治疗。其所建的水疗池，为下肢及脊柱骨折术后需早期活动但又不能承受全部体重的患者提供水下运动疗法服务。2005年开始招收本专业硕士研究生。

泸州医学院附属中医院康复科采用传统医学和现代康复医学的治疗手段，在严格康复评定的基础上，为康复病患制定近期及远期的康复目标和严密科学的康复计划方案，运用中医推拿手法、中医正骨手法、小夹板外固定、中药外敷、中药局部熏蒸、穴位贴敷、针灸、艾灸、拔罐等传统康复手段，为患者提供康复医疗服务。主要开展的特色治疗方法有：小针刀联合药枕治疗颈椎病，小针刀联合中药导入治疗股骨头缺血性坏死，“三通”疗法治疗截瘫，脉冲联合手法整脊治疗脊柱侧弯，中药扶正散结法治疗骨肿瘤、骨不愈，功能训练联合药枕中药内服外熏治疗中风偏瘫，耳穴埋豆、平衡穴贴敷、穴位埋线治疗颈肩腰腿痛等。

中医养生，是通过各种方法颐养生命、增强体质、预防疾病，从而达到延年益寿的一种医事活动。2000 年以来，全省各级中医医疗机构相继建立“亚健康”医疗（保健）中心，为“亚健康”人群提供中医食疗、药食滋补、针灸减肥等特色服务，还积极开发中药膏方、丸剂、饮品等各种形态的养生产品，以满足各阶层群众对中医养生活动的需求。省中医药研究院附属医院在省内率先建立的亚健康防治中心，于 2005 年成为国内第一个取得亚健康执业许可的临床一级学科，设痹证、不寐、郁证、男性亚健康、女性亚健康等 6 个二级科室以及体质辨识、功能诊断、心理咨询等辅助科室。在中医药“治未病”理论指导下，以个体和群体亚健康态为防治与研究对象，先后开展了中医药干预颈部不适状态与群体防控机制研究、中医药干预女性早衰状态与群体防控机制研究、中医药干预胸闷状态与群体防控机制研究、中医药干预入睡障碍状态与群体防控机制研究、传统中医药预防技术临床优势评价与新技术开发研究，采用各种中医药特有的预防方法及其他有用的措施，积极干预个体或群体亚健康状态的发展，努力减少亚健康态所带来的生命质量与生活质量方面的不利影响。

三、中药制剂

中医历来是医药不分家，历代中医名医既是医家又是药家。中药制剂绝大多数来自历代名老中医的名方、验方，在中医临床医疗尤其是中医专科专病医疗中具有确切疗效。

成都中医药大学附属医院认真总结名老中医的研究成果和临床经验，形成了具有专科专药特色的院内中药制剂，眼血康口服液、痔漏口服液等制剂已开发成为新药投放市场。至 2005 年，医院研制生产的院内制剂品种达 84 个，主要剂型有片剂、胶囊剂、颗粒剂、散剂、合剂、糖浆剂、丸剂、栓剂、软膏剂、酊剂、搽剂、洗剂、滴眼剂、滴鼻剂、滴耳剂等。处于新药开发研究的还有蒲黄止血口服液、中风醒脑液等。

省中医药研究院中医研究所于 1982 年建立中药制剂室，1995 年首批取得医院制剂许可认证资格，2005 年 9 月通过成都市食品药品监督管理局的评审复查。制剂室建筑面积 1039 平方米，10 万级净化面积 100 平方米，1 万级净化面积 20 平方米。建有中药提取车间、浓缩车间、乙醇回收室、喷雾干燥室、干法制粒室、湿法制粒室、固体制剂分装室、胶囊灌装室、液体制剂灌装室、外用药分装室、外用药粉碎室、内服药粉碎室、打丸室、压片室等。先后承担注册院内制剂 117 个品种的生产、质检工作，还承担省内外中药科研产品的中试生产，其中试生产的主要剂型有：中药胶囊剂、中药颗粒剂、口服液等。至 2005 年，有自制的注册制剂品种 74 种。对外加工的剂型有：煎膏剂、大蜜丸、水丸、浓缩丸、散剂、合剂、口服液、糖浆剂、胶囊剂、颗粒剂等。相继进行单味饮片小包装研究与临床试用，引进配方颗粒提供临床使用。在医院内制剂中，“健儿散”获卫生部甲级成果奖，“靛玉红”获国家科委发明三等奖，消溶胆石片、乳块灵口服液、玉参降糖片、健脑通脉胶囊分获省科技进步三等奖，玉参降糖片、健脑通脉胶囊、化痔注射液获省中医药科技进步三等奖，清肺止咳颗粒经申报成为国家六类新药。“万应锭”科技成果转让给内江制药五厂，“强身补血膏”科技成果转让给南充制药厂，均产生了显著的经济效益。

省骨科医院结合专科用药特点，不断研制生产院内制剂新品种，以满足临床治疗用药需要。1995 年，院内制剂有 9 种剂型，注册品种达 28 种，主要剂型有：水泛丸、大蜜丸剂、散剂、片剂、酊剂、洗剂、酒剂、黑膏药剂和橡胶膏剂。2005 年，医院新增剂型 3 种（硬胶囊剂、软膏剂、口服液），新增注册品种 10 种。

泸州医学院附属中医院是省中医医院中药制剂能力建设项目单位，制剂室有副主任中药师、主管中药师及药师 10 余人，制剂室总面积 2706 平方米，净化面积 631 平方米，拥有多功能提取罐、浓缩罐、一步制粒机、高速粉碎机、颗粒包装机、胶囊分装机、液体制剂分装机、纯化水设备、高效液相色谱仪等各种生产及检验设备设施。

获准生产合剂、糖浆剂、口服液、酒剂、酊剂、散剂、丸剂、颗粒剂、硬胶囊剂、膏剂、软膏剂、溶液剂（内服、外用）、洗剂、擦剂、滴耳剂、甘油剂等多种剂型，注册制剂 63 个品种，其中中药制剂 55 个、西药普通制剂 8 个。

省中医药研究院附属医院注重中药院内制剂的开发研究与生产，至 2005 年，共开发中医肿瘤、糖尿病、脑部疾病、消化系统疾病以及眼科、妇科等院内中药制剂 38 个品种，获准生产的中药剂型有胶囊剂、散剂、颗粒剂、合剂、口服液 5 个剂型，基本满足了医院临床应用的需要。

何氏骨科医院是一家中医特色明显的民营医院，2001 年取得制剂许可证。医院将何氏骨科祖传的活血化瘀、续筋接骨、强筋健骨、补肾壮腰、养元强体及专治痛风、关节炎的各类内服、外用秘方，先后研制成膏药、热效贴、丸剂、胶囊、冲剂、酒剂等各种现代剂型，使何氏骨科祖传系列中药的临床应用更加科学化、规范化。

1991 年，国家中医管理局批准成都市中医药研究所和市中西医结合医院组建国家中医管理局成都中药制剂和剂型改革基地，投资 351.6 万元，按 GMP 要求改造制剂大楼，完善制备工艺，并总结医院和研究所 40 多年开展院内制剂、中药剂型改革研究的经验，补充完善研究方法和管理模式，不断提高生产能力和研究水平，生产中药院内制剂达 20 多个剂型、上百个品种。先后承担国家、省、市级科研课题 12 项，其中 5 项科研成果已转化生产。

2002 年，省中医药管理局组织实施“四川省医院院内中药制剂库”和“四川省中医药、民族医药单验方库”建设工作。通过向各市（州）卫生局和有关单位发调查表的形式征集入库中药制剂的品规、品种和单验方，当年收回调查表 1023 份，其中成都市征集中药制剂 104 种，市、县级医院征集 60 种。至 2005 年底，全省医院院内中药制剂库共收集 70 家中医院的医院制剂 1054 个。

2004 年 12 月，成都市中医管理局与市经委、市科技局、市药监局共同举办首次成都市中药院内制剂医院企业对接会，筛选疗效好、临床使用时间长、具有市场开发前景的 50 多个中药院内制剂参会，为医院和制药企业搭建了沟通与合作的平台。

长期以来，受认识观念和政策因素的影响，具有优良传统和中医特色的中药院内制剂在注册、生产、使用、交流等方面受到诸多限制。成都中医药大学中医外科的外用制剂升丹降丹，已有上百年使用历史，对久不敛口的疮疡，可以祛腐拔脓、生肌敛疮，效果卓越可靠，但因其为汞制剂，按相关规定不能使用。为了证明含重金属的中药制剂其高效低毒问题，省中医药管理局组织有关单位对藏药“佐塔”进行了深入研究。“佐塔”作为许多藏医院的院内制剂，其主要原料为汞化合物。经过四川大学华西医学中心、成都中医药大学附属医院、甘孜州藏医院的科研人员联合攻关，发现“佐塔”中的汞以硫化汞形式存在，在人体中可以很快排出，实验证实不但对人体无明显的毒副作用，而且具有增强人体免疫、减毒增效等功能，这一成果在《西藏研究》2004 年第 1 期上发表，并获得省科技进步三等奖。

第四节　中西医结合诊疗

1986 年，全省有中西医结合医院 5 所，分别是：成都市中西医结合医院、达州市中西医结合医院、攀枝花市中西医结合医院、凉山州中西医结合医院、重庆市中西医结合医院。1997 年重庆市直辖后，全省有中西医结合医院 4 所。

1996 年，省中医管理局以医疗布局合理、资源配置优化为原则，确定一批有战略性、全局性、示范性和带动性的重点中西医结合学科（专科），加强投入和管理，并以此为龙头，发展医院的优势学科群。成都中医药大学附属医院、省中医药研究院附属医院、省骨科医院等，以中医药为主，开展多专业、多病种中西医结合诊疗和科研工作，其中中医急症医疗、眼病医疗、肾病医疗、肛肠医疗、骨伤医疗成为国家级、省级重点专科。成都中医药大学附属医院通过全国中医、中西医结合传染病临床基地建设的审定，成为全国 14 家建设基地之一。

华西医院中西医结合科长期从事重症急性胰腺炎的中西医结合治疗临床科研工作。1995—2005 年，以中药为主、中西医结合治疗重症急性胰腺炎 1161 例，经循证医学统计，手术率由 77.59% 下降到 19.38%，病死率由 40% 降低至 10.7%，每例医疗费用由 20 万元以上减少到 10 万元以内。有 5 位中西医结合领域的两院院士评价："在重大疾病的治疗中找到了中西医治疗的切入点，并取得了理论和治疗方法的突破，科学性强，有重要使用价值，达到国际先进、国内领先水平。"该项目 2004 年分别获得四川省科技进步一等奖和中华医药科技进步二等奖。

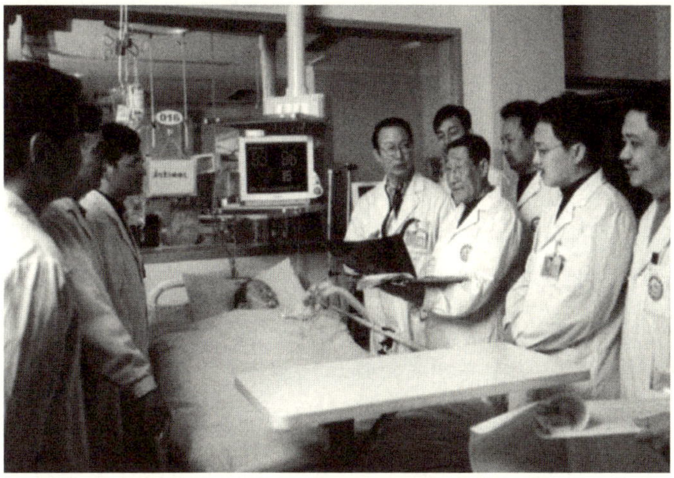

图 4-6　华西医院中西医结合专家蒋俊明（前排右三）组织查房

成都市中西医结合医院呼吸内科长期致力于中西医结合诊治呼吸系统疾病，对慢性咳嗽、慢性阻塞性肺疾病、支气管哮喘、肺心病、肺癌、细菌性肺炎、肺间质纤维化等疾病治疗，取得显著成效，尤其是呼吸重症，如急慢性呼吸衰竭、肺性脑病、晚期肺癌的灌注治疗、重症哮喘、重症肺部感染、张力性气胸、大量胸腔积液等救治，积累了丰富的临床经验，并研制有疗效确切的中药制剂。医院通过举办"西医学习中医基础理论和诊断培训班"，开展中医药专题讲座和老中医药专家学术经验继承工作，委托举办研究生课程进修班等，培养了大批中西医结合业务骨干和学科带头人，其中硕士、博士、博士后 60 多名。中西医结合呼吸内科成为国家、省、市级重点专科，中西医结合心血管内科、中西医结合内分泌科、中西医结合神经外科成为省、市级重点专科，中西医结合耳鼻喉科、儿童康复中心成为成都市级重点专科。医院采用现代科研方法继承和发展中医药传统特色优势，通过多学科渗透、融合，不断探索中西医结合临床科研的切入点。加强科研基础条件建设，把"中西医结合呼吸病理生理实验室”建设成为中医药三级实验室、“心血管病实验室”和“内分泌实验室”建成为中医药二级实验室。承担多项国家、省、市级科研课题，其中80%以上为中西医结合课题，通过鉴定与获奖的科研成果达100多项。在深入临床研究的基础上，制定了66个中西医结合单病种新的诊疗方案规范。

第五节 中医急症救治

1986—1990年，全省仅有少数规模较大的中医院与中西医结合医院开设了急诊科室，开展急诊医疗工作。1989年，省中医管理局在6所市、县中医医院进行中医急症工作试点。1990年，省中医管理局印发《关于加强我省中医医院急症工作的意见》和《四川省中医急症工作三年规划》，要求各级中医医院开展中医急症工作；对危重病人的抢救，既要发挥中医药的专长，必要时也可选用一些现代急救技术和药物治疗。

全省各级中医医疗机构在突出中医特色优势的同时，逐步建立了中医急诊科（室），按规划要求规范中医机构急诊科室的布局、人员结构和急救设施设备配置，必备中医急症药品，加强急救知识和能力培训。各地中医医院积极参加区域内的急救网络，参与院前急救和急诊急救的院内医疗工作。据2005年统计，全省有72%的中医院（中西医结合医院）承担了创伤急救任务，有80%的中医院（中西医结合医院）承担了“120”急救任务。

成都中医药大学附属医院急诊科成立于1984年，实行急诊门诊、急诊观察、急诊病房“三位一体”的管理模式，承担内、外、骨、儿、妇科综合急诊任务。1996年成为国家中医药管理局认证的“全国中医急症医疗中心”。同年，建立中医急症学硕士点，1999年建立博士点，2005年建立博士后流动站，是中国西部地区唯一培养中医急症学博士研究生及博士后人员的科室。先后被定为国家中医药管理局“全国中医、中西医结合急诊临床基地”“全国重点专科专病中风病”建设单位，国家“中医急诊学”重点学科建设单位。成都市医疗紧急救援中心设立的“四川省中医院急救站”，是集院前急救、急诊门诊、急诊病房、ICU、急诊教研室和名中医工作室为一体的综合急诊科，专业覆盖神经、呼吸、消化、心血管等系统的急性、危重性、复合型疾病的综合救治以及各种创伤性疾病的救治工作。该站制定了中风（急性脑出血、脑梗死）、肺胀（肺心病）、胸痹心痛（冠心病）、外感发热、血证、淋证等常见急症中医诊疗规范。

中医医疗机构在做好普通急症伤病抢救治疗工作的同时，还积极参加急性流行性疾病的防治工作。2003年“非典”流行期间，省中医药管理局派员参加筹建四川省“非典”集中收治医院建设工作领导小组办公室工作、医疗救护组工作和督察检查工作；在四川电视台、《健康报》《四川日报》等大众媒体，宣传讲解正确选择服用中药汤剂防治“非典”的科普知识，消除群众的紧张情绪；组织全省111个中医院的561人到检查站、留验站工作，组织中医药专家紧急研究中药汤剂预防“非典”的标准处方和中医药临床治疗技术方案，带领中西医结合专家到泸州市叙永县为“非典”病人和医学留观者会诊，到泸州市叙永县、合江县、江阳区及广元市、宜宾市的定点收治医院、留验站、机场、火车站、汽车站、医学观察点和乡、村、社区调查研究。成都中医药大学附属医院、省中医药研究院中医医院、成都市中西医结合医院等5家中医医疗机构为防治“非典”的中药汤剂单位，向各机关团体、企事业单位、学校和社会各界提供预防中药汤剂、颗粒剂。据不完全统计，至2003年4月底，仅5家定点中医医疗机构就为社会提供了60余万袋中药汤剂。全省县级以上中医医疗机构为社会提供预防“非典”的中药汤剂上千万人次，重点监测区域的农村村民也普遍服用了预防“非典”中药汤剂，没有发生1例不良反应。全省确诊的22例“非典”病例中，有10多例同时配合使用中医药治疗，取得满意的临床效果。全省中医机构的113个发热门诊按照要求进行整治规范，落实首诊责任制，共接诊病人6553人次，无一人次误诊和漏诊，得到社会各界的认可和好评。科研院所、企业开展中医药防治“非典”的科学研究，申请立项课题3个，分别是“中医药防治‘非典’的临床技术方案”“关于SARS病人康复的中医药治疗”“中西医结合预防治疗SARS的总结统计”。省中药研究所研制的XYW抗病毒注射液对于防治“非典”取得可信的效果。

第六节　对外和港澳台中医医疗

四川中医走出国门，缘于执行援外医疗任务。1994年，卫生部、外交部联合在全国选拔医术和英语兼备的优秀人才赴国外从事医疗服务。在二十几个强手竞争中，成都中医药大学附属医院医师罗才贵脱颖而出，被选派赴南非为曼德拉总统作医疗保健。罗才贵用针灸、按摩为曼德拉治疗慢性腰肌劳损、腰椎间盘脱出、双膝关节炎及颈肩综合症。经过亲身体验，曼德拉十分信服中医，称赞罗才贵有一双“金手”。南非政府要员及其夫人纷纷请罗才贵医伤治病。南非政府宣布允许中医执业。中国驻南非有关机构称：“罗医生的工作增进了我国同南非及曼德拉的友谊，加快了中南建交的步伐。”罗才贵又被选派赴阿联酋医疗队工作两年，为该国酋长作医疗保健。他的高超医术受到酋长等要人的好评。罗才贵还赴英国、德国、日本、新加坡等国讲学和进行医疗学术交流。

2004年，国务院侨办组织中医药人员赴澳洲、非洲为当地华人华侨义诊，四川共选派9名中医专家组成2个中医药咨询团，分赴澳大利亚、斐济、新西兰、毛里求斯、南非等国，为当地华人华侨开展中医义诊服务。

2005年，省中医药咨询团赴印度尼西亚为当地华人华侨进行义诊服务，得到中国驻外使领馆好评。

四川中医界先后与日本、德国、美国、东南亚60多个国家及中国港澳台地区开展中医医疗合作。2000年，省中医管理局与香港东华三院签署长期合作协议，共同建立中医药服务中心，由四川派出中医药专家为香港同胞开展中医药服务；与俄罗斯、哈萨克斯坦开展中医药合作项目，互派医生进行学术交流、客座医疗、观摩学习；派出3批中医药专家，分别到大洋洲、非洲、东南亚对当地华人、华侨进行慰问义诊，得到国家侨务部门和国外侨胞的好评。

图4－7　成都中医药大学外国留学生学习中医基础理论

1986—2005年，全省中医系统共接待来自德国、美国、日本等60多个国家和地区的参观考察、访问学习人员，并不断派出有关中医、中药、中西结合专家前往国外进行学术交流和医疗活动。

自1978年始，成都中医学院附属医院、省中医药研究院针灸经络研究所开始分别举办国际针灸培训班，不定期接收外国学员学习中医针灸的基本知识和应用技术。20世纪90年代以后，国外来川学习进修中医的人员逐年递增。成都中医药大学对境外留学生的培训分为学历教育和短期培训两种类型。学历教育的留学生在校学习时间较长，对学生的汉语水平要求较高，毕业时颁发学历、学位证书；短期培训的留学生在学习时间方面比较自由灵活，费用自理，被更多外籍学生看成“进修法宝”。至2005年，成都中医药大学附属医院共接收境外留学生、研修生350余人次。每年接收短期培训的境外中医留学生约300人。至2005年，共培养来自葡萄牙、以色列、日本、美国、澳大利亚等10多个国家和地区的留学生6000余名。年龄最大的留学生罗莎已81岁，是旅居德国的智利籍老太太。

罗莎从60岁开始学习中医，经常到成都进修，学成后在德国开了个家庭诊所。以色列籍学生Hagit中年以后开始学习中医，55岁时到成都中医药大学留学中医课程，之后每年到成都进修，取得执业资格后开设了中医诊所。葡萄牙籍的22岁小伙子雷兰图（Renato Sipva），在其母亲的影响下从小就对针灸医术产生了兴趣，并开始学习中医理论知识，为学到正宗的中医针灸技术，不远万里到成都留学。“我一分钟都不想浪费。”他把课余时间全部用在了学习上，不是去逛成都药材市场，就是到成都中医药大学历史文化博物馆参观。

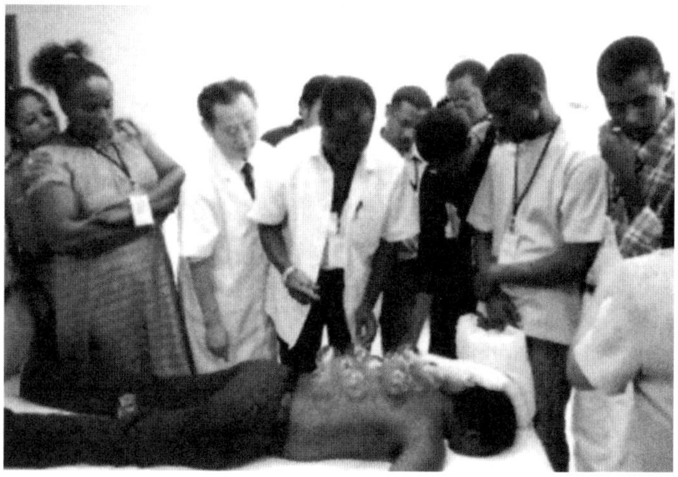

图4-8 成都中医药大学外国留学生学习拔火罐治疗技术

省中医药研究院针灸经络研究所自1978年开始接收外籍和境外学员学习进修，至2005年，共培训来自美国、巴西、韩国、加拿大、奥地利、波兰等12个国家和中国台湾、中国香港地区的60多名学员。

第三章　民族医药

第一节　藏医药

四川藏医药是国家级非物质文化遗产保护项目“南派藏医”的发源地。

1990年全省民族医药工作会议后，甘孜州委、州政府作出《关于振兴甘孜州中藏医事业的决定》，成立振兴中藏医工作领导小组，制订中藏医事业发展规划和具体措施，在州卫生局设立了中藏医科。2003年，省中医药管理局印发《民族地区综合医院中藏医科建设标准》《藏医院专科（专病）建设标准》《民族地区中藏医工作先进县建设标准》等文件，指导做好藏医医疗机构的规范化、标准化建设，鼓励有条件的藏医医疗机构创建国家二级医院。至2005年，全省有48所藏医医疗机构达到省级建设标准。

一、藏医医疗服务

至2005年，阿坝藏族羌族自治州有藏医医疗机构48家，从业人员300余人。阿坝州藏医院、若尔盖县藏医院和阿坝县藏医院被评审认定为“达标藏医院”。阿坝州藏医院于2005年完成总投资近1000万元的藏药中心制剂室建设项目，年生产藏成药200余个品种。甘孜藏族自治州有县以上藏医药机构11家，藏医药研究机构2家，有藏医药从业人员200余人。甘孜州藏医院、乡城县藏医院、德格县藏医院和巴塘县中藏医院被评审认定为“达标藏医院”。全省藏医医疗机构年均门诊20万人次，住院2000人次。

2005年阿坝州主要藏医医疗、科研机构统计表

表4—14

名　称	建立年份	现有职工人数（专业技术人员）	主要部门设置	服务概况	生产能力	备　注
阿坝藏族羌族自治州藏医院藏医研究所	1991	52人（23人）主任医师旦科，全国著名藏医专家，成功炼制“佐塔”和名贵藏药“七十味珍珠丸”	门诊部、住院部、护理部藏药中心	病床58张，2002年诊治病员3万多人，收治病人162人，收入110万元	年产藏成药200多种2000余千克	四川省高等院校临床教学基地，2003年按GMP标准建成藏药制剂室
若尔盖县藏医院	1980	41人（35人）1985年在安多地区首次炼制佐塔	门诊部住院部药剂科教研室	病床45张，年均诊治6万多人次，年均收入8万余元	年采药材1.5万千克，年产藏成药2.5万千克	成功炼制仁青芒觉、西玛尼阿等8种名贵藏药

续表4—14

名称	建立年份	现有职工人数（专业技术人员）	主要部门设置	服务概况	生产能力	备注
阿坝县藏医院	1992	28人（21人） 1986年为阿坝县藏医门诊部	内科 外科 药浴科 妇科 儿科 结核科	病床20张，年均诊治2万多人次，年均收入30万余元	年产藏成药50余种1000多千克	藏药药浴治疗深受患者欢迎
红原县藏医院	1991	39人（19人） 国家级藏医药专家继承人1名 1988年为红原县藏医门诊部	门诊部 住院部 针灸推拿 制剂室	—	自采藏药原药40多个品种、5000余千克；自制藏药方剂45种，年生产2000多千克	同宇妥公司合作进行亚玛众清二期临床研究，2007年投入20万元进行藏药制剂室改造

（一）阿坝藏族羌族自治州若尔盖县藏医院

1980年建院。2005年有藏医药专业技术人员35人，其中有主任医师4人、副主任医师4人，享受国务院政府特殊津贴专家1人。设有一级临床科室6个，医技科室4个，职能科室5个，年均门诊病人6万人次以上。1999年达到四川省藏医院建设标准。2001年投入资金82万元，完成国家级中医重点专科“胃病专科”建设项目。在州藏医院院长、国家民族医药学会副会长、享受国务院政府特殊津贴专家、国家级名老藏医药专家、主任医师旦科的指导下，若尔盖县藏医院先后研制出“珍珠七十丸”“仁青佐塔”和“仁青”系列等8种名贵藏药。2004年5月启动国家级名老藏医药专家旦科主任医师科研笔记整理编撰工作，完成《胃病专科论文专辑》《历代藏医学祖师传》和《藏医药学师承论文专辑》的整理、编辑和出版发行。2005年5月成立若尔盖县藏医药研究所和若尔盖县天然藏药开发中心，制定《若尔盖县天然藏药开发走工业化发展道路的实施意见》，建立了天然藏药招商引资网站。

（二）甘孜藏族自治州藏医院

成立于1984年，2005年有正高级专业技术职务专家2人、副高级专业技术职务专家7人、中级技术职务24人、初级技术职务25人。其中有享受国务院政府特殊津贴专家3人，省名中医4人，甘孜州名中藏医3人。具有硕士研究生学历1人，大学本科学历2人，大学专科学历25人，中专学历29人。医院展开病床50张，设有藏医内科、外科、妇科、胃病、肝胆及心脑血管疾病专科，医技科室有检验科、药浴室、胃镜、心电图室等，年均诊疗病人4万余人次。

在藏医药人才培养工作中，由医院派师资及办班，先后培养藏医大中专人才350余人，培训各类藏医技术人才400余人，为名老藏医药专家配备学术继承人，已培养出国家级藏医药学术经验继承人2人、省级10人。在科研工作中，挖掘整理了大量的藏医药古籍文献，先后承担国家科研课题1项、四川省科研课题3项、甘孜州科研课题4项，完成“十五味黑药丸”“八味蒂达丸”两种常用藏成药的剂型改造，并对母本藏药“仁青佐塔”中汞的作用特点和安全性进行研究，2003年4月该课题通过省专家组鉴定，获得省人民政府科技成果三等奖。

二、藏医药教育

全省承担藏医药教育的机构有 4 所，成都中医药大学负责培养藏医药本、专科和研究生等高层次人才，甘孜州卫校、阿坝州卫校、省藏文学校负责培养藏医药大、中专人才。

在藏医药高等教育方面，成都中医药大学从 1994 年开始招收培养藏医专科学生，之后被批准开设藏医、藏药本科专业，2004 年设立民族医学博士点，成为四川省普通高等学校省级重点学科。至 2005 年，为四川省及西部地区培养了一大批藏医药专门人才，培养从事民族医药研究的博士、硕士研究生 20 多人。

在藏医药中等教育方面，阿坝藏族羌族自治州卫生学校于 1976 年开设藏医医士专业，1998 年开设藏医护理专业，至 2005 年共培养藏医专业技术人员近 300 名。甘孜州藏医院（州卫校藏医部）于 1992 年开始培养藏医士，至 2005 年共培养藏医专业技术人员 183 名，为成都中医药大学输送藏医大专以上学员 71 名。

在师承教育方面，1991 年名老藏医唐卡・昂翁降措被确定为学术经验继承工作的指导教师。1995 年甘孜藏族自治州藏医院（州卫校藏医部）被确定为四川省藏医药人才培养基地，招收州内外进修生、实习生。白玉、德格两县藏医院在接受境外爱国藏胞捐资办学的基础上，各开设藏医药培训班 1 个，招收学员 132 人。至 2005 年，先后完成 3 批全国名老藏医药学术经验继承工作和 2 批四川省名老藏医药学术经验继承工作，20 个名老藏医药导师培养了 28 名学术经验继承人。

2000—2005 年，全省共培养藏医药研究生 20 人，其中博士生 4 人、硕士生 16 人；培养藏医药本科生 80 人；培养藏医药专科生 300 余人；培养藏医药中专生 2000 余人；培养乡镇卫生院中藏医临床技术骨干 300 余人。

三、藏医药科研

1986—2005 年，全省藏医药科研取得一批可喜成果。甘孜藏族自治州药检所申报的“尼哇俄吉等八种藏药研究”项目，获 1992 年度省中医管理局科技进步三等奖。成都中医药大学、四川省天然药物研究所李淑敏、李星炜等进行的“三勒浆的研究”项目，获 1995 年度四川省科技进步三等奖；成都中医药大学张艺、孟宪丽等完成的“藏药翼首草抗类风湿关节炎有效成分及作用机理研究”，获 2003 年度四川省科技进步三等奖。甘孜州藏医院、成都中医药大学附属医院杨宝寿、郭蓉晓等进行的“藏药佐塔中汞的作用特点和安全性研究”，获 2003 年度四川省科技进步三等奖。

在藏医药教材编写方面，1985 年阿坝藏族羌族自治州藏医院主任藏医师智美参加全国藏医中专统编教材《藏医儿科学》的编写；1993 年阿坝州藏医药研究所主任藏医师索拉等参加《藏药部颁标准（第一册）》（1995 年版）的编写；成都中医学院张廷模教授参与审定卫生部《部颁标准》藏药第一册；1994 年阿坝州卫生局组织藏医药科研人员编写了《阿坝州藏药制剂标准》；1997 年阿坝州藏医院、藏医研究所主办的《阿坝藏医药》年刊创刊。

在藏医药典籍整理研究方面，从 1990 年开始，有计划、有步骤地进行民族医药文献整理、临床经验总结工作。至 2005 年，全省整理收集藏医药典籍、图书 1200 册，使藏医药临床、科研、教学有了比较完整的资料。组织有关专家对德格印经院珍藏下来的 217000 多块书版进行发掘、整理。德格藏医院研究整理的《伏藏大经典（藏医学部分）》具有较高的学术和实用价值，成为国家中医药管理局科研基金第三批民族医药课题资助项目。德格县藏医文献研究所经过多年研究，整理出失传多年的藏民族传统文化《楚布派》星算历书，填补了藏民族天文历算的一个空白。出版名老藏医专家旦科主任藏医师编撰的《藏医验方汇集》《四部医典（对勘本）》和贡秋仁青副主任藏医师编著的《藏医学发展史》等一批藏医学术著作。2004 年甘孜州成功举办全国藏医药学术研讨会。

在藏药材资源保护和质量评价研究方面，四川为西藏、甘肃、青海等省区的藏医药资源保护、新药开发等提供了大量帮助和服务。省中药研究所、成都中医药大学等单位帮助西藏自治区完成了 50 种常用藏药材质量标准及安全性评价示范研究，开发藏药新品种 8 个，藏药保护品种 28 个，仿制品 2 个。省中医药研究院与西藏自治区藏医院、藏药厂建立了长期合作指导关系，协助西藏自治区藏药厂完成了 11 个名贵藏药保护品种的研究，研究拟订的“七十味珍珠丸”“仁青常觉”“仁青芒觉”等药品质量标准，已被收录进入 2005 年版《中国药典》。

在藏药开发研究方面，1995—2005 年，组织实施“贫困地区、民族地区中医药民族医药优势资源项目保护和开发工程”。甘孜藏族自治州开发的治疗类风湿性疾病藏药新药“然降多吉胶囊”、为阿坝州开发的治疗鼻窦炎藏药新药“亚玛众清胶囊”，顺利完成临床前实验研究内容，于 2001 年 5 月、2002 年 5 月取得国家药品监督管理局临床研究批文，并分别移交给两州人民政府。此项目的实施，较好地起到了促进贫困地区中医药资源优势向经济优势的转化，促进贫困地区经济发展和农民增收致富。省中药研究所易进海研究员等完成“独一味”藏药提高质量标准的研究工作，新的质量标准被 2005 年版《中国药典》收录。

第二节　蒙医药

蒙医药学是蒙古族人民在长期的医疗实践中逐渐形成与发展起来的，吸收了中医、藏医及古印度医学理论的精华，逐步形成具有鲜明民族特色、地域特点和独特理论体系、临床特点的民族传统医学，是蒙古族传统文化遗产之一，也是祖国传统医学的重要组成部分。蒙古民族常年驰骋在广阔的草原上，经常发生摔伤、战伤、骨折等伤病，故正骨、正脑、烧灼疗法是早期蒙医的重要内容之一。四川的蒙医药在内、外、妇、儿、五官及热病、传染病等方面都有所应用，为包括汉族在内的各民族群众健康服务，成都的何氏骨科为其代表。

一、蒙医医疗服务

何氏骨科医院由四川蒙医何氏骨科传人之一的何天祺于 1985 年创办，开设病床 150 张。2005 年有职工 80 人，其中医务人员 60 人，占职工总数的 75%；取得专业技术职务的业务人员 58 人，占职工总数的 72.5%。医院设有医务部、护理部、药剂科、放射科、检验室等 7 个业务科室、16 个职能部门，开设具有何氏骨科特色的骨伤骨病专科、针灸、中医内

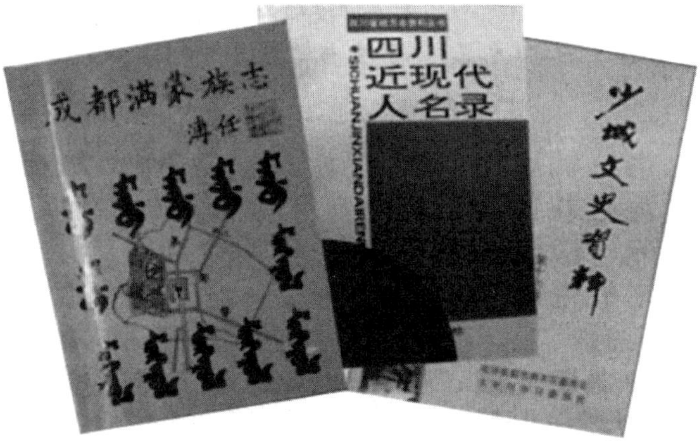

图 4-9　何氏骨科载入历史文献

科、外科、康复保健科、健康咨询科、中医医学美容科等，全面实行电脑网络管理。拥有电脑牵引床、心电图机、TDP治疗仪、LK－D型多功能治疗仪、X光机、多功能手术床、多功能麻醉仪、多参数心电监护仪、高频电刀等医疗设备。至2005年，共完成各种手术1000余台，成功进行肘内翻截骨矫型术、骨髓炎旋转肌瓣填充术、人工股骨头置换术、伸膝装置松解术及各类严重四肢开放性骨折的治疗。年门诊治疗量6万多人次。

成都军区八一骨科医院由蒙医何氏骨科传人之一的何天佐于1986年创办，2005年有员工130余人，其中具有中、高级专业技术职务人员40余名；住院床位240张，诊疗设备500余台。累计诊治军内外病员230余万人次，年均诊治病员近20万人次，多年来为成都军区体工队运动员实行免费保健，为成都军区司、政、联勤等机关干部、战士、职员及其亲属免费诊疗达1000多人次。

天祥骨科医院由四川蒙医何氏骨科传人之一的何天祥于1997年创办，经省中医管理局批准注册为中医骨伤专科医院。开设病床600张。设有骨伤、骨病、老年骨关节病、艺术形体损伤、康复治疗等10多个职能科室。

二、蒙医药科研

天祥骨科医院在长期为舞蹈演员、学员防治形体损伤的实践中，总结掌握了舞、戏等形体运动轨迹与负荷关系等第一手资料，经过科学、系统的研究，何天祥撰写和出版了学术专著《中国艺术形体损伤诊治学》，以此创建了国内“中医艺术医学”新学科。不仅拓宽了何氏骨科学的应用领域，而且填补了中医学在艺术医学领域里的一项空白，促进了中医学和国际艺术医学的交流与发展。该专著获文化部科技进步奖、最佳图书奖，被四川省图书馆等收录为永久馆藏书籍，还被选为“全国首届艺术形体损伤防治培训班”讲义、“全川少数民族地区骨科医生何氏骨科培训班”讲义。

何天佐著有《何氏骨科学》，全书分为上下卷，共7篇、100余万字，由中国中医古藉出版社出版。何天佐在师承家传技艺和多年临床实践的基础上，锐意推进中医骨科基本理论的发展，从“损伤一证，专从血论”发展到“损伤一证，固从血论，更当重气”，由“就骨治骨”发展到“治骨先治肉”这一治“骨”与治“肉”的系统结合与整体联系，还在生物医学工程学、生物力学、微循环理论等方面提出了具有中医特色的科学思想体系，并在临床医疗实践中得到成功运用。1999—2002年，其“风湿痹痛膏及其制备”“强腰壮骨膏及其制备”“消肿镇痛膏及其制备”等先后获得国家发明专利，“强腰壮骨膏”“消肿镇痛膏”获得国家新药证书，使何氏骨科学首次获得国家知识产权专利。2003年，成都军区八一骨科医院与四川厚生健康产业有限公司、北京新基业集团公司合资建立四川厚生天佐药业有限公司，其联合开发的何氏骨科两个新药正式生产并投放市场，使何氏骨科专方专药的研制开发迈上了产业化平台。

第三节 羌医药

羌族主要分布和聚居在四川省岷江上游阿坝藏族羌族自治州的茂县、理县和松潘县镇江关、黑水县西尔以及绵阳市的北川县等地带。羌族大多居住在海拔1200—3000米的半高山，少数分布在公路沿线。羌医药主要流传、散布于民间，多为骨伤和内科常见病的治疗。1991年，阿坝藏族羌族自治州卫生局开始组织收集、整理羌医药文献资料、历史资料和民间资料，逐步推广应用羌医羌药，为羌医药的继承和发展打下了初步基础。

一、羌医医疗服务

汶川县威州镇羌医骨伤科医院自1958年建院以来，以羌医羌药为主要手段诊治骨伤科病人。2003年完成医院旧房改造，占地面积扩大到1773平方米。至2005年，医院有职工13人（主治医师2人、医师5人、药师2人、护士兼会计1人、聘用3人），展开床位22张；专设羌医骨伤科门诊，另有中西医内、外、妇、儿、放射、化验等科室。医院继承羌医传统医术，对骨折病人采用祖传小鸡接法，不用夹板固定，自采中草药内服外敷，疗效快，效果好。院长杨福寿出生于羌医药世家的喏姿擀布，1987年参加工作以来，用自己所学知识，系统整理了羌族医药理论和羌医骨科理论及临床经验，应用于临床诊疗，累计诊疗病人20多万人次，受到当地群众好评。1992年，为扩大羌医药影响，在政府相关部门的关心支持下，杨福寿在成都市金牛区新二村开设了羌医药骨科诊所，由其学生陈吾金（羌族）等协助进行羌医骨科的临床诊疗。诊所坚持突出羌医骨科、内科特色疗法，受到就医群众欢迎。其间，杨福寿发表羌医骨科学术论文多篇，并在国内相关学术会上交流。2005年，杨福寿参加了在成都举办的第二届中医药现代化国际科技大会，并在大会上报告《岷江上游羌族药用植物学研究》论文，受到与会专家好评及国家民族医药学会会长诸国本的赞赏。杨福寿被相关部门多次评为先进个人。

二、羌医药科研

1992年，羌医药研究中心在茂县成立，后改为茂县羌医药研究所，抽调6名工作人员从事羌医药的资料收集、挖掘、整理研究和推广应用工作。1993年，组织开展“羌族民间单验方收集整理研究”课题，被国家中医药管理局批准为第三批民族医药科研基金资助项目。课题组调查了羌医药起源、变迁、流传的历史、现状及羌医羌药的理论与诊疗特点，收集、整理和研究民间羌医药资料以及200余首单验方。1995—2000年，省中药研究所承担“羌族民间药用植物资源调查整理研究”应用基础研究项目，通过专家鉴定，获省科技进步三等奖，填补了羌医药研究空白。

2000—2002年，羌医药研究所与川北医学院、四川师范学院、阿坝师专共同完成了四川省科委立项下达的“民族教育与阿坝藏族羌族自治州经济发展战略研究”课题。2004年，阿坝州羌医药学会成立，羌医药研究所专家和羌族地区相关人士成为学会成员和顾问。2002—2005年，成都中医药大学、重庆中药研究院等单位的张艺、钟国跃等，在当地医疗机构和羌族医生的配合协助下，采用民族植物学、医学人类学等多学科研究方法，对羌族医药口碑资料进行发掘整理，主编羌族医药学专著《羌族医药》，2005年由中国文史出版社出版发行。

截至2005年，羌医药研究所撰写羌医药研究论文60余篇刊登在国际、国内的相关杂志上，参加国内外医药文化学术交流活动30余次，获奖论文20余篇，还参与完成了由四川省中医药研究院主持制订的《阿坝藏族羌族自治州中药产业发展战略及规划》。

第四节　彝医药

彝族医药的传承主要是通过口传身授的形式，彝族医药知识多分散记载于彝族文学、传记、史稿等相关书籍，发掘整理工作难度较大。大量民间流传的单方秘方和防病治病方法，需要进行专门的研究整理和归纳总结，使之便于推广应用。至2005年，凉山彝族自治州的中高等学校还没有开设专门教授彝族医药知识的相关课程，没有设置相关的专业方向。

20世纪80年代，省内医药界的部分专家开始注重彝族医药学研究。凉山彝族自治州药品检验所的李耕冬、贺廷超，长期从事彝族医药研究，其完成的“彝族植物药考察研究”项目获1986年度省科技进步三等奖，“彝族医药起源和发展的考察研究”项目获1987年度省科技进步二等奖，合著的《彝族医药史》和《彝族医药史续集》分别于1990年、1992年出版发行。1995—2000年，凉山彝族自治州卫生局组织开展“彝族医药学收集整理研究”课题，获国家中医药管理局科研基金资助项目。

1995—2000年，省中医药研究院与凉山彝族自治州盐源县卫生局合作，对盛产于泸沽湖周边的药用植物青刺果进行深度开发研究，以青刺果油（俗称青娜油）为主要原料，开发成具有降血脂（胆固醇、甘油三脂）功能的“青娜油”保健产品，2001年获得卫生部功能性保健食品批文，同年转让给企业生产投放市场。

1998年9月，凉山彝族自治州彝医药专家阿子阿越创建西昌彝医药研究所，经凉山州科委验收认定为民营科技企业。研究所占地面积3668平方米，建有办公、业务用房30余间，下设有彝医药门诊部两处，螺髻山彝药种植基地200余亩，有职工26人，其中具有高级技术职务专家6人，中级技术职务人员12人。至2005年，研究所共收集彝医单方、验方、秘方2000多个，制作彝族药用动植物标本1000多份，拍摄彝族药用动、植物照片600多张，编著彝族医药著作12部，发表学术论文10篇，其中参加国际性学术会议交流3篇，国内学术会议交流10篇。阿子阿越所著《彝族医药》于1993年由中国医药科技出版社出版。

第四章　中医药教育

第一节　中医药高等教育

1956—2000 年，全省从事中医药高等教育的医学院校有中医药大学 1 所，中医药高等专科学校 2 所，医学院校中医系 1 个。21 世纪初，西南交通大学、西华大学、西南民族大学等非医学院校开始涉足中医药教育领域，先后开设中医学（民族医学）专业和中药学（中药制药工程学）专业。2001—2005 年，全省共培养中医药本专科生 6152 名，中医药研究生 745 名，其中博士 182 名，硕士 563 名。2005 年，成都中医药大学、西南交通大学药学院、泸州医学院中医系共有一级学科博士授予点 3 个，二级学科博士授予点 16 个，硕士授予点 34 个，博士后流动站 2 个。

2001—2005 年成都中医药大学学生结构统计表

表 4—15

年　份	本、专科生（人）		硕士研究生（人）		博士研究生（人）		在校研究生数（人）
	招收	毕业	招收	毕业	招收	毕业	
2001	1987	—	165	—	47	—	483
2002	2300	634	186	82	56	32	603
2003	3172	818	249	114	60	39	757
2004	2278	—	318	174	65	38	1070
2005	2793	—	366	—	67	—	—

一、成都中医药大学

成立于 1956 年，原名成都中医学院，1995 年更名为成都中医药大学，是全国最早成立的四所中医药高等院校之一。1985 年有医疗和药学两个系，2002 年增设管理学院、峨眉学院（原四川医药学校，非直属），共有基础医学院、临床医学院、针灸推拿学院、药学院、管理学院、国际教育学院、成人教育学院、护理学院等 10 个二级学院，成为以中医药学科为主，兼有工科、管理等多学科门类的省属重点高校。至 2005 年，学校 3 个校区占地面积 1700 亩，全日制在校学生 1. 5 万人。本科专业及专业方向 30 个，专科专业及专业方向近 10 个。1996 年开设七年制中医专业，1997 年获准设立全国唯一的国家理科基础科学研究与教学人才（中药基础）培养基地。截至 2005 年，学校馆藏图书 60. 65 万册，电子书刊 36 万册，电子阅览室 950 座，是西南地区中医药文献资料检索中心。学校有

图 4－10　1999 年成都中医药大学部分博士生毕业照

一级学科博士授位点 3 个，覆盖中医、中药、中西医结合共 16 个二级学科博士授位点、硕士授位点 27 个，博士后流动站 2 个（中药学、中医学）、博士后工作站 3 个（太极集团、恩威集团、江中集团）。教职工中博士生导师 68 人，硕士生导师 209 人。有 4 个国家级重点学科（中药学、中医五官科学、针灸推拿学、中医妇科学），4 个国家中医药管理局重点学科和 18 个省级重点学科。有国家级特色专业 5 个（中药学、中医学、中西医结合临床医学、针灸推拿学、藏医学），四川省特色专业 6 个，国家级精品课程 4 门，四川省精品课程 24 门。学校是教育部最早确定的接收外国留学生及开展对港澳台教育的中医药院校之一，1985—2005 年，共接收培养来自韩国、日本、新加坡、以色列、德国、美国、法国、捷克等 26 个国家和中国香港、澳门、台湾地区的全日制学生（本科生，硕、博士研究生）及多种类型的中医药、针灸短期进修培训学员 4300 余人次，培养了第一位外籍针灸学博士和方剂学博士，与美国、葡萄牙、德国、日本、以色列、新加坡、韩国等 19 个国家和中国香港、台湾、澳门地区的大学、医疗、科研机构及学术团体建立了友好交流合作关系。2002 年，成都中医药大学在成都高新西区建立中医药传统文化博物馆，内设中药博物馆、医史博物馆、人体奥秘馆、校史馆和科技成果陈列馆。建于 1991 年的中药博物馆，集教学、科研、中药标本收集、鉴定与制作于一体，设有动物药、植物药、矿物药、道地药材、民族药及外来药、假药、保鲜浸泡等标本室以及中成药样品室、科研专题室，开设了网上药物标本室。馆内藏有各类药物标本 3000 多种，蜡叶标本 5 万多份。

成都中医药大学 1978 年、1983 年分别开始招收硕、博士研究生，1983 年中药学批准为国内第一个中药博士学位授予点，凌一揆教授为国内第一位中药学博士生导师，1987 年培养出第一位中药学博士研究生。1985 年、1991 年先后开始招收中西医结合临床医学硕士研究生及中西医结合临床医学博士研究生，1995 年接纳我国第一位药学博士后。2004 年民族医学被批准为博士点。至 2005 年，已有一级学科硕士授权点 3 个、二级授权点 27 个，一级博士授权点 3 个、二级授权点 13 个。

（一）临床医学院

原为成都中医学院医学系，有教研室 15 个、模拟医院 1 个、图书馆 1 个。1978 年招收全国第一届中医学硕士研究生，培养出全国第一个中医妇科学博士和中医五官科学博士。1981 年成为全国第一批中医学硕士学位授权点。2005 年，在读博士研究生 191 名、硕士研究生 1062 名、七年制本科和五年制本科生（全日制）7572 名。

（二）药学院

原成都中医学院药学系，1959 年首创中药本科专业，学制 4 年，开设有中药学、中药药理学、中药制药学等 3 个本科专业。1978 年招收全国第一批中药硕士研究生，1981 年确定为全国第一个中药博士学位授予点，凌一揆教授为中国第一位中药学博士生导师。1988 年被批准为当时全国唯一的中药学国家级重点学科；1990 年建立系、所结合的中药研究所，1991 年创办中药药理学专业（五年制），1992 年设立博士后流动站，1995 年接纳国内第一位中药学博士后科研人员，1996 年被批准为全国唯一的国家理科基础科学研究与教学人才培养基地——中药基础基地，2002 年中药学再次被批准为国家级重点学科，临床中药学批准为国家中医药管理局重点学科建设单位，2004 年中药材标准化实验室被确定为教育部重点实验室建设单位。中药博士点有临床中药学、中药药理学、中药鉴定学等 3 个研究方向；4 个硕士点（中药学、中药药理学、药剂学、中药鉴定学）设置有 7 个研究方向。

（三）针灸推拿学院

创建于 1956 年，1960 年在全国首批开办本科专业，培养了中国第一批针灸推拿本科人才。设有针灸、推拿、针灸英语、康复医学 4 个专业。针灸推拿专业为第一批省级重点学科，1978 年成为全国首批针灸推拿学硕士授位点，1986 年获得针灸推拿学博士授位权，是迄今为止中国西部地区唯一的针灸推拿学博士点。针灸推拿学科 1992 年成为四川省重点学科；2001 年成为国家级重点学科；2001 年《针灸学》教学团队成为省级优秀教学团队。2002 年增设康复治疗学专业，2003 年康复治疗学专业获得硕士学位授位权。

（四）基础医学院

建立于 1987 年，有教学科研人员 90 余名，其中教授 14 名，副教授 40 名，有硕士授位点 6 个，博士授位点 2 个。内设基础医学研究所，含仲景学说、热病、方药、肿瘤、养生康复等 8 个研究室。

（五）护理学院

建立于 1999 年，其前身是 1960 年成立的四川省中医护士学校。1993 年招收普通护理大专，2001 年招收普通护理本科，2005 年被国家教育部批准为护理学硕士授位点，是全国中医药高等院校最早招收护理硕士研究生的院校之一，承担着护理硕士、本科、专科及成人护理本科、专科等三个层次两种类型中医护理人才的教学培养任务。学院有教职员工 34 人，其中，教授 3 人，副教授 8 人，讲师 10 人，助教 8 人。

（六）国际教育学院

1996 年设立，主要承担全校对外教育、港澳台学生教育和全校在校生外语教学及各种外语短期培训任务。

（七）管理学院

建于 1999 年，前身为 1996 年设立的社会科学与公共课教学部，有公共事业管理（卫生事业管理方向）本科专业、医药经营管理专科专业、成人教育、预科等办学层次。除承担管理专业课程教学外，还承担全校专、本、硕、博各层次相关专业的教学任务。

二、泸州医学院中医系

泸州医学院中医系与泸州医学院附属中医医院实行院、系一体制，临床和教学统一管理。共有中医基础、中医临床等教研室 14 个，实验室 5 个，专业方向 11 个，中西医结合临床专业是泸州医学院中医系的特色专业。至 2005 年，有省级重点建设学科 2 个（中医内科学、中药学），有硕士授位点 5 个（中西医结合基础、中西医结合临床、中医内科学、针灸推拿学、中药学）。1986—2005 年，共培养各层次的中医人才 3000 余名。

三、西南交通大学药学院

成立于2001年，是西南交通大学为适应国家经济发展和西部大开发战略需要，结合学校教学资源优势与西部地区自然资源优势而筹建的药学类人才培养和科研基地，旨在培养掌握中药学、制药工程等专业基础理论和技术，熟悉现代科学技术与相关学科理论，能从事制药工程设计、中药品质质量控制、药物分析检测、药物资源开发与利用、药品贸易等领域的科学研究、应用技术研究、生产技术、经营管理等高级专门人才和复合型高级技术人才。设有制药工程、中药学两个重点本科专业，有中药学、生药学两个硕士授位点，2002年经教育部批准，首批制药工程（中药制药）新生入学，2003年招收首批中药学专业新生。至2005年，在校本科生400余名，研究生45名。有专职教师38人，其中教授、副教授16人，教师中具有硕士学位以上者达80%（博士15人、硕士14人），还聘请了成都中医药大学、四川省中医药研究院的药学专家为学院兼职教授。

第二节　中医药中等教育

1986—2005年，全省有中医药中专学校6所，其中国家级重点中专2所、省级重点中专2所。为解决中医学校招生难、分配难和无中医学校地区培养中医人员难的问题，1987年中药、针灸、中医护理等专业被纳入跨地区招生计划。20世纪90年代各县级卫生学校陆续停办，一些中医学校合并或更名。中医药中等教育共开设有中医、中药、中药制药、中药栽培、中药营销、中医护理、针灸推拿、中医（中西医结合）乡村医士等10个专业。

一、四川绵阳医科学校

成立于2000年10月，由绵阳卫生学校（1958年建立）和绵阳中医学校（1973年建立）组建，2001年3月经教育部确认为国家级重点中专，同年11月经国家中医药管理局确认为国家局级重点中医学校，2004年被教育部新调整认定为首批国家级重点中等职业学校。中专开设中医（中西医结合方向）、护理、中医护理、助产、中医（针灸推拿方向）、中药、药剂、检验等13个专业；五年制高职教育开设中西医结合、护理2个专业。校园占地380余亩，建筑面积12.7万平方米。学校拥有教学大楼2幢，实验大楼2幢，学生公寓6幢，图书馆大楼2幢，藏书18.2万册。有设备先进的电教室、语音室、计算机中心、电化教学演播室、中心实验室等。学校有教职工305人，其中专任教师212人，教师中具有本科学历178人、研究生学历10人，具有副高以上专业技术职务66人。学校与川北医学院、成都中医药大学联合举办成人高等医学教育。

二、成都中医学校

成立于1959年1月5日。2000年5月，与成都卫生学校、成都第二卫生学校合并，统一使用“四川省成都卫生学校”校名。位于西郊文家场的新校区占地近10万平方米，一期工程建筑面积3.6万平方米，有功能完善、设施先进的教学大楼和学生公寓。学校实行“一书多证制”，即学生在毕业时除可获得普通中专毕业证书外，通过考试还可取得英语等级证书、计算机等级证书及专业技能合格证书，也有资格报名参加执业助理（中）医师、执业护士的考试。学校有教师322人，其中具有高级技术职务的教师118人。

三、达州中医学校

成立于1967年，为省部级重点中等专业学校。学校集教学、临床、科研为一体，是达州市中医药研究所、四川省全科医学培训站、达州市卫生干部培训学校设置点。学校与泸州医学院、四川大学、成都中医药大学联合办学，有完善的实验室及教学实习医院，学校固定资产1516万余元，教学设备仪器总价值100万余元，设有计算机国家等级考场，建有12个实验室，多媒体设备30余套。开设有中医、护理、药剂、中药、中药制药、中医康复保健、营养与保健等专业。办学层次有五年制大专，三年制中专，成人教育本、专科等。在校全日制学生近5000人，其他各种培训类学生3000余人。有教职工200余人，其中正副主任医师、高级讲师50人，主治医师、讲师60余人。

四、四川省中药学校

1958年创办，为全国第一所中药专业学校。1980年、1999年、2004年先后三次被教育部评审为国家级重点中专。开设有中药学、中药制药技术、药品营销、药物制剂、食品质量安全与检测等20余个专业，办学层次有全日制本科、专科、五年制高等职业教育（专科）、普通中专、成人中专、医药技工培训等，与中国药科大学、四川教育学院联合开办成人本科、专科教育，形成多元化的办学格局。学校占地300余亩，校舍面积12.6万平方米，拥有教学楼、实验楼、计算机中心、多媒体教室14间、全数字化语音教室2间、听力室6间、电子阅览室、学生公寓等，设有中药样品馆、中药植物标本园，科研实习场所有中药科研所、附属制药厂、药物种植场、医院和医贸公司。2002年以来，先后投入近1000万元新建扩建GSP、GMP实训大楼、中药样品馆、中药材GAP实验室、中药品种品质科研实验室（二级）、中药标本园等，新增教学仪器设备500台（套），实验室及校内实习场所面积达到1万平方米，图书馆藏书20万余册，专业实验室47个。有国家级突出贡献专家3名，享受国务院特殊津贴专家1名，担任一线教学的教授、副教授48名，学科带头人10名。2005年12月更名为四川食品药品学校。

第三节　中医药成人教育

全省中医药成人教育开办的学历培训层次有本科段、专科段及中专，非学历教育有专业证书班、研究生班、短期理论和临床进修、中长期研修，部分省级中医药机构还接受访问学者。1985年以后，省内部分高校分别开办了中医函授、刊授、自考等形式的学历教育。1994年7月成都中医学院在函授部、进修科、自学考试办公室基础上组建成人教育学院，开展的学历教育有脱产分段教育、脱产教育、自学考试，非学历教育有专题短训、岗位培训和预科学习等。办学层次有中专、大专、本科、研究生和进修教育，开办专业有中医、中西医结合、全科医疗、中药、护理、针灸推拿、中医骨伤、医药营销、卫生事业管理、中医美容等。

一、继续教育

20世纪90年代初，中医药继续教育工作陆续开展。为了规范继续教育内容，确保继续教育质量，省中医管理局会同有关部门先后出台《四川省开展中医药继续教育工作的试行意见》《四川省中医药继续教育登记制度暂行办法》，1999 年印发《四川省中医药继续教育委员会章程》《四川省中医药继续教育学分授予办法（试行）》《四川省省级中医药继续教育项目申报、认可办法（试行）》等规章制度，使全省中医药继续教育逐步走上规范化、制度化轨道。2000 年，省中医管理局成立中医药继续教育委员会，并在成都中医药大学设立四川省中医药继续教育培训中心。2003 年，公布学分授予的新办法和项目申报制度。1995 年，全省中医药继续教育项目认可单位已达 46 个，近 2 万人参加中医药继续教育活动并进行登记。2000 年，全省中医药继续教育参加人员覆盖面、中医药继续教育专业覆盖面两项指标均达到 85%。2001—2005 年，全省实施国家级中医药继续教育项目 5 项，省级中医药继续教育项目 160 余项，继续教育覆盖面达 95% 以上，近 90% 的在岗中医药业务人员接受了继续教育，全省共培训各类中医药专业人才 13300 余人次。

二、进修教育

举办各类进修班是全省中医药在职人员尤其是中医临床医务人员进修教育的主要形式。1991—1995 年，全省累计参加中医药在职进修的专业人员达 1.1 万人次，其中举办全省性的各类专业培训班 81 个，培训人员达 3000 余人。2004 年，省中医药管理局从全省选送 9 名藏医药技术骨干到西藏自治区藏医院进行为期一年的培训。1996—2005 年，在华西医科大学/华西医学中心举办 6 期临床学术技术带头人培训班，共培训学员 300 名；在成都中医药大学成教院举办 6 期骨科专病骨干培训班，培训学员 156 名；在成都中医药大学附属医院举办 6 期中医急症骨干培训班，培训学员 120 名。

2003 年，省中医药管理局与省教育厅联合实施全省乡村医生中医学专业学历教育项目，确定 10 所中等学校为农村中医药人才培养基地，有 2065 人接受学历教育。2004 年，召开全省乡村医生中医学专业中等学历教育工作会议，提出加强教学基地管理、加强教学质量监控的要求，当年招收学员 5100 名。至 2005 年底，全省乡村医生中医学中等教育项目的在读学员已达 11379 名。同年，在 10 个市（州）启动乡村医生中医学专业大专学历教育试点，由成都中医药大学承担乡村医生中医、中西医结合专业大专学历教育工作，当年招收学员 320 名。

2000 年以来，省中医药管理局实施乡镇卫生院中医临床骨干培训项目，集中培训全省 21 个新农合试点县和 4 个革命老区县的 700 名乡镇卫生院中医临床骨干；举办两期中医医院科主任培训班和院长培训班，144 名管理人员参加培训。各市（州）、县也采取各种措施，加强农村中医药人才培养。新都县采取师带徒、下派中医骨干到乡镇卫生院进行技术指导等方式培训基层中医人员；剑阁县组织编写乡村医生中医药培训教材，分片集中培训乡镇卫生院和村卫生站的医务人员；安岳县对全县中药人员进行中药炮制、加工专项培训。不少地方还对乡村医务人员进行针灸、推拿等中医适宜技术的培训和推广。

三、函授、刊授及自考教育

20 世纪 80 年代初，函授教育作为成人教育的一种重要形式在全国各地迅速发展，中医药函授（含刊授）教育也随之开展。成都中医药大学于 1986 年成立中医教育函授部，相继在成都、自贡、攀枝花、泸州、德阳、绵阳、广元、遂宁、内江、乐山、南充、宜宾、广安、达州、巴中、雅安、眉山、资阳、阿坝、凉山等市（州）建立 20 个函授站，面向全省招收具有高中、中专学历的人员，开展高等中医药教育。至 2000 年底，成都中医药大学成人教育学院有在册学员 6799 人。

1988年，国务院发布《高等教育自学考试暂行条例》，建立高等教育自学考试制度。全省随即开展中医药各专业本、专科学历的自学考试。2000年组织自考两次，参考人员近2000人，涉及中医临床、中药和中药学基础等11个专业。2000年底，成都中医药大学成人教育学院有在籍自考生7000多人。至2005年，共组织成人自学考试52次，有2000余名自考生获得毕业证书。通过中医药函授/刊授教育与自学考试，全省共有7000多人获得毕业证书，9000多人获得结业证书。

1987—2005年成都中医药大学成人教育学院招生情况统计表

表4—16

年 份	中医函授、刊授人数	自考人数
1987	202	
1988	432	67
1989	581	211
1990	408	241
1991	526	181
1992	473	181
1993	637	175
1994	590	183
1995	614	167
1996	739	188
1997	709	229
1998	969	238
1999	1454	339
2000	3203	512
2001	4311	186
2002	4895	—
2003	3911	—
2004	4641	—
2005	3975	—

第四节 中医药高级人才培养

一、“212”人才培养

1996—2000年，组织实施四川省中医药“212”人才培养工程，计划培养省级中医药科学技术带头人20名、临床学术技术带头人100名、县级专科专病骨干200名。省中医管理局落实培训资助经费210万元，并从政策上给予支持。中医药科学技术带头人主要由各单位遴选拔尖的中青年技术人才，进行博士、硕士研究生培训及出国深造。临床学术技术带头人培养委托华西医科大学开办临床学术技术带头人培训班进行脱产培训，共举办培训班3期，培养119人。县级专科专病骨干培训委托成都中医药大学成人教育学院举办，共培养县级中医专科专病骨干159名、民族医药骨干人才112名。

图4－11　四川省名中医、主任医师李孔定（左四）带领绵阳市中医高级研修班学员在野外采认草药

二、杏林人才工程

2001—2005年，省中医药管理局组织实施“杏林人才工程1313培养计划”，拟培养四川名中医100名、科技学术带头人30名、临床学术技术带头人100名、专科专病骨干300名，分别委托四川大学、成都中医药大学、省中医药研究院等单位培训。先后举办学术和技术带头人培训班1期，培训学员40名；临床学术技术带头人培训班5期，培养中医临床高级人才253名；专科专病培训班8期，培养中医专科专病骨干人才275名；王成荣、吴康衡、张世明、钟以泽等名医绝技绝招培训班4期，培养学员142名；中西医结合新进展培训班1期，培训中医护理骨干人才87名。

三、师承教育

以师带徒，是中医培养人才的传统和特色。1991年1月，省人事厅、省卫生厅、省中医管理局在成都联合召开四川省继承名老中医药专家学术经验拜师大会，国家中医药管理局、省委、省政府、省人大的主要领导出席会议。经单位推荐，主管部门和省中医药专家考评组审查，遴选出具有高深学术造诣、丰富临床经验和技术专长、医德高尚、在医药界享有盛誉的33名指导老师。成都、重庆、绵阳、遂宁、自贡、德阳等市（地）相继召开拜师大会，制定师承工作实施计划，对师承教育的方式方法、教学内容和进度、导师与继承人的职责、考核验收标准等做出详尽安排。1996年，经考核验收，指导老师与继承人均分别获得国家中医药管理局颁发的荣誉证书和出师证书。是年，开展藏医药专家学术经验继承学习工作，经过为期三年的跟师学习，1999年12月，经省中医管理局、人事厅、卫生厅同意，5名藏医药专家获省级荣誉证书，7名继承人获出师证书。1996年10月，省人事厅、卫生厅、中医管理局、医药管理局联合转发人事部、卫生部、国家中医药管理局《全国老中医药专家学术经验继承工作管理办法》，同时印发《四川省贯彻〈全国老中医药专家学术经验继承工作管理办法〉实施意见》，严格按照师承工作的培训要求，加强管理和督促，按计划做好国家级、省级名老中医经验继承工作。2000年，全国第二批老中医药专家师带徒结业，20名继承人获准出师。2002年，确定全国第三批名老中医师承工作指导老师24名，继承人32名；省第二批老中医药、藏医药学术经验继承工作指导老师38名，继承人46名。至2005年，全省完成国家级第一、二、三批和省级第一批名老中医学术经验继承工作，共有98位继承人出师。省中医药管理局还对国家级第一、二批师承工作进行回顾性总结调研，组织开展省级第二批名老中医药专家继承工作中期抽查考评。2004年，省中医药管理局举办罗才贵主任医师推拿按摩学术经验班和王静安主任医师小儿推拿学术经验班，参训学员98名。

1994—2005年四川省名老中医师承教育工作统计表

表4—17

培训级别	培训期数	指导老师数量	继承人数量	备注
国家局	第一批	25名	35名	1994—1997年
国家局	第二批	22名	27名	1997—2000年
国家局	第三批	21名	28名	2002—2005年
省级	第一批	21名	27名	1999—2002年
省级	第二批	30名	35名	2003—2006年

四川省全国名老中医药专家学术经验继承一览表

表4—18

<table>
<tr><th colspan="3">第一批</th><th colspan="3">第二批</th><th colspan="3">第三批</th></tr>
<tr><th>传承人</th><th>单　位</th><th>继承人</th><th>传承人</th><th>单　位</th><th>继承人</th><th>传承人</th><th>单　位</th><th>继承人</th></tr>
<tr><td>李仲愚</td><td>成都中医药大学附院</td><td>钟枢才
刘全让</td><td>叶传蕙</td><td rowspan="4">成都中医药大学附院</td><td>李明权</td><td>张之文</td><td rowspan="2">成都中医药大学</td><td>冯全生</td></tr>
<tr><td>杜琼书</td><td rowspan="3">四川省中医药研究院</td><td>杜　琪</td><td>吴康衡</td><td>吴　巍</td><td>郭子光</td><td>刘　杨</td></tr>
<tr><td rowspan="2">杨莹洁</td><td rowspan="2">李超群</td><td rowspan="2">杨家林</td><td rowspan="2">魏绍斌</td><td>钟以泽</td><td rowspan="2">成都中医药大学附院</td><td>黄　莺</td></tr>
<tr><td>邓亚平</td><td>袁　晓</td></tr>
<tr><td>邹学熹</td><td rowspan="5">成都中医药大学</td><td>佘贤武</td><td>邓世发</td><td rowspan="3">四川省中医药研究院</td><td>周厚强</td><td>陈学忠</td><td rowspan="2">四川省中医药研究院</td><td>尹　方</td></tr>
<tr><td>杨介宾</td><td>杨运宽
梁繁荣</td><td>林万和</td><td>谢福玉</td><td>郭志雄</td><td>谢　刚
王　恳</td></tr>
<tr><td>徐楚江</td><td>胡昌江</td><td>蒋慧钧</td><td>魏章亨</td><td>张世明</td><td rowspan="2">四川省骨科医院</td><td>胡　勇
张　中</td></tr>
<tr><td>陈潮祖</td><td>宋　兴
龙日晖</td><td>张世明</td><td>成都体育医院</td><td>陈如见
虞亚明</td><td>杨礼淑</td><td>沈　海
周　英</td></tr>
<tr><td>陈治恒</td><td>杨殿兴</td><td>王静安</td><td rowspan="5">成都市中医管理局</td><td>李　红
王泽涵</td><td>孙同郊</td><td rowspan="3">泸州医学院附属中医医院</td><td>汪　静</td></tr>
<tr><td>何天祥</td><td>四川省舞蹈学校</td><td>何浚治</td><td>牟玉书</td><td>曾　蓉
肖荣粹</td><td>刘金龙</td><td>李五生</td></tr>
<tr><td>张希彬</td><td>成都体育学院</td><td>毕　玲</td><td>常振湘</td><td>周　杰</td><td>王明杰</td><td>白　雪</td></tr>
<tr><td>江尔逊</td><td>乐山市人民医院</td><td>赵典联
江长康</td><td>黄修武</td><td>陈莉萍</td><td>胡国栋</td><td>内江市中医管理局</td><td>胡　放</td></tr>
<tr><td>旦　科</td><td>阿坝藏族羌族自治州若尔盖县藏医院</td><td>尕尔桑
尼　美</td><td>唐家福</td><td>刘惠茹</td><td>陈天然</td><td>广元市中医管理局</td><td>李云安</td></tr>
</table>

续表4—18

<table>
<tr><th colspan="3">第一批</th><th colspan="3">第二批</th><th colspan="3">第三批</th></tr>
<tr><td>唐卡·昂翁降措</td><td>甘孜藏族自治州藏医院</td><td>忠登朗加</td><td>李孔定</td><td>绵阳市卫生局</td><td>谭亚萍</td><td>李　培</td><td>绵阳市中医管理局</td><td>孔文霞</td></tr>
<tr><td>李孔定</td><td>绵阳中医学校</td><td>景洪贵
张　耀</td><td>冯志荣</td><td>自贡市卫生局</td><td>何　钢</td><td>热　巴</td><td></td><td>朗志加玛</td></tr>
<tr><td>倪宣化</td><td>自贡市中医医院</td><td>张洪德</td><td>吴孝恺</td><td rowspan="2">广元市卫生局</td><td>岳富雄
周瑞君</td><td>忠登朗加</td><td>甘孜藏族自治州中藏医管理局</td><td>江吉村
阿　麦</td></tr>
<tr><td>李伯宁</td><td rowspan="2">四川省中医药研究院</td><td>胡　超
王旦森</td><td>杨宣书</td><td>严小明
岳良明</td><td>旦　科</td><td>阿坝藏族羌族自治州中藏医管理局</td><td>王修塔
卓　科</td></tr>
<tr><td>廖孔禹</td><td>廖乐山</td><td>李恒明</td><td>遂宁市卫生局</td><td>周智春</td><td>刁本恕</td><td rowspan="2">成都市中医管理局</td><td>余　波
黄映君</td></tr>
<tr><td>张士良</td><td>四川省医药学校</td><td>吴光弟</td><td>龙治平</td><td>乐山市卫生局</td><td>苏昌田</td><td>王晓东</td><td>周　勇</td></tr>
<tr><td>唐承德</td><td>遂宁市中医医院</td><td>周正礼
李中华</td><td>旦　科</td><td rowspan="3">阿坝州卫生局
甘孜州卫生局</td><td>雷　勇</td><td>邵章祥</td><td>遂宁市中医管理局</td><td>贾晓江</td></tr>
<tr><td>方仁三</td><td>广元市中医医院</td><td>杨宣舒
张文雄</td><td>昂翁降措</td><td>降拥四郎</td><td rowspan="2">张玉龙</td><td rowspan="2">巴中市中医管理局</td><td rowspan="2">苟中富
易礼兵</td></tr>
<tr><td>彭　澍</td><td>德阳市中医药研究所</td><td>黄仁礼</td><td>格桑尼玛</td><td>杨宝寿</td></tr>
<tr><td>王临轩</td><td>遂宁市中医医院</td><td>陶　仁</td><td>唐明德</td><td>德阳市卫生局</td><td>唐自强</td><td></td><td></td><td></td></tr>
<tr><td>郑陶万</td><td>成都市中西医结合医院</td><td>张安国</td><td></td><td></td><td></td><td></td><td></td><td></td></tr>
<tr><td>王静安</td><td>成都市中医医院</td><td>刘　宇
刁本恕</td><td></td><td></td><td></td><td></td><td></td><td></td></tr>
<tr><td>张铿铭</td><td>成都第一骨科医院</td><td>施泽生</td><td></td><td></td><td></td><td></td><td></td><td></td></tr>
</table>

四、中医药学术技术带头人

1997 年，结合实施“212 人才培养工程”，省中医管理局组织开展跨世纪中医药学术技术带头人培养工作，将学术技术带头人的培养分为三个层面进行，即科技学术技术带头人、临床学术技术带头人和专科专病学术技术带头人。培养对象由各单位公开选拔并经省局评议审核批准，选拔条件是全省卫生系统内从事中医医疗、科研和教学工作，年龄 45 岁以下且具有中级以上专业技术职务的人员，由所在单位负责培养并制定实施方案，培养期限 3—5 年，省局负责进行年度考核，对连续两年完不成培养计划、经考核不合格者取消其资格。

2004 年 9 月，省中医药管理局制定《中医药学术技术带头人推荐选拔管理暂行办法》。2005 年 2 月，在各级各单位选拔推荐的基础上，完成首批局学术和技术带头人及后备人选评选工作，评选出局学术技术带头人 40 名，确认局学术技术后备人选 54 名。

第五章 中医药科研

第一节 中医药科研机构

1997 年重庆市直辖前，全省有独立建制的省属中医药科研机构 5 家，它们是：省中医药研究院、省中药研究所、省中医药研究院中医研究所、省中医药研究院针灸经络研究所、省中医药研究院中药药物种植研究所。2004 年国家体育总局所属的成都运动创伤研究所划归四川省管理。

除独立建制的中医药科研机构外，全省尚有成都中医药大学、四川大学华西医学中心、中科院成都分院生物所、成都生物制品研究所等具有较强实力的科研机构 20 余家，另有民办、企业办中医药科研机构 70 余家。至 2003 年，成都中医药大学内设中医药科研机构 9 家，四川省中药学校内设中医药科研机构 1 家，详情见表 4—19。

1985—2003 年四川省中医药院校附设科研机构一览表

表 4—19

单　位	附设科研机构名称	建立年份	级　　别
成都中医药大学	古籍文献研究所（医史文献研究室）	1985	
	民族医药研究所	2001	
	中医眼科学	2000	省高校重点实验室（1999 年）
	实验针灸学	2000	省高校重点实验室（1999 年）
	中医眼科视觉生理	2000	国家中医药管理局三级科研实验室
	时间生物学	2003	国家中医药管理局三级科研试验室
	中药研究所	1990	
	基础医学研究所	1987	
	中药材标准化实验室	2003	教育部重点实验室（2003 年）
省中药学校	中药研究所	1982	

成都中医药大学内设的中医古籍文献研究所、动物实验中心、中试中心等研究机构，各二级学院、所、中心也都承担中医药科研工作，由学校科技处负责课题申报与组织协调工作。1985 年，成都中医学院承担的科研项目仅 10 余项，到位经费仅数十万元。至 2005 年，建有教育部重点实验室 1 个、教育部工程中心 1 个、中央与地方共建基础实验室 18 个、国家中医药管理局中医药科研三级实

验室7个、四川省重点实验室3个、四川省高校重点实验室9个。设有国家中药GCP中心、四川省中药筛选评价中心、四川省中药不良反应监测中心等科研机构。承担各级各类科研课题169项，到位经费500余万元。其中有国家“973计划”项目、“863计划”项目、国家重大专项、行业专项、国家自然科学基金项目等国家级课题。1986—2005年，获省科技进步三等奖以上的成果130项，其中国家级1项，省科技进步一等奖3项、二等奖25项。申请国家专利43项。1994年成都中医学院发起组建的高科技股份制公司“华神药业股份有限公司”，是中医药院校参与发起的第一家上市公司。2002年，学校参与发起成立国家中药现代化产业基地（四川），并承担了四川省33个GAP基地中17个基地的建设指导工作。

西南交通大学中药研究所于2001年与西南交通大学药学院同时建立，设有制药工程学科组、基础化学学科组、基础医学学科组、药化药分学科组、中药研究中心、化学实验中心和药学实验中心等研究机构。中药化学实验室被四川省中医药管理局认定为“中医药科研二级实验室”，同时又与澳门大学中华医药研究院联合共建实验室。

成都恩威中医药研究所建于1986年，经过20年的努力，从仅有几十名员工的小型乡镇化工企业，发展为集科研、生产、贸易为一体，以制药为主体的高科技跨国集团公司。恩威中医药研究所长期致力于传统中医药的研究开发，由薛永新研制成功的洁尔阴洗液1993年和1998年分别被卫生部批准为国家三类新药和五类新药，列入国家中药保护品种，荣获“四川名药”“四川名牌产品”称号，并获国家中医管理局科技进步二等奖等10多项奖励，年均销售额2亿元以上。恩威中医药研究所相继研制开发出洁尔阴泡腾片、洁尔阴女士巾、好娃友口服液、口宝含漱液、清经颗粒、延寿宝颗粒、心血通颗粒、益气补肾颗粒、风湿止痛宁、疲劳康、脾胃康等一系列天然药品和保健品。

1999年，省政府为充分发挥四川中医药资源和中医药科研的优势，与科技部、卫生部、国家药品监督管理局、国家中医药管理局、中国科学院共建“中药现代化科技产业（四川）基地”。基地集中药材种植栽培、开发研究、中药产品生产、销售一体化，实行产、学、研，科、工、贸紧密结合，大力开发四川的中医药资源，加快中药现代化科技产业的发展，培育四川新的经济增长点。依托省内高等院校和科研机构，先后建立7个研究中心：中药筛选评价中心、中药制剂技术研究中心、中药新药研究开发中心、中药制药工程技术中心、中药材种植研究指导中心、中药GLP中心、中药GCP中心。

图4-12　2002年，国家中药现代化科技产业（四川）基地建设情况汇报会在成都召开

1996—2003 年四川中药研究中心及重点实验室一览表

表 4—20

级　别	中心（实验室）名称	所在单位	建立年份
国家级重点实验室	生物治疗国家重点实验室	华西临床医学院	1996
国家级研究开发中心	国家成都中药安全性评价（GLP）中心	华西临床医学院	2000
	国家中药临床试验研究（GCP）中心（成都）	成都中医药大学附属医院	1999
	国家天然药物工程技术研究中心	成都地奥集团	1999
	国家中医药管理局中药新药研究开发中心	四川省中医药研究院	1999
教育部重点实验室	中药材标准化实验室	成都中医药大学	2003
教育部重点研究室	国家中医药管理局重点研究室“中药新药研究开发中心”	四川省中医药研究院	2001
省级研究开发中心	四川省中药筛选评价中心	成都中医药大学	1999
	中药制药工程技术研究开发中心	成都地奥集团	1999
	中药制剂技术研究开发中心	康弘药业、华西药学院	1999
	中药材种植指导中心	四川省农科院	1999

从 2000 年开始，组织实施中医药科技创新工程，先后建设、认证省中医药管理局重点实验室 18 个、研究中心 2 个，见表 4—21。

四川省中医药管理局重点实验室及研究中心一览表

表 4—21

序号	实验室名称	所在单位
1	中药药理实验室	四川省中医药研究院中医所
2	中药药剂学实验室	四川省中医药研究院中医所
3	中医骨伤骨病实验室	四川省中医药研究院中医所
4	生物化学实验室	四川省医学科学院·四川省人民医院
5	中药化学实验室	四川大学华西医院
6	中药制剂实验室	四川大学华西医院
7	中药临床药理实验室	四川大学华西医院
8	抗肿瘤中药药理实验室	四川大学华西医院
9	中药化学实验室	成都大学
10	临床免疫实验室	川北医学院附属医院
11	分子生物实验室	川北医学院
12	中药药理实验室	川北医学院

续表4—21

序号	实验室名称	所在单位
13	医学影像实验室	川北医学院
14	肝脏生物化学实验室	泸州医学院
15	传染与免疫实验室	泸州医学院
16	分子生物学实验室	泸州医学院
17	呼吸病理生理实验室	成都市中西医结合医院
18	骨伤病实验室	内江市中医院
	研究中心	所在单位
1	实验动物研究中心	成都中医药大学
2	中药新药药理筛选中心	四川省中药研究所

2001 年，国家中医药管理局在全国实行中医药科研实验室分级管理工作。中医药科研实验室分为三级实验室、二级实验室和一级实验室，其中三级实验室由国家中医药管理局负责评审、认证和管理，二级实验室由省级中医药管理局负责评审、认证和管理，一级实验室由各地市级中医药主管部门或各院校等大单位负责评审、认证和管理。截至 2005 年，全省共认证中医药科研三级实验室 8 个（表 4－22）、二级实验室 18 个。

2005 年四川省中医药科研三级实验室一览表

表 4—22

序号	实验室名称	所在单位
1	中药化学实验室	四川省中医药研究院
2	病理实验室	成都中医药大学
3	中药品种质量鉴定实验室	成都中医药大学
4	病理生理实验室	成都中医药大学
5	时间生物学实验室	成都中医药大学
6	视觉生理实验室	成都中医药大学
7	中药药理实验室	成都中医药大学
8	中药药剂学实验室	成都中医药大学

至 2005 年，全省建有国家中药 GCP 中心、国家中药 GLP 中心、国家天然药物工程技术研究中心等 3 个国家级研究开发中心，中药筛选评价中心、中药新药研究开发中心、中药制药工程技术研究开发中心、中药制剂技术研究开发中心、中药材种植技术指导中心等 5 个省级研究开发中心，国家药品临床研究基地 2 个，省级重点实验室 2 个，省中医药管理局局级重点研究室 10 个。

以省、市科研院所及高、中等院校为主体，不同学科、不同层次科技队伍相结合的科研创新体系，在“七五”“八五”期间，共获得省级以上科技进步奖 117 项，其中国家级 2 项，部（局）级

19 项，省级 96 项。“九五”期间，完成 5 项“九五”国家中医药科技攻关项目，共获得省部级以上科技进步奖 44 项（次）。“十五”期间，实施一批重大中医药新技术应用、高新技术成果开发项目，争取国家自然科学基金课题 25 项，获研究经费 640 万；争取国家“863 计划”课题 15 项，获研究经费 700 余万；争取国家“973 计划”课题 5 项，获研究经费 300 余万元；争取国家“十五”攻关课题 17 项，获研究经费 700 余万元。国家中药 GCP 中心（成都）承担 132 项中药新药临床试验任务，成为国家主要的中药新药及天然药物临床试验基地之一。省中药新药研究开发中心启动新药研究 32 项，接受企业委托咨询服务 120 多项，获国家药监局新药临床研究批文和新药证书 14 项。全省中医药科研共获得省科技进步奖 48 项，其中一等奖 4 个、二等奖 11 个、三等奖 33 个。

第二节　中医临床研究

1986—2005 年，省中医药管理局立项资助中医临床科研课题 163 项，中医临床课题占局立项课题的比例为 52.1%。中医临床课题获奖 36 项，其中一等奖 2 项、二等奖 8 项、三等奖 26 项。

1987 年，省中医管理局印发《关于开展“四川省名老中医学术思想临床诊治经验总结”的通知》，要求各市（地）卫生局和相关单位为名老中医配备助手，并与名老中医和助手签订任务合同书，收集整理名老中医学术思想和专长、名老中医小传、助手心得体会及回顾性临床经验总结，并积极挖掘民间祖传秘方和中草药单验方。

1988 年，省中医药研究院承担“全省名老中医学术思想临床诊治经验总结”的资料收集、整理、归档及研究任务。为此，成立了“四川省名老中医临床诊治经验和学术思想研究”课题组，按资料科目组建 8 个专家组对各地上报资料进行初审、专家会审和综合评审，为担负原始资料收集任务的基层中医单位举办 3 期科研专题设计学习班，培训名老中医助手及工作人员 300 余人，在全省范围内开展调研工作，组织建立技术资料档案。经过 8 年的艰苦工作，对截至 1988 年底工龄达 30 年以上、年龄 55 周岁以上，在各市（地、州）县有较高学术影响和深受群众欢迎的 516 名“名老中医”的 400 余个专题进行资料收集、整理、分析和评审，并按科研档案要求将全部资料归档编目，录入微机，刻录光盘，建立资料库。收集的专题资料涉及中医内科、儿科、妇科、外科、眼科、骨科、针灸、推拿、中药制剂等 10 余个专科类别，收集民间“秘方”“验方”“单方”3000 余个，是四川中医药界的一份宝贵资料，具有很高的开发利用价值。

1995—2005 年，各继承人对其导师的临证经验和学术思想进行了系统总结与深入研究。结题的研究成果有：郭子光学术思想及临证经验研究、邓亚平学术思想及临证经验研究、张发荣教授中医学术思想整理研究、吴康衡学术思想及临床经验研究、李仲愚杵针疗法经验整理研究、郑怀贤经穴按摩的定位及临床研究、郑氏伤科经验治疗兔小腿模拟运动创伤的多学科研究等。

1995 年以后，尤其是 2003 年“非典”过后，中医医疗机构改变过去“某方治某病的临床观察”“某药治某病的疗效观察”的老套路，逐步采用现代科研设计方法，引入双盲随机、配比对照、大样本和统计学计算机处理系统等现代科研方法，使中医临床研究的科学性和可信度得到很大提高。

在中医诊断方法研究方面，一是现代诊疗仪器设备应用于中医临床诊断的问题形成了共识，现代诊疗仪器设备作为中医“四诊”的延伸，在各级中医医疗机构得到广泛应用。二是现代医学病名在中医临床诊断中的使用问题形成了共识，适应了当今社会和大众的健康需要。三是双轨诊断（西医辨病、中医辨证）的问题形成了共识，做到辨病与辨证论治相结合，不仅提升了中医理论，也提高了中医的认知水平和临床疗效。

在中医优势病种研究方面，一是对传统优势病种（面瘫、中风、偏头痛、慢性支气管炎、慢性肝炎、慢性胃炎等）进行中医临床诊治经验总结，规范中医治疗方案，研究制定中医临床优势单病种诊疗规范，中医医疗实践能力进一步提高。二是逐步将临床研究重点指向危害人群健康的重大疾病，如心脑血管疾病、糖尿病、老年病、肿瘤、艾滋病等，促进了中医专科专病的发展。伤病残康复的中医药治疗得到进一步加强。

2000—2005 年，省中医药管理局组织实施"中医药防治重大疾病研究工程"和"中医防治疾病优势领域研究工程"，在 3 次科研课题招标中，共有 199 项课题列入局科研专项重点科研计划项目，安排专项经费近 600 万元。其中"中医药防治重大疾病研究工程"课题 34 项，"中医防治疾病优势领域研究工程"课题 49 项。省中药研究所研制的 XYW 抗病毒注射液在抗击"非典"中，已证明具有可信的临床效果。

第三节　中药研究

一、中药材规范化种植研究

在中药材资源与种植研究方面，重点开展了川产道地药材的资源调查、区域规划、生药学、药材质量标准及综合开发利用等系统基础研究。1999 年，结合"中药现代化科技产业（四川）基地"建设项目，在川产常用大宗药材中，选择 29 种道地药材进行无公害规范化生产（GAP）技术研究，依托川内大专院校和科研院所的技术优势，在全省建立了 34 个规范化种植科技示范区（见表 4—23），有效提高了中药材生产技术含量和产品质量，强化了川产药材的品牌优势，提高了四川中药材在国内外市场的份额。

研究制定川芎、附子、丹参、黄连、天麻、麦冬等药材标准，建立"川产道地和主流中药材标准品库"，进行乌梅、枳实、土茯苓、川木香等 15 个中药材品种的质量标准研究。至 2005 年，4 个品种的研究工作通过专家鉴定，其中川射干、贯众作为新增品种已收录进入 2005 年版《中国药典》，为无公害中药材种植及综合开发利用提供了科学依据。

1999 年四川 29 种药材 34 个规范化种植科技示范区一览表

表 4—23

序号	示范品种	示范所在地	示范企业	科研依托单位
1	郁金	崇州市	崇州市嘉庆科技开发有限公司	四川省中药研究所
2	无花果	崇州市	森迪林业科技发展股份公司	成都中医药大学
3	黄连	大邑县	成都西岭生态农业有限公司	成都中医药大学峨眉学院
4	川芎	都江堰市	都江堰华泰川芎有限公司	成都中医药大学

续表4 —23

序号	示范品种	示范所在地	示范企业	科研依托单位
5	麝、熊	都江堰市	四川养麝研究所	四川养麝研究所
6	川芎	彭州市	四川绿色药业有限公司	成都中医药大学
7	泽泻	彭山县	四川川西制药股份有限公司	成都中医药大学峨眉学院
8	黄连	洪雅县	四川雅达药业股份有限公司	四川大学华西药学院
9	黄连	峨眉山市	四川医药包装股份有限公司	成都中医药大学峨眉学院
10	干姜	犍为县	犍为百草源中药资源发展有限公司	成都中医药大学
11	金银花	沐川县	成都地奥制药集团有限公司	四川省农科院中药材研究中心
12	红花	简阳市	雅安三九中药材科技产业化有限公司	四川省农科院中药材研究中心
13	天冬	内江市	内江市生产力促进中心	成都中医药大学
14	郁金	双流县	成都仙森生物科技有限公司	成都中医药大学
15	丹参	中江县	四川新世界丹参基地产业有限公司	成都中医药大学峨眉学院
16	麦冬	三台县	雅安三九中药材科技产业化有限公司	成都中医药大学峨眉学院
17	山茱萸	安县	雅安三九中药材科技产业化有限公司	成都中医药大学峨眉学院
18	附子	江油市	江油市恒源药业有限公司	四川省中药研究所
19	银杏	江油市	江油市恒源药业有限公司	成都中医药大学
20	天麻	平武县	四川发展中药现代化基地有限公司	绵阳市中医药研究所
21	柴胡	剑阁县	东方制药厂（广元）	成都中医药大学
22	川明参	苍溪县	苍溪县中药材公司	中科院成都生物研究所
23	白芷	遂宁市	四川银发资源开发股份有限公司	成都中医药大学
24	金银花	南江县	南江县金银花露饮料厂 南江县巴山植物化工厂	四川省农科院
25	银耳	通江县	通江银耳（集团）有限公司	四川省中药研究所
26	鱼腥草	雅安市	雅安三九中药材科技产业化有限公司	四川农业大学
27	川黄柏	荥经县	四川荥经鸿龙天然植物生化有限公司	四川农业大学
28	川牛膝	天全县	雅安三九中药材科技产业化有限公司	四川农业大学
29	川贝母	康定县	成都恩威（投资）集团	中国医学科学院药用植物研究所
30	川贝母	茂县	南方生物科技公司（成都）	四川大学华西药学院
31	红豆杉	茂县	四川九峰天然药业股份有限公司	中科院成都生物研究所
32	乌梅	达县	达县中药材现代化产业公司	成都中医药大学峨眉学院
33	赶黄草	泸州市	四川郎中药业有限公司	成都中医药大学
34	黄栀子	泸州市	四川绿培生物科技有限公司	成都中医药大学

二、中药新药开发研究

重点组织实施了“大川芎丸复方范例研究”“风湿平复方范例研究”等国家中医药科技攻关项目，其中由省中药研究所研究的“风湿平胶囊”已申请国内专利和美国、加拿大、欧洲等多个国家的专利。由省中药研究所主持研究的“66味常用中药材质量标准规范化及其对照品研究”获2001年国家科技进步二等奖，“川产紫杉醇及其注射液新药研究”获2004年四川省科技进步一等奖。全面完成藏药新药开发研究试点，甘孜州开发的藏药新药“然降多吉”，阿坝州开发的藏药新药“亚玛众清”，完成前期实验研究工作，取得国家药监局临床研究批文。1985—2002年，全省研究开发并获准上市的中药新药共55个品种，其中一类新药7个（熊胆粉4个、人工牛黄3个），二类新药1个（地奥心血康），三类新药22个，四类新药24个，五类新药1个。55个中药新药的总销售额为69亿元（全国900个品种的平均销售额为845万元），获得重大的社会、经济效益。省中药研究所研制的抗癌新药“紫杉醇原料药及其注射液”成功转化后，使两家受让企业年销售额达3.5亿元，至2005年累计销售额已达15亿元以上。

三、中药生产新技术研究

在中药生产新技术新工艺研究方面，重点进行了“CO_2超临界萃取中药有效成分”“气流粉碎技术、大孔树脂吸附技术在中药生产中的应用”等新技术研究。省中药研究所、成都信息工程学院、四川华森药业公司共同进行的“中药超声提取树脂吸附纯化组合成套设备的开发研究”项目，集中药制药的提取、纯化、浓缩、干燥四大工序于一体，于2005年7月通过省科技厅组织的专家鉴定。全省中药制药企业加强新产品开发与新工艺研究，引进吸收制药新装备，改造升级原有生产设备，重视技术创新，强化知识产权保护，不断提高技术竞争能力。截至2005年，全省有中成药生产企业120多家、中药饮片加工企业90多家，生产的中成药剂型20多个、品种规格1800多个，有80%的制药企业拥有自主知识产权的新产品、新技术或新工艺。

2000—2005年四川省中医药科研项目一览表

表4—24

年份	国家级			省级		
	申报数（项）	中标数（项）	经费（万元）	申报数（项）	中标数（项）	经费（万元）
2000	85	—	—	184（省中医药管理局）	73（省中医药管理局）	
2001	30	6	60	—	3（省科技厅）	25
2002	113	16	60	222（省中医药管理局）	71（省中医药管理局）	
				9（省科技厅）	5（省科技厅）	100
2003	15	—	—		48（省中医药管理局）	
					4（省科技厅）	39
2004	128	22	65	—	10	90

第四节 中医文献研究

1989 年，成都中医学院在全国众多中医院校竞争中，取得国家中医药管理局主持编纂的《中华大典·医药卫生分典》的编纂资格。1986—2005 年，先后完成《医经溯回集》点校、《金匮要略论注》点校、《遵生八笺》校刊整理、《许叔微伤寒论三种》校刊整理、《黄帝内经太素》校注、《苏沈内翰良方》校释、《杨升庵〈丹铅总录〉》校笺等中医书籍的整理研究项目，分别获得国家、省、市的科技成果奖。中医神情学说文献研究、“痰”与“饮”的文献比较研究、气化学说的文献整理及气化基本形式研究等科研课题，为中医学的基础理论和临床治疗理清了脉络，奠定了基础。

1993 年，羌医文献整理项目获得国家中医药管理局立项。

2003 年，针对“非典”疫情，开展“中国史志疫情文献研究”。针对新时期疾病护理的新要求，开展“中医护理古籍整理研究”，从中医辩症、辩病的角度进行探讨，为中医院的临床护理工作提供了参考。

1986—2005 年，全省中医药科技工作者利用新技术、新方法、新观点，重点对中医脏腑经络理论、辨证论治、方剂配伍等方面的基础理论和基本规律进行深入研究，推进中医药理论创新，取得一批重要成果。

在脏腑研究方面，中医肾虚与细胞免疫功能变化关系研究、肾为先天之本遗传行为的实验研究、恐伤肾的先天行为免疫学研究等重大课题，成功申报为国家自然科学基金课题，在全国产生较大影响。泸州医学院中医系开展的脾气虚脾不统血证候动物模型研究、脾不统血证候特异性的临床及基础研究等课题，具有重要的理论创新。成都中医药大学开展的西汉人体经脉漆雕研究，在中医针灸经络学说的演化、形成方面填补了国内空白。

在方剂研究方面，解表方药研究、表里双解法有效药用的研究、四逆散治疗功能性消化不良的临床与实验研究等课题，已取得显著成果，均获得四川省中医药科技进步二等奖。

在辨证论治研究方面，泸州医学院中医系从血液流变学、微循环、血液流变学电脑程序、舌象证候图谱等多角度、多层次、全方位地进行深入研究，取得可喜成果。省中医药研究院针灸经络研究所长期从事针灸椎拿作用的神经电生理机制等基础研究工作，承担的“灸法与穴位感受器及体温中枢温度敏感神经元活动研究”课题，1992 年获得国家自然科学基金立项。根据其研究成果，在 2003 年“非典”流行期间，对快速体温检测仪及其检测方法的改进提出了有益的建议。在神经电生理研究方面，该所实验设施完善，实验技术先进，探查电极已能定位至神经细胞位点，达到国内领先技术水平，为神经系统疾病康复治疗的基础研究与理论研究提供了科学的实验条件。

第五节 中医药对外合作交流

一、中医药合作研究

1978 年，英国剑桥大学研究所名誉所长、英中友好协会会长李约瑟博士到四川寻求科技信息，以充实其著作《中国科技史》。成都中医学院负责接待并提供资料，与英中友好协会建立长期科研合作关系。

1987 年，省中药研究所与日本津村株式会社签订中药合作研究协议，以中药红秦艽为首批合作研究项目，进行生物化学和药理学方面的研究。

1991 年 10 月，白俄罗斯卫生部与省卫生厅及省中医管理局达成协议，邀请四川省中医人员前往白俄罗斯，对切尔诺贝利核电站泄漏事故后所致的放射性疾病进行中医药治疗研究。

2000 年，四川与法国贝克市签署协议，开展中医药合作研究工作。

2000—2005 年，四川先后同斯洛文尼亚、法国、瑞士、丹麦、泰国、越南、新加坡、奥地利等国家的医学科研、医疗机构开展中医医疗合作研究工作。

二、中医药学术交流

1990 年，成都中医学院附属医院同日本广岛县立医院结为友好医院，根据协议，中日双方互派研修生及学术交流团体。

1999 年 11 月，中国和加拿大两国政府间中医高层立法研讨会在加拿大多伦多召开，四川作为唯一地方参会单位并作会议交流发言。

2000 年，国家中医药管理局安排朝鲜东医代表团访问成都，省、市中医管理部门同朝鲜代表团就扩大双方中医药学术交流等问题进行了建设性商谈。

2002 年，四川派员参加国家中医药管理局组织的“中医药立法、规范化管理考察培训团”，赴日本考察学习。

2004 年 7 月，四川派出中医人员参加丹麦“第一届中国中医药文化节”活动。

2004 年 11 月，奥地利林茨市副市长多乐查尔一行 6 人访问成都，为 2005 年在林茨市举办的中医药展览做前期准备。奥地利客人参观了成都中医名医馆、四川绿色药业科技发展有限公司和成都同仁堂药膳，对中药颗粒剂十分称赞，邀请成都中医药赴奥地利参展。2005 年 11 月，以成都市政协副主席李铀为团长的成都中医药代表团一行 7 人赴奥地利参展，共展出展版、实物、图文和影像资料 4000 多件（份）。成都中医药在医疗、教育、科研、中药产品及其生产等方面的成就，吸引了奥地利、德国、瑞士等国观众，当地电视台、报纸作了专题报道。林茨市政府邀请四川成都中医师赴奥开展诊疗和教学工作。

1995—2005 年，先后有 100 多个国家和地区共 2500 余人次到四川参观考察中医药或进行中医药学术交流；全省派往国外考察、研修、学习或进行学术交流的中医药人员达 700 余人次。

三、中医药国际会议

1990 年 9 月，中国中医药文化国际博览会在北京召开，受省中医管理局委托，成都市负责组织省属和成、渝两地中医药机构赴京参展。与会代表参加了学术交流和专题报告会，展示了成都市中医工作和市级中医药机构的情况，展品包括成都市中医医院的中药制剂、市中草药研究所新研发的“神龙药枕”等。还选派王静安、郑陶万、谢石方 3 位老中医参加“百名中医专家特邀门诊”活动。

1991 年 10 月，国际传统医药大会在北京召开，同时举办“国际传统医药展览”。成都市组团参会并参展。

2001 年，省中医管理局组织全省中医管理和技术人员共 15 人赴美国参加第三届国际中草药研究及市场开发研讨会。

2002 年 11 月，由科技部牵头，卫生部、国家药品监督管理局、国家中医药管理局、中国科学院 5 部委主办，四川省人民政府承办的“中医药现代化国际科技大会”在成都举行，大会分为传统医药政府论坛，中医药资源可持续利用，中医药疗效与机理，中药现代化与创新，中药的优质化、标准化与现代化，民族民间传统医药，中药产业论坛 7 个分会，同時举办中医药新技术、新产品展览。展览着重展示中医药行业新技术、新产品、新成果，内容涵盖中成药、中药材及原料、中药机械及加工设备、中医药中介、贸易和服务。来自 20 余个国家和地区的代表五千余人参加大会。国家有关部委决定，每三年定点在四川召开一次中医药现代化国际科技大会。

2005 年，省中医药管理局组团赴奥地利、德国参加“中医药走向欧洲国际研讨会”。

2005 年 9 月，第二届“中医药现代化国际科技大会”在成都召开。本届大会有 40 多个国家、地区和国际组织参加，世界卫生组织、欧盟等国际组织和美国 FDA、NIH 等重要机构均派出参会代表并作专题发言。

第五篇　妇幼保健

妇女儿童健康事关家庭幸福、社会和谐和民族素质。1986—2005 年，四川不断优化妇幼保健资源配置，健全妇幼保健服务体系，加大妇幼保健投入，提升妇幼保健服务能力和水平，健全妇幼保健法制与政策，实施妇幼公共卫生服务项目，积极开展妇幼卫生国际合作，全省在拓展妇女保健和儿童保健服务，控制出生缺陷，提高出生人口素质，降低孕产妇死亡率和婴儿死亡率等方面取得长足进步，妇女儿童健康权益得到有效保护，妇女儿童健康水平显著提升。

第一章　妇幼保健机构

妇幼保健组织体系由妇幼保健院（所、站），妇女儿童医院，综合医院内设的妇科、产科、儿科，疾控中心、乡镇卫生院、社区卫生服务中心内设的预防保健科（室）构成。本章仅记妇幼保健院（所、站），其他机构记于本志相关篇章。

第一节　妇幼保健院

一、机构设置

1986—2005 年全省妇幼保健院（所、站）设置情况见表 5—1。

1986—2005 年四川省妇幼保健院（所、站）统计表

表 5—1

年　份	妇幼保健院（所、站）（个）	床位（张）
1986	233	3345
1987	—	3463
1988	—	3634
1989	—	3729
1990	—	3781
1991	233	3860
1992	233	3928
1993	233	4026
1994	234	4166
1995	243	4379
1996	248	4346
1997	201	3509
1998	202	3652
1999	202	3677
2000	200	3928

续表5—1

年　　份	妇幼保健院（所、站）（个）	床位（张）
2001	200	4219
2002	204	4299
2003	198	4501
2004	196	4786
2005	197	5016

2002 年和 2005 年全省妇幼保健机构基本情况见表 5—2。

2002 年、2005 年四川省妇幼保健机构基本情况统计表

表 5—2

年　份	机构数（个）	人员数（人）	业务用房面积（平方米）	固定资产（万元）	设备资产（万元）	床位数（张）
2002	198	10248	404169	44727	12764	4244
2005	199	10380	442182	75769	23005	5621

二、机构等级

1998 年，全省启动市（地、州）妇幼保健机构等级评审，即对其执业活动、管理水平、服务质量、医德医风等进行综合评审，按照一级、二级、三级三个级别和甲等、乙等、丙等三个等次进行评定。1998 年 12 月，攀枝花市妇幼保健院在全省第一个通过二级甲等妇幼保健院评审。2000 年，成都市妇幼保健院被评为四川省首家三级甲等妇幼保健院。2001 年，甘孜州妇幼保健院被评为民族地区第一所二级甲等妇幼保健院。2002 年和 2003 年，南充、德阳、简阳市妇幼保健院，成都市金牛区、彭州市、崇州市妇幼保健院通过二级甲等妇幼保健院评审，成都市青羊区妇幼保健院通过二级乙等妇幼保健院评审。截至 2005 年 1 月，全省共评出三级甲等妇幼保健院 2 所，二级甲等妇幼保健院 3 所，二级乙等妇幼保健院 3 所。

1999—2005 年四川省二级、三级妇幼保健机构一览表

表 5—3

序号	单　　位	评审时间	等级	发文认定时间	认定文号
1	成都市妇幼保健院	2000. 12. 23—24	三甲	2001. 2. 13	川卫基妇发〔2001〕5 号
2	自贡市妇幼保健院	1999. 12. 14—16	二甲	2000. 1. 6	川卫妇发〔2000〕1 号
3	攀枝花市妇幼保健院	1998. 12. 22—24	二甲	1999. 3. 16	川卫基妇发〔1999〕2 号
		2004. 11. 18—19	三甲	2004. 12. 27	川卫办发〔2004〕354 号
4	宜宾市妇幼保健院	1999. 11. 10—12	二乙	2001. 2. 13	川卫基妇发〔2001〕5 号
5	达州市妇幼保健院	2000. 12. 8—9	二乙	2001. 2. 13	川卫基妇发〔2001〕5 号

续表5—3

序号	单　位	评审时间	等级	发文认定时间	认定文号
6	甘孜藏族自治州妇幼保健院	2000. 10. 31—11. 3	二甲	2001. 2. 13	川卫基妇发〔2001〕5 号
7	南充市妇幼保健院	2002. 12. 25—27	二乙	2003. 4. 4	川卫办发〔2003〕50 号
8	简阳市妇幼保健院	2002. 12. 28—29	二甲	2003. 4. 4	川卫办发〔2003〕50 号
9	德阳市妇幼保健院	2003. 11. 26—27	二甲	2004. 1. 7	川卫办发〔2004〕2 号
10	金牛区妇幼保健院	2003. 12. 26—27	二甲	2004. 1. 7	川卫办发〔2004〕2 号
11	崇州市妇幼保健院	2004. 2. 20—21	二甲	2004. 5. 8	川卫办发〔2004〕92 号
12	青羊区妇幼保健院	2004. 3. 23—24	二乙	2004. 5. 8	川卫办发〔2004〕92 号
13	彭州市妇幼保健院	2004. 4. 13—14	二甲	2004. 5. 8	川卫办发〔2004〕92 号
14	金堂县妇幼保健院	2004. 12. 23	二甲	2004. 12. 27	川卫办发〔2004〕354 号
15	阆中市妇幼保健院	2005. 1. 29	二甲	2005. 2. 3	川卫办发〔2005〕34 号

三、爱婴医院

1989 年，世界卫生组织和联合国儿童基金会向全世界发起“创建爱婴医院，促进母乳喂养”的爱婴行动，并制定《促进母乳喂养成功的十条措施》和《国际母乳喂养代用品销售守则》，把认定、保护、促进和支持母乳喂养作为实现 20 世纪 90 年代国际儿童健康和营养目标的一项决定性措施。中国政府承诺实施这项要求，在《中华人民共和国母婴保健法》和“两纲”中明确在全国开展创建爱婴医院活动。

1992 年，成都市和重庆市率先在全省妇幼保健机构、综合医院妇产科及儿科开展创建“爱婴医院”和“母婴同室”试点。同年，成都市妇幼保健院通过评审，在全国获得首批世界卫生组织、联合国儿童基金会、卫生部授予的“爱婴医院”称号。

1994 年，省卫生厅先后印发《关于创建爱婴医院的有关通知》《关于创建爱婴医院有关政策问题的通知》等 8 个配套文件，省创建爱婴医院技术指导组成立。8 月，在全省范围内开展声势浩大的“促进母乳喂养，创建爱婴医院”宣传活动，发宣传资料 10 万多份，接受义诊和咨询 8 万多人次，收到支持者签名 58786 人（其中党政各级领导 230 人，有关负责人 1550 人，医务人员 57236 人），在各地报刊发表宣传文章 120 余篇。成都市 5000 余名医务人员参加母乳喂养签名活动，副省长徐世群参加活动并题词“全社会都来支持母乳喂养”。各级政府和相关部门为创建爱婴医院的单位投入资金约 1000 万元，仅成都市政府就投入 200 万元。同年，全省爱婴医院达到 35 所，位居全国前列。

1995 年，进一步加强母乳喂养指导，实行 24 小时母婴同室，早开奶，按需哺乳，4—6 月内实行母乳喂养，抵制奶瓶、奶头、奶粉；提高产科工作质量，加强业务管理，改善服务条件；举办培训与复训爱婴医院评估员学习班，派有关专家下基层督导和预评，促进创建爱婴医院。全年新创爱婴医院 89 所，历年累计达到 166 所，总数位居全国第二。成都市人民政府获得联合国儿童基金会和中国—加拿大儿童基金会及卫生部授予的“全国创建爱婴医院十佳成绩突出市”奖牌。

1996 年，成都市人民政府提出“创建爱婴市”，制定《成都市爱婴市标准》《成都市创建爱婴市行动计划》，将创建爱婴市纳入政府目标管理，并组织有关人员深入区（县）单位检查督导。

1997 年，成都市成为全省第一个爱婴市。是年，全省新创建爱婴医院 50 所。仪陇县、成都锦江区、广安县妇幼保健院被加拿大—中国儿童健康基金会确定为首批“爱婴中心”建设单位。

1998 年，全省新创建爱婴医院 42 所，爱婴卫生院 10 所。

2002 年，省卫生厅组织专家编写《爱婴医院管理培训教材》，分别在自贡、乐山、绵阳、南充四市举办爱婴医院管理培训班，培训全省卫生行政管理干部和医疗保健机构产儿科、护理专业人员 1000 余人。各市（州）逐级培训，累计培训人员达 2 万人次。聘任省市爱婴医院评估人员，组织省级评估员 33 人，市（州）评估员 106 人，对市（州）108 所爱婴医院进行交叉检查，合格 88 所，占 81.5%；基本合格 17 所，占 15.7%；限期整改 3 所，占 2.8%。开展“健康妈妈和健康宝宝”为主题的宣传活动，制作专题宣传栏 1268 期，标语挂牌 220 幅，印发母乳喂养知识的宣传资料 41 万份。当年全省新创爱婴医院 28 所，爱婴卫生院 55 所。

2004 年，省卫生厅提出“各级卫生部门要加强爱婴医院复查工作”，要求“以县为单位爱婴医院的年复查率不低于 50%”。各市（州）按照卫生部《爱婴医院评估复查标准》《爱婴医院管理监督指南》和《四川爱婴医院管理培训教材》等标准逐条检查、打分进行复查评审。当年新创爱婴医院 21 所，爱婴乡镇卫生院 41 所。

1992—2005 年，全省共创建爱婴医院 468 所，爱婴卫生院 244 所。

1992—2005 年四川省爱婴医院统计表

表 5—4　　　　单位：个

年　份	综合医院	专科医院	妇幼保健院	乡镇卫生院	合　计
1992	—	—	1	—	1
1993	—	1	1	—	2
1994	6	1	28	—	35
1995	39	1	49	—	89
1996	28	1	21	—	50
1997	37	3	20	—	60
1998	25	8	9	10	52
1999	23	7	16	13	59
2000	13	11	8	24	56
2001	16	5	7	36	64
2002	21	4	3	55	83
2003	13	5	7	39	64
2004	9	9	3	41	62
2005	6	3	0	26	35
合计	236	59	173	244	712

说明：统计数据不含重庆直辖市所辖机构数

第二节 四川省妇幼保健院

1987年，全国妇幼卫生工作会议要求全国所有省份必须在1990年前建立省级妇幼保健院。四川是尚未建立省级妇幼保健机构的三省之一，参加会议的副省长韩邦彦当即表态尽快建立四川省妇幼保健院。

1988年4月19日，省政府批复同意成立四川省妇幼保健院，主要承担全省妇幼保健和计划生育技术指导，开展科学研究，培训在职妇幼保健人员，协助医学院校培养高级妇幼卫生医师。暂核定事业编制10名。10月，省妇幼保健院在省卫生厅招待所挂牌成立。

1996年11月，位于成都市金牛区抚琴西路的省妇幼保健院保健培训大楼投入使用。

1998年5月6日，妇产科、儿科、计划生育、儿童保健等门诊业务正式开业。

1999年1月5日，妇产科、儿科开展住院服务，设母婴同室病床20张，综合病床10张。

2001年12月成立生殖中心，主要开展不孕不育症的诊断和治疗、染色体检查、精液常规检查、精子形态检查、生殖激素检查、习惯性流产病人的诊断与检查、辅助技术服务、宫颈糜烂治疗等。2002年8月开始试管婴儿服务，2003年6月临床妊娠成功，2004年3月首例试管女婴诞生。

2002年7月，增挂“四川省妇幼卫生信息中心”牌子。

2003年4月，增挂“四川省新生儿疾病筛查中心”牌子。10月，增挂“四川省妇女儿童医院”牌子。

2005年6月，在成都市结核病防治院武侯区晋阳社区医院工程用地建立医院新区。

2005年底，内设妇科、产科、儿科、内科、妇女保健科、儿童保健科、口腔科、检验科、药房、B超、计划生育科等22个业务科室，办公室、组织人事科、财务科、医护部、保健部、信息科等12个职能部门，建有四川省围产保健重点学科实验室。住院床位126张。全院有职工261人，其中高级职称40人，研究生以上学历占8.05%。有卫生部生殖健康专家组专家1人，国家妇幼保健中心专家咨询委员会专家1人，享受国务院政府特殊津贴专家1人，四川省学术技术带头人1人。中国妇女保健学会围产保健学组、四川省预防医学会妇幼保健专委会和四川省卫生信息学会妇幼卫生信息专委会挂靠于省妇幼保健院。

图5-1 四川省妇幼保健院外景

省妇幼保健院先后获得世界卫生组织、联合国儿童基金会、国家卫生部联合授予的“爱婴医院”称号，中华妇女联合会颁发的全国“巾帼文明岗”“全国维护妇女儿童权益贡献奖”，被评为中国医学基金会杨崇瑞妇幼卫生奖励基金先进单位、省级文明单位等。

开业初期，由于资金缺乏，仅购置了10余台万元以上的医疗设备。随着业务的不断发展，2000—2005 年，相继购进胎儿监护仪、麻醉机、宫腔镜、腹腔镜、全自动生化分析仪、B 超、彩超、细胞遗传工作台等万元以上医疗设备 40 余台；万元以上的信息设备 16 台。截至 2005 年，投资各种医疗、信息、后勤等设备设施合计金额达 2200 多万元。

1998 年、2005 年四川省妇幼保健院设备一览表

表 5—5

1998 年		2005 年	
医院设备总值	主要设备	医院设备总值	主要设备
19 余万元	空调、台式电脑、电热鼓风干燥箱、展示冰柜、光固化机、银汞调拌机、口腔打磨机、空压机、儿童口腔治疗台、音箱、调音器、OK 机、功放、VCD、彩色电视机、投影仪等	1230 余万元	服务器、洗片机、胎儿监护仪、磁带阵列、路由器、双机容错软件、麻醉机、细胞遗传工作台、显微镜、程序降温仪、CO_2 培养箱、电子精密天平、腹、宫腔镜、耳声发射听力诊断系统、耳声发射听力筛查系统、心电监护仪、热空气消毒箱、婴儿辐射保暖台、超级工作台、除热源超纯水系统、显微操作系统、恒温试管架、B 超、除颤器、TCT 制片机、时间分辨荧光仪、B 超、电动手术台、电子阴道镜、投影仪、彩超、激光打印机、酶免工作站、全自动生化分析仪、马自达救护车、磁分离激表测定系统、呼吸机、LG 四通道凝血因子分析仪、笔记本电脑、X 光机、投影仪、惠普服务器、经皮黄疸测试仪、摄像机、复印机、中央监护系统（1 带 4 监护仪）、冷光源手术灯、婴儿流量系统、监控系统、中国儿童青少年骨龄评测系统、多媒体触摸屏、多参数监护仪、西门子 B 超等

省妇幼保健院一直承担全省在职妇幼保健人员培训任务，详情见表 5—6。

1988—2005 年四川省妇幼保健人员培训情况一览表

表 5—6

年　份	培训项目	培训人员
1988—1994	中国农村妇幼卫生示范县扩展县项目、中国基层妇幼卫生计划生育服务项目、中国儿童急性呼吸道感染管理	
1995	“卫Ⅵ”项目培训班 2 期、20 个合作项目县第三轮教材市（地、州）县师资培训班 2 期、创建爱婴医院师资培训班、母婴保健法培训班、新生儿破伤风类毒素突击接种培训班、“三网合一”检查培训班	
1996	四川省妇幼卫生统计年报培训班、四川省“卫Ⅵ”项目健康教育及临床知识培训班 2 期、四川省 1996—2000 年加强中国基层妇幼卫生/计划生育服务项目第一轮临床知识县级师资培训班 2 期	培训人员 210 余人次

续表5—6

年　份	培训项目	培训人员
1997	妇幼卫生社区服务需求调查培训、卫生人力发展项目培训班	培训100余人
1998	四川省提高妇幼卫生服务能力项目县级师资培训班2期、四川省“卫Ⅵ”项目第二批教材市地师资培训班2期、社区儿童营养缺乏病管理培训班、新法接生和预防新生儿破伤风培训班	培训人员117人次
1999	四川省项目县健康教育培训班，四川省儿科临床及儿保医师营养知识更新班，四川省妇幼系统无痛分娩、无痛引产适宜技术培训班，四川省妇幼保健机构产儿科临床护理培训班，四川省生殖健康项目培训班	培训21个市（地、州）、81个县254名妇幼卫生人员
2000—2001	培训“降低孕产妇死亡率、消除新生儿破伤风”项目3期，四川省21市（地、州）125个县480名妇幼卫生人员、四川省加强中国基层妇幼卫生服务合作项目第四轮培训教材县级师资培训班2期	
2002	四川省婚前保健医师培训班2期、四川省儿科医师培训班、新生儿危重症抢救培训班、中澳项目巴中地区妇幼医师培训班2期	培训人员466人次
2003	托幼机构调查培训班、胎儿畸形超声诊断培训班、妇科微创技术培训班、新生儿窒息复苏培训班、“降消”项目驻县专家培训班	培训21个市（地、州）、26个县250人次
2005	“降消”项目管理培训班、孕产妇分娩管理培训班、产科出血妊娠危险因素识别与转诊指征培训班、新生儿窒息复苏培训班、计算机项目信息管理培训班	培训人员491人次

第三节　市级妇幼保健院

2005年，全省共有市级妇幼保健院（所）20个，即：成都市、绵阳市、自贡市、攀枝花市、泸州市、德阳市、广元市、遂宁市、内江市、乐山市、资阳市、宜宾市、南充市、达州市、雅安市、广安市、巴中市、甘孜藏族自治州、凉山彝族自治州妇幼保健院，阿坝藏族羌族自治州妇幼保健所。

一、成都市妇幼保健院

创建于1944年6月，前身为四川省立妇婴保健院。1993年9月获世界卫生组织（WHO）、联合国儿童基金会（UNICEF）、卫生部联合授予的首批国家级“爱婴医院”称号。2000年被评为三级甲等妇幼保健院。其更年期妇女保健指导中心是四川省医学甲级重点专科。2005年在岗职工435人，其中专业技术人员381人（高级职称40人，中级职称134人），研究生7人（其中博士1人）。床位153张。

先后获得“四川省妇幼卫生先进单位”“省卫生系统先进单位”“省文明医院”、成都市“优质服务示范单位”“全国青年文明号”等称号。

二、攀枝花市妇幼保健院

始建于1980年，原名攀枝花市妇幼保健站，1995年更名为攀枝花市妇幼保健院。2002年在岗职工224人，其中高中级以上职称62人，硕士研究生4名，市级有突出贡献专家1名，省学术技术带头人后备人选1名。1994年在全市首家创建“爱婴医院”，1998年建成“二级甲等”妇幼保健院，2004年12月建成“三级甲等”妇幼保健院。特色专科有妇女保健科、高危妊娠门诊、更年期保健门诊、青春期保健门诊、乳腺保健门诊、儿童保健科、儿童口腔保健中心、儿童五官保健科、儿童早期教育与潜能开发门诊、儿童矮小门诊、生殖健康科等。年门诊量20万余人次，年住院5000余人次。

至2005年，开展科研课题17项，获市科技进步二等奖1项、三等奖1项、四等奖1项。开展新技术和新项目30余项。

先后获得“全国卫生系统先进集体”“全国妇幼卫生工作先进单位”“四川省文明服务示范窗口单位”、四川省卫生系统“讲文明树新风”先进集体、“四川省创建文明行业工作先进窗口单位”等称号。

1986年，攀枝花市妇幼保健院设备总值不到8万元，2000年末，设备总值已达450余万元。2001—2005年，根据各科室业务需要，筹资1000余万元购置设备。2004年，建立医院网站，院内实现网络化管理，对全院计算机系统统一更新升级换代。2005年，拥有万元以上医疗设备70台，10万元以上设备21台，其中50万元以上设备2台、100万元以上设备1台，设备总值1200余万元。

不同年份攀枝花市妇幼保健院设备一览表

表5—7

1986年		1990年		1995年		2000年		2005年	
医院设备总值	主要设备	医院设备总值	主要设备	医院设备总值	主要设备	医院设备总值	主要设备	医院设备总值	主要设备
7.9万元	干燥箱、双目显微镜、照相显微镜	18.6万元	三氧机、远红外线抢救台、牙科治疗机、牙科打磨机	73.8万元	培养箱、周林频谱仪、兰光箱、胎儿监护仪、尿八项分析仪、麻醉机、B超、半自动生化分析仪	457.8万元	万元心电监护仪、心电图机、脐血流检测仪、乳腺诊断仪、尿十项分析仪、宫腔镜	1274.8万元	彩色多普勒超声诊断仪、多功能盆腔治疗仪、腹腔镜、骨密度仪、内窥式流产吸引系统、脑电图机、微生物分析仪、掌式血气分析仪、远程监护系统、全自动生化分析仪

三、自贡市妇幼保健院

建于1953年。1994年成为该市首家“爱婴医院”，1999年被评为二级甲等妇幼保健院。先后增挂“自贡市妇女儿童医院”“自贡市生殖医学研究所”、四川省新生儿疾病筛查自贡分中心、美国心连心自贡市“新生儿窒息复苏培训中心”牌子。内设31个临床科室和医技科室。妇产科是自贡市卫生系统重点专科，试管婴儿的成功诞生填补了川南生殖医学空白。2005年在岗职工319人，其中高中级以上职称124人。开放床位128张。年收治住院病人6000余人次，年门诊量18余万人次。

先后获得“全国巾帼文明示范岗”“省文明医院”“省级文明单位”等称号。

1985年购置一台200毫安X光机，后又陆续添置B超、心电图机、日本光电胎监等设备，总价值不超过15万元。1994年以后，陆续引进一批专科设备，包括彩色多普勒、宫腹腔镜、婴儿高压氧、全自动生化仪、血球计数仪等设备。至2005年，共有设备100余台件，总价值400万元。

不同年份自贡市妇幼保健院设备一览表

表5—8

1986年		1990年		1995年		2000年		2005年	
医院设备总值	主要设备	医院设备总值	主要设备	医院设备总值	主要设备	医院设备总值	主要设备	医院设备总值	主要设备
2万余元	200毫安X光机	15余万元	心电图机，日本光电胎监，B超	20余万元	心电监护仪，B超	约200万元	彩色多普勒、全自动生化仪、血球计数仪、500毫安X光机	400万元	宫腹腔镜、生殖医学辅助设备

第二章　妇幼保健法规制度

第一节　地方性法规与行政规章

1996 年 8 月 19 日，省人大八届二十二次常委会会议通过《四川省〈中华人民共和国母婴保健法〉实施办法》。2001 年 3 月 30 日省人大九届二十二次常委会会议通过《关于修改〈四川省〈中华人民共和国母婴保健法〉实施办法〉的决定》，对实施办法进行第一次修正。2002 年 3 月 30 日省人大九届二十八次常委会会议通过《关于修改〈四川省〈中华人民共和国母婴保健法〉实施办法〉的决定》，对实施办法进行第二次修正。修正后的实施办法规定："母婴保健技术服务主要包括下列事项：有关母婴保健的科普知识宣传、教育和咨询；婚前医学检查；产前诊断和遗传病诊断；助产技术；实施医学上需要的节育手术；新生儿疾病筛查；孕产妇保健、儿童保健及母婴康复；有关生育、节育、不育的其他生殖保健服务。""县级以上地方人民政府卫生行政部门主管本行政区域内的母婴保健工作，制定母婴保健工作发展规划和计划，组织推广母婴保健及其他生殖健康的适宜技术，对母婴保健工作实行分级分类指导，并实施监督管理。"随后，省卫生厅举办有 21 个市（州）、项目县、改革试点县的卫生局分管局长、科长、保健院长及省级有关医疗保健机构负责人参加的《母婴保健法》培训班，培训重点是转变职能，依法行政，依法服务，依法管理。组织部分市（州）卫生局分管局长、县卫生局分管局长、妇幼保健院长等 400 余人参加《母婴保健法》执法检查，对发现的问题提出整改意见，对违法行为进行处罚。

1995 年 7 月 13 日，省政府第 39 次常务会议通过《四川省婚前医学检查管理办法》。2001 年 12 月 17 日省政府第 70 次常务会议通过《四川省人民政府关于修改〈四川省婚前医学检查管理办法〉的决定》。修改后的办法规定："县级以上（含县级，下同）卫生行政部门是婚前医学检查的监督管理部门。各级婚姻登记机关在职责范围内配合卫生行政部门做好婚前医学检查的监督工作"；"婚前医学检查机构是指：具有婚前医学检查条件的各级妇幼保健机构；经县级以上卫生行政部门批准并登记注册的其他医疗保健机构"；"婚前医学检查机构必须符合国务院卫生行政部门规定的条件和技术标准，经县级以上卫生行政部门验收合格并颁发许可证后，才能开展婚前医学检查"；"婚前医学检查机构的医务人员，必须经县级以上卫生行政部门考核合格，取得合格证后，才能从事婚前医学检查。"

第二节　规范性文件与技术标准

1995 年 2 月 16 日，印发《四川省托儿所幼儿园卫生保健管理办法实施细则》。2 月 23 日，印发

《四川省农村孕产妇系统保健管理办法》《四川省散居儿童系统保健实施细则》和《四川省节育技术管理细则》。

1996年9月，印发《四川省婚前保健单位执业评审标准》《婚前医学检查标准》《产前技术标准》《遗传病诊断标准》《新生儿疾病筛查技术标准》《儿童弱视防治技术服务规范》等7个规范性执法技术服务标准。

2000年，全省开始实施“降低孕产妇死亡率和消除新生儿破伤风”项目，省卫生厅先后制定《四川省城市孕产妇保健管理办法》《四川省农村孕产妇保健管理办法》《四川省城市孕产妇急救转诊工作规范（试行）》《四川省县级高危妊娠管理办法（试行）》《四川省催产素引产常规（试行）》等。同年，制定《四川省散居儿童系统保健管理办法》《四川省乡镇卫生院儿科工作规范（试行）》。

2001年3月4日印发《四川省乡镇卫生院产科工作规范（试行）》《四川省乡镇卫生院儿科工作规范（试行）》《四川省乡镇卫生院急诊工作规范（试行）》，11月25日印发《出生医学证明管理办法》。

2003年，印发《四川省产前诊断技术管理实施办法》和《四川省婚前保健机构职业评审标准》。

2004年5月8日，印发《产前诊断技术管理实施办法》。

2005年，修订《四川省乡镇卫生院急救工作规范（试行）》《四川省乡镇卫生院产科工作规范（试行）》，拟定《四川省县级高危妊娠管理办法（试行）》《四川省孕产妇急救转诊工作规范（试行）》《四川省产后出血及失血性休克诊疗常规（试行）》《四川省催产素催产常规（试行）》《四川省催产素引产常规（试行）》《四川省乡镇卫生院基本要求（试行）》《四川省县级孕产妇抢救中心的基本要求（试行）》《四川省乡级产科人员基本操作技能要求（试行）》《四川省县级产科质量标准（试行）》《四川省乡级高危孕产妇转诊指征（试行）》等管理规范。

省卫生厅还结合贯彻国家《医疗机构管理条例》和《医疗机构评审办法》，先后制定《四川省妇幼保健机构评审办法》《四川省妇幼保健机构评审细则》《四川省少数民族地区妇幼保健机构评审办法和标准》《四川省妇幼保健机构产科标准》等。

第三节　妇幼保健工作制度

1986—2005年，全省各地妇幼保健院结合业务工作实际，陆续制定和完善相关制度，内容涵盖围产儿死亡评审、孕产妇死亡评审、女职工保健、产后康复、妇女营养、片区儿童管理、集体儿童保健、婚前医学检查诊断、妇女心理咨询、出生缺陷干预监测、新生儿安全管理等。

省妇幼保健院制定《产房新生儿安全管理制度》，规定：“新生儿出生时助产者、巡回护士做到七查对（对母亲姓名、年龄、床号、住院号、新生儿出生时间、新生儿性别、产伤和外观），核对无误后，填写《新生儿记录（附件）》，巡回护士盖新生儿足印于记录上（盖足印时男左女右）。产后2小时由护士护送产妇及其新生儿回母婴同室区（产妇及其新生儿同时护送），同病区护士、产妇或其授权委托人交接查对母亲信息、新生儿胸牌和手腕带信息无误，并在病历新生儿脚印处三方签字，家属留指纹确认。”制定《出生缺陷管理制度》，规定：“对在医院出生的妊娠满28周至出生后7天的围产儿，包括活产儿、死胎、死产儿进行监测，发现并明确出生缺陷诊断，并登记上报；对妊娠未满28周的引、流产胚胎，无论是否有医学指征，均应尽可能的鉴别性别、明确畸形诊断，做好登记及上报；因医学指征需终止妊娠的患者，医师应在病历上明确诊断及终止妊娠的指征。系产前诊断畸形的，应有具备产前诊断资质机构出具的诊断和处理意见。严格遵循知情告知原则，做好医患沟通及记录，并签署相应的‘知情同意书’。”制定《新生儿病室火灾处理和人员疏散应急预案》，规定：“火灾现场患儿的疏散方法：新生儿病室护士每人抱离一名患儿或者用婴儿车将多名患儿疏散到安全地带，同时呼唤其他医护人员协助；护士将暖箱及箱内新生儿推离病房，无法移动暖箱则用包被包裹新生儿后抱离火场；医师对需要呼吸机支持的患儿用呼吸面罩支持情况下逃离。”

攀枝花市妇幼保健院制定《女职工保健工作制度》，规定：“根据院内要求做好妇女病查治工作；开展不同形式的‘五期’保健宣传咨询工作。”制定《集体儿童保健工作制度》，规定：“督促幼儿园所保健医做好入托儿童，保教人员，炊管人员的健康档案，建立保健制度，晨检等制度并组织落实；定期检查碗、水杯、毛巾、卧室、玩具等消毒情况，杜绝传染病流行。如发生传染病应及时上报并组织消毒、隔离、疏散、救治患儿工作。”制定《婚前医学检查诊断制度》，规定：“根据检查诊断，依据分类指导标准，分别为受检者出具合格、暂缓和不宜生育的医学检查证明。对暂缓结婚、不宜生育者提供医学指导咨询及随访，并进行专册登记。”

自贡市妇幼保健院制定《妇女心理咨询门诊工作制度》，规定：“了解妇女‘五期’生理、心理变化特点，有针对性的开展妇女心理咨询指导；尊重患者的知情权、选择权，保护病人隐私。”制定《出生缺陷干预监测制度》，规定：“广泛开展预防出生缺陷知识宣传教育；加强婚前医学检查管理，提高婚前医学检查率；开展产前诊断与产前筛查技术，预防有缺陷的胎儿出生；积极推行新生儿筛查，早期发现先天性、遗传性疾病，早期干预，减轻残障率；实行登记报告制度，及时了解掌握当地出生缺陷的发生情况，并做好登记上报工作；对孕期发现缺陷的胎儿及出生缺陷的婴儿家庭提供信息服务；大力推广预防出生缺陷的新技术、新方法、新产品，加强推广工作的指导和管理。”

第三章　妇幼卫生监测

第一节　出生缺陷监测

1986 年，华西医科大学受卫生部委托牵头负责系统研究四川省出生缺陷发生原因。1989 年，全省有重庆市九龙坡区、绵竹县、名山县、开江县、汶川县 5 个国家级出生缺陷监测点，13 个省级监测点，89 所医院出生缺陷监测单位。此后，监测单位逐步增加，2005 年共有 110 家医疗保健单位参与监测。

1991 年监测点畸形发生率为 6.03‰，低于 1982 年的 18.78‰和 1990 年的 8‰；1993 年畸形发生率 5.84‰，明显低于往年畸形发生率。2002 年出生缺陷发生率为 70.09/万，较 2001 年略有上升，但低于全国水平 111.17/万。2003—2005 年，全省出生缺陷发生率呈逐年增加趋势，城市高于农村，男性高于女性。2003—2005 年，全省主要先天畸形发生率前三位：为多指（趾）、总唇裂、外耳及其他畸形，先天性心脏病由 2004 年第 5 位上升到 2005 年第 4 位。

2001—2005 年四川省主要先天畸形发生率（1/万）统计表

表 5—9

指标＼年份	2001	2002	2003	2004	2005
多指（趾）	9.3	9.2	7.4	10.5	16.0
总唇裂	11.3	11.4	15.4	15.6	15.8
外耳及其他畸形	4.9	7.0	9.0	8.9	14.3
先天性心脏病	2.6	2.7	3.7	5.3	6.0
腭裂	—	—	2.1	4.9	5.8
并指（趾）	2.5	1.5	3.7	5.8	5.4
先天性脑积水	4.1	2.2	2.4	4.4	5.3
肢体短缩	3.8	5.5	5.3	3.6	4.5
神经管缺陷	1.7	4.7	1.8	4.2	4.4
尿道下裂	1.5	1.7	3.7	3.8	4.2
马蹄内翻足	5.8	2.2	5.3	4.5	3.6

2001—2005 年四川省前五位先天畸形发生率（1/万）统计表

表 5—10

年份 / 死因顺位	2001	2002	2003	2004	2005
第一位	总唇裂 11.3	总唇裂 11.4	总唇裂 15.4	总唇裂 15.6	多指（趾）16.0
第二位	多指（趾）9.3	多指（趾）9.2	外耳及其他畸形 9.0	多指（趾）10.5	总唇裂 15.8
第三位	马蹄内翻足 5.8	外耳及其他畸形 7.0	多指（趾）7.4	外耳及其他畸形 8.9	外耳及其他畸形 14.3
第四位	外耳及其他畸形 4.9	肢体短缩 5.5	肢体短缩 5.3	并指（趾）5.8	先心病 6.0
第五位	先天性脑积水 4.1	神经管畸形 4.7	马蹄内翻足 5.3	先心病 5.3	腭裂 5.8

2003—2005 年四川省出生缺陷特征发生率（1/万）与全国比较表

表 5—11

指标	年份	2003	2004	2005
全国		129.79	128.38	138.96
全省		81.70	93.80	103.50
出生地	城市	71.70	94.80	121.80
	农村	93.50	92.90	87.80
性别	男性	95.10	104.80	112.80
	女性	64.40	77.60	89.40

第二节　孕产妇死亡监测

1989 年，启动孕产妇死亡监测，全省共设 18 个国家级孕产妇死亡监测点，其中城市监测点 5 个（成都市西城区、重庆市中区、自贡市贡井区、内江市中区、涪陵市），农村监测点 13 个（崇庆县、盐边县、纳溪县、绵竹县、安县、犍为县、名山县、阆中市、高县、奉节县、开江县、汶川县、会理县）。监测结果为：孕产妇总死亡率为 133.9/10 万，其中城市死亡率 80.4/10 万，占总死亡率 15.4%，农村死亡率 152.5/10 万；死亡原因：产科出血占 56.4%，其中城市 34.8%，农村 60.5%；产褥期感染占 10.19%，其中城市 8.7%，农村 10.3%；妊高症、肝病、心脏病分别位居第三位、四位、五位。

2000 年，以降低孕产妇与婴儿死亡率为重点，以实施项目为手段，落实“降低两率”工作。当年，全省孕产妇和婴儿死亡率分别降低到 88.2/10 万和 43‰。

2001—2005 年，监测数据显示全省和城市孕产妇死亡率呈上升趋势，农村略有下降，全省孕产妇死亡率仍高于全国。孕产妇死亡主要原因是产科出血、产褥感染、妊高症、妊娠合并内科疾病。

2001—2005 年四川省孕产妇死亡率（1/10 万）与全国比较表

表 5—12

城市＼年份	2001	2002	2003	2004	2005	增减幅度（%）	
						2004—2005 年	2001—2005 年
全国	50.2	43.2	51.3	48.3	47.7	-1.2	-5.0
城市	33.1	22.3	27.6	26.1	25.0	-4.2	-24.5
农村	61.9	58.2	65.4	63.0	53.8	-14.6	-13.1
全省	66.5	75.4	76.0	78.2	75.1	-4.0	12.9
城市	38.3	46.3	58.7	71.3	71.7	0.6	87.2
农村	80.5	84.6	82.3	79.8	75.9	-4.9	-5.7

2001—2005 年四川省孕产妇死亡原因构成（%）统计表

表 5—13

死因＼年份		2001	2002	2003	2004	2005
直接产科	产科出血	63.2	55.8	65.2	64.7	61.9
	妊高症	4.4	5.8	8.7	8.8	7.2
	羊水栓塞	5.9	12.8	3.3	2.9	3.1
	产褥感染	4.4	3.5	5.4	2.0	3.1
间接产科	心脏病	1.5	8.1	4.3	9.8	7.2
	肝病	4.4	1.2	3.3	1.0	1.0
	其他	11.8	10.5	9.8	10.8	10.5
	不详	4.4	2.3	0.0	0.0	0.0

2003—2005 年四川省孕产妇死亡评审情况统计表

表 5—14

评审年度	实评病例总数	可避免病例数	不可避免病例数	前五位死因
2003 年度监测点死亡病例进行评审（自然年度进行评审）	96	89	7	1. 胎盘滞留　2. 产后宫缩乏力　3. 妊高征　4. 子宫破裂　5. 异位妊娠
2004 年度监测点孕产妇死亡病例进步评审（自然年度进行评审）	102	98	4	1. 产后宫缩乏力　2. 胎盘滞留　3. 妊高征　4. 子宫破裂　5. 风心病
2005 年度监测点孕产妇死亡病例进步评审（自然年度进行评审）	100	91	9	1. 产后宫缩乏力　2. 胎盘滞留　3. 妊高征　4. 子宫破裂　5. 软产道裂伤

第三节　5岁以下儿童死亡监测

1991年，绵竹县、名山县、开江县、汶川县、重庆市九龙坡区5个县（区）参加全国5岁以下儿童死亡监测。

1991—1995年四川省5个国家级监测点5岁以下儿童死亡率（‰）监测统计表

表5—15

年份	活产数	死亡数			新生儿死亡率	婴儿死亡率	5岁以下儿童死亡率
		0岁	<28天	0—4岁			
1991	5349	238	147	281	48.00	44.49	52.53
1992	5278	160	106	212	20.08	30.31	40.17
1993	5170	119	69	157	13.35	23.02	30.37
1994	4059	99	65	126	16.01	24.39	31.04
1995	4811	71	45	95	9.35	14.76	19.75

监测数据显示，2005年全省5岁以下儿童死亡率较历年均有所下降，低于全国平均水平；全省和农村的死亡率较2001年下降幅度较大，与2004年相比无明显变化，城市死亡率与2004年相比上升45.7%。肺炎是全省和农村5岁以下儿童死亡的首位死因，早产或低出生体重是婴儿死亡的第一位死因。

2001—2005年全国、四川省5岁以下儿童死亡率（‰）统计表

表5—16

年份／城市	2001	2002	2003	2004	2005	增减幅度（%）	
						2004—2005	2001—2005
全国	35.9	34.9	29.9	25.0	22.5	-10.0	-37.3
城市	16.3	14.6	14.8	12.0	10.7	-10.8	-34.4
农村	40.4	39.6	33.4	28.5	25.7	-9.8	-36.4
全省	35.3	27.7	33.9	18.6	18.6	0.0	-47.3
城市	12.1	18.4	15.2	9.4	13.7	45.7	13.2
农村	46.2	37.2	40.7	20.7	19.7	-4.8	-57.4

2001—2005 年四川省 5 岁以下儿童死亡率（‰）与全国比较表

表 5—17

位次 \ 地区 \ 年份	2003			2004			2005		
	全省	城市	农村	全省	城市	农村	全省	城市	农村
1	出生窒息 46.8	早产或低出生体重 26.0	出生窒息 55.0	肺炎 29.8	早产或低出生体重 21.8	肺炎 41.0	肺炎 34.4	出生窒息 32.9	肺炎 41.5
2	肺炎 38.8	出生窒息 24.1	肺炎 46.9	早产或低出生体重 27.3	出生窒息 15.1	出生窒息 32.4	早产或低出生体重 33.8	早产或低出生体重 29.3	早产或低出生体重 36.1
3	早产或低出生体重 32.3	肺炎 16.7	早产或低出生体重 34.6	出生窒息 26.1	肺炎 10.1	早产或低出生体重 30.5	出生窒息 28.5	肺炎 20.8	出生窒息 26.2
4	溺水 22.4	溺水 16.7	溺水 24.4	溺水 15.8	溺水 10.1	溺水 19.1	溺水 14.2	溺水 13.9	意外窒息 17.1
5	意外窒息 16.9	—	—	意外窒息 8.5	意外窒息 10.1	腹泻 11.4	意外窒息 14.2	意外窒息 8.7	溺水 14.4

2005 年，全省 5 岁以下儿童死亡主要以婴儿死亡为主，占 77.5%，达到历年最高点。新生儿死亡占总死亡的 55.6%；2005 年 5 岁以下儿童死亡前五位死因为肺炎、早产或低出生体重、出生窒息、溺水、意外窒息（按顺序排列），与 2004 年的死因顺位一致。

2005 年，城市 5 岁以下儿童主要死亡原因前五位：出生窒息占 23.3%；早产或低出生体重，占 20.7%；肺炎占 14.6%；溺水占 9.8%；意外窒息占 6.1%。农村死亡前五位：肺炎占 20.6%；早产或低出生体重儿占 17.9%；出生窒息占 13.0%；意外窒息占 8.5%；溺水占 7.2%。

肺炎仍然是全省和农村 5 岁以下儿童死亡的首位死因，早产或低出生体重是婴儿死亡的第一位死因。

第四章　妇幼保健临床业务

第一节　临床业务指标

1990年9月，卫生部印发《关于省级妇幼保健院办院方向的若干意见》，明确临床工作为“主要职能与工作范围”之一。省妇幼保健院和省内一些技术力量较强、设备较好的市级妇幼保健院，迅即转变传统的办院观念和发展思路，在做好保健工作的同时，大力开展与加强临床工作，包括接受下级妇幼保健机构的转诊，处理妇女、儿童高危病例，开展与妇女、儿童保健目标一致的其他临床服务，提供与妇女、儿童保健密切有关的检测技术等，妇幼卫生工作出现新的局面。

一、四川省妇幼保健院主要临床业务指标

详情见表5—18、5—19、5—20。

不同年份四川省妇幼保健院主要临床业务统计表

表5—18

指标＼年份	1999	2000	2005
门急诊人次	45704	93858	216121
住院人次	703	1949	5275
住院手术台次	195	717	2062
门诊手术台次	2956	5734	10003

1999—2005年四川省妇幼保健院妇科主要临床业务指标统计表

表5—19

指标＼年份	1999	2000	2001	2002	2003	2004	2005
门诊人次	10571	15315	13432	28141	35285	46801	50851
出院人次	93	250	459	1101	1211	1393	1291

续表5—19

年份 指标	1999	2000	2001	2002	2003	2004	2005
平均病床工作日	—	—	—	283.50	267.28	299.36	291.84
平均病床周转次数	—	—	—	46.30	51.70	55.72	51.64
病床使用率	—	55.03	45.67	77.70	75.00	98.60	79.96
阴道镜检查人次	—	—	—	—	—	—	—
微波治疗人次	—	—	—	—	—	—	—
妇科治疗人次	—	—	—	—	—	—	—
药流人次	—	—	—	—	—	—	—
LEEP 手术人次	—	—	—	—	—	—	—
妇科检查人次	—	—	—	—	—	—	—
住院手术台次	—	—	—	—	—	—	—
门诊手术台次	—	5734	6768	7635	8013	9922	10003

1999—2005 年四川省妇幼保健院儿科主要临床业务指标统计表

表 5—20

年份 指标	1999 年	2000	2001	2002	2003	2004	2005
门诊人次	8346	17979	22397	27615	30372	34728	43044
出院人次	103	489	569	458	578	1028	1366
平均病床工作日	—	—	—	214.0	253.30	335.79	391.94
平均病床周转次数	—	—	—	56.3	61.3	73.43	8035
病床使用率（%）	—	33.57	27.46	58.6	72.0	92.00	107.38

二、华西妇产儿童医院主要临床业务指标

详情见表 5—21。

1989—2005 年华西妇产儿童医院主要临床业务指标统计表

表 5—21

年　份	出院人次	门急诊人次	手术人次	平均住院日
1989	6534	170409	1894	—
1990	7221	187612	2058	15.24
1991	6809	190013	2162	18.79

续表5—21

年　份	出院人次	门急诊人次	手术人次	平均住院日
1992	6984	190924	2309	18.23
1993	7631	172987	2337	14.12
1994	8799	180835	2827	12.04
1995	11105	210448	3277	8.40
1996	12161	228647	4344	10.12
1997	13269	241354	5135	9.56
1998	13347	275850	5608	8.76
1999	15409	318050	6581	9.24
2000	17208	359407	7351	7.20
2001	16520	385488	6921	6.64
2002	18283	428719	7645	7.39
2003	20377	516979	8704	6.17
2004	22811	630562	10069	7.58
2005	22043	667329	10504	6.98

三、自贡市妇幼保健院主要临床业务指标

详情见表5—22。

1989—2005年自贡市妇幼保健院主要临床业务指标统计表

表5—22

年　份	出院人次	门急诊人次	手术人次	平均住院日
1989	1890	173927	567	7.16
1990	1796	188139	411	7.35
1991	3537	185739	413	7.70
1992	1815	171279	470	8.12
1993	2162	168412	444	7.71
1994	2129	145223	477	7.31
1995	2060	148562	561	7.30
1996	2071	146426	528	7.41
1997	3587	139949	590	7.28
1998	3564	134161	671	7.95

续表5—22

年　份	出院人次	门急诊人次	手术人次	平均住院日
1999	2436	131260	604	7.57
2000	3006	133820	654	7.08
2001	3027	132320	718	7.02
2002	3230	136430	680	6.84
2003	3303	138002	717	6.79
2004	4157	137134	850	6.77
2005	4474	143931	957	6.51

第二节　临床业务技术

一、妇科技术

（一）妇科肿瘤

在肿瘤检测方面，华西妇产儿童医院曹泽毅于20世纪80年代中期组建受体实验室，与杨泽仁等合作，开展对女性生殖系统及妇科肿瘤的检测研究，并转为临床应用。随后，彭芝兰、彭红旗等开展PCR检测技术，对HPV感染与宫颈癌相关性进行探索，与华西医大基础医学院黄光琦等应用DNA转染技术，成功分离及克隆出宫颈癌癌基因，建立宫颈癌转化细胞株，应用于宫颈癌组织P21检测，阳性率高达72.6%。继后妇科肿瘤研究室相继开展肿瘤标记物检测，CA125、CA199检测等。90年代后期，开展HC－2HPVDNA检测，早期发现宫颈癌前病变和所有的宫颈癌。在妇科肿瘤治疗方面，90年代初，曹泽毅等开展盆腔腹膜外化疗法用于妇科恶性肿瘤淋巴系转移治疗，方法简便、安全、效果可靠。1989—1994年，彭芝兰等对18例晚期大癌灶外阴癌施行外阴广泛切除及腹股深沟、浅淋巴结和盆腔淋巴结清扫术，并进行肌皮瓣外阴重建，疗效好，无并发症。同期，在国内首家引进腔镜诊断技术，对子宫内膜癌及卵巢癌开展腹主动脉旁淋巴清扫术。建立卵巢癌化疗药物三磷酸腺苷（ATP）生物荧光法，对卵巢癌细胞进行体外药敏试验，经临床70多例药物敏试，特异性达95.7%，预测准确率达89.5%，对卵巢癌在化疗上减少毒副作用，提高疗效，特别对复发癌及耐药患者的治疗意义重大，获2001年四川省科技进步二等奖。1997年，彭芝兰、王平等在国内首先开展宫颈癌局部大癌灶TBP方案静注术前化疗技术，并在省内外推广。

省人民医院妇产科于1993年发明子宫颈切割器和螺旋推进式宫颈扩张棒，获1997年国家发明专利。1998年，应用腹腔镜、宫腔镜技术逐步开展腹腔镜辅助下行改良阴式子宫切除手术等多方面临床诊断和手术治疗。2004年，与放射科合作，开展经股动脉入路行子宫动脉栓塞治疗子宫疾病的“介入”治疗技术，其微创手术对提高手术质量和术后康复有明显优势。

省肿瘤医院妇瘤科张国楠等于1996年开展新式非脱垂子宫经阴道行子宫全切除术、子宫次全切除术及子宫肌瘤切除术等子宫手术新术式，属省内领先水平。2000年起开展卵巢癌的三途径化疗，疗效显著。同年起开展宫颈癌的新辅助化疗 + 根治性手术/放疗、宫颈癌的同步放化疗等。该院省级科研课题“卵巢上皮性癌的综合治疗与预后研究”成果达到国内先进水平，获 2004 年四川省科技进步三等奖。

在肿瘤科研方面，华西妇产儿童医院彭芝兰等在 20 世纪 90 年代末进行 bcl - Xs 基因对卵巢癌进行实验基因治疗研究，促进卵巢癌细胞凋亡，达到抑制肿瘤生长作用的基因治疗方法，实验证明对卵巢癌生长抑制的效果令人满意。2002 年后，对妇科恶性肿瘤进行综合治疗研究（手术、病理、化疗等），并参加制定全国规范指南。省肿瘤医院 2005 年开展四川省宫颈癌人乳头瘤病毒（HPV）感染与分型调查研究，发现多个世界未见报道的基因突变，对研究预防宫颈癌发生的 HPV 疫苗具有重大意义。

（二）其他妇科疾病

华西妇产儿童医院于 1993 年开展革兰氏染色，线索细胞法诊断细菌性阴道炎，准确率高达 93.8%，该方法简便、快速。1998—1999 年，李尚为、韩字研等成功研制出水溶性雌三醇栓，用于治疗绝经后妇女泌尿生殖道萎缩和老年性阴道炎，疗效佳，且方便、安全。该成果 2003 年获四川省科技进步二等奖。

三台县人民医院妇产科于 1993 年 12 月首例乙状结肠代阴道形成术获得成功。1995 年 4 月成功为一农妇切除腹腔内重达 22 斤的巨大肿瘤。妇产科为一例先天性阴道闭锁患者成功开展乙状结肠代阴道形成术。

省妇幼保健院于 2002 年 4 月率先在国内开展腹腔镜下子宫阔韧带肌瘤切除术、先天性无阴道手术治疗、腹腔镜下子宫切除、腹腔镜下子宫畸形矫形、宫腔镜下子宫肌瘤电切术等手术。2003 年 7 月开展首例乙状结肠代阴道手术治疗先天性无阴道疾病，8 月开展首例陈旧会阴四度裂伤手术治疗。

二、产科技术

在产科检测监测方面，华西妇产儿童医院 20 世纪 80 年代初在西南地区最早采用 ELISA 酶免诊断技术检测人体血清中抗“TORCH”（弓形虫、风疹病毒、巨细胞病毒、单纯疱疹 I/11 型及其他病毒）病原体的特异性抗体 IgG 及 IgM，用于早期筛查 TORCH 综合症患者，减少孕妇流产、死胎及出生后严重智障。张光玗、李维敏、熊庆在国内率先开展产时直接法胎儿心电图监护，首次应用胎儿电子监护仪进行连续胎心电子监护，了解胎儿宫内状况，同时开展宫腔内监护。80 年代中期，张光玗、李维敏等开展羊膜腔造影术及利用胎儿镜诊断胎儿先天发育畸形及地中海贫血，进行产前诊断。张光玗、刘兴会开展始孕妇微量元素测定，指导孕期营养，降低胎儿生长受限及低出生体重儿的发生率，提高产前保健的质量。90 年代中期，开展尿中绒毛膜促性腺素（HCG）单克隆抗体酶标检测法，检测早孕中 HCG 含量，主要用于早孕、自然流产、人工流产是否彻底的临床诊断。赵小文开展羊膜腔穿刺抽取羊水进行产前诊断技术，通过培养羊水中的胎儿细胞分析胎儿染色体核型，对先天性及遗传性疾病作出诊断，为胎儿宫内诊断及选择性流产创造条件。2005 年周容使用脐血穿刺进行产前诊断，填补了全省在该领域的空白。1985 年，省人民医院开展胎儿电子监护，尿游离 E3 和 E/C 比值等指标测定进行胎盘功能评价。1987 年，设立妇产科内分泌专科诊治妇科内分泌疾病患者。2001 年开展中央和远程胎心电子监护。90 年代，省计划生育研究所研制成功羊水细胞培养药盒，用于羊水细胞产前诊断。20 世纪末，华西妇产儿童医院主要使用 B 超对自然周期或促使排卵药物的周期中的卵泡发育进行监测，指导患者怀孕。

在治疗流产、难产、早产方面，20 世纪 90 年代末华西妇产儿童医院率先在四川开展主动免疫法治疗习惯性流产，其妊娠成功率达 86% 以上。1990 年大量应用腹壁横切口剖宫产术。重庆医大第二临床医学院凌蔓达、蔡汉钟等借助 X 光、B 超、计算机技术等，对头位难产产生的规律和机理进行研究，于 90 年代提出头位难产的概念，头位分娩评分法，计算机辅助判断头位分娩的难易度，骨盆狭窄及难产的新分类法，枕横位中的前不均倾位、伴行产程图，对临床实践有重要意义和作用。2005 年华西妇产儿童医院曾蔚越等对早产的发生机制进行研究，发现早产的发生和三个平衡（PG12 与 TXA2、ND 与 PG2、E2 与 5P）的失调密切相关，建立感染性早产的动物模型，设计出早产危险因素平分表对先兆性早产进行预测，并建立早产干预管理方案，在成都市推广后，对降低早产发生率发挥了一定作用。

在治疗产科疾病方面，1987 年泸医附院麻醉师苏锡芝等研制出子宫推移器，对防止产妇平卧位低血压综合症起到良好作用。20 世纪 90 年代末华西妇产儿童医院将 GmRHa 放入计算机控制的微泵中，使药物通 1 次/90 分钟的脉冲频率注入到人体内，对垂体形成周期性刺激，治疗下丘脑性闭经。2004 年华西妇产儿童医院刘兴会、游泳、邢爱耘等对妊娠期糖尿病进行基础与临床研究，总结出四川地区妊娠期糖尿病的发病特点和规律，并制定相应的综合防控模式（包括孕期体重管理、营养规划、产科和营养师共同干预、内科医生会诊等措施），在全省对妊娠期糖尿病的产前筛查、诊断进行普及和推广，提出对该疾病进行早期诊断和早期干预治疗，从而减少其对孕妇及围产儿的危害。2005 年，华西妇产儿童医院开展对产后出血病人进行血管介入治疗，包括宫缩乏力、胎盘残留、胎盘植入和剖宫产术后切口瘢痕处假性动脉瘤所致产后出血和创伤性动静脉瘘继发晚期产后出血等。该技术能迅速达到止血效果，并预防再次大出血，保留患者子宫和生育能力，取得满意的医疗和社会效益。同年，开展极罕见高危妊娠孕期管理及诊治技术。

在治疗新生儿疾病方面，华西妇产儿童医院 1989 年开展新生儿肠外营养技术，此为西南地区首家。1990 年制作新生猪缺氧缺血性脑病（HIE）动物模型，并用小剂量甘露醇治疗新生儿缺氧缺血性脑病，该项技术在国内为首创并推广。1993 年开展呼吸机辅助通气技术治疗新生儿呼吸衰竭，亦为西南地区首家。

三、计划生育技术

20 世纪 90 年代初，省中医研究院中药研究所陈梓璋等将具有催经止孕作用的昆明山海棠 821 和有显著抑制生精作用的昆明山海棠 827 作为计划生育药物，临床效果良好。重庆市计划生育研究所李练兵等利用利凡诺作为终止妊娠引产药物，成功率达到 95% 以上。华西医科大学徐若璞、中国科学院成都有机化学研究所岳利民等针对世界计划生育工作中急需解决的可复性男性绝育技术问题，研制成功一种具有杀伤精子的高分子材料，将它注入输精管内，既具有杀伤精子的作用，又不完全阻断输精管，可自然终止避孕，恢复生育能力。该成果获得 1999 年四川科技进步二等奖。

1995 年，省计划生育研究所黄礼明等采用显微外科施行输精管吻合术 56 例，术后复通率达 100%，经 2 年观察，复孕率达 60%，再次复孕率达 58%。

20 世纪 90 年代末，解放军 452 医院肖新民等对 15 例志愿者施行激光凝堵节育术，14 例完全凝堵，1 例达到少精子，为男性提供了一种非手术、可复性强的节育方法。

四、不孕症治疗技术

（一）人工授精

人工授精是将优化处理过的精液在女性排卵期被人为注入女性生殖道内以获得妊娠。按精子来源可分为丈夫精液人工授精、供精人人工授精，主要适用于夫妇双方或单方多种不育原因的人群。华西妇产儿童医院1989年开展夫精人工授精技术，随后四川省生殖卫生学院附属医院、成都市计划生育研究所等相继开展夫精人工授精技术。

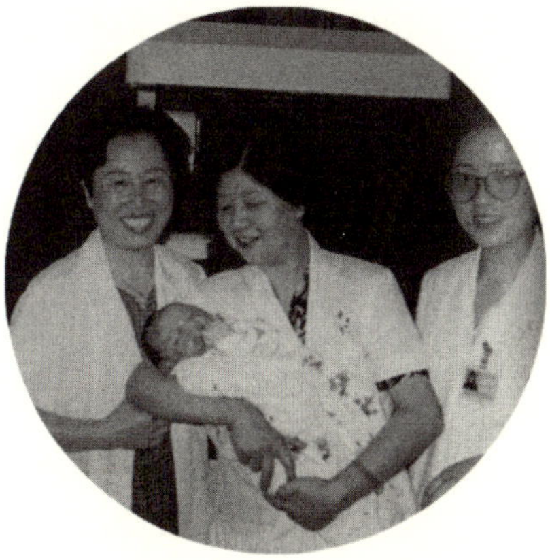
图5－2 1998年，华西妇产儿童医院首例试管婴儿诞生

（二）体外授精

体外授精是把精子和卵子分别取出，在体外授精、发育成胚胎后再移植回子宫，使女方妊娠。常规体外授精－胚胎移植（IVF－ET），主要针对女性不育；卵胞浆内单精子显微注射（ICSI－ET），主要针对男性不育；胚胎种植前遗传学诊断（PGD），主要针对遗传性疾病；赠卵试管婴儿，主要针对卵巢功能衰竭。华西妇产儿童医院李尚为等在四川率先开展体外授精－胚胎移植技术，1997年培育四川省首例试管婴儿，1998年5月出生。1999年，西南地区首例卵巢早衰的绝经妇女赠卵试管婴儿获得成功。该院开展的囊胚培养、胚胎冷冻及解冻移植、胚胎辅助孵出和多胎妊娠经阴道B超介导下宫内胚胎减灭术等衍生技术，填补了四川省在人类辅助生殖技术领域的多项技术空白，2004年初成为全国首批、四川省首家获得卫生部体外授精－胚胎移植和卵胞浆内单精子显微注射技术准入的医疗机构。成都市计划生育研究所、锦江区妇产科医院等相继开展试管婴儿技术。试管婴儿成功率不断提高，达到国内先进水平。

五、儿童保健技术

2000年，省妇幼保健院儿童保健科开展0—18岁儿童MSCA－CR智力测查、婴儿抚触、儿童营养不良、佝偻病、儿童营养性贫血、儿童单纯性肥胖等体弱儿童的综合管理。2001年在全省率先开展新生儿听力筛查，同时7月在全省率先开展儿童早期综合发展，并逐步开展高危儿干预，视力检查、孤独症的筛查与干预，将儿童发育、营养、心理、教育等相结合，形成系统、科学的儿童早期综合发展体系。2003年开展新生儿游泳项目。2004年围绕儿童早期综合发展，开展和完善儿童早期综合发展，开展和完善儿童发育水平诊断及指导、高危儿早期综合干预、儿童眼保健。2005年开展儿童气质测评、儿童多动症多轴诊断及综合治疗、儿童口腔功能评估、儿童进食障碍的诊断及治疗、儿童心理行为矫治、儿童骨龄测评、性早熟及矮身材的诊断及治疗工作，在全省率先开展儿童早期综合发展的亲子园活动、儿童构音障碍的诊断及治疗、儿童语言障碍的诊断、儿童潜能训练等，极大地提高了服务能力，取得了较好的社会效益。

六、儿童疾病诊治技术

（一）铁缺乏症防治

华西妇产儿童医院20世纪70年代即开始从事铁缺乏症、围产期母婴铁代谢的研究与防治工作，先后完成成都市儿童铁缺乏症发病率的流行病学调查，缺铁对机体各器官功能的不良影响，在国内首次提出孕母严重缺铁可影响胎儿铁供给的“有限无私论”，开发抗贫血新药“富血康”及铁强化食盐，提出以宣传教育加膳食指导为主，铁强化食盐为辅，配合富血康治疗的防治方案。此方案在成都地区推广后，小儿铁缺乏症由80年代初的42.9%降至90年代初的10.2%—14.2%，其成果获1992年国家科技进步三等奖。

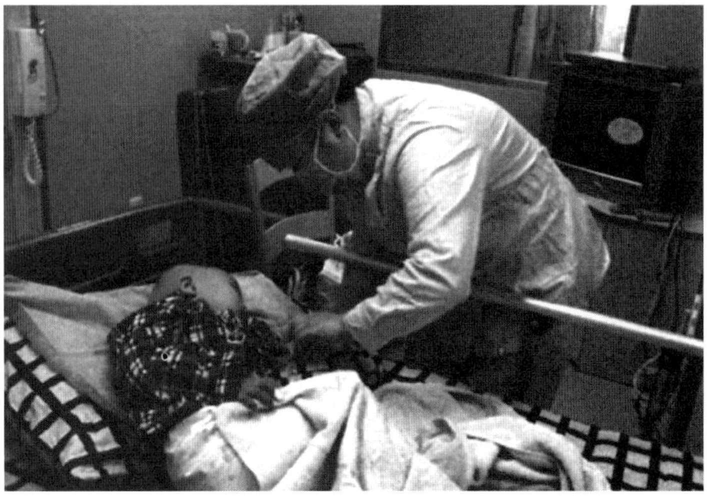

图5-3　2003年，华西医院第一例地中海患儿骨髓移植获得成功

（二）血液病治疗

20世纪80年代，华西妇产儿童医院、重医儿童医院、省人民医院等开展小儿血液病的实验室诊断及治疗。进入90年代，小儿白血病治疗技术日趋成熟，完全缓解率及长期生存率有较大幅度提高。2003年，华西妇产儿童医院针对中国西部地区社会经济水平相对落后的状况，制定和实施强度适宜的儿童急性淋巴细胞白血病治疗方案，儿童总体白血病治疗的完全缓解率达95%以上，长期生存率达70%以上，儿童急性淋巴细胞白血病长期无病生存率处于国内先进水平。其后，华西医院、华西妇产儿童医院、成都军区总医院等开展脐血干细胞移植治疗小儿白血病、地中海贫血和再生障碍性贫血，均收到良好效果。

（三）心脏病诊断治疗

20世纪80年代中期至90年代后期，华西妇产儿童医院、重医儿童医院、省人民医院等开展超声心动图及心脏声学造影等诊断小儿先天性心病。1986年华西妇产儿童医院开展血清扩张法治疗小儿严重心衰取得较好疗效。1990年运用低分子右旋糖酐的血流稀释疗法，抢救危重难治性血液粘滞症患儿及肾病综合症，早期诊断防治青紫性先心病及肾病综合症并发。1994—1995年，唐胜才等采用大剂量丙种球蛋白治疗川崎病30例，冠状动脉损害发生率为0.4%（非丙种球蛋白治疗的发生率为26%），从而提示早期使用丙种球蛋白治疗川崎病可以预防发生小儿冠状动脉损害。

华西妇产儿童医院1997年成功实施西南地区第一例肺动脉瓣狭窄介入治疗，1999年实施西南地区第一例动脉导管未闭的介入治疗，2000年3月为一体重5.5公斤、年仅7个月的女婴实施动脉导管未闭封堵手术，均获成功。2002年，开展房间隔缺损和室间隔缺损的介入治疗。2003年成立儿童先天性心脏病介入诊疗中心，成为国内八大先天性心脏病介入诊疗中心之一。

（四）肾病诊断治疗

自20世纪80年代中期起，华西妇产儿童医院、重医儿童医院等陆续开展小儿肾脏病的免疫功能检测、腹膜透析治疗小儿急性肾功衰、胃肠透析治疗小儿肾功衰、肝素治疗微小病变型综合征。2001年华西妇产儿童医院开展小儿肾活检。

（五）肺炎防治

肺炎是婴儿第一位死因，约占婴儿死亡的30%。为降低儿童肺炎发病率、死亡率及病死率，1986—1988年，华西妇产儿童医院钱幼琼、吴康敏等在仁寿妇幼卫生示范县对总人口5万人的39个自然村中0—14岁的13680名儿童，进行三年前瞻性肺炎防治研究，家访48万人次，获得可靠的流行病学资料，实行病例管理取得显著成效。2002 年，开展肺动能检测。

（六）急性腹泻治疗

1986—1988 年，华西妇产儿童医院张君儒等对仁寿妇幼卫生示范县小儿急性腹泻防治方案进行为期三年的群体系列研究。通过对 4 万余人次的流行病学调查及 340 例急性腹泻患儿大便的病原学分析，基本摸清了该地区小儿腹泻的发病规律和病原特点。采用大米粉代替 WHO－ORS 中的葡萄糖治疗脱水，取得良好疗效。实施病案管理后月平均发病率由 1986 年的 21.4% 下降到 1988 年的 12.3%；1987 年和 1988 年均无患儿死亡（1986 年死亡率为 3.7%）。20 世世 80 年代末，省人民医院王运芳等开展止泻合剂治疗小儿轮状病毒性肠炎研究，其临床疗效显著，获 1992 年四川省科技进步三等奖。

七、小儿外科技术

20 世纪 80 年代中期，华西妇产儿童医院开展小儿胃食管返流多项检测，Nissen 胃底析选术，胸骨上举矫治漏斗胸，小儿先天性消化道畸形矫治术，小儿门静脉高压症的外科治疗，小儿先天性尿道下裂一期修复，小儿先天性髋关节脱位的术式改进，儿童臀肌挛缩症的治疗，小儿血管瘤手术治疗，小儿先天性膈疝及合并肺发育不良的手术治疗，椎体间钉矫治小儿脊柱结核，小儿急性坏死性胰脉炎的外科治疗。32P 玻璃微球治疗小儿直肠癌，俄罗斯支架治疗 Peltehese 病、诊断和治疗髋关节唇皱臂嵌顿综合症、经肛门乙状结肠切除治疗小儿乙状结肠冗长症、前半盆清扫、回肠代膀胱根治小儿膀胱横纹肌肉瘤、严重漏斗胸和马凡氏综合症外科手术治疗，食道重建消化新通道治疗 44 天新生儿十二指肠梗阻，Koyanagi 尿道成形术，微创术式（钛钢板）矫治漏斗胸、应用尿道板/皮板纵形切开差攀成形修复残废性尿道下裂、Ⅰ期骶尾入路联合手术矫正髋关节脱位合并短颈畸形、双侧臀大肌瓣肛门括约肌再造术治疗肛门闭锁、食道移位矫治 Nuss 手术治疗漏斗胸等。

1986 年，重医儿童医院龚以榜通过对高位精索松解在隐睾手术的意义研究，探讨出隐睾的最佳手术方式，提高疗效，减少睾丸萎缩，在国内得到推广。同年，该院在国内首先引进 Mckay 手术治疗严重性先天马蹄内翻畸形，取得良好效果。刘正全采用改良 Chiari 手术治疗儿童股骨头缺血性坏死，并向全国推广。1985—1990 年，王赞尧等对幼儿特殊部位大型血管瘤采用糖皮质激素局部注射治疗，使幼儿生长迅速的大型难治性血管瘤治疗效果大为提高，有效率达 93.8%。

1995 年 12 月 7 日，华西附院开展世界首例幼儿双腓骨移植修复、股骨缺损（10 厘米）手术取得成功，填补国内该领域的空白。

2001 年，川北医学院附属医院对一例患“先天性卵黄管未闭”、出生 8 天的婴儿成功实施卵黄管切除与修复。2004 年为一例 10 千克以下婴儿心脏进行了直视手术。

2004 年 4 月 3 日，泸州医学院附属医院成功地为一对 6 月龄连体婴儿施行分离术，此为四川首例。

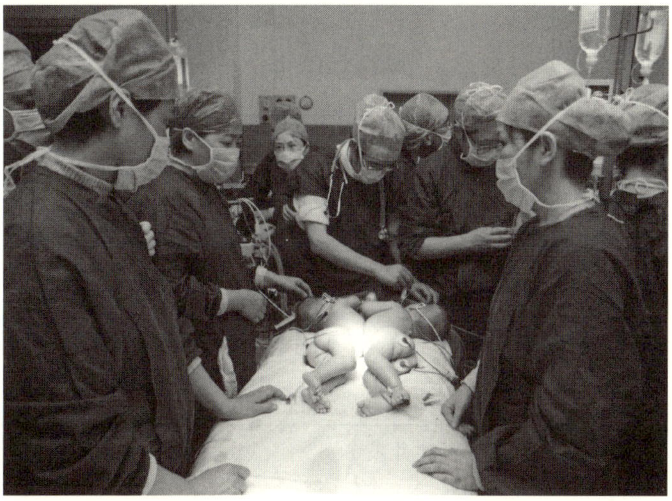

图 5－4　2004 年 4 月 3 日，泸州医学院附属医院成功分离连体婴儿

第五章　妇女儿童健康保障行动

第一节　20世纪90年代儿童健康保障行动

1990年9月，联合国在纽约召开世界儿童问题首脑会议，通过《儿童生存、保护和发展世界宣言》《执行九十年代儿童生存保护和发展宣言行动计划》两个文件。1991年3月，国务院总理李鹏代表中国政府在上述两个文件上签字。1992年2月16日国务院颁布《九十年代中国儿童发展规划纲要》，1995年7月27日国务院颁布《中国妇女发展规划纲要（1995—2000年）》（以下简称“两纲”）。

1992年，省委、省政府印发《九十年代四川儿童发展规划纲要》，成立四川省人民政府妇女儿童工作委员会，组织有关专家先后编写《九十年代四川儿童发展规划纲要监测指南》《九十年代四川儿童发展规划纲要监测方案》《九十年代儿童发展规划纲要评估方案》等。

1995年7月13日，省政府第39次常务会议通过《四川省婚前医学检查管理办法》。

1996年，省卫生厅相继制发《婚前医学检查标准》《产前技术标准》《遗传病诊断标准》和《新生儿疾病筛查技术标准》等7个规范性执法技术服务标准。

1997年，省卫生厅、省劳动厅、省妇联、省总工会联合印发《关于确保实行纯母乳喂养的女职工增加一个月产假的通知》。全省县以上政府聘任各级母婴保健医学技术鉴定委员2500余人。各级卫生行政部门对2600余个母婴保健专项技术服务单位依法进行审核，颁发执业许可证。对贯彻母婴保健法开展检查。1998年，在各地自查的基础上，省上对成都、宜宾等6市地情况进行抽查。

1990—1998年，通过增加投入，提高服务能力，提高科学管理水平，宣传卫生保健知识，全省儿童健康保障行动取得显著成绩：5岁以下儿童腹泻发生率及死亡率、儿童急性呼吸道感染死亡人数、妇女缺铁性贫血患病率、计划免疫覆盖率、消除脊髓灰质炎、麻疹死亡及发病数、围产保健和安全接生等均已达标。婴儿死亡率和五岁以下儿童死亡率呈逐年下降趋势，婴儿死亡率年平均下降速度为4.2%，5岁以下儿童死亡率年平均下降速度为5.1%。新生儿破伤风发病率呈逐年下降趋势。在对育龄妇女进行破伤风类毒素免疫接种的同时，推广新法接生，加强高危妊娠者住院分娩，加强围产期保健等工作，有效控制了新生儿破伤风的发生。

不同年份四川省新生儿破伤风发病情况统计表

表5—23

年份	年新生儿破伤风发病例数（人）	年新生儿破伤风发病率（‰）	新生儿破伤风发病率高于1‰的县数（个）
1990	2814	3.30	60

续表5—23

年份	年新生儿破伤风发病例数（人）	年新生儿破伤风发病率（‰）	新生儿破伤风发病率高于1‰的县数（个）
1995	1375	1.60	26
1998	148	0.48	13

全省5岁以下儿童腹泻发生率呈逐年下降趋势，年平均下降2.9%。此外，加快农村改水改厕工作力度，广泛开展健康教育等，对于降低五岁以下儿童腹泻发生率及死亡率也起到了重要作用。

不同年份四川省五岁以下儿童腹泻发生率、死亡率及口服补液疗法使用率（%）统计表

表5—24

年　份	五岁以下儿童腹泻发生率	五岁以下儿童腹泻死亡率	口服补液疗法使用率
1990	440.00	402.00	28.00
1995	384.00	285.00	47.00
1998	347.00	140.00	64.00
年均增长速度（%）	-2.90	-12.40	10.90

儿童肺炎发病数由1990年的127.7万例降低至1998年的115.4万例，减少12.3万例，下降9.63%，年平均下降1.3%；儿童急性呼吸道感染死亡人数由21619人降至1530人，减少20089人，下降92.92%，年平均下降28.2%，提前完成2000年目标（儿童急性呼吸道感染死亡人数下降1/3，即14413人）。肺炎病例正确管理的比例逐年上增，由1990年中的8%上升到1998年的59.2%。

母乳喂养率提高及儿童营养不良状况大幅改善。4个月内婴儿母乳喂养率20世纪90年代初呈较低水平，1995年后母乳喂养率大大提高，1998年4个月内婴儿母乳喂养率为72%。5岁以下儿童中重度营养不良患病率逐年下降，年平均下降6.6%。

不同年份四川省母乳喂养率及儿童营养不良状况统计表

表5—25

年　份	4个月内婴儿母乳喂养率（%）	五岁以下儿童中重度营养不良患病率（%）
1990	39	36.80
1995	61	27.60
1998	72	21.40
年均增长率（%）	8	-6.60

孕产妇死亡率呈逐年下降趋势，年平均下降速度6.5%，但与全国水平相比仍有很大的差距（见表5）。虽然农村孕产妇死亡率的下降快于城市，却仍处于较高水平，而各地区的工作进展也表现出很大的不平衡。宜宾市、阿坝藏族羌族自治州、甘孜藏族自治州孕产妇死亡率高于200/10万以上，攀枝花市、泸州市、德阳市、绵阳市、广元市、乐山市、南充地区、达川市、凉山彝族自治州、巴

中地区高于100/10万以上。

不同年份四川省和全国孕产妇死亡率（1/10万）比较表

表5—26

年　份	四　川　省			全　国
	合计	城市	农村	
1990	160.10	112.90	193.50	94.70
1995	120.00	84.10	143.90	61.90
1997	109.30	81.10	130.10	63.60
1998	93.50	79.50	108.20	—
年均下降速度（%）	6.50	4.30	7.00	5.60

第二节　2000—2005年妇女儿童健康保障行动

2001年9月，省政府印发《四川妇女发展纲要（2001—2010年）》和《四川儿童发展纲要（2001—2010年）》（以下简称“两纲”）。

《四川妇女发展纲要（2001—2010年）》提出：“做好女职工‘四期’保护工作”。“已婚育龄妇女妇科检查率达到50%，诊治疗达到80%”。“孕产妇死亡率以2000年为基础，2005年降低1/10，2010年降低1/5”。“城市孕产妇管理率2005年达到80%，2010年达到90%以上；农村孕产妇管理率2005年达到50%，2010年达到60%以上”。“农村孕产妇产前检查率、住院分娩率、产后访视率2005年均达到55%，2010年均达到60%以上”。高危孕产妇住院分娩率2005年达到90%以上，以后逐年提高。农村消毒接生率2005年达到88%，2010年达到95%以上”。“强化对采供血和血制品生产单位的管理，利用宣传教育网络，全面普及性病、艾滋病防治及自我防范知识，性病艾滋病知识知晓率城市达到90%、农村达到60%、高危人群达到95%”。“巩固发展农村妇幼保健机构和网络，85%以上的市、县两级妇幼保健机构达到国家或省的妇幼保健机构等级评审要求；95%以上的乡（镇）卫生院至少配备2名妇幼保健专兼职人员，90%的村卫生站至少配备1名以上的妇幼保健专兼职人员，为农村妇女提供卫生保健服务，重点筛查和治疗严重危害农村妇女健康的妇科病、地方病、碘缺乏病”。“大力推行住院分娩，重点加强乡（镇）卫生院产科、产室及急救设施项目建设，95%以上的乡（镇）卫生院具备完善的住院分娩条件。建立‘母亲安全’无阻碍生命通道和布局合理、运行便捷、经济有效的转诊系统。保证孕产妇获得必要的医疗救助，降低孕产妇死亡率。城市妇幼保健机构要提高产科质量，降低剖宫产率”。

《四川儿童发展纲要（2001—2010年）》提出：“出生缺陷出生率2005年控制在9.2‰，2010年控制在8.2‰”。“新生儿破伤风以县为单位低于1‰”。“低出生体重发生率控制在5%以下”。“婴儿和5岁以下儿童死亡率以2000年为基础，2005年分别降低1/12，2010年分别下降1/6”。“5岁以下儿童中、重度营养不良患病率2005年控制在13.1%，2010年控制在11.2%”。“降低5岁以下儿童肺炎、新生儿窒息、低出生体重、意外伤害和腹泻等主要死因的死亡率”。“城市孕产妇保健管理率2005年达到80%，2010年达到90%以上；农村孕产妇保健管理率2005年达到50%，2010年达到60%以上”。“农村住院分娩率2005年达到55%，2010年达到60%；高危孕产妇住院分娩率2005年达到90%以上，以后逐年提高；农村消毒接生率2005年达到80%，2010年达到95%以上”。“孕产妇死亡率以2000年为基础，2005年下降1/10，2010年下降1/5。减少产后出血死亡率”。“城市儿童保健管理率2005年达到80%，2010年达到90%以上；逐村和少数民族地区儿童保健管理率2005年达到65%，2010年达到70%以上。逐步提高流动人口中儿童保健覆盖率”。“提供多种形式的儿童心理健康咨询指导及不良心理矫正服务。”

2002年3月，省卫生厅成立妇女儿童“两纲”实施领导小组和技术小组，制订《四川儿童发展纲要（2001—2010年）实施方案》和《四川妇女发展纲要（2001—2010年）实施方案》，将“两纲”涉及的妇幼卫生工作33项指标纳入部门工作计划，将妇幼保健机构的产科规范化建设、“降消项目”等指标纳入卫生厅目标检查内容，孕产妇住院分娩贫困救助、孕产妇死亡率、孕产妇住院分娩率列为省政府对市州政府的考核内容。

按照“两纲”要求，全省各级政府和相关部门以降低“孕产妇死亡率”和“婴儿死亡率”为重点，以公共财政保障为支撑，着力加强妇幼保健体系建设，提高妇幼保健服务能力，强化母婴保健技术服务监管，改革妇幼卫生运行机制，“两纲”各项卫生指标基本如期实现。新生儿疾病筛查率、婴儿死亡率、5岁以下儿童死亡率、儿童死因及死亡率、新生儿破伤风发病率、5岁以下儿童中重度营养不良患病率、低出生体重发生率、婴儿母乳喂养率、儿童保健管理率、5岁以下儿童维生素A缺乏率、婴幼儿家长科学喂养知识普及率、常规免疫规划接种率、婚前医学检查率、孕产妇死亡率、孕产妇住院分娩率、高危孕产妇住院分娩率、农村消毒接生率、孕产妇系统保健管理率、孕产妇缺铁性贫血患病率、妇女病检查率、农村孕产妇产前检查率、农村孕产妇产后访视率、妇科病诊治率、节育手术并发症发生率、艾滋病知识知晓率、居民合格碘盐使用率等均已达标，出生缺陷发生率未达标。详情见表5—27。

2000—2005年四川省“两纲”卫生指标完成情况一览表

表5—27

序号	指标名称	计量单位	2000年	2001年	2002年	2003年	2004年	2005年	备注
1	城市婚前医学检查率	%	73.32	75.44	83.39	71.4	0.85	1.22	
2	农村婚前医学检查率	%	51.56	53.63	54.91	47.58	0.80	0.84	
3	城市新生儿疾病筛查率	%	—	—	—	—	—	—	四川省新生儿疾病筛查中心数据
4	农村新生儿疾病筛查率	%	—	—	—	—	—	—	四川省新生儿疾病筛查中心数据
5	出生缺陷发生率	1/万	115.30	110.6	112.3	125.69	135.32	144.73	出生缺陷监测以医院为基础

续表5—27

序号	指标名称	计量单位	2000年	2001年	2002年	2003年	2004年	2005年	备注
6	孕产妇死亡率	1/10万	88.23	86.60	86.10	85.81	82.80	78.42	
7	城市孕产妇住院分娩率	%	76.57	79.98	78.32	81.24	83.30	85.72	
8	农村孕产妇住院分娩率	%	58.72	63.23	62.57	63.39	63.63	68.55	
9	高危妊娠住院分娩率	%	98.73	94.31	90.83	97.65	96.57	97.15	
10	农村非住院分娩中消毒接生率	%	83.89	84.06	83.68	83.70	82.01	87.02	
11	孕产妇缺铁性贫血患病率	%	27.91	26.73	26.50	24.13	22.55	21.43	"两纲"报表2007年前统计的为"妇女缺铁性贫血患病率"，2008—2009年妇幼卫生统计年报中增加孕产妇中重度贫血患病率统计
12	城市孕产妇系统管理率	%	80.67	80.67	79.94	80.58	78.88	80.31	
13	农村孕产妇系统管理率	%	75.18	75.53	73.70	71.92	69.18	72.73	
14	婴儿死亡率	‰	43.00	42.11	41.43	40.61	31.70	27.91	
15	5岁以下儿童死亡率	‰	57.89	56.80	55.62	54.85	48.80	42.90	
16	新生儿窒息死亡率	‰	6.32	6.29	5.78	5.32	3.64	2.80	
17	5岁以下儿童肺炎死亡率	‰	14.00	12.10	11.00	10.90	10.30	9.70	
18	5岁以下儿童腹泻死亡率	‰	1.22	1.04	1.04	0.99	1.52	2.11	
19	新生儿破伤风发病率≥1‰的县	个	9	4	5	5	6	3	
20	5岁以下儿童中重度营养不良发生率	%	14.92	14.30	14.21	13.69	13.20	12.14	
21	低出生体重发生率	%	5.72	5.50	5.53	5.29	5.18	4.89	
22	婴幼儿家长科学喂养知识普及率	%	—	—	—	—	—	—	四川省专项调查结果
23	4个月内母乳喂养率	%	80.45	81.20	83.58	91.09	93.65	93.33	2008年年报口径改为6月内母乳喂养率
24	儿童维生素A缺乏	%	—	—	—	—	—	—	四川省专项调查结果

续表5—27

序号	指标名称	计量单位	2000 年	2001 年	2002 年	2003 年	2004 年	2005 年	备注
25	城市7岁以下儿童保健管理覆盖率	%	84.56	78.26	79.74	77.91	80.30	81.21	
26	农村7岁以下儿童保健管理覆盖率	%	70.13	70.67	66.20	67.31	67.30	66.72	两纲目标：70%，省卫生厅方案目标：75%
27	已婚育龄妇女妇科病检查率	%	37.90	37.80	36.12	38.16	32.42	30.58	
28	妇科病诊治率	%	—	—	—	—	—	—	
29	农村孕产妇产前检查率	%	84.88	85.70	85.20	85.24	83.90	85.18	
30	农村孕产妇产后访视率	%	80.51	82.45	81.76	80.07	78.77	80.52	
31	计划免疫接种率（卡介苗接种率）	%	91.9	87.7	91.6	95.2	95.3	93.3	
	计划免疫接种率（脊灰疫苗接种率）	%	96	94.9	96.6	93.6	95.6	93	
	计划免疫接种率（百白破三联制剂接种率）	%	95.8	94.4	96.3	90.1	92.8	90	
	计划免疫接种率（麻疹疫苗接种率）	%	94.2	92.0	94.9	91.4	94	89.8	
32	乙肝疫苗接种率	%	93.9	92.4	94.4	76.9	84	87.6	
33	居民合格碘盐使用率	—	—	—	—	—	—		

第三节　孕产妇及新生儿健康保障行动

1985 年，成都市开展以家庭为单位、社区为范畴、提供健康保护与服务的母子系统保健工作，即对妇女怀孕 3 个月起到婴儿出生后 1 岁时止，实行全程医学监护。

1986 年，全省推广和完善一条龙的母子健康系统管理。4 月，重庆市有 5 个县（区），试行住院分娩产妇母婴健康保险，每个住院分娩者交纳 6—8 元保险金，如分娩致妇婴死亡，由保险公司按产妇 1200 元、婴儿 200 元补偿支付家属。在联合国儿童基金会的援助下，仁寿（第一批）、彭县、江北（第二批）3 个妇幼卫生示范县的基本建设、业务建设和人员培训工作加快进行。彭县各项妇幼卫生工作指标，有 80% 达到卫生部规定的甲类地区标准。江北县新法接生率上升到 95% 以上，婴儿死亡率降至 25.3‰。全省新法接生率达 92%，婴儿死亡率为 40.9‰。有 85% 的患子宫脱垂和尿瘘的农村妇女病人得到了合理治疗，新病例的发生得到基本控制。1995 年，省卫生厅制定《四川省农村孕产妇系统保健管理办法》，统一孕产妇系统保健管理的内容、机构职责、主要措施和基础登记。

1992 年、1995 年“两纲”相继发布，全省不少市（地）、县将“两纲”妇幼卫生中的主要指标纳入政府一级目标管理。孕产妇母子系统保健实行新的管理办法和运转模式。妇女从怀孕至产后 4 个月，新生儿从出生至 5 岁，由接生医院、区级妇幼保健机构、街道（乡）医院实行分类分级管理，提供全程系列服务，内容包括：提供早孕保健卡、健康教育咨询、孕产期保健、高危监护、产后对母亲和新生儿各访视 5 次、0—5 岁儿童定期健康检查 12 次等。成都市经市政府批准，从 1993 年 7 月 1 日起，根据“谁受益，谁负担”的原则，采取“取之于民，用之于民”的方法，在孕妇自愿的情况下，每人一次性收取 90 元的母子系统保健服务费，40 元用于孕期、产时保健及产后 4 个月内的访视，50 元用于从婴儿满月开始至 5 岁的儿童系统保健。省物价局、省财政厅发文确认这个收费标准，并在全省执行。1998 年，成都市建立母子保健计算机管理网络，母子保健服务逐渐进入家庭，得到群众的理解和支持。

1996—2005 年四川省孕产妇保健情况统计表

表 5—28

年份	活产数	高危产妇比重（%）	建卡率（%）	系统管理率（%）	产前检查率（%）	产后访视率（%）	住院分娩率（%）			新法接生率（%）		
							合计	市	县	合计	市	县
1996	820784	4. 53	83. 57	69. 15	84. 54	81. 02	55. 49	70. 53	49. 33	95. 30	108. 49	89. 89
1997	781283	4. 14	84. 83	72. 37	86. 86	82. 73	57. 60	71. 44	52. 08	92. 56	97. 08	90. 77
1998	751933	4. 67	85. 41	76. 25	86. 89	84. 18	60. 67	73. 87	55. 35	92. 23	95. 54	92. 30
1999	715385	5. 38	85. 28	76. 30	87. 63	84. 38	62. 39	73. 45	57. 63	94. 98	98. 05	93. 66
2000	690543	6. 48	85. 34	76. 26	86. 81	83. 09	63. 95	76. 42	58. 72	94. 76	97. 61	93. 56
2001	661140	7. 03	85. 09	77. 10	87. 07	84. 30	67. 18	78. 63	62. 23	95. 10	97. 69	93. 98
2002	613281	7. 59	85. 09	75. 58	86. 95	84. 05	67. 31	78. 32	62. 57	94. 64	96. 32	93. 91
2003	599507	7. 97	84. 28	74. 70	86. 98	82. 87	69. 15	81. 24	63. 39	95. 14	97. 63	93. 95
2004	615695	9. 30	83. 66	73. 70	86. 39	82. 26	71. 13	84. 32	64. 71	95. 00	97. 94	93. 57
2005	641410	10. 06	84. 73	75. 25	87. 15	83. 21	74. 25	85. 72	68. 55	95. 15	97. 81	93. 82

说明：1996 年统计数据含重庆数据

2000 年、2005 年四川省孕产期保健及安全分娩情况统计表

表 5—29　　单位:%

指　　标	2000	2005
住院分娩率	63. 90	74. 30
城市住院分娩率	76. 60	85. 70
农村住院分娩率	58. 70	68. 60

续表5—29

指　　标	2000	2005
高危妊娠住院分娩率	98.70	97.20
城市	99.80	99.10
农村	94.80	96.40
非住院分娩消毒接生率	87.30	82.40
孕产妇缺铁性贫血患病率	27.91	21.43
孕产妇系统管理率	76.80	75.30
城市	80.70	80.30
农村	75.20	72.70

1999年5月国务院妇女儿童工作委员会组织召开全国妇女儿童工作会议，要求力争实现《九十年代中国儿童发展规划纲要》和《中国妇女发展纲要》中降低孕产妇死亡率和消除新生儿破伤风的目标。自2000年起，卫生部、国务院妇女儿童工作委员会和财政部联合在西部12个省（直辖市、自治区）的378个县实施降消项目，以降低孕产妇死亡率和消除新生儿破伤风。四川省北川、万源、通江等52个贫困县被列为项目单位，2005年项目单位扩展至92个县，覆盖全省各市（州）。

各级政府将"降消项目"工作纳入重要议事日程，从省到各项目市（州）、县均成立了以政府领导为组长的项目领导小组，配备精干人员，层层签订项目承诺书，逐级分解考核，使项目运转健康有序。省卫生厅、省妇儿工委和省财政厅先后联合下发《关于实施"降低孕产妇死亡率和消除新生儿破伤风项目"的预备通知》和《关于印发〈四川省降低孕产妇死亡率和消除新生儿破伤风项目实施方案〉的通知》。2000年4月3日，省妇儿工委、省卫生厅和省财政厅在成都联合召开项目启动会。

至2005年，全省"降消"项目共投入7417.2万元，为1918个县、乡级医疗保健机构配备47种、27970台件产儿科常用和急救设备，为3562个村卫生站配备简易产包，为36个贫困县妇幼保健院配备救护车；落实救助资金6037万元，救助贫困孕产妇10万余人；组织国家级和省级师资对3000余名市、县级师资和365名蹲点专家进行孕产妇分娩管理、妊娠危险因素识别与处理、新生儿窒息复苏、产科出血防治、产科规范化管理、孕产妇死亡评审等实用技术的强化训练；共培训乡级产儿科人员11万人次，村接生员20万人次，乡、村妇女干部18万人次，各级项目管理人员1000余人次；设计印发项目专题健康教育宣传画15万张，健康教育手册25万册，孕期产前检查、自我保健、住院分娩、产后保健等健康教育处方30万张，项目县育龄妇女健康教育覆盖率和健康教育知识知晓率在80%以上，群众急救电话知晓率在95%以上；5次选派产、儿科专家294名，对项目县分别进行2—3轮驻县蹲点指导。各项目县建立孕妇住院分娩分级护送制，特别是在边远山区和高原地区，都成立了担架队、背篓队或孕妇马帮，护送即将分娩的孕妇到就近的医疗保健机构分娩，或将其护送至最近的公路，由救护车转运至医疗保健机构分娩，有效解决了孕妇"住院难"问题。2005年底，项目县住院分娩率为77.3%、产前检查率为85.63%、新法接生率为93.79%，孕产妇死亡率为53.75/10万，新生儿破伤风发生率只有2个县大于1‰，达到目标预期。

2005年3月29日，“降消项目”表彰大会在成都召开，14个先进集体和52名先进个人受到表彰。

四川省“降消项目”主要指标完成情况统计表

表5—30

项目周期	项目目标主要指标	目标值	实际值	目标是否实现
1999年项目基数	52个项目县：孕产妇死亡率29.59/10万、婴儿死亡率45.59‰、新生儿破伤风发病率0.9‰（其中大于1‰的县有21个）、住院分娩率36.52%、高危妊娠住院分娩率8.97%、产后访视率90.09%、孕产妇系统管理率59.98%	—	—	—
2000年1月—2001年12月	到2000年底，全省孕产妇死亡率（/10万）	88.5	88.2	是
	项目县到2001年底	—	—	—
	孕产妇死亡率（/10万）	—	96.2	—
	新生儿破伤风发病率大于1‰的县数	0	0	是
	住院分娩率（%）	≥50	53.5	是
	新法接生率（%）	≥80	86.5	是
	产后访视率（%）	≥80	80.3	是
	孕产妇系统管理率（%）	≥75	82	是
2005年	孕产妇死亡率（/10万）	86	53.75	是
	新生儿破伤风发病率大于1‰的县数	0	2	否
	住院分娩率（%）	65	77.3	是
	高危妊娠住院分娩率	95	96.18	是
	新法接生率（%）	90	93.79	是
	产前检查率（%）	90	85.63	否

2000—2005年四川省新生儿破伤风发病及死亡率（‰）统计表

表5—31

年份	新生儿破伤风发病率			新生儿破伤风死亡率		
	城市	农村	全省	城市	农村	全省
2000	0.09	0.21	0.17	0.03	0.17	0.13
2001	0.07	0.15	0.13	0.05	0.11	0.09
2002	0.07	0.14	0.11	0.04	0.10	0.08
2003	0.09	0.10	0.10	0.06	0.08	0.07
2004	0.07	0.17	0.14	0.04	0.12	0.10
2005	0.07	0.15	0.12	0.01	0.10	0.07

第六章　妇女卫生保健

第一节　围婚期保健

婚期是指从确定婚配对象到婚后受孕前为止的一段时期，包括婚前、新婚及孕前3个阶段。围婚期保健服务是围绕结婚前后，为保障婚配双方及其下一代健康所进行的一系列以性保健、生育保健为核心的保健服务。

20世纪80年代初，成都、重庆、自贡、攀枝花等市先后开展婚前健康检查工作。

1986年卫生部、民政部联合出台《关于婚前健康检查问题的通知》（以下简称《通知》），卫生部制定并发布《婚姻保健工作常规（试行）》。四川省根据《通知》精神，按照《婚姻保健工作常规》要求，逐步加强婚前保健工作的领导和管理。各地成立婚姻保健工作领导小组，制定相应管理办法，医院妇产科、外科、内科、皮肤科、传染科、眼科、检验、遗传、神经精神等学科技术骨干组成婚姻保健技术指导小组。1988年举办全省首期婚前检查技术培训班，培训技术骨干100多名。此后，条件成熟的医疗保健机构相继开展婚前健康检查工作。至1992年底，成都市共有195家医疗保健机构承担婚前健康检查。对检查出的传染病、精神病、遗传病进行积极治疗，有效地促进优生和家庭幸福。

1995年《中华人民共和国母婴保健法》实施后，婚前医学检查作为法定的母婴保健基本服务项目得到进一步重视与加强，婚前保健工作纳入妇幼保健常规工作，并作为婚姻登记的必备条件之一。1995年省政府出台《四川省婚前医学检查管理办法》。成都市一些地区的卫生行政部门制定了《婚前医学检查单位执业评审标准》，定期组织执业评审，严把准入关。2002年，省卫生厅召开针对婚前保健工作的母婴保健专题工作会议，进一步规范婚前医学检查机构服务行为，同时强化卫生行政部门的监督管理职能。9月，省妇幼保健院举办两期规模较大的“婚前保健技术培训班”，培训了300余人。全省婚前检查率逐年上升，1996年达到54.24%，2000年达到60.8%，2002年达到61.39%，实现了四川省“两纲”的中期目标。

2003年10月1日实行新《婚姻登记条例》，取消强制婚检，全省婚前医学检查率同全国一样急速骤减。全省婚前检查率，2004年为0.94%，2005年为0.98%。成都市婚前检查率，1990年为88.9%，1995年为75.97%，2000年为81.26%，2003年为91.55%，2005年仅为2.11%，武侯区、高新区、青白江区、大邑县为零。为了把好生殖健康、优生优育、计划生育的第一道防线，全省采取了各种应对措施。第一，加大宣传力度，利用广播、电视、报纸等媒体，以及发放资料、制作标语、宣传板报等方式，大力宣传婚前保健的必要性；第二，与民政、妇联、计划生育等部门联系，到婚姻登记处进行宣传、咨询；第三，尝试开展免费婚前保健咨询；第四，推出婚检套餐或提供自由选择体检项目等服务。省妇幼保健院率先将婚前保健转变为围婚期保健，将婚前保健时间向前向后延伸，尝试开展包括情侣健康体检、孕前保健在内的围婚期保健项目。虽经各种努力，但收效甚微。

2003 年，华西妇产儿童医院等单位先后成立遗传病诊断、产前诊断机构。由全省婚前医学检查机构 226 所（省级 1 所、市级 19 所、县级 206 所）、新生儿疾病筛查机构所组成的婚前保健专项技术网络初步形成。

2000—2005 年四川省婚前检查保健情况统计表（合计）

表 5—32

年份	应查人数	实查人数	检查率（%）	检出疾病人数							影响婚育疾病医学指导人数			
					指定传染病		严重遗传病	精神病	生殖系统疾病	内科系统疾病	—	暂缓结婚	不宜结婚	限制生育性别
					小计	其中性病								
2000	843134	512637	60. 80	38185	8775	928	129	65	13677	12926	4478	4335	0	14
2001	804305	508157	63. 43	41464	11812	1198	100	70	14182	12749	5016	4838	0	16
2002	826056	507085	61. 39	44209	9908	1088	261	57	15842	14702	3676	3559	0	6
2003	730090	418660	57. 34	40691	10104	1096	126	62	15277	13272	4319	4186	0	8
2004	735495	6798	0. 94	289	39	6	2	0	108	113	15	13	0	2
2005	805612	7879	0. 98	707	61	4	1	0	371	269	21	19	0	0

2000—2005 年四川省婚前检查保健情况统计表（男性）

表 5—33

年份	应查人数	实查人数	检查率（%）	检出疾病人数							影响婚育疾病医学指导人数			
					指定传染病		严重遗传病	精神病	生殖系统疾病	内科系统疾病	—	暂缓结婚	不宜结婚	限制生育性别
					小计	其中性病								
2000	421676	257709	61. 12	20745	4826	466	40	15	7686	6631	2333	2278	0	11
2001	402256	253997	63. 14	21673	6511	658	46	13	7231	6404	2626	2548	0	9
2002	413090	253561	61. 38	22744	5588	588	132	12	7435	7470	1900	1853	0	3
2003	365326	209337	57. 30	20917	5651	589	42	14	7294	6916	2277	2231	0	2
2004	367728	3275	0. 89	134	14	3	0	0	45	61	4	4	0	0
2005	402802	3931	0. 98	355	33	3	0	0	178	142	12	11	0	0

说明：无“不宜结婚”指标

2000—2005 年四川省婚前检查保健情况统计表（女性）

表 5—34

年份	应查人数	实查人数	检查率（%）	检出疾病人数							影响婚育疾病医学指导人数			
					指定传染病		严重遗传病	精神病	生殖系统疾病	内科系统疾病	—	暂缓结婚	不宜结婚	限制生育性别
					小计	其中性病								
2000 年	421458	254928	60.49	17440	3949	462	89	50	5991	6295	2145	2057	0	3
2001 年	402049	254160	63.22	19791	5301	540	54	57	6951	6345	2390	2290	0	7
2002 年	412966	253524	61.39	21465	4320	500	129	45	8407	7232	1776	1706	0	3
2003 年	364764	209323	57.39	19774	4453	507	84	48	7983	6356	2042	1955	0	6
2004 年	367767	3523	0.96	155	25	6	2	0	63	52	11	9	0	2
2005 年	402810	3948	0.98	352	28	1	1	0	193	127	9	8	0	0

说明：无“不宜结婚”指标

第二节　围产期保健

围产期保健包括产前保健、产后保健、高危妊娠及妊娠高血压疾病的诊治。

1980 年开始在全省主要城市试点开展围产期保健。成都、重庆、自贡、绵阳、德阳等地开展围产期保健宣传，进行相关知识培训，设计制作相应的表、卡、册进行统一管理。1985 年后，逐步开展以“母子系统保健”为管理模式的围产期保健工作，自贡、绵阳、广元等市以试点形式开展，成都市则在主城区全面铺开，继后逐步扩展到各县区的城关镇。

1988 年，省卫生厅印发《四川省县及县以上医疗保健单位产科、围产保健、计划生育手术质量标准和要求》，对围产期保健规范服务试行监督管理。1986—1989 年，成都市卫生局连续三年对包括铁路、部队、厂矿医院在内的相关机构的产科质量进行检查，规范行业管理，推动孕产期保健管理制度的建立，推动产科质量的提高。之后，省内其他市州相继展开医疗保健机构的产科质量检查，建立起产科执业资格认证长效机制。1990 年，全省主要城市的围产期保健覆盖率达到 70% 以上。在农村则试行孕产妇系统及儿童系统保健保偿管理办法，到年底，分别推广到 3897 个乡和 3123 个乡。

1992 年，国务院发布《九十年代中国儿童发展规划纲要》，四川随即出台《九十年代四川儿童发展规划纲要》，相关指标被纳入纲要目标，并在创建爱婴医院活动中迅速推进，使“儿童优先，母亲安全”成为全社会共识，极大地促进了围产期保健的发展，全省的孕期建卡率、产前检查率、孕产妇系统管理率、住院分娩率、高危妊娠住院分娩率均有大幅提升，孕产妇及婴儿死亡率均有大幅下降。

1996 年使用卫生部统一印发的“出生医学证明”，全省进一步规范了出生人口管理，产科规范流程逐步完善。1998 年，成都市在全省率先建立母子保健计算机管理网络。

2000 年以后，全省的围产期保健工作与相继开展的相关妇幼卫生项目逐步融合。

2005年修订《四川省乡镇卫生院急救工作规范（试行）》《四川省乡镇卫生院产科工作规范（试行）》，拟定《四川省县级高危妊娠管理办法（试行）》《四川省孕产妇急救转诊工作规范（试行）》《四川省产后出血及失血性休克诊疗常规（试行）》《四川省催产素催产常规（试行）》《四川省催产素引产常规（试行）》《四川省乡镇卫生院基本要求（试行）》《四川省县级孕产妇抢救中心的基本要求（试行）》《四川省乡级产科人员基本操作技能要求（试行）》《四川省县级产科质量标准（试行）》《四川省乡级高危孕产妇转诊指征（试行）》，以及《四川省城市孕产妇系统保健管理技术标准（讨论稿）》《四川省农村孕产妇系统保健管理技术标准（讨论稿）》等管理规范。

1996—2005年四川省孕产妇保健情况统计表

表5—35

年份	活产数	高危产妇比重（%）	建卡率（%）	系统管理率（%）	产前检查率（%）	产后访视率（%）	住院分娩率（%）			新法接生率（%）		
							合计	市	县	合计	市	县
1996	820784	4.53	83.57	69.15	84.54	81.02	55.49	70.53	49.33	95.30	108.49	89.89
1997	781283	4.14	84.83	72.37	86.86	82.73	57.60	71.44	52.08	92.56	97.08	90.77
1998	751933	4.67	85.41	76.25	86.89	84.18	60.67	73.87	55.35	92.23	95.54	92.30
1999	715385	5.38	85.28	76.30	87.63	84.38	62.39	73.45	57.63	94.98	98.05	93.66
2000	690543	6.48	85.34	76.26	86.81	83.09	63.95	76.42	58.72	94.76	97.61	93.56
2001	661140	7.03	85.09	77.10	87.07	84.30	67.18	78.63	62.23	95.10	97.69	93.98
2002	613281	7.59	85.09	75.58	86.95	84.05	67.31	78.32	62.57	94.64	96.32	93.91
2003	599507	7.97	84.28	74.70	86.98	82.87	69.15	81.24	63.39	95.14	97.63	93.95
2004	615695	9.30	83.66	73.70	86.39	82.26	71.13	84.32	64.71	95.00	97.94	93.57
2005	641410	10.06	84.73	75.25	87.15	83.21	74.25	85.72	68.55	95.15	97.81	93.82

说明：该表源于《四川卫生统计年鉴（2008）》

2000—2005年四川省孕产妇保健服务利用情况统计表

表5—36

年份	早检率（%）			产后访视率（%）			系统管理率（%）		
	城市	农村	全省	城市	农村	全省	城市	农村	全省
2000	84.3	77.1	79.2	89.6	80.5	83.1	80.2	74.7	76.3
2001	83.9	77.7	79.6	88.6	82.5	84.3	80.0	75.5	77.1
2002	84.5	76.7	79.0	89.4	81.8	84.1	79.9	73.7	75.6
2003	83.8	75.0	77.8	88.8	80.1	82.9	80.6	71.9	74.7
2004	84.4	74.5	77.8	89.4	78.8	82.3	80.1	71.3	74.2
2005	82.5	75.9	78.1	88.6	80.5	83.2	80.3	72.7	75.3

2000—2005 年四川省新法接生及住院分娩情况统计表

表 5—37

年份	新法接生率（%）			住院分娩率（%）		
	城市	农村	全省	城市	农村	全省
2000	97.6	93.6	94.7	76.6	58.7	63.9
2001	97.7	94.0	95.1	78.9	62.2	67.3
2002	96.3	93.9	94.6	78.3	62.6	67.3
2003	97.6	94.0	95.1	81.2	63.4	69.2
2004	97.9	93.6	95.0	84.3	64.7	71.1
2005	97.8	93.8	95.2	85.7	68.6	74.3

1996—2005 年四川省计划生育手术情况统计表

表 5—38

年份	总例数	放置节育器		取出节育器		输精管结扎		输卵管结扎	
		例数	比例（%）	例数	比例（%）	例数	比例（%）	例数	比例（%）
1996	1924456	688935	35.77	103680	5.37	60468	3.13	25853	1.34
1997	1265813	421701	33.19	64061	5.04	48695	3.82	22705	1.78
1998	1142244	400102	34.86	66571	6.01	24973	2.01	13449	1.08
1999	1081134	384539	35.74	70570	6.48	17167	1.59	10740	0.99
2000	1054970	377680	35.87	79805	7.56	16681	1.57	10913	1.03
2001	1051345	361392	34.37	85690	8.15	12477	1.19	8150	0.78
2002	1039350	345221	33.22	92712	8.92	10559	1.02	7982	0.77
2003	1066523	358739	33.64	107941	10.12	13049	1.22	9196	0.86
2004	1088538	362980	33.35	124136	11.40	10150	0.93	8962	0.82
2005	1046429	330959	31.63	131005	12.52	6519	0.62	13162	1.26

说明：1996 年统计数据含重庆数据

2001 年 12 月省妇幼保健院成立生殖中心，主要开展不孕不育症的诊断和治疗、染色体检查、精液常规检查、精子形态检查、生殖激素检查、习惯性流产病人的诊断与检查、辅助技术服务、宫颈糜烂治疗等。2002 年 8 月开始试管婴儿服务，2003 年 6 月临床妊娠成功，2004 年 3 月首例试管女婴诞生。

第三节 妇女病防治

20世纪80年代，妇女病防治工作逐步从普查“两病”（子宫脱垂、尿瘘）向防治子宫颈癌转变。80年代后期，许多企事业单位将妇女病普查普治作为工会工作的重要内容，要求女职工至少每三年普查一次。在城市，妇女病普查以防治子宫颈癌为主；在农村，仍然以“两病”防治为主。1996—2005年，全省部分进行妇女病普查的人群中，其妇女病患病率总的呈下降趋势。2005年妇女病患病率比1996年下降2.97个百分点，下降幅度为13.34%。

1998—2005年四川省妇女病查治情况统计表（一）

表5—39—1

年份	应查人数	实查人数	检查率（%）	查出妇女病率（%）	滴虫性阴道炎		宫颈糜烂	
					患病率（%）	治疗率（%）	患病率（%）	治疗率（%）
1998	10957162	4412433	38.86	25.11	7.87	95.00	9.59	94.40
1999	12124806	4892258	40.50	25.45	8.57	95.19	9.04	91.94
2000	11453416	4778710	41.55	24.79	8.70	95.42	9.46	90.97
2001	13240089	5129105	38.74	24.91	8.77	95.82	9.39	92.48
2002	13421037	4847603	36.12	24.08	8.54	95.99	8.72	92.29
2003	14011301	5346030	38.16	24.47	9.61	95.57	9.53	92.55
2004	13761822	4987264	36.24	23.11	7.66	94.66	9.79	89.95
2005	32780472	5197975	15.86	22.29	7.04	94.71	8.99	89.25

1998—2005年四川省妇女病查治情况统计表（二）

表5—39—2

年份	淋病		尖锐湿疣		子宫颈癌		乳腺癌		卵巢癌	
	患病率（1/10万）	治疗率（%）	患病率（1/10万）	治疗率（%）	患病率（1/10万）	治疗率（%）	患病率（1/10万）	治疗率（%）	患病率（1/10万）	治疗率（%）
1998	150.23	100.53	88.52	90.89	8.44	93.44	2.93	88.89	0.00	0.00
1999	186.90	98.39	120.32	94.69	8.24	92.06	5.21	84.58	0.00	0.00
2000	183.40	97.84	115.65	98.24	6.86	88.18	4.58	93.61	0.00	0.00
2001	143.95	96.37	108.17	97.26	6.29	90.06	4.05	93.72	0.00	0.00
2002	145.23	97.34	102.90	96.75	7.10	90.70	4.27	94.69	0.00	0.00
2003	179.63	98.10	152.19	98.21	8.02	90.68	4.98	87.59	0.97	90.38
2004	113.63	95.78	97.17	91.09	9.68	90.27	5.27	92.02	1.58	91.14
2005	113.39	90.45	82.18	93.75	10.31	73.32	6.37	88.82	2.10	87.16

第四节 女职工保健

1986年5月30日，卫生部、劳动人事部、全国总工会、全国妇联联合印发《女职工保健工作暂行规定（试行草案）》，首次对女职工在月经期、婚前、孕前、孕期、产后、哺乳期、更年期的保健作出规定。1988年6月28日，国务院发布《女职工劳动保护规定》，将产假期限由56天增加到了90天，哺乳假延长到孩子近1岁。1988年9月，劳动部下发《关于女职工生育待遇若干问题的通知》，就产假相关问题作出进一步说明。1990年1月，劳动部印发《女职工禁忌劳动范围的规定》。1993年，卫生部、劳动部、人事部、全国总工会、全国妇联对《女职工保健工作暂行规定（试行草案）》进行修改完善，同年11月26日，适用于中华人民共和国境内的一切党政机关、人民团体和企业、事业单位的《女职工保健工作规定》发布。

在贯彻落实《女职工劳动保护规定》中，全省各大、中型企业建立并完善了孕妇休息室、哺乳室以及女性卫生设施。成都一三二厂、德阳二重厂等均设有女性专用卫生室。多数企业定期或不定期地开展女职工保健相关知识的专题讲座，定期进行妇女病普查普治。各机构工会将妇女病普查普治工作纳入企业年度考核目标，女职工健康状况明显改善。

1998年3月，省卫生厅、省劳动厅、省妇联、省总工会联合印发《关于确保实行纯母乳喂养的女职工增加一个月产假的通知》；5月，省人事厅印发通知，要求全省相关机构均按此规定执行。随着市场经济的迅速发展，城镇逐步建立起职工生育保险等。进入21世纪，人们能够通过各种途径获得相关的健康保健知识，使女性自我保健意识明显增强，不少女职工主动到妇幼保健机构或医院进行常规健康检查和咨询，女职工保健的状况出现集团健康保健活动逐渐向个体主动保健发展的趋势。

第七章 儿童卫生保健

第一节 新生儿保健

儿童保健的服务对象为胎儿期至14岁儿童。妇幼保健机构或综合医院儿童保健的重点是0—6岁儿童，7—14岁儿童由学校管理。儿童保健的主要内容包括：新生儿疾病筛查、儿童早期发展教育、儿童生长发育监测、儿童营养咨询、儿童入托体检、预防接种等。

1996—2005年四川省儿童保健情况统计表

表5—40

年份	出生体重低于2500g婴儿比重（%）	围生儿死亡率（‰）	新生儿破伤风		5岁以下儿童中重度营养不良比重（%）	新生儿访视率（%）	3岁以下儿童系统管理率（%）	7岁以下儿童保健管理率（%）
			发病率（1/万）	死亡率（1/万）				
1996	1.46	6.80	3.48	2.50	2.91	82.32	65.94	67.08
1997	1.56	7.12	2.20	1.76	2.82	81.32	69.68	66.96
1998	2.37	6.77	1.76	1.59	2.37	81.43	73.49	70.32
1999	1.43	7.66	1.50	1.14	2.73	84.83	73.70	73.30
2000	1.40	7.46	1.74	1.28	2.28	82.36	74.44	70.03
2001	1.32	6.70	1.26	0.91	3.05	82.45	73.39	70.84
2002	1.59	7.18	1.14	0.80	2.40	82.72	72.11	69.43
2003	1.74	6.86	0.98	0.73	2.41	81.99	71.59	70.66
2004	1.75	6.56	1.38	0.96	2.15	81.49	74.34	71.32
2005	1.62	6.05	1.23	0.72	2.02	80.89	73.59	71.25

说明：其他年份资料缺

2000年与2005年四川省儿童健康指标变化情况一览表

表5—41

指标＼年份	2000	2005
低出生体重发生率	5.72	4.89
婴儿母乳喂养率	80.45	93.33

续表5—41

指标＼年份	2000	2005
7 岁以下儿童保健管理率	73.7	71.3
城市	84.56	81.21
农村	70.13	66.72
民族地区	39.10	34.57

2000—2005 年四川省 7 岁以下儿童保健情况统计表

表 5—42 单位:%

年份	新生儿访视率			7 岁以下保健管理率			3 岁以下系统管理率		
	城市	农村	全省	城市	农村	全省	城市	农村	全省
2000	88.1	80.5	82.7	80.7	71.2	73.7	79.6	73.5	75.1
2001	85.3	81.7	82.8	75.8	68.9	70.9	76.7	72.6	73.8
2002	88.4	80.3	82.7	78.3	66.1	69.4	80.0	69.4	72.4
2003	87.7	79.3	82.0	77.9	67.3	70.7	79.0	68.4	71.6
2004	85.9	79.4	81.5	80.3	67.3	71.3	81.9	70.9	74.3
2005	85.7	78.8	81.1	81.2	66.7	71.3	81.5	70.0	73.6

第二节 新生儿疾病筛查

从出生到未满 28 天为新生儿。依据《中华人民共和国母婴保健法》和相关规定，国家开展新生儿先天性、遗传性代谢病筛查、诊断、治疗和监测。

1986 年，借助国际合作，成都市妇幼保健院率先在成都市区开展新生儿疾病筛查。

1999 年 7 月，由省妇幼保健院牵头成立四川省新生儿疾病筛查技术协作组，成员单位有自贡、攀枝花、德阳、乐山、绵阳和广元市妇幼保健院。从这年起，全省 21 个市（州）先后开展先天性甲状腺功能低下症（CH）和苯丙酮尿症（PKU）的新生儿疾病筛查工作。通过孕妇学校宣传、利用住院分娩时宣传，提高新生儿家长对筛查疾病的知晓率，新生儿疾病筛查数量和筛查率逐年提高。

自 2000 年起，省妇幼保健院、攀枝花市妇幼保健院、成都市及其区县妇幼保健院等，先后对本院出生的活产儿开展新生儿听力筛查工作。对筛查出的阳性儿，指导其家属到有条件的医疗保健机构进行确诊。

2001 年，省卫生厅印发《四川省新生儿疾病筛查机构设置规划》，确定省妇幼保健院和成都市妇幼保健院为全省新生儿疾病筛查实验室检测单位。继后，陆续印发《关于新生儿疾病筛查管理办法（试行)》《新生儿疾病筛查采血操作常规》以及《新生儿疾病筛查考核标准细则（试行)》。经试用、修改后，于 2005 年辑入《四川省新生儿疾病筛查工作资料汇编》，作为全省该项工作的指南。

2003年4月，全省新生儿疾病筛查中心（新筛中心）在省妇幼保健院成立。12月，自贡市、南充市妇幼保健院新生儿疾病筛查分中心成立。

2005年10月，省卫生厅组织对省新筛中心和南充、自贡、成都新筛中心进行督导。11月，在遂宁市召开全省新生儿疾病筛查工作专题会。12月，召集各新筛中心负责人和检查督导组成员开会，讨论解决筛查人数少、筛查覆盖面低、筛查率低、重筛轻治等问题。省新筛中心提出了《提高新生儿疾病筛查率与影响相关因素分析及干预措施》。至2005年，新生儿疾病筛查覆盖面已达17个市（州）、98个县（区），年筛查量12万例，筛查率为18.73%。

2000—2005年四川省新筛中心片区新生儿疾病筛查人数统计表

表5—43

指标＼年份	2000	2001	2002	2003	2004	2005
省新筛中心筛查总数	583	2171	6225	10412	22185	30907
其中：院外筛查数	0	1408	4814	8909	20094	28874
院内筛查数	583	763	1411	1503	2091	2033
筛查阳性人数	1	1	3	19	25	21
绵阳市	—	116	461	3670	9033	9833
攀枝花市	—	3	—	—	—	—
甘孜藏族自治州	—	—	25	17	10	14
阿坝藏族羌族自治州	—	—	—	—	38	349
凉山彝族自治州	—	—	3	—	—	44
巴中市	—	—	134	25	195	763
达州市	—	—	552	582	631	716
遂宁市	—	—	727	2167	3177	4713
广元市	—	5	1	0	609	1653
资阳市	—	—	5	1062	4127	7914
内江市	—	5	40	521	1690	2257
雅安市	—	—	—	—	—	—
乐山市	—	89	127	249	432	618
德阳市	—	334	—	—	—	—
宜宾市	—	—	38	5	—	—
泸州市	—	—	231	388	152	—
自贡市	—	602	902	4	—	—
南充市	—	254	1552	219	—	—
广安市	—	—	16	—	—	—

第三节　儿童保健系统管理

一、新生儿访视

从20世纪80年代开始，全省各地妇幼保健院（所、站），以及综合医院的妇产科，坚持开展新生儿访视工作。新生儿出生后，先放到新生儿观察室观察6个小时，正常者进入母婴室，高危新生儿送入新生儿重症监护室。新生儿出院后，在生后第7天、第14天和第28天，各进行访视1次。访视内容为：询问新生儿吃奶、大小便性状及颜色、母亲健康情况，观察新生儿精神、面色、呼吸、哭声、皮肤、黄疸、脐部、保暖等情况，测量新生儿体重，了解体重增长情况，同时对母亲喂养给予指导。

1990—1993年四川省新生儿访视率（%）统计表

表5—44

年份	新生儿访视率	年份	新生儿访视率	年份	新生儿访视率	年份	新生儿访视率
1990	16.4	1994	74.7	1998	83.7	2002	84.7
1991	39.6	1995	77.6	1999	85.3	2003	82.0
1992	70.1	1996	80.2	2000	85.4	2004	79.9
1993	71.3	1997	82.4	2001	84.8	2005	81.1

二、儿童保健门诊

20世纪80年代，大多数医疗保健机构设备简陋，开展工作比较单一，城区医院仅限于进行定期儿童体检，指导婴儿喂养，对佝偻病、营养性贫血等进行治疗；乡镇卫生院利用“六一”节前后对儿童进行健康检查。90年代，部分有条件的医院、妇幼保健院开展儿童智力测定、儿童营养咨询专科门诊。2000年以后，专科门诊逐渐增多。华西妇产儿童医院、省妇幼保健院、成都市妇幼保健院等开展了预防接种、健康体检、生长监测、营养、听力、视力、脑损伤早期干预、早期综合发展、多动症、学习困难、儿童心理行为问题纠正、儿童语言测评及构音障碍矫治门诊等，使儿童保健服务向特色服务的方向发展。

三、儿童定期健康检查

根据儿童年龄特点定期进行全面健康检查。城区儿童实行4.2.1检查（即1岁以内儿童1年检查4次，1—2岁每年检查2次，3—6岁每年检查1次）；农村儿童实行3.2.1检查（即1岁以内儿童1年检查3次，1—2岁每年检查2次，3—6岁每年检查1次）。发现问题，及时指导解决。

不同年份 0—6 岁儿童保健管理情况四川省与全国比较表

表 5—45

指标		1996	1997	1998	1999	2000	2001	2002	2003	2004	2005
7 岁以下儿童保健覆盖率（%）	全国	62.7	65.8	68.9	71.8	73.4	74.5	74.0	72.7	74.4	74.8
	全省	67.1	67.0	70.3	73.3	73.7	70.9	69.4	70.7	71.3	71.3
3 岁以下儿童系统管理率（%）	全国	61.4	65.7	69.1	72.3	73.8	74.7	73.9	72.8	73.7	73.9
	全省	65.9	69.7	73.5	73.7	75.1	73.4	72.1	71.6	74.3	73.6

四、0—2 岁儿童生长发育监测

定期连续测量小儿体重，根据体重曲线变化趋势评价小儿生长发育状况，早期发现生长迟缓，及时分析原因，采取相应措施进行干预。妇幼卫生示范县的仁寿县、彭县、江北县首先引入这一适宜技术。1986 年 7 月，省卫生厅在重庆市召开全省 0—2 岁儿童生长发育监测工作会，之后逐步在农村保健工作中予以推广。

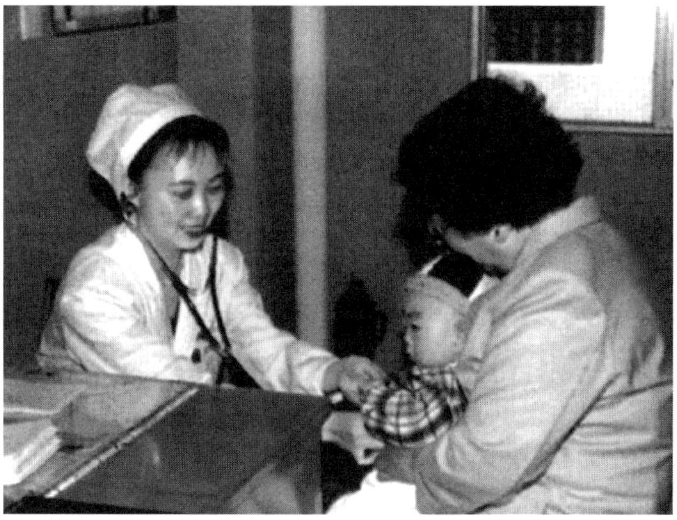

图 5－5　成都市妇幼保健院为儿童保健

五、体弱儿管理

对象是早产儿、低出生体重儿、中重度贫血、活动性佝偻病、中重度营养不良、反复呼吸道感染等。管理方法是：一经发现立即登记，专案管理，按照管理常规定期随访，针对性处理，待疾病治疗或恢复正常后及时结案，转入正常儿童系统管理。对某些特殊儿童如先天性心脏病、弱智儿童、先天畸形、遗传代谢性疾病儿童，也按照体弱儿强化管理，指导家长正确护理，督促及时就医，提高存活率。

六、儿童早期教育

即从新生儿期到学龄前一段时间的教育。省妇幼保健院于 2001 年 7 月至 2005 年，先后训练儿童 1.2 万余人次，开展儿童竞赛活动 30 余次；还利用卫生部儿童早期综合发展项目，将儿童的早期教育同儿童的生长发育、家庭保健教育相结合。有条件的市、县保健院也不同程度地开展了早期教育工作。

七、儿童计划免疫

详情见《疾病防控》篇第二章第三节。

第八章　妇幼卫生国际合作

一、中国农村妇幼卫生示范县扩展县项目

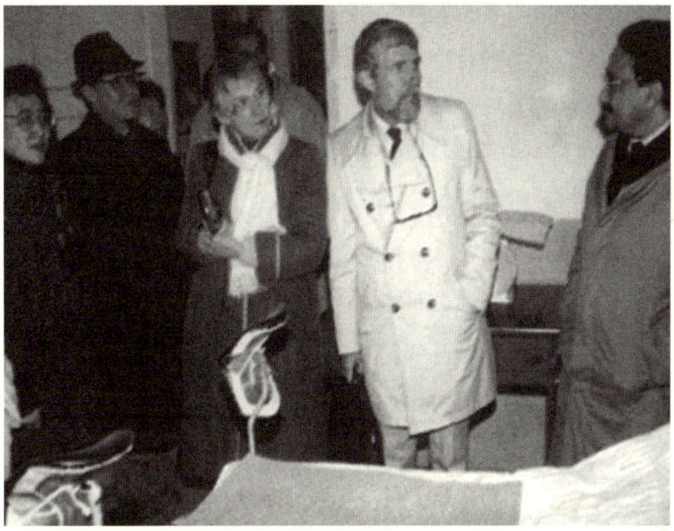

图5－6　2001年联合国儿童基金会、人口基金会执行主席瓦德（右二）在汶川县检查妇幼卫生项目工作

20世纪80年代初，世界卫生组织、联合国儿童基金会、联合国人口基金会在中国合作实施“中国农村妇幼卫生示范县项目”。1982年，仁寿、彭县、重庆市江北县被列入全国第二批农村妇幼卫生示范县。1986年卫生部项目协调委员会又把名山、荣县、安县、会理、涪陵五个县列入示范县扩展县，其工作任务参照妇幼卫生示范县要求。主要内容：一是提升妇幼保健，降低新生儿、婴儿和围产儿死亡率；二是增进妇女孕期、哺乳期保健；三是开展支援、仪器设备工作；四是通过培训计划，提高县乡妇幼保健人员和乡村医生的技术水平；五是做好资料收集和数据分析。1989年，卫生部项目协调委员会组织有关专家以及8个项目县负责人对3个示范县、5个扩展县进行评审，结果表明：各县已基本形成了以县妇幼保健院（所）为业务技术指导中心，以区乡为枢纽，以村为基础的能开展多项保健服务工作能力的三级妇幼保健网，项目起到了示范和带头作用。

二、中国儿童营养监测与改善项目

本项目由中国政府与联合国儿童基金会合作实施，旨在改善儿童营养状况，增强身体素质，提高健康水平，宣传普及营养知识和科学育儿知识，培养公共营养专业人员等。项目第一周期（1986—1989年）在四川的实施，由省卫生防疫站和崇庆县防疫站承担，项目第二周期（1990—1993年）在四川的实施，由省卫生防疫站和仪陇、名山、江油、马尔康等5市（县）防疫站承担。

三、中国基层妇幼卫生/计划生育服务合作项目

该项目是中国政府与世界卫生组织、联合国儿童基金会、联合国人口基金会在妇幼卫生领域内第二次合作，项目周期为1990—1995年，覆盖全国27个省（直辖市、自治区）300个贫困县，1.2亿人口，四川省20个贫困县进入该项目。项目总体目标是：加强中国贫困地区妇幼卫生/计划生育服务的能力，降低孕产妇死亡率和5岁以下儿童死亡率；改善项目地区妇女儿童健康状况。

（一）项目活动

基础调查。在项目开展前，采用统一方法、步骤，对项目贫困县进行家底调查，为制定实施方案提供依据。

人员培训。本着“救命知识”和“适宜技术”先学的原则，逐级开展培训。1990—1991 年第一轮培训，以孕产期保健、计划生育、母乳喂养、小儿腹泻、婴幼儿急性呼吸道感染病例管理为中心内容；1992—1993 年第二轮培训，除继续逐级培训外，扩展到各非项目县；1994—1995 年，为降低项目地区婴儿死亡率、孕产妇死亡率再次开展业务培训。以提升乡级产儿科临床服务能力和急诊抢救能力为目标，组织开展临床进修；对住院分娩率低、新生儿破伤风发病率高的 112 个项目县的接生员进行强化培训。通过 3 轮强化培训，共培训各级师资 8000 人，乡村医生 38 万人，其中 20000 名乡卫生院的产儿科医生完成了 3 个月的基本知识、基本操作、基本急救的临床进修。

督导。内部督导由国家项目专家组、省级专家组赴项目县督导，每年 1—2 次。外部督导由项目承担者邀请上海医学院评审督导。

检查评估。进行中期与终末检查评估。一是由国家项目办派人来检查评估；二是省内组成检查组进行交叉检查评估。

（二）项目效果和效益

摸清了贫困地区的妇幼卫生工作家底。孕产妇死亡率与婴儿死亡率、5 岁以下儿童死亡率明显高于全国平均水平；县级以下妇幼卫生资源严重匮乏，县级每千人口仅有妇幼卫生专业人员 0.1 人，而大专以上人员仅占 10%，乡村两级机构和人员更为缺乏；妇幼卫生服务的效益率低。婴儿死亡人数中的 81% 和孕产妇死亡人数中的 66% 是死在家中和去医院的途中，其中 54% 的婴儿和 45% 的孕产妇在死前 24 小时未得到任何医疗服务。

建立了有效的项目管理系统（这在国家开展项目以来是第一次）。行政管理系统由主管省长、市长、县长负责并任组长，有关部门领导参与项目协调领导小组。业务管理系统由大专院校主管教学的副校长牵头，专家教授为主体组成区域性专家组，并以省、市、县妇幼保健机构为主体组成技术指导小组，负责各地的培训、业务指导和督导评估。

健康指标明显改善。项目地区经过 6 年的艰苦工作，孕产妇死亡率从 202.4/10 万下降至 91.6/10 万，其中产科出血死亡率由 90.9% 降至 46.7%，5 岁以下儿童死亡率由 84.4‰降至 54.9‰，婴儿死亡率由 69‰降至 44‰，新生儿破伤风发病率由 6‰降至 1.7‰。

贫困地区三级医疗预防保健网建设得到加强。平均每个县级保健机构大中专人数由 5.8 人增加至 25.7 人，乡级妇幼保健人员由 1.9 人增加至 3 人，村级由 2 人增加至 2.9 人。县级妇幼保健院业务用房平均达到 125.38 平方米，比项目启动时增加 1.6 倍。为县级保健院装备了 64 种 30162 台件，为乡村两级装备了 91.6 万件急需的基本设备。

四、小儿急性呼吸道感染防治项目

该项目由世界卫生组织和联合国儿童基金会提供资金和技术援助，旨在向发展中国家推荐小儿急性呼吸道感染防治、降低肺炎死亡率的适宜技术，并培训基层卫生人员，改善病例管理方法。全国共 27 个项目县，其中四川 3 个：雅安市、犍为县、绵竹县。项目周期为 1992 年至 1994 年 12 月。采用世界卫生组织编写的《婴幼儿急性呼吸道感染病例管理》统编教材，实行“以问题为中心”的参与式教学法，理论培训与实际病案结合，逐级培训县、乡、村医生。省级专家每年1—2次赴监测县，县级指导小组3—6个月1次赴项目乡村，督导、检查、考核ARI项目进展，实施项目质量控制。1994年11—12月，卫生部组成国家级调查组，在世界卫生组织驻华代表的参与下，深入四川雅安、犍为、绵竹三县（市）的保健所和县医院、8个乡卫生院、18个村卫生室，检查ARI项目执行情况，并实地调查了114例患儿和家长。结果显示：过半乡村医务人员对ARI标准病例管理掌握较好，达到了ARI规划要求。四川婴儿死亡率、5岁以下儿童死亡率及儿童肺炎死亡率已分别由1990年的66.24‰、86.5‰和536.32/10万降到1993年的54.69‰、73.16‰和303.3/10万。在雅安、绵竹、犍为试点基础上，从1922年起，各市（地、州）选择一个县（市、区）开展试点，到2005年全省共有50多个县（市、区）开展ARI工作。

五、中国综合性妇幼卫生保健项目

该项目简称“卫Ⅵ”项目。1995—2001年国家使用世界银行贷款，在全国9个省（直辖市、自治区）282个项目县开展。四川有43个项目县：绵竹市、叙永县、古蔺县、米易县、盐边县、荣县、蓬溪县、大英县、达县、宣汉县、万源县、五通桥区、沐川县、犍为县、丰都县、安岳县、雁江区、巴州区、宜宾县、长宁县、江安县、筠连县、西充县、隆昌县、盐源县、宁南县、甘洛县、冕宁县、喜德县、阿坝州、甘孜州、理县、康定县、武胜县、邻水县、岳池县、金堂县、石棉县、天全县、芦山县、苍溪县、旺苍县、剑阁县。其中40个项目县属边远山区或少数民族地区的贫困县，孕产妇死亡率为158.8/10万，婴儿死亡率65.24‰，高出全国平均水平。实施该项目，旨在引进国内外资金、适宜技术和管理经验，加速妇幼卫生保健事业发展。

1995年、2001年四川省40个项目县终末评估情况统计表

表5—46

项目＼年份	1995	2001
产前检查率（%）	53.7	75
产后访视率（%）	56.3	83.8
新法接生率（%）	72	85
住院分娩率（%）	37.3	62.8
计划免疫“四苗”覆盖率（%）	88.2	92.1
孕产妇死亡率（1/10万）	135.4	76.5
婴儿死亡率（‰）	52.6	22.8
5岁以下儿童死亡率（‰）	69.8	34
新生儿死亡率（‰）	29.9	14.8
新生儿破伤风发生率（‰）	7.16	0.10

六、秦巴卫生项目/秦巴支持性项目

该项目是世界银行1997年6月批准的秦巴山区扶贫项目中的一个子项目，中国政府和世界银行将它分离出来，纳入中国基本卫生服务项目，简称“卫Ⅷ”。英国发展部于2003年3月提供无偿援助，该项目至2007年6月结束，故又称秦巴卫生项目/秦巴支持性项目。项目总体目标是：改善基本卫生服务的提供能力，提高项目地区人民健康水平。

项目自1998年开始，在广元、南充、巴中、达州、广安等5个市12个县（广元市朝天区、旺苍县、苍溪县，南充市嘉陵区、仪陇县、南部县、阆中市，巴中市南江县、通江县，达州市宣汉县、渠县，广安市广安县）135个乡镇1483个村实施，受益人口173.53万。项目具体目标：改善基本卫生服务的提供能力，提高乡镇卫生院的标准化建设率、合格村医务室的覆盖率、乡村医务人员的培训率；增强基本卫生服务能力的可及性，提高新法接生率、高危孕妇住院分娩率、孕产妇与儿童系统管理率、计划免疫覆盖率、学龄儿童药物驱虫率；改善项目地区人民健康，降低孕产妇死亡率、婴儿死亡率、5岁以下儿童死亡率。

省政府成立了主管省长为组长，卫生厅、财政厅厅长为副组长，省级相关部门领导为成员的四川省世行贷款卫生项目协调领导组，各项目县也相应成立项目协调领导小组，具体负责项目工作的组织、管理、检查和督导工作。在业务技术方面，省上和县上成立了项目技术专家组，实行定人、定片、定责等多种形式指导和管理。

2006年末评估显示：新法接生率达95%以上，住院分娩率达73%，孕产妇系统管理率达81.7%，儿童系统管理率达77%，五苗接种率达96.9%，上述指标均达到或超过项目的预期目标。乡镇卫生院标准化建设和乡村两级医生培训率均达95%以上。村医疗室合格达标率74.6%。绝大多数乡镇卫生院能较熟练地诊治内科、儿科常见病、多发病等疾病，能开展下腹部外科手术，三大常规、B超、X线检查等诊断手段基本普及，两个系统管理普遍开展。孕产妇死亡率降至56.2/10万，婴儿死亡率降至15.7‰，超过项目的预期目标。

七、美国“心连心”国际组织新生儿窒息复苏项目

2001年开始，美国“心连心”国际组织新生儿窒息复苏驻蓉办事处在川实施新生儿窒息复苏培训项目，给予项目技术援助，并在成都、绵阳、泸州、南充等地建立首批市级新生儿窒息复苏培训中心。计划7年时间在全省21个市（州）建立新生儿窒息复苏培训点，并向每个培训点提供培训教材和培训模具，提高医护人员的新生儿窒息复苏知识和技能，降低新生儿和婴儿死亡率，减少智残儿发生，提高人口素质。2002年5月，在省妇幼保健院召开首次“心连心”新生儿窒息复苏培训项目工作会议。会后，省上派员到有关市（州）进行相关教学和培训。2003—2005年，先后在甘孜、阿坝、自贡、内江、德阳、遂宁、雅安、眉山市妇幼保健院建立了新生儿窒息复苏培训点，为全省培养了一批师资力量。

八、中国—联合国人口基金第五周期生殖健康/计划生育项目

该项目的宗旨是按照《国际人口发展大会行动纲领》原则，通过提供生殖健康和计划生育优质服务，开展知情选择，促进男女性别平等，保护公民合法权益，加强母亲安全，预防生殖道感染和艾滋病，提高公民的生殖健康水平。2000—2002年，在仪陇县、巴中市巴州区实施第四周期项目。

2003—2005 年，在安县实施第五周期项目。各项目县开展县、乡、村级生殖道感染防治/生殖健康综合服务技术培训及专题讲座，每年抽调省级专家蹲点进行现场培训、指导，组织省级项目年度督导。项目工作多次受到国家级督导组好评。

九、西部四省区 0—5 岁儿童营养改善项目

世界卫生组织在广西、云南、四川和贵州实施“西部四省区 0—5 岁儿童营养改善项目”，旨在通过宣传教育，使家长了解基本的食物营养知识、儿童喂养知识以及预防儿童营养不良的基本知识，掌握科学制作儿童辅食的方法，促进母乳喂养，改善儿童营养状况，降低儿童营养不良性疾病的发生率。项目实施时间为：2004—2005 年。四川项目县为北川县的 3 个乡。共举办村级儿童父母课堂培训班 6 期，培训家长 220 余人，覆盖 85% 的家长。6 个月内，项目乡母乳喂养率达 90%，科学喂养知识普及率达 90%，75% 的家长能制作合理的婴幼儿膳食，74% 的家长能积极利用当地资源，科学制作辅食，加强儿童营养。

十、预防艾滋病母婴传播项目

2004 年，乐山市中区、中江、南江、大竹和昭觉 5 个县（区）被纳入国家级示范区项目，内容为加强孕产期预防与保健、加强婴儿期的预防与保健服务能力建设，着力开展健康教育、提供自愿咨询与检测服务等活动。至 2005 年，5 个示范县（区）共咨询 52354 名孕产妇，初筛检测 36004 名孕产妇，确诊 22 名孕产妇感染艾滋病，其中，终止妊娠 4 人，分娩 18 人，对 14 名分娩孕产妇及其所生婴儿实施了抗逆转录病毒药物应用、人工喂养和随访检测等干预措施。

此外，华西妇产儿童医院 2003 年与美国 CMB 合作开展“建立中华民族出生缺陷库”项目，获得 32.7 万美元资助；2005 年与澳大利亚达尔文大学合作开展“改善产科结构”研究项目，获得资助 40 万元；与世界银行合作开展“妇女儿童健康公平性研究”项目，获得资助 26 万元。

第六篇　医药科研

医药科研是提高医疗卫生整体水平、发展卫生事业的重要基础和巨大动力。1986—2005 年，四川认真贯彻中共中央、国务院科技工作方针政策，稳步推进医药科研体制改革，加强医药科研基地建设和支撑条件建设，加强医药科研队伍建设，组织实施医药科研重大专项，加强医药科研成果的推广应用，积极开展对外合作，全省“科技兴医兴药”发展战略顺利实施，重大疾病预防、诊断、治疗研究取得一系列重要成果，其中有的达到国内领先水平和国际先进水平，为提高人民健康水平发挥了重要作用。

第一章　医药科研体制

第一节　医药科研机构

一、政府举办的医药科研机构

（一）四川省医学科学院

1982年，中国医学科学院四川简阳分院迁返天津，留下部分职工、设备和房产组建四川省医学科学防治研究院，1983年更名为四川省医学科学院。内辖附属医院、医学实验动物中心、省结核病防治研究所、省寄生虫病防治研究所、省皮肤病防治研究所、省劳动卫生职业病防治研究所。2000年10月21日迁入成都市。2002年7月与省人民医院合并，省寄生虫病防治研究所、省劳动卫生职业病防治研究所、省结核病防治研究所纳入新组建的省疾控中心。

（二）四川省中医药研究院

内辖四川省中医研究所、四川省中医药研究院针灸经络研究所、四川省中药研究所、四川省南川药物种植研究所。各所详情记于本志第四篇相关章节。

（三）四川省地方病防治研究所

详情记于本志第二篇第一章第二节。

（四）四川省医学情报研究所

1984年3月在原医学情报站基础上建立，1988年被认定为全省三个承担成果鉴定查新单位之一，1993年获准为首批"卫生部医药卫生科技项目查新咨询单位"。主要承担国内外卫生科技情报资料的收集、整理、分析与开发，卫生信息网络建设和管理，医学情报及软科学研究，为卫生管理和医药卫生事业提供资料检索与查新，软硬件设计与开发，科技成果推广组织实施，以及咨询、翻译、音像等服务。1982年开始承办《中国医学文摘·计划生育妇产科学》分册的编辑出版工作，2000年开始承担《四川卫生年鉴》编辑工作。2002年增挂四川省卫生信息中心牌子。

（五）四川省人工晶体研究所

世界软性人工晶体发源地。1978年周开遗、王明举发明硅凝胶软性人工晶体并于当年成功植入人眼，结束了使用硬质有机玻璃人工晶体植入人眼治疗白内障的历史。1984年组建硅凝胶软性人工晶体所，1989年被确定为卫生部人工晶体研究开发培训中心，1992年由成都市上划更名为四川省人工晶体研究所。多次开办人工晶体临床植入技术培训班，先后为北京同仁医院、解放军301医院及朝鲜培训专业技术人才1200余名。硅凝胶软性人工晶体的发明及植入技术，获得四川省人民政府二等科技成果奖、国家发明三等奖、第35届布鲁塞尔世界发明尤利卡银奖和加拿大最新发明银质奖，被编入美国哈佛大学主编的白内障手术学教科书中，也被俄罗斯等欧洲国家的一些专家多次引用。周开遗被选为全国白内障学组副组长和秘书长，王明举被选为中华医学会全国白内障人工晶体学组委员。

（六）成都生物制品研究所

建于1958年，原为卫生部驻蓉科研生产机构，2002年隶属于中国生物技术集团总公司，是中国最大的生物制品研究、生产基地之一。主要从事医学微生物学、免疫学、细胞工程学和基因工程学的研究，生产经营预防制品、血液制品、诊断制品、基因工程产品等生物制品。长期致力于医学微生物学、免疫学、细胞工程学和基因工程学的研究，生产与经营各类预防制品、血液制品、诊断制品、基因工程产品等生物制品，曾承担国家“863”课题、国家高技术产业化示范工程等。产品多次获得国家级和省部级技术认证、科技进步与质量管理奖项。

（七）中国医学科学院输血研究所

原为创建于1957年的中国医学科学院输血及血液学研究所，1965年拆分后由天津迁到成都建立中国医学科学院输血研究所，是中国唯一的国家级输血医学研究机构，从事输血医学科学及相关技术研究，培养输血专业人才，为国家输血安全管理、应急医疗体系、输血科学技术发展及全民知识普及等提供信息咨询、理论依据和技术支持。设有血液免疫研究中心、输血生物医学工程研究中心、血液生化与分子生物学研究中心、输血传染病研究中心，涉及生物化学及分子生物学、病原生物学、免疫学、遗传学、细胞生物学、生物医学工程等学科。HLA参比实验室、中国干细胞捐献者资料库组织配型实验室、艾滋病确证实验室为重点实验室。创办有《国际输血及血液学杂志》和《中国输血杂志》。

1986—2005年，经过行政区划调整和机构整合重组，全省由政府举办的医药科研机构发生了不少变更。

四川省政府举办的医药科研机构变更情况表（截至2005年）

表6—1

机构名称	变更情况	2005年机构名称
省医学科学研究院	1984年建立，2002年7月与省人民医院合并	省医学科学院·省人民医院
省寄生虫病防治研究所	1957年4月建立，1984年隶属四川省医学科学研究院，2002年与省防疫站等组建省疾控中心	省疾控中心寄生虫病预防控制所
省劳动卫生职业病防治研究所	1959年8月建立，1984年隶属四川省医学科学研究院，2002年与省防疫站等组建省疾控中心	省疾控中心职业与辐射卫生所
省结核病防治研究所	1984年10月建立，隶属四川省医学科学研究院，2002年与省防疫站等组建省疾控中心	省疾控中心结核病预防控制所
省地方病防治研究所	1984年8月建立，由省防疫站代管，2002年与省防疫站等组建省疾控中心	省疾控中心地方病预防控制所
省皮肤病防治研究所	1960年1月建立，1983年隶属四川省医学科学研究院，2002年并入省医学科学院·省人民医院	省医学科学院·省人民医院皮肤病性病研究所
省医科院实验动物中心	2000年11月更名为实验动物研究所	省医学科学院·省人民医院实验动物研究所

续表6—1

机构名称	变更情况	2005 年机构名称
省人工晶体研究所	前身为成都市金牛区蜀光生物医学工程技术研究所，1992 年 11 月由成都市上划为省属科研单位	省人工晶体研究所 卫生部人工晶体研究开发培训中心
省预防医学科研院	2005 年 12 月省疾控中心增挂四川省预防医学科研院牌子	四川省预防医学科学研究院
省中医药研究院	1984 年建立，2004 年 12 月与省中药研究所合并	省中医药研究院（保留四川省中药研究所名称）
省中药研究所	1930 年建立，1997 年 7 月由重庆迁入成都（留渝部分新建重庆中药研究院），2004 年 12 月与省中医药研究院合并组建新的省中医药研究院	省中医药研究院（保留四川省中药研究所名称）
南川药物种植研究所	1937 年建立，原隶属省中药研究所，1984 年隶属省中医药研究院，1997 年划入重庆市	—
重庆计划生育研究所	1977 年建立，1997 年划入重庆市	—
重庆医药工业研究所	1950 年建立，1997 年划入重庆市	—

1986 年、2005 年四川省部分省属科研机构人员结构一览表

表 6—2

机构名称	人员结构									
	1986 年					2005 年				
	总人数	技术人员数	高级	中级	初级	总人数	技术人员数	高级	中级	初级
省医学科学研究院										
皮肤病性病研究所						114	95	38	37	
实验动物研究所	58 *		5 *	5 *		55		2	5	
省中医药研究院						395		153	114	
中药研究所						180		47	50	
中医研究所	—	—	—	—	—	151		51	52	
针灸经络研究所						32		8	8	
省疾病预防控制中心	348 **	269 **	96 **	105 **		774	591	194	222	175
寄生虫病预防控制所	234	168	3	50	115	162 **	101 **	34 **	51 **	16 **
结核病预防控制所		39		3	36		35 **	9 **	11 **	15 **
职业与辐射卫生所	239#	201#	55#	80#	66#	233 **	165 **	42 **	75 **	
省医学情报研究所	40	33	—	13	—	44 *	36 *	21 *	8 *	7 *

说明：* 为 2000 年数据；** 为 2002 年数据；#为 1988 年数据

二、高等院校举办的医药科研机构

四川医药院校大多设有研究机构。1985 年全省医药院校共设研究机构 37 个，其中华西医科大学 15 个，成都中医学院 9 个，重庆医科大学 8 个，川北医学院 4 个，泸州医学院 1 个。经过整合和新建，至 2005 年，省内医药院校共设研究机构 79 个。

四川医学院校举办的研究机构一览表

表 6—3

单位名称	科研机构名称	建立时间	级别
华西临床医学院	肿瘤学实验室	1958 年	省级重点实验室（1999 年）
	精神医学研究室	1979 年	
	小鼠基因敲除研究中心	1982 年	
	医学遗传研究室	1982 年	国家药品监督管理局重点实验室（1998 年）
	国家药品临床研究基地和 GCP 中心	1983 年	国家药品监督管理局重点实验室（1998 年）
	病理研究室	1987 年	
	核医学实验室	1990 年	省级重点实验室（1995 年）
	人类疾病生物治疗实验室	1996 年	国家级（2005 年）、教育部重点实验室（2002 年），省重点实验室（2003 年）
	移植工程和移植免疫学实验室	1996 年	卫生部重点实验室（2002 年）、省重点实验室（1999 年）
	器官微循环与消化外科研究室	1996 年	
	中国循证医学中心	1997 年	部级实验室（1997 年）
	麻醉学与危重急救研究室	1999 年	
	疾病基因组学和法医学实验室	1999 年	省重点实验室（2003 年）
	干细胞与组织工程研究室	2002 年	
	肺癌分子生物研究室	2002 年	
	呼吸病学研究室	2003 年	
	人类疾病相关多肽研究室	2003 年	
	临床磁共振研究中心	2005 年	
	中药药理研究室	2005 年	
	神经分子生物学研究室	2005 年	
	心血管疾病研究室（Ⅰ）（Ⅱ）	2004 年	
	信号转导及分子靶向研究室	2005 年	
	实验肿瘤研究室	2005 年	
	外科肿瘤分子生物学研究室	—	

续表6—3

单位名称	科研机构名称	建立时间	级别
华西基础医学与法医学院	生物化学与分子生物学开放实验室	1999年	省重点实验室
	疾病基因组与法医学	2000年	省重点实验室、省高校重点实验室
	干细胞应用研究中心	2001年	省重点实验室
	时间生物学	2005年	卫生部重点实验室
华西口腔医学院	口腔医学研究所	1979年	
	口腔医学生物工程	1989年	卫生部（1989年）、教育部（2002年）、省重点实验室（2002年）
	牙病防治研究实验室	—	省甲级重点实验室（2005年）
华西药学院	天然药物研究所	—	省高校重点实验室
	靶向药物与释药系统	—	教育部重点实验室
	靶向制剂与新型给药系统	—	省重点实验室、省高校重点实验室（1999年）
华西公共卫生学院	预防医学研究所	—	
	劳动卫生研究所		
	分子毒理学实验室	—	省高校重点实验室
华西妇产儿童医院	小儿血液肿瘤研究室	—	卫生部重点建设项目（1995年）
			省高校重点实验室（2000年）
	小儿病毒研究室		卫生部重点建设项目（1995年）
			省重点实验室（2000年）
	妇科肿瘤实验室		
	围产实验室		
	生殖免疫实验室		
	计划生育实验室		
	出生缺陷实验室		省甲级重点实验室（2005年）
泸州医学院	烧伤研究室	1980年	
	心血管医学研究所	1997年	
	狂犬病防治研究中心	1998年	
	医学电生理实验室	2001年	省高校重点实验室（2001年）
		—	国家中医局二级实验室（2001年）
	分子生物学实验室	—	省高校重点实验室（2004年）
		—	国家中医局二级实验室（2001年）
	肝脏生物化学实验室	—	国家中医局二级实验室（2001年）
	感染与免疫实验室	—	国家中医局二级实验室（2001年）

续表6—3

单位名称	科研机构名称	建立时间	级别
川北医学院	高教研究所	1987 年	
	医学影像研究所	1996 年	
	临床神经电生理研究室	1996 年	
川北医学院	免疫与分子生物学研究所	1997 年 5 月	
	药物研究所	2000 年	
	形态研究所	2001 年 1 月	
	风湿免疫研究所	2001 年	
	风湿免疫与感染免疫实验室	2001 年	省高校重点实验室
	医学影像学实验室	2003 年	国家中医药管理局二级科研实验室
	临床免疫实验室	2003 年	国家中医药管理局二级科研实验室
	分子生物学实验室	2003 年	国家中医药管理局二级科研实验室
	中药药理实验室	2005 年	国家中医药管理局二级科研实验室
成都中医药大学	古籍文献研究所（医史文献研究室）	1985 年	
	基础医学研究所	1987 年	
	中药研究所	1990 年	
	中医眼科学	2000 年	省高校重点实验室（1999 年）
	实验针灸学	2000 年	省高校重点实验室（1999 年）
	中医眼科视觉生理	2000 年	国家中医药管理局三级科研实验室
	民族医药研究所	2001 年	
	时间生物学	2003 年	国家中医药管理局三级科研试验室
	中药标准化实验室	2003 年	教育部重点实验室（2003 年）
省卫干院	流行病学研究室	—	

说明：括号内为批准时间

在非医学高校中，西南交通大学 2001 年筹建药学院和中药研究所，建成中药研究中心、化学实验中心和药学实验中心，中药化学实验室为中医管理局科研二级实验室，另有制药工程、基础化学、基础医学、药物化学药物分析等学科组。

三、企业举办的医药科研机构

四川规模较大的医药企业大多设有研究机构。1997 年重庆直辖后，西南制药一厂、二厂、三厂所属的药物研究所，重庆制药五厂所属的营养药物研究所和重庆桐君阁制药厂中药制剂研究所从四川划出。省内其他医药企业附设研究机构因改制等原因先后重组，同时新建了一批药业公司（集团）。这些企业都定位于高新科技型企业，建有技术力量较强的科技研发机构。

地奥集团。1988年创办，是集天然药物、基因工程药物、合成药物、新型制剂研究为一体的高新技术企业，也是世界上较大的高纯度甾体皂甙和高纯度胸腺肽生产企业。有成都地奥九泓制药厂、地奥集团成都药业股份有限公司等10个成员公司。建有国家天然药物工程研究中心和具有国际先进水平的抗肿瘤药物筛选中心。7000余名职工中有科技人员1400余人，其中国家级学科带头人14人，博士及博士后20人，硕士140余人，建有博士后科研工作站。具备胶囊剂、软胶囊、片剂、注射液、冻干粉针、口服液及颗粒制剂的生产能力，“地奥心血康”为集团龙头产品。

四川科伦实业集团。1996年创办，系国家火炬计划重点高新技术企业。拥有四川科伦药业股份有限公司、黑龙江科伦制药有限公司、山东科伦药业有限公司、中南科伦药业有限公司等26家全资子公司。医药产业横跨中药材种植、中药饮片、药品包材、医药原料、中西药制剂等五大领域，是四川首家GMP达标的大输液生产企业。1997年成立科伦药物研究所，重点研发抗菌、抗病毒、抗肿瘤、治疗精神类及心脑血管疾病等I类新药，平均每年有6个以上新药投放市场。先后成功研制开发洁罗维、瑞科沙、欣皮特、艾尔嘉等抗生素产品。1999年阿昔洛韦注射液被国家科技部评为国家级火炬计划项目、科技型中小企业技术创新基金项目。2000年阿奇霉素分散片被评为国家级重点新产品，2003年阿奇霉素氯化钠注射液获省科技进步二等奖。共取得专利4个。研究所科技人员由建立时的2人发展到50多人，其中副高职称以上4人，具研究生学历者10余人。设有博士后科研工作站。

第二节　医药学术团体

1985年底，全白省有省级医药卫生学术组织有12个，其中学会8个，协会3个，研究会1个。学会下设专业委员会80个，共有会员22576人。2000年，全省卫生系统学会、协会发展到33个，其中省医学会、护理学会、药学会、中医药学会、中西医结合学会、针灸学会等六大学会由卫生厅委托省医疗卫生技术咨询所负责协调、管理。2001年，全省共有医药卫生学会、协会32个，2002年对卫生学会、协会进行清理、登记，认定厅属医药卫生学会、协会29个。各学会、协会利用自身优势组织学术交流，学习与推广新知识新技术，开展继续教育、人员培训、科普宣传、调查研究、主办学术期刊等工作。

一、医药学会

（一）四川省医学会

四川省医学会又称中华医学会四川分会，成立于1979年4月。1992—1997年，连续6年被中国科协评为“学会之星”，两次荣获“学会发展与改革先进集体”，1987—2005年每年均被省科协评为“先进集体”，2004年被民政部评为“全国先进民间组织”。1980年、1985年先后创办《四川医学》《实用妇产科杂志》。2002年成立四川省医学会医疗事故技术鉴定工作办公室。2005年会员总人数达2.8万人。设有内科、外科、妇产科、儿科、皮肤性病、眼科、耳鼻咽喉科、放射学、神经病学、精神病学、病理学、物理医学与康复、心血管、麻醉、检验、骨科、核医学、呼吸、消化、血液、内分泌及糖尿病、肾脏病、老年病、感染病、泌尿外科、医学教育、计划生育、烧伤整形外科、胸心外科、神经外科、超声、放射肿瘤、医学遗传、小儿外科、急诊医学、地方病、医学伦理、医学美学与美容、消化内镜、临床流行病、医学信息、心电生理与起搏、微循环血液流变学、临床输血、医院管理、口腔医学、骨质疏松、医学辩证法、器官移植、科研管理、风湿病学、医院药学、男科学、影像医学技术、航空航天医学、高压氧医学、循证医学等57个专业委员会。1986—2005年，共召开国际性学术会议4次，全国性学术会议27次，片区性学术会议47次，省级学术会议407次，征集论文47115篇，开展继续医学教育活动175次，组织卫生下乡48次，义诊咨询18次，科普宣传18次。

（二）四川省护理学会

四川省护理学会又称中华护理学会四川分会，成立于1979年6月，下设护理管理、护理教育、内科护理、外科护理、妇产科护理、儿科护理、中医中西医结合护理、肿瘤护理、精神科护理、口腔五官科护理、门急诊护理、院内感染管理等12个专业委员会和1个科普工作委员会。2005年个人会员14801人，团体会员单位36个。学会对会员及护理工作者进行继续护理学教育，普及护理健康知识，推广护理新技术，依法维护护士的正当权益，组织编写、出版护理科技书刊、资料，开展国内外学术交流。1996年起，学会在全省开始整体护理工作试点，2001年在二级以上医院全面开展。1986—2005年，召开全国性学术会议6次，片区性学术会议4次，省级学术会议103次，征集论文8857篇，开展继续教育活动97次，义诊咨询5次，科普宣传16次。自成立以来，每年均被省科学技术协会评为“学会工作先进集体”。

（三）四川省药学会

1979年4月成立，设有中药及天然药物、药剂、药物化学、药物分析、药理、抗生素等6个专业委员会。1986年创办《华西药学杂志》。2001年会员3080人。2003年12月主管单位变更为四川省药品监督管理局。

（四）四川省预防医学会

1988年9月成立，有11个专委会，后发展到流行病学、劳动卫生与职业病、环境卫生、食品卫生、少儿卫生、消毒与媒介生物控制、医院感染管理、放射卫生、医学病毒学、妇幼保健、行为医学、卫生防疫管理、基层卫生防疫管理学组微机应用与管理学组、卫生检验、微生态、卫生统计、厂矿企业卫生防疫、卫生毒理学、环境病理、预防医学信息等20个专委会。主要活动是开展学术交流、继续医学教育、科普宣传及参与救灾防病等。曾多次获全国省级学会之星及省先进学会称号。

（五）四川省中医药学会

成立于1979年，下设肛肠、骨伤科、眼科、妇科、外科、男科、糖尿病、内科、医院管理、针刀、医史文献、仲景、中药、儿科、食疗、温病、中医基础、青年中医药研究会、亚健康等19个专业委员会。主办刊物《四川中医》杂志。2005年，学会有在册会员2079人，学会办公室专职工作人员3名。

（六）四川省中西医结合学会

成立于1981年5月，下设心血管、呼吸、肿瘤、肝病、肾病、老年医学、神经科、风湿免疫、儿科、活血化淤与血液病、皮肤性病、眼科、大肠肛门病、骨科、耳鼻咽喉、烧伤、痛症、男科、医学影像、农村基层、妇科等21个专业委员会。2005年，有会员3408人，学会办公室专职工作人员3名。连续多年被四川省科学技术协会和中国中西医结合学会评为“学会工作先进集体”。

（七）四川省针灸学会

成立于1985年7月，下设临床针灸、推拿、针麻与镇痛、头耳针、实验针灸、针灸器材、养生与康复等7个专业委员会。2005年，有会员3580人，学会办公室专职工作人员3名。连续多年被四川省科学技术协会评为“学会工作先进集体”。

（八）四川省动物学会

1979年10月成立，下设分类区系、实验动物、实验生物、寄生虫学、生态与自然保护、驯化与利用、动物教学、动物科学普及等8个专业委员会。学会主要开展学术交流、爱鸟周、野外考察、中学生生物学竞赛等活动，撰写、出版发行大熊猫、蚯蚓研究专集，《四川资源动物志》五卷，《中国动物志》鸟、兽、两栖、爬行部分卷册等。1981年创刊《四川动物》，为公开发行的生物科学中文核心期刊。

二、医药协会

（一）四川省卫生协会

1987年3月成立，2000年四川省医院管理协会成立，两个协会实行一套班子、两块牌子。1987年有会员单位63个，1993年为188个，2000年为631个，2005年为1151个。1986—2005年，共举办医院管理、医疗技术、医疗法律法规、经济财务管理、医疗和护理质量管理、医院领导干部等培训班48期，征集学术论文及经验交流1293篇，编辑论文集27册。2004年被中国农村卫生协会评为全国先进协会，2005年被省人事厅、省民政厅评为全省先进民间组织。

（二）四川省防痨协会

成立于1947年，1966年中断，1979年重新组建。协会在推进四川省结核病防治法制化和规划建设中，先后组织专家起草《四川省结核病防治管理办法》《四川省结核病防治规划》和《2002—2005年结核病防治实施计划》，分别由省政府、省卫生厅颁布实施。参与全省结防技术政策的制定和实施，开展学术交流、培训防痨人员、开展科研协作、加强国际交流及健康促进工作。

（三）四川省健康教育协会

1993年5月成立，是健康教育工作者的群众性、社会性、学术性团体。协会下设健康教育、卫生报刊学术组，卫生美术、卫生摄影、卫生影视创作组，学校健康教育组、健康教育人才培训学术组，开展了学术研究、健康教育及科普宣传活动。

（四）四川省糖尿病防治协会

1998年4月成立。协会广泛开展糖尿病防治知识宣传教育，以编写《糖尿病防治手册》、专家广播讲座、组织义诊等形式普及糖尿病防治知识，组织开展基层医师糖尿病防治知识培训，参与对糖尿病人的康复治疗和管理，降低糖尿病并发症的发生率、致残率和病死率。

（五）四川省性病艾滋病防治协会

1998年5月成立。协会主要开展社会动员、宣传教育、防治技术培训及学术交流等活动，建立和发展了防治艾滋病的志愿者队伍。

其他医学社会团体尚有：四川省麻风防治协会、中国抗癌协会四川分会、四川省康复学会、四川省卫生经济学会、四川省解剖学会、中国输血协会四川分会、四川医药信息学会、四川省心理卫生协会、四川省吸烟健康协会、四川省民族地区卫生发展促进会、四川省足部反射区健康法研究会、四川省医药卫生国际交流促进会、四川省性学会、四川省口腔医学会。

第三节 医药科研管理

一、科研课题管理

1985年，省卫生厅设立医药卫生科学研究基金，推行医药卫生科研基金制、课题招标制及合同制，制定《科研基金试行管理办法》《医学科研课题选题指南》，对申报课题的程序和时间、课题的前期调研和论证、课题的管理和考核、科研档案管理等作出具体规定，面向全省实行科研课题公开招标、个人申请、单位推荐、同行专家评议、择优资助、签订合同的管理办法。至1995年，共招标6次，收到标书1300余份，择优资助460个课题，资助总经费570万元。1986年6月，省卫生厅印发《关于医学科研几项管理工作试行意见》，从当年开始，将独立科研机构按人头划拨包干经费的作法改为除人员工资和与工资相连的固定经费照拨外，业务费、设备费按承担课题的多少和技术难度划拨专项经费，实行业务经费与科研任务直接挂钩的分配办法。试行意见对科研计划、科研成果、科研档案的管理也作出了具体规定。1991年包干型科研机构全部实行定编定员、经费与任务挂钩的管理办法。

省寄研所1985年开始实行以课题组自由组合、按课题核算和量化考核为主要内容的课题承包制，扩大课题组自主权，建立了一套课题基金申请的信息预报和组织管理系统。1989年起设立所科研基金，资助有发展前景的前期研究课题。1992年作为省科技体制改革的试点单位，进一步建立与完善以课题组自由组合、按题核算、量化考核为主要内容的课题承包责任制和岗位责任制，多渠道争取科研、防治经费，同时改革人事制度与分配制度，调动科技人员的积极性。1985—1996年，课题招标申请累计292份，中标124份，中标率42.47%，获资助经费333.23万元。1987—2002年，获得10多项国家自然科学基金、科技攻关及国际合作项目。

省中药研究所是省科技改革试点单位。1984年开始实行所长负责制，出台“初步改革方案”“奖罚细则”“科学技术咨询服务管理办法”等举措，1986年开始试行科研课题与经费挂钩，课题承包、独立核算制度，设立所科研基金，加强成果推广和技术服务，1993年横向服务项目比1983年增加20项，成交额超过100万，比1983年增长10倍。为优化资源配置，培养科技人才，提高科研水平和管理效率，促进成果转化，20世纪90年代后期开始探索、试行首席专家负责制。2002—2005年，共承担国家级科研课题17项，省级课题20多项。1998—2003年获科研经费4180.28万元。2003年以来获国家“十五”攻关项目等重大课题15项。

省人民医院1988年设立科研教育处，建立健全科研计划、科技成果、科研经费等管理制度，实行科研课题招标。初始拨款5万元设立院科研基金。1989年拨款4万元设立青年科研基金，1990年增至12万元，1999年为30万元。1994年设立回国人员科研启动基金、学术著作出版基金、科室实验室建设基金。1991—1995年共投入科研经费350余万元。2003年对高新技术的投入达到1000万元。上级科研课题项目数1992年为11项，2000年为34项。与省医科院合并后，2003年获各级课题138项，2005年获各级课题76项。医院投入和上级资助的科研经费由1991年的50万元增加到2005年的156.5万元。省皮肤病防治研究所1992年前各类科研项目比例为：应用型研究70%，应用基础和软科学研究20%，开发研究10%。至1995年，新上开发课题平均占新上项目数的40%以上，建

图 6-1　1989 年，省人民医院进行科研课题评审

立了研究所出技术、企业出经费的联合开发模式，研究所 50% 以上的开发经费来自企业资助。1992—1995 年，根据市场需求选列开发类课题 20 余项，其中与企业联合开发的 7 项，与大专院校、科研所协作攻关 14 项，通过技术鉴定 13 项（其中药品 10 项，化妆品 2 项），合同金额 180 多万元（不包括 4 个项目的销售额提成）。实验动物研究所在鼓励科研人员申请国家纵向课题的同时，积极引进横向课题。2001—2005 年，除获得 3 项省科技厅项目外，接受科研院所和药品研发机构委托科研课题 329 项，横向课题经费由 2001 年的 117.5 万元增长到 2005 年的 294.1 万元，5 年共获委托单位科研实验经费 1276.97 万元。

省肿瘤医院科研项目实行课题负责制，课题负责人按课题任务书完成研究任务。1989 年设立培养青年科技人员、为申请高一级课题打基础的院级科研“苗圃工程”课题，医院对院级课题的投入力度从 1989 年的 3 万元增加到 2005 年的 30 万元。1989 年首获国家自然科学基金课题。在科研方向上提出“支持应用研究，大力鼓励开发研究和应用基础研究”的原则，1992 年前申报和中标的课题中，开发研究项目占 30%，1993 年上升到 70%，1994 年为 85%。1995 年与成都生物制品研究所合资成立天然药物制药公司，从事抗癌药物的研制开发；与四川联大生物材料及生物技术研究所合作，研制出可与进口产品媲美的高科技产品 MT 埋置式给药系统装置系列产品，其售价为同类进口产品的 1/5，1994 年先后通过省及国家医药管理局的成果鉴定，被列为 1995 年卫生部十年百项科技成果推广项目、1996 年国家火炬计划项目，1995 年产值为 300 万元。全院开发工作取得良好经济效益：1992 年产值 37 万元，1995 年产值达 700 余万元。

华西临床医学院 1984 年改革科研管理制度，实行课题负责人责任制。1985—1993 年承担国家“八五”“九五”攻关及国家自然科学基金项目达 470 多项，获科研经费 830 多万元。1994 年制定抓学科建设和实验室建设，创优势学科和国家级、部级重点实验室，出标志性成果，实现科研工作跨越式发展的科研工作目标。学院建立了学科建设基金、人才培育基金、引进人才科研启动基金、科技创新基金、SCI 论文基金，制定了科研经费管理办法、各种基金管理条例、科研绩效考核和奖励管理办法，制定了基金申请、论文发表、成果报奖、成果转化的流程，加强科研工作的中期管理和结题管理。科技人员申请的各级科研项目和经费逐年快速增长：1994 年科研经费 334.9 万元，2000 年为 3013.0 万元，2005 年 5093.1 万元，为 1994 年的 15.2 倍，其中纵向项目经费由 1994 年的 227.7 万元增至 2005 年的 2186.0 万元，横向项目由 117.2 万元增至 1041.7 万元。获准自然科学基金项目 1994 年 11 项，2005 年为 37 项，11 年间共获准各级课题 240 余项。2004 年首席科学家魏于全院士主持的“基因治疗的应用基础研究”被列为国家重点基础研究发展规划“973”项目，标志着学院独立承担国家级重大科研项目能力获得突破。

四川大学华西各学院 2004 年全年获科研经费 13013.77 万元，首次突破亿元大关，2005 年达到 16655.48 万元。

川北医学院先后出台《科研项目管理办法》等规章制度，实施课题负责人制度，形成学校、院系、课题组三级科研课题管理体制，并设立重大项目培育基金，对获准纵向课题的按一定比例给予配套经费。2002 年首次获得国家自然科学基金项目，至 2005 年底，承担国家自然科学基金项目 7 项。

成都医学院逐步规范科技工作的有关章程、制度和管理办法，每年保证 50 万元的院长科研基金，并逐年递增。

科研课题及经费管理的改革，有效调动了科研人员参与争取基金、科技创收、成果转化的积极性，申报及获准的省级、国家级和应用、开发性课题呈逐年上升趋势，横向合作资金稳步上升。

1986 年、1995 年、2005 年四川部分医药科研单位科研课题情况一览表

表 6—4

单　位	1986 年				1995 年				2005 年			
	纵向课题数	横向课题数	纵向经费（万元）	横向经费（万元）	纵向课题数	横向课题数	纵向经费（万元）	横向经费（万元）	纵向课题数	横向课题数	纵向经费（万元）	横向经费（万元）
省医学科学研究院	—	—	—	—	—	—	—	—	17	5	29	156.5
省人民医院	—	—	—	—	1 *	—	1.5 *	—	—	—	—	—
实验动物研究所	—	—	—	—	—	—	—	117.5（2001 年）	—	—	—	294.1
省中药研究所	—	—	—	—	8 *	23 *	109 *	258 *	8	34	180	326.0
华西临床医学院	28	—	55.0	—	54	92	214.6	136	110	155	2186	1041.7
华西口腔医学院	—	—	—	—	—	—	—	—	16	109	284	721.9
华西公共卫生学院	—	—	—	—	—	—	—	—	25	99	130	534.0
华西药学院	5	2	41.5	35.1	7	40	28.7	259	12	105	257	757.9
华西基础医学与法医学院	—	—	—	—	—	—	—	—	17	12	210	218.8

说明：* 为 1997 年数据

1986—2005 年四川医学院高校承担国家级课题一览表

表 6—5

单　　位	国家自然科学基金	“八五”攻关	“九五”攻关	“863”计划	“973”计划	其他
华西临床医学院	246	—	2	25	11	—
华西口腔医学院	28	—	—	2	—	—
华西基础医学与法医学院	29	—	—	—	—	—
华西公共卫生学院	18	—	—	—	—	—

续表6—5

单　　位	国家自然科学基金	“八五”攻关	“九五”攻关	“863”计划	“973”计划	其他
华西药学院	73	—	2	2	2	2
成都中医药大学	59	8	5	15	2	—
泸州医学院	23	1	—	—	—	—
川北医学院	7	—	—	—	—	—

说明：“863”计划为高技术研究发展计划；“973”计划为基础研究计划

为避免科研的低水平重复，1986年四川在全国率先实行医学科技成果查新制度，1988年在全国率先实行科研立题查新制度。

二、科研成果管理

1989年省卫生厅印发《四川省卫生厅科学技术成果管理办法》，1990年在制定“八五”科技发展规划时修订和完善管理内容，进一步规范科技成果鉴定、登记、推广、奖励的模式。

据统计，省卫生厅鉴定的项目，1988年为26项，1989年为29项，1990年为35项，1994年省卫生厅、省中医管理局鉴定的项目共41项，登记项目54项，2000年组织成果鉴定12项，完成科技成果登记20项。至2005年，医疗机构共登记成果824项，鉴定799项。

为促进和规范科技成果的推广和应用，省卫生厅制订了省医药卫生科技成果推广计划。从1994年起，省卫生厅每年从获省科技进步奖的项目和卫生部“十年百项”成果推广计划项目中，选择10项作为省医药卫生科技成果推广计划项目，以举办学习班、手术现场指导、培训等方式进行推广，淘汰旧技术。“九五”期间，共实施推广50项先进适宜的科技成果，每年10项，并设立了科技成果推广基金。对具有推广价值的项目，给予一定的专项补助。2004年，成立省卫生科技成果推广办公室。省卫生厅网站开辟科技成果推广专栏，发布卫生科技成果推广的相关政策、工作信息。至2005年，共推广先进适宜的卫生技术106项。

2000年，省政府筛选出25项高新技术重点项目，其中涉及医药方面的即有10项，如华西附院的抗肿瘤新生血管抗癌药物开发、组织工程化人工骨的开发研究，成都中医药大学的强劲口服液等。

三、学术和技术带头人管理

1995年3月，省卫生厅印发《四川省卫生系统选拔和培养学科带头人后备人选试行办法》，并成立四川省学科带头人培养工作管理协调小组。

1996年，省委、省政府实施《四川省跨世纪学术和技术带头人培养计划》，设立四川省学术和技术带头人培养基金。1998年全省开始推荐认定四川省学术技术带头人，至2005年共6批，其中卫生科学学术和技术带头人120名。

1996年7月，省卫生厅在《贯彻〈卫生部关于加速卫生科学技术进步意见〉的实施意见》中，提出要加速培养优秀跨世纪人才，力争到21世纪初，培养出30名左右国内学术界知名，国际学术界有一定影响的优秀科技人才，其中45岁以下的不少于1/2。

2001年7月，省卫生厅印发《四川省卫生厅学术技术带头人认定管理办法》及开展首批省卫生厅学术技术带头人推荐工作的通知，在全省卫生系统开始学术技术带头人推荐认定工作，要求推荐人选必须是医疗卫生企事业单位在职人员且有教授、研究员、主任医师等正高级专业技术职务的专家、学者，对认定的条件、数量和程序、职责和待遇、管理等作了明确规定。认定为学术技术带头人的，颁发“省卫生厅学术技术带头人证书”，给予一次性奖励；在管理期内，可数次申请带头人培养基金，重点用于拓展新业务和新技术；在申报科研课题时，可优先立项。卫生厅学术技术带头人管理期限为5年，期满后仍属管理范畴，在学术技术工作中取得新成就的，可再次推荐。管理期内达到离、退休年龄的，凡身体能坚持正常工作，本人自愿，原则上同意延长退（离）休年龄至65岁。1998—2005年，省卫生厅共认定5批学术技术带头人，共239名。

第四节 医药科研交流合作

1978年10月，卫生部同世界卫生组织签定卫生技术合作备忘录后，打开了医药卫生禁锢多年的大门，对外科技交流合作相继开展并不断深入。四川医药卫生系统跟随时代潮流，开通渠道，广交朋友，培养人才，积极引进新技术、新方法、新设备，不断了解世界上医药科技发展水平和动向，广泛开展技术合作，促进自身发展。

省中医药研究院自20世纪80年代开始接受瑞士、埃及、德国、日本以及中国台湾地区的人员进修，举办学习班。90年代后，与意大利、英国、加拿大、美国、新加坡等国家及中国台湾、香港地区建立了长期合作关系。

省中药研究所于1984年接受世界银行贷款103万美元，用于更新科研设施，并先后送出5名年轻科技骨干分赴美国、日本学习，连续三年邀请美国伊利诺斯大学方斯华斯教授等面向西南地区进行每期为时一月的讲学。1987年9月与日本津村株式会社以三种草药的研究开始建立长期合作关系，在四川生药品质、中药材人工栽培方面进行合作研究。与日本玉川大学合作，从土壤中分离真菌代谢产物，筛选活性物质，应用于新药的研究开发。在与瑞士罗氏制药公司长达10年的合作中，利用不同筛选模型，对川产药材进行成分评价并应用于新药及新产品开发。

省寄研所于1984年参与承担联合国儿童基金会1985—1989年防治儿童寄生虫病合作方案行动计划。1985年起开始独立向世界卫生组织（WHO）申请科研课题或与国外专家合作申请课题，采取多种形式与世界卫生组织、联合国儿童基金会等国际组织以及美、英、日、德等国家寄生虫病专家联系，多渠道争取科研项目。从事血吸虫病防治的美国斯皮尔教授及日本寄生虫学专家伊藤亮博士，分别于2003年、2004年获四川省人民政府颁发的“金顶奖”，斯皮尔教授还于2005年荣获国务院颁发的“友谊奖”。

作为交流合作的一个重要平台，国际学术交流日趋活跃。据不完全统计，20世纪90年代末至21世纪初，在四川进行的国际性医药学术活动有：

1997年8月，首届中国国际循证医学协作网研讨会，华西医科大学承办，澳大利亚、英国及国内代表140多人出席会议。

1998年8月，第十届王泽森国际外科学术交流会，华西医科大学与香港中文大学医学院联合承办，美国、加拿大、中国香港、中国台湾及内地外科学界专家500余人出席。

1998 年 10 月，第二届国际神经病学会，华西临床医学院与英国爱丁堡大学联合举办，国内外 150 名专家参加会议，英美专家就循证医学工作方法进行讲学。

2000 年 6 月，西部地区中国—欧盟性病艾滋病防治策略研讨会。

2000 年 7 月，在成都召开有中、英、法、新西兰、丹麦、日本等国专家及 WHO 官员参加的四川省控制包虫和囊虫等人兽共患病迈向多边合作研讨会。

2000 年 10 月，首届亚太地区循证医学研讨会，华西临床医学院举办，德国、瑞典及国内 250 多名代表出席。

2002 年 4 月，第二届亚太地区循证医学研讨会，华西临床医学院举办，英国、澳大利亚、美国、丹麦、日本、巴西等 13 个国家和国内 300 多人出席。

2002 年 5 月，国际组织工程学术会议，华西临床医学院承办，国内外 300 多名专家、科研人员出席。

2002 年 10 月，第一届国际消化道重建与修复外科学术论坛，华西临床医学院举办，国内部分省区、港台地区及新加坡相关专家学者 400 多人出席。

2002 年 11 月，由科技部、卫生部、国家药监局、国家中医药局、中医药科学院、四川省人民政府主办，成都市人民政府承办的首届中医药现代化国际科技大会暨新技术新产品展览会在成都召开，这是国内举办的第一次中医药国际盛会，中国、美国、日本、韩国、德国等 26 个国家和地区的政府官员、知名专家、教授、学者和企业界人士共 3000 多人出席。成都中医药大学、四川省中医药研究院、四川省中药研究所等组织了学术活动。

2004 年 6 月，第二届国际消化道重建与修复外科学术论坛，华西临床医学院举办，部分省区、港台地区以及英国、日本、新加坡相关专家学者 700 多人出席。

2005 年 9 月 25—27 日，第二届中医药现代化国际科技大会暨中医药国际科技博览会，由科技部、农业部、卫生部、国家食品药品监督管理局、国家中医药管理局、中国科学院、中国工程院和四川省人民政府共同主办，在成都举行。43 个国家和地区的 3000 人参会，25 个国家派出政府官员出席。大会提出并通过《关于建立传统医药国际科技合作协调机制的倡议》，会上达成的贸易、合作意向金额近 6 亿元。

第二章　医药科研基础条件

第一节　基础设施

一、科研场地

20 世纪 90 年代，随着科技事业的发展，科研场地不敷使用的问题日益突出。为此，各独立科研院所及高校附设科研机构不断加大科研基础设施建设力度，新建或扩建科研大楼及实验基地。

省中药研究所 1984 年获世行贷款后新建了药化研究室、中心实验室、图书馆等三幢大楼共 5000 多平方米。迁蓉后，2001 年 10 月新建近 13000 平方米的科研大楼投入使用，继而在郫县购地 40 亩建立中试基地，2001 年投入 300 余万元建设 GLP（优良实验室规范）实验室。

各医学院校在扩大新校区建设时，将科研基地建设放在重要位置。成都中医药大学郫县新校区的实验科技大楼于 2000 年完工；华西临床医学院位于成都高新区的第一科研大楼 2003 年动工兴建，2005 年 8 月投入使用，大楼占地 90 亩，建筑面积 1.8384 平方米，主楼设有 24 个开放实验室；华西口腔医学院 12000 平方米的科研综合楼 1998 年投入使用；华西药学院由国家投资 2000 万元，自筹 500 万，修建建筑面积 12700 平方米包含实验室、研究室、大型精密仪器室的科教实验大楼于 2003 年 6 月竣工；华西公共卫生学院教学科研综合大楼 2001 年落成，为重点学科、重点实验室建设提供了硬件支持；华西妇产儿童医院 2000 年自筹资金为主修建 17336 平方米科教大楼，2002 年 11 月竣工；川北医学院 2.4 万平方米的科技大楼于 2002 年投入使用。

二、仪器设备

省寄研所 1984 年前的基本仪器为显微镜、解剖镜，较贵重的设备仅有紫外分光光度计、显微操作仪、冰冻离心机、荧光显微镜、微波治疗仪、－40℃低温冰箱等，无大型精密仪器。1996 年底，设备总值 359.8 万元，其中 1985 年以后购置的设备价值 260 余万元，占 72.3%。2002 年底，已拥有仪器设备 800 多台（套），固定资产 1376 万元。

省结核病防治研究所建所时仅有电脑 1 台用于结核病防治工作数据统计，30 毫安、500 毫安 X 光机各 1 台、双目显微镜 7 台、荧光显微镜 1 台、生化培养箱 1 台、恒温箱 3 台。1992 年实施世行贷款结核病控制项目以来，新增荧光显微镜、重光显微镜、分析天平、扭力天平、ZHN－2 型恒温蒸汽箱、进口液晶投影仪等设备。

省劳动卫生职业病防治研究所仪器设备由 200 多台件、价值 30 多万元增至 2002 年的 1800 多台件、400 多万元。

20 世纪 80 年代，省皮肤病性病防治研究所的技术人员大部分时间在现场和疫区工作，显微镜即是贵重设备。90 年代开始快速发展，已具有包括冷冻、激光、浅层 X 光、长波紫外线、磁疗等先进设备及治疗手段，2005 年固定资产达到 1048 万元。

省实验动物研究所建所时实验设备仅有 85 台件，价值 37.61 万元。2001—2005 年新增设备 4461 台件，价值 497.44 万元，仅 2004 年、2005 年即投入 344.6 万元。拥有 BL-40 生物机能实验系统、HS-18 全自动血球仪、MP6001 电子天平、400MP 摄像显微镜、电脑摄像系统、AT-858 酶标分析仪等。

省中药研究所通过世界银行贷款及对外合作，陆续购置扫描电镜、高效液相色谱仪、自动生化测定仪、八导生理仪、液体闪烁计数器、荧光显微镜、超速冷冻离心机等设备。1997 年迁入成都后，又增添高效液相色谱仪、气相色谱仪、紫外分光光谱仪等价值 1300 万元以上的仪器。省中医研究所、针灸经络研究所科研医疗设备也已达千万元以上。

川北医学院 2005 年教学、科研仪器设备值达到 5434.98 万元，10 万元以上的科研仪器近 40 台，有 DNA 全自动分析仪、生物信号记录仪、高分辨荧光化学检测仪、高效液相色谱仪、全自动生化仪等高端设备。

泸州医学院教学科研仪器设备总值由 200 多万元增至 2005 年的 6740.26 万元，拥有激光扫描共聚焦显微镜、分析型高效液相色谱仪、定时定量 PCR 仪、流式细胞仪等具国际先进水平的精密仪器。

华西临床医学院 1986—1993 年投资上千万元购置科研设备，1994—2002 年，平均每年用于科研设备的经费在 500 万—1000 万元，2002—2005 年，每年投入平均上千万元，先后购置激光共聚焦显微镜、流式细胞仪、人工脂质膜/膜信号传导系统、96 孔液闪/固闪发光测定仪、多肽自动合成仪、DNA 自动合成仪组织形态和免疫组化系统等当代最先进的设备近 20 台，每台均在 100 万元以上，多从国外引进。华西口腔医学院口腔生物医学工程重点实验室，拥有激光扫描共聚焦显微镜、显微 CT、定时定量 PCR，总价值 2000 万元。华西法医学院 20 世纪 90 年代末投入重点学科建设经费 727 万元，法医学科点的仪器设备参照美国法医学实验室和德、澳、日、法等大学法医学研究所的规模，具备与这些国家法医学研究所大体相当的仪器设备和实验技术条件。

三、图书情报

各科研单位不断加大图书和信息建设的投入，图书情报工作的服务内容、手段、形式都有显著变化。省寄生虫病防治研究所是西南地区寄生虫学及相关专业图书较为齐全的图书馆，藏书 3.5 万册，中外文期刊 800 多种；省劳动卫生职业病防治研究所藏书 1.5 万册，中外文期刊 300 多种；省结核病防治研究所藏书近 1 万册。2005 年省疾控中心购置《维普医学文献数据库》，可检索国内相关学术期刊 2000 多种。省中药研究所图书馆面积 200 平方米，藏书 20 万册，期刊 100 多种；省中医药研究院中医研究所藏有医学古籍 287 种，1786 册，其中，1919 年之前出版的古本 114 种，670 册，最早为明朝嘉靖（1796—1820 年）的《伤寒补天石》等。省情报研究所 1985 年建立“四川省医学图书情报网络”，实现全省医学图书情报工作团结协作，资料共享。1988 年藏有外文原版期刊 31 种，外文影印期刊 265 种，中文期刊 450 种，其中国内外医学检索刊物齐全，藏有医学图书、工具书 1200 余册，500 多种内部交换的医药卫生资料，从 20 世纪 90 年代开始，以收藏电子版期刊、资料为主。乐山市医学情报研究所建有 1994—2002 年 CMCC、CAJ、CHKI《中国学术期刊光盘版（医学全文数据库）》，其中，全文医学期刊 950 种、医学期刊摘要 130 种、其他相关专业期刊 1820 种。自贡医学科技情报站2000年有藏书2万余册，资料5万余件。各图书馆均有电子书刊，建立了微机检索系统，图书、资料管理进入信息化时代。

随着科技体制改革的深入及信息产业的发展，医学情报研究和服务工作的范围、内容和手段有很大拓展和提升。1986年，全省有独立医学情报研究机构6所，即省医学情报研究所及成都、重庆、自贡、攀枝花、乐山市医学情报研究所。省医学情报研究所建所初期，主要进行图书情报研究和服务工作。20世纪80年代中期开始，逐步突破情报工作的传统模式，组织情报科技人员主动参加科研课题攻关，跟踪科研课题全过程，提供有针对性的情报调研、情报资料、翻译资料和录音、录像等服务，将单一为医学科研工作服务拓展到为领导决策、为社会服务，发挥情报整体效益。从1986年开始，省医学情报研究所配合科技管理部门进行全省医药卫生科研成果和申报课题初审的查新工作，减少科研项目低水平重复，情报科技人员独立或与其他科研、科管人员共同立题进行软科学研究，承担科研情报咨询服务，1987年参与《中国模拟人》课题，提供调查论证、专题服务、推广应用等信息服务，得到国家科委科技情报局肯定。进入21世纪后，参与四川卫生信息网络、省卫生厅政务网站、全省药品集中招标采购交易监督管理平台建设。2005年建立中国医院数字图书馆镜像站，检索工作效率大为提高，并开辟了网上委托查新和咨询，当年通过电子邮件进行查新委托的用户已超过50%。1982年创办《中国医学文摘·计划生育妇产科学》分册，为中国医学文摘体系18个分册之一，2002年改季刊为双月刊。成都市医学信息所（原成都医学情报所）始建于1980年7月，主要承担医药卫生信息的收集、整理、检索、查新、咨询服务，负责卫生信息网络的维护、卫生数据中心的管理及数据库工作，与成都医学会共同主办的《成都医药》1991年以来出版52期，2005年更名为《现代临床医学》。乐山市科技情报所除开展文献检索、咨询、查新及影像工作外，还承担《乐山医药》编辑工作。自贡市科技情报站成立于1978年2月，至2000年，有职工11人，其中中级职称以上及具大专学历者9名，1979年创办《自贡医药》，1984年改半年刊为季刊。

四、实验动物

1998年1月25日，卫生部印发《医学实验动物管理实施细则》。国家医药管理局明确规定：从1999年起，大多数新药的研发及已上市药品的安全性再评价，特别是二类以上新药的研发，必须进行Beagle犬的安全性评价实验。1990年2月四川省实验动物管理委员会成立，同年正式实行合格证制度。省医学科学院实验动物研究所、华西实验动物中心、成都生物制品研究所、省中药研究所为全省医学实验动物的主要基地。

省医学科学院实验动物研究所按照标准化、规范化要求，先后投入80多万元对实验场地和Beagle犬饲养场地进行改造维修，购近30万元仪器设备，成为全省最大的Beagle犬药物实验和饲养专业化单位，在该领域业务中占有70%的市场分额。2005年承担省科技基础平台建设项目“四川短尾猴（藏酋猴）实验动物标准化研究人工驯养繁殖技术，达国内同类研究领先水平，产生良好的社会经济效益。2004年在简阳建立国内首座实验动物尸体及废弃物全环保焚烧炉，排放气体无臭、无黑烟，获国家专利。同年，与实验动物设备有限公司合作，成功研制国内首台SPF（无特定病原体动物）实验动物运输车，获三项适用新型专利。

华西实验动物中心成立于1984年，占地7.7亩，建筑面积5000平方米，为全国7个实验动物繁殖场之一，建有一、二级、SPF实验动物生产繁育基地和设施质量监测实验室。成都生物制品研究所新建1400平方米屏障生产设施。省中药研究所有实验动物基地1200平方米，其中SPF屏障系统净化面积620平方米，具有繁殖SPF大、小鼠和SPF动物质量、环境监测的条件、技术。省中医药研究院中医研究所2000年投入84万元对药理研究室动物实验室按三级（SPF）实验动物房标准建设，2001年获合格证书。

第二节　重点学科

从20世纪80年代末开始，各省级科研单位、高等医学院校努力创建国家级、省部级重点学科。1989年，华西口腔医学院口腔颌面外科和口腔修复学、成都中医药大学中药学成为首批国家重点学科；2002年，华西临床医学院的内科学（呼吸系病）、外科学（普外），华西口腔医学院的口腔临床医学，成都中医药大学中医五官科学、针灸推拿学成为国家重点学科。

1997年，省卫生厅开始设立重点学科（实验室），并将其作为“科教兴医”的具体措施，下达专项经费，由各项目单位组织实施，并按1：1标准匹配经费，专款专用。对重点学科项目实行滚动管理，建设周期为三年。1998年7月，从收到的25项申请中，经同行专家实地考察评议，省肿瘤医院的放射肿瘤学、川北医学院附属医院的医学影像学、省劳卫所的生物医学材料安全评价、省人民医院的临床检验和眼科学等5项，成为第一批重点学科建设项目，资助经费共80万元。至2005年，共有省级重点学科41个。

2001年12月、2003年12月和2005年12月，组织专家分别对全省第一批5个、第二批4个、第三批4个医学重点学科建设项目进行评估，结果表明，科研投入力度增强，科研条件明显改善，科研水平和学术水平显著提高，有的科研成果在国内领先，有的达到国际水平。对于提高学科知名度，人才梯队培养，带动相关学科发展，提高预防医学、临床医学服务的科技含量，发挥了重要作用。

1998—2005年四川省医学重点学科一览表

表6—6

单　位	项　目	级别	立项年份	验收年份
省人民医院	临床检验	—	1998	2001
	眼科学	—	1998	2001
	肾脏内科	—	2002	
	超声医学	甲级	2002	2005
	神经病学	甲级	2002	2005
	传染科	乙级	2005	
省皮肤病性病防治研究所	性病	—	2000	2003
	皮肤外科学	—	2002	
省劳动卫生研究所	生物医学材料安全评价	—	1998	2001
	放射防护	—	2000	2003

续表6—6

单　　位	项　　目	级别	立项年份	验收年份
省寄生虫病防治研究所	血吸虫病流行病学	—	2000	2003
	包虫病流行病学及防治	—	2002	
省肿瘤医院	放射肿瘤学	—	1998	2001
	头颈部肿瘤外科	—	2002	
川北医学院附属医院	医学影像学	—	1998	2001
	风湿免疫	甲级	2002	2005
	临床神经电生理学	—	2002	
	普外科	乙级	2005	
泸州医学院附属医院	周围血管外科	—	2000	2003
	心血管内科	甲级	2002	2005
	呼吸内科	乙级	2005	
华西医院	眼科学、精神病学与精神卫生学	—	1995	
	外科学（骨外）、肿瘤学	—		
	内科学（消化系病）、内科学（传染病）	—	1999	
	内科学（内分泌与代谢病）、神经病学、影像医学与核医学、临床检验诊断学、外科学（胸心外科学）、外科学（神经外科学）、麻醉学、循证医学、中西医结合临床	—	2004	
	血液病	甲级	2005	
	心血管内科	甲级	2005	
省精神卫生中心	精神病学	乙级	2005	
成都军区总医院	普外科	甲级	2005	
成都市儿童医院	儿科	乙级	2005	

第三节　重点实验室

从20世纪90年代开始，各省级科研单位、高等医药院校积极创建国家级、部省级重点实验室和技术中心。至2005年底，共建成重点实验室和技术中心87个。具体分布如下：

华西临床医学院33个，其中国家级重点实验室1个（人类疾病生物治疗实验室），部级研究中心2个（中国循证医学中心、国家〈成都〉中药安全性评价中心〈GLP〉），省级重点实验室6个，院级实验室24个。

华西口腔医学院口腔医学研究所9个，其中龋病学、牙周病学、口腔黏膜学、口腔整形外科、头颈部肿瘤学、固定修复学、活动修复学、口腔正畸学各1个，卫生部口腔生物医学工程重点实验室1个。

华西药学院3个，其中教育部重点实验室1个（靶向药物与释药系统重点实验室）、省重点实验室2个（靶向药物与新型给药系统实验室、天然药物学实验室）。

华西基础医学与法医学院4个，其中省重点实验室3个（生物化学与分子生物学开放实验室、干细胞应用研究中心、人类基因组学与法医学），卫生部重点实验室1个（卫生部时间生物学重点实验室）。

图6-2　华西临床医学院2005年8月竣工的科研大楼

华西公共卫生学院3个，其中预防医学1个、劳动卫生研究所1个、分子毒理学实验室1个。

泸州医学院16个，其中医学电生理学实验室、分子生物学实验室为省高校重点实验室及国家中医药管理局科研二级实验室；感染与免疫、肝脏生物化学实验室为国家中医药管理局科研二级实验室；另有心血管医学研究所、狂犬病防治研究中心、烧伤研究室、高等教育研究室以及7个院级研究室。

川北医学院建成科研所（室）7个，实验室5个，其中国家中医药管理局科研二级实验室4个，省高校重点实验室1个。

成都医学院建成2个省级重点实验室，应用心理学研究中心为四川省哲学社会科学重点研究基地。

一、国家药品临床研究基地和GCP中心

设于华西临床医学院，建于1983年，是国内首批临床药理基地之一，能承担各类新药的各期临床试验及生物等效性试验，开展药物临床试验质量管理规范（GCP）与临床前药理技术培训，提供药物临床研究咨询服务。1988年由国家药品监督管理局批准为（中药）临床药理基地。研究专业西医12个，中医2个，先后开展了数以百计的新药临床研究。2004年成立GCP中心。

二、教育部暨卫生部口腔生物医学工程重点实验室

建于1989年，1994年通过验收向国内外开放，2002年获准为四川省和教育部重点实验室，是国内口腔医学界惟一的部级重点实验室。实验室以华西口腔医学院为依托，以生命科学、材料科学、工程科学以及信息科学的最新技术和方法，对重大口腔疾病的发病机制和防治技术进行研究，并在口腔修复新材料、牙再生生物技术、天然药物防龋等领域开展具有原创性的基础和临床应用研究。实验室面积5600平方米，有科研人员55人，具有从事现代口腔医学基础及临床学科各专业基础和应用研究的技术力量和先进的设备条件，是科学研究及研究生培养的重要基地。设有口腔材料学、口腔生物学、口腔生物力学、口腔医学信息学4个专业实验室。先后承担国家“863”课题2项，国家自然科学基金28项，省级以上科研项目127项，国际合作科研项目30余项。2005年成为全国唯一进入国家“985”工程建设的口腔医学学科。

三、人类疾病生物治疗实验室

设于华西临床医学院，1996 年由魏于全创建，2002 年 1 月批准为教育部重点实验室，2005 年经科技部批准为“四川大学生物治疗国家重点实验室”。实验室汇聚了中科院院士、长江学者特聘教授、国家杰出青年科学基金获得者等从事生物治疗的优秀人才，将现代生物技术、临床医学、免疫学、药物学、纳米生物技术、化学、材料学等多学科交叉、融合，致力于人类重大疾病生物治疗的基础、临床研究及相关技术的开发，已建立从基因发现到药物研发及临床治疗等一系列的关键技术平台，形成了肿瘤、感染性疾病等重大疾病生物治疗研究，干细胞与组织工程研究、功能基因组学及蛋白质组学研究、化学生物学及纳米生物技术研究、新药临床前评价和新药临床试验基地（生物治疗）等 5 个研究方向，先后承担“973”专项（首席科学家所在单位）和子课题，“863”重点或重大专项、国家自然科学基金创新研究群体基金等国家级重点或重大课题 40 余项。

四、国家天然药物工程技术研究中心

1997 年初，由中国科学院成都生物研究所和成都地奥制药集团有限公司组建，主要任务是开发疗效确切、安全低毒、价格合理的天然药物新品种投放市场。经过几年建设，中心已形成天然药物有效成分（有效部位）三大类——皂苷类、黄酮类、生物碱类提取分离的工业化生产配套工艺工程技术，特别是皂苷类成分工业化生产技术与规模等达到国际一流水平。

五、中国循证医学中心

设于华西临床医学院，1997 年 7 月正式批准筹建，1999 年获准为国际 Cochrane 协作网中国分中心，同年 7 月，教授李幼平当选为第四届 Cochrane 协作网指导委员会成员。中心在李幼平、刘鸣的带领下，引进循证医学理念，创建新兴学科方向，开展循证医学研究，推动循证医学临床实践。2002 年 12 月，教育部同意以华西临床医学院为依托，中山大学、复旦大学、中国中医研究院为成员单位，共同建设“教育部循证医学网上合作研究中心”。

六、国家中药临床试验研究（GCP）中心（成都）

设于成都中医药大学附属医院，建于 2000 年。中心在国内外率先实现中医药临床试验数据的规范化、电子化管理，提高了临床试验数据的真实性和准确性，得到美国 FDA 及国际数据管理公司书面认可，达到了国际临床数据管理的标准。先后承担国家“九五攻关”“十五攻关”“中药现代化研究及产业化开发”“创新药物与中药现代化”等国家重大科技攻关计划的重点建设项目，以及多项天然药物及中药新药Ⅰ、Ⅱ、Ⅲ、Ⅳ期临床试验和上市中成药的临床再评价。

七、国家中医药管理局中药新药研究开发中心

设于省中医药研究院，于 2001 年批准成立，中心主要运用现代生物医学和化学分析的最新理论和实验技术，构建中药资源与品质评价、中药化学研究与活性筛选毒性评价、创新中药的研究与开发三大技术平台。中心成立以来，获得“一类新药 XY 抗病毒注射液及原料药研究”“XY 注射液的研究”“芎甘多苷胶囊的研制”“川产道地药材附子规范化种植研究”“川郁金的系统研究开发”等多项国家重点科研项目及省部级科研项目。至 2005 年，获省科技进步一等奖 1 项，二等奖 3 项，三等奖 1 项。

八、国家（成都）中药安全性评价（GLP）中心

设于华西临床医学院，2002 年 2 月经科技部批准成立，是专门从事新药（中药）毒理学与药效学研究的国家级新药临床前试验研究中心，是“中药现代化研究及产业化开发”“创新药物与中药现代化”等国家重大科技攻关计划的重点建设项目，也是国家中药现代化科技产业（四川）基地建设七大中药研究开发中心之一。中心按照国家食品药品监督管理局《药品非临床前研究质量管理规范》（Good Laboratory Practice，GLP）进行建设，以提高药品非临床研究的质量，确保实验资料的真实性、完整性和可靠性，保障用药安全。中心拥有试验研究大楼、SPF 级动物设施及先进的仪器设备，已开始按照国际 GLP 规范开展高质量的新药临床前研究。

第四节　医学期刊

1985 年，全省正式出版公开发行的医学期刊共 26 种。1986—2004 年，全省新创医学期刊 19 种。2005 年，全省公开发行的医学期刊共 43 种。

至 2005 年四川公开发行医学期刊基本情况表

表 6—7

刊　　名	主办单位	刊期	创刊时间
中国抗生素	四川抗菌素工业研究所	月	1976 年 1 月 1 日
国外医药抗生素（分册）	四川抗菌素工业研究所	双月	1980 年 1 月 1 日
中国医学文摘计划生育和妇产科学	省医学情报研究所	双月	1982 年
国外医学口腔医学分册	华西口腔医学院	双月	1983 年
四川医学	省医学会	月	1980 年 5
实用妇产科	省医学会	月	1985 年 10 月 1 日
四川生理学	省生理科学会	季	1979 年
华西口腔医学	华西口腔医学院	双月	1983 年
四川中医	省中医药学会	月	1982 年 10 月
心血管病学进展	成都市心血管病研究所、市三医院	双月	1980 年 3 月
中药药理与临床	中国药理学会、四川省中药研究所	双月	1985 年
中国卫生事业管理	省卫生厅	月	1985 年 9 月
四川省卫生管理干部学院学报	省卫干学院	季	1985 年
华西药学	华西药学院、省药学会	双月	1986 年 6 月
职业卫生与病伤	省疾控中心	季	1986 年 12 月
川北医学院学报	川北医学院	季	1975 年

续表6—7

刊　　名	主办单位	刊期	创刊时间
生物医学工程	华西附院	双月	1984年1月
泸州医学院学报	泸州医学院	双月	1978年
预防医学情报	省预防医学会 省疾控中心	双月	1981年10月创《预防医学情报》内刊，1985年公开发行
华西医学	华西附院	季	1986年1月1日
现代预防医学	中华预防医学会、华西公共卫生学院	月	1975年4月
中国修复重建外科	中国康复学会、四川大学	月	1987年12月
中华医学遗传学	中华医学会	双月	1984年12月
中国输血	中国医学科学院输血研究所、中国输血协会	双月	1988年3月
四川解剖学	省解剖学会	季	1993年
中华眼底病	中华医学会	双月	1985年9月
四川精神卫生	绵阳市精神卫生中心	季	1988年9月
四川肿瘤防治	省肿瘤医院	季	1995年
中国胸心血管外科	华西附院	双月	1994年8月
中国口腔种植学	卫生部口腔种植科技中心	季	1996年
成都中医药大学学报	成都中医药大学	季	1956年6月
中国普外基础与临床	华西医院	双月	1994年9月
成都中医药大学学报(教育科学版)	成都中医药大学	半年	1999年
中国肺癌	中国抗癌协会 中国防痨协会	双月	1998年
中国呼吸与危重监护	华西医院	双月	2002年5月
寄生虫与感染性疾病	四川省疾病预防控制中心	季	原《实用寄生虫病杂志》（内刊）1973年创刊，2003年3月公开发行
四川大学学报（医学版）	四川大学华西医学中心	双月	1959年
西部医学	南充市中心医院	双月	2003年
中国循证医学	四川大学中国循证医学中心	月	2001年6月
四川生殖卫生学报	四川生殖卫生学院	双月	2003年11月
实用医院临床	省医学科学院·四川省人民医院	双月	2004年1月
现代临床医学	成都市医学信息所、成都市医学会	双月	1975年
国际输血和血液学	中华医学会、华西妇产儿童医院、中国医学科学院输血研究所	双月	1978年9月
四川动物	省寄研所	季	1982年

由华西妇产儿童医院承办的《国际输血及血液学杂志》《中华妇幼临床医学杂志》电子版2005年正式出版发行。

内部发行期刊详情见表6—8。

至2005年四川省内部发行医学期刊一览表

表6—8

刊名	主办单位	刊期	创刊时间
四川医院管理	省医院管理协会 省卫生协会	季刊，2002年改双月刊	2001年4月
医学科技	省人民医院	—	1975年
中国口腔医学信息	华西口腔医学院	双月	1992年
四川医学动态	省医学情报研究所	月刊	1988年
乐山医药	乐山市医学情报所		
自贡医药	自贡市医学情报所	半年刊，1984年改季刊	1979年
国内外医药信息快报	省中医药研究院	每年20期	1997年
成都医学院学报	成都医学院	季刊	
健康生活	省生殖健康协会	双月	
现代护理教育与研究	华西临床医学院护理系	季刊	
中西医结合肿瘤防治	省中西医结合学会	半年	
四川妇幼卫生	省妇幼保健院	双月	
四川疾病预防控制信息	省卫生厅疾病控制与卫生监督处、省疾病预防控制中心	—	1992年
阿坝州藏医药	阿坝州藏医院、藏医研究所	年	1997年
中医药信息报 *	省中医药学会、成都中医药大学	周刊	1985年

说明：*2002年停办

第三章 医药科研成果

第一节 国家级奖项

1986—2005 年，四川医学科研工作共获得国家级奖项 54 个，详情见表 6—9。

1986—2005 年四川医学国家级奖项一览表

表 6—9

获奖年份	获奖项目	获奖等级	主研单位	主研人员
1986 年	中国青少儿童身体形态、机能与素质的研究	国家科学技术进步奖二等奖	华西公共卫生学院	魏嗣琼等
1986	针麻甲状腺手术临床研究	国家科学技术进步奖二等奖	省人民医院	陈树德等
1987	人类高分辨率染色体技术及其应用	国家科学技术进步奖二等奖	湖南医学院、华西医科大学	李麓芸、张思仲、夏家辉、胡修原、戴和平、许发明、何小轩等
1987	十二省市农村育龄妇女宫内节育器使用效果流行病学调查	国家科学技术进步奖三等奖	国家计生委科技研究所、省计划生育研究所	于　潜、刘云嵘、黄玉良、徐人庆、胡佩瑶
1987	硅胺新工艺合成丁胺卡那霉素	国家科学技术进步奖三等奖	成都制药四厂、四川抗菌素研究所	詹世炜、刘敦弗、邓天德、周丽明、廖清玉
1987	中药材同名异物品种的系统研究——贝母类、金银花类、大黄类、石斛类品种研究	国家科学技术进步奖三等奖	中国药科大学、北京医科大药学院、省中药研究所、湖北省中药材公司科研所、陕西省中药研究所	徐国钧、楼之岑、徐珞珊、潘超逸、计国琴
1987	抗锡新药——汉甲素	国家技术发明奖三等奖	华西公共卫生学院	徐天才、陈芙君、徐庆基、蔡永宁、吴雪梅
1987	激光穴位麻醉拔牙	国家技术发明奖四等奖	华西口腔医学院	周岳城、杜懋松
1988	酮基布洛芬生产工艺研究	国家科学技术进步奖二等奖	西南合成药厂	沈瑞珠、马德银、束菊清、程秀华、苏维能、李庆天、周增龙

续表6—9

获奖年份	获奖项目	获奖等级	主研单位	主研人员
1988	头孢菌素C菌种、发酵、提取及裂解的研究	国家科学技术进步奖三等奖	上海工业研究院、四川抗菌素工业研究所、四川长征制药厂、东北制药总厂	赵凤生、徐月美、陈肖庆、李绍英、刘兆炎
1988	生物活性玻璃陶瓷人工骨材料	国家科学技术进步奖三等奖	中国科学院光电技术研究所、华西口腔医学院	黄占杰、陈安玉、廖运茂、王少安、张　欣
1988	提高山茱萸产量研究及入丘栽培试验	国家科学技术进步奖三等奖	省中医药研究院南川种植所、安县中药材公司	刘先齐、袁林华、唐跃宗
1989	插入式微波高温凝固治癌机	国家技术发明奖三等奖	四川大学、成都军区总医院	陈代珠、高必有、阳盛宗、徐润民、胡建中、王　江
1990	流行性乙型脑炎减毒活疫苗的研制	国家科学技术进步奖一等奖	中国药品生物制品检定所、卫生部成都生物制品研究所	俞永新、敖　坚、李河民、王寿贵、马文信、朱荫耕、张国铭、武佩芬、杨洪举、刘丽华、汪金凤、方珍等
1990	MDX－Ⅱ型牙科X线诊断机的研制和临床应用研究	国家科学技术进步奖三等奖	华西口腔医学院、重庆医用设备厂、杭州电子管厂、机电部七四五厂	罗万福、周祥钰、刘以鸣、李根性、王德进
1990	全国医疗照射频度和剂量水平研究	国家科学技术进步奖三等奖	中国医科院放射医学研究所、省放射卫生防护所、北京市卫生防疫站	张良安、张景源、贾德林、强志永、鲍秀兰
1990	城镇沼气化粪池研究	国家科学技术进步奖三等奖	省农村能源办公室、省寄研所、成都沼气科研所、省卫生防疫站	赖跃富、赵锡惠、顾蕴璇、许建强、何万宁
1990	液电效应治疗创伤性尿道梗阻的实验和临床应用研究	国家科学技术进步奖三等奖	成都军区总医院	陈昭颉、李黔生、王庆堂、马建新
1990	头孢噻肟钠试制研究	国家科学技术进步奖三等奖	四川抗菌素工业研究所、东北制药总厂、四川长征制药厂、卫生部药品生物制品检定所、北京医科大学临床药理研究所	陆履康、安静娴、李绍英、李家秦、金少鸿
1990	致密多晶羟基磷灰石微粒人工骨的制作方法	国家技术发明奖四等奖	四川大学、华西医大	陈观雄、王大章、银淑君、李声伟、彭泽勋
1991	人血浆载脂蛋白AⅠ、AⅡ、B100、CⅠ、CⅡ、CⅢ及E免疫测定法及其在冠心病等中的应用	国家科学技术进步奖三等奖	华西医大	刘秉文、傅明德、张祖辉、吴兆丰、刘铭锋
1991	中国女性盆腔辐照人体模型	国家技术发明奖三等奖	成都科技大学、省肿瘤医院、四川大学、华西医大	林大全、吴大可、王远萍、郑昌琼、张一云、李瑞祥

续表6—9

获奖年份	获奖项目	获奖等级	主研单位	主研人员
1991	3，4，5－三甲氧苯甲酸甲酯合成新工艺	国家技术发明奖三等奖	西南合成制药厂	陈长波、薛守礼、徐嘉彦、梁之江、姚　宁、曹汉锦
1991	多抗甲素	国家技术发明奖四等奖	四川抗菌素工业研究所、西安医科大学、成都军区总医院	方　亮、何壁梅、庄镇华、邹敬源、郁顺章、蒋朝宗
1992	四川省遗传病流行病学调查研究	国家科学技术进步奖三等奖	华西医大	张思霖、唐孝达、张思仲、徐　颖、张秋水
1992	新型抗溃疡药雷尼替丁的研制	国家科学技术进步奖三等奖	重庆医药工业研究所、重庆医科大学	乐嘉赓、邓　杰、叶文润、张宝珊、王国村
1992	铁缺乏症十年研究	国家科学技术进步奖三等奖	华西妇产儿童医院	廖清奎等
1992	治疗心血管病植物药——地奥心血康研究	国家科学技术进步奖三等奖	成都地奥制药集团	李伯刚、周正质、袁鸿江、李连达、郑兴中
1992	新型抗溃疡药雷尼替丁的研制	国家科学技术进步奖三等奖	重庆医药工业研究所、重庆医科大学	乐嘉赓、邓　杰、叶文润、张宝珊、王国村
1993	CWGP80 型钴^{60}远距离治疗机	国家科技发明奖三等奖	中国核动力研究设计院、省肿瘤医院	曾国和、席　宁、曾燕先、吴大可、权茂坤
1995	抗结核新药利福喷丁	国家技术发明奖二等奖（1989 年四川省科技进步一等奖）	四川抗菌素工业研究所、上海五洲制药厂、北京结核病研究所、无锡市第一制药厂、四川长征制药厂、上海延安制药厂等	
1995	射频消融治疗快速性心律失常仪器及临床应用研究	国家科学技术进步二等奖	成都军区总医院、北京医科大学第一医院、北京协和医院、第四军医大学唐都医院、阜外医院	胡大一、李常太、吴　宁、任自文、杜日映、刘世玉、马长生、蓝志强、赵龙生
1995	首次全国人体寄生虫分布调查	国家科学技术进步二等奖	中国预防医学科学院寄生虫病研究所，卫生部卫生防疫司寄生虫病处，四川省、山东省、福建省、安徽省寄研所，河南省卫生防疫站	余森海、许隆祺、蒋则孝、徐淑惠、韩家俊、朱育光、常江、林金祥、徐伏牛等
1995	丙型肝炎病毒感染及肿瘤坏死因子在肝细胞坏死中的作用及对策	国家科学技术进步奖三等奖	重庆医科大学	张定凤、任　红、周卫平、黄爱龙、赵有蓉
1995	中国围产儿出生缺陷监测及高危高发出生缺陷的病因学探讨	国家科学技术进步奖三等奖	中国出生缺陷监测协作组、华西医科大学	肖坤则、连志浩、李守柔、余浣珍、严竞章

续表6—9

获奖年份	获奖项目	获奖等级	主研单位	主研人员
1996	柱晶白霉素（吉他霉素）研究	国家科学技术进步二等奖	四川抗菌素工业研究所	谢丽芳、陈永乐、孙　益、张学云、卢　毅、王　励、王明蓉、姚瑜、赵茂增等
1996	肝癌病人血清、组织和细胞中肝炎病毒的分子生物学研究	国家科学技术进步奖三等奖	成都军区总医院	曾维政、蒋明德、褚桂珍、张建华、楚人俊
1996	抗癫痫药物的基础与临床研究	国家科学技术进步奖三等奖	重庆医科大学	沈鼎烈、王学峰、黄祖春、孙红斌、陈阳美
1997	氟康唑	国家科学技术进步二等奖（1996年四川省科学技术进步奖一等奖）	重庆医药工业研究所、华西医科大学、海南曼克星制药厂	夏永鹏、傅洁民、张宝珊、罗翔、兰志银、陈小勇、朱海、梁德荣、张惠琳等
1997	视网膜母细胞瘤的遗传学研究	国家科学技术进步奖三等奖	华西附院、上海市肿瘤研究所、华西医大肿瘤研究所	罗成仁、顾健人、黄　倩、陈大年、邓应平
1997	非闪烁弱红光偏头痛防治镜	国家技术发明奖四等奖	成都军区总医院	朱国标、张克俊、甘韶雨
1998	控制和阻断大山区血吸虫病流行对策	国家科学技术进步奖二等奖	中国预防医学科学院寄生虫病研究所，四川省、云南省寄生虫病防治研究所，四川省西昌市、云南省巍山县血吸虫病防治站	郑　江、辜学广、邱宗林、李兴加、陈建勋、许发森、杨寿鼎、梁　松、殷关林等
1998	应用单克隆抗体、基因护增技术对内脏利什曼病诊断及疗效考核研究	国家科学技术进步奖三等奖	华西医大	胡孝素、陈建平、杨文天、吕洪刚、林芳清
1998	左侧肝周区域腹膜反褶的放射解剖学研究	国家科学技术进步奖三等奖	华西附院、华西医大基础医学院	闵鹏秋、高贤华、杨志刚、雷清芳、周德明
1998	控制和阻断大山区血吸虫病流行对策	国家科学技术进步奖三等奖	中国预防医学科学院寄研所、四川省寄研所、云南省血防研究中心等	郑　江、辜学广、邱宗林、李兴加、陈建勋、许发森、杨寿鼎、梁　松、殷关林
1999	洛伐他汀的研究	国家科学技术进步奖三等奖	四川抗菌素工业研究所等	何璧梅、吴林森、邓盛齐、程　强、沈瑾志
1999	胰腺微循环的应用基础研究	国家科学技术进步奖三等奖	华西附院、华西医大基础医学院	周总光、高贤华、张肇达、严律南、杨品华

续表6—9

获奖年份	获奖项目	获奖等级	主研单位	主研人员
1999	医用全身CT靶及X射线管旋转阳极靶系列产品的研制与应用	国家科学技术进步奖三等奖	中国工程物理研究院机械制造工艺研究所	徐庆元、李恩平、刁玉政、郭福仁、蔡蔓莉
2000	中国阻断淋巴丝虫病传播的策略和技术措施的研究	国家科学技术进步奖一等奖（1999年卫生部科技进步奖一等奖）	中国预防医学科学院寄生虫病研究所，山东省、贵州省、广西区、福建省、湖北省、广东省、四川省寄研所等	史宗俊、孙建德、王兆俊、陶增厚、潘士贤、刘心机、张绍清、欧作炎、朱素贞等
2001	全国控制和基本消灭麻风病的策略、防治技术和措施研究	国家科学技术进步奖一等奖	中国医学科学院皮肤病研究所，北京热带医学研究所，江苏省疾控中心，广东、上海、四川、云南、贵州等茵省（市）皮肤病防治研究所、性病医院	李恒英、李文忠、陈祥生、翁小满、胡鹭芳、王荷英、袁联潮、江　澄、杨　军、叶干运、冉顺鹏、吴学勤、马立福、张国成、沈建平等
2001	66种常用中药材质量标准及其对照品的研究	国家科学技术进步奖二等奖	吉林省中医中药研究院、中国医学科学院药用植物研究所、中国药科大学、四川省中药研究所、中国中医研究院中药研究所、北京大学药学院、沈阳药科大学	徐东铭、杨峻山、王峥涛、罗泽渊、王跃生、张思巨、徐雅娟、胡之壁、刘红亚、蔡少青
2002	乙型肝炎基因工程疫苗免疫原性和免疫效果的研究	国家科学技术进步奖二等奖	中国药品生物制品检定所、广西区疾控中心、河南省开封市卫生防疫站、中国医科大学附属第一医院、长春生物制品研究所、北京生物制品研究所、四川省卫生防疫站	梁争论、李河民、吴晓音、李艳萍、王佑春、荆　庆、张　弛、赵桂珍、时景璞、叶世德
2003	青藏高原青海田鼠鼠疫自然疫源地的发现与研究	国家科学技术进步奖二等奖	中国疾病预防控制中心鼠疫布氏菌病预防控制基地及传染病预防控制所，四川、青海、甘肃疾病预防控制中心，四川省甘孜藏族自治州、石渠县卫生防疫站	刘振才、海　荣、李富忠、李　超、丛显斌、高崇华、汪立茂、魏柏青、陈洪舰、陈虹等
2004	吸入麻醉的研究	国家科学技术进步二等奖	华西医院、第二军医大学东方肝胆外科医院、河北省药物研究所、中国医科院阜外心血管医院	刘　进、俞卫锋、张　辑、周建新、曹云飞、张文胜、王振彬、朱　涛、刘明政、陆智杰等

第二节 省部级奖项

1986—2005年，四川医学科研工作共获得省部级奖项977个。

1986 年四川医学科研获省部级奖项一览表（43 项）

表 6—10

获奖项目	获奖等级	主研单位	主研人员
辐照食品卫生学安全评价研究	卫生部甲级成果奖	省卫生防疫站、省劳卫所	刘敏诚、胡春渔、魏仁均、廖华淳、张道撤
全国职业性肿瘤流行病学调查研究	卫生部甲级成果奖	华西公共卫生学院	王治明
我国二十六城市大气污染与居民死亡情况调查	卫生部科技进步奖二等奖	华西公共卫生学院	王鉴清、李书隆、过基同
β 地中海贫血产前诊断	卫生部科技进步奖二等奖	省人民医院	杨国英
大蒜阻断亚硝胺合成的试验研究	卫生部科技进步奖二等奖	华西公共卫生学院	彭恕生
气功人工激发系统	省科学技术进步奖二等奖	中科院成都分院科技咨询服务部等	刘碚生、张邦焱、刘祖玉、张远惠、魏步霞
骨诱导成骨的实验研究	省科学技术进步奖二等奖	重庆医科大学	吴祖尧、胡晓波
四川省粉尘作业工人健康检查间隔年限研究	省科学技术进步奖二等奖	重庆市、成都市、宜宾地区卫生防疫站，涪陵地区卫生局等	刘命宣、吴德良、徐海伦、包正昌、胡铭钰
γ 线骨矿含量测试方法及骨矿分析仪的研究	省科学技术进步奖二等奖	华西医大职防院、华西医大基础医学系、成都计量测试研究院	杨定焯、鄢中付、张纪淮、姜俊德、张光鹏
四川省中药材仓虫调查研究及编著	省科学技术进步奖二等奖	成都中药材站	王宗信、张禹安、杨明鉴、黄钦远、皮维均
四川省医疗照射频率和剂量研究	省科学技术进步奖二等奖	省劳卫所，省肿瘤研究所，重庆市、成都市卫生防疫站等	强志永、江仁德、张新华、杨和理、郝晋明
四川省酉阳县青蒿资源、青蒿素含量及其生态生物学调查研究	省科学技术进步奖三等奖	省中药研究所南川种植场	
牛体（牦牛、杂牛）人工培植天然牛黄的试验	省科学技术进步奖三等奖	阿坝州人工培植天然牛黄试验协作组	周开文、李美祥、谢兴国、饶大芬
采用新技术对钩端螺旋体粘附致病和肺弥漫性出血机理的新探讨	省科学技术进步奖三等奖	华西医大基础医学系	鲍　郎、彭海荣、赵蜀岷、戴保民
DF－84 肺功能测试仪	省科学技术进步奖三等奖	达县卫生防疫站、成都新兴仪器厂	
温病卫气营血症候的微循环研究	省科学技术进步奖三等奖	泸州医学院	徐应抒、李跃英、廖大忠
抗体检查试剂红细胞及抗体鉴定试剂红细胞的研制应用	省科学技术进步奖三等奖	中国医学科学院输血研究所	刁玉英、肖星甫、宋　宁、郑世荣、杨舒萍
绒毛滋养层细胞直接制备染色体方法	省科学技术进步奖三等奖	省计划生育研究所	陈园荼、孙自国、马长俊

续表6—10

获奖项目	获奖等级	主研单位	主研人员
四川地区汉族人群 HLA 多态性及 HLA 单倍型分布	省科学技术进步奖三等奖	中国医学科学院输血研究所	裴　冀、杨丛林、孙水仙、米新玉
单采血浆的研究	省科学技术进步奖三等奖	中国医学科学院输血研究所	季　阳、王淑华、谢桂琴、肖星甫、李世华
肌性斜颈的临床研究	省科学技术进步奖三等奖	绵阳丝绸印染厂医务室	罗福国、黄继先、丁寿章、杨述兴、江长炉
四川省 0—7 岁儿童发育调查研究	省科学技术进步奖三等奖	华西医大、省人民医院、重庆市妇保院、省卫干院、重庆医科大学	郑德元、樊培禄、羽　青、滕彩华、张宜富
四川省出生缺陷调查	省科学技术进步奖三等奖	华西医科大学、省人民医院、207 所医院	肖坤则、樊培禄
氯丁二烯致癌性研究	省科学技术进步奖三等奖	华西医大	李寿祺、董奇男
人血清几种主要载脂蛋白免疫测定法的研究	省科学技术进步奖三等奖	华西医大基础医学系	刘秉文、傅明德、刘婉珍、张荣爵
固定相冷冻浓缩——气相色谱法测定空气中三氟甲基次氟酸酯的研究	省科学技术进步奖三等奖	省劳卫所	何振洪、陈舜英
微胶囊、酪氨酶在肝功能衰竭中的去毒作用	省科学技术进步奖三等奖	重庆医科大学	舒昌达
四川省流行性出血热高发区宿主动物血清流行病学调查	省科学技术进步奖三等奖	达县地区卫生防疫站、省卫生防疫站、邻水县卫生防疫站、中国预防医学中心病毒研究所	陈尚智、陈立礼、吴应涛、陶国方、傅建林
四川省疫区不同宿主动物及患者的流行性出血热病毒分离及抗原性分析应用单克隆抗体比较流行性出血热毒株之间的抗原性差异	省科学技术进步奖三等奖	省卫生防疫站、达县地区卫生防疫站、达县卫生防疫站、邻水县卫生防疫站	陈立礼、阎侗有、谢运菊、郑国英、张传安
应用人胚肺二倍体细胞（ZBS 株）分离培养甲型肝炎病毒	省科学技术进步奖三等奖	省卫生防疫站	李成明、陈立礼、殷大常、陈丹林、刘丽华
四川省非水源性地氟病流行特点及预防对策研究	省科学技术进步奖三等奖	省卫生防疫站、宜宾地区卫生防疫站、兴文县卫生防疫站	白学信、杨兴太、黄振卿
分泌抗日本血吸虫卵单克隆抗体杂交瘤细胞株的建立	省科学技术进步奖三等奖	省寄研所	缪德强、朱瑞淑、张声海、周　蕊
采用波拉像机与 8 英寸外拍像机装入 χ 光胶片拍摄超声波图	省科学技术进步奖三等奖	省建筑工程总公司职工医院	张　平、吴征非、任　玲、黄吉芬、唐静辉
肘桡侧弓与肘前区桡神经肌支的观察	省科学技术进步奖三等奖	重庆医科大学	张我华、安　丽、胡克全、张宝庆、林亦卿

续表6—10

获奖项目	获奖等级	主研单位	主研人员
痛经口服液的研究	省科学技术进步奖三等奖	成都中医学院制药厂	陈世桂、凌一揆、刘惠莲、李应墀
中医肾病电子计算机治疗系统	全国计算机成果奖	成都第一人民医院	
四川省名老中医专家诊疗系统	全国计算机成果奖	成都中医学院	
能源管理程序	全国计算机成果奖	重庆医药工业公司	
CSS－Ⅱ心电图微型计算机自动诊断系统	全国计算机成果奖	华西附院	
“小儿泄泻”和“内科咳嗽”计算机诊疗中医专家系统	全国计算机成果奖	达县地区中西医结合医院	
微机在《中国模拟人》辐照体模数据处理中的应用	全国计算机成果奖	省肿瘤研究所	
中医计算机诊疗专家系统应用程序	全国计算机成果奖	中科院成都计算机应用研究所	
运动创伤（软组织）电脑诊疗系统	全国计算机成果奖	中科院成都计算机应用研究所	

1987年四川医学科研获省部级奖项一览表（50项）

表6—11

获奖项目	获奖等级	主研单位	主研人员
参附注射液的研究	国家中医局乙级	成都中医药研究所	
人参叶茎总皂甙生产新工艺	国家中医局乙级	省中药研究所	朱　果、吴懋芳、鲁灵恩、曾　骆、肖绍蓉
提高山茱萸产量研究及人丘栽培实验	国家中医局乙级	省中药研究所南川种植场	
DY－1型菌落总数DY－2型大肠菌群数快速检测器的研究	卫生部科技进步奖三等奖	重庆市第二卫生防疫站	
云南青石棉污染与间皮瘤的研究	卫生部科技进步奖三等奖	华西公共卫生学院	刘学泽、罗素琼、王治明、王绵珍
生物活性玻璃陶瓷人工骨的基础及临床应用研究	卫生部科技进步奖三等奖	华西口腔医学院	
检查血吸虫病粪检方法的技术改进	卫生部科技进步奖三等奖	省寄研所	缪德强　黄启华　朱瑞淑
血浆单采术的大规模观察及推广应用	卫生部科技进步奖三等奖	成都生物制品研究所	
钩端螺旋体黏附及其在重症构体病中的作用研究	国家教委科技进步奖二等奖	华西医大基础医学院	彭海蓉、赵蜀珉

续表6—11

获奖项目	获奖等级	主研单位	主研人员
提高同种肾移植存活率综合研究	省科学技术进步奖一等奖	华西附院	唐孝达、杨宇如、唐科士、屈燧林、林懋贤等
05－88、06－99 医用纸聚乙烯醇材料	省科学技术进步奖二等奖	重庆天然气化工研究所、中国医科院生物医学工程研究所、省中药研究所、省劳卫所、重庆药检所	陈大燮、扬成民、周述芳、吴增树、孙瘦芬、蒋明义李练兵（1988 年获卫生部二等奖）
GY—130 医用级硅橡胶和医用级热硫化甲基乙烯硅橡胶质量标准	省科学技术进步奖二等奖	晨光化工研究院	赵应慧、杨成民、周吉娟、朱明华、李吉英
椎体间固定钉的研制与临床应用	省科学技术进步奖二等奖	华西附院	饶书城、牟至善
抗斯氏狸吸虫单克隆抗体的研究	省科学技术进步奖二等奖	华西医科大学	冯瑞元、阎和平
人参免疫调节作用实验研究	省科学技术进步奖二等奖	泸州医学院	余汉杰
食蟹猴疟原虫复发实验研究	省科学技术进步奖二等奖	省寄研所	陈怀录　黄瑞芝　曹仲华、康万民
彝族医药起源和发展的考察研究	省科学技术进步奖二等奖	凉山州药品检验所	贺廷超、李耕冬
新药设计方法探索及计算程序	省科学技术进步奖二等奖	华西药学院	李正华、李瑞雪、郭直惟
大白贝母野生变家种研究	省科学技术进步奖三等奖	南川药物种植场	
轮状病毒 ELISA 试剂盒研制	省科学技术进步奖三等奖	成都生物制品研所	刘纯荣、陈晓兰、魏文彬、曾献武、刘　琦
婴儿低镁惊厥	省科学技术进步奖三等奖	重医儿童医院	吴仕孝、张振棋、罗永寿
致密多晶羟基磷灰石微粒人工骨材料及临床应用的研究	省科学技术进步奖三等奖	四川大学、华西医大	陈观雄、王大章、银淑君、李声伟、彭泽勋
中医专家诊疗系统	省科学技术进步奖三等奖	成都中医学院、中科院成都分院计算机应用研究所	陈德济、朱学增、张震中、李世年、廖　峻
参附注射液的研究	省科学技术进步奖三等奖	成都市中医药研究所等	廖工铁、冯菊农、刘鸿祥、丁培林、楚　延
四川地区血红蛋白 HhH 病基因型和表现性关系及新生儿脐血 HhBZYts 含量与 α 球蛋白基因缺陷关系的探讨	省科学技术进步奖三等奖	重庆医科大学	张　锦、赵　蔚、耿一平、王宁遂、陈尔英、邓　兵
脑脊液髓磷脂碱性蛋白抗体测定（ELISA）的临床意义	省科学技术进步奖三等奖	重庆医科大学	董为伟、贾　杰、张桂英

续表6—11

获奖项目	获奖等级	主研单位	主研人员
吡喹酮单剂疗法治疗慢性日本血吸虫病	省科学技术进步奖三等奖	重庆医科大学、安县血防站、广汉县血防站	王小根、刘约翰、王其南、谌取鼎
内镜治疗胆道蛔虫症	省科学技术进步奖三等奖	成都军区总医院	黄大熔、田伏州、巢振南、金锡礼、张丙印
应用小鼠肝脏离体灌流术在实验医学中的研究	省科学技术进步奖三等奖	重庆医科大学	吴逸人、汪鼎禄、张如玉
多发性硬化的实验诊断和发病因素研究	省科学技术进步奖三等奖	华西公共卫生学院	徐文桢、东云华、裴　冀、高国勋、王大有
人流感与猪流感关系的监测	省科学技术进步奖三等奖	华西公共卫生学院	范宗华、劳伟宁、穆世惠
酶组织化学技术研究	省科学技术进步奖三等奖	华西公共卫生学院	肖邦良、李琼英
肝切除治疗中晚期肝癌的改进	省科学技术进步奖三等奖	华西附院	郑光琪、孙维纲、陈晓理、孔凡成
视网膜母细胞瘤的遗传研究	省科学技术进步奖三等奖	华西附院	方谦逊、罗成仁、丘建春、李世绩、李安仁
胆汁粘度与造影剂浓度对经皮肝穿刺胆道造影的影响	省科学技术进步奖三等奖	华西附院	彭其芳、严律南、陈世玮、崔新中、冉瑞图
骨性牙颌面发育畸形诊治的研究	省科学技术进步奖三等奖	华西口腔医学院	王大章、罗颂椒、李声伟、陈扬熙
四川省厂矿工业卫生职工健康信息系统研究	省科学技术进步奖三等奖	省劳卫所、内江市卫生防疫站、重庆市卫生防疫站、成都市卫生防疫站、自贡市卫生防疫站	陈继岳、闻学义、陆世英、傅佑铭、朱先成
四川省居民膳食放射性水平及所致内照射剂量的研究	省科学技术进步奖三等奖	省劳卫所	曾德崇、白建林、谢明义、陈以彬、宋良治
三峡工程放射性污染影响的预断评价与卫生监督措施的研究	省科学技术进步奖三等奖	省劳卫所	杨开祥、向长兴、文湘闽
钩端螺旋体新型菌株的发现和鉴定	省科学技术进步奖三等奖	省卫生防疫站、达县地区卫生防疫站、雅安地区卫生防疫站	赵慕愚、王文殊、高吉元、胡利贞、黄自英
四川省生活饮用水水质调查和质控研究	省科学技术进步奖三等奖	省卫生防疫站、成都市卫生防疫站、重庆市卫生防疫站、成都市第二卫生防疫站、重庆市第二卫生防疫站	周华人、戈守章、邓明智、王光芬
长江三峡工程对库区自然疫源性疾病和血吸虫病流行影响的研究	省科学技术进步奖三等奖	省卫生防疫站、省寄研所	张尚贵、辜学广、屠云人、赵文贤、谢运菊、许发森

续表6 —11

获奖项目	获奖等级	主研单位	主研人员
抗斯氏肺吸虫代谢抗原单克隆抗体制备及检测肺吸虫病人血清循环抗原的研究	省科学技术进步奖三等奖	省寄研所	刘纪伯、朱瑞淑、罗兴仁、缪德强、张声海
解毒化瘀 11 号治疗温病的研究	省科学技术进步奖三等奖	泸州医学院	徐应抒、张仕善、张培明、李跃英、廖大中
煤工尘肺病理研究及 x－线标准研究——不规则小阴影价值的探讨	省科学技术进步奖三等奖	重庆煤矿工人疗养院等	沈国安、徐培云、聂世康、牟维国
输精管结扎术对心血管系统的远期影响—5143 对人的回顾性定群研究	省科学技术进步奖三等奖	省计划生育科研所、省人民医院、省卫干院等	唐光华、钟玉辉、张国辉、安乙敏、罗德纯
应用溴氰菊酯喷洒蚊帐控制疟疾流行研究	省科学技术进步奖三等奖	宜宾县卫生防疫站、省寄研所	杨九平、康万民、刘贵华、杨兴玉、吴利聪
牙科铸造用磷酸盐系温包埋料的研制及临床应用研究	省科学技术进步奖三等奖	华西口腔医学院等	艾利朴、汤志凯、牛开源
建筑材料放射卫生防护标准研究	省科学技术进步奖三等奖	成都市卫生防疫站、四川大学等	李光藻、吴茂良、黄明武、骆登祥
《中国医学百科全书　医学统计学》统计组合软件	省科学技术进步奖三等奖	华西公共卫生学院、省经济信息中心、华西医大电子计算机中心、华西附院	杨树勤、罗积玉、程建次、张福林、徐嘉玲

1988 年四川医学科研获省部级奖项一览表（46 项）

表 6—12

获奖项目	获奖等级	主研单位	主研人员
泡沫硅橡胶义眼台	化工部二等奖	省寄研所	朱蔚精
尿中异烟肼及乙酰异肼比色测定及汉藏族 155 例乙酰化活性比较	卫生部科技进步奖三等奖	华西医科大学	曾经泽
农药对人群健康的危害及控制对策的研究	卫生部科技进步奖三等奖	省劳卫所、内江市卫生防疫站	罗贤俊、杨台春
妇癌盆腔腹膜外间隙置管行淋巴化疗的研究	卫生部科技进步奖三等奖	华西妇产儿童医院	曹泽毅等
中国鼠传疾病地理区划研究	卫生部科技进步奖三等奖	省卫生防疫站	王酉之、詹绍琛、武　英、汪诚信、骆洪钧
七种病媒蚊种对拟除虫菊酯抗性分布及防治对策研究	卫生部科技进步奖三等奖	省寄研所	刘维德、陈文美、吴　能、李明馨、雷心田
医用热硫化甲基乙烯基硅橡胶质量标准	卫生部科技进步奖三等奖	省劳卫所	朱蔚精、李国光、朱明华

续表6—12

获奖项目	获奖等级	主研单位	主研人员
胆红素提取新工艺研究	国家中医局二等奖	省中药研究所	吴懋芳
四川省基本消灭丝虫病技术措施研究	省科学技术进步奖一等奖	省寄研所，涪陵地区、乐山市、秀山县、武隆县卫生防疫站	朱素珍、魏银松、张选明、钟永良、封厚培、赵富民、陈庆骥、杨彦空、郑鹏飞等
生物阻抗技术在心脑血管疾病中的应用研究	省科学技术进步奖二等奖	成都市三医院、成都市心血管病研究室	于　新、杜传礼
左旋吡喹酮的化学合成药理与治疗日本血吸虫病的研究	省科学技术进步奖二等奖	重庆医科大学，省寄研所，芦山、安县血防站，湖北医科院寄研所	刘约翰、严　和、全钰珠、王小根、钱明心
人血浆载脂蛋白 CⅠ、CⅡ、CⅢ、E 的分离纯化及 CⅢ、E 免疫测定法	省科学技术进步奖二等奖	华西医科大学	刘秉文、付明德、刘铭峰、张林华、张荣爵
氩气替代氦气测定肺 CO 弥散量的研究	省科学技术进步奖二等奖	华西附院、中科院成都分院有机化学研究所	殷大奎、袁玉如、王晋焜
十二指肠钩虫 14 日龄童虫体外培养至成虫的研究	省科学技术进步奖二等奖	省寄研所	黄先翔、尹光耀、贺蓉君、张秀芳、李明惠
长期培养红内期食蟹猴疟原虫及猴疟原虫的研究	省科学技术进步奖二等奖	省寄研所	周肇西、李国茹、叶金生、席芸华、曹昌志
四川省医用诊断 X 线机防护改装及效益研究	省科学技术进步奖二等奖	省劳卫所等	罗文彬、张新华、江仁德、强志永、朱泽远
硅凝胶双攀后房型人工晶体研制及应用	省科学技术进步奖二等奖	蜀光生物医学工程技术研究所	周开遗、王明举、莫炼成、周　珂、钟永录
针刺对胃电节律的影响及抗胃电节律紊乱作用实验研究	省科学技术进步奖二等奖	成都中医药研究所、成都市第一人民医院	陈道志、付胜峰、李　兰、陈莉萍、周玉凤
人骨髓细胞系 IBTCHM8310 的建立及改造	省科学技术进步奖二等奖	中国医学科学院输血研究所	寸　珩、耿以琪
DFM－86 超小型电脑肺功能测试仪	省科学技术进步奖二等奖	省生物医学工程研究开发中心	
间日疟原虫单克隆抗体研究	省科学技术进步奖三等奖	华西医大、省寄研所	王兴振、胡安琪、朱声华、杨玉华
乙型肝炎病毒 DNA 在重症肝炎患者各器官组织中的分布与存在状态	省科学技术进步奖三等奖	华西医大、华西附院	周思亮、赵连三、曹钟梁
轻型高血压患者治疗和预后的研究	省科学技术进步奖三等奖	华西医大、华西附院等	王家良、黄傅富、黄德嘉、陈学芳、陈而志
成都市大气污染与居民健康关系的研究	省科学技术进步奖三等奖	华西公共卫生学院	王鉴清、李书隆
肝静脉口和下腔静脉肝后段的应用解剖研究	省科学技术进步奖三等奖	重庆医科大学	张我华、孙善全
局灶性癫痫外科治疗的临床研究	省科学技术进步奖三等奖	重庆医科大学	蒋万书、陈石金、朱祯卿、代素芳、吕孟达

续表6—12

获奖项目	获奖等级	主研单位	主研人员
一种利于小鼠骨髓红系祖细胞（Dfu－E）生长的简易培养基	省科学技术进步奖三等奖	重庆医科大学	祝彼得
重庆地区弓形体感染的血清流行病学调查	省科学技术进步奖三等奖	重医附院、美国CORNELL大学医学院	邱仲达、王其南、贾　杰、杜继昭、刘约翰
《四川中药材标准》1987年版的制定	省科学技术进步奖三等奖	省中药材标准编审委员会	
克矽灵治疗矽肺的临床和实验研究	省科学技术进步奖三等奖	宜宾地区卫生防疫站，成都市、重庆市、乐山市卫生防疫站，省劳卫所	包正昌、徐海伦、张素琼、谢一民、王万蓉
超声（2－DE）引导心内膜心肌激活术	省科学技术进步奖三等奖	泸医附院等	刘远厚、符宗胤、张梦华、熊　英、刘建英
培养心肌细胞及参麦注射液对其钙矛盾损伤的影响	省科学技术进步奖三等奖	泸州医学院	
胃血安冲剂治疗急性十二指肠出血的临床及实验研究	省科学技术进步奖三等奖	泸医附属中医院	王克建、周德端、汪俊林、段国勋、徐　州
青芹菜皮炎的调查和病因研究	省科学技术进步奖三等奖	省皮研所	张桂林、袁昌衡、刘碧文、罗九思、李绍兴
四川主要气田天然气氡含量的测定及降低居民剂量的建议	省科学技术进步奖三等奖	省劳卫所、四川石油管理局环保办	陈以彬、陈代富、陈瑞鸥、师春元
医用高分子材料生物学评价秩序及其检测方法选择	省科学技术进步奖三等奖	中国医学科学院生物医学工程研究所、省劳卫所	杨成民、吴增树、朱明华、李国光、王彭延
四川省威远煤矿煤工肺癌的研究	省科学技术进步奖三等奖	省劳卫所，重庆煤矿工人疗养院，威远煤矿、内江市、威远县卫生防疫站	沈国安、王锦文、林　锦、徐培云、周南国
川产桔梗质量研究	省科学技术进步奖三等奖	梓潼中药材公司、绵阳市药检所	聂盛贤、郑发忠、唐昌林、刘仲仪、崔渊儒
四川产桃仁的资源调查及光核桃仁的药用研究	省科学技术进步奖三等奖	成都中药材采购供应站科研所	吕利泉、汪文全、谭天琼、兰蓉祥
天府生发宝	省科学技术进步奖三等奖	昆明植物研究所、广汉制药厂、云南省第一医院、华西附院、省皮研所	刘晓初、杨崇仁、王国林、陆右之、郝桂清
正常人冷冻精子人工授精方法的应用研究	省科学技术进步奖三等奖	成都市计划生育指导所	黄泽宇、江　洋、吴　东、曾琼英、熊惠芳
液闪测量支持物法在甾体激素放免测定中的应用	省科学技术进步奖三等奖	省计划生育科研所	曾福祥、刘光英、叶尚勉
钴－57γ射线源的研制	省科学技术进步奖三等奖	四川大学	陈明生、周德海、余盛芳、廖福全、王泽斌
枯切疗法治疗痔核科技成果推广应用研究	省科学技术进步奖三等奖	重庆市中医研究所	李雨农、杨庭芳、左开江、董却非、杨天海

续表6—12

获奖项目	获奖等级	主研单位	主研人员
山蛭综合防治技术研究	省科学技术进步奖三等奖	攀枝花市盐边县防疫站	潘夕观、冯庆元、陈太松
中药熏蒸椅的研制	省科学技术进步奖三等奖	省人民医院	冯文新

1989年四川医学科研获省部级奖项一览表（60项）

表6—13

获奖项目	获奖等级	主研单位	主研人员
骨诱导成骨的研究	卫生部科技进步奖二等奖	重庆医科大学等	
全国医疗照射频度和计量水平研究	卫生部科技进步奖二等奖	中国医学科学院放射所、省放射卫生防护所、劳卫所等	强志永、鲍秀兰等
MDX－I型牙科X线诊断机的研制和临床应用研究	卫生部科技进步奖二等奖	华西医大口腔医学研究所	罗万福
豫南罗索线虫的实验研究及现场应用研究	解放军科技进步奖二等	成都军区后勤部、华西医大基础医学院	宋锦章、彭玉芳等
人精浆特异抗原P80的分离纯化、抗血清制备及应用	省科学技术进步奖二等奖	华西医大基础医学院	
质粒DNA分析对葡萄球菌感染及新生儿金葡菌定植的研究	省科学技术进步奖二等奖	重医儿童医院	吴仕孝、唐　军、沈　犁
可塑性多孔型人工颅骨的研制	省科学技术进步奖二等奖	华西附院、成都科技大学	何能前、刘明清、高立达、王光祖、张贤良
用利什曼原虫动基体DNA分类鉴定我国不同类型黑热病病原体的研究	省科学技术进步奖二等奖	华西基础医学院	吕洪刚、胡孝素、罗　萍
绿脓杆菌医院感染菌型调查方法的建立及应用研究	省科学技术进步奖二等奖	卫生部成都生物制品研究所	王世鹏、刘敦员、孙夷中、陈廷祚
中国人仿真辐照体模发展趋势及开发方案研究	省科学技术进步奖二等奖	省医情所、成都科技大学、省肿瘤医院	刘德齐、林大全、吴大可、曹　勤、曾纪元
针术与躯体感受系统及调整体温关系的实验研究	省科学技术进步奖二等奖	省中医药研究院临床医学研究所	董泉声、董新民
李仲愚杵针疗法经验整理研究	省科学技术进步奖二等奖	成都中医学院	李仲愚、钟枢才、杜　辛、曾升平、刘全让、李淑仁、李世泽
人精子膜抗原的研究Ⅰ．人精子膜蛋白组分的分离	省科学技术进步奖二等奖	省计划生育科研所、中国医科院基础医学研究所	徐　崇、陈　复、刘　莉、王琳芳、缪时英、严缘昌、马天根
垂体细胞的分离培养以及在灌流系统中促进腺激素释放的动力学研究	省科学技术进步奖二等奖	省计划生育科研所	

续表6—13

获奖项目	获奖等级	主研单位	主研人员
大白鼠实验外教学法	省科学技术进步奖二等奖	重庆卫生学校	
绿脓杆菌医院感染菌型调查方法的建立及其应用的研究	省科学技术进步奖二等奖	卫生部成都生物制品研究所	王世鹏、刘敦员、孙夷中、陈廷祚（同时获卫生部三等奖）
大隐静脉原位静脉动脉化改善下肢血液供应的实验与临床研究	省科学技术进步奖三等奖	重庆医大附院	时　德、张依仁、朱明才
血红蛋白四川、重庆β地中海贫血基因研究	省科学技术进步奖三等奖	重庆市第二人民医院、上海市儿童医院	徐崇远、曾益滔、焦春堂、黄淑巾贞、唐治贵
导管气囊扩张术治疗良性肝胆管狭窄临床实验研究	省科学技术进步奖三等奖	重庆市第二人民医院等	张长弓、杨尚伦、何世举、左学鑫
GW-pA型瓷镍铬铌合金的研制及应用	省科学技术进步奖三等奖	华西口腔医学院、成都科技大学金属材料系	李　宁、杜传诗、李越刚、魏治统、艾利朴
龈沟液流量测试仪的研制和临床应用	省科学技术进步奖三等奖	华西口腔医学院	
主动脉内囊反博及生脉注射液对山羊心肌缺血的作用	省科学技术进步奖三等奖	华西临床医学院	薛振南、陈槐卿、李　良、张丽蓉、王　玲
中国西部地区有瓣蝇类、花蝇科10种新、棘蝇亚科11新种记述	省科学技术进步奖三等奖	华西基础医学院	
人精浆特异性抗原P30的分离纯化、抗血清制备及应用	省科学技术进步奖三等奖	华西法学系、华西基础医学院	吴梅筠、侯一平、刘秉文
注射性臀肌挛缩症病因研究	省科学技术进步奖三等奖	华西附院、华西临床医学院	彭明惺、周素华、谭永淑、陆以佳、钟　麟
国产头孢噻肟的临床药理与应用的研究	省科学技术进步奖三等奖	华西医大、重庆医科大学	黄安华、王其南、周思亮、钮维薇、卢　毅
心肌细胞群单项动作电位的研究	省科学技术进步奖三等奖	泸州医学院等	朱寄天、解景田、曾晓荣、张　玉
注气造影结合针吸活检对软组织肿块诊断价值	省科学技术进步奖三等奖	泸医附属医院等	魏永贵、王朝安、王治华
胆石、胆道感染时血、胆汁中内毒素变化与血液流变性关系临床研究	省科学技术进步奖三等奖	泸医附属医院	张陪明、张仕善、刘品成
青银注射液临床及实验研究	省科学技术进步奖三等奖	泸医附属药厂、泸州医学院附院、泸州医学院	冯文宇、彭启灿、钱永龄、肖铭玉、李丙元
生物素标记血吸虫循环抗原探针的建立及应用	省科学技术进步奖三等奖	省寄研所	黎世涛、王秀珍
日本血吸虫雌性成虫酚酶同功酶的研究	省科学技术进步奖三等奖	省寄研所	王凤临、苏永芳、杨光敏、王秀珍、邱则吟

续表6—13

获奖项目	获奖等级	主研单位	主研人员
四川省并殖吸虫第二中间宿主蟹类的研究	省科学技术进步奖三等奖	省寄研所、中国科学院动物研究所	刘纪伯、戴爱云、罗兴仁、陈国孝、刘宗华
日本血吸虫单克隆抗体制备及用于血吸虫诊断方法研究	省科学技术进步奖三等奖	省寄研所	缪德强、张声海、朱瑞淑、周　蕊、张一伟
长江三峡工程对疟疾流行的影响及对策研究	省科学技术进步奖三等奖	省寄研所	陈怀录、李坤武、熊祥忠、曹仲华、杨玉华
抗人γ链单克隆抗体快速诊断囊、尾蚴病EⅡ6A试验盒的研究	省科学技术进步奖三等奖	省寄研所	张显发、黎世涛、王秀珍、魏继炳
偏食法塑造大鼠脾气虚症模型研究	省科学技术进步奖三等奖	成都中医学院	罗光宇、黄秀凤、杨明均、欧芳春、彭　成
实验小动物活动节律自动记录及分析系统	省科学技术进步奖三等奖	成都中医学院等	
六分之五肾切除制作大白鼠慢性肾功能衰竭模型研究	省科学技术进步奖三等奖	成都中医学院附属医院	易明娟、徐万薏、叶传蕙、谢子清、李进辉
针刺复合小剂量硬膜外麻醉胃大部切除临床研究	省科学技术进步奖三等奖	成都中医学院附属医院、省人民医院、华西附院	秦必光、李德华、彭其芳、蒲顺礼、杨宗典
塑料多联血袋的研制	省科学技术进步奖三等奖	中科院输血所	刘今次、徐开云、范欣兰、贾振琴、肖星甫
四川土壤放射性水平及向主要农作物的转移	省科学技术进步奖三等奖	省劳卫所、卫生部工业卫生实验所	陈以彬、曾德崇、兰绪平、陈代富、宋良治
四川省乡镇工业职业危害典型调查研究	省科学技术进步奖三等奖	省劳卫所等	康忠玉、王锦文、张万友、钟铁泉、袁　涛
斑蝥生物学特性的研究	省科学技术进步奖三等奖	省中研院南川药物种植所	
人精子单倍体染色体制备及G、C显带方法的研究	省科学技术进步奖三等奖	省计划生育科研所等	李运星、马长俊、杨式之、马天根、陈园荼
抗精子抗体检测药盒研制	省科学技术进步奖三等奖	省计划生育科研所	徐　崇、陈　复、刘　莉、张　健
用高效液相谱仪分离人精浆中睾酮及双氢睾酮的研究	省科学技术进步奖三等奖	省计划生育科研所	杨惠钟、贺知行、缪钟瑞、姜　苏、曾福祥
SZ－130型高压注射筒	省科学技术进步奖三等奖	成都发动机公司新津研究所、华西附院等	夏宗友等
间歇腹膜透析尿素氮、肌苷动力学模型的研究	省科学技术进步奖三等奖	南充地区医院、南充师范学院	陶光晨、陈国先、李明东、蒋　灵、王原能
四川省城市医疗服务研究	省科学技术进步奖三等奖	省卫生厅城市医疗服务研究组、省卫生厅医政处、华西公共卫生学院等	任长方、陈　新、何廷尉、李利民、贺国昭
鲜滩中药方治疗痛症的研究	省科学技术进步奖三等奖	眉山县癫痫专科医院、省中研院中药研究所、眉山县人民医院等	曾俊辉、邓文龙、钟玉林、周育成、吉建勋

续表6—13

获奖项目	获奖等级	主研单位	主研人员
小儿退热宁滴鼻液	省科学技术进步奖三等奖	内江酵母厂	周显庸、刘永成、胡观琴
DC－002 精密输液泵	省科学技术进步奖三等奖	省生物医学工程研究开发中心	
虎骨、豹骨及其混淆品鉴别	省科学技术进步奖三等奖	成都中药材公司	杨　蓉、蒲维屏、饶　凡、任心康、黄国杰
急支糖浆的研究开发与生产	省科学技术进步奖三等奖	四川涪陵制药厂	沈白尹、黄治发、胡友权、白礼西、胡　勇
大白鼠实验外科教学法	省科学技术进步奖三等奖	重庆卫生学校	桂质灿
微囊包膜胰岛移植研究	省科学技术进步奖三等奖	重医附院	舒昌达
多功能生物医学图象处理系统	省科学技术进步奖三等奖	四川大学	马代兴、陶德元、罗代升
多功能生物医学图象识别系统（电脑宫颈癌细胞学自动识别系统）	省科学技术进步奖三等奖	电子科技大学、华西附院等	罗炳伟、王世阆、江　晓、王靖华、余沪涛
复方微囊醋酸甲地孕酮注射液的研究	省科学技术进步奖三等奖	华西妇产儿童医院	韩字研等

1990 年四川医学科研获省部级奖项一览表（76 项）

表 6—14

获奖项目	获奖等级	主研单位	主研人员
GP 口腔高分子黏结材料的研究	卫生部科技进步奖三等奖	华西口腔医学院	
CW—PA 型烤瓷镍铬铌合金的研制及应用	卫生部科技进步奖三等奖	华西口腔医学院	
免疫球蛋白 G 亚类与临床疾病	卫生部科技进步奖三等奖	重医儿童医院	
中药清肺口服液、清热化湿口服液辨证治疗小儿肺系高热临床研究	国家中医局科技进步奖三等奖	成都中医药大学、成都中医药大学附院	吴康衡、胡天成、易明娟、蔡　科、包宗昭
四川省钩端螺旋体病肺弥漫性出血抢救、预防及其主要病原赖性钩体的独特性研究	卫生部医药卫生科技进步一等奖（1992 年国家科学技术进步奖三等奖）	华西基础医学院	戴保民、曹钟梁等
中药抗内毒素作用研究	省科学技术进步奖一等奖	省中药研究所	邓文龙、徐嘉红、刘家玉、王文烈、邓治文、聂仁吉、叶尚钧、郑振源、齐尚斌等

续表6—14

获奖项目	获奖等级	主研单位	主研人员
利凡诺——低温乙醇结合分离血浆蛋白新工艺的研究	省科学技术进步奖一等奖	中国医学科学院输血研究所	
缺铁性贫血实验及临床和群体防治十年研究	省科学技术进步奖一等奖	华西附院、华西妇产儿童院、峨眉山盐化公司制盐二厂	廖清奎、罗春华、张美瑜、李晓卫、李钦伯、陈　静、陈敏、杨先军、杨崇礼等
四川省遗传病流行病学调查研究	省科学技术进步奖二等奖	省计划生育科学研究所、华西附院等	张思霖、唐孝达、张思仲、徐　颖、张秋水、胡　应、潘晓放、王尔钿、黄　强
乙型肝炎表面抗原特异性T细胞克隆及乙型肝炎患者淋巴因子间活性水平研究	省科学技术进步奖二等奖	重庆医科大学	张定凤、任　红、钱　红、罗云萍、陈学华
抗中间丝单克隆抗体研制与鉴定	省科学技术进步奖二等奖	重庆医科大学	范维珂、殷　秀、杨青峰、周　兰、胡　军、段积华、韦　克
免疫球蛋白G亚类与临床疾病	省科学技术进步奖二等奖	重医儿童医院	杨锡强、李成荣、沈　锦、蒋利平、张远维、王莉佳、杨晓波
左膈下脓肿X线特征和膈下间歇及其应用解剖学研究	省科学技术进步奖二等奖	华西基础医学院、华西附院	高贤华、闵鹏秋、雷清芳、周德明
抗—HBs的抗独特型抗体和独特型抗体的免疫调节作用	省科学技术进步奖二等奖	华西基础医学院等	贾文祥、牟家琬、王道若、刘文方
GC纯化抗血清制备及亚型检测与频率调查	省科学技术进步奖二等奖	华西法医系	吴梅筠、赵　渠、侯一平
诊断人畜旋毛虫病快速酶标成套试剂研制及应用	省科学技术进步奖二等奖	省寄研所	黎世涛、王秀珍、屈振骐、魏继炳、张显发
四川省历年尘肺发病规律及现状的调查研究	省科学技术进步奖二等奖	省劳卫所	陈兴华、王用民、沈国安、陈文新、刘扬烈、王治明、刁振中
脾不统血证候特异性的临床及基础研究	省科学技术进步奖二等奖	成都中医学院、成都中医学院附院	杨明均、黄秀凤、李耀光、肖　颐、丁　红、肖理儒、杨　东
“复脉定”冲剂治疗心律失常的研究	省科学技术进步奖二等奖	省中药研究所	唐耀书、黄良月、张泰怀、杨燕华、杨清林、陈定坤、唐俊卿、马义蓉、黄真明
矫治口语障碍研究	省科学技术进步奖二等奖	广元口语障碍矫治医院	
γ线放疗建筑屏蔽计算、防护设计研究和推广应用	省科学技术进步奖二等奖	成都市卫生防疫站、中国建筑西南设计院等	周蓉蓉、陈敬忠、席　宁、牟长荣、林大全、陈解一、罗文彬
动物血中铁和蛋白质的营养价值	省科学技术进步奖二等奖	华西公共卫生学院	彭恕生、黄承钰、．张茂玉、．洪君蓉

续表6—14

获奖项目	获奖等级	主研单位	主研人员
环境因素遗传毒性损伤效应研究——人外周血微核红细胞检测法的建立	省科学技术进步奖三等奖	德阳市卫生防疫站、德阳市血站、东方电机厂卫生防疫站等	郭维广、王学媛、郭　瑜、杨恩祥、王倚道
旅客列车乘务员劳动卫生研究	省科学技术进步奖三等奖	成都铁路局中心卫生防疫站	雷曙光、吴爱云、喻日光、宁晓君
低渗出型硅橡胶乳房植入体的研制及临床应用研究	省科学技术进步奖三等奖	化工部有机硅研究中心、华西附院	陈佩珍等
避孕药具应用效果流行病学调查	省科学技术进步奖三等奖	省计划生育药品和器械管理站	廖淑芳、郑　翔、曹　元、陈国荣、刘辉荣
成都地区正常成年男子精液参数与生殖激素水平连续一年的动态观察	省科学技术进步奖三等奖	省计划生育科研所	缪钟瑞、高榜华、蔡学澄、杨惠钟、叶　芙
不育男性精子和精浆乳酸脱氧酶C4同功酶及其与血清FSH关系的研究	省科学技术进步奖三等奖	省计划生育科研所	罗　比、胡晓钟、王　萍、兰　君、彭宪生
绒毛短期培养制备染色体的研究	省科学技术进步奖三等奖	省计划生育科研所	
限制性内切酶对哺乳动物及人体染色体的作用	省科学技术进步奖三等奖	华西医科大学	张思仲
甲硝唑棒的研制及其临床应用研究	省科学技术进步奖三等奖	华西医科大学	易新铨、李　屯、秦秀芳、晏玉英、陈福生
检测PHSAR的ELISA药盒及诊断血球的研制及应用研究	省科学技术进步奖三等奖	华西医科大学、成都生物制品研究所、华西附院	蔡美英、李忠云、闵文彬、姜大秀、张子康
四川盐源县青石棉污染调查及实验研究	省科学技术进步奖三等奖	华西医科大学等	
糖尿病视网膜病变糖代谢机理的研究	省科学技术进步奖三等奖	华西附院	罗成仁、胡玉章、张　慧、黄永志
缺因子VⅢ的人工血浆系统测定VⅢ：C的临床意义	省科学技术进步奖三等奖	华西附院	邓承祺、吕慎诚、李素琼、邓长安
利福喷丁治疗非分枝杆菌感染的临床与实验研究	省科学技术进步奖三等奖	华西附院	卢　毅、陈　拯、汪良吉、张慧琳、冯雪华
重症肌无力免疫功能及组织相容性抗原的研究	省科学技术进步奖三等奖	华西附院、华西基础医学院	徐文桢、龚潮墚、袁必文、吴慧君、王代德
γ射线吸收法对无牙下颌骨骨密度测量研究	省科学技术进步奖三等奖	华西口腔医学研究所、中国测试技术研究院	袁绍云、鄢中付、祝光荣、胡国榆、谢家祥
乳牙、牙合牙期、牙牙合弓的形态结构及其发育的系列研究	省科学技术进步奖三等奖	华西口腔医学院	周秀坤、段玉贵、张丽敏
口炎宁冲剂的研究	省科学技术进步奖三等奖	华西口腔医学院、四川省中药厂	曾光明、李秉琦、陈　蕴、王顺英、黄穆棋

续表6—14

获奖项目	获奖等级	主研单位	主研人员
四川省仁寿县妇幼卫生示范县儿童肺炎防治研究	省科学技术进步奖三等奖	华西妇产儿童医院、华西公共卫生学院、仁寿县卫生局等	钱幼琼、何廷尉、李远尧、黄咏梅、李　静
药典砷盐检测新方法的建立和新型捡砷器的研制	省科学技术进步奖三等奖	华西药学院	杨胜华、张铁军、徐　宇
中医肾虚与细胞免疫功能变化关系的研究	省科学技术进步奖三等奖	成都中医学院	张发荣、骆永珍、廖方正、张天秀、廖晶东
脏腑疾病与相关经穴生物电场关系的研究	省科学技术进步奖三等奖	成都中医学院	陈德济、张震中、吴浩然、杨庆云、孙传敏
股骨干骨折微型点压复位固定器临床研究	省科学技术进步奖三等奖	成都中医学院	
活血化瘀治疗视网膜静脉阻塞的实验与临床研究	省科学技术进步奖三等奖	成都中医学院附院	邓亚平、王明芳、王典荣、段俊国、李寿玲
肝癌的酶学诊断	省科学技术进步奖三等奖	重医大第二医院	沈鼎明、沈　薇、陈道宏
下肢深静脉机能不全的诊断与治疗研究	省科学技术进步奖三等奖	重医大第二医院	朱仕钦、罗文军、沈庆民、付世模、李世英
改良 Chiari 滑膜切除术治疗 Perthes 病及病因病理探索	省科学技术进步奖三等奖	重医大儿科医院	刘正全、梁猷惠、张德文、覃均昌
温病解毒化瘀法治疗内毒血症临床实验研究	省科学技术进步奖三等奖	泸州医学院	徐应抒、李跃英、王德华、钱永龄、邬关德
温病“卫气营血”证候舌象临床及实验研究	省科学技术进步奖三等奖	泸州医学院	刘碧清、余光开、杨泽仲、郭建红、何廷华
酸甘止痒合剂（汤）的临床应用研究	省科学技术进步奖三等奖	泸医附院	陈德宇、郑久安、庄　诚、钱永龄、朱玉祥
铜针经皮栓塞治疗海绵状血管瘤	省科学技术进步奖三等奖	泸医附院	周丕立、李蜀光
复方泛影胶浆的研制与临床观察	省科学技术进步奖三等奖	泸医附院	周远英、陈定泰、刘国辅、周文汉、董维翰
急性白血病几种血型抗原强度变化观察	省科学技术进步奖三等奖	中国医学科学院输血研究所、河南医科大附一院	兰炯采、胡利亚、张玉圭、郑世荣、魏庭萱
抗 AB1、抗 A1 等五种外援凝结素的筛选及在血型鉴定中的研究和应用	省科学技术进步奖三等奖	中国医学科学院输血研究所	刁玉英、宋　宁、魏建军、杨舒萍
四川省盲目及低视力流行病学调查	省科学技术进步奖三等奖	省人民医院	罗文彬、方谦逊、周俊华、韩家俊、张　悦
成都流行性角结膜炎的病毒病原学研究	省科学技术进步奖三等奖	省人民医院	廖世煌、胡开华、黄开琼、邱炼芬、丘希忠
保肾康治疗肾小球疾病研究	省科学技术进步奖三等奖	省劳卫所	郭玉麟、许国章、曹泽蓉、樊云英、凌均耀

续表6—14

获奖项目	获奖等级	主研单位	主研人员
中国主要城市饮用水中氡的含量及对群众所致剂量	省科学技术进步奖三等奖	省劳卫所	陈以彬、陈代富、张　波、曾德崇
《四川省蚊类志》	省科学技术进步奖三等奖	省寄研所	雷心田、杨昌文、尹志成、吴永芳、王　竞
大面积应用溴氰菊酯防制媒介和控制疟疾流行研究	省科学技术进步奖三等奖	省寄研所	刘崇义、陈怀录、赵富民、康万民、李世民
四川省婴幼儿乙型肝炎感染情况因素及预防措施的研究	省科学技术进步奖三等奖	省卫生防疫站	刘丽华、王宏禧、汪新丽、马凤鸣、陈　益
疾病监测年报统计软件研究	省科学技术进步奖三等奖	省卫生防疫站	张自光、郑世民、屠云人、张　丽、王道钦
麻风光谱分类法应用研究	省科学技术进步奖三等奖	省皮研所	罗九思、谢玉禄、伍友成
一级试验小鼠标准化的研究	省科学技术进步奖三等奖	省中药研究所	尹才渊、李正昌、邓治文、雷培琪、蒋　渝
四川道地药材微量元素的研究	省科学技术进步奖三等奖	省中药研究所	易尚平、范俊安、李胜容、周碧珍
四川燃煤电厂对环境的辐射影响及人群所受剂量的评价	省科学技术进步奖三等奖	省放射卫生防护所等	文湘闽、杨克毅、刘怡刚、毛亚虹、刘树恺
四川省儿童情况调查研究	省科学技术进步奖三等奖	省统计局、省卫生厅	吴祥云、常　力、郭秀卿、郑德元、陈元碧
F－8836单一专用试剂	省科学技术进步奖三等奖	成都军区总医院	刘道传、王天然、戴焕明、沈廷希、任光国
解热静治疗外感高热症的临床实验研究	省科学技术进步奖三等奖	射洪县中医院	任　明、郑贵荣、王孔辉、牟文建、白建华
龙虎丹外用临床研究	省科学技术进步奖三等奖	梓潼县中医医院	张　耀、王　常、刘良华、李孔定
消溶胆石片治疗肝胆结石病研究	省科学技术进步奖三等奖	郫县中医院、省中研院临床医学研究所	谢石方、陈开国、黄明安、谢守德、廖志航
农村医疗保健合同制度研究	省科学技术进步奖三等奖	蓬安县卫生局	全长福、林安涛、伍声锋、程再和、严建光
魔芋精粉的保健效用研究	省科学技术进步奖三等奖	华西公共卫生学院	张茂玉、彭恕生、侯蕴华、黄承珏、张立实
人工流产子宫内粘连与卵巢功能紊乱的研究	省科学技术进步奖三等奖	华西妇产儿童医院	韩字研、雷　刚、周世英、胡勤仪等

1991 年四川医学科研获省部级奖项一览表（55 项）

表 6—15

获奖项目	获奖等级	主研单位	主研人员
H1N2 新亚型流感病毒株的发现及其意义	卫生部科技进步奖三等奖	省卫生防疫站	许风琴
新型长效杀螺剂－氯硝柳胺控稀剂的研究	卫生部科技进步奖三等奖	省寄研所	蔡德全、熊维楷、左世会、卢永篙、席金玉、柏志惠
国产石棉致癌作用与间皮瘤阻断效果研究	卫生部科技进步奖三等奖	华西公共卫生学院	刘学泽、罗素群、彭恕生
活血化瘀治疗视网膜静脉阻塞的实验与临床研究	国家中医药管理局中医药科学技术进步奖二等奖	成都中医学院附属医院	邓亚平、王明芳、王典荣、段俊国、李寿玲
杵针疗法经验整理研究	国家中医药管理局中医药科学技术进步奖三等奖	成都中医学院、成都中医学院附医院	李仲愚、钟枢才、杜　辛、曾升平、刘全让
细菌外膜蛋白与限制性核酸内切酶分析在新生儿感染中的应用	省科学技术进步奖二等奖	重医儿童医院	吴仕孝、彭若奇、唐　毅
视网膜母细胞及其易患基因的遗传研究	省科学技术进步奖二等奖	华西附院、上海市肿瘤研究所	黄　倩、顾健人、邓应平、万大方、罗成仁、方谦逊、马安聊
新型头孢菌素的理论和临床研究	省科学技术进步奖二等奖	重庆医科大学	王其南、杜继昭、向晓琴、严思壮、李晓涛
人工肝基础实验及临床应用研究	省科学技术进步奖二等奖	重庆医科大学	李宗明、徐昌喜、钮　振、舒昌达、汤先觉
生物瓣和机械瓣在动物（山羊）模型上的血流动力学研究	省科学技术进步奖二等奖	华西基础医学院、华西附院	薛振南、梁绍伟、陈槐卿、罗传兴、李时锋、张丽蓉
应用仲景学说治疗感染性高热的研究	省科学技术进步奖二等奖	成都中医学院、成都中医学院附院	张发荣、何先鉴、陈绍宏、张晓云、刘永家
中药药理与应用	省科学技术进步奖二等奖	华西医科大学、省中药研究所等	王浴生、萍春生、邓文龙、廖能格、载广钧、叶松柏、袁　玮
解表方药研究	省科学技术进步奖二等奖	成都中医学院、成都中医学院中药研究所	凌一揆、沈映君、李祖伦、郑　军、王一涛、王家葵、杨　奎
有机磷农药化学结构与诱变性关系	省科学技术进步奖二等奖	华西公共卫生学院	李寿祺刘玉清．倪祖尧．宋晓鸥．刘晓蓉．唐瑛
新农药叶枯灵的环境毒性和代谢降解研究	省科学技术进步奖二等奖	华西公共卫生学院	孙棉龄、朱振华
氯化钾泡腾颗粒的研究	省科学技术进步奖三等奖	南充地区人民医院	蒋思德、欧树凡、唐方伟、赵庭轩、邱　雯

续表6—15

获奖项目	获奖等级	主研单位	主研人员
乙肝系列药品的引进开发研究	省科学技术进步奖三等奖	万县地区中药厂	熊维明、向　红、刘　勇、徐前珍、魏长平
沙棘油抗溃疡活性成分研究	省科学技术进步奖三等奖	华西药学院	肖　蓉、杨正莵、肖明松、肖倬殷、李章万
几种智力低下遗传性代谢病的生化诊断与产前诊断方法研究	省科学技术进步奖三等奖	省计划生育科研所	彭宪生、罗　比、王　平、吴晓庆、张　炎
心内直视术后心外膜心肌起搏应用机制的探讨	省科学技术进步奖三等奖	重医附院	李朝先、李法荫、李维信、林尚清、黄阳礼
甘孜地区泡球蚴病流行病学调查与泡球蚴病动物模型的建立	省科学技术进步奖三等奖	省寄研所	邱加闽、陈兴旺、刘大伦、觉　呷、罗成香
输精管结扎对人血清和精浆中生殖激素水平的研究	省科学技术进步奖三等奖	省计划生育科研所	杨惠钟、李国柱、胡晓钟、裴云生、高榜华
四川省凉山州、攀枝花市多菌型麻风联合化疗现场治疗的研究	省科学技术进步奖三等奖	省皮研所	胡鹭芳、罗九思、刘学明、赖祖杰、李德录
SUPER－1智能生理实验系统	省科学技术进步奖三等奖	华西医大、华西基础医学院	程建次、蒙　平、蓝庭剑、查忠斌
四川省大山区血吸虫病流行因素和流行规律的研究	省科学技术进步奖三等奖	省寄研所	辜学广、赵文贤、许发森、李玉祥、刘汉诚
生理条件下在体记录心肌单相动作电位技术	省科学技术进步奖三等奖	泸州医学院	冯志强、喻式程、余　微、俞利萍、崔泽忠
成都地区小儿巨细胞病毒感染调查研究	省科学技术进步奖三等奖	华西附院、成都市儿童医院、成都市妇幼保健院	刘正乐、万朝敏、黄亚玲、俞红吉、吴泰相
肝动脉栓塞治疗胆道大出血	省科学技术进步奖三等奖	华西附院	郑光琪、陈清圣、彭其芳、官泳松、闵鹏秋
丙硫苯咪唑治疗包虫病及华支睾吸虫病的研究	省科学技术进步奖三等奖	重庆医科大学	刘约翰、王小根、陈雅棠、高　鹏
狂犬病抗原、抗体ELISA检测方法的研究	省科学技术进步奖三等奖	省卫干院	朱沛轩、刘晓萍、张敬德
细粒棘球蚴单克隆抗体的制备和应用于包虫病免疫诊断	省科学技术进步奖三等奖	省寄研所	黄启华、杨庆陵、缪德强、吴　庆、谭　琪
胎肝移植可行性研究	省科学技术进步奖三等奖	华西附院	罗义刚、吴和光、沈文律、韦靖江、吴言涛
天麻018受体显象的基础研究——发现一种新型苯二氮卓受体的配基	省科学技术进步奖三等奖	华西附院	潭天秩、郭正平、钟裕国、匡安仁、梁正路
盲肠盲端粘膜下全阑尾切除术临床研究	省科学技术进步奖三等奖	重庆钢铁公司职工医院	杨世昌、金　燚、袁玉华、张　俊

续表6 —15

获奖项目	获奖等级	主研单位	主研人员
四川省室内、外空气氡水平及对居民肺癌危险度评价	省科学技术进步奖三等奖	省劳卫所	陈以彬、陈代富、李光藻、张胤莲、唐登亮
四川省绵阳市心血管病趋势及决定因素研究	省科学技术进步奖三等奖	绵阳市中心医院	杨尔成、杜高鹰、郭秀金、赵修平、唐桂蓉
脑干听觉诱发电位发育规律、年龄特征及计算机自动诊断分析研究	省科学技术进步奖三等奖	重医儿童医院	蔡方成、王　琳、蔡方耀、王　莉
瘤内注射糖皮质激素治疗婴幼儿血管瘤	省科学技术进步奖三等奖	重医儿科系	王赞尧、周德凯、雷培芸、王　勇、薛启苏
超免疫法获得高滴度抗－HBS血浆的研究	省科学技术进步奖三等奖	中国医学科学院输血研究所	周义英、刘继明、罗　锦、贾桂芳、郑一敏
梅毒螺旋体抗体检测新方法的建立及应用	省科学技术进步奖三等奖	中国医学科学院输血研究所	季　阳、瞿德敏、贾桂芳、屈汉德、赵艳萍
胎盘转铁蛋白受体在孕母和新生儿铁营养状况中的作用	省科学技术进步奖三等奖	华西妇产儿童医院、华西附院	廖清奎、罗春华、李　强、李丰益、杨崇礼
鼻咽癌基因及其产物的研究	省科学技术进步奖三等奖	华西肿瘤研究所	黄光琦、李　茵、卢绍平、黄一峰、毛　婷
人体下颌骨力学性能的研究	省科学技术进步奖三等奖	华西口腔医学院	赵云凤、陈新民
自体小静脉移植重建下泪小管	省科学技术进步奖三等奖	成都市第六人民医院	陈　勤、李福明、王恩平、刘　勇
耳穴压丸法治疗胆石症研究	省科学技术进步奖三等奖	成都中医学院、成都中医学院附院	王诗铭、宋开源、崖相学、傅肇明、王鸿度
中药解热毒注射液治疗小儿急重外感热病研究	省科学技术进步奖三等奖	成都中医学院、成都中医学院附院、成都市中医药研究所等	吴康衡、冯菊农、胡天成、唐渝生、刘小凡
“蒲公英消痔栓”治疗肛肠疾病	省科学技术进步奖三等奖	省人民医院	冯文新、严晓梁、谢玉琼、刘灿辉
影响骨矿含量的生理因素及肾虚证的骨矿含量研究	省科学技术进步奖三等奖	华西临床医学院、华西公共卫生学院等	张纪淮、杨定焯、张光鹏、李秀钧、许志奇
关于“人中”呼吸效应及其机制的实验研究	省科学技术进步奖三等奖	华西基础医学院	郑　煜、徐美丽、陈宗伟、杨世若
血宁冲剂成果推广应用研究	省科学技术进步奖三等奖	成都中医学院附院	杨明均、李耀光、亓鲁光、王尊凤、寇珂孟
产宝口服液提高产褥生理复旧功能的临床与实验研究	省科学技术进步奖三等奖	成都中医学院、四川涪陵制药厂	刘敏如、谢秀琼、杨梦庚、石国明、沈映君
中药薄盖灵芝注射液对家兔膜性肾小球肾炎影响的实验研究	省科学技术进步奖三等奖	泸州医学院	马跃荣、胡礼振、吕廉捷、王祖乾、谢永康

续表6—15

获奖项目	获奖等级	主研单位	主研人员
治疗急症中药注射剂工艺与质量攻关的实验研究	省科学技术进步奖三等奖	成都市中医药研究所、成都市中西医结合医院、成都中医学院附院	冯菊农、童立英、陈代懿、唐渝生、曹成顺
重症肌无力 HLA 与免疫功能变化的研究	省科学技术进步奖三等奖	省人民医院	高国勋
扫描电镜加 X 射线能谱对川产 10 味道地药材形态学和无机成分的研究	省科学技术进步奖三等奖	省中医药研究院临床医学研究所、冶金部攀枝花钢铁研究院	胡孝丰、张瑞光、陈善庸、张晓春、易先本

1992 年四川医学科研获省部级奖项一览表（59 项）

表 6—16

获奖项目	获奖等级	主研单位	主研人员
楚雄克山病综合性科学考察	卫生部科技进步奖二等奖	省卫生防疫站	程云岳等
胎儿铁代谢状况及母婴铁代谢关系的转铁蛋白受体研究	卫生部科技进步奖三等奖	华西妇产儿童医院	廖清奎等
尘肺综合诊断研究——高电压摄片时尘肺诊断质控的作用	卫生部科技进步奖三等奖	华西公共卫生学院	徐天才、赵尔康
EB－4 变色牙覆盖材料	化工部三等奖	省劳卫所	吴德敏
犀角地黄口服液的制备及对肌肤出血为主血症的研究	国家中医局科技进步奖三等奖	成都中医药大学附院	邓道昌、杨明均、李荣芳、易明娟、冯　俭
紫斑脾不统血证候特异性研究	国家中医局科技进步奖三等奖	成都中医药大学附院	杨明均、寇孟珂、张朝明、徐华清、王　军
冬虫夏草人工培植研究	省科学技术进步奖一等奖	省中药研究所	叶代俊、罗登庸、曾　纬、尹定华、黄天福、郑一敏、付善全、李泉森、罗庆明等
人血触变特性的研究及其临床意义	省科学技术进步奖一等奖	华西基础医学院、华西医院	陈槐卿、钟贵辉、李　良、周　东、薛振南、陈正玉等
“神农”牌系列保健用品开发	省科学技术进步奖一等奖	成都市保健用品厂、成都市中草药研究所	马留文、叶玉良等
新型肝受体配体新半乳糖白蛋白（NGA）的特性研究	省科学技术进步奖一等奖	华西医科大学、华西附院、华西药学院	管昌田、谭天秩、庞其捷、钟裕国、梁正路、陈　启、匡安仁等
四川省实施计划免疫控制相应传染病研究	省科学技术进步奖一等奖	省卫生防疫站	屠云人、陈科文、段前有、王在银、方　刚、王敦志、冯蜀新、冉隆安、付玉良等
妇女更年期骨质疏松症及冠心病的研究	省科学技术进步奖二等奖	华西妇产儿童医院	杨式之、赵　霞、谭世桥、徐克慧、刘宏伟
抗结蛋白及上皮膜抗原单克隆抗体的研制与鉴定	省科学技术进步奖二等奖	重庆医科大学	范维珂、邓华瑜、程　正、李培然、段积华、韦　克

续表6—16

获奖项目	获奖等级	主研单位	主研人员
蒽环类抗癌抗生素作用机理研究	省科学技术进步奖二等奖	华西基础医学院	李良宏、王浴生、蒋天蓉
抑郁症和神经症的临床实验研究	省科学技术进步奖二等奖	华西附院	杨　权、刘志中、黄明生、刘协和、张远惠、向孟泽、孙学礼
牙合与颞下颌关节的生物力学研究	省科学技术进步奖二等奖	华西口腔医学院、成都科技大工程力学系	徐樱华、滕胜毅、陈孟涛、杨　进、李永年、黄　钦
小儿脑电图研究	省科学技术进步奖二等奖	重医儿童医院	蔡方成、任永平、张　琴、郭志超、周江堡、冯成功、王　莉
改良声门水平切除术治疗双声带癌	省科学技术进步奖二等奖	重医附院	陈佩君、魏莲枝、王贤辅、段积华
中药肾康注射液及栓剂治疗慢性肾功衰研究	省科学技术进步奖二等奖	成都中医学院附医、成都市中医药研究所	叶传惠、冯菊农、易明娟、徐万蓉、王安娜、杨永胜、叶学峰
补肾法对肾虚证双向调节作用研究	省科学技术进步奖二等奖	成都中医学院医学系	张发荣、骆永珍、沈映君、廖方正、王久源、廖品东、王　飞
药品溶液颜色检查法标准的研究	省科学技术进步奖三等奖	华西药学院	杨华元、蒋学华、倪有洪、廖　巍
注射用头孢唑肟钠（益保世灵）	省科学技术进步奖三等奖	西南制药三厂	尹葆康、袁朵香、汤宗钢
慢性胃溃疡癌变的病理研究	省科学技术进步奖三等奖	泸州医学院、河北医学院、兰州医学院等	刘德琪、邬关德、焦炳忠、赵俊生、张宝麟
吡喹酮治疗斯氏肺吸虫病临床效果及其对虫体损害的观察	省科学技术进步奖三等奖	省寄研所	刘纪伯、周国兴、陈鸿雏、罗兴仁、洪才高
人精子与大肠艾希氏菌抗原共有研究	省科学技术进步奖三等奖	省计划生育科学研究所	张国芬、马天根、孟衍建、刘广惠
职业性氯代甲烷中毒诊断标准及处理原则的研制	省科学技术进步奖三等奖	省劳卫所等	王泽甫、王　林、张代洪、陈剑萍、丁守先
流行性出血热病毒单克隆抗体的研制及病毒多肽的研究	省科学技术进步奖三等奖	省卫生防疫站	陈立礼、秦光明、柯　红、李明成、陈丹林
人精浆 p30 单克隆抗体制备及在生殖与受孕中的作用	省科学技术进步奖三等奖	华西法医系等	吴梅筠、侯一平、李英碧、苟　清、杨式之
图形视网膜电图、图形视网膜诱发电位临床系列研究	省科学技术进步奖三等奖	省人民医院	樊映川、张国辉、魏新生
低位直肠癌根治、结肠经提肌隧道拖出原位肛门成形术式的研究	省科学技术进步奖三等奖	内江第二人民医院	袁万顺、詹光夏、隆玉华
高血压病系列研究——老年高血压的病理生理和心率谱分析	省科学技术进步奖三等奖	重医附院	陈运贞、雷　寒、王玉芝、赵万蓉、李春梅

续表6—16

获奖项目	获奖等级	主研单位	主研人员
医学实验数据处理智能系统	省科学技术进步奖三等奖	华西口腔医学研究所	张静仪、徐光忠、吉庆勇、蒋成荣
快速检测血吸虫循环抗原酶免疫法的建立及应用	省科学技术进步奖三等奖	省寄研所	黎世涛、王秀珍、周肇西
脑脊液髓鞘碱性蛋白和抗髓鞘碱性蛋白抗体的检测方法和临床应用研究	省科学技术进步奖三等奖	重医神经病学研究所	董为伟、向　敬、秦新月、吴渝宪
光化学诱导局灶性脑缺血模型及其在脑缺血脑保护实验研究中的应用	省科学技术进步奖三等奖	重医神经病学研究所	胡常林、董为伟、吴渝宪、傅雅各、董　强
细菌对抗生素的耐药性，耐药机理及新抗生素的药动学研究	省科学技术进步奖三等奖	重庆医科大学	王其南、杜继昭、钱元恕、罗明仪、黄文祥
Ha－ras 癌基因表达产物 p21 蛋白单克隆抗体的研制	省科学技术进步奖三等奖	省肿瘤研究所	卢绍平、舒　煦、唐小兰、陈廷清、刘必刚
中国少数民族健康研究	省科学技术进步奖三等奖	华西公共卫生学院	钱建明、孟　虹、张　强、黄惠容、梁世锵
乙肝病毒快速诊断试剂盒（地高辛配基标记 HBV　DNA 探针）的研制	省科学技术进步奖三等奖	华西医大	林勇、赵连三、刘　丽、穆仁懋、王锦蓉
吸收不良综合征病因及诊断新办法的研究	省科学技术进步奖三等奖	华西附院	张健孚、陈德珍、何毓宇、陈　进、牟建钊
正常老中青少年弦线和比时间常数的研究及其应用	省科学技术进步奖三等奖	华西基础医学院等	黄桂芳、李家豪、王鉴清、张慧云
马桑内酯治疗癫痫病作用机理的研究	省科学技术进步奖三等奖	华西基础医学院	谢扬高、柴慧霞、陈启贤、郭　亮、黄　梅
四川农村 0～2 岁儿童营养不良流行病学与群体防治研究	省科学技术进步奖三等奖	华西妇产儿童医院	钱幼琼、刘　震、毛　萌、陈　敏、徐　波
经皮弯针腹腔神经丛酒精阻滞治疗癌痛的临床及实验研究	省科学技术进步奖三等奖	泸州医学院附属医院	苏锡之、唐承华、杨泽盛、牟启伟、甘辞海
缺乏凝血因子Ⅱ型基质血浆的研制	省科学技术进步奖三等奖	中国医学科学院输血研究所	薛　浩、邱　宇、陈仁清、邓承祺
乳块灵治疗乳腺增生病的研究	省科学技术进步奖三等奖	省中医药研究院临床医学研究所	严素芳、谢守德、万国钧、季如莲、刘　颖
中药对超长随意皮瓣成活影响的实验研究及临床应用	省科学技术进步奖三等奖	大邑县人民医院、华西附院、成都军区总医院	阿效诚、杨志明、曾祥元、曾碧强、易　宁
止泻合剂治疗小儿轮状病毒性肠炎的临床研究	省科学技术进步奖三等奖	省人民医院	王运芳、严晓粱、胡开华、刘灿辉
中药阿魏酸钠对地中海贫血的疗效研究	省科学技术进步奖三等奖	重医儿童医院	张　锦、王永龄、王正伟、邓　兵

续表6—16

获奖项目	获奖等级	主研单位	主研人员
胃痛灵口服液治疗急症胃痛的临床及实验研究	省科学技术进步奖三等奖	射洪县中医院	任　明、王孔辉、郑贵荣、白建华
益宫止血口服液治疗崩漏出血的临床及实验研究	省科学技术进步奖三等奖	成都中医学院、成都中医学院制药厂	阳昌镒、唐永淑、刘敏如、沈映君、谭万信
慢性支气管炎动物模型及中西医结合防治研究	省科学技术进步奖三等奖	华西附院	许志奇、彭国瑞、曾祥国、赵善荣
犀角地黄口服液的制备及对肌肤出血为主的血证的治疗研究	省科学技术进步奖三等奖	成都中医学院附院	邓道昌、相明均、李荣芳、易明娟、冯　俭
心脑电图机检定仪的校准	省科学技术进步奖三等奖	中国测试技术研究院	夏辉琪、张学波、甄淑萍、杨　蓉、陈洪涛
改善沱江内江段主要城镇供水研究	省科学技术进步奖三等奖	内江市环境保护局等	廖常鑫、李国江、古传庆、许国凡、罗宗寿
城镇净化沼气池与设计参数及环卫效果的研究	省科学技术进步奖三等奖	省寄研所	曾华梁、赵锡惠、田洪春、贺容君、赵　萍
净化沼气池——稳定扩系统处理生活污水的环卫效果	省科学技术进步奖三等奖	省寄研所	赵锡惠、刘　田、曹玉杰、周华人、张星财
红原牌母乳化婴儿奶粉的研制	省科学技术进步奖三等奖	华西公共卫生学院	张茂玉
中国少数民族健康研究	省科学技术进步奖三等奖	华西公共卫生学院	钱建明、孟虹、张强

1993 年四川医学科研获省部级奖项一览表（61 项）

表 6—17

获奖项目	获奖等级	主研单位	主研人员
城镇净化沼气池生活污水排放卫生标准	卫生部三等奖	省卫生防疫站	周华人、赵锡惠、陈希勳、乔元升、蔡　梅、刘　田、曹玉杰
逐瘀化痰口服液治疗急性脑出血的临床研究	国家中医局科技进步奖二等奖	成都中医学院、成都中医学院附院	李明富、张发荣、陈绍宏、刘永家、张晓云
《中国人体质调查》《中国人体质调查续集》编著及研究	国家教委科技进步一等奖	上海医科大学、华西基础医学院	郑思竟、余哲等
冻干低 pH 静脉注射人血丙种球蛋白	省科学技术进步奖一等奖	成都生物制品研究所	王　玉、廖红茹、彭惠蓉、张玉蓉等
纯中药制剂“洁尔阴”洗液技术开发	省科学技术进步奖一等奖	成都恩威集团公司	薛永新
丙型肝炎病毒感染及肿瘤坏死因子在肝细胞坏死中的作用及对策	省科学技术进步奖一等奖	重庆医科大学	张定凤、周卫平、黄爱龙、任　红、赵有蓉、周晓东、周亚苏、郭树华等

续表6—17

获奖项目	获奖等级	主研单位	主研人员
特异单克隆抗体免疫亲和层析法研制缺凝血因子Ⅸ人基质血浆	省科学技术进步奖二等奖	中国医学科学院输血研究所	王海龄、肖小璞、丁 卫、李 和、于 颉、钟 峻、汪成孝
颞下颌关节内窥镜栓的生物学基础及临床应用	省科学技术进步奖二等奖	华西口腔医学院	王大章、彭贵平、林 野、于 端、胡 波
聚合酶链反应（PCR）和DNA重组探针在钩端螺旋体病早期诊断及流行病中运用	省科学技术进步奖二等奖	华西基础医学院	鲍 朗、张 明、钟为民、闫蓉华、李胜富
B超监视微小侵入外科的临床应用系列研究	省科学技术进步奖二等奖	成都军区总医院	王孝华、田伏洲、蔡中红、王长俊、胡建中、曹起楷、张 凡
丁型肝炎病毒研究	省科学技术进步奖二等奖	华西医科大学	赵连三、周思亮、林 勇、唐 红、王锦蓉、刘 丽
人中性粒细胞免疫效应作用研究	省科学技术进步奖二等奖	华西基础医学院	王伯瑶、吴 琦、徐罗玲、李成梁、王偕秀
视网膜色素变性基因定位及分子缺陷研究	省科学技术进步奖二等奖	华西附院	费一坚、罗成仁、黄永志、李安仁、方谦逊、周久模
种定位单碘胰岛素的研制和人血清胰岛素及抗体放免方法的改进	省科学技术进步奖二等奖	华西附院	邓尚平、周文壁、李双庆、熊中云、王碧华、罗 加、张 杰
魔芋精粉对无机盐营养的影响和对有害无机离子的排阻作用	省科学技术进步奖二等奖	华西公共卫生学院	彭恕生、王瑞淑、张茂玉、张立实、侯蕴华、曾令福、谭 茵
人巨细胞病毒52KD蛋白，150KD磷蛋白基因表达及临床应用研究	省科学技术进步奖二等奖	华西妇产儿童医院、上海市肿瘤研究所、川大生物工程系、华西医大基础医学院	唐泽媛、吴 均、王朝晖、熊 英、姚裕家、李炜如、顾健人
逐瘀化痰口服液治疗急性脑出血的临床及实验研究	省科学技术进步奖二等奖	成都中医学院、成都中医学院附院	李明富、张发荣、陈绍宏、刘永家、张晓云、虢周科、沈映君
纯化人白细胞α型干扰素的推广应用	省科学技术进步奖二等奖	成都生物制品研究所	钱汶光、孙惠元、唐安芬、李少磊、吴永林、肖桂香
菌白敏片	省科学技术进步奖三等奖	达县地区制药厂	刘墨森、洪元康、乔柏荣、梅治家、朱 扬
保健药品缫丝皮炎霜	省科学技术进步奖三等奖	省劳卫所等	郭玉麟、陈继岳、刘远厚、程海昌、权康宁
川产道地药材的形成及资源合理利用与保护研究	省科学技术进步奖三等奖	省中药研究所	陈善墉、陈士林、肖小河、吴 红、尹国萍
开发散利痛片	省科学技术进步奖三等奖	西南药业股份有限公司	尹葆康、廖淑健、冉隆富、凌学青、袁朵香
四川大山区消灭传染源以阻断血吸虫病传播的研究	省科学技术进步奖三等奖	省寄研所	刘崇义、金介梅、刘伯钊、朱依钊、叶治碧

续表6—17

获奖项目	获奖等级	主研单位	主研人员
新型多功能抗肿瘤微球的制备及治疗肝癌的实验研究	省科学技术进步奖三等奖	中科院成都有机化学研究所、华西妇产儿童医院	严昌虹、陈晓理、李雄伟、李　林、吴言涛
人胎儿胸腺细胞株8810建立及其改造研究	省科学技术进步奖三等奖	中国医学科学研究院输血研究所	寸　珩、邓　聪、林芳昭、卢　林、王良华
四川东部地区莱姆病的发现及病原体的研究	省科学技术进步奖三等奖	涪陵地区卫生防疫站、中国预防医学科学院流行病学微生物学研究所、南川县防疫站	李优良、张哲夫、万康林、郝霁光、夏先忠
煤工尘肺大块纤维化发病因素综合研究	省科学技术进步奖三等奖	省劳卫所	沈国安、林　锦、周尤禹、张石宝、徐培云
人体视网膜中央动脉分支类型及视网膜血管先天异常的研究	省科学技术进步奖三等奖	资阳县人民医院	何爱唯
心内膜心肌疾病临床病理研究	省科学技术进步奖三等奖	重医附院	饶邦复、张佐才、陈家香、王周碧、赵万蓉
脑卒中白细胞流变学研究	省科学技术进步奖三等奖	重医神经病学研究所	董为伟、向　敬
人工流产术后子宫粘连的发病率、病理，内分泌及临床研究	省科学技术进步奖三等奖	华西妇产儿童医院、华西附院	韩字研、雷　钢、王靖华、周世英、胡勤仪
糖尿病低镁血症的研究	省科学技术进步奖三等奖	重医附院	邱鸿鑫、汪恕萍、张素华、廖明波、沈萍姑
骨骼与骨关节疾病的B超成像	省科学技术进步奖三等奖	重医附二院	邹建中、王乐真、张欲晓、廖翠蓉、谢昭鹏
小儿急性淋巴细胞白血病免疫分型与糖皮质激素受体关系研究	省科学技术进步奖三等奖	华西附院、华西妇产儿童医院	廖清奎、罗春华、杨　平、李丰益、贾苍松
质粒与限制性核酸内切酶分析对小儿烧伤创面绿脓杆菌等感染研究	省科学技术进步奖三等奖	重医儿童医院	吴仕孝、余加林、刘友学、刘官信
微囊包膜胰岛移植研究	省科学技术进步奖三等奖	重庆医科大学	舒昌达、李佐强、何　军、黄世荣
绵阳市放射卫生综合监督管理示范研究	省科学技术进步奖三等奖	绵阳市卫生防疫站、省放射卫生防护研究所、绵阳市卫生局	张　光、张　忠、尹　林、蒋忠和、邓述舜
核医学在肾移植监护中的定量和定性研究	省科学技术进步奖三等奖	华西医大	谭天秩、唐孝达、连路蓉、卢一平、周绿漪
肝门区域血管阻断的肝段切除术系列研究	省科学技术进步奖三等奖	华西附院	郑光琪、文天夫、高履庄、叶　林、吴和光
人体恶性肿瘤内淋巴细胞对癌细胞杀伤作用的研究	省科学技术进步奖三等奖	华西附院	杭振镳、魏于全、王远萍、李光蓉、文　彬

续表6—17

获奖项目	获奖等级	主研单位	主研人员
经支气管针吸，经支气管肺活检及支气管肺泡灌洗对呼吸系统疾病诊断的研究	省科学技术进步奖三等奖	华西附院	陈文彬、戢朝明、史永红、李又环、徐大华
中国带器育龄妇女B超值及其相关因素的分析研究	省科学技术进步奖三等奖	省计划生育科研所等	李国柱、毓　星、万启智、李民享、张萱节
黑热病快速ELISA诊断方法研究	省科学技术进步奖三等奖	省寄研所	王秀珍、黎世涛、尹治诚、周肇西、管立人
腹腔镜胆总管切开探查取石术及腹腔镜胆道造影术的研究	省科学技术进步奖三等奖	成都市第二人民医院	张诗诚、陈安平、宋耕涛、尹思能、周总光
燃煤型地氟病病区控制指标的研究	省科学技术进步奖三等奖	涪陵地区防疫站、涪陵地区地方病防治办公室	吴德良、蒲朝文、程云联、李优良、谢大云
头发微量元素与心血管病研究	省科学技术进步奖三等奖	成都市第三人民医院、成都市心血管病研究所	张廷杰、吴发琼、唐　承、杜传礼、曾晓玲
人胎儿胰腺移植的应用基础研究	省科学技术进步奖三等奖	重庆医科大学	姚榛祥、吴广川、何延政
职业性氯丁二烯中毒诊断标准及处理原则	省科学技术进步奖三等奖	华西医大职业病防治院、山西医学院、青岛纺织局医院	詹承烈、王宗全、王仁仪、王　氵云、杨素峰
《景岳全书》整理研究	省科学技术进步奖三等奖	成都中医学院中医古籍文献研究所、成都中医学院医学系	赵立勋、张发荣、李明富、王大淳
复方健肝液治疗慢性乙型肝炎临床及实验研究	省科学技术进步奖三等奖	泸州医学院	孙同郊、谢碧桃、唐贤俊、周　虹、林美淳
“871”穴位注射治疗视神经萎缩的临床研究	省科学技术进步奖三等奖	成都中医学院附属医院、成都中医学院	陈翠屏、张济南、何光远、周华祥、魏勤章
“妇炎洁”中药复方泡腾片治疗阴道炎的临床及实验研究	省科学技术进步奖三等奖	成都中医学院	刘敏如、唐世彦、李爱礼、谭万信、傅春华
二级实验动物的研究（小鼠）	省科学技术进步奖三等奖	省中药研究所	邓治文、雷培琪、尹才渊、蒋　渝、李正昌
骨痹通天丸治疗地氟病的研究	省科学技术进步奖三等奖	泸州医学院、华西公共卫生学院等	袁明辨、陈在射、赵泽普、唐俊贤、程海昌
四川省卫生科学技术政策研究	省科学技术进步奖三等奖	省卫生厅、省医学情报所、华西附院等	李华芳、苏　林、刘德齐、力晓蓉、况金贵
诊断人畜旋毛虫病快速酶标试剂的应用推广研究	省科学技术进步奖三等奖	省寄研所等	黎世涛、王秀珍、魏继炳、宋怀仁、陈亚伟
从蛋壳中制生物钙研究	省科学技术进步奖三等奖	华西公共卫生学院	李洪洋、谭建三、郑志仁、张银柱、刘少泉
正常老中青少弦线和比时间常数的研究及其应用	省科学技术进步奖三等奖	华西公共卫生学院	王鉴清
用猪血制备血小板及血红蛋白质控物的研究	省科学技术进步奖三等奖	省人民医院	杨明清、钟亚玲、蹇启政、腾飞鹏、陈志明

续表6—17

获奖项目	获奖等级	主研单位	主研人员
MH微粒硬质造牙科材料的研究	省科学技术进步奖三等奖	华西口腔医学院	陈治清
小儿先天性心脏病和肾病综合征血液流变学改变及其并发症防治研究	省科学技术进步奖三等奖	华西妇产儿童医院	夏礼勤、廖清奎、刘　震、金仲和、唐胜才

1994年四川医学科研获省部级奖项一览表（68项）

表6—18

获奖项目	获奖等级	主研单位	主研人员
脾气虚不统血动物模型研究	国家中医局科技进步二等奖	成都中医药大学、成都中医药大学附院	罗光宇、彭　成、胡正琴、黄秀凤、张朝明
中国围产儿出生缺陷监测及高危高发出生缺陷的病因学探讨	卫生部二等奖	华西公共卫生学院等	杨树勤等
寒冷地区部分冲水沼气池灭害公厕设计建造及卫生效果研究	卫生部三等奖	省卫生防疫站	赵锡惠、李桐梓、罗德明、周世刚、袁连军
杜氏利什曼原虫动基体DNA种特异性片段序列分析及基因扩增诊断内脏利什曼病研究	省科学技术进步奖一等奖	华西基础医学院	杨天文、胡孝素、吕洪刚等
慢性肺心病基础与临床诊治研究	省科学技术进步奖一等奖	华西附院	陈文彬、李廷谦、黄素珍、戢朝明、王伟明等
中国人血粘弹性参数正常值及其临床应用研究	省科学技术进步奖一等奖	华西基础医学院	陈槐卿、李　良等
中药复方诱导癌细胞分化的实验研究	省科学技术进步奖一等奖	成都中医药大学	黄秀凤、雷佩琳、吴纯洁等
乐脉颗粒的研究	省科学技术进步奖一等奖	华西制药厂	唐昌炯、王秀兰、杨用祥、李玉川、斯乐园、李廷谦、徐祖砚、包定元、范郁文
153Sm－EDTMP介导治疗骨肿瘤的研究	省科学技术进步奖一等奖	华西临床医学院、中国工程物理研究院二所	邓候富、罗顺忠、谭天秩、胡云州、蒲满飞、梁正路、匡安仁、莫廷树、王全林等
新药甲硝唑磷酸二钠及粉针剂	省科学技术进步奖二等奖	华西药学院、成都中医学院、山西同振药业有限公司	李　屯、钟裕国、刘世端、李令媛、陈　敏、王卫东、倪　丹
超声图像定量分析诊断仪	省科学技术进步奖二等奖	重医附二院、重庆宽仁医药卫生科技开发公司、重庆医科大学	王志刚、王世迪、贺正才、刘　宪、邹建中、王智彪、蒲世玉
心率功率谱分析（HRPSA）的临床应用研究	省科学技术进步奖二等奖	重医附院	陈运贞、雷　寒、谢　扬、马康华

续表6—18

获奖项目	获奖等级	主研单位	主研人员
经胸门奇静脉断流术治疗门脉高压症食管胃底曲张静脉破裂大出血	省科学技术进步奖二等奖	重庆医科大学	时　德、姜均本
超声波抗早孕的动物实验研究	省科学技术进步奖二等奖	重庆医科大学	顾美礼、王智彪、凌萝达、王芷龙、祝彼得、陆　杰、王志刚
T细胞对免疫球蛋白合成转换影响及其临床意义	省科学技术进步奖二等奖	重医儿童医院	李成荣、杨锡强、林瑞春、丁　欣、涂文伟、王莉佳、张远维
提高四川省乙型肝炎病毒标志物检验质量的研究	省科学技术进步奖二等奖	省人民医院、省临床检验中心	郭晋蓉、杨明清、袁　洪、方之蕙、陈文昭
先天性髋关节脱位诊治方法的改进及应用	省科学技术进步奖二等奖	华西附院	彭明惺、胡廷泽、韦福康、周锡华、周素华、刘利君、袁朝新
遗传流行病学方法学研究及应用	省科学技术进步奖二等奖	华西附院、省计划生育科研所	张思仲、胡　应、张思霖、徐　颖、雷观鲁、费一坚、刘成进
免疫毒素在病毒感染，自身免疫病治疗及其发病机制的研究	省科学技术进步奖二等奖	泸州医学院	吴　敏、林美淳、周维其、曾　云、张育华、陈正芳、刘佳佳
散寒解热口服液的制备及治疗外感风寒发热症的研究	省科学技术进步奖二等奖	成都中医学院附院、成都中医学院、宜宾制药厂	陈绍宏、张发荣、张晓云、刘永家、吴成芳、沈映君、董晓萍
吴氏抗癌散结膏、抗癌扶正散治疗中、晚期肿瘤的临床与实验研究	省科学技术进步奖二等奖	重庆中医肿瘤治疗中心	吴兰康、吴兰贞、江朝碧
脾气虚脾不统血症候动物模型研究	省科学技术进步奖二等奖	成都中医学院	罗光宇、彭　成、胡正琴、黄秀风、张朝明、杨明均、徐治国
新农药83－1除草剂毒性及在动物体内代谢研究	省科学技术进步奖二等奖	华西公共卫生学院	吴德生、孙棉龄、衡正昌、罗永义、朱振华
枕中健脑液	省科学技术进步奖三等奖	四川东方制药厂、成都中医学院、万县地区中医学校	谢秀琼、华伦荣、凌一揆、刘　勇、黄国钧
癌可平口服液的研究	省科学技术进步奖三等奖	成都中医学院、达川地区制药厂等	黄秀凤、雷佩琳、叶乃瑶、邓生明
中药复方有效部分提取新工艺	省科学技术进步奖三等奖	省中药研究所	吴懋方、邓文龙、齐尚斌、罗泽渊、赵苹苹
川产道地药材系统研究——贝母的研究	省科学技术进步奖三等奖	省中医药研究院药物种植研究所、省中药研究所	刘先齐、陈士林、赵德永、王晓阳、张天友
应用微量快速酶联免疫吸附试验测定结核抗体的研究	省科学技术进步奖三等奖	绵阳市第四人医院	张清福、唐德蓉、赵世泉、谭　明、谭继忠

续表6—18

获奖项目	获奖等级	主研单位	主研人员
检测间日疟抗原的免疫诊断简便方法——ABC斑点试验	省科学技术进步奖三等奖	省寄研所	王秀珍、黎世涛、周肇西
脑血管疾病患者血清高密度脂蛋白及其亚组分胆固醇水平变化和丹参对其影响的研究	省科学技术进步奖三等奖	重医附院	晏　勇、桂　勇
保留植物神经的直肠癌根治手术研究	省科学技术进步奖三等奖	省肿瘤医院、省肿瘤研究所	刘宝善、旷天立、燕　锦、刘光中、丁惠忠
小儿心率紊乱无创性心电生理系列研究及其临床应用	省科学技术进步奖三等奖	重医儿童医院	钱永如、邓蕾丽、田　杰、刘晓航、胡　蓉
中草药（江南紫金牛）处理人输精管绝育术后精囊残余精子的实验研究	省科学技术进步奖三等奖	省计划生育科研所	周继铭、吴德光、余朝菁、江　洋、游静清
心肌细胞膜离子通道电流测定方法及其应用研究	省科学技术进步奖三等奖	泸州医学院	曾晓荣、朱寄天、刘智飞、胡礼振、蓝庭剑
四川省人体寄生虫分布谱研究	省科学技术进步奖三等奖	省医科院寄研所	韩家俊、刘常华、刘崇义、王在银、郑德福
四川省黑热病流行因素与防治对策研究	省科学技术进步奖三等奖	省寄研所、省卫生厅防疫处	吴远祥、李国茹、王在银、高　斌、张安治
羟基马桑毒素神经生物学效应及其机制研究	省科学技术进步奖三等奖	华西基础医学院、中科院成都生物所	徐美丽、姜永青、孙月明、王　建、沈芳世
宫颈癌癌基因及其产物临床应用研究	省科学技术进步奖三等奖	华西肿瘤研究所	黄光琦、李　茵、黄一峰、卢绍平、毛　婷
住院医师临床能力计算机辅助自学、测试题库	省科学技术进步奖三等奖	华西医大、省卫生厅	邓明仲、杨华章、张慧云、张玉芳、陈执瑾
氧自由基及其清除剂在常见口腔粘膜病病损发生和治疗中作用的研究	省科学技术进步奖三等奖	华西口腔医学院	李秉琦、陈谦明、东云华、黄永谦、郑光静
小儿胃食管反流的临床研究	省科学技术进步奖三等奖	华西附院	胡廷泽、韦福康、钟　麟、郎诗民、李福玉
肺癌病人免疫功能临床应用研究	省科学技术进步奖三等奖	华西附院	周清华、杨振华、张怀斌、杨俊杰、肖远康
肝脏能量代谢指标——AKBR的实验研究及临床应用	省科学技术进步奖三等奖	华西附院	严律南、吴言涛、李晓武、吴红斌、尹方龙
重型肝炎免疫紊乱的治疗机理研究	省科学技术进步奖三等奖	重庆医科大学病毒性肝炎研究所	张定凤、郭树华、陈国民、刘　杞、范　淳
血清鸟氨酸氨基甲酰转移酶测定及其临床意义	省科学技术进步奖三等奖	川北医学院	谭明洁、凌春茂、王洪玉、马肖菊、凌　园
表皮生长因子对男性生精功能调节的研究	省科学技术进步奖三等奖	省计划生育科研所	安　劬、李　曼、缪钟瑞、黄　敏、何才倩

续表6—18

获奖项目	获奖等级	主研单位	主研人员
糖尿病患者红细胞膜异常系列研究	省科学技术进步奖三等奖	省人民医院	王浩然、杨秀川、邱鸿鑫、陈　树、王思琴
新型氟喹诺酮类抗菌药的抗菌作用和临床药理研究	省科学技术进步奖三等奖	重医附院	王其南、杜继昭、肖永红、钱元恕、邹启园
对氨基苯磺酸胆红素的合成及血清胆红素测定参考方法的研究	省科学技术进步奖三等奖	重庆医科大学	陈宏础、彭永正、胥文春、罗春丽、马志茹
椰毒假单包菌酵米面亚种选择性培养基研制	省科学技术进步奖三等奖	省卫生防疫站	何树森、吴　乐、骆世银、欧章玉、蒋庚珍
四川省高血压流行病学调查及防制对策研究	省科学技术进步奖三等奖	省卫生防疫站	杨维中、袁建国、李桂林、吴先萍、陈　新
激光干涉条纹视力（IVA）预测弱视疗效研究	省科学技术进步奖三等奖	重庆市第四人民医院	宋文熹、陈平君、熊端华、陈开达、吴奇慧
狂犬病治疗研究和方法评价	省科学技术进步奖三等奖	泸州医学院、第三军医大学	余光开、李梦东、彭建一、张　瑞、陈国民
金黄地鼠卵的低温冻存及用于检测人精子受精能力的应用研究	省科学技术进步奖三等奖	四川联合大学	王喜忠、何俊琳、高小平、李　丹、王晓飞
苯作业工人神经行为功能的研究	省科学技术进步奖三等奖	省劳卫所	张万友、康忠玉、袁　涛、王　林、夏　刚
镍作业与肿瘤发生关系研究	省科学技术进步奖三等奖	成都市卫生防疫站等	徐海伦、张潘珍、何　克、黄安模、苟正烈
脾虚症择时治疗及其时间病理学的基础研究	省科学技术进步奖三等奖	成都中医学院	宋开源、郑　军、王再谟、刘光谱、沈映君
针刺镇内脏痛的研究	省科学技术进步奖三等奖	重庆医科大学	黄仲荪、金淑然、张　能、费汝为、周保和
羌族民间药用资源的发掘、整理	省科学技术进步奖三等奖	省中药研究所、中科院成都生物研究所	高宝莼、秦松云、钟廷瑜、钟国跃、周华蓉
糖复康治疗Ⅱ型糖尿病及Ⅱ型糖尿病脂代谢紊乱的临床及实验研究	省科学技术进步奖三等奖	成都中医学院、成都中医学院附院	李明富、张发荣、谢春光、谢守德、张光华
眼与十二经脉的关系及针刺改善视觉功能的机制研究	省科学技术进步奖三等奖	成都中医学院、成都中医学院附院	段俊国、周华祥、陈晓莉、潘学会、袁晓辉
开胃灵中药敷剂治疗小儿厌食的临床和实验研究	省科学技术进步奖三等奖	重庆市中医院、重庆矿山机器厂职工医院	谢辅弼、倪尔长、张陈炎、郑振源、孟秀芳
针刺复合硬膜外麻醉用于小切口胆囊摘除术的临床研究	省科学技术进步奖三等奖	成都市第一人民医院、成都市中西医结合医院	杨汉新、郭道心、陈道志、刘修勇、秦良才
气血疾病的甲襞微循环观察研究	省科学技术进步奖三等奖	雅安卫生学校	王淑珍、邱敏文、万曼丽、张明月、范冠平

续表6—18

获奖项目	获奖等级	主研单位	主研人员
幽胃康冲剂治疗幽门螺杆菌阳性慢性胃炎、消化性溃疡病的研究	省科学技术进步奖三等奖	泸州医学院附属中医院	周德端、张　燕、徐　州、段国勋、刘德琪
古方延寿丹及化裁方功效与产品开发研究	省科学技术进步奖三等奖	泸州医学院	冯文宇、魏宗德、钱永龄、胡邦华、邱华荣
人白细胞干扰素生产线自动控制系统	省科学技术进步奖三等奖	四川联合大学、成都生物制品研究所	李志蜀、温慕德、朱因惠、周明康、陈敏刚
国内外药剂辅料开发、应用的现状及其我国赶超世界先进水平的对策研究	省科学技术进步奖三等奖	青神县人民医院、青神县药检所	罗明生、高天惠、王治国、赵本谦、胡君易

1995 年四川医学科研获省部级奖项一览表（62 项）

表 6—19

获奖项目	获奖等级	主研单位	主研人员
中国部分贫困县孕产妇死亡与保健服务的关系及危险因素研究	卫生部科技进步奖二等奖	华西妇产儿童医院	曾蔚越、张蕴景、王　松、郭素芳、王凤兰、刘　冰、渠川琰
23SrRNA 基因变异区扩增在钩端螺旋体分类鉴定和临床检测中的应用研究	省科学技术进步奖一等奖	华西基础医学院	戴保民、张燕华、唐　红、刘　丽、闫蓉华等
视网膜母细胞瘤的分子遗传学研究及其应用	省科学技术进步奖一等奖	华西附院、上海市肿瘤研究所	罗成仁、陈大年、黄　倩、邓应平、李安仁、顾健人、李岱宗、王　和、严　密等
抗癫痫药物的基础与临床研究	省科学技术进步奖一等奖	重医临床医学院	沈鼎烈、王学峰、黄祖春、孙红斌、陈阳美、晏　勇、陈国俊等
人Ⅲ型胶原放免法的研究及其应用	省科学技术进步奖二等奖	重庆市肿瘤研究所	李伟道、刘兴明、林　丁、邓修惠、刘　预
正颌外科的检测分析、治疗设计、模拟手术及预测的研究	省科学技术进步奖二等奖	华西口腔医学院	王大章、胡　静、胡　林、罗炳伟、董　毅、罗颂椒、陈扬熙
微小病变型肾病综合征致病因子及其蛋白尿产生机理的研究	省科学技术进步奖二等奖	华西妇产儿童医院	王　峥、刘　震、Ediuado H. Garin、王增贵、谭永淑
围产期母婴铁代谢研究	省科学技术进步奖二等奖	华西妇产儿童医院	廖清奎、罗春华、张　眉、刘玉峰、李　强、李世益、贾苍松
间接荧光抗体试验诊断特发性阿狄森病的临床研究	省科学技术进步奖二等奖	重医附院	汪恕萍、邱鸿鑫、缪　茜、邓华聪
胃肠细胞水解酶及其与细胞侵润的关系	省科学技术进步奖二等奖	重庆医科大学	苗德林、易永芬、黄幼蓉、程本宽、徐　曼、王娅兰、彭　惠

续表6—19

获奖项目	获奖等级	主研单位	主研人员
先天性尿道下裂一期修复的临床研究	省科学技术进步奖二等奖	华西附院	陈绍基、王光义、黄鲁刚、胡廷泽、王明和、蒋学武、王继丰
常见食管梗阻性疾病外科治疗系列研究	省科学技术进步奖二等奖	第三军医大学第三附属医院	蒋耀光、范士志、王如文、陈建明、向　杰、周景海、李志平
高温环境对细胞膜结构和功能的影响	省科学技术进步奖二等奖	成都军区总医院	李继红、朱国标、谢秩勋、李素华、甘韶雨、辛　火、张克俊
金不换散、仙遗散、金龟散系列制剂治疗晚期恶性肿瘤临床及实验研究	省科学技术进步奖二等奖	重庆中医肿瘤研究所	陈立胜、罗成栋、梁荣昌、唐宗英、陈可一、徐愚聪、车晓彦
人参总皂甙、当归多糖对血细胞发生的影响及机理研究	省科学技术进步奖二等奖	重庆医科大学	祝彼得、王亚平、王　勇、黄　干、、张淑慎、黄晓芹
三勒浆的研究	省科学技术进步奖三等奖	成都中医药大学等	李淑敏、李星炜、胡坦莲、莫太刚、文昌凡
氧氟沙星原料及片剂开发	省科学技术进步奖三等奖	成都制药二厂	谢国良、冯淑媛、吕中建、唐松频、陆泽润
九种川产道地药材的系统研究	省科学技术进步奖三等奖	成都中医药大学等	王一涛、陈　幸、刘先齐、李祖伦、姜荣兰
口腔正畸多锁槽固定矫治技术的研究及应用	省科学技术进步奖三等奖	华西口腔医学院	罗颂椒、陈扬熙、饶　跃、王　林、段玉贵
基因探针快速诊断脆弱类杆菌的研究及其临床应用	省科学技术进步奖三等奖	华西附院	汪　冰、冯　萍、黄安华、范昕建、卢　毅
中国蕲蛇毒对血小板功能的影响及其机理研究	省科学技术进步奖三等奖	华西附院	邓承祺、贺建清、李素琼、邓长安、牛　挺
心血管病血细胞流变特性的实验与临床研究	省科学技术进步奖三等奖	第三军医大学新桥医院	何作云、王红勇、尹翠娥、于学军、叶自林
四川省麻风畸残预防及康复的研究	省科学技术进步奖三等奖	省皮研所	吴新生、宁　涌、严宜勋、胡鹭芳、苏　林
母婴垂直传播沙衣原体 PCR 测序研究	省科学技术进步奖三等奖	重庆医科大学儿科研究所	吴仕孝、沈　犁、严宝力、刘官信
人工流产后的近期并发症及社会心理因素的研究	省科学技术进步奖三等奖	省计划生育科研所	罗　琳、吴世仲、陈晓勤、李民亨
庆大霉素对肾组织细胞生物膜毒理效应的实验研究	省科学技术进步奖三等奖	第三军医大学附属新桥医院	廖立生、袁发焕、何娅妮、吴小春、余志金
自体造血干细胞移植治疗恶性血液病实验及临床应用研究	省科学技术进步奖三等奖	成都军区总医院、省人民医院	郑华金、苏　毅、张晋琳、王　毅、王晓冬
糖尿病患者红细胞膜磷酯成分的系列研究	省科学技术进步奖三等奖	重医临床医学院	邓华聪、邱鸿鑫、汪恕萍、粟绍初、李　萍

续表6—19

获奖项目	获奖等级	主研单位	主研人员
肾脏疾病检验方法的研究	省科学技术进步奖三等奖	第三军医大学	魏明竟、府伟灵、赵树铭、黄君富、李可能
利凡诺的遗传效应研究	省科学技术进步奖三等奖	重庆市计划生育科研所	李练兵、曾维三、马明福、刘　锋、鹿　纯
血型专一性凝集素的研究	省科学技术进步奖三等奖	四川联合大学	曾仲奎、周　红、鲍锦库
喉上神经袢的巨微解剖及临床意义研究	省科学技术进步奖三等奖	重庆医科大学	孙善全、张我华、董剑平
一次性快速软组织扩张后局部缺血皮瓣活力与血流量的研究	省科学技术进步奖三等奖	重医儿童医院	张显文、向代理、傅跃先、王　珊、陈志远
CT图像逆转性重建技术及临床应用研究	省科学技术进步奖三等奖	南充中心医院	母其文、陈联盟、贾培祈、陈大经、王仁荣
女性下生殖道肿瘤与人乳头状瘤病毒（HPV）感染的病毒病因学研究	省科学技术进步奖三等奖	华西妇产儿童医院	彭芝兰、刘珊玲、彭红琪、张崇淑、王世阆
腹腔镜直肠癌根治术的临床研究	省科学技术进步奖三等奖	德阳市电视腹腔镜手术治疗中心	曾祥武、唐向东、相川义、胡道清、刘兴琼
骨质疏松动物模型的建立及其在药效学中的应用	省科学技术进步奖三等奖	华西公共卫生学院	谭建三、李洪祥、郑志仁、张银柱、杨超英
99mTc（V）-DMS在卵巢癌诊断中的基础和临床研究	省科学技术进步奖三等奖	重医临床医学院	唐良萏、卞度宏、李少林
食蟹猴疟原虫B株—大劣按蚊海南株—恒河猴猴疟模型的研究	省科学技术进步奖三等奖	中国人民解放军第三军医大学	宋宗臣、黄复生、祁兆平、刘连珠、樊俊琴
视网膜母细胞瘤遗传易感性及其临床研究	省科学技术进步奖三等奖	重医附院	郑燕林、汤鼎华、廖明波、彭惠民、杨敬林
血吸虫酚酶及其与药物杀虫机理关系的研究	省科学技术进步奖三等奖	省寄研所	苏永芳、罗　雅、刘光惠、巫俊霞、周贤坤
马桑内酯点燃性大鼠癫痫模型及其应用	省科学技术进步奖三等奖	华西基础医学院	柴慧霞、谢扬高、郭　亮、梁　东、刘晓兰
创伤组织中纤维蛋白的研究	省科学技术进步奖三等奖	华西法医系	吴家文、刘　敏、廖志钢、汪秉康、瞿勇强
体视学、多田公式、CT定量测颅内血肿体积对照研究及临床应用	省科学技术进步奖三等奖	南充中心医院	陈联盟、母其文、张　逵、蒋世明、陈联娜
A蛋白在寄生虫病免疫诊断中新的应用研究	省科学技术进步奖三等奖	省寄研所	黎世明、王秀珍、周肇西
120对流产夫妇体细胞染色体及异常男方精子染色体研究	省科学技术进步奖三等奖	省计划生育科研所	李运星、雷饰丹、马天根、陈园荼、马长俊

续表6—19

获奖项目	获奖等级	主研单位	主研人员
猪红细胞膜磷脂在出凝血疾病检测中的应用	省科学技术进步奖三等奖	省人民医院	滕飞鹏、杨明清、陈志明、蹇启政、饶绍琴
血吸虫病单克隆抗体诊断方法的研究	省科学技术进步奖三等奖	省寄研所	朱瑞淑、黄民贵、周 蕊、杨 羽、刘光惠
四川医史文物及遗迹的考察研究	省科学技术进步奖三等奖	成都中医药大学	赵立勋、和中浚、谭红兵、韩哲林
抗敏口服液临床及实验研究	省科学技术进步奖三等奖	泸医附院	陈德宇、陈定泰、郑久安、周文汉、彭惠均
针灸对细胞免疫的调节作用的研究	省科学技术进步奖三等奖	华西附院	吴 滨、周荣兴、周鸣生、张燕华、元建国
痛立舒口服液治疗急症疼痛的临床及实验研究	省科学技术进步奖三等奖	泸州医学院、四川涪陵制药厂	孙同郊、谢碧桃、陈 鸿、顾耀林、秦少容
葆春降脂胶囊临床与实验研究	省科学技术进步奖三等奖	泸州医学院	刘小英、何述敏、钱永龄、魏 嵋、聂荣华
痛风宁口服液的研制及治疗痛风性关节炎的研究	省科学技术进步奖三等奖	成都中医药大学附院	彭介寿、周竟成、何国坚、宋 英、李 娟
葛根诱生 TNF 和抗肿瘤作用的实验研究	省科学技术进步奖三等奖	省中药研究所	杜德极、冉长清、叶玉兰、石小枫、赵素云
胜湿口服液治疗痹证的研究	省科学技术进步奖三等奖	成都中医药大学、成都市药品检验所	杨 奎、王一涛、王 飞、蒲旭峰、沈映君
清经颗粒治疗月经先期量多的临床及实验研究	省科学技术进步奖三等奖	成都中医药大学附属医院、四川恩威中医药研究所	杨家林、薛永新、魏绍斌、徐凤洲、夏培元
脑复合剂中西医结合治疗中、重型脑损伤的临床应用研究	省科学技术进步奖三等奖	重医儿童医院	吴小玫、夏佐中、刘祖玉、黄 舒、岳光汉
EHF 毫米波多功能治疗仪	省科学技术进步奖三等奖	电子科技大学等	张富鑫、林崇文、吴援明、杨鸿谟、李树刚
三维彩色图像处理系统	省科学技术进步奖三等奖	电子科技大学、华西医大口腔医学院	罗炳伟、温玉明、龚 飚、王晓毅、郑永勤
中国农村健康保险实验研究	省科学技术进步奖三等奖	华西公共卫生学院	何庭尉、杨树勤
社会主义市场经济条件下医学科技人员心理状况调查研究	省科学技术进步奖三等奖	省皮研所、省卫生厅、省劳卫所、省寄研所、省肿瘤医院	廖 菁、李华芳、宋永莉、王锦文、魏继炳

1996 年四川医学科研获省部级奖项一览表（68 项）

表 6—20

获奖项目	获奖等级	主研单位	主研人员
《神经疾病临床剖析》	卫生部二等奖	华西临床医学院	高立达
《临床流行病学·临床科研设计、衡量与评价》	卫生部二等奖	华西临床医学院	王家良

续表6—20

获奖项目	获奖等级	主研单位	主研人员
《脊柱外科学》	卫生部二等奖	华西临床医学院	饶书诚
矽肺治疗措施及效果评价研究	卫生部三等奖	华西公共卫生学院	王治明、王绵珍、徐庆基
《现代环境卫生学》	卫生部三等奖	华西公共卫生学院	孙棉龄
《卫生微生物学》（卫生部规划教材）	卫生部三等奖	华西公共卫生学院	殷强仲
《卫生统计学》（第三版，卫生部规划教材）	卫生部三等奖	华西公共卫生学院	杨树勤、周有尚、倪早雨、杨瑞璋、杜养志、何大卫、王绍贤、顾杏元
用免疫化学分析法测定花生和玉米中黄曲霉毒素的研究	国家教委二等奖	华西公共卫生学院	鲁长豪、王光建、叶梅君、王道若、李卫岗、肖志芳、牟家琬
呼吸功能测定研究（小气道功能、肺弥散功能、呼吸肌功能测定的研究）	省科学技术进步奖一等奖	华西附院、华西基础医学院	罗炎杰、袁玉如、黄桂芳、殷大奎、张仲扬、陈文彬、冯玉麟、何太灵、曾继军等
带血管蒂组织瓣移位术修复四肢的组织缺损	省科学技术进步奖一等奖	华西附院	杨志明、裴福兴、张世琼、黄富国、杨天府、李志铭、岑石强等
脑血管病防治的实验与临床研究	省科学技术进步奖一等奖	重庆医科大学	董为伟、满　波、胡常林、彭国光、李光勤、王　伟、董　强、周冀英、谢鹏等
左侧肝周腹膜反褶的放射解剖学研究	省科学技术进步奖一等奖	华西医科大学	闵鹏秋、杨志刚、雷清芳、龙晚生、何之彦、伍定平、周翔平、高贤华、周德明等
埋植式给药装置系列的研制及临床应用研究	省科学技术进步奖二等奖	省肿瘤医院康达生物医学工程研究开发中心等	乐以伦、杨尔成、吴大可、俞祖英、黄小华、陈海蒂、王在国
糖尿病慢性血管并发症的基础与临床研究	省科学技术进步奖二等奖	华西附院、华西基础医学院	梁荩忠、田浩明、童南伟、余叶蓉、刘秉文、张翔迅、李秀钧
性别鉴定及性分化异常分子机理研究	省科学技术进步奖二等奖	华西附医	张思仲、鄢　波、肖翠英、丁　兰、周荣家
导管射频消融术治疗快速心律失常临床应用研究	省科学技术进步奖二等奖	华西附院	黄德嘉、姜　建、文　山、黄　飚、柴建蜀、李兴华、曾　智
急性胰腺炎时胰腺血供障碍及其药物保护作用的研究	省科学技术进步奖二等奖	省卫干院	沈　骥、赵蜀英、滕彩华、肖　华、吴宗平、宋永慧、刘　文
四川省钩端螺旋体病地理流行病学研究	省科学技术进步奖二等奖	省卫生防疫站	屠云人、胡利贞、赵慕愚、周全彦、黄自英、杨洪彬、吴明德
下颌骨血供形式、变化规律的定量研究	省科学技术进步奖二等奖	华西口腔医学院	王翰章、郑　谦、毛　驰、彭继跃

续表6—20

获奖项目	获奖等级	主研单位	主研人员
四川人群β地中海贫血基因诊断及产前诊断的应用研究	省科学技术进步奖二等奖	华西基础医学院、省计划生育科研所	刘柏林、马长俊、刘萩秋、方　军、霍沛丹、欧阳雪松、刘东旭
颌面部高速投射伤区组织损伤、感染及伴发邻近脏器损伤的实验研究	省科学技术进步奖二等奖	解放军第四十七医院、第三军医大学附二院	蒋和田、谭颖徽、刘荫秋、李忠禹、张米川、赖西南、张新芳
溃疡性结肠炎病因病机认识及中药治疗作用的临床实验研究	省科学技术进步奖二等奖	成都军区总医院、省卫生厅、华西医大、成都中医药大学	严清明、廉　南、赵国良、李成林、孙德明、李思成、曹均告
中药血清药理学研究	省科学技术进步奖二等奖	成都中医药大学、成都市药品检验所	杨　奎、王　飞、曾　南、王一涛、蒲旭峰
肠泰口服液治疗脾胃气虚证的临床实验研究	省科学技术进步奖二等奖	重庆赛诺医药研究所、重庆医科大学、第三军医大学大坪医院、重庆市三医院、重庆市九医院	刘　悉、余　群、张培林、邹思碧、陈尚华、冉超蓉、杨　坚
四川民族地区卫生发展研究	省科学技术进步奖二等奖	省卫生厅、省卫干院	斯　朗、郑小华、方　勇、赵丽慧、江　涛、石元秋
快速检测血吸虫病循环抗原酶免疫法的应用推广	省科学技术进步奖二等奖	省寄研所	王秀珍、黎世涛、熊淑仁、贺国昭、邱东川、陈亚伟、魏继炳
加酶抗感冒新药——力克舒的研究与开发	省科学技术进步奖三等奖	四川华联制药有限公司、成都制药四厂	娄书铭、罗　凡、杨禄方、张道钏、吴晓辉
熊胆舒喉片的研究	省科学技术进步奖三等奖	成都中医药大学附院、重庆桐君阁制药厂、成都中医药大学	李思成、杨灿成、杜　辛、杨　明、傅超美
造血干细胞体外培养临床应用的研究	省科学技术进步奖三等奖	华西附院	羊裔明、刘明漪、吴谨绪、邓长安、徐功敕
昆明山海棠制剂（821催经止孕和872男性抗生育）的研究	省科学技术进步奖三等奖	省中药研究所、第三军医大学大坪医院	陈梓璋、张全梁、梁其硕、石　松、胡尧碧、邓晓洪
维生素A缺乏与疾病的关系及作用机理系列研究	省科学技术进步奖三等奖	重医儿童医院	李廷玉、黎海芪、郑惠连、王亚平、瞿　平
99mTc（V）－DMS亲肿瘤作用研究及应用	省科学技术进步奖三等奖	重庆医科大学	
冠脉平滑肌细胞培养和计算机模式识别	省科学技术进步奖三等奖	泸州医学院附院	杨　奇、胡礼振、游志胜、郭　勇、吴少华
显微外科输精管吻合术式及影响其术后复孕的多因素研究	省科学技术进步奖三等奖	省计划生育科研所	黄明孔、吴晓庆、付成善、安　劬、邹　平
SR功能菌安全性研究	省科学技术进步奖三等奖	省劳卫所	吴全珍、向维君、唐忠群、吴先福、张治琪
输精管结扎后和吻合后附睾功能测定及方法应用	省科学技术进步奖三等奖	省计划生育科研所	张国芬、黄明孔、孟衍建、马天根、徐　辉

续表6—20

获奖项目	获奖等级	主研单位	主研人员
四川省大山区血吸虫病流行因素和防治策略优化的研究	省科学技术进步奖三等奖	省寄研所	辜学广、许发森、梁　松、李兴加、钱晓红
无神经支配血管内皮细胞调控机制的研究	省科学技术进步奖三等奖	第三军医大学	蔡文琴、姚忠祥、李译桂、孙　榆、李　巍
血液透析中肝素的药代动力学监测及临床应用研究	省科学技术进步奖三等奖	华西附院、华西基础医学院	屈燧林、刘定远、陈玉玲、陈启光、张育龄
保留尿道完整摘除前列腺治疗前列腺增生临床研究	省科学技术进步奖三等奖	泸州市人民医院	宋争放、巫骏川
不置异管的上泪道阻狭再通修复的临床研究	省科学技术进步奖三等奖	成都市第三人民医院	李福明、任德骧、邹　红、周　勇、何国由
多普勒组织现象评价左心室舒张功能新方法——二尖瓣环速度	省科学技术进步奖三等奖	省人民医院	尹立雪、李春梅、付庆国、郑竹虚
人参皂甙对突触前后膜α、β受体效应的影响	省科学技术进步奖三等奖	重庆医科大学	周岐新、薛春生、张渝娟、高丽佳、龚晓慧
中国人血友病B基因缺陷及因子IX基因多态性研究	省科学技术进步奖三等奖	重庆医科大学	王宁遂、邓　兵、朱　静、于　洁、李朝霞
早期乳腺癌保留乳房治疗的临床研究	省科学技术进步奖三等奖	重庆市肿瘤研究所	孙世良、杨家祥、李　健、唐新生、彭玉梅
细胞学组合检测法的建立及应用研究	省科学技术进步奖三等奖	攀枝花市卫生防疫站	张家华、肖太菊
经椎弓根脊柱内固定技术的基础研究及其应用	省科学技术进步奖三等奖	华西附院、华西医大	刘　浩、沈怀言、饶书城、李志铭、赵纪春
成人呼吸窘迫综合征病理学的实验及临床研究	省科学技术进步奖三等奖	第三军医大学附二院、华西附院、成都军区三二四医院	陈正堂、陈文彬、刘友生、毛宝龄、李　琦
胆红素钙结石成石机理系列研究	省科学技术进步奖三等奖	华西附院	肖路加、李　宁、程南生、曾　勇、傅　林
神经体液激活在小儿心肌病心力衰竭发病中的机理及药物干予的研究	省科学技术进步奖三等奖	重庆医科大学	钱永如、易岂建、刘晓燕、陈　源、邓蕾丽
Pre-S（2）蛋白的分子免疫学研究	省科学技术进步奖三等奖	第三军医大学	吴玉章、宋锡华、张　凌
心电门控磁共振成像（MRI）三维立体法评价心脏功能的研究	省科学技术进步奖三等奖	成都市第七人民医院	曾朝荣、冉隆富、石卫晨、李智丽、刘定义
高剂量率后装法腔内放射结合体外放射治疗方法根治鼻咽癌的研究	省科学技术进步奖三等奖	省肿瘤医院	郎锦义、许　峰、文　浩、杨加林、林　力
酶免疫转移印渍技术（EITB）对肺吸虫抗原的分析和应用研究	省科学技术进步奖三等奖	泸州医学院	张锡林、李进智、张跃辉、付汝林、李　燎

续表6—20

获奖项目	获奖等级	主研单位	主研人员
针刺治疗促进损伤脊髓修复的研究	省科学技术进步奖三等奖	华西医科大学	吴良芳、保天然、肖若渝、董红心、李观荣
中药复方免疫调节剂“益气免疫冲剂”的研究	省科学技术进步奖三等奖	泸州医学院	徐晓玉、邱华荣、钱永龄、王鸿程、马跃荣
安胎无糖冲剂及其治疗先兆流产的研究	省科学技术进步奖三等奖	重庆市中医院	宛树修、李寿宏、谢辅弼、薛素芳、张陈炎
针刺复合小剂量硬膜外麻醉胃大部切除术操作规范化研究	省科学技术进步奖三等奖	成都中医药大学附院、湖北医大附二院、省人民医院等	秦必光、刘颖涛、程希熊、彭其芳、艾中立
前列宁冲剂的实验及临床研究	省科学技术进步奖三等奖	遂宁市医药研究所	张云程、侯世祥、张宗奎、唐治平
眼内出血动物模型的研究	省科学技术进步奖三等奖	成都中医药大学、成都中医药大学附院	段俊国、邓亚平、王明芳、李寿玲、杨经国
怡神红景天胶囊治疗中医虚症的临床和实验研究	省科学技术进步奖三等奖	成都中医药大学附院、成都市药物制剂研究所、西藏资源开发研究所成都分所	王尊凤、李应昆、吴大蓉、余新中、顾意芳
挂线药捻脱管法配合小切口治疗高位蹄铁型肛瘘的临床研究	省科学技术进步奖三等奖	广安县中医院	杜有才、王建明、汤华英、朱光轩、王金权
耳穴按压对高血压病的临床治疗及机理研究	省科学技术进步奖三等奖	华西附院、华西基础医学院	张燕华、王家良、周荣兴、方　静、陈学芳
中药内服外治治疗外阴白色病变的临床实验研究	省科学技术进步奖三等奖	成都中医药大学	刘敏如、谭万信、杜惠兰、李祖伦、张庆文
小儿体质分型与免疫变化关系的研究	省科学技术进步奖三等奖	成都中医药大学	苏树蓉、钟柏松、李祖伦、黎　欣、冉　燕
医院综合业务管理及疾病预防分析系统	省科学技术进步奖三等奖	宜宾市第二人民医院	丁　正、吴　边、温学军、鲁子平、李　耘
四川省卖淫妇女和嫖客的社会心理因素调查与对策研究（与95－0114合奖）	省科学技术进步奖三等奖	省皮研所、华西医大	林昭春、陈　金、朱昌明、李绍兴、马渝根
儿童和少年心理卫生问题及其相关因素研究	省科学技术进步奖三等奖	华西附院	郭兰婷、单友荷、向孟泽、杨昌芬、万　云

1997年四川医学科研获省部级奖项一览表（39项）

表6—21

获奖项目	获奖等级	主研单位	主研人员
眼内出血模型的研究、眼内离经淤血的实验研究	国家中医局科技进步三等奖	成都中医药大学附院	段俊国、邓亚平、王明芳、李寿玲、杨经国
人体组织中ABH物质的分布及其应用研究	省科学技术进步奖一等奖	华西法医学系	李荣华、吴梅筠、张　林、杨　果、李剑波、张佐才等

续表6—21

获奖项目	获奖等级	主研单位	主研人员
胰腺微循环形态学的应用基础研究	省科学技术进步奖一等奖（2004年教育部科技进步二等奖）	华西附院、华西基础医学院	周总光、高贤华、杜　渊、欧可群、肖路加等
国产三相避孕片制造工艺技术及临床应用研究	省科学技术进步奖二等奖	华西医大制药厂、成都市计划生育技术指导所	徐祖砚、凌光惠、王秀兰、李望倪、李成蓉、李晓麟、成玉绵
杜氏利什曼原虫39kDa抗原基因的克隆表达抗原诊断	省科学技术进步奖二等奖	川北医学院、华西医大	敬保迁、胡孝素、覃　智、唐恩杰、马肖菊
麻风短程联合化疗远期疗效的研究	省科学技术进步奖二等奖	省皮研所、北京友谊医院热带医学研究所	胡鹭芳、李恒英、罗九思、蒯大明、宁　涌、郑义强、吴新生
颞下颌关节内紊乱证及骨关节病的病理实质与临床诊治的研究	省科学技术进步奖二等奖	华西口腔医学院	王大章、于　端、胡　波、彭贵平、郑光勇、章崇杰
医学螨类系统研究	省科学技术进步奖二等奖	省卫生防疫站	周曼殊、陈宁宇、张中干、王西之、温廷恒、王身荣、王敦清
活骨丸治疗股骨头坏死的临床及实验研究	省科学技术进步奖二等奖	成都市七八四中医骨科研究所附院	李枝华、李剑平、吴聪林、张　河、徐愚聪、罗成栋、白绍槐
现代中医治疗学	省科学技术进步奖二等奖	成都中医药大学	郭子光、熊曼琪、徐木林、金洪元、钟以泽、孙孝洪、冯显逊
小儿感冒颗粒	省科学技术进步奖三等奖	成都迪康制药公司	银　海、曾雁鸣、周先礼、石圣洪、朱泽铭
风热清口服液新药研究	省科学技术进步奖三等奖	成都中医药大学附院、省中药材公司制药厂	杨明均、易明娟、王典蓉、张光华、杨　东
车间空气中麻尘（亚麻、黄麻和苎麻）卫生标准	省科学技术进步奖三等奖	省劳卫所、黑龙江省劳卫所、安徽省职业病防治研究所	沈国安、葛松岩、冯　莹、吴中亚、林　锦
喉癌、喉功能重建术基础及临床研究	省科学技术进步奖三等奖	华西附院	林代诚、洪帮泰、梁传余、刘世喜、郑　虹
肝脏外科手术及围手术期营养代谢管理系列研究	省科学技术进步奖三等奖	华西附院	严律南、吴言涛、贾乾斌、李　波、陈晓理
低氧性肺动脉高压发病机制和防治研究	省科学技术进步奖三等奖	华西附院	陈文彬、程德云、李为民、杨小东、刘守智
人巨细胞病毒（HCMV）感染与动脉粥样硬化（AS）关系的研究	省科学技术进步奖三等奖	成都市第三人民医院	徐时敏、阎小军、燕纯伯、郭　平、李俊华
脑梗塞患者红细胞膜脂质成分与脂质过氧化改变及其相关因素的系列研究	省科学技术进步奖三等奖	省人民医院	郭富强、王浩然、廖振德、郭　英、瞿加庆

续表6—21

获奖项目	获奖等级	主研单位	主研人员
白血病血细胞形态学及其临床意义的研究	省科学技术进步奖三等奖	省卫干院	陶元均、朱易萍、罗惠容
微波治疗根尖周炎临床研究	省科学技术进步奖三等奖	省人民医院	杨小民、樊友竹、周国珍、林淑华、徐玉川
手部烧伤与畸形的修复	省科学技术进步奖三等奖	华西附院	任林森、俞宝梁、岑　瑛、何仕蓉、刘晓雪、赵景华
延长移植器官保存时间的新型灌注液应用基础研究	省科学技术进步奖三等奖	华西附院	吴和光、沈文律、张锐敏、叶　辉、彭　兵、吴言涛
颊粘膜鳞癌局部生物学行为与颈淋巴结转移机制的研究	省科学技术进步奖三等奖	华西口腔医学院	温玉明、王昌美、李龙江、陈亚多、景　纯
肝细胞膜载脂蛋白 CⅢ受体的研究	省科学技术进步奖三等奖	华西基础医学院	刘秉文、张林华、方定志
正常胆道及良性扩张/狭窄胆管的生物学特性及临床意义研究	省科学技术进步奖三等奖	泸州医学院附院、省第五人民医院	夏先明、张陪明、雷正明、任东林、肖永成
HLA 配型与脐血应用效果研究	省科学技术进步奖三等奖	宜宾地区第二人民医院	寇　兰、丁　正、方代华、黄　霞、王　毅
CT、病理图像多媒体磁光盘计算机系统的应用研究	省科学技术进步奖三等奖	成都市第六人民医院、成都金盘多媒体技术研究所	胡作堂、蒲立新、曲建明、黄晓赤、饶中和
直肠内温热化疗治疗直肠癌的实验和临床研究	省科学技术进步奖三等奖	川北医学院附院	王崇树、方学胜、吴功柱、张　翔、凌保东
低剂量辐射生物剂量计研究	省科学技术进步奖三等奖	省劳卫所、华西附院	刘文丽、邓　文、康德英、王　琼、何　玲
检测血吸虫循环抗原单克隆抗体 RIHA 诊断方法的研究和应用	省科学技术进步奖三等奖	省寄研所	黄民贵、朱瑞淑、李　莉、周　蕊、毛　勇
中国军队男性参与计划生育的定性定量研究	省科学技术进步奖三等奖	成都军区计生办、成都军区卫生防疫队、省计划生育科研所	陈宁荣、罗　琳、吴佑安、吴世仲、刘殿阁
治疗聚星障药物黄精多糖滴眼液的研究	省科学技术进步奖三等奖	成都中医药大学、中科院成都生物研究所、成都中医药大学附院	曾庆华、蒙义文、王素英、于晓林、蒲　蔷
实用中医药科研指南	省科学技术进步奖三等奖	成都中医药大学	傅春华、罗士信、徐　涛、李　萍
颈复舒冲剂治疗颈椎病临床及实验研究	省科学技术进步奖三等奖	遂宁市中医院	邵章祥、唐耀书、王晓阳、罗元方、邵清元
玉参降糖片治疗Ⅱ型糖尿病的研究	省科学技术进步奖三等奖	省中医药研究院临床医学研究所	曾奕新、李建利、季如莲、夏代宇
息肿胶囊治疗心原性水肿的研究	省科学技术进步奖三等奖	泸州医学院附院	罗兴林、魏宗德、肖顺汉、邱华荣、秦国芬

续表6—21

获奖项目	获奖等级	主研单位	主研人员
肺胀各证侯胸部平片X线征像研究	省科学技术进步奖三等奖	成都中医药大学、成都中医药大学附院	余朝骏、陈　楠、侯　键、吴永康、谢明国
胃B超显影粉的研制与临床应用研究	省科学技术进步奖三等奖	安岳县人民医院	陈茂伍、吴明录、周卫平、李　可、熊小良
RCA法在医院药事管理中的应用研究	省科学技术进步奖三等奖	内江市中医院、内江市卫生局、威远县中医院	张天赐、冯兴奎、周　健、李　伟、江　帆

1998年四川医学科研获省部级奖项一览表（36项）

表6—22

获奖项目	获奖等级	主研单位	主研人员
计算机辅助单侧唇裂的绘图、测量和评价系统的研究	卫生部三等奖	华西口腔医学院	邓典智、石　冰　夏　田、陈锦文、王洪涛
九十年代我国创伤及胸伤的特点、分型与评分	省科学技术进步奖一等奖	华西附院、省人民医院、绵阳中心医院、川北医学院附院、南充中心医院等	石应康、杨　建、田子仆、耕　噶、曹乐云、杨　宁、李　宁、金　晨、吕　平等
奈替米星的研究	省科学技术进步奖二等奖	四川抗菌素研究所等	刘家健、游　莉、李　波、张淑华、张慧琳、唐　健、关永芳
心元胶囊	省科学技术进步奖二等奖	吉泰安（四川）药业有限公司	方国璋、罗华瑜、殷蓉华、王红星、徐愚聪
糠秕马拉色菌所致疾病的临床和基础研究	省科学技术进步奖二等奖	华西附院、武汉市中医医院	冉玉平、周光平、罗汉超、李志玉、刘德操、李　薇
骨诱导成骨材料多途径使用的相关研究及骨修复治疗中的临床观察	省科学技术进步奖二等奖	华西口腔医学院、武汉市中医医院等	李成林、岑远坤、章锦才、张成生、胡家正、詹书良、谭　伦
反义寡核苷酸抗乙型肝炎病毒作用研究	省科学技术进步奖二等奖	泸医附院、重庆医大、军事医学科学院	钟　森、张定凤、任　红、王升启、唐坤华、温守明、王全立
正常人、青光眼及高眼压症的象限图形视觉诱发电位	省科学技术进步奖二等奖	川北医学院附院、华西附院	兰长骏、宋广瑶、曾丽芳、方谦逊
鼻渊舒胶囊研究	省科学技术进步奖三等奖	成都中医药大学华神制药厂	熊大经、刘惠莲、费淳璐、任明非、王一涛
网络化临床实验室管理研究及应用实践	省科学技术进步奖三等奖	华西附院	韩　蔚、彭志英、李　萍、邹文韵、徐克和
川产道地药材系统研究——川牛膝研究	省科学技术进步奖三等奖	成都中医药大学	李祖伦、张廷模、刘友平、陈红、马逾英
集卵直检法——一种新的血吸虫病定量检测方法研究	省科学技术进步奖三等奖	省寄研所	尹治成、许发森、吴子松、来　建、钱小红
西汉人体经脉漆雕研究	省科学技术进步奖三等奖	成都中医药大学、绵阳博物馆	谢克庆、梁繁荣、和中浚、何志国、黄英志

续表6—22

获奖项目	获奖等级	主研单位	主研人员
肾衰宁灌肠液治疗急、慢性肾功能衰竭临床及实验研究	省科学技术进步奖三等奖	成都中医药大学附院	叶传蕙、易明娟、徐万蕙、舒惠荃、李明权
软组织肿瘤的病理学研究	省科学技术进步奖三等奖	华西附院	杨光华、胡颖川、张世羽、李甘地、张贤良
诊断性X线照片质量标准化研究	省科学技术进步奖三等奖	华西附院、省医学情报所、双流县第二人民医院	黄　林、刘远福、杨开宇、杨秋华、刘德齐
功能矫形治疗安氏Ⅱ类1分类下颌后缩畸形的临床研究和实验研究	省科学技术进步奖三等奖	华西医大口腔医学院	罗颂椒、赵美英、王　昕、赖文莉、周　力
指数程序升温药物稳定性试验和程序升降温药物稳定性试验	省科学技术进步奖三等奖	华西药学院	詹先成、殷恭宽、王丽华、马宝忠
国人肝细胞膜上HBV－PHSA嗜肝受体的研究	省科学技术进步奖三等奖	华西基础医学院	蔡美英、封　萍、雷定华、余涛、魏大鹏
复方灵仙止痛胶囊治疗痛证的临床与实验研究	省科学技术进步奖三等奖	泸州医学院	黄淑芬、王明杰、钱永龄、高庆凌、张茂平
生骨灵中频直流电离子导入促进骨组织生长与修复的实验和临床研究	省科学技术进步奖三等奖	泸州医学院附属中医医院	游洪涛、肖　鸣、王　瑛、张世波、彭忠毅
生物材料与血液相互作用的免疫学评价及方法学研究	省科学技术进步奖三等奖	省劳卫所、省人民医院	朱明华、吴增树、曾怡、黄聘和、叶长宁
成都地区1991年及1996年淋病奈瑟菌耐药谱、质粒谱对比与分析研究	省科学技术进步奖三等奖	省皮研所、华西公共卫生学院	雍刚、向辉、李绍兴、周蓉、廖巫山
化痔注射液治疗痔疮的临床及实验研究	省科学技术进步奖三等奖	省中医药研究院中医研究所	徐廷翰、谢道刚、廖志航、冯文新、杨雪梅
丙型肝炎病毒感染的献血者多项指标的动态变化及预后的研究	省科学技术进步奖三等奖	中国医学科学院输血研究所	季阳、任勤惠、朱志义、史宣玲、彭登厚
多普勒组织显像临床应用研究	省科学技术进步奖三等奖	省人民医院	尹立雪、李春梅、付庆国、邓燕、罗　莹
国人各年龄段血清PSA值标定及在前列腺疾病中意义的研究	省科学技术进步奖三等奖	省人民医院	潘慈康、符本琪、黄翔、李懿堂、陈明曦
早期新生儿血化学系列研究	省科学技术进步奖三等奖	省人民医院、成都市妇产科医院、华西医大	陈昌辉、李良忠、马凤鸣、饶绍琴、李海
四川省鼠疫及其自然疫源地的发现	省科学技术进步奖三等奖	省卫生防疫站、省地方病防治办、甘孜州防疫站等	付清培、许光荣、汪立茂、于守鸿、李光清
确定恶臭污染企业卫生防护距离的方法研究	省科学技术进步奖三等奖	省卫生防疫站、中国预防医学科学院环境卫生与卫生工程研究所	付文昭、冯亚平、洪燕峰、宋义宽、杨　勇

续表6—22

获奖项目	获奖等级	主研单位	主研人员
基层育龄妇女计划生育信息管理系统	省科学技术进步奖三等奖	省计划生育信息中心	韩光学、杨涛、汪合生、孙霖、陈宜庄
左旋精氨酸治疗高血压的实验与临床研究	省科学技术进步奖三等奖	成都市第三人民医院	张大红、吴发琼、燕纯伯、刘晓平、陆　嘉
全列空调客车内环境与乘务员人体效应关系的研究	省科学技术进步奖三等奖	成都铁路局中心卫生防疫站	雷曙光、李光复、龙云芳、郝津、杜　敏
电针国际标准化头针穴治疗血管性痴呆的临床研究	省科学技术进步奖三等奖	成都市中医医院	刘军、彭晓红、林大东、李常度、蒋振亚
脑复聪中西医结合治疗颅脑伤及后遗症的临床研究	省科学技术进步奖三等奖	遂宁市人民医院	胡家正、李恒明、刘华富、席孝庄、陈鲁芹
人工心脏瓣膜材料表面改性研究	省科学技术进步奖三等奖	西南交通大学等	黄　楠、杨　萍、奚廷斐、柳襄怀、陈元儒

1999 年四川医学科研获省部级奖项一览表（44 项）

表 6—23

获奖项目	获奖等级	主研单位	主研人员
妇癌盆腔腹外间隙置管行淋巴化疗的研究	卫生部科学技术进步奖三等奖	华西妇产儿童医院	曹泽毅、张　丹、彭芝兰、尤宗兵、杨延林
牙颌面畸形计算机三维测量及图像设计	卫生部科学技术进步奖三等奖	华西口腔医学院	王大章等
五种微量元素单独与联合作用的发育毒性研究	卫生部科学技术进步奖三等奖	华西公共卫生学院等	吴德生、孙绵龄等
髋关节唇皱裂嵌顿综合征诊断依据和治疗的研究	省科学技术进步奖一等奖	华西附院、四川省绵阳师范专科学校、华西基础医学院	彭明惺、刘利君、傅之屏、彭庆恩等
抗癌药物和抗乙肝病毒药物肝靶向给药系统	省科学技术进步奖一等奖	华西药学院	张志荣、廖工铁、何　勤、白绍槐、包定元、廖方义、杨云霞等
四君子汤治疗脾虚萎缩性胃炎的疗效机理及物质基础研究	省科学技术进步奖一等奖	成都中医药大学、四川省绿色药物研究所	彭　成、雷载权、夏厚林、张　磊、杨　明、曹小玉、万　丽、邓道清、马云桐等
松龄血脉康胶囊的研制	省科学技术进步奖二等奖	成都康弘制药有限公司、成都诺伊科技事业公司	吉　玲、张志荣、柯尊洪、龚文贤、鲁伟星、陈　刚、杨明均
四川省消灭丝虫病的技术措施及推广应用研究	省科学技术进步奖二等奖	省寄研所、省地防办、秀山县防疫站，黔江地区、涪陵、万县、乐山、宜宾市地防办	张选明、魏银松、杨彦空、张富南、饶忠秀、钟永良、熊淑仁
三峡工程库区环境和传播因素变化对血吸虫病流行影响的研究	省科学技术进步奖二等奖	省寄研所	辜学广、文　松、饶晓洪、杨长虹、钟　波、来　建、尹洪智

续表6—23

获奖项目	获奖等级	主研单位	主研人员
小儿急性白血病的实验与临床研究	省科学技术进步奖二等奖	华西妇产儿童医院	廖清奎、罗春华、符仁义、徐 令、黄贵清、贾苍松、郭文俊
上前牙瓷贴面的基础研究和临床应用	省科学技术进步奖二等奖	华西医科大学	巢永烈、杜传诗、于海洋、罗 云、陈贵丰
种植金瓷固定桥的非贵金属支架适合性及瓷裂的基础理论研究	省科学技术进步奖二等奖	华西口腔医学院	梁 星、巢永烈、韩晓莉、鲜苏琴、王 航、吕丹、高为民
水凝胶 HFMC 非阻断性输精管注入避孕剂及动物实验研究	省科学技术进步奖二等奖	华西医大、中科院成都有机化学所、中科院昆明动物研究所、省计生科研所	徐若璞、罗自强、白寿昌、岳利民、程玲妹、何亚平、邹淑荃
时差、轮班不适应症的中医药防治的基础研究	省科学技术进步奖二等奖	成都中医药大学	宋开源、罗永芬、余曙光、胡汉波、周奇志、刘旭光、赵纪岚
结核分枝杆菌基因扩增微孔板杂交检测方法	省科学技术进步奖二等奖	省人民医院、中国军事医学科学院微生物流行病研究所、成都铁路局结核病医院、成都结核病医院	杨正林、郭兆彪、杜 琼、张敏丽、杨明清、杨瑞馥、李瑞琦
无唾液酸糖蛋白受体介导肝靶向给药系统的研究	省科学技术进步奖三等奖	华西附院、华西药学院	管昌田、李铜铃、钟裕国、谭天秩、李云春
漏斗胸临床与基础系列研究	省科学技术进步奖三等奖	华西附院	胡廷泽、刘文英、蒋小平、冯杰雄、韦福康
乙型肝炎病毒感染经生殖细胞传播的可能性研究	省科学技术进步奖三等奖	华西附院	赵连三、雷秉钧、刘晓松、张智翔、刘丽
皮质电图监测下脑皮质切除术治疗顽固性癫痫的临床研究	省科学技术进步奖三等奖	华西附院	高立达、吴 革、黄思庆、雷 町、毛伯镛
中国人群血液蛋白质遗传多态性研究	省科学技术进步奖三等奖	华西医科大学	侯一平、吴 谨、苟 清、李英碧、金泽明
机动车驾驶员身心条件及测评	省科学技术进步奖三等奖	省劳卫所、西南交大、华西公共卫生学院	张殿业、王锦文、李昌吉、黄 颖、杨国琼
中线恶性网织细胞增生症的临床病理、免疫表型、基因重排和与 EB 病毒关系的研究	省科学技术进步奖三等奖	华西附院、华西口腔医院	刘卫平、李甘地、刘永惠、徐世麟、陈德忠、张尚福
变链球菌单克隆抗体的抗龋生物学特性	省科学技术进步奖三等奖	华西医大	岳松龄、文立亚、谢佐理、刘天佳、蔡美英
时间生物钟——下丘脑视交叉上核形态学系列研究	省科学技术进步奖三等奖	华西基础医学院	欧可群、陈文玉、王 蕾、操高原、马玉琼
新生儿缺氧缺血性脑病发病机理及早期防治研究	省科学技术进步奖三等奖	华西妇产儿童医院	姚裕家、李炜如、陈娟、陈永秀、母德志
锌缺乏与过量的体内外致畸性和对幼鼠的生物学效应研究	省科学技术进步奖三等奖	华西公共卫生学院	王瑞淑、李 云、相大鹏、曾果、张苏亚

续表6—23

获奖项目	获奖等级	主研单位	主研人员
皮肤软组织扩张术的研究与应用	省科学技术进步奖三等奖	华西附院	任林森、岑瑛、刘晓雪、俞宝梁、何士蓉、赵景华
颌面骨的纤维骨病变的分类及诊断标准的研究	省科学技术进步奖三等奖	华西口腔医学院、华西附院	雷荀灌、卢　勇、周志瑜、郑广宁、何志秀
乙型肝炎病毒在胆汁中分布和对胆道系统损害外科意义的实验与临床研究	省科学技术进步奖三等奖	泸医附院	肖永成、杨　辉、雷正明夏先明
肺心胶囊治疗慢性肺源性心脏病临床及实验研究	省科学技术进步奖三等奖	泸州医学院	尹思源、杨思进、张世波、周　灵、张开莲
表里双解法有效药用的研究	省科学技术进步奖三等奖	成都中医药大学	张之文、沈映君、黄云瑞、杨　宇、张浩生
软肝颗粒的实验与临床研究	省科学技术进步奖三等奖	成都中医药大学附院、四川东方传统医学科研所	张光华、周淑芳、张凌云、余新中、张　帆
超生图评价日本血吸虫病所致肝脏病理改变及化疗后转归的研究	省科学技术进步奖三等奖	省寄研所、眉山县血吸虫病防治站	邱东川、张桂盛、吴子松、文　松、张　奕
新型血吸虫尾蚴防护剂的研制及应用	省科学技术进步奖三等奖	省寄研所	王秀珍、黎世涛、张桂盛、郭婉英、刘国栋
急性结核性心血管病变的实验研究	省科学技术进步奖三等奖	省结防所	杨　奇、卢润生、蒋绍双、刘杨椅、漆浩珊
输精管绝育对人群健康远期影响的研究	省科学技术进步奖三等奖	省计生科研所、现代预防医学杂志社、省肿瘤防治办、华西公共卫生学院等	张思霖、陈　彬、王安荣、汪旭芳、陈君泽
经埋植式给药装置肝癌肝动脉门静脉造影系列研究	省科学技术进步奖三等奖	省肿瘤医院、省卫干院、华西附院	王在国、杨治康、文华长、丁福全、张爱玲
急性白血病微小残留病的检测和p16基因突变的研究	省科学技术进步奖三等奖	省人民医院	李　戈、符仁义、廖清奎、张思智、吉德平
常温体外循环氧合血连续灌注心肌保护临床应用研究	省科学技术进步奖三等奖	乐山市人民医院	沈回春、曾洪友、谢帮富、邱荣华、王正荣
医院三级收支项目与核算管理网络系统	省科学技术进步奖三等奖	简阳市人民医院、西南物理研究院成都科技开发公司	陈　云、李永革、吴俊兰、陈燎原、石定福
区域中心医院医疗供需适应性研究	省科学技术进步奖三等奖	达川地区人民医院、成都市妇幼保健院	李祖伦、潘惊萍、程　凡、李永安、刘志明
内皮素与心衰关系的研究	省科学技术进步奖三等奖	成都市第二人民医院	曾祥鸿、李芸芸、赵豫琴、聂晓莉、李茂琼
疾病的复合统计分布及聚集性分析方法研究	省科学技术进步奖三等奖	华西公共卫生学院	杨树勤
“肾为先天之本”遗传行为的实验研究	省科学技术进步奖三等奖	成都中医药大学、四川大学	王米渠、郑　军、张义正、胡汉波、丁维俊

2000年四川医学科研获省部级奖项一览表（44项）

表6—24

获奖项目	获奖等级	主研单位	主研人员
克隆病（CD）的基础和临床研究	省科学技术进步奖一等奖	华西附院	欧阳钦、甘华田、步 宏、缪应雷、李甘地、杨秀英等
地奥依倍（注射用重组人红细胞生成素）	省科学技术进步奖一等奖	成都地奥九泓制药厂	韩为跃、刘忠荣、及元乔、王若竹、荣 苹、郑 沁、黄 坤、陈 扬等
中药新药痛风定胶囊的研究	省科学技术进步奖二等奖	中国中医研究院中汇制药公司、省人民医院	杨 东、修瑞龄、张志荣、孙世明、孙汴生、温贤敏、曹晓天
地奥脂必妥胶囊的研制	省科学技术进步奖二等奖	成都地奥九泓制药厂	及元乔、刘忠荣、王若竹、付铁军、邓聪、何民、刘喻
青藏高原泡球蚴病流行病学病原生物学及实验研究	省科学技术进步奖二等奖	省寄研所	邱加闽、何金戈、王 谦、张 奕、陈兴旺、肖永富、黄启华
脐血造血干细胞采集、分离、冻存、HLA定型的实验研究	省科学技术进步奖二等奖	省脐血干细胞中心、中科院输血研究所、华西妇产儿童医院、省医药卫生科技开发中心、成都万盛科技股份有限公司	兰炯采、陈 强、杨崇礼、王憬惺、周福生、谭卫东、杨雪梅
激素和生长因子对下颌髁突受力后生长改建调控的分子机制研究	省科学技术进步奖二等奖	华西口腔医学院	罗颂椒、周 征、李小兵、杨红梅、黄 宁、白玉兴、王昕
人体弓首线虫幼虫移行症免疫诊断、病理和防治研究	省科学技术进步奖二等奖	华西基础医学院、华西妇产儿童医院	罗仲金、罗春华、杨崇礼、王光西、田 玉、廖 琳、陈盛文
人胰岛微循环与胰岛内分泌细胞相互关系的形态学研究	省科学技术进步奖二等奖	华西基础医学院、涪陵中心医院、郫县人民医院	杨品华、王晓波、靳升荣、刘 芮、蒋舜媛、余崇林、刘 川
胎盘铁蛋白受体的分布及其在母婴铁代谢中的调节作用	省科学技术进步奖二等奖	华西妇产儿童医院	廖清奎、罗春华、孔佩艳、李丰益、李钦伯、杨先军、刘玉峰
中药分类方法研究	省科学技术进步奖二等奖	成都中医药大学	万德光、董晓萍、吴红
四逆散治疗功能性消化不良的临床与实验研究	省科学技术进步奖二等奖	成都中医药大学、成都中医药大学附院	张 磊、张光华、彭 成、刘友平、王再谟、谭万初、雷 均
中药“精血归”颗粒剂治疗绝经后阴道萎缩证的研究	省科学技术进步奖二等奖	成都中医药大学临床医学院	张庆文、王健、杨奎、张艺、冯俭、陆华、唐怡
四川省皮下埋置避孕技术服务现状及使用效果调查	省科学技术进步奖三等奖	华西妇产儿童医院、华西公共卫生学院、省计生委等	徐克惠、李宁秀、谢蜀祥、王 峥、曹学健
肿瘤的VIP受体显像和受体介导靶向治疗的临床前研究	省科学技术进步奖三等奖	华西附院	谭天秩、李前伟、史育红、匡安仁、朱精强

续表6 —24

获奖项目	获奖等级	主研单位	主研人员
DNA 末端定量及其应用研究	省科学技术进步奖三等奖	华西附院	彭黎明、刘建军、李　萍、江　虹、潘恩谭
海洛因依赖的临床及基础研究	省科学技术进步奖三等奖	华西附院	黄明生、李　静、刘　闯、陆　林、黄志刚
TIL 治疗原发性肝癌的基础与临床研究	省科学技术进步奖三等奖	华西附院、华西医大免疫研究室、华西药学院	何　生、巴明臣、蒋　平、袁　霖、麦　刚
富含类胡萝卜素蔬菜的抗癌作用	省科学技术进步奖三等奖	华西公共卫生学院	黄承钰、曾令福、彭恕生、洪军蓉、何　涛
白介素 -1 受体拮抗剂抗大鼠实验性肝纤维化的研究	省科学技术进步奖三等奖	泸医附院	邓存良、唐坤华、钟　森、陈国民、余光开
四味中药对人体食管癌肿瘤浸润淋巴细胞增殖、杀伤活性及表型作用的研究	省科学技术进步奖三等奖	泸州医学院、攀钢集团职工总医院	任德莲、钟德生、徐晓玉、谢建强、戴天阳
中药参类制剂抗肾缺血和再灌注性肾功能损害的作用及机理研究	省科学技术进步奖三等奖	泸州医学院	冯志强、李莉华、邬丽莎、冉　兵、赵春玲
增殖性玻璃体视网膜病变细胞外基质变化规律及水蛭素的影响	省科学技术进步奖三等奖	成都中医药大学	郑燕林、蒋纪恺、曾庆华、袁晓辉、王万杰
柴胡止血液治疗节育器所致子宫出血的临床与实验研究	省科学技术进步奖三等奖	成都中医药大学	陈　钢、孟宪丽、尹蓉莉、李　青、薛　红
“化瘀止痛片”治疗子宫内膜异位症的临床与实验研究	省科学技术进步奖三等奖	成都中医药大学	谭万信、唐永淑、郭蓉晓、曾　倩、吴克明
人毛发生殖激素研究	省科学技术进步奖三等奖	省计划生育科研所	杨惠钟、兰　君、孟衍建、万学俊、邱东生
麻风眼病现场综合防治研究	省科学技术进步奖三等奖	省皮研所、凉山州皮肤病防治所、攀枝花市地方病防治所	杨建文、吴新生、熊俊浩、王茂荣、蒯大明
居室内装饰彩釉砖的放射性限值研究	省科学技术进步奖三等奖	省劳卫所、绵阳市防疫站、自贡市防疫站	毛亚虹、刘怡刚、张　光、胡晓雷、朱　飞
药品非临床研究组织病理图像数据自动定量分析管理系统	省科学技术进步奖三等奖	省中药研究所、四川大学	赵军宁、何晓海、江　立、王晓东、腾奇志
益气增乳胶囊（原名复方妈咪多冲剂）治疗产后缺乳的实验研究	省科学技术进步奖三等奖	省中药研究所	王晓东、易进海、赵军宁、彭晓华、陈　燕
国际疾病分类标准（ICD -10）电子化的应用研究	省科学技术进步奖三等奖	省人民医院、成都气象学院	马　娟、卢跃平、刘爱民、张如之、李红樱
母婴血化学对比研究	省科学技术进步奖三等奖	省人民医院	陈昌辉、叶长宁、李良忠、饶绍琴、石　伟
碘的极谱分析方法的建立及其应用	省科学技术进步奖三等奖	省防疫站	李　平、朱　岚、徐泽民、周定友、金美娣

续表6—24

获奖项目	获奖等级	主研单位	主研人员
内皮素与肺损伤关系的基础与临床研究	省科学技术进步奖三等奖	成都军区总医院、北京军区总医院	汪盛贤、丁　雁、潘传敬、马布仁、郑闵琴
中药新药糖脉康颗粒的研制	省科学技术进步奖三等奖	中国中医研究院中汇制药公司、成都市第一人民医院	杨　东、高嘉成、张　继、倪仲君、宋　莉
家兔输精管穿刺激光凝堵可复性节育的实验研究	省科学技术进步奖三等奖	解放军第四五二医院	肖新民、赵启华、金国辉、王圣诺、罗光明
15万人群普查食管上皮细胞正常、增生与食管癌发病关系的研究	省科学技术进步奖三等奖	盐亭县肿瘤防治研究所	陶德明、胥永忠、杜辉章、王旭华、谢宗维
空肠弯曲菌致人畜共患的周围神经病关系的研究	省科学技术进步奖三等奖	遂宁市人民医院、重医儿童医院、华西妇产儿童医院	刘　超、蔡方成、席　静、翟　奇、丁　波
带蒂大网膜脊髓内外移植治疗外伤截瘫	省科学技术进步奖三等奖	雅安地区人民医院、四川农业大学动物科技学院	张德明、张　毅、杨洪军、邱俊林、杨志刚
CT平扫观察腰神经通道内口改变与腰腿痛的发病关系	省科学技术进步奖三等奖	蓬安县人民医院	陆炳全、王　峰、刘开全、唐洪勇、陶建国
黄连素治疗慢性心衰伴快速性室性心律失常及血药浓度监测	省科学技术进步奖三等奖	成都市第二人民医院、成都大学	曾祥鸿、曾祥基、李芸芸、黄元华、易延静
急性脑缺血谷氨酸、谷氨酸受体应变效应的基础与临床研究	省科学技术进步奖三等奖	达州市中心医院、第三军医大学大坪医院野战外科研究所	何明利、陈曼娥、王景周、蒋晓江、张　猛
一次性使用单采血浆分离器、一次性使用单采血细胞分离器的临床应用	省科学技术进步奖三等奖	南格尔医用器具有限公司、重庆市血液中心、省医科院血站等	刘仁明、杨　勇、罗惠琪、李立兮、余梅贵
四川省卫生人力资源配置标准研究	省科学技术进步奖三等奖	省卫生厅、省医学情报所	颜丙约、杨启佑、唐才东、王　瑾、花庆华

2001年四川医学科研获省部级奖项一览表（51项）

表6—25

获奖项目	获奖等级	主研单位	主研人员
可用作带有雌激素结构的骨靶向药物的化合物	中国高校技术发明一等奖	华西药学院	郑　虎、翁玲玲等
组织工程肌腱的基础及临床应用	中国高校技术发明一等奖	华西医院	杨志明、黄富国、项　舟、秦廷武、解慧琪等
提高肝脏移植患者长期生存的临床研究	省科学技术进步奖一等奖	华西医院	严律南、李　波、卢实春、金立人、文天夫、罗朝志、罗传兴、赵纪春、曾　勇等
基于组织多普勒成像的窦房结功能定量评价系统	省科学技术进步奖一等奖	四川大学、四川省人民医院	李德玉、郑昌琼、尹立雪、郑　翊、赵树魁、尹光福、蔡　力、汪天富、何爱军等

续表6—25

获奖项目	获奖等级	主研单位	主研人员
单个细胞PCR方法对霍奇金病R-S细胞起源的研究	省科学技术进步奖一等奖	华西医院	李甘地、邓　飞、刘卫平、李　斌、吕广能、张尚福、杨光华等
优糖明中药复方治疗糖尿病视网膜病变的研究	省科学技术进步奖一等奖	成都中医药大学、浙江万马集团有限公司	廖品正、段俊国、谢秀琼、黄秀蓉、郑燕林、叶河江、张发荣等
中国妇女对长效避孕针醋酸甲孕酮的可接受性和安全性的研究	省科学技术进步奖二等奖	四川生殖卫生学院、国家计生委科研所、省计划生育科研所	雷贞武、吴尚纯、杨　丹、朱明辉、赵小菲、姜　苏、李　梅
低氧性肺动脉高压发病中钾通道及促细胞生长因子的作用及防治研究	省科学技术进步奖二等奖	华西医院	陈文彬、程德云、肖欣荣、颜　浩、陆　彬、莫晓能
核酶抑制端粒酶活性的肿瘤基因治疗研究	省科学技术进步奖二等奖	华西基础医学与法医学院	刘柏林、屈　艺、刘菽秋、欧阳雪松
卵巢癌化疗药敏试验ATP生物荧光法的建立及临床应用研究	省科学技术进步奖二等奖	华西妇产儿童医院	彭芝兰、刘珊玲、楼江燕、王　和、王红静、王　平、张崇淑
赖型钩体重组基因表达抗原保护性血清与致病钩体交叉反应临床意义	省科学技术进步奖二等奖	省人民医院、华西基础医学与法医学院	江　南、吴佳玉、陈道邦、戴保民
远志质量标准规范化研究	省科学技术进步奖二等奖	成都中医药大学	万德光、刘友平、彭　成、曾　南、赵　力
化瘀散结片防治增生性玻璃体视网膜病变的机理研究	省科学技术进步奖二等奖	成都中医药大学附院	王明芳、郑燕林、王典荣、于晓林、周华祥、王万杰、雷晓琴
尘肺综合干预措施的研究	省科学技术进步奖二等奖	省劳卫所、华西公共卫生学院、省人民医院等	沈国安、李　宏、兰亚佳、王绵珍、林　锦、王治明、韩吉平
黄柏质量标准规范化研究	省科学技术进步奖二等奖	省中药研究所	罗泽渊、张爱军、周裕禄、周德庆、黄志芳、刘　榴、钟廷瑜
四川省高校心血管病一、二级防治性研究	省科学技术进步奖三等奖	华西附院、成都理工大学、四川工业学院	王家良、章茂顺、符宗胤、廖晓阳、付　华
鼻窦内窥镜手术及其扩展手术垂体肿瘤摘除术	省科学技术进步奖三等奖	华西医院	安惠明、王力红、梁传余、李昌林、赵　宇
肿瘤新型早期诊断方法放射性核素生长抑素受体显像的研究	省科学技术进步奖三等奖	华西医院	管昌田、武鸿文、梁正路、李云春、管　玫
肝癌的介入性诊断和治疗	省科学技术进步奖三等奖	华西医院	管泳松、何　生、程南生、焦　河、陈宏汉
牵张性脊髓损伤的术中监护及药物预防	省科学技术进步奖三等奖	华西医院	宋跃明、沈　彬、毛方敏、雷　骧、李志銘

续表6—25

获奖项目	获奖等级	主研单位	主研人员
小儿急性白血病分子病理学改变及其临床意义的研究	省科学技术进步奖三等奖	华西妇产儿童医院	廖清奎、高　举、朱易萍、冯战桂、龚　放
基质化同种异体骨移植物技术的研究	省科学技术进步奖三等奖	华西基础医学与法医学院	李明远、黄道海、黎前德、王　军、肖富宇
胶质细胞在局灶性脑缺血时神经元损伤中的作用	省科学技术进步奖三等奖	泸州医学院、华西基础医学与法医学院	袁琼兰、李瑞祥、张光鹏、羊惠君、蓝顺清
淤胆时一氧化氮内皮素肝筛变化及其意义探讨	省科学技术进步奖三等奖	泸医附属医院	雷正明、李代渝、黎　靖、杨文军、甘西伦
心安颗粒治疗病毒性心肌炎的临床与实验研究	省科学技术进步奖三等奖	泸医附属中医院	杨思进、尹思源、张世波、唐　灿、张开莲
四君子汤加味在防治烧伤肠源性感染中的作用及机理研究	省科学技术进步奖三等奖	泸医附属医院、宜宾市第二人民医院	郭　力、刘正玉、丁　正、郭　勇、熊爱兵
通关胶囊治疗前列腺增生的机理研究	省科学技术进步奖三等奖	成都中医药大学	张蜀武、常德贵、王久源、冯　俭、邵继春
石菖蒲质量标准的规范化研究	省科学技术进步奖三等奖	成都中医药大学	董小萍、郭　力、胡锦官、邬家林、郭　玫
宫瘤清胶囊治疗子宫肌瘤的新药研究	省科学技术进步奖三等奖	成都中医药大学附院、中汇制药公司	杨家林、侯世祥、杨　东、余练康、严晓萍
新一代抗抑郁药盐酸万拉法新及其胶囊	省科学技术进步奖三等奖	重庆医药工业研究院、成都大西南制药股份有限公司、康弘制药有限公司	蓝志银、傅洁民、柯尊洪、龚文贤、方　霜
卵母细胞内单精子显微授精技术临床研究	省科学技术进步奖三等奖	成都市计划生育技术指导所、华西基础医学与法医学院	黄　萍、王　丽、岳利民、刘伟信、黄小燕
原因不明精神发育迟滞病因的群体研究	省科学技术进步奖三等奖	省计划生育科研所、华西医院、省计生管理干部学院、华西公共卫生学院	张思霖、胡　应、张思仲、肖　渝、徐　颖
盐酸万乃洛韦的开发研究	省科学技术进步奖三等奖	四川抗菌素工业研究所、丽珠制药厂	蒋　宁、吕　丁、陆润钟、王　平、徐孝先
性病艾滋病社区健康教育与服务模式的研究	省科学技术进步奖三等奖	省皮研所	李绍兴、马渝根、林昭春、廖　菁、郝康琳
甘氨脱氧胆酸对肝细胞损伤及机制研究	省科学技术进步奖三等奖	省人民医院、重庆医科大学、川北医附院、泸医附院	黄文方、涂植光、杨明清、康　红、唐　中
高血压脑出血患者局部脑血流改变及其相关因素的系列研究	省科学技术进步奖三等奖	省人民医院	郭富强、宋文忠、杨友松、陈明曦、余能伟
凋亡调控基因在急性白血病的表达及其临床应用	省科学技术进步奖三等奖	省人民医院	李　戈、杨正林、符仁义、廖清奎、吉德平
新生儿围产期缺氧缺血性脑损伤SPECT脑血流显像和临床研究	省科学技术进步奖三等奖	省人民医院	陈昌辉、宋文忠、陈明曦、吉德平、黄晓玲

续表6—25

获奖项目	获奖等级	主研单位	主研人员
母婴免疫功能的相关性研究	省科学技术进步奖三等奖	省人民医院	叶长宁、陈昌辉、毛晓兰、吉德平、董　巍
拖出型 Welch 法直肠癌超低位切除术	省科学技术进步奖三等奖	省肿瘤医院	刘宝善、燕　锦、左　明、刘　超、徐　林
不能切除胰头癌区域性动脉灌注化疗的临床系列研究	省科学技术进步奖三等奖	省肿瘤医院	彭俊平、肖继伟、胡　勇、许国辉、董　昱
针刺复合安氟醚吸入全麻食管癌切除临床研究	省科学技术进步奖三等奖	省肿瘤医院、成都中医药大学附院、武汉大学中南医院	尹志礼、秦必光、王燚林、胡北喜、唐育民
胰岛素抵抗与冠状动脉狭窄严重程度的关系的研究	省科学技术进步奖三等奖	成都市第三人民医院	蔡　琳、燕纯伯、杨源烈、刘汉雄、刘剑雄
甲状腺机能亢进症的介入治疗	省科学技术进步奖三等奖	绵阳市中心医院	王　东、赵平武、刘启榆、方向明、宋中金
工业常用矿物粉尘表面理化特性对肺泡巨噬细胞等细胞毒性及防治的实验研究	省科学技术进步奖三等奖	绵阳四〇四医院、西南科技大学	王利民、董发勤、邓建军、吴逢春、李国武
中药缓释技术——肝苏缓释胶囊的研制与开发	省科学技术进步奖三等奖	郎酒集团—四川郎中药业有限公司、成都中医药大学	吴　众、杨　明、谢秀琼、王　兴、周明眉
封闭式采血快速分血试管系列及临床应用研究	省科学技术进步奖三等奖	成都瑞奇生物科研所、成都中医药大学附院、绵阳市中心医院等	王　军、张朝明、林永祺、丁　波、刘　韧
“火车创伤”对铁路运输安全生产的危害及其对策研究	省科学技术进步奖三等奖	重庆铁路分局内江铁路医院	张天增、张　岗、李　茂、陈万发、张佩文
达州市农村卫生股份联合体制改革研究	省科学技术进步奖三等奖	达州市卫生局，达县、大竹、开江、渠县卫生局	张恩富、郝成科、王淳德、陈运英、魏和健
尘肺病综合干预措施的研究	省科学技术进步奖三等奖	华西公共卫生学院等	兰亚佳、王绵珍、王治明等
预防医学科研机构“稳住一头、放开一片”方案的研究	省科学技术进步奖三等奖	省皮研所、省卫生厅、省医科院、省寄研所、省劳卫所	廖　菁、李华芳、宋永莉、钟大发、王锦文

2002年四川医学科研获省部级奖项一览表（40项）

表6—26

获奖项目	获奖等级	主研单位	主研人员
国产药用草乌类植物中化学成分的基础研究	教育部自然科学一等奖	华西药学院	王锋鹏等
人脑髓鞘碱性蛋白及其基因表达与应用研究	省科学技术进步奖一等奖	华西基础医学与法医学院	陈俊杰、王若菡、游乐然、刘　戟、陈建业、程汉华、赵建阳、何晓嫱、刘志敏等
认知脑电位的神经基础及应用研究	省科学技术进步奖一等奖	成都军区总医院、第三军医大学第一附属医院、中国科学院心理研究所	何春阳、周　凯、吴宗耀、罗跃嘉、魏景汉、林　杭、虞乐华、李明利、郭渝成等

续表6—26

获奖项目	获奖等级	主研单位	主研人员
重组人粒细胞集落刺激因子注射液的研制及产业化研究	省科学技术进步奖二等奖	成都生物制品研究所、成都蓉生药业有限责任公司	葛永红、储　淳、罗天学、刘国荣、刘　波、刘纯蓉
丹参酮抗肿瘤作用及其机理的研究	省科学技术进步奖二等奖	华西医院、四川杨天生物药业有限公司	袁淑兰、王修杰、羊裔明、黄光琦、林代平、周清华、刘　霆
造血干细胞移植治疗血液肿瘤疾病的临床研究	省科学技术进步奖二等奖	华西医院	刘　霆、贾永前、向　兵、黄　杰、牛　挺、徐才刚、邓长安
科萨奇B组病毒性心肌炎抗原抗体检测的快诊及相关研究	省科学技术进步奖二等奖	省人民医院	蔡力、唐英蓉、胡开华、杜琼、邱练芬、姜荣建、李英
脑震荡的诱发电位及经颅磁刺激研究	省科学技术进步奖二等奖	川北医学院附院、广安市人民医院	王晓明、杨德本、张小明、朱开明、张兴洪、龙存国、谢建平
髓鞘碱性蛋白基因修饰雪旺氏细胞移植治疗脊髓损伤的实验研究	省科学技术进步奖二等奖	成都军区总医院	陈礼刚、曾凡俊、朴永旭、卢　敏、匡永勤、杨立斌、程　林
妊娠肝内胆汁淤积症研究	省科学技术进步奖二等奖	华西妇产儿童医院	刘淑云、时青云、王晓东、彭　冰、张　力、衡正昌、张　耀
川产道地药材川牛膝、川芎和红花的质量标准规范化研究	省科学技术进步奖二等奖	省中药研究所	陈　幸、罗泽渊、王晓阳、舒光明、雷　勇、黎万寿、张爱军、李利民、廖　睿
三十二味川产道地及特色药材适宜种植区域研究	省科学技术进步奖二等奖	省中药研究所、省农业厅	姜荣兰、蒋舜媛、张红非、卢　戟、周　毅、何勇强、钟廷瑜
医院制剂管理标准的研究	省科学技术进步奖三等奖	内江市第二人民医院	蒋　奎、张正海、甘华平、张继军、周国民
聚氨酯医用材料及计划生育用品中试	省科学技术进步奖三等奖	四川博奥生物材料有限责任公司	许　立、钟银屏、李顺强、王德永、向　明
无保护剂双重病毒灭活制备静脉注射人用丙种球蛋白	省科学技术进步奖三等奖	四川远大蜀阳药业有限公司	蒋德席、吴永鸿、温元秀、陈　海、肖黄根
兔自体腹膜移植于创伤的输卵管修复术后预防粘连实验研究	省科学技术进步奖三等奖	成都市计划生育技术指导所	黄　萍、王勤俭、王　丽、廖吉勇、万启智
庚型肝炎病毒感染对重型肝炎发病的影响	省科学技术进步奖三等奖	川北医附院	熊良仕、周京国、邢　燕、梁润琴、唐　宁
脑血管病循证防治系列研究之一：疗效及研究质量评价	省科学技术进步奖三等奖	华西医院	刘　鸣、何　俐、罗祖明、吴　波、张世洪
母婴血清IgG及其亚类和临床研究	省科学技术进步奖三等奖	省人民医院、省咨询所	叶长宁、陈昌辉、莫小坤、郭晋蓉、张玲英
炎症因子参与窒息后肾损伤作用的临床和实验研究	省科学技术进步奖三等奖	泸医附院	董文斌、邓存良、唐章华、龙汉安、王兴勇

续表6—26

获奖项目	获奖等级	主研单位	主研人员
电视胸腔镜胸部手术的临床应用研究	省科学技术进步奖三等奖	省人民医院	格桑耕噶、肖邦榕、舒骏、曾富春、谢家勇
非体外循环下肝素化布加综合征根治术的临床研究	省科学技术进步奖三等奖	简阳市人民医院等	刘　健、陈　云、黄击修、徐宏耀、林小彬
卵巢癌基因治疗的实验研究	省科学技术进步奖三等奖	华西妇产儿童医院	王　和、彭芝兰、姚　远、李清丽、陈爱平
肾间质纤维化的影响因素及其在防治慢性肾功衰竭中作用的系列研究	省科学技术进步奖三等奖	华西医院、宜宾市第一人民医院、攀钢总医院等	屈燧林、张　杰、屈　云、王铁萍、张建强
四川省长丘山区血吸虫病防治难点及防治策略的研究	省科学技术进步奖三等奖	省寄研所	邱东川、钟　波、文　松、杨长虹、毛　勇
GI－II 牙科高强度渗透陶瓷的研制和应用	省科学技术进步奖三等奖	华西口腔医学院	巢永烈、廖运茂、梁　星、朱智敏、孟玉坤
丘脑卒中的神经心理研究	省科学技术进步奖三等奖	省人民医院	肖　军、郭富强、杨友松、廖振德、周　波
抗白细胞粘附疗法在肺心病治疗中的应用研究	省科学技术进步奖三等奖	省第四人民医院	陈宇洁、韩学毅、李德荣、赵　杰、彭　香
Ⅱ型糖尿病危险因素、生命质量和经济负担影响因素及防治对策研究	省科学技术进步奖三等奖	省卫生防疫站、成都市武侯区卫生防疫站	吴先萍、杨晓妍、张　宁、胡小铭、何　君
妊高症与线粒体呼吸链相关酶、一氧化氮及血管紧张素关系的研究	省科学技术进步奖三等奖	华西妇产儿童医院	熊　庆、周　容、张　迅、石　钢、梁家智
碱性磷酸酶同工酶基因表达和方法学研究及临床应用	省科学技术进步奖三等奖	省人民医院	邓　君、饶绍琴、张　丽、传良敏、洪　华
Ct 导引经皮穿刺术在肿瘤栓塞热化疗中的应用研究	省科学技术进步奖三等奖	绵阳市中心医院、达州市第二人民医院、攀枝花市第五人民医院	朱　毅、王　东、宋中金、黄迪生、贺国庆
单孔锥颅冲洗 Co2 置换术治疗慢性硬膜下血肿	省科学技术进步奖三等奖	自贡市第四人民医院	林栋梁、高　力、杨选静、何建国、兰宗铭
姜黄提取物及其制剂的临床前研究	省科学技术进步奖三等奖	成都市高新区药工医药生物技术研究所、华西药学院、省实验动物所	张　弘、王建忠、伍丕娥、罗发军、王红星
中医脾阴虚临床证治研究	省科学技术进步奖三等奖	乐山市中医院、南京医科大附一院、乐山市红会医院等	汤一新、魏睦新、熊维美、史　伟、李　康
针刺复合小剂量硬膜外麻醉胆囊切除临床研究	省科学技术进步奖三等奖	成都中医药大学附属医院、武汉大学中南医院、重庆市第四人民医院等	秦必光、刘颖涛、李长根、任业川、张兰英
中医病证诊断和疗效判断标准加权量化方法研究	省科学技术进步奖三等奖	成都中医药大学附属医院	包宗昭、丁　红、李朝敏、刘松山、潘敏娟

续表6—26

获奖项目	获奖等级	主研单位	主研人员
清肝活血法对内眼手术切口影响的实验研究及对白内障术后炎性反应的疗效观察	省科学技术进步奖三等奖	成都中医药大学附属医院	李　翔、高　群、黄秀荣、王　毅、张　玲
补益肝肾、活血明目法防治糖尿病性白内障疗效机理的研究	省科学技术进步奖三等奖	成都中医药大学	谢学军、李　萍、肖　丹、黄秀荣、杜　联
四川省新药研究、开发与产业化方案研究	省科学技术进步奖三等奖	省科技厅、省卫生厅、省药监局等	柳小衡、韩忠成、秦莲英、廖　菁、徐　涛

2003 年四川医学科研获省部级奖项一览表（52 项）

表 6—27

获奖项目	获奖等级	主研单位	主研人员
中国强毒钩端螺旋体致病新基因疫苗的研究	教育部科学技术进步一等奖	华西基础医学与法医学院	鲍　朗、胡昌华等
促性腺激素抑制对精子发生影响的体视学研究	省科学技术进步奖一等奖	川北医学院、澳大利亚亨利王子医学研究所、国家计划生育委员会技术研究所	杨正伟、文晓红、邓显忠等
四川省疟疾控制策略、技术措施及推广应用研究	省科学技术进步奖一等奖	省寄研所	杨　文、陈怀禄、许国君、席芸华、康　杨、肖　宁、赖　勤、郁　涛、魏红雨等
超声心脏电生理学的应用基础研究	省科学技术进步奖一等奖	省人民医院、四川大学	尹立雪、蔡　力、郑昌群、李春梅、邓　燕、程力剑、陶剑虹、罗　芸、郑　翊等
肝脏冷、热缺血损伤拮抗措施及其相关机制的研究	省科学技术进步奖一等奖	成都军区总医院	汤礼军、田伏洲、王　雨、陈　涛、蔡忠红、张炳印、黎冬暄、邢庆蓉等
类风湿关节炎（RA）发病机制及临床研究	省科学技术进步奖一等奖	川北医学院附属医院、解放军总医院、解放军466医院	袁国华、施桂英、魏　锦、周京国、唐　中、闵伟琪、杨明辉、蔚　芃、刘湘源等
川产紫杉醇及其注射液的新药研究	省科学技术进步奖一等奖	省中药研究所、军事医学科学院毒物药物研究所	徐学民、高永良、杨安东、栾新慧、袁崇军、王　茄、杨　红、黄卫平、汤国华等
多层次口腔正畸生物力学机制的基础和临床应用研究	教育部科技进步奖二等奖	华西口腔医学院	赵志河、樊瑜波、周学军、沈　刚、宋锦璘、蒋文涛、白　丁等
阿奇霉素氯化钠注射液	省科学技术进步奖二等奖	乐山三民药物科技开发有限公司、科伦大药厂有限责任公司	梁　隆、罗明生、朱群彬、王永朝、胡　蓉、汪　建、陈开军
卡介菌多糖核酸注射液	省科学技术进步奖二等奖	成都生物制品研究所	晏子厚、曹　慧、何　菊、杨永芳、黄通軒、秦若蜀、严东珍

续表6—27

获奖项目	获奖等级	主研单位	主研人员
高原失血性休克的发生机制与现场救治	省科学技术进步奖二等奖	第三军医大成都军医学院、第三军医大高原军事医学系、解放军兰州医高专	周其全、高钰琪、支东学、谢增柱、陈玉魁、王培勇、罗德成
心血管疾病的动力学和时间生物学研究	省科学技术进步奖二等奖	华西妇产儿童医院、华西基础医学与法医学院、南充市中心医院	万朝敏、王正荣、王　玲、杨慧明、李光明、何国钊、姚裕家
雌三醇栓的研制及治疗绝经后妇女泌尿生殖道萎缩及老年性阴道炎的临床研究	省科学技术进步奖二等奖	华西妇产儿童医院、华西医院	李尚为、韩字研、刘坤容、李开兰、邱东生、山　岚、黄仲英
磁共振成像（MRI）诊断胰腺疾病的临床应用研究	省科学技术进步奖二等奖	川北医附院	张小明、翟昭华、赵琼慧、曾南林、黄小华、雷俊阳、杨汉丰
吸入麻醉药分配系数的应用研究	省科学技术进步奖二等奖	华西医院	刘　进、周建新、朱　涛、张文胜、杨小霖、罗南富
特殊营养支持对移植小肠结构及功能的改善作用	省科学技术进步奖二等奖	华西医院、南京军区总医院、济南军区总医院	伍晓汀、李　宁、李可洲、张小桥、黎介寿
肾为先天之本行为遗传的基因表达研究	省科学技术进步奖二等奖	成都中医药大学、川大生命科学院、山西职工医学院	王米渠、严石林、袁世宏、王　刚、李　珉、张义正、刘绍棠
煤矿尘肺早期诊断技术研究	省科学技术进步奖二等奖	四川华蓥山广能（集团）有限责任公司	徐国松、李邦斗、陈昌晖、欧阳沙凡、邹君伟、彭　云、黄　河
新型口服重金属驱排立得益片	省科学技术进步奖三等奖	省天然药物研究所	李星炜、彭师奇、王　超、赵　明、吴燕成
体外短波前列腺治疗机	省科学技术进步奖三等奖	成都维信电子科大新技术有限公司	雷　炬、王新扬、唐　海、杨展强
四川省农村育龄妇女生殖道感染干预研究	省科学技术进步奖三等奖	华西公共卫生学院	李宁秀、易蜀蓉、任晓晖、刘宏伟、高　博
Ox-HDL性质、活体内存在、氧化部位及致动脉粥样硬化作用研究	省科学技术进步奖三等奖	华西基础医学与法医学院	刘秉文、傅　强、江　渝、王浩川、傅明德
脑血管病的系列研究	省科学技术进步奖三等奖	省人民医院	杨友松、郭富强、肖　军、罗永杰、孙红斌
敏感膜电极检测食品中阿片类毒品	省科学技术进步奖三等奖	川北医附院、华西药学院	吴功柱、吕太平、杨红芸、罗巧林、梁如槐
抑制血管生成治疗口腔鳞癌的研究	省科学技术进步奖三等奖	华西口腔医学院	李龙江、温玉明、王昌美、王莉娟、华成舸、郑根建
肿瘤与结核病相关蛋白氢谱特征和信息表达及技术整合的应用研究	省科学技术进步奖三等奖	第三军医大成都军医学院、成都军区总医院、武警总队成都医院	胡　娟、张鸣山、景秀京、李　勇、魏　敏
美容皮肤科学学科体系及建构模式研究	省科学技术进步奖三等奖	成都市第三人民医院	向雪岑、赵　聪、周　勇、赖西蓉

续表6—27

获奖项目	获奖等级	主研单位	主研人员
牙科MC切削陶瓷材料研制及其CAD/CAM高新技术的临床应用研究	省科学技术进步奖三等奖	华西口腔医学院	赵云凤、王华蓉、李　勇、田杰谟、陈新民
β-地中海贫血产前基因诊断的临床应用研究	省科学技术进步奖三等奖	华西妇产儿童医院	汪凤兰、李熙鸿、张　迅、王晓阳、杨先军
免疫酶染色玻片法快诊CBV心肌炎与核素检测的对比研究	省科学技术进步奖三等奖	省人民医院	姜荣建、胡开华、宋文忠、刘明江、孔　洪
内皮素在肾脏及相关疾病中的临床研究	省科学技术进步奖三等奖	川北医附院	夏成云、周京国、谢建平、唐　中、张国元
糖尿病肾病发病机制的研究	省科学技术进步奖三等奖	华西医院	黄颂敏、付　平、刘　芳、陈　明、周　莉
喉癌发病的分子机理及基因治疗的研究	省科学技术进步奖三等奖	华西医院、广元市人民医院	刘世喜、梁传余、徐开伦、张绍义、张晓晴
细胞凋亡的应用研究	省科学技术进步奖三等奖	华西临床医学院	彭黎明、王曾礼、郭在培、尹海林、刘建军
超声心脏图象多维多参数功能重建系统	省科学技术进步奖三等奖	四川大学、省人民医院	汪天富、郑　翊、尹立雪、郑昌琼、何爱军
正常人与冠心病病人心脏的影像学研究	省科学技术进步奖三等奖	川北医附院	陈　丽、张小明、高兴玉、李治明、曾　跃
脾外伤保脾手术基础与临床应用研究	省科学技术进步奖三等奖	绵阳四〇四医院、绵阳市中心医院、绵阳市人民医院等	姜淮芜、安　宁、王　东、刘敦永、王利民
喙肩穹成形术治疗肩部撞击症的临床研究	省科学技术进步奖三等奖	广元市人民医院、兰州市第一人民医院	贾　涛、张绍义、何重荣、李　明、焦　勇
细针吸取细胞学诊断甲状腺疾病系列研究	省科学技术进步奖三等奖	省人民医院	胡大学、文　锦、杨　红、吉德平、肖广成
自体血清皮浆移植术治疗大面积三度烧伤的应用研究	省科学技术进步奖三等奖	攀枝花钢铁（集团）公司	何为虎、成　功、汪　涛、谢建强、张普生
甲状腺功能亢进性心脏病中相关X线表现征象与病理生理改变的研究	省科学技术进步奖三等奖	省人民医院	蒋　瑾、付　凯、谢　坪、石卫晨、杨　诚
消痤洁肤乳膏治疗寻常痤疮的实验及临床研究	省科学技术进步奖三等奖	省人民医院	曾明辉、王尚兰、孙世明、吴正中、林新瑜
心肌ECT显像测定高血压病左室重量的研究	省科学技术进步奖三等奖	川北医学院附属医院	游金辉、杨正伟、张　涛、顾　鹏、孙跃军
国产聚-DL-乳酸可吸收螺钉及其临床应用研究（与2001-0075合奖）	省科学技术进步奖三等奖	华西医院等	宋跃明、叶蜀新、邱荣华、段　宏、李开南
CT扫描在胸腰椎骨折诊断中的临床研究	省科学技术进步奖三等奖	川北医附院	董国礼、张小明、唐显映、翟昭华、李春平
藏药“佐塔”中汞的作用特点和安全性研究	省科学技术进步奖三等奖	甘孜藏族自治州藏医院、成都中医药大学附院	杨宝寿、郭蓉晓、谭仁民、王　柩、邓振华

续表6—27

获奖项目	获奖等级	主研单位	主研人员
中药类方配伍规律的计算机量化分析系统	省科学技术进步奖三等奖	成都中医药大学图书馆、西南交大神经网络与信息技术研究所、华西公共卫生学院	蒋永光、周训论、靳　蕃、张菊英、李　力
通窍汤对实验动物家兔鼻窦炎粘液纤毛传输功能影响的研究	省科学技术进步奖三等奖	成都中医药大学临床医学院	熊大经、亓鲁光、刘平平、刘素茹、谢　慧
藏药翼首草抗类风湿性关节炎有效成分及作用机理研究	省科学技术进步奖三等奖	成都中医药大学	张　艺、田　军、孟宪丽、张　毅、杨宝寿
葛根素扩血管及抗心率失常作用的分子电生理机制研究	省科学技术进步奖三等奖	成都中医药大学、泸医心血管研究室	苗维纳、曾晓荣、杨　艳、陈德芬、杨晓放
黄连须根、茎叶开发利用研究	省科学技术进步奖三等奖	四川医药包装股份有限公司、省中医研究所	喻德福、谢守德、李　希、张　嵩、曹定知
职业紧张和工作能力评价及其相关研究	省科学技术进步奖三等奖	华西公共卫生学院等	王治明、王绵珍、兰亚佳、李　健、刘继文

2004年四川医学科研获省部级奖项一览表（46项）

表6—28

获奖项目	获奖等级	主研单位	主研人员
肝癌的综合治疗	教育部科技进步奖一等奖	华西医院	严律南
急性胰腺炎反应链与胰腺微流变学影响因子的应用基础研究	教育部科技进步奖二等奖	华西医院	周总光等
一类新药抗癌药多药耐药逆转溴泰君的临床前研究	教育部科技发明一等奖	华西药学院	王锋鹏等
口腔颌面部骨修复技术的系列研究	教育部科技进步奖一等奖	华西口腔医学院	田卫东、刘　磊、乔　鞠、陈希哲、郑晓辉等
系列脊柱抗旋转复位内固定器的相关生物力学及临床研究	省科学技术进步奖一等奖	成都军区总医院	潘显明、权　毅、谭映军、张　波、王元山、邓少林、马泽辉、廖冬发、李延等
厌氧菌感染的基础与临床研究	省科学技术进步奖一等奖	华西医院、华西口腔医院	范昕建、肖晓蓉、冯　萍、高　宁、郭　斌、周学东、朱　硃、汪　冰、唐　明等
中西医结合治疗重症胰腺炎的临床及相关研究	省科学技术进步奖一等奖	华西医院	张肇达、蒋俊明、刘续宝、袁朝新、胡伟明、陈光远、田伯乐、黄宗文、夏庆等
高选择性均相催化技术生产曲克芦丁及新药曲克芦丁颗粒中试	省科学技术进步奖二等奖	四川协力制药有限公司	张光耀、何金凤、贾　杰、张　强、张运春
四川省突发公共卫生事件应急指挥系统	省科学技术进步奖二等奖	省医科院·省人民医院、省农科院遥感应用所、省卫干院、省卫生信息中心、成都科维空间信息有限公司等	郑小华、刘小明、湛洪举、易　易、马　娟、彭建祥、柴微涛

续表6—28

获奖项目	获奖等级	主研单位	主研人员
反义技术抗乙肝病毒作用研究	省科学技术进步奖二等奖	泸医附院、重庆医科大学肝炎研究所	钟　森、张建军、陈　枫、张定凤、任　红、唐坤华、邓存良
生物骨替代材料的研究及其在口腔颌面部的应用	省科学技术进步奖二等奖	华西口腔医学院	田卫东、罗　磊、刘　磊、郑晓辉、汤　炜、乔　鞠、陈希哲
中国献血者中人类嗜T淋巴细胞病毒感染的流行病学研究	省科学技术进步奖二等奖	中国医学科学院输血研究所	季　阳、庄　文、曹　凤、何　智、肖泽斌、秦占芬、贾桂芳
周围血管外科的基础与临床研究	省科学技术进步奖二等奖	泸医附院	何延政、刘　勇、曾　宏、杨　辉、张喜成、何春水、钟　武
子宫颈癌发病机理的系列研究	省科学技术进步奖二等奖	华西妇产儿童医院	曹泽毅、彭芝兰、张家文、王　平、刘　辉、尹如铁、李清丽
针灸治疗Bell's面瘫系统分析及临床RCT研究	省科学技术进步奖二等奖	成都中医药大学、成都中医药大学附院、华西医院、绵阳市中医院、省人民医院	梁繁荣、余曙光、李　瑛、李常度、周　东、胡玲香、袁秀丽
“神灸贴”制备及治疗痛经寒凝血瘀型的临床研究	省科学技术进步奖二等奖	成都中医药大学	林　红、胡昌江、曾　勇、陆　华、吴俊梅、李　静、黄祖莉
重复经颅磁刺激治疗抑郁症的实验和临床研究	省科学技术进步奖三等奖	川北医附院	王晓明、杨德本、谢建平、黄　慧、龙成国
血液透析持续质量改进	省科学技术进步奖三等奖	省人民医院	王　莉、何　强、廖常志、康志敏、郑建华
STAT1在肺纤维化形成中的作用及反义寡核苷酸干预的生物学效应的研究	省科学技术进步奖三等奖	泸医附院、华西医院、中国医科大学附一院	范贤明、廖　斌、王曾礼、李振华、王鸿程
提早实施预防、隔离措施对控制SARS传播的作用研究	省科学技术进步奖三等奖	广元市四一〇医院、省疾控中心、广元市疾控中心	杨晋平、何运防、王敦志、吴海燕、贾充惠
内镜下射频治疗消化道疾病的基础与临床研究	省科学技术进步奖三等奖	成都军区总医院、遂宁市人民医院、成都市第三人民医院	徐　辉、蒋明德、陈拥军、赵　聪、陈虹彬
甲状腺疾病及甲状腺相关性眼病临床防治及发病机制研究	省科学技术进步奖三等奖	华西医院	魏松全、安振梅、贾卫国、李双庆、陈德才
灼口综合征的病因及综合防治	省科学技术进步奖三等奖	华西口腔医学院	陈谦明、李秉琦、林　梅、周红梅、曾　昕
髓母细胞瘤的分子遗传学异常及与预后的关系分析	省科学技术进步奖三等奖	华西医院	毛伯镛、刘艳辉、毛　庆、姜　曙、程永忠
装饰建材辐射剂量学模式及其无损伤检测方法研究	省科学技术进步奖三等奖	省疾控中心、四川大学	毛亚虹、刘怡刚、付玉川、林理彬、张　光
卵巢上皮性癌的综合治疗与预后研究	省科学技术进步奖三等奖	省肿瘤医院	张国楠、宋水勤、樊　英、余　键、吴艳丽

续表6—28

获奖项目	获奖等级	主研单位	主研人员
四川省初级眼保健、防盲策略研究及实施	省科学技术进步奖三等奖	省医科院·省人民医院	周俊华、张晓七、樊映川、张国辉、钟守国
康复训练对脑梗死大鼠学习记忆能力的影响及其健侧脑功能变化的实验研究	省科学技术进步奖三等奖	泸医学院	余　茜、李晓红、何成松、陈正君、王　瑛
肝细胞癌血供与影像表现、介入治疗相关性研究	省科学技术进步奖三等奖	华西医院	周翔平、陈卫霞、官泳松、宋　彬、黄　娟
经枕颈后外侧入路齿突切除减压稳定性重建的基础与临床应用	省科学技术进步奖三等奖	华西医院、绵阳市中心医院	黄思庆、宋跃明、刘立岷、李国平、罗发明
人巨细胞病毒感染对造血祖细胞增殖的影响及干预研究	省科学技术进步奖三等奖	泸医附院	刘文君、刘　斌、郭渠莲、张迎春、袁亚杰
分泌性中耳炎发病机制及临床治疗研究	省科学技术进步奖三等奖	华西医院	郑　艳、秦学玲、郑　虹、徐丽蓉、徐惠芬
Ⅱ型糖尿病微量白蛋白尿与缺血性心血管疾病的关系及其防治	省科学技术进步奖三等奖	华西医院	余叶蓉、梁荩忠、田浩明、索丽霞、陆志明
内镜超声在消化道疾病中应用的临床研究	省科学技术进步奖三等奖	成都市第三人民医院	赵　聪、史　维、孙晓滨、奚维东、吴立平
川崎病发病及静注免疫球蛋白治疗的免疫学机制	省科学技术进步奖三等奖	川北医附院、重医儿童医院	皮光环、魏钰书、蒋利萍、杨锡强、钟　斌
慢性心衰炎性细胞因子变化的临床意义干预治疗及影响	省科学技术进步奖三等奖	成都市第二人民医院	曾祥鸿、李芸芸、赵豫琴、刘朝晖、李　芳
微创中颅底三叉神经上颌支切除术的临床研究	省科学技术进步奖三等奖	达州市第二人民医院	张　洪、张正健、任万武、魏　云、张茜蕾
腰痛宁栓治疗腰椎间盘突出症的疗效与机理研究	省科学技术进步奖三等奖	成都中医药大学附院	罗才贵、刘明军、宋　英、李　涓、陈　立
中医消除运动性疲劳与恢复方法的研究	省科学技术进步奖三等奖	国家体育总局成都运动创伤研究所、体育科学研究所、成都体育学院等	张世明、杨则宜、马　建、李国平、谢敏毫
现代中药复方健脑通脉胶囊制剂及药理研究	省科学技术进步奖三等奖	省中研院中医研究所、四川鼎华医药技术应用有限公司	陈学忠、廖志航、李建利、杨　俐、罗先本
电针对大鼠坐骨神经损伤后功能康复机理的研究	省科学技术进步奖三等奖	泸医附院	余　茜、雷　晴、李晓红、何晓彬、何成松
清宫止血颗粒作用机理及治疗药物流产后不规则出血的研究	省科学技术进步奖三等奖	成都中医药大学、成都华一药物有限责任公司	吴克明、曾　南、宋　英、吴大蓉、龙　旭
滋阴活血利咽口服液治疗慢性咽炎的实验研究	省科学技术进步奖三等奖	成都中医药大学、省中研院中医研究所、四川农大	彭顺林、邓　谦、付超美、郭万柱、钟　渠
川产地道药材川芎规范化种植的研究	省科学技术进步奖三等奖	成都中医药大学、省中药研究所、四川绿色药业科技发展股份有限公司等	贾敏如、李江陵、陈　康、张　艺、马逾英

续表6—28

获奖项目	获奖等级	主研单位	主研人员
药用聚氯乙烯、聚丙烯、聚偏二氯乙烯复合硬片	省科学技术进步奖三等奖	成都汇利包装实业有限公司	罗建华、黄锡武、肖世才、苏利华
天麻有性繁殖和高产栽培技术研究及产业化开发	省科学技术进步奖三等奖	万源市科技局	何 毅、胡泉明、张信录、何世伟、王 黎

2005 年四川医学科研获省部级奖项一览表（45 项）

表 6—29

获奖项目	获奖等级	主研单位	主研人员
青少年视网膜营养不良疾病基因的应用基础研究	省科学技术进步奖一等奖	省医科院·省人民医院、美国犹他大学人类分子生物学与遗传研究中心	杨正林、Kangzhang、林婴、杜 琼、杨 洋、胡建斌、樊映川、李 英、郭富强等
直肠癌 TME 微创化保肛术式与肿瘤微转移的临床应用研究	省科学技术进步奖一等奖	华西医院	周总光、于永扬、王 存、张肇达、胡建昆、李 园、李 立、王 昭、赵高平等
骨关节炎基础及临床研究	省科学技术进步奖一等奖	川北医学院附属医院、上海长海医院、遂宁市人民医院	袁国华、管剑龙、周京国、魏 锦、刘宁涛、杨明辉、魏 芃、王 铁、唐中等
中国薯蓣甾体药源植物的研究与产业化开发	省科学技术进步奖一等奖	中国科学院成都分院生物研究所、成都地奥制药集团有限公司。	李伯刚、徐成基、周正质、周 瑾、溥发鼎、葛绍彬、杨顺楷、毕世荣、刘忠荣等
防龋中药有效成分及药理作用机制的研究	省科学技术进步奖二等奖	华西口腔医学院	周学东、李继遥、胡 涛、王锋鹏、郝玉庆、刘天佳、谢 倩
四川省控制和基本消灭麻风病的策略、防治技术和措施研究	省科学技术进步奖二等奖	省医科院·省人民医院皮研所、世界卫生组织总部麻风科、中国医科院皮研所	胡鹭芳、吴新生、宁 涌、王荣茂、罗九思、廖 菁、熊俊浩
重组屋尘螨变应原与 DNA 疫苗在支气管哮喘抗原特异性免疫治疗的基础研究	省科学技术进步奖二等奖	泸医附院、深圳大学生命科学学院	李国平、刘志刚、廖 斌、熊 瑛、钟南山、罗光艳、孙兴旺
钙信号物质参与心肌血管重构的调控机制	省科学技术进步奖二等奖	成都军区总医院、成都军区昆明总医院、第三军医大附二院	杨永健、张 鑫、王先梅、祝善俊、杨丽霞、周兴文、朱 峻
颅内动脉瘤的发病机理与临床研究	省科学技术进步奖二等奖	省人民医院	黄光富、冯海龙、蒋万书、袁利民、唐 健、刘卫东、陈隆益
针灸治疗类风湿性关节炎的抗炎镇痛效应与机理研究	省科学技术进步奖二等奖	成都中医药大学	梁繁荣、黄迪君、余曙光、刘旭光、罗 荣、赵征宇、唐 勇
鱼腥草规范化种植及鱼腥草注射液研究及产业化	省科学技术进步奖二等奖	雅安三九药业有限公司、省食品药品检验所、四川农大、三九中药材科技公司	徐康雅、刘仲义、吴 卫、郝 莉、王 野、黄 瑛、唐 莉

续表6—29

获奖项目	获奖等级	主研单位	主研人员
优质高效中药品种示范研究（中药复方二类新药——芍甘多苷胶囊的研制）	省科学技术进步奖二等奖	省中药研究所	易进海、赵军宁、刘玉红、王晓东、陈　燕、宋　军、袁琼嘉
胆石病应用基础与临床研究	省科学技术进步奖三等奖	泸医附院、自贡市第一人民医院	雷正明、黎　靖、李　秋、黄丽辉、张爱民
肺微血管内皮细胞参与急性肺损伤发生的机制研究	省科学技术进步奖三等奖	成都军区总医院、第三军医大附二院	肖贞良、孙耕耘、钱桂生、徐兴祥、夏前明
C－myb 反义寡核苷酸对脑胶质瘤细胞生长抑制作用的研究	省科学技术进步奖三等奖	华西医院、成都363医院	徐学君、游　潮、高晋健、蔡博文、汤国太
凝血因子活性测定标准化建立与应用研究	省科学技术进步奖三等奖	省医科院·省人民医院	滕飞鹏、杨百理、杨　洋、饶绍琴、刘　华
原发性高血压患者血管生物学变化的研究	省科学技术进步奖三等奖	泸医附院	罗兴林、魏宗德、邓辉胜、欧阳迎春、江　凤
心脏机械瓣膜置换术后抗凝监测的方法学研究及低强度抗凝治疗的临床应用	省科学技术进步奖三等奖	华西医院	董　力、石应康、任　莉、田子朴、刘小箐
数字荧光强度分析用于抗核抗体检测及其质量控制标准的应用及临床研究	省科学技术进步奖三等奖	华西医院	王兰兰、刘　钢、彭晓东、武永康、张瑞薇
心脏舒张最大吸力的研究	省科学技术进步奖三等奖	三台县人民医院、华西基础医学与法医学院	何培芳、吴天清、何　川、罗德诚、刘鸿莲
组织芯片技术及其应用	省科学技术进步奖三等奖	华西医院	赵连三、刘　丽、唐　红、刘　凯、周思亮
鼻感染及变应性疾病临床和基础系列研究	省科学技术进步奖三等奖	泸医附院、华西医院、成都363医院	覃　纲、黎万荣、梁传余、张勤修、余　玲
肿瘤临床分期病理类型及合并疾病的用药与化疗药敏相关性的临床研究	省科学技术进步奖三等奖	川北医附院、阆中市人民医院	王崇树、魏寿江、赵国刚、侯华芳、何德才
早产的发病机制、预测与干预研究	省科学技术进步奖三等奖	华西妇产儿童医院	曾蔚越、颜　芳、蒋学风、侯　艳、杨　钢
肾综合征出血热不同方法治疗效果的对照研究	省科学技术进步奖三等奖	南充市中心医院	邓天君、帅世全、邓慧琳、邓棋文、杨兴华
正颌外科手术对颞下颌关节颜面形态影响的研究	省科学技术进步奖三等奖	华西口腔医学院	胡　静、王大章、邹淑娟、李继华、罗颂椒
腹腔和腹膜后淋巴结结核、恶性淋巴瘤CT表现特征及其对比研究	省科学技术进步奖三等奖	华西医院	杨志刚、闵鹏秋、余建群、李　媛、张　梅
血凝质控物的研制	省科学技术进步奖三等奖	省医科院·省人民医院	黄文芳、钟亚玲、刘　华、颜英俊、王智斌
Amplatzer 封堵器在先天性心脏病介入治疗中的应用	省科学技术进步奖三等奖	华西医院	曾　智、饶　莉、张　立、张　庆、陈玉成

续表6—29

获奖项目	获奖等级	主研单位	主研人员
酒精的发育毒性机制研究及酒精脱氢酶相关基因与人类饮酒行为的分子遗传学基础研究	省科学技术进步奖三等奖	华西公共卫生学院	吴德生、屈卫东、曹西蓉、张本忠、邓 莹
新生儿感染性肺炎病因学分布和免疫功能状态研究	省科学技术进步奖三等奖	省医科院·省人民医院	陈昌辉、叶长宁、李茂军、邱练芬、毛晓兰
鼻息肉发病的分子机理及鼻内窥镜在鼻部手术中的研究	省科学技术进步奖三等奖	广元市人民医院、华西医院、广元市朝天区人民医院	徐开伦、梁传余、张绍义、张 剑、张文国
立体定向分次放射治疗与放射外科治疗颅内肿瘤、血管畸形的方法学研究	省科学技术进步奖三等奖	省医科院·省人民医院	何永生、蒋万书、宋锦平、黄光富、陈隆益
微创颅底视神经管减压术的临床研究	省科学技术进步奖三等奖	达州市第二人民医院	张 洪、张正健、任万武、魏 云、张茜蕾
糖尿病足防治优化方案研究	省科学技术进步奖三等奖	成都中医药大学附院	亓鲁光、郎 宁、余 洁、李朝敏、李一北
川产道地药材川射干的标准化研究	省科学技术进步奖三等奖	华西药学院、省食品药品检验所	侯世祥、徐愚聪、毛声俊、程世琼、王建忠
川产道地药材和主流药材品种质量标准化研究——乌梅质量标准化研究	省科学技术进步奖三等奖	成都中医药大学	刘友平、陈鸿平、万德光、严铸云、彭 成
贯众饮片工艺及质量标准规范化研究	省科学技术进步奖三等奖	成都中医药大学、成都中医大惠康药业有限公司、华西药学院	吴纯洁、胡昌江、叶利民、左晓军、李小芳
针刺与按摩穴位的有效作用之机理研究	省科学技术进步奖三等奖	省中研院针灸经络研究所	董新民、董泉声、张晓琼
切挂选择缝合术治疗高位复杂性肛瘘临床研究	省科学技术进步奖三等奖	川北医附院、成都中医药大学附院、省中研院附院	唐学贵、王崇树、陆 一、吴映书、吴至久
针灸推拿综合方案治疗椎动脉型颈椎病的规范化及疗效研究	省科学技术进步奖三等奖	省中研院针灸经络研究所、省中医院、华西医院	周建伟、胡玲香、李 宁、张 凡、李春雨
改进灼烙法治疗慢性扁桃体炎临床疗效研究与评价	省科学技术进步奖三等奖	泸医附属中医院、泸医附院、自贡市中医第二医院	陈隆晖、谢朝良、覃 纲、张长富、程 涛
虎杖中白藜芦醇提取技术	省科学技术进步奖三等奖	凉山州生物研究所	蒋洪武、文 章、徐义仁、方远华、周建兴
四川省中药新药发展研究	省科学技术进步奖三等奖	省科技顾问团办公室、省食品药品监管局、省中药所等	徐宽宁、徐学民、宋民宪、吕 琳、赵军宁
四川省卫生政策研究	省科学技术进步奖三等奖	省卫生厅、省卫干院、省医情所等	谢明道、唐才东、郑小华、力晓蓉、景 琳

第三节 国家专利

1986—2005年，四川省级医疗卫生、科研单位及高等医学院校共取得国家专利116项，其中发明专利62项，新型实用专利43项，外观设计专利2项。国际发明专利1项。

1986—2005年四川医学专利项目一览表

表6—30

单位	发证时间	项目名称	专利类型	专利权人
省卫生防疫站	2000年	络活碘液体消毒剂	发明专利	李平、朱岚
省寄生虫病防治研究所	1997年	一种检测血吸虫循环抗原药盒	发明专利	黎世涛、王秀珍、周肇西
	1998年	驱虫药物复方制剂	—	张德洪、张孝容、杨文锦、唐中久、陈 闯、陈亚伟、欧阳新、靳明安、熊淑仁
	1998年	兽用驱虫药物复方制剂	—	邱则吟、刘崇义、张德洪、张孝容、刘光惠、张兴乾等
	1998年	抗蠕虫药物化合物	—	秦秀芳、陈亚伟、邱则吟、赵幼祥、李明惠、刘 樱、王凌志、张德洪等
省寄生虫病防治研究所	1999年	杀螺药物缓（控）释剂	—	蔡德全、熊维楷、左世会、卢永篙、席金玉、柏志惠、罗清蓉、陈夫朋等
	1994年	斑点酶标试剂诊断盒	新型实用专利	曾明安、屈振麒、黄 杰、李娟佑、徐 亮
	1995年	虫卵分离器	—	尹治诚、许发森、戴晓斌
	1996年	药糖块	外观设计专利	刘崇义、刘常华、黄先翔、李明惠、郑德福
省劳动卫生职业病防治研究所	1990年	αβ-不饱和酸的合成方法	发明专利	郭玉麟、李强华、戴可一
	1992年	防尘呼吸面罩	新型实用专利	罗贤俊、沈国安、刘志道、陈文新、虞天仲
	2000年	防尘、防毒口罩滤料盒	—	邓国伦、罗贤俊、吴 群、杨 庆、罗安文、潘亚玲
省疾控中心	2003年	血吸虫尾蚴防护剂	发明专利	黎世涛、王秀珍、张桂盛、谭 琪、刘国栋
	2004年	低副作用复方庆大霉素针剂	—	郭玉麟、李强华
		锁定脱离自毁性注射器	新型实用专利	闫侗有
省医科院·省人民医院	2005年	一种中药复方药物组合物及其制备方法和用途	发明专利	张安琴
	2004年 2005年	具有挂钩装置的引流袋 可控胃管	新型实用专利	吴玉芬 吴玉芬

续表6—30

单位	发证时间	项目名称	专利类型	专利权人
省肿瘤医院	1990 年 1992 年	滤膜电泳槽 宫颈细胞刮片器	发明专利	舒　煦 唐小海
	1992 年	皮下植入式双通路腹腔化疗装置	新型实用专利	张国楠
	2001 年	活动针芯左锁骨下动脉穿刺针	发明专利	胡大武
	2005 年	一次性乳腺导管专用穿刺针	—	魏永贵
省中医药研究院		生姜膏的制备方法	发明专利	陈　幸
		生姜精的制备方法		陈　幸
		生姜油的制备方法		陈　幸
		复方黄连药香皂		赵德永
	1998 年	吸附树脂法提取中药复方有效部分		吴懋芳、邓文龙
	2004 年	用于治疗骨质疏松症的药物组合物		陈　幸、王晓阳、黎万寿、何光星、杨　薇
	2005 年	秦皮总香豆素的制备方法及其在制药中的应用		杨安东、赵军宁
	2005 年	用于预防和治疗中风后遗症的药物组合物		陈　幸、罗　霞、黎万寿、陈东辉
省中医药研究院中医研究所	2000 年	普通 X 线机乳腺摄影装置	新型实用专利	李　洁
	2002 年	老鹳草块根鞣酸的提取方法		谢道刚、何廷炳
	2003 年	具有补肾健脑、化瘀通脉作用的中药	发明专利	陈学忠
	2004 年	钨靶 X 线乳腺摄影装置		万国均、万　萍、陈　志
泸州医学院	2005 年	一种治疗咽喉口腔疾病的药物组合物与其制备工艺	发明专利	冯文宇
	2005 年	应用碘伏作为腔镜手术的目镜头清晰剂的方法		杨慧芳
	2003 年	自动排气输液器	新型实用专利	刘珉甬
	2003 年	单管式宫颈癌后装施源器		吴敬波
	2003 年	一次性自动排气分装输液器		刘珉甬
	2004 年	一种痰盂		胡晓灵
	2004 年	温控电热治疗器		陈隆辉
	2004 年	超净防辐射屏蔽工作柜		陈　跃
	2005 年	一次性使用配药器		刘珉甬

续表6—30

单位	发证时间	项目名称	专利类型	专利权人
泸州医学院	2005 年	医疗灌肠器具	新型实用专利	罗慧群
	2005 年	溶药器		刘珉甬
	2005 年	安瓿消毒盒		官德蓉
	2005 年	一种治疗扁桃体炎的灼烙器		陈隆辉
成都中医药大学	1998 年	治疗偏头痛的药物及其制作方法	发明专利	吴纯洁
	1999 年	模拟药灸补泻治疗仪		李应昆
	2000 年	中药复方球状活性炭吸附精制法		韩泳平
	2003 年	治疗脑血管疾病的药物及其制备方法		杨　奎
	2004 年	一种蓖麻蚕精提物及其制备方法		高　平
	2004 年	多功能输液保安报警装置	新型实用专利	张先庚
	2003 年	制作控温、滤烟、除尘、磁疗、熨药治疗功能的温灸器	外观设计专利	胡卡明
省卫生管理干部学院	1999 年	电器累计计时器	新型实用专利	林秉礼、徐必坤、宋永慧
成都中医药大学附属医院	1996 年	视明注射液及其制备工艺 *	发明专利	陈翠屏
	1996 年	肾康注射液及其制备工艺		叶传蕙
	1996 年	丹红化瘀口服液及其制备工艺		邓亚平
	2002 年	痔血宁胶囊及其制备方法**		张　毅
川北医学院附属医院	1994 年	多功能安瓿颈部折断器		赵美超
	1996 年	直肠温热治疗仪		王崇树
川北医学院附属医院	1996 年	一次性分节式妇科病人自用喷雾冲洗器		赵美超
	1996 年	医用输液空气防尘祛菌过滤器		李先文
	2002 年	热疗腹带		王崇树
	2004 年	腹腔镜 T 管置入器		戴　毅
成都医学院	2001 年 6 月	活动性结核标志物氢谱多肽的检测方法	—	胡　娟
省骨科医院	2004 年	儿童上肢多功能牵引复位固定器	新型实用专利	王　英
华西医院	2001 年	乳酸软膏	发明专利	陈立中
	2001 年	乳化异氟醚		刘　进
	2002 年	一种 bFGF－PLGA 缓释微球及其制备方法和用途		裴福兴

续表6—30

单位	发证时间	项目名称	专利类型	专利权人
华西医院	2002 年	一种 bFGF-PLA-PEG 缓释微球及其制备方法和用途	发明专利	裴福兴
	2003 年	复合场三维细胞培养装置		秦廷武
	2003 年	丹参酮在制备治疗肿瘤药物中的应用		袁淑兰
	2003 年	一种筛选新的抗癫痫药物的方法		周　东
	2004 年	生物衍生组织工程骨及其制备方法		杨志明
	2004 年	人工组合的抗菌工程多肽及其制备方法		丘小庆
	2004 年	生物衍生骨复合四环素缓释体		张新明
	2004 年	荔枝果皮提取物及其制备方法和用途		王修杰
	2004 年	生物衍生羊膜、复合生物衍生羊膜及其制备方法		杨志明
	2005 年	持续灌注心脏保存装置		杜　磊
	2005 年	舒必利在制药中的新用途		王　雪
	2005 年	一种可以提高急诊护理书写质量及管理水平的急诊交班表格		李明凤
	2005 年	股骨头内支撑器		康鹏德
	2005 年	用于辅助检测经食管超声心动图盲区的医用装置		刘　进
	2005 年	夜交藤在制备治疗急/慢性咽炎的药物中的用途	发明专利	唐　尧
	2005 年	一种鉴定结核分枝杆菌菌种的多重 PCR 的引物设计方法		范　红
	2005 年	噻萘普汀在制备治疗或预防 MDMA 神经毒性药物中的应用		王　雪
	2005 年	小型化抗耐药金黄葡萄球菌多肽及其应用与制备方法		丘小庆
	2002 年	数控机械油画笔机构	新型实用专利	曹泽奇
	2002 年	颈部制动器		宁　宁
	2002 年	外科手术使用的一次性喉套镜		李　崎
	2004 年	动脉血氧饱和度探测装置		朱昭琼
	2004 年	可过滤白细胞的储血器		杜　磊
	2005 年	组合式皮质电极装置		高立达
	2005 年	双球囊血管内导管		杜　磊
	2005 年	抗病毒双功能分子制备方法及治疗病毒所致肿瘤的方法	国际发明专利	丘小庆

续表6—30

单位	发证时间	项目名称	专利类型	专利权人
华西口腔医学院·华西口腔医院	2001 年	聚磷酸钙钠生物学材料及其生产方法和用途	发明专利	张文传、程玲妹、袁楠希、管利民、陈治清、刘小青、邱　静
	2001 年	一种非调和型口腔粘接剂		管利民、陈治清、刘小青、邱　静
	2005 年	口腔铸钛专业包埋材料及其制备方法和应用		赵云凤、梁钦业、肖茂春、李　勇
	2005 年	生物活性骨组织诱导再生膜及其制备方法		田卫东、包崇云、李声伟
	2005 年	医用钛及钛合金表面活化改性方法		曹　阳、王力平、张兴栋、包崇云、张　波、杨帮成
	2005 年	人体下颌骨生物力学模型		田卫东、王　杭、陈孟诗、李声伟、刘　磊
	2002 年	腭裂牵张整复口内牵张器	新型实用专利	王大章、陈　刚、廖云茂
	2003 年	四点弯曲细胞力学加载器		周　征、唐　海、曾　军、郑　翼、罗颂椒
	2003 年	人体下颌骨生物力学模型		田卫东、王　杭、陈孟诗、李声伟、刘　磊
	2004 年	表面活性坚强内固定钛接骨板		包崇云、刘晓光、曹　阳、杨帮成、李旭东、张兴栋
	2004 年	口腔生物膜模型装置		周学东、黄正蔚、肖　悦、李继遥、刘天佳
	2005 年	一种细胞流体力学装置		梁　星、陈　明、王　航
华西妇产儿童医院	1995 年	一次性盆腔负压三通引流管	新型实用专利	邓云清
	1986 年	医用多功能注射工作台		邓云清
	2004 年	联合麻醉穿刺针的组合式针座		李华凤、杨　沛、王　莹等
	2004 年	气流管道干燥装置		王　溪、胥绍禹
	2005 年	输液报警传呼装置		胥绍禹、王溪
	2005 年	一次性护目镜		王　溪、杨　惠、胥绍禹、江永梅
	2005 年	一次性医疗隔离巾		杨　惠、江永梅、王　溪、胥绍禹

说明：* 专利申请单位：成都中医药大学附院、成都市药物制剂研究所；** 专利申请单位：成都中医药大学附院、四川维奥制药有限公司

第四节　医学著作

据不完全统计，1986—2005 年，由四川高等医学院校、医疗卫生单位、医药科研机构学者专家撰写的医学著作，已有一百多部正式出版发行。

1986—2005 年四川医学著作出版发行情况一览表

表 6—31

出版年份	著作名称	作者	出版社
1986	口腔颌面 CT 诊断学	王大有	四川科技出版社
1986	放射免疫基本理论	邓尚平	四川科技出版社
1986	临床血液细胞学图谱	盛尔荃	四川科技出版社
1986	家庭生活心理	许明定	四川科技出版社
1986	静安慈幼新书	郁文骏	四川科技出版社
1986	医学影像诊断临床应用指南	赵元全	四川辞书出版社
1987	临床合理用药	罗建仲	重庆出版社
1987	癫痫学	周树舜	四川科技出版社
1987	头颈部适用 CT 图谱	廖文满、邓开鸿	四川科技出版社
1987	小儿症状鉴别诊断学	廖清奎	人民卫生出版社
1987	医用行为学	何慕陶	四川科技出版社
1987	皮肤保健与疾病	罗汉超	四川辞书出版社
1987	环境放射性污染与检测	陈以彬	四川科技出版社
1987	粉尘与疾病	沈国安	四川科技出版社
1987	小儿症状鉴别诊断学	廖清奎	人民卫生出版社
1987	小儿营养和营养性疾病	廖清奎	天津科技出版社
1987	子宫肌瘤	王世阆	人民卫生出版社
1987	不孕症	杨式之	四川科技出版社
1988	临床医学科研设计指南	王家良	四川科技出版社
1988	带血管蒂组织瓣移植	杨志明	重庆出版社
1988	电子显微镜技术在临床医学中的应用	杭振镳	重庆出版社
1988	近代儿科疾病诊断与治疗	廖清奎	人民卫生出版社
1988	遗传咨询与围产期病案分析	杨式之	四川科技出版社
1989	儿童保健学	郑德元	江苏科技出版社
1989	临床药物治疗学	罗德诚、陈文彬	人民卫生出版社
1989	实用超声显像诊断学	黄承孝	四川科技出版社
1989	临床适用护理学	肖乾虎、陈克芳	四川辞书出版社
1989	癌的防治与康复	洪元康	四川辞书出版社
1989	基因工程辞典	赵连三、周思亮	四川科技出版社
1989	金匮要略	李克光	人民卫生出版社

续表6 —31

出版年份	著作名称	作者	出版社
1989	中医美容方法荟萃	张毅	四川科技出版社
1990	麻醉生理学	闵龙秋	中国医学科技出版社
1990	眼的先天异常	罗成仁	人民卫生出版社
1990	临床流行病学	王家良	上海科技出版社
1990	中医治疗学原理	孙孝洪	四川科技出版社
1991	体外冲击波碎石原理及临床应用	潘慈康	四川科技出版社
1990	小儿疾病与智力发育	唐泽媛	四川科技出版社
1991	现代医院经营管理学	刘刚	成都出版社
1991	心理咨询百科全书·变态心理学	刘协和	吉林人民出版社
1991	景岳全书	郁文骏	人民卫生出版社
1991	卫生事业管理概论	张泽普	重庆出版社
1991	卫生防疫事业管理	屠云人	四川科技出版社
1991	四川蚊类志	雷心田	成都科技大学出版社
1992	临床流行病学·临床科研设计·衡量与评价	王家良	人民卫生出版社
1992	骨密度测量及临床应用	杨定焯、张知淮、李秀钧	四川科技出版社
1992	优生及遗传	雷刚	青海人民出版社
1993	神经疾病临床剖析	高立达	四川科技出版社
1993	临床核医学	谭天秩	人民卫生出版社
1993	精神科急诊医学	刘协和、杨权	湖南科技出版社
1993	心理卫生大全	刘协和、刘志中	重庆出版社
1993	脊柱外科学	饶书诚	人民卫生出版社
	脑血管病治疗学	罗祖明	人民卫生出版社
1993	中药药理研究方法学	邓文龙	人民卫生出版社
1993	彝族医药	阿子阿越	中国医药科技出版社
1994	外科护理学	陆以佳	人民卫生出版社
1995	颅脑损伤	邱绪襄	四川科技出版社
1995	超声医学影像诊断学	黄承孝	四川科技出版社
1996	社区护理	李继坪	四川科技出版社
1996	神经系统疾病的理论与实践	孙红斌	四川科技出版社
1997	中医药抗癌研究与临床	郁文骏	四川科技出版社
1997	法医精神病学	刘协和	人民卫生出版社

续表6—31

出版年份	著作名称	作者	出版社
1997	人体钙营养	毛萌	人民卫生出版社
1997	激素实体及其临床应用	曹泽毅	北医协和联合出版社
1998	临床诊断新思维与新技术	罗建仲	人民卫生出版社
1998	实用危重病监测治疗学	应明英	人民卫生出版社
1998	整体护理理论基础与实践	成翼娟	四川科技出版社
1998	常见内分泌代谢疾病	梁荩忠、张存泓	四川科技出版社
1998	现代护理学	陆以佳	四川科技出版社
1998	儿科学新进展	肖侠明	四川科技出版社
1998	流产并发症	赵小文	人民卫生出版社
1999	中华妇产科学	曹泽毅	人民卫生出版社
1999	妇科肿瘤学	曹泽毅	北京出版社
1999	产科急症	张光玗	北京医科大学出版社
1999	肺癌基础研究与临床治疗进展	周清华	科学出版社
1999	脑血管疾病治疗学	罗祖明	人民卫生出版社
1999	耳鼻咽喉科理论与实践	梁传余	四川科技出版社
1999	外科护理学	陆以佳	人民卫生出版社
1999	职业性肺病	沈国安	中国医药科技出版社
1999	流行病学新进展	王敦志	四川科技出版社
1999	公共卫生学新进展	王敦志	四川科技出版社
1999	中药品种品质与化学成分实验	董小萍	上海科技出版社
2000	整体护理	徐翠霞	天地出版社
2000	儿科常见疑难疾病的诊治与特殊用药	姚裕家	人民卫生出版社
2000	妇产科学新进展	彭芝兰	四川科技出版社
2000	临床儿科学	廖清奎	天津科技出版社
2000	小儿心电图学	周同甫	人民卫生出版社
2000	子宫肌瘤	王世阆	人民卫生出版社
2000	移植免疫生物学	Rene. JD、李幼平等	科学出版社
2000	组织工程基础与临床	杨志明	四川科技出版社
2000	炎症性肠病研究进展	欧阳钦	四川科技出版社
2000	呼吸系统疾病诊疗技术	陈文彬、程德云	人民卫生出版社
2000	细胞凋亡基础与临床	王曾礼	人民卫生出版社

续表6—31

出版年份	著作名称	作者	出版社
2000	护理管理学	成翼娟	人民卫生出版社
2000	中华医药宝典	张肇达	人民卫生出版社
2001	实用医学分析技术与应用	黄文芳	人民卫生出版社
2001	肝脏外科	严律南	人民卫生出版社
2001	胰岛素抵抗综合征	李秀钧	人民卫生出版社
2001	整体护理实践	成翼娟	人民卫生出版社
2001	循证医学	王家良	
2001	小儿血液病基础与临床	廖清奎	人民卫生出版社
2001	溶血性贫血的实验室检验	杨惠	人民卫生出版社
2002	老年护理学	殷磊	人民卫生出版社
2002	组织病理技术	李甘地	人民卫生出版社
2002	病理学	步宏	人民卫生出版社
2002	检验医学自动化及临床应用	彭黎明、王兰兰	人民卫生出版社
2002	现代小儿外科手术学	胡廷泽	人民卫生出版社
2002	生物化学检验	李萍	人民卫生出版社
2002	精神病学	孙学礼	高等教育出版社
2002	护理学基础	殷磊	人民卫生出版社
2003	艾滋病防治工具书 PLWA 关怀与支持	廖菁	人民卫生出版社
2003	检验医学	彭黎明、王兰兰	人民卫生出版社
2003	精神病学	孙学礼	高等教育出版社
2003	消化系统疾病查房释疑	欧阳欣	人民卫生出版社
2003	循证医学	李幼平	高等教育出版社
2003	护理理论	李晓玲	人民卫生出版社
2003	医学心理学	孙学礼	四川大学出版社
2003	肺癌新理论新技术进展	周清华等	四川大学出版社
2003	新世纪之医学——循证医学	宋争放	四川科技出版社
2003	艾滋病综合防治	宋争放、刘刚	四川科技出版社
2004	现代肝脏移植学	严律南	人民军医出版社
2004	气道炎症性疾病	刘春涛、王曾礼	人民卫生出版社
2004	现代血栓与止血的实验室检测及其应用	彭黎明、邓承祺	人民卫生出版社
2004	现代心肺复苏学	何庆	人民军医出版社

续表6—31

出版年份	著作名称	作者	出版社
2004	急性胰腺炎	张肇达、严律南等	人民卫生出版社
2004	卵巢疾病	王世阆	人民卫生出版社
2004	乳腺高频超声图谱	彭玉兰	人民卫生出版社
2005	四川道地中药材志	赵军宁	四川科技出版社
2005	临床常见错误分析	王曾礼	人民卫生出版社
2005	甲状腺相关眼病	罗清礼	人民卫生出版社
2005	临床免疫学和免疫检验	王兰兰	科技文献出版社
2005	癫痫诊断与治疗	肖侠明	人民军医出版社
2005	母婴护理	王玉琼	人民卫生出版社

第五节　参与研发青蒿素

遵照毛泽东主席、周恩来总理的指示，1967年5月23日，解放军总后勤部商请国家科委，会同卫生部、化工部（“文化大革命”期间由国家医药管理总局与石油化工部合并而成）、国防科委和中国医药工业总公司，在北京联合召开全国疟疾防治药物研究工作协作会议。会议针对热带地区抗药性恶性疟疾严重影响部队战斗力的问题，决定开展全国军民大协作，组织科研、医疗、教学、制药等单位，在统一计划下分工合作，共同承担疟疾治疗药、长效预防药、驱蚊剂等抗疟新药的研究任务。这项紧急战备科研工作，代号为“523项目”。

1968年9月，四川地区523领导小组和523办公室成立。研发团队由军队和地方20多个医药卫生单位累计近百名业务骨干组成，并按照专业划分，成立中医中药、化学合成药、现场防治、中医针灸、驱避剂、疟疾免疫、灭蚊药械等7个专业小组。四川省中药研究所被指定为全国中医中药组主要负责单位之一和四川地区中医中药专业小组组长单位。大家思想上目标一致，计划上统一安排，任务上分工合作，专业上取长补短，技术上互相交流，设备上互通有无，做了大量富有成效的工作，为中国成功研发青蒿素作出了重要贡献。

1968—1972年，为“523项目”初始阶段。

中医中药专业小组共组成省中药研究所小分队、省卫生防疫站小分队、省寄生虫病研究所小分队、成都中医学院小分队、四川医学院小分队、重庆医学院小分队等6个小分队，分赴宜宾、泸州、荣县、乐山、万县、绵阳等地，调查搜集疟疾防治的秘方和验方，就地采集中草药。同时，查阅整理医学古籍和现代医药资料。

全国523办公室经过筛选，确定常山、青蒿等10余种中药为主要研究对象，并将常山作为重点，在四川、北京、上海等地同时开展研究。由四川省中药研究所主要负责的分题为《常山碱的制备及其中药复方的临床试验》。该所对常山和常山乙碱化学提取、药理实验、临床观察、抗呕吐等进行了多项研究，并按全国523办公室要求，为省内外协作单位提供了大量用于研究的常山乙碱。四川医学院、成都中医学院也对克服常山和常山乙碱呕吐副作用开展了研究。

1972年3月，全国523办公室在南京召开化学合成药和中草药两个专业组会议。在中草药专业组会议上，卫生部中医研究院中药研究所（以下简称卫生部中药所）研究人员屠呦呦，报告该所青蒿乙醚提取物对鼠疟原虫近期抑制率达到100%的实验结果。受此重要启示，四川地区协作组迅速作出调整，将“523项目”的研究方向锁定为对传统抗疟草本植物青蒿的研究。

1973—1981年，为青蒿研究会战阶段。

1974年12月，四川省中药研究所药化研究室刘鸿鸣等几名研究人员，用乙醇作溶剂从青蒿叶中提取青蒿素获得成功。其主要工艺为：置青蒿叶于70%乙醇浸渍，浸液用活性炭脱色，经过静置、热熔浸膏等处理，得到青蒿素粗结晶；再经过两次合并粗晶，用氯仿重结晶等处理，得到青蒿素成品。该工艺简便、安全、效价高，纯度达95%以上。稀醇法提取青蒿素随即在该所中间工厂成功进行中型生产。

卫生部中药所的研究工作曾一度受挫，1974年全年未能成功提取青蒿素。经全国523办公室协调安排，由四川地区523办公室拨给经费，卫生部中药所于1975年3月派谭洪根、崔淑莲两位青年科技人员到四川省中药研究所学习和工作。在刘鸿鸣带领下，他们与化学小组人员共同奋战20多天，提取青蒿素800克，解决了卫生部中药所开展临床等研究工作缺乏青蒿素的“燃眉之急”。之后，卫生部中药所、全国523办公室、上海药物所陆续派人来四川购买青蒿素和青蒿生药。

1975年4月，全国523办公室在成都召开中草药研究专业会议，对青蒿研究工作进行全面部署。四川地区中医中药组发挥其技术和地域优势，对青蒿、青蒿素开展了一系列基础理论研究和临床研究，包括青蒿资源研究、青蒿素提取工艺研究，青蒿素（片）化学、药理及临床研究，青蒿简易制剂研究，青蒿素联合用药研究等，并取得重要进展，成为青蒿素研究大会战的一支主力军。是年12月，四川省中药研究所研制出青蒿粗制剂——青蒿浸膏胶囊，经眉山县思茅公社医院156例临床验证，治愈率达100%。之后，又与重庆制药八厂协作，将青蒿浸膏压制成青蒿片，陆续在四川、云南、海南、河南的20个验证点治疗疟疾患者，临床观察病例达3800多例。

1977年4—12月，四川生产的青蒿片在川东、川西、川南、川北，以及云南省、河南省、海南岛17个现场，同时进行治疗间日疟、恶性疟和抗氯喹地区间日疟、恶性疟的临床观察，共验证病例590例，治愈率均达100%。

青蒿片的临床疗效取得满意效果。经全国523领导小组同意，青蒿片作为单独一项科研成果，由四川地区523领导小组召开鉴定会审查通过。1978年5月3—6日，四川省卫生厅主持召开青蒿片鉴定会，全地区科研、临床、生产、药检等26个单位的45名代表参加鉴定，省科委、省化工局、成都军区后勤部卫生部也派员与会。最后鉴定结论为：“青蒿片治疗疟疾具有高效、速效，毒副作用小，药源广，工艺简便，成本较低的特点，并提出了可以控制质量的标准（草案），可以投入生产”。当年，四川省中药研究所药化研究室及中间工厂除生产青蒿素3公斤外，还生产青蒿片170多万片和上清液片近30万片，既保证了四川各地临床实验需要，又支援了北京、广东、海南、上海等地临床和化学分析需要。是年5月，云南孟连县部分地区疟疾暴发流行，县委发来特急电报请求支援，四川省中药研究所迅即寄去青蒿片，对遏制疟疾流行发挥了重要作用。1978年全国青蒿鉴定会资料统计，各地青蒿片临床观察所用青蒿片，大多由四川省中药研究所提供。

1978年11月23—29日，全国523领导小组在江苏省扬州市主持召开青蒿素治疗疟疾科研成果鉴定会。会议通过的鉴定书确认了6家主要研究单位，即：卫生部中医研究院中药研究所、山东省医药研究所、云南省药物研究所、广州中医学院、四川省中药研究所、江苏省高邮县卫生局；鉴定书同时确认了39个主要协作单位，其中四川地区有11个，即：重庆第八制药厂，成都中医学院，第三军医大学，重庆市中医研究所，四川省寄生虫病防治研究所，重庆市卫生防疫站，乐山、内江、宜宾、温江、绵阳地区卫生防疫站；鉴定书还充分肯定了四川省中药研究所研制的青蒿浸膏片，明确记载四川省中药研究所“青蒿浸膏片提取方法简便，价格低廉”，全国各地“青蒿浸膏片的生产工艺可参考四川鉴定的规格标准生产使用”。

1979年1月23日，由于部队战备需要，国家医药管理总局、解放军总后勤部、国家卫生部联合向四川等省、区主管部门发出关于协助安排青蒿素（黄蒿素的）生产的函，指定全国最早提取和试生产青蒿素的四川省中药研究所、重庆第八制药厂、昆明制药厂等为紧急任务生产单位。在四川地区523办公室的组织协助下，科研和生产单位制定生产工艺，挖掘生产潜力，清理库存，收购黄花蒿，即刻投入生产。经过努力，生产青蒿素油针剂任务很快完成，继后又按时完成追加下达的青蒿素生产任务。

1980年，全国523办公室评出全国百余项重大成果，其中四川地区有6项，即：（1）青蒿浸膏片，研制单位：四川省中药研究所；（2）癸酸制剂，研制单位：四川省中药研究所、西南制药一厂、重庆医学院、第三军医大学、重庆市卫生防疫站、重庆制药七厂、重庆第一中医院；（3）《青蒿素抗疟的研究》，主要研究单位：卫生部中医研究院中药研究所、四川省中药研究所等；（4）抗坏血酸伯喹，研制单位：四川省寄生虫病防治研究所、西南制药二厂；（5）巴拉巴按蚊实验室驯化和养殖，研制单位：成都生物制品研究所疟疾免疫组、四川医学院生物学教研组、广东医药学院寄生虫教研组；（6）多斑蚊实验室饲养及对猴疟原虫敏感性试验，研究单位：四川省寄生虫病防治研究所。

1981年3月，全国523领导小组、523办公室负责人工作座谈会在北京召开。卫生部、国家科委、国家医药管理总局、解放军总后勤部向取得重大科研成果的研究单位、参加单位和主要协作单位，以及在组织领导、科技情报、产品鉴定、技术等方面取得显著成绩的110个单位颁发了奖状。四川地区获得奖状的单位有：四川省科学技术委员会、四川省化学工业局、重庆第一制药厂、重庆第二制药厂、成都军区后勤部卫生部、成都军区后勤部军事医学研究所。全国523领导小组向长期离开原单位从事“523项目”组织管理工作的105名个人授予了荣誉证书。四川地区获得荣誉证书的个人有：郭安荣、屠云人、王满、李广发、郑家隆、欧阳彬、王文华、刁振中、宋广亮。

1983—1990年，为“523项目”延续阶段。

1982年3月，卫生部、国家医药管理总局联合成立青蒿素及其衍生物研究指导委员会（以下简称指导委员会），各相关单位继续加强对青蒿素的研究与开发。

指导委员会考虑到开发和保护四川省酉阳地区的优质青蒿资源，对实现中国青蒿素及其衍生物商业化具有重要意义，于1983—1984年组织科技人员，再次在酉阳地区开展优质青蒿资源调查，并就在酉阳建立青蒿种植基地和青蒿素工业化生产厂进行可行性研究。1986年7月，酉阳县开始筹建青蒿素提炼厂——武陵山制药厂。为了保证我国自行研究设计的第一个吨级青蒿素工业化生产工艺的性能，同时考虑到酉阳地区处于贫困山区缺乏技术和经费，根据优势互补的精神，指导委员会拨专款支持山东省中医药研究所改进和优化青蒿素生产工艺，为筹建中的四川省武陵山制药厂提供青蒿素生产设备。11 月，四川省医药管理局和四川省卫生厅批准成立武陵山制药厂。1987 年 7 月，武陵山制药厂与山东省中医药研究所签订《青蒿素原料药生产的工艺技术转让合同》。经过青蒿素工业化的小试和中试，武陵山制药厂生产出合格的青蒿素成品。9 月，卫生部、国家医药管理局召开新闻发布会，宣布我国吨级青蒿素厂建成投产。为了扩大青蒿素产能，解决蒿甲醚等终端产品的原料来源，在指导委员会的支持协调下，四川省武陵山制药厂与昆明制药厂签订联合生产青蒿素的协议。12 月，四川省涪陵地区批准成立武陵山制药厂新建青蒿素车间。1988 年元旦，车间破地动工。1990 年，一个设计年产量更大的青蒿素工业化提炼车间建成投产。武陵山制药厂青蒿素的投产，为推动我国青蒿素及其衍生物走向世界创造了条件。

四川地区协作组的成员在执行“523 项目”中，展示了听从召唤、不辱使命、为国争光的赤胆忠心；不畏困难、不避艰险、勇于创新的英雄气概；不分彼此、通力合作、共同奋战的协作精神；公而忘私、乐于奉献、不计名利的高风亮节。后来有人将它赞誉为“523 精神”。

科研、防疫、医疗、教学等专业技术人员，在持续多年的研发工作中，身带粮票（干粮），背负行囊，翻山越岭，先后深入省内长宁县、泸县、合江县、高县、万县、荣县、眉山县、璧山县，云南省芒市、思茅、保山，海南岛北沙县等农村山区和疟疾疫区，收集民间抗疟药方，调查抗疟中草药资源，采集药物标本，为群众防病治病，观察药物抗疟效果。早期开展常山、巴豆毒副作用研究时，中药临床小组 10 多名成员“以身试药”，争相服用。某部队医院战士邱子禄 3 次试服巴豆，严重腹泻几近虚脱。“文化大革命”期间，重庆地区两派武斗激烈，四川省中药研究所化学、药理等科室的 20 多名科技人员，排除派性干扰，一直坚守工作岗位；实验室无法开展工作，他们就转到地下室搞实验研究。药理室研究人员万尧德刚结婚 3 天，就响应“把抗疟实验室搬到疫区”的号召，去云南省芒市州卫生防疫站建立抗疟过筛实验室。半年时间内，他来来回回在章风景坎公社傣族寨、傈僳寨、景颇寨、弄巴农场奔波，参加“防 I”“防 II 验证，获得完整观察病例 200 多例。自身感染疟疾后，他就在自己身上验证“疗 5”的疗效。

四川省中药研究所本是1978 年 11 月通过的青蒿素签定书业已确认的 6 个主要研究单位之一，在全国抗疟研究中发挥了重要作用，其所做工作及其贡献为同行所公认。1979 年卫生部代表全国 523 领导小组向国家科委申报青蒿素发明奖时，没有将四川省中药研究所纳入 6 位“发明人”地位。若干年后，在原全国 523 办公室副主任张剑方主编的《迟到的报告——五二三项目与青蒿素的研发纪实》一书中，对此特别指出：“主要研制单位的四川省中药研究所和江苏省高邮县卫生局，在颁发国家发明证书时，让位于其他单位”；“虽然他们最后在青蒿素成果发明奖上没有排上名次，但两个单位为青蒿素研制成功所做的成绩功不可没”。

第七篇　医学教育

1986—2005 年，四川医学教育资源持续增长，医学院校的办学规模、专业设置、教育层次、基础设施、教学手段、教学理念等发生历史性变化，由本科教育、专科教育、研究生教育组成的高等医学教育体系进一步健全，由中专、大专、高职组成的中等医学教育体系基本形成，继续医学教育蓬勃发展，部分非医学院校进入医学教育行列，医学教育为医疗卫生单位培养了大批人才。

第一章 高等医学教育

第一节 教育机构

1914年，美国、英国、加拿大三国教会在成都开办华西协合大学设立医科，开启四川现代医学高等教育。中华人民共和国成立后，四川高等医学教育事业快速发展，至20世纪60年代，全省已有5所高等医学院校，即：四川医学院（1985年更名为华西医科大学）、重庆医学院（1985年更名为重庆医科大学）、成都中医学院（1995年更名为成都中医药大学）、泸州医学专科学校（1978年升格为泸州医学院）、南充医学专科学校（1985年升格为川北医学院）。1997年重庆医科大学划归重庆市，2004年第三军医大学成都军医学院整体移交四川省并更名为成都医学院。至2005年，四川高等医学院校仍为5所。

一、华西医科大学

华西协合大学医科1914年设立，牙科1917年设立，1929年医科与牙科合并组成医学院。1932年创办制药系。1951年更名为“华西大学”，1952年全国高等院校调整后成为一所多专业性的高等医学院校。1953年10月6日更名为四川医学院。1985年更名为华西医科大学。1978年2月被确定为全国重点大学。1978年恢复研究生教育。1999年1月进入“211工程”重点大学建设行列。至2000年，共设有8个学院，即基础医学院、第一临床医学院、口腔医学院、公共卫生学院、药学院、法医学院、继续教育学院、护理学院；2个学系，即外语系、妇幼系；2个学部，即人文社会科学部、体育部；3个教育培训中心，即卫生管理干部培训中心、药事管理培训中心、继续医学教育发展和培训中心；3个研究中心，即中国出生缺陷监测中心、围产医学研究中心、卫生部口腔种植科技中心；4个附属医院，即华西附院、华西妇产儿童医院、华西口腔医院、华西职业病医院；附设研究所12个、研究室27个，还办有一所卫生学校、一家制药厂。有博士后流动站7个，博士、硕士学位授权一级学科4个，博士学位授权点30个，硕士学位授权点40个。专业技术职务人员中，有正高287名，副高628名，中级职务1611名。在岗的博士生导师134名，硕士生导师350余名。2000年9月与四川大学合并组建新的四川大学，原有医药类院系调整为四川大学华西基础医学与法医学院、华西临床医学院、华西口腔医学院、华西公共卫生学院、华西药学院；华西医大附属医院更名为四川大学华西医院（以下简称华西医院），华西妇产儿童医院更名为四川大学华西妇产儿童医院，华西口腔医院更名为四川大学华西口腔医院，华西职业病医院更名为四川大学华西职业病医院，制药厂改制为华西药业股份有限公司。

（一）华西公共卫生学院

1914年，“私立华西协合大学医学院卫生学与公共卫生学课程组”设立，1958年创建国内第一个卫生检验本科专业。1986 年 10 月升格为华西医科大学公共卫生学院。至 2005 年，设有预防医学（含卫生检验方向）、公共事业管理（卫生管理专业方向、健康保险专业方向、医药企业管理专业方向）等本科专业（专业方向）；有 5 个二级学科博士学位授权点，7 个二级学科硕士学位授权点。建有博士后流动站。学院分析测试中心于 2003 年 8 月通过中国实验室国家认可委员会（CNAL）评审，成为国内高校医学领域第一个国家认可实验室。教职工中，有博士生导师 14 人，硕士生导师 37 人，包括中国公共卫生学开创人之一的陈志潜等知名教授。

（二）华西口腔医学院

1917 年，华西协合大学牙学院建立。1953 年更名为四川医学院口腔医学系，1985 年更名为华西医科大学口腔医学院，实行口腔医学院、口腔医院、口腔医学研究所三位一体的体制。设有口腔医学专业五、七、八年制及口腔修复工艺学四年制，口腔基础医学、口腔临床医学等硕士、博士点各 12 个。口腔修复学是省级、国家级精品课程。口腔颌面外科、口腔修复学 1989 年批准为高校医学重点学科，并于 1998 年、1999 年分别被教育部列为“长江学者奖励计划”特聘教授岗位学科，口腔临床医学 2001 年成为国家级重点学科；口腔内科学、口腔正畸学为省级重点学科。2005 年教职工中有博士生导师 25 人，硕士生导师 13 人；有全国口腔医学专委会主任委员 3 人，副主任委员 12 人。

（三）华西药学院

1918 年，华西协合大学理学院药学系创建，为全国最早的全日制本科高等药学院系之一。1987 年 3 月在药学系和药物研究所的基础上建立药学院。1989 年在国内率先招收临床药学专业本科生。学院设有 6 个学系，即药物化学、天然药物学、药剂学、临床药学与药事管理学、药物分析学、药理学与生物制药学，附设药物研究所、现代药学专业教学中心实验室、分析测试中心、生药标本馆和药用植物园、药事管理培训中心。教职工中有省学科带头人 4 名，博士研究生导师 18 人，硕士研究生导师 26 人。系药学一级学科博士学位授权单位，有药学博士后流动站 1 个，二级学科（药物化学、药剂学、药物分析学）博士授权点 3 个，二级学科（药物化学、药剂学、药物分析学、生药学、微生物与生化药物和药理学）硕士授权点 6 个。省重点学科（药物化学和药剂学）2 个。

（四）华西临床医学院

2000 年并校前为华西医科大学第一临床医学院/华西医院。设有临床医学、医学技术、护理、妇幼保健、医学检验 5 个专业。20 世纪 90 年代率先在国内引进国际医学教育的先进理念和实践，如临床技能教学与评估改革、临床医学导论开设、标准化病人（SP）教学、客观结构化考试等，是国内最早研究、引进“全球医学教育最基本要求（GMER）”的医学院校之一。2003 年 10 月获临床医学博士一级学科授予资格。至 2005 年，有国家重点学科 2 个（呼吸病学、普外科学），省级重点学科 17 个，博士授权点 30 个，硕士授权点 31 个，国家级精品课程 3 门（病理学、诊断学、护理学基础），省级精品课程 7 门。教师中，有正高职称 140 多人，副高级职称 280 多人，包括中科院院士魏于全，国家一级教授曹钟樑，全国教学名师欧阳钦、李甘地等知名教授。

（五）华西基础医学与法医学院

2001 年 7 月由华西医科大学基础医学院与法医学院合并组建。基础医学院（1987 年成立）系国家理科人才培养基地，承担各学院研究生、医科（4、5、8 年制）本科生和专科生的教学任务，有国家级重点学科、高校特色专业建设点、“211 工程”及省重点学科各 1 个，教师中有国务院学位委员会学科评议组成员 1 名，合并前设 13 个教研室，1 个研究所（生物化学与分子生物学），11 个研究室，职工319人，其中正高42名，副高63名，57%的教科人员具博士、硕士学位。有博士授权点、硕士授权点各9个，博士后流动站3个，博士生导师24名，硕士生导师62名。法医学院前身为20世纪50年代吴家文、吴梅筠等老一辈法医学家创建的华西医科大学法医学系，1979年首次招收法医学本科生，1986年正式成立法医学系，1986年、1990年先后批准为硕士、博士学位授权学科，1999年成立法医学院。有教授7名，副教授13名，每年招收博士后1—2名，博士研究生4—7名，硕士研究生6－14名，五年制本科生50名左右。合并后设有基础医学和法医学2个本科专业。

二、重庆医科大学

1956年，上海第一医学院（今复旦大学医学院）分迁来渝创办的重庆医学院，1985年更名为重庆医科大学，是一所拥有一批国家级重点学科、省部级重点学科、重点实验室、研究所（室）等科研基地，具有“学士—硕士—博士—博士后”人才培养体系的大学。附属综合医院2所、儿童医院1所（均为三级甲等医院）、口腔医院1所。学校先后承担国家“六五”“七五”科技攻关项目，国家自然科学基金重点和面上项目，“863”“873”“973”计划项目，国家杰出青年基金项目，国家新药基金项目，教育部跨世纪人才基金项目等高层次科技项目，同时还承担国际合作项目的研究。众多项目获国家科技进步奖、技术发明奖及部、委、省等各级科技成果奖及国家发明专利。1997年整体移交重庆市。

三、泸州医学院

1951年，川南医士学校创建，1959年升格为泸州医学专科学校，1978年升格为泸州医学院。至2005年，设有基础医学院、临床医学院、中西医结合学院、口腔医学院、护理学院、外国语学院、人文社科学院、药学院、继续教育学院、麻醉系、法学系、医学影像系、医学检验系、公共卫生系、生物医学工程系、体育系等16个二级院（系），本科专业21个，专业方向9个。有一级学科（中药学、中西医结合）硕士学位授权点2个，二级学科硕士学位授权点20个。教职工中，有硕士生导师156人。2003年获准为临床医学专业硕士学位研究生培养单位。2005年开始与重庆医科大学联合招收博士研究生。

四、川北医学院

1951年，川北医士学校创建，1965年升格为南充医学专科学校，1985年升格为川北医学院。设有基础医学院、临床学院、医学影像学系、医学检验系、护理学系、麻醉学系、口腔医学系、眼视光学系、中西医临床医学系、外国语言文化系、法医学系以及国际教育交流学院、人文社科学院、成人教育学院等16个教学单位，7个研究所（室）。有5个省级重点学（专）科，医学影像学为省级品牌专业。1998年开始分别与四川大学、重庆医科大学、第三军医大学、成都中医药大学、西华师范大学等联合招收硕士研究生，2005年开始与重庆医科大学联合培养博士研究生。

五、成都医学院

1947年，河南纸店的豫皖苏军区卫生学校创建，1974年并入成都军区军医学校，1999年5月更名为第三军医大学成都军医学院，2004年整体移交四川省，更名为成都医学院，进入国民高等教育序列，成为省属高等医学本科院校。设有基础医学院、人文信息管理学院、药学院、临床医学系、医学检验系、医学影像系，开设有临床医学、预防医学、医学检验、药学、护理、医学影像、应用心理学、药物制剂、生物技术、公共管理学等本科专业（专业方向）。有省级重点学科、重点实验室各2个。

图7-1　2004年8月，第三军医大学成都军医学院移交四川省管理，更名为成都医学院

六、成都中医药大学

详情记于第四篇第四章。

1986年、2005年四川医学高校在校生规模一览表

表7—1　　　　单位：人

学校名称	1986年					2005年				
	在校生	其中				在校生	其中			
		专科	本科	硕士	博士		专科	本科	硕士	博士
华西临床医学院	2582	221	2361	—	—	4112	—	2491	1141	480
华西公共卫生学院	—	—	—	—	—	—	1635	—	159	70
华西口腔医学院	—	417	—	56	13	—	550	—	412	137
华西基础医学与法医学院	—	—	80	—	—	643	—	504	99	40
华西药学院	770	199	480	88	3	1145	—	797	253	95
成都中医药大学	1712	243	1442	27	—	11545	2720	7572	1062	191
川北医学院	957	580	377	—	—	11216	1922	9294	—	—
泸州医学院	1995	190	1805	—	—	18494	627	11464	363	—
成都医学院	—	—	—	—	—	5718	2727	2991	—	—

说明：华西口腔、公卫、基础医学与法医学院、成都军医学院1985年后始陆续独立成立学院，故1986年尚无相关数据

2000 年以前，全省从事中医药高等教育的医学院校只有成都中医药大学 1 所，中医药高等专科学校 2 所，医学院校中医系 1 个。21 世纪初，西南交通大学、西华大学、西南民族大学等非医学院校开始涉足中医药教育领域，先后开设中医学（民族医学）专业和中药学（中药制药工程学）专业。泸州医学院中医系与泸州医学院附属中医医院实行院、系一体制，临床和教学统一管理。共有中医基础、中医临床等教研室 14 个，实验室 5 个，专业方向 11 个，中西医结合临床专业是泸州医学院中医系的特色专业。至 2005 年，有省级重点建设学科 2 个（中医内科学、中药学），有硕士授位点 5 个（中西医结合基础、中西医结合临床、中医内科学、针灸推拿学、中药学）。1986—2005 年，共培养各层次的中医人才 3000 余名。西南交通大学药学院和西南交通大学中药研究所成立于 2001 年，是为适应国家经济发展和西部大开发战略需要，结合学校教学资源优势与西部地区自然资源优势而筹建的药学类人才培养和科研基地，旨在培养掌握中药学、制药工程等专业基础理论和技术，熟悉现代科学技术与相关学科理论，能从事制药工程设计、中药品质质量控制、药物分析检测、药物资源开发与利用、药品贸易等领域的科学研究、应用技术研究、生产技术、经营管理等高级专门人才和复合型高级技术人才。设有制药工程、中药学两个重点本科专业，有中药学、生药学两个硕士授位点，2002 年经教育部批准，首批制药工程（中药制药）新生入学，2003 年招收首批中药学专业新生。至 2005 年，在校本科生 400 余名，研究生 45 名。有专职教师 38 人，其中教授、副教授 16 人，教师中具有硕士学位以上者达 80%（博士 15 人、硕士 14 人），还聘请了成都中医药大学、四川省中医药研究院的药学专家为学院兼职教授。2001—2005 年，全省共培养中医药本专科生 6152 名，中医药研究生 745 名，其中博士 182 名，硕士 563 名。2005 年，成都中医药大学、西南交通大学药学院、泸州医学院中医系共有一级学科博士授予点 3 个，二级学科博士授予点 16 个，硕士授予点 34 个，博士后流动站 2 个。

第二节　基础条件

一、校园面积

1999 年以后，省内各高等医学院校陆续扩建新校区。泸州医学院 2001 年在泸州高新区征地 1000 亩建设新校区，当年 11 月投入使用。川北医学院 2001 年 2 月在高坪区开建占地 1000 余亩的新校区，2003 年完成一期工程，4000 名学生入驻新区。成都中医药大学在郫县征地 200 亩，于 2000 年完成教学楼、实验科技大楼、体育馆、学生公寓等一期工程建设；2004 年又在温江征地 90.85 亩，2005 年底基本完成学生公寓、学生食堂、教学楼、实验楼等共计 14.15 万平方米的第一阶段工程。位于成都市天回镇的成都医学院在成都市新都区征地 1100 余亩建立新校区。

二、设施设备

从 20 世纪 90 年代开始，在国家投入增加的同时，省内各医学院校通过多渠道筹集、引进资金，大幅增加购置大型先进设备的投入，办学条件不断优化，教学手段日益现代化、数字化。至 1994 年，华西医科大学临床医学院购置的各种医疗、教学、科研设备达上千台，总价值近 5 亿元，是整个华西医科大学 1985 年设备总值的 20 多倍。华西口腔医学院于 1997—2004 年投入约 200 万元建成基础型仿真人头模实验室，配备数字教学网络、内镜、摄像头等先进教学设施。成都中医药大学1986年总资产为204余万元，尚无10万元以上大型设备，1995年总资产增至957多万元，其中大型设备224多万元，2005年底总资产达9271多万元，大型设备总值3012多万元。泸州医学院2005年年末教学科研仪器设备总值由原有的200多万元增至6740多万元。川北医学院2005年教学科研仪器设备总值达到5434多万元，比1986年增长40倍。成都医学院自1992年起先后投资260多万元，建起中心实验室、解剖尸体库，并购置部分先进教学仪器。

各医药院校在原有实验室设备不断更新和完善的基础上，充分利用信息产业发展的成果，陆续建立适应卫生事业需求的新兴学科及现代化实验室。

华西临床医学院于1993年在全省率先从北美引进标准化病人教学模式（SP），开展模拟教学，培养与训练学生临床诊断及相关技能，规范诊疗技术。1996年12月，在全国率先建立临床技能培训中心（含外科机能实验室、动物手术室、医学模拟实验室），通过模具模拟人、SP标准化病人练习及使用计算机的模拟病例进行临床思维训练，突破了传统的医学教学方法。此外，还建立了病理学实验室、医学检验实验室、医学技术实验室、护理学专业实验室以及中国循证医学网上合作中心。1997年3月建立CAI教室，并于1998年、2000年投入90多万元两次扩建。

华西口腔医学院1997—2004年先后投入5000多万元建成科教楼、数字化临床教学楼、数码互动形态学实验室及全国一流的临床型专业实验室。

泸州医学院加强新兴学科建设，陆续组建医学电生理实验室、感染与免疫研究室等国家中医管理局、省高校重点实验室及一批交叉学科研究平台和应用研究中心，1987年起进行实验室改革的探索，整合教学科研资源，建立中心实验室。1991年建立人体科学馆，馆舍建筑面积近300平方米，馆内陈列标本800余件。

川北医学院建立以计算机实验室和语音实验室为代表的公共课实践教学平台，以解剖学、病原学、机能学、形态学、分析学5个实验教学中心为代表的基础课实验教学平台和以临床技能中心及各专业实验室为代表的专业课实践教学平台。2002年以后投入上千万元建立临床技能培训中心和多个专业技能实验室，购置模拟人和各种模拟训练设施，设立模拟病人实验室、模拟病房系统和模拟手术室。

成都医学院除投资建设中心实验室、解剖尸体库、临床护理模拟病房、临床技能室之外，1999年修建了2.32万平方米的教学实验大楼，2005年投资1000余万元建成解剖大体互动教学系统、显微数码互动教学系统、应用心理学实验室和机能学实验室。

华西医科大学除4所附属医院为学校直属实习基地外，还在绵阳、德阳、简阳、宜宾、雅安建立非直属实习基地。川北医学院除2所附属医院为直属实习基地外，还有7所非直属实习基地。成都中医药大学除3所附属医院为直属实习基地外，还有62所非直属实习基地。泸州医学院除附属医院为直属实习基地外，还有87所非直属实习基地。成都医学院除2所附属医院为直属实习基地外，还有70余所非直属实习基地。

三、馆藏图书

20世纪80年代后期，各高校图书馆开始使用计算机检索，90年代中期陆续转变传统的管理、服务方式，设置电子书刊阅览室，实现计算机管理和网络化管理，成为现代化、国际化、高效率的信息查询、交流中心。

华西医科大学图书馆建于1910年，是中国早期创办的生物医学专业图书馆，至2000年，馆舍面积8840平方米，藏书80万余册，中外文期刊5000余种，阅览室1100座，1995年建成图书馆多媒体集成管理系统，1996年建成中国医学信息网西南地区节点，已与中国教育科研网（CERNET）和国际互联网（Internet）连接，是西南地区最大的生物医学专业图书馆，1990年被卫生部确认为全国医学文献资源共享网络二级文献中心，1993年经卫生部批准为全国医药卫生科技项目查新中心。58名管理人员中，有教授1人，副研究馆员3人，馆员13人，博导、硕导各1人，大专以上学历占90%。

华西临床医学院图书馆建于1964年，馆舍面积1500平方米，设有教授阅览室、教师阅览室、学生阅览室共150座，1996年医学文献检索网络投入使用，计算机检索室有63个机位，拥有ProQuest、OVID、Medline、CBMdisc等中外文网络版医学文献数据库。2003年12月建立图书信息中心网站，2004年初图书馆集成自动化系统升级换代（XP），整个信息中心的管理工作实现计算机化。至2005年底，藏书增至6万册，中文期刊1500余种，网络版书刊360多种，

泸州医学院图书馆建于1951年，忠山校区新馆舍于1995年建成投入使用，面积6947平方米，阅览室座位1060个，有中外文文献96.65万册，其中纸质文献68.07万册，电子文献28.58万册，图书馆自动化、网络化建设始于1996年，1997年实现局域网管理，2000年建成120座的电子阅览室。

川北医学院藏书63.68万册，电子图书45.5万册，中外文纸质期刊及电子期刊1万余种，建有电子阅览室。利用校园网，采用VPN技术，实现图书馆计算机集成管理系统跨校区联接，开发了图书馆信息发布管理系统和图书馆多媒体文献发布管理系统。

成都医学院投资近130万元改建装修图书馆，藏书近40万册。

1986年、1995年、2005年四川高等医学院校图书馆规模一览表

表7—2

学校名称	1986年		1995年		2005年			馆舍面积（平方米）
	藏书（万册）	座数	藏书（万册）	座数	藏书（万册）	电子书刊（万册）	座数	
华西临床医学院	1.50	60	2.20	—	6.00	0.10	200	1500
华西口腔医学院	0.30	20	0.60	30	1.00	—	30	
华西基础医学与法医学院	—	—	—	—	2.83	—	—	
华西药学院	—	—	—	—	1.7792	—	660	
华西公共卫生学院	0.0065	—	0.2235	—	0.4613	—	—	
成都中医药大学	—	—	40.00	625	60.65	36.00	950	
川北医学院	19.70	22	24.48	575	63.68	45.50	1348	
泸州医学院	—	—	35.78	—	68.07	28.58	1060	6947
成都医学院	0.70	100	6.00	300	23.88	5.60	1152	

说明：座数含电子阅览室

四、师资队伍

从20世纪90年代开始，四川高等医学院校的师资进入高学历化和年轻化阶段。华西临床医学院1993年底有教授204人，副教授250多人；2005年522名教师中有正教授195人，副教授362人，硕士生导师206人，博士生导师89人。华西口腔医学院2005年155名教师中，具有硕士、博士学位的98人，占87%，45岁以下的110人，占70%。华西基础医学与法医学院教师中，具有正高职称的38人，副高级职称的53人，74%的教科人员具有硕士、博士学位。川北医学院教师1985年不足100人，2005年已达804人，其中具有硕士、博士学位的304人，占37.81%，高级职称307人，占38.18%，年龄在45岁以下的占76.12%。泸州医学院2005年专任教师709人，其中具有硕士、博士学位的338人，占52.1%，高级职称279人，占39.4%，年龄在45岁以下的占83.59%。成都医学院2003年教医研主系列干部中研究生比例由6.25%上升到12%，有博士生导师1名，硕士生导师2名；2005年有专任教师326人，其中具硕士以上学历的125人，占教师总数的38.4%。

1986年、1995年、2005年四川高等医学院校师资结构统计表

表7—3　　单位：人

学校名称	1986年				1995年				2005年			
	教师	其中			教师	其中			教师	其中		
		正教授	研究生学历	45岁以下		正教授	研究生学历	45岁以下		正教授	研究生学历	45岁以下
华西临床医学院	655	41	235	454	204	—	—	—	522	140	362	358
华西口腔医学院	—	—	—	—	—	—	—	—	155	38	94	110
华西公共卫生学院	—	—	—	—	105	35	30	67	85	23	60	54
华西基础医学与法医学院	—	—	—	—	—	—	—	—	—	42	181	153
华西药学院	185	15	9	147	192	20	53	88	82	25	51	87
泸州医学院	433	3	19	322	491	41	82	334	879	105	271	741
川北医学院	274	0	5	207	297	10	41	209	804	75	304	612
成都中医药大学	344	4	40	206	277	30	74	167	614	105	205	426
成都医学院	—	—	—	—	—	—	—	—	326	—	125	—

五、开放办学

从1979年开始，四川各高等医学院通过公派或自费等形式，陆续组织教师到中国香港、中国台湾及国外著名医学院校进修，学习了解先进的教学方法和医疗技术。成都中医药大学1986—2005年间出外访问交流、考察、科研或进修者500余人次。华西临床医学院1994—2005年共派出660多名科研人员到国外及中国港台的医学院校、科研机构、医疗机构进修、留学或做访问学者。

自1991年起，四川各高等医学院校先后邀请美国、加拿大、荷兰、澳大利亚、瑞士、德国、日本医学专家到四川讲学，扩大教师知识面，了解世界医学教育进展，提高教师综合素质。

华西临床医学院1991—1993年与美国纽约中华医学基金会（CMB）合作，获得医学教学改革项目资助115万美元，临床科研和临床重点学科项目资助123.8万美元和133万元人民币，护理教育基金资助25万美元，影像医学（放射和核医学）资助43万美元。与加拿大国际开发署（CIDA）合作，获得资助76万加元。1994年以后，先后与CMB、美国洛克非勒基金会、美国霍普基金会、美国健康基金会、CIDA、日本星火产业株式会社、德国国际基督育人协会、世界卫生组织（WHO）、香港华夏基金会合作，获得资助800多万美元、40万加元、11万欧元及150多万元人民币。2000年10月，学院引进CMB资金100多万美元建立“医学教育研究与发展中心”，直接参与“全球医学教育最基本要求（GMER）”的研究与推广。CMB等国际合作项目的资助，在开展临床教学改革、建立护理学院、开展临床科研方面取得明显成效。

图7-2　华西临床医学院常年聘请外国学者进行全英语授课，图为美国学者在授课

川北医学院1988年成立外事办公室，加大开放办学力度，拓宽合作渠道，先后与美国、俄罗斯、加拿大、瑞士、日本、澳大利亚、韩国、印度、尼泊尔等国的多所院校及科研机构，在科研、教学、人才培养方面进行合作。2003年9月与美国托莱多大学药学院结为姊妹学校。

成都医学院与美国哈佛大学、明尼苏达大学、英国中央兰开夏大学等建立了合作关系。

成都中医药大学1982年接受首批国外短训班学员，1983年接受来自意大利和法国的短期进修生。1986—2005年，共接受短期进修学习的外籍人士约3500人次。1993年获首批接受国外留学生进行学历教育资格，至2005年，共接受境外本科生360人，研究生120人，并在全国培养出第一个外籍针灸博士。

泸州医学院2004年招收印度、尼泊尔留学生94人，2005年招收印度、尼泊尔、巴基斯坦、孟加拉国留学生118人。

川北医学院先后招收来自印度、尼泊尔及美国的留学生27人。

华西临床医学院临床医学全英文留学生教育从2001年开始恢复招生，当年招收外国留学生22名，以后每年招收20—80名。华西口腔医学院2002年开始招收外国留学生。

第三节　专业设置

一、医学院校专业设置

高等医药院校1952年开始按学科门类设置专业，有计划地培养专门人才。1955年全国普通高等学校院系调整基本完成时，医药本科专业只有医学、卫生学、儿科医学、口腔医学、药学等5种，

1956年增设中医专业后为6种，1963年为10种，1986年底设置的本科专业已达50种，1987年8月修订后为9类47种，另加试办专业10种。为适应医疗服务的需求，从20世纪80年代中期开始，医学院校的专业设置及学制发生较大变化，应用心理学、老年医学、康复医学、英语护理、医学美容、全科医学、医疗保险、医药企业管理等新专业应运而生。各院校特色专业优势更加凸显：华西临床医学院的临床医学、华西口腔医学院的口腔医学、华西基础医学与法医学院的法医学、泸州医学院的中西医结合、川北医学院的医学影像学成为有特色的品牌专业。

华西临床医学院教育主体的临床医学专业原设有三、五、六年制，1988年取消六年制，设立七年制，2004年改七年制为八年制。医学检验专业始建于1927年，20世纪50年代初停办，1986年恢复招生。护理高等教育始于1946年，1950年护理教育全部转为中专层次，1993年开始招收护理专业五年制本科生，1999年招收护理硕士研究生并将本科学制改为4年，2004年建立护理博士教育点，2001年开始，逐渐终止护理专科、中专招生，护理教育完成从初等教育向高等教育的转变。1992年创办妇幼保健医疗专业，1997年开办全国首创的医学技术专业。

华西口腔医学院原设五年制、六年制、七年制口腔医学专业，2004年增设八年制，2005年增设四年制口腔修复工艺学。

泸州医学院1994年前仅有医学、中医系，1995年后陆续增设新的专业，至2005年，共有全日制本科专业21个、专业方向9个，涵盖医学、文学、理学、管理学、法学、工学、教育学等7个学科门类。

川北医学院升格为本科院校初期仅设有临床医学、医学影像、医学检验等三个专业，至2005年专业设置涵盖医、工、文、管四大学科门类，12个本科专业。

成都医学院以医为主，兼有护理、药学、检验、放射等学科，开设本科专业10个，专科专业6个。

至2005年四川高等医学院校专业设置情况表

表7—4

学校名称	专业设置及开设时间	学制
华西临床医学院	临床医学（1985—1993年） 临床医学（2004年） 医学检验（1986年）、妇幼保健医疗（1992—2006年） 护理（1988年） 高级护理（1993—1998年）、医学技术（1997年）	3年、5年、6年、7年 8年 5年 3年 4年
华西口腔医学院	口腔医学（1953年） 口腔医学（1988年） 医学教育（2004年） 口腔修复工艺（2005年）	5年 7年 8年 4年
华西基础医学与法医学院	法医学（1979年）、基础医学（1999年）	5年
华西药学院	药学（1932年）、临床药学（1989—1998年）	4年

续表7—4

学校名称	专业设置及开设时间	学制
华西公共卫生学院	预防医学（1974年） 卫生检验（2004年） 卫生事业管理、健康保险、医药企业管理（1990年）	5年 4年 4年
泸州医学院	医学系、中医系（1985年前） 口腔干部专修科（1988） 口腔医学（1995年）、药学、法学、公共卫生事业管理、社会体育、基础医学（2003年） 药学、医学检验、预防医学、中医学、临床医学（医学美容方向）、中西医临床医学（骨伤方向）、针灸推拿学、市场营销（医药管理与市场营销方向）（2000年） 麻醉学（1999年）	4年 3年 5年 4—5年 5年
川北医学院	临床医学、医学影像学、医学检验（1985年） 护理学、口腔医学、麻醉学、中西医临床医学、法医学（2002年） 英语、生物医学工程、公共事业管理、护理（2004年）	5年 5年 4年
成都医学院	专科：军医（1986—1988年、1993年）、护理（1994年）、临床医学（1986—1988年、2004年）、检验（2005年）、药学（1995—2005年）、放射（1997—1999年、2004年）、卫生事业管理（2005）、实验技术（1997—2005）、医学影像、应用心理学 本科：临床医学（1999—2002年）、检验（1999年）、药学、护理（2000—2003年）、医学影像（2000—2005年）、应用心理学（2001—2005年）	3年 4年
成都中医药大学	中医学（五官科、骨伤科、中医外科学方向）（1956年）、中医学（老年医学、医学美容、医学英语方向）（1999年）、中西医临床医学（全科医学方向）、藏医、针灸推拿（康复医学方向）（2001年）、康复治疗学、护理（2002年）、中西医临床医学（2003年）、针灸推拿学（2004年） 中药学（1957年）、中药学（中药市场营销方向）（1998年）、制药工程（1999年）、公共事业管理（医院管理、医药经营管理方向）（2000年）、公共事业管理（医疗保险方向）、药学、市场营销、药物制剂学、护理（2001年）、中药学（中医营养与食疗方向）（2002年）、英语（中医翻译方向）、中药学（中草药栽培与鉴定方向）、护理（涉外护理方向）（2003年）、生物科学、藏药学、植物保护（药用植物方向）、体育教育（保健体育方向）、应用心理学、对外汉语（2004年）	5年 4年

二、非医学院校医学专业设置

除高等医学院校外，省内部分中等医学教育机构20世纪80年代后期开始与高等医学院校联合或独立开办五年制高职或专科班，进入高等医学教育行列。自2002年起，全省又有5所非医学类普通高校增设本科学历的医药学系或专业：成都体育学院运动医学系开设中医学专业（中医骨伤科方向），攀枝花学院开设护理学专业，四川农业大学开设药学（2002年）、药物制剂（2003年）专业，西南交通大学药学院2002年开设制药工程（中药制药）专业，西南民族大学2003年开设药物制剂、2005年开设中药学专业。至2005年，全省共有培养医学本科生的院校10所，培养专科医学人才的院校17所。非医学类的普通高校及职业技术学院增设的医学专业与医学院校大致相同。

2005年四川非医学高等院校医学专业设置情况表

表7—5

学校名称	专业设置		
	本科		专科
	专业	学制（年）	
成都体育学院	中医学	5	
攀枝花学院	护理学（2002年开设）	4	临床医学、护理、助产、医学检验技术
四川农业大学	药学（2002年开设）、 药物制剂（2003年开设）	4 4	医学检验技术
西南交通大学	制药工程（中药制药2002年开设）、中药学（2003年开设）	4	
西南民族大学	药物制剂（2003年开设）、 中药学（2005年开设）	4 4	
成都职业技术学院	—	—	护理、药学
达州职业技术学院	—	—	临床医学、中西医结合、护理、药学
乐山职业技术学院	—	—	针灸推拿、护理、护理（涉外护理方向）
雅安职业技术学院	—	—	临床医学、中医学、中医骨伤、护理、助产、药学、中药、医学检验技术、医学影像技术、眼视光技术、卫生检验及检疫技术、针灸推拿、康复治疗技术
四川国际标榜职业学院	—	—	医疗美容技术（现代美容、中国传统养生）
四川广播电视大学	—	—	护理

第四节　教育层次

一、本科教育

本科生教育是高等医学院校的主体。1985—1993年，华西临床医学院本科毕业生2301人，专科毕业生146人，硕、博士研究生毕业563人，本科生占毕业生总数的69.26%。至2005年，本科在校生人数已达2491人。泸州医学专科学校、川北医学专科学校分别于1978、1985年升格为医学院后，也逐步将本科教育作为主体。泸州医学院在校本科生从1996年的1768人增至2005年的11899

人。川北医学院本科专业增至12个。第三军医大学成都医学高等专科学校于2000年设立临床医学本科专业，至2004年8月交地方时已有6个本科专业。2000年后，成都体育学院、攀枝花学院、四川农业大学、西南交通大学、西南民族大学等非医学院校陆续开办医学本科专业，西南交大药学院制药工程、中药学两个重点本科专业，在校生近500人。华西临床医学院从2001年开始在五年制临床医学专业招收港澳台学生。

1986年、1995年、2005年四川医学高校本科教育招生、毕业生及在校生人数统计表

表7—6 单位：人

学校名称	1986年			1995年			2005年		
	招生数	毕业数	在校生	招生数	毕业数	在校生	招生数	毕业数	在校生
华西临床医学院	559	466	2361	580	518	2612	438	423	2491
华西口腔医学院	94	无	417	60	59	301	118	81	550
华西药学院	98	102	—	99	101	363	197	211	797
华西基础医学与法医学院	40	—	80	36	22	123	88	91	504
华西公共卫生学院	—	—	—	—	—	—	289	269	1635
成都中医药大学	311	252	1442	331	329	1466	1646	1442	7572
泸州医学院	363	399	1805	311	304	1540	2200	1323	11464
川北医学院	333	0	377	331	218	1319	2000	1226	9294
成都医学院	—	—	—	—	—	—	1490	1229	5718

二、专科教育

1988年，卫生部印发《关于改革和发展高等医学教育的意见》，提倡本科院校挖潜力招收普通专科班，有条件的医学院校与当地卫生机构联合办学，在校外建立医学院分院或大专班。当年，成都中医学院、重庆医科大学开始与自贡卫生学校联合举办普通高等医学教育临床医学、中医学大专班。1995年后，省内各高等医学院校陆续与凉山卫生学校、四川省卫生学校、乐山卫生学校、成都卫生学校、南充卫生学校、四川省中药学校、甘孜卫生学校、绵阳医科学校等联合开办普通大专和高职班。2002年，成都中医药大学与阿坝卫校首次联办藏医大专班，招生50人。华西医科大学、成都中医药大学、泸州医学院、川北医学院先后开设专科教育（华西药学院、华西临床医学院等分别于2001年、2003年停招专科生）。省卫生管理干部学院1999年获准举办三年制普通医学专科（高职），开设临床医学、医学检验两个专业，当年招生99人。泸州医学院附属卫生学校（原护士学校）2001年增挂泸州医学院护理学院牌子，成都卫生学校2005年11月并入成都大学升格为医护学院。省食品药品学校（原四川省中药学校）于2002年与成都中医药大学联办峨眉学院。成都军区军医学校移交地方前于1986—1988年开设军医及护理两个专科专业，1989—1992年增设临床医学、检验、药学专业，1993年改为第三军医大学成都医学高等专科学校后增设到10个专科专业。

一些非医学成人高校及部分职业技术学院、电大等陆续开办医学专科专业。攀枝花学院于2000

年9月招收首届临床医学大专班，四川农业大学、四川广播电视大学、四川国际标榜职业学院，以及成都、雅安、达州、乐山职业技术学院，先后开办医学或药学专业专科班。至2005年底，全省招收医学专科生的学校共有17所（含4所本科院校，未含四川中医药高等专科学校）。

1986年、1995年、2005年四川医学高校专科教育招生、毕业生及在校生人数统计表

表7—7　　单位：人

学校名称	1986年			1995年			2005年		
	招生数	在校生	毕业生	招生数	在校生	毕业生	招生数	在校生	毕业生
华西临床医学院	120	221	无	322	928	312	2003年停招	—	—
华西药学院	20（成人）	199	57	60（委培）	207	56	2001年停招	—	—
华西口腔医学院	—	—	—	39	21	无	未招	—	46
成都中医药大学	37	243	0	270	829	269	1120	2720	571
泸州医学院	96	190	—	416	1145	238	123	627	101
川北医学院	40	580	248	381	1337	448	1456**	1922	218
成都医学院	—	—	—	—	—	—	—	2727	—
省卫生管理干部学院	—	—	—	102*	—	—	1228	2804	—

说明：*为1999年开始招生人数。**含5年制高职1099人

三、研究生教育

四川医药学硕士授权点1985年有35个，2005年增至118个；博士授权点1985年为12个，2005年增至76个。

华西临床医学院1978年硕士培养点为14个，1993年为29个。1981—1993年，分4批获准19个博士培养点，2004年建立护理博士教育点。1978年首届硕士招生36名，1995—1998年每年硕、博士生招收均未超过100人，以后发展较快，2001年为213人，2005年招收硕、博士研究生573人，超过当年本科生招收人数。研究生在校人数由1997年的335人增至2005年的1101人，增长3倍。2003年成为全国具有临床医学博士、硕士一级学科授予资格的7个重点医学院之一，下辖29个二级博士学位授权点和31个硕士学位授权点。

图7－3　2004年华西临床医学院获博士、硕士学位的学子与导师合影

华西口腔医学院1978年及1981年获准的首批硕士、博士学位授权点各为4

个，至2005年发展到12个。1998年成为全国具有口腔医学博士、硕士一级学科授予资格的5所重点医学院校之一。在2004—2005年全国一级学科评估中，连续两年名列第一。2005年招收硕士研究生110名，博士研究生36名。

华西药学院分别于1978年和1985年开始招收硕士和博士研究生，为药学一级学科博士学位授权单位，有二级学科博士授权点3个（药物化学、药剂学、药物分析学），二级学科硕士授权点6个（药物化学、药剂学、药物分析学、生药学、微生物与生化药物和药理学）。至2005年，共招收研究生120人。

华西基础医学与法医学院法医学1986年获准为硕士学位授权学科，1990年获准为博士学位授权学科。

泸州医学院1993年生理学、中西医结合临床（内科）获准为硕士学位授权单位，2003年获准新增6个硕士学位授权点，在校研究生人数从1996年的16人增至2005年的509人，2003年、2004年、2005年硕士研究生毕业人数分别为44人、61人、86人。2005年共有一级学科硕士学位授权点2个，二级学科硕士学位授权点20个，招收硕士研究生227人。

川北医学院从1998年开始，先后与重庆医科大学、成都中医药大学、西华师范大学联合招收硕士研究生，至2005年，共培养硕士研究生50名。2005年开始与重庆医科大学联合招收博士生。

非医学院校中，西南交大有中药学、生药学两个硕士学位授予点，在校研究生45人。

1988年华西医科大学临床医学及口腔医学专业被批准试办七年制高等医学教育，毕业后授予医学硕士学位。七年制教育以培养高级临床医师为目标，厚基础、宽专业、重能力、强素质，毕业生的人文背景知识、英语、临床思维和操作能力均很强，在国内具有较高的声誉和影响力。至2004年，共招收学生996人。成都中医药大学1998年开始招收中医专业中西医结合临床医学方向七年制学生。

1995年、2005年四川医学高校研究生授权点及招生人数统计表

表7—8

学校名称	硕士研究生				博士研究生			
	一级学科授权点（个）	二级学科授权点（个）	1995年招生数（人）	2005年招生数（人）	一级学科授权点（个）	二级学科授权点（个）	1995年招生数（人）	2005年招生数（人）
华西临床医学院	1	31	73	420	1	29	34	153
华西公共卫生学院	1	9	17	86	1	6	7	15
华西口腔医学院	1	12	26	110	1	12	13	36
华西基础医学与法医学院	1	10	—	99	1	10	—	40
华西药学院	1	6	18	105	1	3	9	37
成都中医药大学	3	27	35	475	3	16	13	69
泸州医学院	2	20	7	227	—	—	—	—

2004年4月，教育部召开中国医学教育学制与学位改革座谈会，提出“八年制医学教育符合21世纪高层次医学人才培养的目标，应当作为今后医学教育发展的重点。”9月，华西临床医学院作为全国试办八年制医学教育的5所高校之一，从七年制学生中选拔100名进入八年制医学专业，修业期满授予博士学位，并停办七年制。2005年华西口腔医学院八年制口腔医学专业开始招生。

20世纪80年代中期，部分科研、医疗单位开始与医学高等院校联合招收硕士研究生，一般采取基础课在学院进行，实践课在研究院（所）、医院完成的模式，毕业后由医学院校授学位证书。省中药研究所1985年开始与华西医科大学联合招收药物化学（含中草药化学）、与成都中医药大学联合招收中药学硕士研究生，共招收3届，培养硕士研究生7名。2002年省人民医院与遵义医学院联合建立硕士研究生点，2003年与泸州医学院联合建立神经内科等3个专业硕士学位授予点，招收硕士研究生29人，至2005年全院共有在读研究生55人。省皮肤病性病防治研究所2003—2005年与泸州医学院联合培养硕士研究生5名。

从1991年起，各高等医学院校陆续建立博士后流动站。

至2005年四川医学高校博士后流动站建站情况一览表

表7—9

学校名称	建站数	专业	建站年份
华西基础医学与法医学院	3	基础医学 生物学 生物医学工程学	1998 2000 1998
华西临床医学院	1	临床医学	1991
华西公共卫生学院	1	预防医学与公共卫生	
华西口腔医学院	1	口腔医学	1991
华西药学院	1	药学	1999
华西妇产儿童医院	2	妇产科学、儿科学	
成都中医药大学	2	药学 中医学	1992 2003

第二章　中等医学教育

第一节　教育机构

1985年底，全省有全日制中等卫生学校35所（含四川中药学校、成都军区军医学校），主要分布在成都、重庆及各市（州）政府所在地。20世纪90年代各县级卫生学校陆续停办，一些中医学校合并或更名。1997年，重庆市卫生学校、重庆市第二卫生学校、重庆药剂学校、重庆医科大学卫生学校、重庆中医学校、万县卫生学校、涪陵卫生学校、万县中医学校等8所中等卫生学校从四川划出。从90年代末开始，部分中等卫生学校升格为高等专科学校或与其他学校合并。至2005年，全省共有中等卫生学校22所（含并入高校及高等职业学院保留中等卫生学校名称的单位），其中有8所国家级重点中等职业学校，4所省级重点中等职业学校。

一、四川省卫生学校

1987年12月建于简阳县牌坊沟，2002年10月开始陆续迁建成都。1999年1月被评为省部级重点中专，2001年被评为国家级重点中专，2004年被评为教育部新调整认定的首批国家级重点中等职业学校，2000年11月增挂“四川省乡村医生培训中心”牌子。1988年9月开始招生，设卫生医士与护士两个专业，之后陆续增设护理（英语护理、康复护理、精神护理）、助产、康复医学、妇幼卫生、社区全科医学、医学检验、医学信息文秘、社区医学、预防医学、精密医疗器械、药剂、医学美容专业。2000年开始开办五年制高职护理专业。至2005年，共设普通护理、精神护理、助产、康复技术、药剂、康复护理、中医美容等7个三年制中专专业，中西医结合、英语护理2个四年制中专专业，护理、临床医学、药学、康复治疗技术、中西医结合、中医骨伤、医学影像等五年制高职专业。护理专业2003年被评为省级重点专业，2005年护理专业在校学生2964人，占学生总数的52.28%，毕业生就业率在98%以上。

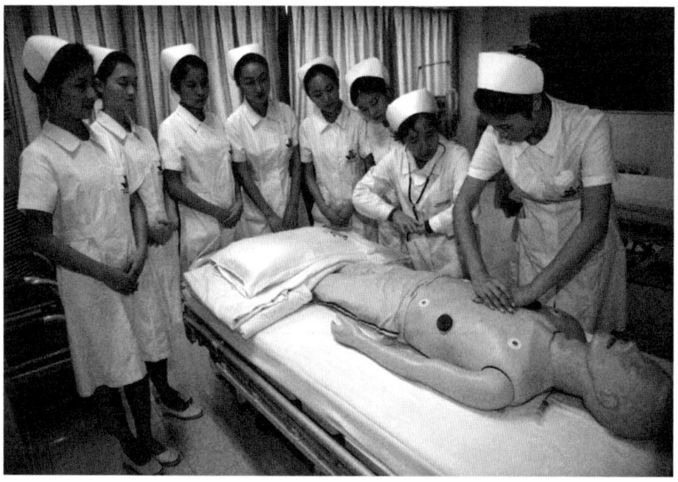

图7-4　四川省卫生学校护理专业教师在指导学生做人工心脏复苏模拟操作

二、成都卫生学校

1952 年 10 月由川西卫生学校、仁济护士学校等组建四川省护士学校，隶属于省卫生厅。1955 年 6 月，重庆市助产学校、自贡市卫生学校、成都市医士学校各一个班并入。1958 年 2 月与成都医士学校合并，改称成都卫生学校，由成都市卫生局主管。2000 年成都第二卫生学校、成都中医学校并入。1990 年受省卫生厅委托，建立四川省乡村医士函授部，举办乡村医生函授教育。1995 年 8 月成都市医药局管辖的成都工业职工大学医药分校并入，学校开始举办成人大专教育。1998 年在成都青羊区文家乡征地 60 亩修建新校区。1997 年被评为省部级重点中等专业学校，2000 年被评为国家级重点中专，2004 年被教育部新调整认定为首批国家级重点中等职业学校。设有护理、英语护理、助产、中西医结合、药剂、中药制药、针灸推拿、医学检验、中医骨伤、口腔工艺技术等专业，有三年制中专、五年制高职、成人大专及乡医中专等教育层次。

三、凉山卫生学校

1984 年由凉山卫校和西昌卫校合并而成。2001 年被评为国家级重点中专，2004 年被教育部新调整认定为国家级重点中等职业学校。设有卫生保健、护理、助产、中医（中西医结合方向）、中医骨伤等专业，护理为省级重点专业。从 1995 年起，先后与重庆医科大学、四川大学、省卫生管理干部学院、成都中医药大学、泸州医学院等联合招收普通大专生，形成普通大专、成人大专、初中起点五年制专科、中专、乡村医生中专等多层次学历教育的格局。学校是国际医疗服务机构 MSI 和德国 CMB 组织爱德基金会长期定点援助合作单位。建校以来，为凉山及友邻地区培养了 15000 余名大中专毕业生，学校毕业生占全州医疗卫生技术人员的 80% 以上，护理人员占 90% 以上，成为川黔结合部基层医疗卫生人才的培养基地。

四、自贡卫生学校

1917 年，加拿大基督教会在仁济医院附设看护训练班，1918 年注册为护士学校，1940 年 8 月冠名为仁济护士学校，1945 年更名为自贡市私立义济高级护士职业学校，1952 年 8 月与川南医务干部学校合并改称自贡市卫生学校，1993 年 7 月更名为四川省自贡卫生学校。1997 年被评为省部级重点中专，2005 年 1 月被教育部新调整认定为国家级重点中等职业学校。2003 年 9 月与自贡市第一人民医院合并建立仁济医学中心，保留卫生学校牌子。开设有护士（护理）、英语护士、助产士、医士（社区医学）、妇幼医士（妇幼卫生）、放射医士（医学影像诊断）、医学影像技术、中医士、中西医结合、中医针灸推拿、药剂、医学检验等专业，护理专业于 2005 年被评为省级重点专业。从 1988 年起，先后与重庆医科大学、成都中医药大学、自贡广播电视大学、省卫生管理干部学院、川北医学院、泸州医学院联合举办临床医学、中医学、高级护理、药学高职专业班。2003 年 6 月与泸州医学院、川北医学院联合举办护理、医学影像技术、中西医结合、医学检验五年制高职班。

五、成都铁路卫生学校

法国教会 1947 年主办圣修医院附属仁爱高级护士学校，1951 年由铁路部门接管，定名为铁道部成都卫生学校。1971 年迁往西昌与其他医疗机构合并为西昌铁路医院，学校一度停办。1974 年复办，冠名西昌铁路卫生学校。1980 年 2 月迁回成都原址，恢复成都铁路卫生学校校名，为铁道部部属中等专业学校。2000 年划转地方。2004 年被教育部新调整认定为国家级重点中等职业学校。设有护理、英语护理、医学美容护理、助产、口腔医学、口腔工艺技术、社区医士、卫生保健、中西医结合、检验、药剂等专业，护理专业为省、国家重点专业及国家示范专业。口腔工艺技术、中西医结合为省重点专业。1999 年、2001 年先后与成都中医药大学、川北医学院联合开办成人大专，2003 年 1 月与川北医学院联合开办护理、英语护理、口腔医学、临床医学等初中起点五年制高职专业。2005 年 11 月增挂“川北医学院高等职业技术学院”牌子。

六、宜宾卫生学校

1917 年，明德医院高级职业护士学校创建。1946 年，公信医院高级护士职业学校创建。1951 年两校合并为“川南宜宾护士学校”，1958 年升格为“宜宾医学专科学校”，1959 年改为“四川宜宾卫生学校”，1981 年被评为省重点中专，2000 年 6 月被评为国家级重点中专。2004 年被教育部新调整认定为国家级重点中等职业学校。有专兼职教师 140 人，其中高级讲师 62 人，讲师 68 人。设有口腔、护理、药剂、麻醉、助产、社区医学、妇幼卫生、中西医结合、计划生育与管理等 9 个专业。20 世纪 90 年代与华西医科大学等高等院校联合开办高级护理、口腔医学、临床医学大专班。

七、雅安卫生学校

1993 年被评定为省部级重点中等专业学校。2000 年与华西医大联合办学点正式招生，开办临床医学、医学影像、高级护理三个大专专业。同年被认定为国家级重点中专。2002 年与雅安教育学院合并成立雅安高等职业技术学院。2004 年被教育部新调整认定为国家级重点中等职业学校。

八、乐山卫生学校

1951 年，川南区乐山护士学校创建，1953 年 10 月更名为四川省乐山护士学校，1966 年停止招生，1972 年重建乐山地区卫生学校，1980 年 4 月恢复原校名。1993 年被评为省部级重点中专，2000 年被评为国家级重点中专。设有护理、英语护理、卫生保健、助产、药剂、医学检验、计划生育、中医、口腔等 9 个中专专业，护理、医学检验 2 个高职专业，护理、临床医学、中西医结合、中医骨伤 4 个大专专业。2002 年 4 月与乐山工业学校、乐山财贸学校合并为乐山职业技术学院，乐山卫校为学院白塔街校区，仍承担培养卫生中专、大专人才教学任务。

九、达州卫生学校

1959 年 3 月，达县医学专科学校创建，先后更名为达县专区卫生学校、达县卫生学校、达县医学院、达川卫生学校。1996 年以后，陆续与川北医学院、省卫生管理干部学院、达县教育学院、四川省生殖卫生学院、达州电大等省内高校联合办学。1993 年被评为省部级重点中专。开办有社区医学、护理、妇幼医士、影像、药剂等 10 个专业。2001 年 4 月与达县教育学院、达州农业学校、达州农业机械化学校合并组建达州职业技术学院。

十、甘孜卫生学校

1958 年，四川省康定民族卫生学校在康定县建立，1959 年更名为四川省甘孜卫生学校。1962 年、1965 年两次停办，1972 年复校招生。开设有高职护理、农村医学、藏医学、医学检验、妇幼卫生、预防医学等专业。2001 年被批准为泸州医学院校外办学点，开设成人大专、本科及五年制高职临床医学、中西医结合、护理等专科学历教育，形成中专、专科、本科学历教育与继续教育、短期培训相结合的办学格局。1997 年被评为省部级重点中专。

十一、南充卫生学校

创建于 1951 年。开设有中西医结合、护理、助产、医学美容、卫生保健、计划生育技术等 9 个中专专业，与成都中医药大学联办有中西医结合、临床医学、高级护理、中医学五年制普通大专。为省部级重点中专。

十二、内江医科学校

1958 年 9 月，内江卫生学校成立。1974 年 9 月，内江中医学校成立。1983 年 12 月两校合并组建内江市卫生・中医学校。1987 年 6 月两校分开办学，2003 年 6 月两校再次合并组建四川省内江医科学校。与泸州医学院联合开办五年制高职专科。2005 年 1 月被评为省级重点中等职业学校。

十三、攀枝花卫生学校

建于 1972 年 12 月，始称四川省渡口卫生学校，1987 年更名为攀枝花卫生学校。1986 年前设有医士、护理、助产士、妇幼医士专业，1993 年以后陆续增设检验、预防医学、社区医学、麻醉、计划生育、英语护理、康复医学、中西医结合等专业。1998 年 8 月并入攀枝花大学成立医学系，保留卫校名称继续承办中等职业教育。2000 年 9 月招收首届普教临床医学大专生，2001 年开始招收护理专科生。

十四、四川大学附设卫生学校

1915 年，美、英、加拿大三国教会联合创办私立华西协合大学医学院附属护士学校，1918 年更名为私立成都仁济高级护士职业学校，中华人民共和国成立后更名为四川医学院附属医院卫生学校，1984 年底更名为四川医学院附设卫生学校，成为由医学院管辖的部属中等专业卫生学校。1985 年更名为华西医科大学附设卫生学校，2002 年更名为四川大学附设华西卫生学校。1985—1993 年设有三年制护士、检验技士、口腔技士、实验技士、社区医学和英语护士 6 个专业。曾暂停招收中专生，2003 年恢复中等学历教育。

十五、四川省人民医院护士学校

始建于 1958 年 9 月，为省属全日制中等卫生学校。1990 年起举办护理职业高中班，2003 年石油卫生学校并入，新校区设于省第六人民医院。设置有医学、检验、药剂、放射、护理等专业。2004 年、2005 年与川北医学院联办 5 年制护理高职班，共招收 395 人。

十六、川北医学院附属医院护士学校

南充医学专科学校附属医院护士学校，建于 1977 年，为全日制普通中专，建校初期仅设护理专业。2000 年与川北医学院成人教育学院联合招收成人脱产、夜大专科，2002 年与学院联办五年制高职专科。

十七、泸州医学院卫生学校

创建于 1950 年，原为西南军区医院护士班，后更名为川南医院护士学校，1960 年更名为泸州医

专附属医院护士学校，1995年更名为泸州医学院卫生学校。主要开设护理专业，1998年起招收成人护理大专学生，2001年与泸州医学院护理系合并，增挂泸州医学院护理学院牌子，2002年开设初中起点五年制高职大专。

十八、四川绵阳医科学校

详见第四篇第四章第二节。

十九、成都中医学校

详见第四篇第四章第二节。

二十、达州中医学校

详见第四篇第四章第二节。

二十一、四川省中药学校

详见第四篇第四章第二节。

第二节　基础条件

1988年，全省35所中等卫生学校无一所达到国家教育委员会中等专业学校办学条件评估标准。1989年10月至1990年6月，28所中等卫生学校（其中县级卫生学校2所，医院办校6所，不含中医学校）参加评估，评为合格的9所，占32.14%，评为基本合格的8所，占28.57%。1991年省中等职业学校办学条件评估时，绵阳、内江、万县等5所卫校被评为“试办型”，成都卫校、重庆卫校被评为“基本合格”。主要问题是校园面积低于国家标准（仅甘孜卫校、雅安卫校、省卫校、重庆药剂学校达标），图书馆面积小、设施差、藏书量不足；实验室设备缺乏，设备陈旧、老化等。经过整改，从1991年起，部分学校陆续达到合格标准，并开始创建重点中专。至2001年，全省达到国家级重点中专标准的有8所，达到省部级重点中专标准的有11所。2004年、2005年，省卫校、成都卫校、乐山卫校、雅安卫校、绵阳医科学校、省食品药品学校、宜宾卫校、内江医科学校、自贡卫校、凉山卫校、成都铁路卫生学校被确认为国家重点中等职业学校。

一、校园面积

2000年后，全省中等卫生学校校园用地及建筑面积不足的状况迅速改善。省卫生学校由建校时的73亩增至129.75亩，建筑面积达67243平方米。成都卫生学校校区占地面积由109.3亩增至285亩。绵阳医科学校占地380.2亩，建筑面积9.6万平方米。乐山卫生学校由1987年的60余亩增至103亩，建筑面积5.59万平方米。成都铁路卫生学校两度建立新校区，校园用地增至300余亩。省食品药品学校占地300亩，建筑面积10.34万平方米。宜宾卫生学校2005年动工修建新校区，建成后，学校总面积达320.5亩。内江卫生学校占地面积由建校初期的11亩扩大到2003年的42.09亩，建筑面积3万平方米。达州中医学校与大竹县中等卫生职业学校合并后，占地面积60亩，建筑面积36081平方米。

二、设施设备

20 世纪 80 年代初，卫生学校设备简陋，以普通显微镜、一般教学标本、简易实验仪器为主，收录机、电视机、心电图机、超声波诊断仪、化学分析仪、冰箱等为数寥寥，电脑、影像设备近乎奢侈品。90 年代初开始改变，2000 年后电脑已成为基本设施，各个学校均有上百台以至数百台，设有多媒体教室、语音教室、闭路电视教学系统。

图 7-5　凉山卫生学校进行计算机教学

四川省卫生学校建校之初教学仪器设备价值仅 13 万余元，2005 年设备总价值增至 690 余万元。有计算机室 6 间，教学用计算机 336 台；多媒体教室 5 间，共 1272 座；语音教室 3 间（配置全数字语音学习系统），共 160 余座；有多功能护理模型人、多参数床旁监护仪等设备。2005 年 10 月成立护理实训中心，设备总价值 216.25 万元。成都卫生学校 20 世纪 90 年代初建立多功能语音室 3 个，多媒体网络教室 3 个，至 2004 年，有计算机室 11 个，多媒体教室 20 余个，配置电脑 700 余台，教学设备总值 960 万元。自贡卫生学校固定资产总值 1986 年为 154.47 万元，2000 年为 1052.34 万元，增长 6 倍；2005 年为 1448.88 万元，比 1986 年增长近 10 倍。1998 年 9 月自筹资金 416 万元，建筑面积 4761 平方米的综合实验楼竣工投入使用。与自贡市第一人民医院合并后，在医院新建的内科大楼中，新设 2000 多平方米、设备总值 200 余万元的教学用标准化专业实验实习室。至 2005 年，乐山卫生学校实验设备总价值 500 多万元，有设备齐全的语音室、国际远程多媒体教室，用于教学的计算机 317 台。绵阳医科学校教学仪器设备总值 1206.82 万元，教学用计算机 438 台。凉山卫校教学实验设备 620 万元，2000 年投资 300 多万新建多媒体形态实验室、多媒体技能实验室、多媒体学术厅、微机教学室。甘孜卫校有 5 个多媒体教室，52 座多媒体语音室，学校固定资产从 1995 年的 546 万元增加到 2005 年的 1214.3 万元。

三、馆藏图书

卫生学校图书馆藏书量稳步增长，并增添电子书刊，设立电子阅览室，2005 年全部实行计算机网络化管理。成都卫生学校 1994 年新建图书馆 1352 平方米及 200 座的学生阅览室、30 座的教师阅览室。凉山卫生学校 2000 年新建图书电教大楼、电子阅览室。四川省食品药品学校藏书 11 万册，其中期刊合订本 2 万余册，外文期刊 4916 册，电子读物 7283 册。

1986 年、2005 年四川省部分中等专业（职业）学校图书馆规模一览表

表 7—10

学校名称	1986 年藏书（万册）	2005 年			
		纸质图书（万册）	电子书刊（万册）	期刊（种）	阅览室（座）
四川省卫生学校	1.25 *	9.7825	0.5563	277	1000
自贡卫生学校	—	11.2317	—	—	—
成都卫生学校	5.1	20.39	4.06	300	230
绵阳医科学校	7.5	18.2 **	3.1 **	459 **	150
凉山卫生学校	—	10（2000 年）	—	—	—
乐山卫生学校	—	10	—	4000	100
雅安卫生学校	2.55	23 ***	0.8 ***	1200 ***	210 ***
南充卫生学校	—	8	—	—	—
甘孜卫生学校	—	8	12.5	—	110
四川省食品药品学校	2.3	7.85	0.7283	2.8（万册）	150
成都铁路卫生学校	2.3176	11.9059	0.1064	322	64
达县中医学校	8	8	0.5000	308	90
宜宾卫生学校	—	11 ****	—	—	—
内江卫生学校	3	6.8	3.0	114	30

说明：* 为 1988 年数据。** 含绵阳中医学校。*** 为并入雅安职业技术学院数据。**** 为 2000 年数据

四、师资队伍

1988 年，普通中等卫生学校专任教师 2213 人，其中高级讲师 318 人，讲师 857 人，助理讲师 898 人。学历结构为：本科学历 979 人，占 43.3%，大专学历 515 人，中专学历 683 人。

2005 年，省卫生学校等 6 所学校 807 名教师中，硕士研究生 17 人，本科学历 592 人，占 73.3%。

省卫生学校建校时有专职教师 24 人，其中高级职称 3 人，中级职称 8 人，2005 年教师增至 95 人，其中高级职称 21 人，中级职称 56 人，具硕士研究生学历的 4 人，本科学历的 91 人，“双师型”教师 30 人。

成都卫生学校 2005 年底有专任教师 204 人，其中高级职称 80 人，中级职称 102 人，本科以上学历占 84.3%（含硕士学历 3 人），“双师型”教师 27.35%。

自贡卫生学校 1986 年教师总数 89 人，其中专任教师 75 人；1995 年教师总数 88 人，专任教师 70 人。随着在校学生人数的大幅增加，在稳定基本专任教师队伍的前提下，逐年增加外聘教师人数：2003 年 56 人，2004 年 70 人，2005 年 67 人。专业教师中，“双师型”教师比例达 67.5%。

1986—2007 年部分四川省部分中等卫生学校师资结构一览表

表 7—11　　　　单位：人

学校名称	年份	教师数	学历结构			职称结构		
			研究生	本科	专科	高级	中级	初级
四川省卫生学校	1988	24	0	22	0	3	8	14
	1995	81	0	64	17	17	27	37
	2005	95	4	91	0	21	56	18
成都卫生学校	1989	121	0	51	24	24	50	47
	1995	120	0	67	31	22	64	34
	2005	204 *	3 *	123 *	46 *	80 *	102 *	22 *
成都第二卫生学校	1989	105	0	58	14	18	42	45
	1995	86	0	42	11	10	46	30
成都中医学校	1989	72	1	28	27	12	32	28
	1995	61	0	23	24	10	43	8
自贡卫生学校	1986	75	—	31	14	—	16	—
	1995	70	—	39	15	13	34	18
	2005	59	—	47	10	16	32	11
成都铁路卫生学校	1986	65 **	1	44	13	—	17	—
	1995	85 **	—	53	16	16	32	—
	2005	93 **	—	67	17	17	42	—
绵阳医科学校	1986	72″	—	29″	20″	4″	12″	56″
		48′	—	21′	17′	3′	8′	37′
	1995	134″	—	92″	67″	30″	73″	31″
		64′	—	52′	29′	11′	35′	18′
	2005	212	10	178	—	66	90	56
内江卫生学校 内江医科学校	1987	102	—	34	25	12	42	48
	1995	121	—	48	43	20	49	52
	2005	144	—	86	48	45	75	24
四川省人民医院护士学校	1987	22	—	6	4	3	12	7
	1995	23	—	7	6	4	10	9
	2005	37	4	16	15	9	12	16
四川省食品药品学校	1986	86	—	—	—	—	—	—
	1993	98	—	—	—	11	27	—
	2007	131	1	—	—	38	49	—

说明：* 为成都卫校、二卫校、中医学校合并后数据；** 铁路卫生学校含兼职教师数；*** 绵阳医药学校数据中“″”为原绵阳卫校数据，“′”为原绵阳中医学校数据，2005 年为两校合并后数据

五、合作办学

成都市第二卫生学校 1987 年与香港华夏基金会合作，获得资助 70 万港元用于购置教学设备，加强口腔医学中等教育。省卫生学校从 1997 年开始，先后与加拿大、国际医疗服务机构（SMI）、全球教育和医疗服务机构（GEMS）、南非六国 TCDC 护理技术培训班等国际组织、国家医学机构和香港地区合作，接待专家学者到校参观交流，邀请 MSI 和 GEMS 的教师对学生进行英语培训，累计授课上千学时；2003 年 5 月与成都市澳新美经济文化教育发展有限公司合作，成立四川华西国际护士教育培训中心，开通了国际护士培养输出的渠道；2000 年 7 月与香港华夏基金会合作，获赠总价值 4.6 万美元的护理实训设备，包括多功能护理模型人、多参数床旁监护仪等设备，当年即投入使用；2003 年与意大利政府合作，获赠款 107.6 欧元，用于职业教育项目的设备采购和人员培训。雅安卫生学校 1998 年与香港华夏基金会合作，获得资助 10 万美元用于医学影像专业发展。凉山卫生学校 2003 年被列入 MSI 和德国 CBM 组织爱德基金会长期定点援助合作单位。

第三节　办学规模与专业设置

一、办学规模

1986—2005 年，由于办学基础条件逐渐改善，社会需求日益增长，中等卫校办学规模（开办学校的格局、形式和范围）发生较大变化。

省卫生学校 1988 开办时招收 4 个班 179 名学生，1995 年招生 881 人，2005 年招生 1817 人，在校生达 5670 余人。1987 年建校至 2005 年，共毕业学生 8679 名。

内江卫生学校（含内江市中医学校）1986 年招生 170 人，在校生人数 840 人，2005 年分别招收普通中专 673 人、五年制职高生 350 人，在校生共计 5775 人（含乡村医生中专、成人大专）。

自贡卫生学校 1986 年招收 176 人，1996 年招生 477 人，2005 年招生 1147 人。毕业生人数 1986 年为 160 人，1995 年为 252 人，2005 年为 844 人。

成都卫生学校、成都第二卫生学校、成都中医学校三校合并前，办学审批规模分别为 650 人、840 人、480 人，三校学生总数长期停留在 2000 人以下。三校合并后，2005 年在校生总数增至 13137 人。

绵阳卫生学校及中医学校 1986 年在校生人数分别为 641 人和 201 人，两校合并后，2005 年增至 4576 人。

攀枝花卫生学校 1975—1998 年先后开设 13 个专业，培养各类中等卫生技术人才 2000 余人。1998 年 8 月并入攀枝花大学后，中专招生人数逐渐减少。，

省食品药品学校 1986 年招生 478 人，在校学生 700 人；1996 年招生 833 人，在校学生 2190 人；2005 年招生 1678 人，在校学生数增至 4680 人。

1986 年、1995 年、2005 年四川省部分中等卫生学校在校生人数一览表

表 7—12

学校名称	1986 年	1995 年			2005 年		
	中专	中专	大专	高职	中专	大专	高职
四川省卫生学校	179（1988 年）	2262	—	—	2039	185 *	3631
成都卫生学校	717	1306	246（成人）	0			
成都第二卫校	678	1601	0	0	7186	1474（成人）	4477
成都中医学校	186	635	0	0			
自贡卫生学校	530	1980 *	—	—	2732	—	—
攀枝花卫生学校	510	1148	—	—	718	—	—
内江卫生学校	681	2481	70	—	3841（含乡村医生 2180）	848	1086A
内江中医学校	159	820	—	—			
绵阳卫生学校	641	608	—	—	4576	—	—
绵阳中医学校	201	537	—	—			
雅安卫生学校	726	1250	—	—	2183	—	2705
甘孜卫生学校	300	—	—	—	114	1478 **	—
达县中医学校	243	546	—	—	1472	95	120
省医院护校	160	370	—	—	780	—	394
成都铁路卫生学校	633	1254	—	—	2092	348（成人）	1964
四川省食品药品学校	700	2190 *			4680		

说明：* 为 1986 年数据，** 含高职

1986 年，省教委印发《四川省中等专业学校委托培养学生的试行办法》，提出各中等专业学校在保证完成国家指令性计划、保证质量的前提下，可根据学校的办学条件，挖掘潜力，积极接受委托培养任务，作为国家指令性任务的补充。1986 年攀枝花卫校开始招收委培生 60 名，1993 年招收 159 人，1997 年招收 490 人。1995 年，省卫生学校，成都、内江、雅安、自贡、绵阳、南充、甘孜各卫生学校，重庆医科大学卫生学校，泸州医学院卫生学校及成都军区军医学校，受用人单位委托，招收初中应届毕业生定向培养，学制 3 年。1998 年中专招生实行全面并轨后，学校不再招收委培生。

20 世纪 90 年代末，一度出现中等医学教育办学乱的问题。2001 年 4 月，省卫生厅与省教育厅联合印发《关于对非中等卫生（护士）学校医学护理类专业在校学生处理意见的通知》，规定从 2001 年起，除省政府、国家有关部委批准举办的中等卫生（护士）学校以外的所有中等职业学校一律不得招收医学、护理类专业学生，并对当时在非中等卫生（护士）学校就读医学、护理类专业的学生作了妥善处理。

二、专业设置

20世纪80年代末，省卫生厅对全省中等卫生学校所设专业进行统筹规划，设置的专业有：医士、护士、妇幼医士、助产士、中医士、藏医士、药剂士、临床检验士、卫生检验士、口腔医士、放射医士、卫生医士、卫生财会统计士、针灸医士、中药剂士、中医护士、营养士等。1990年，随着卫生事业的发展、医疗服务需求及教学理念的变化，各中等卫生学校（含省食品药品学校）陆续增设英语护士、中医针灸推拿、医学影像技术、医学影像诊断、社区医学、中西医结合、康复医学、预防医学、卫生保健、中医骨伤、医学美容、中药制药、中药资源、医疗器械、口腔工艺技术、医学信息文秘、中药学、中草药栽培技术、药品营销、医药贸易、商务秘书、医药企业管理等新专业。

1997年6月，省卫生厅、省教委、省人事厅根据卫生部《中等教育专业结构调整指导意见》精神，印发《关于加强四川省卫生人才培养的实施意见》，提出要适度控制中等医学教育医士类专业招生数量，到2000年一、二类地区基本停止招生，三、四类地区分别于2005年、2010年停止招生，增加医技、护理、管理和社会需求的短缺专业。1998年医士类社区医学专业招生人数在1997年基础上压缩30%，2001年全省停止在中等卫生学校开办临床医学专业（包括社区医学、预防医学、妇幼卫生、医学影像诊断和口腔医学专业）。

在改革开放的推动下，中等卫生学校突破单一的中等专业教育格局，逐渐形成中专、大专、高职共存的新常态。1988年，自贡卫生学校与重庆医科大学、成都中医学院联合开办普通高等临床医学、中医学大专班，内江卫生学校与华西医科大学联合开办预防医学大专班，雅安卫校与华西医科大学联合开办临床医学成人大专班。1995年后，省卫生学校，凉山、内江、乐山、成都、南充、甘孜各市（州）卫生学校、省食品药品学校、绵阳医科学校、达州中医学校等，与省内各高等医学院校联合开办普通大专和高职班，设置的大专专业有：临床医学、中医学、护理、检验、中西医结合、中医骨伤。高职专业有：护理、中西医结合、医学影像技术、康复治疗技术、药学、中医骨伤、临床医学、医学检验、中药制药、针灸推拿。2000年，省食品药品学校、省卫生学校正式开办大专及五年制高等职业教育，已并入攀枝花学院的攀枝花卫生学校开始招收临床医学专科学生，2001年、2003年分别开始招收护理专业专科及本科生。内江医科学校、甘孜卫生学校分别于2003年、2005年正式开办五年制高职教育。华西临床医学院等高校逐步开设了护理专业本科及大专班。省卫生学校，成都、自贡、内江、乐山、雅安、凉山、南充各市（州）卫生学校，达州中医学校等，先后开设了护理大专班或高职班。省卫生学校，成都、乐山、自贡3市卫生学校，内江医科学校开设英语护理专业；省卫生学校还开设了康复护理、精神护理专业。

第三章　继续医学教育

第一节　组织管理

1991年全省31万多名卫生技术人员中，具有大专以上学历者不足6万人，96802名卫生技术人员基础专业职称晋升考试，大专学历水平考试合格率不到20%。1997年全省32万多名卫生技术人员中，研究生仅占0.005%，本科生占7.66%，专科生占12.5%，中专生占49.04%，无正规学历者占30.8%。对工作在医疗卫生第一线的专业技术人员进行继续教育，以更新、补充、拓展和提高专业知识和技能，进一步完善知识结构，提高创造力和专业技术水平，成为医学教育的重要任务。

四川是全国继续医学教育试点省，1990年成立省继续医学教育领导小组。1992—1994年，省人事厅、省卫生厅先后印发《关于建立和完善继续医学教育、专业技术人员教育登记制度的实施意见》《四川省继续医学教育（技教）认可项目学分标准》《四川省继续医学教育工作考核试行办法》《四川省继续医学教育项目申报认可试行办法》等，审定178个继续医学教育认可单位和43个住院医师规范化培训基地，1999年底，继续医学教育认可单位达到182个。从1996年开始，全省实施专业技术人员继续教育登记制度，15万技术人员领取人事厅统一制发的《继续教育登记手册》。

1992年5月，省卫生厅、省人事厅印发《四川省实施〈继续医学教育暂行规定〉的意见》及《四川省继续医学教育登记制度试行办法》，明确继续医学教育以现代医学科学技术发展中的新理论、新知识、新技术和新方法为主要内容，注重针对性、实用性和先进性，其形式以短期培训、业余学习为主，包括学术会议、学术讲座、专题讨论会、专题讲习班、专题调研和考察、案例分析讨论会、临床病理讨论会、技术操作示教、短期或长期培训等。继续教育实行学分制，卫生技术人员每年参加认可的医学教育活动最低为25学分。取得最低学分数，才能申请晋升高一级技术职务。

继续教育项目分为国家级和省级。1999年，在全省继续医学教育工作评估检查中，获准国家级或省级继教项目较多的除华西医科大学外，还有绵阳、成都、自贡、泸州、雅安等卫生局以及川北医学院、泸州医学院、省人民医院、省肿瘤医院、省卫生防疫站、省皮研所、省寄研所、省结防所等单位。

2001年，省卫生厅修订《四川省继续医学教育项目申报、认可办法》《四川省继续医学教育基地认可标准及管理试行办法》《四川省继续医学教育学分授予办法》。2002年7月，省继续医学教育委员会成立。2005年3月，省卫生厅印发《四川省继续医学教育学分管理办法》，进一步完善了项目审批、学分评定、项目管理、基地建设、评估考核、档案管理、远程教育管理等措施和工作程序，继续医学教育工作更加正规、有序。5月，省继续医学教育工作通过卫生部复评。

1997—2005 年四川省继续医学教育项目一览表

表 7—13　　　　单位：个

年份	国家级项目	省级项目
1997	15	12
1998	—	25
1999	第一批 41　第二批 9	26
2000	39	17
2001	43	21
2002	50	66
2003	43	94
2004	66	102
2005	52	155

第二节　教育机构

成人医学教育始于 20 世纪 50 年代。从 1982 年开始，全省加强成人医学教育基地建设，至 1992 年，共有医学成人高校 3 所，成人中专培训基地 26 个，进修基地 100 余个，县卫生进修学校 165 所。通过整合教育资源，至 2005 年，全省共有 5 所成人高校，即省卫生管理干部学院、华西成人教育学院、广元职工医学院、成都中医药大学成人教育学院、川北医学院成人教育学院，还有 25 个成人中专教育基地。

一、四川省卫生管理干部学院

为独立设置的省属成人高等医学院校，卫生部认定的在职卫生干部培训基地。前身为 1938 年建立的四川省立成都高级医事职业学校，1950 年 7 月更名为川西卫生学校，1953 年 1 月更名为成都医士学校。设置的专业有助产士、护士、检验士、医士、牙医士、X 线技士。1952 年护士专业并入四川省护士学校（成都卫生学校前身），1955 年助产士专业并入成都卫生学校。1958 年学校改为成都医学专科学校，主要培养医疗专科学生，并继续进行中专医士、X 线技士、牙医士的培养。1962 年医疗专科学生及 21 名教师并入泸州医学专科学校，同年 9 月更名为成都卫生医士学校，保留检验专科，增设卫生医士专业。1964 年 10 月，与建立于 1957 年的四川省卫生干部进修学校合并，建立四川省卫生干部进修学院，主要承担全省在职卫生专业技术人员和行政管理干部的培训，同时保留原卫生医士学校校名，继续承担医士、卫生医士、检验 3 个专业的中专教育任务。1983 年 6 月，更名为四川省卫生管理干部学院（省卫干院）。1993 年 12 月通过卫生部第一批独立设置的医学成人高等院校评估。有专任教师 166 人，其中研究生学历 33 人，约占 20%，本科生 116 人，约占 70%。1999 年获准举办三年制普通医学专科（高职），设有 6 个成人专科专业，7 个普通专科专业。2005 年三年制普通专科招生1228人，成人教育专科招生1185人。1992年被国家教委评为“全国成人高等教育先进学校”。承担成人教育以来至1998年的15年间，培养各级各类卫生人员1.5万余人，学员遍布云、贵、川、渝、藏、桂等省（直辖市、自治区）。医学检验是该院强势专业，四川全省1.2万余检验人员，大专以上学历人员中，80%以上为该院培养。

二、华西继续教育学院

1990年华西医科大学在全国高等医学院校中率先成立继续教育学院，1994年“卫生部继续医学教育发展和培训中心”成立，由华西继续教育学院管理。1996年，华西医科大学将成人学历教育归口继续教育学院，同时挂牌“成人教育学院”。1988年成立职业技术学院。继续教育学院、成人教育学院、职业技术学院三块牌子，一套班子，承担继续医学教育、进修教育、成人高等学历教育、自学考试、岗位和专业培训。2000年更名为四川大学成人教育学院。1993—1996年，修建近9000平方米的成人教育综合大楼，至2000年，有固定资产2千多万元。为适应社会对人才的需求，根据第三届全国教育工作会议成人教育延伸的思路，2000年建立青羊校区，同时与乐山、雅安、宜宾和广元卫生学校合作建立四个教学点，扩大办学规模。成人学历教育设有临床医学、口腔医学、药学、护理学等专业，专科、专升本两个层次。建有“医教星空”卫生远程继续医学教育平台及具有四川特色的卫生远程医学教育平台。1993年被省教委评为“成人教育先进集体”。

三、广元职工医学院

1977年，电子工业部创建成人高等医学院校，1983年定名为电子工业部广元职工医学院，面向全国招生，国家承认专科学历，是全国最早的职工大学之一。1985年下放到地方，1996年划归广元市人民政府主管，更名为广元职工医学院。1997年在全省成人高校办学评估中被评为“良好”，2005年被省卫生厅认定为首批全科医学培训站。学院占地137亩，建筑面积6.74万平方米。教职工141人，其中教授、副教授66人，讲师等中级职称48人。设有基础医学部、临床教学部和科研学术中心。开设有临床医学、护理学、中西医结合、卫生管理等5个大专专业。同时还开展全科医师（护士）培训、执业医师培训、农村卫生人员培训、卫技人员、工人技术等级培训等。

四、川北医学院成人教育学院

川北医学院于1987年开办成人教育，1993年成立专门管理机构，1997年通过省教委成人教育教学合格评估，1999年正式成立成人教育学院。“专升本”设有临床医学、医学影像学、医学检验、中西医结合、护理、药学、口腔医学、麻醉学专业；专科设有临床医学、医学影像学、医学检验、中西医结合、护理、药学、口腔医学、麻醉学、中药学、英语护理、神经精神卫生学、口腔工艺技术、医药市场营销、医疗保险与医事法律、医学美容专业。

各成人高校设施日臻完善。2006年省卫干院教学仪器设备总值达到1300多万元，比1998年增加近1000万元，图书馆藏书13万册，先后购置了维普中文科技期刊及清华同方中国医院知识仓库全文数据库、万方硕博医学论文数据库等，馆藏电子图书达22万册。广元职工医学院固定资产1726万余元，其中教学仪器设备215万元，拥有全套电化教学系统、语音室、微机室和实验室，图书馆藏书逾4万册，拥有60座电子图书阅览室。

第三节　学历教育

一、成人高等学历教育

四川成人医学高等学历教育始于20世纪50年代。1959年成都中医学院在全省首次举办中医函授班，1960年四川医学院、重庆医学院、成都中医学院、泸州医学专科学校先后开办夜大学、业余大学和中医夜大班，“文化大革命”期间中断。1979年各医学院校以电大、函大、夜大、干部专修科等形式，举办17种专业班（辅导站）187个，至1985年共有1065人毕业。

1986年开始实行全国成人高等教育统一招生。1988年省卫生厅委托华西医科大学、重庆医科大学、泸州医专、成都中医学院与条件较好的中等卫生学校联办成人大专班，当年招生515名，1989年招生586名。自1990年开始，华西成人教育学院、成都中医药大学成人教育学院、川北医学院成人教育学院相继成立。第三军医大学成都医学高等专科学校举办医学类成人大专班，开设药学、医学影像、医学检验、临床医学4个专业，学制3年（全日制）。省卫生管理干部学院举办的大专班毕业人数逐年递增，1987年为55人，2002年为1215人，2005年为2347人。其临床医学专业从1996年开始，在涪陵、达川试办全脱产大专班，主要招收具备医学中专学历的在职人员。广元职工医学院1986年招生85人，在校生201人，至2005年，招生数升至444人，在校生达2309人。川北医学院2005年招收成教和高职生5160名。

2000—2005年四川部分成人高等医学院校学历教育情况统计表

表7—14

学校名称	招生数（人）					
	2000年	2001年	2002年	2003年	2004年	2005年
省卫生管理干部学院	1506	1686	3103	2460	3257	1185
华西成人教育学院	3000 *	3191 *	3392 *	2083 *	1275	—
广元职工医学院	85	—	—	—	—	444
成都中医药大学成人教育学院	3715 **	4497 **	4895 **	3911 **	4641 **	3975 **
川北医学院成人教育学院	—	—	—	—	—	5160

说明：* 含专升本；** 刊、函授及自考

1988—1993年，省卫干院、华西医大、重庆医大、泸州医学院根据国家教委、人事部《关于成人高等教育试行〈专业证书〉制度的若干规定》，突破单一的成人教育培养规格，对在专业技术岗位或专业性较强的管理岗位上工作的具有高中毕业文化程度的在职人员，不再要求他们接受系统的学历教育，而以学习和掌握其从事专业技术和管理工作所需要的专业知识为主，通过有针对性的专业知识学习，达到岗位所要求的大专学历层次的专业知识水平，举办内、外、妇产、儿科等近20个专业的大专教学班共54期，培训2273人，毕业或结业后发给专业证书，作为在本行业本专业的工作

范围内评定、聘任专业技术职务、管理和其他职务任职资格的依据之一。

1992 年，四川作为成人高校考试科目改革省之一，将物理、化学改为生理、解剖。在学制上，华西医科大学教育研究所经过深入调查和论证，提出对已具备中专学历，又有 5 年实际工作经验的卫生技术人员可砍去不必要的理论重复，加强实际动手能力，将成人大专 3 年制改为 2 年制，经省教委同意于 1992 年开始实施。

高教自学考试是成人高等教育的一种重要方式。1989 年省卫生厅委托省自考办开设高等护理专业自学考试，当年报考人数 5000 多人，1992 年发展至 1.1 万多名。高等教育自学考试护理专业实行专业证书制，证书可作为申请、评定、晋升专业职称或管理职务资格的依据。至 1992 年，经自学考试获高护专业证书的共 414 人。

华西成人教育学院是省自考办在川设立的高等教育自学考试主考学院之一。2002 年、2003 年，护理学注册考生分别为 607 人和 518 人，法医学注册考生分别为 93 人和 61 人。学院 2004 年自考招生 420 人，毕业 398 人；2005 年自考招生 420 人，毕业 412 人，其中授予学位的 32 人，在册生达到 896 人。

1994 年 4 月起，全省开展中医骨伤专业（专科）自学考试，同时开设第二学历骨伤专业专科（课程组）自学考试。1998 年省自学考试委员会批准泸州医学院试办农村中医医疗（中西医结合）专业全日制教学班。成都中医药大学成人教育学院至 2000 年底在籍自考生 7000 多人，有 2000 余名自考生获得毕业证书。

20 世纪 80 年代后期开始的信息化建设发展迅速，视频、网络、远程等现代化教学手段及模拟教学被广泛采用。远程医学教育成为一种新形式和重要手段。2001 年华西临床医学院华西远程医学中心成立，2004 年中国医师协会华西远程教育中心成立，至 2005 年，入网医院已达 100 余家，覆盖云、贵、川、渝、藏、青、甘、陕等 90 余个地区，共为边远地区培训医务人员 13 万余人次，开展教学 1000 多个小时，为 2000 多例疑难病进行远程会诊。2003 年 10 月，四川大学获准选择 4—5 个自愿开展远程医学教育的单位进行远程继续教育试点。2004 年 4 月 1 日起，省卫生厅直属单位和各市（州）、县医疗单位卫生技术人员学习后可通过学习卡或 e 元卡直接在相关网站申请学分，经核定后由省继续医学教育委员会颁发学分证书。自 2002 年 10 月 31 日起，自学考试、各类高等学校的远程教育（广播电视教育、函授教育、网络教育）、学历文凭考试试点学校举办的医学类专业学历教育，成人高等教育举办的医学类专业、药学类专业的学历教育，只招收已取得卫生类执业资格的人员，停止招收非在职人员。

二、中专学历教育

1982 年全省中等卫生学校开始举办干部中专班，1983 年改称职工中专班。

至 1986 年，25 所举办职工中专班的中等专业卫生学校在校生人数达 3369 人，毕业生 1149 人。1988 年 18 所中等医药学校举办职工中专班，招生 1092 人。1997 年在校生 3611 人，毕业 818 人。设置有医士、护士、卫生财会统计士、放射医士、药剂士、检验士、口腔医士、营养士、助产士、卫生医士、中医士、中药士、针灸医士、中医护士 14 个专业。

从 1987 年开始，实行中等专业卫生学校与有条件的县卫生学校联合办学，当年联合办学单位 22 个，扩大招生 1331 名，1988 年扩招 880 名，1989 年扩招 560 名。四川省卫生学校从 1993 年开始，先后与资阳卫校、泸州卫职校、德阳卫职校、绵阳卫职校、华西卫职校等联合开办医学、护理专业的成人中专教育。

在开展大专学历专业证书班的同时，也开展中专学历的专业证书班，招收本专业工龄3年以上、初中毕业、年龄一般在35岁以上的在职卫生人员。1988年开始，内江、绵阳、重医卫校和重庆药校举办医士、护士、药剂、检验四个专业中专专业证书班6期，学员288人。1989年，涪陵、绵阳、内江卫生学校及重庆医科大学护士学校申报开办中专专业证书班，招生妇幼医士、药剂士、护士、卫生财会统计、西医士、公卫医士等专业，学制1年。1990年，内江卫校举办医士专业中专专业证书班。

第四节　非学历教育

一、短期培训和进修

1986—1990年，培训和进修的重点为领导干部、中青年业务技术骨干、短科缺门专业、专科人才和学科带头人。1988年，省卫干院等61个单位共举办各类在职人员培训班130个，招生6000多人。至1992年，先后培训在职卫生人员183285人次，平均每年30547人次。省卫生厅每年拨出60万元专款，委托省直属医疗部门和高、中等医药院校举办提高班、进修班150多个，年平均培养5000人以上。1986—1992年，华西医科大学进修教育基地举办一般专业技术培训、医师专业证书培训、主治医师岗前培训等，专业达80多个，年均培训1000人次左右，对象包括来自四川、云南、贵州、西藏、广西、广东、新疆、宁夏、青海各省（自治区）县以上医疗卫生单位的卫生技术人员。1989年开始试办主治医师岗前一年培训班，至1992年共举办10期，5个专业，培训学员400名。2002年，制订《四川省民族地区卫生技术人员培训项目实施方案》，对三州108名县级卫生技术人员进行为期半年的技术培训。2003年，雅安市卫生局、泸州医学院、川北医学院完成对阿坝、甘孜、凉山州及乐山、绵阳市等少数民族地区及部分少数民族县200名卫生技术人员及20名学科带头人的培训。2003年在全省卫生行业在职人员中组织开展传染性疾病防治知识全员培训，全年举办各级各类培训班3820期，培训各级各类卫生技术人员173530人。2004年2—5月，组织省级禽流感防治知识培训班，培训市、州级公共卫生人员300余名。2005年，按照《四川省公共卫生人员传染病防治知识普训规划（2004—2006）》要求，加强传染病防治知识培训工作，省一级举办培训班84期，培训师资6804人。

二、住院医师规范化培训

住院医师规范化培训是毕业后医学教育的重要组成部分。华西临床医学院从1987年开始，根据卫生部关于加强住院医师培训的要求，制订住院医师培训的计划、制度、考核及评估办法，对300多名住院医师进行规范培训，取得良好效果，并在全国进行经验交流。2000年起，在医院麻醉科开始对住院医师规范化培训的实践探索，经过3年试点，将原有的“单位人”身份参加培训改革为“社会人”身份参加培训，成立住院医师培训部、培训专家委员会和培训工作委员会。至2005年，共招收200多名住院医师进行规范化培训。华西妇产儿童医院被卫生部认定为首批临床住院医师规范化培训基地医院，除对本院在职住院医师进行规范化培训外，2004年、2005年面向社会招收学员

22人，进行临床诊疗、科研、外语、交流、组织管理、教学能力等方面的培训。

三、全科医学教育

从2002年起，在普通、成人高校和中等卫生学校医学和护理专业新生中，开设全科医学有关的必修课和选修课；对高等院校医学专业本科毕业生拟从事社区卫生服务工作的医生、专科毕业有三年临床实践经验的执业医师，按卫生部《全科医师规范化培训大纲》进行为期4年的毕业后全科医学教育。2004年4月，省人民医院受省卫生厅委托，成立四川省全科医师医学临床培训中心，5月开始接受全省首批全科骨干医师培训任务，当年，完成120名城市社区卫生技术人员和100名乡镇卫生院业务骨干的全科医学知识培训任务。2005年，省卫生厅印发《关于进一步加强全科医学培训工作的通知》和《四川省全科医师岗位培训大纲》。5月，确定华西医学中心为四川全科医师规范化培训中心，省卫生管理干部学院为全科医师培训中心。省卫干院培训中心在全省设立18个市级培训站，开展各类师资培训10余期，完成来自全省20个市（州）的122名全科医师的师资培训。10月，省卫生厅组织专家进行现场评估，批准成都、内江、宜宾、自贡、泸州、资阳、绵阳、广元、雅安和攀枝花建立全科医生培训站。

第五节 农村卫生人员教育

1987年，全省182个县和34个市辖区卫生机构人力资源状况调查表明，在143649名农村卫生技术人员中，具有本科学历的为2.92%，专科学历为5.58%，中专学历为40.61%，无医科学历者为50.89%，半数未经过正规培训。

一、农村卫生人员短期培训

1984—1988年，全省共轮训农村初级卫生人员37497人次。

1988年，省卫生厅印发《关于加快农村卫生人才培养的意见》，1990年印发《1990—2000年乡村医生教育发展规划》，推出农村卫生人才培养的一系列政策措施，乡村医生的教育、培养、管理、使用逐步正规化、规范化、制度化。

从1991年开始，华西医科大学进修教育基地先后举办3期乡村医师提高班，共为农村培训技术骨干200余人。

2004年，中央财政和省财政安排专项资金开展农村卫生人员培训和新型农村合作医疗管理人员培训，覆盖全省乡镇卫生院和新农合试点县（市）。培训班包括：农村卫生服务能力建设项目师资培训班；乡镇卫生院传染病主检医师培训班；村卫生机构人员传染病基本知识培训班；乡镇卫生院院长培训班；新农合领导干部培训班；新农合管理干部培训班；新农合经办机构人员培训班；定点医疗机构师资培训班；新农合定点医疗机构人员培训班。

2005年，卫生部在全国13所卫生院开展乡镇卫生院卫生技术人员在职培训试点，射洪县金华中心卫生院、仪陇县复兴镇卫生院名列其中，试点工作9月正式启动。

在农村卫生技术人员培训中，争取到中意合作职业培训项目、爱德基金会、郑格如和郭谢碧蓉基金的援助和支持。1992—2000年，在爱德基金会支持下，共完成2436名乡村医生的培训任务，其中，912 名乡村医生接受了中专学历教育。2002 年“中意合作职业培训项目”正式启动，获意大利政府赠款 100 万欧元、软贷款 210 万欧元，由省卫校、省医院护校实施，执行期 3 年。同年，获郑格如和郭谢碧容基金 6.75 万元，在甘孜卫生学校培养中专层次农村卫生人员 45 名；争取到爱德基金会等资金 14 万元，为凉山州、甘孜州培训基层卫生技术人员。2003 年爱德基金会继续提供经费 30.8 万元，其中，23.8 万元帮助全省 2000、2001 级爱德村函授学员 595 名完成第四期学习任务，7 万元为凉山州培养 50 名乡（镇）卫生院妇产科和外科医生。2004 年甘孜卫生学校被确定为郑格如基金和郭谢碧蓉基金第二期项目学校，中专生每人每年获资助 1500 元，大专生每人每年获资助 2000 元，地方政府给予相应配套补助，共资助 40—50 名学生，由卫生局与学生签定定向合同，毕业后回农村工作至少 5 年。2005 年爱德基金会为广安市乡镇卫生院培养短缺卫生人才 30 人，资助经费 9.3 万元；郑格如基金和郭谢碧蓉基金资助甘孜卫校 50 名贫困生完成中专和大专学历，资助经费 8.2 万元；华夏基金会资助阆中妇幼保健康复培训项目，为川北地区培训县、乡级妇幼保健人员 400 人次，提供经费 50 万元。

通过各种途径的培训，农村卫生技术人员业务素质得到明显提高。2004 年，省卫生厅两次组织乡村医生资格考试，报名 30307 人次，合格 21661 人，占 71% 以上。

1997—1999 年，在实施 3 批民族卫生扶贫工程中，共培训县、乡、村卫生技术人员 3253 名。

2002 年，制订《四川省民族地区卫生技术人员技能培训五年计划》，当年培训民族地区卫生技术人员 118 名，至 2002 年，共为民族地区贫困山区培训 300 多名医务人员。

2005 年，雅安市卫生局、泸州医学院、川北医学院承担阿坝、甘孜、凉山三州及乐山、绵阳等部分少数民族县卫生技术人员培训任务，共培训基层卫生人员 231 名、学科带头人 20 名。

二、乡村医生函授教育

1990 年，省卫生厅印发《1990—2000 年乡村医生教育发展规划》，成立省乡村医生函授部，挂靠成都卫生学校。函授教育实行三级管理体制：一级为函授部，负责招生录取、学籍管理、制定教学计划、管理章程以及指导、监督各函授站教学及管理工作；二级是设置在有关市（地、州）卫生局的函授分部，负责当地各函授站的招生、管理、检查、督导、协调工作；三级是设置于各县卫生学校内的函授站，是函授教学的具体实施单位，负责日常教学及学生管理。1991 年正式招生，至 1998 年，先后在各市（地、州）卫生局建立 15 个函授分部，52 个函授站，共招收乡村医生、乡镇卫生院、县医院在岗卫生人员 15626 名，经三年社区医学、护理或计生医士专业 25 门课程的学习，理论考试和生产实习合格后，获国家教委验印的毕业证书，共毕业 14486 名。绵阳、乐山、内江、泸州等市（地），由当地教委批准，也举办了乡村医生职高函授班，一般委托中等卫校承办，据不完全统计，至 1995 年共招生 4000 余人，毕业 2000 余人。1999 年，卫生类中专学校停办临床类医学专业，至 2000 年未继续招生。2003 年起，根据国家及省、市中医药管理局部署，开始举办成都地区中西医结合乡村医生学历教育，2003—2005 年，共招收学生 842 人，毕业 597 人。

《1990—2000 年乡村医生教育发展规划》（以下简称《规划》）提出，要发挥县卫校和中等卫生职业学校的作用，按中专教学计划，招收农村初中毕业生或高中毕业生，实行定向培养、定向分配，学习 3 年毕业后发卫生职业学校毕业证书，直接回农村卫生站工作；现有医生实行在岗函授教育，结业后发国家认可的中专学历文凭。根据《规划》要求，全省多数县卫校在 20 世纪 90 年代初举办 2—3 年制的乡村医士班，为农村培养近万名实用型乡村医生。从 1990 年起，对全省从事乡村医生工作连续20年以上，没有条件接受系统化、正规化教育的，按照十年规划中“乡村医生各项业务知识和技能内容”的要求逐项开展培训，经考试合格者，发给乡村医生培训合格证书；通过省及省以上中专水平考试的乡村医生，发给乡村医生中专水平证书。经过各种形式的培训，至1994年，6.8万名乡村医生中达到中专水平的3.29万人，占48.38%。

三、乡村医生中等医学教育达标

1995年11月，卫生部在《关于全面落实全国乡村医生教育〈十年规划〉的意见（征求意见稿)》中，再次强调普遍开展乡村医生系统化、正规化中等医学教育，为我国农村培养一支素质优良、数量充足的乡村医生队伍，提出2000年在岗乡村医生接受系统化、正规化教育的比例达到80%，没有条件接受系统化、正规化教育的在岗乡村医生，参照十年规划的要求逐项培训，培训合格人数达到80%的目标，称为“乡村医生中等医学教育达标”。乡村医生的中等医学教育，主要由全省中等卫生学校及县级卫生学校发挥自身优势，利用教育资源，采取多形式、多渠道、长短结合、脱产和函授结合等灵活多样的办学方式进行。自贡市卫生学校1991—1996年对在岗乡村医生进行三年制正规化教育517人，两年制系统化培训200人，一年制达标培训655人。四川省卫生学校从2000年起对简阳市、纳溪县乡村医生进行中专学历培训。成都市卫生学校2003年、2004年招收500多名乡村医生。内江医科学校2003年开始农村卫生人员中专学历教育，当年招收乡村医生中医专业196人，2005年招收乡村医生622名。已并入雅安高等职业技术学院的雅安卫生学校2003年开办乡村医生中医专业（中西医结合方向）中专学历教育，招生143名。宜宾卫生学校承办2005年乡村医生中医学专业中专学历教育，招收乡村医生559名。

1993年，对全省140所县卫生学校（占县级卫校总数的93.3%）进行评估，结果为：合格21所，占14.4%；基本合格46所，占32.8%；不合格73所，占52.8%。主要问题是：校园面积、校舍不达标（标准校园面积应为6500平方米，校舍4000平方米，实际校园平均面积为4318平方米，校舍2586平方米，有的甚至没有独立的校舍)；固定资产不达标（标准应为6万元，实际平均为3.9万元，有的甚至不到1000元)；专职教师人数不达标（标准应为16人，实际平均为10人，有的甚至只有2人)。评估结果引起各地政府及有关部门重视，并针对自身存在的问题，增拨土地，增添设备，充实教师队伍。省卫生厅对评估合格和基本合格的67所县卫校，采取分期分批的办法进行重点扶持，从1994年起，每年重点装备10所县卫校，采取省、地、县各投资1/3的办法，每所学校10万元，由省统一负责购买设备分发给各校，保证装备落到实处。

图7-6 阿坝卫生学校培训村级医药卫生技术人员

1998—2003年，随着卫生、教育体制改革，多数市（州）相继撤销了县级卫校和县级卫生进修学校，基层卫生技术人员教育培训工作交由中等职业卫生学校承担。原办学基础较好的少数市（州）卫生进修学校得到发展，如建于1979年12月的泸州市卫生干部进修学校1988年更名为泸州市中等卫生职业学校，1999年增挂泸州市医学教育培训中心牌子，至2005年该校占地12.86亩，教学大楼5600平方米，有多功能电教室、计算机室、医学基础实验室、医护临床实训室、图书馆等，是泸州市农村卫生人才、继续教育培训基地、省卫生厅批准的全科医学培训站，在校生达1670人，其中大专生385人。

全省乡村医生中等医学教育达标工作收效显著。1998年33个县（区）达标，1999年57个县（区）达标，2000年49个县（区）达标。累计139个县（区）达标合格，全省20个市（地、州）共176个县（区），达标率78.9%，超过卫生部2000年底合格县达60%的要求。乡村医生的学历结构发生明显变化，2000年底自贡市2872名乡村医生中达到中专水平的2450人，占85.53%；内江市1998年底，全市乡村医生3308人，达到中专水平的2068人，占62.5%。

四、农村高级卫生人才教育

1988年，卫生部在关于加强农村卫生技术队伍建设的意见中，提出“发展高等医学专科教育，为城乡基层，首先是县和中心卫生院培养高级技术人才”，要求部分升格为医学院校的专科学校坚持“本专结合，以专为主”的方针。同年，在关于改革和发展高等医学教育的意见中，提出把发展高等医学专科教育作为解决农村高级医学人才缺乏的一项战略措施，把面向农村地区定向招生、定向培养、定向分配的制度作为解决医学人才通向农村的一条可行途径。《1990—2000年乡村医生教育发展规划》提出，乡村医生中部分文化水平高、有经济能力并已具备中专水平的分期分批送入成人高校、普通高校农村医师大专班学习。全省医学院校发挥师资力量较强的优势，通过联合办学或举办校外专科班的形式，为农村培养高级医学人才。1989年，泸州医学院、川北医学院分别举办民族医学大专班和本科班，招收农村卫生技术人员，毕业后回当地工作。

为贯彻、落实卫生部、教育部、财政部、人事部、农业部《关于加强农村卫生人才培养和队伍建设的意见》，2003年8月8日，省卫生厅、省教育厅、省财政厅、省农业厅联合印发《关于农村卫生人才培养和队伍建设的意见》。2004年4月14日，教育部、卫生部批准西部地区自2004年秋季起，主要在非中心城市的医学院、医学高等专科学校、职业技术学院，试办招收初中毕业生、修业年限5年的专科层次医学专业。招生对象为农村户口、年龄20岁以下的初中毕业生。管理模式为：前3年按中等专业教育的管理办法，后2年纳入高等教育管理范畴。毕业生授予高等专科学历证书，实行学生来源于农村和服务于农村的机制，毕业后由所在县级卫生行政部门协助安排到县级以下卫生机构工作，5年后方可流动。省卫生厅、省教育厅根据全省医学教育资源配置的需要和学校办学实际，同意川北医学院、泸州医学院、成都中医药大学与部分中等卫生学校、高等职业院校实行联合办学，试办面向农村、初中起点5年制医学专业教育。2003年，省卫干院开办临床医学、护理学、药学三个专业初中起点五年制医学专科教育，当年招生260人。2004年秋季起，川北医学院与校部西校区联办，招收临床医学专业100人。泸州医学院与省卫生学校、甘孜州卫生学校、广元职工医学院联办，招收临床医学80人、口腔医学20人；成都中医药大学与南充卫生学校、雅安职业技术学院联办，招收中医学100人。之后，成都铁路卫生学校，宜宾、自贡、甘孜、凉山、成都、攀枝花卫生学校，绵阳医科学校，泸州医学院卫生学校，内江医科学校，省人民医院护士学校，省卫生学校分别与泸州医学院、川北医学院、攀枝花学院、省卫生管理干部学院联合申办初中起点五年制高职专业教育。

第八篇　医林人物

“白衣天使”是人民群众对卫生工作人员的由衷赞誉。四川广大卫生工作人员忠实履行白衣天使的神圣使命，尽心尽责地为人民群众健康服务，涌现出一批又一批、一辈又一辈优秀代表。他们之中，有精湛医术、高尚医德、为人民群众健康奉献了毕生精力的著名专家，有以救死扶伤为己任、在与病魔生死较量中奉献着聪明才智的白求恩式的好医生，有在艰苦条件下不计较个人得失、恪尽职守的基层卫生工作者。他们崇高的思想境界和职业精神，展现了新时期卫生工作者的风貌。

第一章　人物传略

第一节　西　医

周泽昭（1902—1990）男，四川省江津县人，外科专家、医学教育家。1926 年毕业于广州中山大学医科，留校执教。后任南宁军医院外科主任、广西军医学校外科教授。抗战事起，全力投入战地救护工作。1945 年随重庆办事处撤回延安，任中国医大外科教员，讲授普外科、骨科和战伤外科学。抗战胜利后，调中央医院任外科主任。曾在延安开办团以上医疗队队长进修班，并撰写《野战外科》教材，提高和培训了一大批医护业务骨干和管理人员，后在陕甘宁晋绥联防司令部第一后方医院任医务主任，负责重伤病员的抢救。中华人民共和国成立后，历任第一军医大学校长、北京医院院长、重庆医学院院长、四川省卫生厅副厅长、广西壮族自治区卫生局顾问，兼任中华医学会常务理事、第五届中华外科学会主任、委员等职。曾任毛泽东的保健医师，并给金日成、德田球一、拉达克里希南等人治病，医术精湛，受到国际友人赞扬。撰有《急救手册》《战争毒气病的病理与治疗》《野战外科》等教材。

陈志潜（1903—2001）男，祖籍江苏省武进县，出生于四川华阳（今成都市双流县），华西公共卫生学院教授。1921—1929 年在北京协和医学院学习，1929 年毕业获医学博士学位。1930—1931 年到美国哈佛大学公共卫生学院及麻省理工学院进修健康教育学和公共卫生学，获公共卫生学硕士学位。后又到德国德累斯顿市健康教育中心进修。20 世纪 30 年代，在陶行知先生创办的南京晓庄师范学校执教卫生学，编写出版《卫生教育讲义》及我国最早的《农民卫生知识讲义》，创办全国第一个农村实验卫生机构“晓庄乡村卫生实验区”。“九一八”事变后，接受国际乡村改造运动的倡导者晏阳初先生邀请，到河北定县平民教育促进会农村建设实验区任卫生教育部主任，把酝酿多年的农村保健网的设想付诸实施，其创造的“定县模式”在国际上被誉为造福于世界人民大众的创举。1938 年 5 月回到成都，先后创立四川省传染病医院、四川省妇幼保健院，与中央大学医学院合作创办公立医院（省医院前身，现成都市第三人民医院所在地），并在省内 80 个县成立了县卫生院及护士、助产士和公共卫生人员培训中心。1947 年建立重庆大学医学院并任院长，兼任中央医院院长。中华人民共和国成立后，特意招收两班公共卫生专业学生，为国家培养出第一批公共卫生专业人才。1952 年重庆大学医学院并入四川医学院，陈志潜任该院卫生学教授。20 世纪 70 年代从事尘肺病调查研究。1981 年受聘任卫生部医学科学委员会委员。1986 年 4 月，82 岁高龄的陈志潜到四川省卫生模范县——什邡县作农村卫生调查，对农村各级卫生组织的发展方向、医务人员的技术培训、计划生育、药品管理等一系列问题提出建议。同年 7 月，被推选为中国农村卫生协会名誉理事。曾任中华医学会副会长、中华医学会卫生学会委员、名誉顾问，中华预防医学会名誉理事。陈志潜是中国社区医学的创始人和健康教育事业的奠基人，不仅被公认为初级卫生保健的先驱，还被发达国家学术界誉为“中国公共卫生之父”。联合国儿童基金会前主席格兰特博士称：“陈志潜教授致力于卫生工作50多年，对世界卫生工作做出了不可估量的贡献。这些贡献至今仍在促进着中国人民的健康和幸福，同样也在相当程度地改善着世界其他发展中国家人民的健康和幸福。”

刘云波（1905—2000）女，四川省遂宁市人，著名妇产科专家，省卫生管理干部学院副院长。1927年留学日本女子医专，次年赴德国耶拿大学医学院，1937年获德国医科大学医学博士学位。回国后，创办私立宏慈助产学校和宏济医院，先后担任成都市立医院及由南京迁蓉的中央军校眷属医院妇产科主任、四川省立职业医事学校校长兼附属医院院长。中华人民共和国成立后，历任成都医士学校副校长、省卫生管理干部学院副院长。曾任农工民主党中央常委、省委主任委员及名誉主委，省第四届政协副主席，省第五、第六届人大常委副主任。20世纪70年代开始以四川人口增长为研究课题，经过对34个市、县农村城镇的深入调查，向省委、省政府提出意见和建议。她多次参加医疗队，赴川西各县防病治病、培训基层卫生人员，7年间走遍川西7县80%以上的公社。1974年5月中旬，云南永善县发生强烈地震，年届7旬的她担任医疗队副队长赴一线救灾。75岁时赴彝寨为彝族妇女检查疾病、了解保健情况、讲授围产期及老年妇女保健知识。1991年86岁高龄还前往攀枝花市检查计生工作。她视病人为亲人，无论贫富贵贱，一样认真负责，无微不至。著名文学家朱自清先生曾专门撰写《刘云波医师》一文，高度赞扬她的精湛医技与崇高品德，为她题写“慈母之心”的横幅，并请叶圣陶先生为她写“生死人而肉白骨，保赤子为拯斯民”的对联。去世前她留下遗言，将多年节省的8.7万元捐给希望工程，私人所藏的1000余册书籍和杂志全部送给省卫干院，死后不开追悼会，不作遗体告别，遗体请华西医大解剖，为医学作最后贡献。她将自己的一生无私地奉献给了医学尤其是妇幼保健事业，被誉为“西南的林巧稚”。

乐以成（1905—2001）女，四川省芦山县人，华西妇产儿童医院教授，妇科专家。1924年报考首开女禁的私立华西协合大学，成为该大学的第一个女学生。1932年以优异成绩毕业于华西协合大学医学院并留校任教，成为华西的第一位女博士。作为当时华西仅有的中国籍妇产科医师，独当一面的工作给她提供了大量临床实践的机会，她虚心向同行求教，严格要求自己，医术日渐精湛。1933年赴北京协和医院进修一年，师从中国妇产科泰斗林巧稚。1934年成为华大医院第一个妇产科女主治医师。1939年，与丈夫（著名骨科医师谢锡瑹，后任四川省人民医院院长）一起赴加拿大进修，先后在多伦多妇女儿童医院任住院总医师、美国洛杉矶大学医院任主治医师。1941年回国后在华西协合大学从事妇产科工作，1944年被聘为教授。1948年又远赴英国伦敦皇家医学院攻读博士后。回国后，从1952年起担任华西妇产科主任一直到20世纪70年代，1953年由国务院授予一级教授荣誉称号。她长期从事医疗、教学、科研和管理工作，年近90岁才完全赋闲在家。她爱岗敬业，吃苦耐劳，从青年时代到75岁都是骑自行车从城东北到城南上班。她是中国近代妇产科学的先驱者和开拓者之一，著名医学教育家和妇产科学专家。对外伤性妊娠子宫破裂的治疗研究和内分泌与生育关系的研究有很深的造诣，并在国内首创经阴道子宫切除术式和逆行子宫广泛切除术式。主要论著有《阴部手术图解》《妇产科医师手册》《妇产科疑难病症》《临床实践》等。在全国妇产科学领域享有崇高的威望，在中国妇产医学界就流传着“北有林巧稚，南有乐以成”的说法。

蓝天鹤（1905—1991）男，四川省荣县人，华西临床医学院教授，生物化学家。1930年毕业于燕京大学化学系，被聘为华西协合大学化学系讲师。1940年赴美国罗彻斯特大学主修生命经济学及生物化学，获哲学博士学位。曾任该校讲师及国际肿瘤研究基金会研究员、美国科学家学会会员、纽约州立科学院院士，1947 年回国。在华西协合大学时，创建国内第一所生物化学研究所，任所长。中华人民共和国成立后，任四川医学院生物化学教授、生物化学研究所所长，兼任全国生物化学学会理事，卫生部生化教材审编委员。长期从事生物化学研究和教学工作。早年在美国与他人合作对肿瘤细胞核酶谱变异进行了开拓性的研究，并参加美国曼哈顿研究计划，从事铀化合物的生物化学及毒性检验和防护研究，部分成果载入美国原子委员会 1949 年的报告书。他较早地认为癌变的生化，须从细胞核着手，为此获金钥匙荣誉奖。1950 年与他人合作发现野生植物醋柳中含有丰富的维生素 C。对中药黄连、鸦胆子等的结晶分析，黄豆、鸡蛋及肉类蛋白的生理价值研究，成绩卓著。对中国生物化学事业发展有较大贡献。论著有《毒气检验手册》《鸦胆子晶体提取》《维生素 C 与结核》《肿瘤细胞粒系统研究》《维生素 C 与氨基酸的调控作用》等。

樊培禄（1906—1998）男，河南省信阳市人，四川省人民医院主任医师，儿科专家。1932 年在山东济南齐鲁大学医学院毕业，获医学博士学位。中华人民共和国成立前任齐鲁大学医学院、成都三大学联合医院、中央大学医学院儿科讲师、副教授。中华人民共和国成立初期评定为国家一级儿科专家。是 1933 年成立的中华儿科学会发起人之一，曾任中华医学会委员、中华儿科学会副主任委员、《中华儿科杂志》编委、顾问、四川省科技顾问团顾问、四川省科协副主席、中华医学会四川省分会副会长、四川省儿科学会主任委员及名誉主任委员，省人民医院副院长。享受国务院政府特殊津贴，1979 年获全国劳动模范称号，1983 年、1991 年两次被评为全国少儿先进工作者。他致力于儿童医疗保健工作 60 余载，具有精湛的医疗技术和高深的理论造诣，是儿科医学界著名老前辈，在国内享有崇高声誉。早在齐鲁大学任教期间，就研究并推广运用五价锑剂治愈大量黑热病患者。后来又积极开展猩红热、白喉、先天梅毒和天花等传染病的防治。20 世纪 70 年代后期，专事儿童保健工作，在工厂、农村、街道对婴儿、新生儿和围产期婴儿死亡率进行了大量周密的调查，完成对学龄前儿童生长发育“五项指标”的研究工作。1977 年领导四川佝偻病普查工作，提出在基层对该病的简易诊断方法和用维生素 D3 防治小儿佝偻病的最小有效剂量，使成都地区儿童佝偻病发病率由 30% 降至 1982 年的 13.8%。在 1966—1975 年十年时间内领导开展城市和农村结核感染率调查 30000 余人和近 20000 人的卡介苗接种，大大降低了儿童结核病发病率，基本杜绝了接种地区结核性脑膜炎的发生。1980 年后对深入开展出生缺陷调查和优生学研究做了大量工作。撰写有关儿童保健方面的论文 50 余篇。

刘荣耀（1906—1989）男，辽宁省庄河县人，四川省人民医院主任医师，国家二级泌尿外科专家。1932 年毕业于山东齐鲁大学医学院。1940 年起专攻泌尿外科，中华人民共和国成立初期评定为国家二级泌尿外科专家。1947 年赴美国波士顿马萨诸塞州总医院攻读泌尿外科专业研究生。曾任中华外科学会委员、四川医学分会泌尿专委会主任委员。创立省医院泌尿外科并使之成为具有国内先进水平的专业。20 世纪 50—60 年代，带领、指导科室先后开展当时具有国内先进水平的新技术和新手术，如膀胱镜检查、肾脏部分切除、肾上腺外科、离体肾手术、陈旧性尿道狭窄手术、回肠或乙状结肠代膀胱成型术、前列腺摘除术及后尿道电切术等。在国内外刊物发表多篇学术论文，参编《中国医学百科全书》等著作。

彭吉人（1907—2005）男，四川省巴县人，华西临床医学院教授。1935 年毕业于华西协合大学医科，获博士学位，任存仁医院副院长、院长。抗日战争时期，他主持的存仁医院与华北、华东、华中来川的耳鼻喉专家合作，在设备十分简陋的条件下设计并制作了观察眼球震颤的双目放大镜、上额窦透照灯、喉模型教具、内腔镜异物剪等，建立专科实验室，成功开展耳鼻血管纤维瘤切除术、全麻小儿气管异物取出术，使存仁医院成为享誉全国的耳鼻喉科学术中心之一。1947 年获加拿大红十字学会奖学金赴多伦多大学进修耳鼻喉科，1948 年转赴美国费城坦伯尔大学贾克逊诊所进修内腔镜和喉外科。20 世纪 50 年代举办五官专业培训班，向全国输送专业人才。开展气管食管镜的临床应用研究，鼻咽纤维瘤手术技巧的研究。曾任中华医学会副会长，耳鼻喉学分会常务理事，四川省分会主任委员，《中华耳鼻咽喉科学》杂志编委等。

熊璧双（1907—1992）女，四川省资阳县人，华西妇产科奠基人之一。1935 年以优异成绩毕业于华西协合大学医学院，获美国纽约州立大学医学博士学位，毕业后留校任教。1936 年 8 月至 1937 年 7 月在北京协和医院进修。1946 年 8 月赴加拿大、美国留学。1947 年 7 月与丈夫（著名泌尿外科专家杨嘉良）一道回国，在华西从事妇产科教学、医疗、科研工作。在妇产科临床医学方面有很深的造诣，特别对女性生殖系统炎症有深入研究。20 世纪 50 年代，在医疗条件极度有限的情况下，大胆为患子宫癌晚期的川剧艺术家廖静秋做高难度子宫全切和盆腔清扫术，成功控制了癌细胞扩散，使其得以延续 5 年的艺术生命。她教学严谨，一直告诫学生“医疗关系到一个人的生命，一点不能掉以轻心”，尤其是妇产科，“稍有差错，涉及的就是两条人命”。

肖卓然（1908—1998）男，四川省新都县人，华西口腔医学院教授，口腔牙周病、黏膜病防治专家。1932 年毕业于华西协合大学牙医学院，获博士学位，留校教学。后在广西南宁省立医学院、贵州安顺军医学校、浙江大学医学院任副教授。1948 年赴美国哥伦比亚大学留学，专攻牙周病专业。中华人民共和国成立后，任华西大学牙医院教授，四川医学院口腔医学系主任、教授，口腔医学研究所所长，兼任全国口腔科学会委员等职。致力于口腔医学教学、科研和医疗，并担任进修生、博士研究生的指导工作。尤对牙周病和口腔黏膜病的研究造诣较深，对中国早期口腔医学事业的发展有较大的贡献。为中国牙周病学培养大批专业人才。撰有《全身病在口腔的表现》《牙龈出血》《应用青、链霉素未经培养鉴定细菌而治疗根管》等论文，主编有《口腔内科学》。

杨茂久（1908—1995）男，四川省渠县人，省人民医院检验主任技师。1923 年毕业于华西协合大学医学院检验专修科。毕业后先后在华西协合大学医学院、成都三大学联合医院、重庆中央医院、四川省人民医院负责检验工作，培养了大量医学检验人才。1931 年成都地区流行伤寒，他培养分离出 20 多株伤寒杆菌；次年流性脑膜炎，他又培养分离出 30 多株脑膜炎双球菌。1935 年在省内培养分离和鉴定出第一株霍乱弧菌，并及时地将该菌株制备的免疫诊断血清应用于临床检验。在病毒学检验、血液细胞形态学、止血与血栓实验室检查及免疫学方面卓有成效。他发明的“简快梅毒血清试验”1958 年获卫生部医药卫生技术革命先锋奖章。曾任中华医学会四川分会理事，省检验专委会主任委员。

吴和光（1910—1994）男，四川省巴县人，华西临床医学院教授。1936 年毕业于华西协合大学，获医学博士学位。1947 年获国外奖学金到加拿大多伦多大学医院、美国麻省综合医院、哈佛大学医学院进修。1949 年在四川首次成功实施十二指肠胰头癌切除术。1954 年与神经内科主任黄克维教授、丘禔光医生一起，创建西南地区第一个神经外科。1971 年领导西南首家器官移植临床研究工作，1976 年首次施行自体肾移植术。1978 年开展急性坏死性胰腺炎（ANP）系列研究，创建 ANP 动物模型；开展从后上腰部 ANP 腹膜后间隔引流手术，辅以中药制剂的中西医结合治疗新方案。首次发现血液流变学异常在胰腺炎发病机理中的重要地位，采用B超监测病情变化，成功治疗18例，使死亡率由当时国内外的30%—50%下降到16.7%，此成果获1991年度四川省科技进步一等奖。领导建立四川省生物医学中心，并创办《生物医学工程》杂志。组织医学高分子材料的攻关研制和生产，取得人工皮、人工脑膜、口腔材料等10余项科研成果。1984年主编《现代中国医学》。先后担任四川医学院附属医院院长、四川医学院副院长，世界卫生组织专家咨询委员会委员，卫生部医学教育委员会委员，中国生物医学工程学会副理事长，四川省生物医学工程学会理事长以及《中华医学》等多种医学杂志的编委。

陆振山（1910—1997）男，辽宁省建平县人，华西口腔医学院教授，组织胚胎学家。1934年毕业于辽宁医学院，留校任外科医师及芜湖戈矶山医院内科医师。1947年赴美明尼苏达大学研究所进修，获理学硕士学位。回国后，曾任南京中央大学医学院解剖系主任、副教授，华西协合大学医学院解剖系主任、教授。中华人民共和国成立后，任四川医学院组织胚胎教研室教授，兼任中国人体解剖学会四川分会理事长。长期从事神经解剖、组织学及胚胎学的教学和研究工作。在研究神经末梢、神经细胞分裂、“脑干网状结构”“脑的神经核”及“神经分泌”等方面，成绩显著。译有《解剖学方法》和《机能电镜组织学》，主编《神经解剖学》《组织学与胚胎学》。

张君儒（1911—1997）女，四川省璧山县人，华西妇产儿童医院教授。1937年毕业于华西协合大学医学院，并获美国纽约州立大学医学博士学位。毕业后留校从事儿科工作，与杜顺德教授共同创建华西协合大学医学院儿科。1947年赴加拿大多伦多大学儿童医院进修，在小儿体液平衡领域进行了系统的学习和研究，1950年与丈夫（华西协合大学附属医院第三任华人院长、著名胸外科专家杨振华）一起回国，历任儿科教研室副主任、主任一直到20世纪80年代初，在小儿腹泻的病原学研究、液体疗法研究方面卓有建树。她积极改进静输液疗法，在全国首先引进和使用Linger氏液，使脱水抢救成功率明显提高，极大地降低了西南地区婴幼儿腹泻的死亡率。20世纪60年代初，她发现致病性大肠杆菌是成都地区夏季小儿腹泻的病原菌，并分离出12种血清型。1962年在中国首次报告致病性大肠杆菌O55：B5肠炎大婴儿室的流行及治疗对策。她还发现轮状病毒是成都地区秋冬季腹泻的主要病原，并首先在成都地区推广口服补液盐，对指导国内口服补液盐治疗儿童腹泻起到了重大作用。80年代她从成都地区人体粪便中首先分离了空肠弯曲菌，并进行血清分型，提出了有效的治疗方法。80年代后期，在联合国儿童基金会资助下，她作为主研人之一的中国卫生示范县小儿急性腹泻病防治研究，获国庆40周年百项科技贡献优秀奖。她教学严谨，爱生如子，言传身教，德教在先，是中国著名的儿科学专家、医学教育家。历任成都市儿科学会主任委员，中华医学会四川省分会理事，四川省儿科学会副主任委员、主任委员、顾问，全国儿科学会第八届委员会委员等职。

刘昌永（1914—1995）男，四川省资中县人，华西临床医学院教授。1938年华西协合大学医学院毕业，获医学博士学位。1944年创办西南第一所精神病院——市立精神病院，任院长，开始专功精神医学的医疗、教学和科研。1947年任四圣祠医院院长。1948年赴加拿大麦格尔大学精神病研究所进修，1949年回国。1952年任川西精神病院院长。1954年采用电抽搐疗法代替戊四氮治疗精神病患者，后陆续开展睡眠疗法、个别和集体心理治疗、低血糖疗法和集体综合治疗。1959年领导开展成都市91万人口精神病和癫痫的流行病学调查。1961年主编国内第一部高校统编教材《精神病学》。编有《内科学讲座》第十卷。1963年参与创建四川省心理学会，任副理事长、理事长，《中华精神科学》杂志编委。1978年受卫生部委托举办精神科医师进修班，并开始招收硕士研究生。曾任中华医学会神经精神科学会委员，四川省医学分会常务委员及专业委员会第一届主任委员。

吴德诚（1914—1995）男，四川省成都市人，省人民医院主任医师。1940 年毕业于华西协合大学医学院，获博士学位，毕业后先后供职于华西协合大学医学院、重庆中央医院。1948—1951 年赴美留学，回国后在华西大学医学院任副教授，1952 年调省人民医院。长期致力于心血管内科临床研究，在心脏疾病诊断、治疗方面造诣颇深，参与了《心脏的神经调节》的编写。曾任中华医学会四川分会心血管专委会主任委员，享受国务院政府特殊津贴。

黄　文（1914—1997）男，四川省新都县人，省人民医院主任医师。1942 年 7 月毕业于上海同济大学医学院。20 世纪 50 年代即在普外肝、胆、胰、脾、乳房及甲状腺开展多种高难手术，对肝癌、复杂胆结石病人施行肝叶及肝大部切除术，在心胸外科开展体外循环手术，60 年代即在国内较早施行主动脉弓动脉瘤切除及人工血管移植术获得成功。曾任中华医学会四川分会心血管外科专委会副主任委员，中国心血管技术协作培训中心专家委员会委员。享受国务院政府特殊津贴。

魏治统（1912—1997）女，四川省资中县人，华西口腔医学院教授，口腔修复专家。1938 年毕业于华西协合大学牙医学院，获博士学位，留校任教。1946—1949 年，先后赴美国塔佛堤大学、哈佛大学和加拿大蒙特利尔大学留学。回国后，任华大牙医院、四川医学院口腔修复教研室主任、教授。从事口腔医学教学近半个世纪，学识渊博，治学严谨，擅长口腔矫形学固定修复，为中国固定修复学培养了大批专业人才。在金属烤瓷中熔金、固定修复生物力学研究方面造诣颇深，成绩卓著。撰有《牙周膜面积的测量》《用光弹性方法对固定桥基牙牙槽骨受力的实验研究》《烤瓷熔附金属固定修复的临床应用》《软质钴铬合金作固定修复的临床评价》等。

胡正烈（1913—2004）男，四川省简阳县人，泸州医学院附属医院主任医师。心血管内科专家。1944 年毕业于华西协合大学医学院，获美国纽约州立大学医学博士学位。1945—1948 年，在华西大学医院任内科医师。后在简阳县医院任院长。1951 年调川南医院（现泸州医学院附属医院），任内科主治医师、主任医师、心血管研究室主任、副院长、院长、内科教授，是泸州医学院附属医院创始者和学术带头人之一。长期从事心血管疾病研究，造诣较深，经验丰富，并有过硬的基本功和科学的思维方法，如对少见的先天性主动脉窦动脉瘤破裂，未作心导管检查及心血管造影即作出正确诊断。

乐以和（1913—2000）男，四川省芦山县人，泸州医学院教授，著名妇产科专家乐以成胞弟，口腔医学家，1939 年毕业于华西协合大学牙医学院，获学士及美国纽约州立大学博士学位。曾在宜宾仁德医院（现宜宾二医院）任主治医师、口腔科主任。1951 年参加筹建川南医士学校。1957 年调成都医士学校任口腔专业教师。1961 年复调泸州医专任口腔医学教师、副教授。从事口腔医学教学和研究数十年，学识渊博，治学严谨，为国家培育了众多专业人才。

肖倬殷（1915—2003）男，四川省江油县人，华西药学院教授，中药化学家。1941 年毕业于华西协合大学理学院制药系，1942 年考入中央卫生实验院化学药物系研究生。毕业后留院，从事药物、毒物分析及中药化学成分研究。1949 年春，应聘到华西协合大学理学院，讲授药物、毒物分析及卫生化学。中华人民共和国成立后，任四川医学院药学系主任、教授、药物研究所所长，兼任卫生部科学委员会药学组成员、中国药学会常务理事等职。长期从事中药成分及毒性分析研究和教学工作，培养大批专业技术人才。并为有关部门侦破 200 余件民事、刑事案件提供可靠的科学依据。撰有《白蘑菇氨基酸成分的研究》《川产竹节参化学成分研究》《醋柳黄酮类的化学研究》《药物化学》等论文及专著。

何贵义（1918—1999）男，四川省乐至县人，泸州医学院教授，外科专家。1943 年毕业于华西协合大学医学院，获博士学位，留校任高级讲师、外科主治医师。中华人民共和国成立后，任母校附属医院外科主任医师，泸州医学院教授、院长，中华医学会四川分会副会长。撰有《急性血液稀释与自体输血》《休克的现代概念治疗进展》《急腹症的诊断分析与处理原理》《迷走神经切断与胃窦切除治疗十二指肠溃疡50 例的疗效观察》《中段食道癌全胸段食道切除及右半结肠代食道手术治疗》等。

尹集廷（1919—2002）男，四川省仁寿县人，省疾病预防控制中心研究员，寄生虫学家。1945 年毕业于江西医学院。曾在中央卫生实验院工作。中华人民共和国成立后，任川东行署卫生厅防疫队队长、四川省卫生防疫站消毒科科长、绵竹血吸虫病实验站站长及四川省寄生虫病防治研究所副研究员。致力于血吸虫病防治、科研，撰有《绵竹县血吸虫病保虫宿主调查报告》《日本血吸虫对几种放射物质的吸收》等。曾任全国血吸虫病科学研究委员会委员、四川血吸虫病研究会委员等职。

杨经国（1920—1990）男，广东潮阳县人，华西医科大学教授，胸外科专家。1947 年毕业于华西协合大学并获医学博士学位。1957 年成功施行二尖瓣狭窄闭式分离术，1958 年进行体外循环动物实验，1960 年在西南地区首先开展低温麻醉下房间隔缺损、肺动脉瓣狭窄心内直视修补术，1962 年成功开展体外循环下心内直视手术，以后又陆续开展人工血管置换术、用生物瓣膜作二尖瓣置换术。

赵锡惠（1922—2002）男，满族，四川省成都市人，省疾病预防控制中心研究员，寄生虫学专家。1942 年毕业于中国博医会医药技专学校，曾先后在博医技专重庆分校、汉口中南卫专及自贡仁济医院供职。1957 年调四川省寄生虫病研究所任副研究员。从事血吸虫及钩虫防治研究，颇有心得。设计和建造了全国第一座沼气池灭害公厕，为联合国沼气建设学习班撰写讲义并任课。论著有《钩虫病防治》《城粪处理工艺及环卫效果的评述》《氨气尿素加入粪渣中杀卵灭菌效果研究》及《三级发酵沼气池处理人粪的效果》等。

陈安玉（1923—1993）女，四川省开江县人，华西口腔医学院教授，口腔修复学家。1949 年毕业于华西协合大学牙医学院，获牙医学博士学位。任四川医学院口腔医学系主任、副教授、教授，口腔医学研究所所长，兼任国务院学位评审委员会成员、卫生部科学专题委员会委员等职。尤其对口腔疾病的临床修复、胎儿口腔形态的发育等研究颇深，撰有《口腔矫形学》《口腔医学新篇》《人工牙种植的动物试验研究》，著有《口腔矫形应用解剖生理学》。

何慕陶（1928—1999）男，四川省都江堰市人，华西临床医学院教授，精神医学专家。1952 年毕业于华西大学。1969 年主持马桑寄生治疗精神分裂症研究，有效率达 70% 以上，获全国科学大会奖和省科技进步二等奖。1986 年在国内最早开始研究家庭与心理卫生的关系，认为心理病态最重要的是家庭治疗。在国内较早关注老年孤独问题，呼吁社会关心、重视老年工作。1987 年主编出版中国第一本《医用行为学》教材。历任省心理卫生协会理事长，中国心理卫生协会、中华医学行为科学学会常务理事，世界精神病协会会员。

李经邦（1930—2000）男，江西省余干县人，省人民医院主任医师。1953 年毕业于江西医学院。在西藏工作 28 年，为西藏自治区人民医院创建了世界屋脊上第一个病理科。他是中华人民共和国第一批病理医师，通过大量尸检获得有关高原性心脏病的第一手病理资料，为高心病的研究提供了科学依据。1981 年调入四川省人民医院。1979 年被评为全国劳动模范。

俞宝梁（1933—1993）男，上海市人。华西临床医学院教授，1956 年浙江医学院毕业，曾任中华医学会整形外科学会常务理事，中国康复医学会修复重建外科学会委员，中华医学会四川分会理事，四川省烧伤整形外科专委会主任委员，全国自然科学基金评委会委员。长期从事外科医疗、教学和科研工作，尤长于烧伤整形外科技术。对创面使用人工皮富有经验。参加研制了雪药、虎杖制剂，并协助建立了中草药实验室。1965—1979 年，与曹振家、彭德恕等同仁一起，成功施行不全断肢再植术、头皮撕脱再造术、游离皮瓣移植术、神经束膜缝合术、岛状皮瓣转移术、足趾转移术、拇指再造术等。

屠云人（1934—2002）男，浙江省余杭市人，省疾病预防控制中心主任医师。1957 年从四川医学院卫生系毕业分配到省防疫站，曾任副站长、站长。他工作扎实，作风严谨，身先士卒，每当疫情、灾情发生，常常第一时间赶赴现场。由他主持或担任主研的“四川省实施计划免疫控制相应传染病研究”“四川省钩端螺旋体病地理流行病学研究”“长江三峡工程对生态与环境影响及其对策”等，先后获得省科技进步一、二等奖及中国科学院科技进步一等奖。他重视人才，为卫生防疫工作培养了一批业务尖子和工作骨干。先后担任国际流行病学学会委员，卫生部传染病、计划免疫专家咨询委员会委员，省性病艾滋病防治协会副会长等职，曾任四川地区 523 办公室副主任。

郝德治（1936—2004）男，天津市武清县人，华西临床医学院教授。1960 年毕业于四川医学院，1965 年获肿瘤治疗学博士研究生学位，曾任四川省放射治疗专业委员会副主任委员等。长期从事肿瘤治疗，长于恶性肿瘤的放、化疗，并对头颈部胸部、妇科方面和恶性肿瘤的放疗、化疗、免疫治疗等有较深入的研究，曾获四川省重大科技进步二等奖。

第二节　中　医

冯志东（1886—1983）男，河北省蔚县人，四川省中药研究所研究员。获燕京大学硕士学位，曾赴日本、朝鲜作医药考察。先后在北京、南京、重庆等地医学院和中国制药厂从事研究工作。1958 年调入四川省中药研究所从事药物化学研究工作。作为著名药学家陈克恢的助手，他在陈克恢从麻黄草中提取纯麻黄素（麻黄碱）的基础上，创新制取法，并制取了肺丝素及麻黄素的多种衍生物。

王渭川（1898—1998）男，江苏省丹徒县人，成都中医药大学主任医师，妇科专家。早年师从袁桂生学医，曾在丹徒、麻城县和武汉市行医。1938 年因避日寇之乱入川在万县等地设堂诊病。中华人民共和国成立后，任万县卫生学校教师，兼中国科协理事等职。从事中医教学、临床工作，尤对妇科杂病研究殊深，总结出“温、清、攻、补、消”和“妇科六法”，对带下、乳核、子宫功能性出血、子痫、阿迪森氏病等的诊治，疗效显著。著有《妇科治疗经验》《金匮心释》《内科治疗经验选要》《王渭川疑难杂症治验选》等书。

何体乾（1900—1986）男，四川省成都市人，四川省人民医院主任医师。自幼随父习医，攻读《医宗金鉴》《外科全生集》《疡医大全》《外科正宗》等专著，颇有心得，1924 年开始行医，擅长治疗疮、疡、疔、痈、痔瘘等疾。善制丸、散、膏、丹，其独创的“水晶丹”，用于各种阳性疮症疗效显著。撰有《烈火清泉经验集》。

杨天鹏（1902—2005）男，四川省安岳县人，成都中医药大学教授、主任医师，著名骨科专家，四川杨氏流派创始人。幼年师从名医周云武、刘元福，学习中医骨伤治疗技术，兼习少林武术。先后拜师21人，从中精取各家之长，融会贯通，自成一体，成为一代名师。擅长骨关节创伤和骨病的治疗，尤其对骨质疏松、骨迟缓愈合、骨坏死、骨骺炎、骨质增生、椎间盘突出的治疗有精深研究。其独创的“理筋法”特色鲜明，疗效显著。常以“胆欲大而心欲小，智欲圆而行欲方”要求弟子，培养了上千的骨科专业技术人才。1995年2月拍摄的《杨天鹏状元益寿功》成为中国对外文化交流的健康保健专题片之一。出版有《杨天鹏骨伤科治验心法》《杨天鹏理筋手法》等专著。

罗禹田（1905—1990）男，回族，四川省彭州市人，成都中医学院教授，中医骨外科专家。出生于中医世家，长期随父学医，后独立开设诊所。1947年张大千为其书写行医招贴“骨科医师罗禹田诊治处”。1956年调入成都中医学院，从事中医外科、骨伤科教学工作。1965年参加32111钻井队烧伤治疗受到嘉奖，并献出家传治疗烧伤的秘方“紫榆膏”和内治方清解汤。在从事骨外科的临床工作中采用独特的内外合治法，内外兼治，疗效显著。专著有《治疗烧伤的临床经验与体会》《论疮疡的治疗经验》《中医外科临床集要》。

文琢之（1911—1991）男，四川省射洪县人，成都中医药大学附属医院主任医师。十岁即师从四川名医释灵溪大师，继承了内外科病症和杂症经验，以及各种膏丹丸散的制作技术。1925年在成都悬壶行医，继又考入中医切实学校深造。1957年调入成都中医学院任教，1963年到成都中医学院附属医院从事外科临床工作。擅长于中医外科疮疡、皮肤病、体表肿瘤和其他杂症的诊疗。主要著作有：《医学心悟阐著》《文琢之中医外科经验集》，并在国内杂志上发表多篇论文。

余仲权（1912—1991）男，四川省万县人，成都中医药大学教授。1942年毕业于四川国医学院。在校期间，曾在“中国医药文化服务社”和《医药改进》月刊任编辑。后行医万县。精于针灸。中华人民共和国成立后，任成都中医进修学校针灸教师、成都中医学院针灸教研室主任。著有《耳鼻喉病》，撰有《针灸疗法原理初步体会》《针灸对气滞血瘀的临床应用》《灵枢语释》等专著和论文，并主编《针灸学》。

熊梦周（1912—1991）男，四川省安岳县人，省人民医院主任医师，中医儿科专家。18岁随父亲熊汝源学医三年后开业，悬壶蓉城。1956年调入四川省人民医院，历任中医科主任医师、副院长。1990年被国家中医药管理局认定为全国名老中医药专家。发表论文10余篇，参与审阅、修改人民卫生出版社出版的《中医儿科学》《熊梦周医案》，收编入北京出版社出版的《中国现代名中医医案精华》。

王祚久（1914—1998）男，四川省丰都县人，成都中医药大学附属医院主任医师。1942年毕业于四川国医学院。擅长中医内、妇科疾病的诊治，特别是对妇科经、带、胎、产诸病，善于将辨病与辩证相结合，以指导遣方用药，对崩漏、男女不孕症、先兆流产等取得较好的临床疗效，形成独特的治疗经验。撰有《妇科临床精华》及《崩谓分型论治》等论著。

冯视祥（1914—1995）男，四川省南充县人，省中医药研究院四川省中医研究所主任中医师。师从中医学家庞剑舟，毕业于南充冀元中医专科学校，留校执教。1932年开始行医。精于儿科。中华人民共和国成立后，曾在南充市中医院、南充专区人民医院工作。1964年调至四川省中医研究所。刻苦钻研中医四大经典及金元四大家著作，尤对各种温病书籍及儿科专著研究较深。擅长治疗温病，以善治流脑、乙脑、钩端螺旋体病及其他热性病著称，挽救被误治的温病患者及小儿危重病症多人。

病重弥留之际唯一愿望是要穿一件医生的白大褂，对事业的钟爱感人肺腑。撰有《百日咳治验》《当归四逆汤在儿科临床的新用》《婴儿久泻治疗经验》等论文，著有《农村小儿常见病》《小儿疾病防治手册》等专著。

杜琼书（1915—1994）女，满族，四川省成都市人，省中医药研究院中医研究所主任中医师。杜家系满族世医，以独特的医疗手法与技术享誉蜀中，迄今已 200 余年。其父杜自明是当代知名中医骨伤科专家，中央新闻电影制片厂曾奉周恩来总理指示拍摄反映杜自明医疗经验的科教片。杜琼书自幼浸濡家学，15 岁随父学医，尽得杜氏骨科真传。1958 年调四川省人民医院组建中医骨科。她与西医著名骨科专家谢锡琜一起，互相学习，合作共事，并将家传秘方献给国家。1959 年受省卫生厅委托，举办骨科医师培训班，编写《中医骨伤科讲义》，亲授杜氏骨科经验。1960 年支持编写《中医骨科手法治疗图解》，开始对杜氏学术进行整理和提高。1964 年 6 月应调参加筹建四川省中医研究所，1979 年 6 月出任副所长。她有感于医务人员青黄不接，先后举办骨科医师培训班和提高班，主持编写《骨伤科讲义》，毫无保留地传授自己的学术经验。她博采众家之长，在系统总结整理杜氏手法基础上，将传统的杜氏正骨四法发展为八法，将伤筋十法演变为十二法，改进传统小夹板四方对称固定法，并强调及早施以手法活血化瘀，祛瘀生新。1986 年中央新闻电影制片厂再次为其拍摄电视片。她运用现代工艺，将家传秘方研制成 20 余种骨科常用药物，效宏价廉，成为省内多家医院的基础用药。

主要论著有《中医骨伤科学》《中医百科全书・推拿手册》《对肘关节骨折的治疗体会》等。1991 年被列为全国首批继承学术经验的老中医之一。被誉为四川中医骨科界的一面旗帜。

陈善墉（1915—2005）男，重庆市人，四川省中药研究所研究员。1941 年 7 月毕业于中央大学园艺系，1951 年 4 月调入重庆工业试验所。他具有丰富的药用植物分类和鉴定经验，参编的《中国高等植物图鉴》《中国高等植物科属检索表》1987 年获国家自然科学一等奖，作为主研人员之一的《四川中草药资源普查》《四川中药志》以及带领研究生所作的《川产道地药材的形成及其资源合理利用与保护研究》分获省科技进步二、三等奖。他重视人才培养，治学严谨，为中药科研事业培养了一大批优秀人才，1985 年招收的两名研究生已成为国内中药鉴定与研究领域的领军人物。

傅灿冰（1917—1993）男，四川省江津县人，四川省中医药研究院中医研究所主任中医师，研究所首任所长。出身于中医世家，自幼秉承庭训，熟读中医经典。1935 年毕业于私立培英国学专科学校，后随父学医，1937 年冬挂牌行医。经多年的勤学苦研，又得舅父王文鼎指教，兼学自然辩证法，学验俱进。经治者多效，应诊者门庭若市，声誉日隆。1953 年调江津专区人民医院，开设中医病床，开展中医急、重症研究，整理撰写了“中风”“破伤风”“乙型脑炎”等十余篇治疗经验和插红医案手稿。1960 年出席省文教群英会，获四川省先进工作者称号。治学严谨，一丝不苟，精勤不倦，持之以恒。由内、难、伤寒、金匮、温病入手，旁及各家，要求由博反约，惟善是从，临床上强调辩证思维、创新的学术态度，形成了自己的独特见解和用药规律。在脾肾方面有很深造诣，擅治脾肾疾病。1964 年调成都中医学院，从事慢性肾炎的研究。1979 年 6 月省中医研究所成立，任首任所长。1984 年被评为四川省劳动模范。

李咸章（1919—1997）男，四川省简阳县人。四川省中药研究所研究员。1940 年考入川康农工学院化学系，1944 年毕业后留校任助教，1947 年在简阳县立中学、龙泉驿中学任校长。中华人民共和国成立之初，先后在乐山天民、华民化工厂任工程师。1953 年 1 月调入重庆工业试验所（四川省中药研究所前身），从事中药化学研究工作。20 世纪 70 年代中期，他不惧工作环境困难和不公正待遇的压力，坚持带领课题组承担抗癌药靛玉红、甲基斑蝥胺的研究。80 年代初研制成功治疗慢性粒细胞白血病和原发性肝癌的新药“白血宁”和“肝康宁”，分获国家科技发明三等奖和卫生部乙级二等奖。曾被评为四川省劳动模范、全国卫生先进工作者。

李仲愚（1920—2003）男，四川省彭州市人，成都中医药大学主任医师。13 岁入医门，师从堂叔李培生，天彭名医刘国南、刘锐仁，17 岁即悬壶于县医馆，针药并用，19 岁考取注册中医师资格，次年入四川国医学院学习。1956 年调入成都中医药大学从事中医、针灸教学和临床工作。治学严谨、诲人不倦。1990 年被评为四川省自然科学界精神文明标兵。在临床工作中深求古训，博采新知，精于方术，善用针灸，以中医传统的汤液、针灸、角、砭、按摩、浴熨等方法治疗内、妇、儿、外及五官各科疾病，尤擅长使用祖传绝招杵针、气功等法，针药结合，治疗多种常见病及奇难杂症，疗效显著。承担国家“七五”攻关重点科研项目“李仲愚杵针疗法的研究”，著有《气功灵源发微》《杵针治疗学》，并发表多篇论文。1983 年 3 月致信全国人大委员长彭真，提出发展中医的建议，对四川振兴中医的工作起到积极作用。

罗登庸（1920—2004）男，四川省泸州市人，四川省中药研究所研究员。1945 年毕业于陕西武功西北农学院（今西北农业大学）农艺系，先后在农业改进所合川麦福分场、泸县职校、宜宾高等农业学校、西南军政委员会农林部、四川省干部学校等单位任技术员、生产处主任、副校长等职。1956 年 6 月调入重庆工业试验所，从事中药栽培研究工作。常年深入西南地区的药材主产区以及富产药材的峨眉山、青城山、金佛山、折多山等 40 余县市，从事中药生态环境、生产经验等考察调研，具有坚实的专业基础和丰富的药材栽培、引种、育种、病虫害防治等方面的经验。作为主研之一的国家科技攻关项目“冬虫夏草人工培植”1992 年获国家中医药管理局和四川省科技进步一等奖，著有《四川中药生产技术》《四川药用植物栽培技术》等。

徐楚江（1921—2004）男，四川省成都市人，成都中医药大学教授。生于塾师之家。11 岁辍学，当药房店员。中华人民共和国成立后，在成都中医进修学校、成都军区卫校和北京越南留学生班讲授中药课。1964 年调成都中医学院，任中药炮制、制剂教研室主任、副教授、教授，兼任卫生部中医教材编审委员会委员等职。对中药学理论研究较深，专长中药鉴别、加工炮制、仓储保管，制作传统丸散膏丹的技艺尤为精妙。致力于中药教学和研究工作 50 余年，培养大批中药专业人才。继承和发掘中药，均有卓越成就。撰有《中药炮制与临床疗效关系》，主编全国高等医药院校教材《中药炮制学》。

陆干甫（1924—1993）男，四川省成都市人，四川省中医药研究院中医研究所研究员。出生于名医世家，19 岁时以优异成绩毕业于四川国医学院。他既钻研《内》《难》《伤寒》《温病》等经典著作，又自觉学习哲学和现代医学，学贯中西，自成一家。在内、妇、儿科方面，均具有丰富的临床经验。作为“陆氏温病”的嫡派传人，对温病的研究更有独到之处。具体病症具体分析，辨症施治，或温或补，法随证立，药据法遣，大刀阔斧，屡收奇效。他从自然辩证法的角度，对中医的形成与发展及“辨证施治”的原则认真研究，并为振兴中医坦陈己见，大声疾呼。1983—1985 年间，三次前往日本，讲授中医学，促进中日学术交流。培养人才倾囊相授，毫不私藏。撰有《内儿科学胆系疾病肝病症候与治法》《温热病辨证纲领》《温阳活血法临床运用》等论著。

董玉成（1924—1993）男，山西省平陆县人，四川省中医药研究院中医研究所主任医师。1944

年考入国立西北医学院（今西安交通大学医学院），1949 年毕业后在成都医事职业学校任教，并在川西医院外科工作和带教。四川省人民医院成立后为该院外科业务骨干。1959 年 1 月参加由卫生部举办为期 3 年的第一届西医离职学习中医班。在急腹症的中药治疗、外伤疾患的中西医结合治疗方面积累了丰富经验。1964 年奉调参与筹建省中医研究所，因“文化大革命”停建，遂在成都中医学院附属医院任外科副主任、讲师。其间，帮助骨伤科专家杜琼书、中医外科专家文琢之进行经验整理和学术研究，将名老中医的经验方开发为临床制剂。1979 年 5 月四川省中医研究所恢复重建后，出任骨科主任。他对中西医结合治疗骨伤疾患有深入研究，尤其是骨伤手法，既体现中医传统特色，又结合西医病理解剖，临床治疗效果显著。主持编写《中医骨伤科讲义》丛书，并举办多期骨科医师学习班。1985 年主持研究骨伤科外用新药海马舒活膏，成为省中医研究所研制成功的第一个上市新药。其系统整理的《杜自明伤筋手法》，收入专著《中医骨伤科学》。

何　铸（1924—1991）男，成都市青白江人。四川省中药研究所研究员。1948 年 7 月毕业于四川大学生物系，1950 年在四川大学生物系任助教，1951 年在西南农学院（今西南大学）从事教学与研究工作，不久调入四川省中药研究所。在植物学尤其是药用植物学方面有很高的学术造诣。长期深入甘孜、阿坝等高寒地区，徒步跋涉，进行调查采访，品尝药物，并联系药农、医生，验证临床疗效。采集并制作了大量植物标本，为中国西南地区药用植物的发掘整理以及西南农业大学、四川省中药研究所、四川大学植物标本室的建设做出了重要贡献，培养了一大批药用植物研究人才。

侯占元（1926—2004）男，河北省武安人，成都中医药大学教授。1946—1947 在北方医学院六纵接受野战外科培训，历任八路军、中国人民解放军助理医生、外科军医等职。1953—1956 年参与筹建成都中医进修学校，参与成都中医学院的创办，曾任四川省科技顾问团顾问、全国中医学会理事、省中医学会副理事长兼秘书长，四川省中医现代化研究会会长，参与高等中医教育创办及教材建设等工作。主编《中医问题研究》等著作。

刘吉明（1929—2005）男，四川省成都市人。系成都“刘草药”第 14 代传人。早年熟读医书，辨识药性，常随父亲、叔父上山采药。1949 年先后师从杨歌乔、古松庭、曾彦适等学医。1951 年于成都行医。曾为陈毅、杨尚昆等中央领导治疗疾病，文化界元老阳翰笙曾为他题赠“医德”匾一额。对肝、脾、肾疾病研究颇有心得，尤以草药见长，精研各地中草药，深知药性，善用草药大剂重方治疗肿瘤，多获效验。海南、丹东等省外来求治者甚多。从川西常用中草药中筛选出如一支箭、硬九子连环草等 256 种抗肿瘤药物，为实验研究提供了临床依据，并被推广使用。撰有《肝癌 30 例》《小儿白血病》《遗尿治验》及《草药随录》书稿。

第二章 人物简介

第一节 中科院院士

魏于全（1959— ）男，四川省南江县人，四川大学副校长、华西临床医学院教授。1986 年毕业于华西医科大学，1991—1996 年在日本京都大学医学院学习，获博士学位。是教育部“长江学者奖励计划”第二批特聘教授，国家杰出青年科学基金获得者，“十五”“863”生物与农业技术领域生物工程技术主题专家组组长，中华医学会副会长，国家重点基础研究发展计划（“973”项目）首席科学家。主要从事肿瘤生物治疗的基础研究、应用开发与临床医疗实践。承担国家自然科学基金委员会创新群体科学基金、国家“973”“863”等多项科研课题。2003 年 11 月当选为中国科学院院士。

第二节 国务院学位委员会学科评议组成员

方谦逊（1919—2004）男，福建省惠安县人。华西临床医学院教授。1919 年出生于马来西亚吡叻州，1940 年只身回国，先在上海圣约翰大学读医科，1941 年转华西协合大学医学院，1947 年毕业，获医学博士学位。历任华西协合大学耳鼻喉医院（存仁医院）院长、四川医学院附属医院副院长。曾兼任中华医学会眼科学会全国委员，中华医学会儿童弱视组副组长、四川省眼科学会主任委员。全国医用激光学会副主任委员，四川省生物医学工程学会常务理事。长期从事眼科学的医疗教学及科研工作。主持有关视光学、眼底病、眼肿瘤、青光眼、眼损伤等研究、诊治和研究生的培养工作，取得较高学术成果。“泡沫硅橡胶义眼胎的研制”1986 年获化工部二等奖。参与研制的眼科激光治疗机于 1978 年获省科技成果二等奖。1973 年受中央保健局的指调到北京，多次为中央领导诊治眼科疾病。享受国务院政府特殊津贴。1983 年被国家学位委员会批准任指导小组成员。

凌一揆（1925—1992）男，四川省永川县人，成都中医药大学教授，中药学家。1942 年考入四川国医专科学校，同年秋转入四川国医学院，1944 年毕业。1956 年调成都中医学院工作，在课程设置、教材建设、教学形式方面倾注了大量心血。20 世纪 50 年代末即完成《中药学》统编教材。曾任中华全国中医学会副会长，国务院学位委员会中医学科评议组召集人、省科技顾问团成员。60 年代倡议和主持编纂《四川中药志》。曾主编《中药学》（已发行国外版）和《中药方剂临床手册》。是全国第一位中药学博士生导师。

杨光华（1927— ）男，重庆市人。华西临床医学院教授。1951 年毕业于华西大学。1981—

1982年赴美国Texas大学、M. D. Anderson医院肿瘤中心进修肿瘤病理。1961年在凉山地区通过病理解剖发现克山病的存在。1971年在四川盐亭使用自制食管拉网细胞采集器开展食管癌细胞学检查和流行病学调查。20世纪80年代将电镜用于疑难肿瘤的病理诊断，发现了肺癌具有鳞状细胞、腺上皮细胞及神经内分泌细胞等多方向分化的特点，并利用免疫组化和分子生物学技术从事肿瘤病理的诊断与研究。1984—1994年任四川医学院副校长、校长。曾任国务院学位委员会二、三届学科评议组成员，四川省科协副主席，中华医学会病理分会副主任委员及肿瘤病理专委会主委、四川省分会主任委员，中国抗癌协会常务理事和四川省抗癌协会理事长等职。担任北美华人生物科学学会会员和国际病理学会会员，1996年被《超微结构病理学》（美）邀请为进入该杂志的第一个中国编委，同时任《国际外科病理学杂志》（美）、《现代诊断病理学年鉴》（香港）编委。1993—1997年任全国政协常务委员、四川省第八届政协副主席。指导、参与的霍奇金病R－S细胞起源的研究获得2001年省科技进步一等奖。著有《病理学》《病理学进展》等专著10余本，论文160余篇。《病理学》1996年获卫生部三等奖。享受国务院政府特殊津贴。1992年6月聘为国务院学位委员会学科评议组（基础学科）成员。

陈文彬（1932—　）男，福建省福州市人，华西临床医学院教授。1955年毕业于福建医学院。曾任国务院学位委员会第三、第四届学科评议组成员，中华医学会内科学会第七届副主任委员及呼吸病学常务委员，四川省医学会内科专委会主任及第一、二届呼吸病学会主任委员，中西医结合学会四川分会副理事长。擅长诊治呼吸内科疾病。完成国家“九五”攻关课题和国家自然基金课题8项。曾获省科技进步一等奖2项，二等奖1项。1992年6月聘为国务院学位委员会学科评议组（临床医学Ⅰ）成员。

唐孝达（1935—　）男，上海市人，华西临床医学院教授。1957年毕业于上海第二医学院。曾任中华泌尿外科学会常委、体外冲击波碎石和腔内泌尿学组副组长、中华器官移植学会副主任委员、上海市医学会泌尿外科专业委员会副主任委员、中国透析移植研究会主席。主要研究泌尿系肿瘤、前列腺疾病和肾移植等。曾获国家科技进步奖二等奖、三等奖各1项，省科技进步奖一等奖1项。1992年6月聘为国务院学位委员会学科评议组（临床医学Ⅱ）成员。

刘敏如（1933—　）女，四川省成都市人，成都中医药大学教授。四川省首届名中医。1962年毕业于成都中医学院，师从唐伯渊、王渭川、卓雨农等名师，主攻中医妇科。在月经调节、生理带下、补肾调节乳汁分泌等中医机理方面创立新论，率先提出并发展了诸如盆腔疼痛证、经断前后诸证、女阴白色病损、痛经病机及崩漏等中医妇科新病种。发表科研论文数十篇。主编大型论著4部，点校古医籍1部，主审教材2部。主编的《中医药高级参考丛书·中医妇产科学》获中华中医药学会学术著作一等奖。指导培养硕士12名、博士9名。多次应邀出国讲学。曾任国务院学位委员会学科评议组成员、中华中医药学会副会长、中国中医药学会妇科专委会主任委员，兼任四川省中医药管理局副局长。

廖品正（1938—　）女，四川省成都市人，成都中医药大学教授，成都中医药大学附属医院主任医师。四川省名中医。1964年毕业于成都中医学院，师从陈达夫等名家，从事中医眼科临床与教学。长于运用中医和中西医结合的方法治疗眼内外各种难治性疾病，尤其擅长治疗葡萄膜炎、玻璃体混浊、眼底出血、视网膜黄斑病变、糖尿病视网膜病变和青光眼等疑难杂症。2003年担任国务院学位委员会学科评议组成员。曾任中华中医药学会科学技术奖评审专家，中华中医药学会眼科专业委员会委员暨糖尿病专业委员会特聘顾问。

鲍　朗（1954—　）男，江苏省宝应县人，华西基础医学与法医学院教授。毕业于华西医科大学，获博士学位，曾留学美国加利福尼亚伯克莱大学、荷兰皇家热带医学研究院。多年从事感染免疫分子发病机制、致病基因结构功能和分子疫苗研究，其结核病、钩端螺旋体病等重大感染性疾病发病机制的研究在国内外有较大影响。先后主持国际、国家和部省级项目50多项，获国家科技进步奖三等奖等7项、发明专利授权5项。2004年任国务院学位委员会学科评议组成员，全国高等医学教育指导委员会基础医学分会副主任委员，中国病理生理学会常务理事。

第三节　中医名医

李克光（1922—　）男，四川省成都市人，中华中医药学会评选的全国首届国医大师。1939年高中毕业后即随父李斯炽学医，1948年毕业于四川大学农学院，1949年开始悬壶为医，1956年被聘为四川医学院（现四川大学华西医学院）教师。1963年调成都中医学院任教，先后任教研室主任、学院副院长等职。1985年调任四川省中医药研究院院长，1987年任该院名誉院长，晋升教授。2003年获“中华中医药学会成就奖”。从事中医临床和教学工作60余年，对中医内科杂病、疑难杂症有独到的诊治经验，尤其擅长血液及脾胃病。编写或参编的主要中医教材、著作有《李斯炽医案》《金匮要略选读》《金匮要略讲义》《金匮要略》《黄帝内经太素校注》《实用中医内科学》《中医学基础诊法和辨证纲要》等，发表的主要论文有《中医治疗再生障碍性贫血》《内经五运六气述要》《长期低热的几种常见类型及其治法》《金匮治疗学中的辨证法思想》《太素杨注研究》等。其中，编写的《中医学基础诊法和辨证纲要》获1978年四川省科技进步奖。曾任四川省中医学会常务理事、副会长，四川省中医内科学会主任委员，中华全国中医学会理事、全国中医内科学会常务理事、全国高等中医院校教材编委、卫生部《中医年鉴》编委。曾任第七、第八届全国人大代表，中国农工民主党中央委员、常务委员，农工民主党四川省委员会主任委员，四川省政协副主席。

王静安（1922—　）男，四川省成都市人，成都市名中医，四川省名中医，中华中医药学会评选的全国首届国医大师，第一、二届全国名老中医药专家学术继承工作导师，国务院有突出贡献科技专家。自幼师承蜀中多家名医，博采众家医道精华，研习历代名家医著，师古而不拘于陈规，求实而不侈于空谈，探微索隐而智圆行方，医德高尚，医术精湛，怀绝技而精深。众科之中，尤精于儿科，其治小儿不论伤寒温病，或脏腑杂证，或疑难重病，凭脉查舌、辨证立法、遣方用药，虚实补泻，无不得心应手。每起沉疴救急难，常获效于覆杯之间。其活人疗疾之术在医界名闻遐迩，广为传颂，有“西南小儿王”之美誉。曾获中华中医药学会成就奖。

郭子光（1932—　）男，四川省荣昌县人，成都中医药大学教授，全国老中医药专家学术经验传承工作导师，中华中医药学会终身理事，中国中医科学院博士后导师，首批四川省学术技术带头人。出生于郭氏中医世家，从事伤寒论、中医内科学、养生康复学和各家学说教学、科研与临床工作近60年。他提出的“病理反应层次”学说解释六经方论被认为是伤寒新说，创立的“六经辨证新体系”已作为发展伤寒学说的远景目标。在全国率先开掘中医康复学科领域，提出了“现代中医康复学”框架构想。临床诊治主张“病证结合”，提出“临证八步骤”，规范中医临床诊治流程。擅治中医内科疾病，尤其对外感疾病、心脑血管和血液疾病、肾脏疾病以及肿瘤的中医诊治有较深研究。主编出版的教材、论著有《现代中医治疗学》《伤寒论汤证新编》《日本汉方医学精华》等20部，参编著作20余部，发表论文160余篇。曾多次应邀赴台湾地区及日本、韩国等讲学交流。“郭子光学术思想及临证经验研究”课题被纳入国家“十五”科技攻关计划。2011年国家中医药管理局正式建立“国医大师郭子光传承工作室”以研究其学术经验。

李孔定（1926— ）男，四川省蓬溪县人，绵阳市中医院主任中医师。1947年跟师习医，1951年悬壶桑梓，数年之间，名震一隅。1955年考入重庆中医学校专修班，受任应秋、胡光慈等名家的亲自教诲和指点。特别是通过协助李倩侠老师编写《温病新义》《实用针灸疗法》等书籍，使其知识更加系统化、条理化，中医理论和诊疗技术得到很大提高。1978年底调绵阳中医学校任教，后任该校副校长。从事中医临床、教学和科研工作近60年，是全国第一、二批老中医药专家学术经验传承导师，培养学术传人30人，受其指导和带教的年轻中医人员数以千计，不少已成为省、市名中医。编写医书13种，在省级以上医学刊物发表医学论文50余篇，获省、市科技成果奖7项。能认用草药400余种，擅长运用中草药配合针灸、熏洗、食疗等方法，治疗结核、风湿、痛风、胃病、糖尿病、间质性肺炎、前列腺增生、过敏性疾病、小儿疝气等疑难杂症。

张世明（1943— ）男，四川省资中县人，省骨科医院主任中医师，成都体育学院教授。1965年毕业于成都体育学院运动医学系，师从郑怀贤教授等名家。擅治颈椎病、颈椎骨折脱位、椎间盘突出症、急性腰扭伤、腰肌劳损、膝关节韧带伤、踝关节韧带伤、膝骨关节炎、肩周炎等疑难病症。善于用中西医理论诊疗疾病，尤其擅长正骨手法、推拿、经穴按摩、中药、针灸和练功等综合治疗各种疑难伤病。长于运用中医、中药、针灸、推拿等传统方法进行运动创伤、中医骨伤的临床、科研和教学工作，为创立和发展具有中国特色的运动医学体系作出了突出贡献。曾任中国体育科学学会理事，中国运动医学学会副主任委员，国家体育总局体能恢复与运动营养专家组副组长，备战奥运会科研攻关与科技服务工作专家组运动创伤防治专家。

陈怀炯（1944— ）男，四川省天全县人，副主任中医师。1959年随叔父学习以中医手法复位、小夹板固定佐以外敷中药治疗骨伤外科疾病见长的祖传中医骨伤医疗技术。1975年任天全县城关中医外科医院（之前为个体诊所）院长，1981年任天全县中医医院副院长，1990任天全县中医医院院长。为了把传统中医推向更高的发展平台，让病人有更加良好的医疗条件，他毅然将日益发展壮大的私人诊所交给集体，交给国家，使其发展壮大成为全省有名、雅安一流的中医医院。他医术精湛，医德崇高，擅治开放性骨折、多段骨折、复合骨折、骨不愈合、延迟愈合、多种筋伤等疑难病症，被群众尊称为“大先生”。曾荣获“全国先进工作者”“四川省卫生工作先进工作者”等20多项荣誉。

陈绍宏（1942— ）男，山东省济南市人，成都中医药大学教授，成都中医药大学附属医院主任中医师。兼任国家中医药管理局“全国中医急症医疗中心”主任、中华中医药学会热病专委会副主任委员、美国耶鲁大学医学院顾问。长期从事危重病急救工作，擅长运用中医和中西医结合方法治疗急性脑出血、脑梗死、冠心病、心衰、肺心病、哮喘、支气管扩张咯血、胰腺炎、消化道出血、急性肾衰等疑难重症。曾被评为全国卫生系统先进工作者。

吴康衡（1932— ）男，江苏省宜兴县人，成都中医药大学教授，成都中医药大学附属医院主任医师，全国名中医师带徒导师。1956年毕业于江苏医学院，1959年毕业于卫生部举办的“高级西医学习中医研究班”，师从代云波、刘安衢等名家，从事中医临床医疗、教学、科研工作。潜心于急重症、疑难症及新病种研究，主攻感染性与免疫性疾病，擅治儿科感染性疾病、急慢性肾炎、难治性肾病、慢性肾功能衰竭、糖尿病肾病、过敏性紫癜等疑难病症。对尿路结石、多囊肾、小儿遗尿、癫痫、丘荨、血小板减少性紫癜、脑炎后遗症等顽疾也具有独道之处。曾任四川省中西医结合学会会长，全国中西医结合学会常务理事。

杨介宾（1929— ）男，四川省金堂县人，成都中医药大学教授，针灸系创始人，全国首批名老中医。1959 年结业于成都中医学院师资班，并师从吴棹仙、蒲湘澄等名家。擅长采用针灸刺血拔罐疗法，治疗胃脘痛、泄泻、痢疾、呃逆、咳嗽、哮喘、胸痹、郁证等疑难病症，率先提出经络病机学说，在国内外针灸学术领域独树一帜，被外国朋友誉为“神针杨”。

第三章　人物名录

第一节　有突出贡献专家

一、国家部委有突出贡献专家

周开遗	叶传惠	陈绍宏	张思仲	唐孝达	周思亮	陈立礼	廖清奎
王家良	张肇达	赵连三	唐承薇	孙红斌	周总光	刘　进	魏于全
张志荣	周同甫	周学东	孙红斌	李幼平	李甘地	尹立雪	石应康
裴福兴	袁国华						

二、四川省有突出贡献专家

罗九思	魏于全	孙红斌	刘淑芸	强卫国	杨秀川	修瑞龄	徐翠霞
王定国	朱明华	王正荣	吴大怡	姚裕家	黄　倩	罗才贵	朱明华
徐学民	黄天福	张晓云	王憬惺	余　蓉	唐章桥	周总光	石应康
王崇树	樊映川	刘怡刚	杨维中	王定国	吴新生	郑小华	李先梁
陈　幸	舒光明	侯一平	郑　煜	张志荣	石应康	杨崇礼	周学东
许发森	方　刚	黄国钧	谭万信	冯志强	马跃荣	宋文忠	肖　挹
许发森	王在国	郭　力	兰长骏	冯　俭	张朝明	刘　勇	黎前德
张灌生	陈拥军	任万武	杨健全	陈　云	李甘地	廖志钢	张　林
刘淑芸	叶学良	刘佳佳	李昌平	江　南	邱东川	赵军宁	邓友章
曾祥武	王　东	贾培沂	谭　伦	张德明	多　吉	岑　瑛	晏子厚
袁国华	张世明	余曙光	曾庆华	雷正明	张小明	易进海	李　戈
文湘闽	吴先萍	熊　庆	李常度	罗兴林	刘敦永	沈回春	林琦远
张　洪	李　昕	刘　健	杨宝寿	张德学	陈云贵	周激流	樊瑜波
步　宏	丘小庆	胡　静	周　伟	何　平	徐玖平	姜晓萍	黄承钰
王治明							

第二节　享受政府特殊津贴专家

一、四川省医学科学院·四川省人民医院

樊培禄	吴德诚	潘慈康	罗建仲	郑竹虚	曹文安	张国辉	何光侃

罗文彬	蒋万书	杨明清	朱壁富	黄　文	何德秀	刘承志	田仲嘉
陈明曦	付庆国	刘健民	李福田	李经邦	陈文辉	张正中	陈照祥
修瑞龄	徐翠霞	杨秀川	胡家骆	王尚兰	齐国华	文　锦	韩盛玺
格桑耕噶	尹立雪	孙世明	杨百理	陈昌辉	孙红斌	蔡　力	李元峰
杨友松	郑晓华	袁明忻	胡鹭芳	李绍兴	杨　奇	漆宗贮	何廷华
肖铭澳	钟大发	罗文彬					

二、四川省肿瘤医院

樊晋川	宋争放	孙维纲	廖文满	马云鹏	王安荣	查　晓	刘宝善
郑智元	杨尔成	李修延	蒲瑞章	席　宁	陈海蒂	王静波	

三、四川省疾病预防控制中心

陈立礼	王道钦	王酉之	阎侗有	程云鹭	赵慕愚	李修平	周华仁
屠云人	扬仲亚	杨维中	王敦志	李　平	赵锡惠	蔡德全	缪德强
刘崇义	黎世涛	王秀珍	辜学广	陈怀录	屈振麒	周肇西	陈亚伟
邱加闽	杨　文	郭玉麟	吴增树	朱蔚精	陈兴华	陈以彬	沈国安
王锦文	吴全珍	杨台春	朱明华	刘传金			

四、四川省中医药研究院

李克光	郁文骏	邓文龙	吴懋芳	罗泽渊	姜荣兰	黄　衡	徐学民
齐尚斌	陈　幸	舒光明	赵军宁	董泉声	吴继明	陆干甫	付灿冰
杜琼书	王成荣	林万和	蒋慧钧	廖孔禹	杨莹洁	冯视祥	谢守德
王立人	符　采	郭志雄					

五、四川省骨科医院

张世明	杨礼淑	郑先达	周吉祥	马　建

六、四川省妇幼保健院

李运星

七、四川大学华西临床医学院・华西医院

曹钟樑	吴和光	杨振华	冉瑞图	张光儒	彭吉人	刘昌永	陈钦材
杨光华	唐孝达	张思仲	罗成仁	林代诚	严　密	刘协和	邓长安
肖路加	邓显昭	陈文彬	徐楚材	胡廷泽	高立达	雷秉钧	杨宇如
梁德荣	韦靖江	张肇达	孔凡成	彭明惺	饶书诚	潘恩谭	张尚志
陆以佳	沈文律	周荣兴	盛尔荃	徐丽蓉	王大有	罗汉超	何慕陶
向孟泽	方谦逊	赵连三	尹秋熙	李蜀华	杭振镳	姚先莹	欧阳钦
俞宝梁	王家良	吴言涛	王曾礼	闵鹏秋	邓尚平	罗德城	黄安华
梁荩忠	谭天秩	田子朴	郑光琪	沈怀信	张怀斌	敬以庄	闵龙秋

周树舜	龙如璋	宋广瑶	黄承孝	金德芳	夏瑞南	谢名英	穆国尧
陈德珍	徐惠珍	王觉生	郎恩普	曾丽芳	黄旭忠	张思孝	张慈忱
刘正明	洪邦泰	张世杰	徐文祯	黄明生	杨俊杰	彭其芳	李廷谦
张存泓	陈正玉	朱昌明	陈绍基	彭德恕	罗德儒	李秀钧	叶成瑾
章茂顺	莫廷树	杨志明	严律南	陈　拯	管昌田	石应康	邱绪襄
陆佑之	郝德治	王锦蓉	罗雪琚	吴谨绪	徐世麟	曾子跃	许志奇
罗德元	黄光琦	黄德嘉	邓候富	韦福康	周清华	刘　进	裴福兴
罗炎杰	魏于全	李幼平	毛伯镛	程惊秋	周总光	刘　霆	唐承薇

八、四川大学华西口腔医学院・华西口腔医院

周学东	刘天佳	陈扬熙	陈治清	罗颂椒	石　冰	田卫东	温玉明
易新竹	王翰章	王模堂	王大章	邓典智	杜传诗	胡国瑜	焦锡葳
雷荀灌	李秉琦	李声伟	毛祖彝	徐樱华	岳松龄	曾光明	詹淑仪
张举之	张蕴惠	赵云凤	周秀坤	肖卓然	魏治统	王顺靖	刘臣恒
刘大维	巢永烈	邓惠姝	刘松筠	罗宗莲	毛祥彦	王昌美	赵美英
廖运茂	罗万福						

九、四川大学华西基础医学与法医学院

兰天鹤	陆振山	林志靖	高宪华	胡孝素	代保民	吴梅筠	刘秉文
吴良芳	王永贵	陈俊杰	付继梁	徐美丽	王道若	冯瑞元	余　哲
杨抚华	张书琴	王兴振	王浴生	包定元	陈怀卿	薛振南	孙芝琳
谷家肃	吴家文	陈曼玲	鲍　朗	刘国武	刘宗定	丘　明	杨世若
袁必文	雷幼导	邓启荣	欧可群	黄光琦	兰庭剑	保天然	胡新民
蔡桂英	蔡美英	王伯瑶	李瑞祥	黄桂芳	雷清芳	罗德元	谢扬高
李世绩	刘世沧	罗自强	付明德	侯一平	张祖辉	陈国弟	王正荣
郑　煜							

十、四川大学华西药学院

李正化	吴　鹏	陆　彬	王宪楷	江　燕	蔡纯懿	伍朝篔	殷恭宽
胥佩菱	金初璐	尹光华	贺兴武	唐心曜	尤庆祥	李跃根	杨秀岑
钟裕国	徐鸣夏	杨培全	翁玲玲	郑　虎	侯世祥	张志荣	王锋鹏
晁若冰	李章万	李　屯	廖工铁	肖卓殷			

十一、四川大学华西公共卫生学院

李寿祺	李效基	刘学泽	白云翔	杨树勤	肖志芳	张茂玉	杨在昌
钱建明	袁鸿江	叶梅君	魏嗣琼	侯蕴华	董奇男	孙棉龄	王治明
詹承烈	倪宗赞	张朝武	王鉴清	张立实	游全程	杨定焯	

十二、四川大学华西妇产儿童医院

唐泽媛	张光玗	王世阆	刘正乐	彭芝兰	钱幼琼	杨式之	郑德元

唐胜才　刘　震　廖清奎　韩字研　黎培毅　李维敏　肖侠明　罗春华
汪凤兰　李尚为　赵小文　胡丽娜

十三、成都中医药大学

黄明孔　李顺强　李明富　杨介宾　郑孝昌　肖崇厚　雷载权　刘敏如
郭子光　张发荣　沈映君　陈潮祖　陈治恒　周学熹　李良信　徐楚江
宋开源　陈德济　叶传蕙　吴康衡　秦必光　杨明均　祝彼得　张秋水
王凤临　张思霖　马长俊　钟玉辉　廖品正　施尚惠　熊大经　黄录碧
徐　颖　唐光华　李祖伦　万德光　贾敏如　陆懋宣　曾诚厚　黄秀凤
张敬姜　邓道昌　骆永珍　张之文　王再谟　罗永芬　徐治国　曾万章
王明芳　邓亚平　何光鉴　徐万薏　何玉芬　陶元鋆　胡文尧　余朝骏
陈绍宏　曹吉勋　雷佩琳　杨家林　雷贞武　段俊国　罗　林　王德葳
罗才贵　易明娟　胡天成　钟以泽　谢春光　安　劬　李运星　谢秀琼
黄英志　陈中熊　陈翠屏　吴纯洁　张廷模　叶学锋　张晓云　吴世仲
邓中甲　彭　成　刘小章　谭万信　范昕建　梁繁荣　郑燕林

十四、成都中医药大学附属医院

李仲愚　杨明均　叶传惠　吴康衡　秦必光　刘敏如　廖品正　张发荣
王明芳　邓亚平　何光鉴　徐万薏　杜　辛　王再谟　张敬姜　邓道昌
熊大经　陈绍宏　余朝骏　曹吉勋　杨家林　段俊国　罗才贵　易明娟
胡天成　钟以泽　谢春光　陈中熊　陈翠屏　叶学锋　张晓云　谭万信
郑燕林

十五、泸州医学院

胡礼振　李忠孝　范生尧　李继冉　刘远厚　余光开　余汉杰　钟　森
曾晓荣　冯文宇　汪　澜

十六、泸州医学院附属医院

张仕善　刘国辅　夏伦卓　熊先骥　王同佑　廖　斌　何延政　李昌平

十七、泸州医学院附属中医医院

周德端　孙同郊　袁明辨　刘金龙　黄淑芬

十八、川北医学院附属医院

方学胜　周良玉　凌保东　杨正伟　袁国华

第三节　卫生部专家咨询委员会成员

至2005年四川省被列为卫生部专家咨询委员会成员的专家一览表

表8—1

单位	姓名	性别	任职
省卫生防疫站	富仁寿	男	呼吸道传染病专题咨询委员会委员（1983—1987年）
	屠云人	男	肝炎专题咨询委员会委员（1983—1987年），计划免疫技术咨询委员会委员（1983—1992年、1992—1996年），传染病专家咨询委员会委员（1987—1992年）
	张尚贵	男	流行性出血热专家咨询委员会委员（1983—1987年）
	刘丽华	女	肝炎专家咨询委员会委员（1987—1992年）
	刘瑞芬	女	腹泻病专家咨询委员会委员（1987—1992年）
	谢世宏	男	自然疫原性疾病专家咨询委员会委员（1992—2002年）
	邓佳云	男	全国地方病科学委员会委员（1983—1986年） 地方病专家咨询委员会委员（1996—　）
省寄研所	陈大朋	男	血吸虫病专家咨询委员会委员（1987—1991年）
	辜学广	男	血吸虫病专家咨询委员会委员（1992—2002年）
	刘崇义	男	寄生虫病专家咨询委员会委员（1987—1997年）
	陈怀录	男	疟疾专家咨询委员会委员（1991—1997年）
	魏银松	男	全国丝虫病防治技术指导组成员（1987—1991年）
	朱素贞	女	全国丝虫病防治技术指导组成员（1992—1986年）
	张选明	男	全国丝虫病防治技术指导组成员（1992—1997年）
省劳卫所	罗文彬	男	卫生部专家咨询委员会放射卫生组成员（1995年）
省结防所	刘传金	男	结核病专家咨询委员会委员（1992年）
省疾控中心	邱东川	男	血吸虫病专家咨询委员会委员（2003年）
	方　刚	男	免疫规划专家咨询委员会委员（2004年）
	吴建林	男	结核病专家咨询委员会委员（2004年）
	祝小平	男	腹泻病专家咨询委员会委员（2005年）
	杨　文	男	寄生虫病专家咨询委员会疟疾组成员（2005年）

第四节　四川省科技顾问团（卫生系统）成员

樊培禄　马智媛　潘慈康　郑竹虚　修瑞龄　高立达　李克光　杜琼书　陆干甫　凌一揆
侯占元　陈科文　杨光华　陈文彬　卓凯星　李明富　张肇达　祝彼得　周学东　谢明道
李顺强　石应康　罗才贵　张志荣　郁文俊　廖文满　杨尔成　张泽普　何天祺　余定国
钟炽昌　吴康衡　黄　衡　徐学民　吴增树　杨开祥　邱绪襄

第五节　四川省（卫生系统）学术技术带头人

至2005年四川省（卫生系统）学术技术带头人一览表

表8—2

单　位	姓　名	批　次
四川大学华西临床医学院·华西医院	王大章　王世阆　刘协和　李秉琦　杨光华　肖路加　吴梅筠　吴德生　闵鹏秋　陈文彬　倪宗瓒　曹钟梁　詹承烈　廖清奎　谭天秩　戴保民	第一批1998年
	杨志明　张思仲	第二批2000年
	张肇达　石应康　李甘地　欧阳钦　黄德嘉　周总光　罗清礼　魏于全　刘　进　雷秉钧	第三批2002年
	刘　霆　严律南　周清华　梁传余　裴福兴	第四批2003年
	周　桥　唐承薇　毛伯镛　李　虹　张朝武	第五批2004年
	文富强　冉玉平　刘文英　李幼平　唐　红　黄　熙	第六批2005年
四川大学华西口腔医学院	陈治清　周学东	第四批
	巢永烈　温玉明	第五批
	王大章、田卫东、刘天佳、陈扬熙	第六批
四川大学华西妇产儿童医院	彭芝兰	第三批
	姚裕家	第四批
	毛　萌	第五批
	李尚为	第六批
四川大学公共卫生学院	倪宗赞　吴德生　詹承烈	第一批
	马　骁　张立实	第三批
	黄承钰	第四批
四川大学药学院	郑　虎　陆　彬	第一批
	王锋鹏	第二批
	张志荣	第三批
	郑　虎	第六批
四川大学华西基础医学与法医学院	鲍　朗	第三批
	侯一平、陈槐卿	第四批
	王正荣、张　林	第五批
	贾文祥	第六批
省医学科学院·省人民医院	修瑞龄	第三批
	尹立雪	第四批
	孙红斌	第五批
	江　南	第六批

续表8—2

单　位	姓　名	批　次
成都中医药大学	刘敏如　李明富　郭子光　黄秀凤　雷载权　廖品正	第一批
	万德光	第二批
	祝彼得　梁繁荣　宋开源　沈映君	第三批
	李祖伦	第四批
	郑燕林　彭　成	第五批
	段俊国　张之文　李明富　廖品正（期满重新认定）	第六批
成都中医药大学附属医院	王明芳	第二批
	陈绍宏	第三批
	罗才贵	第四批
	张晓云	第六批
中国科学院成都生物研究所	李伯刚	第一、六批
	张国林	第四批
四川生殖卫生学院	李顺强	第一批
国家医药管理局四川抗生素研究所	陈曾湘	第一批
	刘家健	第三批
四川省中医药研究院	郁文骏	第一批
四川省中药研究所	邓文龙	第三批
	徐学明	第四批
省中研院中医研究所	徐廷翰	第五批
	谢守德	第六批
成都军区总医院	田伏洲　曾祥元	第四批
泸州医学院	钟　森	第四批
	刘佳佳	第五批
	曾晓荣	第六批
四川省肿瘤医院	郎锦义	第五批
省疾病预防控制中心	李　平	第五批
	邱东川	第六批
省卫生管理干部学院	范昕建	第六批
成都军区联勤部卫生防疫队	牛文忠	
成都市第三人民医院	燕纯伯	第六批

附　录

一、名　录

（一）领导名录

1986—2005年四川省卫生厅领导名录

附表—1

姓　名	职　　务	任职时间
顾德成	厅长、党组书记	1983.1—1987.3
任长方	副厅长、党组副书记	1983.1—1987.3
严友圣	副厅长、党组成员	1983.1—1987.11
陈科文	副厅长、党组成员	1983.1—1995.5
邓明仲	副厅长、党组成员	1984.2—1993.5
殷大奎	副厅长、党组副书记	1986.6—1987.3
	厅长、党组书记	1987.3—1993.6
钟道友	副厅长、党组成员	1990.11—2000.5
符康富	厅直机关党委书记	1991.9—1998.4
	厅直机关党委书记、党组成员	1998.4—2003.3
斯朗旺姆	副厅长、党组成员	1991.11—2000.5
	副厅长、党组副书记	2000.5—2003.3
卓凯星	厅长、党组书记	1993.6—2003.1
梁德荣	副厅长	1994.8—2000.4
肖瑞崇	党组成员	1995.7—1996.9
王在银	副厅长、党组成员	1995.8—2003.2
李有明	厅纪检组长、党组成员	1995.8—2000.11
	助理巡视员	2000.11—2004.4
邵根法	助理巡视员	1997.2—2001.11
颜丙约	副厅长、党组成员	1997.5—

续附表—1

姓 名	职 务	任职时间
陈 杰	副厅长	2000. 4—2001. 8
赵晓光	副厅长、党组成员	2000. 5—
杨殿兴	党组成员	2000. 5—
赵万华	驻厅纪检组长、党组成员	2000. 11—2003. 9
	副厅长、党组成员	2003. 9—
郭秀卿	助理巡视员	2001. 6—
王正荣	副厅长	2001. 8—
谢明道	厅长、党组书记	2003. 1—
沈 骥	副厅长、党组副书记	2003. 4—
马 健	厅纪检组长、监察专员、党组成员	2003. 9—
杜 波	厅直机关党委书记、党组成员	2003. 9—
赵丽惠	助理巡视员	2004. 8—

1986—2005 年四川省中医药管理局领导名录

附表—2

姓 名	职 务	任职时间
邓明仲	局长（兼）、党组书记	1986. 12—1993. 5
郝怀仁	副局长	1986. 12—1993. 5
向方远	副局长 局长	1986. 12—1993. 5 1993. 5—2000. 7
刘敏如	副局长	1986. 12—2000. 5
斯朗旺姆	党组书记	1993. 5—2000. 5
邓宜恩	副局长	1993. 9—
冯兴奎	副局长	1997. 8—
杨殿兴	局长、党组书记	2000. 5—

（二）先进集体和个人名录

1986—2005 年四川省医疗卫生系统暨驻川医学高校获全国、省部级表彰的先进集体

附表—3

年份	获奖单位	授予部门	奖项名称
1987	华西附院	卫生部	全国卫生系统先进集体
	省人民医院儿保组	卫生部	全国卫生文明先进单位
	华西附院		
1991	华西附院	卫生部、人事部	全国卫生系统先进集体
1992	省人民医院	卫生部、人事部	全国卫生系统先进集体
	省寄生虫病防治研究所		
1993	省人民医院	中共四川省委、四川省人民政府	四川省文明单位 四川省最佳文明单位
1994	省卫生防疫站	卫生部、人事部、国家中医药管理局	全国卫生系统先进集体
1995	省第五人民医院		
	省寄生虫病防治研究所		
	省卫生防疫站	四川省人民政府	四川卫生工作先进单位
1997	省急救中心急救生命绿色通道	卫生部、团中央	全国卫生系统“青年文明号”
	华西附院心血管内科护理组		
1999	省人民医院	卫生部	1997—1998 年度全国百佳医院
	华西附院		
2000	省人民医院	卫生部、人事部、国家中医药管理局	全国卫生系统先进集体
	华西附院		
	川北医学院附属医院		
	省卫生学校		
	宜宾市卫生局		
	射洪县卫生局		
	成都市卫生防疫站		
	攀枝花市妇幼保健院		
	德阳市人民医院		
	眉山县人民医院		
	内江市人民医院		
	省肿瘤医院	四川省人民政府	四川省先进单位
2003	省急救中心急救生命绿色通道	全国总工会	全国“五一”劳动奖状

续附表—3

年份	获奖单位	授予部门	奖项名称
2004	省卫生厅人事处	卫生部、人事部、国家中医药管理局	全国卫生系统先进集体
	遂宁市卫生局		
	华西医院		
	川北医学院附属医院		
	绵阳市中心医院		
	峨眉山市人民医院		
	达州市疾病预防控制中心		
	甘孜藏族自治州卫生学校		
	剑阁县中医院		
2005	四川省人民医院	中央精神文明建设指导委员会	全国文明单位
	甘孜藏族自治州卫生学校		
	广元中医院		
	三台县人民医院		
	省卫生厅	国务院	全国民族团结进步模范集体
	省医科院·省人民医院手术室	团中央、卫生部	全国青年文明号

1986—2005 年四川省医疗卫生系统暨驻川医学高校获国家部委表彰的先进个人

附表—4

年份	姓 名	工作单位	授予部门	奖项名称
1986	马智媛	省人民医院	卫生部	全国卫生文明先进工作者
	罗建仲	省人民医院	卫生部	全国卫生文明先进工作者
1987	桑 登	石渠县洛须区医院	全国总工会	全国五一劳动奖章
	李顺强	重庆市计生所	全国总工会	全国五一劳动奖章
	周兆堂	南溪县人民医院	全国总工会	全国五一劳动奖章
	郑竹虚	省人民医院	卫生部	全国卫生系统先进工作者
1988	田种嘉	省人民医院	卫生部	全国卫生系统先进工作者
1989	黄淑英	省人民医院	全国妇联	全国“三八”红旗手
1989	江 兰	成都市第四人民医院	国务院	全国先进工作者
1989	何天祺	省中医药研究院骨伤骨病专科医院	国务院	全国先进工作者
1991	郑竹虚	省人民医院	全国总工会	全国五一劳动奖章
1992	彭芝兰	华西附院	卫生部	全国卫生系统模范工作者
1995	杨明清	省人民医院	卫生部	全国卫生系统先进工作者
1996	王思琴	省人民医院	中央组织部	全国优秀党务工作者

续附表—4

年份	姓 名	工作单位	授予部门	奖项名称
1998	曾 纬	省中药研究所	全国总工会	全国五一劳动奖章
1999	修瑞龄	省人民医院	全国总工会	全国五一劳动奖章
	修瑞龄	省人民医院	国务院	全国先进工作者
2000	石应康	华西附院	人事部、卫生部、国家中医药管理局	全国卫生系统先进工作者
	杨百里	省人民医院		
	方学胜	川北医学院附院		
	钟 森	泸州医学院附院		
	罗友华	省卫生学校		
	呷 洛	甘孜藏族自治州卫生局		
	罗永强	南充市顺庆区卫生局		
	邓福全	成都市青羊区卫生局		
	鲁明德	甘孜藏族自治州卫生防疫站		
	胡作堂	成都市第六人民医院		
	焦志全	广元市人民医院		
	张 毅	雅安地区人民医院		
	李祖伦	达川地区人民医院		
	李 建	渠县人民医院		
	曾声强	安县第二医院		
	曾祥武	什邡市第二医院		
	孙仲文	都江堰市沿江乡卫生院		
	帅季旭	红原县刷经寺卫生院		
	黄宇康	眉山县思蒙镇卫生院		
	陈大英	富顺县牛福区卫生院		
	徐雁秀	宜宾市第一人民医院		
	曹枫江	峨眉山市人民医院	人事部、卫生部、国家中医药管理局	全国卫生系统先进工作者
	魏清秀	岳池县人民医院		
	李树全	古蔺县人民医院		
	邓文龙	省中药研究所		
	魏永成	三台县中医院	—	
	黄 祥	甘孜藏族自治州人民医院		
2001	欧阳钦	华西附院	—	
	王明举	省白内障专科医院		全国五一劳动奖章、全国“三八”红旗手
2003	欧阳钦	华西临床医学院	—	
2004	张恩富	达州市卫生局	—	
	张荆辉	凉山彝族自治州卫生局		

续附表—4

年份	姓 名	工作单位	授予部门	奖项名称
2004	张华兴	彭山县卫生局	—	
	肖 忠	资阳市卫生局		
	杨怀清	泸县卫生局		
	李元峰	省人民医院		
	廖 斌	泸州医学院附属医院		
	张 虹	省肿瘤医院		
	袁国华	川北医学院附属医院		
	多 吉（藏族）	甘孜藏族自治州人民医院		
	陈立强	遂宁市人民医院		
	李兴贵	石棉县人民医院		
	乌建平（彝族）	乐山市人民医院		
	杜一平	宜宾市第二人民医院		
	颜 红	自贡市第一人民医院		
	郭民容	威远县人民医院		
	沈永才（藏族）	阿坝藏族羌族自治州人民医院		
	秦正碧	绵阳四〇四医院		
	刘玉萍	广元市疾控中心		
	傅小鲁	成都市疾控中心		
	刘 珺	德阳市疾控中心		
	毛素玲	攀枝花市疾控中心		
	卢 燕（土家族）	省卫校		
	张天锡	内江市中医院		
	李 培	绵阳市中医院		
2004	祝小平	省疾控中心	全国总工会	全国五一劳动奖章
	江 南	省人民医院	全国总工会	全国“三八”红旗手
2005	王明举	省人工晶体研究所	国务院	全国先进工作者
	白燕琼	资阳市第二人民医院		
	徐成新	自贡市第一人民医院		
	陈拥军	遂宁市人民医院		
	王廷杰	达州市中心医院		
	李 涛	华西医院	全国妇联、中国科协	中国青年女科学家奖
	成翼娟	华西医院	全国妇联	全国巾帼建功标兵
	廖天芬	省人民医院		

1986—2005 年四川省医疗卫生系统暨驻川医学高校获省委省政府表彰的先进个人

附表—5

年份	姓名	工作单位	授予部门	奖项名称
1989	江　兰	成都市第四人民医院	省政府	四川省劳动模范
	何天祺	省中研院骨伤骨病专科医院		
	戴保民	华西医科大学		
	胡鹭芳	省皮研所		
	杨必纯	泸州市红十字医院		
1990	吴和光	华西附院	省委、省政府	四川省自然科学界精神文明标兵
	周秀骏	省人民医院		
2000	刘仁民	省医科院附属医院	省政府	四川省先进工作者
	尹立雪	省人民医院		
	沈映君	成都中医药大学		
	胡作堂	成都市第六人民医院		
	陈利生	成都市卫生局		
	王俊文	成都市精神病院		
	谢石方	郫县中医研究所		
	杨景芳	泸州市人民医院		
	张光贵	绵阳市卫生防疫站		
	何守荣	剑阁县中医院		
	张碧书	安岳县人民医院		
	刘书铭	乐山卫校		
	庄道琦	南充市第三人民医院		
2000	温以中	宜宾卫校	省政府	四川省先进工作者
	杨世和	广安市人民医院		
	杨万朗	万源市人民医院		
	文茂森	巴中中医院		
	何发远	通江县人民医院		
	曲木中国	凉山彝族自治州第一人民医院		
2003	尹立雪	省人民医院	—	
	张家华	攀枝花市疾控中心		
	杨宝寿	甘孜藏族自治州藏医院		
	姚有贵	雅安市人民医院		
	赵军宁	省中药研究所		
2005	匡永福	省人民医院	—	
	周学东	华西口腔医学院		省杰出创新人才奖

二、大事记

1986 年

2 月 26 日至 3 月 3 日 全省卫生工作会议在成都召开，408 人参会。会议讨论了《四川省卫生事业“七五”规划（草案）》，确定把改革放在首位，重点抓好农村卫生。

3 月 20—23 日 四川省卫生厅、四川省妇女联合会、中共四川省委民族工作委员会召开全省少数民族妇幼卫生工作会议，讨论制订《四川省少数民族地区妇幼卫生“七五”规划》。7 月 22 日四川省人民政府（以下简称省政府）批转《关于进一步加强少数民族地区妇幼卫生工作的报告》。

5 月 12 日 全省从事护理工作 30 周年的老护士获卫生部授予的荣誉证书和证章。

6 月 12 日 四川省肿瘤防治领导小组和四川省抗癌协会成立，重建四川省肿瘤防治办公室，印发《四川省 1986—2000 年肿瘤防治规划纲要》和《四川省肿瘤防治“七五”规划》。

7 月 1 日 省政府颁布《四川省生活饮用水卫生管理试行办法》。

7 月 省政府成立以副省长康振黄为组长的四川省计划免疫协调小组，并同各市（州）政府、地区行署和四川省卫生厅（以下简称省卫生厅）签订计划免疫工作年度目标责任书。

8 月 28 日 内江市、永川县、成都市、广元市、三台县等先后发生由流动人员传入的副霍乱，病人和带菌者共 11 人。9 月下旬疫情得到控制，10 月 23 日后未再发现患者和带菌者。

10 月 22 日 绵阳市精神卫生中心增冠“四川省精神卫生中心”名称，承担全省精神病防治技术指导任务。

10 月 卫生部考核组到四川验收，确认四川省已基本消灭丝虫病。1996 年卫生部确认四川省消除丝虫病。

11 月 18 日 省政府副省长康振黄主持召开四川省振兴中医领导小组会议，增补和调整领导小组成员。

11 月 19—21 日 中共四川省委宣传部、四川省卫生厅在成都市召开全省麻风防治宣传工作会议，全省市（地、州）宣传部门和卫生部门的人员共商麻风防治大计，在全国首开先例。

是年 全省 23 个医疗卫生单位被卫生部授予“全国卫生文明先进集体”称号，65 名个人获“全国卫生文明先进工作者”称号，57 个医疗单位被省卫生厅授予“文明医院”称号。

是年 四川省卫生防疫站（以下简称省卫生防疫站）在省内首次研制成功甲型肝炎单克隆抗体，其特异性、效价及应用结果均达到国内先进水平。

是年 国际微生物学会会议确认四川省新型钩体菌株——爪哇群雅安型，并纳入国际问号钩端螺旋体血清群（型）分类表。

1987 年

1 月 12 日　省政府召开四川省振兴卫生防病事业会议，研究解决防保工作的体制和方针政策问题。3 月 26 日，中共四川省委、四川省人民政府印发《关于振兴卫生防病事业的决定》，进一步确定卫生防病事业为全省卫生工作的战略重点。

2 月 13—18 日　全省卫生工作会议在成都市召开，577 人参会。会议提出以建立农村医疗保健制度为重点，全面深化各项卫生改革，开展创建文明医疗卫生单位活动。

2 月 16 日　四川省中医管理局成立，2003 年 5 月更名为“四川省中医药管理局”（以下简称省中医药管理局）。

4 月 15—18 日　全省中医工作会在成都市召开，中共四川省委常委许川，四川省人民政府副省长、省振兴中医领导小组组长康振黄出席并讲话。

4 月 15 日　四川省劳动卫生职业病防治研究所（以下简称劳卫所）增挂“四川省放射卫生防护所”牌子，承担全省放射卫生防护、环境放射性监测监督、指导和业务培训。

4 月　简阳县、眉山县参加中国农村健康保险试点项目第一批试点。翌年 10 月，卫生部、四川省卫生厅与美国兰德公司合作，在简阳县、眉山县开展为期两年的“农村健康保险试点研究”。

同月　省政府印发《关于认真搞好全省农村改水工作的通知》，部署农村改水工作。

6—8 月　巴塘县雅哇区 4 个乡发生“志贺氏Ⅰ型”痢疾流行，波及 112 个自然村，累计发病 5488 人，发病率为 1192.10/10 万，死亡 48 人，病死率为 0.87%。

8—9 月　全省发生钩端螺旋体病流行，150 个县累计发病 10 万余人，发病率为 99.00/10 万，病死率为 0.32‰。其疫情来势猛、发病快、染疫范围广、发病率高，为全国首次；因抢救及时，措施得力，病死率为历年最低。

9 月 21 日　日本广岛县立医院副院长马静昭等 4 人首次到四川省访问，与四川省卫生厅长殷大奎签订互派研修生草案备忘录。

9 月　四川省第六批援助莫桑比克医疗队出国。

10 月 14 日　攀枝花市 9 所小学校的 3195 名学生因饮用未煮熟的豆奶，其中 2181 人中毒，住院 664 人。

10 月 17 日　省政府印发《关于乡镇卫生院下放给乡镇政府领导管理的通知》，将乡镇卫生院的人、财、物（含财政补助）划归乡（镇）政府管理。2003 年乡镇卫生院重新划为县级管理。

11 月 25—27 日　卫生部在云南省昆明市召开全国第三次麻风病防治工作会议，四川省被评为全国 5 个先进省之一。

11 月　卫生部批准四川省华西医科大学附属医院妇产科、儿科与该院分离，成立华西医科大学妇产儿童医院。

12 月　四川省卫生学校在简阳县牌坊沟成立。

是年　四川省 24 个医疗卫生单位获“全国卫生文明建设先进集体”称号，56 名个人获“全国卫生文明建设先进工作者”称号，1 人获全国五一劳动奖章。

1988 年

1 月 四川省医疗事故鉴定委员会成立。

2 月 27 日 内江市第一人民医院发生一起错将福尔马林作为麻醉药品使用的严重医疗责任事故。

3 月 1—5 日 全省卫生工作会议在成都市召开，146 人参会。会议重点讨论了《关于加快和深化卫生改革的有关几个政策性报告》。

3 月 2 日 省卫生厅在成都市召开中华人民共和国成立以来四川首次新闻发布会，厅长殷大奎向 40 多个新闻单位和物价、财政等部门介绍了卫生事业发展和改革的有关问题。

3 月 30 日 四川省肿瘤医院正式开业就诊。

4 月 10 日 四川省卫生厅、四川省人民政府外事办公室、四川省公安厅等 7 厅（办、局）印发《关于贯彻执行〈艾滋病监测管理的若干规定〉的意见》。

4 月 在中国援外医疗队派遣 25 周年纪念暨表彰大会上，四川省援助莫桑比克医疗队彭巴组被评为先进医疗组，李江忠被评为先进组长，四川省卫生厅外事处被评为援外医疗队先进管理单位。

5 月 26 日 四川省第七届人民代表大会第三次会议通过《关于进一步贯彻实施〈食品卫生法〉的决议》。

5 月 30 日 四川省卫生厅厅长殷大奎率四川卫生代表团访问日本广岛县医院，签订两省县医学交流协议。10 月，广岛医学代表团回访，与四川省人民医院、成都中医学院附属医院签订互派人员、医学技术交流备忘录。

7 月 12—14 日 省卫生厅在德阳市绵竹县召开预防保健保偿工作会议，交流推行保偿制的经验，推广计划免疫保偿制度。

7 月 23 日 省政府印发《四川省社会办医管理办法》。

7—9 月 万县地区开县遭受持续旱灾，因缺乏清洁卫生水源而发生痢疾暴发流行，累计发病 23254 人，死亡 17 人。

8 月 13 日 四川省医学实验动物管理委员会成立。

8 月 四川省第一批援助圣多美—普林西比及援助佛得角医疗队出国，1990 年 8 月回国。

9 月 6 日 省卫生厅印发《关于医务人员业余服务的若干规定》，对医务人员业余服务的目的、组织领导、收费、服务范围、服务方式等作了规定。

9 月 13—16 日 卫生部副部长顾英奇一行 6 人到四川省考察。

9 月 15 日 四川省有 52 名护士被卫生部评为全国模范护士，受到表彰。

9 月 26 日 四川省第七届人民代表大会常务委员会第五次会议颁布《四川省预防控制狂犬病条例》。11 月 17 日，省政府印发《关于认真贯彻执行〈四川省预防控制狂犬病条例〉的通知》。

是年 改革公费医疗制度，取消“联单”记账，实行现金看病；省、市、县三级卫生行政部门设立公费医疗管理机构。

是年 四川省人民医院（以下简称省人民医院）对皮肤淀粉样病变外科手术治疗获得成功。

是年 省卫生防疫站建立恒河猴肾 MK－8611 细胞株，填补国内细胞培养领域的一项空白。

1989 年

1 月 16 日 四川省地方病防治研究所成立。

1 月 23—26 日 全省卫生工作会议在成都市召开，163 人参会。会议讨论修改了《关于进一步贯彻落实省政府〈关于乡镇卫生院下放给乡镇政府领导〉的意见》《关于推行预防保健补偿制工作的意见》和《关于贯彻卫生部〈医务人员医德规范〉进一步加强医德医风建设的意见》。

1 月 27 日 省政府印发《四川省医疗事故处理办法实施细则》。

3 月 7—9 日 全省初级卫生保健示范县（市）座谈会在成都市都江堰市召开。

3 月 11 日 国际奥比斯眼科飞机医院贺伦一行 30 人到成都市进行为期 3 周的交流活动。

3 月 24 日 卫生部、联合国儿童基金会、世界卫生组织联合审评四川省计划免疫工作，确认四川省计划免疫达到第一个 85% 的目标。

4 月 成都市公安局在成都市精神病防治院内成立精神病管治院，专门监护治疗严重妨害社会治安的精神病患者。

5 月 2 日 四川省健康教育所成立。

5 月 25 日 四川省防盲治盲技术指导小组成立。

6 月 14 日 省政府确定邛崃、长寿、犍为、什邡、大竹、绵竹、温江、綦江、垫江、涪陵等 28 个县（市、区）为全省第一批初级卫生保健试点县（市、区）。

8 月 29 日至 9 月 1 日 全省中医工作座谈会在成都市召开。

8 月 四川省第七批援莫桑比克医疗队出国，1991 年 8 月回国。

是年底 卫生事业重点建设县前三批共 73 个县完成建设任务，总计投资人民币 1.8 亿元，引进世界银行贷款 1965 万美元。

是年底 成都、重庆等地空调系统中发现军团病菌。

是年底 省劳卫所增挂“四川省劳动卫生监督监测所”牌子，负责监督监察劳动卫生法规和标准的实施。

1990 年

3 月 28—31 日 全省卫生工作会议在广汉市召开，357 人参会。会议讨论了全面治理整顿、深化卫生改革、抓好农村初级卫生保健、加快农村卫生人才培养、加强医学科研和精神文明建设等问题。

7 月 17 日 德格县二区一镇四个乡发生炭疽病流行，死亡 23 人。

7 月 23 日 省政府确定高县、荣县、安县、长宁县、资中县、丹棱县、剑阁县、康定市、武胜县、名山县、黔江县、广汉市、西昌市、万县市和攀枝花市的仁和区为全省第二批初级卫生保健试点县（市）。

7 月 四川省第二批援佛得角医疗队出国，1992 年 8 月回国。

8 月 四川省第二批援圣多美—普林西比医疗队出国，1992 年 8 月回国。

9月12日　省卫生厅印发《四川省妇幼卫生工作“八五”规划》，1992年6月修订后以《四川省妇幼卫生工作“八五”计划及2000年规划》印发。

9月21日　省政府印发《关于加强初级卫生保健工作的通知》。

9月　省卫生厅印发《四川省综合医院分级管理评审实施细则》，开始综合医院分级管理的评审工作。

11月　四川省人民代表大会常务委员会（以下简称省人大常委会）发布《四川省工业企业劳动卫生管理条例》。

是年　经全国爱卫会检查考评，成都市获直辖市、省会市、计划单列市“十佳卫生城市”称号，万县市获中等城市“十佳卫生城市”称号，自贡市获“长途汽车站卫生”单项奖。

是年　省级公费医疗试行《签约共管》，以减少不合理财政支出。

是年　四川省进行第三次结核病流行病学抽样调查，结核病疫情仅次于西藏，居全国第2位。

1991年

1月9日　四川省初级卫生保健委员会成立。

1月10日　中共四川省委、四川省人民政府印发《关于加强农村卫生工作的通知》，对农村卫生工作的领导、投入、政策和管理业务等作出明确规定。

1月26日　省卫生厅印发《四川省“八五”肿瘤防治规划》。

3月4日　卫生部部长陈敏章考察四川省卫生防疫站。

3月4—6日　四川省人民政府在成都市召开四川省初级卫生保健暨卫生工作会议，400多人参会。世界卫生组织驻华代表基恩、卫生部部长陈敏章、四川省人民政府省长张皓若出席并讲话。

3月23—28日　全省中医工作会在凉山州西昌市召开。

3月　卫生部、联合国儿童基金会、世界卫生组织联合审评四川省计划免疫工作，确认四川省如期实现“第二个85%”目标。

4月29日　省人民医院增冠“四川省红十字医院”名称。

4月　省内发现首例艾滋病病毒感染者。1992年省内发现首例艾滋病病人，1995年省内发现艾滋病病毒感染者，2000年省内出现首例母婴传播病例。

7月24日　四川省初级卫生保健委员会印发《四川省农村合作医疗保险试行办法（草案）》。

7月　四川省卫生防疫站和中国医科院输血研究所与加拿大YES生物技术研究有限公司合作，引进试制成功艾滋病感染和丙型肝炎感染被动血凝诊断药盒，填补国内空白。

8月22日　省卫生厅对“八五”期间卫生援藏作出安排，共5批，每批10—12人，由乐山市、德阳市、成都市、重庆市和厅直属医疗单位派出。

8月　四川省第八批援莫桑比克医疗队出国，1993年3月回国。

11月　四川省人民政府科学城办事处卫生局在绵阳市成立，设于中国工程物理研究院职工医院，1999年独立行使综合卫生管理职能。

是年　省卫生防疫站在松潘、南坪、马尔康、道孚、西昌等地进行莱姆病血清流行病学调查，首次证实四川有莱姆病存在。

1992 年

2 月 25—27 日 全省中医工作会在成都市温江县召开，省政府副省长韩邦彦出席并讲话。

3 月 2—5 日 全省卫生工作会议在成都市召开，特邀 66 个县（市、区）政府领导出席，500 余人参会。会议讨论了《四川省继续深化卫生改革的意见》《四川省卫生事业发展“八五”计划和“九五”规划纲要》。

3 月 28 日 省政府批准印发《四川省农村卫生站管理办法》和《四川省农村合作医疗保健制度试行办法》。

4 月 20 日至 5 月 16 日 全省 25 个初级卫生保健试点县（市、区）经评审复核，22 个县（市、区）达标，3 个县基本达标。6 月，四川被评为全国 12 个初保达标先进省之一而受到表彰。

7 月 四川省干部保健委员会成立，省政府副省长韩邦彦任主任。

同月 四川省第三批援圣多美—普林西比、援佛得角医疗队出国，1994 年 7 月回国。

8 月 1 日 省卫生厅印发《四川省精神卫生工作“八五”规划》。

11 月 省政府批转省卫生厅《关于加强民族地区卫生事业建设的意见》。

同月 成都市金牛区蜀光生物医学工程技术研究所上划省里管理，更名为四川省人工晶体研究所，1996 年增挂“四川省白内障专科医院”牌子。

12 月 29 日 四川省民航成都地区应急医疗救护协调小组成立。

12 月 31 日 四川省人民政府妇女儿童工作委员会成立。

12 月 涪陵地区武隆县发生伤寒流行，累计发病 595 例。1993 年 5 月底疫情基本得到控制，无死亡病例。

是年 四川省直属机关第一门诊部、四川省直属机关第二门诊部分别更名为四川省直属机关第一医院、四川省直属机关第二医院，1995 年 5 月分别更名为四川省第四人民医院、四川省第五人民医院。

是年 省卫生防疫站经过流行病学调查，首次证实南坪县、道孚县、西昌市为新疆出血热自然疫源地。

是年 省人民医院、华西医科大学附属第一医院被评为三级甲等医院。

1993 年

2 月 27—28 日 省政府在成都市召开全省初级卫生保健试点总结表彰大会，确定开展城市初级卫生保健试点工作。

2 月 四川省第九批援莫桑比克医疗队出国，1994 年 8 月回国。

3 月 4—6 日 全省卫生工作会议召开，240 余人参会。会议重点讨论了深化卫生改革的措施。

3 月 8—10 日 全省中医工作会在成都市双流县召开，140 余人参会，省人大常委会副主任孟俊修出席并讲话。

3 月 卫生部副部长孙隆春一行 10 人，对三峡工程库区 3 市（地）、7 县（市、区）、22 个医疗卫生单位和万县市龙宝区初保工作进行为期10天的现场考察，讨论、研究库区形成后被淹没需搬迁的卫生机构和新区卫生机构的规划、布局等问题。

4月　在中国援外医疗队派遣30周年纪念暨表彰大会上，四川省援莫桑比克第八队和援圣多美—普林西比第八队被评为先进医疗队，江永生被评为先进医疗队员，范遵勤被评为医疗队先进管理个人，四川省卫生厅外事处、华西医科大学人事处被评为援外医疗队先进管理单位。

5月6—8日　国务委员兼国家计划生育委员会主任彭珮云赴四川省洪雅县、名山县考察基层农村卫生组织。

7月2日　广安地区卫生局成立。1998年，广安地区卫生局更名为广安市卫生局。

7月12日　汉源县富林镇黑石河双河加油站发生火灾，当地13名武警、公安干警在抢险中被烧伤，省卫生厅抽调烧伤专家赶赴现场，并于16日、17日用直升飞机分两批将全部伤员转至成都救治。

7月14日　省卫生厅印发《四川省采供血机构和血液管理办法实施细则》，对全省采供血机构、血源、血液实行“三统一”管理。

7月　达县地区卫生局更名为达川地区卫生局；1999年6月，达川市卫生局更名为达州市卫生局。

同月　四川省第四批援圣多美—普林西比医疗队出国，1996年8月回国。

8月17日　宜宾地区第二人民医院被省政府授予“抢救英雄徐洪刚先进集体”称号。

10月6—9日　全省农村卫生建设工作会议在自贡市召开，省政府副省长甘宇平出席并讲话。

10月22日　叶春儒、胡会曲、李明华、陈万清、李国玺、邓英久、高朝明7人获“全国模范乡村医生”称号。

10月　达川市、达县城乡发现副霍乱，历经26天得到控制。

同月　涪陵地区丰都县三坝乡陆续发生临床诊断为流行性出血热的病例27例，死亡11例。

同月　巴中地区卫生局成立。2000年7月，巴中地区卫生局更名为巴中市卫生局。

12月7日　华西附院黄德嘉等开展国内首例先天性三尖瓣下移畸形合并B型预激综合症病人射频消融术获得成功。

12月13—15日　省政府在成都市召开全省民族卫生工作会议。同月，省少数民族卫生发展促进会成立，省政府副省长李蒙任会长。

1994年

1月7日　省卫生厅印发《关于加强农村卫生院建设和管理的意见》。

3月17—19日　全省卫生工作会议在成都市温江县召开，近200人参会。中共四川省委副书记秦玉琴、四川省人民政府副省长李蒙出席并讲话。会议重点讨论了进一步深化卫生改革、加强农村卫生工作、强化城市医疗卫生管理的办法和措施。

4月　四川省物价局、四川省财政厅、四川省卫生厅印发《关于调整部分医疗收费标准的通知》，重点调整劳务技术性服务项目。

6月3日　凉山州盐源果场古柏林15中队96名囚犯发生急性食物中毒，系食入邱氏灭鼠药所致。中毒65人，死亡2人。

6月14日 省卫生厅印发《四川省护士管理办法实施细则》。

7月中旬 卫生部副部长殷大奎带领国务院血防检查组赴四川省丹棱县、芦山县检查工作。

7月 四川省第四批援佛得角医疗队出国，1996年8月回国。

7—11月 全省部分地区霍乱流行，发病1014例，死亡30人。

8月18日 中共四川省委、四川省人民政府印发《关于进一步加强农村卫生工作的通知》，提出加强农村卫生工作六条措施。

8月 四川省药品审评委员会成立，是审评新药、保健类药和对已批准生产的药品进行再评价的技术审查咨询机构。

同月 四川省第十批援莫桑比克医疗队出国，1989年8月回国。

12月 省人大常委会颁布《四川省医疗机构管理条例》，省卫生厅印发《医疗机构登记注册工作的有关规定》。

同月 省初级卫生保健委员会在重庆市召开四川省城市初级卫生保健工作会议。

是年 成都中医药大学附属医院院长罗才贵被卫生部选派前往南非任南非总统曼德拉私人保健医生。

是年 由成都市组派的第十七批援藏医疗队被评为“全国援藏先进集体”。

1995年

2月25—27日 全省中医工作会在成都市召开，100余人参会。省政府省长助理李进、省政协副主席李克光出席并讲话。

2月27日 省卫生厅印发《关于在医院分级管理评审中实行医德医风建设“一票否决”的通知》。

3月1—4日 全省卫生工作会召开，250余人参会。中共四川省委副书记秦玉琴、四川省人民政府副省长徐世群出席并讲话。

3月9日 省卫生厅印发《1995—2000年四川省对口支援西藏昌都地区卫生工作方案》，采取定点包干办法支援西藏昌都地区卫生工作。

3月30日 省卫生厅印发《四川省护士执业考试实施细则》。6月25日，全省组织首次护士执业考试。

5月12日 全省从事护士工作30年的老护士获颁荣誉证书、证章。

8月17日 四川省第八届人民代表大会常务委员会第十六次会议通过《四川省预防控制性病艾滋病条例》。

12月7日 华西附院完成世界首例幼儿双腓骨移植修复股骨缺损（10厘米）手术，填补国内医学领域空白。

12月 根据卫生部“一对一”对口支援三峡库区卫生移民工作安排，四川省12个市（地）卫生局、7个医疗卫生单位对口支援开县卫生局和13个医疗卫生单位。至2005年底，共支援开县卫生移民资金1121万元，救护车1辆，完成3个乡镇卫生机构迁建工作。2002年，四川省卫生厅被卫生部评为全国对口支援先进集体。

1996 年

3 月 11—14 日 全省卫生工作会召开，会议讨论修改了《四川省卫生事业“九五”计划及 2010 年规划纲要》。省政府副省长徐世群出席并讲话。

3 月 26—27 日 全省中医工作会召开，120 余人参会。

4 月 23 日 省政府印发《四川省防治血吸虫病、地方病“九五”规划》。

4 月 卫生部评审组确认四川省如期实现卡介苗、脊髓灰质炎疫苗、百白破混合制剂、麻疹疫苗全程接种率达到“第三个 85%”目标。

5 月 30 日 省政府成立医疗保障制度改革试点领导小组，确定泸州、绵阳为国务院职工医疗保障制度改革扩大试点城市。

7 月 3—5 日 全省卫生科技大会召开。

7 月 省第五批援圣多美—普林西比医疗队出国，1997 年回国。

8 月 19 日 省人大常委会发布《四川省〈中华人民共和国母婴保健法〉实施办法》。

8 月 省第五批援佛得角、第十一批援莫桑比克医疗队出国，分别于 1998 年 8 月、9 月回国。

10 月 5 日 宜宾地区卫生局更名为宜宾市卫生局。

10 月 14 日 省人大常委会颁布《四川省公民献血条例》。

10 月 16 日 四川省人事厅、四川省卫生厅、四川省中医管理局、四川省医药管理局印发《四川省贯彻〈全国老中医药专家学术经验继承工作管理办法〉实施意见》。

10 月 22 日 四川省卫生厅、成都军区后勤部卫生部发文，对部队编外医疗机构进行登记注册，地方卫生行政部门负责部队编外医疗机构的监督管理。

是年 华西医院在全国率先推行“整体医疗护理”。

1997 年

2 月 21 日 四川省第八届人民代表大会常务委员会第二十五次会议通过《四川省中医条例》，2 月 27 日颁发，2001 年 3 月、2004 年 9 月两次修订。

3 月 14 日 重庆市卫生局、万县卫生局、涪陵市卫生局、黔江地区卫生局及所属卫生事业单位、高中等医学院校移交重庆市。

3 月 21 日 省卫生厅通知全省各地各级各类医疗卫生机构，停止用红十字作为医疗卫生机构标志，启用卫生部发布的新标志。

3 月 24—26 日 中共四川省委、四川省人民政府在成都市召开全省卫生大会，中共四川省委书记谢世杰、四川省人民政府省长宋宝瑞讲话，卫生部副部长彭玉到会指导。

3 月 27 日 全省中医工作会在成都市召开。

3 月 27—28 日 省政府在成都市召开四川省初级卫生保健工作总结表彰暨农村合作医疗工作会议。

5月5日 省卫生厅印发《四川省灾害事故医疗救援预案（试行)》。

5月7日 省卫生厅印发《四川省医学美容管理办法（暂行)》。

5月16日 省卫生厅党组印发《四川省卫生系统创建文明行业标准》。

5月25日 中共四川省委、四川省人民政府印发《关于卫生改革与发展的决定》。

5月30日 华西医科大学附属第一医院在国内首次开展肾癌并发下腔静脉及右心房癌栓切除术获得成功。

6月16日 四川省卫生厅、四川省残疾人联合会印发《四川省盲人按摩机构管理规定（暂行)》，规范对全省盲人按摩机构管理。

6月20日 首次证实四川甘孜州石渠县存在鼠间鼠疫。

7月1日 四川省民族卫生扶贫工程启动。

7月8—10日 全省医学教育工作会议召开，省政府省长助理李进出席并讲话。

7月13日 省政府印发《四川省重点疾病防治工作“九五”规划》。

7月27日 卫生部批准华西医科大学附属第一医院筹建中国循证医学中心，1999年3月获准成为国际循证医学协作网中国分中心。

8月6日 省政府印发《四川省预防和控制艾滋病1997—2010年规划》。

8月26日 省卫生厅印发《四川省精神卫生“九五”工作意见》。

8月 眉山地区卫生局成立。2000年12月，眉山地区卫生局更名为眉山市卫生局。

11月4日 省卫生厅印发《四川省乡村卫生组织一体化管理的意见》。

11月7日 省初级卫生保健委员会印发《四川省城市实现“2000年人人享有卫生保健”规划目标评审方案（试行)》。

12月8日 省卫生厅印发《四川省乡村医生管理办法（试行)》，对乡村医生实行执业注册准入制度。

12月30日 四川省计划委员会、四川省财政厅、四川省农业厅、四川省扶贫开发办公室、中共四川省委民族工作委员会、四川省卫生厅、四川省民政厅印发《关于发展和完善农村合作医疗制度的实施意见》。

12月底至1998年8月 凉山州金阳县、布拖县，成都市新都县、温江县、郫县、崇州市相继发生霍乱流行，至8月24日，共发病302例，死亡45人。

12月 四川省计划委员会、四川省财政厅、四川省农业厅、四川省卫生厅、四川省民政厅等印发《关于发展和完善农村合作医疗制度的实施意见》。

是年 四川首例试管婴儿在华西妇产儿童医院培育成功，婴儿于1998年5月出生并健康成长。

1998年

1月14日 华西医科大学附属第一医院在国内率先施行齿状切除、枕下减压、枕颈植骨融合手术获得成功。

3月16—18日 全省卫生工作会议在成都市召开，中共四川省委副书记杨崇汇、四川省人民政府副省长李进出席并讲话。

3 月 25 日 以白内障复明手术为主要任务的“视觉第一中国行动”项目正式启动。8 月 5 日，凉山州会理县、阿坝州汶川县、南充市蓬安县被卫生部“视觉第一中国行动”项目办公室确定为第一年度建立县医院眼科的项目县。

4 月 在中国援外医疗队派遣 35 周年纪念暨表彰大会上，四川省援莫桑比克第十一队被评为先进医疗队，该队队长万礼仪被评为模范队长，华西医科大学人事处桂惠萍被评为援外医疗队先进管理个人，四川省卫生厅外事处被评为援外医疗队先进管理单位。

5 月 四川省妇幼保健院正式开业就诊。2002 年 7 月，增挂“四川省妇幼卫生信息中心”牌子，2003 年 4 月、11 月先后增挂“四川省新生儿疾病筛查中心”“四川省妇女儿童医院”牌子。

6 月 15 日 省卫生厅印发《社区卫生试点工作实施意见》《四川省试点地区社区卫生服务站管理办法（试行）》《四川省试点地区社区卫生服务站工作任务与内容》等 3 个文件。

同日 资阳地区卫生局成立。2000 年 7 月，资阳地区卫生局更名为资阳市卫生局。

7 月 1 日、10 月 8 日、12 月 22 日 省卫生厅先后发文，确认达川等 10 个市（地）的 68 个县（市、区）达到基本消灭麻风病标准。

8 月 8 日 凉山州昭觉县、布拖县、喜德县、美姑县、越西县、德昌县、金阳县、普格县等和西昌市发生霍乱流行，共发病 520 例，死亡 63 人。

8 月 21 日 华西医科大学附属第一医院、四川省人民医院贯彻国家发展和改革委员会《药品价格管理暂行办法》，率先在全国实行药品“低进低出”，让利于病人。

8 月 四川省第六批援佛得角医疗队出国，2000 年 8 月回国。

9 月 四川省第十二批援莫桑比克医疗队出国，2002 年 9 月回国。

10 月 30 日 省初级卫生保健委员会转发《中共四川省委、四川省人民政府〈关于停止在农村开展各种升级达标活动的通知〉》，停止农村初级卫生保健达标和检查验收活动。

1999 年

1 月 28 日 省政府印发《四川省血吸虫病防治管理办法》。

1 月至 8 月 26 日 全省累计发生霍乱 771 例，带菌者 91 人，死亡 18 人。

2 月 7 日 省政府印发《四川省血吸虫病防治管理办法》。

2 月 25 日 省政府印发《四川省爱国卫生管理办法》。

3 月 4 日 省政府印发《四川省放射性污染防治管理办法》。

3 月 17 日 省卫生厅印发《四川省职业危害场所登记管理办法》。

3 月 22—24 日 全省卫生工作会议在成都市召开，160 余人参会。中共四川省委副书记杨崇汇、四川省人民政府副省长李进出席并讲话。25—26 日，召开全省中医工作会，120 人出席。

4 月 9 日 省卫生厅印发《四川省城区社区卫生服务工作质量标准》。

5 月 1 日 全省开始实行执业医师考试、注册制度。

5 月 18 日 省政府印发《四川省贯彻〈国务院关于建立城镇职工医疗保险制度的决定〉的意见》。

6 月 25 日 华西医科大学附属第一医院成功施行无血缘关系骨髓移植治疗白血病，供者为台湾同胞，受者彻底康复。

6 月 28 日 省政府成立中药现代化科技产业（四川）基地协调领导小组；8 月 31 日，省委、省政府批转省科委《中药现代化科技产业（四川）基地实施方案要点》。

7 月 19 日 甘孜州石渠县因剥取自毙猞猁皮感染腺鼠疫并继发人间鼠疫疫情，发病 8 人，5 人死亡。至 8 月 19 日，宣布解除隔离封锁。

12 月 14 日 省卫生厅确认 18 个县（市、区）达到基本消灭麻风病标准。

是年 全省“120”急救网络组建。

2000 年

1 月 13—14 日 全省“降低孕产妇死亡率和消除新生儿破伤风项目”正式启动。

1 月 19 日 省政府第 34 次常委会通过《四川省化妆品卫生监督管理办法》，2001 年 11 月 22 日，经修改后再次发布。

1 月 26 日 中国—加拿大“促进中国城市社区卫生服务策略计划”项目在四川省成都市玉林社区卫生服务中心启动。

2 月 1 日 四川省社区卫生服务领导小组成立，省政府副省长李进任组长。

2 月 27 日 经科技部批准，华西临床医学院成立国家（成都）中药安全性评价中心（GLP 中心）。

3 月 24 日 华西医科大学附属第一医院、四川省脐带血干细胞中心、华西妇产儿童医院合作，为 1 例患儿施行脐带血干细胞移植获得成功，系西南地区首例脐带血干细胞移植。

4 月 4—7 日 全省卫生工作会议在成都市召开。四川省人民政府副省长李进出席并讲话。会议期间，中共四川省委副书记席义方召集各市（地、州）政府（行署）分管领导、省级有关部门领导就当前全省卫生改革与发展中的重大问题进行座谈讨论。4—5 日，全省中医工作会召开，90 余人参会。

4 月 7 日 全省民族卫生扶贫工程第四批项目启动会在成都市召开。

4 月 21 日 凉山州甘洛县、越西县、布拖县，遂宁市蓬溪县，南充市嘉陵区，乐山市峨边县先后发生霍乱疫情，共发病 187 例，检出带菌者 47 例，死亡 1 人。

5 月 29 日 华西医科大学附属第一医院杨志明等研制的组织工程化骨用于修复胸壁缺损获得成功。该技术为国内首创，系世界第 2 例。

6 月 巴中市南江县沙河区卫生院因不规范采供血发生群体性艾滋病感染事件。

7 月 3 日 中共四川省委、四川省人民政府召开全省安全生产和爱国卫生工作电视电话会议。四川省人民政府省长张中伟强调，要以创建卫生城市为重点，抓好城市爱国卫生工作；以改水改厕为重点，抓好农村爱国卫生工作。

7 月 雅安地区卫生局更名为雅安市卫生局。

同月 四川省第一批援几内亚比绍医疗队出国，2002 年 8 月回国。

8 月 遂宁、南充、乐山等 6 个市（地、州）的 20 个县发生急性肠道传染病局部流行，共发病 466 人，死亡 3 人。

同月 四川省第七批援佛得角医疗队出国，2002年8月回国。

9月21—23日 全省农村爱国卫生工作经验交流暨爱卫办主任会议在成都市召开，会议重点研究落实全省实施妇女儿童纲要中农村改水、改厕任务。

9月 华西医科大学与四川大学合并，组建新的四川大学。

10月23日 四川大学华西医院（以下简称华西医院）刘霆等利用非骨髓去除性异基因造血干细胞移植治疗骨髓性增生异常综合征（MDS）获得成功，属国内首例。

10月 世界卫生组织西太区宣布四川省为无脊髓灰质炎区域。

11月7—11日 卫生部副部长、国务院妇女儿童工作委员会委员彭玉率“两纲”督查组一行6人到四川省督查“两纲”实施情况。

11月21日 四川省经济体制改革办公室等13部门印发《关于四川省城镇医药卫生体制改革实施意见》。

11月 经绵阳市、泸州市3年试点后，全省城镇职工基本医疗保险制度正式启动。

12月24日 四川省卫生厅、四川省中医管理局、四川省财政厅、四川省发展计划委员会印发《四川省城镇医疗机构分类管理实施意见》。翌年1月15日，四川省卫生厅、四川省中医管理局印发《四川城镇医疗机构分类管理暂行规定》。

12月28日 省卫生厅印发《四川省公共场所卫生规范》。

是年 四川大学华西医院血液科白血病晚期复发病人受赠接受异基因骨髓移植成功，属国内首例，达国内领先水平。

2001年

1月5日 省卫生厅发文确认绵阳市安县，南充市嘉陵区、高坪区、顺庆区、南部县、营山县、蓬安县，雅安市宝兴县、芦山县，攀枝花市东区、西区，巴中市巴州区、平昌县，德阳市旌阳区，阿坝州红原县等15个县（区）达到基本消灭麻风病标准。

1月21日 省卫生厅印发《四川省医疗广告专业技术内容审查出证工作管理暂行规定》，规范医疗广告行为。

1月 省卫生厅向社会发布部分医疗机构医疗信息，参加首次信息发布的有省人民医院、华西医院等16家医疗机构。

2月15日 四川大学华西医院血液科成功地为两位白血病病人施行骨髓移植术，骨髓为台湾同胞捐赠，由中科院外籍院士李政道亲自护送。

3月12—13日 全省卫生工作会议在成都市召开，140余人参会。会议强调进一步转变观念、转变职能、转变作风，抓住西部大开发机遇，以全面实施城镇医药卫生体制改革为重点，积极推进卫生各项工作向前发展。全省中医工作会同时召开。省政府副省长李进出席并讲话。

4月26日 四川大学华西医院严律南等为一肝包虫病人施行肝脏移植获得成功，属国内首例。

4月28日 四川省卫生执法监督所成立。2004年，四川省执法监督所更名为四川省卫生执法监督总队。

4月 四川省卫生厅、四川省物价局印发《四川省医疗服务价格管理办法》。

5月8日 四川省医疗机构药品集中招标采购试点工作领导小组成立。

5月12日 四川省卫生厅、四川省中医管理局、四川省公安厅、四川省工商行政管理局印发《四川省严厉打击非法行医整顿医疗服务市场秩序专项治理工作实施方案》。

5月19日 四川省人大常委会办公厅、四川省人民政府办公厅召开四川省血液监督管理工作会议。

6月11日 四川大学华西医院门诊药房改为药品零售企业，为全省“医药分家”改革第一家。

7月2日 省卫生厅印发《关于实施〈人类辅助生殖技术管理办法〉〈人类精子库管理办法〉有关问题的通知》。

7月4日 共青团四川省委、四川省卫生厅召开四川青年志愿者支医扶贫接力计划工作部署会。

7月20日 四川被确定为中国/联合国儿童基金会2001—2005年儿童环境与环境卫生合作项目省，广元市苍溪县、乐山市马边县被确定为项目县。

8月17日 省政府印发《四川省结核病防治管理办法》。

9月3日 省政府印发《四川妇女发展纲要（2001—2010年）》和《四川儿童发展纲要（2001—2010年）》。

9月17日 省卫生厅印发《四川省卫生监测管理办法》。

10月9日 省卫生厅印发《四川省卫生防疫工作“十五”规划》。

10月19日 四川省卫生厅、四川省中医管理局通报隆昌县人民医院、隆昌县中医院遗弃病人事件。

10月25日 省政府办公厅印发《关于疾病预防控制体制改革的意见》。

11月7日 省卫生厅印发《关于向消费者公示四川省卫生安全食品的通知》，公示了一批四川省安全食品目录。

11月15日 四川省卫生厅、四川省公安厅印发《四川省出生医学证明管理办法》。

11月23日 省人大常委会审议通过《四川省消毒管理条例》。

11月27日 四川省卫生厅、四川省中医管理局印发《关于进一步严厉打击非法行医整顿和规范医疗服务市场秩序工作的通知》。

11月 四川省卫生厅主办、四川省中医管理局协办的《四川卫生年鉴》出刊，并于2002年2月7日举行首发式。

12月25日 一例两年前在华西医科大学附属第一医院换肾的病人成功接受肝移植手术，此先肾后肝移植成功的病人，属全国首例。

是年 省卫生厅编制完成《四川省“十五”卫生发展规划》，并经省政府同意，列入全省15个重点专项“十五”规划。

是年 省中医管理局编制并启动《四川省中医药事业“十五”发展计划》。

是年 四川省计划委员会、四川省财政厅、四川省卫生厅印发《四川省卫生资源配置标准》。

是年 四川大学华西医院周总光等首创低位、超低位直肠癌施行直肠、肠系膜全切除，结肠—肛管吻合术的微创技术获得成功，保肛率100%，填补该领域国际空白。

是年 四川省寄生虫病防治研究所与美国加州大学环境管理系GIS中心、武汉大学国家信息实验室经过3年合作，研制成功“血吸虫病控制管理GIS软件”，成为国内第一套用于血吸虫病研究、防治及管理的应用软件。

是年 省中医管理局印发《四川省中医医疗机构医疗质量与医疗安全考核标准》，在全省中医医疗机构中推行《中医病案规范》《中医护理操作规范》。

2002 年

1 月 11 日 四川省疾病预防控制中心成立。

1 月 8 日 四川大学华西医院严律南等完成国内首例成人间亲体活体肝移植。

1 月 四川省卫生厅、四川省教育厅、四川省中医管理局印发《关于四川省高等医学教育改革和发展的若干意见》。

2 月 5—7 日 全省卫生工作会议召开，会议提出继续深化城镇卫生体制改革，积极推进农村卫生改革与发展，依法行政，强化监管，加强重大疾病防治。2 月 6—7 日，全省中医工作会召开。

3 月 2—4 日 全国卫生系统纪检监察暨纠风工作会议在四川省成都市召开。

3 月 26 日 省卫生厅发出通知，对全省非营利性医疗机构合资合作项目进行清理。清理对象是政府举办非营利性医疗机构与其他组织或个人合资合作、承包设立非独立法人资格的“科室”“病区”“中心”“项目”等。

3 月 29 日 省政府办公厅印发《四川省预防与遏制艾滋病行动计划（2001—2005）》。

4 月 5 日 四川大学华西医院为一名 2 岁病儿做主支气管复合术，成为全球仅有几例同类手术中唯一成功保全病人肺部的手术。

4 月 11 日 省政府办公厅印发《四川省综合治理血吸虫病“十五”规划》。

6 月 12 日 省政府印发《四川省采供血机构设置规划》。

6 月 19 日 四川省爱国卫生运动委员会议召开，四川省人民政府省长、四川省爱国卫生运动委员会主任张中伟出席并讲话。

6 月 21 日 四川省卫生厅、四川省人民政府经济体制改革办公室印发《关于组建医疗集团的试行意见》。

6 月 28 日 攀枝花市卫生局报告发现 2 例急性迟缓性麻痹（AFP）病例，经国家脊灰实验室复核，认定 5 名儿童均感染脊髓灰质炎疫苗病毒Ⅱ型（pⅡ）变异株。该疫苗变异株在健康接触者中出现循环在中国属首次发现。

7 月 16 日 省政府批准四川省医学科学院和四川省人民医院合并。

8 月 1 日 省政府印发《四川省结核病防治规划（2001—2010 年）》，全面实施现代结核病控制策略。

8 月 四川省第八批援佛得角、第二批援几内亚比绍医疗队出国，2004 年 8 月回国。

9 月 26 日 四川大学华西医院周清华等成功实施世界首例高难度肺部手术——一次性完成气管、肺动脉和上腔静脉的局部晚期肺癌切除术。

9 月 四川省第十三批援莫桑比克医疗队出国，2004 年 9 月回国。

10 月 16 日 卫生部等五部委联合表彰全国农村初级卫生保健工作先进县和先进个人，四川省成都市新都区等 7 个县（市、区）和攀枝花市卫生局副局长张祖芸等 16 人受到表彰。

11月3—5日 科技部、卫生部、国家药品监督管理局、国家中医药管理局与四川省人民政府主办2002中医药现代化国际科技大会暨新技术、新产品展览会，26个国家和地区的3000多名代表出席。此为中国举办的第一次中医药国际盛会。

12月3日 省卫生厅确认石棉县、稻城县、乡城县、道孚县4县达到基本消灭麻风病标准。

12月4日 省卫生厅印发《四川省卫生行政执法责任制管理办法》。

12月18日 省政府办公厅印发《关于进一步加快中医药事业发展的意见》。

12月24日 中共四川省委组织部、四川省人事厅、四川省卫生厅下发《关于全面推行卫生事业单位人事制度改革的通知》，全省卫生事业单位全面实施人事制度改革。

2003年

1月9—10日 中共四川省委、四川省人民政府召开全省农村卫生工作会议，中共四川省委书记张学忠、四川省人民政府省长张中伟出席并讲话，要求各级党委、政府把做好农村卫生工作作为执政为民的一件大事来抓。

2月9日 全省发生首例非典型肺炎病例。5月13日，中共中央总书记、国家主席胡锦涛在四川省人民医院主持召开省、市医务界及有关方面代表参加的防治“非典”座谈会并作重要指示。

3月5—6日 全省中医工作会在成都市召开，省政府副省长刘晓峰、省政协副主席李进出席并讲话。

3月27日 省政府召开全省新型农村合作医疗试点工作会议，确定彭山县、武胜县、叙永县、金阳县和都江堰市为全省新型农村合作医疗试点县。

3月 四川省第一批援瓦努阿图医疗队出国，2005年3月回国。

5月2日 巴中市巴州区报告首例乙脑病例，至8月28日共发生118例，死亡16例。

5月26日 达州市开江县医院发生一起输血事故。

5月30日 省卫生厅印发《关于加强突发公共卫生事件报告工作的通知》。

6月5日 中共四川省委、四川省人民政府印发《关于进一步加强农村卫生工作的意见》。

6月13日 省卫生厅印发《关于加强预防性生物制品使用管理的通知》。2004年4月7日，省卫生厅印发《关于进一步加强预防用生物制品使用管理的通知》。

6月 中共四川省委办公厅印发《中共四川省委、四川省人民政府关于进一步加强农村卫生工作的意见》，并转发省卫生厅等制定的《四川省新型农村合作医疗制度试点工作意见》。

7月2日 四川省农村合作医疗协调小组成立，省政府副省长蒋巨峰任组长。

7月17日 省政府印发《四川省〈突发公共卫生事件应急条例〉实施办法》。

7月29日 省卫生厅等七厅、局印发《四川省农村初级卫生保健发展规划（2001—2010年）》，全省实施农村初级卫生保健第二个十年规划正式启动。

8月8日 四川省人民政府办公厅转发四川省科技厅、四川省卫生厅、四川省中医药管理局等9部门《中药现代化发展纲要》。

8月20日 四川省卫生厅、四川省公安厅、四川省农业厅、四川省经济贸易委员会、四川省工商行政管理局、四川省质量技术监督局、四川省教育厅印发《四川省食品放心工程实施方案》。

8 月 实施国务院颁布的《城市生活无着的流浪乞讨人员救助管理办法》，四川省各级各类定点医疗救助机构开始开展对流动人口的医疗救助工作。

9 月 10 日 四川省人民政府办公厅转发四川省教育厅、四川省卫生厅《关于加强学校卫生防疫与食品安全工作的意见》。

9 月 23 日 四川省乡镇企业、农村个体工商户职业病危害专项整治工作领导小组成立，组织开展职业病危害专项整治。

11 月 11 日 在中国援外医疗队派遣 40 周年纪念暨表彰大会上，四川省援佛得角第九队、援几内亚第二队、成都市卫生局国际合作处被评为先进集体。

11 月 24 日 四川大学华西医院教授魏于全当选为中国科学院院士。

11 月 24—25 日 全省卫生工作会议召开，中共四川省委书记张学忠、四川省人民政府省长张中伟出席并讲话，会议表彰了“非典”防治工作的 78 个先进集体和 238 名先进个人。

12 月 16 日 省卫生厅确认德阳市什邡市、巴中市通江县、甘孜州炉霍县达到基本消灭麻风病标准。

12 月 22 日 四川省卫生厅、四川省监察厅、四川省物价局、四川省劳动和社会保障局、四川省工商行政管理局、四川省药品监督管理局等印发《四川省医疗机构药品集中招标采购医疗机构行为规范暂行规定》。2004 年 8 月 12 日，全省中标药品正式进行网上采购。2004 年 10 月，四川省药品集中招标采购交易监督管理中心成立。

是年 四川大学华西医院开展国内首例半匹配骨髓移植。

2004 年

1 月 1 日 四川省启用新的中国疾病预防控制信息系统，实行传染病、突发公共卫生事件及部分专病“在线、个案、直报”。

1 月 四川省第一批援东帝汶医疗队出国。

2 月 19 日 人事部、卫生部、国家中医药管理局联合表彰全国卫生系统先进集体、先进工作者及“白求恩奖章”获得者，四川省 9 个先进集体和 25 名先进个人受到表彰。

2 月 24 日 省政府颁布《四川省中医药管理办法》。

2 月 甘孜州德格县岳巴乡阿人拉村发生疑似流感疫情，发病 167 人，死亡 11 人。

3 月 2 日 沱江发生严重水污染事件，经及时处置，沿江各地未发生因水污染或缺水导致中毒和肠道传染病。

3 月 18 日 2000 年在四川大学华西附院接受肝移植的病人罗吉伟生下一健康男婴，属国内首例。

3 月 18—19 日 省中医工作会在绵阳市召开，近 120 人参会，省政府副省长刘晓峰出席并讲话。

3 月 省卫生厅印发《关于保健食品生产企业实行 GMP 管理的通知》，并组建保健食品 GMP 审核专家库。

4 月 3 日 泸州医学院附属医院为一例对称性胸腹连体女婴成功施行分离手术。

4 月 14 日 四川省民政厅、四川省卫生厅、四川省财政厅印发《关于在我省实施农村医疗救助的意见》。

5月1日 省卫生厅政务网站正式上线启用。

6月7日 省政府办公厅印发《四川省非法采供血液和单采血浆专项整治工作方案》。四川省卫生厅、四川省公安厅、四川省监察厅、四川省食品药品监督管理局在全省范围开展非法采供血专项整治工作。

6月14日 四川省财政厅、四川省卫生厅印发《四川省新型农村合作医疗基金财务管理暂行办法》。

6月16—17日 全省卫生工作会议在成都市召开，近200人参会。会议提出加快公共卫生体系建设、抓好乡镇卫生院建设及新型农村合作医疗试点、加强重大疾病防治和妇幼保健工作、稳步推进城市医疗卫生体制改革、认真编制“十一五”卫生事业发展规划等工作任务。

6月16—18日 四川大学华西公共卫生学院召开陈志潜教授（1903—2000）百年诞辰纪念暨学术思想国际研讨会，并举行陈志潜铜像揭幕仪式。

6月28日 省政府印发《关于进一步加强艾滋病防治工作的意见》。7月6日，省政府防治艾滋病工作委员会成立，省政府省长张中伟任主任。

7月5日 四川省人民政府血吸虫病防治工作领导小组成立，省政府副省长刘晓峰任组长。

7月27日 省政府办公厅批转四川省卫生厅、四川省发展和改革委员会、四川省人口与计划生育委员会、四川省财政厅、四川省人事厅、四川省农业厅、四川省食品药品监督管理局、四川省中医药管理局、四川省扶贫开发办公室、四川省机构编制委员会办公室的《关于进一步做好新型农村合作医疗试点工作的意见》。

8月8—11日 国务院副总理兼卫生部部长吴仪，卫生部党组书记、常务副部长高强到四川考察，将四川定为卫生部联系点。

8月12日 全省中标药品正式进行网上采购。

8月14日 国务院纠正行业不正之风办公室（以下简称国务院纠风办）李仲华一行到四川省实地考察，对四川省药品集中招标采购和医德医风建设工作予以肯定并提出指导意见。

8月18日 省卫生厅印发《四川省癌症预防与控制规划（2004—2010年）》。

8月30日 省政府印发《关于进一步加强血吸虫病防治工作的意见》。

8月 省卫生厅印发《四川省公共卫生事件报告工作程序》。

同月 经国务院、中央军委批准，第三军医大学成都军医学院整体移交地方，更名为成都医学院。

9月8—10日 卫生部党组副书记、副部长王陇德到四川省成都市、乐山市、内江市资中县等地考察艾滋病防控工作。

9月27—29日 省卫生厅在绵阳市召开全省卫生科技教育工作会议，讨论修改《四川省卫生科技“十一五”发展规划》《四川省继续医学教育“十一五”规划》等。

9月 四川省第十四批援莫桑比克医疗队出国。

10月1日 国际防痨联合会FIDELIS项目（利用传染病网络直报系统和激励机制提高四川省边沿地区肺结核病人发现率）在四川省启动。

10月19日 省政府召开全省血吸虫病防治工作会议。

10 月 四川绵阳科学城医院划为省级医疗机构。

11 月 10—13 日 国务院艾滋病防治工作考评组一行 8 人到四川省，对实施《中国预防与控制艾滋病中长期规划（1998—2010 年）》及《中国遏制与防治艾滋病行动计划（2001—2005 年）》情况进行考评。

11 月 15 日 省政府印发《关于进一步加强实施妇女儿童发展纲要工作的意见》。

11 月 18—21 日 四川省人民政府政府在成都市召开首届四川省、云南省、重庆市血吸虫病联防联控协作会议，议定成立联防联控工作领导小组。

11 月 四川省援瑙鲁医疗队出国，2005 年 6 月回国。

12 月 10 日 四川省卫生厅、四川省残疾人联合会在泸州医学院附属医院举行中国彩票肢残儿童矫治手术四川项目启动仪式，200 名肢残儿童得到免费矫治。

12 月 28 日 省政府在都江堰市召开全省新型农村合作医疗试点工作会议。

12 月 省政府办公厅发函，明确省中医药研究院与省中药研究所合并组建新的四川省中医药研究院。

是年 泸州医学院附属医院成功施行四川省首例同种异体心脏移植手术。

2005 年

1 月 13—14 日 中共四川省委、四川省人民政府在眉山市、成都市、德阳市和绵阳市召开全省卫生改革与发展现场会，中共四川省委书记张学忠、四川省人民政府省长张中伟、四川省政协主席秦玉琴出席会议，卫生部党组书记、常务副部长高强到会指导。

2 月 4 日 中共四川省委、四川省人民政府印发《关于加快建立和完善城乡卫生体系的决定》。

3 月 7 日 省卫生厅印发《关于成立四川省慢性传染病预防控制专家委员会的通知》，进一步规范慢病管理工作。

3 月 10 日、11 日、15 日 阿坝州黑水县、甘孜州白玉县、广元市苍溪县、甘孜州色达县先后发生麻疹疫情，分别有 35、67、55、59 人发病，黑水县死亡 2 例。

3 月 17 日 四川省卫生厅、四川省民政厅、四川省中医药管理局印发《关于全面开展社区卫生服务标准化建设的通知》。

3 月 18 日 四川省人民政府办公厅转发四川省卫生厅等部门制订的《四川省地方病防治规划（2005—2010 年）》。

3 月 25 日 四川大学华西医院严律南等成功施行国内首例非亲属间活体肝移植。

3 月 26—27 日 全省慢性非传染性疾病防治工作会议召开，安排部署慢病防治工作，规范慢病社区综合防治管理和技术指导。

3 月 卫生部党组书记、常务副部长高强考察绵阳市社区卫生服务工作。

4 月 6 日 省卫生厅印发《关于加强医疗质量管理工作通知》。

4 月 7 日 四川省卫生厅、四川省人事厅、四川省红十字会、成都军区联勤部卫生部在成都市召开四川省 2001—2004 年度无偿献血表彰大会。

4 月 14 日 四川大学华西医院严律南等成功施行国内首例、世界第二例尸体活体合成肝移植。

4月23日 国务院总理温家宝到巴中市通江县视察，对加强农村卫生、解决农民看病难等问题作出指示。

5月8日 南充市南部县大桥中学发生肺结核疫情，确诊肺结核病人43例，予以离校观察治疗。

5月12日 卫生部、全国妇联、解放军总后勤部卫生部在北京市召开纪念“5·12”国际护士节暨全国卫生系统护理专业“巾帼文明岗”和“巾帼建功”标兵表彰大会，四川省7名个人、4个集体受到表彰。

5月18日 四川省打击非法行医专项行动动员部署电视电话会议召开，省政府副省长刘晓峰出席并讲话。

5月27日 四川省卫生系统离退休高级专家顾问团成立。

5月30—31日 四川省卫生信息学会成立暨医院信息化建设现场交流会在成都市召开，会议讨论了《四川省卫生信息化建设“十一五”规划》及《四川省医院信息化建设基本标准》。

5月31日 省卫生厅印发《四川省健康教育与健康促进工作规划纲要（2005—2010年）》。

6月24日 资阳市发生人感染猪链球菌病疫情，8月5日后疫情得到有效控制。

7月21日 四川被定为国家传染病和突发公共卫生事件网络直报信息系统与省级突发公共卫生事件应急指挥信息系统数据交换共享试点省。

8月12日 省政府印发《四川省突发公共卫生事件应急预案》和《四川省突发公共事件医疗卫生救援应急预案》。

8月 四川省第二批援瓦努阿图医疗队出国。

9月25—27日 科技部、农业部、卫生部、国家食品药品监督管理局、国家中医药管理局、中国科学院、中国工程院和四川省人民政府主办的第二届中医药现代化国际科技大会在成都市召开，大会主题是“中医药发展与现代科学技术”。同时举办2005中医药国际科技博览会。

10月12日 省政府办公厅印发《关于贯彻〈麻醉药品和精神药品管理条例〉的实施意见》。

11月17—22日 中共中央办公厅、卫生部联合督查组赴成都市、乐山市和绵阳市，检查贯彻落实《中共中央、国务院关于进一步加强农村卫生工作的意见》情况。

12月14日 省政府办公厅印发《关于进一步加强职业病防治工作的通知》。

12月31日 卫生部表彰200名“全国优秀乡村医生”，四川省15人受到表彰。

12月 四川省疾病预防控制中心增挂“四川省预防医学科学研究院”牌子。

是年 南充市顺庆区，成都市武侯区、青羊区，攀枝花市东区，绵阳市涪城区被卫生部、民政部、国家中医药管理局定为全国社区卫生服务示范区。

是年 四川省人民医院获“全国文明单位”称号，四川省肿瘤医院获“全国精神文明建设工作先进单位”称号。

三、文献辑存

四川省预防控制性病艾滋病条例

（1995 年 8 月 17 日四川省第八届人民代表大会常务委员会第十六次会议通过，根据 2001 年 3 月 30 日四川省第九届人民代表大会常务委员会第二十二次会议通过的《关于修改〈四川省预防控制性病艾滋病条例〉的决定》修正。2001 年 3 月 30 日四川省第九届人民代表大会常务委员会公告第 49 号公布。）

第一章 总 则

第一条 为预防、控制和消除性病、艾滋病的发生、传播和蔓延，保护人民身体健康，根据《中华人民共和国传染病防治法》等有关法律法规，结合本省实际，制定本条例。

第二条 本条例所指的性病包括：

一类：梅毒、淋病；

二类：尖锐湿疣、非淋菌性尿道炎、生殖器疱疹、软下疳、性病性淋巴肉芽肿。

本条例所指的艾滋病预防控制对象包括艾滋病病人和艾滋病病毒感染者。

第三条 凡在四川省行政区域内的单位和个人，来川的外国人、华侨和港、澳、台地区居民，均应遵守本条例。

第四条 对性病、艾滋病实行预防为主、防治结合、综合治理的预防控制方针。

第五条 县级以上人民政府应加强对预防控制性病、艾滋病工作的领导，负责制定规划并组织实施，保障预防控制工作必要的经费。

第六条 县级以上人民政府卫生、教育、公安、司法、民政、医药等行政部门，应按照本条例分工的职责，共同做好预防控制性病、艾滋病的工作。

第二章 部门职责

第七条 卫生部门的职责：

（一）县级以上人民政府卫生行政部门对辖区内的性病、艾滋病防治工作实施统一监督管理，进行经常性检查；

（二）县级以上人民政府卫生行政部门对申请开展性病、艾滋病诊断治疗活动的医疗机构应按照国家和省的有关规定审批和管理；

（三）严格监督管理性病、艾滋病检测试剂和治疗药物。

第八条 宣传、教育部门的职责：

（一）广播、电视、报刊等宣传媒介应广泛宣传性病、艾滋病的危害性及预防控制知识；

（二）中等以上各级各类教育机构在对学生进行健康教育中应包括性病、艾滋病的危害性及预防知识教育。

第九条 公安、司法部门的职责：

（一）对抓获的卖淫嫖娼人员、吸毒人员，应在3日内通知卫生防疫机构，强制进行性病、艾滋病检查；对查出的性病、艾滋病病人及感染者强制进行治疗管理；

（二）对劳改、劳教人员中疑似性病、艾滋病病人应进行检查、治疗；

（三）督促来川的外国人、华侨和港、澳、台地区居民按规定接受性病、艾滋病检查，协助驻我省国境卫生检疫机关对上述人员中的性病、艾滋病病人及感染者采取隔离措施，并监护出境。

第十条 民政部门的职责：

民政部门在办理结婚登记（含涉外结婚登记）时应对申请人所持的婚前医学检查报告进行审查。对艾滋病、梅毒、淋病病人及感染者未治愈的，不予登记。

第十一条 医药部门的职责：

负责对经过卫生行政部门批准的开展性病、艾滋病诊断治疗活动的医疗机构提供有关预防治疗药物。

第三章 监测和疫情报告

第十二条 县以上卫生防疫机构内设立性病、艾滋病防治专业科室，负责对辖区内性病、艾滋病的防治、监测、技术培训、宣传等工作。监测的主要内容是：

（一）收集、分析、上报性病、艾滋病疫情；

（二）对重点人群进行性病、艾滋病检测；

（三）进行性病、艾滋病流行病学调查。

第十三条 各市、地、州卫生防疫机构内应建立艾滋病筛选实验室，由省人民政府卫生行政部门审批；各采供血（包括采供血浆，下同）单位、血液制品生产单位应建立艾滋病病毒检测实验室，由市、州人民政府、地区行政公署卫生行政部门审批。

第十四条 医疗、保健、卫生防疫人员发现艾滋病病人及其感染者和疑似病人，梅毒、淋病病人和疑似病人必须按照《中华人民共和国传染病防治法》规定的时限，向当地卫生防疫机构报告疫情；发现本条例第二条第二类性病病人应在7天内报告。

第十五条 任何单位和个人有义务向卫生防疫机构提供有关性病、艾滋病发生、传播、转归等方面的真实情况和完整资料。

第十六条 凡在境外居住一年以上的中国籍公民，由川入境时应向驻我省国境卫生检疫机关申报健康情况，并在入境后一个月内到就近的驻我省国境卫生检疫机关或者省人民政府卫生行政部门指定的卫生专业机构接受包括性病、艾滋病检查项目的健康检查。公安机关凭健康证明办理有关手续。健康证明的副本应当寄送原入境口岸的国境卫生检疫机关备案。

第十七条 来川定居或常住一年以上的外国人（不含使、领馆人员、联合国各机构派出人员及家属）、华侨和港、澳、台地区居民由川入境时，应向驻我省国境卫生检疫机关提供本国、本地区公立医院或经公证的私立医院出具的含性病、艾滋病检查结果的有效健康证明；对性病、艾滋病病人及感染者应阻止入境。无此证明者，须在入境后二十天内到驻我省国境卫生检疫机关或者省人民政府卫生行政部门指定的卫生专业机构接受性病、艾滋病检测；对性病、艾滋病病人及感染者应监护出境。

第十八条 省人民政府卫生行政部门，依法对外公布全省性病、艾滋病疫情。

第四章 预防、控制和管理

第十九条 各类公共场所的经营单位，应严格执行国务院《公共场所卫生管理条例》。对公共生活用品如毛巾、卧具、浴缸、坐便器等应严格消毒。公共场所直接为顾客服务的人员应按国家规定定期进行包括性病、艾滋病检查项目的健康检查。性病、艾滋病病人及感染者不得从事直接为顾客服务的工作。

第二十条 采供血单位在采血前、供血前必须对献血人员和供应的血液、血浆进行梅毒、艾滋病检测。检测结果呈阳性者，禁止献血、供血。

血液制品生产单位在投入生产前必须对血浆进行梅毒、艾滋病检测。严禁使用检测结果呈阳性的血浆。

采供血单位、血液制品生产单位的梅毒、艾滋病检测工作，必须接受卫生防疫机构的监督检查。

第二十一条 凡用于性病、艾滋病检查、治疗的检验、医疗器材必须严格消毒。进行梅毒和艾滋病血清学检测，必须使用一次性注射器，以杜绝医源性感染。

第二十二条 各级医疗预防保健机构应建立新生儿1%硝酸银点眼制度。

第二十三条 凡到戒毒康复中心接受治疗和康复的吸毒人员，必须接受卫生防疫机构进行的艾滋病检测。

第二十四条 对患有艾滋病和梅毒的孕妇，应按《中华人民共和国母婴保健法》的规定采取相应的措施。

第二十五条 医疗机构内开设性病科目的，必须按《四川省医疗机构管理条例》报请县级以上人民政府卫生行政部门审批。

第二十六条 凡申请设置性病专科门诊部、诊所的，由县级人民政府卫生行政部门审查，报市、州人民政府、地区行政公署卫生行政部门批准；凡申请设置性病专科医院的，由市、州人民政府、地区行政公署卫生行政部门审查，报省人民政府卫生行政部门批准。

第二十七条 诊断治疗性病的医务人员必须具备执业医师资格，在确诊性病时必须以个人署名出具诊断报告。

第二十八条 性病、艾滋病病人和疑似病人应如实向医疗卫生人员提供病情和有关情况，接受检查治疗。性病、艾滋病病人及感染者的配偶及与病人发生性行为者应接受检查和治疗。

医疗卫生人员应对病人的有关情况保守秘密。

第二十九条 发布、播放、登载和张贴诊断治疗性病、艾滋病的广告，必须按国家有关规定，经省级以上人民政府卫生行政部门审批。

第五章 法律责任

第三十条 对违反本条例第十九条规定的单位和个人，由卫生行政部门依照国务院《公共场所卫生管理条例》，根据情节的轻重，给予警告、5000元以下罚款、停业整顿，吊销“卫生许可证”的行政处罚。

第三十一条 未取得《医疗机构执业许可证》而擅自进行性病诊断治疗的，由卫生行政部门按《四川省医疗机构管理条例》第五十三条的规定从重进行处罚，并予以取缔。

第三十二条 医疗机构诊疗活动超出登记范围，未经批准而进行性病诊断治疗的，由卫生行政部门按《四川省医疗机构管理条例》第五十六条的规定进行处罚。

第三十三条 未经批准，擅自进行艾滋病检测和诊疗活动的，由卫生行政部门责令其停止非法活动，没收非法所得，并处以5000元以下罚款；构成犯罪的，由司法机关依法追究刑事责任。

第三十四条 采供血单位在采血前、供血前，血液制品生产单位在投入生产前未进行梅毒、艾滋病检测，尚未造成危害后果的，由卫生行政部门责令其立即改正，并处以5000元以下罚款；造成危害后果的，依照《中华人民共和国传染病防治法》的有关规定从重处罚；构成犯罪的，由司法机关依法追究刑事责任。

第三十五条 违反《中华人民共和国传染病防治法》等有关法律法规对艾滋病、梅毒、淋病的防治规定的，由卫生及有关行政部门依法处罚。

第三十六条 单位和个人未经卫生行政部门审批，发布、播放、登载和张贴性病、艾滋病医疗广告的，由工商行政部门按《中华人民共和国广告法》及有关法律法规从重处罚。

第三十七条 性病、艾滋病病人及感染者从事卖淫、嫖娼、吸食毒品活动，使性病、艾滋病传播的，由公安机关依法查处；构成犯罪的，由司法机关依法追究刑事责任。

第三十八条 凡拒绝、阻碍性病、艾滋病防治监督人员执行公务的，由公安机关依法查处；构成犯罪的，由司法机关依法追究刑事责任。

第三十九条 各级行政机关不履行各自职责的，由同级人民政府或其上级主管部门给予批评并限期改正；对直接责任人员给予行政处分，情节严重，构成犯罪的，依法追究刑事责任。

第四十条 罚没款物一律上缴同级财政。

第四十一条 当事人对行政机关的具体行政行为不服的，可以依照国务院《行政复议条例》申请行政复议。对复议决定仍不服的，可以依法提起行政诉讼。对行政机关的具体行政行为在法定期限内不申请复议、不提起诉讼又不履行的，行政机关可以申请人民法院强制执行，或者依法强制执行。

第六章 附 则

第四十二条 驻川中国人民解放军、武装警察部队编外的医疗机构开展性病诊断治疗活动的，适用本条例的有关规定。

第四十三条 本条例具体应用中的问题，由四川省人民政府卫生行政部门负责解释。

第四十四条 本条例自公布之日起施行。

四川省《中华人民共和国母婴保健法》实施办法

（1996年8月19日四川省第八届人民代表大会常务委员会第二十二次会议通过，根据2001年3月30日四川省第九届人民代表大会常务委员会第二十二次会议《关于修改〈四川省（中华人民共和国母婴保健法）实施办法〉的决定》第一次修正，根据2002年3月30日四川省第九届人民代表大会常务委员会第二十八次会议《关于修改〈四川省（中华人民共和国母婴保健法）实施办法〉的决定》第二次修正。2002年3月30日四川省第九届人民代表大会常务委员会公告第75号公布。）

第一章 总 则

第一条 为实施《中华人民共和国母婴保健法》和《中华人民共和国母婴保健法实施办法》，保障母亲和儿童健康，提高出生人口素质，结合本省实际，制定本实施办法。

第二条 在四川省行政区域内从事母婴保健服务活动的机构及其人员应当遵守本实施办法。

第三条 母婴保健工作坚持以保健为中心，以保障生殖健康为目的，实行保健与临床相结合，面向群体、面向基层和预防为主的方针。母婴保健实行国家指导与自我保健相结合的原则。

公民享有母婴保健的知情选择权。国家保障公民获得适宜的母婴保健服务的权利。

母婴保健事业的投入以国家为主，集体、个人共同参与。

第四条 母婴保健技术服务主要包括下列事项：

（一）有关母婴保健的科普知识宣传、教育和咨询；

（二）婚前医学检查；

（三）产前诊断和遗传病诊断；

（四）助产技术；

（五）实施医学上需要的节育手术；

（六）新生儿疾病筛查；

（七）孕产妇保健、儿童保健及母婴康复；

（八）有关生育、节育、不育的其他生殖保健服务。

第五条 县级以上地方人民政府领导本行政区域内的母婴保健工作，将母婴保健事业纳入本行政区域国民经济和社会发展计划；逐步增加对母婴保健事业的投入，并设立母婴保健专项资金，对少数民族地区、边远、贫困地区的母婴保健事业给予扶持；在本省行政区域内推行母婴保健保偿制度。鼓励、支持母婴保健领域的教育和科学研究，推广先进、实用的母婴保健技术，普及母婴保健科学知识。

第六条 县级以上地方人民政府卫生行政部门主管本行政区域内的母婴保健工作，制定母婴保健工作发展规划和计划，组织推广母婴保健及其他生殖健康的适宜技术，对母婴保健工作实行分级分类指导，并实施监督管理。

县级以上地方人民政府的财政、民政、公安、教育、劳动保障、计划生育等部门在各自职责范围内，配合卫政部门共同做好母婴保健工作。

工会、共青团、妇联等组织应协助卫生行政部门做好母婴保健工作。

第二章　技术服务的许可和发证

第七条　依照国务院《医疗机构管理条例》和《四川省医疗机构管理条例》取得县级以上卫生行政部门医疗机构执业许可的各级妇幼保健院及其他医疗机构，方可承担规定范围内的母婴保健服务任务。

第八条　医疗保健机构按本实施办法规定开展婚前医学检查的，由市（包括州，下同）级卫生行政部门许可；省卫生行政部门直属机构开展婚前医学检查的，由省卫生行政部门许可或者由其委托市级卫生行政部门许可。

第九条　医疗保健机构按本实施办法规定施行结扎、终止妊娠手术、助产技术及其他生殖保健服务的，由同级卫生行政部门许可；开展家庭接生的，由县级卫生行政部门许可。

第十条　医疗保健机构按本实施办法规定，开展遗传病诊断和产前诊断、新生儿疾病筛查及胎儿性别鉴定的，由省卫生行政部门许可。

第十一条　经许可的医疗保健机构，由卫生行政部门颁发专项技术服务许可证；其专业技术人员经考核具备相应资格的，由卫生行政部门颁发专项技术服务合格证。

许可和发证的具体办法，由省卫生行政部门制定。

第三章　婚前保健

第十二条　医疗保健机构应当提供婚前卫生指导、卫生咨询和医学检查服务。

医疗保健机构应当在边远山区、少数民族地区开展巡回婚前保健服务。

第十三条　婚前医学检查的具体办法，由省人民政府按国家有关规定制定并组织实施。

第四章　孕产期保健

第十四条　医疗保健机构应当为孕产妇提供孕产期医疗保健服务。其主要内容是：

（一）对孕产妇及其家属进行生殖健康教育和科学育儿知识教育；

（二）为孕产妇建立孕产妇系统保健手册（卡），定期进行产前检查，记录检查结果；

（三）为孕产妇提供卫生、营养、心理等方面的医学指导和咨询；

（四）筛查高危孕妇并对其进行重点监护、随访和医疗保健服务；

（五）为孕产妇提供安全分娩技术服务；

（六）定期进行产后访视，指导产妇科学喂养婴儿；

（七）提供避孕咨询指导和技术服务；

（八）省以上卫生行政部门规定的其他服务。

第十五条 医疗保健机构发现孕妇患有下列严重疾病或者接触物理、化学、生物等有毒、有害因素，可能危及孕妇生命安全或者可能严重影响孕妇健康和胎儿正常发育的，应当对孕妇进行医学指导和医学检查：

（一）严重的妊娠合并症或者并发症；

（二）严重的精神性疾病；

（三）省以上卫生行政部门规定的严重影响生育的其他疾病。

第十六条 孕妇有下列情形之一的，应当接受产前诊断：

（一）有遗传病家族史或者曾经分娩过先天性严重缺陷婴儿的；

（二）羊水过多或过少的；

（三）胎儿发育异常或胎儿可能有畸形的；

（四）孕早期接触过可能导致胎儿先天缺陷的物质的；

（五）年龄超过35周岁的初产妇；

（六）原因不明多次流产、死胎、死产的；

（七）省以上卫生行政部门规定的其他情形。

第十七条 生育过严重遗传性疾病或者严重缺陷患儿的妇女，或者夫妻一方属遗传疾病可疑者，妊娠前应当到省卫生行政部门审批的医疗保健机构进行医学检查和咨询。

第十八条 医疗保健机构依据本实施办法的规定进行的医学检查，应当向当事人说明情况并出具医学检查意见。

当事人应当依据检查意见采取避孕、节育、不孕等相应的医学措施。

第十九条 依照《中华人民共和国母婴保健法》第十八条、第十九条的规定接受终止妊娠手术或者结扎手术的，应按国家规定享受休假，休假视为出勤，手术费用按国家有关规定执行。

第二十条 推行住院分娩。高危孕妇应当在有条件的医疗保健机构住院分娩。

没有条件住院分娩的正常产，应当由持有专项技术服务合格证的接生员按操作规程接生。

第二十一条 医疗保健机构依据接生人员签署的出生医学记录出具国家统一制发的出生医学证明，并加盖接生单位的出生医学证明专用章。

家庭接生的，由接生员签署出生医学记录，乡（镇）卫生院出具出生医学证明。

在途中出生的，由其户籍所在地医疗保健机构审核后出具出生医学证明。

第二十二条 新生儿申报户口，须持有出生医学证明。户口登记机关凭出生医学证明办理出生登记手续。

第二十三条 严禁采用技术手段对胎儿进行性别鉴定。

医疗保健机构认为医学上确需进行胎儿性别鉴定的，必须由县级以上医学技术鉴定委员会出具意见，由同级卫生行政部门批准，到省级卫生行政部门指定的医疗保健机构进行鉴定。

第五章 儿童保健

第二十四条 推行母乳喂养。医疗保健机构应当为母乳喂养提供技术指导和必要条件，提高婴儿母乳喂养率。

实行纯母乳喂养的女职工增加一个月产假，产假视为出勤。

各单位不得安排哺乳期女职工从事国家规定的三级体力劳动强度的劳动和哺乳期禁忌从事的劳动，并为女职工哺乳提供条件。

第二十五条 医疗保健机构应当为七周岁以下儿童提供医疗保健服务。其主要内容是：

（一）对新生儿进行访视，建立儿童系统保健手册（卡）；

（二）提供母乳喂养、合理膳食、预防疾病、促进儿童健康生长发育等科学知识；

（三）定期进行体格检查，并对体弱儿进行专案管理；

（四）开展新生儿疾病筛查、诊治工作；

（五）按照规定的项目和程序为儿童进行乙肝、卡介苗等预防接种；

（六）开展儿童口腔、眼睛、耳及心理保健服务；

（七）防治小儿肺炎、腹泻、贫血、佝偻病等疾病；

（八）省以上卫生行政部门规定的其他服务内容。

第二十六条 医疗保健机构应当按照国家有关规定逐步开展新生儿先天性、遗传性代谢病筛查、诊断、治疗和监测。

第二十七条 医疗保健机构应当对托幼园、所卫生保健工作进行业务技术指导，对从事婴幼儿看护、保教的人员进行业务培训。

从事婴幼儿看护、保教的人员从业前和从业期间，应当按照国家有关规定进行健康检查。

患有国家法定传染病、滴虫性及霉菌性阴道炎、化脓性皮肤病、精神病等疾病的人员不得从事儿童看护、保教工作。

第六章 医学技术鉴定

第二十八条 县级以上人民政府设立母婴保健医学技术鉴定委员会，其成员由卫生行政部门提名，同级人民政府聘任。

第二十九条 母婴保健医学技术鉴定委员会成员必须是具有临床经验和医学遗传学知识、具备主治医师以上技术职务的专业技术人员。

第三十条 母婴保健医学技术鉴定委员会负责本行政区域内有异议的婚前医学检查、遗传病诊断、产前诊断和有异议的下一级医学技术鉴定委员会的鉴定结论等方面的医学技术鉴定。

第三十一条 母婴保健医学技术鉴定委员会进行医学技术鉴定时，必须有五名以上相关专业鉴定委员会成员参加。

鉴定委员会成员应当在鉴定结论上署名；不同意见应当如实记录。鉴定委员会根据鉴定结论向当事人出具鉴定意见书。

鉴定委员会成员中与当事人有利害关系的，应当回避。

第三十二条 母婴保健医学技术鉴定分为省、市、县三级鉴定。省级的鉴定结论为最终鉴定结论。

医学技术鉴定的具体程序、办法和管理，按国家有关规定执行。

第七章　监督管理

第三十三条　县级以上地方人民政府卫生行政部门负责本行政区的母婴保健监督管理工作，行使下列监督管理职权：

（一）对本实施办法的执行情况进行监督检查；

（二）依据本实施办法的规定，制定相关的制度和管理办法；

（三）对提供母婴保健技术服务的医疗保健机构和人员实行许可，并核发相应的许可证书；

（四）对违反本实施办法的行为，依法给予行政处罚；

（五）负责母婴保健工作监督管理的其他事项。

第三十四条　卫生监督人员在执行职务时，应当出示证件。

卫生监督人员可以向医疗保健机构及有关部门了解情况，索取必要的资料，对母婴保健工作进行监督、检查，医疗保健机构及有关部门不得拒绝和隐瞒。

卫生监督人员对医疗保健机构及有关部门提供的技术资料负有保密的义务。

第三十五条　卫生行政部门可以委托县级以上卫生监督执法机构或者妇幼保健院承担本行政区域内母婴保健业务工作的质量监督、监测、技术指导与信息管理。

第三十六条　医疗保健机构应根据所承担的任务配备相应的母婴保健业务人员和设备。村卫生站应当有兼职的负责母婴保健工作的乡村医生，有条件的可配备负责母婴保健工作的专职乡村医生。

第三十七条　乡（镇）医疗保健机构的母婴保健人员的工资、补贴，应由县、乡（镇）人民政府负责解决。

第三十八条　从事母婴保健工作的人员应当严格遵守职业道德，为当事人保守秘密。

第三十九条　县级以上卫生部门应当建立孕产妇、婴儿死亡和新生儿出生缺陷监测统计报告制度，并组织做好孕产妇和婴儿死亡原因的评审。

县级以上卫生部门对托幼园、所卫生保健工作实行统一管理和监督。

第八章　罚　则

第四十条　从事母婴保健工作的人员和其他人员违反母婴保健法及本实施办法规定，出具有关虚假医学证明的，由卫生行政部门没收违法所得，情节严重的，吊销执业资格；对责任人，由其所在单位给予行政处分。

违反本实施办法规定进行胎儿性别鉴定的，由卫生行政部门给予警告，责令停止违法行为，没收违法所得，违法所得1万元以上的，处违法所得2倍以上6倍以下的罚款；没有违法所得或者违法所得不足1万元的，处1万元以上3万元以下的罚款；对主管人员和直接责任人员，依法给予行政处分；情节严重的，由原发证机关吊销相应的母婴保健技术执业资格或者医师执业证书。

第四十一条　未取得母婴保健技术许可，有下列行为之一的，由卫生行政部门给予警告，责令停止违法行为，没收违法所得；违法所得5000元以上的，并处违法所得3倍以上5倍以下的罚款；没有违法所得或者违法所得不足5000元的，并处5000元以上2万元以下的罚款；

（一）从事婚前医学检查、遗传病诊断、产前诊断或者医学技术鉴定的；

（二）施行助产技术、家庭接生、结扎或者终止妊娠手术及其他生殖保健服务的；

（三）出具母婴保健法规定的有关医学证明的。

上款第（三）项出具的有关医学证明无效。

第四十二条 卫生、民政、公安等行政部门的国家工作人员，在母婴保健工作中滥用职权，玩忽职守、徇私舞弊的，由所在单位或上级主管部门给予行政处分；构成犯罪的，由司法机关依法追究刑事责任。

第四十三条 侮辱、威胁、殴打母婴保健工作人员和监督检查人员，阻碍其执行公务的，由公安机关依照《中华人民共和国治安管理处罚条例》予以处罚；构成犯罪的，由司法机关依法追究刑事责任。

第四十四条 当事人对行政处罚决定不服的，可以依照《中华人民共和国行政复议法》的规定申请行政复议。对复议决定不服的，可以依照《中华人民共和国行政诉讼法》提起行政诉讼。

当事人逾期不申请行政复议，或不提起行政诉讼，且不履行处罚决定的，由作出处罚决定的行政机关申请人民法院强制执行。

第九章 附 则

第四十五条 计划生育技术服务机构开展计划生育技术服务活动，依照《计划生育技术服务管理条例》的规定执行。

第四十六条 母婴保健法及本实施办法规定的母婴保健服务项目的收费标准，由省人民政府物价、卫生行政部门共同制定。

第四十七条 本实施办法自公布之日起施行。

四川省《中华人民共和国食品卫生法》实施办法

（1997年10月17日四川省第八届人民代表大会常务委员会第二十九次会议通过，根据2002年5月30日四川省第九届人民代表大会常务委员会第二十九次会议《关于修改〈四川省（中华人民共和国食品卫生法）实施办法〉的决定》修正。2002年5月30日四川省第九届人民代表大会常务委员会公告第79号公布。）

第一章 总 则

第一条 为保证食品卫生，防止食品污染和有害因素对人体的危害，保障人民身体健康，根据《中华人民共和国食品卫生法》和国家有关规定，结合四川实际，制定本办法。

第二条 凡在本省行政区域内从事食品生产经营活动的单位和个人，必须遵守本办法。

第三条 县级以上人民政府卫生行政部门负责本行政区域内的食品卫生监督管理工作。县级以上人民政府有关部门在各自职责范围内负责食品卫生管理工作。

第四条 任何单位和个人对违反本办法的行为，有权检举和控告。

第二章 食品的卫生

第五条 食品及其生产经营活动，必须符合国家和省卫生行政部门制定的卫生标准和卫生要求。

第六条 食品生产经营场所应保持环境整洁。食品生产、经营和贮存场所不得同时生产、经营和存放有毒、有害物质及容易造成食品污染的不洁物品。贮藏食品和食品原料的仓库、贮藏室应当通风干燥（冷库等有特殊要求的除外），构筑材料应无毒无害。食品堆码应当隔地离墙，设架分类存放。

第七条 餐饮经营单位应配备专用清洗消毒设施和防尘、防蝇、防鼠、防腐等设施，对餐饮具进行消毒。提倡采用物理方法消毒。

第八条 食品不得与有毒、有害的物品混合或用同一货厢货柜装运。运输和装卸食品的工具、容器和包装设备应当符合卫生要求。长途运输的食品应当有外包装，运输易腐食品应当有冷藏或隔热措施，运输散装直接入口食品应当使用专用容器和运输工具并定期清洗消毒。

第九条 制作食品的用具、油料、调味品等应当符合卫生标准和卫生要求，食品加工机具的润滑剂不得污染食品。

第十条 销售直接入口食品应当采取有效的保质措施，使用专用工具，防止食品变质。

第十一条 食品包装所用的材料及制品等应注明“食品容器”或“食品用”等标识。辐照食品在包装上应有辐照食品标识。

第十二条 禁止生产经营下列食品：

（一）《中华人民共和国食品卫生法》第九条所规定的禁止生产经营的食品；

（二）含有未经国家允许使用的农药、添加剂、加工助剂的农副产品及其制品；

（三）农药、化肥浸泡过的粮食、油料及其制品等；

（四）超过国家卫生标准规定的范围和限量使用食品添加剂的食品；

（五）注水的肉类等；

（六）兑制的酱油、醋和工业酒精兑制的酒类；

（七）其他法律、法规和规章规定的不符合食品卫生标准和卫生要求的食品。

第三章 零星摊点和城乡集贸市场食品的卫生

第十三条 零星摊点和城乡集贸市场的食品卫生管理工作由工商行政管理部门负责，食品卫生监督监测工作由卫生行政部门负责。

城乡集贸市场主办者应对食品生产经营者进行食品卫生法律、法规、规章和食品卫生知识的宣传培训，组织对从业人员进行健康检查。

第十四条 食品市场（含综合市场的食品经营摊区，下同）和零星摊点的选址应符合卫生要求，避开有毒、有害场所。

食品市场内应设置必要的给排水设施、封闭式垃圾存放设施和食品防污染设施，保持经营场所良好的环境卫生状况。

第十五条 零星摊点和在城乡集贸市场生产经营食品应当符合下列卫生要求：

（一）食品生产经营从业人员衣着整洁、保持个人及环境卫生；

（二）餐饮具经消毒合格，符合卫生标准；

（三）销售直接入口的食品有防尘、防蝇和防鼠等设施，使用专用工具，防止食品污染。

第四章　食品卫生管理

第十六条 食品生产经营单位应当建立健全食品卫生管理制度和卫生操作规程，严格遵守食品卫生法律、法规和规章，对从业人员进行食品卫生法律、法规、规章和卫生知识的教育培训，保证食品生产经营符合卫生要求。

第十七条 食品、食品添加剂、食品容器、包装材料和食品用工具、设备、洗涤剂、消毒剂的生产企业应建立卫生检验制度，配备专兼职卫生检验人员，依照卫生标准对产品进行检验。专兼职卫生检验人员的资格，由颁发卫生许可证的卫生行政部门认定。

不具备检验能力的生产企业，应委托卫生行政部门指定的食品卫生检验机构对产品进行检验，合格后方可出厂销售。食品卫生检验机构的资格应经省以上卫生行政部门认可。

第十八条 食品生产经营从业人员上岗前应接受健康检查，从业期间每年度应接受一次健康检查。健康检查由食品生产经营单位按国务院卫生行政部门的规定组织实施。经健康检查合格的，发给健康合格证。未取得健康合格证的，不得从事食品生产经营活动。

健康合格证不得涂改、转让、倒卖和伪造。

第十九条 食品生产经营企业新建、改建和扩建工程的选址、设计应符合卫生要求，工程设计和竣工的卫生审查和验收由卫生行政部门负责。

第二十条 食品生产经营单位应按照下列规定办理卫生许可证：

（一）省属企业事业单位、部队和中央机关的直属企业事业单位、外省的省属企业事业单位在川从事食品生产经营活动，向省卫生行政部门申请办理卫生许可证；

（二）本市（地、州）和外地的市（地、州）属企业事业单位在本市（地、州）从事食品生产经营活动，向市（地、州）卫生行政部门申请办理卫生许可证；

（三）本县（市、区）和外地的县（市、区）及其以下所属企业事业单位以及个体工商户在本县（市、区）从事食品生产经营活动，向县（市、区）卫生行政部门申请办理卫生许可证；

（四）中外合资、合作、外商独资企业以及私营企业、合伙企业、无主管部门的企业在川从事食品生产经营活动，向有登记管辖权的工商行政部门的同级卫生行政部门申请办理卫生许可证。

卫生行政部门自收到申请之日起30日内，对符合条件的，应发给卫生许可证；不符合条件的，应给予答复并说明理由。

上级行政部门可根据实际情况，将由本级审批发证的食品生产经营单位委托给下级卫生行政部门审批发证。

第二十一条 卫生许可证每年审验一次，5 年换发一次。

取得卫生许可证后需要变更卫生许可证登记项目的，应按照原审批程序办理变更手续。

第二十二条 生产下列产品，应向省卫生行政部门提出申请，提交市（地、州）级以上食品卫生检验机构出具的检验报告和有关资料：

（一）营养强化食品；

（二）利用已获国务院卫生行政部门批准生产的食品新资源为原料生产的食品；

（三）已有国家卫生标准的辐照食品、食品添加剂、营养强化剂、水解酱油；

（四）国务院卫生行政部门授权审批的其他产品。

省卫生行政部门自收到申请之日起30日内，对符合条件的，应予以批准；不符合条件的，应给予答复并说明理由。

第二十三条 食品生产企业生产新资源食品、食品添加剂的新品种，利用新的原材料生产食品容器、包装材料和食品用工具、设备，应向省卫生行政部门提供检验机构出具的检验报告及有关资料，经审查同意并报国务院卫生行政部门批准后方能生产。

表明具有特定保健功能的食品的生产经营，应按国务院卫生行政部门的规定进行审批。

第二十四条 食品生产经营单位采购食品及其原料、食品添加剂、食品容器、包装材料和食品用工具、设备及洗涤剂、消毒剂，应按规定向销售者索取检验合格证、化验单或有关批准文件。采购境外进口食品及其原料、食品添加剂、食品容器、包装材料和食品用工具、设备及洗涤剂、消毒剂，应当索取进口食品卫生检验机构出具的检验合格证。

第二十五条 境外进口的食品、食品添加剂、食品容器、包装材料和食品用工具、设备及洗涤剂、消毒剂，必须符合国家卫生标准，由销售地的县级以上卫生行政部门负责卫生监督。

第二十六条 申请发布食品、食品添加剂、食品容器、包装材料和食品用工具、设备及洗涤剂、消毒剂等产品的广告，其内容应真实、科学，并按国务院卫生行政部门和国家工商行政管理部门的规定向市（地、州）级以上卫生行政部门申请办理食品广告证明。未按规定取得食品广告证明的，各级各类传播媒体不得为其发布食品广告。

第二十七条 在国家未制定食品卫生标准的情况下，需要制定地方食品卫生标准的，由省卫生行政部门拟定，经征求省技术监督行政部门意见后，报省人民政府批准公布，并报国务院卫生行政部门和国务院技术监督行政部门备案。

企业制定食品的企业标准时，应报所在地的市（地、州）卫生行政部门备案；其中制定无国家标准、行业标准和地方标准的食品的企业标准，应报省卫生行政部门备案。

第二十八条 集体用餐的单位应当设置餐具清洁、消毒设施，指定人员负责集体用餐的卫生管理工作，防止食物中毒事故发生和传染病流行。

第二十九条 举办食品博览会、食品展销会，主办单位应负责参展食品的卫生质量和环境卫生管理，并接受卫生行政部门的监督指导。

评定优质食品应有卫生行政部门参加。食品生产经营者申报优质食品，应提供卫生行政部门出具的卫生评价资料。

第五章　食品卫生监督

第三十条　县级以上卫生行政部门按职责分工履行食品卫生监督职责。上级卫生行政部门可根据需要，将本级监督管理的食品生产经营单位委托给下级卫生行政部门进行日常监督管理。

县级以上卫生行政部门应定期向社会公布食品卫生监测情况。

县级以上卫生行政部门对公民举报的食品生产经营中的违法行为应当及时调查处理。

第三十一条　县级以上卫生行政部门设立食品卫生监督员。食品卫生监督员的考核标准由省卫生行政部门制定，由聘任监督员的卫生行政部门组织考核，对合格者发给证书。

食品卫生监督人员在执行公务时应持有效的行政执法证件，忠于职守、秉公执法，不得利用职权谋取私利。卫生行政部门及其工作人员不得要求食品生产经营单位购买指定单位销售的食品卫生用品用具。

第三十二条　食品生产经营单位接受颁发卫生许可证的卫生行政部门的监测。其监测频次、采样数量由省卫生行政部门规定，收费标准应按照省卫生行政部门和省物价、财政部门的规定执行。

上级卫生行政部门可以对下级卫生行政部门实施日常监测的食品生产经营单位进行抽检。

第三十三条　县级以上卫生行政部门对已造成食物中毒事故或有证据证明有可能导致食物中毒事故的，可以对该食品生产经营单位采取下列临时控制措施：

（一）责令其立即公告追回已售出的有毒食品；

（二）搜集可疑食品或患者排泄物以备检查。

发生食物中毒的单位或接收病人治疗的单位应保护现场并向当地卫生行政部门报告。卫生行政部门应及时进行现场调查，并组织医务人员抢救病人。

第六章　法律责任

第三十四条　未按照本办法第二十条规定取得卫生许可证，擅自从事食品生产经营活动的，由卫生行政部门予以取缔，没收违法所得，并处违法所得 1 倍以上 5 倍以下罚款；没有违法所得的，处以 500 元以上 3 万元以下罚款。

第三十五条　违反本办法第五条、第六条、第七条、第八条、第九条、第十条规定，食品生产经营活动不符合卫生要求的，由卫生行政部门给予警告，可处 500 元以上 5000 元以下罚款；拒不改正或者有其他严重情节的，吊销卫生许可证；构成犯罪的，由司法机关依法追究刑事责任。

第三十六条　违反本办法第十二条规定，生产经营禁止生产经营的食品的，由卫生行政部门责令停止生产经营活动，立即公告收回已售出的食品，并连同库存的该种食品予以销毁，没收违法所得，并处违法所得 1 倍以上 5 倍以下罚款；没有违法所得的，处以 1000 元以上 5 万元以下罚款；情节严重的，吊销卫生许可证；构成犯罪的，由司法机关依法追究刑事责任。

第三十七条　违反第十五条规定，经营零星摊点和在城乡集贸市场生产经营食品不符合卫生要求的，由卫生行政部门给予警告，可处 50 元以上 500 元以下罚款。

第三十八条　违反本办法第十八条规定，食品生产经营单位没有组织从业人员接受健康检查并取得健康合格证的，由卫生行政部门责令改正，可对食品生产经营单位处500元以上5000元以下的罚款。

第三十九条 违反本办法第二十二条第一款、第二十三条规定的，由卫生行政部门责令停止生产和使用，没收违法所得，并处违法所得1倍以上3倍以下罚款；没有违法所得的，处5000元以上2万元以下罚款。

第四十条 食品生产经营企业新建、改建和扩建工程的设计和竣工未经卫生行政部门进行卫生审查和验收的，由卫生行政部门责令改正；拒不改正的，不得开业生产，卫生行政部门可对企业处以3000元以上2万元以下罚款。

第四十一条 未持有食品广告证明而发布食品广告或擅自改变已经卫生行政部门审批的食品广告内容的，由工商行政管理部门会同卫生行政部门依法处理。

第四十二条 当事人对行政处罚决定不服的，可以依法申请行政复议或提起行政诉讼。逾期不申请行政复议，又不提起行政诉讼，也不履行处罚决定的，作出处罚决定的卫生行政部门可以申请人民法院强制执行。

第四十三条 从事食品卫生监督的工作人员玩忽职守、徇私舞弊或对食品生产经营单位及人员提出违法要求的，由所在单位或上级主管部门给予行政处分，取消食品监督员资格；构成犯罪的，由司法机关依法追究刑事责任。

第四十四条 拒绝、阻碍食品卫生监督人员依法执行公务，违反《中华人民共和国治安管理处罚条例》的，由公安机关给予治安处罚；构成犯罪的，由司法机关依法追究刑事责任。

第七章 附 则

第四十五条 本办法运用中的具体问题，由省人民政府卫生行政部门负责解释。

第四十六条 本办法自公布之日起施行。1984年11月14日省人大常委会颁布的《四川省实施〈中华人民共和国食品卫生法（试行）〉若干规定》同时废止。

四川省血吸虫病防治管理办法

（1999年1月28日四川省人民政府第19次常务会议通过，1999年2月7日四川省人民政府令第118号发布。）

第一章 总 则

第一条 为了预防、控制和消灭血吸虫病，保护人体健康，根据《中华人民共和国传染病防治法》等有关法律、法规，结合四川实际，制定本办法。

第二条 在四川省行政区域内的机关、团体、部队、企业事业单位及其他组织和个人，均应遵守本办法。

第三条 血吸虫病防治（以下简称血防）工作，应当适应社会和经济发展需要，与改善生态环境相结合，实行预防为主、科学防治、因地制宜、综合治理的方针。

第四条 血吸虫病疫区的各级人民政府应当加强对预防、控制、消灭血吸虫病工作的领导，制定血防规划并组织实施。

第五条 县级以上人民政府卫生、畜牧兽医、农业、水利、林业、民政、建设、药品管理等有关部门，应按照各自的职责分工和本办法的规定，共同做好血防工作。

第二章 监督管理

第六条 卫生行政部门是血防工作的行政主管部门，负责贯彻实施有关血防工作的法律、法规、规章和政策，开展血防工作的监督检查，定期向政府报告疫情动态，提供血防决策依据。

卫生防疫机构负责辖区内病人的诊治和疫情监测、血防技术指导及培训工作。

第七条 畜牧兽医行政管理部门负责动物血防工作。

动物防疫监督机构具体实施动物血吸虫病防疫和防疫监督。

第八条 省卫生行政部门、畜牧兽医行政管理部门可聘请专业人员担任血吸虫病管理监督员，宣传有关血防工作的法律、法规、规章和政策，协助卫生行政部门、畜牧兽医行政管理部门进行血吸虫病的日常监督，对违反有关法律、法规、规章的行为提出处理建议。

血吸虫病管理监督员执行监督任务时，应出示证件。有关单位和个人应当支持、配合。

第九条 农业主管部门在农田基本建设中应结合中低产田改造工程，开展除灭钉螺工作。

第十条 水行政主管部门应将农田水利工程、人畜饮用水工程、水电工程等水利工程建设与除灭钉螺工作相结合，把血防工作纳入水利建设统筹规划，并制定实施方案组织实施。

第十一条 林业主管部门应结合植树造林和林地改造，开展除灭钉螺工作。

第十二条 建设行政主管部门在疫区的城市和村镇建设中，应当规划、修建公共卫生厕所，实施垃圾无害化处理，并会同农村能源主管部门负责推行沼汽池建设。

第十三条 药品生产经营主管部门负责组织血吸虫病预防、治疗药品和灭螺药品的生产、供应。

铁路、交通、民用航空部门应优先安排控制、扑灭疫情急需的血防人员、药品、器械的运送。

第十四条 民政部门对血防地区符合救济条件的晚期血吸虫病人给予生活救济，并按照国家和省的有关规定从救灾经费和国内外捐款中安排部分资金用于灾后血吸虫病预防控制工作。

第十五条 卫生行政部门应加强对血防药品的管理，血防药品和器械必须用于血防工作。

血防经费必须专款专用，严禁挪用。财政、审计和卫生行政部门应加强对血防经费使用的监督。

第十六条 卫生防疫机构开展医疗活动，按照《四川省医疗机构管理条例》的规定执行。

第三章 疫情监测和报告

第十七条 卫生行政部门和畜牧兽医行政管理部门应建立健全血吸虫病疫情监测网络和报告制度，掌握疫情动态，定期分析上报。

第十八条 发生血吸虫病时，卫生行政部门应与畜牧兽医行政管理部门相互通报疫情，并及时采取控制、扑灭措施。

第十九条 血吸虫病疫区的卫生防疫机构和动物防疫监督机构应加强对疫区血吸虫病的监测，定期进行血吸虫病流行病学调查和血吸虫病疫情检测，收集、整理、分析、上报血吸虫病疫情。

第二十条 任何单位和个人发现血吸虫病人、疑似血吸虫病人以及新的钉螺孳生地都应立即向当地卫生防疫机构和动物防疫监督机构报告。

卫生防疫机构和动物防疫监督机构接到报告后，应及时采取相应措施，并按规定逐级上报疫情。

第二十一条 地方政府、医疗机构、防疫机构都应按规定报告有关血吸虫病真实情况、提供完整资料，不得隐瞒、谎报或授意他人隐瞒、谎报。

第二十二条 省卫生行政部门依照《中华人民共和国传染病防治法》的规定，确定血吸虫病疫区，通报或公布血吸虫病疫情。

第四章 预防控制

第二十三条 各级人民政府应组织卫生、畜牧兽医等行政管理部门按血防规划的要求，采取预防控制血吸虫病的各种措施。

疫区群众应积极参加血吸虫病防治活动，落实防治措施，接受健康教育。

第二十四条 广播、电视、报刊等宣传媒介，应广泛宣传血防工作的意义以及血吸虫病的危害性和预防、控制知识。

疫区中、小学校应将血防知识纳入健康教育的教学内容。

第二十五条 疫区人民政府应定期组织有关单位和人员开展查螺灭螺工作。疫区企业事业单位生产经营区域内的灭螺费用由本单位承担。

第二十六条 开展药物灭螺的乡（镇）人民政府应当提前三天公告灭螺时间、地点、药物种类、影响范围和注意事项，确保人畜安全。

药物灭螺应在血防专业人员指导下，严格按照操作规程进行，确保灭螺质量。

第二十七条 在疫区兴建大型农田水利工程、水电工程、人畜饮水工程等，建设单位应当在建设项目开工前申请卫生防疫机构对建设环境进行卫生调查，并根据卫生防疫机构的意见，采取必要的卫生防疫措施。

第二十八条 卫生行政部门和畜牧兽医行政管理部门应当密切配合，定期对人畜进行血吸虫病检查，实施人畜同步治疗。

第二十九条 疫区常住人口及暂住人口，应按照当地的防治规划，接受血吸虫病检查。被发现的血吸虫病人或疑似血吸虫病人，应接受诊断、治疗。

第三十条 在疫区内饲养家畜的，必须按畜牧兽医行政管理部门的计划进行血吸虫病检查、治疗。运出疫区的家畜应接受血吸虫病检疫。

第三十一条 进入疫区的单位、个人应在血防专业人员的指导下做好个人防护，接触疫水者应接受预防性服药或治疗。

第三十二条 血防经费实行以当地政府投入为主，国家、集体、个人分别负担的原则。各级人民政府财政部门应将必要的血防经费纳入财政预算予以安排。

第三十三条 血吸虫病暴发流行时，县级以上人民政府应按照《中华人民共和国传染病防治法》和《中华人民共和国动物防疫法》的规定采取紧急措施，控制、扑灭疫情。

第五章 奖励与处罚

第三十四条 对在预防、控制和消灭血吸虫病工作中做出显著成绩的单位和个人，给予表彰、奖励。

第三十五条 违反本办法第二十七条规定，在疫区兴建大型建设项目未经卫生防疫机构进行卫生调查的，由县级以上卫生行政部门责令限期改正，逾期不改的，可处2000元以上20000元以下罚款。

第三十六条 有下列情形之一的，对直接责任人给予行政处分；构成犯罪的，依法追究刑事责任：

（一）不履行法律、法规、规章规定的职责，造成疫情扩散或者传播阻断地区疫情重新暴发流行的；

（二）隐瞒、谎报疫情或授意他人隐瞒、谎报疫情，或者拒不提供真实情况、完整资料的；

（三）挪用、贪污血防经费、药品和器械的。

第三十七条 当事人对行政处罚决定不服的，可以依法申请行政复议或提起行政诉讼。当事人逾期不申请复议、也不提起行政诉讼又不履行处罚决定的，由作出处罚决定的行政机关申请人民法院强制执行或者依法强制执行。

第六章 附 则

第三十八条 本办法下列用语的含义是：

（一）钉螺：指含血吸虫尾蚴的钉螺。

（二）疫区：指血吸虫病暴发或流行，其病原体向周围传播时可能波及的地区。

（三）疫水：指含有血吸虫尾蚴，能造成人、畜感染血吸虫病的水体。

（四）卫生防疫机构：指血吸虫病防治站（所）和卫生防疫站内设的血防科室。

第三十九条 本办法自发布之日起施行。

四川省《突发公共卫生事件应急条例》实施办法

（2003年6月17日四川省人民政府第11次常务会议审议通过，2003年7月17日四川省人民政府令第174号发布。）

第一章 总 则

第一条 根据国务院《突发公共卫生事件应急条例》（以下简称《条例》），结合四川省实际，制定本办法。

第二条 本办法所称突发公共卫生事件，是指突然发生，造成或者可能造成社会公众健康严重损害的重大传染病疫情、群体性不明原因疾病、重大食物和职业中毒以及其他严重影响公众健康的事件。

第三条 突发公共卫生事件应急工作应当遵循预防为主、常备不懈的方针，贯彻统一领导、分级负责、属地管理、依法开展、反应及时、措施果断、依靠科学、加强合作的原则。

第四条 根据危害程度和影响范围，对突发公共卫生事件实行等级划分，并按分级负责的原则进行处理。

突发公共卫生事件的等级划分和标准由省人民政府卫生行政主管部门制定，报省人民政府批准。

第五条 县级以上人民政府及其有关部门应当建立突发公共卫生事件应急处理有关的物资、技术和人才储备制度，所需资金列入本级人民政府财政预算。

第六条 县级以上人民政府及其有关部门应当对参加突发公共卫生事件应急处理的有关人员给予适当补助和保健津贴。具体办法由县级以上人民政府有关部门制定，报本级人民政府批准。

第七条 任何单位和个人不得以任何理由刁难、歧视参加突发公共卫生事件防范、救治一线的工作人员及其家属。

各级人民政府、各有关组织和单位，应当对参加突发公共卫生事件防范、救治工作人员家属的现实困难给予必要的帮助。

第二章 指挥与组织

第八条 省人民政府负责全省突发公共卫生事件应急处理的领导和指挥工作。

市（州）、县（市、区）、乡（镇）人民政府、街道办事处负责本辖区内突发公共卫生事件的应急处理工作，居民委员会、村民委员会应当积极协助。

县级以上人民政府卫生行政主管部门具体负责突发公共卫生事件的调查、控制和医疗救治工作。其他有关部门在各自职责范围内做好应急处理的有关工作。

第九条 突发公共卫生事件发生后，根据事件的等级和各级人民政府应急预案及国家有关规定，相应的人民政府成立突发公共卫生事件应急处理指挥部，由政府有关部门、单位组成，政府主要领导或者分管领导担任总指挥。

突发公共卫生事件应急处理指挥部代表政府统一领导、指挥本行政区域内的应急处理工作，履行下列主要职责：

（一）指挥有关部门立即到达规定岗位，采取有关的控制措施；

（二）调动医疗卫生机构开展有关救治工作；

（三）组织医疗卫生机构、监测机构和科学研究机构集中力量进行相关的科学研究工作；

（四）根据需要紧急调集人员、物资、交通工具以及相关设施、设备，必要时可以决定先行就近征用物资、设施、设备和交通工具；

（五）根据需要对人员进行疏散或隔离，并可依法对传染病疫情重点区域或疫区实行紧急措施或封锁；

（六）根据需要对食物和水源采取控制措施；

（七）对本行政区域的突发公共卫生事件应急处理工作进行督查和指导。

第十条 突发公共卫生事件发生后，有关部门和单位应当按照突发公共卫生事件应急处理指挥部的要求成立相应的突发公共卫生事件应急处理领导小组，组织实施本部门、本单位的应急处理工作。

第十一条 任何单位和个人都应当服从突发公共卫生事件应急处理指挥部、突发公共卫生事件应急处理领导小组为处理突发公共卫生事件作出的决定和命令。

第三章 预防与应急准备

第十二条 县级以上人民政府应当在本级卫生行政主管部门内，设立突发公共卫生事件应急处理办公室，负责督查突发公共卫生事件应急预防准备措施落实情况、通报监测信息、组织培训有关人员。

第十三条 省人民政府按照分类指导、快速反应的要求，根据全国突发公共卫生事件应急预案，结合四川省实际，制订全省应急预案。

市（州）、县（市、区）人民政府应当根据上级人民政府突发公共卫生事件应急预案，结合本地实际情况，制订本行政区域内的应急预案。

县级以上人民政府有关部门根据本级人民政府的突发公共卫生事件应急预案，编制本部门、本系统的应急预案，报本级人民政府备案。

县级以上人民政府及其有关部门应当根据突发公共卫生事件的变化和实施情况，对应急预案及时进行修订、补充。

第十四条 省人民政府卫生行政主管部门应当根据全省突发公共卫生事件应急预案制订下列专项应急预案，报省人民政府批准：

（一）重大传染病疫情预防控制应急预案；

（二）群体性不明原因疾病预防控制应急预案；

（三）重大食物中毒事件应急预案；

（四）重大职业中毒事件应急预案；

（五）发生传染病菌株、毒种丢失事件应急预案；

（六）其他严重影响公众健康事件应急预案。

第十五条 县级以上人民政府及其有关部门应当建立严格的突发公共卫生事件防范和应急处理责任制，做好公共卫生工作，防范突发公共卫生事件的发生。

第十六条 各级人民政府及其有关部门应当对公众开展健康教育和突发公共卫生事件应急知识的专门教育，提高公众卫生意识，增强全社会的防范和应对能力。

任何单位和个人应当支持、配合各级人民政府及其有关部门的工作，自觉按要求实施突发公共卫生事件防范措施。

第十七条 全省建立统一的突发公共卫生事件预防控制网络。

县级以上人民政府应当加大公共卫生事业投入，加强疾病预防控制机构、卫生监督机构的建设，保障其开展突发公共卫生事件调查、控制、现场处置、监督检查、监测检验和卫生防护工作，提高应对突发公共卫生事件的应急处理能力，确保信息通畅、监测到位、应急反应灵敏、应急队伍业务能力强、技术良好、设备完好、能应对各种突发公共卫生事件。

县（市、区）人民政府应当加强乡镇卫生院建设，乡镇卫生院应当设立防保科室，配备专门人员负责公共卫生工作。

第十八条　县级以上人民政府卫生行政主管部门应当建立和完善符合国家标准的突发公共卫生事件监测与预警系统。

县级以上人民政府卫生行政主管部门，应当指定疾病预防控制机构负责开展突发公共卫生事件的日常监测，确保监测与预警系统的正常运行。

第十九条　县级以上人民政府及其有关部门应当设立突发公共卫生事件应急储备资金，根据突发公共卫生事件应急预案的要求，建立分级分类储备制度，保证应急设施、设备、救治药品和医疗器械等物资储备。

第二十条　全省建立统一的突发公共卫生事件医疗救治网络。

县级以上人民政府应当加强急救医疗服务网络的建设，配备相应的医疗救治药物、技术、设备和人员，增强医疗机构应对各类突发公共卫生事件的能力，建立健全突发公共卫生事件医疗救护运转机制和调配机制，提高医疗体系的应急能力。

省人民政府设置具备传染病防治条件和能力的医疗机构，储备相应的医疗卫生资源，建立健全平时和疫情出现时的运转机制和调配机制。

市（州）人民政府应当设置与传染病防治工作需要相适应的传染病专科医院；条件暂不具备的，可指定具备传染病防治条件和能力的医疗机构承担传染病防治任务。

县（市、区）人民政府卫生行政主管部门应当指定医疗机构设立传染病隔离病房，进行医学观察及隔离治疗。按照区域卫生规划，有条件的可以在综合医院中设置相对独立的传染科。

各级人民政府卫生行政主管部门应当利用现有资源，加强和完善食物中毒、职业中毒等突发公共卫生事件的医疗救治能力。

第二十一条　县（市、区）人民政府应当加大农村医疗卫生事业投入，加强乡镇医疗机构建设。

县（市、区）、乡（镇）人民政府应当支持和指导村民委员会建立健全村级医疗机构，完善农村应对突发公共卫生事件的救治体系，提高其协助应对突发公共卫生事件的能力。

省及市（州）人民政府财政应当给予支持。

第二十二条　县级以上人民政府应当加强突发公共卫生事件应急队伍的建设，保障应急队伍平时和应急期间工作顺利进行。

第二十三条　县级以上人民政府卫生行政主管部门应当建立突发公共卫生事件应急处理的专家库和医疗卫生技术人才储备库，定期对疾病预防控制、医疗、卫生监督机构和有关人员开展突发公共卫生事件应急处理相关知识、技能的培训，定期组织医疗卫生机构进行应急演练，推广最新知识和先进技术。

第四章　应急报告

第二十四条　全省建立统一的突发公共卫生事件应急报告制度。

省人民政府卫生行政主管部门制定突发公共卫生事件应急报告规范，建立重大突发公共卫生事件报告系统。

各级疾病预防控制、医疗、卫生监督机构及乡（镇）人民政府、街道办事处、村民委员会、居民委员会等有关单位发现有下列情形之一的，应当在2小时内向所在地县级人民政府卫生行政主管部门报告；接到报告的县级卫生行政主管部门应当在2小时内向本级人民政府报告，并同时向市（州）、省人民政府卫生行政主管部门报告；省及市（州）卫生行政主管部门应当及时向本级人民政府和国务院卫生行政主管部门报告：

（一）发生或者可能发生传染病暴发、流行的；

（二）发生或者发现不明原因的群体性疾病的；

（三）发生或者可能发生重大食物、职业中毒事件的；

（四）发生传染病菌种、毒种丢失事件的；

（五）其他严重影响公众健康事件的。

县级人民政府应当在接到报告后2小时内向市级人民政府报告；市级人民政府应当在接到报告后2小时内向省人民政府报告；省人民政府应当在接到报告后1小时内向国务院报告。

报告应当采取电传、电话、网络等快捷方式。

第二十五条 各级各类学校发现有本办法第二十四条第三款规定情形之一的，应当立即向医疗机构和所在地县级人民政府卫生行政主管部门报告。医疗机构确诊或者卫生行政主管部门作出结论后，按规定及时向教育行政主管部门通报。

第二十六条 突发公共卫生事件发生地的市（州）人民政府卫生行政主管部门应当根据突发公共卫生事件情况，及时向毗邻市（州）人民政府卫生行政主管部门通报。

省人民政府卫生行政主管部门应当根据突发公共卫生事件情况，及时向各市（州）卫生行政主管部门和毗邻省级卫生行政主管部门通报。必要时，由省人民政府向当地驻军通报。

接到通报的市（州）人民政府卫生行政主管部门，必要时应当及时通知本行政区域内的医疗卫生机构。

第二十七条 省人民政府卫生行政主管部门应当完善省、市（州）、县（市、区）、乡（镇）、村五级突发公共卫生事件报告信息网络，建立健全信息报告体系，确保信息畅通。

第二十八条 全省建立突发公共卫生事件举报制度，公布统一的突发公共卫生事件报告、举报电话。

任何单位和个人有权向人民政府及其有关部门报告突发公共卫生事件隐患，有权向上级人民政府及其有关部门举报下级人民政府及其有关部门不履行突发公共卫生事件应急处理职责，或者不按照规定履行职责的情况。接到报告、举报的有关人民政府及其有关部门，应当立即组织对突发公共卫生事件隐患、不履行或者不按照规定履行突发公共卫生事件应急处理职责的情况进行调查处理。

对举报突发公共卫生事件有功的单位和个人，县级以上人民政府及其有关部门应当给予奖励。

第五章　信息发布与宣传

第二十九条 全省建立突发公共卫生事件的信息发布制度。省人民政府卫生行政主管部门经国务院卫生行政主管部门授权后，负责向社会发布本行政区域内突发公共卫生事件的信息。

信息发布应当及时、准确、全面。

第三十条 地方各级人民政府及其有关部门应当采取多种形式，加强《中华人民共和国传染病防治法》《条例》和本办法等有关法律、法规、规章的宣传，落实突发公共卫生事件应急准备措施。

第三十一条 突发公共卫生事件应急预案启动后，各级人民政府及其有关部门应当及时通报应急预案规定的相关部门、单位，向社会公布突发公共卫生事件有关信息，引导公众制定相应防护措施。

第三十二条 突发公共卫生事件应急预案启动后，各级各类新闻媒体应当及时、准确地报道有关信息，不得发布内容不实的虚假信息。

第三十三条 突发公共卫生事件应急预案启动后，有关单位应当按照突发公共卫生事件应急处理指挥部和应急预案的要求，及时向群众宣传、传达突发公共卫生事件有关信息和防护知识。

有关个人应当按照要求加强防护知识的学习，支持和服从指挥，不信谣不传谣，对捏造事实造谣惑众的行为有权制止、举报。

第六章 应急处理

第三十四条 有本办法第二十四条第三款规定情形之一的，各级卫生行政主管部门应当立即组织专家对突发公共卫生事件进行综合评估，判断突发公共卫生事件的类型和等级，并向本级人民政府提出启动相应应急预案的建议。

省、市（州）、县（市、区）突发公共卫生事件应急预案的启动，由本级人民政府决定，并向上级人民政府报告。

第三十五条 突发公共卫生事件发生后，突发公共卫生事件应急处理指挥部应当根据专项应急预案组织成立应急处理队伍，具体负责突发公共卫生事件的流行病学调查、采样监测、医疗救治、交通安全、治安管理、交通运输和其他现场应急处理工作。

第三十六条 突发公共卫生事件发生后，县级以上人民政府及其有关部门应当保证应急处理所需的医疗救护设备、救治药品、医疗器械等物资的生产、供应；铁路、交通、民用航空部门应当优先、及时、安全地运送。

各地、各部门、各生产经营单位应当服从突发公共卫生事件应急处理指挥部对突发公共卫生事件应急处理人员、物资、设备的统一调度。

突发公共卫生事件应急处理指挥部对不明原因的疾病，应当组织有关的科学研究机构进入突发公共卫生事件现场进行调查、采样、技术分析和检验，集中力量开展相关的科学研究工作，尽快查明原因；有关单位和个人应当予以配合，不得以任何理由拒绝、阻碍其开展工作。

地方各级人民政府及其有关部门应当做好突发公共卫生事件发生期间的社会稳定工作，依法查处散布谣言、发布虚假广告、制假售假、哄抬物价、扰乱社会秩序和市场秩序的违法行为。

第三十七条 传染病暴发、流行时，铁路、交通、民航部门应当采取应急控制措施，对往来和途经疫区的乘客加强检疫、检查。各级人民政府视需要设立留验站（室）。对从重大传染病疫区返回或者往来人员中发现有疑似病症者，应当对其及与其密切接触人员采取医学观察措施，必要时可采取隔离检查措施，相关人员应当服从检查、医治。

第三十八条 省人民政府卫生行政主管部门根据突发公共卫生事件应急处理需要，可以制定相关的技术标准、规范。

第七章 法律责任

第三十九条 违反本办法规定，未完成突发公共卫生事件应急处理所需的设施、设备、药品和医疗器械等物资的生产、供应、运输、储备以及其他相关准备工作的，依照《条例》第四十六条的规定对县级以上人民政府主要领导人和政府有关部门主要负责人、直接责任人追究行政责任、法律责任。

第四十条 下级人民政府及其有关部门对上级人民政府有关部门的调查、督查不予配合，或者采取其他方式阻碍、干涉调查、督查的，对政府主要领导人和政府有关部门主要负责人依法给予降级或者撤职的行政处分；构成违反治安管理行为的，由公安机关依法予以处罚；构成犯罪的，依法追究刑事责任。

第四十一条 卫生等有关行政主管部门有下列行为之一的，依照《条例》第四十八条、第四十九条的规定追究行政责任、法律责任：

（一）未认真调查并提出防治、处理建议的；

（二）未及时采取控制突发公共卫生事件有效措施的；

（三）不服从突发公共卫生事件应急处理指挥部统一调度的；

（四）未完成突发公共卫生事件应急预案规定任务的。

第四十二条 医疗卫生机构有下列行为之一的，依照《条例》第五十条的规定追究行政责任、法律责任：

（一）未履行突发公共卫生事件监测职责的；

（二）未履行报告职责，隐瞒、缓报或者谎报的；

（三）未能为突发公共卫生事件致病人员提供医疗救护和现场救援的。

第四十三条 有关单位和个人在突发公共卫生事件应急处理工作中，有下列行为之一的，对有关责任人员依法给予行政处分或者纪律处分；构成违反治安管理行为的，由公安机关依法予以处罚；构成犯罪的，依法追究刑事责任：

（一）拒绝、阻碍、干扰突发公共卫生事件应急处理工作人员执行任务的；

（二）阻碍、干扰、破坏突发公共卫生事件应急处理的场地建设、设施、设备的；

（三）突发公共卫生事件应急处理工作人员推诿、拖延、擅离职守或者临阵脱逃的；

（四）发布、传播突发公共卫生事件虚假信息的。

第四十四条 造成食物中毒、职业中毒等突发公共卫生事件的责任单位和个人应当承担相应的经济责任或者民事赔偿责任。

第四十五条 贪污、挪用、截留突发公共卫生事件应急处理专项资金或者捐赠款物的，依法给予记过直至开除的行政处分；构成犯罪的，依法追究刑事责任。

第四十六条 在突发公共卫生事件发生期间，散布谣言、发布虚假广告、哄抬物价、制假售假、扰乱社会秩序、市场秩序的，由有关行政部门依法给予行政处罚；构成犯罪的，依法追究刑事责任。

第八章 附 则

第四十七条 本办法所称重大传染病疫情、群体性不明原因的疾病、重大食物中毒事件、重大职业中毒事件、传染病菌株、毒种丢失事件以及其他严重影响公众健康的事件是指：

（一）重大传染病疫情：

1. 鼠疫、肺炭疽和霍乱暴发；

2. 动物间鼠疫、布氏菌病和炭疽流行；

3. 乙类、丙类传染病暴发或者多例死亡；

4. 发现已消灭的传染病例；

5. 发生新发传染病或者疑似病例；

6. 可能造成严重影响公众健康和社会稳定的传染病疫情，以及国务院卫生行政主管部门规定应当报告的其他疫情。

（二）群体性不明原因的疾病：

局部区域短时间内出现多个有共同临床表现的患者尚不能明确诊断的。

（三）重大食物中毒事件：

1. 食物中毒人数 100 人以上的；

2. 在传染病疫情期间，或自然灾害情况下，或重大活动期间，或学校学生，食物中毒人数 50 人以上的；

3. 食物中毒，死亡 1 人以上并有发展或扩大趋势的；

4. 定型包装食品、食品生产环节受污染的。

（四）重大职业中毒事件：

1. 短期内发生 10 人以上或出现死亡 5 人以上的职业中毒事件；

2. 有毒有害化学品、有毒有害气体引起有发展或扩大趋势的集体急性中毒事件。

（五）传染病菌种、毒种丢失事件：

在使用、储存、运输中列入传染病管理的菌种、毒种丢失，或者相关的传染性较强的标本、污染物等物品流失。

（六）其他严重影响公众健康的事件：

1. 医源性感染暴发；

2. 因药品质量引起的群体性反应事件；

3. 预防接种引起的群体性反应事件；

4. 有毒有害化学物质丢失、泄漏等严重威胁或者危害公众健康的事件；

5. 水、空气等环境受到化学性的、生物性的或者放射性的污染，严重威胁或者危害公众健康的事件。

国家另有规定的，从其规定。

第四十八条 本办法自发布之日起施行。

中共四川省委　四川省人民政府
关于卫生改革与发展的决定

川委发〔1997〕22号
（1997年5月25日）

中华人民共和国成立以来，特别是改革开放以来，在各级党委、政府的领导下，我省卫生事业发展很快，成绩显著，卫生工作在保护和增进人民群众健康，改善和提高人民群众的生活质量和生存环境，促进经济发展和社会进步方面发挥了重要作用，作出了重大贡献。同时应该看到，当前卫生事业的发展与经济建设和社会进步的要求还不相适应，城乡之间、地区之间卫生发展不平衡，农村卫生、预防保健工作薄弱，卫生队伍整体素质不高，结构不合理，卫生投入不足，资源配置不够合理，医疗保障制度不健全，卫生服务质量和水平同人民群众的要求还有差距，卫生工作尚未得到全社会的充分重视。加快卫生事业发展，加强卫生工作，已成为摆在全省各级党委和政府面前的一项十分紧迫的任务。为了切实推动我省卫生改革与发展，根据《中共中央国务院关于卫生改革与发展的决定》（中发〔1997〕3号）精神，结合四川实际，特作如下决定。

一、坚持卫生改革与发展的指导思想和方针政策

（1）卫生事业的性质、地位和作用。我国卫生事业是政府实行一定福利政策的社会公益事业。各级政府要对人民健康负责，社会和每个公民都有义务支持卫生事业的发展。

全民健康素质的不断提高是人类生存与发展的基本条件，是社会进步的重要标志，是社会主义现代化建设的重要目标，是社会主义精神文明建设的重要内容，是经济和社会可持续发展的重要保障，是富国强民的物质基础。全党全社会一定要从历史的高度认识卫生工作的重要地位和作用，本着对人民健康负责的精神，摆正卫生工作的战略位置，推进卫生事业的发展。

（2）卫生改革与发展的指导思想：以马列主义、毛泽东思想和邓小平建设有中国特色社会主义理论为指导，坚持党的基本路线，全面落实《四川省国民经济和社会发展“九五”计划和2010年远景目标规划纲要》提出的卫生工作任务，适应社会主义市场经济发展，适应人民群众日益增长的卫生服务需求，深化改革，加速发展，不断提高人民健康水平。

（3）卫生改革与发展的奋斗目标：逐步建立与社会主义市场经济体制和社会其他方面改革相适应、与群众需求和卫生事业发展相适应的卫生新体制、新机制。到2000年，初步形成具有中国特色、符合四川省情的包括卫生服务、医疗保障、卫生执法监督的卫生体系，基本实现人人享有初级卫生保健，国民健康水平进一步提高。到2010年，建立起具有中国特色、适应人民健康需求和社会主义市场经济体制的比较完善的卫生体系，国民健康的主要指标，在发达地区达到全国的中上水平，在欠发达地区达到国内同类地区的平均水平。

（4）新时期卫生工作方针是：以农村为重点，预防为主，中西医并重，依靠科技与教育，动员全社会参与，为人民健康服务，为社会主义现代化建设服务。

卫生事业的发展要纳入国民经济和社会发展的总体规划，其发展水平要与国情、省情相适应，与人民健康需求相适应。

卫生事业要坚持走以内涵发展为主，内涵与外延相结合的发展道路。以提高人民健康水平为中心，优先发展和保证基本医疗卫生服务，逐步满足人民群众多样化的需求，不断提高服务质量和工作水平。贯彻“两手抓，两手都要硬”的方针，坚持物质文明和精神文明建设一起抓；坚持为人民服务的宗旨；正确处理社会效益和经济效益的关系，把社会效益放在首位。

卫生事业的发展要坚持从实际出发，因地制宜，分类指导。

（5）卫生改革与发展的政策措施：卫生事业的发展实行政府扶持、市场调节和社会补偿相结合的政策；卫生事业继续实行条块结合、以块为主、分级负责、分级管理的体制，坚持谁举办、谁投资、谁所有的政策；坚持以公有制为主体，其他社会力量和个体为补充的卫生发展体制；坚持实施区域卫生规划与全行业管理的体制；卫生事业要协调发展，城乡之间、发达地区与不发达地区之间，要逐步缩小发展差距。

二、积极推进卫生改革

（6）改革卫生管理体制。省、市、地、州和县级人民政府要按照中央关于区域卫生规划的事权划分，搞好区域卫生规划。要合理配置、充分利用现有卫生资源，提高卫生资源的利用率。要以满足区域内全体居民的基本医疗卫生服务需求为目标，对机构、床位、人员、设备、经费等卫生资源进行统筹规划、合理配置，逐步改变完全按行政区划和行业设置卫生机构的做法。对不符合区域卫生规划的卫生机构要限制其发展，条件成熟的要“撤、并、转”。设区的城市，要严格控制新设区级卫生机构，有关任务可由市机构或由其派出机构承担；必须设置的要严格控制规模，职能不一定上下对口。县级县以上卫生行政部门要依法独立行使卫生全行业管理职能，依据区域卫生规划，运用法律法规、方针政策、规划指导、信息服务和经济手段，加强卫生行业管理。乡镇政府在规定的机构限额内，根据乡镇实际设置相应的卫生管理机构，也可与相关机构合署办公，负责辖区内卫生工作的综合管理；乡镇不设置办事机构的，要落实人员负责卫生事业的综合管理工作。建立健全村级公共卫生委员会，以加强农村基层卫生工作的管理。

（7）改革办医体制。坚持以国家、集体为主，社会力量和个体为补充的办医体制。政府对医疗机构依法审批，严格监督管理。

企业、社会团体和公民个人可以举办福利性医疗机构，政府对其实行不同的政策和管理办法。

（8）健全完善卫生执法监督体系。各级政府要强化卫生执法职能，改革和完善执法监督体制，调整并充实执法监督力量，改善执法监督条件和技术手段，提高依法行政能力。要强化乡镇卫生执法监督工作。

（9）严格药品的监督管理。依法加强对药品研制、生产、流通、价格、广告及使用等各个环节的管理和监督，切实保证人民用药安全有效。加强对药品经营、销售的管理，严厉打击制售假劣药品的违法犯罪行为；坚决取缔非法药品市场和商业营销点；坚决制止药品购销活动中给予和收受回扣等违法行为。

（10）改革卫生服务体制。城市基层卫生机构要利用现有卫生资源，以社区、家庭为服务对象，有计划地组织和分流卫生人员在居民区内开设服务网点，开展医疗、预防、保健、计划生育技术指导、健康教育等综合卫生服务，逐步形成结构合理、方便群众的社区卫生服务网络。加强农村预防保健工作，农村卫生院要有2—3人专门从事预防保健工作，其经费要给予重点保证。各级各类医疗机构和社会办医都要坚持以医疗为中心，扩大预防，承担防保工作任务。在多级防保机构共处的城市，要实行分级管理，明确界定各自职责权限，也可实行机构合并。

（11）改革医疗保障制度。按照中央统一部署，积极开展城镇职工医疗保障制度改革，建立社会统筹与个人账户相结合的医疗保险制度，稳步发展多种形式的补充医疗保险。在农村建立和发展由政府组织、民办公助、群众互助共济的合作医疗制度。城镇和农村都要进一步建立健全各种保健保偿制度。

（12）改革卫生运行机制。卫生机构要通过改革，进一步强化管理，逐步建立起有责任、有激励、有约束、有竞争、有活力的运行机制。

公立卫生机构实行院（所、站、校）长负责制，使之成为独立事业法人主体。其他卫生机构可实行符合自身业务特点的领导体制和管理体制。继续深化人事制度和分配制度改革，实行技术人员资格评聘分开、竞争上岗的用人制度和工作质量、效益或实绩与个人收入挂钩的分配制度。社会力量和个体办医，实行自主经营、自求发展。

加强卫生产权制度建设。完善公立卫生机构资产管理制度，逐步实行资产的所有权与经营管理权分离。对于经营管理有困难的中小型卫生机构，在保证国有资产、集体资产不流失的前提下，可实行多种形式的经营管理模式。

各级卫生机构在保证完成基本任务的前提下，可扩大与本职业务相关的社会卫生服务，组织富余人员举办工副业。

三、大力加强农村卫生工作

（13）继续推进农村初级卫生保健工作。农村初级卫生保健工作要坚持“政府组织、部门协调、群众参与”的原则，并纳入当地国民经济与社会发展规划，纳入小康县（乡、村）建设的考核内容，“九五”期末，全省以县为单位，必须全面达到初级卫生保健规划目标要求；初级卫生保健已经合格的县，要逐步以乡镇为单位达到初级卫生保健规划目标要求。

（14）积极稳妥地推行农村合作医疗制度。农村合作医疗要坚持“民办公助”的原则，实行以农民个人筹资为主、集体扶持、地方政府适当补助的政策。各级政府要划拨一定的资金用于农村合作医疗；乡、村集体经济收入要按1%—3%的比例提取专项资金，用于农村和作医疗的集体补助；村提留要有一定数额用于合作医疗。要加强宣传教育，提高农民自我保健和互助共济意识，引导和动员农民群众自觉参加农村合作医疗。参加合作医疗的个人资金缴纳标准，在确保合作医疗正常运转的前提下，由县级人民政府根据当地经济发展水平确定，但一般不得低于10元/人。年。农民自愿缴纳的合作医疗资金，属农民个人消费性支出，不应视为增加农民不合理负担。

保健保偿是合作医疗制度在预防保健方面的重要体现形式，要大力提倡与推广。

（15）继续加强农村卫生组织建设，健全完善卫生服务体系。应建而未建卫生院的乡镇，“九五”期间应建立起来；应建而未建卫生站（室）的村，应尽快建立。对现有农村卫生机构，要根据事业发展需要，继续推进农村卫生事业重点县建设和县级卫生防疫、妇幼保健机构、乡镇卫生院建设。“九五”期末，全省县级卫生防疫、妇幼保健机构和乡镇卫生院要全部排除危房，基本达到房屋、设备、人员三配套；努力加强县级血吸虫病防治站等专科疾病防治机构建设，增强其服务功能。乡镇卫生院要重点加强急救和产科建设。

（16）加强农村卫生事业管理。要进一步完善乡镇卫生院乡办乡管体制。对那些经济困难、管理不力的地方，可从实际出发，实行县乡共管、以乡为主或县乡共管、以县为主的管理体制；民族地区和贫困地区实行县卫生局直接管理，乡镇卫生院在坚持集体举办的前提下，其经营管理形式可灵活多样，做到服务人民，有医有药，能防能治。村卫生站（室）实行集体举办为主的多种形式办医，村民委员会负责解决卫生站（室）房屋、设备和乡村医生的报酬。乡镇卫生院对村卫生站（室）实行业务技术指导与管理，条件成熟的应逐步实行乡村一体化管理。

(17) 高度重视贫困地区和民族地区的卫生工作。要把提高贫困地区人民群众健康水平作为扶贫工作的一项重要内容，加大卫生扶贫的力度，把卫生扶贫纳入各级政府的扶贫攻坚计划。在扶贫经费中要安排一定的资金用于卫生扶贫工程，重点搞好农村卫生基础设施建设、重点人群的预防保健、地方病防治和开展合作医疗，同时要把扶持贫困地区和民族地区卫生事业发展作为财政转移支付的重要内容，以解决农民群众因病致贫、因病返贫的问题。进一步坚持和完善发达地区支援老、少、边、穷地区和城市支援农村的制度，采取人员培训、技术指导、设备支持、巡回医疗等方式，帮助农村卫生机构提高医疗水平。

四、切实搞好预防保健，深入开展爱国卫生运动

(18) 预防保健和社会卫生，是政府承担福利职能的具体体现。各级政府要进一步提高对预防保健与社会卫生工作重要性与迫切性的认识，全面负起责任，加强领导，保证必要的投入，协调有关部门分工负责，动员全社会力量，依靠各级各类卫生机构，切实解决好当地疾病防治和重大公共卫生问题，不断提高群众的健康水平。

(19) 健康教育是公民素质教育的重要内容，各级党委、政府和全社会都要高度重视。要在全体公民中开展以讲卫生、预防疾病、普及医学卫生知识为重点的健康教育，教育和引导群众破除迷信、移风易俗，培养良好的卫生习惯，培育文明的生活方式，养成良好的心理素质。

(20) 卫生防疫工作要坚持预防为主的方针，采取治本为主、标本兼治的综合性措施，集中力量，突出重点，预防、控制和消除一些严重危害人民健康的传染病、地方病；加强对血源性传染病的预防和控制；开展对心脑血管疾病、肿瘤等慢性非传染性疾病的防治工作。

认真做好食品卫生、环境卫生、职业卫生、放射卫生和学校卫生工作，改善生活、生产、工作、学习等场所的卫生条件。

(21) 保护重点人群健康。依法加强妇幼保健工作，积极创建“爱婴医院”，大力推进母子系统管理，搞好妇女儿童常见病、多发病的防治，降低婴幼儿死亡率、孕产妇死亡率，提高出生人口素质，实现《九十年代中国儿童发展规划纲要》和《中国妇女发展纲要》的目标。

积极开展老年保健、老年病防治和残疾人康复工作。

(22) 深入持久地开展爱国卫生运动。开展群众性爱国卫生运动，是我国社会主义卫生事业的一个特色，要继承和发扬。要不断加强爱国卫生工作机构建设。在城市，坚持不懈地开展创建“卫生城市”活动，促进文明城市建设，要将创建卫生城市（县城）工作纳入当地经济和社会发展规划。在农村，以普及“九亿农民健康教育行动”和改水、改厕为重点，广泛开展创建“卫生村”活动，以带动环境卫生的整治，促进文明村镇建设。城乡都要坚持开展除“四害”活动，再逐步建立专门除“四害”的消杀服务组织，实行有偿服务。

五、中西医并重，发展中医药事业

(23) 认真贯彻中西医并重方针，把中医和西医摆在同等重要的位置，优势互补、共同发展。中

医药是中华民族优秀的传统文化，中医事业是卫生事业的重要组成部分，是卫生发展的战略重点之一。各级党委、政府要切实加强领导，各地应有相应的部门或机构管理中医工作。要把中医事业的发展列入各地经济和社会发展规划，逐步增加投入，继续对中医事业实行扶持政策，在资金上给予倾斜。在中医行业实施的《四川弘扬工程》，各级党委、政府要高度重视，各有关部门要大力支持，共同完成这一历史任务。

(24) 正确处理继承和创新的关系。既要认真继承中医药的特色和优势，又要适应时代的需要，勇于开拓，善于创新，积极利用现代科学技术，促进中医药理论的发展，促进中西医结合。加强对重大疾病防治、中医复方及基础理论研究，力争有所突破，以带动整体学术水平的提高。创造条件，积极扶持，使四川中医药走向世界。积极培养中医药各类专业人才，努力造就一批学术技术带头人，继续做好名老中医药专家学术思想和临床经验的整理、继承工作。

各级政府要按照国家发展民族医药的有关政策和规划，进一步做好民族医药的保护、继承、发掘、整理和提高工作。

(25) 中医事业要逐步由数理速度型向质量效益型发展。各级各类中医机构要加强内涵建设，发挥特色和优势，提高临床疗效。要积极利用、吸收先进的科学技术和方法，不断拓宽中医药服务领域，增加服务功能，提高防治疾病的水平。充分发挥中医药在农村卫生工作中的优势和作用，不断满足人民群众对中医药的需求。

六、依靠科技教育，加强卫生队伍建设

(26) 依靠科技进步，促进卫生事业发展和技术水平的提高。医学科研要针对严重危害人民健康的疾病，在应用研究、高科技研究、医学基础性研究等方面，抓住关键，突出重点，开展攻关，力求有所突破。促进卫生科技与防病治病的有机结合，加快科技成果的转化和应用，大力推广适宜技术。高度重视科技信息的开发利用，加强信息管理。

(27) 抓好卫生人才培养，努力造就一支品德高尚、作风优良、技术精湛的卫生队伍。要重点抓好高级卫生人才和医学通科人才的培养。要确保跨世纪学术、学科带头人培养目标的实现。根据农村卫生事业的需要，多途径、多形式加强卫生通科人才的培养。要进一步改善卫生人才结构，发展大专医学教育，控制中专医学教育规模，适当控制医士专业招生数量，增加医技、护理、管理等短缺专业招生。大力加强医学成人教育，尤其是继续医学教育，开辟多种渠道努力提高在职卫生人员的思想道德素质和业务技术素质。扩大民族地区和边远山区医学本专科定向招生计划，为这些地区培养留得住、用得上的卫生技术人才。

要加强对村级卫生人员的培养。采取多种形式培训乡村医生，到2000年使80%的乡村医生达到中专水平。

(28) 加强卫生职业道德教育和行业作风建设。坚持两个文明一起抓，紧密结合人民群众普遍关心的问题，广泛深入开展以病人为中心、以提高服务质量为主要内容的创建文明行业活动，教育广大卫生人员树立“救死扶伤、忠于职守、爱岗敬业、满腔热情、开拓进取、精益求精、乐于奉献、文明行医”的行业风尚。建立社会舆论监督制度，健全奖惩制度，将医德医风与卫生机构等级评审、评选先进和卫生人员职称评聘、职务晋升挂钩。对优秀卫生工作者进行奖励，授予荣誉称号；对有突出贡献者和卫生科技拔尖人才实行特殊津贴或其他奖励制度。

(29) 卫生行业集中了大量的知识分子和优秀人才，各级党委、政府要关心、爱护广大卫生人

员，注意改善他们的工作、生活学习条件，帮助他们解除住房、子女入学、就业等后顾之忧，提高他们政治、经济待遇和社会地位。

为鼓励卫生人员长期扎根农村工作，各地要认真贯彻执行人事部、卫生部关于卫生事业单位工作人员工资制度改革有关文件精神，给予优惠待遇。对在农村乡（镇）及其以下工作的卫生技术人员，参照其他农村一线人员的工资待遇给予政策倾斜。对在县及县以上中医机构及农村卫生院工作的卫生技术骨干，是农村户口的，可农转非；是集体人员的，可集体转全民是工人的，可聘为干部。

采取国家、集体、个人共同筹资方式，建立集体卫生人员退休保障金，使之享受与全民所有制卫生人员基本相同的退休金待遇。

(30) 加强卫生队伍管理。按照“管人与管事相结合”的原则，各级卫生机构的领导干部任免、调配，由卫生主管部门党委或党组，按干部管理权限和程序决定或报批。

严格限制不符合国家有关政策规定的非卫生技术人员进入卫生机构，凡未经卫生技术培训合格和卫生行政主管部门批准的人员，不得从事卫生技术工作。

七、完善卫生经济政策，增加卫生投入

(31) 完善卫生经济政策，逐步建立以政府投入为主、市场补偿为铺、社会多方资助、实行优惠政策的卫生投入补偿机制。

各级政府对卫生事业的投入，要随着经济的发展逐年增加，增加幅度不低于财政支出的增长幅度。到2000年，争取全社会卫生总费用占国内生产总值的5%左右。

(32) 各级政府的卫生投入应重点保证农村卫生、预防保健、中医及医学科技教育等重点领域。

政府举办的各类卫生机构基本建设及大型设备的购置、维修，由政府按区域卫生规划的要求给予安排；离退休人员费用和卫生人员的医疗保险费按国家规定予以保证。预防保健机构的人员经费和基本预防保健业务经费由财政预算安排，其有偿服务的收入纳入预算管理，不冲抵财政拨款。卫生执法监督工作的费用由财政予以保证，实行“收支两条线”。医疗机构的经常性出支通过提供服务取得部分补偿，政府根据医疗机构的不同情况及其承担的任务，对人员经费给予一定比例的补助，对重点学科发展给予要的补助。乡镇卫生院及贫困地区、民族地区的补助水平要适当提高。

继续实施农村卫生“三项建设”、农村卫生事业重点县建设、中医事业建设和重点疾病、地方病防治项目补助，并视财力情况逐步加大投入力度。各级政府也应设立相应的补助项目。

公立卫生机构是非营利性公益事业单位，不承担为国家经济积累的任务，继续享受税费优惠政策，不承担社会集资摊派，免交有关的附加、配套、调节、管理等费用。按现行税法规定应当缴纳的税款，实行先征反返的政策，返还的资金用于卫生事业发展。

(33) 完善卫生补偿政策。实行扣除财政经常性补助的收费制度，随物价变动的作价原则，不同级别的医疗卫生服务实行不同的收费标准和管、放相结合的管理体制。基本医疗卫生服务按照扣除财政经常性补助的成本定价；非基本医疗卫生服务按照略高于成本的原则定价；可自愿选择的特需服务价格放宽；不同级别的医疗卫生机构的收费标准适当拉开。调整医疗卫生服务价格管理权限，基本医疗卫生服务价格由省管理，部分项目定价权下放给市、地、州和县（市、区）管理。调整医疗卫生收费价格结构，提高技术劳务性收费标准，控制大型设备检查费标准，降低药品费在医疗卫生服务收费中所占的比重，对卫生材料、物资设备消耗与技术劳务收费分开立项。

(34) 积极探索社会融资的途径和办法，多渠道筹资发展卫生事业。对私营医疗机构收取其业务

收入的5%建立卫生发展调节资金，用于预防保健工作。

（35）调整和落实现行卫生政策。《中共四川省委四川省人民政府关于加强农村卫生工作的通知》（川委发〔1991〕3号）、《中共四川省委四川省人民政府关于进一步加强农村卫生工作的通知》（川委发〔1994〕21号）、《四川省人民政府批转省卫生厅关于加强民族地区卫生事业建设意见的通知》（川府发〔1992〕159号）等文件规定的卫生投入政策，要随着经济的发展逐步调整提高，保证落实。调整提高的幅度和标准是：集体卫生人员工资补助标准为工改后固定工资与活工资之和的60%，要落实到人头。各级财政按所辖地区农业人口的专项补助标准调整为0.10—0.20元/人·年。乡镇统筹费中用于卫生部分的资金，经济发达的乡镇，其人均绝对数应不低于3元；经济欠发达的乡镇，其人均绝对数应在1元以上。要保证每个乡镇卫生院有2—3人从事预防保健工作，其经费应从财政拨付的资金中予以重点保证。乡镇企业应缴税款中减征的10%部分，乡镇政府要重点用于本地卫生事业。现行支援不发达地区发展资金和三州开发基金的社会事业部分，除用于教育事业外，应主要用于卫生事业；新增加的三州开发基金，要重点向卫生事业倾斜。

（36）建立健全卫生事业经费使用管理、效益评估、成本核算制度。从严控制大型医疗设备的购置，适度控制医疗卫生机构的发展规模。调整卫生事业经遇的使用结构，向预防、保健、卫生执法监督和农村卫生倾斜，提高卫生经费的使用效益。

加强卫生经费使用的审计监督，对截留、挤占、挪用、贪污卫生经费的，要依法从严惩处。

八、加强卫生工作的领导

（37）卫生健康和生老病死，涉及到社会每个成员的切身剩余利益。发展卫生事业，保护人民健康，是党和政府为人民服务根本宗旨的具体体现。各级党委、政府一定要高度重视，要像抓经济、教育、科技和计划生育那样抓卫生工作，切实加强领导，保证卫生事业持续、稳定、协调、健康地发展。

（38）实现卫生发展目标，增加国民健康，始终是政府的重要职责。各级政府要实行分级管理、分级负责；要把推动卫生改革与发展作为一项重要职责，列入社会经济发展总体规划同步实施，摆上重要议事日程，每年要专题研究1—2次本地卫生工作；要组织协调有关部门履行自己的职责，切实解决卫生改革和发展中的实际问题，为卫生事业创造宽松的发展环境；要把卫生改革与发展作为领导干部任期目标责任制和政绩考核的重要内容。

要建立卫生工作督导制度、卫生经费审计制度以保证卫生工作方针、政策的落实和卫生工作目标、任务的实行。

（39）要加强医疗卫生机构党的组织建设、思想建设和作风建设，充分发挥党在卫生改革与发展中的核心作用；要加强医疗卫生单位的领导班子建设，把在卫生改革与发展中作出突出贡献的优秀中青年干部提拔到领导岗位上来，建立科学决策、高效运行的行政业务指挥系统。

要在全社会形成尊重医学科学、尊重卫生人员的风尚，形成良好的医患关系，依法保护医患双方的合法权益。

（40）卫生行政主管部门要定期向党委、政府报告工作、提供信息、反映情况、提出建议，管好辖区内的卫生事业，督促检查卫生工作方针、政策、任务的贯彻落实，切实为人民群众提供高效优质的医疗卫生服务。

省级有关部门要制定相应的配套政策。各市、地、州、县（市、区）要根据本《决定》精神，结合各自实际，制定具体贯彻意见并狠抓落实。

中共四川省委　四川省人民政府
关于加快建立和完善城乡卫生体系的决定

川委发〔2005〕2号

各市（州）、县（市、区）党委和人民政府，省级有关部门：

卫生工作关系人民群众生命安全和身体健康。加强卫生工作，健全卫生体系，推进卫生事业发展，是落实科学发展观，坚持以人为本、执政为民的重要内容，是构建社会主义和谐社会的重要基础。满足人民群众日益增长的卫生服务需求，应对突发公共卫生事件，建立健全覆盖城乡、适应社会主义市场经济体制的卫生体系已成为当前的紧迫任务。根据《中共中央、国务院关于卫生改革与发展的决定》（中发〔1997〕3号）、《中共中央、国务院关于进一步加强农村卫生工作的决定》（中发〔2002〕13号）、卫生部等国家11部委《关于印发〈关于加快发展城市社区卫生服务的意见〉的通知》（卫基妇发〔2002〕186号）精神，现就加快建立和完善城乡卫生体系作如下决定。

一、卫生体系的建设目标和基本原则

1. 建设目标。

以邓小平理论和“三个代表”重要思想为指导，认真贯彻落实党的十六大和十六届三中、四中全会及省第八次党代会、省委八届四次全会精神，以科学发展观统揽卫生改革与发展，到2007年基本建立与社会主义市场经济体制相适应、与经济社会发展相协调的城市卫生、农村卫生和公共卫生体系；到2010年形成更加完善的卫生体系，使我省卫生事业和卫生工作达到西部领先、全国中上水平，基本满足人民群众不同层次的健康需求。

2. 基本原则。

坚持卫生事业的公益性。卫生事业是政府实行一定福利政策的社会公益事业。必须正确处理社会效益和经济效益的关系，把社会效益放在首位，充分体现公益性，做到便民、利民、为民。

坚持政府主导与市场机制相结合。以政府为主导，调动社会各方面的积极性，形成多元化办医格局。坚持以整合利用现有卫生资源为主。统筹规划，调整利用好现有卫生存量资源，实现卫生资源的合理配置。

坚持把卫生工作的重点放在基层。加强社区卫生服务机构、乡镇卫生院和新型农村合作医疗制度建设，为基层广大人民群众提供最基本的医疗卫生服务。

坚持硬件投入与队伍建设并重。加强卫生基础设施建设，不断提高卫生服务的装备水平。加强职业道德教育和业务培训，不断提高卫生队伍的思想道德素质和业务技术水平。

二、完善城乡卫生服务体系

3. 城市要建立以综合医院（专科医院）、中医院、疾病预防控制中心、妇幼保健院（所）为中心，社区卫生服务中心为基础，社区卫生服务站为前哨的三个层次的服务体系。政府举办的综合医院（专科医院）、中医院、疾病预防控制中心、妇幼保健院（所）应当发挥技术服务、疑难疾病诊治。业务指导和人员培训的作用。社区卫生服务中心由政府举办，承担预防、医疗、保健、康复、健康教育、计划生育技术服务6项职能，接受上级医疗卫生机构的业务技术指导，并对社区卫生服务站进行技术指导。社区卫生服务站可由政府举办，也可多种形式举办。鼓励三级医疗卫生机构之间加强业务合作，实现双向转诊。

4. 农村要建立以县医院、中医院、疾病预防控制中心。妇幼保健院（所）等县级医疗卫生服务机构为中心，乡镇卫生院为枢纽，村卫生站为网底的三级卫生服务体系。政府举办的县医院、中医院、疾病预防控制中心、妇幼保健院（所）等县级卫生服务机构承担辖区内的医疗、疾病预防控制、妇幼保健技术服务和卫生人员业务培训等任务。每个乡镇必须有一所政府举办的卫生院，以公共卫生服务为主，综合提供预防、保健、基本医疗和健康教育等服务，并受县级卫生行政部门委托，承担公共卫生管理职能，接受上级医疗卫生机构的业务技术指导，对村卫生站进行技术指导。村卫生站以村民委员会集体举办为主，也可多种形式并举，主要职能是承担预防保健任务，提供常见伤病的初级诊治。民族地区建立村卫生站有困难的，应设立村卫生联络员，协助乡镇卫生院落实预防保健任务。积极推进乡村卫生机构一体化管理，鼓励县、乡、村卫生机构开展纵向业务合作，提高农村卫生服务网络整体功能。

5. 加强中医院（中西医结合医院、民族医院）、综合性医院中医科、乡镇卫生院中医室（科）建设，特别要加强村卫生人员中医药知识培训，充分发挥中医药在防病治病和新型农村合作医疗中的“简、便、验、廉”作用。

三、健全公共卫生体系

6. 公共卫生体系主要由疾病预防控制、应急医疗救治、卫生执法监督、应急指挥和公共卫生信息等组成，承担并履行政府公共卫生方面的职能和职责。妇幼保健是公共卫生的重要组成部分。

7. 疾病预防控制主要由省、市（州）、县（市、区）疾病预防控制中心，乡镇卫生院（城市社区卫生服务中心）、村卫生站（城市社区卫生服务站）承担。乡镇卫生院预防保健科配备2至3名人员，社区卫生服务中心预防保健科根据服务人口配备相应的人员。应急医疗救治主要由省、市（州）急救中心，传染病医院以及县（市、区）级以上综合性医院、中医院，乡镇卫生院（社区卫生服务中心）、村卫生站（社区卫生服务站）承担。血液中心、中心血站是医疗救护的重要组成部分，是政府举办的公益性机构。卫生执法监督由省、市（州）、县（市、区）卫生执法监督机构及县（市。区）卫生执法监督机构驻乡镇的派出机构或执法人员承担。公共卫生信息由各级卫生信息机构和卫生执业人员承担。

8. 成立省、市（州）、县（市、区）应急指挥机构。省、市（州）卫生行政部门设立应急指挥办事机构，县（市、区）卫生行政部门可设立应急指挥办事机构，也可指定有关科室承担应急指挥办事机构的职责。各级应急专业技术队伍由卫生单位有关专家、技术骨干组成，实行“平战结合”。

四、深化卫生体制改革

9. 改革农村卫生管理体制。全面实行乡镇卫生院县办县管。建立灵活的乡镇卫生院内部运行机制。公开选聘乡镇卫生院院长，实行院长任期目标责任制。其他人员实行聘用制。建立接服务质量和工作绩效进行分配的机制。卫生院职工养老、医疗纳入城镇职工社会保障体系统筹解决。

10. 积极稳妥地发展和完善新型农村合作医疗制度。坚持“民办公助，农民、集体、政府三方筹资，群众自愿参与，资金封闭运行，账目公开透明，便民、利民”的原则，以县为单位，由政府组织举办合作医疗。到2010年，在全省基本建立起新型农村合作医疗制度。按照国家的统一要求与部署，认真抓好贫困农民的医疗救助工作。积极支持红十字会开展工作，充分发挥其在人道救助领域不可替代的作用。

11. 加快城市卫生改革步伐。完善医疗机构分类管理。重组现有卫生资源，将政府、部门和企事业单位举办的部分一级、二级医院调整组建为社区卫生服务中心，将部分诊所调整组建为社区卫生服务站。加快社区卫生服务的地方立法步伐，明确社区卫生服务机构、技术人员的法律地位，促进社区卫生服务健康发展。

12. 推进卫生监督体制改革。将卫生执法职能集中，组建各级综合卫生执法监督机构，人员为行政执法编制。县级卫生执法监督机构应在农村设置卫生执法监督派出机构或执法人员，负责该片区的卫生执法监督任务，其编制。人事、经费纳入县级卫生执法监督机构统一管理。

五、加快卫生体系建设的政策措施

13. 完善卫生投入政策。认真贯彻落实中央和省各项卫生投入政策，确保兑现。调整各级财政支出结构，加大对卫生事业的投入，重点支持农村卫生、公共卫生、社区卫生事业发展和人才培养。认真落实农村卫生投入。政府举办的乡镇卫生院，其人员工资和退休人员退休金、医疗保险金由县级财政预算安排。乡镇卫生院院长、预防保健人员工资和必需的工作经费及退休人员养老、医疗保险金要重点给予保证。设立民族地区、贫困县医疗卫生机构及乡镇卫生院技术骨干培训专项资金，由省、市（州）、县（市、区）财政共同负担。政府举办的社区卫生服务机构，其人、员经费。建设与装备经费由县级财政预算安排。

14. 切实加大对公共卫生的投入。保证各级疾病预防控制、卫生执法监督、妇幼保健、血液中心、中心血站等机构的人员经费、公务费、业务费和发展建设与装备经费，具体标准由省财政、发展改革、卫生行政部门另行制订。各级财政对一些严重传染病、地方病的防治和降低孕产妇、婴儿死亡率工作及突发公共卫生事件医疗救治，每年要列专项资金予以保障。社区卫生服务机构承担公共卫生任务的补助，按服务人口每年每人不低于5元的标准，由市（州）、县（市、区）财政共同承担。村卫生站承担公共卫生任务的补助，按所服务人口每年每人不低于0.5元的标准执行，其中，对民族地区村卫生站的补助，每年不得低于600元，由县级财政预算安排，乡镇卫生院考核发放。

15. 加大政策扶持力度。对公益性医疗卫生机构按照国家规定的价格取得的医疗服务收入免征各项税收。政府投入的卫生扶贫、农村卫生基础设施及国债建设等建设项目需要使用土地的，由当地市（州）、县（市、区）政府无偿提供并减免相关费用。政府举办的社区卫生服务机构的业务用房由所在地政府解决。将社区卫生服务机构纳入城镇职工基本医疗保险定点医疗机构范围。社区卫生服务机构和乡镇卫生院进入医保网络时，减免入网费、光纤费及网络服务费。建立健全社区卫生服务机构、乡镇卫生院服务收费低于综合医院和专科医院的价格体系。继续落实城市支援农村卫生的相关规定，开展好对口支援、卫生扶贫、卫生下乡、巡回医疗等活动，切实提高农村卫生技术水平，逐步缩小城乡卫生服务差距。

16. 加强卫生人才培养和科技工作。实施农村卫生人才全面培养计划，强化乡、村卫生人员学历教育，提高执业助理医师和执业医师从业比例。加强县级医疗卫生机构人员培训，重点培养民族县、贫困县及乡镇卫生院技术骨干。制订社区卫生服务人员培训标准，对社区卫生服务人员在技术职称评定与晋升等方面实行政策倾斜，鼓励医务人员从事全科医生业务。调整卫生教育结构，整合资源，发展高等医学专科教育，主要为广大农村和社区培养卫生技术人才。制订完善城市各级各类医疗卫生服务机构人员培训计划，加强继续教育，突出抓好学科学术带头人和卫生人才梯队建设。加强医学重点学科和重点专科建设，加强医学科技攻关反应用基础研究，加大科技成果的转化推广力度。

17. 大力发展中医药。以继承和发展为重点，实施名院、名科、名医战略。集合优势，筹建“四川省名医馆”，打造“精品中医院”，建立“中医药名家工作室”，推动中医药不断创新和发展。加强中医药临床骨干培养，做好名、老中医药专家的学术经验继承和带徒授业工作。加强中医药教育人才培养模式改革，加快中医药传统型、技术型及传统与现代相结合的人才培养，造就一批优秀的中医药名家和管理工作者。在农村卫生和社区卫生服务体系建设中加强中医药工作，加强中医药基础理论、中医药防治重大疾病研究，加大中药新药及以中药材为原料的相关产品开发力度，提高中医药防病治病能力。加快中医药现代化进程，提高中医药对我省经济社会发展的贡献率。

六、加强领导，齐抓共管，加快建立城乡卫生体系

18. 切实加强和改进对卫生工作的领导。各级党委。政府要把卫生改革与发展作为关系全局的大事，纳入重要议事日程，作为“一把手”工程，主要领导亲自抓。按照“五个统筹”的要求，各地在“十一五”规划中应更加突出卫生事业的地位和作用，因地制宜，分类指导，认真实施，狠抓落实。到2010年，实现设施、设备、技术三配套。要把卫生工作纳入目标考核和政绩考核，实行督查督办和责任追究，奖惩逗硬。

19. 明确部门职责，加强协调配合。发展卫生事业、健全卫生体系，责任在政府，落实在部门。卫生行政部门是行业主管部门，要抓好业务上的组织、指导、监督和管理。发展改革部门要将卫生体系建设纳入经济社会发展总体规划，合理配置卫生资源。财政部门要积极支持卫生事业的发展，认真落实有关政策。物价、劳动保障、人事、教育、科技、民政、建设、人口计生、食品药品监管、税务、工商行政管理、交通、公安等部门要切实履行职责，加强配合，共同促进卫生事业发展。

20. 切实关心和爱护医疗卫生人员。各级党委、政府要为医疗卫生人员创造更好的学习、工作和生活条件。对直接从事艾滋病、鼠疫、霍乱、血吸虫病、麻风、肺结核等传染病防治工作的医疗卫生人员实行岗位补贴。对民族地区、边远农村地区的卫生人员和从事特殊专业的卫生人员给予特别的关心和帮助。依法维护医疗卫生机构正常的工作秩序和卫生人员的合法权益，对侵害卫生人员的不法事件依法从严惩处。

21. 加强行风建设和党的建设。把实现好、维护好、发展好广大人民群众的健康权益作为卫生工作的出发点和落脚点。医疗卫生机构要改善服务态度、提高服务质量、控制医药费用、减轻群众负担。对卫生行业的不正之风实行标本兼治、综合治理，建立教育、制度、监督、惩治并重的长效机制，为广大群众提供质量较高、费用较低的医疗卫生服务。各级卫生行政部门和卫生单位党组织要加强自身建设，不断加强和改进思想政治工作，充分发挥政治核心和战斗堡垒作用。按照“举旗帜、抓班子、带队伍、促发展”的要求进一步加强领导班子思想、作风和廉政建设，以党风带政风，以政风带行风，把卫生系统建设成文明行业，更好地为人民群众身体健康和社会主义现代化建设服务。

中共四川省委　四川省人民政府

2005年2月4日

四川省人民政府批转省政府体改办等部门关于城镇医药卫生体制改革实施意见的通知

川府发〔2000〕50号

各市、州人民政府，省级各部门：

省政府同意省政府体改办等13部门《关于城镇医药卫生体制改革实施意见的通知》，现批转你们，望认真贯彻执行。

2000年12月16日

四川省城镇医药卫生体制改革实施意见

省政府体改办　省计委　省经贸委　省财政厅　省劳动和社会保障厅
省卫生厅　省人事厅　省编办　省药品监督局　省中医管理局
省物价局　省国税局　省地税局
（2000年11月21日）

根据国务院办公厅转发国务院体改办等部门《关于城镇医药卫生体制改革的指导意见》（国办发〔2000〕16号）文件精神，结合我省实际，制定四川省城镇医药卫生体制改革实施意见。

一、指导思想和目标。贯彻“三个代表”的重要思想，以引入竞争机制为核心，着力体制创新和机制创新。坚持城镇职工基本医疗保险制度、医疗卫生体制和药品生产流通体制三项改革配套衔接，同步推进。兼顾国家、单位和职工的利益，注重改革、发展、稳定的结合。争取用3年左右时间建立起适应社会主义市场经济要求的城镇医药卫生体制，促进医疗卫生事业和医药产业的健康发展，用比较低廉的费用提供比较优质的服务，努力满足广大人民群众的基本医疗服务需要。

二、分类指导，积极稳妥地推进城镇医药卫生体制改革。紧密结合各地实际，突出重点，分步实施。经济条件较好的地区，要率先启动，全面推行。甘孜、阿坝、凉山自治州可以结合本地实际，先易后难，逐步推进，原则上应与城镇职工医疗保险制度改革同步实施。在改革中，应考虑中医、民族医以及传染病、精神病、肿瘤、儿科等专科医院的特殊性，在政策上给予适度倾斜。对于目前还难以普遍推行的改革措施，可先进行试点探索。

三、采取多种形式积极促进医药卫生事业的发展。按照国家和省的有关政策、准入条件和区域卫生规划，积极探索发展医药卫生事业的多种形式和投资来源的多种渠道，鼓励兴办集体、私营、中外合资合作、股份制等多种形式的医疗机构，并在政策上一视同仁，形成以公有制为主体、多种所有制共同发展、平等竞争的格局。

四、保障病人对医疗服务的选择权和医疗收费的知情权。在城镇医疗机构全面推行“病人选择医生”的改革。职工可以自主选择基本医疗保险定点医院就医，门诊患者可以持医生处方在定点医院的药房或定点药店购药。对定点医院和定点药店实行动态管理，不搞“终身制”。

增加医疗收费的透明度。医疗单位要把主要服务收费标准对外公布，实行医药收费查询制或清单制，方便患者和有关部门的查询和监督。对医疗保险定点医院试行医疗服务质量定期公示制度，对每床日平均费用，平均每人次住院天数、住院费用和门诊费用等主要指标进行公示，接受社会的监督。

五、打破行政隶属关系和所有制界限，逐步实现卫生工作的全行业管理。卫生行政部门要转变职能和管理方式，实行政事分开，制定和实施区域卫生规划，运用法律、行政和经济等多种手段对各类医疗机构和医疗市场实行全行业管理。

改革卫生监督执法体制，逐步完善卫生监督执法体系。将县及县以上卫生监督职能相对集中，组建卫生监督机构，实施综合监督执法，用2—3年时间，在全省建立健全卫生监督执法体系，依法行使卫生行政监督职责。

各级卫生行政部门要认真贯彻执行卫生法律、法规、规章，强化卫生监督执法工作。要完善有关规章制度，健全医疗服务技术规范。要重点抓好医疗机构、从业人员、医疗技术应用、大型医疗设备的准入管理。加强检查监督，严厉打击非法行医等各种违法行为，净化医疗服务市场，建立规范的市场秩序。

六、抓紧实施医疗机构分类管理。争取在2000年底以前，完成对投资渠道、经营性质、功能任务明确的医疗机构的分类和重新登记注册，其他医疗机构在2001年7月前基本完成。此项工作由市州以上卫生行政部门会同有关部门具体实施。在实施中要坚持区域卫生规划，对现有政府举办的医疗机构，可适当压缩，引导其转为其他多种类型的医疗机构。不同类型的医疗机构实行不同的财政、税收、物价政策。

七、控制总量、盘活存量、优化增量、提高质量，实现卫生资源的优化配置。各市州要按照《四川省卫生资源配置标准》，结合实际制定区域卫生规划并组织实施。加大结构调整力度，卫生资源供大于求的地区，要重点调整和盘活资源存量，并逐渐减少公立医疗机构的数量。对医疗服务量长期不足的公立医疗机构和过多的床位，应予以撤并和核减，或向社区卫生服务、老年护理、康复等新兴的服务项目转移，采取各种措施引导富余人员向资源不足的地区和领域流动。积极引导营利性医疗机械调整服务结构，适应群众不同层次的医疗服务需求。卫生资源不足的地区，要鼓励多种形式办医，并注意合理配置卫生资源，避免重复建设。位于城市的企业医疗机构要通过多种方式分离，逐步纳入城镇医疗服务体系。积极探索医院集团化发展的路子。鼓励和支持以优势医院为核心，采取多种形式组建医疗服务集团，通过以大带小，扩展名牌效应，实现优势互补、资源共享。省级医疗单位，成都、绵阳等城市要率先进行探索。其他有条件的地区也应开展此项工作。

八、大力发展社区卫生服务。争取用3年左右时间，在全省基本建立社区卫生服务网络。设区的城市应全面开展这项工作，其他县（市）政府所在城镇也要逐步推进。各级政府要把社区卫生服务纳入当地社会经济发展总体规划，坚持政府领导、部门协同、社会参与，发挥街道办事处的作用。在区域卫生规划的指导下，以调整利用现有卫生资源，盘活存量为重要途径，因地制宜采取多种方式启动社区卫生服务工作；引导公立基层医疗机构进行结构和功能改造，向社区卫生服务中心转换，全面加强预防、医疗、保健、康复、计划生育技术服务和健康教育等社区卫生服务功能；鼓励多方投资发展社区卫生服务，符合条件的各类基层医疗机构都可申请承担社区卫生服务工作，并可申请医疗保险定点；加强全科医生的培养，充实社区卫生服务骨干队伍，建立社区居民与医生的联系网络，使居民享受到方便、价廉的医疗服务。在社区卫生服务组织与综合医院、专科医院之间建立规范的双向转诊制度，逐步建立健全社区卫生服务组织、综合医院（含中医医院）和专科医院合理分工的城市医疗服务新体系。

九、切实抓好预防保健体系改革。坚持预防为主，建立综合性预防保健体系，稳步推进预防保健体制改革。新建地区应一步到位，组建精干、高效的综合性预防保健机构；其他地区也应积极创造条件加快改革步伐。各级预防保健机构要在卫生行政部门领导下做好规划、检查和指导工作，所预防保健工作落到实处。以社区卫生服务为重点，加强城市基层预防保健服务体系建设。

十、着力转变公立医疗卫生机构的运行机制。扩大公立医疗机构的运营自主权，使之逐步成为自主经营的法人主体。采取公开竞争、择优聘用等多种形式任用医院院长，并实行院长负责制和任期目标责任制。加强公立医疗机构内部决策和约束监督机制建设，促进公立医疗机构决策的民主化和科学化。

以成本核算为核心，加强公立医疗机构的经济管理。严格执行国家颁布的《医院财务制度》和《医院会计制度》，强化成本核算，健全财务管理制度，规范财务行为，不断提高卫生经费和卫生资源的使用效益。加强对公立医疗机构的审计和财政监督。

加速推进医疗机构后勤服务体系改革，逐步实现后勤服务社会化。具备条件的后勤服务应从医院分离出去，成为面向社会的经营实体；暂不具备条件的也应实行内部分离，独立核算，逐步实现自负盈亏。在医疗机构相对集中的大、中城市，多家医院的后勤部门可联合组成后勤服务集团。

努力深化卫生事业单位用人制度和分配制度改革，坚持将引入内部竞争机制与完善人才交流及人事代理制度相结合，建立健全人员能进能出、职务能上能下、待遇能高能低的运行新机制。实行以聘用制为主要内容的用人制度，新进人员原则上实行聘用。从2001年起，在县以上公立医疗机构逐步推进以事定岗、以岗定人、竞争上岗制度。强化卫生技术准入制度和岗位管理，实行卫生技术职务评聘分开，对具有卫生技术资格的人员，实行择优聘用。工资分配制度的改革，要按照按劳分配和生产要素参与分配的原则，结合卫生工作知识密集、脑力与体力结合、高风险等特点，在逐步推进管理体制改革的条件下，进一步扩大单位的分配自主权，建立起重实绩、重贡献，向优秀人才和关键岗位倾斜，自主灵活的分配激励机制。对医疗机构主要负责人可进行年薪制等多种分配方式的试点。努力创造能稳定人才、吸引人才、使优秀人才脱颖而出的良好环境，研究制定建立卫生事业单位运行新机制的保障措施，按照内部调整与市场配置并举原则，妥善安置未聘人员。

十一、实行医疗分开核算、分别管理。县及县以上公立医疗机构从2001年起全面实行药品收入收支两条线管理。医疗机构药品收支结余全部上缴卫生行政部门，统一纳入财政社会保障基金专户管理，经考核后统筹安排，合理返还，及时拨付。药品收支结余资金主要用于弥补医疗成本、发展建设、社区卫生服务和预防保健等卫生事业，不得挪作他用。用于社区卫生服务和预防保健事业的资金可按不超过弥补医疗成本后药品收支结余的10%提取，并实行项目管理。

稳步开展医疗机构门诊药房改为药品零售企业的试点。在抓好省上试点的同时，有条件的市、州也可选择医疗机构进行试点，在总结经验，逐步规范财政补助方式和调整医疗服务价格的基础上，在面上逐步推开。

十二、规范财政对卫生事业的补助政策。按照公共财政和分级财政体制的要求，各级政府要规范对卫生事业的投入和医疗卫生机构的财政补助办法，对卫生事业的投入原则上不低于财政支出的增长幅度。补助范围根据政府管理卫生事务、行使卫生监督执法工作职责、公共卫生工作任务、基本医疗服务数量和质量以及事业发展需要等确定；补助项目主要包括卫生执法监督和预防保健等公共卫生服务、基本医疗服务、重要医学科研、符合区域卫生规划的基本建设和设备购置等；补助资金按照定员定额、项目论证立项、零基预算等方式核定。对民族地区和贫困地区要通过项目建设和财政转移支付等措施给予扶持。对于因处理突发事件造成的医疗欠费，各级政府应采取措施予以解决。

各级政府卫生行政部门和执法监督机构履行卫生管理和监督职责所需经费由同级财政预算安排，卫生执法监督过程中取得的收入全部纳入同级财政预算管理。

疾病控制和妇幼保健等公共卫生事业机构向社会提供公共卫生服务所需经费，按照其承担的责任和提供公共服务的数量与质量给予补助，由同级财政预算和预防保健机构上缴的预算外资金统筹安排。疾病控制和妇幼保健机构取得的业务收入全部上缴同级财政专户，实行收支两条线管理，全部用于疾病控制和妇幼保健等公共卫生事业。

政府举办的县及县以上非营利性医疗机构以定项补助为主，由同级财政予以安排。补助项目主要包括事业单位职工基本养老保险制度建立以前的离退休人员费用、重点学科研究和由于政策原因造成的基本医疗服务亏损补贴。对基层医疗机构以定额补助为主，补助经费主要根据承担的社区人口预防保健和最基本的医疗服务任务核定，由同级财政予以安排。

十三、实行适应医疗机构改革和发展需要的税收政策。对非营利性医疗机构按照国家规定价格取得的医疗服务收入，免征各项税收，不按照国家规定价格取得的医疗服务收入不得享受这项政策。营利性医疗机构应依法纳税，并同时享受国家规定的各项税收优惠政策。

十四、适时调整医疗服务价格。医疗服务价格取消政府定价。非营利性医疗机构提供的医疗服务实行政府指导价，由医疗机构在规定的浮动幅度范围内确定本单位的实际医疗服务价格。营利性医疗机构提供的医疗服务实行市场调节价，由医疗机构自主制定价格。调整医疗服务价格管理权限，按照国家有关规定，由省物价局会同省卫生厅制定和调整部分主要医疗服务项目的指导价，其他由市、州物价部门会同卫生行政部门根据当地经济社会发展状况和群众承受能力制定，同时征求劳动保障部门的意见。医疗服务指导价格的基准价和上下浮动幅度，要根据医疗服务的社会平均成本，并结合市场供求状况及政府考虑的其他因素制定和调整。在改革的过渡时期，可继续实行“总量控制，结构调整”的办法，综合考虑医疗成本、财政补助和药品收入等因素，调整不合理的医疗服务价格，体现医务人员的技术劳务价值，并对社区卫生服务组织和中医、民族医的技术服务价格在政策上适度倾斜。对不同级别的医疗服务机构和医生提供的医疗服务制定不同的指导价格，引导患者合理分流。特需医疗服务价格可适当高于医疗服务成本，浮动的幅度也可适度放宽。省物价、财政、卫生、中医等部门要根据国家有关文件精神，结合我省实际修改《四川省医疗服务收费管理办法》。

十五、引入市场机制，药品实行分类定价管理。对药品价格实行政府定价和市场调节价。政府制定基本医疗保险目录中所列药品及少量特殊药品的最高零售价，其中甲类药品及其他生产经营具有垄断性的少量特殊药品执行国家计委统一定价，乙类药品由省物价局定价，药品零售单位（含医疗机构）可低于政府制定的药品零售价格销售药品。政府定价以外的其他药品实行市场调节价，取消流通差率控制，由经营者根据市场供求自主定价。缩小现行流通差率总水平，降低批发企业、零售单位加价率，减少药品流通中间费用，降低药品“虚高”价格。对市场严重供过于求的药品按照社会先进成本定价，促使药品生产经营企业降低成本，调整产品结构和企业结构。建立价格灵敏反应机制，适当下放价格管理权限，完善药品价格市场监测体系，使政府定价更加及时地反映市场供求。各级价格主管部门要依据价格法和《价格违法行为行政处罚规定》等法律、法规，加强对药品价格的监督检查，并对有违法行为的生产者和经营者实施行政处罚。逐步实行由生产企业将建议零售价格印制在药品包装上的办法。

十六、加大药品生产结构调整力度。认真执行《开办药品生产企业暂行规定》，新办药品生产企业必须具有一个二类以上新药（中药两个三类以上），必须通过 GMP 认证。严格执行《药品生产质量管理规范》，按剂型、类别分阶段限期推行药品 GMP 认证工作。2000 年底完成大容量注射剂、粉针剂的 GMP 认证工作，2002 年底完成小容量注射剂的 GMP 认证工作，对超过期限仍达不到要求的，注销其“药品生产企业许可证”或取消其相应的生产项目。通过 GMP 认证促进药品生产结构的调整。支持建立以生产企业为依托，面向市场的新药研究开发机构，推动科研成果的产业化进程。鼓励企业通过参股、兼并、联合等方式，积极发展“产、学、研”结合的大型集团。

十七、推进药品流通体制改革，整顿药品流通秩序。鼓励药品生产经营企业打破地区、行业、部门和所有制界限，通过兼并、联合、重组等多种形式，组建规模化和规范化的公司，建立商贸、工贸或科工贸相结合的大型企业集团。逐步减少批发企业数量，鼓励药品经营企业跨地区兼并市、县级药品批发企业，将其改组为区域性基层配送中心。积极推动药品零售企业的连锁化经营，开展药品零售跨区域连锁经营试点工作，提高药品经营的集约化、规模化水平。争取用 3 - 5 年左右时间，重点培育几家网络健全、管理规范的跨省跨区医药零售连锁企业。各地要克服地方保护主义，对国家批准的跨省和省上批准的跨区连锁试点企业在本地建立药品零售连锁网点，要优先审核颁发药品经营企业许可证，不得拖延或拒绝。各级劳动保障行政部门在确定基本医疗保险定点药店时，应优先选择医药零售连锁企业。城镇新开办的其他形式的药品零售企业应严格控制。

开展药品的集中招标采购工作试点。从 2000 年四季度起，在省级医疗机构进行试点，其他有条件的地区也可选择医疗机构试点。医疗机构是招标采购的行为主体，可委托招标代理机构开展招标采购，具有编制招标文件和组织评标能力的也可单独或联合组织招标采购。招标代理机构经省级药品监督部门会同同级卫生部门认定，与行政机关不得存在隶属关系或其他利益关系。可选择常用量大的品种起步，逐步扩大招标的品目数量和规模。各级卫生、物价、经贸、药品监督、监察等部门要加强对该项工作的组织管理和监督。

十八、加强药品执法监督管理。严格执行《药品经营质量管理规范》，从 2001 年起正式实施 GSP 认证，通过 5 年左右时间，使我省药品经营企业完成 GSP 改造，对超过期限仍达不到要求的，取消其药品经营资格。加大执法力度，打击制售假劣药品和无证生产、经营药品的违法行为。对制售假劣药品的企业，要依法吊销企业许可证和生产批准文号。各级政府和药品监督管理部门要坚持依法治药，加大监管力度，力争在 2 - 3 年内，彻底治理药品市场。各地要组织有关部门，坚决依法取缔药品集贸市场和各种变相药品集贸市场，严禁开办和变相开办药品集贸市场。对我省已关闭的 8 个药品集贸市场，所在地区要抓紧做好转营它业的工作，防止死灰复燃。进一步规范成都荷花池中药材专业市场，严格按照《整顿和规范中药材专业市场验收标准》加强管理，彻底解决超范围经营中、西成药和中药饮片以及场外交易等问题。加强对进口药品的管理，严厉打击走私。

十九、大力开展宣传、培训工作。要根据中央和省委、省政府的统一部署，坚持正确的舆论导向，深入扎实地做好思想政治工作，充分利用广播、电视、报纸、互联网等多种形式广泛宣传中央精神，调动广大医药卫生工作者的积极性，让干部、职工和广大群众了解、理解和支持改革，为改革创造良好的社会氛围。要对相关部门和直接从事改革的有关单位的干部分期分批地进行培训。

二十、加强组织领导。为了切实加强领导，协同推进基本医疗保险制度和城镇医药卫生体制改革，省政府决定成立城镇职工基本医疗保险制度和医药卫生体制改革协调指导小组，研究我省医药卫生体制改革的重大问题，指导改革试点工作。各级政府要把医药卫生体制改革工作列入重要议事日程，主要领导亲自挂帅，分管领导具体负责，有关部门协同配合，精心组织，加强指导，把改革工作落到实处，积极稳妥地推动改革健康发展。

四川省人民政府办公厅
关于疾病预防控制体制改革的意见

川办发〔2001〕104号

各市、州人民政府，省级各部门：

为贯彻落实《国务院办公厅转发国务院体改办等部门关于城镇医药卫生体制改革指导意见的通知》（国办发〔2000〕16号）精神，根据卫生部《关于卫生监督体制改革实施的若干意见》和《关于疾病预防控制体制改革的指导意见》（卫办发〔2001〕112号）的要求，经省政府同意，对我省疾病预防控制体制改革提出如下意见。

一、改革的目标

我省疾病预防控制改革的总体目标是：按照国家卫生改革总目标的要求，结合我省实际，将有关卫生事业单位中的疾病预防控制和公共卫生技术管理与服务职能集中，组建职能分工明确、规模适度、精干高效，集疾病预防与控制、监测检验与评价、健康教育与应用研究，指导、技术管理与服务为一体的疾病预防控制体系。

二、机构的性质

疾病预防控制机构是政府举办的实施疾病预防控制与公共卫生技术管理和服务的公益性事业单位。在卫生行政部门领导下，具体实施政府对疾病预防控制、卫生监督执法技术支撑、健康教育、应用性研究的职能，是政府法定的疾病预防控制和公共卫生技术指导中心。

三、机构的主要职责

（一）疾病预防控制机构的职责。

1. 对影响人群生存环境卫生质量及生命质量的危险因素进行食品、职业、环境、放射、学校卫生等卫生学监测；对传染病、地方病、寄生虫病、慢性非传染性疾病、职业病、公害病、学生常见病及意外伤害、中毒等发生、分布和发展的规律进行流行病学监测，并制定预防控制对策。

2. 为拟订与疾病预防控制和公共卫生相关的法规、政策、标准、规划等提供科学依据，为卫生行政部门提供决策咨询。

3. 拟订并实施疾病预防控制工作方案，对方案实施进行质量和效果评估。

4. 对传染病的发生流行和中毒、污染事件进行调查处理，为救灾防病和解决重大公共卫生问题提供技术支持。

5. 实施预防接种，负责预防用生物制品的使用与管理。

6. 负责人员培训，指导技术规范和技术措施的实施；承担爱国卫生运动中与疾病预防控制有关的技术指导。

7. 开展健康教育与健康促进，参与社区卫生服务工作，促进社会健康环境的建立和人群健康行为的形成。

8. 承担疾病预防控制及有关公共卫生信息的报告、管理和预测、预报，为疾病预防控制决策提供科学依据。

9. 开展卫生防病检验和实验室质量控制；受卫生行政部门认定，承担卫生监督监测检验、预防性健康检查、健康相关产品的技术审核和卫生质量检验、鉴定；对新建、改建、扩建建设项目的选址、设计和竣工验收进行卫生学评价。

10. 进行应用性科学研究，开发和推广先进技术。

11. 开展对外交流与合作，引进和推广新技术、新方法。

12. 向社会提供相关的预防保健信息、健康咨询和预防医学诊疗等专业技术服务。

13. 完成卫生行政部门交付的其它任务。

（二）以分级管理原则确定的各级疾病预防控制机构的主要职责。

1. 省疾病预防控制机构以宏观管理、业务指导、科研培训和质量控制为主。主要职责是参与国家和省级疾病预防控制和公共卫生相关法规、规章、标准以及规划、方案和技术规范的制订；实施重大疾病预防策略与措施；提供省级公共卫生检测与信息服务；确定重大公共卫生问题，组织调查处理重大疫情、群体性不明原因疾病和突发公共卫生事件；受国务院和省级卫生行政部门认定，开展健康相关产品检测检验与卫生学评价；负责疫情搜集分析，开展疾病预防控制研究，解决重大技术问题；负责中高级人员技术培训；承担对下级机构的业务考核及技术指导，组织开展健康教育活动。

对省级单位食品、职业、环境、放射、学校卫生等实施卫生学监测；对职业病、公害病、意外伤害及中毒等发生、分布和发展的规律进行流行病监测，并制定预防控制对策。

2. 市、州疾病预防控制机构在上级疾病预防控制机构的指导下，承担较大公共卫生突发事件和救灾防病等问题的调查处理和技术支持；承担一定的科研工作；负责疫情搜集分析，组织指导、考核下级疾病预防控制机构的工作，培训中、初级专业技术和管理人员；协助和配合上级开展相关工作。

3. 县级疾病预防控制机构在上级疾病预防控制机构的指导下，负责辖区疾病预防控制具体工作的管理与组织落实。负责疾病预防控制、监测检验、健康教育和健康促进、公共卫生从业人员体检和培训、卫生学评价等工作；承担传染病流行、中毒、污染等公共卫生突发事件和救灾防病等问题的调查处理；负责疫情搜集分析，组织指导社区卫生服务和医院防保组织开展卫生防病工作，负责培训初级专业技术人员；协助和配合上级业务部门开展应用性科研和其它相关工作。

（三）社区（乡镇）预防保健工作职责。

将疾病预防控制工作纳入社区（乡镇）卫生服务，在上级疾病预防控制机构的指导下，做好以下工作。

1. 面向社区，面对家庭，规范管理社区卫生防病；开展以社区为基础的健康教育与健康促进。

2. 在上级疾病预防控制机构统筹指导下，承担社区的传染病、地方病、寄生虫病和慢性非传染性疾病防治、老年保健、精神卫生等技术工作。

3. 开展除四害、改水改厕的技术指导和初级卫生保健的管理和服务工作。

4. 实施计划免疫和预防接种工作。

5. 做好疫情、中毒及危害健康污染事故的报告，并协助上级业务部门调查处理。

6. 公共卫生、疾病预防控制、预防保健信息的收集和报告。

7. 配合上级业务机构开展预防保健应用性调查研究。

8. 完成卫生主管部门交付的有关任务。

（四）下级疾病预防控制中心应接受上级疾病预防控制中心的业务技术指导、技术质量控制与技术仲裁。

四、机构的设置

（一）省、市（州）、县（市、区）按行政区划，分级设置疾病预防控制中心。

（二）撤销本级卫生防疫站、地方病、寄生虫病、血吸虫病、麻风病、皮肤病、结核病、职业卫生、放射卫生等专业防治机构，组建疾病预防控制中心，名称为“××××省、市（州）、县（市、区）疾病预防控制中心”。血吸虫病、麻风病等防治任务繁重的县（市、区），可保留相应防治站、院的牌子，具体由市州卫生行政部门决定。

（三）城市街道（镇）、农村乡镇卫生机构中设预防保健科、组。

五、疾病预防控制机构的经费

（一）各级政府和卫生行政部门要按照《中共中央、国务院关于卫生改革与发展的决定》《国务院办公厅转发国务院体改办等部门关于城镇医药卫生体制改革指导意见的通知》（国办发〔2000〕16号）和财政部、国家计委、卫生部关于印发《关于卫生事业补助政策的意见》的通知（财社〔2000〕17号），财政部、国家税务总局《关于医疗卫生机构有关税收政策的通知》（财税〔2000〕42号）中有关财税政策的要求，认真落实对疾病预防控制机构的财政补助政策和税收政策，逐年增加对公共卫生的投入，保证疾病预防控制机构向社会提供的公共卫生服务工作落到实处。

（二）疾病预防控制机构从事疾病预防控制工作所取得的各项收入，实行收支两条线管理，按规定全部上缴预算外资金财政专户，上缴资金全部用于卫生防病事业。

（三）疾病预防控制机构是具体实施政府对疾病预防控制职能的公共卫生事业单位，向社会提供公共卫生服务所需经费由同级财政预算和单位上缴的预算外资金统筹安排；其人员、公务和业务经费的补助，按照标准定额及承担工作任务情况核定；设备购置、修缮等必要的发展建设支出根据需要合理安排；重大卫生突发事件处理和重大灾害防疫工作，根据实际需要核定补助，均由同级财政纳入预算。疾病预防控制所需费用不能简单从原来疾病预防控制机构经费中按比例划出，应按卫生事业财政补助办法的规定，在同级财政预算中统筹安排，予以保障，以切实保证疾病预防控制工作的衔接和正常开展。

六、有关要求

（一）加强疾病预防控制体制改革的组织领导，各级政府要充分认识疾病预防控制体制改革的重要意义，遵循“区域覆盖、就近服务”的区域卫生规划指导原则，将辖区内设置分散、功能单一的疾病预防控制机构科学合理地精简归并。根据区域内人群的卫生服务需求和区域内现有预防保健人、财、物资源总量及布局、结构情况，制定合理的配置标准，积极、稳妥地进行改革。

（二）各级编制、财政、卫生等有关部门，在调查研究、总体规划的基础上，结合本地实际，按照“分级管理、分级负责”的原则，制定切实可行的实施方案，合理划分各级疾病预防控制机构的事权。实施方案报上一级卫生行政和机构编制部门备案。

（三）疾病预防控制体制的改革，要与卫生监督体制、城镇医药卫生体制的改革和农村卫生改革配套进行，统筹兼顾，总体规划，稳步实施，逐步完善。

（四）调整和理顺疾病预防控制同卫生监督工作的关系，加强相互的协调与配合。要特别注意解决两个机构在职能划分后出现的工作重复交叉问题，各司其职、各尽其责。对于在机构改革过程中出现的矛盾和问题，应按照政府职能转变，政事分开的原则，本着有利于疾病控制和卫生监督事业的发展、有利于充分调动疾病控制和卫生监督工作积极性、有利于专业队伍的稳定、有利于树立社会形象的原则妥善解决。

（五）切实解决好改革中人员聘用与分流问题。疾病预防控制机构改革中人员的聘用，按照中共中央组织部人事部、卫生部关于印发《关于深化卫生事业单位人事制度改革的实施意见》的通知（人发〔2000〕31号），根据承担的任务，在科室定责定岗定编、专业归口、登记的基础上，从原职能划出单位的相应专业技术人员中选拔考核，择优聘用，实行全员聘用合同制，同时应切实解决好改革中的人员分流问题。

（六）妥善安置好离退休人员。离退休人员曾经为当地的疾病预防控制、卫生监督执法工作做出过较大的贡献。在改革中应做好离退休人员的安置工作。其安置任务由同级卫生行政部门确定。

（七）省疾病预防控制体制改革，按照省编委拟下发的《四川省省级疾病预防控制机构改革方案》实施，年底前挂牌运行。各市、县两级疾病预防控制体制改革于2002年6月前挂牌运行。各市、州疾病预防控制中心组建后，将有关资料报省卫生厅备案。

四川省人民政府办公厅

2001年10月25日

四川省人民政府办公厅转发省卫生厅等部门关于四川省新型农村合作医疗制度试点工作意见的通知

川办发〔2003〕24号

成都、泸州、广安、眉山市人民政府，凉山州人民政府，省级有关部门：

省卫生厅、省财政厅、省农业厅、省编委办《关于四川省新型农村合作医疗制度试点工作意见》已经省政府同意，现转发你们，请认真贯彻执行。

四川省人民政府办公厅
2003年6月12日

四川省新型农村合作医疗制度试点工作意见

省卫生厅　省财政厅　省农业厅　省编委办
（2003年6月）

根据《中共中央、国务院关于进一步加强农村卫生工作的决定》（中发〔2002〕13号，以下简称《决定》）和《国务院办公厅转发卫生部等部门关于建立新型农村合作医疗制度意见的通知》（国办发〔2003〕3号，以下简称《意见》）、省委8届25次常委会和省政府第55次省长办公会及全省农村卫生工作会议精神，制定四川省新型农村合作医疗制度试点工作意见。

一、目标任务与原则

（一）目标任务。2003年度，选择眉山市的彭山县、广安市的武胜县、泸州市的叙永县、凉山州的金阳县和成都市的都江堰市开展新型农村合作医疗制度试点工作。建立以大病统筹为主、兼顾基本医疗，探索新型农村合作医疗制度的管理、筹资、补偿、监督等机制。试点县（市）农民参加新型农村合作医疗制度不得低于农业人口的80%．重点解决农民因患传染病、地方病、慢性病等疾病带来的大额医疗费用或住院费用致贫、返贫问题。让老百姓得到实惠，提高农民抗大病风险的能力，提高农民整体健康水平，保护劳动生产力，促进农村经济发展，维护社会稳定，为在全省全面开展新型农村合作医疗制度提供科学管理、符合实际、简便利民、可操作的经验。

（二）原则。新型农村合作医疗制度坚持的原则是：政府组织、引导、支持，农民自愿参加，个人、集体和政府多方筹资；以收定支，保障适度；以县为单位，大病统筹为主，兼顾基本医疗；分类指导，民主监督。

二、对象

凡农村户籍人口（不含正在服役的义务兵）应当在所辖乡镇参加新型农村合作医疗制度。乡镇企业职工是否参加新型农村合作医疗制度以及筹资标准，由县级人民政府决定。

三、筹资与管理

（一）资金筹集。新型农村合作医疗制度实行个人缴费、集体扶持和政府资助相结合的筹资机制。

1. 农民个人缴费。凡参加新型农村合作医疗制度的农民个人，以家庭为单位，每人每年筹资不低于10元。“五保户”仍执行《农村五保户供养工作条例》，特困户筹资由县级人民政府核定解决。

2. 集体和社会多渠道筹集。有条件的乡村集体经济组织应对本地新型农村合作医疗制度给予适当支持。扶持新型农村合作医疗制度的乡村集体经济组织类型、出资标准由县级人民政府确定，但集体出资部分不得向农民摊派。鼓励社会团体和个人资助新型农村合作医疗制度。

3. 政府资助。中央财政对中西部地区除市区以外的参加新型合作医疗的农民每年按人均10元安排合作医疗补助资金，地方财政对参加新型合作医疗农民的补助每年不低于人均10元。省级财政承担比例，按现行财政体制规定和省财政占全省可用财力的比重分类测算。

（二）基金管理。农村合作医疗资金是由农民自愿缴纳、集体扶持、政府资助的民办公助社会性资金，要按照以收定支、收支平衡和公开、公平、公正的原则进行管理，必须专款专用，专户储存，严禁挤占挪用。经办机构的人员和工作经费列入同级财政预算，不得从农村合作医疗基金中提取。

1. 建立农村合作医疗基金专用账户，专款专用。县级管理机构统一在1家国有商业银行开设1个农村合作医疗基金专用账户。严格按照国家关于基金管理的要求，建立健全农村合作医疗基金管理的规章制度，定期审计农村合作医疗基金。有条件的地区逐步实行信息网络管理。

2. 农民以家庭为单位参加农村合作医疗基金个人缴费。个人缴费部分，可以部分统筹，部分建立家庭账户。统筹部分纳入县级农村合作医疗基金专用账户统一管理。家庭账户资金，用于家庭成员支付医药费，超支自理；当年结余留用，自动结转，不退款，不得作为抵冲下年度家庭成员应缴合作医疗专项经费。具体管理办法由县级人民政府自行制定。

3. 农村合作医疗基金支付审批。农村合作医疗基金实行公开、民主、制度化管理，其开支由新型合作医疗管理机构法人代表“一支笔”审批。

（三）统筹资金开支范围与标准。中央财政、地方财政和乡镇集体经济组织、社会团体、个人等资助的资金，重点解决农民因患传染病、地方病、慢性病等疾病造成的大额医疗费用或住院医疗费用和基本医疗。统筹起付、封顶额度、支付内容与标准由县级人民政府在认真调查、分析、测算的基础上科学制定。

（四）各级政府农村合作医疗专项资金的申报与核定。参加农村合作医疗的农民缴纳基金到位后，由县级新型农村合作医疗制度管理机构将参加新型合作医疗的实际人数，报同级卫生、财政行政部门核定，再由卫生、财政逐级申报与核定。上级财政根据核实的下级财政资金到位情况，下拨农村合作医疗专项资金。

四、机构与职责

省政府成立四川省新型农村合作医疗协调小组，在省卫生厅设立相应的管理机构；有试点任务的市、州政府可成立由卫生、财政、农业、民政、审计、扶贫、宣传等部门组成的新型农村合作医疗协调小组，暂不设立具体的管理机构，但要明确1位政府领导和部门负责人及1个科室负责此项工作。新型农村合作医疗协调小组的主要职责是负责新型农村合作医疗的组织、协调和指导工作。试点县、市政府要按照精简、统一、高效原则，成立由有关部门和参加农村合作医疗的农民代表组成的农村合作医疗管理委员会，委员会下设经办机构，负责农村合作医疗的具体业务工作。

五、实施步骤

（一）基线调查。通过调查，掌握经济水平、卫生资源现状、卫生服务提供、卫生资源利用、人均门诊费用和住院费用、农民健康状况与健康需求、农民对新型农村合作医疗制度意愿等内容的分析、测算，为制定政策提供科学依据。

（二）制定实施方案和管理制度。县级政府根据基线调查的情况，按照《四川省新型农村合作医疗制度试点工作意见》，结合本地实际，制定科学、符合实际、简便利民、易操作的实施方案和管理制度，报市、州政府批准，省政府备案。

（三）宣传发动，农民自愿参加。各级政府要切实加强对新型农村合作医疗制度的宣传发动工作。要充分发挥乡镇政府、村组干部和党团员的作用，利用新闻媒体和多种其他形式进行广泛深入的舆论宣传，做到家喻户晓。使农民了解合作医疗的重要意义和具体做法，明白参加新型农村合作医疗制度不是乱收费、乱集资，也不是增加农民的负担，让农民积极、主动参加新型农村合作医疗制度，享受政府补助和关怀。

（四）培训人员。加强对乡、村、组干部，合作医疗管理人员，医疗卫生单位领导的培训，使其掌握新型农村合作医疗制度的政策和管理制度等内容。

六、加强医疗服务管理

（一）建立健全农村三级卫生服务网络。加强农村三级卫生服务网络建设，使管理、技术、设施、服务等方面适应农民健康服务的需要。认真贯彻《决定》和《意见》，推进农村卫生改革，充分发挥县级卫生机构在农村预防保健和医疗服务业务指导中的中心作用，尽快实现乡镇卫生院的人员、业务、经费等划归县，按职责管理，在县（市）或更大范围内公开招聘乡镇卫生院院长，实行乡村卫生服务管理一体化，提高整体医疗服务功能，满足农民医疗卫生服务需求。

（二）实行定点服务制度。参加新型农村合作医疗制度的农民原则上在其户口所在地村、乡镇卫生机构就诊，每户可就地就近选择符合条件的2个村卫生室（站），2个乡镇卫生院作为就医定点机构。因病情需转诊者，由首诊乡镇卫生院出具转诊证明到县级卫生机构就诊（急诊除外）。

（三）加强定点医疗卫生机构的管理。加强定点医疗卫生服务机构的管理，实行医疗服务、药品等价格公示制，病人清单制，病人选医生等制度。严禁推诿病人、大处方、乱检查等。严禁违反药品购销渠道，销售假、劣药品。严禁弄虚作假，虚报谎报或乱收费。完善并落实各种诊疗规范和管理制度，保证服务质量，提高服务效率，控制医疗费用，保证农民就医及时、安全、价廉、有效。

（四）加强信息管理。注意收集、分析、整理医疗服务、统筹病种及标准等方面的经验和存在的问题，对农民的要求与反映等情况应及时向上级新型农村合作医疗制度管理机构反馈，逐步完善新型农村合作医疗管理制度。

七、加强领导，切实履行职责

做好新型农村合作医疗制度是保护和增进农民健康，是党和政府关心农民疾苦、密切联系群众、改进工作作风、促进经济和社会发展的大事，是各级政府义不容辞的责任。我们要从实践“三个代表”重要思想的高度，从促进农业、农村发展和维护稳定的大局和全面推进我省小康社会建设的实际出发，切实加强领导，认真组织实施。政府“一把手”要亲自过问，分管领导具体抓，把建立新型农村合作医疗制度试点工作纳入政府年度目标考核和领导干部政绩考核的重要内容。卫生、财政、农业、民政、审计、扶贫、宣传等部门要按照各自职责，恪尽职守，全力支持建立新型农村合作医疗制度。

八、建立健全新型农村合作医疗制度监督机制

（一）建立公示制。合作医疗经办机构应当每月公示合作医疗资金的收支与使用情况，自觉接受监督，增加透明度。

（二）建立监审制度。建立由人大牵头，有关部门负责人和参加新型农村合作医疗制度的农民代表共同组成的新型农村合作医疗制度监督委员会，定期听取新型农村合作医疗制度试点工作汇报，监督新型农村合作医疗制度的资金使用和管理情况；由卫生、财政、农业、审计部门组成审计组，定期不定期对资金进行审计，自觉接受群众的监督。

（三）加强自身建设。县级合作医疗经办机构是专业性强的管理机构，涉及管理、医疗、药品、财会等专业工作，编制、岗位、人员等要有利于工作运转，要防止非专业人员进入。要建立精干、务实、高效、廉政的工作队伍。各县（市）要设立公开举报电话，加强群众监督。

九、评估总结

加强对试点工作各个环节和实施效果进行定期评估、总结，发现问题及时采取完善措施，保证合作医疗制度试点工作健康发展。

编后记

根据中共四川省委、四川省人民政府对第二轮修志工作的部署，四川省卫生厅(2014年更名为四川省卫生计生委)牵头承编、四川省中医药管理局参编的《四川省志·卫生志（1986—2005)》（以下简称《卫生志》)，于2006年底启动，2012年9月完成初稿，2014年12月完成初审，2015年7月和11月分别完成复审和终审。整个编纂工作大致分六个阶段进行：

第一阶段，前期准备。2006年12月21日，省卫生厅印发《关于做好〈四川省志·卫生志〉续修工作的通知》，全面规划和部署《卫生志》编纂工作；成立《卫生志》编纂委员会，厅长沈骥任主任委员，其他厅领导任副主任委员，厅机关处室负责人、市(州)卫生局负责人、厅直属单位负责人为编委会成员。一名副厅长分管修志工作。编委会下设编辑室，聘请5人专职修志，省卫生厅党组成员、厅直属机关党委书记符康富担任主编。省中医药管理局亦组建编修班子，负责“中医中药”篇编纂工作。市（州）卫生局和厅直属单位安排相关部门负责提供修志资料。省卫生厅办公室负责编纂工作的组织协调。

第二阶段，设计篇目。《卫生志》作为续志，篇目设置既要承接前志，又应有所创新。志稿中的电子政务、外资借贷、卫生应急、健康教育、艾滋病防控、医疗网络服务、新型农村合作医疗、城市社区卫生、对外中医医疗、卫生项目国际合作等，就是首轮卫生志所没有的；而这些内容，正是卫生事业随着社会的变化而变化、随着社会的发展而发展的具体体现，既具有行业特点，又具有时代特色。

第三阶段，收集资料。省卫生厅、省中医药管理局先后印发《关于征集〈卫生志〉续修资料的通知》，以分解任务、布置工作的方式，向厅、局机关相关处室，直属单位，驻川医疗单位、医学高校、医学科研机构、市（州）卫生局征集修志资料。编辑室还通过其他途径主动收集资料。仅查阅省卫生厅档案室的档案就达500多卷，收集的档案资料共1000多万字；查阅的史志类、文件汇编类、工具书类图书资料达3750多万字。至2012年9月底，编辑室共搜集文字资料5600多万字，照片1000余张，图册7本。2012年9月至2014年11月又补充搜集各种资料40多万字。不少文字资料是编辑室特约部分专家提供的专稿。

第四阶段，撰写初稿。2008年下半年开始撰写初稿。符康富负责撰写《概述》《卫生行政》《疾病防控》《参与研发青蒿素》；杨晓华负责撰写《医药科研》《医学教育》《医林人物》《大事记》；游宗文负责撰写《医疗服务》，编排照片；陈正勇负责撰写《性病防控》《麻风病防控》；《中医中药》先由李继明、李国臣初写，继由胥国勋、张兵补写；《妇幼保健》先由张宜富初写，继由符康富、王景会补写。初稿撰写主抓3点：一是设置资料入志门槛，既从总体上设置资料入志的“大门槛”，又在各篇章中分别设置资料入志的“小门槛”；二是把握记事基本要素，尽可能把时间、地点、事件、人物、经过、结果等基本要素写完整，重点写好起点、拐点和终点；三是坚持有详有略，远期略，近期详，一般略，“亮点”详，起点略记，拐点多记，终点详记。

第五阶段，总纂统稿。符康富负责总纂统稿，主要从志书整体布局的高度，调整篇目设置，使之更趋合理和科学；按志书记事基本要求，审查修改记述，使之思想明晰、结构合理、层次分明、上下贯通、简约精炼；遵循志书行文基本规范，删削与记述主体无直接联系、过多转引公文的文字，规范用语，统一文风。

第六阶段，志稿评审。编辑室每写出一稿都送相关部门、人员审查，或召开座谈会听取意见和建议，对史实和数据进行核实修正。编委会严把初审关，先后3次对《卫生志》进行初审。第一次于2012年11月22—23日进行，由卫生志编委会副主任颜丙约主持；第二次于2013年2月27日进行，由卫生志编委会副主任杜波主持；第三次于2014年7月2日进行，由卫生志编委会主任沈骥主持。厅、局直属单位和省内高等医学院校专家，省中医药管理局副局长田兴军，省人民医院党委副书记吴琦，省卫生厅机关各处室负责人，省卫生厅原厅长卓凯星，省中医药管理局原局长向方远等，先后参加审评。编辑室根据审核评议所提意见和建议，增写部分内容，修改记述文字，规范志书体例，于2014年11月完成复审送审稿。

2015年7月27日，《卫生志》通过四川省地方志工作办公室复审。11月27日，《四川省志》审核委员会召开第26次审查验收会议，组织专家对《四川省志·卫生志(1986—2005)》送审稿进行终审验收。审核委员会认为：《卫生志》送审稿观点正确，体例较为完备，资料翔实，内容丰富，具有四川医疗卫生事业特点、特色，志稿达到编纂、出版要求，同意通过终审。2015年12月至2016年4月，编辑室按终审意见修改完善志稿。

编纂志书，需领导重视，各方参与，众手成志。《卫生志》饱含众多人的热情、心血和智慧，属集体创作的结晶。四川省疾病预防控制中心、四川省人民医院、四川大学华西医院、华西妇产儿童医院、华西口腔医院、成都中医药大学及其附属医院、泸州医学院及其附属医院、川北医学院及其附属医院、四川省卫生学校、绵阳市第三人民医院、成都市卫生局、自贡市卫生局、内江市卫生局、资阳市卫生局、凉山彝族自治州卫生局等相关单位，曾华俊、吴健林、强承义、吴琦、王荣茂、郭晋蓉、何志萍、廖志林、杨绍林、成翼娟、李永莲、王晓毅、王红静、喻德福、胡天成、张虹、王光全、油卫等热心人士，为帮助我们收集资料、撰写与修改志稿、校核史实和数据，做了许许多多具体实在的工作。在此，我们谨向他们致以深深的谢意！

编纂志书，需编纂者具备较高的政治思想素质和业务素质。他们必须坚持马克思主义唯物史观，实事求是，求真存实，秉笔直书；必须深入调查研究，善于思考、分析与综合；必须具备一定的方志学修养，文字功底比较好；必须发扬敬业奉献精神，不怕吃苦，不怕麻烦，耐得住寂寞。我们深知自己功力不够，离这些要求还有一定的差距。由于包括编纂者基本素质在内的诸多原因，《卫生志》肯定存在着一些疏漏、欠妥和遗憾之处。为对历史负责，对后人负责，我们恳请专家学者和读者朋友不吝赐教指正。

《四川省志·卫生志（1986—2005）》编辑室

2018年6月